Fremdwörterlexikon

SCHÜLER

WAHRIG

Fremdwörterlexikon

von Renate Wahrig-Burfeind

Fragen zur Rechtschreibung, Grammatik und Zeichensetzung beantwortet die WAHRIG-Sprachberatung unter

0900 1 89 89 60

(1,86 Euro pro Minute deutschlandweit)

und unter der Internet-Adresse

www.wahrig-sprachberatung.de

Dr. Renate Wahrig-Burfeind ist Linguistin und arbeitete an der Universität Bremen als wissenschaftliche Mitarbeiterin. Sie verfügt über langjährige Erfahrung in der Konzeption und Bearbeitung von Wörterbüchern und ist u. a. Herausgeberin des traditionsreichen Standardwerks *WAHRIG Deutsches Wörterbuch*.

Redaktion
omnibooks, Bernhard Roll, Felix Wenzel
Layout
Claudia Grotefendt
Datentechnik und Satz
Dirk Bischoff, omnibooks,
Andreas Ziegelmayer
Herstellung
Joachim Weintz
Einbandgestaltung
Groothuis, Lohfert, Consorten/
www.glcons.de
Druck und Bindung
Clausen & Bosse, Leck

Ungekürzte Taschenbuchausgabe

Printed in Germany
ISBN 978-3-577-07581-7

3., aktualisierte Auflage
1. Aufl. 2001, Bertelsmann Lexikon Verlag GmbH, Gütersloh/München

INHALT

Einführung

Was ist ein Fremdwort?

Als »fremd« in unserer Sprache empfinden wir Wörter, die aus einer anderen Sprache übernommen wurden und die bezüglich ihrer Aussprache, ihrer Schreibung, ihrer Wortbestandteile oder ihres Wortakzentes von der deutschen Sprache abweichen oder deren Bedeutung uns ungeläufig ist. Anders ausgedrückt, sind Fremdwörter Wörter fremder Herkunft mit mangelnder Anpassung an die deutsche Sprache.

Der Wortschatz des Deutschen besteht zum großen Teil aus sogenannten **Erbwörtern**, das sind Wörter, die aus älteren Sprachstufen (dem Althochdeutschen und dem Mittelhochdeutschen) stammen und – häufig unter lautlicher Veränderung – Bestandteile des Neuhochdeutschen geworden sind.

Ein großer Teil der heute von uns als »deutsch« empfundenen Wörter sind **Lehnwörter**, die ursprünglich aus einer anderen Sprache (meist aus dem Lateinischen oder dem Griechischen) übernommen wurden, aber vollständig in den deutschen Wortschatz übergegangen sind, z. B. *Fenster* [<lat. *fenestra*], *Keks* [<engl. *cakes*], *Kette* [<lat. *catena*], *Kirche* [<grch. *kyrios* »Herr«], *Natur* [<lat. *natura*], *Wein* [<lat. *vinum*] usw.

Im Gegensatz zu den Lehn- und Erbwörtern werden die Wörter, die in einer oder mehrfacher Hinsicht (noch) nicht vollständig der deutschen Sprache angepasst wurden, als **Fremdwörter** empfunden. Wir empfinden ein Wort als »fremd«, wenn

- es eine vom Deutschen abweichende Aussprache hat (z. B. *cool, Lasagne, Trainer, Skateboard* usw.);
- die Schreibweise schwierig bzw. »auffällig« ist (z. B. *Gryffindor* (bei Harry Potter), *Mythos, Pizza, pizzicato* usw.);
- es »fremde« Bestandteile (Vor- oder Nachsilben) enthält (z. B. *extensiv, Kommunismus, prädisponieren, Repression, inkonsequent, konzipieren, heterogen, bibliophil* usw.);
- der Wortakzent nicht auf der ersten oder der Stammsilbe liegt – wie üblicherweise bei deutschen Wörtern (z. B. *Elan, Mikrofon, Prosodie, proportional* usw.);
- uns die Bedeutung nicht ohne weiteres geläufig ist (z. B. *Katalysator, Storno, utopisch, vehement* usw.).

Bei vielen dieser fremden Wörter sind teilweise auch mehrere der genannten Kriterien erfüllt.

Häufig sind wir bei einem fremden Wort unsicher, welches **Genus** (grammatische Geschlecht) es hat oder wie sein **Plural** zu bilden ist. Im Englischen gibt es für die Substantive nur einen Artikel (nämlich *the* bzw. *a*), dies erschwert in vielen Fällen die Genuszuweisung bei englischen Fremdwörtern im Deutschen. Bei dem Wort *Trainer* ist es beispielsweise eindeutig, dass es nur als Maskulinum gebraucht werden kann, denn es bezeichnet eine männliche Person. Im Deutschen ist hier sogar zusätzlich eine weibliche Form *(Trainerin)* gebildet worden. Das Wort *Trainer* ist also bereits recht weit der deutschen Sprache angepasst, was man auch an der Deklination (Beugung) sehen kann: *der Trainer, des Trainers, die Trainer, den Trainern* usw. Diese Formen entsprechen der deutschen Substantivdeklination (im Englischen wird dagegen der Plural mit *-s* gebildet, also engl. *trainers*). Bei dem Wort *E-Mail* ist das grammatische Genus dagegen nicht eindeutig, man kann *die* oder *das E-Mail* sagen bzw. schreiben.

Generell lässt sich feststellen, dass die grammatischen und lautlichen Eigenschaften desto sicherer sind, je stärker ein Fremdwort bereits der deutschen Sprache angepasst ist. Dieser **Anpassungsprozess** kann sehr langwierig sein bzw. niemals abgeschlossen werden. Dies hängt in erster Linie davon ab, wie häufig ein Fremdwort gebraucht wird, welchen Stellenwert es im deutschen Wortschatz hat und ob es (z. B. aufgrund seiner Lautung) überhaupt gänzlich anpassungsfähig ist. Beispiele für eine fast vollständige Eindeutschung von Fremdwörtern sind z. B. die Wörter *Büro* (<frz. *bureau* und früher auch im Deutschen so geschrieben), *Telefon* (<früher *Telephon*) und *Foto* (<früher *Photo*, heute überwiegend *Foto* geschrieben). Dagegen werden Wörter wie *adagio, Gentleman, Katapher, recyclen* oder *Update* auch langfristig als Fremdwörter empfunden werden, da sie nur bedingt anpassungsfähig oder in ihrer Eigenschaft als Fremdwörter in einem bestimmten Bereich fest etabliert sind (z. B. die aus dem Italienischen stammenden Begriffe in der Musik). Häufig führt gerade die Verwendung eines Fremdwortes zur besonderen Hervorhebung eines Begriffes oder Sachverhaltes.

Wie gelangen Fremdwörter in die deutsche Sprache ?

Fremdwörter finden aufgrund von **Sprachkontakten** sowie durch **kulturelle** und **wirtschaftliche Verbindungen** Eingang in eine andere Sprache. Der Fremdwortschatz einer Sprache wird aber auch von außersprachlichen Entwicklungen (besonders in den Bereichen Technik, Wissenschaft, Politik und Freizeit) geprägt.

Viele Fremdwörter werden mit dem Begriff oder der Sache, die sie bezeichnen, in eine Sprache aufgenommen. Ganz auffällig ist dies z. B. bei Begriffen aus dem kulinarischen Bereich: Wörter wie *Hamburger, Cheeseburger, Zaziki, Fondue, Raclette, Fast Food, Drive-in-Restaurant* werden mit den Dingen selbst, die in einer Gesellschaft modern werden, übernommen. Häufig gibt es in der Sprache eine Bezeichnungslücke im Wortschatz, die Platz für einen neuen Begriff bzw. ein neues Wort bietet. Es gibt Fremdwörter, die aus einer anderen Sprache nur unvollständig übernommen werden, d. h., nur eine von ursprünglich mehreren Bedeutungen eines Wortes, die einer Sprache fehlt, wird übernommen. Beispielsweise bedeutet das englische Wort *spleen* auch »Milz« (was aber im Deutschen bereits vorhanden ist), *spikes* wird im

Englischen auch in der Bedeutung »Nagel« gebraucht. Diese »überflüssigen« Bedeutungen wurden jedoch nicht übernommen, da es für sie bereits deutsche Wörter gab. Es findet also gewissermaßen eine Auswahl statt, welche Wörter und Wortbedeutungen noch in ein Sprachsystem passen.

Viele der fremden Sprachanleihen verschwinden wieder, aber viele werden auch dauerhaft in die deutsche Sprache integriert. Deshalb unterscheidet man zwischen **langlebigen** und **kurzlebigen** Fremdwörtern, d. h. solchen, die bereits seit langer Zeit im Deutschen vorhanden sind, und den sogenannten Modewörtern, die häufig aus der Presse, der Politik, aus Fachsprachen oder der Jugendsprache stammen. Viele dieser Modewörter werden mit dem Abflauen einer bestimmten Mode (z. B. *Letkiss* (Tanz der 60er Jahre), *Antiskating* (Vorrichtung an Schallplattenspielern), *Flowerpower, Hippielook* ungebräuchlich.

Das Englische steht unangefochten an der Spitze der international gebrauchten Sprachen, deshalb stammen viele der heute neu in der deutschen Sprache verwendeten Fremdwörter aus dem Englischen bzw. Amerikanischen. Man nennt diese englischen Fremdwörter **Anglizismen**. International verbreitete Fremdwörter nennt man **Internationalismen**, solche Wörter sind z. B. *Aids, Computer, Pizza, BSE.*

Viele Neuerungen, z. B. aus den Bereichen Technik und neue Medien, übernehmen wir mit dem entsprechenden Namen direkt aus dem Englischen (z. B. die Wörter *Computer, E-Commerce, Internet, Soapopera*). Andere Wörter, die Dinge bezeichnen, die in der modernen Gesellschaft einen besonderen Stellenwert einnehmen, wie z. B. das *Mobiltelefon*, werden sogar mit einem anglisierten Namen ins Deutsche eingeführt. Das Wort *Handy* stammt z. B. nicht aus dem Englischen, denn dort nennt man das *Handy* »mobile phone« oder umgangssprachlich verkürzt »mobile«. Dieses Beispiel belegt, dass sich der moderne Zeitgeist, der stark von englischen und amerikanischen Einflüssen geprägt ist, im Wortschatz einer Sprache niederschlägt. Fremdwörter dokumentieren eben auch (zeitbedingte) kulturelle und wirtschaftliche Kontakte verschiedener Sprachgemeinschaften und bezeugen den engen Zusammenhang zwischen Geistes- und Kulturgeschichte auf der einen und der Sprachgeschichte auf der anderen Seite. (Wie sich die Einflüsse verschiedener Sprachen und Kulturen auf das Deutsche ausgewirkt haben, zeigt auch die Karte zur Herkunft der Fremdwörter im heutigen Deutsch auf S. 410/411.)

Wie groß ist der Anteil der Fremdwörter am deutschen Wortschatz ?

Im Wortschatz des Deutschen machen die Fremdwörter etwa einen Anteil von 25% aus, wobei viele dieser Wörter, besonders diejenigen, die aus dem Griechischen oder Lateinischen stammen, nicht mehr als »fremd« aufgefasst werden. Die von uns wirklich als »fremd« empfundenen Wörter machen ungefähr 10% des Deutschen aus. Hierbei stehen die Substantive an der Spitze, gefolgt von den Adjektiven und Verben. (Dies erstaunt nicht, da viele Fremdwörter mit der übernommenen Sache selbst, die ja meistens mit einem Substantiv bezeichnet ist, in eine Sprache gelangen.).

Es kann also durchaus nicht von einer »Überflutung« unserer Sprache mit fremden Wörtern die Rede sein. Allerdings entstammen viele neue Fremdwörter, insbesondere die Anglizismen, den entwicklungsträchtigsten und sich rasch erneuernden Bereichen unserer Gesellschaft und markieren – meist in Form von Schlagwörtern – besonders stark modische, technische oder gesellschaftliche Trends (z. B. *Internet, Jobsharing, surfen, Last-Minute-Reise* usw.). Die Fluktuation von Fremdwörtern im deutschen Wortschatz ist allerdings wesentlich stärker als die von deutschen Wörtern, da sie – wie bereits oben dargestellt – häufig Mode- oder Trendwörter sind, die nach kürzerer Zeit wieder außer Gebrauch kommen.

Wann wurden die ersten Fremdwörterbücher in Deutschland geschrieben?

Die ersten Fremdwörterbücher in Deutschland wurden im 16. Jahrhundert verfasst. Simon ROTH schrieb 1571 ein Fremdwörterbuch mit dem Titel *Ein teutscher dictionarius, dz ist ein außleger schwerer, vnbekannter teutscher, griechischer … auch andrer nation wörter,* so mit der weil in teutsche sprach kommen seind. Während Simon Roths Wörterbuch eine Hilfestellung für den Gebrauch fremder Wörter geben wollte, gab es im 18. und 19. Jahrhundert starke Bestrebungen, Fremdwörter zu vermeiden bzw. durch deutsche Wörter zu ersetzen. Deshalb wurden damals viele Fremdwörterbücher als »Verdeutschungswörterbücher« bezeichnet, z. B. das 1813 erschienene Wörterbuch von J. H. CAMPE mit dem Titel *Wörterbuch zur Erklärung und Verdeutschung der unserer Sprache aufgedrungenen fremden Ausdrücke.* Dieses Wörterbuch verstand sich als Ergänzungsband zu Campes *Wörterbuch der deutschen Sprache* von 1807. Damals wurden in deutsche Wörterbücher keine fremden Wörter aufgenommen, während heute auch in »normalen« deutschen Wörterbüchern die aus anderen Sprachen stammenden Wörter verzeichnet sind. Die Tradition der Verdeutschungswörterbücher muss man auch im Zusammenhang mit der in der damaligen Zeit sehr stark nationalistisch geprägten Bewegung zur sogenannten »Sprachreinigung« sehen. Neben den Verdeutschungswörterbüchern gab es aber auch Fremdwörterbücher, sogenannte »Alamode-Wörterbücher«, die die Anwendung von Fremdwörtern, besonders von französischen Wörtern, die im 18. Jahrhundert als besonders modisch und vornehm galten, erleichtern sollten.

Noch zu Beginn des 20. Jahrhunderts gab es immer wieder – weiterhin nationalistisch (oder sogar rassistisch) begründete – Bestrebungen zur »Reinigung« der Sprache von fremden Wörtern. Erst in der zweiten Hälfte des 20. Jahrhunderts etablierte sich das Fremdwort als ein Mittel, mit dem zunehmend in der Presse, in den Medien, in der Politik und in anderen Bereichen des öffentlichen Lebens bestimmte Sachverhalte schlagwortartig populär gemacht werden konnten oder das Interesse der Öffentlichkeit leichter zu gewinnen war.

Welche Informationen enthält ein Fremdwörterbuch ?

Das heutige Anliegen eines Fremdwörterbuches ist es, bei Verständigungs- oder Schreibschwierigkeiten mit Fremdwörtern eine Hilfestellung zu bieten. Aus diesem Grund werden in dem vorliegenden *Schüler-WAHRIG Fremdwörterlexikon* möglichst vollständige Informationen zu jedem verzeichneten Stichwort gegeben. Die Stichwörter sind

- in ihrer korrekten **Schreibweise** aufgeführt (ggf. auch mit Schreibvarianten);
- mit **Worttrennung** (ggf. ebenfalls mit Varianten) versehen;
- bei schwieriger Lautung mit **Ausspracheangaben** versehen;
- mit Angaben zur **Wortart** und ggf. zum Genus (grammatischen Geschlecht) und zu den Genitiv- und Pluralendungen versehen;
- ihren **Fachgebieten** (Biol., Math., Gramm. usw.) zugeordnet;
- mit leicht verständlichen **Bedeutungsangaben**, die häufig durch **Anwendungsbeispiele** ergänzt werden, versehen;
- mit ihrer **Etymologie**, d. h. Angaben zur Wortherkunft, versehen.

Weiterführende Informationen zu einzelnen Stichwörtern oder zu Schreibvarianten werden in besonders hervorgehobenen **Informationskästen** gegeben. Um das Auffinden von Wörtern mit einer für Schüler schwierigen Schreibung zu erleichtern, wurden **Suchhilfen** (gekennzeichnet durch einen Pfeil ➔) ins Wörterverzeichnis eingefügt.

Es ist gar nicht so einfach, Fremdwörter in einem Wörterbuch darzustellen, denn es gibt – wie bereits oben ausgeführt – eine große Anzahl von Wörtern, die nur bei einer bestimmten Personengruppe oder in einem besonderen Bereich Verwendung findet, z. B. viele Spezialwörter aus dem Internet oder aus bestimmten sportlichen Disziplinen. Für das *Schüler-WAHRIG Fremdwörterlexikon* wurden Stichwörter ausgewählt, die besonders für den **Wortschatz von Schülern** bzw. für das **Lernen in der Schule** wichtig sind. Teilweise wurde auf Fremdwörter, die nicht mehr als solche empfunden und deshalb eher nicht in einem Fremdwörterlexikon gesucht werden, verzichtet.

Gibt es Regeln zum »richtigen« Gebrauch von Fremdwörtern ?

Offizielle oder gar amtliche Regeln zum richtigen Gebrauch von Fremdwörtern gibt es nicht, aber es ist häufig eine Frage des **Stils** oder des **Sprachempfindens**, ob man in einem Gespräch oder in einem schriftlichen

Text Fremdwörter verwenden sollte. Bei dem Gebrauch eines Fremdwortes sollte man sich grundsätzlich sicher sein, dass man die Bedeutung des Wortes kennt und es dem Sinn nach korrekt verwendet. Häufig werden fremde Wörter falsch gebraucht, z. B. bezeichnen die Begriffe *instruieren* (»in Kenntnis setzen, unterrichten, Anweisungen erteilen«), *instrumentieren* (»für Orchester bearbeiten«) und *instrumentalisieren* (»bewusst als Mittel zum Zweck einsetzen«) ganz unterschiedliche Tätigkeiten. Was dabei herauskommt, wenn man diese Begriffe verwechselt, lässt sich leicht ausmalen. Der Satz *Der Lehrer versucht uns für die Durchsetzung seiner Interessen zu instrumentieren* dürfte selbst in einer Musikklasse zu Irritationen führen!

Teilweise stehen Fremdwörter und die deutschen Entsprechungen nebeneinander, aber nicht immer sind sie austauschbar. Häufig sind es kleine Bedeutungsnuancen, die die Verwendung des einen oder des anderen Begriffes bedingen. Manche Zusammenhänge können mit einem fremden Begriff genauer als mit einem deutschen Wort ausgedrückt werden. So lassen sich z. B. die Wörter *Integration/integrieren* nicht immer durch die deutschen Begriffe *Einbeziehung/einbeziehen* ersetzen. Während man im gesellschaftlichen Zusammenhang z. B. nur von einer *Integration der Ausländer* spricht, so würde man in wörtlicher Rede – etwa bei einer Geburtstagsparty – eher sagen *Wir möchten etwas spielen, bei dem wir alle einbeziehen können*. Die Äußerung *Wir möchten etwas spielen, bei dem wir alle integrieren können* klingt in diesem Zusammenhang unangemessen gehoben.

Die Verwendung von Fremdwörtern ist also häufig eine Frage des Stils; in gesprochener Rede verwenden wir im Alltag weniger häufig Fremdwörter als in der Schriftsprache. Geht es um Fachtexte, so ist die Verwendung von fremden Wörtern jedoch oft gar nicht zu vermeiden. Wie sollten wir etwa ein Wort wie *Internet* oder *Kathete* eingedeutscht wiedergeben? Vielleicht mit den Begriffen *Weltdatennetz* oder *Seite des rechten Winkels in einem Dreieck*? Diese Umschreibungen wirken geradezu lächerlich und umständlich.

Andererseits kann es auch bei anderen auf Unverständnis stoßen, wenn man zu viele oder für den Gesprächspartner zu schwierige Fremdwörter verwendet. Es ist sicherlich kein guter Stil, wenn man versucht, mit Hilfe der Verwendung von Fremdwörtern andere, die diese nicht verstehen, auszugrenzen. Mitunter verwenden Politiker in Diskussionen eine Vielzahl von Fremdwörtern (die sie hoffentlich verstehen!), die für die Mehrheit der Bevölkerung nicht verständlich ist; auch dies ist sicherlich kein guter Sprachstil. Darüber hinaus kann man es durchaus nicht als positiv bewerten, wenn in der Werbesprache mit Hilfe von fremden oder sogar fehlerhaft gebildeten Wörtern die Aufmerksamkeit auf bestimmte Produkte gelenkt werden soll. Auch die Fremdwortschreibung unterliegt den Regeln der deutschen Orthografie und man sollte auf jeden Fall ungrammatische Schreibweisen, z. B. Großbuchstaben innerhalb eines Wortes (z. B. in dem Wort *CityCall*), vermeiden.

Hat sich die Fremdwortschreibung nach Einführung der neuen Rechtschreibung geändert ?

Die **neue amtliche Regelung** der deutschen Rechtschreibung von 2006, die seit 1. August 2007 ebenfalls für die Notengebung an Schulen verbindlich ist, beinhaltet auch einige neue Richtlinien zur Fremdwortschreibung. Insgesamt zielt die Neuregelung darauf ab, die Integration von Fremdwörtern hinsichtlich ihrer Schreibweise zu erleichtern. Die Eingliederung von fremden Wörtern in die deutsche Sprache ist aber meist ein längerfristiger Prozess, in dessen Verlauf häufig mehrere Schreibvarianten nebeneinander gebraucht werden (z. B. *Foto/ Photo, Mayonnaise/Majonäse, Geografie/Geographie* usw.). Mit der Neuregelung der deutschen Rechtschreibung wurden einige Wörter um eingedeutschte **Varianten** erweitert, d. h., es können sowohl die aus der fremden Sprache stammenden Schreibweisen als auch die der deutschen Lautung angepassten Schreibungen verwendet werden.

Generell können alle Wörter mit den Morphemen (bedeutungshaltigen Bestandteilen) **phon, phot** und **graph** statt mit *ph* auch mit *f* geschrieben werden, also *fon, fot* und *graf* (z. B. in *Phonetik/Fonetik, Photometrie/Fotometrie, Choreographie/Choreografie*). Die Schreibung mit *ph* ist allerdings vor allem bei fachsprachlichen Begriffen oft nach wie vor die gebräuchlichere Variante. Daneben gibt es eine Reihe von einzelnen Wörtern wie *Chicorée/Schikoree, Delphin/Delfin, Ketchup/Ketschup, Necessaire/Nessessär, Portemonnaie/Portmonee* oder *Thunfisch/Tunfisch*, bei denen auch eingedeutschte Schreibvarianten verwendet werden können. Akzente in französischen Wörtern (wie bei *Chicorée*) können teilweise durch eine Verdoppelung des *e* ersetzt werden.

Im Zuge der Rechtschreibreform wird auch das so genannte **Stammprinzip** stärker berücksichtigt. Schrieb man z. B. das von dem Substantiv *Potenz* abgeleitete Adjektiv früher nur *potentiell*, so kann man es heute – seinem Wortstamm entsprechend – auch *potenziell* schreiben.

Die Neuregelung der deutschen Rechtschreibung betrifft auch den Bereich der **Getrennt- und Zusammenschreibung;** die dort geltenden Regeln gelten teilweise auch für Fremdwörter. Aus anderen Sprachen stammende Verbindungen aus Substantiv + Substantiv können, wie die entsprechenden Verbindungen im Deutschen, immer zusammengeschrieben werden: das aus dem Englischen stammende *Mountainbike* genau wie das deutsche *Baumhaus*. Zur Verdeutlichung der Einzelbestandteile und zur besseren Übersichtlichkeit kann bei diesen Verbindungen aber auch ein Bindestrich gesetzt werden: *Desktop-Publishing* oder *Desktoppublishing*. Die Regelung der Getrennt- und Zusammenschreibung von Fremdwörtern anderer Wortarten wird im Anhang des Rechtschreibwörterbuchs *Schüler-WAHRIG Die deutsche Rechtschreibung* ausführlich erläutert.

Bei der **Worttrennung** kann vielfach eine Trennung nach Wortbestandteilen (Morphemen) oder nach Silben erfolgen. Manchmal kann zusätzlich die konsonantische Trennung, bei der der letzte Konsonant einer Konsonantenfolge auf die nächste Zeile gesetzt wird, angewendet werden. Bei einer nicht unbeträchtlichen Anzahl von Stichwörtern kommt es deshalb zu mehreren möglichen Trennvarianten.

Das Wort *interessant* kann beispielsweise sowohl nach der Wortherkunft *in|ter|es|sant* [<lat. *inter* »zwischen« + *esse* »sein«] als auch nach Sprechsilben *in|te|res|sant* getrennt werden.

Sofern es mehrere Möglichkeiten für die Schreibung eines Fremdwortes gibt, werden diese Varianten alle im *Schüler-WAHRIG Fremdwörterlexikon* aufgeführt. Dies gilt auch für unterschiedliche Trennmöglichkeiten. Einige wichtige Neuerungen bezüglich der Fremdwortschreibung werden im Stichwortverzeichnis durch Informationskästen eigens hervorgehoben.

Hinweise zur Benutzung

Das Stichwortverzeichnis ist auf dem Stand der amtlichen Rechtschreibregelung, die zum 1.8.2006 in Kraft getreten ist und am 1.8.2007 für die Notengebung an Schulen verbindlich wurde.

1.1

Die **Stichwörter** sind streng nach dem Alphabet geordnet, Umlaute werden wie nicht umgelautete Buchstaben behandelt; ä, ö, ü entsprechen also a, o, u.

1.1.

Die **Worttrennung** wird durch das Zeichen | angegeben ; z. B.

qua|li|fi|zie|ren

1.1.1

Orthografische oder Worttrennungsvarianten sind durch den Hinweis *auch:*, der dem zweiten Stichworteintrag vorangeht, gekennzeichnet, oder es wird – wenn sie der alphabetischen Abfolge zuwiderlaufen – im Stichworttext auf sie verwiesen (→ a. 4.1 und 4.2); z. B.

Black|box, *auch:* **Black Box**
Co|gnac, *auch:* **Cog|nac**

1.1.2

Wenn eine größere Anzahl von im Alphabet aufeinanderfolgenden Wörtern auf die gleiche Weise getrennt werden kann, so werden die jeweiligen Varianten nicht bei jedem einzelnen Stichwort angegeben. Stattdessen wird die zugrundeliegende Regel den betreffenden Stichwörtern vorangestellt. Eine Raute vor den nachfolgenden Einträgen zeigt an, welche Wörter (Buchstabenfolgen) in Bezug auf ihre Trennung der genannten Regel folgen:

♦ Die Buchstabenfolge **elek|tr...** kann auch **elekt|r...** getrennt werden.

♦ **elek|trisch ...**
♦ **Elek|trizi|tät ...**

1.2

Die **Betonungszeichen** stehen im Stichwort oder in der Lautschrift unter dem betonten Vokal. Betonungsvarianten werden in eckigen Klammern angegeben (z. B. [--'--]); das Akzentzeichen steht dann vor der betonten Silbe.

1.2.1

Wird der Vokal kurz gesprochen, so ist er mit einem Punkt gekennzeichnet; z. B.

Kạn|tor

Lange Vokale sind dagegen unterstrichen; z. B.

Pas|te|te

2.

Die **Aussprache** wird, wenn sie von

den Regeln der deutschen Aussprache abweicht, in der internationalen Umschrift (s. Tabelle S. 18) angegeben.

3.

Die **Wortart** (Abkürzungen s. S. 19–22) steht am Anfang der spitzen Klammer oder – sofern angegeben – hinter der Betonung oder Aussprache; z. B.

mi|ni|mie|ren ⟨V.⟩
en|do|gen ⟨Adj.⟩

3.1

Bei Substantiven ist anstelle der Wortart das **Genus** (grammatisches Geschlecht) angegeben (der, die, das). Das Stichwort selbst steht im Nominativ Singular; im Anschluss an das Genus sind von der **Deklination** der Genitiv Singular und der Nominativ Plural angeführt. Daraus lassen sich alle übrigen Kasus (Fälle) ableiten; z. B. bedeutet:

For|ma|ti|on ⟨die; -, -en⟩

die/eine Formation (Nominativ Singular)
der/einer Formation (Genitiv Singular)
die/- Formationen (Nominativ Plural)

3.1.1

Wird ein Substantiv **adjektivisch dekliniert** und kann mehreren Genera (Maskulinum, Femininum oder Neutrum) zugeordnet werden, so ist dies durch Hinzufügung der entsprechenden Nominativendung und der Genusangabe (der, die, das) angezeigt; z. B.

Al|li|ier|te(r) ⟨die od. der; ...⟩
In|va|li|de(r) ⟨[-va] die od. der; ...⟩

3.2

Substantive, die nur im Singular üblich sind, werden durch den Hinweis »unz.« (= unzählbar) gekennzeichnet. Manchmal gilt diese Einschränkung nur für bestimmte Bedeutungen. Im Zweifelsfall wird der Hinweis »zählb.« (= zählbar) hinzugefügt, d. h., dass sowohl Singular als auch Plural üblich sind; z. B.

Me|di|zin ... 1 ⟨unz.⟩ ... Heilkunde
2 ⟨zählb.⟩ Heilmittel ...

4.

Synonyme (Wörter gleicher Bedeutung) und **Antonyme** (Wörter mit entgegengesetzten oder sich ergänzenden Bedeutungen) sind durch die Abkürzungen *Sy* und *Ggs* gekennzeichnet; z. B.

Ba|se ...; *Sy* Alkali
la|bil ...; *Ggs* stabil

4.1

Auf Synonyme und orthografische Varianten (s. u.) wird durch das Zeichen = hingewiesen; z. B.

Krem ... = Creme

Mons|ter ... = Monstrum
in|do|eu|ro|pä|isch ... = indogermanisch
Kar|to|graf ... = Kartograph

4.2

Orthografische Varianten (rechtschreibliche Doppelformen) sind durch die Abkürzung *oV* gekennzeichnet (→ a. 1.1.1); z. B.

Chi|co|rée ...; *oV* Schikoree

4.3

Am Ende der Worterklärung sind in manchen Fällen noch verwandte oder weiterführende Begriffe angefügt; z. B.

Ka|pa|zi|tät ...; → *a.* Koryphäe

5.

Angaben zum **Stil** stellen keine Wertungen dar, sondern sind Hinweise darauf, dass manche Wörter oder Wendungen nicht in jeder beliebigen Situation verwendet werden. Kennzeichnungen wie »poetisch«, »umgangssprachlich« usw. sollen keine Vorschriften für die Verwendung der Wörter sein, sondern darüber informieren, in welcher Art von gesprochenen oder geschriebenen Texten entsprechende Ausdrücke gefunden werden.

5.1

Fachsprache und Sondersprache werden, wenn nötig, angegeben, und zwar

a) Fachsprache; z. B.

Me|di|um ... 2 ⟨Phys.⟩... **5** ⟨Gramm⟩...
neu|ral ⟨...; Med.⟩ ...
E|pi|phyt ⟨...; Biol.⟩ ...

b) Sondersprache; z. B.

kul|tig ⟨...; Jugendspr.⟩

Wenn der fachliche oder sondersprachliche Bereich, in den ein Stichwort gehört, eindeutig aus der Definition hervorgeht, wird er nicht angegeben.

6.

Der **Aufbau eines Wörterbuchartikels** richtet sich nach den Bedeutungen eines Wortes, die mit den halbfetten Ziffern **1, 2, 3** usw., eventuell auch mit einer Untergliederung **1.1, 1.2, 1.3** usw. nummeriert werden. Auf diese Ziffern wird auch bei Rückverweisen verwiesen (die Ziffer steht dann in Klammern); z. B.

Ni|veau ... 4 ...; *Sy* Term(2)
Term ... 2 ... = Niveau(4)

6.1

Wörter, die buchstabengetreu gleich geschrieben werden, sich aber durch ihre Herkunft (Etymologie) unterscheiden, werden dagegen mit hochgestellten Ziffern nummeriert; z. B.

Te|nor[1]
Te|nor[2]

6.2

Die **Tilde** (~) ersetzt das Stichwort innerhalb eines Artikels.

6.3

Die **Schriften** bedeuten:

a) **fett** für das Stichwort

b) gerade für die Bedeutungserklärungen

c) *kursiv* für Wörter, die zusammen mit dem Stichwort vorkommen können, sowie für Beispiele, die den Gebrauch des Stichwortes verdeutlichen

d) Hinweise zu Grammatik, Stil, Situation, Fachgebiet u. a. Erklärungen zur Verwendung der Wörter stehen in Grundschrift in spitzen Klammern ⟨...⟩.

7.

Die Angaben zur **Etymologie** (Herkunft der Wörter) sind am Ende eines Wortartikels in eckigen Klammern [...] angegeben. Im Wesentlichen werden für die Wörter – und zwar nur für die Grundwörter, nicht für die Ableitungen und Zusammensetzungen – die Formen angegeben, die sie in ihrer historischen Entwicklung einmal gehabt haben.

Die Sprachen, aus denen ein Wort stammt, sind gerade gedruckt, die historischen Formen und die verwandten Wörter kursiv, während die Angaben zur Bedeutung eines Wortes gerade und in Anführungszeichen (»...«) gesetzt sind.

Das Zeichen < bedeutet: »... stammt aus der ... Sprache, hat sich aus dem folgenden Wort entwickelt, ist aus den folgenden Wörtern gebildet worden«.

Das Zeichen * bedeutet, dass es sich um eine durch Sprachvergleich erschlossene Form handelt.

Im Allgemeinen wird zu einem in den etymologischen Angaben aufgeführten Wort die Bedeutung angegeben. Fehlt diese Angabe, so bedeutet dies, dass das Wort dieselbe Bedeutung hat wie das vorangehende fett gedruckte Stichwort.

8.

Abkürzungen und Zeichen sind auf S. 19–22 aufgeführt.

9.

- In das Wörterverzeichnis sind **Infokästen** eingearbeitet, die allgemeine Regeln zur korrekten Schreibung von Fremdwörtern vorstellen.

- Andere Infokästen enthalten Informationen zu besonders **interessanten** oder **bedeutsamen Fremdwörtern,** z. B. *Aminosäure, Chromosom, Humanismus, Medizin* oder *Reformation.* Hier wird Wissenswertes über die Bedeutung eines Fremdwortes bzw. über seinen historischen Hintergrund dargestellt.

- Mit einem Pfeil markierte Suchhilfen leiten zum richtigen Eintrag, wenn an der falschen Stelle nachgeschlagen wurde.

Tabelle der Aussprachezeichen

I. Vokale

[ː] der Doppelpunkt bezeichnet die Länge eines Vokals; Vokale ohne Doppelpunkt sind kurz bis halblang zu sprechen
[a] kurzes a (wie in k**a**nn)
[aː] langes a (wie in H**ah**n)
[æ] sehr offenes, meist kurzes, dem [a] zuneigendes ä (wie in G**a**ngway [gæŋwɛɪ])
[æː] langes ä (wie in engl. H**a**nds [hæːndz])
[ʌ] dumpfes, kurzes a (wie in C**u**p [kʌp])
[ã] kurzes, nasaliertes a (wie in frz. Ch**am**ps-Élysées [ʃãzelizeː])
[ãː] langes, nasaliertes a (wie in Ren**an** [rənãː])
[aɪ] Zwielaut (wie in Br**ei**, L**ai**b)
[aʊ] Zwielaut (wie in k**au**m)
[e] kurzes, geschlossenes e (wie in D**e**büt)
[eː] langes, geschlossenes e (wie in R**e**h)
[ə] kurzes, dumpfes e (wie in Pini**e** [-iə], Gebirg**e**)
[ɛ] kurzes, offenes e (wie in F**e**st, G**ä**nse)
[ɛː] langes, offenes e (wie in B**ä**r)
[ɛ̃] kurzes, nasaliertes e (wie in t**im**brieren [tɛ̃briːrən])
[ɛ̃ː] langes, nasaliertes e (wie in frz. jard**in** [ʒardɛ̃ː])
[ɛɪ] Zwielaut (wie in Homep**a**ge [hoʊmpɛɪdʒ])
[ɪ] kurzes i (wie in b**i**n)
[iː] langes i (wie in W**ie**n)
[ɔ] kurzes, offenes o (wie in R**o**ss)
[ɔː] langes, offenes o, ein dem a angenähertes o (wie in engl. W**a**llstreet [wɔːlstriːt])
[ɔ̃] offenes, nasaliertes o (wie in M**o**nt Blanc [mɔ̃blãː])
[ɔ̃ː] langes, nasales o (wie in F**on**ds [fɔ̃ː])
[ɔɪ] Zwielaut (wie in L**eu**te)
[o] kurzes, geschlossenes o (wie in V**o**kal)
[oː] langes, geschlossenes o (wie in L**oh**n, L**o**s)
[oʊ] Zwielaut (wie in Sh**ow** [ʃoʊ])
[œ] kurzes ö (wie in K**ö**ln)
[œː] offenes, langes ö (wie in G**i**rl [gœːl])
[ø] kurzes, geschlossenes ö (wie in Ph**ö**nizier)
[øː] langes, geschlossenes ö (wie in K**öh**ler)
[œ̃] kurzes, nasales ö (wie in frz. **un** [œ̃])
[œ̃ː] langes, nasales ö (wie in Verd**un** [vɛrdœ̃ː])
[u] kurzes u (wie in r**u**nd)
[uː] langes u (wie in Gr**u**ß)
[y] kurzes ü (wie in J**ü**nger)
[yː] langes ü (wie in f**üh**ren)

II. Konsonanten

[b] stimmhafter Verschlusslaut wie in **B**ad
[d] stimmhafter Verschlusslaut wie in **d**ort
[f] stimmloser Reibelaut wie in **F**eld
[g] stimmhafter Verschlusslaut wie in **g**ut
[h] Hauchlaut wie in **h**eute
[j] stimmhafter Reibelaut wie in **j**a
[k] stimmhafter Verschlusslaut wie in **K**ind
[l] Liquida (Fließlaut) wie in **l**eben
[m] Nasal wie in **M**ann
[n] Nasal wie in **N**ase
[p] stimmloser Verschlusslaut wie in **P**ilz
[r] Liquida (Fließlaut) wie in **R**eich
[t] stimmloser Verschlusslaut wie in **T**ag
[ç] ch (wie in i**ch**)
[ŋ] ng (wie in Lä**ng**e, Ba**n**k [baŋk])
[s] stimmloses s (wie in mü**ss**en)
[ʃ] stimmloses sch (wie in **Sch**af)
[ʒ] stimmhafter sch-Laut (wie in Eta**g**e [etaːʒə])
[θ] stimmloser Lispellaut (wie in engl. **th**ing [θɪŋ])
[ð] stimmhafter Lispellaut (wie in engl. mo**th**er [mʌðə(r)])
[v] w (wie in **W**asser)
[w] mit stark gewölbten Lippen gesprochenes englisches w (wie in **W**ells [wɛlz])
[x] ch (wie in ma**ch**en)
[z] stimmhaftes s (wie in Wei**s**e)

Buchstaben, die zwei Laute wiedergeben, werden in der Lautschrift durch zwei Zeichen dargestellt, z. B.

[ts] z wie in rei**z**en [raɪtsən]
[ks] x wie in He**x**e [hɛksə]

Abkürzungen und Zeichen

a.	auch
Abk.	Abkürzung
Adj.	Adjektiv
Adv.	Adverb
adv.	adverbial
aengl.	altenglisch
a. fig.	auch figürlich (auch im übertragenen Sinn)
afrik.	afrikanisch
afrz.	altfranzösisch
ägypt.	ägyptisch
ahd.	althochdeutsch
aind.	altindisch
Akk.	Akkusativ
alem.	alemannisch
allg.	allgemein
amerikan.	amerikanisch
Anat.	Anatomie
anord.	altnordisch
Anthrop.	Anthropologie
apers.	altpersisch
aram.	aramäisch
Arch.	Architektur
Archäol.	Archäologie
Art.	Artikel
Astrol.	Astrologie
Astron.	Astronomie
AT	Altes Testament
attr.	attributiv
Musspr.	Aussprache
babyl.	babylonisch
Bakt.	Bakteriologie
Bankw.	Bankwesen
Bauw.	Bauwesen
bes.	besonders
Bez.	Bezeichnung
Bgb.	Bergbau
Bibliotheksw.	Bibliothekswesen
Biol.	Biologie
Börsenw.	Börsenwesen
Bot.	Botanik
Buchw.	Buchwesen
bulg.	bulgarisch
bzw.	beziehungsweise
ca.	circa
chin.	chinesisch
Chir.	Chirurgie
Dat.	Dativ
dgl.	dergleichen
d. h.	das heißt
dt.	deutsch
Dtschld.	Deutschland
EDV	Elektronische Datenverarbeitung
ehem.	ehemalig
eigtl.	eigentlich
Eisenb.	Eisenbahn
El.	Elektrizität
engl.	englisch
eskim.	eskimoisch
europ.	europäisch
evang.	evangelisch
fachspr.	fachsprachlich
Fem.	Femininum
fig.	figürlich, im übertragenen Sinne
Finanzw.	Finanzwesen
finn.	finnisch
finn.-ugr.	finnisch-ugrisch
Flugw.	Flugwesen
Forstw.	Forstwirtschaft
Fot.	Fotografie
frz.	französisch
Funkw.	Funkwesen
Fußb.	Fußball(-spiel)
Gartenb.	Gartenbau
geh.	gehoben

Gen.	Genitiv
Geogr.	Geografie
Geol.	Geologie
Geom.	Geometrie
germ.	germanisch
Gesch.	Geschichte
Ggs	Gegensatz
Gramm.	Grammatik
grch.	griechisch
hebr.	hebräisch
Her.	Heraldik
hind.	Hindi
hl.	heilig
i. Allg.	im Allgemeinen
idg.	indogermanisch
i. e. S.	im engeren Sinne
Ind.	Industrie
Inf.	Infinitiv
insbes.	insbesondere
Int.	Interjektion
intr.	intransitiv
ir.	irisch
isl.	isländisch
ital.	italienisch
i. w. S.	im weiteren Sinne
Jagdw.	Jagdwesen
jap.	japanisch
jav.	javanisch
Jh.	Jahrhundert
jmd.	jemand
jmdm.	jemandem
jmdn.	jemanden
jmds.	jemandes
Kart.	Kartenspiel
Kartogr.	Kartographie
kath.	katholisch
Kfz	Kraftfahrzeug (-technik)
Kochk.	Kochkunst
Konj.	Konjunktion
Kosmol.	Kosmologie
Kunstw.	Kunstwort
Kurzw.	Kurzwort
Kyb.	Kybernetik
Landw.	Landwirtschaft
lat.	lateinisch
lit.	litauisch
Lit.	Literatur (-wissenschaft)
Luftf.	Luftfahrt
MA	Mittelalter
mal.	malaiisch
Mal.	Malerei
Mar.	Marine
Mask.	Maskulinum
Math.	Mathematik
mdt.	mitteldeutsch
Med.	Medizin
mengl.	mittelenglisch
Met.	Metallurgie
Meteor.	Meteorologie
mfrz.	mittelfranzösisch
mgrch.	mittelgriechisch
mhd.	mittelhochdeutsch
mil.	militärisch
Mil.	Militärwesen
Min.	Mineralogie
mlat.	mittellateinisch
mnddt.	mittelniederdeutsch
mndrl.	mittelniederländisch
Mus.	Musik
Myth.	Mythologie
nddt.	niederdeutsch
ndrl.	niederländisch
Neutr.	Neutrum
nhd.	neuhochdeutsch
nhebr.	neuhebräisch
ngrch.	neugriechisch
nlat.	neulateinisch

Nom.	Nominativ
norddt.	norddeutsch
norw.	norwegisch
NT	Neues Testament
Num.	Numerale
o. Ä.	oder Ähnliche(s)
oberdt.	oberdeutsch
Obj.	Objekt
od.	oder
Okk.	Okkultismus
Ökol.	Ökologie
Opt.	Optik
ostdt.	ostdeutsch
österr.	österreichisch
oV	orthografische Variante
Päd.	Pädagogik
Parapsych.	Parapsychologie
Part.	Partizip
Path.	Pathologie
Perf.	Perfekt
pers.	persisch
Pharm.	Pharmazie
Pharmakol.	Pharmakologie
Philol.	Philologie
Philos.	Philosophie
phön.	phönizisch
Phon.	Phonetik
Phonol.	Phonologie
Physiol.	Physiologie
Pl.	Plural
poet.	poetisch
Pol.	Politik
portug.	portugiesisch
präd.	prädikativ
Präf.	Präfix
Präp.	Präposition
Präs.	Präsens
Pron.	Pronomen
prov.	provenzalisch
Psych.	Psychologie
rätorom.	rätoromanisch
Raumf.	Raumfahrt
rd.	rund (= etwa)
Rechtsw.	Rechtswesen
refl.	reflexiv (= rückbezüglich)
Rel.	Religion
relig.	religiös
Rhet.	Rhetorik
rom.	romanisch
rotw.	rotwelsch
Sammelbez.	Sammelbezeichnung
scherzh.	scherzhaft
Schiff.	Schifffahrt
Schulw.	Schulwesen
schweiz.	schweizerisch
serbokr.	serbokroatisch
Sg., Sing.	Singular
skand.	skandinavisch
slaw.	slawisch
Soziol.	Soziologie
Spr.	Sprache
...spr.	...sprache
Sprachw.	Sprachwissenschaft
Sprichw.	Sprichwort
Stat.	Statistik
s. u.	siehe unten
Subst.	Substantiv
süddt.	süddeutsch
Sy	Synonym
syr.	syrisch
Tech.	Technik
Tel.	Telekommunikation
Textilw.	Textilwesen
Theat.	Theater
Theol.	Theologie
tibet.	tibet(an)isch
TV	Fernsehen
Typ.	Typographie
u.	und

u. a.	unter anderem, und anderes
u. Ä.	und Ähnliche(s)
übl.	üblich
u. dgl.	und dergleichen
ukr.	ukrainisch
umg.	umgangssprachlich
undekl.	undeklinierbar
ung.	ungarisch
unz.	unzählbar (von Substantiven, die keinen Plural haben)
urspr.	ursprünglich
usw.	und so weiter
V.	Verb
Vet.	Veterinärmedizin
viell.	vielleicht
Völkerk.	Völkerkunde
volksetym.	volksetymologisch
Volksk.	Volkskunde
Vors.	Vorsilbe
vulgärlat.	vulgärlateinisch
Waffenk.	Waffenkunde
Web.	Weberei
westdt.	westdeutsch
Wirtsch.	Wirtschaft
wiss.	wissenschaftlich
zählb.	zählbar (von Substantiven, die einen Plural haben)
z. B.	zum Beispiel
Zeitungsw.	Zeitungswesen
Zool.	Zoologie
Zus.	Zusammensetzung
þ	Runenzeichen (»Thorn«) für den Laut [θ]
→	siehe
→ *a.*	siehe auch
=	Hinweis auf ein Wort mit gleicher Bedeutung
*	durch Sprachvergleich erschlossene Form eines Wortes; bei Personen: geboren
<	kommt aus der Sprache…, hat sich aus dem folgenden Wort entwickelt, ist aus den folgen den Wörtern gebildet worden
†	gestorben
®	geschütztes Warenzeichen

Die Endungen *-isch* und *-lich* sind oft abgekürzt.

à ⟨Adv.⟩ (für) je; *20 Stück ~ 3 €* [frz.]

a...[1], **A...**[1] ⟨vor Vokalen⟩ an...[1], An...[1] ⟨Vorsilbe⟩ nicht (verneinende Vors.) [grch.]

a...[2], **A...**[2] ⟨Vorsilbe⟩ = ab..., Ab... [lat.]

ab..., Ab... ⟨vor einigen Konsonanten; Vorsilbe⟩ ab..., ent..., weg... [lat.]

Ab|bé ⟨der; -s, -s; Rel.⟩ niederer katholischer französischer Weltgeistlicher [frz., »Abt, Priester«]

ab|che|cken ⟨[-tʃɛkən] V.; verstärkend⟩ checken, prüfen, kontrollieren

> → **Update:** Was du nicht unter ***ab-*** findest, kann unter ***up-*** stehen, z. B. ***Update***!

Ab|do|men ⟨das; -s, - od. -mi|na⟩ **1** ⟨Anat.⟩ Bauch, Unterleib **2** ⟨Zool.⟩ Hinterleib; *~ der Insekten* [lat.]

ab|drif|ten ⟨V.; a. fig.⟩ vom Kurs abweichen, (in eine andere Richtung) getrieben werden

Ab|duk|ti|on ⟨die; -, -en⟩ **1** Abspreizen; *~ beweglicher Körperteile* **2** ⟨Philos.⟩ Wahrscheinlichkeitsschluss [zu lat. *abducere* »wegführen«]

Ab|er|ra|ti|on ⟨die; -, -en⟩ **1** Abirrung, Abweichung **2** ⟨Astron.⟩ scheinbare Ortsveränderung der Gestirne infolge der Erdbewegung **3** ⟨Optik⟩ **3.1** Abbildungsfehler, der durch Linsen usw. hervorgerufen wird u. ein Bild verzerrt wiedergibt **3.2** Abbildungsfehler, bei dem die Bilder farbige Säume zeigen; *chromatische ~* = Farbabweichung [<lat. *aberratio;* zu *aberrare* »abirren«]

Ab|i|tur ⟨das; -s, -e; Pl. selten⟩ Abschlussprüfung am Gymnasium, deren Bestehen zur Aufnahme eines Hochschulstudiums berechtigt, Reifeprüfung [<lat. *abire* »abgehen«]

Ab|i|tu|ri|ent ⟨der; -en, -en⟩ jmd., der die Reifeprüfung ablegen will od. abgelegt hat

ab|kom|man|die|ren ⟨V.⟩ *jmdn. ~* (durch Befehl) zu einer besonderen Tätigkeit bestimmen, abordnen

Ab|la|tiv ⟨der; -s, -e [-və]; Gramm.⟩ Kasus der indoeuropäischen Sprachen, der die Richtung »von ... weg« bezeichnet [verkürzt <lat. *casus ablativus* »Fall, der die Entfernung, die Trennung bezeichnet«; zu *ablatus* »fortgetragen, entfernt, getrennt«]

ab|norm ⟨Adj.⟩ *Sy* abnormal **1** nicht normal, gegen die Regel **2** krankhaft, ungewöhnlich [<lat. *abnormis;* zu *norma* »Richtschnur«]

ab|nor|mal ⟨Adj.⟩ = abnorm

Abon|ne|ment ⟨[-n(ə)mã:] od. schweiz. a. [-nəmɛnt] das; -s, -s⟩ **1** Bezug von Waren (meist Zeitungen, Zeitschriften, Bücher) auf bestimmte Zeit **2** Bezug von Theater-, Kino-, Konzertkarten für die Dauer einer Spielzeit [frz.]

Ab|o|ri|gi|ne ⟨[æbərɪdʒɪnɪ] der; -s, -s; meist Pl.⟩ Ureinwohner Australiens [engl. <lat. *Aborigines* »Stammvolk der Latiner«, viell. unregelmäßig zu *ab origine* »(Einwohner) von Beginn an«]

ab|qua|li|fi|zie|ren ⟨V.⟩ *jmdn. ~* abwertend beurteilen

ab|rupt ⟨Adj.⟩ **1** abgebrochen, zusammenhanglos **2** plötzlich, unangekündigt [<lat. *abruptus,* Part. Perf. zu *abrumpere* »abreißen«]

Ab|sinth ⟨der; -(e)s, -e⟩ Branntwein aus Wermut [<grch. *absinthion* »Wermut« <pers. *sipand*]

ab|so|lut ⟨Adj.⟩ **1** unabhängig, losgelöst, für sich, einzeln betrachtet; *Ggs* relativ **1.1** *~e Feuchtigkeit* Feuchtigkeitsgehalt der Luft **1.2** *~es Gehör* Fähigkeit, ohne vergleichbare Töne die Höhe eines Tones zu erkennen **1.3** *~e Mehrheit* Mehrheit von mehr als 50 % **2** unbeschränkt, völlig **2.1** *~e Monarchie* = Absolutismus **2.2** *~er Nullpunkt* die tiefste erreichbare Temperatur (-273,15° C) **2.3** *~e Zahl* ohne Vorzeichen betrachtete Zahl **3** unbedingt **3.1** *~e Kunst* ungegenständliche, abstrakte K. **4** rein; *~er Alkohol* wasserfreier Ethylalkohol **5** ⟨Adv.⟩ durchaus, gänzlich, überhaupt, völlig; *das ist ~ unmöglich* [<lat. *absolutus,* Part. Perf. zu *absolvere* »loslösen«]

Ab|so|lu|ti|on ⟨die; -, -en; bes. Rel.⟩ Freisprechung, Lossprechung von Sünden (bei der Beichte); *jmdm. die ~ erteilen* [<lat. *absolutio*]

Ab|so|lu|tis|mus ⟨der; -; unz.⟩ Alleinherrschaft durch einen Monarchen, vorherrschende Regierungsform im 17. u. 18. Jh.; *Sy* absolute Monarchie

Absolutismus: Der *Absolutismus* ist eine monarchistische Regierungsform, in der ein Herrscher die uneingeschränkte Staatsgewalt besitzt. Der *Absolutismus* bleibt jedoch (im Gegensatz zum Despotismus oder Totalitarismus) an die Gebote der Religion und die Staatsgesetze gebunden. Die absolute Monarchie des 17. und 18. Jahrhunderts fußte auf dem Vorbild des römischen Kaisertums. Theoretisch untermauert wurde der *Absolutismus* durch die Staatslehre Niccolò Macchiavellis. Der *Absolutismus* versuchte, die politische Macht der privilegierten Stände und der Kirche zu beseitigen. Er führte in Frankreich zur nationalstaatlichen Einigung, während er in Deutschland zur Auflösung des Reiches beitrug. Mit der Revolution von 1789 wurde der *Absolutismus* in Frankreich beendet, in Preußen wurde er 1810-1812 durch die Stein-Hardenberg'schen Reformen überwunden.

Ab|sol|vent ⟨[-vẹnt] der; -en, -en⟩ jmd., der eine Ausbildung, Schule, einen Lehrgang, ein Studium erfolgreich beendet hat [zu lat. *absolvere* »loslösen«]

ab|sol|vie|ren ⟨[-vi:-] V.⟩ **1** befreien, los-, freisprechen **2** *eine Ausbildung, einen Lehrgang, ein Pensum ~* durchlaufen, erfolgreich beenden, abschließen

ab|sor|bie|ren ⟨V.⟩ **1** *etwas ~* einsaugen, aufsaugen, aufzehren **2** *jmdn. ~* völlig in Anspruch nehmen [<lat. *absorbere* »verschlucken«]

Ab|sorp|ti|on ⟨die; -, -en⟩ **1** Einsaugung, Aufsaugung, Aufzehrung, Aufnahme **2** ⟨Chemie⟩ Aufnahme eines Gases od. Dampfes durch feste Körper od. Flüssigkeit unter vollständiger Durchdringung **3** ⟨Physik⟩ Energieabgabe einer Wellen- od. Teilchenstrahlung an einen Stoff, durch den die Strahlen gehen [zu lat. *absorbere* »verschlucken«]

ab|sti|nẹnt *auch:* **abs|ti|nẹnt** ⟨Adj.⟩ **1** enthaltsam **2** Rauschmittel meidend **3** auf Geschlechtsverkehr verzichtend [<lat. *abstinens;* Part. Perf. zu *abstinere* »abhalten, zurückhalten«]

Ab|sti|nẹnz *auch:* **Abs|ti|nẹnz** ⟨die; -; unz.⟩ Enthaltsamkeit, Fasten

◆ Die Buchstabenfolge **ab|str...** kann auch **abs|tr...** getrennt werden.

◆**ab|stra|hie|ren** ⟨V.⟩ **1** von etwas absetzen **2** das Wesentliche aus dem Zufälligen herausheben **3** zum Begriff erheben, verallgemeinern [<lat. *abstrahere* »wegziehen«]

◆**ab|strạkt** ⟨Adj.⟩ von der Wirklichkeit abgetrennt, begrifflich verallgemeinert, nur gedacht, unanschaulich; *Ggs* konkret; *~e Kunst* Kunstrichtung, die durch frei erfundene Formen Eigenes schaffen will [<lat. *abstractus;* Part. Perf. zu *abstrahere* »wegziehen«]

◆**Ab|strak|ti|on** ⟨die; -, -en⟩ **1** Verallgemeinerung zum Begriff, Begriffsbildung **2** allgemeiner Begriff

◆**Ab|strạk|tum** ⟨das; -s, -strạk|ta⟩ **1** durch Abstraktion gewonnener, allgemeiner, nicht gegenständl. Begriff **2** ⟨Gramm.⟩ begriffliches Substantiv

ab|sụrd ⟨Adj.⟩ abwegig, widersinnig; unsinnig, unvernünftig [<lat. *absurdus* »misstönend«]

Ab|szẹss *auch:* **Abs|zẹss** ⟨der; -es, -e⟩ durch Einschmelzung entstandene Eiteransammlung im Gewebe [<lat. *abscessus* »Weggang, Entfernung«]

Ab|szịs|se *auch:* **Abs|zịs|se** ⟨die; -, -n⟩ parallel zur Abszissenachse abgemessener Linienabschnitt; *Ggs* Ordinate [<lat. *abscissus,* Part. Perf. zu *abscindere* »abreißen«]

a cap|pẹl|la ⟨Musik⟩ **1** nach Art der Sängerkapellen, auch mit Instrumentalbegleitung **2** für Singstimmen allein, ohne Instrumente [ital., »wie in der Kapelle oder Kirche«]

Ac|cent ai|gu ⟨[aksãtɛgy:] der; - -, -s -s [aksãtɛgy:]; Zeichen: ´⟩ = Akut [frz., »scharfes Ton-, Aussprachezeichen«]

Ac|cent cir|con|flexe ⟨[aksãsɪrkɔ̃flɛks] der; - -, -s -s; Zeichen: ˆ⟩ = Zirkumflex [frz., »gebogenes Ton-, Aussprachezeichen«]

Ac|cent grave ⟨[aksãgra:v] der; - -, -s -s; Zeichen: `⟩ = Gravis [frz., »schweres Ton-, Aussprachezeichen«]
Ac|ces|soire ⟨[aksɛsoa:(r)] das; -s, -s; meist Pl.⟩ modisches Zubehör [<frz., *accessoir* »Nebensache, Zubehör«]
ac|cre|scen|do ⟨[-krɛʃɛndo:] Abk.: accresc.; Musik⟩ = crescendo [ital., »anwachsend«]
Ace|tat ⟨das; -s, -e; Chemie⟩ Salz od. Ester der Essigsäure; *oV* Azetat [<lat. *acetum* »Essig«]
Ace|ton ⟨das; -s; unz.⟩ einfachster Vertreter der Verbindungsklasse der Ketone, farblose Flüssigkeit, gutes Lösungsmittel für zahlreiche organ. Verbindungen; *oV* Azeton [<lat. *acetum* »Essig«]
Ace|ty|len ⟨das; -s; unz.⟩ farbloses, eigentümlich riechendes, brennbares Gas, das aus Calciumcarbid u. Wasser entsteht; *oV* Azetylen [<lat. *acetum* »Essig«]
Achat ⟨[-xa:t] der; -(e)s, -e⟩ Mineral, Edelstein, aus Kieselsäurelösungen entstanden, häufig in Lagen verschiedener Färbung aufgebaut [nach dem Fluss *Achates* im südl. Sizilien, in dem der Achatstein zuerst gefunden worden sein soll]
Ac|ti|ni|um ⟨das; -s; unz.; chem. Zeichen: Ac⟩ radioaktives, chemisches Element, Ordnungszahl 89 [nlat. <grch. *aktinos* »Strahl«]
Ac|tion ⟨[ækʃn] die; -; unz.; Film⟩ (Film-)Handlung, in der Ereignisse rasch aufeinanderfolgen; *~film* [engl.]
ad..., Ad... ⟨Vorsilbe⟩ an, zu, heran [lat.]
a. D. ⟨Abk. für⟩ außer Dienst (hinter den Namen von Beamten od. Offizieren); *Bundeskanzler ~*
ad ab|sur|dum *eine Behauptung ~ führen* jmdm. die Unsinnigkeit einer Behauptung beweisen, indem man ihm ihre (unmöglichen) Folgen vor Augen führt u. sie dadurch lächerlich macht [lat., »zur Untauglichkeit (führen)«]
ad ac|ta zu den Akten; *etwas ~ legen* ⟨fig.⟩ als erledigt betrachten, weglegen [lat.]
ada|gio ⟨[-dʒo:] Adj.; Musik⟩ langsam, ruhig (zu spielen) [ital.]
Ad|ap|ta|ti|on ⟨die; -, -en⟩ **1** (Vermögen zur) Anpassung an Umweltverhältnisse **2** Anpassung von Sinnesorganen an äußere Reize; *~ des Auges an Licht; Sy* Adaption [→ *adaptieren*]
Ad|ap|ter ⟨der; -s, -⟩ Vorrichtung, um elektrische Geräte an eine von der Betriebsspannung abweichende Netzspannung anschließen zu können, auch zum Koppeln mehrerer Geräte mit unterschiedlicher Betriebsspannung [engl., »Verbindungsstück«]
Ad|ap|ti|on ⟨die; -, -en⟩ = Adaptation
ad|äquat ⟨Adj.⟩ angemessen, entsprechend [<lat. *adaequatus* »gleich gemacht«; zu *adaequare*]
ad|die|ren ⟨V.⟩ **1** hinzufügen **2** zusammenzählen; *Zahlen, Summen, Belege ~* [<lat. *addere* »hinzufügen«]
Ad|di|ti|on ⟨die; -, -en⟩ **1** das Addieren, Zusammenzählen **2** Ergebnis des Addierens [<lat. *additio* »Hinzufügung, Zusammenzählung«]
Ade|nin ⟨das; -s, -e; Biochemie⟩ Purinbase, wichtiger Baustein von Nukleinsäuren [<grch. *aden* »Drüse«]
ade|no..., Ade|no... ⟨in Zus.⟩ drüsen..., Drüsen... [<grch. *aden* »Drüse«]
Ade|no|sin ⟨das; -s; unz.; Biochemie⟩ Baustein der Ribonucleinsäure, wirkt gefäßerweiternd [<grch. *aden* »Drüse«]
Ad|ept ⟨der; -en, -en⟩ **1** Meister seines Fachs, Eingeweihter **2** dessen Jünger, Schüler, Gehilfe [<lat. *adeptus* »wer etwas erreicht hat«, Part. Perf. zu *adipisci* »erreichen«]
Ad|hä|si|on ⟨die; -, -en⟩ **1** Beitritt, Mitgliedschaft **2** ⟨Med.⟩ Verwachsung zweier Organe miteinander **3** ⟨Physik⟩ das Festhaften verschiedener flüssiger u. fester Stoffe aneinander, z. B. Kreide an der Tafel, Vergoldung am Silber [<lat. *adhaesio* »das Anhängen, Anhaften«]
ad hoc eigens zu diesem Zweck, hierfür [lat., »für dieses«]
Ad|hor|ta|tiv ⟨der; -s, -e [-və]; Gramm.⟩ Imperativ der 1. Person Plural, *z. B. »fangen wir an!«*
adi|eu ⟨[adjø:] Grußwort⟩ lebe wohl!, auf Wiedersehen!; *jmdm. ~/Adieu sagen* [<frz. *à Dieu* »Gott befohlen«]
Ad|jek|tiv ⟨das; -s, -e [-və]; Gramm.⟩ Wortart, die ein Substantiv od. Verb näher bestimmt u. meist dekliniert

A

werden kann, Eigenschaftswort [<lat. *adiectio* »Hinzufügung«]

ad|jek|ti|visch ⟨Adj.⟩ das Adjektiv betreffend, als Adjektiv verwendet

Ad|ju|tant ⟨der; -en, -en⟩ **1** einem höheren Offizier beigeordneter Offizier, Helfer des Kommandeurs; *persönlicher* ~ **2** ⟨schweiz.⟩ Kompaniefeldwebel [<lat. *adiutans,* Part. Präs. zu *adiutare* »helfen, unterstützen«]

Ad|mi|nis|tra|ti|on *auch:* **Ad|mi|nist|ra|ti|on** ⟨die; -, -en⟩ Verwaltung, Verwaltungsbehörde [<lat. *administratio* »Leitung, Verwaltung«]

Ad|mi|ral ⟨der; -s, -e od. (österr.) -räle⟩ **1** Offizier der Seestreitkräfte im Generalsrang **2** ⟨Bot.⟩ Tagesschmetterling mit einem roten Band u. weißen Flecken auf schwarzen Flügeln [<arab. *amir al bahr* »Fürst, Befehlshaber auf dem Meere«]

Ado|nis ⟨der; -, -se⟩ schöner junger Mann; *er ist ein* ~ [nach *Adonis,* dem schönen Jüngling der grch. Sage]

ad|op|tie|ren ⟨V.⟩ **1** sich aneignen **2** *ein Kind* ~ an Kindes statt annehmen [<lat. *adoptare* »erwählen, als etwas annehmen«]

Ad|op|ti|on ⟨die; -, -en⟩ **1** Aneignung **2** ~ *eines Kindes* Annahme an Kindes statt [<lat. *adoptio*]

ad|op|tiv ⟨Adj.⟩ auf Adoption beruhend; *Adoptiveltern*

Ad|re|na|lin ⟨das; -s; unz.⟩ im Nebennierenmark gebildetes Hormon [<*Ad...* + lat. *renes* »Nieren«]

Ad|res|sat ⟨der; -en, -en⟩ jmd., an den eine (Post-)Sendung adressiert ist, Empfänger

Ad|res|se ⟨die; -, -n⟩ **1** Anschrift, Namens- u. Wohnungsangabe **2** schriftliche Kundgebung, Eingabe **3** Glückwunschschreiben; *Glückwunsch* ~; *eine* ~ *an jmdn. richten* **4** ⟨Gentech.⟩ *chromosomale* ~ durch eine DNA-Sequenz markierte Stelle mit einmaligem Vorkommen im Genom **5** ⟨EDV⟩ Nummer eines bestimmten Speicherortes od. Speichersystems [<frz. *adresse* <lat. *ad* »zu« + mlat. *directiare* »richten, lenken«]

ad|res|sie|ren ⟨V.⟩ mit der Adresse, Anschrift versehen

ad|rett ⟨Adj.⟩ hübsch u. zugleich nett, sauber; ~ *angezogen sein; er war stets* ~ *gekleidet* [<frz. *adroit* »geschickt« <lat. *ad* »zu« + *directus,* Part. Perf. zu *dirigere* »gerade richten«]

ad|sor|bie|ren ⟨V.⟩ *Gase oder gelöste Stoffe* ~ auf der Oberfläche fester Stoffe verdichten, anlagern [<*ad...* + lat. *sorbere* »hinunterschlucken, in sich ziehen«]

Ad|sorp|ti|on ⟨die; -, -en⟩ das Adsorbieren, das Adsorbiertwerden

ad|sorp|tiv ⟨Adj.⟩ zur Adsorption fähig

Ad|vent ⟨[-vẹnt] der; -(e)s, -e⟩ Zeit vor Weihnachten; *erster* ~ der erste der vier Sonntage vor Weihnachten, Beginn des Kirchenjahres [<lat. *adventus* »Ankunft«]

Ad|verb ⟨[-vẹrb] das; -s, -en od. -bi|en; Gramm.⟩ Wortart, die ein Adjektiv, Verb od. anderes Adverb genauer bestimmt, Umstandswort [<lat. *adverbium* »Umstandswort«]

ad|ver|bi|al ⟨[-vɛr-] Adj.⟩ das Adverb betreffend, in der Art eines Adverbs, umstandswörtlich; *oV* adverbiell; *ein Wort* ~ *gebrauchen*

Ad|ver|bi|al|be|stim|mung ⟨[-vɛr-] die; -, -en; Gramm.⟩ Satzglied, das angibt, unter welchen Umständen (Ort, Zeit, Art u. Weise) ein im Satz ausgedrücktes Geschehen sich abspielt, Umstandsbestimmung; *Sy* Adverbiale

Ad|ver|bi|a|le ⟨[-vɛr-] das; -s, -li|en; Gramm.⟩ = Adverbialbestimmung

ad|ver|bi|ell ⟨[-vɛr-] Adj.⟩ = adverbial

ad|ver|sa|tiv ⟨[-vɛr-] Adj.⟩ gegensätzlich, entgegensetzend, entgegenstellend [<lat. *adversus* »gegenüberstehend«]

Ad|ver|to|ri|al ⟨[ædvətọrıəl] das; -s, -s⟩ Anzeige mit Werbetext [verkürzt <engl. *adver*tisement »Anzeige« + edi*torial* »Leitartikel, Redaktions...«]

Ad|vo|kat ⟨[-vo-] der; -en, -en; veraltet⟩ Rechtsanwalt [<lat. *advocatus* »der Herbeigerufene; Rechtsbeistand«]

ae|ro..., Ae|ro... ⟨[ae:ro] od. [ɛ:ro] vor Vokalen⟩ aer..., Aer... ⟨in Zus.⟩ luft..., gas..., Luft..., Gas... [<lat. *aer* »Luft« <grch. *aer*]

ae|rob ⟨[ae-] Adj.; Biol.⟩ mit Sauerstoff lebend; *Ggs* anaerob [<*aero...* + grch. *bios* »Leben«]

Ae|ro|dy|na|mik ⟨[ae-] die; -; unz.⟩ Lehre

von den strömenden Gasen u. den ihnen zugrundeliegenden Gesetzmäßigkeiten [<*Aero...* + grch. *dynamis* »Kraft«]

ae|ro|dy|na|misch ⟨[ae-] Adj.⟩ die Aerodynamik betreffend, auf ihr beruhend; *~er Widerstand* Widerstand, den ein bewegter Körper durch die ihn umströmende Luft erfährt, Luftwiderstand

Af|fä|re ⟨die; -, -n⟩ 1 Angelegenheit, (unangenehmer) Vorfall, Streitsache 2 Liebesverhältnis, -abenteuer; *Liebes~* [<frz. *affaire* »Angelegenheit«]

Af|fekt ⟨der; -(e)s, -e⟩ heftige Gemütsbewegung; *im ~ handeln; etwas im ~ tun* [<lat. *affectus* »Gemütsstimmung, Erregung«]

Af|fek|ti|on ⟨die; -, -en⟩ 1 Erregung, Reizung 2 Zuneigung, Gunst 3 Liebhaberei [<lat. *affectio* »Einwirkung, Beschaffenheit, Stimmung, Neigung«]

af|fek|tiv ⟨Adj.⟩ = emotional

Af|fi|ni|tät ⟨die; -, -en⟩ 1 Neigung zur Verbindung, Annäherung 2 ⟨Chemie⟩ chem. Verwandtschaft, Kraft, sich mit Atomen od. Gruppen von Atomen zu verbinden 3 ⟨Geom.⟩ Verwandtschaft zwischen einem ebenen Bild u. dessen Abbildung auf eine andere Ebene durch Parallelprojektion

Af|fir|ma|ti|on ⟨die; -, -en⟩ Bejahung; *Ggs* Negation [<lat. *affirmatio* »Beteuerung«]

af|fir|ma|tiv ⟨Adj.⟩ bejahend; *Ggs* negativ [<lat. *affirmare* »bekräftigen«]

af|fir|mie|ren ⟨V.⟩ bejahen; *Ggs* negieren [<lat. *affirmare* »bekräftigen«]

Af|fix ⟨a. ['--] das; -es, -e; Gramm.⟩ vorangesetzter od. angefügter Wortteil (Morphem), Präfix u. (od.) Suffix [<lat. *affixus,* Part. Perf. zu *affigere* »anheften«]

Af|front ⟨[afrɔ̃:] der; -s, -s⟩ Beleidigung, Kränkung, Verhöhnung [frz., »Beschimpfung«]

> → **Aphorismus:** Der Laut [fo] wird in griechischen Fremdwörtern oft ***pho*** geschrieben, z. B. in *A**ph**orismus*!

af|ro..., Af|ro... ⟨in Zus.⟩ Afrika betreffend, von dort stammend; *afroasiatisch; afroamerikanisch; Afrolook*

Af|ro|look ⟨[-luk] der; -s, -s⟩ Frisur mit sehr dichtem gekräuseltem Haar, das vom Kopf absteht [<*Afro...* + engl. *look* »Aussehen«]

Af|ter|shave ⟨[-ʃɛɪv] das; -s, -s⟩ Rasierwasser [<engl. *after* »nach« + *shave* »rasieren«]

Agen|da ⟨die; -, -gen|den⟩ 1 Schreibtafel 2 Merkbuch, Notizkalender 3 Tagesordnung [lat., »das zu Betreibende«; → *agieren*]

Agens ⟨das; -, Agen|zi|en⟩ 1 handelnde Kraft 2 ⟨Philos.⟩ tätiges, wirksames, handelndes Prinzip 3 ⟨Med.⟩ Mittel, das eine Wirkung, einen Einfluss ausübt 4 ⟨Sprachw.⟩ Träger eines Geschehens innerhalb eines Satzes [lat., Part. Präs. zu *agere;* → *agieren*]

Agent ⟨der; -en, -en⟩ 1 Vertreter, Vermittler, Beauftragter, der z. B. Künstlern Engagements od. Auftritte vermittelt 2 Spion [<lat. *agens,* Part Präs. zu *agere;* → *agieren*]

Agen|tur ⟨die; -, -en⟩ Vertretung, Geschäftsnebenstelle, Vermittlungsstelle

Ag|glo|me|rat ⟨das; -(e)s, -e⟩ 1 aus eckigen u. scharfkantigen Lavabrocken bestehende Gesteinsmasse 2 Vermengtes, Angehäuftes

Ag|glu|ti|na|ti|on ⟨die; -, -en⟩ 1 Verklebung, Verklumpung, Zusammenballung 2 ⟨Gramm.⟩ Anhängen von Wortteilen (Morphemen) an den unveränderten Stamm

ag|glu|ti|nie|ren ⟨V.⟩ 1 zusammballen, verklumpen, verkleben 2 *~de Sprachen* Sprachen, bei denen die grammat. Beziehungen durch Agglutination ausgedrückt werden, z. B. das Türkische [<lat. *agglutinare* »ankleben«]

Ag|gre|gat ⟨das; -(e)s, -e⟩ 1 Anhäufung, mehrgliedriges Ganzes 2 ⟨Math.⟩ durch »+« od. »-« verbundene mehrgliedrige Größe 3 ⟨Techn.⟩ Koppelung mehrerer Maschinen, bes. von Kraft- u. Arbeitsmaschinen [<lat. *aggregare* »beigesellen«]

Ag|gres|si|on ⟨die; -, -en⟩ angriffslustiges Verhalten, Angriff, Überfall [zu lat. *aggredi* »hinzugehen, angreifen«]

ag|gres|siv ⟨Adj.⟩ 1 angreifend 2 angriffslustig, streitsüchtig

Ag|gres|si|vi|tät ⟨[-vi-] die; -; unz.⟩ aggressive Art, Angriffslust, streitsüchtiges Verhalten

Ag|gres|sor ⟨der; -s, -so|ren⟩ Angreifer [zu lat. *aggredi* »hinzugehen, angreifen«]

Ägi|de ⟨die; -; unz.⟩ Obhut, Schutz, Leitung; *unter der ~ von ...* [<lat. *aegis*, Gen. *aegidis* <grch. *aigis* »der Schild des Zeus«]

agie|ren ⟨V.⟩ handeln; *~ als* wirken als, eine Rolle darstellen [<lat. *agere* »handeln, treiben, wirken«]

agil ⟨Adj.⟩ flink, gewandt, beweglich [<lat. *agilis* »beweglich«]

Agi|ta|ti|on ⟨die; -, -en⟩ aggressiv-hetzerische politische Werbung, politische Propaganda [<lat. *agitatio* »Betreiben, Tätigkeit«]

Agi|ta|tor ⟨der; -s, -to|ren⟩ jmd., der (für etwas) agitiert

agi|tie|ren ⟨V.⟩ werben, politische Propaganda treiben; *für eine Idee, eine Sache ~* [<lat. *agitare* »in Bewegung setzen«]

Ag|nos|ti|zis|mus ⟨der; -; unz.; Philos.⟩ Lehre von der Unmöglichkeit der Erkenntnis des wahren Seins, d. h. der übersinnlichen Welt od. (nach Kant) des Dinges an sich [<*A...*[1] + grch. *gnosis* »Erkenntnis, Urteil« <*gignoskein* »erkennen«]

Ag|nus Dei ⟨[-de:i] das; - -; unz.⟩ Lamm Gottes (Bez. Christi nach Joh. 1,29) [lat.]

Ago|nie ⟨die; -, -n⟩ Todeskampf [<grch. *agonia* »Kampf; Angst«]

Ag|raf|fe ⟨die; -, -n⟩ **1** ⟨urspr.⟩ Spange zum Zusammenhalten von mehreren Kleidungsstücken **2** ⟨danach⟩ Schmuckspange, Brosche [<frz. *agrafe* »Haken, Spange«]

ag|rar..., Ag|rar... ⟨in Zus.⟩ landwirtschaftlich, Landwirtschafts... [<lat. *agrarius* »zu den Feldern gehörig«; zu *ager* »Acker, Feld«]

Ag|rar|po|li|tik ⟨die; -; unz.⟩ staatliche Maßnahmen zur Förderung der Landwirtschaft

Ag|rar|wis|sen|schaft ⟨die; -, -en⟩ Landwirtschaftswissenschaft

ag|ro..., Ag|ro... ⟨in Zus.⟩ landwirtschaftlich, Landwirtschafts... [<grch. *agros* (lat. *ager*) »Feld, Acker«]

AIDS, Aids ⟨[ɛɪdz] ohne Artikel; Abk. für⟩ Acquired Immune Deficiency Syndrome (erworbenes Immunschwächesyndrom), durch ein (u. a. beim Geschlechtsverkehr übertragbares) Virus hervorgerufene, meist zum Tode führende Immunschwäche-Erkrankung, die nicht heilbar ist [engl.]

AIDS, Aids Für die Schreibung von Abkürzungen, die aus Fremdsprachen übernommen wurden, im Deutschen aber häufig wie ein eigenes Wort behandelt werden, gibt es keine eindeutige Regelung. Daher ist in solchen Fällen auch die Schreibung mit Großbuchstaben zulässig. Bei mehrsilbigen Abkürzungen ist die Worttrennung der Schreibung mit Großbuchstaben nicht üblich (→*a.* NATO/Nato).

Ai|ki|do ⟨das; -s; unz.; Sport⟩ (als Sport betriebene) gewaltlose Form der Selbstverteidigung aus Japan; →*a.* Jiu-Jitsu [jap.]

Air ⟨[ɛ:r] das; -s, -s od. die; -, -s; Musik⟩ **1** Lied, Arie **2** liedartiges Instrumentalstück [frz., »Melodie« <ital. *aria* »Weise, Melodie«]

air..., Air... ⟨[ɛ:r] in Zus.⟩ luft..., Luft...; *Airbag; Airline* [engl.]

Air|bag ⟨[ɛ:rbæg] der; -s, -s⟩ **1** mit Luft gefülltes Kissen **2** in Kraftfahrzeugen untergebrachte Kunststoffhülle, die sich im Falle eines Aufpralls innerhalb von Sekundenbruchteilen aufbläst u. den Aufprall des Fahrers od. Beifahrers dämpft [<engl. *air* »Luft« + *bag* »Tasche, Sack«]

Air|con|di|tion ⟨[ɛ:rkɔndɪʃn] die; -; unz.⟩ Klimaanlage, die Raumtemperatur u. Luftfeuchtigkeit regelt [<engl. *air* »Luft« + *condition* »Bedingung, Beschaffenheit«]

Aire|dale|ter|ri|er ⟨[ɛ:rdɛɪl-] der; -s, -; Zool.⟩ mittelgroße Hunderasse mit kurzem, gelocktem Fell, hellbraun, Rücken u. Oberseite von Hals u. Kopf schwarz, Schutz- u. Polizeihund [<engl. *Airedale*, Tal des Flusses *Aire* in Yorkshire, Nordengland]

Air|mail ⟨[ɛ:rmɛɪl] die; -; unz.⟩ Luftpost [engl.]

Aja|tol|lah ⟨der; -, -s⟩ = Ayatollah

Aka|de|mie ⟨die; -, -n⟩ 1 Vereinigung, Gesellschaft von Wissenschaftlern, Dichtern u. Ä.; *~ der schönen Künste; ~ der Wissenschaften; Dichter~; Sprach~* 2 Fach(hoch)schule, Lehr- bzw. Forschungsanstalt; *Berg~; Kunst~; Musik~* [<grch. *akademia,* angebl. nach dem Heros *Akademos* benannter Lusthain bei Athen, wo der Philosoph Plato lehrte]

Aka|de|mi|ker ⟨der; -s, -⟩ 1 ⟨selten⟩ Mitglied einer Akademie 2 ⟨allg.⟩ jmd., der auf einer Akademie, bes. auf der Universität, studiert hat

aka|de|misch ⟨Adj.⟩ 1 eine Akademie betreffend, zu ihr gehörig, auf ihr beruhend; *eine ~e Bildung; sie ist ~ ausgebildet* 2 ⟨fig.⟩ weltfremd, trocken, theoretisch

Aka|zie ⟨[-tsjə] die; -, -n; Bot.⟩ Gattung der Mimosengewächse mit zahlreichen Bäumen u. Sträuchern der wärmeren Klimazonen [<grch. *akakia,* zu *ake* »Spitze«]

Ak|kla|ma|ti|on ⟨die; -, -en⟩ 1 bestimmender Zuruf; *jmdn. durch ~ wählen* 2 Beifall [<lat. *acclamatio* »Zuruf«]

Ak|kli|ma|ti|sa|ti|on ⟨die; -; unz.⟩ das Akklimatisieren, das Sichakklimatisieren, Gewöhnung, Anpassung an veränderte Klima- od. Umweltbedingungen

ak|kli|ma|ti|sie|ren ⟨V.⟩ *sich ~* an veränderte Klima- od. Umweltbedingungen gewöhnen

Ak|kom|mo|da|ti|on ⟨die; -; unz.⟩ Anpassung, Scharfeinstellung des Auges mittels Anpassung der Augenlinse an die Entfernung des Gegenstandes [<frz. *accommodation* »Anpassung«]

Ak|kord ⟨der; -(e)s, -e⟩ 1 Übereinstimmung 2 ⟨Rechtsw.⟩ Vergleich, Vereinbarung (mit Gläubigern); *einen ~ abschließen* 3 ⟨Musik⟩ Zusammenklang von drei od. mehr Tönen von verschiedener Höhe; *einen ~ anschlagen, greifen* 4 ⟨unz.; kurz für⟩ Akkordlohn, nach der Arbeitsleistung bemessener Lohn; *im ~ arbeiten* [<frz. *accord* »Übereinstimmung«; <lat. *ac* »zu« + *cor,* Gen. *cordis* »Herz«]

Ak|kor|de|on ⟨das; -s, -s; Musik⟩ Handharmonika mit gleichem Ton bei Zug u. Druck [→ *Akkord,* Kunstwort des Erfinders]

Ak|ku ⟨der; -s, -s; kurz für⟩ Akkumulator

Ak|ku|mu|la|ti|on ⟨die; -, -en⟩ 1 Anhäufung 2 ⟨Geol.⟩ 2.1 Aufschüttung von vulkanischem Gestein durch Flüsse (Schotter) od. Gletscher (Moränen) 2.2 Anreicherung von Erdöl in der Erdkruste 3 ⟨Wirtsch.⟩ Anhäufung von Gewinn zur Bildung von Kapital [<lat. *accumulare* »anhäufen«]

Ak|ku|mu|la|tor ⟨der; -s, -to|ren⟩ Gerät zum Speichern elektrischer Energie mittels elektrochemischer Vorgänge [<lat. *accumulator* »Anhäufer«]

ak|ku|mu|lie|ren ⟨V.⟩ anhäufen, sammeln, speichern [<lat. *accumulare* »aufhäufen«]

ak|ku|rat ⟨Adj.⟩ genau, sorgfältig, sehr ordentlich; *~ arbeiten* [<lat. *accuratus* »sorgfältig«]

Ak|ku|sa|tiv ⟨der; -s, -e [-və]; Gramm.⟩ 4. Fall (Kasus) der Deklination, Wenfall [<lat. *casus accusativus* »der die Anklage betreffende Fall«; nicht korrekt übersetzt <grch. *ptosis aitiatike* »der die Ursache u. die Wirkung betreffende Fall«]

Ak|ne ⟨die; -, -n; Med.⟩ eine von den Talgdrüsen ausgehende, bes. in den Entwicklungsjahren vorkommende eitrige Hauterkrankung [grch., vermutl. Entstellung von *Akme* »Blüte«]

ak|qui|rie|ren ⟨V.⟩ 1 *etwas ~* anschaffen, erwerben 2 *Kunden ~* gewinnen [<lat. *acquirere* »dazuerwerben«]

Ak|qui|si|teur ⟨[-tø:r] der; -s, -e⟩ Werber von Kunden für Anzeigen in einer Zeitung [<frz. *acquisiteur;* <lat. *acquirere* »dazuerwerben«]

Ak|qui|si|ti|on ⟨die; -, -en⟩ 1 Anschaffung, Erwerbung 2 Werbung [<lat. *acquisitio* »Erwerb«; zu *acquirere* »dazuerwerben«]

ak|ri|bisch ⟨Adj.⟩ sehr sorgfältig u. gründlich

Ak|ro|bat ⟨der; en, -en⟩ Turner, der besondere körperliche Kraft, Gewandtheit u. Beweglichkeit erfordernde Übungen vollbringt, Seil-, Trapezkünstler [<grch. *akros* »zuoberst« + *bainein* »gehen«]

ak|ro|ba|tisch ⟨Adj.⟩ die Akrobatik betreffend, zu ihr gehörig, wie ein(e) Akrobat(in)

Ak|ro|po|lis ⟨die; -, -po|len⟩ altgriech., auf

A

einem Hügel gelegene Stadtburg (bes. die von Athen) [<grch. *akros* »oberst« + *polis* »Stadt«]

→ **Acryl:** Was du nicht unter *ak-* findest, kann unter *ac-* stehen, z. B. *Acryl*!

Ak|teur ⟨[-tøːr] der; -s, -e⟩ 1 Handelnder 2 Schauspieler [<frz. *acteur* »Schauspieler«; <lat. *agere* »handeln, betreiben«]

Ak|tie ⟨[-tsjə] die; -, -n⟩ Urkunde über den Anteil am Grundkapital einer Aktiengesellschaft; *die ~n stehen (nicht) gut; die ~n steigen, fallen* ⟨a. fig.⟩ die Aussichten sind gut (schlecht); *sein Geld in ~n anlegen* [<lat. *actio* »Handlung, Tätigkeit«]

Ak|ti|en|fonds ⟨[-fɔ̃ː] der; - [-fɔ̃ːs], - [-fɔ̃ːs]; Börse⟩ Investmentfonds, der seinen Bestandteil an Wertpapieren insbesondere in Aktien anlegt

Ak|ti|on ⟨die; -, -en⟩ 1 Handlung, Vorgehen, Unternehmung; *eine gemeinsame ~ starten; in ~ treten* zu handeln, zu wirken beginnen 2 Maßnahme, Ereignis, Geschehnis [<lat. *actio* »Handlung«; zu *agere* »handeln, betreiben«]

Ak|ti|o|när ⟨der; -s, -e; Börse⟩ Aktienbesitzer, Teilhaber, Mitglied einer Aktiengesellschaft

ak|tiv ⟨a. ['--] Adj.⟩ 1 tätig, wirksam, unternehmend; *Ggs* passiv; *~es Wahlrecht* das Recht zu wählen; *~er Wortschatz* der W., den jmd. in einer Sprache beherrscht u. auch verwendet 2 ⟨Gramm.⟩ zum Aktiv (1) gehörig, im Aktiv stehend 3 ⟨Mil.⟩ ständig im Dienst stehend; *~er Offizier* [<lat. *activus* »tätig«; zu *agere* »handeln, betreiben«]

Ak|tiv ⟨das; -s; unz.; Gramm.⟩ Ausdrucksform des Verbs, bei der das Subjekt syntaktisch Träger eines Geschehens ist, Tatform, Tätigkeitsform; *Ggs* Passiv

ak|ti|vie|ren ⟨[-viː-] V.⟩ in Tätigkeit setzen, in Schwung bringen, zu größerer Wirkung bringen

Ak|ti|vis|mus ⟨[-vɪs-] der; -; unz.⟩ Tätigkeitsdrang, betont zielbewusstes Handeln

Ak|ti|vi|tät ⟨[-vi-] die; -, -en⟩ 1 aktives Verhalten, Tätigkeit, Geschäftstätigkeit; *politische ~en entfalten* 2 Wirksamkeit, Wirkungsfähigkeit

ak|tu|a|li|sie|ren ⟨V.⟩ aktuell, zeitnah machen

Ak|tu|a|li|tät ⟨die; -; unz.⟩ Bedeutung für die Gegenwart, Zeitnähe [<lat. *actualitas* <lat. *actus* »Handlung«]

ak|tu|ell ⟨Adj.⟩ für die Gegenwart bedeutsam, zeitgemäß; *eine ~e Frage, ein ~es Theaterstück* [<frz. *actuel* »wirklich« <mlat. *actualis* <lat. *actus* »Handlung«]

Aku|punk|tur ⟨die; -, -en⟩ chinesisches, heute auch in Europa verbreitetes Heilverfahren, bei dem durch Einstich goldener u. silbener Nadeln an festgelegten Hautpunkten erkrankte innere Organe beeinflusst werden, u. a. zur Anästhesie verwendet [<lat. *acus* »Nadel« + *punctura* »das Stechen«]

Akus|tik ⟨die; -; unz.⟩ 1 Lehre vom Schall 2 ⟨Musik⟩ Lehre von den Tönen 3 Beschaffenheit eines Raumes bezüglich des Widerhalls von Klang, Klangwirkung; *der Saal hat eine gute ~* [<grch. *akouein* »hören«]

akus|tisch ⟨Adj.⟩ 1 die Akustik betreffend, auf ihr beruhend 2 das Gehör, den Schall betreffend 3 mit dem Gehör wahrnehmbar; *~e Sinneseindrücke; jmdn. ~ nicht verstehen*

akut ⟨Adj.⟩ 1 plötzlich auftretend, vordringlich 2 ⟨Med.⟩ rasch u. heftig verlaufend; *Ggs* chronisch; *~e Blinddarmentzündung* [<lat. *acutus* »scharf, spitz«]

Akut ⟨der; -(e)s, -e; Gramm.; Zeichen: ´⟩ Zeichen für Länge, Betonung od. geschlossene Aussprache eines Vokals, z. B. im Ungarischen u. Französischen; *Sy* Accent aigu

→ **Akquisition:** Der Laut [**kvi**] wird in lateinischen Fremdwörtern oft ***kqui*** geschrieben, z. B. in *Ak**qu**isition*!

Ak|zent ⟨der; -(e)s, -e; Gramm.⟩ 1 Zeichen für Betonung, Qualität od. Quantität eines Lautes, Akut, Gravis, Zirkumflex; *einen Buchstaben mit einem ~ versehen* 2 Betonung, Nachdruck; *auf ein Wort, eine Aussage besonderen ~ legen; ~e setzen; der ~ liegt auf der ersten Silbe, dem ersten Wort* 3 Aussprache, Sprachmelodie, Tonfall; *mit ausländischem, englischem, süddeutschem ~ sprechen* [<lat. *accentus* »Betonung«]

ak|zep|ta|bel ⟨Adj.⟩ so beschaffen, dass man es akzeptieren kann, annehmbar; *ein akzeptabler Vorschlag* [<frz. *acceptable* »annehmbar« <lat. *acceptare*]

ak|zep|tie|ren ⟨V.⟩ annehmen; *einen Vorschlag ~* [<frz. *accepter* »annehmen« <lat. *acceptare*]

à la nach Art von; *er schreibt einen Stil ~ Thomas Mann; ~ carte [ka:(r)t] essen* nach der Speisekarte, nicht das Menü essen; *sich ~ mode [mɔd] kleiden* sich nach der Mode kleiden; →*a.* alla [frz.]

Ala|bas|ter ⟨der; -s, -⟩ **1** marmorähnliche, feinkörnige, reinweiße, durchscheinende Abart des Gipses **2** weißer od. gelber, durchscheinender Kalksinter, härter als Gips, Werkstoff für Schalen, Vasen u. a. Kunstgegenstände [<grch. *alabastron,* nach der oberägypt. Stadt *Alabastron*]

Alarm ⟨der; -s, -e⟩ **1** Ruf zur Bereitschaft, Warnung, Gefahrmeldung, Gefahrensignal; *Bomben~, Feind~, Feuer~, Flieger~; ~ blasen, geben, läuten, schlagen; blinder, falscher ~* **2** ⟨im 2. Weltkrieg auch⟩ die Zeit der Gefahr, vom Signal bis zur Entwarnung; *dreistündiger ~* [<frz. *à l'arme!* »zur Waffe!«]

alar|mie|ren ⟨V.⟩ **1** *jmdn. ~* jmdm. Alarm geben, jmdn. warnen, zum Einsatz aufrufen; *die Feuerwehr, Funkstreife, Polizei ~* **2** ⟨fig.⟩ beunruhigen

Al|be|do ⟨die; -, -s; Physik⟩ Verhältnis des auf eine nicht spiegelnde Fläche auffallenden Lichtes zum zurückgestrahlten Licht, Rückstrahlvermögen [<lat. *albere* »weiß sein«]

Al|ben ⟨Pl. von⟩ Album

Al|bi|no ⟨der; -s, -s⟩ Mensch od. Tier mit mangelhafter od. fehlender Farbstoffbildung [<portug. <span. *albo* »weiß« <lat. *albus*]

Al|bum ⟨das; -s, Al|ben⟩ Gedenkbuch, Sammelbuch; *Foto ~; Poesie~* [lat., »das Weiße« (bei den Römern eine weiße Tafel zum Eintragen öffentl. Verordnungen, Namenlisten usw.)]

Al|bu|min ⟨das; -s, -e⟩ **1** ⟨i. e. S.⟩ bekanntester Eiweißstoff, Hühnereiweiß **2** ⟨i. w. S.⟩ in Wasser lösliches, schwefelreiches Eiweiß, in Eiern, Milch, Blutserum u. verschiedenen Pflanzen enthalten [zu lat. *albus* »weiß«]

Al|che|mie ⟨[-çe-] die; -; unz.⟩ mittelalterliche Chemie, bes. Goldmacherkunst; *oV* Alchimie [<arab. *al-kimia* <grch. *chemeia;* → *Chemie*]

Alchemie: Die *Alchemie* ist die (mystifizierte) Vorläuferin der Chemie. Bereits im 2. und 3. Jahrhundert erfolgte in Ägypten die systematische Zusammenfassung verschiedener wissenschaftlicher, mystischer und astrologischer Erkenntnisse. Es gab bereits eine spezielle Technik zum Imitieren von Gold, Silber und Edelsteinen. Die alchimistischen Vorstellungen basierten auf den vier irdischen Elementen Wasser, Erde, Feuer und Luft. Im Mittelalter begann die wissenschaftliche Beschäftigung mit chemischen Stoffen. Die Weiterentwicklung der *Alchemie* durch Paracelsus (1493-1541) leitete den Beginn der modernen Chemie ein.

Al|chi|mie ⟨[-çi-] die; -; unz.⟩ = Alchemie

Al|de|hyd ⟨der; -s, -e; Chemie⟩ aliphatische od. aromatische chem. Verbindung, die die Aldehydgruppe (-CHO) enthält [verkürzt <nlat. *al*cohol *dehy*drogenatus »eines Teils seines Wasserstoffs beraubter Alkohol«]

al den|te ⟨Kochk.⟩ bissfest, nicht vollkommen weich gekocht (von Nudeln); *Spaghetti ~* [ital., »halb gar, körnig«]

→ **Alphabet:** Der Laut [fa] wird in griechischen Fremdwörtern oft ***ph**a* geschrieben, z. B. in *Al**ph**abet*!

Al|ge|bra *auch:* **Al|geb|ra** ⟨österr. [-'--] die; -; unz.; Math.⟩ Lehre von den Gleichungen [<arab. *aldschebr* »Verbindung getrennter Teile«]

al|ge|bra|isch *auch:* **al|geb|ra|isch** ⟨Adj.⟩ die Algebra betreffend, zu ihr gehörig, auf ihr beruhend, mit ihrer Hilfe

...al|gie ⟨zur Bildung v. Substantiven; in Zus.⟩ Schmerz; *Neuralgie; Ostealgie* [<grch. *algos*]

Al|gon|kin **1** ⟨der; - od. -s, - od. -s⟩ Angehöriger einer Gruppe nordamerikanischer Indianerstämme **2** ⟨das; -s; unz.⟩ nordamerikanische Sprachfamilie

al|go|rith|misch ⟨Adj.⟩ den Algorithmus

betreffend, zu ihm gehörend; *~e Sprache* ⟨EDV⟩

Al|go|rith|mus ⟨der; -, -rith|men; Math.⟩ Anleitung für Rechenverfahren [nach Abu-Ja'far Mohammed Ibn-Musa *Al-Chwarizmi,* pers. Mathemat. des 9. Jh.]

ali|as ⟨Adv.⟩ anders; eigentlich; *Hans Weber ~ Schulze* [zu lat. *alius* »ein anderer«]

Ali|bi ⟨das; -s, -s⟩ Nachweis der Abwesenheit vom Tatort zur Tatzeit; *ein (kein) ~ haben; sein ~ nachweisen* [lat., »anderswo«]

Ali|en ⟨[ɛɪlıən] der od. das; -s, -s⟩ außerirdisches Lebewesen [engl.]

Ali|ment ⟨das; -(e)s, -e; meist Pl.⟩ Unterhaltsbeitrag, bes. Unterhaltspflicht gegenüber unehelichen Kindern [<lat. *alimentum* »Nahrung«]

ali|pha|tisch ⟨Adj.⟩ *~e Verbindungen* Gruppe organischer Verbindungen, deren Kohlenstoffatome in geraden oder verzweigten (nicht in sich geschlossenen) Ketten angeordnet sind, Hauptbestandteile der Fette und Wachse; *Ggs* aromatische Verbindungen [<grch. *aleiphar,* Gen. *aleiphatos* »Fett«]

ali|quot ⟨Adj.; Math.⟩ ohne Rest teilend; *~er Teil einer Zahl* Teil einer Zahl, durch den sie ohne Rest teilbar ist [<lat. *aliquot* »einige, mehrere«, *aliquotus* »einige Mal«]

Al|ka|li ⟨das; -s, -li|en; Chemie⟩ = Base [<arab. *al-qalaj* »die salzhaltige Asche, die man aus der Pflanze Salicornia gewinnt«; zu arab. *qalaj* »rösten«]

Al|ka|li|me|tal|le ⟨Pl.; Chemie⟩ die Elemente Lithium, Natrium, Kalium, Rubidium, Caesium u. Francium

al|ka|lisch ⟨Adj.⟩ = basisch

Al|ka|lo|id ⟨das; -(e)s, -e; Chemie⟩ alkalisch reagierende giftige Verbindungen, z.B. in Pflanzen, Genuss-, Rausch- u. Heilmitteln (Koffein, Chinin, Morphin, Kokain, Nikotin) [<*Alkali* + grch. *eidos* »Aussehen«]

Al|ko|hol ⟨der; -s, -e⟩ **1** ⟨i.w.S.⟩ organ. chem. Verbindung, in der ein od. mehrere Wasserstoffatome durch eine od. mehrere Hydroxyl-(OH-)Gruppen ersetzt sind **2** ⟨der; -; unz.; i.e.S.⟩ Ethylalkohol, berauschende, brennbare, verdünnt trinkbare Flüssigkeit; *er trinkt keinen ~ mehr* [<arab. *alkohol* »Bleiglanz zum Färben der Brauen«]

al|ko|ho|lisch ⟨Adj.⟩ **1** *~es Getränk* Alkohol enthaltendes Getränk **2** *~e Gärung* Gärung, bei der Alkohol entsteht

Al|ko|ho|lis|mus ⟨der; -; unz.⟩ chronische Erkrankung durch übermäßigen Alkoholgenuss, körperl. u. psych. Alkoholabhängigkeit

Al|ko|ven ⟨[-vən] der; -s, -⟩ **1** Bettnische **2** sehr kleiner Nebenraum an einem Zimmer [<span. *alcoba* »Schlafgemach« <arab. *al-qobbah* »Gemach, Gewölbe«]

al|la ⟨Adv.⟩ nach Art, in der Art von; *~ breve* ⟨[-və]; Musik⟩ auf kurze Weise, mit verkürztem Tempo; *~ marcia* ⟨[maːrtʃa⟩ in der Art eines Marsches; →*a.* à la [ital.]

Al|lah ⟨a. [-'-] der; -s; unz.; im Islam⟩ Gott [arab.]

Al|lee ⟨die; -, -n⟩ von Bäumen gesäumte Straße, von Bäumen eingefasster Weg [frz.; zu *aller* »gehen«]

Al|le|go|rie ⟨die; -, -n; Kunst; Lit.⟩ bildhafte Darstellung eines Begriffs od. Vorgangs mit enger, erkennbarer Verbindung zu diesem, Sinnbild, Gleichnis, z.B. Frau mit einer Waage u. verbundenen Augen für »Gerechtigkeit«; *Ggs* Symbol (3) [<grch. *allegoria,* zu *allegorein* »etwas anderes sagen«]

al|le|go|risch ⟨Adj.⟩ in der Art einer Allegorie, mit ihrer Hilfe, sinnbildlich, gleichnishaft

al|le|gret|to *auch:* **al|leg|ret|to** ⟨Musik⟩ ein wenig allegro, mäßig bewegt (zu spielen) [Verkleinerungsform zu *allegro*]

al|le|gro *auch:* **al|leg|ro** ⟨Musik⟩ schnell, lebhaft (zu spielen) [ital., »munter«]

Al|lel ⟨das; -s, -e; Genetik⟩ eines der einander entsprechenden Gene eines diploiden Chromosomensatzes, z.B. die Erbanlage für die Augenfarbe des männlichen u. weiblichen Elternteils [<grch. *allelon* »einander, gegenseitig«]

♦ Die Buchstabenfolge **al|lerg...** kann auch **all|erg...** getrennt werden.

♦**Al|ler|gie** ⟨die; -, -n⟩ Überempfindlichkeit gegen bestimmte Stoffe, z.B. Heuschnupfen [<*Allo...* + grch. *ergon* »Werk«]

◆**Al|ler|gi|ker** ⟨der; -s, -⟩ jmd., der mit körperlicher Überempfindlichkeit auf bestimmte Stoffe, z. B. Pflanzenpollen od. Nahrungsmittel, reagiert

◆**al|ler|gisch** ⟨Adj.⟩ **1** auf Allergie beruhend; *~e Reaktion* **2** überempfindlich gegen bestimmte Stoffe; *~ gegen Erdbeeren sein*

Al|li|anz ⟨die; -, -en⟩ Bündnis, Vereinigung, Interessengemeinschaft; *die Heilige ~* Bündnis zwischen Preußen, Russland u. Österreich 1815 [<frz. *alliance* »Bündnis«]

Al|li|ga|tor ⟨der; -s, -to|ren; Zool.⟩ Angehöriger einer Familie der Krokodile mit verhältnismäßig kurzer Schnauze [<span. *el lagarto* »die Eidechse« <lat. *lacerta* »Eidechse«]

Al|li|ier|te(r) ⟨die od. der; -n, -n⟩ Angehörige(r) einer Allianz, Verbündete(r); *die ~n* die gegen Dtschld. verbündeten Länder im Ersten u. Zweiten Weltkrieg

all in|clu|sive ⟨[ɔ:l ɪnklu:sɪv]⟩ alle Kosten inbegriffen; *eine 14-tägige Reise ~ buchen* [engl.]

Al|li|te|ra|ti|on ⟨die; -, -en; Metrik⟩ Gleichklang, Gleichheit der Anfangsbuchstaben mehrerer (mittelbar od. unmittelbar) aufeinanderfolgender Wörter, Stabreim [<*Ad…* + lat. *littera* »Buchstabe«]

Al|lo|pa|thie ⟨die; -; unz.; Med.⟩ das (übliche) Heilverfahren, gegen eine Krankheit Mittel anzuwenden, die eine der Krankheitsursache entgegengesetzte Wirkung haben; *Ggs* Homöopathie [<grch. *allos* »all; anders« + *…pathie*]

All|round|man ⟨[ɔ:lraundmæn] der; - od. -s, -men [-mən]⟩ jmd., der auf vielen Fachgebieten Bescheid weiß u. die verschiedensten Aufgaben erfüllen kann [<engl. *all* »alles« + *round* »rund(um)« + *man* »Mann, Mensch«]

Al|lü|ren ⟨Pl.⟩ (ungewöhnliches) Benehmen, (auffallende) Umgangsformen, Gewohnheiten; *~ haben* [<frz. *allure* »Gangart«]

Al|ma|nach ⟨der; -s, -e⟩ **1** Kalender **2** Jahrbuch mit Bildern **3** Verlagsverzeichnis mit Textproben aus neuen Büchern [<mlat. *almanachus* <grch. *alemenichiaka* »Kalender«]

Aloe ⟨[-loe:] die; -, -n; Bot.⟩ ein Liliengewächs mit stammartigen Achsen, die rosettig angeordnete, meist dickfleischige Blätter tragen [lat. <grch. *aloe* <hebr. *ahalim*]

Al|pa|ka ⟨das; -s, -s⟩ **1** südamerikanisches Kamelschaf, das zur Fleisch- u. Wollgewinnung in den Anden halbwild gehalten wird **2** ⟨das; -s; unz.⟩ dessen Wolle [<peruan. *alpaco* »Kamelziege«]

Al|pha ⟨das; -s, -s; Zeichen: α, A⟩ erster Buchstabe des griechischen Alphabets; *~ und Omega* Anfang und Ende (danach: »das A und O«)

> **Alphabet:** Das *Alphabet* ist ein Verschriftungssystem der Sprache, das aus unterschiedlichen Zeichen besteht. Die europäischen *Alphabete* gehen auf das älteste semitische *Alphabet* zurück; hierbei war die Bildähnlichkeit der Zeichen wichtig. Das arabische *Alphabet* ist nach der Buchstabenform und das indische nach dem Lautwert geordnet. Das deutsche *Alphabet* (A bis Z) besteht aus jeweils 26 Schriftzeichen für Groß- und Kleinbuchstaben.

Al|pha|bet ⟨das; -(e)s, -e⟩ **1** die geordnete Folge der Buchstaben einer Sprache, das Abc; *Wörter, Namen nach dem ~ ordnen* **2** *musikalisches ~* Buchstabenfolge zur Bezeichnung der 7 Stammtöne c, d, e, f, g, a, h od. ut (do), re, mi, fa, sol, la, si [<lat *alphabetum* <grch. *alphabetos;* zu *alpha* + *beta* <hebr. *aleph* + *beth,* den beiden ersten Buchstaben des Alphabets]

al|pha|be|tisch ⟨Adj.⟩ nach dem Alphabet, in der Ordnung des Alphabets; *Namen, Wörter in (korrekter) ~er Reihenfolge aufschreiben*

Al|pha|strahl *auch:* **α-Strahl** ⟨der; -(e)s, -en⟩ Kern des Heliumatoms, bestehend aus zwei Neutronen u. zwei Protonen, der bei vielen Kernreaktionen wegen seiner großen Stabilität als selbstständiges Teilchen aus größeren Atomkernen abgespalten wird [nach *alpha,* dem ersten Buchstaben des grch. Alphabets]

Al|te|ra|ti|on ⟨die; -, -en⟩ **1** Gemütsbewegung, Aufregung, Erregung **2** Verwirrung **3** Abänderung **4** ⟨Musik⟩ chromatische Veränderung [<frz. *altération*

A

»Veränderung, Verschlimmerung, Schreck«; zu lat. *alter* »der andere«]

Al|ter|nanz ⟨die; -, -en⟩ **1** = Alternation **2** ⟨Bot.⟩ Wechsel zwischen ertragbringenden u. ertraglosen Jahren (bei Obstbäumen)

Al|ter|na|ti|on ⟨die; -, -en⟩ *Sy* Alternanz (1) **1** Wechsel zwischen zwei Möglichkeiten, Dingen usw. **2** ⟨Metrik⟩ Wechsel zwischen einsilbiger Hebung u. Senkung [frz., »Abwechslung«; zu lat. *alter* »der andere«]

al|ter|na|tiv ⟨Adj.⟩ **1** zwischen zwei Möglichkeiten, Dingen usw. abwechselnd, wahlweise, wechselweise **2** ⟨umg.⟩ anders als die Übrigen, anders als üblich; *~e Lebensweise; ~ leben* [<frz. *alternatif* »abwechselnd«; zu lat. *alter* »der andere«]

Al|ter|na|ti|ve ⟨[-və] die; -, -n⟩ Wahl, Entscheidung zwischen zwei Möglichkeiten, Dingen, Personen usw.; *vor einer ~ stehen; jmdn. vor die ~ stellen* [frz., »Wahl zwischen zwei Dingen«; zu lat. *alter* »der andere«]

Al|tru|is|mus *auch:* **Alt|ru|is|mus** ⟨der; -; unz.⟩ durch Rücksicht auf andere gekennzeichnete Denk- u. Handlungsweise, Selbstlosigkeit, Uneigennützigkeit; *Ggs* Egoismus [<frz. *altruisme* »Nächstenliebe«; zu lat. *alter* »der andere«]

Alu|mi|ni|um ⟨das; -s; unz.; chem. Zeichen: Al⟩ chem. Element, silberweißes Leichtmetall, Ordnungszahl 13 [<lat. *alumen* »Alaun«]

Al|ve|o|lar ⟨[-ve-] der; -s, -e; Phon.⟩ mit der Zungenspitze am Zahndamm der Schneidezähne gebildeter Konsonant, *z. B. d, t, n, sch*

Amal|gam ⟨das; -s, -e; Chemie⟩ Lösung von Metall in Quecksilber, bzw. Legierung von Metall in Quecksilber, z. B. für Zahnfüllungen [<arab. *al-malgham* <grch. *malagma* »Erweichung«]

Ama|ryl|lis ⟨die; -, -ryl|len; Bot.⟩ den Liliengewächsen ähnliche einkeimblättrige Staude mit sehr großer Blüte [<grch. *amaryssein* »glänzen«]

Ama|teur ⟨[-tøːr] der; -s, -e⟩ jmd., der eine Beschäftigung aus Liebhaberei, nicht als Beruf betreibt; →*a.* Profi; *~fotograf; ~sportler* [frz., »Liebhaber, Verehrer, Freund«]

Ama|zo|ne ⟨die; -, -n⟩ **1** ⟨grch. Myth.⟩ Angehörige eines kriegerischen Frauenvolkes in Kleinasien **2** ⟨fig.⟩ Reiterin [<grch. *amazon,* <*A...*[1] »nicht« + *mazos* »weibl. Brust«]

am|bi..., Am|bi... ⟨in Zus.⟩ doppel..., Doppel..., nach beiden Seiten [zu lat. *ambo* »beide«]

Am|bi|en|te ⟨das; -; unz.⟩ **1** ⟨Mal.⟩ das eine Gestalt Umgebende (Licht, Gegenstände usw.) **2** ⟨allg.⟩ die Umgebung, in der jmd. lebt, Umwelt [<ital., lat. *ambi* »um herum«]

Am|bi|gu|i|tät ⟨die; -, -en⟩ Doppelsinn, Mehrdeutigkeit [<lat. *ambiguitas*]

Am|bi|ti|on ⟨die; -, -en⟩ Ehrgeiz, Bestrebung; *in dieser Richtung habe ich keine ~en* [<lat. *ambitio* »regelmäßige Bewerbung um ein Amt, Ehrgeiz«]

am|bi|ti|o|niert ⟨Adj.⟩ ehrgeizig, sehr strebsam; *Sy* ambitiös

am|bi|ti|ös ⟨[-tsjøːs] Adj.⟩ = ambitioniert

am|bi|va|lent ⟨[-va-] Adj.⟩ *~e Gefühle* doppelwertige, zwiespältige Gefühle [zu lat *ambo* »beide« + *valent*]

Am|bi|va|lenz ⟨[-va-] die; -, -en⟩ Doppelwertigkeit, Möglichkeit bei Gefühlen, ihr Gegenteil mit einzuschließen, z. B. Hassliebe

am|bu|lant ⟨Adj.; Med.⟩ zur Behandlung jeweils den Arzt aufsuchend; *Ggs* stationär (2); *~e Behandlung* B. während der ärztlichen Sprechstunde [zu lat. *ambulare* »einher-, umhergehen«]

Am|bu|lanz ⟨die; -, -en⟩ **1** Einrichtung für ambulante Behandlung in einem Krankenhaus **2** Notarztwagen

Amen ⟨das; -s, -⟩ Zustimmung der Gemeinde zu Rede, Segen, Gebet usw., Gebets-, Segensschluss; *sein ~ zu etwas geben* ⟨fig.⟩ sein Einverständnis erklären; *zu allem Ja und ~ / ja und amen sagen* ⟨fig.⟩ mit allem einverstanden sein, sich allem fügen [hebr., »wahrhaftig, gewisslich, so sei es, so geschehe es« (aus der israelit. Rechtsordnung in den christl. u. islam. Gottesdienst übernommen)]

Ame|ri|ci|um ⟨das; -s; unz.; chem. Zeichen: Am⟩ künstlich hergestelltes radioaktives Element, Ordnungszahl 95 [nach *Amerika*]

Ame|ri|ka|nis|tik ⟨die; -; unz.⟩ **1** Lehre

von den Sprachen u. der Kultur der indianischen Urbevölkerung Amerikas **2** Lehre von den Sprachen u. der Kultur der USA

Ame|thyst ⟨der; -(e)s, -e; Min.⟩ Halbedelstein von violetter Farbe, Abart des Quarzes [<grch. *amethystos; <A...*[1] »nicht« + *methyein* »trunken sein« (galt als Talisman gegen Trunkenheit)]

→ **Amphibie:** Der Laut [fi:] wird in griechischen Fremdwörtern oft ***ph*** geschrieben, z. B. in *Am**ph**ibie*!

Amid ⟨das; -(e)s, -e; Chemie⟩ Derivat organischer Säuren, bei dem die Hydroxylgruppe der Carboxylgruppe durch eine Aminogruppe ersetzt ist, *z. B. Acet~* [verkürzt <*Am*moniak + ...*id*]

Ami|do... ⟨in Zus.; Chemie⟩ = Amino...

...ä|mie ⟨Nachsilbe; zur Bildung weibl. Subst.⟩ Blutkrankheit; *oV* ...hämie; *Leukämie; Anämie* [<grch. *haima* »Blut«]

Amin ⟨das; -s, -e; Chemie⟩ basisch reagierendes Derivat des Ammoniaks, bei dem ein od. mehrere Wasserstoffatome durch Alkyle od. Aryle ersetzt sind [→ *Ammoniak*]

Aminosäure: *Aminosäuren* sind die einfachsten Bausteine der Eiweiße. *Aminosäuren* sind Carbonsäuren, bei denen an Kohlenstoff gebundene Wasserstoffatome durch die Aminogruppe ($-NH_2$) ersetzt sind. Die meisten der biologisch wichtigen *Aminosäuren* sind Alphaaminosäuren: Sie sind am Eiweißstoffwechsel bzw. am Aufbau der → *Peptide* und → *Proteine* beteiligt. Einige *Aminosäuren* sind → *essenziell,* d. h., sie können vom menschlichen Körper nicht selbst hergestellt werden und müssen über die Nahrung zugeführt werden.

Ami|no|säu|re ⟨die; -, -n; Chemie⟩ organ. Säure, *z. B. Aminoessigsäure, Alanin, Glutaminsäure*

Am|mo|ni|ak ⟨a. ['----] das; -s; unz.; Chemie⟩ farbloses, stechend riechendes Gas, NH_3 [<grch. *ammoniakon,* eine Pflanze, die in der Nähe des dem Jupiter *Ammon* geweihten Tempels in der Oase *siwa* (im Altertum *Ammonion*) in Libyen wuchs]

Am|mo|ni|um ⟨das; -s; unz.; Chemie⟩ die in ihrem chem. Verhalten den Alkalimetallen entsprechende Molekülgruppe NH_4^+, bildet sich beim Einleiten von Ammoniak in Wasser

Am|ne|sie ⟨die; -, -n; Med.⟩ Gedächtnisstörung, (vorübergehender) Gedächtnisverlust [<*A...*[1] + grch. *mnesis* »Erinnerung«; verwandt mit *Amnestie*]

Am|nes|tie ⟨die; -, -n⟩ Straferlass, Begnadigung für eine ganze Gruppe von Gefangenen [<grch. *amnestia* »Vergessen«]

Amö|be ⟨die; -, -n; Zool.⟩ Gattung der einfach gebauten, einzelligen Wurzelfüßer [<grch. *amoibe* »Wechsel«]

Amok... ⟨in Zus.⟩ in einem Anfall von affektbetonter Geistesverwirrung blindwütig zerstörend u. tötend, *z. B. Amokläufer, -fahrer, -schütze* [<mal. *amuk* »Wut«]

Amor|ti|sa|ti|on ⟨die; -, -en⟩ **1** *~ einer Schuld* Tilgung, Abschreibung **2** Abwerfen von Gewinn

amor|ti|sie|ren ⟨V.⟩ **1** tilgen, abschreiben **2** Gewinn abwerfen [<mlat. *amortisare* <lat. *ad* »zu« + *mors* »Tod«]

amou|rös ⟨[-mu-] Adj.⟩ **1** eine Liebschaft betreffend, auf ihr beruhend **2** verliebt; *~es Abenteuer; ~e Beziehung* [<frz. *amoureux* »verliebt«]

Am|pere ⟨[ampɛ:r] das; - od. -s, -; Physik; Zeichen: A⟩ Maßeinheit der elektrischen Stromstärke [nach dem frz. Mathematiker u. Physiker André Marie *Ampère,* 1775-1836]

Am|phi|bie ⟨[-bjə] die; -, -n; Zool.⟩ Tier, das im Wasser u. auf dem Land leben kann, Lurch [<grch. *amphibion;* zu *amphi...* »zweifach« + *bios* »Leben«]

am|phi|bisch ⟨Adj.⟩ **1** die Amphibien betreffend, ihnen eigentümlich **2** im Wasser u. auf dem Land lebend, sich bewegend

Am|phi|the|a|ter ⟨das; -s, -⟩ **1** ⟨in der Antike⟩ Theater unter freiem Himmel mit kreisrundem od. ellipt. Grundriss u. ansteigenden Sitzreihen **2** ⟨allg.⟩ Theater mit im Halbkreis ansteigenden Sitzreihen [<grch. *amphitheatron* <*amphi* »auf allen Seiten, um ... herum« + *theatron* »Schauspielhaus«]

A

Am|pho|ra ⟨die; -, -pho|ren⟩ grch. Vase in Form eines Krugs mit zwei Henkeln; *oV* Amphore [<lat. *amphora;* zu grch. *amphoreus* »Gefäß, das auf beiden Seiten einen Henkel hat« <*amphi* »auf beiden Seiten« + *pherein* »tragen«; verwandt mit *Ampulle*]

Am|pho|re ⟨die; -, -n⟩ = Amphora

Am|pli|tu|de *auch:* **Amp|li|tu|de** ⟨die; -, -n⟩ größter Ausschlag eines Schwingungsvorgangs, z. B. beim Pendel [frz., »Umfang in Länge u. Breite«]

Am|pul|le ⟨die; -, -n⟩ **1** bauchiges Gefäß, bauchige Flasche **2** zugeschmolzenes Glasröhrchen mit sterilen Lösungen zum Einspritzen [<lat. *ampulla* »kleine Flasche« <**amporla,* Verkleinerungsform zu *amp(h)ora;* → *Amphora*]

Am|pu|ta|ti|on ⟨die; -, -en; Med.⟩ operative Entfernung; *~ eines Beines* [<lat. *amputatio* »das Abschneiden«]

Amu|lett ⟨das; -(e)s, -e⟩ kleiner Gegenstand, der als vermeintliches Zauberschutzmittel gegen böse Mächte am Körper getragen wird (meist um den Hals) [<lat. *amuletum* »Speise, Brei aus Kraftmehl«, volksetymol. bezogen auf *amoliri* »abwenden«]

amü|sant ⟨Adj.⟩ unterhaltsam, belustigend [<frz. *amusant*]

amü|sie|ren ⟨V.⟩ unterhalten, belustigen, vergnügen; *die Geschichte hat mich amüsiert; wir haben uns prächtig amüsiert* [<frz. *amuser* »unterhalten, belustigen«]

an...[1], **An...**[1] ⟨Vorsilbe⟩ = a...[1], A...[1]

an...[2], **An...**[2] ⟨Vorsilbe⟩ = ana..., Ana...

ana..., Ana... ⟨vor Vokalen⟩ an...[2], An...[2] ⟨Vorsilbe⟩ auf, hinauf, zurück, wieder, nach Art von [grch.]

Ana|bo|li|kum ⟨das; -s, -li|ka; Pharm.⟩ den Aufbaustoffwechsel u. die Eiweißsynthese fördernder Wirkstoff [<grch. *anabole* »Erdaufwurf«]

Ana|chro|nis|mus ⟨[-kro-] der; -, -nis-men⟩ **1** einem Zeitabschnitt nicht Entsprechendes **2** das Verlegen von Dingen, die für die Gegenwart kennzeichnend sind, in die Vergangenheit u. umgekehrt [<grch. *anachronizein* »in eine andere Zeit versetzen«; zu *chronos* »Zeit«]

ana|chro|nis|tisch ⟨[-kro-] Adj.⟩ zeitlich falsch eingeordnet, unzeitgemäß

an|ae|rob ⟨[-ae-] Adj.⟩ *~e Bakterien* ohne Sauerstoff lebende Bakterien; *Ggs* aerob

Ana|gramm ⟨das; -s, -e⟩ **1** Buchstabenversetzrätsel **2** Wortumbildung durch Buchstaben od. Silbenversetzung, z. B. Lampe - Palme [<grch. *anagramma;* zu *anagraphein* »umschreiben«]

Ana|kon|da ⟨die; -, -s; Zool.⟩ südamerikanische ungiftige Riesenschlange

Ana|kre|on|tik ⟨die; -; unz.; Lit.⟩ literarische Richtung des 18. Jh., die den altgrch. Dichter Anakreon u. seinen heiteren Stil, in dem er die Liebe u. den Wein besang, nachahmte

anal ⟨Adj.⟩ den After betreffend, in seiner Nähe liegend [<lat. *anus* »After«]

ana|log ⟨Adj.⟩ entsprechend, ähnlich, sinngemäß (anwendbar); *etwas ~ einer Vorlage gestalten* [<*log*[2]]

Ana|lo|gie ⟨die; -, -n⟩ **1** Beziehung zwischen Dingen, Vorstellungen, Relationen u. komplexen Systemen, die in gewisser Hinsicht übereinstimmen, Ähnlichkeit, Entsprechung **2** sinngemäße Anwendung, Übertragung

An|al|pha|bet ⟨a. ['----] der; -en, -en⟩ jmd., der nicht lesen u. schreiben kann [<*A...*[1] + *Alphabet*]

an|al|pha|be|tisch ⟨a. ['-----] Adj.⟩ Schreiben u. Lesen nicht beherrschend

Ana|ly|se ⟨die; -, -n⟩ Zergliederung eines Ganzen in seine Teile, genaue Untersuchung der Einzelheiten, Auflösung; *Ggs* Synthese; *qualitative ~* ⟨Chemie⟩ Bestimmung eines Stoffes nach der Art seiner Bestandteile; *quantitative ~* ⟨Chemie⟩ Bestimmung eines Stoffes nach der mengenmäßigen Zusammensetzung [<grch. *analysis* »Auflösung«; zu *analyein* »auflösen«]

ana|ly|sie|ren ⟨V.⟩ eine Analyse machen von, zergliedern, in Einzelteile zerlegen, untersuchen

Ana|ly|sis ⟨die; -; unz.; Math.⟩ **1** Zweig der Mathematik, der hauptsächlich Untersuchungen über Grenzwerte anstellt **2** Gebiet, das die Infinitesimalrechnung benutzt [→ *Analyse*]

Ana|ly|tik ⟨die; -; unz.⟩ **1** Lehre, Kunst od. Verfahren der Analyse **2** ⟨Math.⟩ zergliederndes, bes. rechnerisches Verfahren bei mathematischen Problemen

ana|ly|tisch ⟨Adj.⟩ die Analyse betreffend,

auf ihr beruhend, mit ihrer Hilfe zergliedernd, in Einzelteile zerlegend; *Ggs* synthetisch; *~e Chemie* der Teil der C., der die Analyse zum Gegenstand hat; *~e Philosophie* Richtung der Philosophie des 20. Jahrhunderts, die metaphysische Systemkonstruktionen ablehnt u. sich mit der Analyse sprachlicher Ausdrücke in philosoph. Problemstellungen befasst

An|ä|mie ⟨die; -, -n; Med.⟩ Mangel an roten Blutkörperchen, Blutarmut [<*A...*[1] + *...ämie*]

Ana|mne|se *auch:* **Anam|ne|se** ⟨die; -, -n⟩ **1** ⟨Med.⟩ Vorgeschichte einer Krankheit **2** ⟨Philos.; bes. Plato⟩ Wiedererkennung der (vorgeburtlichen) Ideen [<*Ana...* + grch. *mnesis* »Erinnerung«]

Ana|päst ⟨der; -(e)s, -e; Metrik⟩ Versfuß mit zwei kurzen u. einer langen Silbe [<grch. *anapaistos* »zurückgeschlagen«; zu *anapaiein* »zurückschlagen«]

Ana|pher ⟨die; -, -n⟩ Wiederholung des Anfangswortes in aufeinanderfolgenden Sätzen od. Satzteilen, *z. B. »das Wasser rauscht, das Wasser schwoll«* [<grch. *anaphora* »Beziehung«, zu *anapherein* »herauftragen, zurückbringen, zurückbeziehen«]

An|ar|chie ⟨die; -, -n⟩ **1** die vom Anarchismus geforderte herrschaftsfreie Gesellschaftsordnung mit absoluter Freiheit **2** Zustand der Gesetzlosigkeit, (politische) Unordnung [<*A...*[1] + *...archie*]

an|ar|chisch ⟨Adj.⟩ auf Anarchie beruhend

an|ar|chis|tisch ⟨Adj.⟩ den Anarchismus betreffend, auf ihm beruhend

An|äs|the|sie ⟨die; -, -n; Med.⟩ **1** ⟨unz.⟩ Unempfindlichkeit gegen Schmerzen **2** ⟨zählb.⟩ Betäubung von Schmerzen [<*A...*[1] + grch. *aistanesthai* »empfinden«]

Anatomie: Die *Anatomie* ist die Wissenschaft vom Bau der Körperteile. Sie untersucht und beschreibt die Struktur des Körpers, der Organe, Gewebe, Zellen und Organellen sowie deren Funktion. Die pathologische *Anatomie* beschäftigt sich mit der *Anatomie* der Krankheiten, die mikroskopische mit der mikroskopischen Untersuchung von Körpergewebe. Es wird zwischen der *Anatomie* der Pflanzen und der *Anatomie* der Tiere und Menschen unterschieden. Die *Anatomie* ist Teilgebiet der Medizin und ein Pflichtfach der medizinischen Berufsausbildung.

Ana|to|mie ⟨die; -, -n⟩ Wissenschaft, Lehre vom Körperbau der Lebewesen (der Pflanzen, Tiere u. des Menschen) [<grch. *anatemnein* »zerschneiden«]

ana|to|misch ⟨Adj.⟩ die Anatomie betreffend, auf ihr beruhend

an|dan|te ⟨Musik⟩ gehend, ruhig (zu spielen); *~ con moto* gehend, (doch) mit Bewegung (zu spielen) [ital., »gehend«]

An|dan|te ⟨das; - od. -s, - od. -s; Musik⟩ Musikstück, Satz im Andante-Tempo

◆ Die Buchstabenfolge **an|dr...** kann auch **and|r...** getrennt werden.

◆**an|dro..., An|dro...** ⟨in Zus.⟩ männlich [<grch. *aner,* Gen. *andros* »Mann«]

◆**An|dro|gy|nie** ⟨die; -; unz.; Biol.⟩ **1** Zweigeschlechtigkeit, mit weibl. Erscheinungsbild u. männl. Keimdrüsen **2** Zwitterbildung bei Pflanzen [<*Andro...* + grch. *gyne* »Weib«]

◆**An|dro|i|de** ⟨der; -n, -n⟩ künstlicher Mensch [grch. *aner,* Gen. *andros* »Mann« + *...logie*]

◆**An|dro|lo|gie** ⟨die; -; unz.; Med.⟩ Lehre von den Männerkrankheiten; →*a.* Gynäkologie [<*Andro...* + *...logie*]

An|ek|do|te ⟨die; -, -n⟩ kurze, witzige, unbeglaubigte, aber charakteristische Erzählung od. Begebenheit, häufig eine bekannte Persönlichkeit od. ein historisches Ereignis betreffend [<*A...*[1] + grch. *ektodon* »herausgegeben«]

Ane|mo|ne ⟨die; -, -n; Bot.⟩ Gattung der Hahnenfußgewächse mit weltweit 120 Arten, Windröschen [<grch. *anemone;* zu *anemos* »Wind«]

An|gi|na ⟨die; -, -gi|nen; Med.⟩ entzündliche, fieberhafte Erkrankung des Halses mit Schwellung des Rachens u. der Mandeln [lat., »Beklemmung; Halsentzündung«]

An|gi|na Pec|to|ris ⟨die; - -; unz.; Med.⟩ Anfälle von heftigen Herzschmerzen, Beklemmung der Brust aufgrund einer

A

Minderdurchblutung des Herzmuskels [lat., »Brustbeklemmung«]

An|gio... ⟨Vorsilbe⟩ Gefäß... [<grch. *aggeion* »Gefäß«]

An|gio|lo|gie ⟨die; -; unz.; Med.⟩ Lehre von den Blut- u. Lymphgefäßen [<*Angio...* + *...logie*]

◆ Die Buchstabenfolge **an|gl...** kann auch **ang|l...** getrennt werden.

◆**an|gli|ka|nisch** ⟨Adj.⟩ *~e Kirche* die engl. Staatskirche [<mlat. *Anglicanus;* zu lat. *Angli* »die Angeln, Engländer«]

◆**An|glis|tik** ⟨die; -; unz.⟩ Lehre von der engl. Sprache u. Literatur

◆**An|gli|zis|mus** ⟨der; -, -zis|men⟩ engl. Spracheigentümlichkeit, bes. deren Übertragung in eine andere Sprache, *z. B. »einmal mehr« aus »once more« (= noch einmal)*

An|go|ra|wol|le ⟨die; -; unz.⟩ aus den Haaren der Angoraziege od. Angorakatze gewonnene Wolle mit bes. langem u. feinem Flor [nach der türk. Stadt Ankara, früher *Angora*]

→ **Ensemble:** Was du nicht unter ***ang-*** findest, kann unter ***en-*** stehen, z. B. *Ensemble*!

Ani|lin ⟨das; -s; unz.; Chemie⟩ Ausgangsstoff für viele Farb-, Kunststoffe u. Arzneimittel [<*Anil* (Indigopflanze in Indien) <arab. *an-il* »das Blaue« <Sanskrit *nila* »blau«]

ani|ma|lisch ⟨Adj.⟩ **1** tierisch, den Tieren eigentümlich **2** leiblich, (grob-)sinnlich [<lat. *animal* »Lebewesen, Geschöpf«]

Ani|ma|teur ⟨[-tøːr] der; -s, -e⟩ Angestellter eines Reiseunternehmens, der für die Unterhaltung u. Freizeitgestaltung einer Reisegesellschaft zuständig ist [frz., »Unterhalter«]

Ani|ma|ti|on ⟨die; -, -en⟩ **1** (von einem Animateur organisierte) Unterhaltung u. Freizeitgestaltung für Urlauber **2** ⟨EDV; Film⟩ Verfahren zur Belebung u. Bewegung von Bildern u. Figuren im Trickfilm [frz., »Unterhaltung«]

ani|ma|to ⟨Musik⟩ belebt (zu spielen) [ital.]

ani|mie|ren ⟨V.⟩ beleben, ermuntern, anregen, in Stimmung bringen; *jmdn. zu einem Streich ~* [<lat. *animare* »beleben«]

Ani|mis|mus ⟨der; -; unz.⟩ Glaube an die Beseeltheit der Natur u. an die Existenz von Geistern [<lat. *animus* »Geist, Seele«]

An|ion ⟨das; -s, -en; El.⟩ negativ geladenes Teilchen, das im elektr. Feld zur (positiv geladenen) Anode wandert; *Ggs* Kation [zu grch. *anienai* »hinaufgehen«]

Anis ⟨a. [-'-] der; -es, -e; Bot.⟩ Gewürz- u. Arzneipflanze [<mlat. *anis, enis* <frz. *anis* <lat. *anisum* <grch. *anison*]

An|ka|the|te ⟨die; -, -n; Geom.; im rechtwinkligen Dreieck⟩ eine der beiden dem rechten Winkel anliegenden Seiten

an|nek|tie|ren ⟨V.⟩ *einen Staat, Teil eines Staates ~* sich einverleiben, sich (gewaltsam) aneignen, in Besitz nehmen [<lat. *annectere* »an-, hinzufügen«]

an|no **1** im Jahre **1.1** *anno dazumal* ⟨fig.; umg.⟩ in alter Zeit, einstmals **1.2** *anno Tobak* ⟨umg., scherzh.⟩ in alter Zeit, einstmals [lat.]

An|no Do|mi|ni ⟨Abk.: A. D.⟩ *Anno Domini 1492* im Jahre des Herrn 1492, 1492 nach Christi Geburt

An|non|ce ⟨[-nɔ̃ːsə] die; -, -n⟩ Zeitungs-, Zeitschriftenanzeige; *Sy* Inserat; *eine ~ in einer Zeitung, Zeitschrift aufgeben* [frz., »Ankündigung, Anzeige«]

an|nul|lie|ren ⟨V.⟩ für ungültig, für nichtig erklären, außer Kraft setzen [<frz. *annuler* »für ungültig erklären« <lat. *ad* »zu« + *nullus* »keiner«]

Ano|de ⟨die; -, -n; El.⟩ positive Elektrode; *Ggs* Kathode [<grch. *anodos* »Aufgang«]

ano|disch ⟨Adj.⟩ die Anode betreffend, mit ihr im Zusammenhang stehend; *~e Oxidation*

an|o|mal ⟨Adj.⟩ nicht der Regel entsprechend, nicht normal; *oV* anormal [<grch. *anomalos* »uneben«]

An|o|ma|lie ⟨die; -, -n⟩ **1** Regelwidrigkeit, Abweichung von der Regel **2** ⟨Biol.⟩ Missbildung, Abweichung von der Norm **3** ⟨Physik⟩ Abweichung der Schwerkraft vom Normalwert

an|o|nym ⟨Adj.⟩ ungenannt, namenlos, ohne Namensangabe; *~er Brief* B. ohne

Namensunterschrift [<grch. *anonymos* »namenlos«]

An|o|ny|mi|tät ⟨die; -; unz.⟩ Verschweigung, Nichtangabe des Namens, Namenlosigkeit

Ano|rak ⟨der; -s, -s⟩ Windjacke, meist mit Kapuze [<eskim. *anoraq*]

an|or|ga|nisch ⟨Adj.⟩ unbelebt, nicht von Lebewesen stammend, nicht durch Lebewesen entstanden, nicht Kohlenstoff enthaltend; *Ggs* organisch (2); *~e Chemie* Lehre von den Verbindungen, die keinen Kohlenstoff enthalten, von den Oxiden u. Metallverbindungen [<*a...*[1] + *organisch*]

an|or|mal ⟨Adj.; umg.⟩ = anomal

ant...[1], **Ant...**[1] ⟨Vorsilbe⟩ = ante..., Ante...

ant...[2], **Ant...**[2] ⟨Vorsilbe⟩ = anti..., Anti...

Ant|a|go|nis|mus *auch:* **An|ta|go|nis|mus** ⟨der; -, -nis|men⟩ **1** Widerstreit, (unversöhnl.) Gegensätzlichkeit **2** Prinzip von Wirkung u. Gegenwirkung

Ant|a|go|nist *auch:* **An|ta|go|nist** ⟨der; -en, -en⟩ Gegner, Gegenspieler, Widersacher [<*Anti...* + grch. *agonistes* »Kämpfer«]

ant|a|go|nis|tisch *auch:* **an|ta|go|nis|tisch** ⟨Adj.⟩ **1** auf Antagonismus beruhend **2** widerstreitend, gegensätzlich

Ant|ark|tis ⟨die; -; unz.⟩ Gebiet um den Südpol [<*Anti...* + *Arktis*]

ant|ark|tisch ⟨Adj.⟩ die Antarktis betreffend, in der Antarktis gelegen

an|te..., An|te... ⟨vor Vokalen⟩ ant..., Ant... ⟨Vorsilbe⟩ vor; *Antependium; Antezedenz* [lat.]

an|tho..., An|tho... ⟨Vorsilbe; in Zus.⟩ Blume(n)..., Blüte(n)... [<grch. *anthos* »Blume«]

An|tho|lo|gie ⟨die; -, -n⟩ Sammlung von Gedichten od. Prosastücken

◆ Die Buchstabenfolge **an|thr...** kann auch **anth|r...** getrennt werden.

◆**an|thra|zit** ⟨Adj.; undekl.⟩ anthrazitfarben, schwarzgrau

◆**An|thra|zit** ⟨der; -s, -e⟩ sehr harte, glänzende Steinkohle mit hohem Heizwert [<grch. *anthrax* »Kohle«]

◆**an|thro|po..., An|thro|po...** ⟨Vorsilbe; in Zus.⟩ mensch..., Mensch... [<grch. *anthropos* »Mensch«]

◆**An|thro|po|lo|gie** ⟨die; -; unz.⟩ Wissenschaft vom Menschen, von den Menschenrassen [<*Anthropo...* + *...logie*]

◆**an|thro|po|lo|gisch** ⟨Adj.⟩ die Anthropologie betreffend, zu ihr gehörig

an|ti..., An|ti... ⟨vor Vokalen⟩ ant...[2], Ant...[2] ⟨Vorsilbe⟩ gegen..., Gegen... [grch.]

an|ti|au|to|ri|tär ⟨Adj.⟩ nicht autoritär, gegen Autorität eingestellt, Autorität ablehnend; *~e Erziehung*

An|ti|ba|by|pil|le ⟨[-be:bi-] die; -, -n⟩ empfängnisverhütendes Arzneimittel auf hormoneller Grundlage

an|ti|bak|te|ri|ell ⟨Adj.⟩ gegen Bakterien wirkend [<*anti...* + *bakteriell*]

An|ti|bio|ti|kum ⟨das; -s, -ti|ka; Pharm.⟩ Stoff, der auf bestimmte Krankheitserreger wachstumshemmend od. abtötend wirkt, als Arzneimittel verwendet, *z. B. Penicillin*

An|ti|gen ⟨das; -s, -e⟩ artfremder Eiweißstoff, der im Blut von Mensch u. Tier die Bildung von Antikörpern anregt [<*Anti...* + *...gen*[2]]

an|tik ⟨Adj.⟩ **1** die Antike betreffend, zu ihr gehörend, aus ihr stammend **2** alt, altertümlich [<frz. *antique* »altertümlich« <lat. *antiquus* »alt«]

An|ti|ke **1** ⟨die; -; unz.⟩ das griech.-röm. Altertum u. seine Kultur **2** ⟨nur Pl.⟩ *~n* Denkmäler des Altertums, antike Kunstwerke; *~nsammlung*

An|ti|kli|max ⟨die; -, -e; Stilistik⟩ Übergang vom stärkeren zum schwächeren Ausdruck; *Ggs* Klimax (1)

An|ti|kör|per ⟨der; -s, -; Med.⟩ durch ein Antigen im Körper gebildeter Schutzstoff gegen Krankheitserreger

An|ti|lo|pe ⟨die; -, -n; Zool.⟩ Unterfamilie der Rinder in Asien u. Afrika, zierlich gebaut, rasch laufend [<frz. *antilope* <engl. *antelope* <mlat. *antalopus* <spätgrch. *antholops* »Blumenauge«]

An|ti|mon ⟨a. ['---] das; -s; unz.; chem. Zeichen: Sb⟩ chem. Element, ein Metall, silberweiß glänzend, Ordnungszahl 51; *Sy* Stibium [<mlat. *antimonium* <arab. *al-ithmidun* »Spießglanz«]

An|ti|no|mie ⟨die; -, -n⟩ **1** Widerspruch innerhalb eines Satzes **2** Unvereinbarkeit zweier gültiger Sätze [<*Anti...* + *...nomie*]

An|ti|oxi|dans ⟨das; -, -dan|ti|en od. -dan-zi|en; Chemie⟩ Stoff, der die in anderen Substanzen ablaufenden oxidativen u. damit schädlichen Reaktionen unterbricht, wird z. B. Parfümen zugesetzt [<*Anti...* + *oxidieren*]

An|ti|pa|thie ⟨die; -, -n⟩ Abneigung, Widerwille; *Ggs* Sympathie [<*Anti...* + *...pathie*]

An|ti|po|de ⟨der; -n, -n⟩ Mensch, der den entgegengesetzten Standpunkt vertritt, Mensch von gegensätzlicher Natur, Eigenart [<*Anti...* + grch. *pous,* Gen. *podos* »Fuß«]

An|ti|qua ⟨die; -, -s⟩ rundbogige Lateinschrift; *Sy* Italienne [lat., fem. Form von *antiquus* »alt«]

An|ti|qua|ri|at ⟨das; -(e)s, -e⟩ **1** Handel mit gebrauchten (oft wertvollen) Büchern **2** Ladengeschäft dafür **3** Handel mit Antiquitäten; *Kunst~; modernes ~*

an|ti|quiert ⟨Adj.⟩ veraltet; *~er Brauch; ~e Denkweise* [<lat. *antiquus* »alt«]

An|ti|qui|tät ⟨die; -, -en⟩ altertümliches Kunstwerk, (kostbarer) Gegenstand [<lat. *antiquus* »alt«]

An|ti|se|mit ⟨der; -en, -en⟩ Judengegner, Judenfeind [<grch. *anti* »gegen« + *Semit*]

An|ti|se|mi|tis|mus ⟨der; -; unz.⟩ Feindschaft gegen die Juden aus sog. »rassischen« Gründen

An|ti|se|rum ⟨das; -s, -se|ren od. -se|ra⟩ Heilserum, das Antikörper gegen spezielle Bakterien od. Gifte enthält

An|ti|the|se ⟨a. ['----] die; -, -n⟩ der These gegenübergestellte Behauptung, Gegenbehauptung

an|ti|the|tisch ⟨['----] Adj.⟩ gegensätzlich, entgegenstellend

An|ti|zi|pa|ti|on ⟨die; -, -en⟩ Vorwegnahme [<lat. *anticipatio* »ursprüngliche Vorstellung, Vorbegriff«]

an|ti|zi|pie|ren ⟨V.⟩ vorwegnehmen [<lat. *anticipare* »vorwegnehmen«]

Anus ⟨der; -, -⟩ After [lat., »Kreis, Ring, After«]

an|vi|sie|ren ⟨[-vi-] V.⟩ **1** ins Visier nehmen **2** sich als Ziel setzen, anstreben

Äols|har|fe ⟨die; -, -n⟩ Harfe, deren Saiten durch Luftzug zum Schwingen gebracht werden, Windharfe [nach *Aeolus,* grch. *Aiolos,* dem Gott der Winde]

Äon ⟨der; -s, -en⟩ **1** unendlicher Zeitraum, Ewigkeit **2** Abschnitt der Weltgeschichte, Zeitalter, Weltalter [<grch. *aion* »unermesslich lange Zeit, Ewigkeit«]

Aor|ta ⟨die; -, -or|ten; Anat.⟩ Hauptschlagader [<grch. *aorte;* zu *aeirein* »emporheben«]

Apa|che ⟨[apatʃə] der; -n, -n⟩ Angehöriger eines Indianerstammes im Westen der USA; *oV* Apatsche

apart ⟨Adj.⟩ **1** eigenartig, reizvoll; *ein ~es Kleid* **2** ungewöhnlich, besonders; *ein ~es Geschenk, eine ~e Idee* **3** abgesondert, beiseite [frz. *à part* »beiseite«]

Apart|heid ⟨die; -; unz.⟩ (bis 1991 offiziell praktizierte) Rassentrennung (in der Republik Südafrika) [<Afrikaans <frz. *à part* »getrennt« + ndrl. Endung *-heid* (= nhd. *-heit*)]

Apart|ment ⟨engl. [əpa:(r)tmənt] das; -s, -s⟩ = Appartement (2) [engl., »Zimmer, Wohnung« <frz. *appartement* »Wohnung«]

Apa|thie ⟨die; -; unz.⟩ Teilnahmslosigkeit, Gleichgültigkeit, Abgestumpftsein [<*A...*[1] + *...pathie*]

apa|thisch ⟨Adj.⟩ teilnahmslos, gleichgültig, abgestumpft

Apat|sche ⟨der; -n, -n⟩ = Apache

Aper|çu ⟨[-sy:] das; -s, -s⟩ geistreiche Bemerkung [frz., »Überblick, (geistreiche) Bemerkung«]

Ape|ri|tif ⟨der; -s, -s⟩ alkoholisches Getränk vor dem Essen [frz., »appetitanregend«; zu lat. *aperire* »öffnen«]

Apha|sie ⟨die; -, -n⟩ **1** ⟨Philos.⟩ Enthaltung des Urteils **2** ⟨Med.⟩ Verlust des Sprechvermögens infolge einer Störung im Gehirn [<*A...*[1] + grch. *phanai* »sprechen«]

Apho|ris|mus ⟨der; -s, -ris|men⟩ in sich geschlossener, knapp u. treffend formulierter Gedanke, geistreicher Sinnspruch [<grch. *aphorizein* »abgrenzen«; → *Horizont*]

apho|ris|tisch ⟨Adj.⟩ in der Art eines Aphorismus, kurz u. geistreich, treffend

Ap|lomb ⟨[-plɔ̃:] der; - od. -s; unz.⟩ **1** sicheres Auftreten, Dreistigkeit; *mit*

(großem) ~ erscheinen 2 Nachdruck 3 ⟨Ballett⟩ Abfangen einer Bewegung [frz., »senkrechte Stellung« <*à plomb* »wie ein Bleilot«]

apo..., Apo... ⟨Vorsilbe⟩ von, weg, ab [grch.]

apo|dik|tisch ⟨Adj.⟩ 1 die Lehre von der Beweisführung betreffend, auf ihr beruhend 2 unwiderleglich, keinen Widerspruch duldend

Apo|ka|lyp|se ⟨die; -, -n⟩ 1 ⟨unz.; Rel.⟩ prophetische Schrift über das Weltende (im NT) 2 ⟨zählb.⟩ bildliche Darstellung des Weltuntergangs [zu grch. *apokalyptein* »enthüllen« <*apo* »von, weg« + *kalyptein* »verhüllen«]

apo|ka|lyp|tisch ⟨Adj.⟩ 1 ⟨Rel.⟩ die Apokalypse betreffend, auf ihr beruhend, in der Apokalyptik vorkommend; *die Apokalyptischen Reiter* die vier in der Offenbarung des Johannes geschilderten, Pest, Krieg, Hungersnot u. Tod symbolisierenden Reiter 2 geheimnisvoll, dunkel

Apo|ko|pe ⟨[-pe] die; -, -n; Gramm.⟩ Auslautschwund, *z. B. »im Haus« statt »im Hause«* [<grch. *apokoptein* »abhauen, abschneiden«]

Apo|lo|ge|tik ⟨die; -, -en⟩ 1 Verteidigung eines Bekenntnisses usw. 2 Rechtfertigungslehre, Fundamentaltheologie [<grch. *apologeisthai* »sich mit Worten verteidigen«; zu *logos* »Wort, Rede«]

Apo|rie ⟨die; -, -n⟩ 1 Ausweglosigkeit 2 Unmöglichkeit, eine philosoph. Frage zu lösen [<grch. *aporia;* zu *aporos* »weglos, ratlos«]

Apo|stel *auch:* **Apos|tel** ⟨der; -s, -⟩ 1 Sendbote, Verkünder einer neuen Lehre, Vorkämpfer 2 Jünger Jesu, u. a. Petrus, Andreas, Jakobus u. Johannes; *die 12 ~* [<grch. *apostolos* <*apo* »von, weg« + *stellein* »senden«]

Apo|stroph *auch:* **Apos|troph** *auch:* **Apost|roph** ⟨der; -s, -e; Gramm.; Zeichen: '⟩ Zeichen für einen ausgefallenen Vokal (bes. e), z. B. »er ist's« statt »er ist es«, Auslassungszeichen [<*Apo...* + *strephein* »wenden«]

Apo|the|ke ⟨die; -, -n⟩ Verkaufs- u. Herstellungsstelle für Arzneimittel [<*Apo...* + grch. *tithenai* »legen«]

Apo|the|o|se ⟨die; -, -n⟩ 1 Vergöttlichung 2 Verherrlichung 3 ⟨Theat.⟩ verherrlichendes Schlussbild [<grch. *apotheoun* »vergöttern«; zu *Apo...* »Verwandlung in« + *theos* »Gott«]

Ap|pa|rat ⟨der; -(e)s, -e⟩ 1 Gerät, das aus mehreren Teilen zusammengesetzt ist 2 ⟨kurz für⟩ Telefonapparat, Fotoapparat usw. 3 *kritischer ~* Anmerkungsteil der wiss. Ausgabe eines Werkes mit den verschiedenen Lesarten, Auslegungen, Kommentaren usw. 4 ⟨fig.⟩ Gesamtheit aller für eine Tätigkeit od. Arbeit nötigen Hilfsmittel u. Personen; *Verwaltungs~* [<lat. *apparatus* »Zubereitung, Werkzeug« <*ad* »zu« + *parare* »bereiten«]

Ap|pa|ra|tur ⟨die; -, -en⟩ 1 Gesamtheit von Apparaten 2 aus mehreren Apparaten zusammengesetztes Werk

Ap|par|te|ment ⟨[apart(ə)mã:] od. [-mɛnt] das; -s, -s⟩ 1 *~ im Hotel* Zimmerflucht aus Wohn- u. Schlafzimmer, meist mit Bad 2 Kleinstwohnung aus 1 Zimmer, Bad u. Küche bzw. einer Kochnische; *oV* Apartment [frz., »Wohnung«]

Ap|pell ⟨der; -s, -e⟩ 1 Aufruf, Mahnruf; *einen ~ an jmdn. richten* 2 ⟨Mil.⟩ das Versammeln, Antreten; *zum ~ blasen, antreten; Fahnen~* 3 ⟨Jägerspr.⟩ Gehorsam des Hundes [frz. *appel* »Anruf«]

Ap|pel|la|ti|on ⟨die; -, -en⟩ Berufung

ap|pel|lie|ren ⟨V.⟩ *~ an* sich wenden an, jmdn. od. etwas anrufen [<lat. *appellare* »anreden, anrufen«]

Ap|pen|dix ⟨der; -, -di|zes⟩ 1 Anhang, Zusatz, z. B. zu einem (wissenschaftl.) Buch 2 ⟨Anat.⟩ Wurmfortsatz des Blinddarms [lat., »Anhang«]

Ap|pe|tit ⟨der; -(e)s; unz.⟩ Verlangen nach Essen; *~ auf Obst haben; keinen ~ haben* [<frz. *appétit* <lat. *appetitus* »Begehren«; zu *appetere* »anstreben«]

ap|plau|die|ren ⟨V.⟩ *jmdm. ~* Beifall spenden, klatschen [<lat. *applaudere* »schlagen, Beifall schlagen« <*ad* »zu« + *plaudere* »klatschend schlagen«]

Ap|plaus ⟨der; -es, -e; Pl. selten⟩ Beifall, Händeklatschen; *begeisterter, donnernder, starker ~; sie hat ~ (auf offener Szene) erhalten* [<lat. *applausus,* Part. Perf. zu *applaudere* »schlagen, Beifall schlagen«]

Ap|pli|ka|ti|on ⟨die; -, -en⟩ 1 *~ von Heil-*

A

mitteln Anwendung, Verabreichung **2** aufgenähtes Muster **3** ⟨EDV⟩ Anwendung, Programm zur Ausführung bestimmter Funktionen; *eine ~ zur Bildbearbeitung* [→ *applizieren*]

ap|pli|zie|ren ⟨V.⟩ **1** *Stoff, Gewebe ~* aufnähen **2** *Heilmittel ~* anwenden, verabreichen **3** *Farben ~* auftragen [<lat. *applicare* »zusammenfügen«; zu *ad* »zu « + *plicare* »zusammenfalten«]

ap|por|tie|ren ⟨V.⟩ *der Hund apportiert erlegtes Wild* bringt es herbei [<frz. *apporter* »herbeibringen«]

Ap|po|si|ti|on ⟨die; -, -en; Gramm.⟩ ein substantivisches Attribut, das im gleichen Kasus steht wie das Substantiv od. Personalpronomen, zu dem es gehört, Beisatz [<lat. *apponere* »hinzufügen« <*ad* »zu« + *ponere* »setzen, stellen«]

ap|pre|tie|ren ⟨V.⟩ *Textilien ~* bearbeiten, um ihnen besseres Aussehen, Glanz, höhere Festigkeit zu verleihen [<frz. *apprêter* »zubereiten«; zu *prêt* »bereit«]

Ap|pre|tur ⟨die; -, -en⟩ das Appretieren

Ap|pro|ba|ti|on ⟨die; -, -en⟩ **1** Genehmigung, Bewilligung **2** staatlich erteilte Genehmigung zur Berufsausübung für Ärzte u. Apotheker **3** ⟨kath. Kirche⟩ Bestätigung eines Priesters, Ordens usw. [<lat. *approbatio* »Billigung, Zustimmung«]

ap|pro|bie|ren ⟨V.⟩ genehmigen, bewilligen; *einen Arzt, Apotheker ~* zur Berufsausübung zulassen; *approbierter Arzt* [<lat. *approbare* »billigen«]

Ap|pro|xi|ma|ti|on ⟨die; -, -en⟩ **1** Annäherung **2** ⟨Math.⟩ Näherungswert [<lat. *approximare* »sich annähern« <lat. *ad* »zu« + *proximus* »der nächste«]

ap|pro|xi|ma|tiv ⟨Adj.⟩ annähernd

ap|ro|pos ⟨[-po:] Adv.⟩ nebenbei (bemerkt), übrigens, was ich noch sagen wollte [<frz. *à propos* »bei passender Gelegenheit«; zu *propos* »Gesprächsthema«]

Ap|si|de ⟨die; -, -n⟩ **1** ⟨Astron.⟩ kleinste od. größte Entfernung eines Planeten von dem Zentralgestirn, um das er sich bewegt **2** ⟨Arch.⟩ = Apsis

Ap|sis ⟨die; -, -si|den; Arch.⟩ Altarnische, äußerstes Ende des Chors; *Sy* Apside (2) [<grch. *hapsis* »Verbindung, Führung, Rundung, Wölbung«]

aqua..., Aqua... ⟨Vorsilbe; in Zus.⟩ wasser..., Wasser... [<lat. *aqua*]

Aquä|dukt ⟨das; -(e)s, -e⟩ altrömische Wasserleitung in Gestalt einer Brücke, die eine Rinne trägt [<lat. *aquaeductus;* zu *aqua* »Wasser« + *ducere* »führen«]

Aqua|ma|rin ⟨der; -s, -e; Min.⟩ Edelstein, meergrün od. blau gefärbter Beryll [<lat. *aqua marina* »Meereswasser«]

Aqua|pla|ning ⟨das; - od. -s; unz.⟩ Gleiten, Rutschen der Reifen eines Kraftfahrzeuges auf einer nassen Fahrbahn [<*Aqua...* + engl. *planing* »Gleiten« (zu *plane* »gleiten«)]

Aqua|rell ⟨das; -s, -e; Mal.⟩ mit Wasserfarben gemaltes Bild [<ital. *acquerello* »Wasserfarbe« <lat. *aqua* »Wasser«]

Aqua|ri|um ⟨das; -s, -ri|en⟩ **1** Glasbehälter, in dem Fische u. a. Wassertiere gehalten od. gezüchtet werden **2** Gebäude (Museum) für kleine Wassertiere [<lat. *aquarius* »das Wasser betreffend«]

Äqua|tor ⟨der; -s, -to|ren; Pl. selten⟩ größter Breitenkreis auf der Erd- od. Himmelskugel [zu lat. *aequare* »gleichmachen«]

äqua|to|ri|al ⟨Adj.⟩ zum Äquator gehörig, in Äquatornähe befindlich

äqui..., Äqui... ⟨Vorsilbe; in Zus.⟩ gleich [<lat. *aequus*]

Äqui|nok|ti|um ⟨das; -s, -ti|en⟩ Tagundnachtgleiche (21. März u. 23. Sept.) [<lat. *aequinoctium* <*äqui...* + *nox* »Nacht«]

> → **Akquisition:** Der Laut [**kvi**] wird in lateinischen Fremdwörtern oft ***kqui*** geschrieben, z. B. in *Ak**qui**sition*!

äqui|va|lent ⟨[-va-] Adj.⟩ gleichwertig [<*äqui...* + *valent*]

Äqui|va|lent ⟨[-va-] das; -(e)s, -e⟩ Gegenwert, Entschädigung, vollwertiger Ersatz

Äqui|va|lenz ⟨[-va-] die; -, -en⟩ Gleichwertigkeit

Ära ⟨die; -, Ären⟩ Zeitalter, Amtszeit, Zeitabschnitt; *die ~ Adenauer; eine neue ~ zieht herauf* [<lat. *aera* »Zeitalter«]

Ara|bes|ke ⟨die; -, -n⟩ **1** Blatt- u. Rankenornament, Schnörkel **2** heiteres Musikstück **3** ⟨Ballett⟩ Körperhaltung, bei der ein Bein waagerecht nach hinten gestreckt wird [<frz. *arabesque* »(arabische) Verzierung«; zu ital. *arabesco* »arabisch«]

ar|bi|trär *auch:* **ar|bit|rär** ⟨Adj.⟩ willkürlich, nach Ermessen [<lat. *arbitrarius* »willkürlich angenommen«]

...arch ⟨Nachsilbe; zur Bildung männl. Subst.⟩ Herrscher, Anführer; *Monarch; Patriarch* [<grch. *archon*]

ar|cha|isch ⟨[-ça:-] Adj.⟩ aus der Frühzeit stammend, altertümlich; *~e Denkweise* ⟨fig.⟩ altmodische Denkweise [zu grch. *archaios* »alt, uranfänglich«]

Ar|chäo|lo|gie ⟨[-çε-] die; -; unz.⟩ Wissenschaft von den nicht schriftlich überlieferten Kulturzeugnissen, bes. den durch Ausgrabungen gewonnenen Bodenfunden aus dem Altertum u. der Frühgeschichte [<grch. *archaios* »alt« + *...logie*]

ar|chäo|lo|gisch ⟨[-çε-] Adj.⟩ die Archäologie betreffend, zu ihr gehörig, auf ihr beruhend

Ar|chäo|zo|i|kum ⟨[-çε-] das; -s; unz.⟩ = Paläozoikum [<grch. *archaios* »alt« + *...zoikum*]

Ar|che|typ ⟨[-çə-] der; -s, -en⟩ **1** Urform, Urbild **2** Muster, Vorbild [<grch. *arche* »Anfang« + *Typ*]

ar|che|ty|pisch ⟨[-çə-] Adj.⟩ dem Archetyp entsprechend, urbildlich, vorbildlich, mustergültig

...ar|chie ⟨Nachsilbe; zur Bildung weibl. Subst.; die; -, -n⟩ Herrschaft; *Monarchie* [<grch. *arche*]

ar|chi|me|disch ⟨[-çi-] Adj.⟩ von Archimedes entdeckt, erfunden; *~es Prinzip* die Tatsache, dass der Auftrieb gleich dem Gewicht der von einem Körper verdrängten Flüssigkeitsmenge ist [nach dem grch. Physiker u. Mathematiker *Archimedes* (um 287-212 v.Chr.)]

Ar|chi|pel ⟨[-çi-] der; -s, -e⟩ **1** ⟨urspr.⟩ Archipelagos, die Inseln zwischen Griechenland u. Kleinasien **2** Name auch anderer Inselgruppen; *Malaiischer ~* [<grch. *archein* »der Erste sein, herrschen« + *pelagos* »Meer«]

Ar|chi|tekt ⟨[-çi-] der; -en, -en⟩ Baufachmann, -künstler, der Bauwerke entwirft u. ihre Fertigstellung leitet [<lat. *architectus* <grch. *architekton,* eigtl. »oberster Zimmermann«; zu *archein* »anfangen, herrschen« + *tekton* »Zimmermann«]

ar|chi|tek|to|nisch ⟨[-çi-] Adj.⟩ die Architektonik od. Architektur betreffend, baukünstlerisch; *~es Meisterwerk*

Ar|chi|tek|tur ⟨[-çi-] die; -, -en⟩ **1** Baukunst **2** Baustil

Ar|chiv ⟨[-çi:f] das; -s, -e [-və]⟩ **1** Sammlung von Schriften, Dokumenten, Urkunden **2** Raum zum Aufbewahren einer solchen Sammlung [<lat. *archivum* <grch. *archeion* »Obrigkeits-, Rathaus«]

ar|chi|vie|ren ⟨[-çivi:-] V.⟩ **1** *eine Urkunde, ein Dokument ~* in ein Archiv aufnehmen **2** ⟨EDV⟩ speichern, kopieren (von Computerprogrammen, Dateien)

Are|al ⟨das; -s, -e⟩ **1** Fläche, Bezirk **2** Siedlungsgebiet **3** Verbreitungsgebiet; *von Tieren od. Pflanzen besiedeltes, bewachsenes ~* [<lat. *area* »freier, ebener Platz«]

Are|na ⟨die; -, Are|nen⟩ **1** ⟨urspr.⟩ mit Sand bestreuter Kampfplatz im Amphitheater **2** Sportplatz mit Zuschauersitzen **3** ⟨Zirkus⟩ = Manege (2) [lat., »Sand«]

Ar|gon ⟨das; -s; unz.; chem. Zeichen: Ar⟩ chem. Grundstoff, ein Edelgas, Ordnungszahl 18, in Leuchtröhren u. Glühlampen verwendet [zu grch. *argos* »untätig«]

Ar|gu|ment ⟨das; -(e)s, -e⟩ **1** stichhaltige Entgegnung, Beweis, Beweisgrund **2** ⟨Math.⟩ unabhängige Veränderliche einer Funktion [<lat. *argumentum* »Gehalt, Beweis«]

Ar|gu|men|ta|ti|on ⟨die; -, -en⟩ Beweisführung, Begründung

ar|gu|men|tie|ren ⟨V.⟩ Argumente vorbringen, durch Schlüsse beweisen; *mit jmdm. über etwas ~*

Ar|gus|au|ge ⟨das; -s, -n⟩ *etwas mit ~n beobachten* mit scharfem, wachsamem Blick darüber wachen [nach dem vieläugigen Riesen *Argus* aus der grch. Sage]

Arie ⟨[-riə] die; -, -n; Musik⟩ kunstvolles Sologesangsstück mit Instrumentalbegleitung in der Oper und im Oratorium [<ital. *aria* »Wind, Melodie«; zu lat. *aer* »Luft«]

Ari|er ⟨der; -s, -⟩ **1** ⟨im Altertum⟩ Selbstbezeichnung von Völkern in Indien u.

im Iran **2** ⟨im 18. Jh.; Sprachwiss.⟩ = Indogermane **3** ⟨im 19. Jh.; fälschl. für⟩ Angehöriger der sog. »nordischen Rasse« **4** ⟨im Nationalsozialismus; missbräuchl. für⟩ Nichtjude [<grch. *Arioi;* zu idg. **ario-* »Herr, Gebieter«, indoiran. *arya-* »rechtmäßig, edel«; wurde zum Namen der idg. Einwohner auf pers. u. ind. Boden, im Unterschied zur farbigen Bevölkerung; danach der Ländername Iran; verwandt wohl auch mit grch. *aristos* »der Beste«]

Ari|o|so ⟨das; -s, -s od. -o|si; Musik⟩ **1** melodiöser, selbstständig gewordener Teil des Rezitativs **2** kleines arien-, liedartiges Sologesangs- od. auch Instrumentalstück [→ *Arie*]

Aris|to|krat ⟨der; -en, -en⟩ **1** Adliger **2** ⟨fig.⟩ Mann vornehmer Gesinnung

Aris|to|kra|tie ⟨die; -, -n⟩ **1** Adel **2** Adelsherrschaft **3** Oberschicht; *Geld~, Geistes~* [zu grch. *aristos* »der Beste« + *...kratie*]

aris|to|kra|tisch ⟨Adj.⟩ **1** die Aristokratie betreffend, zu ihr gehörig, von ihr stammend, ihr gemäß, adelig **2** vornehm

Arith|me|tik ⟨die; -; unz.⟩ Lehre vom Rechnen mit Zahlen u. Buchstaben [<grch. *arithmos* »Zahl«]

Ar|ka|de ⟨die; -, -n⟩ auf Säulen od. Pfeilern ruhender Bogen, Bogenreihe, Bogengang [<frz. *arcade* »Schwibbogen«; zu lat. *arcus* »Bogen«]

Ar|ka|di|en ⟨das; -s; unz.⟩ **1** waldreiche Gebirgslandschaft in Griechenland (Peloponnes) **2** ⟨sinnbildl. für⟩ Ort eines glücklichen, beschaulichen Lebens (auf dem Lande)

Ark|tis ⟨die; -; unz.⟩ Nordpolargebiet [zu grch. *arktos* »Bär«]

ark|tisch ⟨Adj.⟩ die Arktis betreffend, zu ihr gehörig, aus ihr stammend

Ar|ma|da ⟨die; -, -s od. -ma|den⟩ **1** Kriegsflotte, bes. die Flotte Philipps II. von Spanien (1588) **2** ⟨umg.⟩ Pulk, Anhäufung [span. <mlat. *armata* »Flotte, Heer«]

Ar|ma|tur ⟨die; -, -en⟩ **1** Zubehör von Maschinen u. technischen Anlagen **2** Bedienungsteil von Maschinen u. Apparaten [<lat. *armatura* »Bewaffnung«; zu *armare* »bewaffnen, ausrüsten«]

Ar|mee ⟨die; -, -n⟩ **1** Gesamtheit der (Land-, Luft- u. See-)Streitkräfte eines Landes **1.1** Heer **1.2** Truppenverband aus mehreren Divisionen **2** ⟨fig.⟩ große Menge von Menschen [<frz. *armée* »Heer«; zu *armer* »bewaffnen«]

ar|mie|ren ⟨V.⟩ **1** *Mannschaften, Befestigungen ~* ausrüsten, bewaffnen **2** *Beton, Kabel ~* mit Stahleinlagen ausrüsten [<lat. *armare* »bewaffnen«]

Aro|ma ⟨das; -s, -s od. Aro|men⟩ **1** würziger Wohlgeruch od. Wohlgeschmack **2** künstl. Geschmackstoff für Speisen [grch., »Würze«]

aro|ma|tisch ⟨Adj.⟩ **1** voll Aroma, wohlriechend, wohlschmeckend, würzig **2** ⟨Chemie⟩ *~e Kohlenwasserstoffe, ~e Verbindungen* ringförmige Kohlenwasserstoffe mit bestimmter Anordnung der Bindungen innerhalb des Ringes; *Ggs* aliphatische Verbindungen

Ar|ran|ge|ment ⟨[arãʒ(ə)mã:] das; -s, -s⟩ **1** Anordnung, Vorbereitung **2** Übereinkommen, Abmachnung **3** Bearbeitung eines Musikstücks für andere Instrumente [frz., »Anordnung«]

Ar|ran|geur ⟨[arãʒø:r] der; -s, -e⟩ jmd., der ein Musikstück arrangiert

ar|ran|gie|ren ⟨[arãʒi:-] od. [araŋʒi:-] V.⟩ **1** *etwas ~* anordnen, vorbereiten **2** *sich ~* sich vergleichen, übereinkommen, abmachen **3** *Musikstücke ~* für andere Instrumente bearbeiten [<frz. *arranger* »(an)ordnen, einrichten«]

Ar|rest ⟨der; -(e)s, -e; Rechtsw.⟩ Haft, Freiheitsentzug, leichte Freiheitsstrafe; *jmd. bekommt drei Tage verschärften ~* [<mlat. *arrestum* »Verhaftung« <lat. *ad* »zu« + *restare* »bleiben«]

ar|ri|vie|ren ⟨[-vi:-] V.⟩ Erfolg haben, beruflich vorwärtskommen, anerkannt werden; *arrivierter Komponist, Schriftsteller* [<frz. *arriver* »ankommen«]

ar|ro|gant ⟨Adj.⟩ anmaßend, dünkelhaft, eingebildet, hochnäsig [frz., »anmaßend« <lat. *ad* »zu« + *rogare* »verlangen, fragen«]

Ar|ro|ganz ⟨die; -; unz.⟩ Anmaßung, Dünkel

Ar|sen ⟨das; -s; unz.; chem. Zeichen: As⟩ ein chem. Grundstoff, Ordnungszahl 33, gefährliches Gift [<grch. *arsenikos* »männlich«]

Ar|se|nal ⟨das; -s, -e⟩ **1** Geräte-, Waffenlager **2** Ansammlung, Anhäufung [frz. <ital. *arsenale* <arab. *dar(es)-sina's* »Haus der Handwerksarbeit, Schiffswerft«]

Ar|te|fakt ⟨das; -(e)s, -e⟩ **1** Erzeugnis menschlichen Könnens, Kunsterzeugnis **2** vorgeschichtl. Werkzeug [<lat. *arte factum* »mit Kunst gemacht«]

Ar|te|rie ⟨[-riə] die; -, -n; Anat.⟩ vom Herzen wegführendes Blutgefäß, Schlagader; *Ggs* Vene [<grch. *arteria*]

ar|te|ri|ell ⟨Adj.⟩ die Arterie betreffend, aus ihr stammend; *~es Blut* Sauerstoff enthaltendes Blut

◆ Die Buchstabenfolge **ar|thr...** kann auch **arth|r...** getrennt werden.

◆**Ar|thri|tis** ⟨die; -, -ti|den; Med.⟩ Gelenkentzündung [<grch. *arthron* »Glied, Gelenk«]

◆**ar|thri|tisch** ⟨Adj.⟩ in der Art einer Arthritis, mit Arthritis einhergehend

◆**Ar|thro|se** ⟨die; -, -n; Med.⟩ degenerative Gelenkerkrankung, z.B. infolge übermäßiger Belastung

Ar|ti|kel ⟨a. [-tı-] der; -s, -⟩ **1** das grammatische Geschlecht bezeichnende Wortart, Geschlechtswort, *z. B. »der, die, das«* **2** kleiner Aufsatz; *einen ~ schreiben* **3** Abschnitt, z.B. eines Gesetzes, Vertrages **4** Glaubenssatz; *Glaubens~* **5** Warengattung; *Haushalts~* [<lat. *articulus* »Gelenk«, Verkleinerungsform zu *artus* »Gelenk, Glied«]

Ar|ti|ku|la|ti|on ⟨die; -, -en⟩ **1** ⟨Anat.⟩ Gliederung, Gelenkverbindung **2** ⟨Phon.⟩ **2.1** Lautbildung **2.2** Aussprache **3** ⟨Musik⟩ beim Gesang Wiedergabe der Vokale u. Konsonanten, beim Instrumentalspiel Gliederung, Verbindung, Betonung der Töne (legato, staccato usw.)

ar|ti|ku|lie|ren ⟨V.⟩ **1** *Laute ~* (deutlich) aussprechen **2** *beim Singen Töne ~* (sinnvoll) gliedern, verbinden, betonen **3** *Gedanken ~* mit Worten wiedergeben; *sich ~* sich ausdrücken [<lat. *articulare* »gliedern, deutlich aussprechen« <lat. *articulus;* → *Artikel*]

Ar|til|le|rie ⟨die; -, -n; Mil.⟩ **1** Geschützausrüstung **2** mit Geschützen ausgerüstete Truppe; *leichte, schwere, reitende ~* [frz., eigtl. »Bestückung eines Festungswerks«; zu prov. *artilla* »Festungswerk« <mlat. *articula;* zu lat. *ars* »Kunst«]

Ar|ti|scho|cke ⟨die; -, -n; Bot.⟩ in wärmeren Ländern angebaute, zu den Korbblütlern gehörende Gemüsepflanze [<ital. *articiocco* <frz. *artichaut* <span. *alcarchofa* <arab. *alcharsof*]

Ar|tist ⟨der; -en, -en⟩ Varieté- od. Zirkuskünstler [<frz. *artiste* »Künstler« <lat. *ars* »Kunst«]

ar|tis|tisch ⟨Adj.⟩ künstlerisch, in der Art eines Artisten

As|best ⟨der; -(e)s, -e; Min.⟩ faseriges, grausilbernes Mineral, wärmedämmend und feuerbeständig, aber krebserregend [<grch. *asbestos* »unauslöschlich« <grch. *a...* »nicht« + *sbennyein* »löschen«]

Asep|sis ⟨die; -; unz.; Med.⟩ Keimfreiheit [<*A...*[1] + grch. *sepsis* »Fäulnis«]

asep|tisch ⟨Adj.; Med.⟩ keimfrei

As|ke|se ⟨die; -; unz.⟩ streng enthaltsame Lebensweise, körperliche u. geistige Selbstüberwindung, (religiös motivierte) Entsagung, Bußübung [zu grch. *askein* »üben«]

As|ket ⟨der; -en, -en⟩ jmd., der Askese übt [<grch. *asketes* »Büßer«; zu *askein* »üben«]

as|ke|tisch ⟨Adj.⟩ zur Askese gehörend, darauf beruhend, enthaltsam, strengen Verzicht übend

Äskulapstab: Der *Äskulapstab* ist das Sinnbild der Medizin. Der von einer Schlange umwundene Stab war Zeichen des *Äskulap* (grch. *Asklepios,* lat. *Aesculapius*), des Gottes der Heilkunde. Er galt als Sohn des Apoll und der Koronis. Äskulap wurde von Cheiron zum Arzt ausgebildet und von Zeus getötet, weil er einen Toten wiedererweckt hatte. Sein Kult verbreitete sich von Thessalien aus über ganz Griechenland. Seit dem 5. Jahrhundert v.Chr. war Epidauros das Kultzentrum. Dort befand sich, einem heutigen Kurbad vergleichbar, ein *Asklepieion,* d.h. ein Heiligtum des Heilgottes.

Äs|ku|lap|stab ⟨der; -(e)s, -stä|be⟩ Sinnbild der Heilkunde, heute noch Abzeichen der Ärzte

A

As|pe̱kt ⟨der; -(e)s, -e⟩ **1** Blickrichtung, Ansicht, Gesichtspunkt **2** ⟨Gramm.⟩ Aktionsart des Verbums, die einen Vorgang danach bezeichnet, ob er vollendet ist od. nicht **3** ⟨Astron.⟩ bestimmte Stellung von Sonne, Mond u. Planeten zur Erde [<lat. *aspectus* »Anblick«]

As|pha̱lt ⟨a. ['--] der; -(e)s, -e⟩ **1** Rückstand der Erdöl- u. Teerdestillation, als Isoliermittel gegen Feuchtigkeit, im Straßenbau u. a. verwendet **2** ⟨Geol.⟩ aus Erdöl entstandenes, natürliches, braunschwarzes Pech [<lat. *asphaltus* »Erdpech« <grch. *asphaltos*]

As|pi̱k ⟨der od. (bes. österr.) das; -s, -e⟩ Sülze mit Fisch- od. Fleischeinlage; *Ente in* ~ [<lat. *aspis* »Natter« <grch. *aspis*]

As|pi|ri̱n® ⟨das; -s; unz.; Pharm.⟩ ein Schmerz- u. Fiebermittel, chem. Acetylsalicylsäure [verkürzt <*A*cetyl + *Spir*säure]

→ **Accessoire:** Was du nicht unter *ass-* findest, kann unter *acc-* stehen, z. B *Accessoire*!

As|sess|ment|cen|ter ⟨[əsɛ̣smantsɛntə(r)] das; -s, -⟩ Methode zur Beurteilung der fachlichen u. charakterlichen Eigenschaften von Bewerbern für Führungspositionen [< engl. *assessment* »Einschätzung, Beurteilung« + *center* »Zentrale«]

As|si|mi|la|ti|o̱n ⟨die; -, -en⟩ **1** Anpassung, Angleichung; *Ggs* Dissimilation (1) **2** ⟨Biol.⟩ die Bildung körpereigener organ. aus von außen aufgenommener anorganischer Substanz; *Ggs* Dissimilation (2) **3** ⟨Pol.⟩ das Aufgehen einer nationalen Minderheit in einem anderen Volk [<lat. *assimilatio* »Angleichung«; → *assimilieren*]

as|si|mi|li̱e|ren ⟨V.⟩ **1** angleichen **2** einverleiben, verschmelzen [<lat. *assimilare* »angleichen« <*ad* »an, zu« + *similis* »ähnlich«]

As|sis|te̱nt ⟨der; -en, -en⟩ **1** (bes. wissenschaftlicher) Helfer, Mitarbeiter **2** einem Professor zugeordneter Nachwuchswissenschaftler, der den Lehrstuhlinhaber in Forschung u. Lehre unterstützt; *Hochschul*~; *Labor*~ [<lat. *assistens*, Part. Präs. zu , Part. Präs. zu *assistere*; → *assistieren*]

as|sis|ti̱e|ren ⟨V.⟩ beistehen, helfen, mitarbeiten; *bei einer Operation* ~ [<lat. *assistere* »sich dazustellen, dabeistehen«]

As|so|na̱nz ⟨die; -, -en⟩ **1** Gleichklang **2** unvollständiger Reim, bei dem sich nur die Vokale reimen [<*ad*... + lat. *somus* »Schall, Klang«]

As|so|zi|a|ti|o̱n ⟨die; -, -en⟩ **1** Vereinigung, Zusammenschluss; *Ggs* Dissoziation (1) **2** ⟨Psych.⟩ (unwillkürl.) Aneinanderreihung, Verknüpfung von Vorstellungen **3** ⟨Chemie⟩ Vereinigung mehrerer Moleküle in Flüssigkeiten zu größeren Gebilden, die durch zwischen den Molekülen wirkende Kräfte zusammengehalten werden **4** ⟨Bot.⟩ Pflanzengesellschaft [<frz. *association* »Verbindung, Vereinigung« <lat. *ad* »zu« + *socius* »Gefährte«]

as|so|zi|i̱e|ren ⟨V.⟩ **1** verbinden, verknüpfen **2** *sich* ~ zu einer Handelsgesellschaft vereinigen [<frz. *associer* »zugesellen, verbinden« <lat. *ad* »zu« + *socius* »Gefährte«]

As|ta|ti̱n ⟨das; -s; unz.; chem. Zeichen: At⟩ künstlich hergestelltes, radioaktives Element, Ordnungszahl 85 [<grch. *astatos* »unstet«; zu *a*... »nicht« + *statos* »gestellt«]

As|te|ro|i̱d ⟨der; -s od. -en, -en⟩ kleiner, planetenartiger Himmelskörper, der um die Sonne kreist [<grch. *aster* »Stern« + *eidos* »Aussehen«]

Äs|the̱t ⟨der; -en, -en⟩ (schwärmerischer) Kenner u. Liebhaber des Künstlerischen sowie des ästhetisch Vollkommenen

Äs|the̱|tik ⟨die; -; unz.⟩ Lehre von den Gesetzen u. Grundlagen des Schönen, bes. in Natur u. Kunst [<grch. *aisthetike*; zu *aistanesthai* »empfinden«]

äs|the̱|tisch ⟨Adj.⟩ **1** die Ästhetik betreffend, ihren Forderungen entsprechend, zu ihr gehörig, auf ihr beruhend **2** ausgewogen schön, geschmackvoll **3** appetitlich, ansehnlich, ansprechend

A̱sth|ma ⟨das; -s; unz.; Med.⟩ krampfhaft u. anfallsweise auftretende, teilweise lebensbedrohliche Atemnot, Kurzatmigkeit infolge einer Erkrankung der

Bronchien od. des Herzens; *Bronchial~; Herz~* [grch., »Engbrüstigkeit«]

asth|ma|tisch ⟨Adj.⟩ Asthma betreffend, darauf beruhend, daran leidend

> ◆ Die Buchstabenfolge **as|tr...** kann auch **ast|r...** getrennt werden.

◆**as|tral** ⟨Adj.⟩ die Sterne betreffend, zu ihnen gehörig, von ihnen stammend [<lat. *astrum* »Gestirn, Sternbild« <grch. *astron*]

◆**as|tro..., As|tro...** ⟨Vorsilbe; in Zus.⟩ Stern [<grch. *astron* »Gestirn«]

◆**As|tro|lo|gie** ⟨die; -; unz.⟩ Lehre vom (angeblichen) Einfluss der Gestirne auf das menschliche Schicksal, Sterndeutung [<*Astro...* + *...logie*]

◆**as|tro|lo|gisch** ⟨Adj.⟩ die Astrologie betreffend, zu ihr gehörig

◆**As|tro|naut** ⟨der; -en, -en⟩ Raumfahrer; →*a.* Kosmonaut [<*Astro...* + *...naut*]

◆**As|tro|nom** ⟨der; -en, -en⟩ Kenner, Erforscher, Lehrer, Student der Astronomie, Sternkundiger, Himmelskundiger [<*Astro...* + *...nom*[3]]

◆**As|tro|no|mie** ⟨die; -; unz.⟩ Wissenschaft von den Himmelskörpern, Sternkunde, Himmelskunde

◆**as|tro|no|misch** ⟨Adj.⟩ **1** die Astronomie betreffend, zu ihr gehörig, auf ihr beruhend **1.1** *~e Navigation* Standort- u. Richtungsbestimmung von Schiffen u. Flugzeugen durch Beobachtung der Gestirne **1.2** *~er Ort* Richtung nach einem Gestirn vom Erdmittelpunkt aus; *Sy* Position (3.2) **1.3** *~e Uhr* Präzisionsuhr für Sternwarten usw. **2** ⟨fig.⟩ riesenhaft, ungeheuer, sehr hoch; *eine ~e Miete zahlen* ⟨scherzh.⟩

Asyl ⟨[azy:l] das; -s, -e⟩ **1** Freistätte, Zufluchtsort (für Verfolgte); *politisches ~* Obdach für polit. Flüchtlinge; *um ~ bitten, nachsuchen* **2** Heim (für Obdachlose); *jmdm. ~ gewähren* [<grch. *asylon* »unberaubt, unverletzt« <*a...* »nicht« + *sylan* »berauben«]

Asym|me|trie *auch:* **Asym|met|rie** ⟨a. ['–] die; -, -n⟩ Fehlen der Symmetrie, Uneben-, Ungleichmäßigkeit

asym|me|trisch *auch:* **asym|met|risch** ⟨a. ['----] Adj.⟩ nicht symmetrisch, unebenmäßig, ungleichmäßig

Asym|pto|te *auch:* **Asymp|to|te** ⟨die; -, -n; Math.⟩ Gerade, der sich eine Kurve nähert, ohne sie (im Endlichen) zu erreichen [<grch. *asymptotos* »nicht zusammenfallend«; <*A...*[1] + *syn...* »zusammen« + *piptein* »fallen«]

asym|pto|tisch *auch:* **asymp|to|tisch** ⟨Adj.⟩ die Asymptote betreffend, sich wie eine Asymptote verhaltend

As|zen|dent ⟨der; -en, -en⟩ **1** ⟨Genealogie⟩ Verwandter in aufsteigender Linie, z. B. Eltern, Großeltern **2** ⟨Astron.⟩ **2.1** aufgehendes Gestirn **2.2** Aufgangspunkt eines Gestirns **3** ⟨Astrol.⟩ das im Augenblick der Geburt über den Osthorizont tretende Tierkreiszeichen [<lat. *ascendens,* Part. Präs. zu *ascendere* »hinaufsteigen«]

Ate|li|er ⟨[-lje:] das; -s, -s⟩ **1** Werkstatt (eines Künstlers od. eines Fotografen) **2** Raum für Filmaufnahmen; *Film~* **3** Modegeschäft, in dem Damenkleidung nach Maß angefertigt wird; *Mode~* [<frz. »Werkstatt«; zu mlat. *astella* »Holzsplitter, Span«]

Äthan ⟨das; -s; unz.; Chemie⟩ = Ethan

Athe|is|mus ⟨der; -; unz.⟩ Weltanschauung, die einen Gott ausschließt, Verneinung der Existenz Gottes [<*A...*[1] + *Theismus*]

athe|is|tisch ⟨Adj.⟩ den Atheismus betreffend, auf ihm beruhend; *eine ~e Weltsicht*

Äther ⟨der; -s; unz.⟩ **1** Himmel, Himmelsluft **2** ⟨Chemie⟩ organ. Verbindung, bei der zwei gleiche od. verschiedene Alkyle über ein Sauerstoffatom miteinander verbunden sind **3** ⟨Med.⟩ Narkosemittel; *oV* Ether; *Äthyl~* [<grch. *aither* »die obere Luft« (nach grch. Vorstellung Feuerluft, in der die Sterne schweben u. die Götter wohnen)]

Ath|let ⟨der; -en, -en⟩ **1** Kraftmensch **2** sportlich trainierter Mensch, Sportler, Wettkämpfer; *Leicht~, Schwer~* [<grch. *athletes* »Wettkämpfer«; zu *athlos* »Wettkampf«]

ath|le|tisch ⟨Adj.⟩ stark, starkknochig, kraftvoll, muskulös

At|lan|tik ⟨der; -s; unz.⟩ der Atlantische Ozean [<grch. *Atlantis* »Atlantischer Ozean«; nach dem Riesen *Atlas,* der in

der grch. Mythologie das Himmelsgewölbe trägt]

At|las[1] ⟨der; - od. -ses, -se od. -lan|ten⟩ 1 Sammlung von Landkarten in Buchform 2 umfangreiches Buch mit Abbildungen aus einem Wissensgebiet; *Anatomie~* [nach Mercators kartographischem Werk *Atlas,* Duisburg 1595, das nach dem Riesen *Atlas* von Mauretanien benannt war]

At|las[2] ⟨der; -; unz.; Anat.⟩ 1 ⟨unz.; Web.⟩ Bindung mit glänzender Oberseite, auf der nur Kette od. Schuss sichtbar sind, u. matter, glatter Rückseite 2 ⟨zählb.⟩ Gewebe, meist Seide, in dieser Bindung [arab., »glatt«]

Atmosphäre: Die *Atmosphäre* ist die Lufthülle der Erde. Sie wird durch die Schwerkraft festgehalten. In den Weltraum entweichen nur Teilchen aus den höchsten Schichten. Die *Atmosphäre* besteht aus einem Gemisch verschiedener Gase, die wir als Luft bezeichnen. Wegen der ständigen Luftmassenbewegungen bleibt ihre Zusammensetzung konstant. Die wichtigsten Bestandteile sind Stickstoff (77%), Sauerstoff (20,7%), Wasserdampf (ca. 1,3%) und Argon (0,9%). Die *Atmosphäre* ist geschichtet und mehrere 100 km hoch; Luftdruck und Dichte der Luft nehmen mit der Höhe rasch ab. Die Lebewesen auf der Erde schützt sie vor Meteoriteneinschlägen, tödlicher Strahlung und Auskühlung.

At|mo|sphä|re ⟨die; -, -n⟩ 1 Gashülle eines Planeten 2 nicht mehr zulässige Maßeinheit für den Luftdruck 3 ⟨fig.⟩ Umwelt, Einfluss, Stimmung; *eine ~ des Friedens, der Harmonie; es herrschte eine gespannte ~* [<grch. *atmis* »Dampf« + *Sphäre*]

at|mo|sphä|risch ⟨Adj.⟩ die Atmosphäre (1) betreffend, zu ihr gehörig, auf ihr beruhend

Atoll ⟨das; -s, -e⟩ ringförmige Koralleninsel in den trop. Gebieten des Stillen Ozeans [<mal. *atolu*]

Atom ⟨das; -s, -e⟩ 1 kleinstes Teilchen eines chemischen Elements 2 ⟨fig.⟩ winziges Teilchen, Winzigkeit [<grch. *atomos* »unteilbar« <*a...* »nicht« + *tome* »Schnitt«]

ato|mar ⟨Adj.⟩ 1 das Atom betreffend, auf ihm beruhend 2 die Atomwaffen betreffend, mit ihrer Hilfe

Atom|ener|gie ⟨die; -; unz.⟩ durch Kernspaltung od. -verschmelzung gewonnene Energie

Atom|waf|fe ⟨die; -, -n⟩ auf Atomkernumwandlung beruhende Waffe, *z. B. die Atombombe*

ato|nal ⟨Adj.⟩ nicht tonal, zwölftonig, nicht auf einen Grundton bezogen, gleichberechtigt (von den Tönen der Tonleiter); *~e Musik* Musik, die die 12 Töne der Tonleiter gleichberechtigt nebeneinander u. ohne Bezug auf einen Grundton verwendet, Zwölftonmusik [<*a...*[1] + frz. *tonal* »dem Tone gemäß«]

At|ri|um ⟨das; -s, -ri|en⟩ 1 Hauptraum u. Mittelpunkt des altrömischen Hauses 2 offener, auf 3-4 Seiten umbauter Hof od. Garten eines Gebäudes [lat., »Vorsaal, Vorhalle«]

At|ta|ché ⟨[-ʃeː] der; -s, -s⟩ 1 Begleiter eines Gesandten, meist Nachwuchsdiplomat 2 Berater einer Auslandsvertretung; *Kultur~; Militär~* [<frz. *attacher* »befestigen«]

At|tach|ment ⟨[ətæ̣tʃmənt] das; - od. -s, -s; EDV⟩ Anhang (z. B. an eine E-Mail) [engl.]

At|ta|cke ⟨die; -, -n⟩ 1 ⟨urspr.⟩ Angriff mit der blanken Waffe, Reiterangriff; *~ reiten (gegen)* 2 Angriff, Anfall, bes. Krankheitsanfall; *Herz~* [<frz. *attaque* »Angriff«]

at|ta|ckie|ren ⟨V.⟩ *jmdn. ~* 1 angreifen 2 ⟨fig.⟩ jmdm. zusetzen, jmdn. stark bedrängen [<frz. *attaquer* »angreifen«]

At|ten|tat ⟨a. ['---] das; -(e)s, -e⟩ (polit.) Mordanschlag, Gewalttat; *ein ~ auf jmdn. verüben; ein ~ auf jmdn. vorhaben* ⟨umg.; scherzh.⟩ jmdn. um eine (große) Hilfeleistung bitten wollen [frz., »Anschlag« <lat. *attentatum;* zu *attentare* »abtasten, beizukommen suchen«]

At|test ⟨das; -(e)s, -e⟩ schriftl. (bes. ärztl.) Bescheinigung, Zeugnis [<lat. *attestari* »bezeugen« <*ad* »zu« + *testis* »Zeuge«]

at|tes|tie|ren ⟨V.⟩ ein Attest ausstellen über, bescheinigen

At|ti|tü|de ⟨die; -, -n⟩ **1** gekünstelte Körperhaltung, Stellung, Gebärde **2** auf Wirkung angelegte Demonstration einer inneren Haltung [<frz. *attitude* »Haltung, Stellung(nahme)«]

At|trak|ti|on ⟨die; -, -en⟩ Anziehung, Anziehungskraft [<frz. *attraction* »Anziehung(skraft)«]

at|trak|tiv ⟨Adj.⟩ anziehend, anziehungskräftig

At|trak|ti|vi|tät ⟨[-vi-] die; -; unz.⟩ attraktive Beschaffenheit, Anziehungskraft

At|trap|pe ⟨die; -, -n⟩ **1** Falle, Schlinge **2** (täuschend ähnliche) Nachbildung, Schaupackung; *Sy* Dummy (1) [<frz. *attrape* »Falle«]

At|tri|but ⟨das; -(e)s, -e⟩ **1** wesentl. Merkmal, Kennzeichen, Beigabe, Sinnbild; *der Dreizack als ~ Neptuns* **2** ⟨Gramm.⟩ zu einem Nomen od. Verbum tretendes Wort, Satzteil od. Satz, Beifügung [<lat. *attributum,* Part. Perf. zu *attribuere* »zuschreiben, beilegen«]

Au|ber|gi|ne ⟨[obɛrʒiːnə] die; -, -n; Bot.⟩ gurkenförmige, kürbisähnliche Frucht der Eierpflanze, Eierfrucht [frz. <katalan. *alberginia* <arab.]

Au|di|enz ⟨die; -, -en⟩ **1** feierlicher offizieller Empfang **2** Unterredung (mit hohen Würdenträgern) [<lat. *audientia* »Aufmerksamkeit, Gehör«]

Au|dio|vi|si|on ⟨[-vi-] die; -; unz.⟩ Technik des Speicherns u. Wiedergebens von Ton u. Bild [<lat. *audire* »hören« + *visio* »das Sehen«]

Au|di|to|ri|um ⟨das; -s, -ri|en⟩ **1** Hörsaal; *~ maximum* größter Hörsaal eines Universitätsgebäudes **2** Zuhörerschaft [lat., »Hörsaal«]

Au|gur ⟨der; -en, -en⟩ altröm. Priester u. Wahrsager [lat., »Vogelschauer, Wahrsager aus dem Flug u. Geschrei der Vögel« <lat. *avis* »Vogel« + kelt. *gur* »Mann«]

Au|gu|ren|lä|cheln ⟨das; -s; unz.⟩ verständnisinniges Lächeln unter Eingeweihten [nach den oft selbst ungläubigen *Auguren*]

Auk|ti|on ⟨die; -, -en⟩ Versteigerung [<lat. *auctio* »Vermehrung, Versteigerung«]

Au|la ⟨die; -, Au|len⟩ **1** Vorhof des griechischen Hauses **2** Festsaal in Schule od. Universität [<lat. *aula* <grch. *aule* »Vorhof an grch. Gebäuden; Königspalast«]

Au|pair-Mäd|chen *auch:* **Au-pair-Mädchen** ⟨[opɛːr-] das; -s, -⟩ Mädchen, das gegen Unterkunft, Verpflegung u. Taschengeld in einer Familie im Ausland arbeitet u. zusätzlich ihre Sprachkenntnisse verbessert

Au|ra ⟨die; -, Au|ren⟩ **1** ⟨Okk.⟩ lichthafte Strahlungserscheinungen, die einen Menschen (angeblich) umgeben **2** ⟨fig.⟩ Gesamtheit der Wirkungen, die von einem Menschen ausgehen [lat., »Lufthauch, Luft«]

Au|ro|ra ⟨die; -; unz.⟩ Morgenröte [nach der röm. Göttin der Morgenröte]

aus|log|gen ⟨V.; EDV⟩ beenden, abschalten (Programm, Computer); *Ggs* einloggen [zu engl. *log* »eintragen«]

aus|ran|gie|ren ⟨[-raŋʒiː-] od. [-rãːʒiː-] V.⟩ **1** ⟨Eisenb.⟩ durch Rangieren entfernen, ab-, wegschieben **2** ⟨fig.⟩ aussondern, aussortieren, wegwerfen; *alte Kleider ~*

aut..., Aut... ⟨in Zus.; Vorsilbe⟩ = auto..., Auto...

aut|ark *auch:* **au|tark** ⟨Adj.⟩ unabhängig, selbstständig; *~e Wirtschaft* [<grch. *autarkeia* <*autos* »selbst« + *arkein* »genügen«]

Aut|ar|kie *auch:* **Au|tar|kie** ⟨die; -; unz.⟩ wirtschaftl. Selbstständigkeit, Unabhängigkeit (vom Ausland) [<grch. *autarkeia* <*autos* »selbst« + *arkein* »genügen«]

> → **Outfit:** Was du nicht unter ***aut-*** findest, kann unter ***out-*** stehen, z. B. ***Outfit***!

au|then|tisch ⟨Adj.⟩ verbürgt, echt, zuverlässig; *~e Nachricht* [<grch. *authentikos* »gültig, echt, glaubwürdig«]

Au|then|ti|zi|tät ⟨die; -, -en⟩ Echtheit, Glaubwürdigkeit, Zuverlässigkeit

Au|tis|mus ⟨der; -; unz.; Psych.⟩ krankhafte Ichbezogenheit, das Sichabschließen von der Umwelt u. dauernde Beschäftigung mit der eigenen Fantasie, bes. bei Schizophrenie [<grch. *autos* »selbst«]

au|to..., Au|to... ⟨vor Vokalen⟩ aut..., Aut... ⟨in Zus.⟩ selbst..., Selbst... [<grch. *autos* »selbst«]

Au|to|bio|graf ⟨der; -en, -en⟩ jmd., der eine Darstellung des eigenen Lebensweges (Lebenserinnerungen, Memoiren) schreibt; *oV* Autobiograph

Au|to|bio|gra|fie ⟨die; -, -n⟩ Selbstbeschreibung, Beschreibung des eigenen Lebensgangs; *oV* Autobiographie

au|to|bio|gra|fisch ⟨Adj.⟩ eine Autobiografie betreffend, auf ihr beruhend, in der Art einer Autobiografie; *oV* autobiographisch

Au|to|bio|graph ⟨der; -en, -en⟩ = Autobiograf

Au|to|bio|gra|phie ⟨die; -, -n⟩ = Autobiografie

au|to|bio|gra|phisch ⟨Adj.⟩ = autobiografisch

Au|to|di|dakt ⟨der; -en, -en⟩ jmd., der sich durch Selbstunterricht bildet od. gebildet hat, nicht mit Hilfe von Schulen od. Lehrern [<*Auto...* + grch. *didaskein* »lehren«]

au|to|di|dak|tisch ⟨Adj.⟩ in der Art eines Autodidakten, sich im Selbstunterricht bildend

Au|to|gramm ⟨das; -s, -e⟩ handschriftl. Namenszug, Unterschrift [<*Auto...* + *...gramm*]

Au|to|mat ⟨der; -en, -en⟩ **1** selbsttätiger Arbeits- od. Verkaufsapparat; *Musik~; Waren~* **2** selbsttätige Maschine [<grch. *automatos* »aus eigener Bewegung handelnd, freiwillig«]

Au|to|ma|tik ⟨die; -, -en⟩ **1** ⟨unz.⟩ Lehre von der Selbsttätigkeit **2** ⟨zählb.⟩ automat. arbeitende Steuer- od. Kontrollvorrichtung **3** ⟨Kurzw. für⟩ Automatikgetriebe

au|to|ma|tisch ⟨Adj.⟩ **1** mit Hilfe eines Automaten, selbsttätig **2** ⟨fig.⟩ wie ein Automat, unwillkürlich, zwangsläufig

Au|to|ma|ti|sie|rung ⟨die; -, -en⟩ **1** das Automatisieren **2** Einführung automatischer Arbeitsgänge

au|to|nom ⟨Adj.⟩ selbstständig, unabhängig, nach eigenen Gesetzen lebend; *Ggs* heteronom (1); *~es Nervensystem* = vegetatives Nervensystem [<*auto...* + *...nom*[1]]

Au|to|no|me(r) ⟨die od. der; -n, -n⟩ Mitglied einer Gruppe von Anarchisten, die nach eigenen (staatsfeindl.) Gesetzen leben u. teilweise an gewalttätigen Auseinandersetzungen teilnehmen

Au|to|no|mie ⟨die; -, -n⟩ **1** *~ von Gemeinden od. Ländern* Recht, sich eigene Gesetze zu geben, Selbstverwaltung **2** Unabhängigkeit, Eigengesetzlichkeit; *Ggs* Heteronomie (1)

Aut|op|sie *auch:* **Au|top|sie** ⟨die; -, -n⟩ **1** Selbstbeobachtung, Selbstwahrnehmung, (eigener) Augenschein **2** Leichenschau, Leichenöffnung **3** ⟨Buchw.⟩ Untersuchung u. Beschreibung von Originalwerken [<*Auto...* + grch. *opsis* »Sehen«]

Au|tor ⟨der; -s, -to|ren⟩ Verfasser, Urheber; *~ eines Kunst- od. Schriftwerkes* [<frz. *auteur* »Verfasser« <lat. *auctor* »Vermehrer, Urheber«]

au|to|ri|sie|ren ⟨V.⟩ jmdn. (als Einzigen zu etwas) ermächtigen, Vollmacht erteilen; *jmdn. zu etwas ~; autorisierte Übersetzung* [→ *Autor*]

au|to|ri|tär ⟨Adj.⟩ **1** auf Autorität beruhend **2** mit (unumschränkter) Autorität herrschend; *~es Regime; ~er Staat* [<frz. *autoritaire* »diktatorisch, herrisch«]

Au|to|ri|tät ⟨die; -, -en⟩ **1** ⟨unz.⟩ Geltung, Ansehen, maßgebender Einfluss; *jmds. ~ untergraben; sich ~ verschaffen; seine ~ wahren* **2** ⟨zählb.⟩ Person mit maßgebendem Einfluss, Person, deren Wissen u. Urteil allgemein anerkannt wird, anerkannter Fachmann; *eine ~ auf einem Gebiet sein* [<frz. *autorité* »Machtbefugnis«; zu lat. *auctoritas* »Bürgschaft, Ermächtigung«]

Au|xi|li|ar|verb ⟨das; -s, -en; Gramm.⟩ Hilfsverb, *z. B. haben, sein, werden*

Avant|gar|de ⟨[avã-] die; -; unz.⟩ **1** ⟨bes. Mil.⟩ Vorhut **2** Gruppe von Vorkämpfern (für eine Idee od. eine Bewegung) **3** ⟨Lit.⟩ literarische Richtung gegen Ende des 19. Jhs., die für neue Ideen u. Formen eintrat [frz., »Vorhut (einer Streitmacht)«]

avant|gar|dis|tisch ⟨[avã-] Adj.⟩ zur Avantgarde gehörig, vorkämpferisch

Ava|tar ⟨[ava-] der; -s, -e od. -s⟩ **1** ⟨Buddhismus⟩ Gott der indischen Mythologie, der in menschlicher Gestalt zu den Menschen herabsteigt **2** ⟨engl. [ævəta(r)] EDV⟩ **2.1** meist an Comicfiguren angelehnte Kunstfigur in der virtuellen Welt des Internets, z. B. »Lara Croft«

2.2 meist bildhafte Darstellung od. Figur als grafisches Pseudonym eines Internetnutzers; *ein ~ in Gestalt einer Kugel* [<Sanskrit]

Aver|si|on ⟨[-vɛr-] die; -, -en⟩ Abneigung, Widerwille; *ein ~ gegen Fisch haben* [<lat. *aversio* »das Abwenden«; zu *avertere* »abwenden«]

Avo|ca|do ⟨[-vo-] die; -, -s; Bot.⟩ *oV* Avokado **1** kleiner trop. Baum aus der Familie der Lorbeergewächse mit birnenförmigen, dunkelgrünen bis braunroten Früchten **2** dessen Frucht [<span. *aguacate* <Nahuatl *ahuacatl;* gekürzt aus: *ahuacatl* »Hoden« + *cuahuitl* »Baum« (als Aphrodisiakum angesehen)]

Avo|ka|do ⟨[-vo-] die; -, -s; Bot.⟩ = Avocado

Axi|om ⟨das; -s, -e⟩ **1** grundlegender Lehrsatz, der ohne Beweis einleuchtet **2** Annahme als Grundlage eines wissenschaftl. Systems [<grch. *axioma;* zu *axioun* »für recht halten«]

Aya|tol|lah ⟨der; -, -s; Islam⟩ hoher Geistlicher der Schiiten; *oV* Ajatollah [pers. *ayatullah* »Zeichen Gottes«]

Aza|lee ⟨[-leːə] die; -, -n [-leːən]; Bot.⟩ Gattung der Erikagewächse, meist immergrüne Sträucher, mit dem Rhododendron verwandt; *oV* Azalie [<grch. *azaleos* »dürr«]

Aza|lie ⟨[-ljə] die; -, -n; Bot.⟩ = Azalee

Aze|tat ⟨das; -(e)s, -e; Chemie⟩ = Acetat

Aze|ton ⟨das; -s; unz.⟩ = Aceton

Aze|ty|len ⟨das; -s; unz.; Chemie⟩ = Acetylen

Azur ⟨der; -s; unz.⟩ Himmelsblau, Himmelsbläue [<frz. *azur* <ital. *azzurro* <pers. *ladschuward* »Lazurstein, Blaustein«]

B

Ba|by ⟨[beːbi] das; -s, -s⟩ Säugling, kleines Kind [engl.]

Ba|by|boom ⟨[beːbibuːm] der; -s; unz.; umg.⟩ plötzliches Ansteigen der Geburtenrate [<*Baby* + engl. *boom* »Aufschwung«]

ba|by|lo|nisch ⟨Adj.⟩ Babylonien betreffend, zu ihm gehörig, aus ihm stammend; *~e Sprache* zu den ostsemit. Sprachen gehörende Sprache der Babylonier; *~e Sprachverwirrung* Sprachendurcheinander (nach Gen. 11,9)

Ba|by|sit|ter ⟨[beːbi-] der; -s, -⟩ jmd., der während der Abwesenheit der Eltern auf das Baby achtgibt [<*Baby* + engl. *sit* »sitzen«]

Bac|chant ⟨[-xant] der; -en, -en⟩ **1** Diener des Bacchus **2** trunkener Schwärmer

bac|chan|tisch ⟨[-xan-] Adj.⟩ ausgelassen, ausschweifend, trunken

Back|gam|mon ⟨[bækgæmən] das; - od. -s; unz.⟩ Brettspiel [<engl. *back* »zurück« + vermutl. mengl. *gamen, gammon* »Spiel«]

Back|ground ⟨[bækgraʊnd] der; - od. -s; unz.⟩ **1** Hintergrund **2** ⟨fig.⟩ ursächl. Zusammenhang, Lebenserfahrung; *sie kennt seinen ~* **3** ⟨Jazz⟩ Klanghintergrund beim Solo **4** ⟨Theat.⟩ Bildhintergrund der Bühne od. bei Film- u. Fernsehaufnahmen; *im ~ waren Pyramiden zu sehen* [engl.]

Back|hand ⟨[bækhænd] die; -, -s; Sport; bes. Tennis⟩ Rückhand(schlag) [engl.]

Back|list ⟨[bæk-] die; -, -s⟩ Verzeichnis der (neben den Neuerscheinungen) lieferbaren Bücher eines Verlages; *einen Titel in der ~ aufführen* [<engl. *back* »zurück« + *list* »Liste«]

Back|spin ⟨[bæk-] der; -s, -s; Sport; Golf; Tennis⟩ mit Rückwärtsdrall geschlagener Ball [<engl. *back* »zurück« + *spin* »wirbeln, drehen«]

Back-up *auch:* **Back|up** ⟨[bækʌp] das od. der; - od. -s, -s⟩ automatisch angelegte Sicherungskopie von Computerdateien auf der Festplatte, die in bestimmten Zeitintervallen aktualisiert wird [<engl. *backup* »Rückendeckung, Unterstützung; Sicherheitskopie«]

Badminton: *Badminton* ist ein Rückschlagspiel, das mit tennisähnlichen Schlägern und einem mit Leder überzogenen Federball gespielt wird. Der Federball wird von zwei (im Doppel vier) Spielern über ein Netz gespielt. Als Wettkampfsport entwickelte sich das *Badminton* aus dem indischen Poona. Dagegen wird das südamerikanische Indiaca, das auf die Inkas zurückgeht, mit den Händen gespielt. 1870 wurde das indische Federballspiel nach England gebracht und von dem Duke of Beaufort auf seinem Landsitz in *Badminton* gespielt. Danach verbreitete sich *Badminton* in ganz Europa.

Bad|min|ton ⟨[bædmɪntən] das; -s; unz.; Sport⟩ Federballtennis

Ba|ga|ge ⟨[-ʒ(ə)] die; -, -n⟩ Gesindel, Pack [frz., »Reisegepäck«]

Ba|ga|tel|le ⟨die; -, -n⟩ **1** kurzes, leicht spielbares Musikstück **2** Kleinigkeit, Geringfügigkeit; *sich wegen einer ~ aufregen* [frz., »Kleinigkeit«]

Ba|guette ⟨[-gɛt] das; -s, -s⟩ langes, dünnes frz. Weißbrot [frz., »dünner Stab«]

Bai|ser ⟨[bɛzeː] das; -s, -s⟩ Schaumgebäck aus Eischnee u. Zucker [frz., »Kuss«]

Baisse ⟨[bɛːs] die; -, -n; Börse⟩ Kurssturz, niedriger Stand (von Aktien), Preisfall; *Ggs* Hausse; *auf (die) ~ spekulieren* [frz., »Senkung, Abstieg«]

Ba|jo|nett ⟨das; -(e)s, -e⟩ an der Seite getragene, auf den Gewehrlauf aufsteckbare Stoß- u. Stichwaffe für den Nahkampf; *das ~ auf den Gewehrlauf stecken* [<frz. *baïonnette,* nach dem Herstellungsort, der Stadt *Bayonne* im südwestl. Frankreich]

Bakterie: *Bakterien* sind einzellige Lebewesen ohne echten Zellkern. Es gibt schätzungsweise 10.000 verschiedene Arten, die in unterschiedlichen Formen (kugel-, zylinder-, schrauben-, stäbchen- oder fadenförmig) auftreten. Die Vermehrung der *Bakterien* erfolgt durch Querteilung, darauf ist die frühere Bezeichnung »Spaltpilz« zurückzuführen. Um *Bakterien* (z. B. bei Infektionskrankheiten) bestimmen zu können, werden sie auf speziellen Nährlösungen gezüchtet. Für den Stoffkreislauf der Natur sind *Bakterien* äußerst wichtig. 1 g Komposterde enthält ca. 1-5 Milliarden *Bakterien*. In der → *Genetik* und der → *Gentechnologie* sind die *Bakterien* ein wichtiger Forschungsgegenstand (→*a.* Bazillus, Prion, Virus).

Bak|te|rie ⟨[-riə] die; -, -n; umg. für⟩ Bakterium

bak|te|ri|ell ⟨Adj.⟩ die Bakterien betreffend, durch Bakterien hervorgerufen

Bak|te|rio|lo|gie ⟨die; -; unz.⟩ Wissenschaft von den Bakterien, Erforschung der Bakterien

bak|te|rio|lo|gisch ⟨Adj.⟩ die Bakteriologie betreffend

Bak|te|ri|um ⟨das; -s, -ri|en⟩ einzelliges, stäbchenförmiges, pflanzl. Lebewesen, Gärungs-, Fäulnis-, Krankheitserreger, Spaltpilz [<lat. *bacterium* <grch. *bakterion* »Stäbchen«]

Ba|la|lai|ka ⟨die; -, -s od. -lai|ken; Musik⟩ russ. Zupfinstrument mit drei Saiten, dreieckigem Klangkörper u. langem Hals [russ. <tatar.]

Ba|lan|ce ⟨[balã:s(ə)] die; -, -n⟩ Gleichgewicht; *die ~ halten; die ~ verlieren* [frz., »Waage«]

ba|lan|cie|ren ⟨[-lãsi:-] V.⟩ **1** (sich) im Gleichgewicht halten; *auf einem dünnen Baumstamm ~* **2** *etwas ~* im Gleichgewicht halten; *einen Ball (auf einem Finger) ~* [<frz. *balancer* »schaukeln«]

Bal|da|chin ⟨[-xin] der; -s, -e⟩ **1** Dach aus Stoff über einem Thron, einem Bett **2** Traghimmel (bei Prozessionen) **3** ⟨Arch.⟩ Altarüberdachung [<ital. *baldacchino,* eigtl. »golddurchwirkter Seidenstoff aus Bagdad«; zu *Baldacco,* ital. Bezeichnung für *Bagdad*]

Bal|kon ⟨[-kɔ̃:] od. [-kɔŋ] der; -s, -s od. [-ko:n] der; -s, -e⟩ **1** durch Gitter od. Brüstung abgeschlossener Vorbau eines Hauses **2** erster Rang (im Theater); *Mittel~; Seiten~* [<frz. *balcon* <ital. *balcone* <langobard. **balko-*; verwandt mit *Balken*]

Bal|la|de ⟨die; -, -n⟩ **1** ⟨urspr.⟩ Tanzlied **2** episches, dramatisch bewegtes Gedicht **3** Musikstück; *die ~n von Chopin* [<engl. *ballad* »erzählendes Gedicht sagenhaften Inhalts« <afrz. *balade* »Tanzlied« <prov. *balada* »Tanz«; zu *balar* »tanzen«]

Bal|le|ri|na ⟨die; -, -ri|nen⟩ Ballettsolistin, Tänzerin; *oV* Ballerine [ital., »Kunsttänzerin«; zu *ballo* »Tanz, Tanzfest«]

Bal|le|ri|ne ⟨die; -, -n⟩ = Ballerina

Bal|lett ⟨das; -(e)s, -e⟩ **1** Bühnentanz; *zum ~ gehen; ein ~ aufführen* **2** Bühnentanzgruppe [<ital. *balleto* »kleines Tanzfest«]

Bal|lis|tik ⟨die; -; unz.⟩ Lehre von den Flugbahnen geworfener od. geschossener Körper

Bal|lon ⟨[balɔ̃:] od. [balɔŋ] der; -s, -s od. süddt., österr., schweiz. [balo:n] der; -s, -e⟩ **1** mit Gas gefüllter Ball aus dünner Gummihaut, Kinderspielzeug; *Luft~* **2** mit Gas (od. Heißluft) gefülltes Luftfahrzeug, leichter als Luft; *Frei~; Fessel~; Heißluft~* **3** große, bauchige Flasche (zum Aufbewahren von Säuren, Herstellen von Most usw.) [frz., »großer Ball« <ital. *pallone;* zu *palla* »Kugel«; beeinflusst von frz. *balle* »Kugel, Ball« <fränk. **balla*]

Ba|lus|tra|de *auch:* **Ba|lust|ra|de** ⟨die; -, -n⟩ **1** Geländer, Brüstung mit kleinen Säulen **2** Balkon mit Säulengeländer [frz. »Geländer« <ital. *balaustrata*]

Bam|bus ⟨der; -ses, -se; Bot.⟩ tropische Riesengraspflanze, deren Stängel verholzen [<mal. *bambu, manbu*]

ba|nal ⟨Adj.⟩ alltäglich, geistlos, abgedroschen, nichtssagend, fade [frz., »gemeinnützig, alltäglich, gewöhnlich« <afrz. *ban* »Gerichtsbezirk« <fränk. **ban* »Gerichtsbarkeit u. deren Gebiet«]

Ba|na|li|tät ⟨die; -, -en⟩ **1** ⟨unz.⟩ Alltäglichkeit, Geistlosigkeit **2** ⟨zählb.⟩ banale Bemerkung, banaler Witz, Gemeinplatz, Binsenwahrheit

Ba|nau|se ⟨der; -n, -n; abwertend⟩ Person ohne Kunstverständnis, ohne Sinn für Kunst; *so ein ~!* [<grch. *banausos* »Handwerker«]

Ban|da|ge ⟨[-ʒə] die; -, -n⟩ elastische Binde zum Wickeln (als Stütz- od. Schutzverband); *mit harten ~n kämpfen* ⟨fig.⟩

B

mit allen Mitteln, erbittert kämpfen [frz., »Verband«; zu *bander* »verbinden« <got. *bindan* od. fränk. **bindan*]

Ban|de|ro|le ⟨die; -, -n⟩ **1** Verschlussband, bes. an Tabakwaren **2** Spruchband [frz., »Wimpel, Streifband« <ital. *banderuola;* zu *bandiera* »Fahne«]

Ban|dit ⟨der; -en, -en⟩ Verbrecher, Räuber; *einarmiger ~* ⟨fig.⟩ Spielautomat, der mit einem Hebel bedient wird [<ital. *bandito* »des Landes Verwiesener«; zu *bandire* »verbannen«]

Bạn|jo ⟨a. engl. [bændʒo] das; -s, -s; Musik⟩ fünf- bis neunsaitiges Zupfinstrument

Ban|kẹtt[1] ⟨das; -(e)s, -e⟩ Festmahl, Festessen; *ein ~ abhalten* [<frz. *banquet* »Festmahl« <ital. *banchetto*]

Ban|kẹtt[2] ⟨das; -(e)s, -e⟩ **1** unterster Absatz einer Grundmauer **2** schmaler Seitenweg neben einem Fahrweg [<frz. *banquette* »Schützenauftritt, Gehweg«]

Ban|ki|er ⟨[baŋkjeː] der; -s, -s⟩ Inhaber einer Bank [<frz. *banquier* »Bankier«]

◆ Die Buchstabenfolge **bank|r...** kann auch **ban|kr...** getrennt werden.

◆**bank|rọtt** ⟨Adj.⟩ zahlungsunfähig, pleite; *~ sein, werden*

◆**Bank|rọtt** ⟨der; -(e)s, -e⟩ Zahlungsunfähigkeit, finanzieller Zusammenbruch, Pleite; *seinen ~ erklären; ~ machen* zahlungsunfähig werden [<ital. *bancarotta* »zerbrochene Bank«]

◆**bank|rọtt|ge|hen** ⟨V.⟩ zahlungsunfähig werden

Bap|tịs|mus ⟨der; -; unz.⟩ Lehre christl. Gemeinschaften, die nur Erwachsene taufen [<grch. *baptizein* »untertauchen, taufen«]

Bar[1] ⟨das; -, -; Meteor.; Zeichen: bar⟩ neben der Einheit Pascal allein zulässige Maßeinheit des Druckes, 1 bar = 10^5 Newton/Quadratmeter (N/m^2 = 0,986 atm [<grch. *baros* »Schwere«]

Bar[2] ⟨die; -, -s⟩ **1** Gaststätte od. Raum mit erhöhter Theke zur Einnahme von Getränken **1.1** intimes Nachtlokal **1.2** der Schanktisch selbst **2** engl. Anwaltskammer [engl., »Stange, Schranke, Schanktisch«]

Bar|bar ⟨der; -en, -en; abwertend⟩ Ungebildeter, Rohling [<lat. *barbarus* <grch. *barbaros* »Nichtgrieche, Ausländer«]

Bar|ba|rei ⟨die; -, -en⟩ **1** Rohheit, Unmenschlichkeit, Grausamkeit **2** völlige Unbildung, Kulturlosigkeit; *das ist die reinste ~*

Bar|bi|tu|rat ⟨das; -s, -e; Pharm.⟩ Medikament, das als Schlaf- u. Beruhigungsmittel verabreicht wird; *Missbrauch von ~en* [nach der *Barbitursäure,* die von dem dt. Chemiker Adolf von Baeyer (1835-1917) zum ersten Mal dargestellt u. von ihm nach dem weibl. Vornamen *Barbara* benannt wurde]

Bạr|de ⟨der; -n, -n⟩ **1** kelt. Dichter u. Sänger **2** ⟨fig.⟩ Heldensänger [frz., <mlat. *bardus* <kelt. *bard* »Sänger«]

Ba|rẹtt ⟨das; -(e)s, -e⟩ schirmlose, flache Kopfbedeckung (bes. zur Amtstracht von Geistlichen, Richtern, Professoren usw.); *ein ~ tragen* [<frz. *barrette* »zusammenlegbare Mütze« <ital. *baretta* <mlat. *barretum, birretum;* zu lat. *birrus* »Oberkleid, Mantel mit Kapuze«]

Bạ|ri|ton ⟨der; -s, -e; Musik⟩ **1** Männerstimme in der Mittellage **2** Sänger mit dieser Stimme [<ital. *baritono;* zu grch. *barys* »schwer, tief« + *tonos* »Ton«]

Ba|ri|um ⟨das; -s; unz.; chem. Zeichen: Ba⟩ chem. Element, Erdalkalimetall, Ordnungszahl 56 [zu grch. *barys* »schwer«]

Bar|ka|ro|le ⟨die; -, -n; in Mittelmeerländern⟩ **1** Ruderboot **2** Lied des Barkenführers, Schiffer-, Gondellied [<ital. *barcarola* »Liedchen der venezian. Gondolieri«]

Bar|kạs|se ⟨die; -, -n; Seew.⟩ **1** größtes Beiboot von Kriegsschiffen **2** kleines Boot, Hafenverkehrsboot [<ndrl. *barkas,* span. *barcaza,* ital. *barcaccia,* Vergrößerungsform zu *barca* »Barke«]

Bar-Mịz|wa[1] ⟨der; -s, -s; Rel.⟩ jüdischer Junge nach seinem 13. Geburtstag, der verpflichtet ist, die religiösen Vorschriften zu beachten [hebr., »Gebotspflichtiger«]

Bar-Mịz|wa[2] ⟨die; -, -s; Rel.⟩ Tag der Aufnahme eines 13-jährigen jüdischen Jungen in die Glaubensgemeinschaft

ba|ro..., Ba|ro... ⟨in Zus.⟩ den Luftdruck od. die Schwere betreffend; *barotrop; Barometer* [<grch. *baros* »Schwere«]

B

Ba|rọck ⟨das od. der; -s; unz.⟩ 1 Kunststil vom Anfang des 17. bis zur Mitte des 18. Jh. 2 das Zeitalter selbst [zu portug. *barroco* »schiefrund«]

Barock: Der *Barock* ist ein um 1600 aus der italienischen → *Renaissance* und dem → *Manierismus* entstandener Kunststil. Der Barockstil als Ausdruck des Repräsentationsstrebens im fürstlichen → *Absolutismus* äußerte sich in einer prunkvollen, überladenen Baukunst. Das späte Barockzeitalter (1720-1780) wird auch als → *Rokoko* bezeichnet. Von der bildenden Kunst wurde der Begriff *Barock* auch auf die → *Literatur* übertragen. Bedeutende Autoren waren z. B. Andreas Gryphius und Hans Jakob Christoffel von Grimmelshausen.

Ba|ro|me|ter ⟨das; -s, -; Meteor.⟩ Gerät zum Messen des Luftdrucks, Luftdruckmesser [<*Baro...* + *...meter*]

Ba|ron ⟨der; -s, -e⟩ 1 unterster dt. Adelstitel, Freiherr 2 ⟨urspr.⟩ Adliger, der sein Lehen unmittelbar vom König erhalten hat 3 ⟨fig.⟩ jmd., der als Besitzender in einem Wirtschaftszweig führend ist; *Kohlen~* [<frz. *baron* <mlat. *baro* »streitbarer Mann«]

Bar|rel ⟨[bærəl] das; -s, -s⟩ engl. u. nordamerikan. Hohlmaß (158,7 l), z. B. für Öl; *zwei ~ Öl* [engl., »Fass, Tonne«]

Bar|ri|e|re ⟨die; -, -n⟩ 1 Schranke, Schlagbaum, Sperre 2 ⟨fig.⟩ Hemmnis, Erschwernis [<frz. *barrière* »Schranke«; zu *barre* »Stange«]

Bar|ri|ka|de ⟨die; -, -n⟩ Schanze, Hindernis, Straßensperre (bes. als Sinnbild der Revolution); *auf die ~n gehen, steigen* ⟨fig.⟩ sich erheben, empören [<frz. *barricade* (angelehnt an *barrique* »Stückfass«) <ital. *barricata* <galloroman. **barra* »absperrender Balken«]

Ba|sạlt ⟨der; -(e)s, -e; Min.⟩ schwärzl. Vulkangestein [<lat. *basaltes* <*basanites;* nach der Landschaft *Basan* im Osten Palästinas]

Ba|sar ⟨der; -s, -e⟩ 1 oriental. Markt 2 offene Kaufhalle, Kaufhaus 3 Verkauf zu Wohltätigkeitszwecken; *Wohltätigkeits~; oV* Bazar [<pers., türk. *bazar* »Markt«]

Ba|se ⟨die; -, -n; Chemie⟩ chem. Verbindung, die in wässeriger Lösung alkalisch reagiert; *Sy* Alkali [zu grch. *basis* »Schritt; der betretene Boden«]

Base: *Basen* sind Stoffe, die in Wasser durch Abspaltung von Hydroxidionen (OH^-) basisch wirken (pH-Wert über 7), in erster Linie die → *Hydroxide* der Elemente der 1. und 2. Gruppe des → *Periodensystems* wie Lithium, Natrium, Kalium, Rubidium, Caesium, Magnesium, Calcium, Strontium und Barium.

Ba|sics ⟨[bɛɪsɪks] Pl.; umg.⟩ wichtige Bestandteile der menschlichen Grundversorgung, *z. B. Nahrung, Wohnung usw.* [engl., »das Wesentliche«]

ba|sie|ren ⟨V.⟩ ~ *auf* beruhen, sich gründen, sich stützen auf [→ *Basis*]

Ba|si|li|ka ⟨die; -, -li|ken; Arch.⟩ 1 altröm. Markt-, Gerichtshalle, altgriech. Amtsgebäude 2 Kirche mit Mittelschiff u. zwei niedrigeren Seitenschiffen [<grch. *stoa basilike* »Königshalle«]

Ba|si|li|kum ⟨das; -s; unz.; Bot.⟩ Basilikumöl enthaltender Lippenblütler, Würzpflanze [<grch. *basilikos* »königlich«; zu *basileus* »König«]

Ba|sis ⟨die; -, Ba|sen⟩ 1 Grundlage, Ausgangs-, Stützpunkt 2 ⟨Math.⟩ Grundzahl; *~ einer Potenz od. eines Logarithmus* 3 ⟨histor. Materialismus⟩ die ökonom. Struktur einer Gesellschaftsordnung (im Unterschied zum Überbau) [grch., »Schritt; der betretene Boden, Sockel, Fundament, Grundlage«]

ba|sisch ⟨Adj.⟩ 1 ⟨Chemie⟩ einen pH-Wert von über 7 aufweisend (durch Gehalt an Hydroxidionen); *Sy* alkalisch 2 ⟨Geol.⟩ *~e Gesteine* Gesteine mit sehr niedrigem Kieselsäuregehalt

Bas|sin ⟨[basɛ̃ː] das; -s, -s⟩ künstliches, ausgemauertes Wasserbecken; *Marmor~; Schwimm~* [frz., »Becken«]

Bạs|tard ⟨der; - od. -, -e⟩ 1 ⟨Biol.⟩ Nachkommen von Eltern unterschiedl. Rasse, Gattung od. Art, Mischling 2 ⟨umg.; abwertend⟩ minderwertiger Mensch; *du ~!* [<afrz. *bastard* »anerkannter Sohn eines Adligen, der nicht von der rechtmäßigen Frau stammt«]

Bas|ti|on ⟨die; -, -en⟩ vorspringender Teil eines Festungsbauwerkes [<ital. *bastione;* zu *bastia* »Bollwerk«]

Ba|tail|lon ⟨[-taljo:n] das; -s, -e; Mil.; Abk.: Bat.⟩ Truppenabteilung, Teil eines Regiments [frz.; zu *bataille* »Schlacht«]

Batch|pro|ces|sing ⟨[bætʃprousɛsıŋ] das; - od. -s; unz.; EDV⟩ Arbeitsweise eines Computers, bei der eine Aufgabe nach der anderen erledigt wird, Stapelverarbeitung [<engl. *batch* »Schub, Stapel« + *processing* »Verarbeitung«]

> → **Butler:** Was du nicht unter *bat-* findest, kann unter *but-* stehen, z. B. *Butler*!

Baud ⟨a. [bo:d] das; -s, -; Abk.: Bd⟩ Maßeinheit für die Schrittgeschwindigkeit der Datenübertragung, 1 Bit/Sekunde [nach dem frz. Ingenieur E. *Baudot,* 1845-1903]

Bau|xit ⟨der; -s, -e; Min.⟩ wichtiges Aluminiummineral, Eisen- u. Titanoxid enthaltende Tonerdehydroxide [nach dem ersten Fundort *Les Baux* in Südfrankreich]

Ba|zar ⟨[-za:r] der; -s, -e⟩ = Basar

Ba|zil|lus ⟨der; -, -zil|len⟩ stäbchenförmiger Spaltpilz, sporenbildendes Bakterium [<lat. *bacillus* »Stäbchen«]

Beach|vol|ley|ball ⟨[bi:tʃvɔle:-] der; -(e)s, -bäl|le; Sport⟩ **1** ⟨unz.⟩ besondere Form des Volleyballs mit leicht modifizierten Regeln, die meist in Zweierteams auf Sand gespielt wird **2** ⟨zählb.⟩ für Beachvolleyball (1) verwendeter Ball [<engl. *beach* »Strand« + *Volleyball*]

Bea|mer ⟨[bi:-] der; -s, -; EDV⟩ Gerät, das die Abbildung eines Computerbildschirmes an die Wand od. auf eine Bildwand projiziert [zu engl. *beam* »strahlen, senden«]

Beat ⟨[bi:t] der; -s, -s; Musik⟩ **1** gleichmäßige Betonung der geraden Taktteile, rhythmische Verschiebung **2** von den Beatles entwickelte Stilrichtung der Popmusik [engl., »Schlag«]

Beat|ge|ne|ra|tion ⟨[bi:tdʒɛnərɛıʃn] die; -; unz.⟩ Protestbewegung um eine Gruppe US-amerikanischer Künstler nach dem 2. Weltkrieg, die in Ablehnung von Staat u. bürgerl. Gesellschaft nach einem von Konsum- u. Rollenzwängen freien Lebensstil strebte [engl., »geschlagene Generation«; → *Beat*]

Beau|fort|ska|la *auch:* **Beau|fort-Ska|la** ⟨[bo:fɔt-] od. [bofɔ:r-] die; -; unz.⟩ früher 12-, heute 18-teilige Skala zur Einteilung der Windstärke [nach dem engl. Admiral Sir Francis *Beaufort,* 1774-1857]

> → **Baby:** Was du nicht unter *be-* findest, kann unter *ba-* stehen, z. B. *Baby*!

Be|bop ⟨[bi:bɔp] der; -s, -s; Musik⟩ seit 1940 entwickelter, kunstvoller nordamerikan. Jazzstil [engl.; die bedeutungslosen Silben sollen die verminderte Quinte, die bei dieser Spielweise im Vordergrund steht, nachahmen]

be|cir|cen ⟨V.⟩ = bezirzen

Bec|que|rel ⟨[bɛkərɛl] das; - od. -s, -; Zeichen: Bq⟩ Einheit für die Stärke der Radioaktivität: 1 Bq entspricht einem radioaktiven Zerfallsakt pro Sekunde; →*a.* Curie [nach dem frz. Physiker H. A. *Becquerel,* 1852-1908]

Be|du|i|ne ⟨der; -n, -n⟩ nomadisch lebender Araber [<arab. *bedawi* »in der Wüste umherstreifend«]

Beef|steak ⟨[bi:fste:k] od. engl. [-stɛık] das; -s, -s⟩ **1** *englisches* ~ gebratene Lendenscheibe vom Rind **2** *deutsches* ~ gebratenes Fleischklößchen [<engl. *beef* »Rindfleisch« + *steak* »Fleischschnitte«]

Be|ha|vi|o|ris|mus ⟨[bihɛıvjə-] der; -; unz.⟩ von J. B. Watson begründete Richtung der Verhaltenspsychologie, die menschliches u. tierisches Verhalten anhand beobachtbarer motorischer Reaktionen auf Reizwirkungen beschreibt [<engl. *behavio(u)r* »Verhalten«]

beige ⟨[be:ʒ] od. [bɛ:ʒ] Adj.⟩ von der natürlichen Farbe der Wolle, sandfarben, gelbbraun [frz., »ungefärbt«]

> → **Becquerel:** Der Laut **[kə]** wird in französischen Fremdwörtern oft ***cque*** geschrieben, z. B. in *Be**cque**rel*!

Bel|can|to ⟨der; -s; unz.; Musik⟩ = Belkanto

Bel|kan|to ⟨der; -s; unz.; Musik; bes. im

17. bis 19. Jh.⟩ italien. Kunstgesang, bei dem der Hauptwert auf Klangschönheit gelegt wird; *oV* Belcanto [<ital. *bel canto* »schöner Gesang«]

Bel|la|don|na ⟨die; -, -don|nen⟩ **1** Tollkirsche **2** ⟨Pharm.⟩ das aus der Tollkirsche gewonnene Alkaloid Belladonin [<ital. *bella donna* »schöne Frau« (weil der in die Augen geträufelte Extrakt die Pupillen weitet u. dem Augapfel ein interessantes Aussehen gibt)]

Belle Époque ⟨[bɛlepɔk] die; - -; unz.⟩ Epoche eines geistigen u. wirtschaftl. Aufschwunges (in Frankreich zu Beginn des 20. Jh.) [frz., »schöne Epoche«]

Bel|le|tris|tik *auch:* **Bel|let|ris|tik** ⟨die; -; unz.; Lit.⟩ schöngeistige, unterhaltende u. bildende Literatur, z. B. Romane u. Lyrik [<frz. *belles lettres* »schöne Literatur«]

Bench|mark ⟨[bɛntʃ-] die; -; unz.; EDV⟩ Test zur Ermittlung der Leistungsfähigkeit von Computern [engl., »Nivellierungszeichen« (z. B. an Messlatten); zu *bench* »Schicht« + *mark* »Zeichen«]

Be|ne|dik|ti|ner ⟨der; -s, -⟩ **1** Mönch des ältesten katholischen Ordens des Abendlandes, der im 6. Jh. gegründet wurde **2** französischer Kräuterlikör, nach einem Rezept der Benediktinerabtei Fécamp von 1510 [lat., nach *Benedikt* von Nursia, dem Ordensgründer]

Be|ne|lux|län|der ⟨Pl.⟩ die Länder Belgien, Niederlande und Luxemburg [verkürzt <*Be*lgique, *Ne*derland, *Lux*emburg]

be|ni|gne *auch:* **be|nig|ne** ⟨Adj.; Med.⟩ gutartig; *Ggs* maligne; *eine ~ Geschwulst* [<lat. *benignus* »gutmütig«]

> **Benzin:** *Benzin* (engl.: *petrol* od. *gasoline*) wird überwiegend aus Erdöl, z. T. auch aus Erdgas, gewonnen. Der größte Teil des *Benzins* wird als Motorentreibstoff verwendet. Seit 1985 wird in Deutschland bleifreies *Benzin* angeboten. Verbleites *Benzin* enthält einen Bleizusatz als Antiklopfmittel.

Ben|zin ⟨das; -s, -e; Chemie⟩ die bis 200° C siedenden Bestandteile des Erdöls, als Motorentreibstoff, Fleckentferner u. Lösungsmittel verwendet [<*Benzol* (Harz ostasiat. Laubbäume) <ital. *bengini* <arab. *luban dschawi* »javanischer Weihrauch«]

Ben|zol ⟨das; -s; unz.; Chemie⟩ zur Darstellung vieler organ. Verbindungen verwendete, stark lichtbrechende, leicht entzündliche Flüssigkeit, einfachster Vertreter der Kohlenwasserstoffe der aromatischen Reihe [→ *Benzin*]

Ber|ke|li|um ⟨das; -s; unz.; chem. Zeichen: Bk⟩ künstl. hergestelltes, radioaktives chem. Element, Ordnungszahl 97 [nach der Universitätsstadt *Berkeley* in Kalifornien]

Be|ryll ⟨der; -s, -e; Min.⟩ Edelstein, durchsichtiges od. durchscheinendes, glasglänzendes Mineral [<grch. *beryllos* <Sanskrit *waidûrya* »Meerwasserstein, Meergrünstein«]

Be|ryl|li|um ⟨das; -s; unz.; chem. Zeichen: Be⟩ chem. Element, zweiwertiges Erdalkalimetall, Ordnungszahl 4 [→ *Beryll*]

> → **Baiser:** Was du nicht unter ***be-*** findest, kann unter ***bai-*** stehen, z. B. ***Baiser***!

Bes|se|mer|bir|ne *auch:* **Bes|se|mer-Bir|ne** ⟨die; -, -n; Met.⟩ ein feuerfest ausgekleideter Konverter, in dem geschmolzenes Roheisen mittels hindurchgeblasener Luft von Verunreinigungen befreit wird [nach dem engl. Ingenieur Sir Henry *Bessemer*, 1813-1898]

> **Bessemerbirne/Bessemer-Birne** Ein Eigenname, der erster Bestandteil einer Zusammensetzung ist, kann mit Bindestrich abgetrennt werden, wenn er besonders hervorgehoben werden soll.

Best|sel|ler ⟨der; -s, -⟩ Buch mit großem Verkaufserfolg (in einem bestimmten Zeitabschnitt) [<engl. *best* »am besten« + *sell* »verkaufen«]

Be|ta ⟨das; -s, -s; Zeichen: β, B⟩ der zweite Buchstabe des griech. Alphabets

Be|ton ⟨[-tɔŋ] der; -s, -s od. süddt., österr., schweiz. [beto:n] der; -s, -e⟩ Mörtel aus Sand mit Zement, meist in Schalungen od. Formen eingebracht, Baustoff [frz. <lat. *bitumen* »Erdharz«]

B

be|zi|r|zen ⟨V.; umg.; scherzh.⟩ bezaubern, verführen; *oV* becircen [nach der sagenhaften griechischen Zauberin *Circe* od. *Kirke,* die Odysseus u. seine Gefährten in Schweine verwandelte]

Bhag|van ⟨[-van] der; -s, -s; im Hinduismus⟩ = Bhagwan

Bhag|wan ⟨[-van] der; -s, -s; im Hinduismus⟩ (Träger des) Ehrentitel(s) für religiöse Lehrer; *oV* Bhagvan [Sanskrit, »der Erhabene«]

bi..., Bi... ⟨vor Vokalen⟩ bin..., Bin... ⟨Vorsilbe⟩ zwei..., doppel..., Zwei..., Doppel... [<lat. *bis* »zweimal, doppelt«]

Bi|ath|lon ⟨das od. der; -s, -s; Sport⟩ olympische Disziplin aus Skilanglauf (20 km) u. vier Schießübungen [<*Bi...* + grch. *athlon* »Kampf«]

◆ Die Buchstabenfolge **bi|bl...** kann auch **bib|l...** getrennt werden.

◆ **bi|blio..., Bi|blio...** ⟨in Zus.⟩ Buch..., Bücher... [<grch. *biblion* »Buch«]

◆ **Bi|blio|gra|fie** ⟨die; -, -n⟩ *oV* Bibliographie **1** Bücherkunde, Lehre von den Bücher- u. Literaturverzeichnissen **2** das Bücherverzeichnis selbst [<*Biblio...* + *...grafie*]

◆ **bi|blio|gra|fie|ren** ⟨V.⟩ Titel, Verfasser, Erscheinungsjahr u. -ort, Auflage, Seiten- u. Bändezahl von Büchern aufschreiben, erfassen; *oV* bibliographieren

◆ **Bi|blio|gra|phie** ⟨die; -, -n⟩ = Bibliografie

◆ **bi|blio|gra|phie|ren** ⟨V.⟩ = bibliografieren

◆ **bi|blio|phil** ⟨Adj.⟩ **1** Bücher liebend **2** für Bücherliebhaber gemacht; *~e Ausgabe* kostbar u. sorgfältig ausgestattete Ausgabe eines Buches [<*biblio...* + *...phil*]

◆ **Bi|blio|thek** ⟨die; -, -en⟩ **1** Büchersammlung, Bücherei **2** Raum od. Gebäude, in dem diese aufbewahrt wird; *Fach~; Universitäts~; Stadt~* [<*Biblio...* + *...thek*]

◆ **Bi|blio|the|kar** ⟨der; -s, -e⟩ Angestellter in einer Bibliothek mit drei- oder mehrjähriger Spezialausbildung

bi|chrom ⟨[-kro:m] Adj.⟩ zweifarbig [<*bi...* + *...chrom*]

Bi|det ⟨[-de:] das; -s, -s⟩ Sitzbadebecken [frz., »kleine Waschwanne«]

Bi|fo|kal|glä|ser ⟨Pl.; Optik⟩ Brillengläser mit zwei verschiedenen Linsen für Nah- u. Fernsicht [<*bi...* + *fokal*]

Bi|ga|mie ⟨die; -, -n⟩ (strafbare) Doppelehe [<*Bi...* + grch. *gamos* »Ehe«]

bi|gott ⟨Adj.⟩ blindgläubig, frömmelnd, scheinheilig [<frz. *bigot* »abergläubisch, fromm, buchstabengläubig« <aengl. *bi god* »bei Gott«]

Bi|jou ⟨[-ʒu:] der; -s, -s od. das; -s, -s⟩ Kleinod, Juwel, Kostbarkeit [frz.]

Bi|ki|ni ⟨der; -s, -s⟩ sehr knapper zweiteiliger Badeanzug für Damen u. Mädchen [nach dem Atoll *Bikini* in der Gruppe der Marshall-Inseln]

bi|kon|kav ⟨Adj.; Opt.⟩ *~e Linse* beiderseits hohlgeschliffene Linse

bi|kon|vex ⟨[-vɛks] Adj.; Optik⟩ *~e Linse* beiderseits erhaben geschliffene Linse

Bi|la|bi|al ⟨der; -s, -e; Phon.⟩ mit beiden Lippen gebildeter Laut, *z. B. b, m, p*

bi|la|te|ral ⟨Adj.⟩ zweiseitig; *ein ~er Vertrag* [<lat. *bis* »doppelt« + *latus* »Seite«]

bi|lin|gu|al ⟨Adj.⟩ zweisprachig [<*bi...* + lat. *lingua* »Sprache«]

Bil|lard ⟨[bɪljart] od. österr. a. [bija:r] das; -s, -e od. -s⟩ **1** Spiel, bei dem Kugeln mit Hilfe eines Stabes (Queue) auf einem stoffbezogenen Tisch mit Bande gestoßen werden **2** der Tisch dafür [frz., »krummer Stab«; zu *bille* »Kugel«]

Bil|lett ⟨[bɪljɛt] das; -s, -s od. -e⟩ **1** Fahrkarte, Eintrittskarte **2** kurzes Schreiben, Zettel mit Nachricht, Briefchen **3** ⟨österr. a.⟩ Briefkarte [frz., »kleines (versiegeltes) Handschreiben«]

Bi|me|tall ⟨das; -s, -e⟩ zwei aufeinandergeschweißte Metallstreifen, die sich bei Erwärmung unterschiedlich stark ausdehnen

bin..., Bin... ⟨in Zus.; Vorsilbe⟩ = bi..., Bi...

bi|när ⟨Adj.⟩ **1** ⟨allg.⟩ aus zwei Einheiten (Stoffen, Metallen, Ziffern usw.) bestehend **2** ⟨Biol.⟩ *~e Nomenklatur* die aus zwei Namen bestehende N. für die wissenschaftliche Systematik des Tier- u. Pflanzenreiches **3** ⟨Math.⟩ *~es System* Darstellung eines Dualsystems, wie es z. B. in elektronischen Rechensystemen verwendet wird [<frz. *binaire* »aus zwei Einheiten bestehend«; zu lat. *bini* »je zwei«]

B

Bin|go ⟨das; - od. -s; unz.⟩ Glücksspiel, bei dem jeder Mitspieler eine od. mehrere Karten mit unterschiedl. Zahlenreihen erhält u. derjenige gewinnt, der als Erster eine Reihe von fünf Zahlen vorzuweisen hat u. »Bingo« ruft [nach dem Ausruf des Gewinners; zu engl. *bing* »kling (lautmalend)«]

bi|no|misch ⟨Adj.; Math.⟩ in der Art eines Binoms, zweigliedrig; *~er Lehrsatz* L. zur Entwicklung der Potenz eines Binoms, *z. B.* $(a + b)^2 = a^2 + 2ab + b^2$

bio..., Bio... ⟨in Zus.⟩ leben(s)..., Leben(s)... [<grch. *bios* »Leben«]

Bio|che|mie ⟨a. [-çemi:] die; -; unz.⟩ **1** Lehre von chem. Vorgängen im Organismus **1.1** ⟨i. e. S.⟩ Lehre vom Einfluss der Enzyme auf die chem. Vorgänge in Organismen **2** ⟨Med.⟩ Heilverfahren aufgrund der Annahme, dass alle Krankheiten auf Störungen des Mineralsalzhaushalts beruhen

Bio|die|sel ⟨der; -s; unz.⟩ Dieselkraftstoff, der aus Rapsöl hergestellt wird

Bio|dy|na|mik ⟨die; -; unz.⟩ Wissenschaft von der Wirkung von Außeneinflüssen auf Lebewesen

bio|gen ⟨Adj.⟩ von Lebewesen stammend [<*bio...* + *...gen*[1]]

Bio|ge|ne|se ⟨die; -, -n⟩ **1** Entstehung des Lebens **2** Entstehungsgeschichte der Lebewesen [<*Bio...* + *Genese*]

Bio|graf ⟨der; -en, -en; Lit.⟩ Verfasser der Lebensbeschreibung einer (berühmten) Person; *oV* Biograph

Bio|gra|fie ⟨die; -, -n; Lit.⟩ Lebensbeschreibung, Aufzeichnung des äußeren Lebensganges u. der inneren Entwicklung einer Person unter Berücksichtigung ihrer Werke u. ihrer Beziehungen zu Zeitgenossen; *oV* Biographie [<*Bio...* + *...grafie*]

Bio|graph ⟨der; -en, -en; Lit.⟩ = Biograf

Bio|gra|phie ⟨die; -, -n; Lit.⟩ = Biografie

Bio|lo|ge ⟨der; -n, -n⟩ Wissenschaftler auf dem Gebiet der Biologie

Biologie: Die *Biologie* befasst sich mit den Erscheinungsformen und Gesetzmäßigkeiten des Lebens. Der Begriff *Biologie* ersetzte Ende des 18. Jahrhunderts die ältere Bezeichnung »Naturgeschichte«. Wichtige Fachrichtungen der Biologie sind u. a. die → *Botanik*, → *Zoologie*, Embryologie und → *Histologie*. In der zweiten Hälfte des 20. Jahrhunderts sind insbesondere die Forschungsrichtungen der → *Genetik*, Humanbiologie, → *Bionik*, → *Biotechnologie* und der Molekularbiologie weiterentwickelt worden.

Bio|lo|gie ⟨die; -; unz.⟩ Wissenschaft vom Leben u. von den Lebewesen [<*Bio...* + *...logie*]

Bio|ly|se ⟨die; -, -n⟩ Zersetzung von organischer Substanz durch lebende Organismen [<grch. *bios* »Leben« + *lysis* »Lösung«]

Bio|na|de® ⟨die; -; unz.⟩ alkoholfreie Limonade, die aus natürlichen Rohstoffen durch Vergärung (Fermentation) von Wasser u. Malz hergestellt wird

Bio|nik ⟨die; -; unz.⟩ Wissenschaftsgebiet, das technische Probleme nach dem Vorbild der Funktion von Körperorganen zu lösen versucht, z. B. Flügelklappen nach dem Vorbild der Vögel [verkürzt <*Bio*logie + *Tech*nik]

Bio|phy|sik ⟨a. ['----] die; -; unz.⟩ Wissenschaft von den physikalischen Vorgängen in Lebewesen

Bi|op|sie ⟨die; -, -n; Med.⟩ Untersuchung von Gewebe, das einem lebenden Organismus entnommen ist

Bio|sphä|re ⟨die; -, -n⟩ der von Lebewesen bewohnte od. bewohnbare Raum

Bio|syn|the|se ⟨die; -, -n⟩ Aufbau organischer Substanzen in der lebenden Zelle

Biotechnologie: Der Begriff *Biotechnologie* bezeichnet die technologisch-wirtschaftliche Nutzung biologischer Systeme. Die Wechselbeziehungen zwischen Mikrobiologie, Biochemie, Genetik und Technik sind Gegenstand der *Biotechnologie*. Die → *Fermentation* (enzymatische Umwandlung organischer Stoffe) ist z. B. ein jahrtausendealtes Verfahren. Die *Biotechnologie* hat in neuerer Zeit zunehmend an wirtschaftlicher Bedeutung gewonnen.

Bio|tech|no|lo|gie ⟨die; -; unz.⟩ Erforschung der wirtschaftl. Bedeutung von Mikroorganismen

B

bio|tisch ⟨Adj.⟩ auf Lebewesen, auf das Leben bezüglich, lebens..., Lebens... [zu grch. *bios* »Leben«]

Bio|top ⟨der od. das; -s, -e⟩ Lebensraum von Tier- u. Pflanzenarten, die ähnliche Umweltbedingungen verlangen, z. B. Wald, See, Wiese [<*Bio...* + grch. *topos* »Ort, Raum«]

Bio|zö|no|se ⟨die; -, -n; Biol.⟩ Lebensgemeinschaft verschiedener Arten von Lebewesen, die ähnliche Umweltbedingungen verlangen [<*Bio...* + grch. *koinos* »gemeinsam«]

Bi|se|xu|a|li|tät ⟨die; -; unz.⟩ **1** Zweigeschlechtigkeit **2** Zuneigung zum eigenen als auch zum anderen Geschlecht

Bis|kuit ⟨[-kvɪt] das od. der; -s, -s od. -e⟩ leichtes, feines Gebäck aus Eiern, Mehl u. Zucker ohne Fett [<frz. *biscuit* <ital. *biscotto* <lat. *bis* »doppelt« + *coctus* »gebacken«]

Bis|mu|tum ⟨das; -s; unz.; chem. Zeichen: Bi⟩ das chem. Element Wismut [latinisiert <*Wismut*]

Bis|tro *auch:* **Bist|ro** ⟨[-tro:] das; -s, -s; in Frankreich⟩ kleines Gasthaus [frz., »Wein-, Gartenhändler«]

→ **Beat:** Was du nicht unter *bi-* findest, kann unter *bea-* stehen, z. B. *Beat*!

Bit ⟨das; - od. -s, -s od. bei Mengenangaben: -; EDV; Zeichen: bt⟩ Maßeinheit für den Informationsgehalt, entsprechend einer Binärziffer 0 od. 1 [verkürzt <engl. *binary digit* »Binärziffer«]

Bi|tu|men ⟨das; -s, -⟩ natürlich vorkommendes Gemisch aus Fetten, Wachsen, Harzen, Lignin, Eiweißstoffen u. Kohlenhydraten, das aus niedrigen Organismen entstanden ist [lat.; → *Beton*]

Bi|wak ⟨das; -s, -e od. -s⟩ **1** Lager im Freien **2** ⟨Mil.⟩ Feldlager [<frz. *bivouac* <nddt. *biwake* »Beiwache im Freien neben der in einem Bau untergebrachten Hauptwache«]

bi|zarr ⟨Adj.⟩ **1** seltsam, ungewöhnlich **2** wunderlich, verschroben [<frz. *bizarre* »seltsam« <ital. *bizarro*]

Bi|zeps ⟨der; - od. -es, -e; Anat.⟩ zweiköpfiger Muskel, z. B. am Oberarm u. am Oberschenkel [<lat. *biceps* »zweiköpfig« <*bis* »doppelt« + *caput* »Kopf«]

Black|box ⟨[blækbɔks]⟩ *auch:* **Black Box** ⟨die; (-) -, (-) -es [-sɪz]; Kyb.⟩ **1** System, das nicht od. nicht vollständig bekannt ist, auf dessen Verhalten man aber durch Beobachtung von Eingabe u. Ausgabe schließen kann **2** Gerät zur Aufzeichnung von Flugdaten, Flugschreiber [engl., »schwarzer Kasten«]

Black|jack ⟨[blækdʒæk]⟩ *auch:* **Black Jack** ⟨das; (-) -, (-) -⟩ amerikan. Kartenglücksspiel (Siebzehn u. Vier) [<engl. *black* »schwarz« + *jack* »Bube«]

Black-out *auch:* **Black|out** ⟨[blækaʊt] das; -s, -s⟩ **1** kurze, meist witzige Szene, bei der unmittelbar nach der Pointe das Licht ausgeschaltet wird **2** ⟨umg.⟩ plötzliche vorübergehende Bewusstseinstrübung **3** ⟨Raumf.⟩ **3.1** vorübergehender Verlust der Sehfähigkeit infolge hoher Beschleunigung **3.2** vorübergehendes Aussetzen der Funkverbindung mit Raumfahrzeugen beim Wiedereintritt in die Erdatmosphäre [<engl. *blackout* »Ohnmachtsanfall«]

Bla|ma|ge ⟨[-ʒə] die; -, -n⟩ Peinlichkeit, Bloßstellung, Schande; *das Referat war eine ~* [frz.; zu *blâmer* »tadeln«]

blan|chie|ren ⟨[blɑ̃ʃi:-] V.⟩ *Speisen ~* abbrühen; *Geflügel, Gemüse ~* [<frz. *blanchir* »weiß machen«]

blan|ko ⟨Adj.⟩ leer, nicht vollständig ausgefüllt; *Formulare, Schecks ~ unterschreiben* [<ital. *bianco* »weiß, unbeschrieben«]

bla|siert ⟨Adj.; abwertend⟩ eingebildet, hochnäsig, eitel; *ein ~es Gehabe, Getue* [<frz. *blasé* »übersättigt«]

Blas|phe|mie ⟨die; -, -n⟩ Beschimpfung, Verhöhnung (von Heiligen), Gotteslästerung [<grch. *blasphemia* »Lästerung«]

...blast ⟨in Zus.⟩ Keim, Zelle, Knospe [<grch. *blastos* »Keim, Spross, Gewächs; Abkömmling«]

Bla|zer ⟨[ble:zə(r)] od. engl. [blɛɪzə(r)] der; -s, -⟩ hüftlange Jacke mit Taschen [engl.]

Bles|sur ⟨die; -, -en⟩ Verletzung, Verwundung [<frz. *blessure* »Wunde, Verwundung«]

Bliz|zard ⟨[blɪzəd] der; -s, -s; Meteor.⟩ Schneesturm in Nordamerika [engl.]

Blo|cka|de ⟨die; -, -n⟩ **1** Absperrung eines Staatsgebiets von jeglicher Zufuhr;

B

Handels~ **2** ⟨Med.⟩ Ausschaltung von Teilen des Nervensystems zu Heilzwecken [<ital. *bloccata;* → *blockieren*]

blo|ckie|ren ⟨V.⟩ sperren, absperren, verstellen [<frz. *bloquer* »blockieren«]

Blog ⟨der od. das; -s, -s; kurz für⟩ Weblog (2)

Blou|son ⟨[bluzɔ̃:] od. [bluzɔŋ] der od. das; -s, -s⟩ weit geschnittene Sportjacke mit auf den Hüften eng anliegendem Bund [frz.; zu *blouse* »Bluse«]

Blow-up/Blowup Substantivierungen aus Verb und Adverb, die aus dem Englischen stammen, werden mit Bindestrich geschrieben. Daneben ist jedoch auch die Zusammenschreibung möglich, sofern dadurch nicht die Lesbarkeit beeinträchtigt ist.

Blow-up *auch:* **Blowup** ⟨[bloʊʌp] das; - od. -s, -s⟩ **1** Aufbauschung, Vergrößerung **2** Vergrößerung eines Fotos od. Fernsehbildes [engl., »Vergrößerung«]

Blues: Der *Blues* war ursprünglich ein schwermütiges, weltliches Lied der nordamerikanischen Schwarzen im langsamen 4/4-Takt. Seine Themen sind u. a. Heimweh, Liebeskummer und Rassendiskriminierung. Der *Blues* ist die instrumentale Ur- und Hauptform des → *Jazz.*

Blues ⟨[blu:z] der; -, -; Musik⟩ schwermütiges Lied [verkürzt <engl. *blue devils* »Anfall von Schwermut«]

Bluff ⟨[blʌf] od. [blœf] der; -s, -s⟩ irreführende Prahlerei (durch dreistes Auftreten) [engl., »Täuschung«]

Board ⟨[bɔ:(r)d] das; -s, -s⟩ **1** ⟨Wirtsch.⟩ Führungsgremium, Aufsichtsrat einer Firma od. eines Konzerns, der über die globale Unternehmensführung entscheidet **2** ⟨umg.; kurz für⟩ Skateboard, Surfboard, Snowboard **3** ⟨Sport; Squash⟩ Playboard, die Fehlerzone an der Frontwand [<engl. *board* »Brett; Ausschuss, Komitee«]

Boc|cia ⟨[bɔtʃa] das; -s; unz. od. die; -; unz.⟩ ital. Rasenspiel, bei dem eine Zielkugel mit (Holz-)Kugeln getroffen werden muss [ital., »Kugel«]

Bo|dy|pain|ting ⟨[bɔdıpεıntıŋ] das; - od. -s; unz.⟩ **1** ⟨unz.⟩ kunstvolles Bemalen des nackten menschlichen Körpers mit Ornamenten **2** ⟨zählb.⟩ einzelne Körperbemalung [<engl. *body* »Körper« + *painting* »Bemalung«]

Bo|heme ⟨[boε:m] die; -; unz.⟩ unbürgerliche Welt od. ungebundenes Leben der Künstler [<frz. *bohème* »Künstlerwelt, Künstlerleben«; zu *Bohème* »Böhme; Zigeuner«]

Bo|he|mi|en ⟨[boemjε̃:] der; -s, -s⟩ Angehöriger der Boheme, jmd., der in der Art der Boheme lebt [→ *Boheme*]

→ **Boykott:** Was du nicht unter ***boi-*** findest, kann unter ***boy-*** stehen, z. B. ***Boykott***!

Boi|ler ⟨der; -s, -⟩ elektrischer Warmwasserbereiter [engl., »Kessel«; zu *boil* »kochen« (Wasser)]

Bo|le|ro ⟨der; -s, -s⟩ **1** ⟨Musik⟩ **1.1** mäßig schneller spanischer Tanz im 3/4-Takt **1.2** Orchesterstück von Maurice Ravel **2** ⟨['---] schweiz.⟩ kurzes Damenjäckchen [span. <*bola* »Kugel; Fantasie« <frz. *boule* »Kugel« <lat. *bulla* »Blase«]

Bo|lo|gne|se *auch:* **Bo|log|ne|se** ⟨[bɔlɔnje:zə]⟩ **1** Zwerghunderasse **2** ⟨Pl.⟩ *Spaghetti* ~ Spaghetti mit einer Hackfleisch-Tomaten-Soße [nach der ital. Stadt *Bologna*]

Bol|sche|wik ⟨der; -en, -en⟩ **1** Angehöriger der Kommunist. Partei der Sowjetunion; *oV* Bolschewist **2** ⟨abwertend für⟩ Kommunist [<russ. *bolsinstwo* »Mehrheit«]

Bolschewismus: Der Begriff *Bolschewismus* bezeichnet die von Lenin begründete und von Stalin weiterentwickelte Lehre des Marxismus-Leninismus. Der Begriff *Bolschewismus* wurde auch auf die → *Doktrin* der kommunistischen Partei der Sowjetunion übertragen. Mit dem Tod Stalins (1953) verlor er an Bedeutung.

Bol|sche|wis|mus ⟨der; -; unz.; Politik⟩ marxistisch-leninistische Lehre

Bol|sche|wist ⟨der; -en, -en⟩ = Bolschewik (1)

B

Bom|bar|de|ment ⟨[-mã:] das; -s, -s; Mil.⟩ Beschießung mit schweren Waffen od. Abwurf von Bomben [frz.]

bom|bar|die|ren ⟨V.⟩ **1** mit Bomben angreifen, belegen **2** ⟨umg.; scherzh.⟩ bewerfen **3** ⟨fig.⟩ bedrängen; *jmdn. mit Fragen, Vorwürfen ~* [<frz. *bombarder* »beschießen, bombardieren«; zu *bombarde* »Donnerbüchse«]

Bom|bast ⟨der; -es; unz.⟩ **1** ⟨urspr.⟩ Baumwollstoff zum Aufbauschen der Kleider **2** Prunk, Überladenheit [engl., »Wortschwall, Schwulst«]

Bom|be ⟨die; -, -n⟩ **1** mit Sprengstoff gefüllter, geschlossener Metallbehälter mit Zünder; *Brand~; Spreng~; ~n abwerfen, zünden; eine ~ platzt, schlägt ein, detoniert; eine Stadt mit ~n belegen* bombardieren **2** ⟨fig.⟩ runder Gegenstand; *Eis~* **3** ⟨fig.⟩ unerhörtes, unerwartetes Ereignis; *die Nachricht schlug wie eine ~ ein; die ~ ist geplatzt, ging hoch* [frz. <ital. *bomba* <lat. *bombus* »dumpfes Geräusch«]

Bon ⟨[bɔ̃:] od. [bɔŋ] der; -s, -s⟩ **1** Gutschein **2** Kassenzettel [frz., »gut; Gutschein«]

bon|gen ⟨V.; umg.⟩ **1** einen Bon an der Registrierkasse ausstellen (bes. in Gaststätten); *Sy* bonieren **2** festmachen, verabreden; *das ist gebongt* ⟨umg.⟩ das geht in Ordnung [→ *Bon*]

Bon|go ⟨[bɔŋgo] das; -s, -s od. die; -, -s; Musik⟩ kuban. Trommel im Jazzorchester, paarweise verwendet, mit den Fingern geschlagen [span. (kuban.)]

bo|nie|ren ⟨V.⟩ = bongen (1) [→ *Bon*]

Bo|ni|tät ⟨die; -, -en⟩ **1** ⟨allg.⟩ Güte, innerer Wert **2** ⟨Forstw.⟩ Bodenqualität **3** ⟨Kaufmannsspr.⟩ Zahlungsfähigkeit, Sicherheit [<lat. *bonitas* »gute Beschaffenheit einer Sache, Güte«]

Bon|mot ⟨[bɔ̃mo:] das; -s, -s⟩ treffende geistreiche Wendung, witzige Bemerkung [<frz. *bon mot* »Witz«]

Bon|sai ⟨der; -, -s; Bot.⟩ durch Verschneiden der Wurzeln und Zweige künstlich kleingehaltener Baum, japanischer Zwergbaum [jap., »Baum im Topf«]

Bo|nus ⟨der; - od. -ses, - od. -se od. Boni⟩ **1** zusätzlicher Gewinnanteil **2** Sondervergütung, z. B. an Groß- od. Dauerabnehmer als zusätzlicher Rabatt **3** aufwertender Zuschlag auf Zensuren [lat., »gut«]

Bon|ze ⟨der; -n, -n⟩ **1** ⟨urspr.⟩ lamaistischer Priester, Mönch **2** ⟨fig.; umg.; abwertend⟩ engstirniger, überheblicher, einflussreicher Funktionär; *Partei~; Gewerkschafts~* [<jap. *bonso* »buddhist. Priester«]

Boo|gie-Woo|gie ⟨[bʊgiwʊgi] der; - od. -s, -s; Musik⟩ nordamerikan. Swingtanz, dessen Melodie im Bass wiederholt wird [<engl. (amerikan. Slang) *boogie* »Schwarzendarsteller« + (dazu durch Reim gebildetes) *woogie*]

Book|let ⟨[bʊklɪt] das; -s, -s⟩ Heft in CD-Hüllen mit Informationen zum Stück, dem Komponisten, den Musikern u. Ä. [engl., »Broschüre, Büchlein«]

Book|mark ⟨[bʊkma:(r)k] die; -, -s od. das; -s, -s; EDV⟩ Speicherung einer häufig benutzten Internetadresse in einem persönlichen Ordner, die es erlaubt, eine gewünschte Webseite schnell wieder aufzurufen [engl., »Lesezeichen«]

Boom ⟨[bu:m] der; -s, -s; Kaufmannsspr.⟩ plötzlicher kurzer wirtschaftlicher Aufschwung; *Auto~; Tourismus~* [engl., »Hochkonjunktur«]

boo|ten ⟨[bu:tən] V.; EDV⟩ einen Computer starten, hochfahren [<engl. *boot;* eigtl. »jmd. od. etw. einen Tritt versetzen«]

Boots ⟨[bu:ts] Pl.⟩ über die Knöchel reichende Schuhe zum Schnüren [engl., »Stiefel«]

Bop ⟨der; -s, -s; kurz für⟩ Bebop

Bor ⟨das; -s; unz.; chem. Zeichen: B⟩ chem. Element mit der Ordnungszahl 5, schwärzlich graues, sehr hartes Nichtmetall, kommt in der Natur nur in Verbindungen vor [<frühnhd. *borros* <spätmhd. *buras* <mlat. *boray*]

Bor|deaux ⟨[bɔrdo:]⟩ **1** ⟨der; -, -⟩ Rotwein aus der Umgebung der frz. Stadt Bordeaux **2** ⟨das; -; unz.⟩ Bordeauxrot

Bor|dell ⟨das; -s, -e⟩ Einrichtung zur Ausübung der Prostitution [<frz. *bordel,* urspr. »Hütte« <mlat. , urspr. »Hütte« <mlat. *bordellum;* zu mhd. *bort* »Brett«]

Bor|dü|re ⟨die; -, -n⟩ **1** Einfassung, Besatz (für Kleider) **2** den Rand betonende Musterung (bei Geweben) **3** umrahmendes Ornament (eines Bildes) [<frz. *bordure* »Rand, Saum«]

bor|niert ⟨Adj.⟩ geistig beschränkt, engstirnig [<frz. *borné* »beschränkt«]

Borschtsch ⟨der; -; unz.; Kochk.⟩ russische Kohlsuppe mit Fleisch, roten Rüben u. a. [russ., »Roterübensuppe« sowie Bezeichnung für die Pflanze »Bärenklau«]

Boss ⟨der; -es, -e⟩ **1** Arbeitgeber, Chef **2** Parteiführer **3** Anführer einer Bande; *wer ist hier der ~?* [<engl. *boss* »Meister, Arbeitgeber, Vorgesetzter« <ndrl. *baas* »Herr, Meister«]

Bos|sa No|va ⟨[-va] der; - -, - -s⟩ lateinamerikanischer Modetanz [portug., eigtl. »neue Neigung, neue Tendenz«]

Botanik: Die *Botanik* (wissenschaftlich: *Phytologie*) ist ein Teilgebiet der → *Biologie*, das die Erforschung der Pflanzen zum Gegenstand hat. In der *Botanik* werden Form und Struktur der Pflanzen (Pflanzenmorphologie), ihre Funktion und Entwicklung (Pflanzenphysiologie), ihre Umweltbedingungen (Pflanzenökologie) und ihre geografische Verbreitung (Pflanzengeografie) untersucht (→*a.* Zoologie).

Bo|ta|nik ⟨die; -; unz.⟩ Pflanzenkunde [<grch. *botane* »Kraut, Gewächs«]

Bo|tu|lis|mus ⟨der; -; unz.; Med.⟩ Fleisch-, Wurstvergiftung durch den Genuss von bakteriell vergifteten Fleischwaren [<lat. *botulus* »Wurst«]

Bouclé/Buklee In die deutsche Sprache eingegangene Fremdwörter können in vielen Fällen der im Deutschen üblichen Schreibung angepasst werden. Häufig sind die integrierten Schreibweisen schon seit langem Bestandteil des Deutschen. Dies gilt z. B. für das aus dem Französischen entlehnte »é«, das im Deutschen durch die Verdoppelung des entsprechenden Vokals wiedergegeben werden kann (»ee«).

Bou|clé[1] *auch:* **Bouc|lé**[1] ⟨[bukle:] das; -s, -s; Textilw.⟩ frotteeartiges Garn mit Knoten u. Schlingen; *oV* Buklee[1] [frz., »gelockt«]

Bou|clé[2] *auch:* **Bouc|lé**[2] ⟨[bukle:] der; -s, -s⟩ aus Bouclé[1] hergestelltes Gewebe od. Teppiche; *oV* Buklee[2]; *Mantel~; ~teppich* [→ *Bouclé*[1]]

Bou|doir ⟨[budoa:r] das; -s, -s⟩ kleines, elegantes privates Damenzimmer [frz.]

Bouil|la|baisse ⟨[bujabɛ:s] die; -, -s [-bɛ:s]; Kochk.⟩ stark gewürzte provenzalische Fischsuppe [provenzal.]

Bouil|lon ⟨[buljɔŋ] od. [buljɔ̃:] od. österr. [bujɔ̃:] die; -, -s⟩ Fleischbrühe [frz.]

Boule ⟨[bu:l] das; - od. -s; unz. od. die; -; unz.⟩ französisches Kugelspiel (ähnlich dem Boccia) [frz., »Kugel«]

Bou|le|vard ⟨[bul(ə)va:(r)] der; -s, -s⟩ Ring-, Prachtstraße, urspr. anstelle früherer Festungswerke (bes. in Paris) [frz. <mndrl. *bolwerc;* verwandt mit *Bollwerk*]

Bou|le|vard|pres|se ⟨[bul(ə)va:(r)-] die; -; unz.⟩ in hohen Auflagen gedruckte, billige Sensationszeitungen u. -zeitschriften [<*Boulevard,* da diese Zeitungen früher überwiegend auf der Straße angeboten wurden]

Bou|quet ⟨[buke:] das; -s, -s⟩ Duft, Blume des Weins; *oV* Bukett (3) [frz.]

Bour|bon ⟨[bœ:bən] der; -s, -s⟩ amerikan. Whiskey, dessen Rohmasse zu mindestens 51% aus Mais besteht [nach dem Bezirk *Bourbon* im US-Bundesstaat Kentucky]

Bour|geoi|sie ⟨[burʒoazi:] die; -, -n⟩ das (besitzende) Bürgertum (als Klasse) [frz., »Bürgerstand«]

Bou|tique ⟨[buti:k] die; -, -n [-kən]⟩ kleiner Laden (für Modeartikel) [<frz. *boutique* »Kaufmannsladen« <grch. *apotheke* »Speicher«]

Bow|le ⟨[bo:lə] die; -, -n⟩ **1** Getränk aus Wein, Früchten, Gewürzen u. Zucker mit Sekt **2** Gefäß, in dem das Getränk angesetzt wird [<engl. *bowl* »Napf, Schale«]

Bow|ler[1] ⟨[bo:-] der; -s, -⟩ steifer Herrenhut, Melone [engl., nach dem engl. Hutmacher *Bowler*]

Bow|ler[2] ⟨[boʊ-] der; -s, -; Sport; Kricket⟩ Werfer der Partei, die auf das gegenerische Tor wirft [zu engl. *bowl* »rollen, kegeln, (beim Kricket) den Ball werfen«]

Bow|ling ⟨[bo:lɪŋ] das; - od. -s, -s⟩ **1** ame-

B

rikan. Art des Kegelspiels mit 10 Kegeln, die in einem gleichseitigen Dreieck angeordnet sind **2** engl. Kugelspiel auf Rasenplätzen [<engl. *bowl* »Kugel«]

Box ⟨die; -, -en⟩ **1** Abteil im Pferdestall od. in der Garage; *Auto~; Stall~* **2** Unterstellraum **3** Behältnis, Schachtel [engl., »Kasten«]

Bo|xer ⟨der; -s, -⟩ **1** ⟨Sport⟩ Faustkämpfer **2** gedrungener, doggenartiger Hund mit gestutztem Schwanz

Boy|group ⟨[bɔɪgru:p] die; -, -s; Musik⟩ aus jungen Männern bestehende Band, die eingängige Popmusik spielt u. sich vor allem an einem weiblichen Publikum orientiert, *z. B. »Backstreet Boys«* [<engl. *boy* »Junge« + *group* »Gruppe«]

Boy|kott ⟨[bɔɪ-] der; -(e)s, -e⟩ wirtschaftliche, soziale od. politische Absperrung, Weigerung des Warenein- od. -verkaufs; *jmdm. den ~ erklären; den ~ über etwas verhängen; jmdn. mit ~ belegen* [nach dem irischen Gutsverwalter *Boycott,* über den die irische Landliga 1880 ihren Bann aussprach, so dass niemand für ihn arbeitete oder mit ihm verkehrte]

Brah|ma[1] ⟨das; -; unz.⟩ Grundbegriff der ind. Weltdeutung, urspr. vedischer Zauberspruch beim Opfer, dann beherrschendes Weltprinzip, Urgrund allen Seins [Sanskrit, »das höchste Wesen, der Weltschöpfer«]

Brah|ma[2] ⟨der; -, -s⟩ Verkörperung in einer männl. Gottheit [→ *Brahma*[1]]

Brah|ma|ne ⟨der; -n, -n⟩ Angehöriger der obersten Kaste der Hindus, Priester, Gelehrter

> **Brahmanismus:** Der *Brahmanismus* ist eine Vorform des → *Hinduismus.* Im → *Brahma* wird das »All-Eine«, das allem Seienden zugrundeliegende Prinzip, gesehen. Die Identität des Einzelnen mit dem *Brahman* führt zu Einsicht und Erlösung. Eine wesentliche Bedeutung kommt auch dem Kastenwesen und der Wiedergeburtslehre zu. Schriftlich belegt ist der *Brahmanismus* in der Weda (→*a.* Buddhismus).

Brah|ma|nis|mus ⟨der; -; unz.; Rel.⟩ indische Religion

Brain|stor|ming ⟨[brɛɪnstɔ:mɪŋ] das; - od. -s; unz.⟩ Methode (bei Konferenzen, Versammlungen), durch das Sammeln u. Auswerten spontan vorgebrachter Einfälle für ein Problem die beste Lösung zu finden [<engl. *brain* »Verstand« + *storming* »das Stürmen«]

Bran|che ⟨[brã:ʃə] od. [braŋʃə] die; -, -n; Kaufmannsspr.⟩ **1** Geschäfts-, Wirtschaftszweig; *Auto~; in welcher ~ sind Sie tätig?* **2** Fachgebiet [frz., »Zweig«]

Bran|ding ⟨[brændɪŋ] das; -s; unz.⟩ **1** ⟨Wirtsch.⟩ Kennzeichnung von (neuen) Produkten mit Markennamen **2** das Einbrennen von Mustern in die Haut mittels Nadeln [<engl. *brand* »Marke, Brandzeichen, Brandmal«]

Bran|dy ⟨[brændi] der; -s, -s⟩ Branntwein [<engl. *brandy* <*brand(y)wine* »Branntwein«]

> → **Branche:** Der Laut [ʃə] wird in französischen Fremdwörtern oft ***che*** geschrieben, z. B. in *Bran**che**!*

Bra|vour ⟨[-vu:r] die; -, -en⟩ *oV* Bravur **1** Geschicklichkeit, Meisterschaft; *etwas mit großer ~ meistern* **2** Kühnheit [<frz. *bravoure* »Tapferkeit«; verwandt mit *brav*]

Bra|vur ⟨[-vu:r-] die; -, -en⟩ = Bravour

Break ⟨[brɛɪk] der od. das; -s, -s⟩ **1** ⟨Jazz⟩ ein Gesangs- od. Instrumentalsolo, das im Jazz mit scharf entgegengesetztem Rhythmus das Spiel der anderen Musiker unterbricht **2** ⟨Tennis⟩ Spielgewinn bei gegnerischem Aufschlagsrecht; *ein ~ spielen* [engl., »Durchbruch, Wechsel, Umschwung«]

Bre|douil|le ⟨[-duljə] die; -; unz.; umg.⟩ Verlegenheit, Bedrängnis; *in der ~ sein; in die ~ geraten* [frz., »Matsch beim Tricktrackspiel«]

Bre|vier ⟨[-vi:r] das; -s, -e⟩ **1** Gebetbuch der kath. Geistlichen **2** kleine Auswahl aus den Werken eines Dichters od. Philosophen; *Goethe-~; Kant-~* [<lat. *breviarium;* zu *brevis* »kurz«]

Bridge ⟨[brɪdʒ] das; -; unz.; Kart.⟩ aus dem Whist entstandenes Kartenspiel zu viert mit frz. Karten [engl., eigtl. »Brücke«]

brie|fen ⟨V.⟩ **1** informieren **2** Anweisungen, Instruktionen erteilen [<engl. *brief* »kurz; beauftragen«]

Bri|ga|de ⟨die; -, -n⟩ **1** ⟨Mil.⟩ Einheit aus mehreren Truppenteilen derselben Waffengattung **2** ⟨DDR⟩ Gruppe mehrerer Arbeiter od. Angestellter im Wettbewerb [frz., »Trupp« <ital. *brigata* »Streithaufen«]

Brigg ⟨die; -, -s; Seew.⟩ Segelschiff mit zwei Masten [<engl. *brig* <*brigantine* »Brigantine, kleiner Zweimaster« <ital. *brigantino* »Raubschiff«]

Bri|kett ⟨das; -(e)s, -s od. -e⟩ in Form gepresste Braun- od. Steinkohle [<frz. *briquette,* Verkleinerungsform zu *brique* »Backstein, Ziegel«]

bril|lant ⟨[brıljant] Adj.⟩ glänzend, hervorragend [frz., »glänzend«; verwandt mit *Beryll*]

Bril|lant ⟨[brıljant] der; -en, -en⟩ **1** geschliffener Edelstein, bes. Diamant **2** ⟨Typ.⟩ ein Schriftgrad (3 Punkt) [→ *brillant*]

Bril|lanz ⟨[brıljants] die; -; unz.⟩ **1** Glanz **2** gestochene Schärfe von Fotos **3** virtuose Fertigkeit (künstler. Darbietung) [→ *brillant*]

bri|sant ⟨Adj.⟩ mit großer Sprengkraft; *ein ~es Thema ansprechen* [zu frz. *briser* »zerschlagen, zerbrechen«]

Bri|sanz ⟨die; -, -en⟩ **1** Sprengkraft **2** ⟨fig.⟩ zündende Aktualität; *eine Thematik von großer ~* eine heikle Thematik [→ *brisant*]

Bri|se ⟨die; -, -n⟩ gleichmäßiger Wind mittlerer Geschwindigkeit; *eine frische, steife ~* [<engl. *breeze* »leichter Wind«]

Broc|co|li ⟨a. [bro:-] Pl.⟩ = Brokkoli

Bro|kat ⟨der; -(e)s, -e; Textilw.⟩ schwerer, gemusterter Seidenstoff mit eingewebten Gold- od. Silberfäden; *Gold~; Silber~* [<ital. *broccato* »mit Kräuselungen versehen«; zu *brocco* »Kräuselung«]

Bro|ker ⟨[broʊ-] der; -s, -; Börse⟩ **1** berufsmäßiger Wertpapierhändler u. -berater, bes. in den angelsächs. Ländern u. Japan **2** ⟨i. e. S.⟩ an der Londoner Börse zugelassener Wertpapierhändler, der Aufträge durchführen darf [engl., »Vermittler, Makler«]

Brok|ko|li ⟨a. [bro:-] Pl.⟩ dem Blumenkohl ähnliches Gemüse mit grünen, langstieligen Blütensprossen; *oV* Broccoli [<ital. *broccolo* »Kohlsprossen, eine Art Blumenkohl«]

Brom ⟨das; -s; unz.; chem. Zeichen: Br⟩ chem. Element, ein Halogen, Ordnungszahl 35, rotbraune, die Schleimhaut reizende Dämpfe entwickelnde Flüssigkeit [<grch. *bromos* »Gestank«]

Bron|chie ⟨[-çiə] die; -, -n; Anat.⟩ Ast der Luftröhre [<grch. *bronchos* »Kehle, Luftröhre«]

Bron|chi|tis ⟨[-çi:-] die; -, -ti|den; Med.⟩ entzündliche Erkrankung der Schleimhaut der Bronchien

Bron|ze ⟨[brɔ̃:sə] od. [brɔŋsə] die; -, -n⟩ **1** eine Kupferlegierung **2** daraus hergestellter Kunstgegenstand **3** ⟨unz.⟩ rotbrauner Farbton [frz. <mlat. *bronzium;* vielleicht <pers. *biring* »Kupfer«]

bro|schie|ren ⟨V.⟩ **1** *einen Druckbogen ~* heften; *broschierte Bücher* geheftete, nicht gebundene Bücher **2** *Gewebe ~* Stickereieffekt in Gewebe einweben [<frz. *brocher*]

Bro|schur ⟨die; -, -en⟩ **1** ⟨unz.⟩ das Heften **2** ⟨zählb.⟩ das Geheftete; *ein Buch mit ~ herausgeben* [<frz. *brochure*]

Bro|schü|re ⟨die; -, -n⟩ **1** geheftetes Buch **2** kleine, nicht eingebundene Druckschrift od. Flugblatt [<frz. *brochure* »Broschüre, kleine Schrift«]

Brow|ser ⟨[braʊ-] der; -s, -; EDV⟩ leicht bedienbares Steuerprogramm zum schnellen Durchblättern u. Navigieren sowie zur Auswahl von Dokumenten im Internet [zu engl. *browse* »schmökern«]

Brunch ⟨[brʌntʃ] der od. das; -(e)s, -(e)s od. -e⟩ Frühstück u. Mittagessen zugleich am späten Vormittag; *mit Freunden einen ~ einnehmen* [verkürzt <engl. *br*eakfast »Frühstück« + l*unch* »Mittagessen«]

brü|nett ⟨Adj.⟩ bräunlich, braunhaarig [<frz. *brunette* »braunhaarig«; zu *brun* »braun«]

brüsk ⟨Adj.⟩ barsch, schroff; *jmdn. ~ abweisen* [<frz. *brusque*]

brüs|kie|ren ⟨V.⟩ brüsk, kränkend behandeln; *sie hat ihn brüskiert* [<frz. *brusquer* »barsch anfahren, schroff behandeln«]

brut ⟨[bryt] Adj.⟩ trocken (von Champagner) [frz., »roh, unbearbeitet«]

B

bru|tal ⟨Adj.⟩ roh, gewaltsam, rücksichtslos [<lat. *brutalis* »unvernünftig«; zu *brutus* »schwerfällig, gefühllos«]

brut|to ⟨Adj.; Kaufmannsspr.⟩ *Ggs* netto **1** einschließlich Verpackung **2** ohne Abzug von Rabatt **3** ohne Steuerabzug (bei Gehältern) [ital., »roh« <lat. *brutus* »schwerfällig«]

Brut|to|so|zi|al|pro|dukt ⟨das; -(e)s, -e⟩ die Summe der von den ständigen Bewohnern des Wirtschaftsbereiches (Inländern) im In- u. Ausland erzielten Nettoproduktionswerte

BSE ⟨Abk. für engl.⟩ Bovine Spongiform Encephalopathy, tödlich verlaufende Gehirnerkrankung (durch infiziertes Tiermehl verursachte Rinderseuche)

Bud|dha ⟨der; -s, -s⟩ **1** ⟨unz.⟩ Begründer (560-480 v. Chr.) der nach ihm benannten indischen Religion des Buddhismus **2** ⟨zählb.⟩ Abbild, Statue des Buddha [zu Sanskrit *buddha* »erwacht, erleuchtet« <*bodhati, bodhate* »er erwacht, versteht«]

> **Buddhismus:** Das Ziel der *Buddhisten* ist es, durch ein enthaltsames Leben den Kreislauf der Wiedergeburt zu durchbrechen und ins → *Nirwana* (Nichts) einzugehen. Der Weg zu dieser vollkommenen Ruhe führt nach der Lehre *Buddhas* über mehrere Stationen: 1. rechte Anschauung; 2. rechte Gesinnung oder Entschließung; 3. rechtes Reden; 4. rechtes Handeln; 5. rechtes Leben; 6. rechtes Streben; 7. rechtes Überdenken; 8. rechtes Sichversenken. Dazu gibt es fünf ergänzende Vorschriften, die den Gläubigen untersagen zu töten, zu stehlen, zu lügen, Rauschmittel zu genießen und unerlaubten Geschlechtsverkehr auszuüben.

Bud|dhis|mus ⟨der; -; unz.⟩ eine Weltreligion

Bud|dhist ⟨der; -en, -en⟩ Anhänger des Buddhismus

Bud|get ⟨[bydʒe:] (österr. u. schweiz. nur so) od. engl. [bʌdʒət] das; -s, -s⟩ Haushaltsplan od. Voranschlag öffentlicher Körperschaften [<engl. *budget* »Vorrat, verfügbare Mittel, Staatshaushaltsplan«]

Bu|do ⟨das; -; unz.; Sport; Sammelbez. für⟩ die jap. Sportarten Judo, Aikido, Karate, Jiu-Jitsu, Kendo, Kyudo u. Taekwondo [jap.]

> → **Budget:** Was du nicht unter *bü-* findest, kann unter *bu-* stehen, z. B. *Budget*!

Bü|fett ⟨das; -(e)s, -e od. österr.: das; -s, -s⟩ *oV* Buffet **1** Anrichte, Porzellan- u. Glasschrank **2** Schanktisch **3** *kaltes* ~ Tisch zum Selbstbedienen mit kalten Speisen **4** die auf diese Weise gereichten kalten Speisen [<frz. *buffet* »Speiseschrank, Anrichte, Schenktisch«]

Buf|fet ⟨[byfe:] od. schweiz. a. [byfe:] das; -(e)s, -s⟩ = Büfett

Buf|fo ⟨der; -s, -s od. Buf|fi⟩ Sänger einer komischen Rolle in der Oper; *Tenor~; Bariton~; Bass~* [ital.]

Bu|kett ⟨das; -(e)s, -e⟩ **1** Blumenstrauß **2** Duft von Parfümgemischen **3** = Bouquet [<frz. *bouquet* »Blumenstrauß«]

Bu|klee[1] *auch:* **Buk|lee**[1] ⟨das; -s, -s⟩ = Bouclé[1]

Bu|klee[2] *auch:* **Buk|lee**[2] ⟨der; -s, -s⟩ = Bouclé[2]

Bu|ko|lik ⟨die; -; unz.; Lit.⟩ Hirtendichtung [grch. *bukolos* »Rinderhirt, Hirt«]

bu|ko|lisch ⟨Adj.⟩ schäferlich, ländl. idyllisch; *~e Dichtung* Hirtendichtung

Bu|let|te ⟨die; -, -n; Kochk.⟩ gebratenes Fleischklößchen [frz. *boulette,* eigtl. »Kügelchen«]

> → **Boulevard:** Was du nicht unter *bu-* findest, kann unter *bou-* stehen, z. B. *Boulevard*!

Bu|li|mie ⟨die; -; unz.; Med.⟩ psychosomatische Erkrankung, bei der versucht wird, Heißhungerattacken mit unkontrollierter Nahrungsaufnahme durch künstlich herbeigeführtes Erbrechen zu korrigieren [<grch. *bulimia* »Heißhunger, Ochsenhunger«]

Bull|do|zer ⟨[-do:zə(r)] der; -s, -⟩ Raupenfahrzeug, das mit einer horizontalen Stahlschneide das Gelände einebnet, Geländehobel [engl.]

Bul|le|tin ⟨[byl(ə)tɛ̃:] das; -s, -s⟩ **1** Tagesbericht **2** öffentliche Bekanntmachung

3 Zeitschriftentitel [<frz., »Wahlzettel, Bericht« <ital. *bolettino* »Zettel, Blatt«, Verkleinerungsform zu lat. *bulla*]

→ **Boom:** Was du nicht unter *bu-* findest, kann unter *boo-* stehen, z.B. *Boom*!

Bu|me|rang ⟨der; -s, -e od. -s⟩ gekrümmtes Wurfholz, das zum Werfer zurückkehrt, wenn es sein Ziel verfehlt [<austral. *wumera* »Wurfbrett«]

Bun|ga|low ⟨[buŋgalo:] der; -s, -s⟩ **1** ⟨urspr.⟩ leicht gebautes, einstöckiges Haus der Europäer in Indien **2** ⟨i.w.S.⟩ ein- od. anderthalbstöckiges Wohnhaus mit flachem Dach [engl. <ind. (bengali) *bangla*]

Bun|gee|jum|ping ⟨[bʌndʒidʒʌmpıŋ] das; - od. -s; unz.⟩ (als Sportart betriebenes) Springen aus großer Höhe an einem elastischen Halteseil, das den Springenden kurz vor Erreichen des Bodens abfängt [engl. <*bungee* »elastische Schnur« + *jump* »springen«]

Bur|gun|der ⟨der; -s, -⟩ sehr guter französischer Rot- od. Weißwein aus Burgund [<frz. *Bourgogne* »Burgund« (frz. Region mit der Hauptstadt Dijon)]

bur|lesk ⟨Adj.⟩ possenhaft, derb, komisch [<ital. *burlesco;* zu *burla* »Posse«]

Burn-out *auch:* **Burn|out** ⟨[bœ:naut] das; - od. -s; unz.⟩ **1** Brennschluss bei Raketen **2** durch unzureichende Kühlung bewirktes Durchschmelzen der Hüllrohre von Brennelementen in Kernreaktoren **3** ⟨kurz für⟩ Burn-out-Syndrom [<engl. *burn* »brennen« + *out* »aus«]

Burn-out-Syn|drom *auch:* **Burn|out-Syndrom** ⟨[bœ:naut-] das; -s, -e; Psych.⟩ andauernder Erschöpfungszustand aufgrund körperl., geistiger u. seel. Überanstrengung (durch Beruf, Familie u.a.); *Sy* Burn-out (3) [→ *Burn-out*]

Bü|ro ⟨das; -s, -s⟩ **1** ein od. mehrere Räume, in denen schriftliche Arbeiten erledigt werden **2** Firma, Geschäftsstelle; *Nachrichten*~ **3** Gesamtheit der in einem Büro (1) Tätigen [<frz. *bureau* »Schreib-, Arbeitstisch«; zu *bure* »grober Wollstoff«, da ursprünglich mit diesem Stoff überzogen]

Bü|ro|kra|tie ⟨die; -, -n⟩ **1** Beamtenherrschaft **2** ⟨abwertend⟩ engstirnige Beamtenwirtschaft

Bus[1] ⟨der; -ses, -se; kurz für⟩ Autobus, Omnibus

Bus[2] ⟨engl. [bʌs] der; - od. -ses; unz.; EDV⟩ Sammelleitung für den Datenaustausch zwischen den einzelnen Komponenten eines EDV-Systems [<engl. *bus(bar)* »elektron. Sammelschiene«]

Busi|ness ⟨[bıznıs] das; -; unz.⟩ Geschäft [<engl. *business*]

Bus|so|le ⟨die; -, -n⟩ **1** ⟨Mar.⟩ Kompass **2** ⟨El.⟩ elektr. Messgerät, in dem der Strom eine Magnetnadel ablenkt [<frz. *boussole*]

Bus|ti|er ⟨[bystje:] das od. der; -s, -s⟩ sehr kurzes, ärmelloses, eng anliegendes Oberteil für Frauen [<frz. *buste* »Oberkörper«]

Bu|su|ki ⟨die; -, -s; Musik⟩ ein griechisches, der Laute ähnliches Zupfinstrument

Bu|tan ⟨das; -s; unz.; Chemie⟩ gasförmiger, aus Erdöl u. Erdgas gewonnener, aliphatischer gesättigter Kohlenwasserstoff, verwendet für Heizzwecke, als Motorentreibstoff sowie zur Herstellung von Butadien [zu lat. *butyrum* »fette Bestandteile der Milch«]

But|ler ⟨[bʌt-] der; -s, -⟩ Haushofmeister, Diener [engl., »Kellermeister« <frz. *boutellier;* zu *bouteille* »Flasche«]

Buz|zer ⟨[bʌz-] der; -s, -; EDV⟩ kleines elektronisches Gerät mit mehreren Tasten in der Art einer Fernbedienung (für Computerspiele od. Gameshows) [engl., »Summer«; zu *buzz* »summen, brummen, schwirren«]

By|pass ⟨[baı-] der; -es, -es od. -päs|se; Med.⟩ Umgehung eines krankhaft verengten Blutgefäßabschnitts durch Einpflanzen eines körpereigenen Venen- oder Arterienstückes [engl., »Umgehung«]

Byte ⟨[baıt] das; - od. -s, -s od. (bei Zahlenangaben) -; Zeichen: B; EDV⟩ kleinste Recheneinheit einer EDV-Anlage, umfasst meist acht Bit als Datenträger u. ein od. zwei Prüfbits [engl.; erweiterte Form zu *Bit*]

C

C ⟨in röm. Inschriften Abk. für⟩ hundert [<lat. *centum* »hundert«]

Ca|ba|ret ⟨[kabare:] od. [kabare:] das; -s, -s⟩ = Kabarett

Ca|bri|o|let *auch:* **Cab|ri|o|let** ⟨[-le:] das; -s, -s⟩ = Kabriolett

Cache ⟨[kæʃ] od. [kaʃ] der; -, -s; EDV⟩ zwischen Arbeitsspeicher u. Prozessor geschaltete Speichereinheit, Pufferspeicher [engl. u. frz., »Versteck«]

> **CAD:** Mit dem Begriff *CAD* werden Computerprogramme bezeichnet, mit deren Hilfe man Modelle, Maschinen, Bauwerke usw. zwei- oder dreidimensional konstruieren kann. Zum Teil können die Entwürfe auch von verschiedenen Seiten betrachtet oder Innenansichten dargestellt werden (→*a.* CAE, CAI, CAM, CAP, CAQ).

CAD ⟨[kæd] EDV; Abk. für engl.⟩ Computer Aided Design

Cad|mi|um ⟨das; -s; unz.; chem. Zeichen: Cd⟩ silberweißes Metall, chem. Element, Ordnungszahl 48; *oV* Kadmium [<grch. *kadmia, kadmeia* »Zinkerz«]

CAE ⟨[si:ɛii:] EDV; Abk. für engl.⟩ Computer Aided Engineering (computerunterstütztes Ingenieurwesen)

Cae|si|um ⟨das; -s; unz.; chem. Zeichen: Cs⟩ chem. Element, silberweißes, sehr weiches Alkalimetall, Ordnungszahl 55; *oV* Cäsium, Zäsium [<lat. *caesius* »blaugrau«]

Ca|fé ⟨[-fe:] das; -s, -s⟩ Kaffeehaus, Konditorei [frz., »Kaffee; Café«]

CAI ⟨[si:ɛɪaɪ] EDV; Abk. für engl.⟩ **1** Computer Aided Instruction (computerunterstützter Unterricht) **2** Computer Aided Industry (computerunterstützter Industriebetrieb)

cal ⟨Abk. für⟩ (die nicht mehr zulässige Energieeinheit) Kalorie

Cal|ci|um ⟨das; -s; unz.; chem. Zeichen: Ca⟩ chem. Element, Erdalkalimetall, Ordnungszahl 20; *oV* Kalzium [<lat. *calx,* Gen. *calcis* »Kalk«]

> **Calcium/Kalzium** Viele Fremdwörter haben über Fachsprachen Eingang in die deutsche Sprache gefunden. Es gibt für eine Reihe ursprünglich nur fachsprachlich verwendeter Termini inzwischen auch eine eingedeutschte Schreibweise (→*a.* Cortison/Kortison).

Ca|len|du|la ⟨die; -, -lae [-lɛ:]; Bot.⟩ Ringelblume, ein Korbblütler [spätlat.]

Ca|li|for|ni|um ⟨das; -s; unz.; chem. Zeichen: Cf⟩ künstl. hergestelltes chem. Element mit der Ordnungszahl 99; *oV* Kalifornium [nach *California,* Bundesstaat der USA]

Call|cen|ter ⟨[kɔ:lsɛntə(r)] das; -s, -; Wirtsch.⟩ **1** Telemarketingbetrieb, in dem Anrufe der Kunden entgegengenommen u. bearbeitet werden **2** Abteilung eines Unternehmens, die Fragen u. Reklamationen entgegennimmt [<engl. *call* »anrufen« + *Center*]

Call|girl ⟨[kɔ:lgœ:l] das; -s, -s⟩ Prostituierte, die man telefonisch bestellt [<engl. *call* »(an)rufen« + *girl* »Mädchen«]

Cal|va|dos ⟨[kalva-] der; -, -⟩ ein Apfelbranntwein [frz., nach dem gleichnamigen Département in der Normandie]

Cal|vi|nis|mus ⟨[-vi-] der; -; unz.⟩ = Kalvinismus

Ca|lyp|so ⟨der; -s, -s⟩ **1** ⟨urspr.⟩ Tanz der Schwarzen in Mittelamerika **2** ⟨danach⟩ Modetanz im Samba- u. Rumbarhythmus **3** ⟨grch. Myth.⟩ Nymphe aus der homerischen Odyssee [Herkunft nicht bekannt]

CAM ⟨[kæm] EDV; Abk. für engl.⟩ Computer Aided Manufacturing (computerunterstützte Herstellung von Werkzeugen u. Maschinen); →*a.* CAD

> → **Camembert:** Der Laut [mã] wird in französischen Fremdwörtern oft ***mem***-geschrieben, z. B. in *Ca**mem**bert*!

Cam|cor|der ⟨[kamkɔ:də(r)] od. [kæmkɔ:də(r)] der; -s, -⟩ tragbare Kamera zur Aufzeichnung von Videoaufnahmen [<engl. *cam*era »Kamera« + re*corder* »Rekorder«]

Ca|mem|bert ⟨[kamãbɛːr] der; -s, -s⟩ vollfetter Weichkäse mit leichtem Schimmelbelag u. champignonartigem Geschmack [nach dem frz. Ort *Camembert* in der Normandie]
Camp ⟨[kæmp] das; -s, -s⟩ **1** Feld-, Zelt-, Gefangenenlager **2** US-amerikan. Militärstützpunkt [engl.]
Cam|pa|gne *auch:* **Cam|pag|ne** ⟨[-panjə] die; -, -n⟩ = Kampagne
Cam|ping ⟨[kæm-] das; - od. -s; unz.⟩ Freizeit- u. Feriengestaltung mit Zelt od. Wohnwagen; *zum ~ fahren* [engl.]
Cam|pus ⟨der; -; unz.⟩ Universitätsgelände, Collegegelände [engl. <lat. *campus* »Lager«]
Ca|nail|le ⟨[kanaljə] die; -, -n⟩ Lump, Schurke [frz., »Gesindel, Lumpenpack«; zu lat. *canis* »Hund«]
Ca|na|pé ⟨[-peː] das; -s, -s⟩ = Kanapee
Ca|nas|ta ⟨das; -s; unz.; Kart.⟩ (in Südamerika erfundenes) Kartenspiel mit 2 mal 52 Karten u. 6 Jokern für 2 bis 6 Personen [span., »Körbchen«]
Can|can ⟨[kãkãː] der; -s, -s⟩ Bühnentanz in schnellem Tempo mit Hochwerfen der Beine [Herkunft unsicher]
can|celn ⟨[kaːnsəln] od. [kæːnsəln] V.⟩ absagen; *eine Reise, einen Termin ~* [<engl. *cancel* »absagen, entwerten« <lat. *cancellare* »mit Gittern durchstreichen«; zu *cancelli* »Gitter, Schranken«]
can|ce|ro|gen ⟨Adj.⟩ = kanzerogen
Can|na|bis ⟨der; -; unz.; Bot.⟩ **1** Hanf **2** Haschisch, Marihuana [<lat. *cannabis* »Hanf«]
Ca|ñon ⟨[kanjɔn] od. [kanjoːn], engl. [kænjən] der; -s, -s⟩ enges, steiles Flusstal, Schlucht; *oV* Canyon [<span. *cañon* »Röhre«]
Ca|nos|sa|gang ⟨der; -s, -gän|ge; Pl. selten⟩ = Kanossagang
Can|ta|te ⟨die; -, -n; Musik⟩ **1** = Kantate[1] **2** ⟨ohne Art.⟩ = Kantate[2]
Can|yon ⟨[kænjən] der; -s, -s⟩ = Cañon; *der Grand ~ des Colorado River* [engl., »Schlucht«]
CAP ⟨[cæp] EDV; Abk. für engl.⟩ **1** Computer Aided Planning (computerunterstützte Planung) **2** Computer Aided Publishing (computerunterstütztes Erstellen von Publikationen); →*a.* Desktoppublishing
Cape ⟨[keːp] das; -s, -s⟩ ärmelloser Umhang [engl., »Umhang«]
Cap|puc|ci|no ⟨[-tʃiː-] der; - od. -s, - od. -s⟩ ital. Kaffee mit wenig Milch u. Schlagsahne obenauf [ital., »Kapuziner«, nach der braunen Farbe der Kutte]
Ca|pric|cio *auch:* **Cap|ric|cio** ⟨[-prɪtʃɔ] das; -s, -s⟩ heiteres, eigenwilliges Musikstück [ital., »Laune«]
CAQ ⟨[siːɛɪkjuː] Abk. für engl.⟩ Computer Aided Quality (computerunterstützte Qualitätskontrolle)
Ca|ra|van ⟨a. [-vaːn] der; -s, -s⟩ **1** Kombiwagen **2** Wohnwagenanhänger [engl., »Wohnwagen«]
carb..., Carb... ⟨in Zus.; vor Vokalen⟩ = carbo..., Carbo...
car|bo..., Car|bo... ⟨in Zus.⟩ kohle..., Kohle(nstoff)...; *oV* karbo..., Karbo... [<lat. *carbo* »Kohle«]
CARE ⟨[kɛːr]⟩ **1** ⟨1946-1958; Abk. für engl.⟩ Cooperative for American Remittances to Europe, US-amerikan. Vereinigung zur Organisation von Hilfssendungen (Care-Pakete) in das Nachkriegsdeutschland **2** ⟨ab 1958; Abk. für engl.⟩ Cooperative for American Relief to Everywhere, US-amerikan. Vereinigung zur Organisation von Hilfssendungen in Notlagengebiete in aller Welt
Car|go ⟨der; -s, -s⟩ = Kargo
Ca|ro|tin ⟨das; -s; unz.; Chemie⟩ gelbroter Pflanzenfarbstoff, dient im Organismus als Ausgangsstoff für den Aufbau von Vitamin A; *oV* Karotin [<lat. *carota* »Karotte«]
Car|sha|ring ⟨[kaːʃɛrɪŋ] das; -s; unz.⟩ abwechselnde (leihweise) Nutzung eines Kraftfahrzeugs von mehreren Personen [<engl. *car* »Wagen, Auto« + *share* »teilen«]
Car|toon ⟨[kartuːn] der od. das; -s, -s⟩ **1** gezeichnete od. gemalte, häufig satirische Geschichte in Bildern **2** = Comicstrip [engl.]

Casanova: Dem italienischen Schriftsteller Giovanni Giacomo *Casanova* (1725-1798) haftet der Ruf eines Abenteurers und Frauenhelden an. *Casanova* führte ein unstetes Leben an verschiedenen

C

europäischen Höfen und hatte Kontakt zu vielen bedeutenden europäischen Politikern, Literaten und Philosophen. 1755 wurde er in Venedig aufgrund seines → *Atheismus* gefangen genommen, konnte aber 1756 flüchten. Seine berühmten Memoiren, die stark erotisch gefärbt sind, schrieb er auf Schloss Dux (Böhmen), wo er als Bibliothekar des Grafen von Waldstein tätig war.

Ca|sa|no|va ⟨[-va] der; -s, -s⟩ Frauenheld; *er benimmt sich wie ein ~*

Cash ⟨[kæʃ] das; -; unz.⟩ (gegen) Barzahlung, -geld [engl., »Bargeld«]

Cash|flow ⟨[kæʃflou] der; - od. -s; unz.; Wirtsch.⟩ nach Abzug aller Unkosten verbleibender Gewinn, Überschuss [<engl. *cash-flow* »Kassenzufluss, Bruttoertragsziffer«; zu *cash* »Geld, Bargeld« + *flow* »fließen; Fluss«]

Cä|si|um ⟨das; -s; unz.; Chemie⟩ = Caesium

Cast ⟨das; -s; unz.⟩ Gesamtheit der Mitwirkenden (bes. Schauspieler) an einem Film [→ *casten*]

Cas|ting ⟨das; - od. -s; unz.⟩ **1** Auswahl der Mitwirkenden (bes. Schauspieler) für einen Film **2** Auswahl von Models (für eine Fotoproduktion) [engl., »Rollenbesetzung«]

Ca|sus ⟨der; -, -⟩ **1** = Kasus **2** ~ *Belli* Kriegsursache, zum Krieg führendes Ereignis **3** ⟨Gramm.⟩ **3.1** ~ *obliquus* abhängiger Fall, jeder Beugungsfall außer dem Nominativ **3.2** ~ *rectus* unabhängiger Fall, Nominativ u. Vokativ [lat., »Kriegsfall«]

Catch-as-catch-can ⟨[kætʃ əz kætʃ kæn] das; -; unz.⟩ **1** von Berufsringern ausgeübte Abart des Freistilringens **2** ⟨fig.⟩ Handlungsweise, bei der jeder für sich das meiste und Beste zu erringen sucht [engl., »greif, wie (du) greifen kannst«]

cat|chen ⟨[kætʃən] V.⟩ im Freistil ringen [<engl. *catch* »fangen«]

CD ⟨Abk. für⟩ **1** Corps diplomatique (diplomat. Korps) **2** Compact Disc

CD-Play|er *auch:* **CD-Pla|yer** ⟨[tse:de:-plɛijə(r)] der; -s, -⟩ Gerät zum Abspielen von Compact Discs [<*CD* + engl. *player* »Abspielgerät«]

CD-ROM ⟨[tse:de:-] die; -, -s; EDV; Abk. für engl.⟩ Compact Disc Read Only Memory, eine digitale, optische Speicherplatte mit großer Speicherkapazität, die nur gelesen, aber nicht beschrieben werden kann [engl., »kompakte Platte (mit) ausschließlichem Lesespeicher«]

Ce|dil|le ⟨[sedi:j(ə)] die; -, -n [-jən]; Gramm.⟩ diakritisches Zeiches, Häkchen unter dem c (ç) in frz. u. portugies. Wörtern, in denen vor a, o, u das c wie s auszusprechen ist, od. im Türk., Rumän. u. a. Sprachen, in denen ç wie tsch ausgesprochen wird [span., »kleines c«]

Cel|lo ⟨[tʃɛl-] das; -s, -s od. Cel|li [tʃɛl-]; Musik⟩ Streichinstrument in der Form einer Violine, doch größer, beim Spielen zwischen den Knien gehalten u. auf einem Stachel ruhend [verkürzt <*Violoncello*]

Cel|lo|phan® ⟨das; -s; unz.⟩ durchsichtige, glasklare Folie aus Viskose; *oV* Zellophan

Cel|lu|li|tis ⟨die; -, -ti|den; Med.⟩ = Zellulitis

Cel|lu|loid ⟨das; -(e)s; unz.⟩ = Zelluloid

Cel|lu|lo|se ⟨die; -; unz.⟩ = Zellulose

Celsius: Der schwedische Naturforscher Anders *Celsius* (1701-1744) entwickelte 1742 die nach ihm benannte Temperaturskala, wobei er jedoch noch den Siedepunkt des Wassers als Nullpunkt bezeichnete und den Gefrierpunkt mit 100° festlegte. Erst der Naturforscher C. v. Linné (1707-1778) kehrte die Skala in die heute gültige Gradmessung um, nach der der Siedepunkt des Wassers bei 100° C und der Gefrierpunkt bei 0° C liegt (→*a.* Fahrenheit).

Cel|si|us ⟨Zeichen: °C⟩ internationale Maßeinheit der Temperatur, *z. B. +10° C*

Cem|ba|lo ⟨[tʃɛm-] das; -s, -s od. -ba|li; Musik⟩ altes Tasteninstrument, bei dem die Saiten nicht angeschlagen, sondern angerissen werden [ital. <lat. *cymbalum* »Zimbel«]

Cent ⟨der; - od. -s, -s od. (bei Zahlenangaben) -; Abk.: c. od. ct.⟩ hundertster Teil verschiedener Währungseinheiten

(z. B. in den USA, Kanada, den Niederlanden u. a.) [<lat. *centum* »hundert«]

Cen|ter ⟨[sɛntə(r)] das; -s, -⟩ Ort, Mittelpunkt bestimmter Tätigkeiten od. Dienstleistungen; *Einkaufs ~; Garten ~* [engl. (amerikan.) »Mittelpunkt« <frz. *centre* <lat. *centrum;* → *Zentrum*]

Cen|tre|court *auch:* **Cent|re-Court** ⟨[sɛntə(r)kɔ:t] der; - od. -s, -s; Sport; Tennis⟩ Hauptspielfeld bei Tennisturnieren [<engl. *centre* »Mittelpunkt« + *court* »Spielfeld«]

Cen|tu|rie ⟨[-riə] die; -, -n⟩ = Zenturie [lat.]

Cer ⟨das; -s; unz.; chem. Zeichen: Ce⟩ chem. Element, silberweißes Metall aus der Gruppe der seltenen Erden, Ordnungszahl 58; *oV* Zer [nach der röm. Göttin *Ceres*]

Ce|ran® ⟨das; - od. -s; unz.⟩ glaskeramischer Werkstoff

Ce|ran|feld ⟨das; -(e)s, -er⟩ Kochfläche aus Glaskeramik

Cer|be|rus ⟨der; -s, -se⟩ = Zerberus

Ce|re|a|li|en ⟨Pl.⟩ = Zerealien [lat.]

Ce|re|brum *auch:* **Ce|reb|rum** ⟨das; -s, -rebra; Anat.⟩ = Zerebrum

Chai|se|longue ⟨[ʃɛ:z(ə)lɔ̃:g] die; -, -n [-gən]⟩ Liegesofa [<frz. *chaise longue* »langer Stuhl, Liegestuhl«]

Cha|let ⟨[ʃalɛ:] das; -s, -s⟩ Landhaus (in den Bergen) [frz., »Schweizerhaus, Sennhütte«]

Cha|mä|le|on ⟨[ka-] das; -s, -s⟩ **1** Baumeidechse mit Klebzunge, die ihre Hautfarbe der Umgebung anpassen kann **2** ⟨umg.; fig.⟩ Mensch, der sich in Meinung und Verhalten wechselnden (politischen) Verhältnissen immer wieder geschickt anzupassen versteht, um daraus Vorteile zu ziehen [<grch. *chamai* »am Boden« + *leon* »Löwe«]

Cham|pa|gner *auch:* **Cham|pag|ner** ⟨[ʃampanjər] der; -s, -⟩ frz. Sekt; *Sy* ⟨umg.; scherzh.⟩Schampus [nach der frz. Landschaft *Champagne*]

Cham|pi|gnon *auch:* **Cham|pig|non** ⟨[ʃampinjɔŋ] od. [ʃã:pinjɔ̃:] der; -s, -s⟩ ein Speisepilz [frz., »Pilz«; zu lat. *campus* »Feld«]

Cham|pi|on ⟨[tʃæmpjən] od. frz. [ʃãpjɔ̃:] der; -s, -s⟩ Meistersportler, zurzeit erfolgreichster Sportler einer Sportart [engl. u. frz., »Meister (Sport), Vorkämpfer«; zu lat. *campus* »Feld«]

Chan|ce ⟨[ʃã:s(ə)] die; -, -n⟩ günstige Gelegenheit, Aussicht auf einen glücklichen Zufall; *eine ~ haben, das Spiel zu gewinnen; jmdm. eine ~ bieten* Möglichkeit zur Bewährung geben; *er hat bei ihr (keine) ~n* er ist ihr (nicht) sehr sympathisch [frz., »Zufall«]

chan|gie|ren ⟨[ʃãʒi:-] V.⟩ schillern; *~de Stoffe* [frz. *changer* »(sich) verändern«]

Chan|son[1] ⟨[ʃãsɔ̃:] das; -s, -s; Musik⟩ **1** singbares lyrisches oder episches Gedicht in der afrz. Dichtung **2** ⟨Musik; 15.-17. Jh.⟩ mehrstimmiges frz. Liebes- oder Trinklied [frz., »Lied« <lat. *cantio* »Gesang«]

Chan|son[2] ⟨[ʃãsɔ̃:] das; -s, -s⟩ Lied im Kabarett [→ *Chanson*[1]]

Cha|nuk|ka ⟨[xa-] die; -; unz.; jüd. Rel.⟩ achttägiges Lichterfest zur Erinnerung an die Wiedereinweihung des Jerusalemer Tempels im Dezember [hebr., »Einweihung, Weihe«]

Cha|os ⟨[ka:ɔs] das; -; unz.⟩ **1** ⟨Myth.⟩ ungeordneter Urstoff vor der Weltschöpfung **2** ⟨allg.⟩ Durcheinander, Wirrwarr [grch., »wirre, gestaltlose Masse«]

Cha|rak|ter ⟨[ka-] der; -s, -te|re⟩ **1** ⟨unz.⟩ Merkmal, Eigenart; *der ~ einer Landschaft, einer Schrift* **2** ⟨unz.⟩ Veranlagung, Wesensart; *einen ausgeprägten, guten, schwierigen, starken ~ haben* **3** ⟨zählb.⟩ Mensch von ausgeprägter Eigenart **4** Schriftzeichen [grch., »Gepräge«]

Cha|rak|te|ris|tik ⟨[ka-] die; -, -en⟩ **1** treffende Beschreibung, Kennzeichnung **2** ⟨Math.⟩ Kennziffer

Char|ge[1] ⟨[ʃarʒə] die; -, -n⟩ **1** Würde, Rang, Amt, Stellung; *~ in einer Studentenverbindung* **2** ⟨Mil.⟩ Dienstgrad **3** ⟨Tech.⟩ Beschickung eines metallurg. Ofens, z. B. des Hochofens [frz., »Last, Bürde«]

Char|ge[2] ⟨[ʃarʒə] die; -, -n; Theat.⟩ kleine, aber scharf ausgeprägte Charakterrolle, die übertreibend dargestellt wird [frz., »Übertreibung«]

Cha|ris|ma ⟨[ça:-] od. [-'--] das; -, -ris|mata od. -ris|men⟩ **1** besondere Ausstrahlungskraft **2** göttl. Gnadengabe, Berufung [grch., »Gnadengeschenk«]

C

Charles|ton ⟨[tʃaː(r)lstən] der; -s, -s; Musik⟩ **1** ⟨urspr.⟩ Tanz nordamerikan. Schwarzer **2** 1926 eingeführter Modetanz im 4/4-Takt [nach der Stadt *Charleston* in Südkarolina, USA]

Charme ⟨[ʃarm] der; -s; unz.⟩ Liebreiz, Zauber, Anziehung, gewinnendes Wesen; *oV* Scharm [frz.]

Char|ta ⟨[kar-] die; -, -s⟩ **1** ⟨in der Antike⟩ Papierblatt zum Schreiben **2** ⟨im MA⟩ Urkunde **3** ⟨heute⟩ Verfassungsurkunde; *die ~ der Vereinten Nationen* [lat. *charta* »Papier« <grch. *chartes* »Blatt der Papyrusstaude«, vermutl. <ägypt.]

Char|ter ⟨[(t)ʃa(r)-] der; -s, -s⟩ **1** Schutzbrief, Freibrief **2** Miete eines Schiffes od. Flugzeuges; *~flug* [engl., »Urkunde« <lat. *charta;* → *Charta*]

Charts ⟨[tʃaː(r)ts] Pl.⟩ Liste der Spitzenschlager; *in die ~ kommen* [engl.]

Chasse ⟨[ʃas] die; -; unz.⟩ **1** Billardspiel mit 15 Kugeln **2** ⟨Musik; im 14. Jh. in Frankreich⟩ dreistimmiger Kanon **3** Jagdstück [frz., »Jagd«]

Chas|si|dim ⟨[xas-] Pl.⟩ Anhänger einer jüdischen, osteuropäischen Glaubensrichtung im 16./17. Jh. [hebr., »die Frommen«]

Chas|sis ⟨[ʃasiː] das; - [ʃasiːs], - [ʃasiːs]⟩ **1** Fahrgestell; *Ggs* Karosserie; *~ eines Kraftwagens* **2** Gestell, das die Bauteile trägt; *~ eines Rundfunkempfängers* [<frz. *châssis* »Einfassung, Rahmen«]

Chat ⟨[tʃæt] der; -s, -s; EDV; umg.⟩ Unterhaltung, Kommunikation (im Internet) [<engl. *chat* »Plauderei«]

chat|ten ⟨[tʃætən] V.; EDV; umg.⟩ im Internet kommunizieren [<engl. *chat* »plaudern«]

Chauf|feur ⟨[ʃɔføːr] der; -s, -e⟩ Kraftwagenfahrer, der beruflich Prominente, Politiker(innen) u. Vorgesetzte (von meist größeren Unternehmen) fährt [frz., urspr. »Lokomotivheizer«]

Chau|vi|nis|mus ⟨[ʃovi-] der; -; unz.⟩ **1** übertriebene Liebe zum eigenen Vaterland, verbunden mit Hass u. Verachtung gegen andere Völker **2** *männlicher ~* Zurschaustellen männlicher Überlegenheit gegenüber der Frau [nach dem Rekruten *Chauvin,* einer Figur in dem 1831 in Paris aufgeführten Lustspiel »La cocarde tricolore« der Brüder Cogniard]

che|cken ⟨[tʃɛkən] V.; umg.⟩ vergleichen, vergleichend prüfen, abstimmen; *Texte, Termine ~; hast du es endlich gecheckt?* ⟨salopp⟩ begriffen [<engl. *check*]

Check-in ⟨[tʃɛkɪn] das od. der; -s, -s⟩ Abfertigung der Fluggäste vor dem Flug [<engl. *check* »Prüfung, Kontrolle« + *in* »hinein«]

Check-up ⟨[tʃɛkʌp] der; -s, -s⟩ **1** ⟨allg.⟩ Inspektion, Untersuchung, Wartung **2** ⟨Med.⟩ sorgfältige, umfassende Vorsorgeuntersuchung **3** ⟨Tech.⟩ Abschlusskontrolle (in der Luft- u. Raumfahrt) [engl.]

Cheer|lea|der ⟨[tʃiːrliːdə(r)] der; -s, -; Sport⟩ Mitglied einer Gruppe von jungen Frauen und (selten) Männern, die bei sportlichen Großveranstaltungen während der Spielpausen einstudierte Choreographien u. Sprechgesänge vortragen u. dadurch die Zuschauer zur Unterstützung der Heimmannschaft anfeuern [<engl. *cheer* »Anfeuerungsruf, Beifall« + *leader* »Anführer, Leiter«]

Cheese|bur|ger ⟨[tʃiːzbœːgə(r)] der; -s, -⟩ Hamburger mit einer Scheibe Käse [<engl. *cheese* »Käse« + Ham*burger*]

Chef ⟨[ʃɛf] der; -s, -s⟩ **1** Vorgesetzter **2** Vorsteher, Leiter einer Dienststelle **3** Arbeitgeber, Unternehmer **4** ⟨umg.; scherzh.⟩ Anführer [frz., »Führer, Oberhaupt«]

Chef de Cu|i|sine ⟨[ʃɛf də kyiziːn] der; - - -, -s [ʃɛf] - -; frz. Bez. für⟩ Küchenchef

Chemie: In Europa ist die *Chemie* aus der → *Alchemie,* d. h. der mystisch-spekulativen *Chemie* des Altertums und des Mittelalters, hervorgegangen. Die Untersuchungen des Naturforschers Paracelsus (1493-1541) brachten einen Aufschwung der wissenschaftlichen *Chemie* in Deutschland; die erste Professur für *Chemie* wurde 1609 in Marburg eingerichtet. Bedeutend für die Weiterentwicklung der *Chemie* war u. a. die Entdeckung des Sauerstoffs (1771/1774). Es gibt in der *Chemie* verschiedene Fachrichtungen (z. B. die anorganische, organische, angewandte, technische, physikalische *Chemie*). In der allgemeinen *Chemie* wird Grundlagenforschung (Aufbau der Atome, Analyse von chemischen Bindungen u. a.) betrieben. Die physikalische *Chemie* umfasst auch die Elektrochemie und ist wie die → *Biochemie* eine Grenzwissenschaft (→*a.* Biologie, Medizin, Physik).

Che|mie ⟨[çe-] od. süddt., österr. [ke-] die; -; unz.⟩ Wissenschaft von den chem. Grundstoffen u. den chem. Verbindungen sowie deren Veränderungen (soweit sie nicht auf Atomkernreaktionen beruhen) [<grch. *chemeia, chymeia;* zu *chymos* »Flüssigkeit«]

Che|mie|la|bo|rant ⟨[çe-] der; -en, -en⟩ chemisch-technischer Assistent, der im Laboratorium Analysen durchführt

che|misch ⟨[çe:-] Adj.⟩ die Chemie betreffend, mit Stoffumwandlung verbunden; *~es Element, ~er Grundstoff* einer der mit Hilfe chem. Methoden nicht weiter in einfachere Stoffe zerlegbaren Grundbestandteile der Materie; *~e Formel* symbolische Darstellung der chem. Verbindungen; *~e Gleichung* in Form einer Gleichung geschriebene symbolische Darstellung einer chem. Reaktion; *~e Reaktion* Vorgang, durch den verschiedene chem. Stoffe od. Verbindungen ineinander überführt werden

che|mo..., Che|mo... ⟨[çe:-] od. süddt., österr. [ke:-] in Zus.⟩ auf der Chemie beruhend, mit ihrer Hilfe

Che|mo|the|ra|pie ⟨[çe-] die; -; unz.; Med.⟩ Heilverfahren mit chemischen Stoffen (Chemotherapeutika), bes. bei Krebserkrankungen

Che|nil|le ⟨[ʃənıljə] od. [ʃəni:jə] die; -, -n; Textilw.⟩ flauschiges Garn mit abstehenden Fasern [frz., »Raupe«]

Che|rub ⟨[çe:-] der; -s, -bim od. -binen; AT⟩ Engel, Paradieswächter [hebr., urspr. »geflügeltes Wundertier mit menschlichem Antlitz«]

Chi ⟨[çi:] das; - od. -s, -s; Zeichen: χ, X⟩ der 22. Buchstabe im griechischen Alphabet [grch.]

Chi|as|mus ⟨[çi-] der; -; unz.⟩ Stilmittel, kreuzweise Gegenüberstellung von Gegensatzpaaren od. gleichen Begriffen [nach dem ein Kreuz bildenden grch. Buchstaben *Chi*]

chic ⟨[ʃık] Adj.⟩ schick

Chi|co|rée ⟨[ʃikɔre:] od. [ʃıkɔre:] der od. die; - od. -s; unz.⟩ als Salat u. für Gemüse verwendeter, bleicher Wintertrieb der Zichorie; *oV* Schikoree [frz.]

Chicorée/Schikoree Das aus dem Französischen entlehnte »é«, das eine Vokallänge kennzeichnet, kann im Deutschen durch die Verdoppelung des entsprechenden Vokals wiedergegeben werden (»ee«). Beide Schreibungen sind zulässig. Außerdem können die Laute [ʃ] bzw. [k], die in Fremdsprachen häufig durch die Buchstaben »ch« bzw. »c« wiedergegeben werden, teilweise durch die deutschen Buchstaben »sch« bzw. »k« ersetzt werden.

Chif|fon ⟨[ʃıfɔ̃:] der; -s, -s; Textilw.⟩ sehr dünnes, schleierartiges Gewebe aus Seide od. Kunstseide [frz., »Lumpen, Lappen, Chiffon(stoff)«]

Chif|fre *auch:* **Chiff|re** ⟨[ʃıfər] od. [ʃıfrə] die; -, -n⟩ **1** Ziffer, Zahl **2** Namenszeichen, Monogramm **3** Geheimzeichen **4** Kennziffer in Anzeigen; *unter einer ~ annoncieren* [frz., »Ziffer, Zahl«]

chif|frie|ren *auch:* **chiff|rie|ren** ⟨[ʃıf-] V.⟩ in Geheimschrift schreiben, verschlüsseln

Chi|hua|hua ⟨[tʃıwa:wa] der; -s, -s; Zool.⟩ kleiner, dem Zwergpinscher ähnelnder Hund [nach dem gleichnamigen mexikan. Bundesstaat]

Chi|li ⟨[tʃi:li] der; -s, -s; Bot.⟩ paprikaähnliche Beerenfrucht aus der Cayennepfeffer gewonnen wird; *~ con Carne* scharf gewürztes Rinderragout [zu span. *chile* < Nahuatl]

chil|len ⟨[tʃıl-] V.; umg.⟩ sich erholen, sich entspannen, relaxen; *er muss erst einmal ~* [<engl. *chill out*]

Chi|mä|ra *auch:* **Chi|mä|re** ⟨[çi-] die; -, -mären⟩ **1** griech. Sagenungeheuer (vorn Löwe, in der Mitte Ziege, hinten Drache) **2** Pflanze mit genotypisch verschiedenen Geweben **3** = Schimäre [<grch. *chimaira* »Ziege«]

Chin|chil|la ⟨[tʃıntʃılja:] die; -, -s, österr.: das; -s, -s⟩ **1** südamerikanisches Nagetier mit langem und buschigem

Schwanz **2** Pelz der Chinchilla [span., »maulwurfähnliches Tier«]

Chi|nin ⟨[çi-] das; -s; unz.; Chemie⟩ Alkaloid der Chinarinde (gegen Malaria) [peruan. *quinaquina* »Rinde der Rinden«, d. h. »die Beste der Rinden«]

Chip ⟨[tʃɪp] der; -s, -s⟩ **1** Splitter, Span **2** ⟨Roulett⟩ Spielmarke **3** ⟨nur Pl.⟩ *~s* in Fett gebackene Scheibchen roher Kartoffeln, pikant gewürzt **4** ⟨EDV⟩ Grundplatte einer elektronischen Halbleiterschaltung [engl.]

chi|ro..., Chi|ro... ⟨[çiro] vor Vokalen⟩ chir..., Chir... ⟨in Zus.⟩ hand..., Hand... [<grch. *cheir,* Gen. *cheiros* »Hand«]

Chi|ro|prak|tik ⟨[çi-] die; -; unz.; Med.⟩ Methode, Wirbelverrenkungen durch gezielte Handgriffe zu richten

Chir|urg *auch:* **Chi|rurg** ⟨[çir-] od. süddt., österr. [kir-] der; -en, -en; Med.⟩ Facharzt für Chirurgie, der operative Eingriffe vornimmt [<grch. *cheirurgos,* eigtl. »Handarbeiter« <*cheir* »Hand« + *ergon* »Werk«]

Chirurgie: Die *Chirurgie* ist eines der ältesten medizinischen Fachgebiete, das sich überwiegend mit operativen Eingriffen am menschlichen Körper befasst. Bereits in der Frühzeit kannte man das Eröffnen der Schädelhöhle (Trepanation). Der Beruf des *Chirurgen* bildete sich neben dem des Arztes aus, war jedoch zunächst wenig anerkannt. Erst mit der Entdeckung des → *Äthers* (1846), des → *Chloroforms* als Betäubungsmittel und der → *Bakterien* als Krankheitserreger begründete die *Chirurgie* ihre bedeutende Stellung innerhalb der Medizin. Im 20. Jahrhundert wurden insbesondere im Bereich der Organverpflanzungen große Fortschritte erzielt (Herztransplantation). Teilgebiete der *Chirurgie* sind die Kinderchirurgie, Neurochirurgie, kosmetische und plastische *Chirurgie,* Mund-, Kiefer- und Gesichtschirurgie, die Unfallchirurgie u. a.

Chir|ur|gie *auch:* **Chi|rur|gie** ⟨[çir-] od. süddt., österr. [kir-] die; -; unz.; Med.⟩ **1** Heilkunst durch operative Eingriffe **2** chirurgische Klinik, chirurgische Station eines Krankenhauses

Chi|tin ⟨[çi-] das; -s; unz.⟩ stickstoffhaltiger Grundstoff des Panzers der Gliederfüßer [<grch. *chiton* »Gewand, Panzer«]

Chlor ⟨[klo:r] das; -s; unz.; chem. Zeichen: Cl⟩ chem. Element, Ordnungszahl 17, gelbgrünes, stechend riechendes Gas, das in der Natur nicht frei vorkommt [<grch. *chloros* »hellgrün, gelb«]

Chlo|ro|form ⟨[klo-] das; -s; unz.; Chemie⟩ farblose, alkohol- u. ätherlösliche, nicht brennbare Flüssigkeit, die früher bei Narkosen verwendet wurde, chem. Trichlormethan [<*Chlor* + lat. *formica* »Ameise«]

Chlo|ro|phyll ⟨[klo-] das; -s; unz.; Biol.⟩ grüner Farbstoff der Pflanzen, Blattgrün [<grch. *chloros* »hellgrün« + *phyllon* »Blatt«]

Choke ⟨[tʃoʊk] der; -s, -s; Kfz⟩ Luftklappe im Vergaser, die beim Start bei tiefen Temperaturen geschlossen wird, um ein fetteres u. damit zündfreudigeres Gemisch einzustellen [engl., »Starterklappe«; zu *choke* »drosseln«]

Cho|le|ra ⟨[ko:-] die; -; unz.; Med.⟩ schwere Infektionskrankheit mit heftigem Erbrechen, starkem Durchfall u. schnellem Kräfteverfall [grch., »Gallensucht«; zu *chole* »Galle, Zorn«]

Cho|le|ri|ker ⟨[ko-] der; -s, -⟩ aufbrausender, jähzorniger, unbeherrschter Mensch [→ *Cholera*]

Cho|les|te|rin ⟨[ko-] od. [ço-] das; -s; unz.; Med.⟩ ein zuerst in der Galle gefundenes Sterin, Bestandteil aller tierischen Zellmembranen [<grch. *chole* »Galle« + *stear* »Fett«]

Chor ⟨[ko:r] der; -(e)s, Chö|re⟩ **1** ⟨Antike⟩ Platz für den Kultgesang u. Kulttanz **2** ⟨grch. Theat.⟩ Teil der Tragödie, der (von mehreren Sprechern gleichzeitig gesprochen) die Meinung des Volkes ausdrücken soll **3** ⟨Musik⟩ **3.1** mehrstimmige Gesangsgemeinschaft, größere Sängergruppe; *Knaben ~; Kirchen ~; gemischter ~* **3.2** gemeinsamer, meist mehrstimmiger Gesang **3.3** Musikstück für eine Sängergruppe **4** ⟨selten auch das; -s, -e⟩ den Geistlichen vorbehaltener, das Kirchenschiff abschließender Raum mit Hochaltar u. Chorgestühl; *der ~ war mit farbigen Glasfenstern ausgestattet; Sy* Presbyterium (1) [<lat. *chorus* »Rundtanz, Reigen, Chor« <grch. *choros* »Reigentanz«]

Cho|ral ⟨[ko-] der; -(e)s, -rä|le; Musik⟩ **1** *gregorianischer ~* einstimmiger, unbegleiteter Chorgesang der röm. Kirche **2** protestantisches Kirchenlied [verkürzt <*Choral*gesang, übersetzt <lat. *cantus choralis;* → *Chor*]

...chord ⟨[-kɔrd] Nachsilbe; zur Bildung sächl. Subst.⟩ **1** Saite **2** ⟨Musik⟩ Intervall [<grch. *chorde* »Saite«]

Cho|reo|gra|fie ⟨[ko-] die; -, -n; Theat.⟩ *oV* Choreographie **1** Schrift zum Beschreiben von Tänzen **2** Entwurf von Balletttänzen

Cho|reo|gra|phie ⟨[ko-] die; -, -n; Theat.⟩ = Choreografie

Christ ⟨[krịst]⟩ **1** ⟨der; -; unz.; Rel.; volkstüml. für⟩ Christus; *der heilige ~* Christkind **2** ⟨der; -en, -en⟩ Anhänger des Christentums, Getaufter [→ *Christus*]

Chris|ten|tum ⟨[krịs-] das; -s; unz.; Rel.⟩ von Jesus von Nazareth, dem Christus, gestiftete Religion, christlicher Glaube [→ *Christus*]

Chris|tus ⟨[krịs-] der; Chrịs|ti; unz.⟩ der Messias, Ehrenname Jesu [<grch. *Christos* »der Gesalbte«; zu *chriein* »salben«]

Chrom ⟨[kro:m] das; -s; unz.; chem. Zeichen: Cr⟩ Schwermetall, chem. Element, Ordnungszahl 24 [<grch. *chroma* »Farbe«]

...chrom ⟨[kro:m] Nachsilbe; zur Bildung von Adj.⟩ farbig [<grch. *chroma* »Farbe«]

Chro|ma|tik ⟨[kro-] die; -; unz.⟩ **1** ⟨Musik⟩ **1.1** die Erhöhung oder Erniedrigung der Stammtöne einer Tonleiter um einen halben Ton **1.2** durch Halbtonfolgen charakterisierte Musik **2** ⟨Opt.⟩ Farbenlehre [<grch. *chroma* »Farbe«]

...chro|mie ⟨[kro-] Nachsilbe; zur Bildung weibl. Subst.⟩ **1** Färbung, Verfärbung **2** farbiger Druck [<grch. *chroma* »Farbe«]

chro|mo..., Chro|mo... ⟨[kro-] in Zus.⟩ farb..., Farb... [<grch. *chroma* »Farbe«]

Chro|mo|som ⟨[kro-] das; -s, -en; Genetik⟩ Teilstück der Zellkernmasse, Träger der Erbanlagen [<*Chromo...* + grch. *soma* »Körper«]

Chromosom: Die *Chromosomen* sind als Träger der Erbanlagen in Form der → *DNS* in jeder Zelle vorhanden. Die Keimzellen des Menschen enthalten 23, die Körperzellen den doppelten Satz von 46 *Chromosomen.* Davon sind die Chromosomenpaare von 1-22 nummeriert, zusätzlich ist ein Geschlechtschromosomenpaar vorhanden (XY für den männlichen und XX für den weiblichen Chromosomensatz). Durch Anfärben der *Chromosomen* kann eine Geschlechtsbestimmung bei Ungeborenen erfolgen bzw. können Defekte des genetischen Codes erkannt werden. Infolge der im 19. Jahrhundert entwickelten mikroskopischen Präparationstechnik wurden die Strukturen der Zelle und die *Chromosomen* entdeckt.

Chro|nik ⟨[kro:-] die; -, -en⟩ Bericht über geschichtliche Vorgänge in der Reihenfolge ihres Geschehens; *Welt~; ~ des Jahrhunderts* [<grch. *chronika biblia* »Zeitbuch«; zu *chronos* »Zeit«]

chro|nisch ⟨[kro:-] Adj.⟩ lange dauernd, anhaltend, langwierig (von Krankheiten); *~e Mandelentzündung; ~e Bronchitis; Ggs* akut (2) [<grch. *chronos* »Zeit«]

Chro|nist ⟨[kro-] der; -en, -en⟩ Verfasser einer Chronik

chro|no..., Chro|no... ⟨[kro-] in Zus.⟩ zeit..., Zeit... [<grch. *chronos* »Zeit«]

Chro|no|lo|gie ⟨[kro-] die; -, -n⟩ **1** Zeitkunde **2** Zeitfolge, zeitlicher Ablauf; *eine ~ des vergangenen Jahrzehnts verfassen* [<*Chrono...* + *...logie*]

chro|no|lo|gisch ⟨[kro-] Adj.⟩ nach dem zeitlichen Ablauf; *den ~en Hergang der Ereignisse schildern*

Chro|no|me|ter ⟨[kro-] das; -s, -⟩ **1** Zeitmesser, Taktmesser **2** sehr genau gehende Uhr [<*Chrono...* + *...meter*]

chry|so..., Chry|so... ⟨[çry-] od. [kry-] vor Vokalen⟩ chrys..., Chrys... ⟨in Zus.⟩ gold..., Gold... [<grch. *chrysos* »Gold«]

C

Chucks ⟨[tʃʌks] Pl.⟩ (die Knöchel bedeckende) Turnschuhe mit Schnürsenkeln, meistens aus Leinenstoff gefertigt, mit einer weißen Gummisohle u. einer weißen Gummikappe über den Zehen; *sie trägt karierte ~* [erstmals 1917 von der US-amerikan. Firma Converse als Basketballschuhe hergestellt u. später nach dem Basketballspieler *Chuck* Taylor benannt]

→ **Junta:** Was du nicht unter ***chu-*** findest, kann unter ***ju-*** stehen, z. B. *Junta*!

Chuz|pe ⟨[xutspə] die; -; unz.⟩ Dreistigkeit, Unverschämtheit [jidd.]

CIA ⟨[si:aıɛı] Abk. für engl.⟩ Central Intelligence Agency, der US-amerikanische Geheimdienst [engl.]

Ci|dre *auch:* **Cid|re** ⟨[si:drə] der; -; unz.⟩ frz. Apfelwein [frz. <lat. *sicera* <grch. *sikera* <hebr. *schekar* »berauschendes Getränk«; zu *schachar* »sich berauschen«]

CIM ⟨[si:aıɛm] Abk. für engl.⟩ Computer Integrated Manufacturing (computergesteuerte Fertigung)

Ci|ne|as|tik ⟨[si-] die; -; unz.; Film⟩ Filmkunst [zu frz. *cinéma* »Kino«]

Ci|ne|ma|thek ⟨[si-] die; -, -en; Film⟩ Sammlung von Filmen [<frz. *cinéma* »Kino« + *...thek*]

Cin|que|cen|to ⟨[tʃıŋkvetʃɛnto] das; -s; unz.⟩ künstlerische Stilepoche des 16. Jh. in Italien (Hochrenaissance) [ital., »500 (Jahre nach 1000 n. Chr.)«]

cir|ca ⟨Abk.: ca.⟩ = zirka

Cir|ce ⟨[tsırtsə] die; -, -n⟩ Zauberin, Verführerin [nach der grch. sagenhaften Zauberin *Kirke* (Homer, Odyssee); → *bezirzen*]

cir|cen|sisch ⟨[tsırtsɛn-] Adj.⟩ = zirzensisch

Cir|cu|lus vi|ti|o|sus ⟨[vitsio:-] der; - -, -li -si⟩ **1** Zirkelschluss, Aussage, in der etwas zu Beweisendes schon zur Beweisführung benutzt wird, z. B. »Kaffee regt an, da er eine anregende Wirkung hat« **2** Beseitigung eines Übels durch Einführung eines anderen Übels, Teufelskreis [lat., »Teufelskreis«]

Ci|trus|frucht *auch:* **Cit|rus|frucht** ⟨die; -, -früch|te; Bot.⟩ = Zitrusfrucht

Claim ⟨[klɛım] das; -s, -s⟩ **1** Anspruch, Anrecht **2** Anteil (bes. an einer Goldmine) [engl.]

Clan ⟨[klæ:n] der; -s, -s⟩ *oV* Klan **1** ⟨Völkerkunde⟩ Stammesgruppe **2** ⟨umg.⟩ Gruppen-, Familienverband mit festem Zusammenhalt; *er ist mit seinem ganzen ~ erschienen* [engl., »schottischer Lehns- u. Stammesverband«]

Cla|queur ⟨[-kø:r] der; -s, -e; Theat.⟩ bestellter u. bezahlter Beifallklatscher, der das Publikum zum Applaus animieren soll [frz.; zu *claquer* »klatschen«]

Cla|ri|no ⟨das; -s, -s od. -ri|ni; Musik⟩ **1** hohe Trompete, Bachtrompete **2** die trompetenähnliche Zungenstimme der Orgel **3** hohes Register der Klarinette [ital., »helle Trompete«; zu lat. *clarus* »hell«]

cle|ver ⟨[klɛvə(r)] Adj.⟩ schlau, durchtrieben, gewandt [engl., »klug«]

Cli|ent ⟨[klaıənt] der; -s, -s; EDV⟩ Personalcomputer, der als Teil der Client/Server-Struktur dem Benutzer alle (individuellen) Anwendungen ermöglicht (in dem als Server genutzten Computer ist dagegen die Datenverwaltung zentralisiert) [engl., »Kunde, Klient«]

Clinch ⟨[klıntʃ] od. [klınʃ] der; -es; unz.⟩ **1** ⟨Boxen⟩ Umklammerung des Gegners **2** ⟨allg.⟩ Streit; *im ~ liegen* sich streiten [engl.]

Cli|que ⟨[klıkə] od. [kli:k] die; -, -n⟩ durch gemeinsame Interessen verbundene (selbstsüchtige) Gruppe, Klüngel; *~nwirtschaft* [frz., »Sippschaft«]

Clo|chard ⟨[klɔʃa:r] der; -s, -s⟩ Stadtstreicher (bes. in Paris) [frz.]

Clog ⟨der; -s, -s; meist Pl.⟩ pantoffelähnlicher Schuh mit Holzsohle [engl.]

Clon ⟨der; -s, -e⟩ = Klon

clo|nen ⟨V.⟩ = klonen

Close-up ⟨[klouzʌp] das; -s, -s; Film⟩ Nah- bzw. Großaufnahme einer Person, eines Gegenstands od. einer Lokalität; *die Szene endet mit einem ~ der Hauptdarstellerin* [<engl. *close-up* »Nahaufnahme, Großaufnahme«]

Clou ⟨[klu:] der; -s, -s⟩ **1** Höhepunkt **2** Zugstück, Schlager; *das war der ~!; der ~ des Abends, der Saison, der Vorstellung; der ~ vom Ganzen* [frz., »Nagel, Stift, Höhepunkt«]

Clown ⟨[klaun] der; -s, -s⟩ **1** ⟨urspr.⟩ die lustige Person der engl. Bühne **2** ⟨heute⟩ Spaßmacher in Zirkus [engl.]

Club ⟨engl. [klʌb] der; -s, -s⟩ = Klub

Club of Rome: Der *Club of Rome* wurde 1968 von dem italienischen Industriellen Aurelio Peccei (1908-1984) gegründet. Ihm gehören Politiker und Wissenschaftler aus 53 Staaten an, die die wirtschaftlichen, politischen, ökologischen und sozialen Probleme sowie die weltweite Entwicklung und Zukunft der Menschheit, die Einhaltung der Menschenrechte und die Bewahrung des Ökosystems erforschen. Sitz des *Club of Rome* ist Paris.

Club of Rome ⟨[klʌb ɔf roum] der; - - -; unz.; 1968 in Rom gegründeter⟩ internationaler Zusammenschluss von Politikern, Industriellen u. Wissenschaftlern [engl.]

Clus|ter ⟨[klʌs-] der; -s, -⟩ **1** ⟨Musik⟩ flächenhafter Klang (durch übereinandergeschichtete Intervalle) **2** ⟨Physik⟩ System, Menge von Einzelteilchen **3** ⟨Sprachw.⟩ Häufung, ungeordnete Menge (semant. Merkmale) **4** ⟨EDV⟩ aus mehreren Rechnern bestehendes Netzwerk [engl., »Büschel, Haufen, Menge«]

Coach ⟨[koutʃ] der; -s, -s⟩ Trainer von Sportlern [gekürzt <engl. *coachman* »Kutscher, jmd., der die Pferde lenkt«]

Co|balt ⟨das; -(e)s; unz.; chem. Zeichen: Co⟩ graues, glänzendes, magnetisches Metall, Ordnungszahl 27; *oV* Kobalt [zu *Kobold* (Stall-, Hausgeist), nach dem früheren Bergmannsglauben, das für wertlos angesehene *Cobalt* sei von Berggeistern untergeschoben worden, nachdem das wertvolle Silber geraubt wurde]

Co|ca-Co|la® ⟨das od. die; -, -s⟩ mit Kohlensäure versetztes, koffeinhaltiges Erfrischungsgetränk [*Coca:* <indian.; nach dem in den Anden Südamerikas heimischen Strauch Erythroxylon *coca;* → *Kokain; Cola:* <westafrik.: nach der im tropischen Afrika heimischen *Kola*nuss]

Cock|pit ⟨das; -s, -s⟩ **1** ⟨Mar.⟩ tief gelegener Sitz des Steuermanns **2** ⟨Luftf.⟩ Sitz des Piloten [engl., eigtl. »Kampfplatz (urspr. für Hahnenkämpfe)«]

Cock|tail ⟨[kɔktɛɪl] der; -s, -s⟩ alkohol. Mischgetränk [engl.]

Cock|tail|kleid ⟨[kɔktɛɪl-] das; -(e)s, -er⟩ festliches Kleid mit kurzem Rock

Co|da ⟨die; -, -s; Musik⟩ = Koda

Code ⟨[ko:d] der; -s, -s⟩ **1** = Kode **2** Gesetzbuch; ~ *civil* [ko:d sivi:l] auf Veranlassung von Napoleon 1804 geschaffenes frz. Zivilgesetzbuch; ~ *Napoléon* [ko:d napoleɔ̃:] Code civil im ersten u. zweiten frz. Kaiserreich [frz., »(Bürgerliches) Gesetzbuch« <lat. *codex* »Rechnungsbuch, Verzeichnis«]

Co|dex ⟨der; -, -di|ces [-tse:s]⟩ handgeschriebenes Buch im MA; →*a.* Kodex; ~ *Iuris Canonici* ⟨Abk.: CIC⟩ Gesetzbuch der kath. Kirche von 1917 [lat., »Rechnungsbuch, Verzeichnis«]

co|die|ren ⟨V.⟩ = kodieren; *Ggs* decodieren

Cof|fe|in ⟨das; -s; unz.⟩ = Koffein

Co|gnac® *auch:* **Cog|nac®** ⟨[kɔnjak] der; -s, -s od. -e⟩ in Cognac hergestellter Weinbrand; →*a.* Kognak [nach der frz. Stadt *Cognac* an der Charente]

Coif|feur ⟨[koafø:r] der; -s, -e⟩ Friseur, Haarkünstler [frz.]

Coif|feu|se ⟨[koafø:z(ə)] die; -, -n⟩ Friseuse, Haarkünstlerin [frz.]

Co|i|tus ⟨der; -; unz.⟩ = Koitus; ~ *interruptus* unterbrochener Geschlechtsverkehr, bei dem das männl. Glied vor dem Samenerguss aus der Scheide gezogen wird [→ *Koitus*]

Col|la|ge ⟨[-ʒə] die; -, -n; Mal.⟩ aus Papier od. anderem Material geklebtes Bild; *oV* Kollage [frz., »Klebearbeit«; zu *colle* »Klebstoff«]

Col|lege ⟨[kɔlıdʒ] das; - od. -s [-dʒız], -s [-dʒız]⟩ **1** ⟨England⟩ höhere Schule (mit Internat) **1.1** *University* ~ Universitätsinstitut oder Universität **1.2** Akademie, die noch nicht Volluniversität ist **2** ⟨USA⟩ **2.1** auf der Highschool aufbauende höhere Lehranstalt **2.2** Universitätsinstitut od. Fachhochschule einzelner Fakultäten [engl., »Kollegium, Kolleg, Universität«]

co|lor..., Co|lor... ⟨a. ['--] in Zus.⟩ farbig, in Farbe; *Colorgerät* Farbfernsehgerät [lat., »Farbe, Färbung«]

C

Colt® ⟨[kɔlt] der; -s, -s⟩ ein Revolver [nach dem amerikan. Ingenieur Samuel *Colt,* 1814-1862]

Com|bo ⟨die; -, -s; Jazz⟩ Kapelle mit kleiner Besetzung [engl.; zu *combination* »Vereinigung, Verknüpfung«]

Come-back *auch:* **Come|back** ⟨[kʌmbæk] das; - od. -s, -s⟩ erfolgreiches Wiederauftreten eines bekannten Künstlers, Politikers od. Sportlers nach längerer Pause [engl., »Rückkehr, Zurückkommen«]

Co|mic|strip ⟨[kɔmɪkstrɪp] der; -s, -s⟩ gezeichnete Bilderfolge in Streifen mit komischem od. abenteuerlichem Inhalt; *Sy* Cartoon (2) [engl., eigtl. »drolliger Streifen«]

Co|ming-out *auch:* **Co|ming|out** ⟨[kʌmɪŋaʊt] das; - od. -s, -s⟩ **1** öffentliches Bekanntmachen, Herausstellen, Herauskommen; *das ~ eines neuen Filmstars* **2** ⟨umg.⟩ öffentliches Bekenntnis zur eigenen Homosexualität [engl.]

Com|me|dia dell'Ar|te ⟨die; - -; unz.⟩ um 1550 entstandenes ital. Stegreiflustspiel [ital., eigtl. »Kunstlustspiel«]

Com|mon|sense ⟨[kɔmənsɛns]⟩ *auch:* **Common Sense** ⟨der; (-) -; unz.⟩ gesunder Menschenverstand, allgemeines Beurteilungsvermögen [engl.]

Com|mu|ni|ty ⟨[kɔmjuːnɪti] die; -, -s⟩ Gemeinschaft von Personen, die ein gemeinsames Interesse verbindet, das sie durch den gegenseitigen Austausch von Erfahrung u. Wissen (bes. im Internet) verfolgen; *Internet~; Online~* [engl., »Gemeinschaft«]

Com|pact Disc ⟨[kɔmpɛkt dɪsk] die; - -, - -s; Abk.: CD⟩ digitale, optische Speicherplatte [engl., eigtl. »kompakte, dichte Platte«]

> **Compact Disc:** Die *Compact Disc* ist eine 1,2 mm dicke Kunststoffscheibe von 12 cm Durchmesser, die innerhalb weniger Jahre das Medium Schallplatte vollständig ersetzt hat. Die Abspielqualität ist im Vergleich zur Schallplatte aufgrund der digitalen Speicherungsform der Tonsignale wesentlich besser. Die digitalen Signale werden beim Abspielen mit Hilfe eines Laserstrahls abgetastet, wodurch eine störungs- und rauschfreie Wiedergabe gewährleistet ist. Im Gegensatz zur Schallplatte werden die Tonsignale von innen nach außen abgetastet, auch ein direkter Zugriff auf einzelne Musiktitel ist möglich (→*a.* CD-ROM).

Com|pi|ler ⟨[-paɪ-] der; -s, -; EDV⟩ Computerprogramm, das ein Programm in eine für die betreffende EDV-Anlage verwertbare Programmiersprache übersetzt [zu engl. *compile* »zusammenstellen«]

Com|pu|ter ⟨[-pjuː-] der; -s, -; EDV⟩ elektronischer programmierbarer Rechner, der Daten speichern und verarbeiten kann [engl.]

Com|pu|ter|ani|ma|ti|on ⟨[-pjuː-] die; -, -en; EDV⟩ bewegte, mehrdimensionale, computererzeugte Bildsequenz, die bes. in Kinofilmen verwendet wird

Com|pu|ter|si|mu|la|ti|on ⟨[-pjuː-] die; -, -en; EDV⟩ Methode, bei der von einem Vorgang eine vom Computer zu bearbeitende Modellvorstellung entwickelt wird, um Informationen über den möglichen Verlauf des Vorgangs zu gewinnen

con..., Con... ⟨in Zus.⟩ = kon..., Kon... [<lat. *con, cum* »mit«]

Con|cer|to gros|so ⟨[-tʃɛr-] das; - -, -ti gros|si; Musik⟩ Konzert für Orchester u. Soloinstrumente in der Barockmusik [ital., »großes Konzert«]

Con|ci|erge ⟨[kɔ̃sjɛrʒ] der od. die; -, -s [kɔ̃sjɛrʒ] od. -n [-sjɛrʒən]⟩ Hausmeister(in), Pförtner(in) [frz.]

con|di|tio si|ne qua non ⟨die; - - - -; unz.⟩ unerlässliche Bedingung [lat., »Bedingung, ohne die (etwas) nicht (eintreten kann)«]

Con|fé|ren|ci|er ⟨[kɔ̃ferɑ̃sjeː] der; -s, -s⟩ unterhaltender Ansager [frz., »Vortragender«]

Con|ga ⟨die; -, -s; Musik⟩ **1** (bes. im modernen Jazz verwendete) kubanische Trommel **2** ein kubanischer Tanz [amerikan.-span., nach dem afrik. Staat *Kongo*]

Con|nais|seur ⟨[-nɛsøːr] der; -s, -s⟩ Kenner, qualifizierter Begutachter, Sachverständiger, Feinschmecker; *ein ~ guten Weines* [frz.; zu *connaître* »kennen«]

Con|nec|tions ⟨[kɔnɛkʃəns] Pl.; umg.; bes. Jugendspr.⟩ Beziehungen, Kontakte, Verbindungen; *er hat gute ~ zum Chef; seine ~ spielen lassen* [engl.]

Con|sul|ting ⟨[kɔnsʌltıŋ] das; - od. -s; unz.; Wirtsch.⟩ (Unternehmens-)Beratung [<engl. *consult* »beraten, konsultieren, zurate ziehen« <lat. *consultare* »beraten«]

Con|tai|ner ⟨[-teː-] od. engl. [-tɛı-] der; -s, -⟩ Großbehälter zur Güterbeförderung od. zum Sammeln von Abfall; *Altglas~* [engl., »Behälter«]

Con|te|nance ⟨[kɔ̃ːtənɑ̃ːs] die; -; unz.⟩ Selbstbeherrschung, Haltung, Fassung, Gelassenheit (in schwierigen Situationen) [frz. <lat. *continentia* »Selbstbeherrschung, Mäßigung«]

Con|ter|gan® ⟨das; -s; unz.; Pharm.⟩ das Schlaf- u. Beruhigungsmittel Thalidomid, das 1961 aus dem Handel gezogen wurde, da es bei schwangeren Frauen schwere Schädigungen des Kindes verursachte

Con|ti|nuo ⟨Musik; kurz für⟩ Basso continuo

con|tra *auch:* **cont|ra** ⟨Präp. m. Akk.⟩ = kontra; *Ggs* pro (1); *Nietzsche ~ Wagner* [lat.]

Con|trol|ling *auch:* **Cont|rol|ling** ⟨[kɔntroʊ-] das; -s; unz.; Wirtsch.⟩ Gesamtheit der von der Unternehmensleitung ausgeübten Planungs- u. Kontrollfunktionen [engl., »Überwachung, Prüfung«]

Cool Jazz ⟨[kuːl dʒæz] der; - -; unz.; Musik⟩ moderne Form des Jazz mit dynamisch neutraler Tongebung in der Mittellage

Cool|ness ⟨[kuːlnɛs] die; -; unz.; umg.⟩ 1 Kaltblütigkeit, Kaltschnäuzigkeit 2 Kühle [engl.]

Cop ⟨der; -s, -s; umg.; US-amerikan. Bez. für⟩ Polizist

Co|py|right ⟨[kɔpiraıt] das; -s, -s⟩ Urheberrecht (bei gedruckten literar. od. musikal. Werken) [engl.]

Co|py|shop ⟨[kɔpiʃɔp] der; -s, -s⟩ Geschäft, in dem man Kopien anfertigen (lassen) kann [<engl. *copy* »kopieren, verfielfältigen« + *shop* »Geschäft«]

Cord ⟨der; -(e)s, -e od. -s; Textilw.⟩ = Kord

Cor|don bleu ⟨[-dɔ̃bløː] das; - -, -s -s [-dɔ̃ bløː]; Kochk.⟩ zwei dünne, zusammengeklappte, panierte u. gebratene Kalbsschnitzel, gefüllt mit Schinken u. Käse [frz., »blaues Band« (als Ausdruck für die besondere Wertschätzung dieses Gerichts)]

Cor|ned|beef ⟨[kɔː(r)n(ə)dbiːf]⟩ *auch:* **Corned Beef** ⟨das; (-) -; unz.⟩ gepökeltes Rindfleisch (in Büchsen) [engl., »eingesalzenes Rindfleisch«]

Cor|ni|chon ⟨[kɔrniʃɔ̃ː] das; -s, -s⟩ kleine Pfeffergurke [frz.]

Cor|po|rate Iden|ti|ty ⟨[kɔːpərıt aıdɛntıtı] die; - -; unz.⟩ Selbstdarstellung, Präsentation eines Unternehmens in der Öffentlichkeit (durch Logos, speziell gestaltete Briefköpfe, Produktverpackungen u. Ä.) [engl., »Unternehmensidentität«; zu *corporate* »gemeinsam, korporativ« + *identitiy* »Identität«]

Corps ⟨[koːr] das; - [koːrs], - [koːrs]⟩ = Korps [frz.]

Corps con|su|laire ⟨[koːr kɔ̃sylɛːr] das; - -, - -s [-lɛːr]; Abk.: CC⟩ die Angehörigen der Konsulate fremder Staaten in einem Land [frz.]

Corps de Bal|let ⟨[kɔːr də balɛː] das; - - -, - - -⟩ die (nichtsolistische) Ballettgruppe [frz., »Balletttruppe«]

Corps di|plo|ma|tique *auch:* **Corps dip|lo|ma|tique** ⟨[kɔːr -tiːk] das; - -, - -s [-tiːk]; Abk.: CD⟩ diplomatisches Korps [frz.]

Cor|pus ⟨das; -, -po|ra⟩ *Ggs* Korpus 1 ~ *Delicti* Beweisstück, Tatbestand, Gegenstand eines Verbrechens 2 ~ *Iuris* Rechtsbuch, Gesetzessammlung 3 ~ *Christi* Leib Christi, der nach der Lehre der römisch-katholischen Kirche in der geweihten Hostie anwesende Leib Jesu Christi [lat., »Gesamtwerk«, (eigtl. »Körper«)]

Cor|ti|son ⟨das; -s; unz.; Pharm.⟩ Hormon der Nebennierenrinde, wirkt schmerzlindernd bei rheumatischen Entzündungen; *oV* Kortison [<lat. *cortex* »Rinde«]

Co|sa Nos|tra *auch:* **Co|sa Nost|ra** ⟨die; - -; unz.⟩ kriminelle Vereinigung in den USA nach dem Vorbild der sizilianischen Mafia, Verbrechersyndikat [ital., »unsere Sache«]

C

Cot|tage ⟨[kɔ̣tɪdʒ] das; -, -s [-dʒɪz]⟩ **1** (kleines) Landhaus **2** ⟨österr.⟩ Villenviertel [engl., »Hütte, Haus, Kate«]

Cot|ton ⟨[kɔ̣tən] der od. das; -s; unz.; Textilw.⟩ Baumwolle [engl., »Baumwolle«]

Couch ⟨[kau̲tʃ] die od. (schweiz.) der; -, -(e)s od. -en⟩ breites Sofa; *Schlaf~; Doppel~; Leder~* [engl., »Liegesofa«]

Cou|lomb ⟨[kulɔ̲̃:] das; -s, -; chem. Zeichen: C⟩ Maßeinheit der elektr. Ladung; 1 C ist diejenige Ladungsmenge, die von einem elektr. Strom von 1 Ampere (A) Stärke in 1 Sekunde (s) transportiert wird, 1 C = 1 As [nach dem frz. Physiker Charles A. de *Coulomb,* 1736-1806]

Count-down *auch:* **Count|down** ⟨[kaʊntdau̲n] der od. das; -s, -s⟩ **1** lautes Rückwärtszählen von einer beliebigen Ausgangsziffer bis zum Start eines Vorgangs, um die bis dahin verbleibende Zeit anzuzeigen, z. B. beim Start von Raketen **2** die dafür festgelegte Zeitspanne [engl., »herunterzählen«]

Coun|ter|te|nor ⟨[kau̲n-] der; -s, -te|nö|re⟩ männl. Altstimme, hoher Tenor [<engl. *counter* »entgegengesetzt« + *Tenor*]

Countrymusic: Die *Countrymusic* ist eine im 20. Jahrhundert entstandene Stilrichtung der amerikanischen Volksmusik, früher auch als *Country and Western* bezeichnet. Sie geht auf die Volksmusik ländlicher Siedler im Südosten der USA zurück. Die → *Balladen* und Songs, die meist das »einfache Leben« beschreiben, werden von → *Violine,* → *Mandoline,* Gitarre, → *Banjo* oder Mundharmonika begleitet. In den 1920er und 1930er Jahren wurden die Songs in größerem Stil verbreitet und auch als Hillbillymusic bezeichnet.

Coun|try|mu|sic *auch:* **Count|ry|mu|sic** ⟨[kʌ̣ntrimju̲:zɪk] die; -; unz.⟩ amerikan. Volksmusik [engl.]

Coup ⟨[ku̲:] der; -s, -s⟩ Trick, Kunstgriff, überraschendes Vorgehen; *~ d'Etat* [- deta̲] Staatsstreich [frz., »Schlag, Stoß«]

Cou|pé ⟨[kupe̲:] das; -s, -s⟩ geschlossener (sportlicher) Personenkraftwagen mit abgeflachtem Dach [<frz. *coupé* »abgeschnitten, durchschnitten«]

Cou|pon ⟨[kupɔ̣ŋ] od. [kupɔ̲̃:] der; -s, -s⟩ = Kupon

Cou|ra|ge ⟨[kura̲:ʒə] die; -; unz.⟩ Mut, Entschlossenheit [frz.]

cou|ra|giert ⟨[kuraʒi̲:rt] Adj.⟩ mutig, tapfer

Court ⟨[kɔ̲:t] der; -s, -s; Sport⟩ Spielfeld (beim Tennis u. Squash); →*a.* Centrecourt [engl.]

Cour|ta|ge ⟨[kurta̲:ʒə] die; -, -n; Wirtsch.⟩ Maklergebühr bei Börsen- u. Immobiliengeschäften [frz.]

Cou|si|ne ⟨[ku-] die; -, -n⟩ = Kusine [frz.]

Co|ver ⟨[kʌ̣və(r)] das; -s, -⟩ **1** Hülle, Verpackung (von Schallplatten, CDs) **2** Titelseite (von Illustrierten) [engl., eigtl. »Bedeckung«]

co|vern ⟨[kʌ̣və(r)n] V.⟩ nachspielen, imitieren; *einen Musiktitel ~* [engl., eigtl. »bedecken«]

Co|ver|ver|sion ⟨[kʌ̣və(r)vœ:ʃn] die; -, -s; Musik⟩ erneute u. oftmals »modernisierte« Aufnahme eines älteren Musiktitels durch einen anderen Interpreten [<engl. *cover* »Deck...« + *version* »Version, Fassung«]

Cow|boy ⟨[kau̲bɔɪ] der; -s, -s⟩ berittener nordamerikan. Rinderhirt [engl. (amerikan.), »Rinderhirt«]

CPU ⟨engl. [si:pi:ju̲:] EDV; Abk. für engl.⟩ Central Processing Unit (zentrale Verarbeitungseinheit) eines Computers, Prozessor

Crack[1] ⟨[kræ̣k] der; -s, -s; Sport⟩ **1** Spitzensportler **2** hervorragendes Rennpferd [engl., »Elite, erstklassiger Sportler«]

Crack[2] ⟨[kræ̣k] das; -s; unz.; Drogenszene⟩ (bes. in den USA verbreitetes) kokainhaltiges Rauschmittel [zu engl. *crack* »knacken, spalten«]

cra|cken ⟨[kræ̣-] V.; Chemie⟩ *hochsiedende Bestandteile des Erdöls; ~* durch Einsatz von Katalysatoren u. Hitze in niedrigsiedende Komponenten spalten, angewandt zur Erhöhung der Benzinausbeute aus Erdöl; *oV* kracken [<engl. *crack* »knacken, spalten«]

Cra|cker ⟨[kræ̣-] der; -s, - od. -s⟩ **1** hartes, gesalzenes Kleingebäck **2** Knallkörper, Feuerwerkskörper [engl.]

Crash ⟨[kræʃ] der; -s, -s⟩ **1** ⟨umg.⟩ Zusammenstoß, (Auto-)Unfall **2** ⟨bes. EDV⟩ Zusammenbruch (bes. von EDV-Systemen) **3** ⟨Wirtsch.⟩ plötzlicher Zusammenbruch eines Unternehmens od. des Effektenhandels; *Börsen~* **4** ⟨Textilw.⟩ knittriges, leicht gekräuseltes Gewebe [engl.]

Crash|kurs ⟨[kræʃ-] der; -es, -e⟩ Intensivkurs zur Vermittlung von komprimiertem Unterrichtsstoff

Crash|test ⟨[kræʃ-] der; -s, -s od. -e⟩ Test, mit dem das Verhalten von Kraftfahrzeugen bei Unfällen erprobt wird [→ *Crash*]

Cré|a|tion ⟨[kreasjɔ̃:] die; -, -s⟩ = Kreation

Cre|do ⟨das; -s, -s⟩ **1** das Apostol. Glaubensbekenntnis, Teil der kath. Messe **2** ⟨allg.⟩ Glaubensbekenntnis; *oV* Kredo (2); *diese Auffassung ist sein ~* [lat. *credo* »ich glaube«, nach der Einleitung des Apostol. Glaubensbekenntnisses *Credo in unum deum* »Ich glaube an den einen Gott«]

Creme ⟨[krɛ:m] od. [kre:m] die; -, -s⟩ *oV* Krem, Kreme **1** ⟨zählb.⟩ **1.1** steife, die Form haltende, schlagsahne- od. salbenähnl. Flüssigkeit **1.2** feine, mit Sahne zubereitete Süßspeise als Füllung für Süßigkeiten u. Torten; *Butter~* **2** Hautsalbe **3** ⟨fig.⟩ das Erlesenste; *die ~ der Gesellschaft* gesellschaftl. Oberschicht [<frz. *crème* <lat. *chrisma* <grch. *chrisma;* zu grch. *chriein* »salben«]

Crème de la crème ⟨[krɛ:m də la krɛ:m] die; - - - -; unz.; umg.; meist abwertend od. scherzh.⟩ erlesener Kreis der gesellschaftlichen Oberschicht; *bei dem Empfang war die ganze ~ vertreten* [frz., eigtl. »Sahne der Sahne«]

Crème fraîche ⟨[krɛ:m frɛʃ] die; - -, -s -s [krɛ:m frɛʃ]; Kochk.⟩ (bes. zur Verfeinerung von Soßen verwendete) sehr fetthaltige saure Sahne [frz., »frische Sahne«]

Crêpe ⟨[krɛp] der od. die; -s, -s⟩ = Krepp

cre|scen|do ⟨[krɛʃɛndo] Abk.: cresc.; Musik; Zeichen: <⟩ lauter werdend, anschwellend (zu spielen); *Sy* accrescendo; *Ggs* decrescendo [ital., »wachsend«]

Crew ⟨[kru:] die; -, -s⟩ **1** Besatzung (eines Schiffes od. Flugzeugs); *die ~ der Boeing 747 begrüßt Sie an Bord* **2** Gruppe, Team [engl., »Schiffsmannschaft, Belegschaft«]

Cri|cket ⟨das; -s, -s; Sport⟩ = Kricket

Crois|sant ⟨[kroasã:] das; -s, -s⟩ Hörnchen aus Blätterteig [frz., »Halbmond«]

Crom|ar|gan® *auch:* **Cro|mar|gan**® ⟨das; -s; unz.⟩ rostfreie Legierung aus Chrom u. Nickel mit silberartigem Glanz, für Besteck u. Geschirr verwendet [<*Chrom* + *Argentan* (<lat. *argentum* »Silber«)]

Cros|sing-over *auch:* **Crossing|over** ⟨[krɔ sɪŋoʊvə(r)] das; -s; unz.; Genetik⟩ Mechanismus, der zum Austausch von Chromosomensegmenten führt [engl., »Überkreuzen«]

Crou|pi|er ⟨[krupje:] der; -s, -s⟩ Bankhalter (einer Spielbank) [frz.]

Crux ⟨die; -; unz.⟩ **1** Kreuz **2** ⟨fig.⟩ Last, Bürde, Kummer, Leid; *oV* Krux; *das ist eine ~!* das ist ein Kreuz, eine schwierige Sache! [lat., »Kreuz«]

Csar|das *auch:* **Csár|dás** ⟨[tʃa:rdaʃ] der; -, -⟩ ungar. Nationaltanz im $^2/_4$-Takt

cum lau|de mit Lob (bestanden), dritthöchstes Prädikat in deutschen Doktorprüfungen [lat., »mit Lob«]

cum tem|po|re ⟨Abk.: c.t.⟩ mit dem akadem. Viertel, eine Viertelstunde nach der angegebenen Zeit; *Ggs* sine tempore [lat., »mit Zeit«]

Cup ⟨[kʌp] der; -s, -s⟩ **1** Pokal **2** Ehrenpreis bei Sportwettkämpfen **3** der Wettkampf selbst; *Davis-~* **4** Körbchengröße von Büstenhaltern [engl., »Pokal; Schale«]

> **Curie:** Die frühere Maßeinheit des radioaktiven Zerfalls ist nach dem Ehepaar Marie (1867-1934) und Pierre (1859-1906) *Curie* benannt. Marie *Curie* entdeckte 1898 die Radioaktivität des *Thoriums* und später gemeinsam mit ihrem Mann die radioaktiven Elemente *Polonium* und *Radium*. Sie erforschte unter anderem die physikalischen, biologischen und chemischen Wirkungen der radioaktiven Strahlung und den medizinischen Einsatz von Röntgenstrahlen (→*a.* Becquerel).

Cu|rie ⟨[kyri:] das; -, -; chem. Zeichen: Ci⟩ früher gebrauchte Maßeinheit der radioaktiven Strahlung, 1 Ci entspricht

3,7·10^10 Zerfallsakten je Sekunde in einem radioaktiven Material

Cu|ri|um ⟨das; -s; unz.; chem. Zeichen: Cm⟩ künstl. hergestelltes chem. Element, Ordnungszahl 96 [nach dem Ehepaar *Curie*]

Cur|ri|cu|lum ⟨das; -s, -cu|la⟩ **1** Lehrplan einschließlich der Inhalte u. Ziele, Methoden u. Ergebnisse **2** ~ *Vitae* [vi:tɛ:] Lebenslauf [lat., »Lebenslauf«]

Cur|ry ⟨[kʌrı] od. [kœrı] der od. das; -; unz.⟩ Mischung scharfer indischer Gewürze [engl. <Tamil *kari*]

Cur|sor ⟨[kœ:sə(r)] der; -s, -; EDV⟩ bewegliche Markierung, die anzeigt, an welcher Stelle des Bildschirmes neue Zeichen od. Befehle eingegeben werden können [engl., eigtl. »Läufer«]

Cut[1] ⟨[kʌt] der; -s, -s; umg.; Film⟩ **1** Schnitt in Ton- u. Filmaufnahmen **2** Bearbeitung von Ton- u. Filmaufnahmen durch den Cutter od. den Regisseur [engl., »Schnitt, Schnittwunde«]

Cut[2] ⟨[kʌt] der; - od. -s, -s⟩ **1** ⟨kurz für⟩ Cutaway **2** ⟨Sport; Golf⟩ bestimmte Anzahl an Schlägen zur Finalqualifikation; *nach zwei Runden am ~ scheitern*

Cut|away ⟨[kʌtəwɛı] der; - od. -s, -s⟩ Herrenschoßrock mit vorn stark abgerundeten Schößchen; *Sy* Cut[2] (1) [<engl. *cutaway coat;* zu *cut away* »wegschneiden«]

Cy|an|ka|li ⟨das; -s; unz.; Chemie⟩ = Zyankali

Cy|ber|space ⟨[saıbə(r)spɛıs] der; -; unz.; EDV⟩ nur in einem EDV-System existenter Raum, in dem Wahrnehmung u. Fortbewegung mit Hilfe spezieller Geräte (Datenhandschuhe, Raumbrille usw.) möglich sind [engl. <grch. *kybernetike* »Steuermannskunst« + engl. *space* »Raum«]

cy|clisch *auch:* **cyc|lisch** ⟨Adj.; Chemie⟩ ringförmig; *oV* zyklisch; *~e Verbindung* chem. Verbindung mit ringförmiger Anordnung der Atome

cy|ril|lisch ⟨Adj.⟩ = kyrillisch

Cy|to|sin ⟨das; -s; unz.; Biol.⟩ wichtiger Bestandteil der Nukleinsäure, bildet zusammen mit Guanin eines der beiden Basenpaare, die als Sprossenverbindung in der Doppelhelix des DNA-Strangs vorhanden sind [<grch. *kytos* »Höhlung, Urne«]

D ⟨röm. Zahlzeichen für⟩ fünfhundert

da ca|po ⟨Musik; Abk.: d.c.⟩ noch einmal von vorn; ~ *singen oder spielen* [ital., »vom Kopfe (= Anfang) an«)]

> **Dadaismus:** Der *Dadaismus* war eine internationale künstlerische Bewegung, die gegen die überlieferten kulturellen und gesellschaftlichen Traditionen rebellierte. Er ist zeitlich zwischen dem → *Kubismus* und dem → *Surrealismus* angesiedelt (1916 begründet). Der Name *Dada* sollte eine Rückkehr zu kindlicher Primitivität und Spontanität anzeigen. Der *Dadaismus* bereitete mit neuen künstlerischen Formen wie der → *Collage* und der → *Fotomontage* u.a. den Surrealismus vor. Wichtige Vertreter waren Hans Arp, Hugo Ball, Marcel Duchamp und Kurt Schwitters.

Da|da|is|mus ⟨der; -; unz.⟩ literar.-künstler. Bewegung nach dem 1. Weltkrieg

Dak|ty|lus ⟨der; -, -ty|len; Metrik⟩ Versfuß aus einer langen, betonten u. zwei kurzen, unbetonten Silben [<grch. *daktylos* »Finger«]

Da|lai-La|ma ⟨der; - od. -s, -s⟩ kirchliches Oberhaupt der Tibeter [<mongol. *dalai* »Meer« + *Lama*]

Da|mast ⟨der; -(e)s, -e; Textilw.⟩ feines Gewebe mit eingewebtem gleichfarbigem Muster [nach der syrischen Hauptstadt *Damaskus*]

Da|mo|kles|schwert *auch:* **Da|mok|les-schwert** ⟨das; -(e)s; unz.; fig.⟩ eine beständig drohende Gefahr; *ein ~ hängt über seinem Haupt* [nach *Damokles*, Höfling des jüngeren Dionysos von Syrakus, 396 bis 337 v. Chr.; der Tyrann ließ ihn unter einem an einem Pferdehaar aufgehängten Schwert üppig speisen, um ihm das gefährliche Glück des Herrschers zu veranschaulichen]

Dä|mon ⟨der; -s, -mo|nen⟩ **1** Teufel, böser Geist **2** übermenschliches Wesen, Geist; *von einem ~ besessen sein; von seinem ~ getrieben* [<grch. *daimon* »Gott, Teufel, Schicksal«]

Dan|dy ⟨[dændı] der; -s, -s⟩ Angeber, Geck, Modenarr [engl.]

Dar|jee|ling ⟨[-dʒiː-] der; -s, -s⟩ indische Teesorte [nach der indischen Distriktshauptstadt *Darjiling*]

Darts ⟨Pl.⟩ aus England stammendes Wurfspiel, bei dem kleine Pfeile auf eine runde, in Kreissegmente aufgeteilte Zielscheibe geworfen werden; *~turnier* [<engl. *dart* »Wurfspieß, Speer«]

> **Darwinismus:** Der *Darwinismus* ist eine Theorie der → *Evolution* des Lebens auf der Erde, die sich mit den Ursachen der Entstehung und der Veränderung der Arten befasst. Der »Kampf ums Dasein« führt nach *Darwin* zu einer natürlichen Auslese innerhalb der Arten, da nur die am besten angepassten Lebewesen überleben. Der *Darwinismus* stellte ältere Theorien, besonders die idealistische Naturbetrachtung sowie den biblischen Schöpfungsglauben, in Frage und begründete damit die moderne Evolutionstheorie, die heute Erkenntnisse aus der → *Genetik*, → *Biologie*, → *Ökologie* und anderen Wissenschaften mitberücksichtigt.

Dar|wi|nis|mus ⟨der; -; unz.; Biol.⟩ eine Evolutionstheorie [nach dem engl. Naturforscher Charles *Darwin*, 1809-1882]

Date ⟨[dεıt] das; -s, -s; umg.⟩ **1** Verabredung, Termin; *er hat heute Abend ein wichtiges ~* **2** Person, mit der man sich trifft; *sein ~ hat ihn versetzt* [engl., »Datum«]

Da|tei ⟨die; -, -en⟩ **1** Sammlung sachlich zusammengehöriger Daten **2** ein auf einer Festplatte oder Diskette gespeicherter Bestand an Daten; *eine ~ speichern* [verkürzt <*Da*ten + Kar*tei*]

Da|ten ⟨Pl. von⟩ Datum

Da|ten|bank ⟨die; -, -en; EDV; kurz für⟩ System aus einer EDV-Anlage, einer Menge von untereinander vernetzten Daten u. speziellen Programmen, die mehreren Benutzern einen schnellen Zugriff auf die Daten ermöglichen; *Sy* Datenbanksystem

D

Da|ten|bank|sys|tem ⟨das; -s, -e; EDV⟩ = Datenbank

da|tie|ren ⟨V.⟩ **1** mit einem Datum versehen (Brief) **2** die Entstehungszeit bestimmen; *ein Kunstwerk ~* **3** *~ von* stammen, herrühren von [→ *Datum*]

Da|tiv ⟨der; -s, -e [-və]; Abk.: Dat.; Gramm.⟩ 3. Fall der Beugung, Wemfall [verkürzt <lat. *casus dativus* »Gebefall«; zu lat. *dare* »geben«; → *Datum*]

Da|tiv|ob|jekt ⟨das; -(e)s, -e; Gramm.⟩ Satzergänzung im Dativ, *z. B. sie reicht »ihm« die Schüssel; →a.* Objekt (3)

Da|tum ⟨das; -s, Da|ten⟩ **1** bestimmter Zeitpunkt; die Daten der Weltgeschichte; Daten aus dem Leben eines Künstlers **2** Angabe eines Tages nach dem Kalender; *~ des Poststempels* **3** ⟨meist Pl.⟩ Tatsache, Angabe **4** ⟨Informatik; Pl.⟩ *Daten* statistische Werte, Zahlen- od. Größenwerte; *Daten eingeben; datenverarbeitende Software* [lat., Part. Perf. zu *dare* »geben«]

→ **down:** Was du nicht unter *dau-* findest, kann unter *dow-* stehen, z. B. *down*!

Da|vis|cup *auch:* **Da|vis-Cup** ⟨[dɛɪvɪskʌp] der; -s; unz.⟩ (seit 1900 ausgespielter) Wanderpreis im Tennis; *Sy* Davispokal [nach dem amerikan. Stifter Dwight F. *Davis*, 1879-1945]

Da|vis|po|kal *auch:* **Da|vis-Po|kal** ⟨[dɛɪvɪs-] der; -s; unz.; Sport⟩ = Daviscup

DAX, Dax ⟨der; -; unz.; Abk. für⟩ Deutscher Aktienindex, der seit 1988 den Durchschnittswert der dreißig umsatzstärksten deutschen Aktien darstellt

D-Day ⟨[di:dɛɪ] der; -s, -s; Mil.⟩ **1** ⟨urspr.⟩ Tag der Landung alliierter Truppen in der Normandie am 6. Juni 1944 **2** ⟨danach⟩ Auftakt, erster Tag einer größeren Unternehmung [Herkunft umstritten, viell. kurz für engl. *decision day* »Tag der Entscheidung«]

de..., De... ⟨vor Vokalen⟩ des..., Des... ⟨Vorsilbe⟩ von, weg, ent... [lat.]

Dead|line ⟨[dɛdlaɪn] die; -, -s⟩ letztmöglicher Termin, äußerste Frist; *eine ~ nennen* [engl., eigtl. »Grenzlinie«]

dea|len ⟨[di:-] V.; umg.⟩ mit Drogen handeln [<engl. *deal* »handeln«]

Dea|ler ⟨[di:-] der; -s, -⟩ Drogenhändler [engl.]

De|ba|kel ⟨das; -s, -⟩ Zusammenbruch, Niederlage; *ein ~ erleiden; seine Examensprüfung war ein ~* [<frz. *débâcle* »Zusammenbruch«]

De|bat|te ⟨die; -, -n⟩ **1** Erörterung; *zur ~ stehen* erörtert werden; *etwas zur ~ stellen* veranlassen, dass etwas erörtert wird **2** Wortgefecht; *sich in eine ~ einlassen* **3** Verhandlung vor einem Parlament; *Bundestags~* [frz. *débat* »Debatte, Diskussion«]

De|büt ⟨[deby:] das; -s, -s⟩ **1** erstes öffentl. Auftreten, bes. auf der Bühne **2** erste Vorstellung bei Hofe; *sein ~ geben, liefern* [<frz. *début* »Anspiel, erstes Auftreten«]

de|bü|tie|ren ⟨V.⟩ sein Debüt geben; *sie debütierte am Staatstheater München* [<frz. *débuter* »(Spiel) anfangen, zum ersten Mal an die Öffentlichkeit treten«]

de|chif|frie|ren *auch:* **de|chiff|rie|ren** ⟨[-ʃɪfri:-] V.⟩ **1** entziffern **2** entschlüsseln [<frz. *déchiffrer*]

de|co|die|ren ⟨V.; fachsprachl. für⟩ dekodieren; *Ggs* codieren

De|co|die|rung ⟨[-ko-] die; -, -en⟩ Entschlüsselung; *~ einer verschlüsselten Information; oV* Dekodierung

de|cre|scen|do ⟨[dekrɛʃɛndo] Abk.: decresc.; Zeichen: >; Musik⟩ leiser werdend (zu spielen); *Ggs* crescendo [ital., »abnehmend«]

De|duk|ti|on ⟨die; -, -en; Philos.⟩ Ableitung des Besonderen aus dem Allgemeinen; *Ggs* Induktion [<lat. *deductio* »Hinführung«]

de|du|zie|ren ⟨V.; Philos.⟩ deduktiv ableiten, folgern; *Ggs* induzieren (1) [<lat. *deducere* »fortführen, ableiten«]

de fac|to ⟨Adv.; Rechtsw.⟩ tatsächlich, den Tatsachen entsprechend [lat., »von der Tatsache aus«]

De|fä|tis|mus ⟨der; -; unz.⟩ Unglaube an den Sieg, Schwarzseherei, Untergangsstimmung, Miesmacherei [<frz. *défaitisme* »Überzeugung, militärisch geschlagen zu werden«]

de|fekt ⟨Adj.⟩ **1** fehlerhaft, mangelhaft **2** beschädigt, schadhaft [<lat. *defectus* »geschwächt, mangelhaft«]

De|fẹkt ⟨der; -(e)s, -e⟩ **1** Mangel, Fehler, Gebrechen; *er hat einen körperlichen, geistigen* ~ **2** Beschädigung, Schaden; *Motor*~

de|fen|si̲v ⟨Adj.⟩ abwehrend, verteidigend; *Ggs* offensiv (1); *eine* ~*e Haltung einnehmen* [<lat. *defendere* »verteidigen«]

De|fen|si̲|ve ⟨[-və] die; -, -n⟩ Abwehr, Verteidigung, Abwehrstellung; *in die* ~ *gehen; Ggs* Offensive [<frz. *défensive* »Verteidigungsstellung«]

De|fi|le̲e̲ ⟨das; -s, -s⟩ **1** ⟨Geogr.⟩ Engpass, Hohlweg **2** ⟨Mil.⟩ feierlicher Vorbeimarsch [<frz. *défilé*]

de|fi|ni̲e̲|ren ⟨V.⟩ (genau) erklären, begrifflich bestimmen; *einen Begriff* ~ [<lat. *definire* »abgrenzen, bestimmen«]

De|fi|ni|ti|o̲n ⟨die; -, -en⟩ **1** Begriffsbestimmung **2** ⟨kath. Kirche⟩ unfehlbare Entscheidung [<lat. *definitio* »Begriffsbestimmung«]

de|fi|ni|ti̲v ⟨Adj.⟩ endgültig, bestimmt; *ein* ~*er Beschluss; eine* ~*e Entscheidung* [<lat. *definitivus* »bestimmend, entscheidend«]

De̲|fi|zit ⟨a. [--'-] das; -s, -e⟩ **1** Mangel **2** Fehlbetrag **3** Einbuße, Verlust [<lat. *deficit* »es fehlt«]

De|fla|ti|o̲n ⟨die; -, -en⟩ **1** ⟨Wirtsch.⟩ starke Einschränkung des Geldumlaufs (ohne Verringerung der Produktion); *Ggs* Inflation **2** ⟨Geol.⟩ Abtragung von lockerem Gestein u. Sand

De|for|ma|ti|o̲n ⟨die; -, -en⟩ **1** Form-, Gestaltveränderung **2** Verunstaltung **3** Missbildung [<lat. *deformatio* »Entstellung«]

de|for|mi̲e̲|ren ⟨V.⟩ **1** verformen **2** verunstalten, entstellen [<lat. *deformare* »entstellen«]

De|ge|ne|ra|ti|o̲n ⟨die; -, -en⟩ Rückbildung, Entartung, Abnahme der Leistungsfähigkeit u. Widerstandskraft; *Ggs* Regeneration (1) [<lat. *degeneratio*]

de|ge|ne|ri̲e̲|ren ⟨V.⟩ sich zurückbilden, entarten, körperlich oder geistig verfallen; *Ggs* regenerieren (1) [<lat. *degenerare* »entarten«]

de|gra|di̲e̲|ren ⟨V.⟩ **1** ⟨bes. Mil.⟩ *jmdn.* ~ im Rang herabsetzen; *einen Offizier zum Gefreiten* ~ **2** *den Boden* ~ durch Entzug von wertvollen Nährstoffe verschlechtern **3** ⟨Physik⟩ *Energie* ~ zerstreuen [<frz. *dégrader* »degradieren, herabsetzen«]

◆ Die Buchstabenfolge **de|hy|dr...** kann auch **de|hyd|r...** getrennt werden.

◆**De|hy|dra|ta|ti|o̲n** ⟨die; -, -en; Chemie⟩ Entzug von Wasser [<*De...* + grch. *hydor* »Wasser«]

◆**De|hy|dra|ti|o̲n** ⟨die; -, -en; Chemie⟩ Entzug von Wasserstoff; *oV* Dehydrierung

◆**De|hy|dri̲e̲|rung** ⟨die; -, -en; Chemie⟩ = Dehydration

De̲i̲|xis ⟨a. [deːi̯-] die; -; unz.; Sprachw.⟩ Hinweisfunktion (von Wörtern) [zu grch. *deiknynai* »zeigen«]

Dé|jà-vu ⟨[deʒavyː] das; - od. -s, -s⟩ Begebenheit, von der man glaubt, diese schon einmal erlebt zu haben, Erinnerungstäuschung [<frz. *déjà* »schon« + *vu* »gesehen«]

de|ka..., De|ka... ⟨vor Vokalen⟩ dek..., Dek... ⟨Abk.: da⟩ zehn..., Zehn...; bei Maßeinheiten das Zehnfache der genannten Einheit; *Dekameter; Dekagon* [<grch. *dek* »zehn«]

de|ka|dẹnt ⟨Adj.; abwertend⟩ kulturell und sittlich heruntergekommen, im Verfall begriffen [<frz. *décadent*]

De|ka|dẹnz ⟨die; -; unz.⟩ kultureller, sittlicher Verfall

De|ka̲n ⟨der; -s, -e⟩ **1** Leiter einer Hochschulfakultät **2** ⟨evang. Kirche⟩ Superintendent **3** ⟨kath. Kirche⟩ Vorsteher eines geistlichen Kollegiums [<lat. *decanus* »Führer von 10 Mann«; zu *decem* »zehn«]

De|ka|na̲t ⟨das; -(e)s, -e⟩ **1** Verwaltung einer Fakultät; *ein Zeugnis beim* ~ *beantragen* **2** Amt, Würde eines Dekans (1) **3** ⟨evang. Kirche⟩ Amtsbezirk eines Superintendenten **4** ⟨kath. Kirche⟩ Amtsbezirk eines Dekans (3)

De|kla|ma|ti|o̲n ⟨die; -, -en⟩ **1** kunstgerechter Vortrag, z. B. einer Dichtung **2** ⟨scherzh.⟩ übertreibender, pathetischer sprachlicher Ausdruck [<lat. *declamatio* »Redeübung, Vortrag«]

de|kla|mi̲e̲|ren ⟨V.⟩ **1** ausdrucksvoll vortragen; *bei der Abiturfeier deklamierte er ein Gedicht* **2** deutlich sprechen, z. B.

D

beim Gesang **3** ⟨umg.; scherz.⟩ übertrieben pathetisch sprechen [<lat. *declamare* »laut vortragen«]

De|kla|ra|ti|on ⟨die; -, -en⟩ **1** offizielle Erklärung **2** Zollerklärung, Inhalts- od. Wertangabe [<lat. *declaratio* »Kundgebung, Erklärung«]

de|kla|rie|ren ⟨V.⟩ **1** eine Deklaration abgeben über, erklären **2** Inhalt, Wert angeben von; *eine Sendung als Gefahrgut* ~ [<lat. *declarare* »deutlich machen, zeigen, darlegen«]

De|kli|na|ti|on ⟨die; -, -en⟩ **1** ⟨Gramm.⟩ ~ *des Nomens, Pronomens* Beugung, Flexion; *starke* ~; *schwache* ~; *gemischte* ~; *adjektivische* ~ **2** ⟨Astron.⟩ Winkelabstand eines Gestirns vom Himmelsäquator **3** ⟨Geophysik⟩ Abweichung der Richtung einer Magnetnadel von der Nordrichtung, Missweisung [<lat. *declinatio* »Beugung«]

de|kli|nie|ren ⟨V.; Gramm.⟩ *ein Nomen, Pronomen* ~ seine vier Fälle bilden, beugen [<lat. *declinare* »beugen«]

de|ko|die|ren ⟨V.⟩ entschlüsseln; *oV* decodieren; *Ggs* kodieren; *einen Text* ~

De|ko|die|rung ⟨die; -, -en⟩ = Decodierung

De|kolle|té ⟨[-kɔlteː] das; -s, -s⟩ = Dekolletee

De|kolle|tee ⟨[-kɔl-] das; -s, -s⟩ tiefer Kleidausschnitt; *oV* Dekolleté; *ein gewagtes, tiefes* ~ [<frz. *décolleté*]

De|kon|ta|mi|na|ti|on ⟨die; -, -en; Kernphysik⟩ Reinigung von Lebewesen oder Gegenständen von radioaktiv strahlenden Stoffen; *Ggs* Kontamination

de|kon|ta|mi|nie|ren ⟨V.; Kernphysik⟩ **1** *Spaltprodukte* ~ aus einem Kernreaktor entfernen **2** von radioaktiven Stoffen reinigen

De|kor ⟨der od. das; -s, -s od. -e⟩ Verzierung, Schmuck, Muster (bes. auf Glas- u. Tonwaren); *Blumen*~; *geometrisches* ~ [<frz. *décor*]

De|ko|ra|ti|on ⟨die; -, -en⟩ **1** Ausschmückung, Schmuck, Ausstattung; *Bühnen*~; *Blumen*~ **2** Orden, Ehrenzeichen [<frz. *décoration* »Ausschmückung, Ausstattung«]

De|kret ⟨das; -(e)s, -e⟩ behördl. Verordnung, Verfügung; *ein* ~ *erlassen* [<lat. *decretum* »Beschluss, Verordnung«]

De|le|ga|ti|on ⟨die; -, -en⟩ **1** Abordnung; *eine* ~ *von Vertretern der deutschen Industrie; eine* ~ *japanischer Wissenschaftler* **2** Übertragung (einer Vollmacht, Befugnis) [<lat. *delegatio* »Zuweisung, Überweisung«]

de|le|gie|ren ⟨V.⟩ **1** abordnen; *jmdn. zu einer Tagung* ~ **2** ⟨Rechtsw.⟩ übertragen [<lat. *delegare* »zuweisen, überweisen«]

Del|fin ⟨der; -s, -e; Zool.⟩ = Delphin

de|li|kat ⟨Adj.⟩ **1** köstlich, lecker; ~*e Speise* **2** empfindlich, zartfühlend **3** heikel, behutsam zu behandeln; *eine* ~*e Angelegenheit* [<frz. *délicat*]

De|li|ka|tes|se ⟨die; -, -n⟩ **1** ⟨zählb.⟩ köstliche Speise; *Räucherlachs mit Meerrettichsauce ist eine* ~ **2** ⟨unz.; sinnbildl.⟩ Behutsamkeit; *eine Sache mit* ~ *behandeln* [<frz. *délicatesse*]

De|likt ⟨das; -(e)s, -e⟩ strafbare Handlung [<lat. *delictum* »Vergehen, Fehltritt«]

De|lin|quent ⟨der; -en, -en⟩ Übeltäter, Verbrecher [<lat. *delinquens,* Part. Präs. zu *delinquere* »einen Fehltritt begehen«]

De|li|ri|um ⟨das; -s, -ri|en⟩ Zustand der Verwirrung mit Wahnvorstellungen; ~ *tremens* nach chron. Alkoholvergiftung akut auftretende, schwere Bewusstseinstrübung [<lat. *delirium* »Wahnsinn«; lat., *tremens,* Part. Präs. von *tremere* »zittern«]

> **Delphin/Delfin** Die aus dem Griechischen stammende *ph*-Schreibung kann bei den Silben *phon, phot, graph* durch die Schreibung mit »f« ersetzt werden (*fon, fot, graf*). Das Gleiche gilt für Einzelfälle, wie *Delphin* (auch: *Delfin*) und *Phantasie* (auch: *Fantasie*).

Del|phin ⟨der; -s, -e; Zool.⟩ Angehöriger einer Familie der Zahnwale mit schnabelartigem Kiefer, vornehmlich Fischfresser; *oV* Delfin [<lat. *delphinus* <grch. *delphis*]

Del|ta **1** ⟨das; -s od. -, -s; Zeichen: δ, Δ⟩ **1.1** grch. Buchstabe **1.2** ⟨Math.⟩ Symbol für das Dreieck od. den Zuwachs einer Größe **2** ⟨das; -s, -s od. Del|ten⟩ dreieckförmige Flussmündung [nach der Form des grch. großen Buchstabens *Delta* (Δ)]

Dem|a|go|ge *auch:* **De|ma|go|ge** ⟨der; -n, -n⟩ 1 ⟨im antiken Griechenland⟩ Volksführer, der durch seine Rednergabe die Volksversammlung beeinflusst 2 ⟨heute abwertend für⟩ Aufwiegler, Volksverhetzer [<*Demo…* + grch. *agein* »führen«]

De|men|ti ⟨das; -s, -s⟩ 1 Ableugnung 2 Widerruf 3 Richtigstellung (einer Nachricht) [<frz. *démenti*]

de|men|tie|ren ⟨V.⟩ 1 leugnen, bestreiten 2 widerrufen 3 berichtigen [<frz. *démentir* »dementieren, widerlegen, ableugnen«]

de|mi|nu|tiv ⟨Adj.⟩ = diminutiv

de|mo…, De|mo… ⟨vor Vokalen⟩ dem…, Dem… ⟨in Zus.⟩ Volk [<grch. *demos* »Volk«]

De|mo|gra|fie ⟨die; -, -n⟩ = Demographie

De|mo|gra|phie ⟨die; -, -n⟩ Beschreibung, Darstellung von Struktur u. Bewegung der Bevölkerung aufgrund der Bevölkerungsstatistik, Bevölkerungslehre; *oV* Demografie [<*Demo…* + *…graphie*]

De|mo|krat ⟨der; -en, -en⟩ Anhänger, Vertreter der Demokratie; *er ist ein überzeugter ~*

De|mo|kra|tie ⟨die; -, -n⟩ Volksherrschaft, Staatsform, bei der ein Staat nach dem Willen des Volkes regiert wird [<*Demo…* + *…kratie*]

de|mo|kra|tisch ⟨Adj.⟩ der Demokratie entsprechend, nach den Grundsätzen der Demokratie verfahrend

> ◆ Die Buchstabenfolge **de|mons|tr…** kann auch **de|monst|r…** getrennt werden.

◆ **De|mons|tra|ti|on** ⟨die; -, -en⟩ 1 Beweisführung, Darlegung 2 anschaul. Schilderung, Schau, Vorführung; *eine ~ seines sportlichen Könnens; eine ~ militärischer Stärke* 3 Massenkundgebung, Protestkundgebung; *eine ~ gegen Lohnkürzungen veranstalten; die Leipziger Montags~ von 1989* [<lat. *demonstratio* »das Zeigen, Darlegung«]

◆ **de|mons|tra|tiv** ⟨Adj.⟩ 1 beweisend 2 anschaulich darlegend 3 absichtlich, auffallend, betont; *~er Beifall; ~ zustimmen* 4 ⟨Gramm.⟩ hinweisend

◆ **De|mons|tra|tiv** ⟨das; -s, -e [-və]; Gramm.⟩ Pronomen, das auf eine od. mehrere Personen, Gegenstände od. Sachverhalte hinweist, hinweisendes Fürwort, *z. B. »diese(r)«*; *Sy* Demonstrativum

◆ **De|mons|tra|ti|vum** ⟨[-vum] das; -s, -va [-va]; Gramm.⟩ = Demonstrativ

◆ **de|mons|trie|ren** ⟨V.⟩ 1 anschaulich vorführen, darlegen, beweisen 2 eine Demonstration (3) veranstalten, an ihr teilnehmen; *gegen Atomkraft ~* [<lat. *demonstrare* »aufmerksam machen«]

De|mo|sko|pie *auch:* **De|mos|ko|pie** ⟨die; -, -n⟩ Meinungsforschung zu politischen oder wirtschaftlichen Zwecken, z. B. zur Vorhersage von Wahlergebnissen [<*Demo…* + *…skopie*]

Den|drit *auch:* **Dend|rit** ⟨der; -en, -en⟩ 1 bäumchenartig verzweigte Oberfläche von Nervenzellen 2 pflanzenähnliche Zeichnung in Gesteinen (durch Mangan- od. Eisenlösungen in Gesteinen hervorgerufen) [<grch. *dendron* »Baum«]

De|no|ta|ti|on ⟨die; -, -en; Sprachw.⟩ Bedeutung (eines Wortes), Grundbedeutung [zu lat. *denotare* »bezeichnen«]

Den|tal ⟨der; -s, -e; Phon.⟩ mit der Zungenspitze an den Schneidezähnen gebildeter Konsonant, Zahnlaut, *z. B. engl. »th« [ð]*

De|nun|zi|a|ti|on ⟨die; -, -en⟩ Anzeige bei der Polizei od. einer Behörde mit dem Ziel, jmdm. zu schaden, Anschwärzung

de|nun|zie|ren ⟨V.⟩ aus niedrigen Beweggründen anzeigen, bei der Polizei oder einer Behörde anschwärzen [<lat. *denuntiare* »ankündigen, anzeigen«]

Deo|do|rant ⟨das; -s, -e od. -ti|en; umg.⟩ kosmet. Mittel gegen Körpergeruch [engl. <lat. *de* »von, weg« + *odor* »Geruch«]

> **dependentiell/dependenziell** Lässt sich ein abgeleitetes Wort auf ein Substantiv, das auf »z« endet, zurückführen, ist neben der fremdsprachigen auch die eingedeutschte Schreibung möglich. Beide Schreibungen sind gleichberechtigt (→*a.* Differenzial).

de|pen|den|ti|ell ⟨Adj.⟩ = dependenziell

De|pen|denz ⟨die; -, -en⟩ Abhängigkeit, Unselbstständigkeit [<frz. *dépendance*]

de|pen|den|zi|ell ⟨Adj.⟩ sich auf eine Dependenz beziehend; *oV* dependentiell

> **Depot:** Der Laut [po:] wird in französischen Fremdwörtern oft *pot* geschrieben, z. B. in *Depot*!

De|po|nie ⟨die; -, -n⟩ Lager(platz); *Müll~*

de|po|nie|ren ⟨V.⟩ hinterlegen, in Verwahrung geben [<lat. *deponere* »niederlegen«]

De|por|ta|ti|on ⟨die; -, -en⟩ Zwangsverschickung von Schwerverbrechern oder polit. Missliebigen, bes. die Verschleppung der europäischen Juden in Konzentrationslager während des Zweiten Weltkrieges [<frz. *déportation*]

de|por|tie|ren ⟨V.⟩ zwangsverschleppen, verbannen [<frz. *déporter* <lat. *deportare* »forttragen«]

De|pot ⟨[depo:] das; -s, -s⟩ **1** Lager, Aufbewahrungsort; *Bank~* **2** Straßenbahnhof; *Straßenbahn~* **3** Archiv, Magazin **4** ⟨Med.⟩ Speicher, Ansammlung, Ablagerung; *~präparat* [<frz. *dépôt* »Verwahrung(sort)«]

De|pres|si|on ⟨die; -, -en⟩ **1** Niedergeschlagenheit, gedrückte Stimmung, Schwermut; *~en haben; ~en bekommen* **2** ⟨Wirtsch.⟩ Konjunkturphase mit fallender Tendenz **3** ⟨Meteor.⟩ = Zyklon **4** ⟨Geogr.⟩ unter dem Meeresspiegel liegendes Land **5** ⟨Astron.⟩ der unter dem Horizont liegende Teil des Höhenkreises eines Gestirns **6** ⟨Physik⟩ Absinken unter einen Normalwert [<lat. *depressus,* Part. Perf. zu *deprimere* »niederdrücken«]

de|pres|siv ⟨Adj.⟩ an Depressionen (1) leidend, niedergeschlagen, verstimmt [<lat. *depressus,* Part. Perf. zu *deprimere* »niederdrücken«]

Der|by ⟨engl. [dœ:bı] od. [da:bı] das; -s, -s; Sport⟩ **1** Pferderennen **2** Wettkampf [engl.; nach Lord *Derby,* der das Rennen 1780 gründete]

De|ri|vat ⟨[-va:t] das; -(e)s, -e⟩ **1** chem. Verbindung, die aus einer anderen durch den Austausch einzelner Atome od. Atomgruppen abgeleitet ist **2** durch Ableitung gebildetes Wort, z. B. »bauen« von »Bau« [<lat. *derivatus,* Part. Perf. zu *derivare* »ableiten«]

Der|ma|to|lo|gie ⟨die; -; unz.; Med.⟩ Lehre von den Hautkrankheiten [<grch. *derma,* Gen. *dermatos* »Haut« + *...logie*]

des..., Des... ⟨Vorsilbe⟩ = de..., De...

De|sas|ter ⟨das; -s, -⟩ Unglück, Unheil, Katastrophe, Zusammenbruch [<frz. *désastre* »Katastrophe, Unheil, Zusammenbruch«]

des|a|vou|ie|ren *auch:* **de|sa|vou|ie|ren** ⟨[-vu-] V.; geh.⟩ **1** ableugnen, missbilligen **2** für unbefugt erklären **3** bloßstellen [<frz. *désavouer* »widerrufen, nicht anerkennen«]

> **Designer:** Der Laut [zaın] wird in englischen Fremdwörtern oft *sign* geschrieben, z. B. in *Designer*!

de|sen|si|bi|li|sie|ren ⟨V.⟩ **1** ⟨Med.⟩ eine Überempfindlichkeit, z. B. eine Allergie gegen Blütenpollen, künstlich herabsetzen **2** ⟨Fot.⟩ lichtunempfindlich machen [<*de...* + *sensibilisieren*]

De|ser|teur ⟨[-tø:r] der; -s, -e; Mil.⟩ von der Armee geflüchteter Soldat [<frz. *déserteur*]

de|ser|tie|ren ⟨V.⟩ von der Armee flüchten; *zum Feind ~* überlaufen [<frz. *déserter* »verlassen, im Stich lassen«]

De|sign ⟨[dizaın] das; -s, -s⟩ Form, Entwurf, Modell; *die Lampe hat ein ansprechendes ~* [engl.]

> ◆ Die Buchstabenfolge **de|si|gn...** kann auch **de|sig|n...** getrennt werden.

◆**De|si|gner** ⟨[dizaınə(r)] der; -s, -⟩ jmd., der (für ein Produkt) eine Form, ein Muster entwirft, z. B. für Möbel, Autos od. Küchengeräte [engl.]

◆**De|si|gner|dro|ge** ⟨[dizaınə(r)-] die; -, -n⟩ auf chemischer Basis hergestelltes Rauschmittel, *z. B. Ecstasy*

◆**de|si|gnie|ren** ⟨V.⟩ für ein Amt vorsehen, bestimmen; *designierter Parteivorsitzender* [<lat. *designare* »bezeichnen«]

des|il|lu|si|o|nie|ren ⟨V.⟩ die Illusionen nehmen, ernüchtern, enttäuschen [<frz. *désillusionner*]

Des|in|fek|ti|on ⟨die; -, -en⟩ **1** Vernichtung von Krankheitserregern (mit Chemikalien) **2** keimfreier Zustand [<*Des...* + *Infektion*]

des|in|fi|zie|ren ⟨V.⟩ durch Desinfektion keimfrei machen

Des|in|ter|es|se *auch:* **Des|in|te|res|se** ⟨das; -s; unz.⟩ mangelndes Interesse, Gleichgültigkeit, Interesselosigkeit [<*Des...* + *Interesse*]

de|skrip|tiv ⟨Adj.⟩ beschreibend; *Ggs* präskriptiv *~e Sprachwissenschaft*

Desk|top ⟨der; -s, -s; EDV⟩ 1 auf dem Schreibtisch installierter Personalcomputer; →*a.* Laptop 2 grafische Oberfläche des Betriebssystems eines Computers [engl., »Schreibtischplatte«]

Desk|top|pu|bli|shing *auch:* **Desk|top-Pub|li|shing** ⟨[-pʌblɪʃɪŋ] das; -s; unz.; Abk.: DTP⟩ Textgestaltung bis zur Veröffentlichungsreife per Computer [<engl. *desktop* »Schreibtischplatte« + *publishing* »das Veröffentlichen«]

de|so|lat ⟨Adj.⟩ 1 einsam, öde 2 hoffnungslos, traurig; *sie fand ihn in einem ~en Zustand* [<lat. *desolatus* »vereinsamt, verödet«]

Des|ori|en|tie|rung ⟨die; -, -en⟩ 1 das Desorientieren, das Desorientiertsein 2 ⟨Med.⟩ Störung im Zeit- und Raumempfinden, was zu einer realitätsentfremdeten Verhaltensweise führen kann

Des|oxy|ri|bo|nu|cle|in|säu|re *auch:* **Des|oxy|ri|bo|nuc|le|in|säu|re** ⟨die; -; unz.; Abk.: DNA, DNS; Biochemie; fachsprachl.⟩ Hauptbestandteil der Chromosomen, Träger der genetischen Information; *oV* Desoxyribonukleinsäure; →*a.* DNA

Des|oxy|ri|bo|nu|kle|in|säu|re *auch:* **Des|oxy|ri|bo|nuk|le|in|säu|re** ⟨die; -; unz.; Abk.: DNA, DNS; Biochemie⟩ = Desoxyribonucleinsäure

de|spek|tier|lich *auch:* **des|pek|tier|lich** ⟨Adj.⟩ unehrerbietig, respektlos, verächtlich [<lat. *despectare* »herabsehen, verachten«]

Des|pot ⟨der; -en, -en⟩ Gewaltherrscher, Willkürherrscher [<grch. *despotes* »Herr, Herrscher«]

des|po|tisch ⟨Adj.⟩ 1 herrisch, rücksichtslos 2 gewalttätig, willkürlich [<grch. *despotikos* »herrisch«]

Des|sert ⟨[dɛsɛ:r] das; -s, -s [dɛsɛ:rs]⟩ Nachtisch [frz.]

Des|sous ⟨[dəsu:] das; -, - [-su:s]⟩ Damenunterwäsche [frz., »unterhalb«]

de|sta|bi|li|sie|ren ⟨V.⟩ instabil, unbeständig machen; *Ggs* stabilisieren; *politische, familiäre Beziehungen, Verhältnisse ~* [<lat. *de...* »von, weg, ent-« + *stabilisieren*]

◆ Die Buchstabenfolge **de|sti...** kann auch **des|ti...** getrennt werden.

◆ **De|stil|lat** ⟨das; -(e)s, -e⟩ Produkt der Destillation [<lat. *destillatus* »herabgeträufelt«]

◆ **De|stil|la|ti|on** ⟨die; -, -en⟩ 1 Schankwirtschaft 2 Verdampfung u. anschließende Kondensation (Wiederverflüssigung durch Abkühlen) einer Flüssigkeit [<lat. *destillare* »herabträufeln«]

◆ **de|stil|lie|ren** ⟨V.⟩ durch Destillation trennen

◆ Die Buchstabenfolge **de|stru...** kann auch **des|tru...** oder **dest|ru...** getrennt werden.

◆ **De|struk|ti|on** ⟨die; -, -en⟩ Zerstörung [<lat. *destructio*]

◆ **de|struk|tiv** ⟨Adj.⟩ zerstörend, zersetzend, auf Umsturz bedacht

◆ **De|struk|ti|vi|tät** ⟨[-vi-] die; -; unz.⟩ destruktive, zerstörerische Art od. Handlungsweise

De|tail ⟨[-ta:j] das; -s, -s⟩ etwas Einzelnes, Einzelheit; *ins ~ gehen; bis ins kleinste ~ berichten* [<frz. *détail*]

de|tail|liert ⟨[-taji:rt] Adj.⟩ in allen Einzelheiten, bis ins Detail, ausführlich; *eine ~e Schilderung*

→ **detailliert:** Der Laut [ji:] wird in französischen Fremdwörtern oft ***lli*** geschrieben, z. B. in *detailliert*!

De|tek|tiv ⟨der; -s, -e [-və]⟩ privater, berufsmäßiger Ermittler (von Straftaten u. Ä.); *einen ~ auf jmdn. ansetzen* [<engl. *detective;* → *Detektor*]

De|tek|tor ⟨der; -s, -to|ren⟩ Gleichrichter für Hochfrequenzströme [<lat. *detector* »Enthüller, Aufdecker«; zu *detegere* »aufdecken, enthüllen«]

De|ter|mi|nan|te ⟨die; -, -n⟩ 1 ⟨Biol.⟩ Teilchen ungeklärter chemischer Natur, das die Entwicklung eines Eies oder Embryos bestimmt **2** ⟨Math.⟩ Rechenhilfsmittel der Algebra, wird als quadratisches Schema aus den Koeffizienten von linearen Gleichungen gebildet [<lat. *determinans,* Part. Präs. zu *determinare* »begrenzen, bestimmen«]

De|ter|mi|na|ti|on ⟨die; -, -en⟩ **1** Begriffsbestimmung, Abgrenzung **2** ⟨Biol.⟩ Festlegung der weiteren Entwicklung embryonaler Zellen u. Gewebe [<lat. *determinatio* »Begrenzung«]

de|ter|mi|nie|ren ⟨V.⟩ bestimmen, abgrenzen, entscheiden [<lat. *determinare* »begrenzen, bestimmen«]

De|to|na|ti|on ⟨die; -, -en⟩ knallend u. schneller als eine Explosion verlaufende chem. Reaktion [<frz. *détonation*]

de|to|nie|ren ⟨V.⟩ in Form einer Detonation verbrennen; →*a.* explodieren [<frz. *détoner*]

Deu|te|ri|um ⟨das; -s; unz.; chem. Zeichen: D od. ^{2}H⟩ ein Isotop des Wasserstoffs mit dem Atomgewicht 2,015, natürliches Vorkommen im schweren Wasser [<grch. *deuteros* »der zweite«]

De|vi|a|ti|on ⟨[-vi-] die; -, -en⟩ **1** Abweichung von der Richtung, vom vorgeschriebenen Weg **2** Ablenkung der Kompassnadel **3** ⟨Stat.⟩ Abweichung vom Mittelwert **4** ⟨Genetik⟩ Abweichung der Merkmale einer Art von denen ihrer Stammart [zu lat. *deviare* »vom rechten Weg abweichen«; zu *via* »Weg«]

De|vi|se ⟨[-viː-] die; -, -n⟩ **1** Wahlspruch; *meine Devise ist …* **2** ⟨meist Pl.⟩ *~n* Zahlungsmittel in ausländischer Währung [frz.]

Devon: Das *Devon* ist eine Formation des Erdaltertums. Sie begann vor ca. 350 und endete vor ca. 400 Millionen Jahren. Während des *Devons* gab es bereits eine reich entwickelte Tierwelt mit zahlreichen Knochen- und Knorpelfischen, Wirbellosen (z. B. Schnecken) und Insekten. Die ersten → *Amphibien* traten auf, d. h. vierfüßige Lurche, die als wasserbewohnende Larven wie Fische durch Kiemen atmen, als erwachsene Landtiere jedoch über Lungen verfügen. Sie markieren den Beginn der Erschließung des Landes durch die Wirbeltiere, zu denen auch der Mensch gehört. Im *Devon* bildeten baumartige Farne, Schachtelhalme und Bärlappe die ersten Wälder (→*a.* Mesozoikum, Paläozoikum).

De|von ⟨[-voːn] das; -s od. -; unz.; Geol.⟩ 4. Stufe des Paläozoikums vor 360-290 Mill. Jahren [nach der engl. Grafschaft *Devon*shire]

de|vot ⟨[-voːt] Adj.⟩ unterwürfig, übertrieben ehrerbietig, kriecherisch [<lat. *devotus* »treu ergeben«]

→ **Devise:** Der Laut [**viː**] wird in französischen Fremdwörtern oft ***vi*** geschrieben, z. B. in *De**vi**se*!

De|zem|ber ⟨der; -s od. -, -; Abk.: Dez.⟩ der 12. Monat des Jahres [<lat. *december* »der zehnte (Monat) des mit dem März beginnenden altröm. Jahres«]

de|zent ⟨Adj.⟩ unauffällig, unaufdringlich [<lat. *decens* »schicklich, geziemend«]

de|zen|tral *auch:* **de|zent|ral** ⟨Adj.⟩ vom Mittelpunkt weg verlegt; *Ggs* zentral (1)

De|zen|tra|li|sa|ti|on *auch:* **De|zent|ra|li|sa|ti|on** ⟨die; -, -en⟩ Aufgliederung, Übertragung von Aufgaben u. Befugnissen auf untergeordnete Behörden, Abteilungen od. Institutionen zur Selbstverwaltung

De|zer|nat ⟨das; -(e)s, -e⟩ Aufgaben-, Sachgebiet, Amts-, Geschäftsbereich [<lat. *decernens,* Part. Präs. zu *decernere* »entscheiden, bestimmen«]

De|zer|nent ⟨der; -en, -en⟩ Leiter eines Dezernats

de|zi…, De|zi… ⟨Abk.: d; vor Maßeinheiten⟩ zehntel…, Zehntel… [<lat. *decem* »zehn«]

De|zi|bel ⟨a. ['---] das; -s, -; Abk.: dB⟩ $\frac{1}{10}$ Bel

de|zi|diert ⟨Adj.⟩ entschieden, bestimmt

De|zi|gramm ⟨das; -(e)s, -e od. (bei Zahlenangaben) -; Abk.: dg⟩ $\frac{1}{10}$ Gramm

de|zi|mal ⟨Adj.⟩ auf der Zahl Zehn beruhend [<lat. *decimus* »der zehnte«]

De|zi|mal|rech|nung ⟨die; -; unz.; Math.⟩ Rechnung mit Dezimalbrüchen

De|zi|me ⟨die; -, -n; Musik⟩ **1** der zehnte Ton der diaton. Tonleiter **2** zehnstufiges Intervall [<lat. *decima,* Fem. zu *decimus* »der zehnte«; zu *decem* »zehn«]

De|zi|me|ter ⟨der od. das; -s, -; Abk.: dm⟩ 1/10 Meter

de|zi|mie|ren ⟨V.⟩ 1 ⟨eigtl.⟩ jeden zehnten Mann töten 2 ⟨danach⟩ stark vermindern; *der Bestand an Walen wurde stark dezimiert* [<lat. *decimare* »den zehnten Mann bestrafen«]

Dia ⟨das; -s, -s; kurz für⟩ Diapositiv

Di|a|be|tes ⟨der; -; unz.; Med.⟩ mit starker Wasserausscheidung verbundene Stoffwechselkrankheit; ~ *mellitus* Störung des Kohlenhydratstoffwechsels durch mangelnde Insulinbildung im Körper, Zuckerkrankheit [grch., »Zirkel«; zu *diabainein* »hindurch-, hinübergehen«; lat. *mellitus* »honigsüß«]

Di|a|be|ti|ker ⟨der; -s, -; Med.⟩ an Diabetes Erkrankter

Di|a|be|ti|ke|rin ⟨die; -, -rin|nen; Med.⟩ an Diabetes Erkrankte

di|a|bo|lisch ⟨Adj.⟩ teuflisch [<grch. *diabolos* »Teufel«]

Dia|chro|nie ⟨[-kro-] die; -; unz.; Sprachw.⟩ historisch-vergleichende Sprachwissenschaft, die die Entwicklung einer Sprache im Laufe ihrer Geschichte untersucht [<grch. *dia* »hindurch« + *chronos* »Zeit«]

Di|a|dem ⟨das; -s, -e⟩ Stirnschmuck [<grch. *diadema* »Binde; das um den Turban des Perserkönigs geschlungene blau-weiße Band«]

◆ Die Buchstabenfolge **di|a|gn...** kann auch **di|ag|n...** getrennt werden.

◆**Di|a|gno|se** ⟨die; -, -n⟩ Erkennung, Feststellung (einer Krankheit); *eine ~ stellen* [zu grch. *diagnoskein* »genau untersuchen, unterscheiden«]

◆**Di|a|gnos|tik** ⟨die; -; unz.; Med.⟩ Lehre von der Diagnose

◆**di|a|gnos|ti|zie|ren** ⟨V.⟩ (als Krankheit) erkennen; *der Arzt diagnostizierte eine Lungenentzündung*

di|a|go|nal ⟨Adj.⟩ 1 zwei nicht benachbarte Ecken eines Vielecks od. Vielflachs geradlinig verbindend 2 schräg laufend; *ein Buch ~ lesen* ⟨umg.⟩ sehr flüchtig [<lat. *diagonalis* <grch. *dia* »hindurch« + *gonia* »Winkel«]

Dia|gramm ⟨das; -s, -e⟩ 1 grafische Darstellung von zahlenmäßigen Abhängigkeiten zwischen zwei od. mehreren Größen, Schaubild 2 schematischer Grundriss der Blüte [<grch. *diagramma* »Zeichnung, geometr. Figur«]

Di|a|kon ⟨der; -s od. -en, -en od. -e⟩ 1 niederer kath. Geistlicher 2 ⟨evang. Kirche⟩ Gemeindehelfer [<grch. *diakonos* »Diener«]

D

Dia|lekt ⟨der; -(e)s, -e⟩ Mundart [<grch. *dialektos* »Unterredung, Redeweise«]

Dia|lek|tik ⟨die; -; unz.; Philos.⟩ 1 Kunst der wissenschaftlichen Gesprächsführung 2 philosophische Methode, durch Denken in Gegensatzbegriffen (These – Antithese) zur Erkenntnis u. zur Überwindung der Gegensätze zu gelangen (Synthese) [verkürzt <grch. *dialektike techne* »Kunst des (bes. wissenschaftlichen) Streitgesprächs«]

dia|lek|tisch ⟨Adj.⟩ 1 mundartlich 2 die Dialektik betreffend, in der Art der Dialektik; *~er Materialismus* Anschauung, nach der jede historische Entwicklung als Ergebnis der sich beständig (durch das Auftreten und Überwinden von Widersprüchen) sprunghaft wandelnden Natur u. Gesellschaft anzusehen ist, Teil der philosoph. Grundlage des Marxismus-Leninismus

Dia|log ⟨der; -(e)s, -e⟩ 1 Gespräch zwischen zweien od. mehreren, Wechselrede; *Ggs* Monolog 2 ⟨EDV⟩ Wechsel zwischen Frage u. Antwort im Rechnersystem

Dia|ly|se ⟨die; -, -n⟩ 1 Verfahren zur Trennung niedermolekularer von hochmolekularen Stoffen (Kolloiden) mittels einer halbdurchlässigen Hülle 2 ⟨Med.⟩ apparative Reinigung des Blutes von Giftstoffen bei mangelhafter Nierenfunktion, künstliche Niere [<grch. *dialysis* »Auflösung«]

Di|a|mant[1] ⟨der; -en, -en; Min.⟩ aus reinem Kohlenstoff bestehendes, härtestes Mineral, ein wertvoller Edelstein wegen der hohen Lichtbrechung seiner Kristalle; *schwarze ~en* ⟨fig.⟩ Steinkohle [<frz. *diamant* <vulgärlat. **adiamante*, Kreuzung von grch. *adamas*, Gen. *adamantos* »der Unbezwingliche« + *diaphainein* »durchscheinen«]

Di|a|mant[2] ⟨die; -; unz.; Typ.⟩ ein Schriftgrad (4 Punkt)

dia|me|tral *auch:* **dia|met|ral** ⟨Adj.⟩ **1** entgegengesetzt; *~e Punkte* beide Endpunkte eines Kreis- od. Kugeldurchmessers **2** ⟨fig.⟩ völlig anders; *unsere Meinungen stehen sich ~ gegenüber*

Di|a|phrag|ma ⟨das; -s, -phrag|men⟩ **1** ⟨Anat.⟩ **1.1** Scheidewand zwischen Körperhöhlen **1.2** Zwerchfell **2** ⟨Opt.⟩ Blende **3** mechanisches Empfängnisverhütungsmittel [<grch. *diaphragma* »Scheidewand«]

Dia|po|si|tiv ⟨a. [----'-] das; -s, -e [-və]; kurz: Dia⟩ durchsichtiges Lichtbild (zur Projektion) [<*Dia*skop + *positiv*]

Di|ar|rhö ⟨die; -, -en; Med.⟩ dünnflüssiger Stuhl aufgrund einer Erkrankung des Magen-Darm-Bereichs, Durchfall

Di|a|spo|ra *auch:* **Di|as|po|ra** ⟨die; -; unz.; Rel.⟩ **1** die Mitglieder einer Kirche u. ihre zerstreuten Gemeinden im Gebiet einer andersgläubigen Bevölkerung **2** kirchliche od. völkische Minderheit; *in der ~ leben* [<grch. *diaspora* »Zerstreuung«]

Di|a|sto|le *auch:* **Di|as|to|le** ⟨die; -, -sto|len; Med.⟩ **1** die auf die Kontraktion folgende Erschlaffung der Herzkammermuskulatur; *Ggs* Systole **2** ⟨Metrik⟩ Dehnung kurzer Vokale aus Verszwang [<grch. *diastole* »Trennung, Unterschied«]

Di|ät ⟨die; -, -en⟩ **1** eine der Konstitution (des Kranken) entsprechende Lebens- u. Ernährungsweise, Schonkost, Krankenkost; *(strenge) ~ (ein)halten; eine ~ verordnen; nach einer bestimmten ~ leben* **2** Fastenkur zur Gewichtsregulierung; *sie macht eine ~* [<lat. *diaeta* »vom Arzt verordnete Lebensweise« <grch. *diaita* »Leben, Lebensweise«]

Di|ä|ten ⟨nur Pl.⟩ Bezüge für Parlamentsabgeordnete [<mlat. *dieta* »Tagelohn« <lat. *dies* »Tag«]

dia|to|nisch ⟨Adj.; Musik⟩ **1** sich überwiegend durch Ganztonschritte bewegend **2** in der Tonfolge einer Dur- od. Molltonleiter

di|cho|tom ⟨[-ço-] Adj.⟩ gabelartig, zweiteilig [<grch. *dicha* »zweifach« + *tome* »Schnitt«]

Di|cho|to|mie ⟨[-ço-] die; -, -n⟩ **1** ⟨Bot.⟩ gabelartige Verzweigung, einfache Aufspaltung in Richtung der Längsachsen **2** ⟨Philos.⟩ Zweiteilung, Gliederung nach zwei Gesichtspunkten

Di|dak|tik ⟨die; -; unz.; Päd.⟩ Theorie des Unterrichts, Unterrichtslehre [<grch. *didaktike techne* »zum Unterricht gehörende, belehrende Kunst«; zu *didaskein* »lehren«]

di|dak|tisch ⟨Adj.⟩ **1** die Didaktik betreffend, auf ihr beruhend **2** belehrend, lehrhaft

Di|e|se ⟨die; -, -n⟩ Zeichen für die Erhöhung um einen halben Ton, Kreuz; *Sy* Diesis [zu grch. *diienai* »durchlassen«]

Di|e|sis ⟨die; -, -e|sen; Zeichen: #; Musik⟩ = Diese

Dif|fa|mie ⟨die; -, -n⟩ verleumderische Äußerung, herabsetzende Behauptung

dif|fa|mie|ren ⟨V.⟩ Übles nachreden, verleumden; *jmdn. (bei anderen) ~* [<lat. *diffamare* »unter die Leute bringen, in üblen Ruf bringen«]

> **Differential/Differenzial** Lässt sich ein abgeleitetes Wort auf ein Substantiv, das auf »z« endet, zurückführen, ist neben der fremdsprachigen auch die eingedeutschte Schreibung möglich. Beide Schreibungen sind gleichberechtigt (→*a.* existenziell).

Dif|fe|ren|ti|al ⟨das; -s, -e⟩ = Differenzial

Dif|fe|ren|ti|al|glei|chung ⟨die; -, -en; Math.⟩ = Differenzialgleichung

Dif|fe|ren|ti|al|quo|ti|ent ⟨der; -, -en; Math.⟩ = Differenzialquotient

Dif|fe|renz ⟨die; -, -en⟩ **1** ⟨allg.⟩ Abweichung, Unterschied **2** ⟨Math.⟩ Ergebnis einer Subtraktion; *die ~ zwischen 10 u. 15 ist 5* **3** Rest, Restposten, Fehlbetrag **4** Meinungsverschiedenheit, Streit; *es gab große ~en* [<lat. *differentia* »Unterschied«; zu *differe* »verschieden sein«]

Dif|fe|ren|zi|al ⟨das; -s, -e⟩ sehr kleine Größe in der Differenzialrechnung; *oV* Differential

Dif|fe|ren|zi|al|glei|chung ⟨die; -, -en; Math.⟩ Gleichung zwischen den Variablen einer Funktion u. deren Ableitungen; *oV* Differentialgleichung

Dif|fe|ren|zi|al|quo|ti|ent ⟨der; -, -en; Math.⟩ Größe in Differenzialgleichungen; *oV* Differentialquotient

dif|fe|ren|zie|ren ⟨V.⟩ 1 unterscheiden, Unterschiede betonen zwischen, trennen 2 abstufen, verfeinern; *ein differenzierter Charakter; eine differenzierte Analyse* 3 *sich* ~ Gestalt, Form, Konturen gewinnen [→ *Differenz*]

Dif|fe|ren|zie|rung ⟨die; -, -en⟩ 1 Betonung der Unterschiede 2 Verfeinerung, Abstufung 3 Auseinanderentwicklung, Herausbildung von Unterschieden, Aufspaltung, Gliederung

dif|fe|rie|ren ⟨V.⟩ verschieden sein, abweichen, anderer Meinung sein [<frz. *différer* »verzögern, voneinander abweichen« <lat. *differe*]

dif|fi|zil ⟨Adj.⟩ 1 schwierig 2 sehr genau; *eine ~e Arbeit* 3 heikel; *eine ~e Angelegenheit* [<lat. *difficilis,* frz. *difficile* »schwierig«]

dif|fus ⟨Adj.⟩ 1 ⟨Physik⟩ zerstreut; *~es Licht* 2 nicht deutlich abgegrenzt, wirr, verschwommen; *~es Gerede* [<lat. *diffusus* »ausgedehnt, zerstreut, weitläufig«]

Dif|fu|si|on ⟨die; -, -en⟩ 1 Zerstreuung 2 Verschmelzung 3 die auf der Wärmebewegung der Moleküle beruhende, selbstständige Vermischung von Gasen, Lösungen od. Flüssigkeiten

→ **Diphtherie:** Der Laut [f] wird in griechischen Fremdwörtern oft ***ph*** geschrieben, z. B. in *Di**ph**therie*!

di|gi|tal ⟨Adj.⟩ 1 in Ziffern darstellbar, mittels Ziffern 2 ⟨EDV⟩ *~e Signale* Signale, bei denen ein Wert stufenweise durch Ziffern angezeigt wird [<lat. *digitus* »Finger«]

Di|gi|tal|ka|me|ra ⟨die; -, -s; Fot.⟩ (aus der Technik der Videokamera u. des Scanners entstandene) Kamera, die auf Magnetfilm od. Diskette digitale Bilder erstellt, die in den Computer übernommen und dort bearbeitet od. gespeichert werden können

di|klin ⟨Adj.; Bot.⟩ *~e Blüten* eingeschlechtliche Blüten, die entweder nur Staubblätter od. nur Fruchtblätter enthalten [<grch. *dis* »zweimal« + *kline* »Lager«]

Dik|ta|fon ⟨das; -s, -e⟩ = Diktaphon

Dik|ta|phon ⟨das; -s, -e⟩ Diktiergerät, Diktiermaschine; *oV* Diktafon [Kurzw. <*Diktat* + Mikro*phon*]

Dik|tat ⟨das; -(e)s, -e⟩ 1 Ansage (zum Nachschreiben) 2 Nachschrift nach Ansage (als Rechtschreibeübung in der Schule) 3 ⟨fig.⟩ aufgezwungene Verpflichtung; *ich werde mich seinem ~ nicht beugen* [<lat. *dictare* → *diktieren*]

Dik|ta|tor ⟨der; -s, -to|ren⟩ 1 ⟨im antiken Rom⟩ in Notzeiten für sechs Monate eingesetztes Regierungsoberhaupt mit höchster Gewalt 2 ⟨allg.⟩ Alleinherrscher mit uneingeschränkter Gewalt [<lat. *dictator*]

Dik|ta|tur ⟨die; -, -en⟩ Herrschaft eines Diktators, uneingeschränkte Gewalt; *~ des Proletariats; in, unter einer ~ leben, stehen* [<lat. *dictatura*]

dik|tie|ren ⟨V.⟩ 1 zum Nachschreiben vorsprechen; *jmdm. einen Brief ~* 2 aufzwingen, befehlen; *jmdm. einen Vertrag, Bedingungen ~* [<lat. *dictare* »vorsprechen, vorschreiben«; zu *dicere* »sagen«]

Di|lem|ma ⟨das; -s, -s od. -ma|ta⟩ schwierige Wahl (zwischen zwei Übeln), Zwangslage; *sich in einem ~ befinden* [<grch. *dis* »zweimal« + *lemma* »Annahme«]

→ **Dealer:** Was du nicht unter ***di-*** findest, kann unter ***dea-*** stehen, z. B. ***Dea**ler*!

Di|let|tant ⟨der; -en, -en⟩ 1 jmd., der eine Tätigkeit nicht berufsmäßig, sondern aus Liebhaberei betreibt, Nichtfachmann 2 ⟨abwertend⟩ Pfuscher, Stümper [<ital. *dilettante* »Liebhaber einer Kunst, die er nur zum Vergnügen betreibt«; zu *dilettare* »erfreuen, ergötzen«]

di|let|tan|tisch ⟨Adj.⟩ 1 in der Art eines Dilettanten, laienhaft 2 ⟨abwertend⟩ oberflächlich, stümperhaft; *dies ist eine völlig ~e Arbeit*

Di|men|si|on ⟨die; -, -en⟩ 1 Richtungserstreckung eines Körpers (Breite, Höhe, Tiefe), Ausdehnung; *ein Würfel hat drei ~en* 2 ⟨a. fig.⟩ Erstreckung, Abmessung; *ein Raum von ungeheuren ~en* [<lat. *dimensio* »Ausmessung«]

di|mi|nu|tiv ⟨Adj.⟩ verkleinernd; *oV* deminutiv [<lat. *deminuere* »vermindern«]

D

Di|mi|nu|tiv ⟨das; -s, -e [-və]; Gramm.⟩ Verkleinerungsform, z. B. Häuschen, Männlein [→ *diminutiv*]

Dim|mer ⟨der; -s, -⟩ Lichtschalter zur stufenlosen Regelung der Helligkeit von Glühlampen [zu engl. *dim* »verdunkeln, abblenden«]

Din|ghi ⟨das; -s, -s⟩ = Dingi

Din|gi ⟨das; -s, -s⟩ kleines Beiboot für zwei od. drei Mann; *oV* Dinghi [<bengal. *dingi*]

di|nie|ren ⟨V.⟩ ein Diner einnehmen, (festlich) zu Mittag od. Abend speisen [<frz. *dîner* »zu Abend essen«]

Din|ner ⟨das; -s, -; in England⟩ die am Abend eingenommene Hauptmahlzeit des Tages [engl.]

Di|no|sau|ri|er ⟨der; -s, -⟩ Angehöriger der ausgestorbenen Reptilienordnungen Saurischia u. Ornithischia; *Sy* Dinosaurus [<grch. *deinos* »furchtbar« + *sauros* »Eidechse«]

Di|no|sau|rus ⟨der; -, -ri|er⟩ = Dinosaurier

Di|o|de ⟨die; -, -n; El.⟩ früher eine Elektronenröhre, heute ein Halbleiterbauelement mit einer Grenzschicht zwischen zwei Halbleitermaterialien zum Gleichrichten von Strömen, da ein Stromdurchgang nur in einer Richtung möglich ist

di|o|ny|sisch ⟨Adj.⟩ **1** Dionysos, den grch. Gott des Weines u. des Rausches, betreffend **2** ⟨fig.⟩ rauschhaft, wild

Di|op|trie *auch:* **Di|opt|rie** ⟨die; -, -n; Zeichen: dpt, dptr; Optik⟩ Maßeinheit der optischen Brechkraft [<grch. *dia* »hindurch« + *optos* »sichtbar«]

Di|oxin ⟨das; -s, -e; Chemie⟩ **1** ⟨i. w. S.⟩ ein zweifach ungesättigtes, sechsgliedriges Ringsystem mit Sauerstoffatomen **2** ⟨i. e. S.⟩ Tetrachlordibenzodioxin

Dioxin: *Dioxine* entstehen als unerwünschte Nebenprodukte von Müllverbrennungsanlagen, Stahlwerken oder Autoabgasen. Sie werden bei der Verbrennung von Kohlenstoffverbindungen und → *Chlor* oder anderen → *Halogenen* freigesetzt. *Dioxine* sind giftig, wobei der Grad ihrer (Umwelt-)Schädlichkeit unterschiedlich ist. Besonders giftig ist das sogenannte Sevesogift, chemisch 2,3,7,8-Tetrachlordibenzodioxin. Es ist Krebs erregend und verursacht schwere Hautschäden. 1976 wurde es in dem italienischen Ort Seveso bei einem Chemieunfall freigesetzt. Über 200 Menschen wurden mit Vergiftungen und schweren Hautverätzungen in Krankenhäuser eingeliefert.

Di|ö|ze|se ⟨die; -, -n⟩ Amtsbereich eines Bischofs [<grch. *dioikesis* »Haushaltung, Verwaltung«]

Diph|the|rie ⟨die; -, -n; Med.⟩ infektiöse Hals- u. Rachenerkrankung [<grch. *diphthera* »Fell, Leder«]

Di|phthong *auch:* **Diph|thong** ⟨der; -s, -e; Phon.⟩ Zwielaut aus zwei Vokalen, die bei der Aussprache ineinander übergehen, *z. B. au, eu; Ggs* Monophtong [<grch. *dis* »zweimal« + *phthongos* »Laut«]

◆ Die Buchstabenfolge **di|pl...** kann auch **dip|l...** getrennt werden.

◆**di|plo|id** ⟨Adj.⟩ mit normalem (doppeltem) Chromosomensatz ausgestattet; *Ggs* haploid [<grch. *diplous* »doppelt, paarweise« + *eidos* »Aussehen«]

◆**Di|plom** ⟨das; -s, -e; Abk.: Dipl.⟩ **1** ⟨urspr.⟩ amtl. Schriftstück **2** ⟨heute⟩ Zeugnis, Urkunde über eine Auszeichnung od. abgelegte Prüfung, bes. von einer Hochschule od. Universität [<grch. *diploma,* urspr. »gefaltetes (Schreiben)«]

◆**Di|plo|mat** ⟨der; -en, -en⟩ **1** ⟨urspr.⟩ Hersteller von Diplomen **2** ⟨heute⟩ Staatsmann, höherer Beamter des auswärtigen Dienstes **3** ⟨fig.; umg.⟩ geschickt u. vorsichtig verhandelnder Mensch [<frz. *diplomate;* → *Diplom*]

◆**di|plo|ma|tisch** ⟨Adj.⟩ **1** die Diplomatie betreffend, zu ihr gehörig, auf ihr beruhend **2** zwischenstaatlich; *~es Korps* die bei einem Staat akkreditierten Vertreter anderer Staaten

Di|pol ⟨der; -s, -e; El.⟩ zwei gleich große, einander entgegengesetzte elektrische od. magnetische Ladungen

di|rekt ⟨a. ['--] Adj.⟩ **1** geradlinig, ohne Umweg; *eine ~e Verbindung von H. nach M.; wenden Sie sich ~ an den Chef; ich komme ~ von zu Hause* **2** ganz nahe bei; ~ *am Flugplatz* 3 unmittelbar; ~*e Rede* wörtlich (in Anführungszeichen) angeführte R. 4 ⟨Adv.⟩ geradezu; *du hast ja ~ einen Roman erlebt; das ist mir ~ peinlich* 5 genau; *der Ball flog mir ~ ins Gesicht* [<lat. *directus* »gerade gerichtet, geleitet«, Part. Perf. zu *dirigere* »leiten, lenken«]

Di|rek|ti|on ⟨die; -, -en⟩ Leitung, Verwaltung, Vorstand (eines Unternehmens) [<lat. *directio* »Richtung, Leitung«]

Di|rek|ti|ve ⟨[-və] die; -, -n⟩ Weisung, Anweisung, Richtlinie, Verhaltensmaßregel [<frz. *directive* »Weisung«]

Di|rek|tor ⟨der; -s, -to|ren; Abk.: Dir.⟩ Leiter, Vorsteher; *Bank~; Fabrik~; Schul~* [<lat. *director* »der Leitende«; zu *dirigere* »leiten, lenken«]

Di|rek|to|ri|um ⟨das; -s, -ri|en⟩ aus mehreren Personen bestehender Vorstand, leitende Behörde

Di|ri|gent ⟨der; -en, -en; Musik⟩ Leiter eines Orchesters od. Chores [<lat. *dirigens,* Part. Präs. zu *dirigere* »leiten«]

di|ri|gie|ren ⟨V.⟩ 1 den Takt schlagen 2 leiten; *ein Orchester, einen Chor ~* 3 verwalten 4 ⟨umg.⟩ *jmdn. ~* in eine Richtung, an einen Ort weisen [<lat. *dirigere* »leiten, lenken«]

dis..., Dis... ⟨Vorsilbe⟩ 1 auseinander 2 hinweg 3 gegensätzlich [lat.]

Disc|jo|ckey ⟨[-dʒɔki] od. [-dʒɔke] der; -s, -s; Abk.: DJ⟩ jmd., der bes. in Diskotheken das Musikprogramm gestaltet; *oV* Diskjockey [<engl. *disc* »Schallplatte« + *Jockey*]

Dis|co ⟨[-ko] die; -, -s⟩ = Disko

Dis|count|ge|schäft ⟨[-kaunt-] das; -(e)s, -e⟩ Einzelhandelsgeschäft (meist Teil einer Kette), in dem Markenartikel zu günstigen Preisen an Endverbraucher weiterverkauft werden [<engl. *discount* »Preisnachlass, Rabatt«]

→ **Designer:** Was du nicht unter *di-* findest, kann unter *de-* stehen, z. B. *Designer*!

Dis|har|mo|nie ⟨die; -, -n⟩ 1 unharmonischer Klang, Missklang 2 ⟨fig.⟩ Unstimmigkeit, Uneinigkeit, Zwietracht; *Ggs* Harmonie [<*Dis... + Harmonie*]

dis|har|mo|nisch ⟨Adj.⟩ *Ggs* harmonisch 1 in der Art einer Disharmonie, misstönend 2 ⟨fig.⟩ uneinig

Dis|ket|te ⟨die; -, -n; EDV⟩ kleiner, scheibenförmiger Datenträger als Speichermedium [mit frz. Verkleinerungsform zu *disk* »Scheibe«]

Disk|jo|ckey ⟨[-dʒɔki] od. [-dʒɔke] der; -s, -s⟩ = Discjockey

Dis|ko ⟨die; -, -s; kurz für⟩ Diskothek (2); *oV* Disco

Dis|ko|gra|fie ⟨die; -, -n⟩ = Diskographie

Dis|ko|gra|phie ⟨die; -, -n⟩ der Bibliografie ähnl. Katalogisierung von Schallplatten, CDs u. a. Tonträgern; *oV* Diskografie [<engl. *disc* »Schallplatte« + *...graphie*]

dis|kor|dant ⟨Adj.⟩ nicht übereinstimmend; *~er Akkord* auf Dissonanzen (nicht Dur od. Moll) aufgebauter A. [<lat. *discordans,* Part. Präs. zu *discordare* »nicht übereinstimmen«]

Dis|kor|danz ⟨die; -, -en⟩ 1 Ungleichmäßigkeit; *Ggs* Konkordanz (1) 2 diskordant aufgebauter Akkord 3 diskordant gelagerte Gesteinsschichten 4 Uneinigkeit, Misshelligkeit [→ *diskordant*]

Dis|ko|thek ⟨die; -, -en⟩ 1 Schallplatten-, CD-Sammlung 2 speziell ausgestattete Räumlichkeit mit Tanzfläche und betont rhythmischer Musik, die von einem Discjockey präsentiert wird, oft mit aufwendigen Lichteffekten, Lasershows u. Ä. [<engl. *disc* »Schallplatte« + *...thek*]

dis|kre|di|tie|ren ⟨V.⟩ in Diskredit, in Misskredit bringen, in Verruf bringen, verleumden

Dis|kre|panz ⟨die; -, -en⟩ Abweichung, Unstimmigkeit, Zwiespalt, Widerspruch, Missverhältnis [<lat. *discrepantia* »Uneinigkeit«]

dis|kret ⟨Adj.⟩ 1 verschwiegen, taktvoll, unauffällig; *Ggs* indiskret; *~es Benehmen; eine Angelegenheit ~ behandeln* 2 ⟨Math.⟩ nicht zusammenhängend, vereinzelt, gesondert 3 ⟨Physik⟩ unstetig, in endlichen Schritten [<frz. *discret* »zurückhaltend, taktvoll«]

Dis|kre|ti|on ⟨die; -; unz.⟩ diskretes Wesen, diskrete Behandlung, Verschwiegenheit; *Ggs* Indiskretion [<frz. *discrétion*]

dis|kri|mi|nie|ren ⟨V.⟩ 1 aussondern, unterschiedlich behandeln **2** herabsetzen, herabwürdigen, benachteiligen [<lat. *discriminare* »trennen«]

Dis|kri|mi|nie|rung ⟨die; -, -en⟩ das Diskriminieren, Herabsetzung, Benachteiligung; ~ *von Ausländern*

Dis|kurs ⟨der; -es, -e⟩ lebhafte Erörterung, Gespräch [<frz. *discours* »Ansprache, Abhandlung«]

Dis|kus ⟨der; - od. -ses, -se od. Dis|ken; Sport⟩ hölzerne Wurfscheibe mit Metallbeschlag; ~*werfen* [<grch. *diskos* »Wurfscheibe«]

Dis|kus|si|on ⟨die; -, -en⟩ lebhafte Erörterung, Meinungsaustausch [<frz. *discussion* »Erörterung«; → *diskutieren*]

dis|ku|tie|ren ⟨V.⟩ lebhaft erörtern, Meinungen austauschen (über) [<lat. *discutere* »auseinanderschlagen, auflösen«]

dis|pa|rat ⟨Adj.⟩ ungleichartig, nicht zueinanderpassend, sich widersprechend [<lat. *disparatum,* Part. Perf. zu *disparare* »absondern, trennen«]

Dis|pens ⟨der; -es, -e od. im kath. Kirchenrecht: die; -, -en⟩ Befreiung (von einer Verpflichtung), Ausnahmebewilligung; ~ *einholen, erhalten* [<kirchenlat. *dispensa* »Erlass einer Pflicht«]

dis|pen|sie|ren ⟨V.⟩ befreien, beurlauben; *jmdn. vom Amt, vom Dienst, von der Arbeit* ~ [<lat. *dispensare* »gleichmäßig austeilen, einrichten, austeilend abwägen«]

Dis|per|si|on *auch:* **Di|sper|si|on** ⟨die; -, -en⟩ **1** Zerstreuung, Verbreitung **2** Brechung von Licht in verschiedene Farben **3** feinste Verteilung eines Stoffes, so dass seine Teilchen in dem anderen schweben **4** Streuung der Werte in der Wahrscheinlichkeitsrechnung [<lat. *dispersio* »Zerstreuung«]

Dis|play ⟨[-plɛɪ] das; -s, -s⟩ **1** optisch wirksames Zurschaustellen (von Waren, Werbematerial u. a.) **2** Anzeigeeinheit an elektron. Geräten (z. B. Taschenrechnern u. Computern) [engl.]

dis|po|nie|ren ⟨V.⟩ **1** ordnen, gliedern, einteilen **2** verfügen (über) [<lat. *disponere* »verteilen, einteilen, anordnen«]

Dis|po|si|ti|on ⟨die; -, -en⟩ **1** freie Verfügung; *zur* ~ *stehen* **2** Plan, Einteilung, Gliederung, Anordnung von gesammeltem Material **3** physische u. psychische Verfassung, Anlage, Empfänglichkeit; ~ *für eine Krankheit* [<lat. *dispositio* »Einteilung, Anordnung«]

Dis|put ⟨der; -(e)s, -e⟩ Streitgespräch, Wortgefecht [<frz. *dispute* »Wortwechsel, Wortgefecht«; zu lat. *disputare* »erörtern«]

dis|qua|li|fi|zie|ren ⟨V.⟩ **1** für untauglich erklären **2** vom Wettkampf (zur Strafe) ausschließen; *der Sportler wurde wegen Dopings disqualifiziert*

Dis|sens ⟨der; -es, -e⟩ Meinungsverschiedenheit; *Ggs* Konsens [<lat. *dissensus* »Meinungsverschiedenheit«; zu *dissentire* »anders denken, anderer Meinung sein«]

Dis|ser|ta|ti|on ⟨die; -, -en; Abk.: Diss.⟩ wissenschaftl. Arbeit (zum Erlangen des Doktortitels) [<lat. *dissertatio* »Erörterung«]

Dis|si|dent ⟨der; -en, -en⟩ **1** ⟨allg.⟩ jmd., der von der offiziellen Lehrmeinung od. Ideologie abweicht **2** jmd., der zu keiner staatlich anerkannten Religionsgemeinschaft gehört [<lat. *dissidens,* Part. Präs. zu *dissidere* »beiseitesitzen, uneinig sein«]

Dis|si|mi|la|ti|on ⟨die; -, -en⟩ **1** Beseitigung, Verlust der Ähnlichkeit; *Ggs* Assimilation (1) **2** ⟨Biol.⟩ Stoffwechselvorgänge, bei denen unter Freisetzung von Energie höhere organ. Verbindungen in niedere zerlegt werden; *Ggs* Assimilation (2)

Dis|si|pa|ti|on ⟨die; -, -en; Physik; Kyb.⟩ Aufspaltung einer Energie in mehrere andere [<lat. *dissipatio* »Zerstreuung«]

Dis|so|zi|a|ti|on ⟨die; -, -en⟩ **1** Trennung, Zerfall; *Ggs* Assoziation (1) **2** ⟨Chemie⟩ Spaltung von Molekülen [<frz. *dissociation* »Zerfall, Trennung«; zu lat. *dis...* »auseinander« + *socius* »Gefährte«]

◆ Die Buchstabenfolge **di|st...** kann auch **dis|t...** getrennt werden. Davon ausgenommen sind Zusammensetzungen, in denen die sprachhistorischen Bestandteile deutlich erkennbar sind, z. B. *Distribution.* (→*a.* Kontribution)

◆**Dis|tanz** ⟨die; -, -en⟩ Abstand, Entfernung; *einen Gegenstand auf eine* ~ *von 10 km erkennen; das Rennen geht über* *eine ~ von 5000 m; auf ~ zu jmdm. gehen* ⟨fig.⟩; *~ wahren (von od. zu jmdm.)* ⟨fig.⟩ Vertraulichkeit vermeiden [<lat. *distantia* »Abstand, Verschiedenheit«; zu *distare* »entfernt sein«]

◆**dis|tan|zie|ren** ⟨V.⟩ **1** (im Wettkampf) überbieten, hinter sich lassen **2** *sich von etwas od. jmdm. ~* von etwas od. jmdm. abrücken, nichts damit od. mit ihm zu tun haben wollen; *von dieser Meinung distanziere ich mich ausdrücklich*

◆**Dis|ti|chon** ⟨[-çɔn] das; -s, -ti|chen; Metrik⟩ aus einem Hexameter u. einem Pentameter zusammengesetzte Verseinheit [<grch. *dis* »zweimal« + *stichos* »Reihe, Vers«]

◆**dis|tin|gu|iert** ⟨a. [-tɪŋgiːrt] Adj.⟩ hervorgehoben, ausgezeichnet, vornehm; *ein ~es Benehmen, Verhalten* [<frz. *distinguer* »unterscheiden«]

Dis|tri|bu|ti|on ⟨die; -, -en⟩ Verteilung, Austeilung, Auflösung [<lat. *distributio* »Verteilung, Einteilung«; zu *distribuere* »verteilen, austeilen«]

◆**Dis|trikt** *auch:* **Dist|rikt** ⟨der; -s, -e⟩ **1** Verwaltungsbezirk **2** abgeschlossener Bereich [<mlat. *districtus* »Gerichtsgebiet«; zu lat. *distringere* »auseinanderziehen, straff spannen, zwingen«]

> ◆ Die Buchstabenfolge **dis|zi|pl...** kann auch **dis|zip|l...** getrennt werden.

◆**Dis|zi|plin** ⟨die; -, -en⟩ **1** ⟨unz.⟩ Ordnung, Einordnung, Unterordnung; *~ halten; die ~ wahren; eiserne* ⟨fig.⟩, *strenge ~* **2** ⟨zählb.⟩ **2.1** wissenschaftl. Fachrichtung **2.2** Sportart, *z. B. Hochsprung, Kugelstoßen* [<lat. *disciplina* »Unterricht; Zucht, Ordnung«]

◆**dis|zi|pli|na|risch** ⟨Adj.⟩ **1** die Disziplin od. Disziplinargewalt betreffend, auf ihr beruhend, mit Hilfe einer Disziplinarstrafe **2** ⟨fig.⟩ streng

◆**dis|zi|pli|nie|ren** ⟨V.⟩ **1** in Disziplin halten, an Disziplin gewöhnen **2** maßregeln

Di|thy|ram|be ⟨die; -, -n⟩ **1** Chor- u. Reigenlied auf den Gott Dionysos **2** ⟨fig.⟩ Loblied, überschwängl. Lied [<grch. *dithyrambos;* urspr. Beiname des Dionysos]

Di|va ⟨[-va] die; -s, -s od. Di|ven [-ven]⟩ gefeierte Künstlerin, bes. bei Bühne u. Film [ital., »die Göttliche«]

di|ver|gie|ren ⟨[-vɛr-] V.⟩ *Ggs* konvergieren **1** auseinandergehen, abweichen **2** anderer Meinung sein [<frz. *diverger* »auseinandergehen«]

di|vers ⟨[-vɛrs] Adj.⟩ **1** verschieden **2** *~e* mehrere **3** *Diverses* verschiedene Gegenstände, die man (in Aufstellungen usw.) nicht in die vorgegebenen Rubriken einordnen kann [<lat. *diversus* »abgekehrt, entgegengesetzt«]

Di|ver|ti|men|to ⟨[-vɛr-] das; -s, -s od. -men|ti; Musik⟩ mehrstimmiges, mehrsätziges, unterhaltsames Musikstück [ital., »Vergnügen«]

Di|vi|dend ⟨[-vi-] der; -en, -en; Math.⟩ Zahl, durch die eine andere Zahl zu teilen ist, Zähler (eines Bruches); *Ggs* Divisor [<lat. *dividendus (numerus)* »die zu teilende (Zahl)«; zu lat. *dividere* »teilen«]

Di|vi|den|de ⟨[-vi-] die; -, -n; Bankw.⟩ auf eine Aktie entfallender Gewinnanteil [<lat. *dividenda* »die zu teilende (Summe)«; zu *dividere* »teilen«]

di|vi|die|ren ⟨[-vi-] V.; Math.⟩ der Division unterziehen, teilen; *100 dividiert durch 5 ergibt 20* [<lat. *dividere* »teilen«]

Di|vi|si|on ⟨[-vi-] die; -, -en⟩ **1** ⟨Math.⟩ Aufteilung einer Zahl (Dividend) in so viele gleiche Teile, wie eine andere Zahl (Divisor) angibt **2** ⟨Mar.⟩ Teil der Schiffsbesatzung in Stärke einer Kompanie **3** ⟨Mil.⟩ großer Kampfverband [<lat. *divisio* »Teilung«]

Di|vi|sor ⟨[-viː-] der; -s, -so|ren; Math.⟩ Zahl, durch die eine andere Zahl geteilt wird, Nenner (eines Bruches); *Ggs* Dividend [<lat. *divisor (numerus)* »teilende Zahl«; zu *dividere* »teilen«]

> → **Diva:** Der Laut [va] wird in italienischen Fremdwörtern oft *va* geschrieben, z. B. in *Diva*!

Di|wan ⟨der; -s, -e⟩ **1** gepolsterte Liege ohne Rückenlehne **2** ehemaliger türkischer Staatsrat **3** orientalische Gedichtsammlung; *Westöstlicher ~* (von Goethe) [<frz. *divan;* zu pers. *diwan* »ge-

D

heimer Staatsrat des Herrschers, Gerichtshof, Schriftensammlung«]

DJ ⟨[diːdʒɛı] der; -s, -s; kurz für⟩ Discjockey [engl.]

DJane ⟨[dıdʒɛın] die; -, -s⟩ weiblicher Discjockey [engl.]

Dji|had ⟨der; -s; unz.⟩ = Dschihad

D

DNA: Die *DNA* besteht aus fadenförmigen Nukleotiden, die die genetische Information (das Genom) von Lebewesen und → *Viren* tragen und an neu produzierte Zellen weitergeben. Der größte Anteil der *DNA* ist im Zellkern in den → *Chromosomen* vorhanden. Die → *Replikation* (Verdoppelung) der *DNA* geschieht durch Entspiralisierung der → *Doppelhelix.*

DNA ⟨Abk. für engl.⟩ Desoxyribonucleic Acid (Desoxyribonucleinsäure)

DNS ⟨Abk. für⟩ Desoxyribonucleinsäure

Do|ge ⟨[doːʒə] od. ital. [dɔdʒə] der; -n, -n⟩ Oberhaupt der ehemaligen Republiken Venedig u. Genua; *~npalast* [ital. <lat. *dux* »Führer«]

Dog|ma ⟨das; -s, Dog|men⟩ **1** festgelegte Meinung, die nicht angezweifelt wird **2** systematisch formulierte, aber nicht bewiesene Anleitung zum Handeln **3** religiöser Bekenntnis-, Glaubenssatz; *das ~ von der Himmelfahrt Marias* [grch., »Meinung, Lehrsatz«]

Dog|ma|tik ⟨die; -, -en⟩ Lehre vom Dogma, Glaubenslehre

dog|ma|tisch ⟨Adj.⟩ **1** ein Dogma betreffend **2** ⟨fig.⟩ ohne Prüfung der Voraussetzungen, unkritisch

Dok|tor ⟨der; -s, -to|ren; Abk.: Dr.⟩ **1** akademischer Grad u. Titel nach besonderer Prüfung **2** Träger des Doktortitels **3** ⟨umg.⟩ Arzt [<lat. *doctor* »Lehrer«; zu *docere* »lehren«; → *Dozent*]

Dok|trin *auch:* **Dokt|rin** ⟨die; -, -en⟩ **1** Lehre, Lehrsatz **2** ⟨fig.⟩ starre Meinung [<lat. *doctrina* »Unterricht, Wissenschaft«]

Do|ku|ment ⟨das; -(e)s, -e⟩ **1** Aufzeichnung, Schriftstück **2** Urkunde, amtliche Bescheinigung, amtliches Schriftstück **3** als Beweis dienendes Schriftstück **4** ⟨EDV⟩ Einheit einer formatierten Menge von Daten, Datei; *ein ~ öffnen, schließen, kopieren* [<lat. *documentum* »Lehre, Beispiel, Beweis, Zeugnis«]

Do|ku|men|ta|ti|on ⟨die; -, -en⟩ **1** Beweisführung durch Dokumente **2** Beurkundung **3** Sammlung u. Nutzung von Dokumenten aller Art

do|ku|men|tie|ren ⟨V.⟩ **1** durch Dokumente belegen, beweisen **2** beurkunden

Dol|lar ⟨der; -s, -s od. (bei Zahlenangaben) -; Zeichen: $⟩ Währungseinheit in den USA, 100 Cents [engl. <nddt. *daler* »Taler«]

Dol|met|scher ⟨der; -s, -⟩ jmd., der mündlich übersetzt, das Gespräch zwischen zwei Personen übermittelt, die nicht dieselbe Sprache sprechen, z. B. Politiker aus verschiedenen Ländern [<mhd. *tolmetsche* <ungar. *tolmács* <türk. *tilmac, tilmadz* <Mitannispr. *talami* »Fürsprecher«]

Dom ⟨der; -(e)s, -e⟩ **1** Bischofskirche; *der Kölner ~* **2** Hauptkirche einer Stadt [verkürzt <*Domkirche,* Kirche, die zum *domus (ecclesiae)* gehört, zum »Gemeinde- u. Wohnhaus der Geistlichen«]

Do|main ⟨[dɔmɛın] die od. das; - od. -s, -s; EDV⟩ eine aus organisatorischen od. inhaltl. Gründen zusammengefasste Gesamtheit von Internetadressen, z. B. steht die Domain ».de« für »Deutschland« [engl., »Domäne«]

Do|mä|ne ⟨die; -, -n⟩ **1** staatliches Landgut **2** ⟨fig.⟩ Arbeitsgebiet, Wissensgebiet, auf dem man bes. gut Bescheid weiß [<frz. *domaine* »(staatl.) Landgut«; zu lat. *dominium* »Herrschaft«]

Do|mes|ti|ka|ti|on ⟨die; -; unz.⟩ **1** Zähmung von wildlebenden Tiere zu Haustieren **2** Züchtung wildwachsender Pflanzen zu Kulturpflanzen [<lat. *domesticus* »häuslich«]

do|mes|ti|zie|ren ⟨V.⟩ **1** *wilde Tiere ~* zu Haustieren zähmen **2** *wilde Pflanzen ~* zu Kulturpflanzen züchten [<lat. *domesticus* »häuslich«]

do|mi|nant ⟨Adj.⟩ **1** vorherrschend, beherrschend **2** andere Erbanlagen überdeckend; *Ggs* rezessiv [<lat. *dominans,* Part. Präs. zu *dominari* »herrschen«]

Do|mi|nanz ⟨die; -, -en; Vererbungslehre⟩ **1** ⟨allg.⟩ Vorherrschaft **2** ⟨Vererbungslehre⟩ Vorherrschen bestimmter Merkmale [→ *dominant*]

do|mi|nie|ren ⟨V.⟩ herrschen, vorherrschen; *in diesem Bild dominieren die Farben Blau und Rot* [<lat. *dominari* »herrschen«]

Do|mi|ni|ka|ner ⟨der; -s, -s; offiz. Abk.: O. P.⟩ Angehöriger des vom hl. Dominikus 1215 gegründeten Bettel- u. Predigerordens (Ordo Fratrum Praedicatorum)

Do|mi|no[1] ⟨der; -s, -s⟩ **1** Maskenanzug mit langem, weitem Mantel u. Kapuze **2** Person in diesem Anzug [ital., »Herr, Geistlicher; langer Winterrock des Geistlichen« <lat. *dominus* »Herr«, mlat. »Dom-, Stiftsherr«]

Do|mi|no[2] ⟨das; -s, -s⟩ Spiel mit 28 Steinen, von denen jeder zwei Felder (mit 0-6 Augen) hat, die jeweils mit der gleichen Augenzahl aneinandergelegt werden müssen, es gewinnt derjenige, der zuerst alle Steine gelegt hat

Do|mi|zil ⟨das; -s, -e⟩ **1** Wohnsitz **2** Zahlungsort (bei Wechseln) [<lat. *domicilium* »Wohnung, Wohnsitz«]

Domp|teur ⟨[-tøːr] der; -s, -e⟩ jmd., der wilde Tiere dressiert u. im Zirkus Dressurakte vorführt, Tierbändiger [frz., »Tierbändiger«]

Domp|teu|se ⟨[-tøːzə] die; -, -n⟩ weibl. Dompteur [frz.]

Don|qui|chot|te|rie ⟨[-kiʃɔtəriː] die; -, -n⟩ ein durch unrealistische Weltsicht zum Scheitern verurteiltes Unternehmen [nach *Don Quichotte*, span. *Don Quijote*, dem Helden des satir. Romans »Don Quijote de la Mancha« von Miguel de Cervantes Saavedra, 1547-1616]

do|pen ⟨V.; Sport⟩ *einen Sportler* ~ durch verbotene Anregungsmittel zur Höchstleistung zu bringen versuchen [<engl. *dope* »Rauschgift, Narkotikum«]

Do|ping ⟨das; -s, -s; Sport⟩ unerlaubte Anwendung von Anregungsmitteln vor Wettkämpfen [engl.]

Dop|pel|he|lix ⟨die; -; unz.; Biochemie⟩ gewundener Doppelstrang der DNA (Desoxyribonucleinsäure) [→ *Helix*]

do|risch ⟨Adj.⟩ zu den Dorern gehörig, von ihnen stammend; *~e Säule* eine altgrch. Säule; *~e Tonart* altgrch. Tonart, erste Kirchentonart [nach dem nordwestgrch. Volksstamm der *Dorer*]

dor|sal ⟨Adj.; Med.⟩ den Rücken betreffend, nach dem Rücken zu gelegen [zu lat. *dorsum* »Rücken«]

Dor|sal ⟨der; -s, -e; Phon.⟩ mit dem Zungenrücken gebildeter Konsonant, *z. B. g, k*; *Sy* Dorsallaut [<lat. *dorsum* »Rücken«]

Dor|sal|laut ⟨der; -(e)s, -e; Phon.⟩ = Dorsal

do|sie|ren ⟨V.⟩ abmessen, zumessen, zuteilen; *eine chemische Substanz, ein Medikament genau* ~ [→ *Dosis*]

Do|sie|rung ⟨die; -, -en⟩ **1** ⟨unz.⟩ das Dosieren **2** ⟨zählb.⟩ das Dosiertsein, Dosis; *auf die richtige ~ achten*

Do|sis ⟨die; -, Do|sen⟩ **1** bestimmte Menge eines die Gesundheit beeinflussenden Stoffes **2** ärztlich verordnete Menge für die jeweilige Einzelgabe einer Arznei; *eine kleine, hohe, geringe ~ Kortison* [grch., »Gabe«]

Dos|si|er ⟨[dɔsjeː] der od. schweiz. das; -s, -s⟩ alle zu einem Vorgang gehörigen Akten, Aktenbündel [frz., »Rückenlehne, Aktenbündel«]

Dot|com|fir|ma *auch:* **Dot|com-Fir|ma** ⟨die; -, -fir|men⟩ kommerzieller Anbieter im Internet od. E-Commerce, dessen Internetadresse auf ».com« endet [<engl. *dot* »Punkt« + *com*, kurz für *commerce* »Handel« + *Firma*]

do|tie|ren ⟨V.⟩ **1** schenken, zuwenden, mit Einkünften versehen **2** *einen Preis mit 5000 €* ~ ausschreiben, ausstatten [<lat. *dotare* »ausstatten« u. frz. *doter* »aussteuern, dotieren«]

dou|beln ⟨[duː-] V.⟩ eine Rolle als Double (3) spielen

Dou|ble *auch:* **Doub|le** ⟨[duːbl] das; -s, -s⟩ **1** Doppel **2** Doppelgänger **3** Schauspieler od. Artist, der dem Hauptdarsteller ähnelt u. ihn bei Proben u. artistischen Aufnahmen ersetzt **4** ⟨Musik⟩ Variation eines Satzes der Suite [frz., »doppelt«; zu lat. *duplex* »zweifach«]

Dou|blé *auch:* **Doub|lé** ⟨[dubleː] das; -s, -s⟩ = Dublee [zu frz. *doubler* »verdoppeln«]

down ⟨[daʊn] Adj.; nur präd.; umg.⟩ **1** erschöpft; *ich bin* ~ **2** bedrückt, niedergeschlagen [engl.]

Down|load ⟨[daʊnloʊd] das od. der; -s, -s; EDV⟩ *Ggs* Upload **1** Programm, das ein Herunterladen von Dateien (z. B.

aus dem Internet) auf die Festplatte ermöglicht **2** die heruntergeladenen Dateien selbst [<engl. *down* »unter; herab, herunter« + *load* »laden«]

down|loa|den ⟨[daunloudən] V.; EDV⟩ Dateien von einem anderen Computer od. Netz (z. B. Internet) auf die eigene Festplatte herunterladen; *eine Datei ~* [→ *Download*]

Do|zent ⟨der; -en, -en⟩ Lehrer an einer Hochschule od. Volkshochschule [<lat. *docens,* Part. Präs. zu *docere* »lehren«; → *Doktor*]

do|zie|ren ⟨V.⟩ **1** lehren, Vorlesungen halten **2** ⟨fig.⟩ lehrhaft vortragen [→ *Dozent*]

Dra|gee *auch:* **Dra|gée** ⟨[-ʒeː] das; -s, -s od. die; -, -n⟩ **1** überzuckerte Frucht **2** mit Zuckermasse überzogene Pille [frz., »Mandel mit Zuckerüberzug«]

Dra|ma ⟨das; -s, Dra|men⟩ **1** Schauspiel; *~ in fünf Akten; ein ~ von Shakespeare* **2** Gesamtheit der dramatischen Dichtungen (eines Landes); *das deutsche ~; das ~ zur Zeit Lessings* **3** aufregendes, häufig trauriges Geschehen [grch., »Handlung«]

Dra|ma|tik ⟨die; -; unz.⟩ **1** Dichtkunst, die sich mit dem Schauspiel beschäftigt **2** ⟨fig.⟩ Spannung, Lebendigkeit, bewegter Ablauf; *die ~ der Ereignisse*

dra|ma|tisch ⟨Adj.⟩ **1** das Schauspiel od. die Dramatik betreffend **2** ⟨fig.⟩ spannend, bewegt, lebendig

Dra|ma|turg ⟨der; -en, -en; Theat.⟩ Mitarbeiter am Theater u. Fernsehen, der Schauspiele bearbeitet u. bei der Aufführung beratend mitwirkt [<*Drama* + grch. *ergon* »Werk«]

Dra|ma|tur|gie ⟨die; -; unz.; Theat.⟩ **1** Lehre vom Schauspiel u. seiner Gestaltung auf der Bühne, Schauspielkunde **2** Tätigkeit des Dramaturgen **3** Sammlung von Theaterkritiken, *z. B. Lessings Hamburgische ~*

dra|pie|ren ⟨V.⟩ **1** wirkungsvoll in Falten legen **2** schmücken, ausschmücken, behängen [<frz. *draper* »mit Tuch überziehen, in Falten legen, verhüllen«]

dras|tisch ⟨Adj.⟩ **1** schnell u. stark wirkend, durchgreifend; *~es Mittel; ~e Maßnahme* **2** derb, deutlich, handgreiflich; *einen Sachverhalt ~ ausdrücken, erklären* [<grch. *drastikos* »wirksam«; zu *dran* »tun«; verwandt mit *Drama*]

dres|sie|ren ⟨V.⟩ **1** *Tiere ~* lehren, abrichten **2** *Speisen ~* gefällig anrichten **3** *Filzhüte ~* in eine Form pressen [<frz. *dresser* »abrichten«]

Dres|sing ⟨das; - od. -s, -s; Kochk.⟩ gewürzte Soße oder Gewürzmischung für Salate u. a. [engl., »Soße, Füllung, Zubereitung«; zu *dress* »anrichten, zubereiten«]

Dress|man ⟨[-mæn] der; -s, -men [-mən]⟩ männl. Mannequin [<engl. *dress* »Kleidung« + *man* »Mann«]

Dres|sur ⟨die; -, -en⟩ **1** Abrichtung (von Tieren) **2** Vorführung von Kunststücken mit Tieren [→ *dressieren*]

drib|beln ⟨V.; Sport; Fußb.⟩ den Ball in kurzen Stößen vor sich her u. an gegnerischen Spielern vorbeitreiben [<engl. *dribble* »tröpfeln«]

Drive ⟨[draɪv] der; -s, -s⟩ **1** ⟨Jazz⟩ rhythmische Intensität u. Spannung mittels Beats od. Breaks **2** ⟨Sport; Tennis; Golf⟩ Treibschlag [<engl. *drive* »treiben«]

Dro|ge ⟨die; -, -n⟩ **1** pflanzl. od. tier. Erzeugnis, das zu Arzneien verwertet wird, auch das daraus hergestellte Präparat **2** Rauschmittel; *Heroin ist eine gefährliche ~* [<frz. *drogue* »chemisches Material« (14. Jh.), nddt. *droge* »trocken«]

Dro|ge|rie ⟨die; -, -n⟩ Ladengeschäft für Drogen (1), Kosmetikprodukte, Haushaltsmittel u. Ä.

Dro|gist ⟨der; -en, -en⟩ Inhaber oder Angestellter einer Drogerie mit dreijähriger Ausbildung

Drop-out[1] *auch:* **Drop|out**[1] ⟨[drɔpaut] der; - od. -s, -s⟩ jmd., der sich aus seiner sozialen Schicht gelöst hat, ausgebrochen ist [zu engl. *drop out* »herausfallen«]

Drop-out[2] *auch:* **Drop|out**[2] ⟨[drɔpaut] das; -s, -s; EDV⟩ Ausfall eines Signals

Dru|i|de ⟨der; -n, -n⟩ keltischer Priester [<lat. *druides* (Cäsar), *druidae* (Cicero u. Tacitus) <urkelt. **dru-uid* »eichenkundig«; zu **d(a)ru* »Eiche« + idg. **ueid* »sehen«]

Drum ⟨[drʌm] die; -, -s; Musik⟩ **1** Trommel **2** ⟨Pl.; Popmus.; Jazz⟩ *~s* Schlagzeug [engl.]

Drum|mer ⟨[drʌmə(r)] der; -s, -; Popmusik; Jazz⟩ Schlagzeuger [engl.]

→ **Gentleman/Job:** Was du nicht unter *dsch-* findest, kann unter *g-* oder *j-* stehen, z. B. *Gentleman* und *Job*!

Dschi|had ⟨der; -s; unz.; im Islam⟩ Verteidigung u. Verbreitung des islam. Glaubens mit geistigen u. teilweise auch militär. Mitteln; *oV* Djihad [arab., »zielgerichtetes Mühen«]

Dschihad: In der Regel einseitig als »Heiliger Krieg« übersetzt, bezeichnet *Dschihad* die persönliche Anstrengung, ein Gott wohlgefälliges Leben zu führen. Bei Bedrohung der muslimischen Gemeinschaft oder eines einzelnen islamischen Landes gilt der Kampf für den → *Islam* als religiöser Verdienst, aber auch die geistige Auseinandersetzung mit Gegnern des Islam wird als *Dschihad* bezeichnet.

Dschun|gel ⟨der od. das; -s, -⟩ **1** subtropischer Urwald **2** ⟨a. fig.⟩ undurchdringliches Dickicht; *Daten~; Paragrafen~* [<engl. *jungle* <Hindi *dschangal* »öder, unbebauter Boden«]

Dschun|ke ⟨die; -, -n⟩ chines. Segelschiff [<mal. *dschung* »großes Schiff«]

du|al ⟨Adj.⟩ eine Zweiheit, etwas Zweifaches bildend; *~es System* System der Müllverwertung, bei dem wiederverwertbarer Abfall getrennt von dem übrigen Abfall gesammelt wird

Du|a|lis|mus ⟨der; -; unz.⟩ **1** jede Lehre, die zwei Grundprinzipien des Seins annimmt, z. B. männl. u. weibl. Prinzip, Yin u. Yang, Geist u. Materie usw. **2** der Widerstreit von zwei einander entgegengesetzten Kräften **3** ⟨Physik⟩ Auftreten elektromagnet. Strahlung in Form von Wellen od. Teilchen in Abhängigkeit vom jeweiligen Experiment

→ **Double:** Was du nicht unter *du-* findest, kann unter *dou-* stehen, z. B. *Double*!

du|bi|os ⟨Adj.⟩ zweifelhaft; *ein ~es Angebot* [<lat. *dubiosus* »zweifelhaft«]

Du|blee *auch:* **Dub|lee** ⟨das; -s, -s⟩ *oV* Doublé **1** Metall mit Edelmetallüberzug **2** ⟨Billard⟩ Stoß, bei dem der Ball die Bande einmal berührt [<frz. *doublé(e)* »plattierte Arbeit«; zu *double* »doppelt«]

Du|ell ⟨das; -s, -e⟩ **1** ⟨i. e. S.; früher⟩ bewaffneter Zweikampf mit tödl. Ausgang zur Austragung von Ehrenhändeln; *jmdn. zum ~ fordern* **2** ⟨i. w. S.⟩ (Wett-)Kampf zwischen zwei Personen od. Parteien; *das Rede~ der Präsidentschaftskandidaten; das ~ der Tennisstars* [<lat. *duellum* (ältere Form von *bellum* »Krieg«; volksetym. an *duo* »zwei« angelehnt]

du|el|lie|ren ⟨V.⟩ *sich ~* im Duell (1) bekämpfen; *sich mit Pistolen ~*

Du|ett ⟨das; -(e)s, -e; Musik⟩ Musikstück für zwei Singstimmen od. zwei gleiche Instrumentalstimmen; *Flöten~; im ~ spielen, singen; →a.* Duo [<ital. *duetto* »Gesang zu zweien«]

Duk|tus ⟨der; -, -⟩ **1** Schriftart **2** die Art, beim Schreiben die Feder zu führen; *zügiger ~* [<lat. *ductus* »Zug, Führung«; zu *ducere* »führen«]

Du|ma ⟨die; -, -s⟩ **1** ⟨im zarist. Russland⟩ russische Ratsversammlung der fürstlichen Gefolgsleute **2** das russ. Parlament 1906-17 **3** Stadtverordnetenversammlung **4** ⟨seit 1994 wieder⟩ russ. Parlament [russ., »Gedanke, Rat«]

Dum|my ⟨[dʌmɪ] der; -s, -s⟩ **1** Schaupackung; *Sy* Attrappe **2** Exemplar eines in Vorbereitung befindlichen Buches mit größtenteils leeren Seiten, einzelnen Textproben, Illustrationen usw. **3** Puppe in Lebensgröße zu Testzwecken [engl.]

Dum|ping|preis ⟨[dʌm-] der; -es, -e⟩ Warenpreis, der klar unter dem Marktpreis liegt; *etwas zu ~en verkaufen* [zu engl. *dumping* »Unterbieten der Preise«]

→ **Dynamit:** Was du nicht unter *dü-* findest, kann unter *dy-* stehen, z. B. *Dynamit*!

Duo ⟨das; -s, -s; Musik⟩ **1** Musikstück für zwei selbstständige Instrumentalstimmen **2** die beiden ein Duo (1) spielenden Musiker [lat., »(für) zwei«]

D

dü|pie|ren ⟨V.⟩ täuschen, übertölpeln, zum Besten haben, foppen [<frz. *duper* »hintergehen, betrügen«]

Du|pli|kat ⟨das; -(e)s, -e⟩ **1** Doppel (einer Urkunde, eines Schriftstücks) **2** Abschrift, Kopie, Durchschlag [<lat. *duplicatus,* Part. Perf. zu *duplicare* »verdoppeln«]

du|pli|zie|ren ⟨V.⟩ verdoppeln [<lat. *duplicare* »verdoppeln«]

Du|ra|tiv ⟨das; -s, -e [-və]; Gramm.⟩ **1** Aktionsart des Verbums, bezeichnet die Dauer eines Vorgangs od. Zustandes ohne zeitliche Begrenzung **2** Verbum in dieser Aktionsart, *z. B. blühen, leben, schlafen* [zu lat. *durare* »dauern«]

Du|ty-free-Shop ⟨[dju:tı fri: ʃɔp] der; -s, -s; auf Flughäfen u. Ä.⟩ Laden, in dem Waren zollfrei verkauft werden [engl.]

DVD ⟨Abk. für engl.⟩ Digital Versatile Disc, eine beidseitig beschichtete CD mit sehr großer Speicherkapazität, auf der Filme (in hoher Bild- u. Tonqualität) gespeichert werden können [engl., »digitale vielseitige Scheibe«]

DVD-Play|er *auch:* **DVD-Pla|yer** ⟨[-plεıjə(r)] der; -s, -⟩ Gerät zum Abspielen von DVDs u. zumeist auch von CDs; *Sy* DVD-Spieler

DVD-Spie|ler ⟨der; -s, -⟩ = DVD-Player

Dy|na|mik ⟨die; -; unz.⟩ **1** Lehre von der Bewegung von Körpern unter dem Einfluss von Kräften; *Ggs* Statik **2** ⟨Musik⟩ Lehre von der Abstufung der Tonstärke **2.1** die Abstufung selbst **3** ⟨fig.⟩ Triebkraft, Kraftentfaltung, Lebendigkeit, Schwung, lebendige Bewegung [<grch. *dynamis* »Kraft«]

dy|na|misch ⟨Adj.⟩ **1** die Dynamik betreffend, auf ihr beruhend; *Ggs* statisch **2** triebkräftig, voll innerer Kraft, lebendig, bewegt; *eine ~e Entwicklung; ein ~es Auftreten*

Dy|na|mit ⟨das; -s; unz.⟩ Sprengstoff auf der Basis von Glyzerintrinitrat [<grch. *dynamis* »Kraft«]

Dy|na|mo ⟨a. ['---] der; -s, -s⟩ rotierende Maschine, die mechanische in elektrische Energie umformt, z. B. am Fahrrad [<grch. *dynamis* »Kraft«]

Dy|nas|tie ⟨die; -, -n⟩ Herrscherhaus, Herrscherfamilie [<grch. *dynasteia* »Macht, Herrschaft«]

Dyn|o|de *auch:* **Dy|no|de** ⟨die; -, -n; El.⟩ Elektronenröhre mit mehreren zusätzlichen Elektroden zur besseren Steuerung und Verstärkung des zugeführten Stromes [<grch. *dynamis* »Kraft, Stärke« + *...ode*]

Dys|pro|si|um ⟨das; -s; unz.; chem. Zeichen: Dy⟩ chemisches Element aus der Reihe der Metalle der seltenen Erden, Ordnungszahl 66 [<grch. *dysprositos* »schwer zu erlangen«]

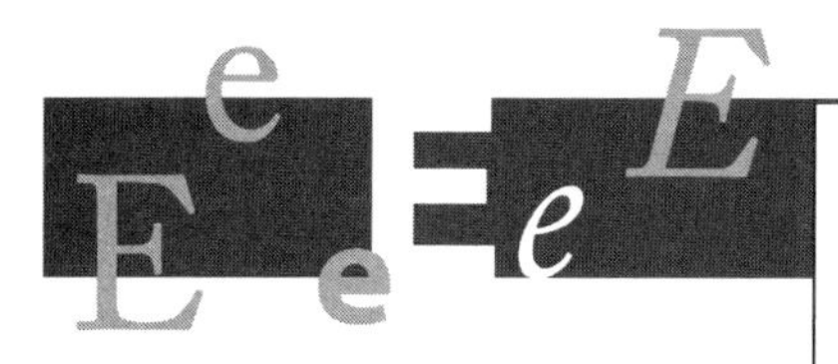

€ ⟨Zeichen für⟩ Euro

Earl ⟨[œ:l] der; -s, -s⟩ Graf (engl. Adelsrang)

ea|sy ⟨[i:zı] Adj.; undekl.; umg.⟩ angenehm u. leicht, einfach, locker [engl.]

Ea|sy Ri|der ⟨[i:zı raıdə(r)] der; - -s, - -⟩ Motorrad mit hoher, in der Mitte geteilter Lenkstange u. Rückenlehne, Chopper [<engl. *easy* »leicht« + *rider* »Reiter, Fahrer«]

Eau de Co|lo|gne *auch:* **Eau de Co|log|ne** ⟨[o: də kolɔnjə] das; - - -, -x [o:] - -⟩ Lösung von natürl. ätherischen Ölen in 75-85% Alkohol zum Erfrischen und Parfümieren, Kölnischwasser [frz., »Wasser aus Köln«]

E-Book ⟨[i:buk] das; -s, -s; kurz für⟩ Electronic Book

Echo ⟨[ɛço] das; -s, -s⟩ **1** reflektierte Schallwellen, die an ihrem Ausgangspunkt wieder wahrgenommen werden, Widerhall; *ein einfaches, mehrfaches ~* **2** ⟨fig.⟩ Beachtung, Anteilnahme; *der Vortrag fand begeistertes, lebhaftes ~; der Zwischenfall fand sein ~ in der Presse* **3** ⟨fig.⟩ Anklang, Zustimmung; *das Stück fand kein ~ bei den Zuschauern* [grch., »Schall«]

Echo|lot ⟨[-ço-] das; -(e)s, -e⟩ Gerät zur Entfernungs- u. Tiefenmessung mit Hilfe von Schallwellen

E-Com|merce ⟨[i:kɔmœ:s] der; -; unz.; kurz für⟩ Electronic Commerce

Ec|sta|sy *auch:* **Ecs|ta|sy** ⟨[ɛkstəsı] das; -s; unz. od. die; -; unz.⟩ eine Designerdroge, künstlich synthetisiertes Rauschmittel, das auch in der Psychotherapie angewendet wird [engl., »Ekstase«]

Edikt ⟨das; -(e)s, -e⟩ **1** Bekanntmachung od. Anordnung einer Regierung od. eines Machthabers, Erlass [<lat. *edictum* »amtliche Bekanntmachung«]

Edi|ti|on ⟨die; -, -en; Abk.: Ed.⟩ Ausgabe, Auflage (von Büchern, Musikalien); *eine neue ~ von Goethes Werken vorbereiten* [<lat. *editio* »Herausgabe«]

Edi|tor[1] ⟨a. [-'--] der; -s, -to|ren; Abk.: Ed.⟩ Herausgeber [zu lat. *edere* »herausgeben«]

Edi|tor[2] ⟨[ɛditə(r)] der; -s, -s; EDV⟩ Programm, mit dessen Hilfe Texte u. Programme in den Computer eingegeben u. korrigiert werden können [engl., eigtl. »Herausgeber«]

Edi|to|ri|al ⟨a. engl. [-tɔriəl] das; -s, -s⟩ **1** Vorbemerkung des Herausgebers **2** Leitartikel (einer Zeitung) [<lat. *editio* »Herausgabe«]

Ed|u|tain|ment ⟨[ɛdjutɛın-] das; -s; unz.⟩ interaktive Form der Wissensvermittlung, bei der Lerninhalte u. kulturelle Informationen über eine Mischung aus Text, Bild, Ton u. Filmsequenzen auf CD-ROM spielerisch u. unterhaltsam vermittelt werden; →*a.* Infotainment [engl.; verkürzt <*edu*cation »Erziehung, (Aus-)Bildung« + enter*tainment* »Unterhaltung«]

EDV: Die Abkürzung bezeichnet als Sammelbegriff sowohl die Datenverarbeitung per Computer als auch elektronisch arbeitende Datenverarbeitungssysteme, d. h. die Computer selbst. In den 1940er Jahren wurden die ersten → *Computer* entwickelt, um schwierige Rechenaufgaben zu lösen und Geheimbotschaften zu ver- und entschlüsseln. In den vergangenen 50 Jahren ist die EDV beständig weiterentwickelt worden und ist seit den 1980er Jahren in fast allen öffentlichen und beruflichen Bereichen (Firmen, Ämtern, Universitäten usw.) sowie in vielen privaten Haushalten unentbehrlich (→*a.* Electronic Mail, Homebanking, Internet, Laptop, Personal Computer).

EDV ⟨Abk. für⟩ Elektronische Datenverarbeitung

EEG ⟨Abk. für⟩ Elektroenzephalographie

Ef|fekt ⟨der; -(e)s, -e⟩ **1** Wirkung, Eindruck; *Farb~; Licht~* **2** Ergebnis, Erfolg **3** ⟨Physik⟩ Arbeitsleistung [<lat. *effectus* »Wirkung, Erfolg«]

ef|fek|tiv ⟨Adj.⟩ **1** tatsächlich, wirklich; *~e Leistung* ⟨bei Maschinen⟩ die nutzbare Leistung **2** wirksam; *eine ~e Methode* [→ *Effekt*]

ef|fi|zi|ent ⟨Adj.⟩ wirksam, wirkungsvoll; *Ggs* ineffizient [<engl. *efficient*]
Ef|fi|zi|enz ⟨die; -; unz.⟩ Wirkung, Wirksamkeit; *Ggs* Ineffizienz [<engl. *efficiency*]
egal ⟨Adj.⟩ **1** gleichartig, gleichmäßig **2** gleichgültig [<frz. *égal* »gleichmäßig«]
ega|li|tär ⟨Adj.⟩ auf politische, soziale usw. Gleichheit gerichtet
Ega|li|ta|ris|mus ⟨der; -; unz.⟩ Streben nach größtmöglicher Gleichheit u. polit.-sozialer Gleichbehandlung aller Menschen
Ego|is|mus ⟨der; -; unz.⟩ Ichbezogenheit, Selbstsucht, Eigennutz, Eigenliebe; *Ggs* Altruismus [<frz. *égoïsme* »Selbstsucht«; zu lat. *ego* »ich«]
ego|is|tisch ⟨Adj.⟩ eigen-, selbstsüchtig
Ego|zen|trik *auch:* **Ego|zent|rik** ⟨die; -; unz.⟩ selbstbezogene Haltung, Verhaltensweise [<lat. *ego* »ich« + *Zentrum*]
ego|zen|trisch *auch:* **ego|zent|risch** ⟨Adj.⟩ das eigene Ich in den Mittelpunkt stellend, nur vom eigenen Ich aus denkend u. handelnd, alles auf das eigene Ich beziehend
Eg|res|siv ⟨das; -s, -va [-va]; Sprachw.⟩ **1** Aktionsart des Verbums, die den Verlauf u. das Ende eines Vorgangs ausdrückt, *z. B.* »*verbrennen*«, »*zerbrechen*« **2** Verb in dieser Aktionsart [<lat. *egressus* »Ausgang«]
Ei|de|tik ⟨die; -; unz.⟩ Fähigkeit, früher Wahrgenommenes als anschauliches Bild wieder vor sich zu sehen [<grch. *eidos* »Bild«]
ein|che|cken ⟨[-tʃɛkən] V.; Flugw.⟩ beim Abflug abgefertigt werden, die Kontrollen passieren; *die Passagiere checken ein* [→ *checken*]
ein|log|gen ⟨V.; EDV⟩ ein-, anschalten (Programme, Computer); *Ggs* ausloggen [zu engl. *log* »eintragen«]
ein|scan|nen ⟨[-skænən] V.; EDV⟩ ein Bild od. einen Text mittels eines Scanners als digitale Textdatei einlesen; →*a.* Scanner [<engl. *scan* »absuchen, abtasten«]
Ein|stei|ni|um ⟨das; -s; unz.; chem. Zeichen: Es⟩ radioaktives, künstl. chem. Element, Ordnungszahl 99 [nach dem Physiker Albert *Einstein*, 1879-1955]
Eja|ku|la|ti|on ⟨die; -, -en⟩ Samenerguss [→ *ejakulieren*]
eja|ku|lie|ren ⟨V.⟩ Samen ausspritzen [<lat. *eiaculari* »herauswerfen, hervorschleudern«]
ek..., Ek... ⟨vor Vokalen und h⟩ ex..., Ex... ⟨Vorsilbe⟩ aus, heraus [grch.]
EKG, Ekg ⟨Abk. für⟩ Elektrokardiogramm
Ek|lat ⟨[ekla:] der; -s, -s⟩ **1** Glanz, Aufsehen **2** Knall **3** Auftritt, Krach, Skandal [<frz. *éclat* »Knall, Lichtblitz, Getöse, Krach«]
ek|la|tant ⟨Adj.⟩ **1** offenbar, offenkundig **2** Aufsehen erregend, glänzend [<frz. *éclatant* »glänzend, hell, laut schallend, Aufsehen erregend«]
ek|lek|tisch ⟨Adj.⟩ unschöpferisch, nicht eigenständig, nachahmend; *sein Malstil ist völlig ~*
Ek|lek|ti|zis|mus ⟨der; -; unz.⟩ **1** Zusammenstellung von verschiedenen Gedanken od. Stilelementen zu etwas scheinbar Neuem **2** unschöpferisches Denken u. Schaffen [<grch. *eklegein* »auswählen«]
Ek|lip|se ⟨die; -, -n⟩ Sonnen- od. Mondfinsternis [<grch. *ekleipsis* »Ausbleiben«]
Ek|lip|tik ⟨die; -, -en⟩ die scheinbare Sonnenbahn am Himmel [→ *Eklipse* (in der *Ekliptik* treten *Eklipsen*, d. h. Sonnen- u. Mondfinsternisse auf)]

> → **Examen:** Der Laut [**ks**a] wird in lateinischen Fremdwörtern oft ***xa*** geschrieben, z. B. in *Examen*!

Ek|sta|se *auch:* **Eks|ta|se** ⟨die; -, -n⟩ **1** Außersichsein, Verzückung, Entrückung **2** übermäßige Begeisterung; *in ~ geraten* [<grch. *ekstasis* »das Außersichgeraten, Begeisterung«]
ek|sta|tisch *auch:* **eks|ta|tisch** ⟨Adj.⟩ **1** in Ekstase befindlich, entrückt **2** verzückt, schwärmerisch
ek|to..., Ek|to... ⟨in Zus.⟩ außerhalb, heraus [<grch. *ektos*]
Ek|zem ⟨das; -s, -e; Med.⟩ nicht ansteckender, meist auf Überempfindlichkeit beruhender Hautausschlag [<*Ek...* + grch. *zeein* »kochen, sieden«]
Ela|bo|rat ⟨das; -(e)s, -e; geh.⟩ **1** schriftliche Arbeit, Ausarbeitung **2** ⟨abwertend⟩

Geschreibsel, Pfuscharbeit, Machwerk [<lat. *elaboratus,* Part. Perf. zu *elaborare* »ausarbeiten«]

ela|bo|rie|ren ⟨V.⟩ bis in feine Einzelheiten ausarbeiten, ausbilden; *elaborierter Code* differenzierte Sprache (der Ober- u. Mittelschicht einer Gesellschaft) [<lat. *elaborare* »(sorgfältig) ausarbeiten«]

Elan ⟨[ela:n] od. [elã:] der; -s; unz.⟩ Schwung, Begeisterung, Stoßkraft [<frz. *élan*]

elas|tisch ⟨Adj.⟩ 1 dehnbar, biegsam, nachgebend, federnd; *ein ~es Gewebe* 2 ⟨fig.⟩ spannkräftig, schwungvoll [<frz. *élastique* »federnd, dehnbar«]

Elas|ti|zi|tät ⟨die; -; unz.⟩ 1 Dehnbarkeit, Federkraft, Biegsamkeit 2 ⟨fig.⟩ Spannkraft, Schwung [<frz. *élasticité* »Elastizität, Federkraft«]

El|do|ra|do ⟨das; -s, -s⟩ 1 (sagenhaftes) Goldland 2 ⟨fig.⟩ Wunsch-, Traumland, Paradies [<span. *el dorado* »der Vergoldete«]

E-Lear|ning ⟨[i:lœ:nıŋ] das; - od. -s; unz.; EDV; kurz für⟩ Electronic Learning

◆ Die Buchstabenfolge **elec|tr...** kann auch **elect|r...** getrennt werden.

◆ **Elec|tro|nic Ban|king** ⟨[ılɛktrɔnık bæ:nkıŋ] das; - -s; unz.⟩ computerunterstützter Zahlungsverkehr der Banken; *Sy* E-Banking, Internetbanking, Telebanking [engl.]

◆ **Elec|tro|nic Book** ⟨[ılɛktrɔnık buk] das; - - od. - -s, - -s; EDV⟩ ein elektron. Lesegerät, auf dem man Texte speichern kann; *Sy* E-Book [engl., »elektronisches Buch«]

◆ **Elec|tro|nic Com|merce** ⟨[ılɛktrɔnık kɔmœ:s] der; - -; unz.; EDV⟩ computerunterstützter Handel mit Waren u. Dienstleistungen, insbesondere über das Internet

◆ **Elec|tro|nic Lear|ning** ⟨[ılɛktrɔnık lœ:nıŋ] das; - - od. - -s; unz.; EDV⟩ computergestütztes Lernen, Weiterbildung mit Hilfe von elektron. Lernprogrammen; *Sy* E-Learning [engl., »elektronisches Lernen«]

◆ **Elec|tro|nic Mail** ⟨[ılɛktrɔnık mɛıl] die od. das; - -, - -s⟩ = E-Mail

ele|gant ⟨Adj.⟩ 1 modisch, geschmackvoll 2 ausgesucht, gewählt, fein, gewandt [<frz. *élégant* »fein, geschmackvoll, zierlich, elegant«]

Ele|ganz ⟨die; -; unz.⟩ 1 modischer Geschmack 2 Feinheit, Gewandtheit [<frz. *élégance* »Feinheit, Zierlichkeit, Eleganz«]

Ele|gie ⟨die; -, -n; Lit.⟩ 1 ⟨in der Antike⟩ Gedicht in Distichen 2 wehmutsvolles, klagendes Gedicht [<grch. *elegeia* »lyrisch-episches, in Distichen verfasstes Gedicht«]

ele|gisch ⟨Adj.⟩ 1 in der Art einer Elegie, in Distichen gedichtet 2 ⟨fig.⟩ klagend, wehmütig, traurig

◆ Die Buchstabenfolge **elek|tr...** kann auch **elekt|r...** getrennt werden.

◆ **elek|trisch** ⟨Adj.⟩ 1 mit Elektrizität verbunden, zusammenhängend; *~er Strom* Bewegung von Elektronen; *~es Feld* Magnetfeld um elektrische Leiter; *~e Leitfähigkeit* die Fähigkeit, elektrischen Strom zu leiten; *~er Widerstand* der W., den ein Leiter dem Durchgang eines elektr. Stromes entgegensetzt 2 mit Elektrizität betrieben; *etwas ~ betreiben, beleuchten; ~e Maschinen* umlaufende od. ruhende M., die elektrische Energie in mechanische Energie umwandeln od. umgekehrt 3 Elektrizität erzeugend; *~e Fische* F., die in elektrischen Organen bis zu 600 Volt Spannung erzeugen 4 Elektrizität leitend; *~e Leitung* L. für den Transport elektrischer Energie; *~er Zaun* elektr. geladener Draht als Umzäunung [<lat. *electrum* »Bernstein« <grch. *elektron;* zu *elektor* »strahlende Sonne«]

◆ **Elek|tri|zi|tät** ⟨die; -; unz.⟩ alle Erscheinungen, die von elektrischen Ladungen ausgehen [<frz. *électricité*]

◆ **elek|tro..., Elek|tro...** ⟨in Zus.⟩ die Elektrizität betreffend

◆ **Elek|tro|de** ⟨die; -, -n⟩ Ein- od. Austrittsstelle des elektr. Stromes in Flüssigkeiten, Gasen od. im Vakuum [<*Elektro...* + *...ode*]

◆ **Elek|tro|en|ze|pha|lo|gra|fie** ⟨die; -; unz.; Abk.: EEG⟩ = Elektroenzephalographie

◆ **Elek|tro|en|ze|pha|lo|gra|phie** ⟨die; -;

unz.; Abk.: EEG⟩ Ableitung u. Aufzeichnung (Elektroenzephalogramm) der durch die Tätigkeit der Hirnrinde entstehenden feinen Ströme u. Auswertung der Unterschiede gegenüber den normalen Kurven zur Krankheitserkennung; *oV* Elektroenzephalografie

◆**Elek|tro|kar|dio|gramm** ⟨das; -(e)s, -e; Abk.: EKG od. Ekg⟩ Ableitung und Aufzeichnung der durch die Tätigkeit des Herzmuskels entstehenden feinen Herzströme, die gewonnene Verlaufskurve gibt Aufschluss über die Herztätigkeit u. die Beschaffenheit des Herzmuskels

◆**Elek|tro|ly|se** ⟨die; -, -n⟩ Zersetzung chem. Verbindungen (Basen, Salze, Säuren) durch elektrischen Strom [<*Elektro...* + *...lyse*]

◆**Elek|tro|lyt** ⟨der; -s od. -en, -e od. -en⟩ Stoff, der in wässriger Lösung den elektr. Strom leitet [<*Elektro...* + grch. *lytos* »lösbar« (<*lyein* »lösen«)]

◆**Elek|tro|ma|gnet** *auch:* **Elek|tro|mag|net** ⟨der; -en, -en⟩ Gerät zur Erzeugung eines Magnetfeldes durch elektrischen Strom

◆**elek|tro|ma|gne|tisch** *auch:* **elek|tro|mag|ne|tisch** ⟨Adj.⟩ auf Elektromagnetismus beruhend; *~e Wellen* Schwingungen des elektrischen u. des magnetischen Feldes, die sich im Raum wellenförmig mit Lichtgeschwindigkeit ausbreiten

Elektron: Ein *Elektron* ist ein negativ geladenes Elementarteilchen, das in der Natur meist in gebundenem Zustand vorkommt, entweder in der Elektronenhülle eines Atoms oder eines Moleküls. Mit Hilfe von Energiezufuhr können *Elektronen* aus dem Atomverband gelöst werden. Sie lassen sich als geladene Teilchen beschleunigen und durch elektrische oder magnetische Felder gezielt ablenken. Aufgrund dieser Eigenschaft können *Elektronen* für wichtige technische Anwendungen (z. B. in Elektronenröhren und im → *Elektronenmikroskop*) eingesetzt werden.

◆**Elek|tron** ⟨a. ['---] das; -s, -tro|nen⟩ negativ geladenes, leichtes Elementarteilchen [<grch. *elektron* »Bernstein« <grch. *elektron; zu elektor* »strahlende Sonne«]

◆**Elek|tro|nen|mi|kro|skop** *auch:* **Elek|tro|nen|mik|ro|skop** ⟨das; -s, -e⟩ Mikroskop, das zur Abbildung sehr kleiner Objekte keine Licht-, sondern Elektronenstrahlen benutzt

◆**Elek|tro|nik** ⟨die; -; unz.⟩ Gebiet der Elektrotechnik, das sich mit dem Verhalten des elektr. Stromes in Vakuum, Gasen u. Halbleitern, seiner Verwendung zur Steuerung von Licht- u. Schallwellen sowie für techn. Prozesse u. Rechenoperationen befasst

◆**elek|tro|nisch** ⟨Adj.⟩ auf Elektronik beruhend; *~e Musik* mit elektronischen Klangmitteln erzeugte Musik; *~e Datenverarbeitung* ⟨Abk.: EDV⟩ D. mittels elektronischer Geräte, die ohne mechanisch bewegte Teile, d. h. mit Elektronenröhren u. Transistoren, gesteuert werden

◆**Elek|tro|tech|nik** ⟨a. [-'----] die; -; unz.⟩ Lehre von der Erzeugung u. Anwendung von Elektrizität u. der Herstellung von elektrischen Maschinen u. Geräten

Ele|ment ⟨das; -(e)s, -e⟩ **1** ⟨in der Antike⟩ Urstoff; *die vier ~e* Feuer, Wasser, Luft u. Erde; *das nasse ~* ⟨umg.⟩ das Wasser **2** Grundlage, Grundbestandteil; *die ~e der Mathematik, Physik, einer Wissenschaft* **3** Grundsatz, Grundbegriff **4** das einem Menschen Angemessene; *er ist in seinem ~* ⟨fig.; umg.⟩ er macht das, was er beherrscht od. worin er sich wohl fühlt **5** ⟨Chemie⟩ = chemisches Element **6** ⟨Mengenlehre⟩ abstrakte Einheit, die als Eigenschaft von Objekten nur ihre Zugehörigkeit zu einer Menge gelten lässt **7** ⟨fig.; umg.; meist Pl.; abwertend⟩ Person, Mensch; *gefährliche, schlechte, üble ~e* [<lat. *elementum* »Grundstoff«]

ele|men|tar ⟨Adj.⟩ **1** grundlegend, wesentlich **2** anfängerhaft, Anfangs... **3** naturhaft, urwüchsig **4** heftig; *~e Naturgewalten*

eli|mi|nie|ren ⟨V.⟩ **1** ⟨allg.⟩ entfernen, ausscheiden **2** ⟨Math.⟩ *eine unbekannte Größe aus der Gleichung ~* durch eine Rechenoperation beseitigen [<frz. *éliminer* »entfernen, beseitigen«]

Eli|si|on ⟨die; -, -en; Gramm.⟩ Ausstoßen, Weglassen eines Vokals, *z. B. in »Fried(e) und Freud(e)«* [<lat. *elisio* »das Heraustreiben«]

eli|tär ⟨Adj.⟩ zu einer Elite gehörend od. sich ihr zurechnend, wie in einer Elite üblich

Eli|te ⟨die; -, -n⟩ Auslese, das Beste, die Besten; *Cambridge ist eine ~universität* [<frz. *élite* »erstklassige Auswahl«]

Eli|te|uni|ver|si|tät ⟨[-vɛr-] die; -, -en⟩ Universität zur Ausbildung u. Förderung der Elite (mit bes. guter finanzieller Ausstattung)

Eli|xier ⟨das; -s, -e⟩ **1** Zaubertrank der Alchimisten; *Lebens~* **2** alkoholischer Auszug aus pflanzlichen Substanzen, dem Zucker, ätherische Öle u. a. zugesetzt sind [<Alchimistenlat. *elixirium* »Heiltrank« <arab. *al-iksir* »Stein der Weisen« <grch. *xerion* »trockenes Heilmittel«]

El|lip|se ⟨die; -, -n⟩ **1** ⟨Geom.⟩ ein Kegelschnitt, zentrisch-symmetrische, geschlossene Kurve **2** ⟨Sprachw.⟩ verkürzter Satz, in dem nur die Hauptbegriffe ausgedrückt sind, Auslassungssatz, *z. B. Ende gut, alles gut* [<grch. *elleipein* »unterlassen, auslassen, ermangeln«]

el|lip|tisch ⟨Adj.⟩ wie eine Ellipse; *ein ~er Satz*

em..., Em... ⟨Vorsilbe⟩ = en..., En...

Email ⟨[ema:j] od. [emaɪl] das; -s, -s⟩ = Emaille

> **E-Mail** Zusammensetzungen, die einen Einzelbuchstaben, eine Abkürzung oder eine Ziffer enthalten, werden mit Bindestrich geschrieben. Dies kann auch der Unterscheidung von orthografisch identischen Wörtern unterschiedlicher Bedeutung dienen (→*a.* Email).

E-Mail ⟨[i:mɛɪl] die od. das; -, -s; kurz für⟩ Electronic Mail, digitalisierte schriftliche Nachricht an einen anderen Teilnehmer innerhalb eines Computernetzwerks [engl., »elektronische Post, elektronischer Brief«]

Email|le ⟨[emaljə] od. [ema:j] die; -, -n [-jən]⟩ meist farbige, Metallgegenständen als Schutz od. als Schmuck aufgeschmolzene Glasmasse (z. B. bei Kochtöpfen); *oV* Email [<frz. *émail* <fränk. **smalt*]

Eman|zi|pa|ti|on ⟨die; -, -en⟩ Befreiung von Abhängigkeit u. Bevormundung, Gleichstellung; *~ der Frau* [<lat. *emancipatio* »Entlassung eines Sohnes aus der väterlichen Gewalt«]

eman|zi|pie|ren ⟨V.⟩ aus Abhängigkeit u. Bevormundung befreien, selbstständig machen, gleichstellen [<lat. *emancipare* »einen Sohn aus der väterlichen Gewalt entlassen«]

eman|zi|piert ⟨Adj.⟩ befreit, frei (von Beschränkungen, Vorurteilen), selbstständig

Em|bar|go ⟨das; -s, -s⟩ **1** Beschlagnahme eines (eigenen od. fremden) Schiffes u. seiner Ladung **2** Ausfuhrverbot, bes. von Kriegsgerät u. Waffen [span., »Beschlagnahme, Sperre«]

Em|blem *auch:* **Emb|lem** ⟨[ɛmble:m] od. [ãble:m] das; -s, -e⟩ Kennzeichen, Sinnbild [<grch. *emblema* »eingelegte Arbeit, Zierrat«]

Em|bo|lie ⟨die; -, -n; Med.⟩ plötzlicher Verschluss einer größeren od. kleineren Schlagader durch ein wanderndes Blutgerinnsel oder einen Fremdkörper [<grch. *emballein* »hineinschleudern«]

Em|bryo *auch:* **Emb|ryo** ⟨der od. österr. das; -s, -s od. -o|nen; Med.⟩ **1** sich aus der befruchteten Eizelle entwickelndes Lebewesen **2** Lebewesen vor der Geburt [<grch. *embryon;* zu *bryein* »quellen, keimen«]

eme|ri|tie|ren ⟨V.⟩ in Ruhestand versetzen; *Geistliche, Hochschullehrer ~* [<lat. *emeritus* »ausgedienter Soldat«]

> ◆ Die Buchstabenfolge **emi|gr...** kann auch **emig|r...** getrennt werden.

◆**Emi|grant** ⟨der; -en, -en⟩ **1** Auswanderer **2** Flüchtling (aus politischen od. religiösen Gründen); *Ggs* Immigrant [<lat. *emigrans,* Part. Präs. zu *emigrare* »auswandern«]

◆**Emi|gra|ti|on** ⟨die; -, -en⟩ *Ggs* Immigration **1** Auswanderung **2** Flucht (bes. aus polit. od. religiösen Gründen); *während der nationalsozialistischen Diktatur waren viele Schriftsteller zur ~ gezwungen* [<lat. *emigratio* »Auswanderung«]

E

◆**emi|grie|ren** ⟨V.⟩ auswandern; *Ggs* immigrieren [<lat. *emigrare* »auswandern«]

emi|nent ⟨Adj.⟩ hervorragend, außerordentlich; *eine ~ wichtige Angelegenheit* [<lat. *eminens,* Part. Präs. zu *eminere* »hervorragend«]

Emi|nenz ⟨die; -, -en⟩ Titel der Kardinäle, auch als Anrede; *die graue/Graue ~* ⟨scherzh.⟩ jmd., der im Hintergrund Entscheidungen trifft [<lat. *eminentia* »das Hervorragende«]

Emis|si|on ⟨die; -, -en⟩ **1** Ausgabe neuer Anleihen oder Wertpapiere **2** ⟨schweiz.⟩ Rundfunksendung **3** ⟨Physik⟩ Ausstrahlung, das Aussenden von Schadstoffen in die Umwelt; →*a.* Immission [<lat. *emissio* »das Entsenden, das Herauslassen«]

Emo|ti|con ⟨das; -s, -s; EDV⟩ aus Satzzeichen bestehendes Symbol, das ein Gesicht darstellen u. Gefühle ausdrücken soll, z. B. Smileys wie :-) für »fröhlich«, :-(für »traurig«, :-| für »gleichgültig« [verkürzt <*Emotion* + *Icon*]

Emo|ti|on ⟨die; -, -en⟩ Gefühls-, Gemütsbewegung, Erregung [<frz. *émotion* »Erregung, Rührung«]

emo|ti|o|nal ⟨Adj.⟩ gefühlsmäßig; *Sy* affektiv; *er reagierte sehr ~*

Em|pha|se ⟨die; -; unz.⟩ Nachdruck, Redeschwung, Leidenschaftlichkeit (im Ausdruck) [<grch. *emphasis* »Kraft des Ausdrucks«]

em|pha|tisch ⟨Adj.⟩ nachdrücklich, ausdrücklich, leidenschaftlich; *er hielt eine ~e Rede* [<grch. *emphatikos* »nachdrücklich«]

Em|pi|rie ⟨die; -; unz.⟩ **1** Sinneserfahrung, Erfahrung **2** auf Erfahrung beruhende Erkenntnis [<grch. *empeiria* »Erfahrung«]

em|pi|risch ⟨Adj.⟩ auf der Erfahrung beruhend, aus eigener Erfahrung gewonnen [→ *Empirie*]

Empirismus: Der Begriff *Empirismus* stammt aus der Philosophie und bezeichnet die Lehre von der Abhängigkeit aller Erkenntnis von der (Sinnes-)Erfahrung (→ *Empirie*). Der im 17./18. Jahrhundert besonders von Thomas Hobbes, John Locke und David Hume vertretene *Empirismus* wandte sich gegen die Auffassung, es gebe so etwas wie angeborene Ideen. Im Gegensatz dazu stand der u. a. von Immanuel Kant vertretene → *Rationalismus,* der die Erkenntnis allein auf die Vernunft zu gründen versuchte (→*a.* Positivismus, Pragmatismus).

Em|pi|ris|mus ⟨der; -; unz.⟩ Lehre, dass alle Erkenntnis nur auf Erfahrung beruht; *Ggs* Rationalismus (2)

emul|gie|ren ⟨V.⟩ **1** aufschwemmen; *einen Stoff ~* in einem anderen fein verteilen **2** zu einer Emulsion verbinden [<lat. *emulgere* »ab-, ausmelken«]

Emul|si|on ⟨die; -, -en⟩ **1** feinste Verteilung einer Flüssigkeit in einer anderen, nicht mit ihr mischbaren **2** ⟨Fot.⟩ die lichtempfindliche fotografische Schicht [→ *emulgieren*]

en..., En... ⟨vor b, m, p, ph⟩ em..., Em... ⟨Vorsilbe⟩ in, an, auf [grch.]

En|ce|pha|li|tis ⟨die; -, -ti|den; Med.⟩ = Enzephalitis

en|de|misch ⟨Adj.⟩ **1** einheimisch **2** ⟨Bot.; Zool.⟩ nur auf eng umgrenzten Gebieten (z. B. Inseln) vorkommend **3** ⟨Med.⟩ in bestimmten Gebieten ständig auftretend; *~e Infektionskrankheiten; Ggs* epidemisch

En|di|vie ⟨[-vjə] die; -, -n; Bot.⟩ Salatpflanze, Art der Zichorie (1) [<mlat., ital. *endivia,* lat. *intibus, intybus, intubus;* zu grch. *entybion,* eigtl. »im Januar (wachsend)«; zu *tybi* »Januar«]

en|do..., En|do... ⟨Vorsilbe⟩ innerhalb; *endokrin; Endoskop* [<grch. *endon*]

En|do|bio|se ⟨die; -, -n; Biol.⟩ Gemeinschaft verschiedenartiger Lebewesen, von denen eines im anderen lebt [<*Endo...* + grch. *bios* »Leben«]

en|do|gen ⟨Adj.⟩ **1** von innen kommend **2** im Innern entstehend, im Innern befindlich **3** im Erdinnern erzeugt [<*Endo...* + *...gen*[1]]

en|do|krin ⟨Adj.⟩ **1** mit innerer Sekretion, nach innen, ins Blut absondernd; *~e Drüse* **2** nach innen, ins Blut abgesondert; *~es Sekret* [<*Endo...* + grch. *krinein* »trennen, scheiden«]

En|do|mor|phin ⟨das; -s, -e; meist Pl.; Med.⟩ = Endorphin

En|dor|phin ⟨das; -s, -e; meist Pl.; Med.⟩ körpereigener Wirkstoff, der im Zentralnervensystem gebildet wird u. eine opiat- bzw. morphinähnliche, schmerzstillende Wirkung besitzt; *oV* Endomorphin [<*Endo...* + *Morphin*]

En|do|skop *auch:* **En|dos|kop** ⟨das; -s, -e; Med.⟩ Instrument mit elektrischer Lichtquelle u. Spiegel zur Untersuchung von Körperhöhlen [<*Endo...* + *...skop*]

En|do|sko|pie *auch:* **En|dos|ko|pie** ⟨die; -, -n; Med.⟩ Untersuchung von Körperhöhlen mit dem Endoskop

Ener|ge|tik ⟨die; -; unz.⟩ **1** ⟨Philos.⟩ Auffassung, dass Energie die Grundlage u. das Wesen allen Seins sei **2** ⟨Physik⟩ Lehre von der Umwandlung der Energie [→ *Energie*]

ener|ge|tisch ⟨Adj.⟩ die Energetik betreffend

Ener|gie ⟨die; -, -n⟩ **1** ⟨Physik; Chemie; Biol.⟩ Fähigkeit eines Körpers, Arbeit zu leisten; *Umwandlung von ~* **2** ⟨allg.⟩ Tatkraft, Kraft, Schwung, Nachdruck; *sie ging voller ~ an die Arbeit* [<grch. *energeia* »Tatkraft«]

ener|gisch ⟨Adj.⟩ **1** voller Energie, tatkräftig; *~ durchgreifen* **2** entschlossen, Energie verratend

En|fant ter|ri|ble *auch:* **En|fant ter|rib|le** ⟨[ãfã tɛriːbl] das; - -, -s -s [ãfã tɛriːbl]⟩ jmd., der (durch zu große Offenheit) seine Mitmenschen ständig in Verlegenheit bringt oder schockiert [frz., »schreckliches Kind«]

En|ga|ge|ment ⟨[ãgaʒ(ə)mãː] das; -s, -s⟩ **1** Verpflichtung (bes. zur Zahlung od. Leistung) **2** Stellung, Anstellung (von Künstlern); *ein ~ am Burgtheater bekommen* **3** ⟨unz.⟩ das Sicheinsetzen, persönliches Bemühen; *er zeigt großes ~ für die Sache* [frz., »Verpflichtung«]

en|ga|gie|ren ⟨[ãgaʒiːrən] V.⟩ **1** anstellen, einstellen; *Künstler ~* **2** *sich ~* sich binden, sich festlegen **3** *sich für etwas ~* sich einsetzen

en gros ⟨[ãgroː] Adv.⟩ im Großen, in großen Mengen [frz., »im Großen«]

En|jam|be|ment ⟨[ãʒãb(ə)mãː] das; -s, -s; Metrik⟩ Übergreifen eines Satzes über das Ende einer Verszeile in die nächste als Stilmittel der Lyrik [frz., »Hinübergreifen« (eines Verses); zu *enjamber* »überschreiten, überspringen«]

En|kla|ve ⟨die; -, -n⟩ fremdes Staatsgebiet, das vom eigenen eingeschlossen ist [<frz. *enclave* »umschlossenes Grundstück«; zu lat. *clavis* »Schlüssel«]

En|kli|se ⟨die; -, -n; Sprachw.⟩ Anlehnung eines unbetonten Wortes (Enklitikon) an ein vorausgehendes, stärker betontes, *z. B. »haben S'« statt »haben Sie«*; *oV* Enklisis [<grch. *enklinein* »anlehnen«]

En|kli|sis ⟨die; -, -kli|sen; Sprachw.⟩ = Enklise

en masse ⟨[ãmas] Adv.⟩ in Masse(n), massenhaft, in großer Zahl [frz.]

enorm ⟨Adj.⟩ **1** sehr groß, riesig; *ein Schiff von ~en Ausmaßen* **2** erstaunlich; *das ist ja ~!* **3** herrlich, wunderbar [<frz. *énorme* »ungeheuer«]

En|quete|kom|mis|si|on ⟨[ãkɛːt-] od. [ãkeːt-] die; -, -en⟩ vom Parlament gebildeter Ausschuss, der ein bestimmtes Vorkommnis od. Vorhaben (z. B. Gesetz) eingehend untersucht u. berät

En|sem|ble *auch:* **En|semb|le** ⟨[ãsãːbl] das; -s, -s⟩ **1** Gesamtheit **2** alle Schauspieler eines Theaterstückes **3** Gemeinschaft von Künstlern, die zusammen spielen od. musizieren, ohne dass einer als Star hervortritt **4** kleines Orchester; *Musik~* **5** Gesangs-, Tanzgruppe; *Gesangs~; Tanz~* [frz., »zusammen; Gesamtheit«]

En|te|le|chie ⟨die; -, -n⟩ **1** (nach Aristoteles) Fähigkeit eines Stoffes, sich nach der ursprünglich in ihm angelegten Form zu entwickeln **2** zielstrebige Kraft eines Organismus, die seine Entwicklung und Gestaltung lenkt [<grch. *entelecheia* <*entelei echein* »in Vollendung haben oder sein«]

en|te|ro..., En|te|ro... ⟨in Zus.⟩ darm..., Darm... [<grch. *enteron* »Darm«]

En|te|ro|sko|pie *auch:* **En|te|ros|ko|pie** ⟨die; -, -n; Med.⟩ Untersuchung des Darms mit dem Enteroskop

En|ter|tai|ner ⟨a. [-tɛɪ-] der; -s, -⟩ jmd., der andere berufsmäßig unterhält, *z. B. Conférencier, Discjockey, Showmaster* [engl.]

En|ter|tain|ment ⟨[-tɛɪn-] das; -s; unz.⟩ Unterhaltung in der Art einer Show [engl.]

E

En|thu|si|as|mus ⟨der; -; unz.⟩ Begeisterung, Entzücken; *er betreibt sein Hobby mit großem* ~ [<grch. *enthusiasmos,* eigtl. »Gottesbegeisterung«; zu *entheos* »voll von Gott«]

en|thu|si|as|tisch ⟨Adj.⟩ begeistert, entzückt

En|ti|tät ⟨die; -, -en⟩ das Dasein eines Dinges, im Unterschied zu seinem Wesen [<lat. *ens,* Präs. zu *esse* »sein«]

en|to..., En|to... ⟨Vorsilbe⟩ innen..., Innen... [<grch. *entos* »drinnen«]

En|tro|pie ⟨die; -, -n⟩ **1** Zustandsgröße der Thermodynamik **2** ⟨Kommunikationstheorie⟩ Größe des Nachrichtengehaltes einer nach statistischen Gesetzen gesteuerten Nachrichtenquelle **3** ⟨Wahrscheinlichkeitsrechnung⟩ Maß für den Grad der Ungewissheit für den Ausgang eines Versuches [<grch. *entrepein* »umkehren, umwenden«]

En|ze|pha|li|tis ⟨die; -, -ti|den; Med.⟩ akute oder chronische Entzündung von Gehirngewebe; *oV* Encephalitis [<grch. *egkephalos* »Gehirn«]

En|ze|pha|lo|gramm ⟨das; -s, -e; Med.⟩ Aufzeichnung der elektrischen Ströme im Gehirn zur Untersuchung der Gehirnfunktion [<grch. *egkephalos* »Gehirn« + *...gramm*]

◆ Die Buchstabenfolge **en|zy|kl...** kann auch **en|zyk|l...** getrennt werden.

◆ **En|zy|kli|ka** ⟨die; -, -kli|ken⟩ päpstlicher Erlass, Rundschreiben des Papstes an die Bichöfe od. an alle Gläubigen [<grch. *enkyklios* »im Kreise laufend«; → *Zyklus*]

Enzyklopädie: Als *Enzyklopädie* bezeichnete man ursprünglich die universale Bildung. Der Begriff wurde bereits im 5. Jh. v. Chr. von dem Griechen *Hippias von Elis* verwendet. Im Mittelalter beruhte die *Enzyklopädie* als schulische Bildung auf den sieben freien Künsten (Grammatik, Dialektik, Rhetorik, Arithmetik, Geometrie, Astronomie, Musik). Als Werktitel wird der Begriff *Enzyklopädie* seit Ende des Mittelalters verwendet und ist heute nur noch in diesem Sinne gebräuchlich. Eine *Enzyklopädie* versucht, die Gesamtheit des menschlichen Wissens systematisch oder alphabetisch geordnet darzustellen. Besonders im 19. Jahrhundert wurde die *Enzyklopädie* auch als Konversationslexikon bezeichnet. Heute sind mehrbändige *Enzyklopädien* vielfach elektronisch (zumeist als → *CD-ROM*) verfügbar.

◆ **En|zy|klo|pä|die** ⟨die; -, -n⟩ **1** ⟨früher⟩ Gesamtheit des Wissens **2** Nachschlagewerk über alle Wissensgebiete, mehrbändiges Universallexikon [<grch. *enkyklios* »im Kreise laufend« + *...pädie*]

◆ **en|zy|klo|pä|disch** ⟨Adj.⟩ eine Enzyklopädie betreffend, in der Art einer Enzyklopädie; *er verfügt über ein ~es Wissen*

En|zym ⟨das; -s, -e⟩ = Ferment [<grch. *zyme* »Sauerteig«]

en|zy|ma|tisch ⟨Adj.⟩ durch Enzyme bewirkt

eo..., Eo... ⟨in Zus.⟩ früh..., Früh..., vorgeschichtlich [<grch. *eos* »Morgenröte«]

Eo|li|thi|kum ⟨das; -s; unz.; Geol.⟩ wegen Funden von (Werkzeug-)Steinen fälschlicherweise vermutete, früheste kulturgeschichtliche Periode [<*Eo...* + grch. *lithos* »Stein«]

Eo|zän ⟨das; -s; unz.; Geol.⟩ mittlere Stufe des Paläozäns [<*Eo...* + *...zän*]

ep..., Ep... ⟨Vorsilbe; vor Vokalen⟩ = epi..., Epi... [grch.]

Epen ⟨Pl. von⟩ Epos

eph..., Eph... ⟨Vorsilbe; vor h⟩ = epi..., Epi... [grch.]

epi..., Epi... ⟨vor Vokalen⟩ ep..., Ep... ⟨vor h⟩ eph..., Eph... ⟨Vorsilbe⟩ auf, darüber, an der Oberfläche, hinzu [grch.]

Epi|de|mie ⟨die; -, -n; Med.⟩ ansteckende, sich rasch u. weit verbreitende Massenerkrankung, Seuche; *Grippe~; Cholera~* [<grch. *epidemios* »im Volke verbreitet«; zu *demos* »Volk«]

epi|de|misch ⟨Adj.⟩ in der Art einer Epidemie; *Ggs* endemisch

Epi|der|mis ⟨die; -, -der|men; Biol.⟩ **1** äußerste Schicht der Haut der Wirbeltiere, Oberhaut **2** pflanzliches, meist einschichtiges Abschlussgewebe [<*Epi...* + grch. *derma* »Haut«]

epi|go|nal ⟨Adj.⟩ in der Art eines Epigonen, unschöpferisch nachahmend

Epi|go|ne ⟨der; -n, -n⟩ der Nachkommende, jmd., der Vorhandenes unschöpferisch nachahmt od. anwendet [<grch. *epigonos* »nachgeboren«]

Epi|gramm ⟨das; -s, -e⟩ **1** altgriech. Auf- od. Inschrift **2** kurzes, meist zweizeiliges Sinn- od. Spottgedicht [<grch. *epigramma* »Auf-, Inschrift«]

Epik ⟨die; -; unz.; Lit.⟩ Gattung der erzählenden Vers- u. Prosadichtung [<lat. *epicus* »episch«; zu grch. *epos;* → *Epos*]

Epi|ku|re|er ⟨der; -s, -⟩ **1** Anhänger der Lehre des griechischen Philosophen Epikur (341-270 v. Chr.), der ein Leben des klugen, zurückgezogenen Lebensgenusses lehrte **2** ⟨fig.⟩ Genussmensch, sinnenfroher Lebenskünstler

epi|ku|re|isch ⟨Adj.⟩ **1** die Lehre Epikurs betreffend, auf ihr beruhend **2** ⟨fig.⟩ genussfreudig, schwelgerisch

Epi|lep|sie ⟨die; -, -n; Med.⟩ auf einer zeitweiligen Störung der Gehirnfunktion beruhende Krampfanfälle am ganzen Körper mit Bewusstlosigkeit, Fallsucht [grch. *epilepsia,* eigtl. »Angriff, Anfall«]

Epi|lep|ti|ker ⟨der; -s, -⟩ jmd., der an Epilepsie leidet

epi|lep|tisch ⟨Adj.⟩ die Epilepsie betreffend, auf ihr beruhend

Epi|log ⟨der; -(e)s, -e⟩ *Ggs* Prolog **1** Nachwort, Schlusswort (bes. eines Buches) **2** Nachspiel (bes. eines Theaterstückes) **3** Schlussworte eines Schauspielers an das Publikum [<*Epi...* + *...log*[1]]

Epi|pha|ni|en|fest ⟨das; -(e)s; unz.⟩ Fest der Erscheinung Christi, urspr. sein Geburts-, dann sein Tauffest, in der kath. Kirche zugleich Fest der Hl. Drei Könige [<grch. *epiphaneia* »Erscheinung«]

Epi|phyt ⟨der; -en, -en; Biol.⟩ Pflanze, die nicht im Boden wurzelt, sondern auf anderen Pflanzen, meist Bäumen, mit Hilfe bes. Haftwurzeln festgewachsen ist [<*Epi...* + grch. *phyton* »Pflanze«]

episch ⟨Adj.⟩ die Epik, das Epos betreffend, in der Art eines Epos, erzählend; *~e Dichtung* erzählende D. [<grch. *poiesis epikos* »epische Dichtung«; → *Epos*]

Epi|skop *auch:* **Epis|kop** ⟨das; -s, -e⟩ Projektor für undurchsichtige Bilder [<grch. *episkopein* »nach oder auf etwas sehen«]

epi|sko|pal *auch:* **epis|ko|pal** ⟨Adj.⟩ den Bischof betreffend, bischöflich

Epi|so|de ⟨die; -, -n⟩ **1** ⟨im altgrch. Drama⟩ zwischen die Chorgesänge eingeschobene Handlung **2** ⟨allg.⟩ nebensächliches Ereignis od. Erlebnis; *dies war nur eine unbedeutende ~* [<frz. *épisode* »Nebenhandlung« <grch. *epeisodion* »Handlung zwischen zwei Chorgesängen«]

Epi|stel *auch:* **Epis|tel** ⟨die; -, -n⟩ **1** längerer (kunstvoller) Brief **2** Apostelbrief im NT **3** für den Gottesdienst vorgeschriebene Lesung aus der Apostelgeschichte od. den Apostelbriefen; *jmdm. die ~ lesen* ⟨fig.⟩ jmdn. ermahnen, jmdm. eine Strafpredigt halten [<lat. *epistula* »Brief« <grch. *epistole* »Sendung«]

Epi|taph ⟨das; -s, -e⟩ **1** Grabinschrift **2** Gedenktafel in der Kirchenwand od. an einem Pfeiler mit Inschrift, oft bildhauerisch verziert, nicht identisch mit dem Grabstein [<grch. *epitaphion* »Grabschrift«; zu *taphos* »Grab«]

Epi|thel ⟨das; -s, -e; Biol.⟩ ein- od. mehrschichtige Zelllagen des tierischen Gewebes, die äußere Oberflächen u. innere Hohlräume begrenzen [<*Epi...* + grch. *thele* »Mutterbrust, Saugwarze«]

Epi|zen|trum *auch:* **Epi|zent|rum** ⟨das; -s, -zen|tren⟩ senkrecht über einem Erdbebenherd liegender Punkt der Erdoberfläche

epo|chal ⟨Adj.⟩ **1** für eine Epoche geltend **2** Epoche machend, Aufsehen erregend, neuartig u. wegweisend

Epo|che ⟨die; -, -n⟩ **1** (bedeutsamer) Zeitabschnitt **2** historischer Wendepunkt; *~ machen* durch ein bedeutsames Ereignis einen neuen Zeitabschnitt einleiten **3** ⟨Astron.⟩ Zeitpunkt, auf den bestimmte Angaben bezogen werden, z. B. die Koordinaten der Sterne [grch., »Innehalten, bedeutsamer Zeitpunkt«]

Epos ⟨das; -, Epen⟩ **1** langes, erzählendes Gedicht in gleichmäßiger Versform; *Vers~* **2** großangelegte, breit ausgemalte Prosadichtung; *Helden~* [grch., »Wort, Erzählung, Gedicht«]

E

Ep|si|lon ⟨das; -s, -s; Zeichen: ε, E⟩ 5. Buchstabe des grch. Alphabets, kurzes e [grch.]

Equa|li|zer ⟨[iːkwəlaɪzə(r)] der; -s, -⟩ Gerät zur Entzerrung oder Veränderung des Klangbildes an Verstärkern o. Ä. [engl., zu *equalize* »ausgleichen«]

Equi|pa|ge ⟨[ek(v)ipaːʒə] die; -, -n⟩ **1** elegante Kutsche **2** Schiffsbesatzung **3** Ausrüstung (eines Offiziers) [<frz. *équipage*]

Equi|pe ⟨[ekiːp(ə)] die; -, -n⟩ **1** Reitermannschaft **2** ⟨österr.⟩ ausgewählte Mannschaft für einen Wettkampf **3** ⟨schweiz.⟩ Sportmannschaft, Künstlergruppe [<frz. *équipe* »Trupp, Mannschaft«]

Er|bi|um ⟨das; -s; unz.; chem. Zeichen: Er⟩ chem. Element aus der Reihe der Metalle der seltenen Erden, Ordnungszahl 68 [nach der Stadt *Ytterby* in Schweden]

Erek|ti|on ⟨die; -, -en⟩ das Erigieren, Aufrichten, Anschwellen der äußeren Geschlechtsorgane von Mann und Frau bei geschlechtlicher Erregung [<lat. *erectio* »das Emporrichten«]

Ere|mit ⟨der; -en, -en⟩ **1** Einsiedler, der sich in die Einsamkeit zurückzieht, um durch Entsagung und Gebet Gott näherzukommen; *Ggs* Zönobit **2** ⟨Zool.⟩ Einsiedlerkrebs [<grch. *eremites;* zu *eremos* »einsam, verlassen«]

er|go ⟨Konj.⟩ also, folglich, infolgedessen [lat.]

er|go..., Er|go... ⟨in Zus.⟩ arbeit..., Arbeit... [<grch. *ergon* »Werk, Arbeit«]

Er|go|the|ra|pie ⟨die; -; unz.⟩ Beschäftigungs- und Arbeitstherapie (bes. bei seelischen Erkrankungen u. Körperbehinderten) [zu grch. *ergon* »Arbeit, Werk« + *Therapie*]

eri|gie|ren ⟨V.⟩ sich aufrichten, anschwellen (von Organen, bes. vom männlichen Glied) [<lat. *erigere* »emporrichten«]

Erin|nye ⟨[-rɪnjə] die; -, -ny|en; grch. Myth.⟩ in der Unterwelt wohnende Rachegöttin; *Sy* Erinnys; →*a.* Furie [<grch. *Erinys*]

Erin|nys ⟨die; -, -ny|en; grch. Myth.⟩ = Erinnye

ero|gen ⟨Adj.⟩ geschlechtliche Erregung bewirkend, dafür empfänglich; *~e Zonen* Körperstellen, deren Berührung (Reizung) sexuell stimuliert [<*Eros* + *...gen*[1]]

Eros ⟨a. [ɛrɔs] der; -, Ero|ten⟩ sinnliche, geschlechtliche Liebe [<grch. *eros* »Liebe, Liebesgott«]

Ero|si|on ⟨die; -, -en⟩ Auswaschung, Abtragen (von Land durch Wind od. Wasser) [<lat. *erosio* »Zernagung, Durchfressung«]

Ero|tik ⟨die; -; unz.⟩ **1** Liebeskunst, das (vergeistigte) Liebes- u. Geschlechtsleben **2** Sexualität [→ *Eros*]

ero|tisch ⟨Adj.⟩ **1** die Liebeskunst betreffend, auf sie bezogen, auf ihr beruhend **2** sexuell [<grch. *erotikos* »die Liebe betreffend«]

Er|ra|ta ⟨Pl. von⟩ Erratum

er|ra|tisch ⟨Adj.⟩ verstreut, verirrt; *~er Block* eiszeitlicher Gesteinsbrocken, Findling [<frz. *bloc erratique* »wandernder Stein«; zu lat. *errare* »irren«]

Er|ra|tum ⟨das; -s, -ra|ta⟩ **1** Irrtum, Versehen **2** Druckfehler [lat., »Irrtum, Versehen«]

Erup|ti|on ⟨die; -, -en; Geol.⟩ **1** Ausbruch (von Magma aus Vulkanen, von Gas auf der Sonne) **2** ⟨Med.⟩ Auftreten eines Hautausschlags sowie dieser selbst [<lat. *eruptio* »Ausbruch«]

erup|tiv ⟨Adj.⟩ durch Eruption entstanden, hervorbrechend; *~es Gestein* [<lat. *eruptio* »Ausbruch«; zu *erumpere* »hervorbrechen«]

Ery|thro|zyt *auch:* **Eryth|ro|zyt** ⟨der; -en, -en; Med.⟩ rotes Blutkörperchen [<grch. *erythros* »rot« + *...zyt*]

Es|cha|to|lo|gie ⟨[ɛsça-] die; -; unz.⟩ Lehre vom Weltende u. vom Anbruch einer neuen Welt, von den letzten Dingen, dem Tode u. der Auferstehung [<grch. *eschaton* »das Äußerste, das Letzte« + *...logie*]

Es|cu|do ⟨der; - od. -s, -s od. (bei Zahlenangaben) -; Abk.: Es, Esc; Zeichen: $⟩ frühere portugiesische Währungseinheit (100 Centavos); *oV* Eskudo [span., »Schild, Wappenschild«]

Es|ka|la|ti|on ⟨die; -, -en⟩ kontinuierliche Steigerung eines (militärischen) Konfliktes

es|ka|lie|ren ⟨V.⟩ sich stetig steigern, verschärfen [<engl. *escalation;* zu *escalator* »Rolltreppe« <lat. *scala* »Leiter«]

Es|ka|pa|de ⟨die; -, -n⟩ **1** ⟨Hohe Schule⟩ fehlerhafter Sprung eines Reitpferdes **2** ⟨fig.⟩ Seitensprung, mutwilliger Streich [<frz. *escapade* »Seitensprung, unüberlegter Streich«]

Es|ki|mo ⟨der; - od. -s, - od. -s; abwertend für⟩ Ureinwohner Grönlands und Alaskas [indian., »Rohfleischesser«]

Es|kor|te ⟨die; -, -n⟩ Begleitmannschaft, Geleit, Bedeckung [<frz. *escorte* »Begleitung, Geleit«]

es|kor|tie|ren ⟨V.⟩ das Geleit geben, sichern, bewachen; *jmdn. feierlich* ~ [<frz. *escorter* »geleiten«]

Es|ku|do ⟨der; - od. -s, -s⟩ = Escudo

Eso|te|rik ⟨die; -; unz.⟩ **1** nur Eingeweihten zugängliche Lehre, Geheimlehre **2** ⟨Sammelbez. für⟩ verschiedene weltanschauliche Bewegungen, z. B. New Age, die durch die Schulung von Intuition u. Meditation zu höherer Einheit mit dem nicht sinnlich erfassbaren kosmischen Selbst zu gelangen suchen [→ *esoterisch*]

eso|te|risch ⟨Adj.⟩ **1** nur Eingeweihten zugänglich od. begreiflich, geheim **2** die Esoterik (2) betreffend; *~e Seminare; ~e Wissenschaften* [<grch. *esoteros* »der innere«]

Es|pa|dril|le *auch:* **Es|pad|ril|le** ⟨[-driːjə] die; -, -s [-driːjə]; meist Pl.⟩ flacher Stoffschuh mit einer Sohle aus Espartogras [span.; frz.]

Es|pe|ran|to ⟨das; - od. -s; unz.⟩ aus engl., dt. u. roman. Wortstämmen gebildete künstliche Welthilfssprache [<*esperanto* »der Hoffende«; unter diesem Decknamen veröffentlichte der Warschauer Arzt Dr. L. Zamenhof 1887 seine selbst erfundene Sprache]

Es|pres|so[1] ⟨der; - od. -s, -s od. -pres|si⟩ mit der Kaffeemaschine zubereiteter, starker Kaffee nach ital. Art [ital., »absichtlich, extra; eigens für den Gast zubereitet(eter Kaffee)«]

Es|pres|so[2] ⟨das; - od. -s, - od. -s⟩ kleines Lokal, in dem man Espresso[1] trinken kann

Es|prit *auch:* **Esp|rit** ⟨[-priː] der; - od. -s; unz.⟩ geistreicher Witz, Scharfsinn [frz., »Geist«]

Es|say ⟨[ɛsɛɪ] der od. das; -s, -s⟩ literar. Kunstform, Abhandlung in knapper, allgemeinverständlicher Form, auch als Gattungsbegriff [engl., »Versuch«]

essentiell/essenziell Lässt sich ein abgeleitetes Wort auf ein Substantiv, das auf »z« endet, zurückführen, ist neben der fremdsprachigen auch die eingedeutschte Schreibung möglich. Beide Schreibungen sind gleichberechtigt (→*a.* existenziell).

es|sen|ti|ell ⟨Adj.⟩ = essenziell

Es|senz ⟨die; -, -en⟩ **1** ⟨unz.⟩ Wesen, Wesenheit, Hauptbegriff **2** ⟨zählb.⟩ konzentrierte Lösung von Geschmacks- od. Duftstoffen [<lat. *essentia* »Wesen«; zu *esse* »sein«]

es|sen|zi|ell ⟨Adj.⟩ wesentlich, wesenhaft; *oV* essentiell [<frz. *essentiel* »wesentlich«; → *Essenz*]

Es|ta|blish|ment *auch:* **Es|tab|lish|ment** ⟨[ɪstæblɪʃ-] das; -s; unz.⟩ Gesamtheit der Personen, die in einer modernen Gesellschaftsordnung einflussreiche Stellen innehaben [engl.]

Eta ⟨das; - od. -s, -s; Zeichen: η, H⟩ 7. Buchstabe des grch. Alphabets, langes offenes e, später i [grch.]

→ **Etat:** Der Laut [taː] wird in französischen Fremdwörtern oft *tat* geschrieben, z.B. in *Etat*!

eta|blie|ren *auch:* **etab|lie|ren** ⟨V.⟩ **1** gründen, errichten **2** *sich* ~ **2.1** sich niederlassen (als Geschäftsmann), ein Geschäft eröffnen **2.2** ⟨fig.⟩ innerhalb der Gesellschaft eine angesehene (u. einflussreiche) Stellung einnehmen; *er hat sich als Anwalt etabliert* [<frz. *établir* »festsetzen, einrichten, gründen«]

Eta|blis|se|ment *auch:* **Etab|lis|se|ment** ⟨[-blɪs(ə)mãː] das; -s, -s⟩ **1** Geschäft, Unternehmen, Niederlassung **2** Vergnügungsstätte, (zweifelhafte) Gaststätte [<frz. *établissement* »Einrichtung, Gründung, Niederlassung«]

Eta|ge ⟨[-ʒə] die; -, -n⟩ Stockwerk, Obergeschoss [<frz. *étage* »Stockwerk«]

Etap|pe ⟨die; -, -n⟩ **1** Teilstrecke, Abschnitt, Stufe **2** ⟨Mil.⟩ Hinterland,

Nachschubgebiet [<frz. *étape* »Rastplatz, Tagesmarsch, Wegstrecke«]

Etat 〈[eta:] der; -s, -s〉 **1** Voranschlag, Haushaltsplan, Staatshaushalt **2** 〈umg.〉 Summe, mit der man eine bestimmte Zeit auskommen muss [<frz. *état* »Stand, Verzeichnis, Staat«]

Ethan 〈das; -s; unz.; Chemie〉 geruch- u. geschmackloses Gas, als Heizgas verwendet; *oV* Äthan [<grch. *aither* »die obere Luft«; → *Äther*]

Ether 〈der; -s; unz.; Chemie〉 = Äther (3)

Ethik 〈die; -, -en〉 Lehre vom moralischen Verhalten des Menschen [<grch. *ethikos* »sittlich«]

ethisch 〈Adj.〉 die Ethik betreffend, in ihr Gebiet gehörig, sittlich, moralisch [<grch. *ethikos* »sittlich«]

eth|nisch 〈Adj.〉 **1** die Ethnologie betreffend **2** eine sprachlich u. kulturell zusammengehörige Volksgruppe betreffend; *~e Minderheiten* [zu grch. *ethnos* »Volk«]

eth|no..., Eth|no... 〈in Zus.〉 volks..., Volks..., völker..., Völker... [<grch. *ethnos* »Volk«]

Eth|no|gra|fie 〈die; -; unz.〉 = Ethnographie

Eth|no|gra|phie 〈die; -; unz.〉 beschreibende Völkerkunde, Kulturbeschreibung; *oV* Ethnografie [<*Ethno...* + *...graphie*]

Ethnologie: Als *Ethnologie* bezeichnet man die wissenschaftliche Beschreibung außereuropäischer Kulturen und Kulturgüter, insbesondere die von Naturvölkern. Sitten und Bräuche werden in direktem Kontakt mit den Menschen (durch Feldforschung) beobachtet und beschrieben und mit denen anderer Völker verglichen. Während in der Antike die eigene Kultur als Maßstab für die Definition des (als minderwertiger erachteten) Fremden diente, basiert die *Ethnologie* heute auf dem Grundsatz der prinzipiellen Gleichwertigkeit aller Menschen und Kulturen.

Eth|no|lo|gie 〈die; -, -n〉 Völkerkunde [<*Ethno...* + *...logie*]

Ethos 〈das; -; unz.〉 auf den Normen der Ethik beruhendes Verhalten der Menschen [grch., »Gewohnheit, Sitte«]

Eti|kett 〈das; -(e)s, -e od. -s〉 Warenkennzeichen, Preiszettel, Preisschild; *oV* Etikette (2) [<frz. *étiquette* »Stift zum Anheften eines Zettels; Zettel mit der Hofrangordnung« <nddt. *stikke* »Stiftchen«]

Eti|ket|te 〈die; -, -n〉 **1** feine Sitte, gesellschaftliche Umgangsformen, Verhaltensregel; *auf die ~ achten* **2** = Etikett [→ *Etikett*]

Etü|de 〈die; -, -n; Musik〉 Musikstück zum Üben der Fingerfertigkeit [<frz. *étude* »Studium, Entwurf«]

Etui 〈[etvi:] od. [etyi:] das; -s, -s〉 Futteral, Behälter; *Brillen~, Füllhalter~, Zigaretten~* [<frz. *étui* »Futteral, Gehäuse, Behälter«]

Ety|mo|lo|gie 〈die; -, -n〉 **1** 〈unz.〉 Lehre von der Herkunft der Wörter, Wortforschung **2** 〈zählb.〉 Herkunft, Geschichte u. Bedeutung eines Wortes [<grch. *etymos* »wahrhaft« + *...logie*]

EU 〈die; -; unz.; Abk. für〉 Europäische Union; →*a.* europäisch

eu..., Eu... 〈Vorsilbe〉 gut, wohl, schön [grch.]

Eu|cha|ris|tie 〈[-ça-] die; -, -n〉 **1** Dankgebet vor dem Abendmahl **2** 〈kath. Kirche〉 Gegenwart von Jesus Christus in Gestalt von Brot u. Wein bei der Kommunion, Altarsakrament **3** 〈evang. Kirche〉 Abendmahl [<*Eu...* + grch. *charis* »Huld, Dank«]

→ **Euphorie:** Der Laut [fo] wird in griechischen Fremdwörtern oft ***pho*** geschrieben, z.B. in *Eu**pho**rie*!

Eu|ge|ne|tik 〈die; -; unz.〉 = Eugenik

eu|ge|ne|tisch 〈Adj.〉 = eugenisch

Eu|ge|nik 〈die; -; unz.; veraltet; Med.〉 prakt. Anwendung der Erkenntnisse der Humangenetik, z.B. bei der Erhaltung erwünschter Erbanlagen; *Sy* Eugenetik [<grch. *eugenes* »wohlgeboren« <*eu* »gut« + *gennan* »erzeugen«]

eu|ge|nisch 〈Adj.〉 die Eugenik betreffend, auf ihr beruhend; *Sy* eugenetisch

Eu|ka|lyp|tus 〈der; -, -lyp|ten od. -; Bot.〉 raschwüchsiger, hoher Baum, stammt ursprüngl. aus Australien, wird heute wegen seiner stark riechenden ätherischen Öle u. seiner gerbstoffhaltigen

Rinde in allen warmen Zonen kultiviert [<*Eu...* + grch. *kalyptos* »bedeckt« (wegen der Kelchform)]

Eu|nuch ⟨der; -en, -en⟩ **1** Kastrat **2** Haremswächter [<grch. *eunuchos* »Betthüter«]

Eu|phe|mis|mus ⟨der; -, -mis|men⟩ beschönigende Bezeichnung, sprachl. Verhüllung [<*Eu...* + grch. *pheme* »Rede«]

eu|phe|mis|tisch ⟨Adj.⟩ beschönigend, verhüllend, umschreibend

Eu|pho|rie ⟨die; -; unz.⟩ Gefühl gesteigerten Wohlbefindens, z. B. nach dem Genuss von Rauschmitteln od. (bei Kranken) unmittelbar vor dem Tode [<grch. *euphoria* »das leichte Ertragen, das Wohlbefinden«; zu *pherein* »tragen«]

eu|pho|risch ⟨Adj.⟩ auf Euphorie beruhend, in Hochstimmung befindlich, begeistert, entzückt

Eu|rhyth|mie ⟨die; -; unz.⟩ **1** Ebenmaß, schöne Ausgeglichenheit von Bewegung u. Ausdruck **2** ⟨Med.⟩ Regelmäßigkeit von Herz- u. Pulsschlag **3** ⟨Tanz⟩ Harmonie zwischen den Bewegungen der Gliedmaßen u. denen des ganzen Körpers [<*Eu...* + *Rhythmus*]

Eu|ro ⟨der; - od. -s, -s od. (bei Zahlenangaben) -; Zeichen: €⟩ europäische Währungseinheit

eu|ro..., Eu|ro... ⟨vor Vokalen⟩ eur..., Eur... ⟨in Zus.⟩ Europa betreffend, zu ihm gehörig; *eurozentrisch, Eurowährung, Eurovision*

Eu|ro|cent ⟨der; - od. -s, -s od. (bei Zahlenangaben) -⟩ europäische Währungseinheit, 1/100 Euro [<*Euro* + *Cent*]

Eu|ro|pa|cup ⟨[-kʌp] der; -s, -s; Sport⟩ zwischen den besten Mannschaften ausgetragener Vereinswettbewerb auf europäischer Ebene, *z. B. der Pokal der Pokalsieger* [<*Europa* + engl. *cup* »Pokal«]

eu|ro|pä|isch ⟨Adj.⟩ Europa betreffend, zu ihm gehörig, aus ihm stammend; *Europäische Union* ⟨Abk.: EU⟩ seit 1.11.1993 Nachfolgeorganisation der Europäischen Gemeinschaft (am 7.2.1992 im Vertrag von Maastricht gegründet)

Eu|ro|pi|um ⟨das; -s; unz.; chem. Zeichen: Eu⟩ chem. Element aus der Reihe der Metalle der seltenen Erden, Ordnungszahl 63 [zu *Europa*]

Eu|ryth|mie ⟨die; -; unz.⟩ die von R. Steiner begründete Ausdruckskunst mittels der Verbindung von Bewegung u. Sprache od. Gesang

Eu|tha|na|sie ⟨die; -; unz.⟩ Erleichterung des Todeskampfes durch Medikamente (strafbar, wenn damit eine Verkürzung des Lebens verbunden ist), der nationalsozialist. Staat tarnte mit dem Begriff die Ermordung geistig behinderter Menschen [<*Eu...* + grch. *thanatos* »Tod«]

eu|troph ⟨Adj.⟩ **1** ⟨Ökol.⟩ nährstoffreich (von Binnengewässern); *~e Seen, Gewässer* **2** ⟨Bot.⟩ nährstoffreich u. hochproduktiv (von Böden) [<*eu...* + grch. *trophe* »Ernährung«]

Eva|ku|a|ti|on ⟨[-va-] die; -, -en⟩ **1** das Evakuieren, Entleerung **2** Luftleermachen eines Raumes [<frz. *evacuation* »Entleerung, Räumung«; zu lat. *vacuus* »leer«]

eva|ku|ie|ren ⟨[-va-] V.⟩ **1** leer, luftleer machen, leerpumpen (Raum) **2** *ein Gebiet ~* von Bewohnern (im Gefahrenfall) räumen; *Bewohner ~* aussiedeln [<frz. *évacuer* »entleeren, abtransportieren, räumen«; zu lat. *vacuus* »leer«]

Evan|ge|li|ar ⟨[-vaŋ-] das; -s, -e od. -ri|en⟩ = Evangelienbuch

Evan|ge|li|en|buch ⟨[-vaŋ-] das; -(e)s, -bücher⟩ Buch mit dem vollständigen Text der vier Evangelien, im Mittelalter oftmals mit farbenprächtigen Miniaturen u. kostbarem Einband ausgestattet; *Sy* Evangeliar [→ *Evangelium*]

evan|ge|lisch ⟨[-vaŋ-] Adj.⟩ **1** das Evangelium betreffend, auf ihm beruhend **2** die durch die Reformation entstandenen Kirchen betreffend, auf ihnen beruhend, von ihnen stammend; *~-lutherisch* ⟨Abk.: evang.-luth.⟩ zur lutherischen Reformationskirche gehörend, auf der lutherischen Reformation beruhend; *~-reformiert* ⟨Abk.: evang.-ref.⟩ die Reformationskirche Zwinglis u. Calvins betreffend, zu ihr gehörend, auf ihr beruhend [<lat. *evangelicus* (11. Jh.) »zum Neuen Testament gehörig« <grch. *euaggelion* »gute Botschaft«]

Evan|ge|list ⟨[-vaŋ-] der; -en, -en⟩ **1** Verfasser eines der vier Evangelien (Matthäus, Markus, Lukas, Johannes) **2** Prediger der evangelischen Erweckungsgemeinden u. privater evangelischer Institutionen, bes. in den USA [<lat. *evangelista* <grch. *euaggelistes;* → *Evangelium*]

Evan|ge|lis|tar ⟨[-vaŋ-] das; -s, -e⟩ Buch mit Abschnitten aus den vier Evangelien für Lesungen im Gottesdienst

Evan|ge|li|um ⟨[-vaŋ-] das; -s, -li|en⟩ **1** die Botschaft Jesu **2** die vier Schriften des NT über das Leben Jesu von Matthäus, Markus, Lukas u. Johannes **3** jede der vier Schriften; *das ~ nach Johannes* **4** ⟨fig.⟩ Wort, Schriftwerk o. Ä, das einem heilig ist, an das man bedingungslos glaubt [<grch. *euaggelion* »gute Botschaft«]

Event ⟨[ivent] der od. das; -s, -s⟩ (besonderes) Ereignis, Veranstaltung, Wettkampf [engl.]

even|tu|ell ⟨[-vεn-] Adj.; Abk.: evtl.⟩ möglicherweise (eintretend), gegebenenfalls, vielleicht, unter Umständen [<frz. *éventuel* »etwaig, möglich«; zu lat. *eventus* »Ereignis«]

Ever|green ⟨[εvəgri:n] der od. das; -s, -s⟩ Schlager, der Jahre hindurch immer wieder gespielt wird [engl., »Immergrün«]

evi|dent ⟨[-vi-] Adj.⟩ **1** augenscheinlich, offenkundig, offenbar; *es ist ~, dass ...* **2** einleuchtend [<lat. *evidens* »augenscheinlich, offenbar«]

Evi|denz ⟨[-vi-] die; -; unz.⟩ Augenschein, Offenkundigkeit, völlige Klarheit [<lat. *evidentia* »Offensichtlichkeit«]

Evo|lu|ti|on ⟨[-vo-] die; -, -en⟩ allmähliche Entwicklung, bes. die der Lebewesen von niederen zu höheren Formen; *die ~ der Arten* [<lat. *evolutio* »Entwicklung, Entfaltung«]

evo|zie|ren ⟨[-vo-] V.⟩ hervorrufen; *Vorstellungen ~* [<lat. *evocare* »herausrufen, vorladen«]

> → **Evolution:** Der Laut [vo] wird in lateinischen Fremdwörtern oft *vo* geschrieben, z. B. in *Evolution*!

ex...[2], **Ex...**[2] ⟨vor Konsonanten⟩ e..., E... ⟨Vorsilbe⟩ aus, heraus, von ... her [lat.]

ex...[3], **Ex...**[3] ⟨Vorsilbe⟩ = ek..., Ek... [grch.]

Ex...[1] ⟨Vorsilbe⟩ ehemalig; *~mann; ~kanzler; ~freundin* [lat.]

ex|akt ⟨Adj.⟩ genau, sorgfältig, pünktlich [<lat. *exactus* »genau, pünktlich, vollkommen«]

Ex|akt|heit ⟨die; -; unz.⟩ Sorgfältigkeit, Genauigkeit, Pünktlichkeit

ex|al|tiert ⟨Adj.⟩ **1** aufgeregt **2** überschwänglich begeistert, überspannt [<frz. *exalté* »begeistert, überspannt«]

Ex|a|men ⟨das; -s, - od. -mi|na⟩ Prüfung (bes. als Abschlussprüfung eines Hochschulstudiums) [lat., »Prüfung«; zu *exagere, exigere* »untersuchen, abwägen, prüfen«]

Ex|e|ge|se ⟨die; -, -n⟩ Feststellung, Erklärung des Inhalts, Auslegung; *Bibel~* [<grch. *exegesis* »Ausführung, Erklärung«]

ex|e|ku|tie|ren ⟨V.⟩ **1** *ein Urteil ~* vollziehen, ausführen, vollstrecken **2** *jmdn. ~* hinrichten [<*Exekution* u. frz. *exécuter* »vollziehen, hinrichten«]

Ex|e|ku|ti|on ⟨die; -, -en⟩ **1** Vollstreckung, Vollzug; *~ eines Urteils* **2** Hinrichtung; *~ eines Verurteilten* [<lat. *ex(s)ecutio* »Vollzug, Vollstreckung«]

Ex|e|ku|ti|ve ⟨[-və] die; -; unz.⟩ Teil der Staatsgewalt, der den Vollzug der von Judikative u. Legislative aufgestellten Rechtsnormen u. Entscheidungen zu gewährleisten hat, d. h. Regierung, Ministerien und Behörden [<frz. *exécutif* »ausübend, vollziehend«]

Ex|em|pel ⟨das; -s, -⟩ **1** Aufgabe, Rechenaufgabe; *die Probe aufs ~ machen* die Richtigkeit einer Annahme, Behauptung durch Ausprobieren nachweisen **2** Beispiel; *etwas zum ~ nehmen* als Beispiel anführen [<lat. *exemplum* »Muster, Probe, Beispiel«]

Ex|em|plar *auch:* **Ex|emp|lar** ⟨das; -s, -e; Abk.: Expl.⟩ Einzelstück, Muster; *Beleg~; Frei~* [lat., »Abschrift, Abbild, Muster«]

ex|em|pla|risch *auch:* **ex|emp|la|risch** ⟨Adj.⟩ **1** mit Hilfe eines Exempels **2** nachdrücklich **3** beispielhaft, musterhaft

ex|er|zie|ren ⟨V.⟩ üben; *Truppen ~* ausbilden [<lat. *exercere* »üben, ausbilden«]

Ex|er|zi|ti|um ⟨das; -s, -ti|en⟩ geistliche Übung [<lat. *exercitium* »Übung«]

Ex|hi|bi|ti|o|nis|mus ⟨der; -; unz.⟩ 1 triebhafte Neigung zum öffentlichen Entblößen der Geschlechtsteile 2 ⟨allg.⟩ auffälliges Verhalten mit dem Ziel, Aufmerksamkeit zu erregen

ex|hi|bi|ti|o|nis|tisch ⟨Adj.⟩ zu Exhibitionismus neigend

ex|hu|mie|ren ⟨V.⟩ *eine Leiche* ~ (zur gerichtlichen Untersuchung) wieder ausgraben [<*Ex...*[2] + lat. *humare* »bestatten«]

Exil ⟨das; -s, -e⟩ 1 Verbannung 2 Verbannungsort, Zufluchtsstätte; *ins* ~ *gehen; im* ~ *leben* [<lat. *exsilium* »Verbannung«]

exis|tent ⟨Adj.⟩ existierend, vorhanden, wirklich [<lat. *exsistens,* Part. Präs. zu *exsistere* »ins Leben treten«]

Exis|ten|ti|a|lis|mus ⟨der; -; unz.⟩ = Existenzialismus

Exis|ten|ti|a|list ⟨der; -en, -en⟩ = Existenzialist

exis|ten|ti|ell ⟨Adj.⟩ = existenziell

Exis|tenz ⟨die; -, -en⟩ 1 wirkliches Vorhandensein, Leben, Dasein; *die* ~ *dieser Sache ist nicht zu leugnen* 2 Grundlage des Lebens, Lebensinhalt, Auskommen; *sich eine* ~ *aufbauen; eine sichere* ~ *haben* 3 ⟨umg.⟩ Mensch; *jmd. ist eine dunkle, gescheiterte* ~ [<nlat. *existentia;* zu lat. *exsistere* »ins Leben treten«]

Existenzialismus: Der *Existenzialismus* ist eine in den 1920er Jahren entstandene Richtung der Philosophie und der Literatur, die sich mit dem Problem und der Bewältigung der menschlichen → *Existenz* beschäftigt. Einflussreich war vor allem der französische *Existenzialismus,* der die Existenz Gottes ablehnt (humanistischer → *Atheismus*) und dem Menschen die Verantwortung für sein Dasein und sein Handeln selbst überträgt. Der Mensch ist danach zur Freiheit verurteilt und muss den Sinn seiner Existenz selbst definieren. Hauptvertreter des *Existenzialismus* waren Jean-Paul Sartre, Simone de Beauvoir und Albert Camus.

Exis|ten|zi|a|lis|mus ⟨der; -; unz.⟩ Richtung der modernen Philosophie des 20. Jahrhunderts, die den Menschen im Hinblick auf seine Existenz betrachtet; *oV* Existentialismus

Exis|ten|zi|a|list ⟨der; -en, -en⟩ Vertreter, Anhänger des Existenzialismus; *oV* Existentialist

exis|ten|zi|ell ⟨Adj.⟩ die Existenz, das Dasein betreffend, auf das Dasein bezüglich; *oV* existentiell

exis|tie|ren ⟨V.⟩ 1 vorhanden sein, bestehen, leben; *hier existiert nicht einmal eine Telefonzelle* 2 auskommen; *damit, davon kann ja niemand* ~ [<lat. *exsistere* »ins Leben treten«]

ex|klu|siv ⟨Adj.⟩ 1 ausschließend; *die Sängerin gab* ~ *dieser Zeitung ein Interview* 2 (gesellschaftl.) abgeschlossen, abgesondert; *eine ~e Gesellschaft; ein ~er Kreis* 3 unnahbar 4 nicht alltäglich [<engl. *exclusive* »sich absondernd«; zu lat. *excludere* »ausschließen«]

Ex|kom|mu|ni|ka|ti|on ⟨die; -, -en⟩ Ausschluss aus der Kirchengemeinschaft [<lat. *excommunicatio* »Ausschluss aus der Kirchengemeinschaft« <*ex* »aus« + *communis* »gemeinsam«]

ex|kom|mu|ni|zie|ren ⟨V.⟩ *jmdn.* ~ aus der Kirchengemeinschaft ausschließen

Ex|kre|ment ⟨das; -(e)s, -e⟩ Ausscheidung, Kot, Harn [<lat. *excrementum* »Ausscheidung, Speichel«; zu *excernere* »aussondern, ausscheiden«]

Ex|kurs ⟨der; -es, -e⟩ 1 Abschweifung 2 Erörterung 3 Anhang [<lat. *excursus* »das Auslaufen«]

Ex|kur|si|on ⟨die; -, -en⟩ Ausflug, bes. unter wissenschaftlicher Leitung zu Forschungszwecken [<lat. *excursio* »das Hervorlaufen, Ausflug« <*ex* »aus« + *currere* »laufen«]

Ex|li|bris *auch:* **Ex|lib|ris** ⟨das; -, -⟩ in Bücher eingeklebter Zettel mit Namen od. Zeichen des Eigentümers, zumeist künstlerisch gestaltet [<lat. *ex libris...* »aus den Büchern, aus der Bücherei (des ...)«]

Ex|ma|tri|ku|la|ti|on *auch:* **Ex|mat|ri|ku|la|ti|on** ⟨die; -, -en⟩ 1 Weggang von einer Hochschule 2 Streichung aus der Matrikel (1.1) [<*Ex...*[2] + *Matrikel*]

exo..., Exo... ⟨Vorsilbe⟩ außerhalb..., außen... [<grch. *exo*]

Ex|o|dus ⟨der; -; unz.⟩ 1 Auszug (der Juden aus Ägypten), zweites Buch Moses

E

2 ⟨allg.⟩ Auszug, Abwanderung einer großen Zahl von Menschen; *der ~ der deutschen Bevölkerung aus Ostpreußen im 2. Weltkrieg* [<grch. *exodos* »Ausgang, Auszug«]

Ex|or|zis|mus ⟨der; -, -zis|men⟩ Beschwörung, Austreibung (böser Geister) [zu griech. *exorkizein* »beschwören«]

Exot ⟨der; -en, -en⟩ = Exote

Exo|te ⟨der; -n, -n⟩ Mensch, Tier od. Pflanze aus einem fernen, meist tropischen Land; *oV* Exot [zu grch. *exotikos* »ausländisch«]

Exo|tik ⟨die; -; unz.⟩ exotisches Wesen, exotische Beschaffenheit, das Fremdländische, faszinierend Andersartige (einer Person od. Sache)

exo|tisch ⟨Adj.⟩ **1** fremd, fremdländisch **2** aus den Tropen stammend [<grch. *exotikos* »ausländisch«]

Ex|pan|der ⟨der; -s, -⟩ Turngerät zum Kräftigen bes. der Armmuskeln, aus zwei durch Stahlfedern verbundenen Handgriffen bestehend, die auseinandergezogen werden müssen [→ *expandieren*]

ex|pan|die|ren ⟨V.⟩ **1** auseinanderziehen **2** ausdehnen, ausbreiten; *das Unternehmen hat in den letzten Jahren stark expandiert* [<lat. *expandere* »ausspannen, ausbreiten«]

Ex|pan|si|on ⟨die; -, -en⟩ Vergrößerung des Volumens, Ausdehnung, bes. Ausdehnung des staatlichen Macht- u. Einflussbereichs [<nlat. *expansio* »Ausdehnung«]

Ex|pe|di|ti|on ⟨die; -, -en⟩ **1** Forschungsreise **2** Versendung **3** Versandabteilung (einer Firma) [<lat. *expeditio* »Erledigung«]

Ex|pe|ri|ment ⟨das; -(e)s, -e⟩ **1** wissenschaftlicher Versuch **2** ⟨fig.⟩ (gewagtes) Unternehmen [<lat. *experimentum* »Probe, Versuch«]

ex|pe|ri|men|tell ⟨Adj.⟩ auf einem Experiment beruhend, mit Hilfe eines Experimentes; *eine Theorie, ein Modell ~ erproben*

ex|pe|ri|men|tie|ren ⟨V.⟩ Experimente durchführen, Versuche machen

Ex|per|te ⟨der; -n, -n⟩ Sachverständiger, Fachmann

Ex|per|ti|se ⟨die; -, -n⟩ sachverständige Begutachtung, z. B. durch einen Experten [frz., »Sachverständigengutachten«]

ex|pli|zit ⟨Adj.⟩ ausdrücklich, deutlich, betont, ausführlich; *Ggs* implizit (2) [<lat. *explicare* »entfalten, erörtern«]

ex|plo|die|ren ⟨V.⟩ **1** mit Getöse bersten, platzen **2** in der Art einer Explosion verlaufen; →*a.* detonieren [<lat. *explodere* »(Schauspieler) ausklatschen«; → *applaudieren*]

Ex|plo|si|on ⟨die; -, -en⟩ **1** das Explodieren **1.1** sehr schnell verlaufendes Abbrennen eines Sprengstoffes; →*a.* Detonation **1.2** Bersten eines Hohlkörpers durch Druck von innen; *Ggs* Implosion

Ex|po|nat ⟨das; -(e)s, -e⟩ Ausstellungs-, Museumsstück [<lat. *exponere* »öffentl. darstellen«]

Ex|po|nent ⟨der; -en, -en⟩ **1** Hochzahl einer Potenz, die angibt, wie oft eine Zahl mit sich selbst multipliziert werden soll, *z. B.* $4^3 = 4 \cdot 4 \cdot 4$ *(lies: vier hoch drei)* **2** ⟨fig.⟩ herausgehobener Vertreter einer Sache, z. B. einer Partei [<lat. *exponens,* Part. Präs. zu *exponere* »offen darstellen«]

Ex|po|nen|ti|al|funk|ti|on ⟨die; -, -en; Math.⟩ **1** Gleichung der Form $y = a^x$, in der die Variable als Exponent auftritt **2** ⟨i. e. S.⟩ die e-Funktion mit $y = e^x$ (e = Basis der natürl. Logarithmen)

Ex|po|nen|ti|al|glei|chung ⟨die; -, -en; Math.⟩ transzendente Gleichung, bei der die Unbekannte auch als Exponent vorkommt, *z. B.* $ae^x = bx + c$

ex|po|nen|ti|ell ⟨Adj.⟩ nach einer Exponentialfunktion verlaufend

Ex|port ⟨der; -(e)s, -e⟩ Ausfuhr (von Waren); *Ggs* Import [engl. »Ausfuhr«; → *exportieren*]

ex|por|tie|ren ⟨V.⟩ ausführen (Waren); *Ggs* importieren [<lat. *exportare* »hinaustragen«]

Ex|po|sé ⟨[-se:] das; -s, -s⟩ = Exposee

Ex|po|see ⟨das; -s, -s⟩ *oV* Exposé **1** Denkschrift, Bericht **2** Erläuterung **3** ausgearbeiteter Plan zu einem Schriftwerk; *~ einer Doktorarbeit* **4** Handlungsskizze für einen Film [frz., »Darstellung, Übersicht«]

Ex|press ⟨der; -es, -zü|ge⟩ **1** Fernschnellzug, Expresszug **2** ⟨unz.⟩ *eine Sendung* *per ~ schicken* durch Eilboten [<lat. *expresse* »ausdrücklich«; zu *exprimere* »ausdrücken«; *Expressbote* »Extrabote« wird »Eilbote«, daher die Bedeutung »eilig«]

Expressionismus: Der *Expressionismus* ist eine Richtung der modernen Kunst, die besonders in der Malerei, aber auch in Literatur und Musik, ihren Ausdruck fand und in radikalem Gegensatz zum → *Impressionismus* stand. Sie ist gekennzeichnet durch das Streben nach Vergeistigung und Objektivierung und verzichtet auf eine sachlich getreue Wiedergabe der Wirklichkeit (besonders in Malerei und bildender Kunst), ferner durch den Ausdruck von Leidenschaft und Gefühl mit sparsamsten Mitteln (in der Literatur) bzw. durch Dissonanzen, scharfe Rhythmen usw. (in der Musik). Wichtige Vertreter des *Expressionismus* in der Malerei waren Max Beckmann, Otto Kokoschka, Franz Marc, Emil Nolde und Pablo Picasso, in der Literatur Georg Trakl, Gottfried Benn und Franz Werfel (→*a.* Dadaismus).

Ex|pres|si|o|nis|mus ⟨der; -; unz.⟩ Stilrichtung Anfang des 20. Jh. [<lat. *expressio* »Ausdruck«; zu *exprimere* »ausdrücken«]

ex|pres|siv ⟨Adj.⟩ ausdrucksvoll, ausdrucksstark [<frz. *expressif* »ausdrucksvoll«]

ex|qui|sit ⟨Adj.⟩ auserlesen, vorzüglich; *sie besitzt, verfügt über einen ~en Geschmack* [<lat. *exquisitus* »ausgesucht, ausgezeichnet«]

Ex|ten|si|on ⟨die; -, -en⟩ **1** Ausdehnung, Ausstreckung **2** ⟨Med.⟩ Streckverband [<lat. *extensio* »Ausdehnung«]

ex|ten|siv ⟨Adj.⟩ **1** in die Breite gehend, viel Raum, Zeit od. Material verwendend; *~e Landwirtschaft* auf großer Fläche mit wenig Mitteln betriebene L.; *Ggs* intensive L. **2** ⟨Rechtsw.⟩ ausdehnend, erweiternd; *Ggs* restriktiv; *~e Auslegung eines Gesetzes* [<frz. *extensif* »ausdehnend«]

ex|tern ⟨Adj.⟩ draußen befindlich, auswärtig, fremd; *Ggs* intern (1); *~er Schüler* Schüler, der nicht im Schülerheim od. Internat wohnt [<lat. *externus* »außerhalb befindlich«]

◆ Die Buchstabenfolge **ex|tr...** kann auch **ext|r...** getrennt werden. Davon ausgenommen sind Zusammensetzungen, in denen die sprachhistorischen Bestandteile deutlich erkennbar sind, z. B. *extrahieren* (→*a.* subtrahieren).

◆**ex|tra** **1** ⟨Adj.; umg.⟩ besondere(s, -r), über das Übliche hinausgehend; *eine ~ Belohnung* **2** ⟨Adv.⟩ **2.1** besonders; *etwas ~ Feines; ~ mild, stark* **2.2** gesondert, getrennt; *ich bezahle ~; legen Sie es ~* ⟨umg.⟩ **2.3** eigens, ausschließlich; *er hat es ~ für dich getan* **2.4** ⟨umg.⟩ absichtlich, um jmdn. zu ärgern; *das macht er immer ~!* [lat., »außerhalb«]

◆**ex|tra..., Ex|tra...** ⟨in Zus.⟩ **1** außer..., außerhalb **2** Sonder..., außerordentlich [→ *extra*]

ex|tra|hie|ren ⟨V.⟩ **1** herausschreiben; *aus einem Buch ~* **2** herausziehen; *Zähne, Fremdkörper aus dem Körper ~* [<lat. *extrahere* »herausziehen«]

Ex|trakt ⟨der; -(e)s, -e⟩ Auszug; *~ aus Büchern; ~ aus Heilpflanzen* [<lat. *extractus*, Part. Perf. zu *extrahere* »herausziehen«]

◆**ex|tra|or|di|när** ⟨Adj.⟩ außergewöhnlich [<frz. *extraordinaire* »außerordentlich«]

◆**ex|tra|va|gant** ⟨a. ['--va-] Adj.⟩ **1** ungewöhnlich **2** ausgefallen, überspannt; *ein ~es Benehmen; eine ~e Frau; ~e Kleidung* [frz., »überspannt, närrisch«]

◆**Ex|tra|va|ganz** ⟨a. ['--va-] die; -, -en⟩ **1** ⟨unz.⟩ extravagante Beschaffenheit, extravagantes Wesen **2** ⟨zählb.⟩ extravagante Handlung [<frz. *extravagance* »Überspanntheit, Narrheit«]

◆**ex|tra|ver|tiert** ⟨['--vɛr-] Adj.⟩ nach außen gewandt, weltoffen, allen äußeren Einflüssen zugänglich; *Ggs* introvertiert [<*extra...* + lat. *vertere* »wenden«]

◆**ex|trem** ⟨Adj.⟩ **1** äußerst, höchst od. niedrigst; *~e Werte* Maximum od. Minimum **2** übersteigert, übertrieben; *~e Ansichten* **3** ⟨Pol.⟩ einseitig orientiert; *die ~e Linke, Rechte; eine ~e Partei* [<lat. *extremus* »der äußerste«]

◆**Ex|trem** ⟨das; -s, -e⟩ **1** höchster od.

niedrigster Grad od. Wert, äußerste Grenze **2** Übertreibung; *von einem ~ ins andere fallen* einen Übelstand durch übertriebene Gegenmaßnahmen zu beseitigen suchen

◆**Ex|tre|mi|tät** ⟨die; -, -en⟩ **1** äußerste Begrenzung **2** ⟨unz.⟩ von der gesellschaftl. Norm abweichendes Verhalten **3** ⟨meist Pl.⟩ *~en* Gliedmaßen (Arme, Beine); *die unteren, oberen ~en* [<lat. *extremitas* »das Äußerste, Grenze«]

E

◆**ex|trin|sisch** ⟨Adj.; bes. Psych.⟩ von außen kommend, von außen bewirkt; *Ggs* intrinsisch; *~e Motivation* von außen bewirkte Motivation, *z. B. durch Strafen, äußere Zwänge* [<engl. *extrinsic* <lat. *extrinsecus* »von außen«]

◆**ex|tro|ver|tiert** ⟨a. ['--vɛr-] Adj.; fälschl. für⟩ extravertiert

ex|zel|lent ⟨Adj.⟩ hervorragend, ausgezeichnet [<lat. *excellens,* Part. Präs. zu *excellere* »hervorragen«]

Ex|zel|lenz ⟨die; -, -en; Abk.: Exz.⟩ Titel von Ministern u. hohen Beamten sowie von Gesandten u. Botschaftern [<lat. *excellentia* »Erhabenheit, hervorragende Persönlichkeit«]

ex|zen|trisch *auch:* **ex|zent|risch** ⟨Adj.⟩ **1** ⟨Math.⟩ *~e Kreise* K. ohne gemeinsamen Mittelpunkt **2** ⟨fig.⟩ überspannt, zu merkwürdigen Einfällen neigend, absonderlich, verstiegen; *eine sehr ~e Künstlerin; sie verhält sich etwas ~* [<*Ex...* + *Zentrum*]

ex|zer|pie|ren ⟨V.⟩ (aus Büchern) herausschreiben, herausziehen, Auszüge machen [<lat. *excerpere* »herausnehmen, auslesen«]

Ex|zerpt ⟨das; -(e)s, -e⟩ Auszug; *~ aus einem Buch* [<lat. *excerptum,* Part. Perf. zu *excerpere* »herausnehmen«]

Ex|zess ⟨der; -es, -e⟩ **1** Ausschreitung, Ausschweifung, Überschreitung gebotener Grenzen **2** *sphärischer ~* ⟨Math.⟩ Überschuss der Winkelsumme eines Kugeldreiecks über 180° [<lat. *excessus* »das Herausgehen, Überschreiten«; zu *excedere* »herausgehen«]

ex|zes|siv ⟨Adj.⟩ übertrieben, übermäßig, maßlos [<frz. *excessif* »übermäßig«]

Fa|bel ⟨die; -, -n⟩ **1** lehrhafte, oft witzig-satirische Erzählung, in der die Tiere so wie Menschen handeln u. in der eine allgemeine Wahrheit od. Moral zum Ausdruck gebracht wird **2** der einfache Handlungsablauf ohne Nebenhandlungen, Grundplan einer Dichtung **3** erdichtete, unglaubl. Geschichte [<mhd. *fabele* »(unwahre) Erzählung, Märchen« <afrz. *fable* <lat. *fabula*]

◆ Die Buchstabenfolge **fa|br...** kann auch **fab|r...** getrennt werden.

◆ **Fa|brik** ⟨die; -, -en⟩ mit Maschinen ausgestattete, gewerbliche Produktionsstätte; *Werkzeug~; Zement~* [<frz. *fabrique* »Herstellung, Herstellungsart« (17. Jh.), »Gebäude zur Herstellung von Waren« <lat. *fabrica* »Handwerkerarbeit«; zu *faber* »Handwerker«]

◆ **Fa|bri|kat** ⟨das; -(e)s, -e⟩ in einer Fabrik hergestelltes Erzeugnis; *Marken~* [<lat. *fabricatium* »das Hergestellte«]

◆ **fa|bri|zie|ren** ⟨V.⟩ **1** in einer Fabrik herstellen **2** ⟨fig.; umg.; scherzh.⟩ (laienhaft) herstellen, zurechtbasteln; *da hast du ja wieder etwas fabriziert!* [<lat. *fabricare* »verfertigen, herstellen«]

fa|bu|lie|ren ⟨V.⟩ **1** Fabeln erdichten **2** Geschichten erfinden **3** fantasievoll erzählen [<lat. *fabulari* »plaudern, schwatzen«]

Facette/Fassette Bei vielen in die Alltagssprache eingegangenen Fremdwörtern ist neben der fremdsprachigen auch die eingedeutschte Schreibung möglich. Häufig sind integrierte (eingedeutschte) Schreibungen schon seit langem Bestandteil des Deutschen (→*a.* Façon/Fasson).

Fa|cet|te ⟨[fasɛtə] die; -, -n⟩ *oV* Fassette **1** geschliffene Fläche an Edelsteinen od. Glas **2** ⟨fig.⟩ Aspekt, Gesichtspunkt; *die vielen ~n der zeitgenössischen Literatur; etwas mit all seinen ~en darstellen* [<frz. *facette,* Verkleinerungsform zu *face* »Gesicht«]

Fa|çon ⟨[fasɔ̃:] die; -, -s⟩ = Fasson

Fa|gott ⟨das; -(e)s, -e; Musik⟩ tiefes Holzblasinstrument mit geknicktem Blasrohr u. zweiblättrigem Rohrblatt [<ital. *fagotto* »Reisigbündel«, nach dem Aussehen des früher gestreckten Ansatzrohres]

Fah|ren|heit ⟨Zeichen: °F⟩ Maßeinheit einer Temperaturskala, deren Nullpunkt bei 17,78° C liegt, 0° C = + 32° F, 100° C = 212° F; →*a.* Celsius [nach dem dt. Physiker Daniel Gabriel *Fahrenheit,* 1686-1736]

Fai|ble *auch:* **Faib|le** ⟨[fɛ:bl] od. engl. [fɛɪbl] das; -s, -s⟩ Vorliebe, Neigung, Schwäche; *ein ~ für etwas od. jmdn. haben* [frz., »schwach, schwache Stelle«]

fair ⟨[fɛ:r] Adj.⟩ ehrlich, anständig (bes. im Sport); *~ spielen* ehrlich spielen, die Spielregeln einhalten; *ein ~es Honorar; ein ~es Angebot* [engl., »gerecht, unparteiisch«]

Fair|ness ⟨[fɛ:r-] die; -; unz.⟩ faires Wesen, Anständigkeit, Ehrlichkeit (bes. im Sport) [<engl. *fairness* »Ehrlichkeit«]

Fä|ka|li|en ⟨Pl.⟩ menschliche Ausscheidungen, Kot, Harn [zu lat. *faeces* »Kot«]

Fake ⟨[fɛɪk] der od. das; -s, -s; umg.; salopp⟩ **1** Simulation, Täuschung; *diese Geschichte ist ein ~* **2** Fälschung, Imitation eines teuren Markenproduktes; *die Uhr hat sich als ~ entpuppt* [engl.]

Fa|kir ⟨der; -s, -ki|re⟩ **1** indischer Asket, der seinen Körper gegen Schmerz abgehärtet hat **2** Gaukler, Zauberkünstler [<arab. *faqir* »arm«]

Fak|si|mi|le ⟨[-le:] das; -s, -s⟩ originalgetreue Nachbildung, bes. Nachdruck der Erstausgabe eines Buches od. der handschriftl. Fassung eines Werkes; *~ der Partitur von Beethovens 9. Symphonie* [<lat. *fac simile* »mach (es) ähnlich«]

Fak|tor ⟨der; -s, -to|ren⟩ **1** Leiter einer überseeischen Handelsniederlassung **2** Werkmeister in einer Druckerei od. Setzerei **3** Zahl, die mit einer anderen multipliziert wird; →*a.* Multiplikand,

F

Multiplikator 4 ⟨fig.⟩ maßgebender Umstand, Triebfeder, bestimmendes Element [<lat. *factor* »derjenige, der etwas tut, schafft«]

Fak|to|tum ⟨das; -s, -s od. -to|ten⟩ Helfer für alle Arbeiten, Mädchen für alles [<lat. *fac totum* »tu alles, mach alles«]

Fa|kul|tät ⟨die; -, -en⟩ **1** Gruppe zusammengehöriger Wissenschaften, z. B. Naturwissenschaften **2** eine Gruppe von Wissenschaften umfassende Hochschulabteilung; *juristische, biologische, linguistische, medizinische, naturwissenschaftliche, philosophische ~* **3** das Gebäude, in dem gelehrt wird **4** ⟨unz.; Math.; Zeichen: !⟩ das Produkt aller natürlichen Zahlen von 1 bis n (geschrieben: n!, gesprochen: n Fakultät), z. B. $5! = 1 \cdot 2 \cdot 3 \cdot 4 \cdot 5 = 120$ [<lat. *facultas* »Fertigkeit in einem Wissenszweig; Forschungsgebiet«]

fa|kul|ta|tiv ⟨Adj.⟩ wahlfrei, nicht zwingend; *Ggs* obligatorisch; *~e Schulfächer* [<frz. *facultatif* »beliebig, unverbindlich«]

Fall-out *auch:* **Fall|out** ⟨[fɔ:laʊt] der; -s, -s⟩ Niederschlag von radioaktiven Stoffen aus der Atmosphäre, die z. B. bei Kernwaffenexplosionen entstehen [engl., »radioaktiver Niederschlag«]

Fal|sett ⟨das; -(e)s, -e; Musik⟩ durch Brustresonanz verstärkte Kopfstimme der Männer; *~ singen* [<ital. *falsetto*]

Fa|mi|lie ⟨[-ljə] die; -, -n⟩ **1** ⟨i. e. S.⟩ Eltern u. Kinder; *eine ~ ernähren; eine fünfköpfige, kleine, kinderreiche ~; (keine) ~ haben* (nicht) verheiratet sein u. (keine) Kinder haben; *die heilige ~* Maria, Joseph u. das Jesuskind **2** ⟨i. w. S.⟩ alle Verwandten **3** ⟨Biol.⟩ aufgrund von Regeln der Abstammungslehre verwandte Gattungen [<lat. *familia* »Hausgenossenschaft, Hauswesen«]

Fan ⟨[fæn] der; -s, -s⟩ begeisterter Anhänger; *Film~; Jazz~; Sport~* [engl., verkürzt <*fan*atic »begeisterter Liebhaber«]

Fa|na|ti|ker ⟨der; -s, -⟩ fanatische Person, unduldsamer Verfechter einer Überzeugung [<lat. *fanaticus* »von der Gottheit ergriffen, rasend«; zu *fanum* »heiliger Ort«; → *profan*]

fa|na|tisch ⟨Adj.⟩ sich blind-leidenschaftlich einsetzend, unduldsam eifernd u. zu überzeugen versuchend; *er ist ein ~er Verfechter des Sozialismus*

Fa|na|tis|mus ⟨der; -; unz.⟩ blind-übertriebener u. unduldsamer Eifer (für eine Überzeugung)

Fan|go ⟨der; -s; unz.⟩ Mineralschlamm vulkanischer Herkunft für Bäder, Packungen u. Umschläge, bes. bei rheumatischen Erkrankungen verwendet [ital., »Schlamm«]

> → **Phänomen:** Was du nicht unter *fä-* findest, kann unter *phä-* stehen, z. B. *Phänomen*!

Fan|ta|sie ⟨die; -, -n⟩ *oV* Phantasie **1** Musikstück in freier Form **2** ⟨unz.⟩ Einbildungskraft, schöpferisches Denken, Erfindungsgabe **3** Träumerei, vorgestelltes Bild [<grch. *phantasie* »Erscheinung, Aussehen, Vorstellung«; zu grch. *phainein* »sichtbar machen«]

> **Fantasie/Phantasie** Die aus dem Griechischen stammende *ph*-Schreibung kann bei den Silben *phon, phot* und *graph* durch die eingedeutschte Schreibung mit »f« ersetzt werden. Das Gleiche gilt für Einzelfälle wie z. B. *Phantasie/Fantasie* (→*a.* Delphin/Delfin).

fan|ta|sie|ren ⟨V.⟩ *oV* phantasieren **1** sich den wechselnden Bildern der Fantasie hingeben, wach träumen **2** im Fieber unzusammenhängende Dinge reden

fan|tas|tisch ⟨Adj.⟩ *oV* phantastisch **1** nur in der Fantasie bestehend, nicht wirklich **2** verstiegen, überspannt, etwas verrückt **3** ⟨fig.⟩ merkwürdig, seltsam **4** ⟨fig.; umg.⟩ wunderbar, herrlich

Fan|ta|sy ⟨[fæntəsı] die; -; unz.⟩ Unterhaltungsliteratur od. Filmgattung, in der Märchen- u. Traumwelten dargestellt werden [engl., »Fantasie, Trugbild«]

Fan|zine ⟨[fænzi:n] das; -s, -s; Musik⟩ Zeitschrift, die nur über eine bestimmte Person, Gruppe od. einen bestimmten Bereich berichtet u. sich damit an die entsprechenden Fans richtet (bes. in der Popmusik) [verkürzt <engl. *fan* + maga*zine* »Magazin«]

FAQ ⟨[ɛfɛıkju:] ohne Artikel; Abk. für

engl.⟩ Frequently Asked Questions (häufig gestellte Fragen)

Far|ce ⟨[-s(ə)] die; -, -n⟩ 1 derb-komisches Lustspiel, Posse 2 ⟨fig.⟩ lächerlicher Streich, Verhöhnung 3 als wichtig hingestellte, im Grunde aber belanglose Angelegenheit 4 Füllung für Geflügel, Pasteten usw. [frz., »Posse, Schwank«]

Far|fal|le ⟨Pl.⟩ schmetterlingsförmige Nudeln [ital.]

Fa|schis|mus ⟨der; -; unz.; Politik⟩ 1 zentralistische u. autoritäre politische Bewegung mit nationalistischer Zielsetzung, die mit den Mitteln der Gewaltanwendung u. strenger Zensur gegen die Opposition vorgeht 2 die von Mussolini ins Leben gerufene nationalistische Bewegung mit dem Ziel der Diktatur in Italien 1919-1945 [<ital. *Fascismo;* zu *fascio* »Rutenbündel« (Emblem der von Mussolini geschaffenen Bewegung) <lat. *fascis*]

Fa|schist ⟨der; -en, -en; Politik⟩ Vertreter, Anhänger des Faschismus

fa|schis|tisch ⟨Adj.; Politik⟩ den Faschismus betreffend, zu ihm gehörend, auf ihm beruhend

Fas|sa|de ⟨die; -, -n⟩ Außenansicht, Vorderfront, Schauseite [<*Facciade* (17. Jh.) <ital. *facciata* »Gesichtsseite«; zu lat. *facies* »Gesicht«]

Fas|set|te ⟨die; -, -n⟩ = Facette

Fas|son ⟨[-sɔ̃ː] od. umg. [-sɔŋ] die; -, -s, österr. [-soːn] -, -en⟩ *oV* Façon 1 Muster, Form; *einer Sache ~ geben* ⟨a. fig.⟩ sie in die rechte Form bringen; *aus der ~ geraten* ⟨umg.⟩ dick werden (od.) die Beherrschung verlieren 2 Schnitt, Sitz, Form; *die ~ eines Anzugs, einer Frisur* 3 Lebensart; *jeder soll nach seiner ~ selig werden* [<frz. *façon* »Ausführung, Verarbeitung, Machart«]

Fast|food ⟨[faːstfuːd]⟩ *auch:* **Fast Food** ⟨das; (-) - od. (-) -s; unz.⟩ schnell zubereiteter Imbiss, z. B. Hamburger [<engl. *fast* »schnell« + *food* »Essen«]

Fas|zi|na|ti|on ⟨die; -, -en⟩ Bezauberung, Bann, Verblendung [<lat. *fascinatio* »Bezauberung, Behexung«]

fas|zi|nie|ren ⟨V.⟩ bezaubern, (ver)blenden, fesseln; *ein ~des Schauspiel* [<lat. *fascinare* »bezaubern, behexen«]

Fas|zi|no|sum ⟨das; -s; unz.; geh.⟩ etwas auf geheimnisvolle Weise Anziehendes, Faszinierendes; *das ~ der Höhlenmalerei; das ~ mittelalterlicher Burgen*

fa|tal ⟨Adj.⟩ 1 verhängnisvoll, widrig 2 unangenehm, peinlich [<lat. *fatalis* »vom Schicksal gesandt«; zu *fatum* »Götterspruch, Schicksal, Verhängnis«]

Fa|ta|lis|mus ⟨der; -; unz.⟩ Glaube, dass alles Geschehen durch das Schicksal vorbestimmt sei, Schicksalsergebenheit, Schicksalsglaube

Fa|ta Mor|ga|na ⟨die; - -, - -s od. - -ganen⟩ 1 durch Luftspiegelung hervorgerufenes (Trug-)Bild, bes. über Wüsten 2 ⟨fig.⟩ Sinnestäuschung, Wahn-, Traumbild [ital., »Fee Morgana« (nach dem Volksglauben die Urheberin der in der Straße von Messina bes. häufigen Luftspiegelungen); zu ital. *fata* »Fee« + arab. *margan* »Koralle« (<grch. *margarites* »Perle«, als Frauenname aufgefasst)]

Fat|wa ⟨die; -, -s; Islam⟩ mit dem islamischen Recht begründeter Schiedsspruch od. Erlass der Muftis in arabischen Ländern, religiöses Edikt; *oV* Fetwa; *die ~ über jmdn. aussprechen, verhängen* [arab.]

→ **Foul:** Was du nicht unter ***fau-*** findest, kann unter ***fou-*** stehen, z. B. ***Foul!***

Fau|na ⟨die; -, Fau|nen⟩ Tierwelt eines bestimmten Gebietes od. Lebensbereiches; →*a.* Flora; *die ~ Afrikas; Süßwasser~* [lat., Name der altröm. Fruchtbarkeitsgöttin, Tochter (od. Gemahlin) des *Faunus*]

Faux|pas ⟨[fopaː] der; -, - [-pas]⟩ Verstoß gegen die gute Sitte, Taktlosigkeit, Versehen [<frz. *faux pas* »Fehltritt«]

fa|vo|ri|sie|ren ⟨[-vo-] V.⟩ 1 begünstigen, bevorzugen 2 ⟨Sport⟩ zum voraussichtlichen Sieger im Wettkampf erklären; *bei diesem Wettkampf wird sie einhellig favorisiert* [<frz. *favoriser* »begünstigen«]

Fa|vo|rit ⟨[-vo-] der; -en, -en⟩ 1 Günstling, Liebling 2 ⟨Sport⟩ voraussichtlicher Sieger im Wettkampf [<frz. *favori,* Fem. *favorite* »beliebt; Günstling«]

Fax ⟨das; -, -e; kurz für⟩ Telefax

fa|xen ⟨V.; kurz für⟩ telefaxen

Fa|zit ⟨das; -s, -e od. -s⟩ Endsumme, Ergebnis, Resultat; *das ~ ziehen* [<lat. *facit* »es macht«]

FCKW ⟨Abk. für⟩ Fluorchlorkohlenwasserstoff

> **FCKW:** *Fluorchlorkohlenwasserstoffe* sind organische Verbindungen, in denen Fluor- und Chloratome die Wasserstoffatome des Kohlenwasserstoffs ersetzen; ihr Einsatz (z. B. als Treibmittel in Spraydosen) wird eingeschränkt oder ist verboten, da die Chloratome im Verdacht stehen, die Ozonschicht der Erdatmospäre zu zerstören (→*a.* Fluor).

F

Fea|ture ⟨[fiːtʃə(r)] das; -s, -s od. die; -, -s⟩ **1** aktueller, bes. hervorgehobener Bild- u. (od.) Textbericht **2** ⟨Radio; TV⟩ Dokumentarsendung, -spiel **3** Hauptfilm, Spielfilm [engl., »charakteristisches Merkmal, wichtiger Bestandteil«]

Feed-back *auch:* **Feed|back** ⟨[fiːdbæk] od. [-'-] das; - od. -s, -s⟩ **1** ⟨in Steuerungssystemen⟩ zurückkehrende Reaktion, Rückkopplung **2** ⟨Psych.⟩ Reaktion der anderen auf das eigene Verhalten; *ein gutes, schlechtes ~ erhalten* [engl., »Rückmeldung; Rückkopplung; Reaktion«]

Fel|la|tio ⟨die; -; unz.⟩ Reizung der männlichen Geschlechtsteile mit Lippen u. Zunge [zu lat. *fellare* »saugen«]

Fe|mi|ni|num ⟨a. [--'--] das; -s, -ni|na; Abk.: f.; Gramm.⟩ **1** grammatisch weibliches Geschlecht **2** grammatisch weibliches Substantiv [lat., »das Weibliche«]

Fe|mi|nis|mus ⟨der; -, -nis|men⟩ **1** ⟨unz.⟩ Bewegung der Feministinnen, Frauenbewegung **2** ⟨zählb.⟩ weibliches Verhalten beim Mann (bes. bei Homosexuellen) [zu lat. *femininus* »weiblich«; zu *femina* »Frau«]

Femme fa|tale ⟨[fam fataːl] die; - -, -s -s [fam fataːl]⟩ verführerische Frau, die Männern häufig zum Verhängnis wird, auch als literarische Figur [frz., »verhängnisvolle Frau«]

Feng|shui ⟨das; -; unz.⟩ chinesisches Prinzip der harmonischen Gestaltung des Wohn- u. Lebensraumes [chines.]

Fer|ma|te ⟨die; -, -n; Musik; Zeichen: 𝄐⟩ Verlängerungs-, Aushaltezeichen über einem Ton od. einer Pause [<ital. *fermata* »Halt«]

Fer|ment ⟨das; -s, -e; Biochemie⟩ in lebenden Zellen von Pflanzen, Tieren u. Menschen gebildeter Eiweißstoff, dessen Vorhandensein für bestimmte biochemische Umwandlungen (Stoffwechselvorgänge) notwendig ist; *Sy* Enzym [lat., »Sauerteig«]

Fer|men|ta|ti|on ⟨die; -, -en; Biochemie⟩ Bildung von Gärungsfermenten, insbes. bei der Aufbereitung von Genussmitteln (Tee, Tabak u. a.) [zu lat. *fermentare* »gären (lassen)«]

Fer|mi|um ⟨das; -s; unz.; chem. Zeichen: Fm⟩ ein radioaktives chem. Element, Ordnungszahl 100 [nach dem Kernphysiker E. *Fermi,* 1901-1954]

fer|ro..., Fer|ro... ⟨in Zus.⟩ **1** Eisen u. größere Mengen anderer Metalle enthaltend **2** sich wie Eisen verhaltend [<lat. *ferrum* »Eisen«]

fer|ro|ma|gne|tisch *auch:* **fer|ro|mag|ne|tisch** ⟨Adj.⟩ wie Eisen magnetisches Verhalten zeigend

Fes|ti|val ⟨[-val], engl. [-vəl] das; -s, -s⟩ große festliche Veranstaltung, Festspiel; *Film ~; Theater ~* [engl., »Festtag«]

Fes|ti|vi|tät ⟨[-vi-] die; -, -en; umg.; scherzh.⟩ Fest, Festlichkeit [<lat. *festivitas* »Festgenuss, Vergnügen«]

fe|tal ⟨Adj.⟩ den Fötus betreffend, zu ihm gehörig [<nlat. *foetalis* »die Leibesfrucht betreffend«]

Fe|te ⟨die; -, -n; umg.⟩ Fest, Feier, Party [<frz. *fête* »Fest«]

Fe|tisch ⟨der; -s, -e; urspr. bei Naturvölkern⟩ Gegenstand religiöser Verehrung, dem übernatürliche Kräfte zugeschrieben werden [<frz. *fétiche* <portug. *feitiço* »Träger magischer Kraft bei afrik. u. westind. Schwarzen, Zauber« <lat. *facitius* »künstlich«]

Fe|ti|schis|mus ⟨der; -; unz.⟩ **1** Fetischkult, Verehrung von Fetischen **2** sexuelle Fixierung auf Gegenstände od. Körperteile des Geschlechtspartners

Fet|tuc|ci|ne ⟨[fɛtutʃiː-] die; -, -; ital. Kochk.⟩ Bandnudeln

Fe|tus ⟨der; -ses, -se; Med.⟩ Leibesfrucht vom dritten Monat an; *oV* Fötus [<lat. *foetus* »Leibesfrucht«]

Fet|wa ⟨das; -s, -s; Islam⟩ = Fatwa

feu|dal ⟨Adj.⟩ **1** lehnsrechtlich, auf dem Lehnsrecht beruhend, Lehns... **2** ⟨fig.; umg.⟩ reich (ausgestattet), prunkvoll; *ein ~es Haus; eine ~e Zimmereinrichtung* [<mlat. *feudalis* »das Lehnswesen betreffend«; zu *feudum* »Lehngut«; zu ahd. *fihu* »Vieh«, got. *faihu* »Vermögen, Gut«]

Feu|da|lis|mus ⟨der; -; unz.⟩ **1** Lehnswesen **2** dessen Zeitalter **3** soziales, wirtschaftliches u. politisches System, in dem der Adel umfassende Rechte besitzt

feu|da|lis|tisch ⟨Adj.⟩ den Feudalismus betreffend, auf ihm beruhend

Feuil|le|ton ⟨[fœjətɔ̃:] das; -s, -s⟩ **1** ⟨urspr.⟩ Zeitungsbeilage **2** ⟨heute⟩ der kulturelle Teil der Zeitung (Buchbesprechungen, Theater-, Musikkritiken usw.) [frz., Verkleinerungsform zu *feuille* »Blatt« <lat. *folium*]

Fi|as|ko ⟨das; -s, -s⟩ **1** ⟨Theat.⟩ Durchfallen eines Theaterstücks od. eines Künstlers **2** ⟨allg.⟩ Misserfolg, Zusammenbruch; *ein ~ erleben, erleiden* scheitern; *die Verhandlungen endeten mit einem ~* [<frz. *faire fiasco* »einen Fehler machen«, wobei ital. *fiasco* »Flasche« für frz. *bouteille* »Flasche; Fehler, Schnitzer« steht]

Fi|ber ⟨die; -, -n⟩ Muskel-, Pflanzenfaser [<lat. *fibra* »Faser«]

Fi|bril|le *auch:* **Fib|ril|le** ⟨die; -, -n⟩ **1** feiner, fadenförmiger Ausläufer von Muskelfasern od. Nerven- u. Bindegewebszellen **2** faseriger Baustein der pflanzlichen od. Holzfaserzellwand [<lat. *fibra* »Faser«]

Fi|brin *auch:* **Fib|rin** ⟨das; -s; unz.⟩ Faserstoff des Blutes, der bei der Blutgerinnung entsteht [<lat. *fibra* »Faser«]

Fi|cus ⟨der; -, Fi|ci [-tsi]; Bot.⟩ Feigenbaum [lat., »Feigenbaum, Feige«]

→ **Feedback:** Was du nicht unter *fi-* findest, kann unter *fee-* stehen, z. B. *Feedback*!

Fi|es|ta ⟨[-ɛsta] die; -, -s⟩ großes Fest, Volksfest [span.]

Fi|gur ⟨die; -, -en⟩ **1** Form des menschlichen Körpers; *eine gute, schlanke, zierliche ~; eine gute ~ machen* einen guten äußeren Eindruck machen **2** menschen- od. tierähnliche Nachbildung, Gestalt; *eine ~ aus Holz, Stein, Metall* **3** ⟨umg.⟩ Person, Mensch; *er ist eine komische ~* **4** ⟨Geom.⟩ Gebilde aus Linien u. Flächen **5** aus mehreren Elementen zusammengesetzter Ablauf einer Bewegung, z. B. im Tanz **6** ⟨Musik⟩ kurze Folge von Tönen, die melodisch u./od. rhythmisch zusammengehören **7** Mittel des literarischen Stils, *z. B. Metapher* [<lat. *figura* »Gestalt«]

fi|gu|rie|ren ⟨V.⟩ **1** erscheinen, auftreten, eine Rolle spielen, darstellen **2** ⟨Musik⟩ durch Figuration auflösen, verzieren [<lat. *figurare* »gestalten, formen, darstellen«]

fi|gür|lich ⟨Adj.⟩ **1** die Figur betreffend, bezüglich der Figur **2** im übertragenen Sinn gebraucht, bildlich dargestellt; *die ~e Bedeutung eines Wortes*

...fi|ka|ti|on ⟨Nachsilbe; zur Bildung von weibl. Subst.; die; -, -en⟩ das Machen; *Mystifikation* [zu lat. *facere, ...ficere* »machen«]

Fik|ti|on ⟨die; -, -en⟩ **1** Erdichtung **2** ⟨Philos.⟩ Annahme, Unterstellung (eines nicht wirklichen Falles, um daraus Erkenntnisse abzuleiten) [<lat. *fictio* »Bildung, Formung, Gestaltung«]

fik|ti|o|nal ⟨Adj.⟩ auf einer Fiktion beruhend; *~e Dichtung, Darstellung*

fik|tiv ⟨Adj.⟩ erdichtet, nur angenommen, auf einer Fiktion beruhend [→ *Fiktion*]

Fi|let ⟨[-le:] das; -s, -s⟩ **1** ⟨Kochk.⟩ **1.1** Lendenstück (vom Schlachtvieh u. Wild) **1.2** entgrätetes Rückenstück (vom Fisch) **1.3** abgelöstes Bruststück (vom Geflügel) **2** ⟨Textilw.⟩ durchbrochene Kettenwirkware [frz., »Netz, Lendenstück«]

Fi|li|a|le ⟨die; -, -n⟩ Zweigstelle, -niederlassung, -geschäft [<mlat. *filialis,* »die Tochter betreffend, Tochter...«; zu lat. *filia* »Tochter«]

Fi|li|a|ti|on ⟨die; -, -en⟩ **1** rechtmäßige Abstammung, Sohn-, Tochterverhältnis **2** im mittelalterl. Ordenswesen Beziehung zwischen Mutterhaus und von ihm ausgegangenen Tochterklöstern [<nlat. *filiatio* »Kindschaft«; zu lat. *filius* »Sohn« u. *filia* »Tochter«]

fi|li|gran *auch:* **fi|lig|ran** ⟨Adj.⟩ sehr fein gearbeitet, sehr feine Formen aufweisend [zu ital. *filigrana* »feine Flechtarbeit aus Goldfäden u. Perlchen« <lat. *filum* »Faden« + *granum* »Korn«]

> → **Philosophie:** Was du nicht unter *fi-* findest, kann unter ***phi-*** stehen, z. B. ***Philosophie***!

Fi|lou ⟨[-lu:] der; -s, -s⟩ Spitzbube, Gauner, gerissener od. leichtsinniger Mensch [frz., »Spitzbube« <engl. *fellow* »Bursche«]

Fi|na|le ⟨das; -s, -⟩ **1** ⟨allg.⟩ Schlussteil **2** ⟨Musik⟩ Schlusssatz, Schlussteil; *~ einer Symphonie, Oper* **3** ⟨Sport⟩ Schlussrunde, Endkampf, Endspiel [ital., »Schlussstück«]

Fi|nan|zen ⟨nur Pl.⟩ **1** öffentliches Geldwesen, Staatsgelder, Staatshaushalt **2** Vermögen, Vermögenslage; *seine ~ ordnen* [<frz. *finances* <mlat. *finantia* »Beendigung, endgültiger Bescheid, Zahlungsbefehl, Zahlung«; zu mlat. *finare* »beenden«, lat. *finire* »beenden«]

fi|nan|zi|ell ⟨Adj.⟩ die Finanzen, das Vermögen betreffend, geldlich

Fi|nan|zi|er ⟨[-tsje:] der; -s, -s⟩ **1** Geld-, Bankmann **2** Geldgeber, der etwas (ein Unternehmen usw.) finanziert [<frz. *financier* »Geldmann, Bankier«]

fi|nan|zie|ren ⟨V.⟩ mit Geldmitteln ausstatten, durch Geld ermöglichen

Fin de Si|è|cle *auch:* **Fin de Si|èc|le** ⟨[fɛ̃: də sjɛkl] das; - - -; unz.⟩ **1** das Ende des 19. Jh. **2** ⟨bildl. Bez. für⟩ die dekadente Verfeinerung u. die Verfallserscheinungen dieser Zeit [frz., »Ende des Jahrhunderts«]

Fi|nes|se ⟨die; -, -n⟩ Feinheit, Schlauheit, Trick; *mit großer ~ vorgehen* [frz., »Feinheit, Scharfsinn«]

Fine|tu|ning ⟨[faɪntju:nɪŋ]⟩ *auch:* **Fine Tu|ning** ⟨das; (-) - od. (-) -s; unz.⟩ **1** ⟨Wirtsch.⟩ wirtschaftspolitische Theorie, nach der bereits auf geringfügige konjunkturelle Schwankungen entsprechend reagiert werden muss, um größere Krisen zu vermeiden **2** ⟨allg.⟩ Feinabstimmung, Detailarbeit (z. B. am Ende eines umfassenden Projektes) [<engl. *fine-tuning* »Feinabstimmung«]

Fin|ger|food ⟨[-fu:d] das; - od. -s; unz.⟩ Snacks, Häppchen, die aus der Hand u. ohne Besteck gegessen werden; *bei einem Stehempfang ~ reichen* [engl.; <*finger* »Finger« + *food* »Essen«]

fi|nit ⟨Adj.; Gramm.⟩ bestimmt; *~e Verbalform, ~es Verb* durch Person, Numerus (u. Genus) bestimmte Verbalform; *Sy* Verbum finitum; *Ggs* infinit [<lat. *finitus*]

Fire|wall ⟨[faɪə(r)wɔ:l] die; -, -s; EDV⟩ Schutzmechanismus für ein Computernetzwerk (z. B. ein Intranet od. Ortsnetz), der die Zulässigkeit von eingehenden Daten überprüfen u. so einen Schutz vor Computerviren od. unberechtigten Zugriffen von Hackern bieten soll [engl., »Brandmauer«]

firm ⟨Adj.⟩ fest, sicher, bewandert, beschlagen; *in einem Fachgebiet ~ sein* [<lat. *firmus* »fest«]

Fir|ma ⟨die; -, Fir|men; Abk.: Fa.⟩ **1** Geschäft, Betrieb **2** Geschäfts-, Handelsname [<ital. *firma* »(sichere) Unterschrift«; zu lat. *firmus* »fest«]

Fir|ma|ment ⟨das; -(e)s, -e⟩ Himmel, Himmelsgewölbe [<lat. *firmamentum* »Himmelsgewölbe«; zu *firmus* »fest«]

fir|mie|ren ⟨V.; Kaufmannsspr.⟩ einen Geschäftsnamen führen, mit diesem unterzeichnen [→ *Firma*]

Fir|mung ⟨die; -, -en; kath. Kirche⟩ vom Bischof durch Salbung u. Handauflegen vollzogenes Sakrament, das der Kräftigung im Glauben dient [zu lat. *firmare* »befestigen«]

first class ⟨[fœ:st kla:s] Adj.; undekl.⟩ erstklassig, von der ersten Klasse; *das Hotel, Restaurant ist ~* [engl.]

First-Class-Ho|tel ⟨[fœ:stkla:s-] das; -s, -s⟩ Hotel der besten Klasse, Luxushotel [engl.]

fis|kal ⟨Adj.⟩ = fiskalisch

fis|ka|lisch ⟨Adj.⟩ zum Fiskus gehörig, ihn betreffend; *oV* fiskal [<lat. *fiscalis* »die Staatskasse betreffend« <*fiscus;* → *Fiskus*]

Fis|kus ⟨der; -; unz.⟩ **1** Staatsvermögen **2** der Staat als Eigentümer von Vermögen **3** Finanzverwaltungsabteilung [<lat. *fiscus* »Geldkasse, Staatskasse«]

Fis|sur ⟨die; -, -en; Med.⟩ **1** Knochenriss **2** kleiner, schon heilender Schleimhautriss **3** Furche, Einschnitt [<lat. *fissura* »Riss«]

fit ⟨Adv.; bes. Sport⟩ leistungsfähig, gut in Form [engl., »passend, angemessen, tauglich«]

Fitness Nach kurzem Vokal wird auch bei vielen Fremdwörtern »ss« geschrieben (→*a.* Exzess, Fairness, Kongress). Treffen dadurch innerhalb von Komposita drei Konsonanten aufeinander, so werden sie alle geschrieben, z. B. in *Fitnessstudio* oder *Kongressstadt.*

Fit|ness ⟨die; -; unz.; bes. Sport⟩ das Fitsein, körperliche Leistungsfähigkeit [engl., »Angemessenheit, Tauglichkeit, Eignung«]

fix ⟨Adj.⟩ 1 fest, feststehend, unveränderlich; *~e Kosten; ~e Idee* Wahnvorstellung; *~ und fertig* ganz fertig od. erschöpft, abgearbeitet 2 flink, behände, schnell; *(mach) ~!; ein ~er Junge* [<frz. *fixe* »feststehend«; durch Wendungen wie »fixer Tänzer, fixer Fechter« im Sinne von »standhaft, sicher« entstand die figurative Bedeutung »gewandt, flink«]

Fi|xer ⟨der; -s, -⟩ jmd., der sich gewohnheitsmäßig Rauschmittel spritzt

fi|xie|ren ⟨V.⟩ 1 härten, festigen; *entwickelte Filme gegen Licht ~* 2 festsetzen; *einen Zeitpunkt ~; wichtige Bestimmungen ~* 3 *jmdn. ~* starr ansehen, anstarren [<mlat. *fixare* »festsetzen, bestimmen« <frz. *fixer* »starr ansehen«]

Fix|punkt ⟨der; -(e)s, -e⟩ 1 fester Punkt, der zum Eichen dient, *z. B. Siede-, Gefrierpunkt* 2 Festpunkt

Fix|stern ⟨der; -(e)s, -e; Astron.⟩ sehr weit entfernter, selbst leuchtender Himmelskörper von der Art der Sonne, der nur scheinbar eine feste Position hat, in Wirklichkeit aber seinen Ort sehr langsam ändert

...fi|zie|ren ⟨V.; in Zus.⟩ machen; *mumifizieren; desinfizieren* [<lat. *facere, ...ficere*]

Fjord ⟨der; -(e)s, -e⟩ schmaler, tief ins Festland eindringender Meeresarm (bes. in Norwegen) [norweg., schwed.]

Fla|con ⟨[-kɔ̃ː] das od. der; -s, -s⟩ = Flakon

Flair ⟨[flɛː(r)] das; -s; unz.⟩ 1 Ausstrahlung u. äußere Aufmachung (einer Person); *sie hat ein besonderes ~* 2 Spürsinn, Instinkt [frz., »Spürsinn«]

Fla|kon ⟨[-kɔ̃ː] das od. der; -s, -s⟩ geschliffenes Glasfläschchen für Parfüm; *oV* Flacon [<frz. *flacon* »Fläschchen, Flakon«]

flam|bie|ren ⟨V.; Kochk.⟩ (eine Speise) mit Alkohol übergießen u. brennend auf den Tisch bringen [<frz. *flamber* »lodern, (ver-, ab)sengen«]

Fla|men|co ⟨der; - od. -s, -s; Musik⟩ Gattung andalusischer Tanzlieder u. Tänze mit maurisch-arabischem u. indischem Einfluss, ohne feste Form u. mit schwermütigen Texten [span.]

Fla|min|go ⟨der; -s, -s; Zool.⟩ Angehöriger einer Ordnung tropischer u. subtropischer Vögel mit langen Beinen u. Hälsen [<span. *flamengo;* zu lat. *flamma* »Flamme«]

Fla|nell ⟨der; -s, -e; Textilw.⟩ weicher, gerauter Woll-, Zellwoll-, od. Baumwollstoff [<frz. *flanelle* <engl. *flannel* »Wollstoff« <kymr. *gwlanen;* zu *gwlan* »Wolle«]

fla|nie|ren ⟨V.⟩ müßig umherschlendern, auf- u. abschlendern, bummeln [<frz. *flâner*]

→ **Flair:** Was du nicht unter ***flä-*** findest, kann unter ***flai-*** stehen, z. B. ***Flair***!

Flat|rate ⟨[flætrɛɪt] die; -, -s; EDV⟩ Pauschalsatz (für die Nutzung einer Dienstleistung, z. B. des Internets) [engl., »Niedrigpreis, -tarif«]

Flat|screen ⟨[flætskriːn] der; -s, -s; EDV; TV⟩ sehr flacher Bildschirm [engl., »Flachbildschirm«]

flek|tie|ren ⟨V.; Gramm.⟩ durch Flexion verändern, beugen; *~de Sprachen* S., die ihre Wortformen durch das Anhängen bestimmter Endungen an den Wortstamm bilden [<lat. *flectere* »beugen«]

fle|xi|bel ⟨Adj.⟩ *Ggs* inflexibel 1 biegsam, nachgiebig, veränderlich; *ein flexibler Bucheinband* 2 anpassungsfähig; *sich ~ zeigen* 3 ⟨Gramm.⟩ durch Flexion veränderbar [<lat. *flexibilis* »biegsam«]

Fle|xi|bi|li|tät ⟨die; -; unz.⟩ *Ggs* Inflexibilität 1 Biegsamkeit 2 Anpassungsfähigleit 3 ⟨Gramm.⟩ Beugbarkeit

Fle|xi|on ⟨die; -, -en⟩ Veränderung der Wortform bei verschiedenen grammatischen Funktionen eines Wortes, um Kasus, Genus, Numerus, Person, Tempus, Modus u. Ä. auszudrücken, Beugung; ~ *des Nomens od. Pronomens* Deklination; ~ *des Verbs* Konjugation [<lat. *flexio* »Biegung«]

Flip|chart ⟨[-tʃa:t] der od. das; -, -s⟩ an einer Wand oder auf einem Gestell befestigter, großformatiger Papierblock, dessen Blätter nach der Benutzung nach hinten umgeschlagen werden können [<engl. *flip* »wenden« + *chart* »Karte«]

Flip|flop[1] ⟨das; -s, -s⟩ Kippschaltung in elektron. Geräten, die nur zwischen zwei Schaltungszuständen hin- u. herwechseln kann [engl.; lautmalend]

Flip|flop[2] ⟨der; -s, -s; meist Pl.; Mode⟩ Badeschuh aus Kunststoff mit zwischen den Zehen verlaufenden Riemen [engl., lautmalend]

Flip|per ⟨der; -s, -⟩ Spielautomat, in dem eine rollende Kugel Hindernisse passieren muss [zu engl. *flip* »wegschnipsen«]

Flirt ⟨[flœ:t] der; -s, -s⟩ Liebelei, Schmeichelei; *einen ~ mit jmdm. beginnen; zu einem ~ aufgelegt sein* [→ *flirten*]

flir|ten ⟨[flœ:-] V.⟩ einem od. einer mögliche(n) Liebespartner(in) gegenüber mit Worten u. Blicken spielen; *mit jmdm.* ~ [<engl. *flirt* (um 1890) »sich benehmen wie ein Liebhaber«]

Flirt|fak|tor ⟨[flœ:t-] der; -s, -en; umg.⟩ Umstand, der das Flirten begünstigt; *ein Hotel mit einem hohen* ~

floa|ten ⟨[floʊ-] V.⟩ schwanken; *die Währung floatet* [<engl. *float* »schweben, gleiten«]

Flop ⟨der; -s, -s; umg.⟩ Misserfolg, Fehlschlag, Reinfall; *das war ein* ~ [engl., eigtl. »Plumps«]

Flop|py Disc ⟨die; - -, - -s; EDV⟩ = Floppy Disk

Flop|py Disk ⟨die; - -, - -s; EDV⟩ Datenträger einer kleineren EDV-Anlage als flexible u. beidseitig beschichtete Magnetplatte; *oV* Floppy Disc; *Sy* Floppy [engl., »schlaffe (= biegsame) Scheibe«]

Flor[1] ⟨der; -s, -e⟩ **1** ⟨Bot.⟩ alle Blüten einer Pflanze, Blumenfülle **2** ⟨fig.⟩ Zierde, Schmuck, Gedeihen; *in ~ stehen* in voller Blüte [<lat. *flos,* Gen. *floris* »Blüte«]

Flor[2] ⟨der; -s, -e⟩ **1** ⟨Textilw.⟩ dünner Seidenstoff **2** Schleier **3** schwarzer Seidenstreifen um den Ärmel od. am Rockaufschlag als Zeichen der Trauer; *Trauer~* **4** haarige, wollige Oberschicht von Teppichen, Plüsch u. Samt [<ndrl. *floers* <afrz. *velous* <lat. *villosus* »haarig«; verwandt mit *Velours*]

Flo|ra ⟨die; -, Flo|ren; Bot.⟩ **1** Pflanzenreich; →*a.* Fauna **2** systematische Beschreibung der Pflanzenwelt [lat., röm. Göttin der Blumen]

Flo|rett ⟨das; -(e)s, -e; Sport⟩ lange Stoß- u. Stichwaffe, beim Sportfechten Stoßwaffe für Damen u. Herren mit langer Klinge [<frz. *fleuret* <ital. *fioretto,* Verkleinerungsform zu *fiore* »Blume«]

flo|rie|ren ⟨V.; a. fig.⟩ blühen, gedeihen; *die Firma floriert* [<lat. *florere*]

Flo|rist ⟨der; -en, -en⟩ **1** Kenner, Erforscher der Flora, Blumenfreund **2** Blumenzüchter **3** ⟨Berufsbez. für⟩ Blumenhändler, Blumenbinder [<frz. *fleuriste* »Blumenhändler«, beeinflusst von lat. *flos,* Gen. *floris* »Blume«]

> → **Flirt:** Was du nicht unter *flö-* findest, kann unter *fli-* stehen, z. B. *Flirt*!

Flos|kel ⟨die; -, -n⟩ leere Redensart, Formel; *Höflichkeits~* [<lat. *flosculus* »Blümchen, Zierde«]

Flot|til|le ⟨a. [-tɪljə] die; -, -n⟩ Verband kleiner Kriegsschiffe [<span. *flotilla,* Verkleinerungsform zu *flota* »Flotte« <aengl. *flota* »Flotte«]

Flow|er|pow|er *auch:* **Flo|wer|po|wer** ⟨[flaʊə(r)paʊə(r)] die; -; unz.; in den 1960er Jahren⟩ Leitwort der Hippies, das für Gewaltlosigkeit (durch Blumen symbolisiert) wirbt [<engl. *flower* »Blume« + *power* »Macht«]

Flu|i|dum ⟨das; -s, -i|da⟩ **1** Flüssigkeit, etwas Fließendes **2** ⟨fig.⟩ die von etwas od. jmdm. ausgehende Wirkung [lat., »fließend«]

Fluk|tu|a|ti|on ⟨die; -, -en⟩ das Fluktuieren, das Hin- u. Herfluten, Schwankung; Wechsel [<lat. *fluctuatio* »das Schwanken, Wogen«]

Flu|or ⟨das; -s; unz.; chem. Zeichen: F⟩

gasförmiges Element, Ordnungszahl 9 [lat., »das Fließen«; zu *fluere* »fließen«]

> **Fluor:** *Fluor* ist ein chemisches Element aus der siebten Hauptgruppe des → *Periodensystems* und gehört zu den → *Halogenen.* Es ist ein grünlich gelbes Gas mit stechendem Geruch, das nur in Verbindungen vorkommt. *Fluor* ist das reaktionsfähigste aller chemischen Elemente. Als Spurenelement wird *Fluor* z. B. zur Vorbeugung gegen → *Karies* in Zahnpasten und teilweise auch im Trinkwasser eingesetzt. Es kann Haut und Schleimhäute, insbesondere die Atemwege, reizen und sollte deshalb äußerst vorsichtig verwendet werden (→*a.* FCKW).

flu|vi|al ⟨[-vi-] Adj.⟩ auf Flüsse bezüglich, dort lebend, von ihnen zerstört, abgetragen, abgelagert; *oV* fluviatil [<lat. *fluvialis* »im oder am Fluss befindlich, Fluss...«]

flu|vi|a|til ⟨[-vi-] Adj.⟩ = fluvial

> → **Foyer:** Was du nicht unter *foa-* findest, kann unter *foy-* stehen, z. B. *Foyer*!

Fö|de|ra|lis|mus ⟨der; -; unz.; Politik⟩ Streben nach einem Staatenbund od. Bundesstaat mit möglichst weitgehender Selbstständigkeit der Einzelstaaten [<lat. *foedus,* Gen. *foederis* »Bündnis, Vertrag«]

fö|de|ra|lis|tisch ⟨Adj.⟩ in der Art des Föderalismus

Fö|de|ra|ti|on ⟨die; -, -en; Politik⟩ Bündnis, Staatenbund, Bundesstaat [<lat. *foederatus* »verbündet«; zu *foedus* »Treubund, Bündnis, Vertrag«]

Fo|kus ⟨der; -, -⟩ Brennpunkt (von Linsen, Spiegeln u. Linsensystemen) [<lat. *focus* »Feuerstätte, Herd«]

fo|kus|sie|ren ⟨V.⟩ **1** *Lichtstrahlen* ~ in einem Punkt vereinigen, bündeln **2** *Linsen* ~ ausrichten

Fo|li|ant ⟨der; -en, -en; Buchw.⟩ großformatiges, dickes Buch (im Folio-Format) [zu lat. *folium* »Blatt«]

Fo|lie[1] ⟨[-ljə] die; -, -n⟩ **1** dünnes Blättchen, dünne Haut aus Metall od. Kunststoffen; *Metall~; Plastik~* **2** (auf einen Bucheinband) aufgeprägte Farbschicht **3** ⟨fig.⟩ Hintergrund (von dem sich etwas abhebt od. abheben soll); *einer Sache als ~ dienen* sie besonders deutlich hervortreten lassen [<mlat. *folia* »Metallblättchen«, Pl. zu lat. *folium* »Blatt«]

Fo|lie[2] ⟨die; -, -n⟩ Narrheit, Torheit [<frz. *folie;* zu *fou,* Fem. *folle* »närrisch, wahnsinnig«]

Folk ⟨[fouk] der; - od. -s; unz.; Musik⟩ meist englischsprachige, volkstümliche Musik mit Elementen der Rockmusik u. des Blues; *~ singen, spielen* [engl., eigtl. »Volk«]

> ◆ Die Buchstabenfolge **folk|l...** kann auch **fol|kl...** getrennt werden.

◆ **Folk|lo|re** ⟨die; -; unz.⟩ **1** Kunst, Musik, Dichtung usw. als Bestandteil der (urspr.) Kultur eines Volkes **2** Volkskunde [engl.]

◆ **Folk|lo|ris|tik** ⟨die; -; unz.⟩ Lehre von der Folklore, Volkskunde, bes. Volksliedforschung

◆ **folk|lo|ris|tisch** ⟨Adj.⟩ **1** die Folklore betreffend **2** volkskundlich

Folk|mu|sic ⟨[foukmju:zɪk] die; -; unz.; Musik⟩ (besonders in Großbritannien u. den USA gepflegter) Musikstil, der Melodien u. Texte traditioneller volkstümlicher Musik mit Elementen der modernen Popmusik verbindet [<engl. *folk* »Volk, Volks...« + *music* »Musik«]

Fol|li|kel ⟨der; -s, -; Biol.⟩ **1** kugeliges Gebilde, z. B. die Haarbälge, Lymphknötchen der Darmwand **2** ⟨i. e. S.⟩ Bläschen, das bei der follikulären Eibildung im Eierstock von Insekten u. Säugetieren das heranreifende Ei umgibt [<lat. *folliculus* »kleiner Sack, Schlauch, Ballon, Hülle«; zu *follis* »Schlauch, Balg«]

Fon[1] ⟨das; -s, -e; umg.; kurz für⟩ Telefon

Fon[2] ⟨das; -s, -; Zeichen: phon⟩ = Phon

fon..., Fon... ⟨in Zus.; vor Vokalen⟩ = fono..., Fono...

...fon[1] ⟨Adj.; in Zus.⟩ = ...phon[1]

...fon[2] ⟨Nachsilbe; zur Bildung sächl. Subst.; das; -s, -e⟩ = ...phon[2]

Fonds ⟨[fɔ̃:] der; - [fɔ̃:s], - [fɔ̃:s]⟩ Geldmittel, Geldvorrat (für bestimmte

Zwecke); *öffentlicher* ~ [frz., »Grundstück, Lager, Vorrat, Kapital«]

Fon|due ⟨[fɔ̃dyː] die; -, -s od. das; -s, -s⟩ Gericht, bei dem auf einem Spirituskocher (Rechaud) entweder Fleischstückchen in siedendem Fett gebraten u. dann in pikante Soßen getunkt werden *(Fleisch~)* od. Käse geschmolzen und mit eingetunkten Brotstückchen gegessen wird *(Käse~)* [frz.; zu *fondre* »schmelzen«]

F

Fo|ne|tik ⟨die; -; unz.; Sprachw.⟩ = Phonetik

fo|ne|tisch ⟨Adj.⟩ = phonetisch

...fo|nie ⟨Nachsilbe; zur Bildung weibl. Subst.⟩ = ...phonie

fo|no..., Fo|no... ⟨vor Vokalen⟩ fon..., Fon... ⟨in Zus.⟩ = phono..., Phono...

Fonologie/Phonologie Die aus dem Griechischen stammende Silbe *phon* wird in vielen alltagssprachlich gebräuchlichen Wörtern seit langem nur noch in eingedeutschter Schreibweise wiedergegeben (z. B. in *Telefon*). Die *f*-Schreibung kann generell verwendet werden. Die Schreibung mit *ph* ist ebenso zulässig und vor allem bei Fachwörtern die in den meisten Fällen gebräuchlichere Variante (z. B. *Fonetik/ Phonetik*).

Fo|no|lo|gie ⟨die; -; unz.⟩ = Phonologie

Fon|tä|ne ⟨die; -, -n⟩ **1** Wasserstrahl eines Springbrunnens **2** etwas, das wie ein Wasserstrahl emporschießt; *eine ~ aus Rauch und Flammen* [<frz. *fontaine* »Quelle, Springbrunnen«]

Fon|ta|nel|le ⟨die; -, -n; Anat.⟩ Knochenlücke des Schädels von Neugeborenen [<ital. *fontanella* »kleine Quelle«]

for|cie|ren ⟨[-siː-] V.⟩ gewaltsam durchsetzen, heftig vorantreiben, steigern; *eine Entscheidung ~* [<frz. *forcer* »(be-, er)zwingen«]

Fo|ren ⟨Pl. von⟩ Forum

Form|al|de|hyd ⟨der; -s; unz.; Chemie⟩ stechend riechendes, farbloses Gas, in Wasser gelöst u. a. zur Konservierung verwendet [<lat. *formica* »Ameise« + *Aldehyd*]

For|mat ⟨das; -(e)s, -e⟩ **1** Gestalt, Größe, Maß, Normgröße; *Papier~, Buch~* **2** ⟨fig.⟩ überdurchschnittliche Tüchtigkeit, Geradheit, gerade innere Haltung, Überlegenheit; *er hat kein ~; eine Frau, ein Mann von ~* [<lat. *formatus,* Part. Perf. zu *formare* »gestalten«]

for|ma|tie|ren ⟨V.; EDV⟩ *Disketten ~* D. in bestimmte Bereiche einteilen, eine bestimmte Einteilung vorgeben

For|ma|ti|on ⟨die; -, -en⟩ **1** Gestaltung, Bildung **2** Aufstellung, Formierung, Gliederung; *in geschlossener ~ marschieren* **3** ⟨Geol.⟩ größerer Abschnitt der Erdgeschichte zwischen den Kategorien Zeitalter u. Abteilung **4** ⟨Bot.⟩ Zusammenfassung von Pflanzen gleicher Wuchsformen ohne Rücksicht auf die Verwandtschaft nach Arten, *z. B. sommergrüner Laubwald; Pflanzen~; Vegetations~* [<lat. *formatio* »Gestaltung, Bildung«]

for|mell ⟨Adj.⟩ **1** förmlich, die äußeren Formen, die Umgangsformen (genau) beachten; *jmdm. einen ~en Besuch machen; Ggs* informell **2** zum Schein, rein äußerlich; *sie waren nur ~ ein Ehepaar und lebten nicht zusammen* [<frz. *formel* »ausdrücklich, förmlich«]

For|mu|lar ⟨das; -s, -e⟩ gedrucktes Formblatt, gedruckter Fragebogen; *Anmelde~* [<nlat. *formularium* <lat. *formula* »Regel, Vorschrift, Norm«]

for|mu|lie|ren ⟨V.⟩ in eine endgültige sprachliche Form bringen, in Worte fassen (Begriff, Vorstellung); *einen Gedanken ~; einen Brief ~* [<lat. *formula* »Vorschrift«]

For|tis ⟨die od. der; -, -tes [-teːs]; Sprachw.⟩ Verschluss- od. Reibelaut, der mit starkem Luftdruck artikuliert wird, *z. B. p, t, k; Ggs* Lenis [lat., »stark, kräftig«]

For|tü|ne ⟨die; -; unz.⟩ Glück, Erfolg; *er hatte keine ~* [<frz. *fortune* »Glück«]

Fo|rum ⟨das; -s, Fo|ren od. Fo|ra⟩ **1** Markt- u. Gerichtsplatz im alten Rom; *~ Romanum* **2** ⟨fig.⟩ Gericht, Richterstuhl; *das ~ der Öffentlichkeit* **3** ⟨fig.⟩ Gruppe von Personen, bes. von Fachleuten; *eine strittige Frage vor ein ~ von Medizinern bringen*

Fos|sil ⟨das; -s, -li|en; Geol.⟩ versteinerter Rest eines urweltlichen Lebewesens (Pflanzen, Tiere), der Aufschluss über die Flora u. Fauna vergangener Erdzeitalter gibt

Fo|to ⟨das; -s, -s od. schweiz. die; -, -s; umg.; kurz für⟩ Fotografie (2)

Foto.../Photo... Die aus dem Griechischen stammende Silbe *phot* wird häufig in eingedeutschter Schreibweise wiedergegeben (z. B. in *Fotoapparat)*. Die *f*-Schreibung kann generell verwendet werden. Die Schreibung mit *ph* ist ebenso zulässig und vor allem bei Fachwörtern die in den meisten Fällen gebräuchlichere Variante (z. B. *Fotosynthese/Photosynthese*).

fo|to..., Fo|to... ⟨in Zus.⟩ licht..., Licht..., Lichtbild...; *oV* photo..., Photo... [<grch. *phos*, Gen. *photos* »Licht«]

Fo|to|ap|pa|rat ⟨der; -(e)s, -e⟩ Apparat zum Herstellen von Lichtbildern

fo|to|gen ⟨Adj.⟩ auf Fotografien, in Filmen gut aussehend, wirkend; *oV* photogen; *~ sein* [<*foto...* + *...gen*[1]]

Fo|to|graf ⟨der; -en, -en⟩ jmd., der gewerbsmäßig fotografiert; *oV* Photograph [<*Foto...* + *...graf*]

Fo|to|gra|fie ⟨die; -, -n⟩ *oV* Photographie **1** Verfahren zur Erzeugung von dauerhaften Lichtbildern **2** ⟨zählb.⟩ Lichtbild [<*Foto...* + *...grafie*]

fo|to|gra|fie|ren ⟨V.⟩ mit dem Fotoapparat ein Lichtbild aufnehmen; *oV* photographieren

fo|to|gra|fisch ⟨Adj.⟩ die Fotografie betreffend, auf ihr beruhend, mit ihren Mitteln; *oV* photographisch; *eine ~e Dokumentation*

Fo|to|han|dy ⟨[-hændi] das; -s, -s⟩ Handy mit eingebauter Fotokamera, mit dem man telefonieren u. Fotos übermitteln kann

Fo|to|ko|pie ⟨die; -, -n⟩ fotografische Wiedergabe von Schriftstücken od. Bildern, Ablichtung; *oV* Photokopie; *von einer Urkunde ~n machen; eine ~ beglaubigen lassen*

fo|to|ko|pie|ren ⟨V.⟩ eine Fotokopie herstellen von, ablichten; *oV* photokopieren

fo|to|me|cha|nisch ⟨[-ça:-] Adj.⟩ mechanisch mit Hilfe der Fotografie (vervielfältigend); *oV* photomechanisch

Fo|to|me|trie *auch:* **Fo|to|met|rie** ⟨die; -; unz.⟩ Lehre vom Messen der Lichtstärke; *oV* Photometrie

Fo|to|mo|dell ⟨das; -s, -e⟩ jmd., der berufsmäßig für Fotos Modell steht, bes. für die Präsentation von Kleidung in Katalogen u. Ä.; →*a.* Dressman, Mannequin

Fo|to|mon|ta|ge ⟨[-ʒə] die; -, -n⟩ **1** ⟨unz.⟩ Zusammensetzung von Teilen verschiedener Aufnahmen zu einer fotografischen Vorlage **2** ⟨zählb.⟩ durch Fotografieren dieser Vorlage entstandenes Bild

Fo|ton ⟨das; -s, -to|nen⟩ Elementarteilchen der elektromagnetischen Strahlung (bes. des Lichts), das je nach Wellenlänge der Strahlung eine bestimmte Energie überträgt, Lichtquant; *oV* Photon [<grch. *phos*, Gen. *photos* »Licht«]

Fo|to|shoo|ting ⟨[-ʃu:-] das; -s, -s⟩ (Termin für eine) Fotoproduktion für einen bestimmten Zweck, z. B. für Werbung, Modepräsentationen, Bildberichte

Fo|to|syn|the|se ⟨die; -; unz.⟩ Ausnutzung von Licht durch grüne Pflanzen für die Umwandlung von Kohlendioxid in Kohlenhydrate; *oV* Photosynthese

Fo|to|vol|ta|ik ⟨[-vɔl-] die; -; unz.⟩ = Photovoltaik

Fo|to|zel|le ⟨die; -, -n⟩ Halbleiterbauelement, das beim Auftreffen von Licht durch Freisetzung von Elektronen einen Stromfluss einleitet; *oV* Photozelle

Fö|tus ⟨der; -ses, -se; Med.⟩ = Fetus

→ **Folk:** Was du nicht unter *fouk-* findest, kann unter *folk-* stehen, z. B. ***Folk**!*

foul ⟨[faʊl] Adj.; nur präd. od. adv.; Sport⟩ regelwidrig, unfair [engl., »schmutzig, unrein, faul, verdorben«]

Foul ⟨[faʊl] das; -s, -s; Sport⟩ Verstoß gegen die Spielregeln; *~spiel* [engl., »etwas Unreines; regelwidriger Schlag od. Stoß beim Sport«]

Fox|trott ⟨der; -(e)s, -e od. -s; Musik⟩ aus Nordamerika stammender Gesellschaftstanz im $^4/_4$-Takt [<engl. *fox-trot*, eigtl. »Fuchstrab«]

Foy|er *auch:* **Fo|yer** ⟨[foaje:] das; -s, -s; Theat.⟩ Wandelgang, Wandelhalle [frz., »Herd, Feuerstätte, Heim«]

fra|gil ⟨Adj.⟩ sehr zart, zerbrechlich, hinfällig [<lat. *fragilis* »zerbrechlich«]

Frag|ment ⟨das; -(e)s, -e⟩ **1** Bruchstück, übrig gebliebener Teil eines Ganzen; *~einer Vase* **2** unvollendetes literarisches od. musikalisches Werk; *Roman~* **3** ⟨Bildhauerei⟩ = Torso (1) [<lat. *fragmentum* »abgebrochenes Stück, Bruchstück«]

Frak|ti|on ⟨die; -, -en⟩ **1** die Vertreter einer Partei innerhalb der Volks- od. Gemeindevertretung; *die SPD-~ im Bundestag* **2** Gruppe innerhalb einer Partei **3** Teil eines Stoffgemisches [<lat. *fractio* »Bruch«]

Frak|tur ⟨die; -, -en⟩ **1** deutsche, sog. »gotische« Druckschrift mit »gebrochenen« Linien **2** *mit jmdm. ~ reden* ⟨fig.; umg.⟩ ihm deutlich die Meinung sagen **3** ⟨Med.⟩ Knochenbruch; *Schienbein~* [<lat. *fractura* »Bruch«]

fran|kie|ren ⟨V.⟩ *Postsendungen, Briefe ~* freimachen, mit Briefmarken bekleben od. einer Frankiermaschine stempeln [<ital. *francare*]

frap|pant ⟨Adj.⟩ auffallend, verblüffend, überraschend [frz., »schlagend, auffallend«; zu *frapper;* → *frappieren*]

frap|pie|ren ⟨V.⟩ überraschen, stutzig machen, erstaunen; *eine ~de Antwort* [<frz. *frapper* »schlagen« <fränk. **hrapon* »rupfen«]

Fra|ter|ni|tät ⟨die; -, -en⟩ **1** ⟨unz.⟩ Brüderlichkeit **2** ⟨zählb.⟩ Bruder-, Genossenschaft [<lat. *fraternitas* »Brüderschaft«]

Freak ⟨[fri:k] der; -s, -s; umg.⟩ **1** unangepasster, verrückter Mensch **2** jmd., der eine best. Sache intensiv, fanatisch betreibt; *Motorrad~; Musik~* **3** ⟨Drogenszene⟩ jmd., der in maßloser u. gefährlicher Weise Drogen konsumiert [engl., eigtl. »Laune, drolliger Einfall«]

Free Jazz ⟨[fri: dʒæz] der; - -; unz.⟩ frei improvisierter Jazz [engl.]

Free|lan|cer ⟨[fri:la:nsə(r)] der; -s, -⟩ jmd., der freiberuflich als Musiker, Schriftsteller, Journalist od. Redakteur tätig ist (im Gegensatz zum Angestellten) [<engl. *freelance* »Freiberufler, Freischaffender«]

Free|style ⟨[fri:staɪl] der; -s; unz.; Sport⟩ frei gewählter Stil [engl., »Freistil«]

Free|ware ⟨[fri:wɛ:(r)] die; -; unz.; EDV⟩ kostenlos zu nutzendes Computerprogramm [<engl. *free* »frei« + *ware* »Ware«]

fre|ne|tisch ⟨Adj.⟩ leidenschaftlich, heftig, rasend; *~er Beifall* [<frz. *frénétique* »wahnsinnig, rasend« (in übertragener Bedeutung)]

fre|quen|tie|ren ⟨V.⟩ häufig besuchen, benutzen, verkehren mit [<lat. *frequentare* »häufig besuchen«]

Fre|quenz ⟨die; -, -en⟩ **1** Häufigkeit **2** Besucherzahl **3** Verkehr, Verkehrsdichte **4** Anzahl der Schwingungen pro Zeiteinheit (bei Schwingungs- od. Wellenvorgängen) [<lat. *frequentia* »zahlreiche Anwesenheit, große Menge«]

Fres|ke ⟨die; -, -n⟩ = Fresko

Fres|ko ⟨das; -s, Fres|ken; Mal.⟩ auf den frischen Putz einer Wand gemaltes Bild, Wandgemälde; *oV* Freske [verkürzt <ital. *al fresco (muro)* »auf die frische (Wand)«]

fri|gid ⟨Adj.⟩ = frigide

fri|gi|de ⟨Adj.⟩ *oV* frigid **1** kühl, frostig **2** gefühlskalt, geschlechtlich nicht erregbar [<lat. *frigidus* »kalt, kühl«]

Fri|kas|see ⟨das; -s, -s; Kochk.⟩ kleingeschnittenes Fleisch in heller, säuerlicher Soß; *Hühner~; Kalbs~* [<frz. *fricassée*]

Fri|ka|tiv ⟨der; -s, -e [-və]; Phon.⟩ = Spirant

Fri|ka|tiv|laut ⟨der; -(e)s, -e; Phon.⟩ = Spirant

Fri|seur ⟨[-zø:r] der; -s, -e⟩ Haarschneider, -pfleger; *oV* Frisör [→ *frisieren*]

Fri|seu|rin ⟨[-zø:-] die; -, -rin|nen; bes. österr.⟩ = Friseuse; *oV* Frisörin

Fri|seu|se ⟨[-zø:-] die; -, -n⟩ Haarpflegerin, Haarkünstlerin; *oV* Frisöse; *Sy* Friseurin

fri|sie|ren ⟨V.⟩ **1** *jmdn. ~, jmdm. das Haar ~* jmdm. das Haar kämmen, formen **2** ⟨fig.⟩ *etwas ~* so ändern, dass es die gewünschte Wirkung erzielt; *eine Bilanz ~* die Bilanz beschönigend überarbeiten, in unredlicher Weise verbessern; *einen Motor ~* so umarbeiten, dass eine höhere Leistung erzielt wird [<frz. *friser* »kräuseln«]

Fri|sör ⟨der; -s, -e⟩ = Friseur

Fri|sö|rin ⟨[-zø:-] die; -, -rin|nen⟩ = Friseurin

Fri|sö|se ⟨die; -, -n⟩ = Friseuse

Fri|sur ⟨die; -, -en⟩ 1 Haartracht 2 (unerlaubte) Veränderung, Manipulation [<frz. *frisure* »Haartracht«]

Frit|teu|se ⟨[-tøːzə] die; -, -n⟩ elektrisches Gerät zum Frittieren von Speisen, z. B. Kartoffeln od. Fleisch [→ *frittieren*]

frit|tie|ren ⟨V.; Kochk.⟩ in Fett schwimmend backen [<frz. *frit,* Part. Perf. von *frire* »backen«]

fri|vol ⟨[-voːl] Adj.⟩ leichtfertig, schlüpfrig, zweideutig; *~e Witze, Anspielungen* [<frz. *frivole* »oberflächlich, leichtfertig«]

Fron|ti|spiz *auch:* **Fron|tis|piz** ⟨das; -es, -e⟩ 1 dem Titelblatt eines Buches gegenüberstehendes Bild 2 Vordergiebel, Giebelstück über einem vorspringenden Gebäudeteil [<frz. *frontispice* »Stirnseite (eines Gebäudes), Titelblatt« <mlat. *frontispicium;* zu lat. *frons* »Stirn« + *spicere* »schauen«]

Frot|té ⟨der od. das; - od. -s, -s; Textilw.; schweiz. für⟩ = Frottee

Frot|tee ⟨der od. das; - od. -s, -s; Textilw.⟩ Gewebe mit gekräuselter Oberfläche; *oV* Frotté [<frz. *frotté,* Part. Perf. zu *frotter* »reiben«]

frot|tie|ren ⟨V.⟩ zur besseren Durchblutung mit einem Tuch reiben, abreiben; *jmdn. ~; jmdm. den Rücken ~* [<frz. *frotter* »reiben«]

Fructose: *Fructose* (Fruchtzucker) ist ein Kohlenhydrat aus der Gruppe der → *Monosaccharide* und kommt im Honig und in Früchten vor. Sie ist ein wichtiges Zwischenprodukt u. a. bei der → *Fotosynthese,* der → *Glykolyse* und der alkoholischen Gärung.

Fruc|to|se ⟨die; -; unz.⟩ ein einfacher Zucker, Fruchtzucker; *oV* Fruktose [<lat. *frux,* Gen. *frugis* »Frucht«]

Fru|gi|vo|re ⟨[-voː-] der; -n, -n; meist Pl.; Zool.⟩ Früchtefresser; *Sy* Fruktivore [<lat. *frux,* Gen. *frugis* »Frucht« + *...vore*]

Fruk|ti|vo|re ⟨[-voː-] der; -n, -n; meist Pl.; Zool.⟩ = Frugivore

Fruk|to|se ⟨die; -; unz.⟩ = Fructose

Frust ⟨der; -s, -e; umg.; kurz für⟩ Frustration

Frus|tra|ti|on *auch:* **Frust|ra|ti|on** ⟨die; -, -en⟩ Enttäuschung, Entmutigung

frus|trie|ren *auch:* **frust|rie|ren** ⟨V.⟩ *jmdn. ~* enttäuschen, entmutigen; *über den Misserfolg meines Plans bin ich völlig frustriert* [<lat. *frustrare* »vereiteln, erfolglos machen«]

Fu|ge ⟨die; -, -n; Musik⟩ nach strengen Regeln aufgebautes Musikstück, bei dem ein Thema nacheinander durch alle Stimmen geführt wird; *Bach komponierte sehr viele Orgelfugen* [<mlat., ital. *fuga* »Wechselgang« <lat. *fuga* »Flucht«]

ful|mi|nant ⟨Adj.⟩ glänzend, prächtig, großartig, üppig [<lat. *fulminans,* Part. Präs. zu *fulminare* »blitzen«]

Fun|da|men|ta|lis|mus ⟨der; -; unz.⟩ 1 orthodox-religiöse Welt- u. Lebensanschauung, Strenggläubigkeit 2 kompromissloses Beharren auf politischen Grundüberzeugungen

fun|die|ren ⟨V.⟩ gründen, begründen; *fundiertes Wissen* fest, sicher begründetes Wissen [<lat. *fundare* »mit einem Boden versehen, den Grund zu etwas legen«]

Fun|dus ⟨der; -, -⟩ 1 Bestand, Grundlage, Grundstock; *Geld~* 2 Bestand der Ausstattungsstücke eines Theaters; *Kostüm~* [lat., »Boden, Grundstück«]

fu|ne|bre *auch:* **fu|neb|re** ⟨[fynɛːbrə] Musik⟩ traurig, düster (zu spielen) [<frz. *funèbre* <lat. *funebris* »zum Leichenbegängnis gehörig«]

fun|gie|ren ⟨V.⟩ 1 *jmd. fungiert als etwas* verrichtet ein Amt; *als Schiedrichter ~* 2 *etwas fungiert als* wirkt wie [<lat. *fungi* »verrichten, besorgen, leisten«]

Funk ⟨[fʌŋk] der; - od. -s; unz.; Musik⟩ Stilrichtung der Popmusik mit gleichbleibendem Rhythmus u. intonationslosen Melodien [amerikan.; zu *funky* »stinkend, schmutzig«]

Funk|ti|on ⟨die; -, -en⟩ 1 Tätigkeit, Wirksamkeit; *die ~ des Herzens, der Schilddrüse; in ~ treten* zu arbeiten beginnen, tätig werden; *jmd. hat eine ~* ein Amt, eine Aufgabe (innerhalb einer Gemeinschaft); *etwas, ein Maschinenteil hat eine ~* einen Zweck 2 ⟨Math.; Logik⟩ gesetzmäßige u. eindeutige Zuordnung der Elemente zweier verschiedener

Mengen zueinander [<lat. *functio* »Verrichtung«]

Funk|ti|o|när ⟨der; -s, -e⟩ Beauftragter; *~ eines Vereins, Verbandes, einer Partei od. Gewerkschaft* [<frz. *fonctionnaire* »Beamter«]

funk|ti|o|nie|ren ⟨V.⟩ ordnungsgemäß, richtig arbeiten, einer bestimmten Funktion entsprechend wirksam sein [<frz. *fonctionner* »funktionieren«]

Fu|rie ⟨[-riə] die; -, -n⟩ **1** römische Rachegöttin; *er floh wie von (den) ~n gehetzt;* →*a.* Erinnye **2** böse, zänkische Person [<lat. *Furia;* zu *fura* »Wut, Raserei«]

Fu|ro|re ⟨die; -; unz. od. das; -s; unz.⟩ *~ machen* Aufsehen erregen, großen Erfolg haben [ital., »Raserei«]

→ **Physik:** Was du nicht unter ***fü-*** findest, kann unter ***phy-*** stehen, z. B. ***Phy****sik*!

Fu|si|on ⟨die; -, -en⟩ Verschmelzung, Vereinigung, Zusammenschluss; *~ von zwei od. mehreren Firmen; ~ von mehreren Atomkernen* [<lat. *fusio* »Guss«]

Fu|ton ⟨der; -s, -s⟩ hartgepolsterte Schlafmatte [jap.]

Fut|te|ral ⟨das; -s, -e⟩ dem aufzunehmenden Gegenstand in der Form angepasstes Behältnis aus Leder od. Kunststoff, Hülle, Etui; *Brillen~* [mlat. *fotrale, futrale* »Scheide, Kapsel«]

Fu|tur ⟨das; -s, -e; Gramm.⟩ **1** *erstes (einfaches) ~* Zeitform des Verbums (Zukunft), die ein zukünftiges Geschehen bezeichnet, *z. B. »ich werde schlafen«* **2** *zweites ~* Zeitform des Verbums (vollendete Zukunft), die ein in der Zukunft vollendetes Geschehen bezeichnet, *z. B. »ich werde geschlafen haben«* [lat., »das Zukünftige«]

Futurismus: Der *Futurismus* war eine von Italien ausgehende Kunstrichtung (besonders in Malerei und Dichtung), die 1909 begründet wurde. Sie ist als radikale Form des → *Expressionismus* zu verstehen, die die Technik, die Zivilisation und die Macht verherrlichte (Darstellung des Maschinenzeitalters). Der *Futurismus* lehnte alle überlieferten Formen und Traditionen ab. Nach dem 1. Weltkrieg entwickelte sich eine Verbindung mit Vertretern des → *Faschismus* (Mussolini). Der *Futurismus* beeinflusste die moderne Kunst nachhaltig (→*a.* Dadaismus, Kubismus).

Fu|tu|ris|mus ⟨der; -; unz.⟩ eine italienische Kunstströmung

fu|tu|ris|tisch ⟨Adj.⟩ **1** ⟨i. e. S.⟩ zum Futurismus gehörend, auf ihm beruhend **2** die Zukunftsforschung (Futurologie) betreffend **3** ⟨i. w. S.⟩ in die Zukunft weisend; *ein ~er Entwurf; ein ~es Design*

Ga|bar|di|ne ⟨[-din(ə)] der; -s; unz. od. die; -; unz.; Textilw.⟩ fein gerippter Mantel- od. Kleiderstoff [nach der frz. Firma *Gabartin*]

Gad|get ⟨[gædʒɪt] das; -s, -s⟩ Werbeartikel, der z. B. einem Einkäufer als Beigabe kostenlos offeriert wird; *Sy* Gimmick (1) [engl., »Apparat, Gerät«]

Ga|do|li|ni|um ⟨das; -s; unz.; chem. Zeichen: Gd⟩ chem. Element aus der Reihe der Metalle der seltenen Erden, Ordnungszahl 64 [nach dem finn. Chemiker J. *Gadolin,* 1760-1852]

Gag ⟨[gæg] der; -s, -s; Film; Komödie⟩ witziger, effektvoller Einfall, Scherz, komische Bild- od. Wortpointe, groteske Situation od. Aktion im Verlauf eines Geschehens [engl., »komische Improvisation, Ulk«]

Ga|ge ⟨[gaːʒə] die; -, -n⟩ Gehalt (von Künstlern) [frz., »Pfand, Lohn«]

Ga|la ⟨die; -; unz.⟩ **1** Festkleidung, Festuniform **2** festliche Aufführung am Abend; *Opern~* [span., »Kleiderpracht« <arab. *chila* »Ehrengewand«]

→ **Galaxie:** Der Laut **[ksiː]** wird in griechischen Fremdwörtern oft *xie* geschrieben, z. B. in *Galaxie*!

ga|lak|tisch ⟨Adj.⟩ zur Galaxis gehörig

Ga|lak|tor|rhö ⟨die; -, -en; Med.⟩ zu starke, krankhaft vermehrte Milchabsonderung, Milchfluss [<grch. *gala,* Gen. *galaktos* »Milch« + *...rrhö*]

Ga|lak|to|se ⟨die; -, -n⟩ eine Aldohexose (Zuckerart), die bei der hydrolyt. Spaltung von Milchsäure entsteht [<grch. *gala,* Gen. *galaktos* »Milch«]

Ga|lan ⟨der; -s, -e⟩ vornehm auftretender Liebhaber; *als ~ auftreten; sich wie ein ~ benehmen* [<span. *galano* »in Gala gekleidet, höfisch, artig«; → *Gala*]

ga|lant ⟨Adj.⟩ höflich, rücksichtsvoll, zuvorkommend (gegen Damen) [frz., »artig, höflich«]

Ga|la|xie ⟨die; -, -n; Astron.⟩ *oV* Galaxis **1** ⟨unz.⟩ die Milchstraße **2** ⟨zählb.⟩ eines der selbstständigen Sternsysteme außerhalb unseres eigenen Milchstraßen- od. galaktischen Systems im Weltall [<grch. *gala,* Gen. *galaktos* »Milch«]

Galaxie: Eine *Galaxie* besteht aus vielen Milliarden einzelner Sterne und wird auch als »extragalaktischer Nebel« bezeichnet. Es gibt drei *Galaxien,* die mit bloßem Auge beobachtet werden können: der Andromedanebel und die beiden Magellan'schen Wolken des südlichen Himmels. Andere *Galaxien* sind nur mit dem Fernrohr und durch fotografische Aufnahmen mit einer langen Belichtungszeit nachzuweisen. Die Gesamtzahl aller *Galaxien* in dem heute beobachtbaren Teil des Weltalls wird auf rund 100 Milliarden geschätzt.

Ga|la|xis ⟨die; -, -xi|en; Astron.⟩ = Galaxie

Ga|lee|re ⟨die; -, -n⟩ antikes bzw. mittelalterl. langes Ruderschiff, meist mit mehreren Ruderbänken übereinander; *~nsträfling* zum Dienst auf einer G. verurteilter Strafgefangener [<ital. *galera,* <mlat. *galea* »Ruderschiff«]

Ga|le|rie ⟨die; -, -n⟩ **1** ⟨in Kirchen, Schlössern⟩ langer, an einer Seite offener od. verglaster Gang **2** ⟨an Festungen⟩ Laufgang mit Schießscharten **3** ⟨Theat.⟩ oberster Rang **4** Sammlung von Kunstwerken *Bilder~; Gemälde~* **5** (Verkaufs-)Ausstellung von Gemälden [frz., »gedeckter Gang«]

Ga|li|ons|fi|gur ⟨die; -, -en⟩ geschnitzte, meist weibl. Figur am Bug eines Holzschiffes [<span. *galeón* »großes Schiff« <mlat. *galea* »Ruderschiff«]

Gal|li|um ⟨das; -s; unz.; chem. Zeichen: Ga⟩ seltenes Metall, chemisches Element, Ordnungszahl 31 [nach *Gallia,* der lat. Bezeichnung für Frankreich]

Gal|lon ⟨[gælən] der od. das; -s, -s⟩ = Gallone

Gal|lo|ne ⟨die; -, -n⟩ altes engl. Hohlmaß, etwa 4,5 l; *oV* Gallon [<engl. *gallon*]

Ga|lopp ⟨der; -s, -e od. -s⟩ **1** Gangart des Pferdes, Lauf in Sprüngen; *~ reiten; gestreckter ~; kurzer ~* **2** in seitlichen Wechselschritten getanzter Spring-

G

Rundtanz im $^{2}/_{4}$-Takt **3** ⟨fig.⟩ rascher Lauf, Geschwindigkeit, Schnelligkeit; *im* ~ sehr schnell [zu frz. *galoper* <afrz. *waloper* »wohl (= gut) laufen«]

Gal|va|ni|sa|ti|on ⟨[-va-] die; -, -en; Technik⟩ das Galvanisieren, das Galvanisiertwerden [→ *galvanisieren*]

gal|va|ni|sie|ren ⟨[-va-] V.⟩ *Werkstücke* ~ durch Elektrolyse mit Metall überziehen [nach dem ital. Naturforscher Luigi *Galvani*, 1737-1798]

Ga|ma|sche ⟨die; -, -n⟩ **1** Beinbekleidung vom Fuß bis zum Knie aus Stoff od. Leder **2** Fußbekleidung aus festem Stoff um den Knöchel u. über den Spann, durch einen Steg unter der Schuhsohle gehalten **3** Beinschutz für Reitpferde [<frz. *gamaches* »knöpfbare Überstrümpfe« <span. *gorromazos* »Reiterstiefel aus der Lederart *guadameci*« <arab. *gadamsi* »Leder aus Gadames (in Libyen)«]

G

Gam|be ⟨die; -, -n; Musik⟩ Kniegeige des 16. bis 18. Jh., Vorläufer des Cellos [<ital. *viola da gamba* »Kniegeige«; zu ital. *gamba* »Bein«]

Ga|met ⟨der; -en, -en; Biol.⟩ männl. od. weibl. Geschlechtszelle, Keimzelle [<grch. *gamein* »heiraten«]

Gam|ma ⟨das; -s, -s; Zeichen: γ, Γ⟩ dritter Buchstabe des grch. Alphabets [grch.]

Gan|gli|on *auch:* **Gang|li|on** ⟨das; -s, -glien⟩ **1** ⟨Anat.⟩ knotenförmige Anhäufung von Nervenzellen in den Zentralnervensystemen der Würmer, Weich- u. Gliedertiere od. im Gehirn u. Rückenmark der Wirbeltiere u. des Menschen, Nervenknoten **2** ⟨Med.⟩ Überbein [<grch. *gagglion* »schmerzlose Geschwulst unter der Haut, Überbein«]

Gang|spill ⟨das; -s, -s⟩ Ankerwinde [<ndrl. *gangspil;* zu *spill* »Winde«]

Gang|way ⟨[gæŋweı] die; -, -s⟩ Laufsteg zum Besteigen von Schiff od. Flugzeug [engl., »Durchgang (zwischen Sitzreihen), Laufplanke«]

Ga|no|ve ⟨[-və] der; -n, -n [-vən]⟩ Dieb, Gauner, Spitzbube [<jidd. *gannaw, gannowim* »Dieb«]

Ga|ra|ge ⟨[-ʒə] die; -, -n⟩ Unterstellraum für Kraftfahrzeuge [frz.]

Ga|ran|tie ⟨die; -, -n⟩ Gewähr, Haftung, Bürgschaft; *ein Jahr* ~ *auf ein Gerät haben* Gewähr, dass ein G. 1 Jahr lang funktioniert (andernfalls wird es innerhalb dieser Frist von der Herstellerfirma kostenlos repariert); *dafür kann ich keine* ~ *übernehmen; dafür übernehme ich die volle* ~ [frz.]

ga|ran|tie|ren ⟨V.⟩ *(jmdm.) (für) etwas* ~ **1** etwas gewährleisten; *die Firma garantiert (für) die unbedingte Haltbarkeit, Zuverlässigkeit* **2** bürgen, haften, zusichern, fest versprechen; *ich garantiere dir, dass so etwas nicht mehr vorkommt; dafür kann ich nicht* ~ [<frz. *garantir* »gewährleisten, garantieren«]

Gar|de ⟨die; -, -n⟩ **1** ⟨urspr.⟩ Leibwache **2** ⟨dann⟩ Elitetruppe, meist mit prächtiger Uniform **3** ⟨fig.⟩ *einer von der alten* ~ langjähriger Freund od. Kamerad, langjähriges bekanntes Mitglied eines Betriebes, Kreises o. Ä. [frz., »Bewachung, Bewahrung«]

Gar|de|ro|be ⟨die; -, -n⟩ **1** gesamte Kleidung, Vorrat an Kleidung **2** Umkleideraum (bes. von Schauspielern) **3** Vorraum, Bereich für die Kleiderablage [<frz. *garderobe* »Kleidung, Kleiderstück«]

Gar|di|ne ⟨die; -, -n⟩ **1** ⟨urspr.⟩ Bettvorhang **2** ⟨allg.⟩ Vorhang, (bes.) Fenstervorhang [<mndrl. *gordine* <frz. *courtine* <mlat. *cortina* »Bettvorhang«]

gar|nie|ren ⟨V.⟩ verzieren, schmücken; *belegte Brötchen mit Petersilie* ~ [<frz. *garnir* »mit etwas versehen«]

Gar|ni|son ⟨die; -, -en; Mil.⟩ **1** Quartier, Standort einer Truppe **2** dessen Besatzung **3** die Truppe selbst [frz., »Besatzung, Garnison, Garnisonsstadt«; → *garnieren*]

Gar|ni|tur ⟨die; -, -en⟩ **1** Besatz, Verzierung **2** Ausrüstung, Kleidung für einen bestimmten Zweck; *Ausgeh~, Dienst~* **3** Reihe, Anzahl zusammengehöriger Gegenstände, Satz **4** zusammenpassendes Unterhemd u. Unterhose [<frz. *garniture* »Ausrüstung, Ausstattung«; → *garnieren*]

Gas ⟨das; -es, -e⟩ **1** ein Aggregatzustand der Materie, in dem sie infolge freier Beweglichkeit der Moleküle keine bestimmte Gestalt hat, sondern jeden Raum, in den sie eingebracht wird, vollkommen ausfüllt **2** Materie in diesem Zustand, z. B. *Sauerstoff* 3 gasförmiger Brennstoff; *Stadt~, Erd~, Heiz~* 4 Flamme von diesem Brennstoff; *das Essen vom ~ nehmen* 5 Gemisch aus Luft u. Kraftstoff; *beim Autofahren ~ geben* die Zufuhr von Treibstoff verstärken u. die Geschwindigkeit erhöhen [Bildung des Brüsseler Chemikers J. B. van Helmont (1577-1644), zur Bezeichnung von Luftarten, die von atmosphär. Luft verschieden sind; <grch. *chaos* »wirre, gestaltlose Masse«, seit Paracelsus 1538 für »Luft« gebraucht]

◆ Die Buchstabenfolge **gas|tr...** kann auch **gast|r...** getrennt werden.

◆**gas|tro..., Gas|tro...** ⟨in Zus.⟩ magen..., Magen..., darm..., Darm... [<grch. *gaster* »Bauch, Unterleib, Magen«]
◆**Gas|tro|no|mie** ⟨die; -; unz.⟩ 1 feine Kochkunst 2 Feinschmeckerei
◆**gas|tro|no|misch** ⟨Adj.⟩ die Gastronomie betreffend, zu ihr gehörig, auf ihr beruhend
Gau|cho ⟨[-tʃo] der; -s, -s⟩ berittener südamerikan. Viehhirt [span. <araukan. *cauchu* »berittener Bewohner der Pampas von Argentinien u. Uruguay«]

→ **Gouda:** Was du nicht unter *gau-* findest, kann unter *gou-* stehen, z. B. *Gouda*!

Gaul|lis|mus ⟨[golis-] der; -; unz.; Politik⟩ frz. polit. Bewegung nach dem General u. Staatsmann Charles de Gaulle (1890-1970)

→ **Gaucho:** Der Laut [tʃo] wird in spanischen Fremdwörtern oft *cho* geschrieben, z. B. in *Gaucho*!

Ga|vot|te ⟨[-vɔt(ə)] die; -, -n; 17./18. Jh.; Musik⟩ heiterer, mäßig schneller Tanz [frz.]
Ga|ze ⟨[-zə] die; -; unz.; Textilw.⟩ durchsichtiger, schleierartiger Stoff mit weitem Abstand der Kett- u. Schussfäden, aus verschiedenen Stoffen (Baumwolle, Seide, Leinen) [frz. <span. *gasa* <arab. *kazz* »Rohseide«]
Gei|ser ⟨der; -s, -⟩ = Geysir
Gei|sha ⟨[geːʃa] die; -, -s⟩ eine in Tanz, Musik u. Gesang ausgebildete Frau zur Unterhaltung der Gäste in jap. Teehäusern u. als Bedienung bei Festlichkeiten [<jap. *geisa*]
Gei|sir ⟨der; -s, -e⟩ = Geysir
Ge|la|ti|ne ⟨[ʒe-] die; -; unz.⟩ gereinigter, entfetteter (und gefärbter) Knochenleim zur Herstellung von Geleespeisen, Sülzen usw. [<nlat. (Alchimistensprache, 16. Jh.) *gelatina* »Gallertstoff«; zu lat. *gelare* »gefrieren«; verwandt mit *Gelee*]
Ge|lee ⟨[ʒe-] das od. der; -s, -s⟩ mit Zucker eingekochter Fruchtsaft; *Erdbeer~* [frz. *gelée* »eingekochter Fruchtsaft«; zu *geler* »gefrieren, zum Gefrieren bringen«; verwandt mit *Gelatine*]
Gen ⟨das; -s, -e⟩ Träger der Vererbung u. der Erbanlagen, unter dessen Einfluss sich die Merkmale entwickeln, die das körperl. u. geist. Erscheinungsbild der Organismen prägen (in bestimmter Anordnung in den Chromosomen des Zellkerns u. im Zellplasma befindlich u. aus Eiweißmolekülen bestehend) [<grch. *gennan* »erzeugen«]
...gen[1] ⟨Adj.; in Zus.⟩ 1 erzeugend, bildend; erzeugt, entstanden; *kanzerogen; biogen* 2 ...artig; *androgen* [<grch. *gennan* »erzeugen«, *genos* »Geburt, Geschlecht, Art«; zu *gignesthai* »entstehen, erzeugt werden«]
...gen[2] ⟨Nachsilbe; zur Bildung von sächl. Subst.; das; -s, -e⟩ erzeugender Stoff; *Antigen* [→ *...gen*[1]]
Ge|ne|a|lo|gie ⟨die; -; unz.⟩ 1 Lehre von den Geschlechtern bezügl. ihrer Abstammung, Familienforschung, Stammbaumforschung 2 histor. Hilfswissenschaft von der Herkunft u. Zusammensetzung (bes. geschichtlich bedeutender) Geschlechtsverbände [<grch. *genealogia* »Aufstellung des Stammbaumes, Stammbaum« <*genea* »Abstammung« + *logos* »Rede, Kunde«]
Ge|ne|ra ⟨Pl. von⟩ Genus
Ge|ne|ra|ti|on ⟨die; -, -en⟩ 1 Menschenalter; *von ~ zu ~* 2 einzelne Stufe der Geschlechterfolge 3 Gesamtheit der zu dieser Stufe gehörenden Personen; *die ~ unserer Eltern; meine, deine ~; die ältere ~* die Eltern; *die junge ~* die

G

Kinder od. Enkel [<lat. *generatio* »Zeugung«]

ge|ne|rell ⟨Adj.⟩ allgemein (gültig), im Allgemeinen; *Ggs* speziell [<lat. *generalis* »allgemein«]

Ge|ne|se ⟨die; -, -ne|sen⟩ Entstehung, Entwicklung, Werden, Bildung (des Lebens, der Lebewesen) [<grch. *genesis* »Erzeugung, Ursprung«]

Genetik: Die *Genetik* ist eine Fachrichtung der → *Biologie,* die sich mit der Erforschung, Beschreibung und Reproduktion von Genen befasst. Begründet wurde die *Genetik* durch die Vererbungslehre von Gregor Mendel, der bereits 1865 wichtige Gesetzmäßigkeiten der Vererbung genetischer Informationen beschrieb. Im 20. Jahrhundert wurde die → *DNA* und ihre Doppelhelixstruktur entdeckt und die Weitergabe der genetischen Information mittels der → *Chromosomen* erforscht. Seit den 1960er Jahren ist die Entzifferung des genetischen Codes Gegenstand der Molekulargenetik. Die Forschungsergebnisse finden heute in der Gentechnologie sowohl bei der Tier- und Pflanzenzucht als auch in der → *Humangenetik* praktische Anwendung.

Ge|ne|tik ⟨die; -; unz.⟩ **1** ⟨i. w. S.⟩ Wissenschaft von der Entstehung der Organismen **2** ⟨i. e. S.⟩ Vererbungslehre [<grch. *genesis* »Erzeugung, Ursprung«]

ge|ne|tisch ⟨Adj.⟩ die Genetik betreffend, auf ihr beruhend, erblich bedingt, entstehungsgeschichtlich; *~e Information* Information über genetische Codes; *~er Code* die Form, in der die genet. Information im Erbgut jedes Lebewesens vorliegt

ge|ni|al ⟨Adj.⟩ im höchsten Maße begabt u. dabei schöpferisch [verkürzt <*genialisch;* → *Genie*]

ge|ni|a|lisch ⟨Adj.⟩ **1** nach der Art eines Genies, schöpferisch; *ein ~er Einfall* **2** ⟨fig.⟩ alles Durchschnittliche u. Konventionelle missachtend, überschwänglich

Ge|nie ⟨[ʒə-] das; -s, -s⟩ **1** ⟨unz.⟩ höchste schöpfer. Begabung **2** ⟨zählb.⟩ Mensch von höchster schöpfer. Begabung; *Mozart war ein musikalisches ~* [<frz. *génie,* eigtl. »Schutzgeist; feuriger Schöpfergeist«; zu lat. *genius* »Personifikation der Zeugungskraft; Schutzgeist; Schöpfergeist«]

ge|nie|ren ⟨[ʒe-] V.⟩ **1** *jmdn. ~* stören, belästigen; jmdm. peinlich sein; *geniert es Sie, wenn ich meine Jacke ausziehe?* **2** *sich ~* sich schämen, sich vor den anderen Leuten unsicher fühlen, schüchtern, gehemmt sein [<frz. *gêner* »drücken, quälen, hindern, hemmen«]

Ge|ni|tal ⟨das; -s, -li|en; Anat.⟩ Geschlechtsteil, Geschlechtsorgan; *oV* Genitale [zu lat. *genitalis »zur Zeugung od. Geburt gehörig, zeugend, befruchtend«*]

Ge|ni|ta|le ⟨das; -s, -li|en⟩ = Genital

Ge|ni|tiv ⟨der; -s, -e [-və]; Gramm.⟩ zweiter Fall der Deklination, Wesfall [<lat. *casus genitivus* »Fall, der die Abkunft, Herkunft, Zugehörigkeit bezeichnet«; zu grch. *genike (ptosis)* »der die Gattung bezeichnende Fall«]

Ge|no|ty|pus ⟨der; -, -ty|pen; Genetik⟩ Gesamtheit der Erbanlagen, erzeugt im Zusammenspiel mit der Umwelt den Phänotyp; *Ggs* Phänotyp

Ge|no|zid ⟨der od. das; -(e)s, -e od. -di|en; Rechtsw.⟩ Ausrottung bzw. schwere Schädigung eines Volkes od. einer bestimmten sozialen, ethnischen od. religiösen Gruppe; *der ~ an den Juden im Dritten Reich* [<lat. *genus* »Geschlecht, Stamm« + ...*zid*[2]]

Gen|re ⟨[ʒã:rə] das; -s, -s⟩ Gattung, Art, bes. in der Kunst [frz., »Gattung, Art, Sorte«]

Gen|tle|man *auch:* **Gent|le|man** ⟨[dʒɛntlmæn] der; -s, -men [-mən]⟩ Mann von vornehmer Gesinnung u. Lebensart [engl.]

Ge|nus ⟨das; -, Ge|ne|ra⟩ **1** Gattung **2** ⟨Gramm.⟩ Geschlecht der Substantive u. Pronomen **3** *~ Verbi* Ausdrucksform des Verbs, die das syntaktische Verhältnis des Subjekts zum Geschehen bezeichnet (Aktiv od. Passiv), Handlungsrichtung [lat. *genus* »Geschlecht, Abstammung«; lat. *verbi,* Gen. zu *verbum* »Wort«]

geo..., Geo... ⟨in Zus.⟩ erd..., Erd..., *z. B. Geographie, geologisch* [<grch. *ge* »Erde«]

Geo|gra|fie ⟨die; -; unz.⟩ = Geographie
geo|gra|fisch ⟨Adj.⟩ = geographisch

Geographie: Die *Geographie* ist eine der »klassischen« Wissenschaften, sie wurde früher in der Schule als »Erdkunde« bezeichnet. In der *Geographie* wird die Struktur und Entwicklung der Oberfläche der Erde beschrieben. Im Schulunterricht wird neben der allgemeinen *Geographie* schwerpunktmäßig die regionale *Geographie*, die sogenannte »Länderkunde«, behandelt. Benachbarte Wissenschaften der *Geographie* sind u. a. die → *Geologie, Mineralogie und Meteorologie.*

Geo|gra|phie ⟨die; -; unz.⟩ Erdkunde, Erdbeschreibung; *oV* Geografie [<grch. *ge* »Erde« + ...*graphie*]
geo|gra|phisch ⟨Adj.⟩ zur Geographie gehörend, auf ihr beruhend, erdkundlich; *oV* geografisch; *~e Koordinaten* die Koordinaten (Länge u. Breite) im Gradnetz der Erde; *~e Breite* in Grad gemessener Winkelabstand eines Punktes der Erdoberfläche vom Äquator; *~e Länge* in Grad gemessener Winkelabstand eines Punktes der Erdoberfläche vom Nullmeridian
Geo|lo|gie ⟨die; -; unz.⟩ Lehre vom Aufbau u. von der Entwicklung der Erde, Erdgeschichte
geo|lo|gisch ⟨Adj.⟩ die Geologie betreffend, zu ihr gehörend, auf ihr beruhend
Geo|me|trie *auch:* **Geo|met|rie** ⟨die; -; unz.⟩ Gebiet der Mathematik, behandelt die gestaltlichen Gesetzmäßigkeiten und Größenbeziehungen an u. zwischen Linien, Flächen u. Körpern
geo|me|trisch *auch:* **geo|met|risch** ⟨Adj.⟩ auf der Geometrie beruhend, den Gesetzen der Geometrie folgend; *~es Mittel* die n-te Wurzel aus dem Produkt von Zahlen $a_1, a_2 \ldots, a_n$; *~er Ort* Linien u. Flächen, auf denen alle Punkte liegen, die gegebenen Bedingungen genügen; *~e Reihe* eine Reihe, bei der der Quotient zweier aufeinanderfolgender Glieder konstant ist, z. B. $\frac{1}{3} + \frac{1}{9} + \frac{1}{26} + \frac{1}{81} + \ldots + (\frac{1}{3}^n)$
Ger|i|a|trie *auch:* **Ge|ri|at|rie** ⟨die; -; unz.; Med.⟩ Lehre von den Krankheiten alternder u. alter Menschen, Altersheilkunde [<grch. *geron* »alt, bejahrt« + *iatreia* »Heilung«; zu *iatros* »Arzt«]

→ **Guerilla:** Was du nicht unter ***ge-*** findest, kann unter ***gue-*** stehen, z. B. *Guerilla*!

Ger|ma|nis|tik ⟨die; -; unz.⟩ **1** ⟨i. w. S.⟩ Wissenschaft von der german. Sprache **2** ⟨i. e. S.⟩ Wissenschaft von der deutschen Sprache u. Literatur
ger|ma|nis|tisch ⟨Adj.⟩ die Germanistik betreffend, zu ihr gehörig, auf ihr beruhend; *ein ~es Symposium*
Ger|ma|ni|um ⟨das; -s; unz.; chem. Zeichen: Ge⟩ grauweißes, sprödes 2- u. 4-wertiges Metall, Ordnungszahl 32 [nach *Germania,* der lat. Bez. für Deutschland]
Ge|run|di|um ⟨das; -s, -di|en; Gramm.⟩ substantivierte Form des Verbums, die ein Objekt regieren kann, *z. B. engl. »the art of writing letters«, lat. »ars litteras scribendi«* die Kunst, Briefe zu schreiben [lat., eigtl. »das zu Verrichtende«]
Ge|run|di|vum ⟨[-vum] das; -s, -va [-va]; Gramm.⟩ vom Infinitiv abgeleitetes Adjektiv mit passiv. Bedeutung (bes. im Lateinischen), *z. B. laudandus* ein zu Lobender, einer, der gelobt werden muss [verkürzt <*Modus gerundivus*; → *Modus, Gerundium*]
Ges|tik ⟨a. [ge:s-] die; -; unz.⟩ Gesamtheit der Gesten, Gebärdensprache, Zeichensprache; *er erzählte die Geschichte mit weit ausholender ~*
ges|ti|ku|lie|ren ⟨V.⟩ Gesten machen, durch Bewegungen Zeichen machen
Get|to ⟨das; -s, -s⟩ *oV* Ghetto **1** ⟨früher⟩ abgeschlossenes Stadtviertel, bes. für Juden **2** ⟨abwertend⟩ Wohnviertel (unter)privilegierter Gruppen [<ital. *ghetto;* Etymologie umstritten]
Gey|sir ⟨der; -s, -e⟩ in regelmäßigen Zeitabständen aufspringende heiße Quelle in vulkanisch aktiven Gebieten; *oV* Geiser, Geisir [<isl. *geysir,* eigtl. »Wüterich«; zu *geyse* »wüten«]
Ghet|to ⟨das; -s, -s⟩ = Getto
Ghost|wri|ter ⟨[goustraitə(r)] der; -s, -⟩

unbekannter Verfasser von Reden, Büchern u. Ä. für einen anderen, z. B. für Politiker [engl., »Geistschreiber«]

Gig[1] ⟨das; -s, -s od. die; -, -s⟩ **1** zweirädriger, offener Wagen (Einspänner) **2** Ruderboot mit Auslegern

Gig[2] ⟨der; -s, -s; Musik⟩ bezahlter Auftritt eines Musikers od. einer Band [engl.]

Gi|ga... ⟨Zeichen: G.; vor Maßeinheiten⟩ das 10^9-fache der betreffenden Grundeinheit, z. B. 1 GW = 10^9 Watt = 1 Milliarde Watt; *Gigabyte; Gigahertz* [<grch. *gigas;* → *Gigant*]

G

Gi|gant ⟨der; -en, -en⟩ Riese [<grch. *gigas* »Riese«]

gi|gan|tisch ⟨Adj.⟩ **1** riesenhaft, gewaltig **2** außerordentlich

Gi|go|lo ⟨[ʒiː-] der; -s, -s⟩ **1** Frauenheld, Schönling **2** Eintänzer [frz., »ausgehaltener Mann«; zu *gigolette* »Tanzmädchen; Prostituierte«]

> → **Guillotine:** Der Laut [jo] wird in französischen Fremdwörtern oft *llo* geschrieben z. B. in *Guillotine*!

Gim|mick ⟨das od. der; -s, -s⟩ **1** = Gadget **2** plötzlicher, unerwarteter Effekt, der Aufmerksamkeit auf ein bestimmtes Produkt lenken soll (bes. in der Fernsehwerbung) [engl., »Reklamegag«]

Gin ⟨[dʒɪn] der; -s, -s⟩ Wacholderbranntwein [engl.]

Gink|go ⟨[gɪŋk(j)o] der; -s, -s; Bot.⟩ bis zu 40 m hoher Fächerblattbaum, dessen gelb- od. graugrüne Blätter gabelnervig u. manchmal in der Mitte tief eingeschnitten sind; *oV* Ginko [<jap. *ginkgo* od. chin. *kinko* »Goldfruchtbaum«]

Gin|ko ⟨der; -s, -s; Bot.⟩ = Ginkgo

Girl|group ⟨[gœːlgruːp] die; -, -s; Musik⟩ aus Teenagern od. jungen Frauen bestehende Band, die Popmusik spielt [<engl. *girl* »Mädchen« + *group* »Gruppe«]

Gi|ro ⟨[ʒiː-] das; -s, -s od. (österr. a.) Giri⟩ **1** Umlauf von Wechseln u. Schecks **2** bargeldloser Zahlungsverkehr durch Verrechnung von einem Konto auf ein anderes [<ital. *giro* »Kreis, Kreislauf« <lat. *gyros* »Kreisbewegung, Kreis« <grch. *gyros* »rund«]

Gi|ro|kon|to ⟨[ʒiː-] das; -s, -s od. -kon|ten⟩ Konto, das besonders dem bargeldlosen Zahlungsverkehr dient; *Geld auf ein ~ überweisen; ein ~ auflösen*

Gi|ros ⟨das; -, -; Kochk.⟩ = Gyros

Gla|di|a|tor ⟨der; -s, -to|ren⟩ Schwertfechter bei den altrömischen Kampfspielen [lat., »Schwertkämpfer«; zu *gladius* »kurzes, zweischneidiges Schwert«]

Gla|mour ⟨[glæmə(r)] der od. das; - od. -s; unz.⟩ betörende, zauberhafte Aufmachung, Blendwerk; *~girl* [engl., »Glanz, Blendwerk«]

glo|bal ⟨Adj.⟩ **1** weltweit, welt-, erdumspannend; *~er Temperaturanstieg* **2** gesamt, umfassend, allgemein; *jmd. einen ~en Überblick geben; etwas ~ beurteilen* **3** *~es Management* ⟨Wirtsch.⟩ Management von Unternehmensaktivitäten auf dem weltweiten Markt, z. B. in der Luftfahrt- od. der Automobilindustrie [→ *Globus*]

glo|ba|li|sie|ren ⟨V.⟩ **1** weltweit, weltumspannend beurteilen, verbreiten **2** im Ganzen, umfassend betrachten, allgemein, nicht differenzierend beurteilen, pauschalisieren **3** ⟨Wirtsch.⟩ weltweit verbreiten, verflechten (um neue Märkte für Absatz u. Produktion zu erschließen)

Glo|bal Pla|yer ⟨[gloʊbl plɛɪə(r)] der; - -s, - -; Wirtsch.⟩ **1** Unternehmen, das sich im Rahmen einer Globalisierung der Weltwirtschaft an internationalen Märkten orientiert **2** ⟨Pol.⟩ führende Weltmacht [<engl. *global* »weltweit, global« + *player* »Spieler«]

Glo|ben ⟨Pl. von⟩ Globus

Glo|be|trot|ter ⟨[gloːbə-] der; -s, -⟩ Weltenbummler, Weltreisender, Abenteurer [<engl. *globe* »Kugel« + *trot* »traben, sich schnell bewegen«]

Glo|bu|lin ⟨das; -s, -e; Med.⟩ wasserlösliches, im Blutplasma, in der Gewebeflüssigkeit u. in der Milch vorkommendes Eiweiß [<lat. *globulus* »Kügelchen«]

Glo|bus ⟨der; - od. -ses, Glo|ben od. -se⟩ Nachbildung der Erdkugel, eines anderen Planeten od. der Himmelskugel, die oft von innen beleuchtet ist [lat., »Kugel«]

glo|ri|os ⟨Adj.⟩ **1** herrlich, ruhmreich,

glanzvoll 2 ⟨umg.; scherzh.⟩ herrlich, großartig; *eine ~e Geschäftsdee einbringen* [<lat. *gloriosus* »ruhmreich«; zu *gloria* »Ruhm«]

Glos|sar ⟨das; -s, -e⟩ Wörterverzeichnis mit Erklärungen; *ein ~ zum Thema Onlinebanking* [<lat. *glossarium* »Glossensammlung«; → *Glosse*]

Glos|se ⟨die; -, -n⟩ 1 ⟨urspr.⟩ schwieriges, unverständliches Wort 2 ⟨seit dem MA⟩ Übersetzung od. Erklärung eines schwierigen Wortes am Rand od. zwischen den Zeilen des Textes [<lat. *glossa* »schwieriges Wort, das der Erläuterung durch ein bekanntes bedarf«; zu grch. *glossa* »Zunge«]

Glu|co|se ⟨die; -; unz.; Biochemie⟩ = Glukose

Glukose: Die *Glukose* ist ein Kohlenhydrat aus der Gruppe der → *Monosaccharide*, d. h. ein einfacher Zucker, der auch als Traubenzucker bezeichnet wird. *Glukose* kommt in der Natur in Früchten und im → *Nektar*, im Honig, im Samen, im Blut und in den Gewebsflüssigkeiten der Tiere vor. Auch bei der → *Fotosynthese* der Pflanzen wird *Glukose* erzeugt.

Glu|ko|se ⟨die; -; unz.; Biochemie⟩ einfacher, in der Natur weit verbreiteter Zucker, Traubenzucker; *oV* Glucose [<grch. *glykys* »süß«]

Gly|ce|rin ⟨das; -s; unz.; Chemie⟩ dreiwertiger aliphat. Alkohol, aus der Luft Wasser anziehende, farblose Flüssigkeit von süßem Geschmack; *oV* Glyzerin [<grch. *glykeros* »süß«]

gly|ko..., Gly|ko... ⟨vor Vokalen⟩ glyk..., Glyk... ⟨in Zus.⟩ Kohlenhydrat als Stärke od. Zucker enthaltend, *z. B. Glykokoll* [grch. *glykys* »süß«]

Gly|ko|ly|se ⟨die; -; unz.; Biochemie⟩ biolog. Abbau der Glukose, erste Phase des Abbaus von Kohlenhydraten [<*Glyko...* + *...lyse*]

Gly|ze|rin ⟨das; -s; unz.; Chemie⟩ = Glycerin

Gno|sis ⟨die; -; unz.⟩ 1 vertiefte Erkenntnis, Einsicht in die geoffenbarten Wahrheiten der Religion 2 religionsphilosoph. Strömung innerhalb des frühen Christentums [grch., »Erkenntnis, Urteil«]

Go|be|lin ⟨[gɔbəlɛ̃ː] der; -s, -s⟩ kunstvoll gewirkter Wandbildteppich [frz., nach einer im 15. Jh. lebenden, aus Reims stammenden Färberfamilie]

Go|cart ⟨der; -s, -s⟩ kleiner Rennwagen ohne Federung u. Karosserie mit Motoren bis zu 200 cm³ Hubraum [<engl. *go-cart* »Handwagen«]

Gol|den Goal ⟨[goʊldən goʊl] das; - -s, - -s; Sport; bes. Fußb.⟩ Entscheidung eines Spiels, das nach regulärer Spielzeit unentschieden steht, durch das erste Tor, das in der Verlängerung fällt [<engl. *golden* »golden« + *goal* »Tor«]

Go|lem ⟨der; -s; unz.; jüd. Myth.⟩ (von Rabbi Löw um 1600 in Prag geschaffener) künstl. Mensch aus Lehm [hebr., eigtl. »das Unentwickelte, Halbfertige«; zu *galam* »zusammenfalten«]

Golf[1] ⟨der; -(e)s, -e⟩ Einschnitt des Meeres ins Festland, Meerbusen, Meeresarm, *z. B. Golf von Neapel, Persischer Golf* [<ital. *golfo* <vulgärlat. *colphus* <grch. *kolpos* »Busen, Meerbusen, Bucht«]

Golf[2] ⟨das; -s; unz.; Sport⟩ Rasenspiel, bei dem ein Hartgummiball mit möglichst wenig Schlägen mit verschieden geformten Schlägern in ein Loch getrieben wird [<engl. *golf* <mndrl. *colf, colve* »Keule« od. schott. *gowf* »schlagen«]

Gon|do|li|e|re ⟨[-ljeː-] der; -, -e|ri⟩ Gondelführer in Venedig [ital., »Gondelführer«]

Go|nor|rhö ⟨die; -, -en; Med.⟩ infektiöse, entzündliche Geschlechtskrankheit [<grch. *gone* »Erzeugung, Samen« + *...rrhö*]

goo|geln ⟨[guːgəln] V.⟩ mit Hilfe der Suchmaschine Google® im Internet nach Informationen suchen, im Internet surfen; *ich goog(e)le danach (im Internet)*

Goo|gle® *auch:* **Goog|le®** ⟨[guːgl] ohne Artikel⟩ eine 1998 gegründete Suchmaschine im Internet [zu engl. *googol* »10^{100}« (nach der erwartet großen Anzahl an Informationen, die *Google®* liefert)]

G

gor|disch ⟨Adj.⟩ *ein ~er Knoten* eine unlösbar scheinende Aufgabe, große Schwierigkeit [nach dem von dem altphryg. König *Gordios* geknüpften, unlösbaren Knoten, den Alexander der Große mit dem Schwert durchhieb]

Gos|pel ⟨das; -s, -s; Musik; kurz für⟩ Gospelsong

Gos|pel|song ⟨der; -s, -s; Musik⟩ christl.-relig. Lied der nordamerikan. Schwarzen, moderne Form des Spirituals; *Sy* Gospel [<engl. *gospel* »Evangelium« + *song* »Lied«]

Gou|da ⟨[gaʊ-] od. ndrl. [xaʊ-] der; -s, -s⟩ fester Schnittkäse nach Edamer Art mit 20-45% Fettgehalt [nach dem Ort *Gouda* in der niederländ. Provinz Südholland]

Gour|mand ⟨[gurmã:] der; -s, -s⟩ Vielesser, Schlemmer [frz.]

Gour|met ⟨[gurme:] od. [gurmɛ] der; -s, -s⟩ **1** Feinschmecker **2** Weinkenner [frz.]

gou|tie|ren ⟨[guti:-] V.⟩ **1** kosten **2** an etwas Gefallen finden, gutheißen [<frz. *goûter* »schmecken«]

Gou|ver|neur ⟨[guvɛrnø:r] der; -s, -e⟩ **1** Statthalter, oberster Beamter eines Gouvernements, einer Kolonie **2** Staatsoberhaupt eines Bundesstaates der USA [frz., »Statthalter, Hofmeister, Erzieher«]

Grad ⟨der; -(e)s, -e od. (bei Zahlenangaben) -⟩ **1** Abstufung, Stufe, Maß, Stärke; *Wirkungs~; Erfrierungen, Verbrennungen dritten ~es; einige ~e dunkler, heller; im höchsten ~e ärgerlich* sehr, außerordentlich; *Cousine, Vetter zweiten ~es* Tochter od. Sohn einer Cousine od. eines Vetters **2** ⟨Zeichen: °⟩ Maßeinheit für Winkel, der 360. Teil eines Kreises; *Winkel von 90°* rechter Winkel; *~ Breite* Breitengrad; *34° nördlicher (südlicher) Breite; ~ Länge* Längengrad; *20° westlicher (östlicher) Länge* **3** Maßeinheit der Temperatur; *-20° C (Celsius), +10° F (Fahrenheit), 90° R (Réaumur); das Thermometer zeigt 5 ~ minus* **4** Stufe in der militär. Rangordnung; *Dienst~* [<lat. *gradus* »Schritt«]

Gra|di|ent ⟨der; -en, -en; Abk.: grad; Math.⟩ **1** Zuordnung eines räumlichen, zeitlichen od. physikalischen Geltungsbereiches zu einem Feld von Vektoren **2** ⟨Meereskunde⟩ Druckgefälle in einem (physikal.) Niveau eines Meeres

gra|du|ell ⟨Adj.⟩ **1** gradweise, stufenweise, abgestuft **2** allmählich [<frz. *graduel* »stufenweise fortschreitend«]

gra|du|ie|ren[1] ⟨V.⟩ *etwas ~* in Grade einteilen [<frz. *graduer* »in Grade einteilen«; zu *grade* »Grad«]

gra|du|ie|ren[2] ⟨V.⟩ *jmdn. ~* jmdm. einen akadem. Grad erteilen [<engl. *graduate* »einen akademischen Grad erlangen«]

Graf ⟨der; -en, -en⟩ = Graph

> **Graf.../Graph...** Die Silben *fon, fot, graf* bzw. *phon, phot, graph* können generell sowohl in der eingedeutschten (integrierten) Schreibung als auch in der aus dem Griechischen stammenden Form mit »ph« verwendet werden. Beide Schreibungen sind zulässig.

...graf ⟨Nachsilbe; zur Bildung von Subst.⟩ = ...graph

...gra|fie ⟨Nachsilbe; zur Bildung weibl. Subst.⟩ = ...graphie

Gra|fik ⟨die; -, -en⟩ *oV* Graphik **1** ⟨unz.⟩ Vervielfältigung von Schrift u. Druck **2** ⟨unz.⟩ die Kunst des Zeichnens, des Kupfer- u. Stahlstichs, des Holzstichs u. -schnitts **3** ⟨zählb.⟩ das einzelne Blatt mit einer Darstellung aus einer dieser Künste [<grch. *graphike techne* »die Kunst zu schreiben, zu zeichnen«; zu *graphein* »schreiben«]

gra|fisch ⟨Adj.⟩ mit Hilfe der Grafik, auf ihr beruhend, sie betreffend; *oV* graphisch; *~e Darstellung* zeichnerische, schemat. Darstellung, Schaubild

Gra|fit ⟨a. [-fi:t] der; -s, -e; Min.⟩ = Graphit

Gral ⟨der; -s; unz.; in der Dichtung des MA⟩ geheimnisvoller heiliger Gegenstand (Gefäß od. Stein), der irdisches Glück u. himmlisches Heil spendet u. nur von Auserwählten gefunden werden kann [<mhd. *gral* <altfrz. *graal;* vermutl. <lat. *cratalis* »Schüssel, Topf«]

Gramm ⟨das; -(e)s, -; Abk.: g⟩ Maßeinheit der Masse, allg. des Gewichts, 1000 g = 1 kg [<frz. *gramme* <grch. *gramme,* eigtl. »Geschriebenes, Schriftzeichen«; zu *graphein* »schreiben«]

...gramm ⟨Nachsilbe; zur Bildung von sächl. Subst.; das; -(e)s, -e⟩ Geschriebenes, Gezeichnetes [<grch. *gramma* »Buchstabe, Schriftzeichen; Schrift«; zu *graphein* »schreiben«]

Gram|ma|tik ⟨die; -, -en; Sprachw.⟩ **1** Lehre vom Bau u. von den Regeln einer Sprache **2** Lehrbuch der Grammatik, Sprachlehre [<lat. *(ars) grammatica* »Sprachlehre« <grch. *grammatike* (*techne*) »Sprachwissenschaft als Lehre von den Elementen der Sprache«; zu *graphein* »schreiben«]

gram|ma|ti|ka|lisch ⟨Adj.⟩ die Grammatik betreffend, auf ihr beruhend; *Sy* grammatisch

gram|ma|tisch ⟨Adj.⟩ = grammatikalisch

Gram|mo|fon ⟨das; -s, -e⟩ = Grammophon

Gram|mo|phon ⟨das; -s, -e⟩ altertümlicher mechanischer Plattenspieler; *oV* Grammofon [<grch. *gramma* »Schrift, Geschriebenes« + *...phon*[2]]

Gra|nat ⟨der; -(e)s od. (österr.) -en, -e od. (österr.) -en; Min.⟩ kubisches, gesteinsbildendes, schwer verwitterndes Mineral, Edelstein [<mlat. *(lapis) granatus* »körniger Stein«; zu lat. *granum* »Korn«]

Gra|na|te ⟨die; -, -n⟩ Wurfkörper, der mit Sprengstoff u. a. gefüllt ist u. mit der Hand od. mit Hilfe einer Waffe geworfen od. geschossen wird [<ital. *granata* »Granatapfel; ein mit einem Granatapfel vergleichbares, mit einer Sprengladung gefülltes Hohlgeschoss«]

Grand|ho|tel ⟨[grã:-] das; -s, -s⟩ großes, vornehmes Hotel [<frz. *grand* »groß« + *Hotel*]

gran|di|os ⟨Adj.⟩ großartig, überwältigend; *ein ~er Erfolg* [<ital. *grandioso* »großartig«; zu *grande* »groß«]

Grand Prix ⟨[grã: pri:] der; - -, - -s [grã: pri:]⟩ große internationale Sportveranstaltung, bes. im Automobil- u. Pferdesport; *~ de Paris* [frz.]

Grand Slam ⟨[grænd slæm] der; - - od. - -s, - -s; Sport; Tennis⟩ Sieg eines Spielers in den austral., frz., engl. u. US-amerikan. Meisterschaften innerhalb eines Jahres [engl., eigtl. »großer Schlag«]

Gra|nit ⟨der; -s, -e; Min.⟩ Tiefengestein aus fein- bis grobkörnigen Teilen von Feldspat, Quarz u. Glimmer; *auf ~ beißen* ⟨fig.; umg.⟩ auf energischen Widerstand stoßen [<ital. *granito* <mlat. *granitum marmor* »gekörntes Marmorgestein«; zu lat. *granum* »Korn«]

Gra|nu|lat ⟨das; -(e)s, -e⟩ körniger Extrakt [<lat. *granulum* »Körnchen«]

Graph ⟨der; -en, -en⟩ *oV* Graf **1** abstrahierende zeichner. Darstellung von Größen u. den zwischen ihnen bestehenden Relationen als wissenschaftl. Hilfsmittel **2** ⟨Math.⟩ zeichnerische Darstellung von Elementen in zweistelligen Relationen [<grch. *graphein* »schreiben«]

...graph ⟨Nachsilbe; zur Bildung männl. Subst.; der; -en, -en⟩ *oV* ...graf **1** Dichter, Zeichner **2** Geschriebenes **3** Beschreiber, Wissenschaftler **4** wissenschaftl. Messgerät [<grch. *graphein* »schreiben«]

...gra|phie ⟨Nachsilbe; zur Bildung weibl. Subst.; die; -, -n⟩ *oV* ...grafie **1** das Schreiben, Zeichnen **2** Geschriebenes **3** Beschreibung, Wissenschaft [<grch. *graphein* »schreiben«]

Gra|phik ⟨die; -, -en⟩ = Grafik

gra|phisch ⟨Adj.⟩ = grafisch

Gra|phit ⟨a. [-fi:t] der; -s, -e; Min.⟩ feinkristalliner bis amorpher reiner Kohlenstoff; *oV* Grafit [zu grch. *graphein* »schreiben«]

Grap|pa ⟨der; - od. -s, - od. -s⟩ ital. Branntwein aus Trester [ital.]

gras|sie|ren ⟨V.⟩ um sich greifen, gehäuft auftreten; *~de Seuche; es ~ neue Gerüchte* ⟨fig.⟩ [<lat. *grassari* »umhergehen«]

Gra|ti|fi|ka|ti|on ⟨die; -, -en⟩ **1** finanzielle Sonderzuwendung, Ehrengabe; *Weihnachts~* **2** Entschädigung [<lat. *gratus* »erwünscht, willkommen, dankbar« + *...fikation*]

Gra|tin ⟨[gratɛ̃:] das; -s, -s; Kochk.⟩ (mit Käse) überbackenes Gericht; *Kartoffel~*

gra|tis ⟨Adv.⟩ kostenlos, unentgeltlich, frei [<lat. *gratis* »unentgeltlich«, eigtl. »um den bloßen Dank«; Ablativ Pl. zu *gratia* »Dank«]

Gra|tu|la|ti|on ⟨die; -, -en⟩ Übermittlung von Glückwünschen [<lat. *gratulatio* »Beglückwünschung«]

gra|tu|lie|ren ⟨V.⟩ *jmdm. ~* jmdn. beglückwünschen; *zum Geburtstag* ~ [<lat. *gratulari* »Glück wünschen«]

gra|vie|ren[1] ⟨[-vi:-] V.⟩ *Stein, Glas, Metall o.Ä.* ~ Verzierungen, Schrift od. Zeichen in Metall usw. schneiden, ritzen, stechen [<frz. *graver*]

gra|vie|ren[2] ⟨[-vi:-] V.⟩ belasten, beschweren [<lat. *gravare*]

gra|vie|rend ⟨[-vi:-] Adj.⟩ belastend, erschwerend, schwerwiegend

Gra|vis ⟨[-vɪs] der; -, -; Zeichen: `; Sprachw.⟩ Zeichen über einem Vokal zur Bezeichnung des fallenden Tons, im Italien. der Betonung der Silbe u. im Französ. der offenen Aussprache des Vokals; *Sy* Accent grave [lat., »schwer«]

G

Gra|vi|ta|ti|on ⟨[-vi-] die; -; unz.⟩ Eigenschaft von Massen, sich gegenseitig anzuziehen [zu lat. *gravitas* »Schwere, schweres Gewicht«]

gra|vi|tä|tisch ⟨[-vi-] Adj.⟩ **1** würdevoll, hoheitsvoll **2** steif, gemessen; *er schritt ~ einher*

Gra|vur ⟨[-vu:r] die; -, -en⟩ das Gravierte, gravierte Verzierung, Schrift, Symbol usw. [→ *Gravüre*]

Gra|vü|re ⟨[-vy:-] die; -, -n⟩ **1** Erzeugnis der Gravierkunst, Kupfer-, Stahlstich, Steinschnitt **2** Tiefdruckplatte **3** Druck davon [<frz. *gravure* »Kupferstecher-, Holzschneidekunst, Metallstich, Holzschnitt«]

Gra|zie ⟨[-tsjə] die; -, -n⟩ **1** ⟨unz.⟩ Anmut; *ihre Bewegungen waren voller* ~ **2** *die drei ~n* ⟨röm. Myth.⟩ die drei Göttinnen der Anmut [<lat. *gratia* »Wohlgefallen«]

gra|zi|ös ⟨Adj.⟩ anmutig, geschmeidig, zierlich, gewandt [<frz. *gracieux* »anmutig, lieblich«; → *Grazie*]

Green|card ⟨[gri:n-]⟩ *auch:* **Green Card** ⟨die; (-) -, (-) -s⟩ **1** ⟨USA⟩ unbeschränkte u. lebenslänglich gültige Aufenthalts- u. Arbeitserlaubnis, die u.a. Ermäßigungen bei Studiengebühren u. einen Anspruch auf soziale Leistungen einschließt **2** ⟨in der BRD; seit 2000⟩ befristete Arbeits- u. Aufenthaltsgenehmigung für hoch qualifizierte Fachleute auf dem Gebiet der Kommunikations- u. Informationstechnik aus dem außereuropäischen Ausland [engl., »grüne Karte«]

Gre|go|ri|a|nik ⟨die; -; unz.; Musik⟩ Lehre u. Erforschung des gregorianischen Chorals [nach Papst *Gregor I.*, † 604]

gre|go|ri|a|nisch ⟨Adj.⟩ **1** *~er Choral, ~er Gesang* einstimmiger, unbegleiteter liturgischer Gesang im kathol. Gottesdienst **2** *~er Kalender* 1582 eingeführte u. heute noch gültige Zeitrechnung [zu 1: nach Papst *Gregor I.*, † 604; zu 2: nach Papst *Gregor XIII.*, 1502-1585]

Gre|mi|um ⟨das; -s, -mi|en⟩ Ausschuss, Körperschaft [lat., »Schoß«]

Grill ⟨der; -s, -s⟩ **1** Ofen zum Grillen **2** Bratrost zum Grillen [engl. <frz. *gril, grille* <lat. *craticulum* »Flechtwerk, kleiner Rost«]

Gri|mas|se ⟨die; -, -n⟩ Verzerrung des Gesichts auf spaßige od. abstoßende Weise, Fratze; *~n schneiden, ziehen; das Gesicht zu einer ~ verziehen* [<frz. *grimace* »Fratze« <span. *grimazo* »panischer Schrecken«; zu got. *grimms* »schrecklich«]

Grin|go ⟨[grɪŋgo:] der; -s, -s; abwertende Bez. für⟩ Nichtromane in Südamerika [span., »Kauderwelsch«]

Grog ⟨der; -s, -s⟩ Getränk aus Rum od. Weinbrand, heißem Wasser u. Zucker [engl., nach dem Spitznamen *Old Grog* (wegen seines Rockes aus Kamelhaar, engl. *grogam*) des engl. Admirals Vernon (18. Jh.), der befahl, den Rum der Matrosen zu verdünnen]

grog|gy ⟨[grɔgi] Adj.⟩ **1** ⟨Boxsp.⟩ hart angeschlagen, halb betäubt **2** ⟨umg.⟩ erschöpft, matt [engl., »betrunken, unsicher auf den Beinen«; → *Grog*]

Groove ⟨[gru:v] der; -s; unz.; Musik⟩ gefühlsbetonte Art des Musikspiels, die sich auf die Zuhörerschaft überträgt [engl., eigtl. »Rille, Furche«, aber als Slangausdruck *to be in the groove* »in Stimmung sein«]

Gros[1] ⟨[gro:] das; -, - [gro:] od. [gro:s]⟩ Hauptmasse, Hauptmenge; *das ~ des Heeres* [frz., eigtl. »groß, dick« <mlat. *grossus* »dick«]

Gros[2] ⟨das; -ses, -se od. (bei Zahlenangaben) -; Abk.: Gr.⟩ 12 Dutzend, ein altes Zählmaß [<frz. *grosse (douzaine)* »großes Dutzend«]

Gros|sist ⟨der; -en, -en⟩ Großhändler [zu frz. *gros* »groß, dick«; → *en gros*]

gro|tẹsk ⟨Adj.⟩ derb-komisch, wunderlich, närrisch, lächerlich, überspannt [<frz. *grotesque* <ital. *grottesco; zu grotta* »Grotte«, zunächst zur Kennzeichnung von Wandgemälden römischer Fundstätten]

Gro|tẹs|ke ⟨die; -, -n⟩ **1** Rankenornament der röm. Antike mit menschl., tier., pflanzl. Darstellungen, in der Renaissance wieder verwendet **2** fantastisch-überspannte Darstellung in Literatur, Musik u. bildender Kunst

Grou|pie ⟨[gruːpɪ] der od. das; -s, -s⟩ junge Frau, die durch sexuelle Beziehungen Kontakt zu Rockmusikern sucht u. sie auf Tourneen begleitet [<engl. *group* »Gruppe«]

Gue|ril|la[1] ⟨[gerɪlja] die; -; unz.⟩ Kleinkrieg von Partisanen, bes. in Spanien [span., Verkleinerungsform zu *guerra* »Krieg«]

Gue|ril|la[2] ⟨[gerɪlja] der; -s, -s⟩ Guerillakämpfer, Partisan, Freischärler [→ *Guerilla*[1]]

Guil|lo|ti|ne ⟨[gɪ(l)jɔtiːnə] die; -, -n⟩ **1** ⟨in der Frz. Revolution⟩ Maschine zum Enthaupten, Fallbeil **2** die Hinrichtungsstätte selbst **3** auf Übereinkunft beruhende, zeitliche Beschränkung der Redezeit u. der Debatten im Parlament [nach dem frz. Arzt J. I. *Guillotin,* 1738-1814]

Gụl|ly ⟨der od. das; -s, -s⟩ Einlaufschacht für Straßenabwässer [engl., »Rinnstein, Gosse«]

→ **Gymnastik:** Was du nicht unter *gü-* findest, kann unter *gy-* stehen, z. B. *Gymnastik*!

Gu̲|ru ⟨der; -s, -s⟩ **1** geistlicher Lehrer **2** ⟨fig.; umg.⟩ berühmter Anführer, Idol der Massen; *wie ein ~ auftreten* [Hindi <Sanskrit *guru* »schwer, ehrwürdig«]

→ **Gouverneur:** Was du nicht unter *gu-* findest, kann unter *gou-* stehen, z. B. *Gouverneur*!

Gym|na|si|ạst ⟨der; -en, -en⟩ Schüler eines Gymnasiums

Gym|na̲|si|um ⟨das; -s, -si|en⟩ **1** ⟨in der Antike⟩ Übungs- u. Wettkampfstätte für junge Männer **2** ⟨später⟩ höhere Schule mit Latein- u. Griechischunterricht **3** ⟨heute⟩ weiterführende Schule mit Abitur als Abschluss; *altsprachliches, neusprachliches, naturwissenschaftl. ~* [lat. <grch. *gymnasion* »öffentlicher Platz für Leibesübungen«, die nackt (grch. *gymnos*) vorgenommen wurden, dann »Versammlungsplatz der Philosophen«; → *Gymnastik*]

Gymnasium: Als *Gymnasium* bezeichnet man heute eine weiterführende Schule, die mit dem → *Abitur* abgeschlossen wird. In der Regel ist für das Studium an einer Fachhochschule oder an einer → *Universität* das Abitur erforderlich. Neben dem *Gymnasium,* das die Klassen 5-10 (Sekundarstufe I) und die Klassen 11-13 (Sekundarstufe II) umfasst, bietet auch die Gesamtschule mit gymnasialer Oberstufe die Möglichkeit, das Abitur abzulegen. Seit 1972 ist die Sekundarstufe II als Kurssystem mit vertieft unterrichteten, auf das Hochschulstudium oder anspruchsvolle Berufsausbildungen vorbereitenden Fächern angelegt.

Gym|nạs|tik ⟨die; -; unz.⟩ Körperübung, Körperschulung durch rhythmische Bewegungen, auch zur Heilung von Haltungs- u. Körperschäden; *Heil~, Kranken~* [<lat. *gymnastica ars* <grch. *gymnastike techne* »Kunst der Leibesübungen«; zu *gymnos* »nackt«, da die Leibesübungen nackt durchgeführt wurden]

Gy|nä|ko|lo|gi̲e ⟨die; -; unz.; Med.⟩ Lehre von den Frauenkrankheiten u. der Geburtshilfe; →*a.* Andrologie [<grch. *gyne,* Gen. *gynaikos* »Weib, Frau« + *logos* »Wort, Rede, Vernunft«]

Gy̲|ros ⟨das; -, -; Kochk.⟩ grch. Gericht mit scharfgewürztem, geschnetzeltem Fleisch, das von einem am Drehspieß gegrillten Fleischstück abgeschnitten wird; *oV* Giros [grch., »Ring, Kreis, Windung«]

H

Ha|bi|li|ta|ti|on ⟨die; -, -en⟩ Verfahren zum Erlangen der Berechtigung, an einer Universität zu lehren (durch Verfassen einer wissenschaftlichen Arbeit), Voraussetzung ist die Promotion [→ *habilitieren*]

ha|bi|li|tie|ren ⟨V.⟩ *sich* ~ sich einer Habilitation unterziehen [<mlat. *habilitare* »geschickt machen«; zu lat. *habilis* »geeignet, fähig«]

Ha|bit[1] ⟨der od. das; -s, -e⟩ **1** ⟨veraltet⟩ Amtstracht od. Ordenstracht **2** ⟨nur noch scherzh.⟩ Kleidung, Anzug; *Morgen* ~ [frz., »Kleidung, Anzug«]

Ha|bit[2] ⟨[hæbıt] das od. der; -s, -s⟩ Gewohnheit, erworbene Fähigkeit [engl.]

Ha|bi|tus ⟨der; -; unz.⟩ **1** äußere Erscheinung **2** Körperbeschaffenheit, Haltung **3** Gesamtheit aller für ein Tier od. eine Tiergruppe charakteristischen, äußerlich erkennbaren Merkmale [lat., »Haltung, Erscheinungsbild«; zu *habere* »haben«]

Ha|ci|en|da ⟨[-si-] die; -, -s⟩ = Hazienda

Ha|cker ⟨[hækə(r)] der; -s, -⟩ jmd., der sich über ein Datennetz unerlaubt in ein fremdes Rechnersystem einschaltet und dessen Daten einsieht bzw. manipuliert [zu engl. *hack* »hacken«]

Ha|des ⟨der; -; unz.; grch. Myth.⟩ die nach Haides, dem Gott des Todes, benannte Unterwelt, Totenreich [grch.]

Haf|ni|um ⟨das; -s; unz.; chem. Zeichen: Hf⟩ vierwertiges, dem Zirkonium ähnliches chem. Element, Ordnungszahl 72 [nach *Hafnia,* dem latinisierten Namen eines der Entdecker, Georg *Hevesy*]

Ha|gio|gra|fie ⟨die; -, -n⟩ = Hagiographie

Ha|gio|gra|phie ⟨die; -, -n⟩ Lebensbeschreibung von Heiligen; *oV* Hagiografie [<grch. *hagios* »heilig« + *...graphie*]

Hai|ku ⟨das; - od. -s, -s; Lit.⟩ dreizeiliges japanisches Gedicht, das aus 17 Silben (5-7-5) besteht, eine Art Epigramm [jap., eigtl. *Haikai no Hokku* »scherzhaftes Kettengedicht«]

Half|vol|ley ⟨[ha:fvɔlı] od. [ha:fvɔle:] der; -s, -s; Sport⟩ nicht in der Luft, sondern nach der Bodenberührung geschlagener od. getretener Ball, bes. im Tennis [<engl. *half* »halb« + *Volley*]

hal|le|lu|ja lobet Gott (in Kirchenliedern, Psalmen usw.) [<hebr. *hallal, hillel* »preisen« + *jah* (Abk. von *Jahwe*)]

Hal|lo|ween ⟨[hælouwi:n] das; - od. -s, -s⟩ Abend vor Allerheiligen, an dem nach dem Volksglauben Gespenster umgehen, bes. in den USA gefeiert [zu engl. *All-Hallow-Even* »Allerheiligenabend«]

Hal|lu|zi|na|ti|on ⟨die; -, -en⟩ Sinnestäuschung ohne äußeren Reiz, z. B. ausgelöst durch Rauschmittel od. psych. Krankheiten [<lat. *(h)alucinari* »ins Blaue hinein reden, faseln, träumen«]

Ha|lo ⟨der; -s od. -, -s od. -lo|nen⟩ *Sy* Aureole **1** durch Brechung od. Reflexion an Eiskristallen in der oberen Atmosphäre entstehender, leicht farbiger Ring um Sonne od. Mond **2** durch fein verteilte interstellare Materie hervorgerufene ähnl. Erscheinung um Kometen od. Sternsysteme [<lat. *halos* »Hof um Sonne u. Mond«]

Halogen: *Halogene* sind die Elemente der 7. Hauptgruppe des Periodensystems: Fluor, Chlor, Brom, Jod und Astat. Diese Elemente besitzen in der äußersten Elektronenschale sieben Elektronen und tendieren deshalb zur Aufnahme jeweils eines Elektrons. Dadurch gehen sie in einfach negativ geladene Ionen über. Sie können mit Metallen unmittelbar Salze bilden. Ihre starke Affinität zu Wasserstoff nimmt vom Fluor zum Jod hin ab. Die *Halogene* sind in unterschiedlichem Maße giftig und ätzend.

Ha|lo|gen ⟨das; -s, -e; Chemie⟩ Element der 7. Gruppe des Periodensystems

häm..., Häm... ⟨in Zus.; vor Vokalen⟩ = hämo..., Hämo...

hä|mat..., Hä|mat... ⟨in Zus.; vor Vokalen⟩ = hämato..., Hämato...

Hä|ma|tit ⟨der; -s, -e; Min.⟩ stahlgraues bis schwarzes, oft farbig angelaufenes Mineral, chem. Eisenoxid [<grch. *haima,* Gen. *haimatos* »Blut«]

hä|ma|to..., Hä|ma|to... ⟨vor Vokalen⟩

hämat..., Hämat... ⟨in Zus.⟩ blut..., Blut... [<grch. *haima,* Gen. *haimatos* »Blut«]

Hä|ma|tom ⟨das; -s, -e; Med.⟩ Blutung innerhalb des Körpergewebes, Bluterguss [<grch. *haima,* Gen. *haimatos* »Blut«]

...hä|mie ⟨Nachsilbe; zur Bildung weibl. Subst.; die; -, -n⟩ = ...ämie

Ham|mond|or|gel ⟨[hæmənd-] die; -, -n; Musik⟩ von dem Amerikaner L. Hammond entwickeltes elektroakustisches Tasteninstrument

hä|mo..., Hä|mo... ⟨vor Vokalen⟩ häm..., Häm... ⟨in Zus.⟩ blut..., Blut... [<grch. *haima* »Blut«]

Hä|mo|glo|bin ⟨das; -s; unz.; Abk.: Hb; Med.⟩ Farbstoff der roten Blutkörperchen, dient dem Sauerstofftransport [<*Hämo...* + lat. *globus* »Kugel«]

Hä|mo|ly|se ⟨die; -, -n; Med.⟩ Austreten des roten Blutfarbstoffes aus den Blutkörperchen u. blutige Verfärbung des Blutwassers durch Auflösung der roten Blutkörperchen [<*Hämo...* + *...lyse*]

Hä|mo|phi|lie ⟨die; -, -n; Med.⟩ mangelhafte od. fehlende Gerinnungsfähigkeit des Blutes, Bluterkrankheit [<*Hämo...* + *...philie*]

Hä|mor|rho|i|den ⟨Pl.; Med.⟩ Mastdarmkrampfadern, die als knotenförmige Erweiterung der unteren Mastdarmvenen auftreten u. leicht bluten; *oV* Hämorriden [<*Hämo...* + *...rrhö* + grch. *eidos* »Aussehen«]

Hä|mor|ri|den ⟨Pl.; Med.⟩ = Hämorrhoiden

Han|dy ⟨[hændı] das; -s, -s⟩ tragbares Mobiltelefon, das über ein Funknetz betrieben wird [nur im Dt. vorhandene Substantivierung zu engl. *handy* »handlich, praktisch«]

Han|dy|lo|go ⟨[hændı-] das; -s, -s⟩ Hintergrundbild od. Schriftzug auf dem Display eines Handys [verkürzt <*Handy* + *Logo*gramm]

Han|gar ⟨[haŋga:r] od. [-'-] der; -s, -s⟩ Flugzeug- od. Luftschiffhalle, -schuppen [frz. »Schuppen, Schutzdach«]

ha|plo|id *auch:* **hap|lo|id** ⟨Adj.⟩ nur einfachen Chromosomensatz enthaltend; *Ggs* diploid [<grch. *haplous* »einfach« + *eidos* »Aussehen«]

Hap|pe|ning ⟨[hæpə-] das; -s, -s⟩ künstler. Veranstaltung, oft grotesker od. provozierender Art, unter Mitwirkung der Zuschauer [<engl. *happen* »sich ereignen«]

Hap|py|end ⟨[hæpıɛnd]⟩ *auch:* **Hap|py End** ⟨das; (-) - od. (-) -s, (-) -s⟩ guter Ausgang (einer Roman-, Film-, Bühnenhandlung) [<engl. *happy end*]

Hap|py Hour ⟨[hæpı auə(r)] die; - -; unz.⟩ festgelegte Zeit in Restaurants u. Bars, in der alkohol. Getränke od. bestimmte Speisen billiger sind [<engl. *happy* »zufrieden, glücklich« + *hour* »Stunde«]

Hap|tik ⟨die; -; unz.⟩ Lehre vom Tastsinn [<grch. *haptein* »fassen«]

hap|tisch ⟨Adj.⟩ den Tastsinn betreffend; *~e Täuschung* Gefühlstäuschung

Ha|ra|ki|ri ⟨das; -s od. -, -s⟩ ritueller Selbstmord durch Bauchaufschlitzen (seit dem 12. Jh. beim altjapan. Adel) [<jap. *harakiri;* zu *hara* »Bauch« + *kiri* »schneiden«]

Hard|co|py ⟨[ha:dkɔpı]⟩ *auch:* **Hard Co|py** ⟨die; (-) -, (-) -s; EDV⟩ = Screenshot [engl.]

Hard|core ⟨[ha:dkɔ:(r)] der; -s, -s⟩ **1** ⟨Physik⟩ der harte, innere Kern von Elementarteilchen **2** ⟨in Zus.; umg.⟩ jmd., der eine Sache fanatisch betreibt od. einer Ideologie fanatisch anhängt, *z. B. ~radfahrer, ~kommunist* **3** ⟨kurz für⟩ Hardcoreporno, pornographischer Film mit unverhüllter, aufreizender Darstellung des Geschlechtsakts [<engl. *hard* »hart« + *core* »Kern«]

Hard|co|ver ⟨[ha:dkʌvə(r)] das; -s, -⟩ Buch mit festem Einband; *Ggs* Paperback [engl., »harter Deckel oder Einband«]

Hard|li|ner ⟨[ha:dlaınə(r)] der; -s, -; Politik⟩ jmd., der eine bestimmte politische Richtung od. Doktrin kompromisslos vertritt u. linientreu gegen alle äußeren Widerstände durchzusetzen versucht [<engl. *hard* »hart, unnachgiebig« + *line* »Linie«]

Hard|rock ⟨[ha:d-]⟩ *auch:* **Hard Rock** ⟨der; (-) -s; unz.⟩ sehr laute, stark rhythmisierte Rockmusik; *Sy* Heavy Metal [engl., »harter Rock«]

Hard|ware ⟨[ha:dwɛ:(r)] die; -; unz.; EDV⟩ Geräteteil von Rechenanlagen; *Ggs* Software [engl., eigtl. »Eisenwaren, Investitionsgüter«]

Ha|rem ⟨der; -s, -s⟩ **1** die streng abgeschlossenen Frauenräume des islam. Hauses **2** die darin wohnenden Frauen **3** die Gesamtheit der Ehefrauen eines Mohammedaners [<türk. *harem* »für Fremde unzugänglicher Frauenraum« <arab. *haram* »verboten«]

Hä|re|sie ⟨die; -, -n; Theol.⟩ vom kirchl. Dogma abweichende Lehre, Ketzerei [<grch. *hairesis* »das Erwählte, Denkweise; Irrlehre«]

hä|re|tisch ⟨Adj.; Theol.⟩ vom kirchl. Dogma abweichend, ketzerisch

Har|le|kin ⟨der; -s, -e⟩ Bühnenfigur der Commedia dell'Arte, Hanswurst, Spaßmacher [<frz. *arlequin* <ital. *arlecchino*]

Har|mo|nie ⟨die; -, -n⟩ *Ggs* Disharmonie **1** angenehme Übereinstimmung der Teile eines Ganzen; *Klang~; Farben~; die ~ ihres Wesens, ihrer Bewegungen* **2** regelmäßiger, gesetzmäßiger Aufbau der Töne eines Musikstückes u. ihr Zusammenklingen **3** friedliches Zusammenleben, gegenseitiges Verstehen, Eintracht; *in ~ miteinander leben* [<lat. *harmonia* »Einklang von Tönen, Harmonie« <grch. *harmonia* »Verbindung, Ebenmaß, Harmonie«]

har|mo|nisch ⟨Adj.⟩ *Ggs* disharmonisch **1** angenehm übereinstimmend; *~e Bewegungen, Klänge, Farben* **2** ⟨Musik⟩ regelmäßig im Sinne der Harmonielehre **3** ⟨Math.⟩ *~e Teilung* T. einer Strecke AB so, dass ein neuer Teilpunkt C u. ein außerhalb von ihr liegender Punkt D das Verhältnis AC : CB = AD : DB ergeben; *~er Punkt* Punkt einer harmonischen Teilung; *~e Reihe* unendl. Reihe der Form $1 + \frac{1}{2} + \frac{1}{3} + \frac{1}{4} \ldots$ **4** ⟨Physik⟩ *~e Bewegung, Schwingung* B., S., die von einer Kreisbewegung abgeleitet gedacht (u. in einer Sinusfunktion beschrieben) werden kann [<lat. *harmonicus* »ebenmäßig, harmonisch« <grch. *harmonikos*]

Har|mo|ni|um ⟨das; -s, -ni|en; Musik⟩ orgelartiges, nach dem Prinzip der Harmonika arbeitendes Instrument, bei dem ein mit den Füßen getretener Blasebalg den Luftstrom liefert [→ *Harmonie*]

Har|py|ie ⟨[-jə] die; -, -n⟩ **1** ⟨grch. Myth.⟩ geflügeltes weibl. Ungeheuer mit Vogelkrallen **2** ⟨fig.⟩ Wesen von unersättlicher Raubgier **3** großer, adlerartiger Raubvogel der Waldgebiete Süd- u. Mittelamerikas mit Schopf am Hinterkopf [<grch. *Harpyia*]

Ha|sar|deur ⟨[-døːr] der; -s, -e⟩ **1** Glücksspieler **2** ⟨fig.⟩ waghalsiger Mensch, der alles auf eine Karte setzt [<frz. *hasarder* »aufs Spiel setzen« + frz. Endung]

Ha|schee ⟨das; -s, -s⟩ **1** fein geschnittenes od. gehacktes Fleisch **2** Gericht daraus; *Lungen~* [frz., »zerhackt, zerstückelt«]

Ha|schisch ⟨das; - od. -s; unz.⟩ aus einer ind. Hanfart (Cannabis indica) gewonnenes Rauschmittel [<arab. *haiii* »Gras, Kraut«]

Hat|trick ⟨[hætrık] der; -s, -s; Sport⟩ dreimaliger Erfolg hintereinander durch denselben Sportler od. dieselbe Mannschaft [<engl. *hat* »Hut« + *Trick*]

Haus|se ⟨[oːs(ə)] die; -, -n; Wirtsch.⟩ *Ggs* Baisse **1** wirtschaftl. Aufschwung **2** Hochstand der Börsenkurse von Wertpapieren [frz., »Preissteigerung, Steigen der Kurse«]

Haute Cou|ture ⟨[oːt kutyːr] die; - -; unz.⟩ vollendete Schneiderkunst, das schöpferische Modeschaffen, bes. in Paris [frz., »hohe Schneiderkunst«]

Haute|vo|lee ⟨[oːtvɔleː] die; -; unz.⟩ die vornehme Gesellschaft, die oberen Zehntausend [<frz. *(des gens) de haute volée* »(Leute) von hohem Rang«; zu *haut* »hoch« + *volée* »Flug; Rang«]

Ha|va|rie ⟨[-va-] die; -, -n; Seew.; Flugw.⟩ **1** Unfall, Bruch; *~ eines Schiffes od. Flugzeugs; ~ erleiden, haben* **2** Unfall eines Kernreaktors [über frz. *avarie* »Seeschaden, Transportschaden« <ital. *avaria* <arab. *awarija* »beschädigte Ladung«]

Ha|zi|en|da ⟨die; -, -s⟩ Farm, Plantage in Mittel- u. Südamerika; *oV* Hacienda [<span. *hacienda* »Landgut«]

Head|hun|ter ⟨[hɛdhʌntə(r)] der; -s, -⟩ **1** ⟨urspr.; in den USA noch⟩ jmd., der staatlich gesuchte Verbrecher auf eigene Rechnung jagt u. von den Fangprämien lebt **2** ⟨danach⟩ Personalberater, der Führungskräfte an Unternehmen vermittelt [engl., eigtl. »Kopfjäger«]

Head|set ⟨[hɛdsɛt] das; -s, -s⟩ Kabel mit integriertem Mikrofon u. Kopfhörer, das in (Mobil-)Telefone eingestöpselt wird, um ein freies Telefonieren zu ermöglichen [engl., »Kopfhörer«]

Hea|vy Me|tal ⟨[hɛvɪ mɛtəl] das; - - od. - -s; unz.⟩ = Hardrock [engl., eigtl. »Schwermetall«]

He|do|nis|mus ⟨der; -; unz.; Philos.⟩ altgriech., von den Kyrenaikern vertretene Lehre, nach der Lust u. Genuss das höchste Gut des Lebens sind [<grch. *hedone* »Lust«]

He|ge|mo|nie ⟨die; -, -n⟩ Vormachtstellung, Vorherrschaft, führende Rolle (eines Staates) [<grch. *hegemonia;* zu *hegeisthai* »vorangehen, führen«]

→ **Highlife:** Was du nicht unter ***hei-*** findest, kann unter ***high-*** stehen, z. B. *Hig**h**life*!

hekt..., Hekt... ⟨in Zus.; vor Vokalen⟩ = hekto..., Hekto...

Hekt|ar *auch:* **Hek|tar** ⟨a. ['--] das od. der; -s, -e od. (bei Zahlenangaben) -; Abk.: ha⟩ Flächenmaß von 100 Ar (10.000 m^2) [<*Hekto...* + frz. *are* »Flächenraum« <lat. *area*]

Hek|tik ⟨die; -; unz.⟩ hektisches Wesen, nervöse Betriebsamheit [<grch. *hektikos* »einen dauernden Zustand habend«; zu *hexis* »Beschaffenheit, Zustand«]

hek|tisch ⟨Adj.⟩ fieberhaft, erregt, nervös; *~e Betriebsamkeit; ~e Bewegungen*

hek|to..., Hek|to... ⟨vor Vokalen⟩ hekt..., Hekt... ⟨in Zus.; Zeichen: h⟩ das 100-fache der betreffenden Grundeinheit, *z. B. 1 hl = 100 Liter* [<grch. *hekaton* »hundert«]

Hek|to|li|ter ⟨a. ['----] das od. umg. bzw. schweiz. nur der; -s, -; Abk.: hl⟩ Flüssigkeitsmaß, 100 Liter

Hek|to|pas|cal ⟨a. ['----] das; -s, -; Zeichen: hPa⟩ Druckeinheit, 100 Pascal [<*Hekto...* + *Pascal,* einer nach dem frz. Mathematiker Blaise *Pascal* (1623-1662) benannten Maßeinheit des Drucks]

he|li..., He|li... ⟨in Zus.; vor Vokalen⟩ = helio..., Helio...

He|li|kon ⟨das; -s, -s; Musik⟩ Blechblasinstrument der Militärkapellen, Bass- od. Kontrabasstuba [zu grch. *helikos* »gewunden, krummhörnig«]

He|li|ko|pter *auch:* **He|li|kop|ter** ⟨der; -s, -⟩ Hubschrauber, ein Drehflügelflugzeug mit motorgetriebenen Rotoren, die eine Hubkraft nach dem Prinzip der Luftschraube in senkrechter Richtung erzeugen u. Start u. Landung in senkrechter Richtung sowie Stillstand in der Luft ermöglichen [<grch. *helix,* Gen. *helikos* »Windung« + *pteron* »Flügel«]

he|lio..., He|lio... ⟨vor Vokalen⟩ he|li..., He|li... ⟨in Zus.⟩ licht..., sonnen..., Licht..., Sonnen... [<grch. *helios* »Sonne«]

he|lio|phil ⟨Adj.⟩ Sonnenlicht liebend; *Ggs* heliophob [<*helio...*+*...phil*]

he|lio|phob ⟨Adj.⟩ Sonnenlicht meidend; *Sy* photophob *Ggs* heliophil [<*helio...* +*...phob*]

he|lio|trop ⟨Adj.⟩ **1** hellllila **2** ⟨Biol.⟩ auf Heliotropismus beruhend [<*helio...* + *...trop*[1]]

He|lio|tro|pis|mus ⟨der; -; unz.; Biol.⟩ Eigenschaft von Pflanzen u. Tieren, Wachstum u. Bewegung nach dem Licht auszurichten

He|li|um ⟨das; -s; unz.; chem. Zeichen: He⟩ zu den Edelgasen gehörendes chem. Element, Ordnungszahl 2 [<grch. *helios* »Sonne«]

Helix: Die Amerikaner James Watson und Francis Crick entdeckten im Jahr 1953, dass die → *Gene,* also die (menschlichen) Erbanlagen, in Form einer → *Doppelhelix* angeordnet sind. Die Doppelhelix besteht aus zwei Strängen der Desoxyribonucleinsäure (→ *DNS*), die antiparallel zueinander verlaufen und in regelmäßigen Abständen durch Sprossen miteinander verbunden sind. Diese werden von zwei Basenpaaren (Adenin und Thymin bzw. Cytosin und Guanin) gebildet. Die Entdeckung der Doppelhelix war die Voraussetzung für die sich in den folgenden Jahrzehnten anschließenden Forschungen auf dem Gebiet der Molekularbiologie und der → *Genetik.*

He|lix ⟨die; -; unz.⟩ **1** äußerer Rand der menschl. Ohrmuschel **2** ⟨Zool.⟩ Weinbergschnecke **3** schraubenförmige Anordnung der Nukleotide der DNA [<grch. *helix* »Windung, Spirale«]

Hel|le|ne ⟨der; -n, -n⟩ **1** ⟨urspr.⟩ Einwohner der altgriech. Landschaft Hellas **2** ⟨seit dem 17. Jh. v. Chr.⟩ Grieche [zu grch. *Hellas,* urspr. Bez. für eine Landschaft im südöstlichen Thessalien, dann der gesamte von Griechen bewohnte Raum, bes. Mittelgriechenland; seit 1883 Name des neugrch. Staates]

Hel|le|nis|mus ⟨der; -; unz.; histor.⟩ Abschnitt der grch. Kultur von der Zeit Alexanders des Großen bis Augustus, gekennzeichnet durch das Verschmelzen mit Elementen der kleinasiat. u. ägypt. Kultur [von dem dt. Historiker J. G. Droysen geprägter Begriff; zu grch. *hellenizein* »griechisch sprechen, griechische Denkart haben«]

H

hel|ve|tisch ⟨[-veː-] Adj.⟩ **1** Helvetia, d. h. die Schweiz betreffend, zu ihr gehörend, aus ihr stammend **2** *Helvetisches Bekenntnis* Glaubensbekenntnis der evang.-reformierten Kirche **3** *Helvetische Republik* die Schweiz [<lat. *Helvetia* »Schweiz«]

he|mi..., He|mi... ⟨in Zus.⟩ halb..., Halb... [<grch. *hemisys* »halb«]

He|mi|sphä|re ⟨die; -, -n⟩ **1** (Erd-)Halbkugel, Erdhälfte; *nördliche, südliche* ~ **2** ⟨Anat.⟩ Hälfte des Großhirns [<*Hemi...* + *Sphäre*]

Hen|na ⟨die od. das; -; unz.⟩ der vom Hennastrauch gelieferte rote Farbstoff für Kosmetik und Haartönungen [<arab. *al-hinna*]

He|pa|rin ⟨das; -s; unz.; Physiol.⟩ aus der Leber gewonnener Stoff mit gerinnungshemmenden Eigenschaften, wird zur Behandlung von Thrombosen eingesetzt [<grch. *hepar* »Leber«]

He|pa|ti|tis ⟨die; -, -ti|ti|den; Med.⟩ entzündl., von Viren hervorgerufene Erkrankung der Leber, Leberentzündung [<grch. *hepar,* Gen. *hepatos* »Leber«]

he|pa|to..., He|pa|to... ⟨in Zus.⟩ leber..., Leber... [zu grch. *hepar,* Gen. *hepatos* »Leber«]

He|pa|to|lo|gie ⟨die; -; unz.; Med.⟩ Lehre von der Leber u. ihren Krankheiten [<*Hepato...* + *...logie*]

hep|ta..., Hep|ta... ⟨vor Vokalen⟩ hept..., Hept... ⟨in Zus.⟩ sieben..., Sieben... [<grch. *hepta* »sieben«]

Hep|ta|chord ⟨[-kɔrd] der od. das; -(e)s, -e; Musik⟩ die große Septime [<*Hepta...* + *...chord*]

Hep|ta|gon ⟨das; -s, -e; Geom.⟩ Siebeneck [<*Hepta...* + grch. *gonia* »Ecke«]

He|ral|dik ⟨die; -; unz.⟩ Wappenkunde [<frz. *(science) héraldique* »Heroldskunst«; zu afrz. *héralt;* → *Herold*]

he|ral|disch ⟨Adj.⟩ zur Heraldik gehörig, wappenkundlich; *~e Farben* die in der Heraldik verwendeten Farben Rot, Blau, Grün, Schwarz sowie die beiden Metalle Gold und Silber; *~e Figuren*

Her|bar ⟨das; -s, -ri|en⟩ = Herbarium

Her|ba|ri|um ⟨das; -s, -ri|en⟩ Sammlung von getrockneten u. gepressten Pflanzen; *Sy* Herbar [<lat. *herba* »Kraut, Pflanze«]

Her|bi|vo|re ⟨[-voː-] der; -n, -n; Biol.⟩ pflanzenfressendes Tier [<lat. *herba* »Pflanze« + *...vor*]

Her|bi|zid ⟨das; -(e)s, -e⟩ chem. Mittel zur Bekämpfung von Unkraut [<lat. *herba* »Pflanze« + *...zid*[1]]

Herm|a|phro|dit *auch:* **Her|maph|ro|dit** ⟨der; -en, -en⟩ fortpflanzungsfähiges Lebewesen mit männl. u. weibl. Geschlechtsmerkmalen [nach dem Sohn des grch. Gottes *Hermes* u. der Göttin *Aphrodite*]

Hermeneutik: Die *Hermeneutik* ist die Kunst der Auslegung und Deutung von Texten und Kunstwerken und zielt auf das Verstehen von Sinnzusammenhängen ab. Die *Hermeneutik* gilt als Methode der Geisteswissenschaften, sie bildete sich vor allem auf dem Gebiet der Theologie heraus. Mit Martin Luthers Auffassung, dass die Bibel aus sich selbst begriffen werden müsse, wurde der alleinige Vorrang der Schrift begründet. In der Philosophie wird die *Hermeneutik* als Theorie der Auslegung verstanden und steht im Gegensatz zur erfahrungswissenschaftlichen Vorgehensweise. Wilhelm Dilthey (1833-1911) baute die *Hermeneutik* zur spezifischen Methodenlehre der Geisteswissenschaften aus.

Her|me|neu|tik ⟨die; -; unz.; Lit.⟩ Kunst der Auslegung [<grch. *hermeneutes* »Ausleger«]

her|me|neu|tisch ⟨Adj.⟩ die Hermeneutik betreffend, zu ihr gehörig, auf ihr beruhend, auslegend, erklärend, deutend; *die ~e Methode; der ~e Zirkel* fortwährender Vergleich des Ganzen mit den Teilen (einer Dichtung, eines Kunstwerkes usw.)

her|me|tisch ⟨Adj.⟩ 1 luft- u. wasserdicht; *~ verschlossen* 2 ⟨Lit.⟩ geheimnisvoll, dunkel, undurchdringlich; *~e Lyrik* [<mlat. Adj. *hermetice* (Paracelsus 1528), nach dem sagenhaften ägypt. Weisen *Hermes Trismegistos,* der die Kunst erfunden haben soll, eine Glasröhre mit einem geheimnisvollen Siegel luftdicht zu verschließen]

He|ro|en ⟨Pl. von⟩ Heros

He|ro|in[1] ⟨die; -, -in|nen⟩ Heldin [→ *Heros*]

He|ro|in[2] ⟨das; -s; unz.⟩ wegen der außerordentl. Suchtgefahr kaum noch therapeutisch angewendetes Rauschmittel: Diacetylmorphin [»heroisch« bedeutet in der Heilkunde des Altertums u. MA »sehr stark wirkend«]

he|ro|isch ⟨Adj.⟩ einem Heros gemäß, entsprechend, wie ein Heros, heldisch, heldenhaft; *eine ~e Tat; ~er Kampf; ~e Dichtung*

He|rold ⟨der; -(e)s, -e⟩ 1 ⟨MA⟩ Ausrufer, Fürstenbote 2 ⟨fig.⟩ Verkünder, Vorläufer [<spätmhd. *heralt* <afrz. *héralt,* fränk. **heriwald* »Heeresbeamter«]

He|ros ⟨der; -, -ro|en⟩ 1 Held 2 Halbgott [grch.]

Hes|pe|ri|de ⟨die; -, -n; meist Pl.; grch. Myth.⟩ Nymphe, die im Göttergarten die goldenen Äpfel des Lebens hütet [<grch. *Hesperides;* nach der Abendgöttin *Hesperis;* zu grch. *hesperos* »Abend«]

Hes|pe|ros ⟨der; -; unz.; grch. Myth.⟩ *oV* Hesperus 1 Abend, Abendstern 2 Westen [zu grch. *hesperos (aster)* »Abendstern«]

Hes|pe|rus ⟨der; -; unz.; grch. Myth.⟩ = Hesperos

he|te|ro..., He|te|ro... ⟨in Zus.⟩ fremd..., Fremd..., verschieden..., Verschieden... [<grch. *heteros* »anders, verschieden«]

he|te|ro|gen ⟨Adj.⟩ 1 ungleichartig, verschiedenartig, andersartig 2 nicht gleichartig zusammengesetzt; *Ggs* homogen [<*hetero...* + *...gen*[1]]

He|te|ro|ge|ni|tät ⟨die; -; unz.⟩ Verschiedenartigkeit, Ungleichartigkeit, verschiedenartige Zusammensetzung; *Ggs* Homogenität

he|te|ro|nom ⟨Adj.⟩ 1 von fremden Gesetzen abhängig; *Ggs* autonom 2 ungleichwertig

He|te|ro|no|mie ⟨die; -; unz.⟩ 1 Abhängigkeit von fremden Gesetzen; *Ggs* Autonomie (2) 2 Ungleichwertigkeit; *Ggs* Homonomie

He|ter|o|nym *auch:* **He|te|ro|nym** ⟨das; -s, -e; Sprachw.⟩ 1 Ausdruck, der mit einem anderen eng zusammengehört, aber auf eine andere Wurzel zurückgeht, *z. B. Base – Vetter* 2 in einer anderen Sprache, Mundart synonym gebrauchtes Wort, *z. B. Sonnabend – Samstag, Porree – Lauch* [<*Hetero...* + grch. *onyma* »Name«]

He|ter|o|ny|mie *auch:* **He|te|ro|ny|mie** ⟨die; -; unz.; Sprachw.⟩ 1 heteronyme Beziehung zwischen Wörtern; *bei dem Begriffspaar »Bruder – Schwester« liegt ~ vor* 2 das Vorliegen von Heteronymen

He|te|ro|se|xu|a|li|tät ⟨die; -; unz.⟩ Empfinden für das andere Geschlecht; *Ggs* Homosexualität; →*a.* Bisexualität (2)

he|te|ro|se|xu|ell ⟨Adj.⟩ andersgeschlechtlich, auf das andere Geschlecht bezogen, für das andere Geschlecht empfindend; *Ggs* homosexuell

he|te|ro|zy|got ⟨Adj.; Biol.⟩ gemischterbig [<*hetero...* + grch. *zygoun* »verbinden«]

Heu|ris|tik ⟨die; -; unz.⟩ Lehre von den nichtmathematischen Methoden zur Gewinnung neuer Erkenntnisse [eigtl. »Findungs-, Erfindungskunst« <grch. *heuriskein* »finden«]

heu|ris|tisch ⟨Adj.⟩ die Heuristik betreffend, zu ihr gehörig, mit ihrer Hilfe

he|xa..., He|xa... ⟨vor Vokalen⟩ hex..., Hex... ⟨in Zus.⟩ sechs..., Sechs... [<grch. *hex*]

He|xa|gon ⟨das; -s, -e; Geom.⟩ Sechseck; →*a.* Pentagon (1) [<*Hexa...* + grch. *gonia* »Ecke«]

he|xa|go|nal ⟨Adj.⟩ in Form eines Hexagons, sechseckig

He|xa|gramm ⟨das; -s, -e⟩ Sechsstern, der aus zwei gekreuzten gleichseitigen

H

Dreiecken besteht, Davidstern [<*Hexa... + ...gramm*]

He|xa|me|ter ⟨der; -s, -; Metrik⟩ Vers mit sechs Versfüßen, zumeist Daktylen [<*Hexa... + ...meter*]

Hi|at ⟨der; -s, -e⟩ *oV* Hiatus **1** ⟨Med.⟩ Öffnung, Kluft, Spalt, Lücke **2** ⟨Metrik⟩ Zusammentreffen zweier Vokale am Ende des einen u. am Anfang des folgenden Wortes (Missklang bes. in der antiken Metrik) [lat.]

Hi|a|tus ⟨der; -, -⟩ = Hiat

Hi|bis|kus ⟨der; -, -bis|ken; Bot.⟩ Gattung der Malvengewächse mit großen Blüten [<lat. *hibiscum* »Eibisch« <grch. *ibiskos*]

hi|er..., Hi|er... ⟨in Zus.; vor Vokalen⟩ = hiero..., Hiero...

Hi|er|ar|chie *auch:* **Hi|e|rar|chie** ⟨[-çiː] die; -, -n⟩ Rang-, Stufenfolge, Rangordnung, Aufbau in verschiedenen Stufen; *Befehls~; Firmen~* [<*Hiero... + ...archie*]

hi|er|ar|chisch *auch:* **hi|e|rar|chisch** ⟨[-çɪʃ] Adj.⟩ die Hierarchie betreffend, zu ihr gehörig, auf ihr beruhend

hi|e|ro..., Hi|e|ro... ⟨vor Vokalen⟩ hier..., Hier... ⟨in Zus.⟩ heilig..., Heilig... [<grch. *hieros* »heilig«]

Hi|e|ro|gly|phe ⟨die; -, -n⟩ **1** Zeichen der altägyptischen Bilderschrift **2** ⟨umg.; scherzh.⟩ schwer lesbare Schrift [<*Hiero...* + grch. *glyphein* »eingraben«]

Hi-Fi ⟨[haɪfaɪ] Abk. für engl.⟩ High Fidelity

High|end... *auch:* **High-End...** ⟨[haɪ-] in Zus.⟩ (hinsichtlich der technischen Leistungsfähigkeit) qualitativ hochwertig u. sehr teuer; *ein Highendtapedeck/High-End-Tapedeck für 2000 €* [<engl. *high end* »oberes Ende«]

High Fi|de|li|ty ⟨[haɪ fidɛlɪtɪ] die; - -; unz.; Abk.: Hi-Fi⟩ wirklichkeitsgetreue Tonwiedergabe durch Radio u.a. elektroakustische Geräte mittels der linearen Übertragung eines großen Frequenzbereichs mit nur geringen Verzerrungen [engl.]

High|life ⟨[haɪlaɪf]⟩ *auch:* **High Life** ⟨das; (-) -s; unz.⟩ **1** das Leben der vornehmen Welt **2** ⟨umg.⟩ *~ machen* überschwänglich sein, sich ausgelassen benehmen [engl.]

High|light ⟨[haɪlaɪt] das; - od. -s, -s⟩ Höhepunkte, herausragende, besondere Ereignisse; *das waren die ~s des letzten Jahres* [engl.]

High So|ci|e|ty ⟨[haɪ sɔsaɪətɪ] die; - -; unz.⟩ die hohe Gesellschaftsschicht, die oberen Zehntausend [engl.]

High Tea ⟨[haɪ tiː] der; - -s; unz.; in England⟩ am späten Nachmittag servierte kleine Mahlzeit, zu der Tee gereicht wird [<engl. *high* »hoch« + *tea* »Tee«]

High|tech ⟨[haɪtɛk] die; -; unz.; kurz für⟩ High Technology

High Tech|no|lo|gy ⟨[haɪ tɛknɔlɔdʒɪ] die; - -; unz.; Kurzwort: Hightech, Hitech⟩ modernste, anspruchsvolle Technik, Technik auf moderner wissenschaftlicher Grundlage [engl., »hohe Technologie«]

Hin|du ⟨der; - od. -s, - od. -s⟩ Anhänger, Vertreter des Hinduismus [pers.; zu *Hindi* »Indien«]

Hinduismus: *Hinduismus* ist eine Sammelbezeichnung für die religiösen Traditionen der indischen Hindus. Der *Hinduismus* ist aus der Verschmelzung des → *Brahmanismus* mit dem Vedismus entstanden. In der hinduistischen Religion gibt es keinen einzelnen Stifter, sondern heilige Männer, Seher u.a. Der *Hinduismus* besteht in seinen Vorformen als Religion seit ca. 800 v.Chr. Das Leben der Hindus wird durch ihre Zugehörigkeit zu einer Kaste, in die sie hineingeboren werden, und durch die Anerkennung der religiösen Schriften (Veda) bestimmt. Die Zugehörigkeit zu einer bestimmten Kaste wird durch Geburt, Tod, Wiedergeburt und das → *Karma* festgelegt. Der Glaube an die Seelenwanderung ist Voraussetzung für das Kastenwesen. Sie hat keinen Anfang und endet erst durch Weltentsagung, Erkenntnis und Erlösung von den Formen weltlicher Bindung. Der Bewusstseinszustand der Seligkeit heißt → *Nirwana*.

Hin|du|is|mus ⟨der; -; unz.⟩ aus Vedismus u. Brahmanismus entstandene ind. Religionsform

Hi|obs|bot|schaft ⟨die; -, -en⟩ Schreckensnachricht [nach *Hiob* im AT, der infolge einer Wette zwischen Gott u. dem Satan in rascher Folge von grausamen Schicksalsschlägen heimgesucht wird]

hip ⟨Adj.; undekl.; umg.; salopp⟩ modern, aktuell, in, dem Trend entsprechend [engl.]

Hip|hop *auch:* **Hip-Hop** ⟨der; -s; unz.; Musik⟩ Stilrichtung in der Popmusik, die Elemente der amerikan. Straßen- und Subkultur enthält [<engl. *hip* »Hüfte« + *hop* »Sprung«]

Hip|pie ⟨der; -s, -s⟩ Angehörige(r) einer Gruppe von Jugendlichen, die durch eine unkonventionelle Erscheinung u. unbürgerliche Lebensweise gegen die westl. Leistungs- und Konsumgesellschaft protestierten [engl.]

hip|po|kra|tisch ⟨Adj.⟩ **1** Hippokrates betreffend, von ihm stammend, auf seiner Lehre beruhend **1.1** *~er Eid* Grundlage der ärztl. Ethik **1.2** ⟨früher⟩ Eid auf die Vorschriften der Ärztezunft [nach dem grch. Arzt *Hippokrates,* um 460-377 v. Chr., dem Begründer der wissenschaftl. Medizin u. ärztl. Ethik]

→ **Hieroglyphe:** Was du nicht unter *hir-* findest, kann unter *hier-* stehen, z. B. *Hieroglyphe*!

his|to..., His|to... ⟨in Zus.⟩ gewebe..., Gewebe... [<grch. *histion* »Gewebe«]

His|to|lo|gie ⟨die; -; unz.; Med.⟩ Lehre von den Körpergeweben [<*Histo...* + *...logie*]

His|to|rie ⟨[-riə] die; -, -n⟩ **1** Geschichte **2** Bericht, Kunde [<lat. *historia* »Geschichte« <grch. *historia* »Wissen, Kunde«]

His|to|ri|ker ⟨der; -s, -⟩ Wissenschaftler, Student auf dem Gebiet der Geschichtsforschung [<lat. *historia* »Geschichte«]

His|to|rio|gra|fie ⟨die; -; unz.⟩ = Historiographie

His|to|rio|gra|phie ⟨die; -; unz.⟩ Geschichtsschreibung; *oV* Historiografie [<lat. *historia* »Geschichte« + *...graphie*]

his|to|risch ⟨Adj.⟩ die Geschichte betreffend, von ihr stammend, zu ihr gehörig, geschichtlich; *~e Hilfswissenschaften* für die Erforschung der Geschichte wichtige Wissenschaften, z. B. Urkundenlehre, Wappenkunde, Siegelkunde, Münzkunde, Genealogie [<lat. *historia* »Geschichte«]

His|to|ris|mus ⟨der; -; unz.⟩ **1** Denkweise, die die Erscheinung des Lebens nur aus ihren histor. Gegebenheiten u. ihrer histor. Entwicklung zu verstehen u. zu erklären sucht **2** ⟨abwertend⟩ Überbetonung des Geschichtlichen einer Sache [<lat. *historia* »Geschichte«]

Hit ⟨der; -s, -s⟩ **1** erfolgreiches Musikstück, Schlager **2** ⟨umg.⟩ Erfolg; *die Party war ein ~* [engl., »Treffer«]

Hi|tech ⟨[haıtɛk] die; -; unz.; kurz für⟩ High Technology

HIV ⟨[ha:i:fau] Abk. für engl.⟩ Human Immunodeficiency Virus (menschliches Immunschwächevirus), Erreger der Aids-Krankheit; *~-positiv* mit dem HIV-Virus infiziert

Hob|by ⟨das; -s, -s⟩ Liebhaberei, Steckenpferd; *Reiten ist ihr ~* [engl.]

Hockey: *Hockey* ist eine Mannschaftssportart, die in ihrer heutigen Form aus Großbritannien stammt. Vorläufer des sportlichen Stockballspiels sind bereits 2800 v. Chr. in China zu finden. 1874 wurde in Großbritannien ein erstes Regelwerk für das *Hockey* erstellt, seit 1896 wird es auch in Deutschland gespielt. Ziel des Spieles ist es, einen ca. 160 g schweren Lederball mit einem Schläger, dessen gebogene Seite aus Holz besteht, in das gegnerische Tor zu schlagen. *Hockey* wird als Feld- oder Hallenhockey gespielt. Seit 1908 ist Feldhockey eine olympische Disziplin.

Ho|ckey ⟨[hɔke:] od. engl. [hɔkı] das; -s; unz.⟩ Spiel zwischen zwei Mannschaften zu je elf Spielern, die einen kleinen Ball mit hakenförmigen Schlägern ins gegner. Tor zu treiben versuchen [engl.]

Ho|lis|mus ⟨der; -; unz.; Philos.⟩ Lehre, die auf der Annahme beruht, dass alle einzelnen Erscheinungen auf einem ganzheitlichen, umfassenden Prinzip beruhen [<engl. *holism;* zu grch. *holos* »ganz, vollständig«]

Hol|mi|um ⟨das; -s; unz.; chem. Zeichen: Ho⟩ chem. Element aus der Reihe der Metalle der seltenen Erden, Ordnungszahl 67 [nach *Stockholm,* der Hauptstadt Schwedens]

ho|lo..., Ho|lo... ⟨in Zus.⟩ ganz, völlig, vollständig; *Hologramm* [<grch. *holos* »ganz«]

Ho|lo|caust ⟨a. ['---] der; -s, -e⟩ Massenmord durch Verbrennen, bes. die Judenvernichtung während des Nationalsozialismus [engl.; zu lat. *holocaustum* »Brandopfer«]

Ho|lo|gra|fie ⟨die; -, -n⟩ = Holographie

Ho|lo|gra|phie ⟨die; -, -n⟩ *oV* Holografie **1** ⟨unz.⟩ fotograf. Verfahren zum Erzeugen räumlicher Bilder mittels Laserstrahlen **2** ⟨zählb.⟩ auf diese Weise erzeugtes Bild [<grch. *Holo...* + *...graphie*]

Home|ban|king ⟨[hoʊmbænkɪŋ] das; -s; unz.; EDV; Wirtsch.⟩ Abwicklung von Bankgeschäften über Bildschirmtext od. einen Personal Computer von zu Hause aus; →*a.* Telebanking [<engl. *home* »Heim...« + *banking* »Bankwesen«]

Home|land ⟨[hoʊmlænd] das; -s, -s; meist Pl.; während der Apartheid in der Republik Südafrika⟩ der farbigen Bevölkerung eingeräumtes Siedlungsland mit gewisser Selbstverwaltung [<engl. *home* »Heimat« + *land* »Land«]

Home|page ⟨[hoʊmpɛɪdʒ] die; -, -s [-dʒɪz]; EDV⟩ Startseite im Internet mit Adressen u. Informationen einer Privatperson, Firma od. eines Instituts; →*a.* Webseite [<engl. *home* »Heim« + *page* »Seite«]

Home|trai|ner ⟨[hoʊmtre:-] der; -s, -⟩ Gerät für sportliches Training daheim mit Pedalen, Ruderholmen u. Ä. [<engl. *home* »Heim« + *Trainer*]

Hom|mage ⟨[-ma:ʒ] die; -, -n; Pl. selten⟩ Huldigung, Ehrung [frz.]

Homme de Let|tres *auch:* **Homme de Lett|res** ⟨[ɔm də lɛtrə] der; - - -, -s [ɔm-] - -⟩ **1** Schriftsteller **2** gebildete Person [frz., eigtl. »Mann der Buchstaben, der Literatur«]

Ho|mo[1] ⟨der; Ho|mi|nis, Ho|mi|nes⟩ Mensch; ~ *erectus* ausgestorbene Art der Gattung Mensch; ~ *Faber* der Mensch als ein Wesen, das sich Werkzeuge, technische Hilfsmittel u. Ä. herstellen kann, der Mensch als Urheber der Zivilisation; ~ *ludens* der spielende, d. h. schöpferische Mensch; ~ *oeconomicus* ⟨meist scherzh.⟩ rational denkender, von wirtschaftl. Zweckmäßigkeit geleiteter Mensch; ~ *sapiens* von Linné geschaffene naturkundl. Bezeichnung für die höchstentwickelte Menschenart, den heutigen Menschen [<lat. *homo* »Mensch« + *erectus* »aufrecht« + *faber* »Handwerker« + *ludens* »spielend« + *oeconomicus* »ökonomisch« + *sapiens* »klug, weise, vernunftbegabt«]

Ho|mo[2] ⟨der; -s, -s; umg.; kurz für⟩ Homosexueller

ho|mo..., Ho|mo... ⟨in Zus.⟩ gleich..., Gleich... [<grch. *homos* »gemeinsam, gleich«]

ho|mo|fon ⟨Adj.⟩ = homophon

Ho|mo|fon ⟨das; -s, -e⟩ = Homophon

Ho|mo|fo|nie ⟨die; -; unz.⟩ = Homophonie

ho|mo|gen ⟨Adj.⟩ gleichartig, gleichmäßig zusammengesetzt, übereinstimmend; *Ggs* heterogen

Ho|mo|ge|ni|tät ⟨die; -; unz.⟩ Gleichartigkeit, gleichmäßige Zusammensetzung; *Ggs* Heterogenität

ho|mo|log ⟨Adj.⟩ **1** gleichliegend, gleichlaufend; *~e Reihen* **2** ⟨Chemie⟩ organische Verbindungen, die sich in ihrer Formel um ein CH_2 od. ein Vielfaches voneinander unterscheiden **3** übereinstimmend; *~es Chromosom* gleichartiges Paar eines menschlichen Chromosoms **4** entsprechend; *~e Rekombination* Einfügen eines Gens od. einer DNA-Sequenz an der passenden Stelle im Chromosom

Ho|mo|no|mie ⟨die; -; unz.⟩ Gleichwertigkeit, Gleichartigkeit; *Ggs* Heteronomie (2)

hom|o|nym *auch:* **ho|mo|nym** ⟨Adj.; Sprachw.⟩ gleichlautend, aber von verschiedener Bedeutung, mehrdeutig, doppelsinnig

Hom|o|nym *auch:* **Ho|mo|nym** ⟨das; -s, -e; Sprachw.⟩ Wort, das mit einem anderen gleichlautet, aber eine andere Herkunft u. Bedeutung hat, *z. B. »das Steuer – die Steuer«* [<*Homo...* + grch. *onyma* »Name«]

Ho|möo|pa|thie ⟨die; -; unz.; Med.⟩ Heilverfahren, bei dem der Kranke mit kleinsten Dosen von Mitteln behandelt wird, die beim Gesunden die gleichen Krankheitserscheinungen hervorrufen würden; *Ggs* Allopathie [<grch. *homoios* »gleich« + *...pathie*]

ho|möo|pa|thisch ⟨Adj.; Med.⟩ auf Homöopathie beruhend, mit ihrer Hilfe, sie anwendend

ho|mo|phon ⟨Adj.; Musik⟩ in der Art der Homophonie; *oV* homofon; *Ggs* polyphon [<*homo...* + *...phon*[1]]

Ho|mo|phon ⟨das; -s, -e; Sprachw.⟩ Wort, das mit einem anderen gleichlautet, aber eine andere Schreibung u. Bedeutung hat, *z. B. Leere – Lehre, Saite – Seite; oV* Homofon

Ho|mo|pho|nie ⟨die; -; unz.; Musik⟩ Kompositionsart, bei der alle Stimmen hinter der führenden Melodiestimme zurücktreten u. sie nur harmonisch begleiten; *oV* Homofonie; *Ggs* Polyphonie [<*Homo...* + *...phonie*]

Ho|mo|se|xu|a|li|tät ⟨die; -; unz.⟩ geschlechtl. Liebe zwischen Angehörigen des gleichen Geschlechts; *Ggs* Heterosexualität; →*a.* Bisexualität (2)

ho|mo|se|xu|ell ⟨Adj.⟩ sexuell zum gleichen Geschlecht hinneigend; *Ggs* heterosexuell

Ho|no|rar ⟨das; -s, -e⟩ Vergütung von Leistungen freier Berufe; *Autoren ~; Stunden ~* [<lat. *honorarium* »Ehrengabe, Belohnung«; zu *honor* »Ehre«]

ho|no|rie|ren ⟨V.⟩ **1** dankbar anerkennen **2** bezahlen, vergüten (bes. freiberufl. Arbeit) [<lat. *honorare* »ehren, belohnen, beschenken«]

Hoo|li|gan ⟨[hu:lɪgən] der; -s, -s⟩ gewaltbereiter Halbstarker, Rowdy (bes. bei öffentlichen Großveranstaltungen wie Fußballspielen u. Popkonzerten) [engl., viell. nach dem irischen Familiennamen *Hooligan*]

Ho|ra[1] ⟨die; -, Ho|ren; meist Pl.⟩ **1** Zeit des kathol. Stundengebetes **2** dieses selbst mit Hymnus, Psalmen u. Lesung [lat., »Stunde« <grch. »natürlicher Zeitabschnitt, Jahreszeit«]

Ho|ra[2] ⟨die; -, Ho|ren⟩ = Hore (1)

Ho|re ⟨die; -, -n⟩ **1** ⟨grch. Myth.⟩ eine der (zwei, drei od. vier) Göttinnen der Jahreszeiten; *oV* Hora[2] **2** bei Hesiod eine der Göttinnen der Gesetzmäßigkeit, Gerechtigkeit u. des Friedens **3** ⟨Pl.⟩ Titel einer 1795-97 von Schiller herausgegebenen literarischen Zeitschrift [<grch. *hora* »natürl. Zeitabschnitt, Jahreszeit«]

Ho|ri|zont ⟨der; -(e)s, -e⟩ **1** waagerechte (scheinbare) Trennungslinie zwischen Himmel u. Erde, Gesichtskreis **2** Umfang der geistigen Interessen u. der Bildung; *geistiger ~; weiter, enger, beschränkter ~; das geht über seinen ~* **3** ⟨Geol.; Archäol.⟩ waagerechte Fläche od. Schicht in der Erde mit besonderen Merkmalen [<grch. *horizon kyklos* »begrenzender Kreis« <*horizein* »begrenzen« + *kyklos* »Kreis«]

ho|ri|zon|tal ⟨Adj.⟩ wie der Horizont (1) verlaufend, waagerecht; *Ggs* vertikal

Hor|mon ⟨das; -s, -e; Biochemie⟩ vom Körper gebildeter Wirkstoff, der eine bestimmte Körperfunktion reguliert [<grch. *horman* »in Bewegung setzen, antreiben, anregen«; zu *horme* »Anlauf, Antrieb«]

hor|mo|nal ⟨Adj.⟩ mit Hilfe der Hormone, auf ihnen beruhend, durch sie bewirkt

Ho|ro|skop *auch:* **Ho|ros|kop** ⟨das; -s, -e⟩ Aufzeichnung der Gestirnkonstellationen als Grundlage der Charakter- u. Schicksalsdeutung; *jmdm. das ~ stellen* [<grch. *hora* »natürl. Zeitabschnitt« + *...skop*]

hor|rend ⟨Adj.; geh.⟩ schrecklich; übermäßig, ungeheuer; *ein ~er Preis* [<lat. *horrendus* »schauderhaft, schrecklich«]

Hor|ror ⟨der; -s; unz.⟩ Grausen, Schauder, Abscheu [lat.]

Hor|ror|trip ⟨der; -s, -s⟩ mit Angst- u. Schreckensgefühlen verbundener Drogenrausch [engl.]

Hor|ror Va|cui ⟨[va:-] der; - -; unz.⟩ (nach einer alten Vorstellung) Abscheu der Natur vor luftleeren Räumen, d. h. Unmöglichkeit von Luftleere [lat.]

→ **Hausse:** Was du nicht unter ***ho-*** findest, kann unter ***hau-*** stehen, z. B. *Hausse*!

Hos|pi|tal ⟨das; -s, -e od. -tä|ler⟩ Krankenhaus [<mhd. *hospital(e)* <ahd. *hospital-*

hus <mlat. *hospitale* »Armen-, Krankenhaus«; zu lat. *hospes* »Gast«]

Hos|pi|ta|li̤s|mus ⟨der; -; unz.; Sammelbez. für⟩ körperl., geistige u. seel. Schäden infolge langdauernden Aufenthalts im Krankenhaus od. (bei Kindern) im Heim

Hos|pi|ta̤nt ⟨der; -en, -en⟩ Gasthörer, Gastschüler [→ *hospitieren*]

hos|pi|tie|ren ⟨V.⟩ **1** als Gast teilnehmen; *im Unterricht* ~ **2** als Gast Vorlesungen hören [<lat. *hospitari* »zu Gast sein«]

Hos|piz ⟨das; -es, -e⟩ christliches Übernachtungsheim [<lat. *hospitium* »Gastfreundschaft, Bewirtung«; zu *hospes* »Gast«]

H

Ho̤s|tess ⟨a. [-'-] die; -, -te̤s|sen⟩ orts- u. sprachenkundige Betreuerin von Gästen u. Besuchern, z. B. auf Flugplätzen oder bei Ausstellungen [engl., »Wirtin, Gastgeberin« <afrz. *(h)ostesse* (nfrz. *hôtesse*), Fem. zu *(h)oste* (nfrz. *hôte*) »Gastgeber« <lat. *hospes* »Gastfreund«]

Ho̤s|tie ⟨[-tjə] die; -, -n⟩ das beim Abendmahl in Form einer kleinen Oblate gereichte ungesäuerte Brot [<lat. *hostia* »Opfertier«]

Hot|dog ⟨[hɔ̣t-]⟩ *auch:* **Ho̤t Do̤g** ⟨das od. der; (-) -s, (-) -s⟩ heißes Würstchen (mit Ketschup) in einem längs aufgeschnittenen Brötchen [engl., »heißer Hund«]

Ho|te̤l ⟨das; -s, -s⟩ Betrieb für Unterkunft u. Verpflegung für gehobene Ansprüche [<frz. *hôtel* »großes, herrschaftl. Wohnhaus, vornehmes Gasthaus«]

Hot|line ⟨[hɔ̣tlaɪn] die; -, -s; bes. TV⟩ schnelle, direkte Telefonverbindung, heißer Draht; ~ *zu einer Livesendung* [engl.]

> → **Hometrainer:** Was du nicht unter *houm-* findest, kann unter *home-* stehen, z. B. *Hometrainer*!

Ho|ver|craft ⟨[hɔ̱:və(r)kra:ft] das; - od. -s, -s⟩ schiffsähnliches Schwebefahrzeug, das sich auf einem durch Hubgebläse erzeugten Luftpolster einige Dezimeter über den Wasserspiegel od. ebenen Boden erhebt [engl., »Schwebefahrzeug«]

Hub ⟨[hʌb] der; -s, -s; Flugw.⟩ zentraler internationaler Flughafen (als Knotenpunkt mehrerer Flughäfen) [engl.]

Hu|ge|no̤t|te ⟨der; -n, -n⟩ Protestant im alten Frankreich (seit 1560), von Ludwig XIV. 1685 verboten u. vertrieben [<frz. *Huguenot* <schweiz. *Ignot, Eignot* »Eidgenosse«]

> → **Hooligan:** Was du nicht unter *hu-* findest, kann unter *hoo-* stehen, z. B. *Hooligan*!

hu|ma̱n ⟨Adj.⟩ menschlich, menschenfreundlich, menschenwürdig; *Ggs* inhuman [<lat. *humanus* »menschlich«; zu *homo* »Mensch«]

Hu|ma̱n|ge|ne|tik ⟨die; -; unz.⟩ Wissenschaft, die sich mit den Erbvorgängen beim Menschen befasst

> **Humanismus:** Der Begriff *Humanismus* bezeichnet die Epoche der Wiederbelebung der → *Antike,* d. h. die Wiederentdeckung der römischen und griechischen Sprache, Literatur und Wissenschaft. Seinen Ausgang nahm der *Humanismus* von Italien und verbreitete sich vom 14. bis 16. Jahrhundert in Europa. Der *Humanismus* strebte die geistige Erneuerung des Menschen, die Beachtung der Menschenwürde und die persönliche Entfaltung des Individuums an. Dieses Bestreben stand im Gegensatz zu den im Mittelalter vorherrschenden kirchlich-religiösen Normen und verstand sich als Opposition zur Philosophie der → *Scholastik.* Mit dem Begriff *Humanismus* wird teilweise der Begriff → *Renaissance* gleichgesetzt: Während die Renaissance nahezu alle Bereiche des Lebens beeinflusste (insbesondere auch die bildende Kunst), ist der *Humanismus* eher als wissenschaftliche Geistesströmung zu verstehen. Allgemein bezeichnet der Begriff *Humanismus* heute das Streben nach Menschlichkeit.

Hu|ma|ni̤s|mus ⟨der; -; unz.⟩ **1** ⟨14.-16. Jh.⟩ von der Kultur der Antike beeinflusstes Bildungsideal **2** ⟨allg.⟩ Streben nach echter Menschlichkeit, nach edlem, menschenwürdigem Leben u. Denken

hu|ma|nis|tisch ⟨Adj.⟩ den Humanismus betreffend, zu ihm gehörig, aus ihm stammend; *~es Gymnasium* Gymnasium mit Unterricht in Griechisch u. Latein

hu|ma|ni|tär ⟨Adj.⟩ menschenfreundlich, wohltätig, mildtätig; *~e Hilfe* [<lat. *humanus* »menschlich«]

Hu|ma|ni|tät ⟨die; -; unz.⟩ Menschlichkeit, Sinn für das Gute u. Edle im Menschen, Gefühl für die Würde des Menschen u. die Integrität der menschlichen Person unabhängig von Rasse, Geschlecht u. Nationalität [<lat. *humanitas* »Menschlichkeit, menschliche Natur, edle Bildung, feiner Geschmack, Gefühl für Anstand u. Sitte«]

Hu|man|ka|pi|tal ⟨das; -s; unz.; abwertend⟩ **1** Gesamtheit der Fähigkeiten u. Kenntnisse, die durch Erziehung u. Bildung vermittelt u. von Menschen verkörpert werden **2** ⟨Wirtsch.⟩ = Human Resources

Hu|man|me|di|zin ⟨die; -; unz.⟩ Medizin, die sich mit dem Menschen u. seinen Krankheiten befasst; →*a.* Veterinärmedizin

Hu|man Re|sour|ces ⟨[juːmən rɪsɔːsɪz] Pl.; Wirtsch.⟩ alle Leistungspotenziale, die einem Unternehmen durch sein Personal zur wirtschaftlichen Nutzung zur Verfügung stehen; *Sy* Humankapital (2) [<engl. *human* »menschlich; Mensch« + *resource* »Mittel, Rohstoff«]

Hu|man Touch ⟨[juːmən tʌtʃ] der; - - od. - -es [-tʃɪz]; unz.; geh.⟩ menschliche Note (die einer Sache anhaftet) [engl.]

> → **Hymne:** Was du nicht unter *hü-* findest, kann unter *hy-* stehen, z. B. *Hymne*!

Hu|mor ⟨der; -s; unz.⟩ überlegene Heiterkeit, heitere seel. Grundhaltung [lat., »Feuchtigkeit« (von der mittelalterl. Medizin auf die Körpersäfte angewendet, die ihr zufolge die seelische Verfassung des Menschen bestimmen)]

hu|mo|ris|tisch ⟨Adj.⟩ **1** auf Humor beruhend, im Sinne des Humors **2** mit Humor, liebenswürdig-scherzhaft, heiter

Hu|mus ⟨der; -; unz.⟩ oberste, aus organischen Resten gebildete (sehr fruchtbare) Bodenschicht bräunlicher Farbe [lat., »Erdboden, Erdreich«]

Hur|ri|kan ⟨der; -s, -e; Meteor.⟩ tropischer Wirbelsturm über dem Atlantischen u. dem östl. Pazifischen Ozean [<engl. *hurricane* <span. *huracán* <Taino *huracán* <*hura* »Wind; wegblasen«; verwandt mit *Orkan*]

Hu|sar ⟨der; -en, -en⟩ **1** ⟨urspr., seit dem 15. Jh.⟩ berittener ungar. Soldat **2** ⟨seit dem 16. Jh. auch in anderen Ländern⟩ Angehöriger einer leichten Reitertruppe in ungar. Uniform [<ungar. *huszár* <serbokroat. *kursar, gusar, husar* »Straßenräuber« <ital. *corsare, corsaro* <mlat. *cursarius* »Seeräuber«; verwandt mit *Korsar*]

> ◆ Die Buchstabenfolge **hy|br...** kann auch **hyb|r...** getrennt werden.

◆ **hy|brid** ⟨Adj.⟩ von zwei Elternteilen stammend, deren Geschlechtszellen sich in einer od. mehreren Eigenschaften unterscheiden [zu lat. *hybrida* »Mischling«]

◆ **Hy|bri|de(r)** ⟨die od. der; -n, -n; Biol.⟩ pflanzl. od. tier. Bastard, Kreuzung [<lat. *hybrida* »Mischling«]

◆ **Hy|bris** ⟨die; -; unz.⟩ Übermut, frevelhafte Selbstüberhebung, bes. über die Götter [grch., »Übermut, Hochmut«]

> ◆ Die Buchstabenfolge **hy|dr...** kann auch **hyd|r...** getrennt werden.

◆ **hy|dr..., Hy|dr...** ⟨in Zus.; vor Vokalen⟩ = hydro..., Hydro...

◆ **Hy|dra** ⟨die; -, Hy|dren⟩ **1** zeitlebens einzeln lebender, nicht stockbildender Süßwasserpolyp der Klasse Hydrozoa **2** ⟨Myth.⟩ neunköpfiges Wasserungeheuer **3** ⟨Astron.⟩ Sternbild der Wasserschlange [<grch. *hydor* »Wasser«]

◆ **Hy|drant** ⟨der; -en, -en⟩ Wasserzapfstelle auf der Straße für die Feuerwehr [<grch. *hydor* »Wasser«]

◆ **Hy|drat** ⟨das; -(e)s, -e; Chemie⟩ anorganische od. organische Verbindung, die Wasser chem. gebunden enthält [<grch. *hydor* »Wasser«]

◆ **Hy|drau|lik** ⟨die; -, -en; Technik⟩ **1** ⟨unz.⟩ techn. Anwendung der Lehre von ruhenden u. bewegten Flüssigkeiten **2** ⟨zählb.⟩ hydraulisches Getriebe, hydraulischer Antrieb [<*Hydro...* + grch. *aulos* »Rohr«]

◆**hy|drau|lisch** ⟨Adj.⟩ durch Flüssigkeit betrieben; *~e Bremse* B., der mittels einer Flüssigkeit Energie zugeführt wird; *~es Getriebe* G., bei dem eine Flüssigkeit die benötigte Energie überträgt

◆**hy|dro..., Hy|dro...** ⟨vor Vokalen⟩ hydr..., Hydr... ⟨in Zus.⟩ wasser..., Wasser... [<grch. *hydor* »Wasser«]

◆**Hy|dro|kul|tur** ⟨die; -, -en; Bot.⟩ Wasserkultur, Pflanzenaufzucht u. -pflege in Nährlösungen ohne Erde (mit Kies od. Blähton)

H

◆**Hy|dro|ly|se** ⟨die; -, -n; Chemie⟩ Spaltung chem. Verbindungen durch Reaktion mit Wasser [<*Hydro...* + *...lyse*]

◆**hy|dro|ly|tisch** ⟨Adj.; Chemie⟩ auf Hydrolyse beruhend

◆**hy|dro|phil** ⟨Adj.; Biol.⟩ **1** Wasser liebend **2** Wasser aufnehmend, Wasser anziehend [<*hydro...* + *...phil*]

◆**hy|dro|phob** ⟨Adj.⟩ **1** ⟨Biol.⟩ wasserscheu, Wasser meidend **2** ⟨Chemie⟩ Wasser abstoßend, nicht in Wasser löslich [<*hydro...* + *...phob*]

◆**Hy|dro|xid** ⟨das; -(e)s, -e; Chemie⟩ die Hydroxidgruppe (OH) enthaltende anorgan. Verbindung; *oV* Hydroxyd [<*Hydro...* + *Oxid*]

◆**Hy|dro|xyd** ⟨das; -(e)s, -e; Chemie⟩ = Hydroxid

Hy|gi|e|ne ⟨die; -; unz.⟩ **1** Gesundheitslehre **2** Gesundheitspflege **3** vorbeugende Medizin [<grch. *hygieinos* »heilsam, der Gesundheit zuträglich«; zu *hygies* »gesund«]

hy|gi|e|nisch ⟨Adj.⟩ **1** die Hygiene betreffend, auf ihr beruhend, ihr entsprechend; *~e Vorschriften in Krankenhäusern* **2** der Gesundheit dienend

◆ Die Buchstabenfolge **hy|gro...** kann auch **hyg|ro...** getrennt werden.

◆**hy|gro..., Hy|gro...** ⟨in Zus.⟩ feuchtigkeits..., Feuchtigkeits... [<grch. *hygros* »feucht, nass«]

◆**Hy|gro|gramm** ⟨das; -s, -e⟩ Aufzeichnung eines Hygrometers [<*Hygro...* + *...gramm*]

◆**Hy|gro|me|ter** ⟨das; -s, -⟩ Gerät zur Messung der Luftfeuchtigkeit [<*Hygro...* + *...meter*]

Hy|le ⟨[-le] die; -; unz.⟩ **1** ⟨ion. Naturphilos.⟩ Stoff, Materie, Substanz **2** ⟨nach Aristoteles⟩ Urstoff, Möglichkeit, sich zur Substanz zu entwickeln [grch., »Stoff, Holz, Wald«]

Hy|men ⟨das; -s, -; Anat.⟩ dünnes, ringförmiges Häutchen am Eingang der Scheide, das beim ersten Geschlechtsverkehr zerreißt, Jungfernhäutchen [grch., »Gewebe, Haut«]

Hym|ne ⟨die; -, -n⟩ **1** ⟨im antiken Griechenland⟩ Lobgesang auf einen Gott **2** ⟨Christentum⟩ Lobgesang zur Preisung Gottes, Christi u. der Heiligen **3** ⟨allg.⟩ feierlich-getragenes Lied od. Gedicht mit festlichem Rhythmus; *National~* [<grch. *hymnos* »Lobgesang«]

hym|nisch ⟨Adj.⟩ **1** in der Art einer Hymne **2** ⟨fig.⟩ überschwänglich

Hym|nus ⟨der; -, Hym|nen⟩ Gesang zum Lob Gottes od. der Götter [lat. <grch. *hymnos* »Lobgesang«]

Hype ⟨[haɪp] der od. das; -s, -s; Pl. selten; umg.⟩ **1** künstliche Aufwertung bzw. übertriebene Präsentation einer Sache od. eines Ereignisses in der Werbung, z. B. eines Modetrends; *das war nichts als ein großer ~* **2** bewusst inszenierte Täuschung, Betrug [engl., »übertriebene Werbekampagne; großer Rummel«]

hy|per..., Hy|per... ⟨engl. [haɪpə(r)-] in Zus.⟩ über..., Über...; *Ggs* hypo..., Hypo...; *Hypertonie* [<grch. *hyper* »über, über ... hinaus, übermäßig«]

hy|per|ak|tiv ⟨a. ['----] Adj.; Med.⟩ einen übersteigerten motorischen Drang bei psychischer Unruhe zeigend; *~es Kind* [<*hyper...* + *aktiv*]

Hy|per|bel ⟨die; -, -n⟩ **1** ⟨Math.⟩ unendliche ebene Kurve aus zwei getrennten Ästen, sie besteht aus allen Punkten, deren Abstände von zwei bestimmten Punkten eine konstante Differenz haben **2** ⟨Rhet.⟩ sprachl., dichter. Übertreibung, oft um komische Wirkung zu erzielen, *z. B. »der Balken im Auge«* [<grch. *hyperbole;* zu *hyper* »über ... hinaus« + *ballein* »werfen«]

hy|per|bo|lisch ⟨Adj.⟩ **1** hyperbelartig, in

der Art einer Hyperbel **2** sprachlich übertreibend; *ein ~er Ausdruck* [<grch. *hyperbolikos* »übertrieben, übermäßig«]

Hy|per|bo|re|er ⟨der; -s, -; nach altgrch. Auffassung⟩ **1** Angehöriger eines sagenhaften Volkes im Norden **2** Angehöriger der Polarvölker [<*Hyper...* + grch. *boreas* »Nordwind, Norden«]

hy|per|bo|re|isch ⟨Adj.⟩ im hohen Norden gelegen, dort wohnend [→ *Hyperboreer*]

Hy|per|link ⟨[haɪ-] der; -s, -s; EDV⟩ erläuternder od. zu weiteren Informationen führender Hinweis, meist in Form eines beim Anklicken aufleuchtenden Feldes; *Sy* Link [<engl. *hyper* »über, darüber hinaus« + *link* »Verbindung«]

hy|per|mo|dern ⟨Adj.⟩ hochmodern

Hy|per|o|nym *auch:* **Hy|pe|ro|nym** ⟨das; -s, -e; Sprachw.⟩ übergeordneter Begriff, *z. B. »Tier« gegenüber »Pferd«; Ggs* Hyponym [<*Hyper...* + grch. *onyma* »Name«]

Hy|per|text ⟨[haɪ-] der; -(e)s, -e; EDV⟩ Form der nichtlinearen Textdarbietung, die mit Hilfe von Knoten (Verzweigungspunkten) auf weiterführende Informations- u. Beschreibungsebenen führt; →*a.* Internet [engl.]

Hy|per|to|nie ⟨die; -, -n; Med.⟩ *Ggs* Hypotonie **1** übersteigerte Spannung (bes. von Muskeln) **2** erhöhter Blutdruck [<*Hyper...* + *...tonie*]

hy|per|to|nisch ⟨Adj.⟩ **1** ⟨Med.⟩ zur Hypertonie (2) gehörend, sie betreffend **2** ⟨Biol.⟩ *~e Lösungen* L., die einen höheren osmotischen Druck als eine Vergleichslösung, z. B. Blut, besitzen; *Ggs* hypotonisch

Hy|per|ven|ti|la|ti|on ⟨[-vɛn-] die; -; unz.; Med.⟩ erhöhte Atmungstätigkeit, übermäßige Beatmung der Lunge [<*Hyper...* + lat. *ventilare* »fächeln«]

Hyph|en *auch:* **Hy|phen** ⟨das; - od. -s, -; antike Gramm.⟩ Bindestrich zwischen den beiden Teilen eines zusammengesetzten Wortes [<grch. *hyph'hen* »in eins, zusammen«]

Hyp|no|se ⟨die; -, -n⟩ durch Suggestion herbeigeführter Schlaf, in dem der Schlafende auf Befehl des Hypnotiseurs Handlungen ausführen kann [zu grch. *hypnos* »Schlaf«]

hyp|no|ti|sie|ren ⟨V.⟩ **1** in Hypnose versetzen **2** ⟨fig.⟩ (durch Blick od. Bewegung) willenlos, widerstandslos machen

hy|po..., Hy|po... ⟨vor Vokalen⟩ hyp..., Hyp... ⟨in Zus.⟩ unter..., darunter befindlich, Unter...; *Ggs* hyper..., Hyper...; *Hypotonie* [<grch. *hypo* »unter, darunter«]

Hy|po|chon|der ⟨[-xɔn-] der; -s, -; Med.; Psych.⟩ **1** jmd., der sich lediglich einbildet, (schwer) krank zu sein **2** schwermütiger Mensch [→ *hypochondrisch*]

hy|po|chon|drisch *auch:* **hy|po|chond|risch** ⟨[-xɔn-] Adj.; Psych.⟩ unter der Einbildung leidend, (schwer) krank zu sein [<grch. *hypochondriakos* »am Hypochondrion leidend«; zu *hypochondrion* »das unter dem Brustknorpel Befindliche« (d. h. die Organe des Unterleibs, die nach antiker Auffassung Sitz u. Ursache von Gemütskrankheiten waren)]

Hy|po|lim|ni|on ⟨das; -s, -ni|en; Biol.⟩ kaltes Tiefenwasser in Seen, das auch im Sommer vom warmen Oberflächenwasser getrennt ist [<*Hypo...* + grch. *limne* »Teich, Landsee«]

Hyp|o|nym *auch:* **Hy|po|nym** ⟨das; -s, -e; Sprachw.⟩ untergeordneter Begriff, *z. B. »Pferd« gegenüber »Tier«; Ggs* Hyperonym [<*Hypo...* + grch. *onyma* »Name«]

Hy|po|phy|se ⟨die; -, -n; Med.⟩ Hirnanhangdrüse, regelt die Tätigkeit der Hormondrüsen [<*Hypo...* + grch. *phyein* »wachsen lassen«]

hy|po|tak|tisch ⟨Adj.; Sprachw.⟩ auf Hypotaxe beruhend, in der Art einer Hypotaxe, unterordnend

Hy|po|ta|xe ⟨die; -, -n⟩ Unterordnung eines Satzteiles od. von Sätzen unter einen anderen, Satzgefüge; *Sy* Subjunktion (2); *Ggs* Parataxe [<*Hypo...* + grch. *tattein* »ordnen«]

Hy|po|te|nu|se ⟨die; -, -n; Geom.⟩ die dem rechten Winkel gegenüberliegende Seite eines Dreiecks [<*Hypo...* + grch. *teinein* »spannen, sich erstrecken«]

Hy|po|tha|la|mus ⟨der; -, -la|mi; Anat.⟩ unter dem Thalamus liegender Teil des Zwischenhirns [<*Hypo...* + grch. *thalamos* »Raum, Innenraum«]

Hy|po|thek ⟨die; -, -en⟩ im Grundbuch eingetragenes, durch eine Zahlung erworbenes Recht an einem Grundstück in Form eines Anspruchs auf regel-

H

mäßige Zinszahlungen, Hauptform des Bodenkredits; *eine ~ auf ein Haus aufnehmen; ein Grundstück mit ~en belasten* [<grch. *hypotheke* »Unterlage; Unterpfand«]

Hy|po|the|se ⟨die; -, -n⟩ **1** unbewiesene Voraussetzung, Unterstellung **2** noch unbewiesene Annahme als Hilfsmittel für wissenschaftl. Erkenntnisse [<grch. *hypothesis* »Unterstellung«; zu *hypotithenai* »darunterstellen«]

hy|po|the|tisch ⟨Adj.⟩ **1** auf einer Hypothese, einer bloßen Annahme beruhend **2** bedingt gültig; *Ggs* kategorisch (2)

Hy|po|to|nie ⟨die; -, -n; Med.⟩ *Ggs* Hypertonie **1** herabgesetzte Spannung (bes. von Muskeln) **2** verminderter Blutdruck [<*Hypo...* + *...tonie*]

hy|po|to|nisch ⟨Adj.⟩ **1** ⟨Med.⟩ zur Hypotonie gehörend, sie betreffend **2** ⟨Biol.⟩ *~e Lösungen* L., die einen niedrigeren osmotischen Druck als eine Vergleichslösung (z. B. Blut) besitzen; *Ggs* hypertonisch

Hys|te|rie ⟨die; -, -n; Psych.⟩ **1** ⟨Psych.⟩ Zustand, in dem sich seelische Erregung durch körperliche Veränderungen od. Funktionsstörungen äußert **2** ⟨allg.⟩ überzogene, unangemessene seelische Erregung [<grch. *hystera* »Gebärmutter« (früher vermeintlicher Ausgangspunkt der *Hysterie*)]

hys|te|risch ⟨Adj.⟩ auf Hysterie beruhend, übertrieben leicht erregbar, übertrieben erregt; *sie hat völlig ~ reagiert; eine ~e Persönlichkeit*

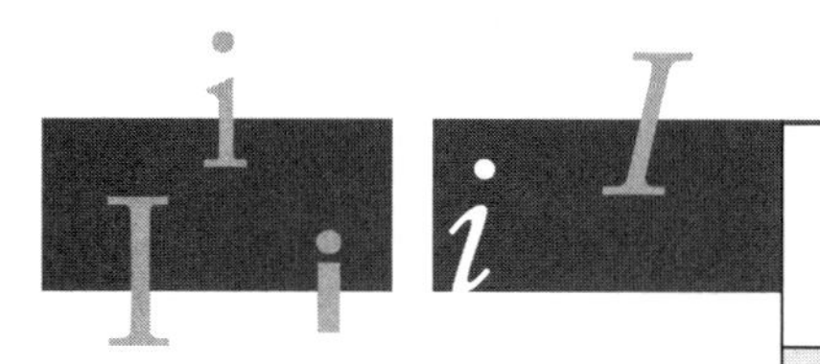

I ⟨röm. Zahlzeichen für⟩ eins

Ibe|rer ⟨der; -s, -⟩ **1** Angehöriger eines vor- u. frühgeschichtlichen Volkes auf der Pyrenäenhalbinsel, Vorfahr des Basken **2** Angehöriger eines ausgestorbenen Volksstammes südl. vom Kaukasus, im heutigen Georgien [nach der lat. Bezeichnung *Hiberus* »Spanier«, nach dem *Iberus* = Ebro]

ibe|risch ⟨Adj.⟩ **1** die Iberer betreffend, zu ihnen gehörig, von ihnen stammend; *~e Sprache* baskische Sprache, isoliert stehende indogermanische Sprache der Iberer **2** die Pyrenäenhalbinsel betreffend, zu ihr gehörig, von ihr stammend

IC **1** ⟨Abk. für engl.⟩ Integrated Circuit, eine integrierte Schaltung **2** ⟨®; Abk. für⟩ Intercity®

ICE® ⟨der; -s, -s; Abk. für⟩ Intercityexpress®

ich|thyo..., Ich|thyo... ⟨vor Vokalen⟩ ichthy..., Ichthy... ⟨in Zus.⟩ fisch..., Fisch...; *Ichthyosaurier* [<grch. *ichthys* »Fisch«]

Ich|thyo|lo|gie ⟨die; -; unz.⟩ Fischkunde

ide|al ⟨Adj.⟩ **1** = ideell (1) **2** vollkommen, mustergültig; *ein ~er Reisegefährte; dieser Apparat ist einfach ~* **3** ⟨umg.⟩ überaus schön, herrlich, wunderbar; *der See ist ~ zum Baden; es ist ~es Wetter* [im 19. Jh. verkürzt <*idealisch;* → *Ideal*]

Ide|al ⟨das; -s, -e⟩ **1** Inbegriff höchster Vollkommenheit, Mustergültiges; *einem ~ nachstreben; ein ~ hochhalten* **2** erstrebenswertes Vorbild; *ein ~ von einem Lehrer* [<lat. *idealis;* zu grch.-lat. *idea;* → *Idee*]

ide|a|li|sie|ren ⟨V.⟩ veredeln, verschönern, vollkommener sehen, als es in Wirklichkeit ist; *eine historische Gestalt idealisiert darstellen* [→ *Ideal;* beeinflusst von frz. *idéaliser* »idealisieren«]

Ide|a|lis|mus ⟨der; -; unz.⟩ **1** nach Idealen ausgerichtete Lebensführung; *Ggs* Realismus (2) **2** ⟨Philos.⟩ Inbegriff aller auf Platon zurückgehenden Lehren, die die sinnliche Wirklichkeit als die Erscheinung eines Übersinnlichen bestimmen; *Ggs* Materialismus **3** ⟨fig.⟩ uneigennützige, aufopfernde Begeisterung

Idealismus: In der Philosophie bezeichnet der Begriff *Idealismus* verschiedene philosophische Grundhaltungen. Der »ontologische« *Idealismus* steht im Gegensatz zum → *Materialismus,* indem seine Vertreter annehmen, dass die materielle Wirklichkeit von einem ideellen Prinzip (absoluter Geist, absolutes Ich) abgeleitet sei. Der »ethische« *Idealismus* stellt geistige Werte wie Würde, Freiheit und Einsicht über die Befriedigung materieller Bedürfnisse. Der »kulturelle« *Idealismus* G.W.F. Hegels nimmt eine autonome Entwicklung der Kultur, die auf der Entfaltung von ideellen Prinzipien basiert, an. Im »epistemologischen« *Idealismus* wird die Auffassung vertreten, dass die Wirklichkeit in Abhängigkeit von den geistigen Leistungen der Subjekte existiert. Der *Idealismus* in der Ausprägung Kants, Fichtes und Schellings beeinflusste auch die Dichtungen der deutschen → *Klassik.*

Ide|a|list ⟨der; -en, -en⟩ **1** Vertreter, Anhänger des Idealismus **2** jmd., der sein Leben nach Idealen ausrichtet **3** ⟨fig.; umg.⟩ Schwärmer, wirklichkeitsfremder Mensch

ide|a|lis|tisch ⟨Adj.⟩ den Idealismus betreffend, zu ihm gehörig, auf ihm beruhend; *Ggs* realistisch, materialistisch

Idee ⟨die; -, -n⟩ **1** ⟨Philos.⟩ reiner Begriff; *die Lehre Platos von den ~n* **2** vorbildliche Urform; *die ~ einer Dichtung* **3** leitender Gedanke, Vorstellung; *politische ~n; für eine ~ eintreten, kämpfen; fixe ~* Wahnvorstellung **4** Einfall, Gedanke, Ahnung; *ich habe eine ~; ein Plan nach seiner ~* **5** *eine ~ Salz, Pfeffer* ganz wenig, eine Kleinigkeit, Spur [<grch. *idea* »Erscheinung, Gestalt, Beschaffenheit, Form; Urbild (Plato)«; beeinflusst von frz. *idée* <grch. *idea*]

ide|ell ⟨Adj.⟩ **1** die Idee, Vorstellung betreffend, gedacht; *oV* ideal (1) **2** gedacht, nur in der Vorstellung vorhanden; *Ggs* materiell (2)

I

iden|ti|fi|zie|ren ⟨V.⟩ 1 *jmdn.* ~ jmds. Identität feststellen 2 *sich* ~ *(mit)* mit jmdm. od. einer Sache übereinstimmen, sich gefühlsmäßig in eine Sache od. einen Menschen hineinversetzen; *er identifiziert sich stark mit den Zielen seiner Partei* 3 *etwas od. jmdn.* ~ *(als)* erkennen, feststellen (als); *ein Messer als Tatwaffe* ~ *ein Gemälde als Monet* ~ [<lat. *identitas* »Wesenseinheit« + …*fizieren*]

iden|tisch ⟨Adj.⟩ übereinstimmend, völlig gleich, ein u. dasselbe

Iden|ti|tät ⟨die; -; unz.⟩ völlige Übereinstimmung, Gleichheit, Wesenseinheit [<spätlat. *identitas* »Wesenseinheit«; zu lat. *idem* »derselbe, dasselbe«]

Ideo|lo|gie ⟨die; -, -n⟩ 1 die Gesamtheit der Anschauungen u. des Denkens einer bestimmten gesellschaftl. Schicht; *die* ~ *des Bürgertums* 2 politische Theorie, politische Anschauung; *die* ~ *des Kommunismus*

ideo|lo|gisch ⟨Adj.⟩ die Ideologie betreffend, auf ihr beruhend

Idio|lekt ⟨der; -(e)s, -e⟩ Wortschatz u. besondere Ausdrucksweise eines einzelnen Menschen [<*Idio…* + Dia*lekt*]

Idi|om ⟨das; -s, -e; Sprachw.⟩ Gesamtheit der Spracheigentümlichkeiten eines Menschen, eines Landes od. einer sozialen Gruppe, Eigentümlichkeit einer Mundart [<grch. *idioma* »Eigentümlichkeit, Besonderheit«; zu grch. *idios* »eigen, eigentümlich«]

idio|ma|ti|siert ⟨Adj.⟩ zu einem Idiom geworden, als Idiom verwendet

idio|syn|kra|tisch ⟨Adj.⟩ 1 auf Idiosynkrasie beruhend, überempfindlich 2 ⟨fig.⟩ von heftiger Abneigung erfüllt

Idi|ot ⟨der; -en, -en⟩ 1 ⟨Med.⟩ an einer angeborenen geistigen Behinderung leidende Person 2 ⟨fig.; umg.⟩ Dummkopf; *so ein* ~*!* [<grch. *idiotes* »Privatmann, gewöhnlicher Mensch, Stümper«; zu grch. *idios* »eigen, eigentümlich«]

idi|o|tisch ⟨Adj.⟩ 1 ⟨Med.⟩ geistig behindert 2 ⟨fig.; umg.⟩ sehr dumm, blöd

Idol ⟨das; -s, -e⟩ Gegenstand der Verehrung, Abgott, Götzenbild [<grch. *eidolon* »Gestalt, Bild, Trugbild, Götzenbild«; zu *eidos* »Bild, Gestalt«; verwandt mit *Idee, Ideal, Idyll(e)*]

Idyll ⟨das; -s, -e⟩ 1 Bild eines beschaulichen, einfachen Lebens sowie dieses Leben selbst 2 beschauliche Szene, friedliches Bild; *Wald*~ [<grch. *eidyllion* »Bildchen«, Verkleinerungsform zu *eidos* »Bild, Gestalt«]

Idyl|le ⟨die; -, -n⟩ 1 = Idyll (2) 2 Hirtendichtung [→ *Idyll*]

idyl|lisch ⟨Adj.⟩ wie ein Idyll, ländlich-friedlich, beschaulich u. beglückend, in der Art einer Idylle

Ig|lu ⟨das od. der; -s, -s⟩ runde Schneehütte der Eskimos [eskim., »Schneehaus«]

ig|no|rant ⟨Adj.⟩ (aus Überheblichkeit od. Unwissenheit) unbeachtet lassend, nicht zur Kenntnis nehmend; *ein* ~*es Benehmen*

Ig|no|rant ⟨der; -en, -en⟩ jmd., der (aus Borniertheit) unwissend ist [<lat. *ignorans*, Part. Präs. zu *ignorare* »nicht wissen«]

Ig|no|ranz ⟨die; -; unz.⟩ Unwissenheit aus Borniertheit [<lat. *ignorantia* »Unwissenheit«]

ig|no|rie|ren ⟨V.⟩ absichtlich übersehen, unbeachtet lassen, keine Kenntnis nehmen von [<lat. *ignorare* »nicht wissen, nicht kennen (wollen)«]

Ike|ba|na ⟨das; - od. -s; unz.⟩ die jap. Kunst des Blumensteckens [jap.]

Iko|ne ⟨die; -, -n⟩ Heiligenbild der Ostkirche [<grch. *eikon* »Bild, Abbild«]

il…[1], **Il…**[1] ⟨Vorsilbe⟩ = in…[1], In…[1]

il…[2], **Il…**[2] ⟨Vorsilbe⟩ = in…[2], In…[2]

il|le|gal ⟨Adj.⟩ gesetzwidrig, ungesetzlich (Organisation, Handlung); *Ggs* legal [<*in…*[2] + *legal*]

il|le|gi|tim ⟨Adj.⟩ unrechtmäßig; *Ggs* legitim [<*in…*[2] + *legitim*]

il|loy|al *auch:* **il|lo|yal** ⟨[ɪloaja:l] od. [ɪlɔɪja:l] Adj.⟩ *Ggs* loyal 1 vertragsbrüchig, pflichtwidrig 2 übel gesinnt, falsch, untreu, verräterisch [<*in…*[2] + *loyal*]

Il|lu|mi|na|ti|on ⟨die; -, -en⟩ 1 Festbeleuchtung 2 Ausmalung (von Stichen, Drucken u. Ä.) 3 Buchmalerei [frz., »Beleuchtung, Erleuchtung« <lat. *illuminatio*]

Il|lu|si|on ⟨die; -, -en⟩ 1 trügerische Hoffnung, Selbsttäuschung, idealisierte, falsche Vorstellung von der Wirklichkeit; *jmdm. die* ~*en rauben; sich* ~*en über* *jmdn. od. eine Sache hingeben; Ggs* Desillusion **2** Vortäuschung von räumlicher Tiefe auf Bildern, im Theater od. Film mit den Mitteln der Perspektive; *Tiefen~; Raum~* **3** Täuschung durch ein Zauberkunststück [<lat. *illusio* »Ironie, Verspottung, Täuschung«]

◆ Die Buchstabenfolge **il|lus|tr...** kann auch **il|lust|r...** getrennt werden.

◆**Il|lus|tra|ti|on** ⟨die; -, -en⟩ **1** Abbildung zu einem Text **2** ⟨unz.⟩ das Illustrieren, Illustrierung **3** ⟨unz.⟩ Veranschaulichung [<lat. *illustratio* »Erleuchtung, Erklärung (bes. durch Abbildungen)« u. frz. *illustration* »Abbildung«]

◆**il|lus|trie|ren** ⟨V.⟩ **1** mit Illustrationen versehen, bebildern; *ein Buch, einen Text ~; illustrierte Zeitschrift* **2** veranschaulichen, erläutern; *Sachverhalte durch Beispiele ~* [<frz. *illustrer* »bebildern« <lat. *illustrare* »erleuchten, erhellen, anschaulich machen«]

◆**Il|lus|trier|te** ⟨die; -n, -n⟩ periodisch erscheinende, illustrierte Zeitschrift zur Unterhaltung

im...[1], **Im...**[1] ⟨Vorsilbe⟩ = in...[1], In...[1]

im...[2], **Im...**[2] ⟨Vorsilbe⟩ = in...[2], In...[2]

Image ⟨[ɪmɪdʒ] das; -, -s [-dʒɪz]⟩ Vorstellung von einer Person in der Öffentlichkeit; *ein gutes, schlechtes ~ besitzen* [engl., »Bild« <frz. *image* <lat. *imago*]

ima|gi|när ⟨Adj.⟩ **1** nur in der Vorstellung bestehend, eingebildet **2** ⟨Math.⟩ *~e Zahl* ⟨Zeichen: i⟩ eine komplexe Zahl, die nicht real ist [<frz. *imaginaire* »nur vorgestellt, eingebildet«]

Ima|gi|na|ti|on ⟨die; -, -en⟩ **1** Einbildung **2** Einbildungskraft, Vorstellungskraft [<lat. *imaginatio* »Einbildung, Vorstellung«]

Imam ⟨der; -s, -s od. -e⟩ **1** mohammedanischer Vorbeter in der Moschee **2** geistliches, auf Mohammed zurückgeführtes Oberhaupt der Schiiten [arab., »Vorsteher«]

Imi|ta|ti|on ⟨die; -, -en⟩ **1** Nachahmung; *die ~ eines neuen Filmstars* **2** Fälschung **3** ⟨Musik⟩ Wiederholung eines Themas in gleicher (Kanon) od. anderer (Fuge) Tonhöhe [<lat. *imitatio* »Nachahmung«]

imi|tie|ren ⟨V.⟩ **1** nachahmen; *imitiertes Leder* nachgeahmtes, unechtes Leder **2** ⟨Musik⟩ wiederholen; *ein Thema ~* [<lat. *imitari* »nachahmen«]

im|ma|nent ⟨Adj.⟩ **1** innerhalb der Grenzen der Erfahrung, Erkenntnis bleibend; *Ggs* transzendent (1); *eine ~e Erfahrung, Erscheinung* **2** enthalten in, innewohnend [<lat. *immanens,* Part. Präs. zu *immanere* »innewohnen, anhaften«]

Im|ma|nenz ⟨die; -; unz.⟩ Enthaltensein, Innewohnen, Zugehörigkeit; *Ggs* Transzendenz

Im|ma|tri|ku|la|ti|on *auch:* **Im|mat|ri|ku|la|ti|on** ⟨die; -, -en⟩ Einschreibung in die Matrikel (Studentenkartei) der Hochschule [→ *immatrikulieren*]

im|ma|tri|ku|lie|ren *auch:* **im|mat|ri|ku|lie|ren** ⟨V.⟩ in die Matrikel der Hochschule aufnehmen; *sich (an einer Hochschule) ~ lassen* [<*in...*[1] + *Matrikel*]

im|mens ⟨Adj.⟩ unermesslich (groß), unendlich [<lat. *immensus* »unermesslich«]

◆ Die Buchstabenfolge **im|mi|gr...** kann auch **im|mig|r...** getrennt werden.

◆**Im|mi|grant** ⟨der; -en, -en⟩ Einwanderer; *Ggs* Emigrant [<lat. *immigrans,* Part. Präs. zu *immigrare* »einwandern«]

◆**Im|mi|gra|ti|on** ⟨die; -, -en⟩ Einwanderung; *Ggs* Emigration [<lat. *immigratio* »Einwanderung«]

◆**im|mi|grie|ren** ⟨V.⟩ einwandern; *Ggs* emigrieren [<lat. *immigrare* »einwandern«]

Im|mis|si|on ⟨die; -, -en⟩ **1** Amtseinsetzung, Amtseinweisung **2** ⟨Rechtsw.⟩ Einwirkung auf das benachbarte Grundstück **3** Einwirkung von Schadstoffen auf die Umwelt (als Folge von Emissionen); *~ durch Rauch, Gas, Geruch o. Ä.* [<lat. *immissio* »das Hineinlassen«; zu *immittere* »hineinsenden«]

Im|mo|bi|li|en ⟨Pl.⟩ unbeweglicher Besitz, Grundbesitz, Liegenschaften; *~händler; ~makler*

im|mun ⟨Adj.⟩ **1** ⟨Med.⟩ unempfänglich (gegen Krankheitserreger) **2** ⟨fig.⟩ *dagegen bin ich ~* das berührt, beeindruckt mich nicht **3** Immunität (2) genießend, unantastbar [<lat. *immunis* »frei, unberührt«; eigtl. »frei von Leistungen«]

Im|mu|ni|tät ⟨die; -; unz.⟩ **1** ⟨Med.⟩ Unempfänglichkeit (gegen Krankheitserreger) **2** gesetzlicher Schutz für Parlamentsmitglieder u. Diplomaten vor Strafverfolgung [<lat. *immunitas* »Freisein (von Leistungen)«]

Im|pe|ra|tiv ⟨a. [---'-] der; -s, -e [-və]⟩ **1** ⟨Gramm.⟩ Modus des Verbs, Befehlsform **2** *kategorischer* ~ ⟨in der Philosophie Kants⟩ ethisches Gesetz [<lat. *(modus) imperativus* »Befehlsform«]

Im|pe|ra|tor ⟨der; -s, -to|ren; röm. Titel für⟩ **1** Feldherr u. Kaiser **2** Herrscher; ~ *Rex* ⟨Abk.: I. R.⟩ Kaiser u. König [lat., »Gebieter, Feldherr, Kaiser«]

Im|per|fekt ⟨das; -s, -e; Gramm.⟩ = Präteritum [<lat. *imperfectum* »das Unvollendete«]

Im|pe|ri|a|lis|mus ⟨der; -; unz.; Politik⟩ Streben (eines Staates) nach Macht u. Besitzerweiterung [<lat. *imperialis* »die Staatsgewalt betreffend, kaiserlich«; zu *imperium* »Befehl, Herrschaft, Staatsgewalt«]

im|pe|ri|a|lis|tisch ⟨Adj.⟩ den Imperialismus betreffend, auf ihm beruhend

Im|pe|ri|um ⟨das; -s, -ri|en⟩ Weltmacht, -reich, bes. das röm. Weltreich [lat., »Befehl, Herrschaft, Staatsgewalt«]

im|per|ti|nent ⟨Adj.⟩ frech, ungehörig, unverschämt; *~es Verhalten* [<lat. *impertinens* »nicht dazugehörig« <*in...*[2] + *pertinere* »sich erstrecken, sich beziehen auf etwas«]

Im|pli|ka|ti|on ⟨die; -, -en⟩ **1** das Implizieren, Einbeziehung einer Sache in eine andere; *dieses Ereignis hat zahlreiche ~en* **2** ⟨Logik⟩ logische Beziehung zwischen zwei Sachverhalten, von denen der eine den anderen in sich schließt od. schließen soll, »wenn ..., dann ...«-Beziehung; *Sy* Subjunktion (1)

im|pli|zie|ren ⟨V.⟩ miteinschließen, einbeziehen, mitmeinen [<lat. *implicare* »hineinwickeln«]

im|pli|zit ⟨Adj.⟩ **1** einbegriffen, miteinbezogen **2** mitgemeint, aber nicht ausdücklich gesagt; *Ggs* explizit

Im|plo|si|on ⟨die; -, -en⟩ Zerstörung eines Hohlkörpers, in dem verringerter Luftdruck herrscht, durch Druck von außen; *Ggs* Explosion (1.2) [<*In...*[1] + *Explosion*]

im|po|nie|ren ⟨V.⟩ *jmdm.* ~ großen Eindruck auf jmdn. machen [<lat. *imponere* »auflegen, auferlegen«]

Im|port ⟨der; -(e)s, -e; Wirtsch.⟩ Einfuhr von Waren (aus dem Ausland); *Ggs* Export [engl., »Einfuhr«; zu lat. *importare* »*hineintragen*«]

im|por|tie|ren ⟨V.⟩ (aus dem Ausland) einführen; *Waren ~; Ggs* exportieren [<lat. *importare* »hineintragen«]

im|po|sant ⟨Adj.⟩ mächtig, stattlich, groß u. eindrucksvoll (Gebäude, Gestalt); *ein ~es Denkmal; eine ~e Leistung* [frz., »großartig, eindrucksvoll«]

im|po|tent ⟨Adj.⟩ *Ggs* potent (2) **1** ⟨i. w. S.⟩ unfähig zum Geschlechtsverkehr (bei Männern) **2** ⟨i. e. S.⟩ unfruchtbar, zeugungsunfähig [<lat. *impotens* »ohne Macht, schwach«]

Im|po|tenz ⟨die; -; unz.⟩ **1** Unfähigkeit (des Mannes) zum Geschlechtsverkehr; *Ggs* Potenz (1) **2** Unfruchtbarkeit des Mannes; *Ggs* Potenz (2) **3** ⟨fig.⟩ Unvermögen, Schwäche

im|prä|gnie|ren *auch:* **im|präg|nie|ren** ⟨V.⟩ *Gewebe, Holz* ~ mit Chemikalien als Schutzmittel tränken, um es gegen äußere Einflüsse widerstandsfähig zu machen; *ein imprägnierter Mantel* [<lat. *impraegnare* »schwängern«]

Im|pre|sa|rio ⟨der; -s, -s od. -sa|ri⟩ Theater- u. Konzertunternehmer, der für einen Künstler Konzerte u. Ä. arrangiert u. die Verträge für ihn vorbereitet [ital., »Unternehmer«]

Im|pres|si|on ⟨die; -, -en⟩ Eindruck, Empfindung, Sinneswahrnehmung [<lat. *impressio* »Eindruck der Erscheinungen auf die Seele« u. frz. *impression* »Eindruck«]

Impressionismus: Eine Ende des 19. Jahrhunderts in Frankreich entstandene Richtung der Malerei, die die Wirklichkeit so wiedergeben will, wie sie dem Künstler im Augenblick erscheint, gekennzeichnet durch feine Farbabstufungen und verwischte Konturen (z. B. bei Auguste Renoir, Claude Monet u. a.). Der *Impressionismus* griff auch auf die Literatur über, wo er subjektive

Eindrücke, Seelenregungen und Stimmungen durch feinste Abstufungen des Ausdrucks wiederzugeben suchte (z. B. bei Charles Baudelaire, Marcel Proust u. a.). In der Musik (z. B. bei Claude Debussy) bezeichnet der Begriff *Impressionismus* die Wiedergabe subjektiver Eindrücke und Stimmungen durch eine differenzierte, teilweise sphärische und von der ostasiatischen Musik beeinflusste Harmonik.

Im|pres|si|o|nis|mus ⟨der; -; unz.⟩ eine von der Malerei ausgehende Kunstrichtung

Im|pres|sum ⟨das; -s, -pres|sen⟩ 1 für Zeitungen u. Zeitschriften vorgeschriebener Vermerk mit dem Namen des verantwortlichen Herausgebers, der Druckerei u. Angaben über den Verlagsort usw. 2 in Büchern Vermerk mit dem Copyright, Verlagsort u. Erscheinungsjahr, der Auflagenhöhe u. dem Namen der Druckerei [lat., Part. Perf. zu *imprimere* »hineindrücken«]

im|pri|ma|tur ⟨Abk.: imp., impr.⟩ es werde gedruckt, es kann gedruckt werden (Vermerk des Auftraggebers einer Druckerei auf Korrekturabzügen); *Ggs* damnatur

Im|pri|ma|tur ⟨das; -s; unz.⟩ Druckerlaubnis [lat., »es möge gedruckt werden«; zu *imprimere* »hineindrücken«]

Im|print ⟨das od. der; -s, -s; Buchw.⟩ Verlag, der einem größeren Verlag angeschlossen ist [engl., eigtl. »Impressum«]

Im|pro|vi|sa|ti|on ⟨[-vi-] die; -, -en⟩ 1 unvorbereitete Handlung 2 etwas aus dem Stegreif Dargebotenes (Rede, Gedicht usw.) [<ital. *improvisazione* u. frz. *improvisation* »Stegreifvortrag«; → *improvisieren*]

im|pro|vi|sie|ren ⟨[-vi-] V.⟩ 1 ohne Vorbereitung tun 2 aus dem Stegreif vortragen 3 ⟨Theat.⟩ etwas sprechen, einfügen, was nicht in der Rolle steht [<ital. *improvvisare* u. frz. *improviser* »aus dem Stegreif sprechen, dichten oder singen«; zu lat. *improvisus* »nicht vorhergesehen, unvermutet«]

Im|puls ⟨der; -es, -e⟩ 1 plötzlicher Antrieb, Anstoß, Anregung 2 Augenblicksentschluss; *einen ~ zu etwas geben* 3 ⟨Physik⟩ die Bewegungsgröße eines Körpers, das Produkt aus Masse u. Geschwindigkeit 4 kurzzeitig wirkende Kraft (Schlag, Stoß) 5 kurzer elektrischer Spannungs- od. Stromstoß [<lat. *impulsus* »angestoßen, angetrieben«, Part. Perf. zu *impellere* »anstoßen, antreiben«]

im|pul|siv ⟨Adj.⟩ 1 durch einen Impuls veranlasst 2 einem Impuls folgend, spontan handelnd; *~ reagieren*

in...[1], **In...**[1] ⟨vor b, m, p⟩ im..., Im... ⟨vor l⟩ il..., Il... ⟨vor r⟩ ir..., Ir... ⟨Vorsilbe⟩ ins Innere, hinein, im Inneren [lat.]

in...[2], **In...**[2] ⟨vor b, m, p⟩ im..., Im... ⟨vor l⟩ il..., Il... ⟨vor r⟩ ir..., Ir... ⟨Vorsilbe⟩ un..., nicht [lat.]

In|au|gu|ra|ti|on ⟨die; -, -en⟩ feierliche Einsetzung in ein akademisches Amt od. eine akademische Würde [<lat. *inauguratio* »Einweihung«]

in|au|gu|rie|ren ⟨V.⟩ 1 in ein Amt einsetzen 2 feierlich einweihen 3 beginnen, einleiten [<lat. *inaugurare* »einweihen«]

In|cen|tive ⟨[ınsɛntıv] der; -s, -s⟩ 1 ⟨Wirtsch.⟩ Gratifikation od. Bonus, durch die bzw. den Mitarbeiter motiviert werden sollen 2 ⟨allg.⟩ Anreiz, eine bestimmte Tätigkeit auszuführen [engl., »Anreiz«]

In|de|fi|nit|pro|no|men ⟨das; -s, - od. -mina; Gramm.⟩ Pronomen, das anstelle einer nicht genannten Person od. Sache steht, unbestimmtes Fürwort, *z. B. man, einem, jeder, jemand, nichts*; *Sy* Indefinitum

In|de|fi|ni|tum ⟨das; -s, -ni|ta; Gramm.⟩ = Indefinitpronomen [<lat. *indefinitum*, »das Unbestimmte«; zu *definire* »bestimmen, abgrenzen«]

In|dex ⟨der; -es od. -, -e od. -di|ces od. -di|zes⟩ 1 Namen-, Sach-, Stichwortverzeichnis, Register; *ein Wort im ~ nachschlagen* 2 ⟨kurz für⟩ *~ librorum prohibitorum* Verzeichnis der von der kathol. Kirche verbotenen Schriften; *ein Buch auf den ~ setzen* 3 tiefgestellte Ziffer verschiedener Funktionen, *z. B.* L_2 4 zur Verbesserung der Übersichtlichkeit von Statistiken meist mit 100 gleichgesetzte Zahl, auf die die übrigen Werte einer Reihe bezogen werden, Maßzahl [lat., »Register«]

In|di|ces ⟨Pl.⟩ Index

in|dif|fe|rent ⟨Adj.⟩ **1** unbestimmt, auf keinen Reiz ansprechend **2** gleichgültig, teilnahmslos [<*in...*[2] + lat. *differens*, Part. Präs. zu *differe* »sich unterscheiden«]

In|dif|fe|renz ⟨die; -; unz.⟩ **1** Unbestimmtheit **2** Gleichgültigkeit, Wirkungslosigkeit [→ *indifferent*]

In|di|ka|ti|on ⟨die; -, -en; Med.⟩ **1** Anzeichen, Merkmal, aus der Diagnose sich ergebende Veranlassung, ein bestimmtes Heilverfahren anzuwenden **2** (gesetzlicher) Grund, einen Schwangerschaftsabbruch durchzuführen; *soziale, medizinische, ethische* ~ [<lat. *indicatio* »Anzeige, Aussage«]

In|di|ka|tiv ⟨der; -s, -e [-və]; Abk.: Ind.; Gramm.⟩ Wirklichkeitsform des Verbums, *z. B. ich gehe, er schläft; →a.* Konjunktiv [<lat. (*modus*) *indicativus* »anzeigende Form«; zu *modus* »Art, Form« + *indicare* »anzeigen«]

In|di|ka|tor ⟨der; -s, -to|ren⟩ Stoff, der durch Farbänderung anzeigt, ob eine Lösung alkalisch, neutral od. sauer reagiert [<lat. *indicator* »Anzeiger«]

in|dis|kret ⟨Adj.⟩ nicht verschwiegen, neugierig, taktlos; *Ggs* diskret

In|dis|kre|ti|on ⟨die; -, -en⟩ Mangel an Verschwiegenheit, Neugierde, Taktlosigkeit; *Ggs* Diskretion; *eine* ~ *begehen*

in|dis|ku|ta|bel ⟨Adj.⟩ keiner Erörterung wert, nicht in Frage kommend; *ein indiskutabler Vorschlag*

In|di|um ⟨das; -s; unz.; chem. Zeichen: In⟩ chem. Element, silberweißes, sehr weiches Metall, Ordnungszahl 49 [nach den *indigo*blauen Spektrallinien des Metalls]

In|di|vi|du|a|lis|mus ⟨[-vi-] der; -; unz.⟩ **1** Lehre, die dem Einzelwesen u. seinen Interessen in der Gemeinschaft den Vorrang gibt **2** Betonung der Interessen des Einzelnen **3** Vertretung der eigenen Interessen

In|di|vi|du|a|li|tät ⟨[-vi-] die; -, -en⟩ **1** ⟨unz.⟩ Gesamtheit der Eigenarten des Einzelwesens **2** ⟨zählb.⟩ das durch eigenes Gepräge gekennzeichnete Einzelwesen u. seine Interessen

in|di|vi|du|ell ⟨[-vi-] Adj.⟩ **1** das Individuum betreffend, zu ihm gehörig **2** der Eigenart des Einzelnen entsprechend, persönlich; *~e Bedürfnisse; das ist ~ verschieden* [<frz. *individuel*]

In|di|vi|du|um ⟨[-vi:-] das; -s, -du|en⟩ **1** das Einzelwesen in seiner Besonderheit, im Verhältnis zur Gemeinschaft **2** ⟨umg.; verächtl.⟩ unbekannte Person, Kerl [<lat. *individuus* »unteilbar« <*in...* »nicht« + *dividere* »teilen«]

In|diz ⟨das; -es, -di|zi|en⟩ **1** Tatsache, die auf das Vorhandensein einer anderen schließen lässt **2** Tatsache, die eine Straftat nicht unmittelbar erweist, aber auf diese schließen lässt; *~ienbeweis; ~ienprozess* [<lat. *indicium* »Anzeichen, Beweis«]

In|di|zes ⟨Pl. von⟩ Index

in|do|eu|ro|pä|isch ⟨Adj.⟩ = indogermanisch

In|do|ger|ma|ne ⟨der; -n, -n⟩ Angehöriger eines Volkes der indogermanischen Sprachfamilie; *Sy* Arier (2)

in|do|ger|ma|nisch ⟨Adj.; Abk.: idg.⟩ zu den Indogermanen gehörig, von ihnen stammend; *Sy* indoeuropäisch; *~e Sprachen* aus einer angenommenen (nicht überlieferten) Ursprache entstandene, von Indien über Westasien bis Europa verbreitete Sprachfamilie, zu der z. B. sowohl die roman., german. u. slaw. Sprachen als auch Griechisch, Armenisch u. Iranisch gehören

In|dok|tri|na|ti|on *auch:* **In|dokt|ri|na|ti|on** ⟨die; -; unz.⟩ ideologische Beeinflussung [<*In...*[1] + *Doktrin*]

in|door ⟨[-dɔ:(r)] Adv.⟩ in geschlossenen Räumen, in der Halle; *Ggs* outdoor [engl.]

In|door... ⟨[-dɔ:r] in Zus.⟩ in geschlossenen Räumen ausgetragene Betätigung, vor allem sportlicher Natur, *z. B. Indoorfußball; Ggs* Outdoor... [<engl. *indoor* »Haus..., Hallen...«]

In|duk|ti|on ⟨die; -, -en⟩ **1** ⟨Philos.⟩ Schlussfolgerung vom Besonderen, vom Einzelfall auf das Allgemeine; *Ggs* Deduktion **2** *vollständige* ~ ⟨Math.⟩ Beweisverfahren mit dem Ziel, eine von einer Anzahl n abhängige Beziehung B_n auch für die Anzahl n+1 als gültig zu erweisen, Schluss von n auf n+1 **3** ⟨El.⟩ Verknüpfung zeitlich veränderlicher elektrischer u. magnetischer Felder, die

I

durch Bewegen eines elektrischen Leiters in einem Magnetfeld entstehen [<lat. *inductio* »das Hineinführen«; zu *inducere* »hineinführen«]

in|duk|tiv ⟨Adj.⟩ **1** ⟨Philos.⟩ aus Induktion gewonnen **2** durch elektrische Induktion entstehend; *~er Widerstand*

◆ Die Buchstabenfolge **in|dus|tr...** kann auch **in|dust|r...** getrennt werden.

◆**in|dus|tri|a|li|sie|ren** ⟨V.⟩ *ein Land ~* in einem Land die Industrie entwickeln, industrielle Herstellungsmethoden einführen

◆**In|dus|trie** ⟨die; -, -n⟩ **1** aus dem Handwerk hervorgegangene Form wirtschaftl. Tätigseins mit dem Ziel der Verarbeitung von Rohstoffen u. Halbfabrikaten; gekennzeichnet durch Massenproduktion, umfangreichen Maschineneinsatz u. weitgehende Arbeitsteilung **2** Gesamtheit der Fabrikbetriebe; *Metall~, Textil~; chemische, einheimische, keramische, weiterverarbeitende ~* [frz. <lat. *industria* »Fleiß, Betriebsamkeit«]

◆**in|dus|tri|ell** ⟨Adj.⟩ die Industrie betreffend, zu ihr gehörig, mit Hilfe der Industrie (hergestellt); *~e Revolution* die durch technische Erfindungen (Dampfmaschine u. a.) im 18. Jh. in England eingeleitete Industrialisierung, die zu einer Umwandlung der gesamten Wirtschafts- u. Sozialordnung Westeuropas führte

in|du|zie|ren ⟨V.⟩ **1** ⟨Philos.⟩ durch Induktion (1) schließen; *Ggs* deduzieren **2** durch Induktion (3) erzeugen; *elektrischen Strom ~* [<lat. *inducere* »hineinführen, hineinleiten«]

in|ef|fi|zi|ent ⟨Adj.⟩ *Ggs* effizient **1** unwirksam, nicht leistungsfähig **2** unwirtschaftlich; *eine ~e Arbeitsweise*

In|ef|fi|zi|enz ⟨die; -; unz.⟩ *Ggs* Effizienz **1** Unwirksamkeit, mangelnde Leistungsfähigkeit **2** Unwirtschaftlichkeit

in|fam ⟨Adj.⟩ niederträchtig, abscheulich; *eine ~e Lüge* [<lat. *infamis* »verrufen«]

In|fa|mie ⟨die; -, -n⟩ **1** ⟨unz.⟩ Niederträchtigkeit **2** ⟨zählb.⟩ niederträchtige Handlung [<lat. *infamia* »übler Ruf, Schande«]

In|farkt ⟨der; -(e)s, -e; Med.⟩ durch Unterbrechung der Blutversorgung abgestorbenes Gewebe eines begrenzten Organteils; *Herz~* [<nlat. *infarctus* <lat. *infartus,* Part. Perf. zu *infarcire* »hineinstopfen«]

In|fekt ⟨der; -(e)s, -e; Med.⟩ **1** vollzogene Ansteckung **2** ansteckende Krankheit **3** = Infektion [<lat. *infectum,* Part. Perf. zu *inficere* »vergiften, verderben, anstecken«]

In|fek|ti|on ⟨die; -, -en; Med.⟩ Ansteckung, Übertragung von Krankheitserregern; →*a.* Invasion (3) [<lat. *infectio;* zu *inficere* »vergiften, verderben, anstecken«]

in|fek|ti|ös ⟨Adj.⟩ ansteckend, mit Krankheitserregern behaftet

in|fer|na|lisch ⟨Adj.⟩ **1** höllisch, teuflisch **2** ⟨umg.⟩ unerträglich; *~e Hitze* [<lat. *infernum* »das Untere, Unterwelt«]

In|fer|no ⟨das; -s; unz.⟩ Hölle, Unterwelt [ital., »Hölle« <lat. *infernum* »das Untere, Unterwelt«]

In|fil|tra|ti|on *auch:* **In|filt|ra|ti|on** ⟨die; -, -en⟩ **1** ⟨Med.⟩ das Eindringen von Gewebeteilen, Zellen od. Flüssigkeiten in anderes Gewebe, wo es normalerweise nicht hingehört **2** (ideologische) Unterwanderung [→ *infiltrieren*]

in|fil|trie|ren *auch:* **in|filt|rie|ren** ⟨V.⟩ **1** eindringen, einsickern **2** einflößen **3** ⟨Med.⟩ eine Infiltration (1) hervorrufen in, bei [<*in...*[1] + frz. *filtrer* »filtern« <mlat. *filtrare*]

in|fi|nit ⟨a. [--'-] Adj.; Gramm.⟩ im Hinblick auf Person u. Numerus unbestimmt; *Ggs* finit; *~es Verb* nicht konjugierte Verbalform, *z. B. Infinitiv, Partizip; Sy* Verbum infinitum [<lat. *infinitus* »unbegrenzt < *in* »nicht« + *finire* »begrenzen«]

In|fi|ni|tiv ⟨a. [---'-] der; -s, -e [-və]; Abk.: Inf.; Gramm.⟩ Grundform des Verbs, Nennform, *z. B. »gehen«* [<lat. *(modus) infinitivus* »nicht näher bestimmte Zeitwortform«; zu *modus* »Art, Form« + *finire* »bestimmen, begrenzen«]

in|fi|zie|ren ⟨V.; Med.⟩ anstecken, mit Krankheitserregern verseuchen [<lat. *inficere* »vergiften, verderben, anstecken«, eigtl. »hineintun«]

in fla|gran|ti *auch:* **in flag|ran|ti** ⟨Adv.⟩ auf

I

frischer Tat; *jmdn. ~ ertappen* [lat., »im brennenden (Zustand)«]

In|fla|ti|on ⟨die; -, -en; Wirtsch.⟩ starke Ausweitung des Geldumlaufs ohne entsprechende Erhöhung der Produktion, Geldentwertung; *Ggs* Deflation [<lat. *inflatio* »Anschwellung, Aufblähung«]

In|for|mant ⟨der; -en, -en⟩ jmd., der einen anderen informiert, Gewährsmann für eine Information; *der ~ wollte anonym bleiben* [→ *informieren*]

Informatik: Das Wort *Informatik* (englisch: *computer science* oder *informatics*) bezeichnet die Erforschung der maschinellen Verarbeitung und Übermittlung von Informationen mit Hilfe von Computern. Die *Informatik* hat sich als eine Teildisziplin der Mathematik recht schnell zu einem eigenständigen Fach entwickelt und ist seit dem Beginn der 1970er Jahre ein Hochschulfach in Deutschland. Die rasche Entwicklung der elektronischen Datenverarbeitung während der letzten Jahrzehnte hat die *Informatik* zu einer heute in nahezu allen wirtschaftlichen und gesellschaftlichen Bereichen des Lebens präsenten Wissenschaft werden lassen.

In|for|ma|tik ⟨die; -; unz.⟩ Wissenschaft u. Technik elektron. Datenverarbeitung

In|for|ma|ti|on ⟨die; -, -en⟩ Auskunft, Nachricht, Aufklärung; *~en einholen, erhalten; jmdm. eine ~ (über jmdn. od. etwas) geben* [<lat. *informatio* »Formung, Bildung durch Unterweisung«]

In|for|ma|ti|ons|tech|no|lo|gie ⟨die; -; unz.; Abk.: IT⟩ elektron. Datenverarbeitung mit dem Ziel, Vorgänge zu automatisieren u.die Kommunikation zwischen einzelnen Bereichen zu verbessern

in|for|ma|tiv ⟨Adj.⟩ eine Information, Informationen enthaltend; *ein ~er Bericht, Artikel*

in|for|mell ⟨[--'-] Adj.⟩ **1** nicht formell, ohne Formalitäten; *Ggs* formell (1); *ein ~es Gespräch* **2** *~e Malerei* frei von geometrischen u. kompositorischen Regeln arbeitende Richtung der Malerei

in|for|mie|ren ⟨V.⟩ **1** *jmdn. ~* jmdm. Auskunft erteilen, jmdn. benachrichtigen **2** aufklären, belehren; *sich über etwas ~* sich unterrichten, Erkundigungen einziehen [<lat. *informare* »formen, eine Gestalt geben, durch Unterweisung bilden« <*in...* »hinein...« + *forma* »Gestalt«]

♦ Die Buchstabenfolge **in|fra...** kann auch **inf|ra...** getrennt werden.

♦ **in|fra..., In|fra...** ⟨Vorsilbe⟩ unterhalb [lat.]

♦ **in|fra|rot** ⟨Adj.⟩ zum Bereich des Infrarots gehörend

♦ **In|fra|rot** ⟨das; -s; unz.⟩ die nicht sichtbare Wärmestrahlung, die sich im Spektrum mit steigender Wellenlänge an das Gebiet des roten Lichts anschließt

♦ **In|fra|struk|tur** ⟨die; -, -en⟩ alle für die Funktionsfähigkeit der Wirtschaft eines Landes notwendigen Verhältnisse, Einrichtungen u. Anlagen, z. B. Arbeitskräfte, Straßen, Kanalisation, Energieversorgung usw.

In|fu|si|on ⟨die; -, -en; Med.⟩ das Einführen größerer Flüssigkeitsmengen in den Körper mit Kanülen und Tropf; *intravenöse ~* [<lat. *infusio* »Aufguss«]

In|ge|ni|eur ⟨[ɪnʒənjøːr] der; -s, -e; Abk.: Ing.⟩ Techniker mit wissenschaftlicher Ausbildung [frz., bis ins 18. Jh. »Kriegsbaumeister«; zu lat. *ingenium* »Scharfsinn«, mlat. »Kriegsgerät«]

In|ha|la|ti|on ⟨die; -, -en; Med.⟩ das Einatmen von Dämpfen od. Gasen zu Heilzwecken od. zur Narkose [<lat. *inhalatio* »das Einhauchen, Hauch«; zu *inhalare* »einhauchen«]

in|ha|lie|ren ⟨V.; Med.⟩ *Dämpfe, Gase ~* (zu Heilzwecken) einatmen [<lat. *inhalare* »einhauchen«]

in|hu|man ⟨a. ['---] Adj.⟩ *Ggs* human **1** unmenschlich, menschenunwürdig **2** rücksichtslos, hartherzig

In|i|ti|al ⟨[-tsjaːl] das; -s, -e⟩ = Initiale

In|i|ti|a|le ⟨[-tsjaːlə] die; -, -n⟩ großer Anfangsbuchstabe (in Büchern des MA oft reich verziert); *oV* Initial [<lat. *initialis* »anfänglich, am Anfang stehend«; zu *initium* »Anfang«]

In|i|ti|a|li|sie|rung ⟨[-tsja:-] die; -, -en; EDV⟩ **1** Vorbereitung einer Diskette für die Benutzung mit einem Betriebssystem; →*a.* formatieren 2 Herstellung eines bestimmten Ausgangszustandes der Hard- u. Software

In|i|ti|a|ti|on ⟨[-tsja-] die; -, -en⟩ 1 Einweihung 2 Aufnahme in einen Geheimbund 3 ⟨bei Naturvölkern⟩ feierliche Aufnahme der (männlichen) Jugendlichen in die Gemeinschaft der Erwachsenen [<lat. *initiare* »den Anfang machen, einführen, einweihen«]

In|i|ti|a|ti|ons|ri|tus ⟨der; -, -ri|ten⟩ 1 ⟨Soziol.⟩ symbol. Handlung, Zeremonie, durch die jmd. in eine Gemeinschaft aufgenommen wird 2 ⟨bei traditionellen Völkern⟩ Ritus bei der Initiation (2), z. B. Beschneidung

In|i|ti|a|ti|ve ⟨[-tsjati:və] die; -, -n⟩ 1 der erste Schritt zu einer Handlung; *die ~ ergreifen; auf jmds. ~ hin* 2 ⟨unz.⟩ Entschlusskraft, Unternehmungsgeist; *er hat die nötige, keine ~* 3 Gruppe von Personen, die sich zur Durchsetzung bestimmter Forderungen zusammengefunden haben; *Bürger~; Eltern~* [<lat. *initiare* »den Anfang machen, einführen, einweihen«; zu *initium* »Anfang«]

in|i|ti|ie|ren ⟨[-tsii:-] V.⟩ 1 den Anstoß geben für, in die Wege leiten 2 einweihen, einführen [<lat. *initiare* »den Anfang machen, einführen, einweihen«]

In|jek|ti|on ⟨die; -, -en⟩ 1 ⟨Med.⟩ Einspritzung in den Körper 2 ⟨Geol.⟩ Einschub von Magma in Spalten u. Hohlräume der Erdkruste [<lat. *iniectio* »das Hineinwerfen, -tun«]

in|ji|zie|ren ⟨V.; Med.⟩ (in den Körper) einspritzen [<lat. *inicere* »hineinwerfen, -bringen, -tun«]

In|kar|na|ti|on ⟨die; -, -en⟩ 1 ⟨unz.⟩ Fleischwerdung, Menschwerdung (Christi) 2 ⟨zählb.⟩ Verkörperung (von etwas Geistigem); *er ist die ~ des Bösen* [<lat. *incarnatio* »Fleischwerdung«]

in|klu|si|ve ⟨a. ['---və] Präp. mit Gen.; Abk.: inkl.⟩ einschließlich, eingeschlossen; *~ des Bearbeitungshonorars* ⟨bei stark gebeugten Subst. ohne Artikel im Sing. schwindet das Genitiv-s häufig⟩; *~ Trinkgeld* [<mlat. *inclusivus* »eingeschlossen«; zu lat. *includere* »einschließen«]

in|ko|gni|to *auch:* **in|kog|ni|to** ⟨Adv.⟩ 1 unerkannterweise 2 unter anderem Namen; *~ reisen* [<ital. *incognito* <lat. *incognitus* »unbekannt«]

in|kom|pe|tent ⟨Adj.⟩ *Ggs* kompetent 1 nicht zuständig, nicht befugt 2 nicht über die erforderlichen Kenntnisse verfügend, unfähig

In|kom|pe|tenz ⟨die; -, -en⟩ *Ggs* Kompetenz 1 Nichtzuständigsein, Nichtbefugnis 2 Unfähigkeit, Untauglichkeit, mangelnder Sachverstand

in|kon|gru|ent ⟨Adj.⟩ *Ggs* kongruent 1 nicht übereinstimmend 2 ⟨Math.⟩ nicht deckungsgleich; *~e Dreiecke*

In|kon|gru|enz ⟨die; -; unz.⟩ Fehlen der Kongruenz, der Deckungsgleichheit

in|kon|se|quent ⟨Adj.⟩ *Ggs* konsequent 1 nicht folgerichtig 2 unbeständig

In|kon|se|quenz ⟨die; -, -en⟩ *Ggs* Konsequenz 1 Folgewidrigkeit 2 Unbeständigkeit

in|kon|sis|tent ⟨Adj.⟩ nicht dauernd, unbeständig, unhaltbar; *Ggs* konsistent

In|kon|sis|tenz ⟨die; -; unz.⟩ Unbeständigkeit, mangelnde Haltbarkeit

In|kon|ti|nenz ⟨a. [---'-] die; -; unz.; Med.⟩ Unfähigkeit, den Harn od. Stuhl zurückzuhalten [<*In...*[2] + lat. *continentia* »das Ansichhalten, Zurückhalten«]

In|ku|ba|ti|on ⟨die; -, -en⟩ 1 ⟨Med.⟩ das Einnisten eines Krankheitserregers im Körper 2 Brutzeit der Vögel [<lat. *incubatio* »das Liegen auf den Eiern, das Brüten«]

In|ku|ba|ti|ons|zeit ⟨die; -, -en; Med.⟩ Zeit zwischen der Ansteckung u. dem Auftreten der ersten Krankheitszeichen

→ **Inquisition:** Der Laut [**kv**i] wird in lateinischen Fremdwörtern oft ***qu**i* geschrieben, z. B. in *In**qu**isition*!

In|li|ner ⟨[-laɪnə(r)] Pl.⟩ = Inlineskates

In|line|skates ⟨[-laɪnskeɪts] Pl.⟩ Rollschuhe mit (meist vier) hintereinander angeordneten Rollen, die eine hohe Geschwindigkeitsentwicklung ermöglichen; *Sy* Inliner [<engl. *in line* »in (einer) Reihe« + *rollerskate* »Rollschuh«]

in me|di|as res (unmittelbar) zur Sache [lat., »mitten in die Dinge hinein«]

in me|mo|ri|am zum Andenken, zur Erinnerung an, zum Gedächtnis [lat., »zum Andenken«]

in na|tu|ra 1 in natürl. Gestalt, leibhaftig 2 in Form von Naturalien, Waren [lat.]
In|no|va|ti|on ⟨[-va-] die; -, -en⟩ Erneuerung, Einführung von etwas Neuem, bes. im wissenschaftl.-technischen Bereich [<lat. *innovatio* »Erneuerung«; zu *novus* »neu«]
in|no|va|tiv ⟨[-va-] Adj.⟩ 1 erneuernd, Erneuerung erstrebend 2 einfallsreich, originell, kreativ; *~e Techniken*
in|of|fi|zi|ell ⟨Adj.⟩ *Ggs* offiziell 1 nicht amtlich 2 vertraulich; *~e Gespräche*
in pet|to *etwas ~ haben* in Bereitschaft, bereit, im Sinne haben [ital., »in der Brust«]
In|put ⟨der od. das; -s, -s⟩ die Daten, die in eine elektronische Datenverarbeitungsanlage hineingegeben werden; *Ggs* Output (1) [engl., »Eingabe; Investition«]
In|qui|si|ti|on ⟨die; -, -en⟩ 1 ⟨unz.; vom 13. bis 18. Jh.⟩ Institution der kath. Kirche (bes. in Spanien) zur Untersuchung u. Verfolgung von Ketzerei 2 ⟨zählb.⟩ (strenge) Untersuchung [<lat. *inquisitio*]

→ **Insider:** Der Laut [saɪ] wird in englischen Fremdwörtern oft *si* geschrieben, z. B. in *Insider*!

In|sekt ⟨das; -(e)s, -en; Zool.⟩ nach der meist scharfen Einkerbung zwischen Kopf, Brust u. Hinterleib genannte Klasse der Tracheentiere aus dem Stamm der Gliederfüßer, Kerbtier [<lat. *insectum*, Part. Perf. zu *insecare* »einschneiden«]
In|se|rat ⟨das; -(e)s, -e⟩ = Annonce [lat., »er füge ein«; zu *inserere* »einfügen«]
In|se|rent ⟨der; -en, -en⟩ jmd., der ein Inserat aufgibt od. aufgegeben hat [<lat. *inserens*, Part. Präs. zu *inserere* »einfügen«]
in|se|rie|ren ⟨V.⟩ durch ein Zeitungsinserat veröffentlichen, ausschreiben; *eine Wohnung ~; eine Stelle ~* [<lat. *inserere* »einfügen«]
In|si|der ⟨[-saɪ-] der; -s, -⟩ jmd., der einen Bereich oder bestimmte Verhältnisse aus eigener Anschauung kennt, Eingeweihter; *er ist ein Börsen~; Ggs* Outsider [engl.]

In|si|gni|en *auch:* **In|sig|ni|en** ⟨nur Pl.⟩ Abzeichen, Kennzeichen eines Herrschers od. hohen Würdenträgers (Zepter, Krone usw.) [<lat. *insignia* »Kennzeichen«]
in|sis|tie|ren ⟨V.⟩ bestehen (auf), beharren (auf); *er insistierte darauf, den Bericht eigenhändig zu schreiben* [<lat. *insistere* »sich auf etwas stellen, bei etwas innehalten, beharren«]
in|sol|vent ⟨[-vɛnt] Adj.⟩ zahlungsunfähig
In|sol|venz ⟨[-vɛnts] die; -; unz.⟩ Zahlungsunfähigkeit

◆ Die Buchstabenfolge **in|sp...** kann auch **ins|p...** getrennt werden.

◆ **In|spek|teur** ⟨[-tøːr] der; -s, -e⟩ 1 Leiter einer Inspektion 2 Aufsichtsbeamter [<frz. *inspecteur*]
◆ **In|spek|ti|on** ⟨die; -, -en⟩ 1 prüfende Besichtigung 2 Aufsicht, Überwachung 3 Prüf-, Aufsichtsstelle 4 Verwaltung, Behörde [<lat. *inspectio* »das Hineinsehen, Besichtigung«]
◆ **In|spek|tor** ⟨der; -s, -to|ren⟩ 1 Aufsicht Führender 2 Aufseher, Verwaltungsbeamter [lat., »Betrachter, Besichtiger, Untersucher«]
◆ **In|spi|ra|ti|on** ⟨die; -, -en⟩ 1 Anregung, Einfall 2 Erleuchtung, Eingebung; *eine plötzliche ~ haben* [<lat. *inspiratio* »das Einhauchen, Eingebung«]
◆ **in|spi|rie|ren** ⟨V.⟩ 1 *jmdn. (zu etwas) ~* jmdn. (zu etwas) anregen, (für etwas) begeistern, anfeuern 2 ⟨Theol.⟩ erleuchten [<lat. *inspirare* »einhauchen, einflößen«]
◆ **in|spi|zie|ren** ⟨V.⟩ prüfen, überwachen, beaufsichtigen [<lat. *inspicere* »untersuchen«]

◆ Die Buchstabenfolge **in|sta...** kann auch **ins|ta...** getrennt werden. Davon ausgenommen sind Zusammensetzungen, in denen die sprachhistorischen Bestandteile deutlich erkennbar sind, z. B. *instabil.*

in|sta|bil ⟨Adj.⟩ *Ggs* stabil 1 ⟨allg.⟩ nicht stabil, nicht beständig 2 ⟨Chemie⟩ *~e Verbindungen* V., die sich innerhalb kurzer Zeit zersetzen
In|sta|bi|li|tät ⟨die; -; unz.⟩ instabile Be-

schaffenheit, leichte Zerstörbarkeit, Unbeständigkeit; *Ggs* Stabilität

◆**In|stal|la|ti|on** ⟨die; -, -en⟩ **1** das Einrichten von techn. Anlagen in Gebäuden (Wasser, Heizung, Gas, Elektrizität usw.) **2** ⟨Kunst⟩ Aufstellung von Objekten, Gegenständen od. Materialien mit künstler. Zielsetzung unter Ausnutzung des Raumes; *Video~* [→ *installieren*]

◆**in|stal|lie|ren** ⟨V.⟩ einrichten, einbauen; *technische Anlagen ~; ein Computerprogramm ~* [<frz. *installer* »einweisen, einrichten, einbauen«; zu *stalle* »Sitz, Stuhl, Verschlag«]

◆**In|stanz** ⟨die; -, -en; Abk.: Inst.⟩ **1** zuständige Behörde **2** ⟨Rechtsw.⟩ zuständige Stufe des gerichtl. Verfahrens; *über die Klage in erster ~ entscheiden* [<mhd. *instancie* <mlat. *instantia* »(drängendes) Daraufbestehen; beharrl. Verfolgung einer Gerichtssache; zuständige Stelle, vor der man sein Begehren vorbringt«]

◆ Die Buchstabenfolge **in|sti...** kann auch **ins|ti...** getrennt werden.

◆**In|stinkt** ⟨der; -(e)s, -e⟩ **1** angeborener Naturtrieb, der Menschen u. Tiere auf bestimmte Umweltreize ohne Überlegung reagieren lässt, unbewusster Antrieb; *seinem ~ folgen, gehorchen; etwas aus ~ tun; ~e wecken;* **2** Ahnungsvermögen, sicheres Gefühl; *sie ist mit einem feinen ~ ausgestattet* [<mlat. *instinctus (naturae)* »Naturtrieb«]

◆**in|stink|tiv** ⟨Adj.⟩ einem Instinkt folgend, gefühlsmäßig, unwillkürlich

◆**In|sti|tut** ⟨das; -(e)s, -e⟩ Anstalt, Einrichtung, die bes. der Ausbildung, Erziehung u. wissenschaftl. Arbeit dient; *~ für Wirtschaftsforschung* [<lat. *institutum* »Einrichtung«]

◆**In|sti|tu|ti|on** ⟨die; -, -en⟩ **1** ⟨unz.⟩ Einsetzung, Einweisung (in ein Amt) **2** (staatl.) Einrichtung, z.B. Parlament, Behörden **3** Stiftung, Gesellschaft [<lat. *institutio* »Einrichtung«]

◆ Die Buchstabenfolge **in|str...** kann auch **ins|tr...** oder **inst|r...** getrennt werden.

◆**in|stru|ie|ren** ⟨V.⟩ **1** in Kenntnis setzen (von), unterrichten (von) **2** Anweisungen, Verhaltensmaßregeln geben; *jmdn. genaustens ~* [<lat. *instruere* »ausrüsten, unterweisen«]

◆**In|struk|ti|on** ⟨die; -, -en⟩ **1** Anweisung, Verhaltensmaßregel; *neue ~en erhalten* **2** Unterricht (bes. beim Militär), Unterweisung [<lat. *instructio* »Herrichtung, Ausrüstung, Unterweisung«]

◆**In|stru|ment** ⟨das; -(e)s, -e⟩ **1** Gerät, Werkzeug (bes. für wissenschaftliche Untersuchungen); *Mess~; chirurgische ~e* **2** Mittel; *ein ~ der Macht* **3** ⟨Musik⟩ Musikinstrument, z.B. Geige, Kontrabass, Gitarre; *ein ~ beherrschen, erlernen, spielen* [<lat. *instrumentum* »Gerät, Werkzeug«]

◆**In|stru|men|ta|ti|on** ⟨die; -, -en⟩ **1** die wirkungsvolle Verteilung der Stimmen einer Komposition auf die verschiedenen Instrumente **2** Einrichtung eines Musikstücks für Orchester

◆**in|stru|men|tie|ren** ⟨V.⟩ *Sy* orchestrieren **1** *ein Musikstück ~* vom Entwurf einer Komposition die Stimmen wirkungsvoll auf die Orchesterinstrumente verteilen **2** (nachträglich) für Orchester einrichten

In|su|lin ⟨das; -s; unz.; Biochemie⟩ vom Inselorgan der Bauchspeicheldrüse gebildetes Hormon, das den Blutzuckerspiegel senkt, Insulinmangel führt zur Zuckerkrankheit (Diabetes mellitus) [<lat. *insula* »Insel«, nach den Langerhans'schen Inseln der Bauchspeicheldrüse]

in|sze|nie|ren ⟨V.⟩ **1** ⟨Theat.; Film; TV⟩ in Szene setzen, eine Aufführung technisch u. künstlerisch vorbereiten u. leiten **2** ⟨fig.⟩ hervorrufen; *einen Skandal ~* [<*in...*[1] + *Szene*]

In|sze|nie|rung ⟨die; -, -en; Theat.⟩ technische u. künstlerische Vorbereitung, Gestaltung u. Leitung einer Theateraufführung

in|takt ⟨Adj.⟩ unbeschädigt, unversehrt, unberührt; *trotz des schweren Unfalls war der Motor des Wagens noch ~* [<lat. *intactus* »unberührt«]

In|tar|sie ⟨[-sjə] die; -, -n⟩ Einlegearbeit, Verzierung (von Holzgegenständen, bes. Möbeln) durch andersfarbiges Holz, Perlmutt, Elfenbein u.Ä. [<ital. *intarsiare* »eingelegte Arbeit fertigen«;

zu *tarsia* »Einlegearbeit« <arab. *tarsi* »Einlegearbeit«]

◆ Die Buchstabenfolge **in|te|gr...** kann auch **in|teg|r...** getrennt werden.

◆**In|te|gral** ⟨das; -s, -e; Zeichen: ∫; Math.⟩ ~ *von* x_0 *bis x über f(x)dx* die Summe aller Produkte f(x)dx, die man erhält, wenn man für x nach u. nach alle zwischen x u. x_0 liegenden Zahlen setzt [<mlat. *integralis* »ein Ganzes ausmachend«]

◆**In|te|gral|rech|nung** ⟨die; -; unz.; Math.⟩ Zweig der Analysis (1), der sich mit der Untersuchung der Integrale von Funktionen u. der Berechnung des Inhalts von Flächen u. Körpern beschäftigt

◆**In|te|gra|ti|on** ⟨die; -, -en⟩ **1** ⟨allg.⟩ Herstellung eines Ganzen, Zusammenschluss, Vereinigung **2** ⟨Math.⟩ Berechnung eines Integrals **3** ⟨Wirtsch.⟩ Zusammenschluss zu einem einheitlichen, übernationalen Marktgebiet **4** ⟨Pol.⟩ Abbau nationaler Verfügungsgewalt zugunsten zwischenstaatlicher Organe u. Regelungen; *die europäische* ~ **5** ⟨Soziol.⟩ Eingliederung in eine Gruppe od. Gesellschaft; *die* ~ *behinderter Menschen* [<lat. *integratio* »Wiederherstellung eines Ganzen«]

◆**in|te|grie|ren** ⟨V.⟩ **1** zu einem Ganzen bilden, ergänzen, vervollständigen; *~d* zum Ganzen notwendig, zur Vervollständigung erforderlich, wesentlich; *ein ~der Bestandteil* **2** das Integral berechnen von **3** dazunehmen, eingliedern, beteiligen, einbeziehen; *einen neuen Mitschüler in die Klasse* ~ [<lat. *integrare* »wiederherstellen, ergänzen«]

◆**In|te|gri|tät** ⟨die; -; unz.⟩ **1** Vollständigkeit **2** Unversehrtheit, Unberührtheit **3** Reinheit, Makellosigkeit, Rechtschaffenheit, Redlichkeit [<lat. *integritas* »Unversehrtheit«]

In|tel|lekt ⟨der; -(e)s; unz.⟩ Verstand, Denkvermögen [<lat. *intellectus* »Wahrnehmung, Einsicht«]

in|tel|lek|tu|ell ⟨Adj.⟩ den Intellekt betreffend, auf ihm beruhend, betont verstandesmäßig [<frz. *intellectuel* »verstandesmäßig, geistig« <lat. *intellectualis* »geistig«]

In|tel|lek|tu|el|le(r) ⟨die od. der; -n, -n⟩ Verstandesmensch, Geistesarbeiter, Wissenschaftler, Akademiker

in|tel|li|gent ⟨Adj.⟩ **1** einsichtsvoll **2** sehr schnell auffassend, klug, geistig begabt [<lat. *intelligens* »einsichtsvoll, verständig«]

In|tel|li|genz ⟨die; -; unz.⟩ **1** Einsicht **2** rasche Auffassungsgabe, Klugheit, Verstandeskraft **3** Gesamtheit der geistig Schaffenden; *die* ~ *des Landes* [<lat. *intelligentia* »Begriff, Idee, Einsicht, Verständnis«]

In|ten|dant ⟨der; -en, -en⟩ Leiter eines Theaters od. Fernseh- bzw. Rundfunksenders [frz., »Aufseher, Verwalter«; zu lat. *intendere* »seine Aufmerksamkeit auf etwas richten«]

in|ten|die|ren ⟨V.⟩ beabsichtigen, neigen zu, erstreben [<lat. *intendere* »seine Aufmerksamkeit auf etwas richten«]

In|ten|si|tät ⟨die; -; unz.⟩ **1** (innere) Anspannung, gespannte, gesteigerte Kraft, Eindringlichkeit; *er recherchierte mit großer* ~ **2** Ausmaß, Wirkungsstärke (einer Kraft); *die* ~ *des Aufpralls* **3** Stärke, Leuchtkraft (von Farben, Tönen); *ein Blau von großer* ~

in|ten|siv ⟨Adj.⟩ **1** angespannt, angestrengt; ~ *arbeiten* **2** stark kräftig; *~e Wirkung* **3** *~e Landwirtschaft* L. mit hoher Bodennutzung, hohem Aufwand u. Ertrag; *Ggs* extensive Landwirtschaft **4** tief, leuchtkräftig; *~e Farben* [<frz. *intensif* »eindringlich, stark«]

In|ten|ti|on ⟨die; -, -en⟩ Absicht, Bestreben, Vorhaben, Plan [<lat. *intentio* »Spannung, Aufmerksamkeit, Achtsamkeit«]

in|ter..., In|ter... ⟨in Zus.⟩ zwischen..., Zwischen... [<lat. *inter* »zwischen, unter«]

In|ter|ak|ti|on ⟨die; -, -en⟩ **1** Wechselwirkung, wechselseitige Beeinflussung von Individuen od. Gruppen, aufeinander bezogene Handlung **2** wechselweises Vorgehen

In|ter|ci|ty® ⟨[-sɪtɪ] der; -s, -s; Abk.: IC®; kurz für⟩ Intercityzug

In|ter|ci|ty|ex|press® ⟨[-sɪtɪ-] der; - od. -es, -e; Pl. selten; Abk.: ICE®; kurz für⟩ Intercityexpresszug

In|ter|ci|ty|ex|press|zug ⟨[-sɪtɪ-] der; -(e)s,

-zü|ge; Abk.: ICE®⟩ Eisenbahnzug der Deutschen Bahn AG, der mit einer Höchstgeschwindigkeit von 250 km/h gefahren wird [<lat. *inter* »zwischen« + engl. *city* »Stadt« + *Express*]

In|ter|ci|ty|zug ⟨[-sıtı-] der; -(e)s, -zü|ge; Abk.: IC®⟩ zwischen bestimmten Großstädten verkehrender Schnellzug [<*Inter...* + engl. *city* »Stadt« + *Zug*]

in|ter|dis|zi|pli|när *auch:* **in|ter|dis|zip|li|när** ⟨Adj.⟩ mehrere Disziplinen umfassend; *~e Forschungsprojekte; ~e Fachkonferenz*

> ◆ Die Buchstabenfolge **in|ter|e...** kann auch **in|te|re...** getrennt werden.

◆**in|ter|es|sant** ⟨Adj.⟩ **1** Interesse weckend od. fordernd **2** beachtenswert, bedeutend, anregend; *ein ~er Mensch* **3** aufschlussreich; *der Hinweis, ihre Mitteilung war sehr ~* **4** fesselnd, spannend, unterhaltend; *ein ~es Buch, Theaterstück; ~ erzählen; jetzt wird's erst ~* **5** außergewöhnlich, eigenartig, auffällig; *sich ~ machen* **6** ⟨Kaufmannsspr.⟩ vorteilhaft; *ein ~es Angebot; der Preis ist nicht ~* [<frz. *intéressant* »interessant, anziehend, fesselnd«]

> **Interesse** Bei zusammengesetzten Fremdwörtern, deren einzelne Bestandteile nicht mehr deutlich erkennbar sind, kann zwischen den einzelnen Wortbestandteilen (<lat. *inter* »zwischen« + *esse* »sein«: *Inter|esse*) oder nach Sprechsilben (*Inte|resse*) getrennt werden (→*a.* He|li|ko|pter/He|li|kop|ter).

◆**In|ter|es|se** ⟨das; -s, -n⟩ **1** Aufmerksamkeit, Beachtung; *großes, geringes, lebhaftes, reges, wachsendes ~* **2** Anteilnahme, Wissbegierde; *ihr besonderes ~ gilt der modernen Malerei; etwas mit großem ~ verfolgen* **3** Wunsch, etwas zu tun, Neigung; *geistige, literarische, naturwissenschaftliche, sportliche ~n; etwas aus ~ tun* **4** Vorteil, Nutzen; *im ~ des Verbrauchers; unsere ~n berühren sich; jmds. ~n vertreten; das ist für mich nicht von ~* **5** ⟨Kaufmannsspr.⟩ Nachfrage; *für diesen Artikel besteht kein ~* [<lat. *interesse* »sich dazwischen befinden, dabei sein, teilnehmen« <*inter* »(da)zwischen« + *esse* »sein«]

◆**in|ter|es|sie|ren** ⟨V.⟩ **1** *jmdn. ~* jmds. Interesse erregen **2** *sich für etwas ~* Interesse für etwas haben, etwas kennenlernen oder haben wollen; *sich für Kunst, für eine Ware ~* **3** *sich für jmdn. ~* jmdn. kennenlernen wollen **4** *jmdn. für eine Sache ~* jmds. Aufmerksamkeit, Anteilnahme auf eine S. lenken **5** *interessiert sein* aufgeschlossen sein; *vielseitig interessiert* **6** *an etwas interessiert sein* sich mit etwas beschäftigen wollen, etwas haben wollen; *ich bin an dem Auftrag interessiert* [<frz. *intéresser* »interessieren, Anteil nehmen«]

In|te|ri|eur ⟨[ɛ̃teriøːr] das; -s, -s od. -e⟩ **1** Inneres, Innenraum **2** Ausstattung eines Innenraums **3** ⟨Mal.⟩ Darstellung eines Innenraums [<frz. *intérieur* »innere(-r, -s), inwendig«]

In|ter|jek|ti|on ⟨die; -, -en; Gramm.⟩ Ausruf zum Ausdruck von Freude, Schreck, Schmerz, Erstaunen usw., Empfindungswort, *z. B. ach!, au!, oh!* [<lat. *interiectio* »das Dazwischenwerfen«]

in|ter|kul|tu|rell ⟨Adj.⟩ mehrere Kulturen betreffend, ihnen gemeinsam, sie verbindend; *ein ~er Austausch*

In|ter|mez|zo ⟨das; -s, -s od. -mez|zi⟩ **1** ⟨im 17./18. Jh.⟩ (heiteres) instrumentales od. szenisches Zwischenspiel in Dramen od. Opern **2** kurzes, stimmungsvolles Musikstück **3** heiterer Zwischenfall [ital., »Zwischenspiel«]

in|tern ⟨Adj.⟩ **1** im Innern befindlich, innerlich; *Ggs* extern **2** Angelegenheiten innerhalb einer Gemeinschaft betreffend, nicht für Außenstehende bestimmt, vertraulich; *eine ~e Angelegenheit* **3** in einer Anstalt, einem Internat wohnend; *~er Schüler* [<lat. *internus* »der innere, inwendig«]

In|ter|nat ⟨das; -(e)s, -e⟩ meist höhere Lehranstalt, deren Schüler(innen) in einem zur Schule gehörenden Heim wohnen u. verpflegt werden [frz.; zu lat. *internus;* → *intern*]

in|ter|na|ti|o|nal ⟨Adj.⟩ zwischen-, überstaatlich, nicht national begrenzt, mehrere Staaten bzw. Völker od. ihre Beziehungen zueinander betreffend; *Internationales Olympisches Komitee* ⟨Abk.:

IOK⟩; *ein ~er Konzern; ~e Vereinbarungen; ~e Verträge; ~e Spedition; Internationales Rotes Kreuz* ⟨Abk.: IRK⟩

Internet: In den 1960er Jahren entstand in den USA das *Arpanet* [verkürzt <engl. *Advanced Research Projects Agency* + *network*], ein Computernetzwerk, das ursprünglich militärischen bzw. geheimdienstlichen Zwecken dienen sollte. In den folgenden Jahren wurde daraus jedoch ein internationales Netzwerk, das *Internet,* entwickelt. Seit 1989 wird dieses Computernetzwerk als → *World Wide Web* bezeichnet. In den 1990er Jahren avancierte das *Internet* sehr schnell zu einem internationalen Kommunikationssystem mit vielen Millionen Nutzern und einer wachsenden Zahl von → *Onlinediensten* und elektronischen Informations- und Einkaufsmöglichkeiten.

In|ter|net ⟨das; -s; unz.; EDV⟩ weltweites Computernetz mit vielen Millionen Benutzern [verkürzt <engl. *inter*national »international« + *net*work »Netzwerk«]

In|ter|nist ⟨der; -en, -en; Med.⟩ Facharzt für innere Krankheiten [→ *intern*]

In|ter|po|la|ti|on ⟨die; -, -en⟩ **1** ⟨Math.⟩ rechnerische Ergänzung zwischen zwei bekannten Werten, um einen Zwischenwert zu erhalten **2** ⟨Sprachw.⟩ nachträgliches Einschieben von Wörtern od. Sätzen in einen Text sowie das Eingeschobene selbst [<lat. *interpolatio* »Umgestaltung«]

in|ter|po|lie|ren ⟨V.⟩ **1** ⟨Math.⟩ einen Zwischenwert feststellen **2** ⟨Sprachw.⟩ nachträglich einschieben, einfügen (in einen Text) [<lat. *interpolare* »zurichten, umgestalten«]

In|ter|pret ⟨der; -en, -en⟩ **1** Erklärer, Deuter (eines Kunstwerks od. einer Handlung) **2** Künstler als Vermittler eines (musikalischen) Kunstwerks; *ein bekannter Bach-~* [<lat. *interpres,* Gen. *interpretis* »Vermittler«]

In|ter|pre|ta|ti|on ⟨die; -, -en⟩ **1** Erklärung, Auslegung, Deutung; →*a.* Exegese; *eine ~ des Gedichtes von Goethe schreiben* **2** künstlerische Wiedergabe; *~ eines Musikstückes* [<lat. *interpretatio* »Auslegung, Deutung«]

in|ter|pre|tie|ren ⟨V.⟩ *sprachlich, sachlich, künstlerisch ~* erklären, auslegen, deuten

In|ter|punk|ti|on ⟨die; -, -en; Gramm.⟩ Anwendung von Satzzeichen nach bestimmten Regeln, Zeichensetzung [<lat. *interpunctio* »Unterscheidung, Abteilung (der Wörter) durch Punkte«; zu *pungere* »stecken«]

In|ter|re|gnum *auch:* **In|ter|reg|num** ⟨das; -s, -re|gnen od. -re|gna⟩ **1** Zwischenregierung, vorläufige Regierung **2** Zeitraum, während dessen eine solche Regierung herrscht **3** ⟨Gesch.⟩ im Hl. Röm. Reich die Jahre 1256-73 vom Tod Wilhelms von Holland bis zur Wahl Rudolfs von Habsburg [lat., »Zwischenregierung«]

In|ter|vall ⟨[-val] das; -s, -e⟩ **1** Zwischenraum, Zwischenzeit, Abstand, Pause **2** ⟨Musik⟩ Höhenunterschied zwischen zwei Tönen, die gleichzeitig od. nacheinander erklingen [<lat. *intervallum* »Zwischenraum«]

in|ter|ve|nie|ren ⟨[-ve-] V.⟩ dazwischentreten, einschreiten, sich einmischen, vermitteln [<lat. *intervenire* »dazwischen-, dazukommen, -treten«]

In|ter|ven|ti|on ⟨[-vɛn-] die; -, -en⟩ **1** Dazwischentreten, Einmischung, Vermittlung **2** Einmischung eines Staates in die Angelegenheiten eines anderen [<lat. *interventio* »Dazwischenkunft«]

In|ter|view ⟨[-vju:] od. ['---] das; -s, -s⟩ Befragung (meist bekannter Persönlichkeiten) durch Presse- od. Rundfunkvertreter [engl., »Zusammenkunft, Unterredung«]

In|thro|ni|sa|ti|on ⟨die; -, -en⟩ feierliche Einsetzung (eines neuen Fürsten od. Papstes), Thronerhebung [<*In...*[1] + grch. *thronos* »Stuhl, Thron«]

in|tim ⟨Adj.⟩ **1** vertraut, innig, eng; *~er Freund; mit jmdm. sehr ~ sein* **2** vertraulich, nicht für andere bestimmt; *~e Mitteilungen* **3** anheimelnd, gemütlich; *~e Beleuchtung; ~es Lokal* **4** sexuell, geschlechtlich; *mit jmdm. ~ werden* Geschlechtsverkehr beginnen [<lat. *intimus* »der innerste«]

In|ti|mi|tät ⟨die; -, -en⟩ **1** ⟨unz.⟩ Vertrautheit, Innigkeit (einer Freundschaft) **2** ⟨unz.⟩ Vertraulichkeit (von Gesprächen) **3** ⟨unz.⟩ Traulichkeit, Gemütlichkeit (eines Raumes) **4** ⟨zählb.⟩ persönl., vertrauliche Angelegenheit; *über ~en sprechen; ~en austauschen* **5** ⟨zählb.⟩ sexuelle Handlung; *es kam zu ~en* [→ *intim;* beeinflusst von frz. *intimité* »Intimität«]

in|to|le|rant ⟨Adj.⟩ unduldsam (gegen Andersdenkende, Andersgläubige), unaufgeschlossen, voreingenommen; *Ggs* tolerant [<lat. *intolerans* »unduldsam«; zu *tolerare* »ertragen«]

In|to|le|ranz ⟨die; -, -en⟩ Unduldsamkeit, Engstirnigkeit; *Ggs* Toleranz (1) [<lat. *intolerantia* »Unduldsamkeit«; zu *tolerare* »ertragen«]

In|to|na|ti|on ⟨die; -; unz.; Musik⟩ **1** ⟨im gregorian. Gesang⟩ Vorsingen der ersten Worte durch den Priester **2** ⟨Musik⟩ **2.1** Art der Tongebung, Tonansatz beim Singen od. beim Spielen eines Instruments; *reine, unreine, weiche ~* **2.2** Tonanschlag zum Stimmen der Instrumente **3** ⟨Metrik⟩ Satzmelodie [zu lat. *intonare* »die Stimme vernehmen lassen«]

◆ Die Buchstabenfolge **in|tr...** kann auch **int|r...** getrennt werden. Davon ausgenommen sind Zusammensetzungen, in denen die sprachhistorischen Bestandteile deutlich erkennbar sind, z. B. *intransitiv.*

◆ **in|tra..., In|tra...** ⟨in Zus.⟩ zwischen..., Zwischen..., innen..., Innen... [lat.]

in|tran|si|tiv ⟨Adj.; Gramm.⟩ nicht zielend; *Ggs* transitiv; *~e Verben* V., die kein Akkusativobjekt nach sich ziehen u. von denen man nur ein unpersönliches Passiv bilden kann, *z. B. »schlafen«, »helfen«* [<lat. *intransitivus* »nicht (auf ein Objekt) übergehend«; zu *transire* »hinübergehen«]

◆ **in|tri|gant** ⟨Adj.⟩ gern Intrigen spinnend, hinterlistig, ränkesüchtig [frz., »ränkesüchtig«]

◆ **In|tri|ge** ⟨die; -, -n⟩ hinterlistige Handlung, Machenschaft, Ränkespiel, Verschlagenheit, Winkelzug [<frz. *intrigue* »Ränke, Intrige«]

◆ **in|tri|gie|ren** ⟨V.⟩ Intrigen spinnen, hinterlistig handeln, Ränke schmieden; *gegen jmdn. ~* [<frz. *intriguer*]

in|trin|sisch ⟨Adj.; bes. Psych.⟩ aus dem Innern, von innen kommend, von innen bewirkt; *Ggs* extrinsisch; *~e Motivation* [<engl. *intrinsic* <lat. *intrinsecus* »inwendig, innerlich«]

◆ **in|tro..., In|tro...** ⟨in Zus.⟩ hinein..., Hinein..., ein..., Ein... [lat.]

◆ **In|tro|i|tus** ⟨der; -, -⟩ **1** Chorgesang beim Einzug des Priesters **2** Einleitungslied im evangelischen Gottesdienst **3** Einleitungssatz (eines Orgelstückes) [lat., »Eingang, Eintritt«]

◆ **in|tro|ver|tiert** ⟨[-vɛr-] Adj.⟩ nach innen gekehrt, auf das eigene Seelenleben gerichtet; *Ggs* extravertiert [<*intro...* + lat. *vertere* »wenden«]

In|tu|ba|ti|on ⟨die; -, -en; Med.⟩ Einführung eines Gummi-, Plastik- od. Metallrohrs in die Luftröhre zur künstl. Beatmung od. bei der Narkose [<*In...*[1] + lat. *tuba* »Trompete«]

in|tu|bie|ren ⟨V.; Med.⟩ eine Intubation vornehmen, z. B. zu Narkosezwecken; *einen Patienten ~*

In|tu|i|ti|on ⟨die; -, -en⟩ unmittelbares Erfassen von Situationen u. Zusammenhängen ohne Reflexion od. wissenschaftl. Analyse, instinktives Verständnis, Eingebung; *seiner ~ folgen; sich auf seine ~ verlassen* [<mlat. *intuitio* »unmittelbare Anschauung«]

in|tu|i|tiv ⟨Adj.⟩ auf Intuition beruhend, durch Intuition erfasst [<mlat. *intuitivus* »auf unmittelbarer Anschauung beruhend«]

In|va|li|de(r) ⟨[-va-] die od. der; -n, -n⟩ durch Krankheit, Unfall od. Kriegsverletzung arbeitsunfähig gewordener od. arbeitsbehinderter Mensch

In|va|li|di|tät ⟨[-va-] die; -; unz.⟩ starke Beeinträchtigung der Arbeitsfähigkeit [<frz. *invalidité* »Gebrechlichkeit«]

In|va|si|on ⟨[-va-] die; -, -en⟩ **1** widerrechtlicher (bewaffneter) Einbruch in fremdes Staatsgebiet **2** ⟨fig.; iron.⟩ Eintreffen unerwünscht vieler Personen **3** ⟨Med.⟩ Eindringen von Krankheitserregern; →*a.* Infektion [<lat. *invasio* »Angriff, gewaltsame Inbesitznahme«]

In|ven|tar ⟨[-vɛn-] das; -s, -e⟩ **1** Verzeich-

I

nis der zu einem Raum, Haus, Grundstück gehörenden Gegenstände od. zu einem Betrieb, einer Vermögensmasse (z. B. Erbe) gehörenden Gegenstände, Vermögenswerte u. Schulden **2** die Gegenstände selbst **3** Einrichtung, Bestand; *lebendes* ~ Tiere; *totes* ~ Möbel, Geräte, Vermögenswerte [<lat. *inventarium* »Vermögensverzeichnis«]

In|ven|tur ⟨[-vɛn-] die; -, -en⟩ Bestandsaufnahme aller Vermögenswerte, Aufstellung eines Inventars [<mlat. *inventura*]

In|ver|si|on ⟨[-vɛr-] die; -, -en⟩ **1** ⟨allg.⟩ Umkehrung **2** ⟨Gramm.⟩ Umkehrung der normalen Wortfolge, *z. B. »grün ist die Heide«* **3** ⟨Musik⟩ Umkehrung, Gegenbewegung einer Tonfolge **4** ⟨Genetik⟩ innerhalb desselben Chromosoms nach doppeltem Bruch erfolgende Umkehr eines Chromosomenstücks **5** ⟨Chemie⟩ Umkehrung der Drehungsrichtung bei optisch aktiven Verbindungen [<lat. *inversio* »Umkehrung«]

in|ves|tie|ren ⟨[-vɛs-] V.⟩ zum Zwecke der Investition anlegen, schaffen; *Kapital, Arbeit, Zeit (in etwas) ~; sein Geld bei der Bank ~* [<lat. *investire* »einkleiden, bekleiden«; zu *vestis* »Kleid«]

In|ves|ti|ti|on ⟨[-vɛs-] die; -, -en⟩ **1** die Beschaffung von Produktionsmitteln **2** Kapitalanlage zur Tätigung einer Investition (1) **3** planmäßig auf zukünftigen Nutzen gerichtete Tätigkeit; *das Studium ist eine ~ in die berufliche Zukunft* [<nlat. *investitio* »Einkleidung, Bekleidung«; zu lat. *vestis* »Kleid«]

In|ves|tor ⟨[-vẹs-] der; -s, -to|ren; Wirtsch.⟩ jmd., der etwas (bes. Kapital) investiert; *er sucht noch einen ~ für seine Produktidee*

in vi|tro *auch:* **in vit|ro** ⟨[-viː-]⟩ beim Versuch im Reagenzglas, beim Laborversuch [lat., »im Glase«]

> → **Invasion:** Der Laut [va] wird in lateinischen Fremdwörtern oft *va* geschrieben z. B. in *Invasion*!

In|zẹst ⟨der; -(e)s, -e⟩ **1** engste Inzucht bei Tieren u. Pflanzen zur Erhaltung deutlich ausgeprägter, wertvoller Anlagen **2** (gesetzl. verbotener) Geschlechtsverkehr zwischen Blutsverwandten, Blutschande [<lat. *incestus* »Unzucht, Blutschande«]

> **Ion:** *Ionen* sind elektrisch geladene Teilchen (Atome, Atomgruppen oder Moleküle). Die positiv geladenen *Ionen* nennt man → *Kationen,* die negativ geladenen → *Anionen.* Entsprechend ihren überzähligen oder fehlenden → *Elektronen* bezeichnet man den Ladungszustand mit »+« (+1, +2, +3 usw.) oder »-« (-1, -2, -3 usw.). *Ionen* sind in Flüssigkeiten sehr häufig, z. B. laufen in tierischen und pflanzlichen Organismen fast alle Stoffwechselprozesse über *Ionen.* Sie bewirken u. a. die elektrische Leitfähigkeit von Gasen, → *Elektrolyten* und bestimmten Festkörpern.

Ion ⟨[ioːn] od. [iːɔn] od. [iɔn] das; -s, -en; Physik⟩ elektrisch geladenes Atom, Atomgruppe od. Molekül [<grch. *ion,* Part. Präs. zu *ienai* »gehen«, eigtl. »wanderndes (Teilchen)«]

...i|on ⟨Nachsilbe; zur Bildung weibl. Subst.⟩ Suffix zur Substantivierung von Vorgangs-, Ergebnis-, Eigenschafts- u. Kollektivbezeichnungen, *z. B. Explosion, Konfusion, Gravitation, Konstellation*

io|nisch ⟨[ioː-] Adj.⟩ zu Ionien od. den Ioniern gehörig, aus Ionien, von den Ioniern stammend; *Ionische Inseln* Inselkette an der Westküste Griechenlands, zu der u. a. Korfu, Ithaka u. Kythera gehören; *~e Säule* altgrch. Säulenform mit bes. Volutenkapitellen; *~e Tonart* altgrch. Tonart, Kirchentonart mit dem Grundton c [nach den *Ioniern,* einem Stamm der Griechen in der Antike]

iPod® ⟨[aɪpɔd] der; -s, -s; EDV⟩ mobiles Abspielgerät (MP3-Player) im Taschenformat der Firma Apple für die Wiedergabe von Musikdaten, Videos u. Texten

ir...[1], **Ir...**[1] ⟨Vorsilbe⟩ = in...[1], In...[1]

ir...[2], **Ir...**[2] ⟨Vorsilbe⟩ = in...[2], In...[2]

Iri|di|um ⟨das; -s; unz.; chem. Zeichen: Ir⟩ silberweißes, sehr hartes Edelmetall, Ordnungszahl 77 [<grch. *iris,* Gen. *iridos* »Regenbogen«]

Iris ⟨die; -, -⟩ **1** ⟨grch. Myth.⟩ Götterbotin als eine Personifikation des Regenbogens **2** ⟨Anat.⟩ im Auge der Wirbeltiere u. des Menschen der vordere, durch die Hornhaut sichtbare, freie Rand der Aderhaut, Regenbogenhaut **3** ⟨Bot.⟩ Schwertlilie [<grch. *iris* »Regenbogen«]

Iro|ke|sen|schnitt ⟨der; -(e)s, -e⟩ Haarfrisur (bes. der Punks), bei der beide Seiten des Kopfes kahlgeschoren sind u. die Haare in der Mitte bürstenartig nach oben gekämmt werden

Iro|nie ⟨die; -; unz.⟩ hinter Ernst versteckter Spott, mit dem man das Gegenteil von dem ausdrückt, was man meint, seine wirkliche Meinung aber durchblicken lässt; ~ *des Schicksals* ⟨fig.⟩ zufälliges Ereignis, das dem erwarteten Verlauf überraschend widerspricht [<grch. *eironeia* »Ironie, Spott«]

iro|nisch ⟨Adj.⟩ auf Ironie beruhend, versteckt spöttisch, fein spöttelnd

ir|ra|ti|o|nal ⟨Adj.⟩ *Ggs* rational **1** mit dem Verstand nicht erfassbar **2** vernunftwidrig **3** unberechenbar **4** *~e Zahl* ⟨Math.⟩ Z., die weder ganze Zahl noch ein Quotient zweier ganzer Zahlen ist, *z. B.* $\sqrt{x}$ [<lat. *irrationalis* »unvernünftig, ohne Anwendung der Vernunft«]

Ir|ra|ti|o|na|li|tät ⟨die; -; unz.⟩ Art u. Weise des Irrationalen, Unverstand, Unvernunft, Vernunftwidrigkeit; *Ggs* Rationalität

ir|re|al ⟨Adj.⟩ nicht real, nicht wirklich, unwirklich, nicht der Wirklichkeit entsprechend; *Ggs* real

Ir|re|a|li|tät ⟨die; -, -en⟩ Unwirklichkeit; *Ggs* Realität (3)

ir|re|gu|lär ⟨Adj.⟩ von der Regel abweichend, ungesetzmäßig; *Ggs* regulär [<*in...*[2] + *regulär*]

Ir|re|gu|la|ri|tät ⟨die; -, -en⟩ Regelwidrigkeit, Unregelmäßigkeit, Ungesetzlichkeit

ir|re|le|vant ⟨[-vant] Adj.⟩ unerheblich, unbedeutend, geringfügig; *Ggs* relevant [<*in...*[2] + *relevant*]

ir|re|pa|ra|bel ⟨Adj.⟩ **1** nicht zu reparieren, nicht wiederherstellbar; *irreparable Schäden* **2** nicht heilbar [<*in...*[2] + lat. *reparabilis* »ersetzbar«]

ir|re|ver|si|bel ⟨[-ver-] Adj.⟩ nicht umkehrbar, nicht rückgängig zu machen, nur in einer Richtung verlaufend; *Ggs* reversibel [<*in...*[2] + *reversibel*]

Ir|ri|ta|ti|on ⟨die; -, -en⟩ **1** Reiz, Reizung, Erregung **2** Verwirrung, Beunruhigung; *~en stiften* [<lat. *irritatio* »Erregung, Reizung]

ir|ri|tie|ren ⟨V.⟩ **1** reizen, erregen **2** ärgern, erzürnen **3** stören **4** irremachen, verwirren, ablenken, beunruhigen; *jmdn. durch sein Verhalten* ~ [<lat. *irritare*]

is..., Is... ⟨in Zus.; Vorsilbe⟩ iso..., Iso...

Is|chi|as ⟨[ɪsçias] od. [ɪʃias] die od. umg. das od. der; -; unz.; Med.⟩ anhaltende od. vorübergehende Schmerzhaftigkeit des Hüftnervs, meist infolge eines Bandscheibenvorfalls [<grch. *ischion* »Hüftbein, Hüfte«]

ISDN ⟨Abk. für engl.⟩ Integrated Services Digital Network (dienstintegrierendes digitales Fernmeldenetz), weltweites Nachrichtensystem der Deutschen Telekom, das per Telefon Texte, Daten und Bilder übermittelt

> **Islam:** Der *Islam* ist die jüngste der großen Weltreligionen, deren Anhänger sich als → *Muslime* bezeichnen. Er geht auf die in der heiligen Schrift des *Islams*, dem → *Koran*, niedergelegte Verkündigung des arabischen → *Propheten* Mohammed (570-632 n. Chr.) zurück. Mohammed gilt nur als Prophet, d. h. als Überbringer der Religion, nicht als deren (göttliches) Zentrum (wie Jesus Christus bei den Christen). Im Koran wird der Glaube an → *Allah*, den einzigen Gott, gefordert, womit ein strikter Monotheismus verbunden ist. Die fünf Grundpfeiler des *Islams* sind der Glaube an Allah, das tägliche Pflichtgebet, die Armensteuer, das Fasten während des Ramadans und die Wallfahrt nach Mekka.

Is|lam ⟨a. ['--] der; -s; unz.⟩ von Mohammed Anfang des 7. Jh. begründete Religion, die bes. in Asien u. Afrika verbreitet ist [<arab. *islam* »Heilszustand; Hingabe an Gott«]

is|la|misch ⟨Adj.⟩ den Islam betreffend, auf ihm beruhend

Is|la|mis|mus ⟨der; -; unz.⟩ radikale Geisteshaltung, die auf den Islam gründet

is|la|mis|tisch ⟨Adj.⟩ den Islamismus betreffend, auf ihm beruhend

iso..., Iso... ⟨vor Vokalen⟩ is..., Is... ⟨in Zus.⟩ (an Zahl, Größe, Stärke, Bedeutung usw.) gleich..., Gleich... [<grch. *isos*]

Iso|ga|mie ⟨die; -; unz.; Biol.⟩ gleichgeschlechtliche Vereinigung von Gameten bei niederen Lebewesen [<*Iso...* + grch. *gamein* »heiraten«]

Iso|la|ti|on ⟨die; -, -en⟩ *Sy* Isolierung **1** das Isolieren (1); *~ von Häftlingen; ~shaft* **2** Vereinzelung, Vereinsamung; *er lebte in völliger ~* **3** das Isolieren (2); *~ gegen elektrischen Strom* **4** Gegenstand, Vorrichtung zum Isolieren (2)

iso|lie|ren ⟨V.⟩ **1** *jmdn. ~* von anderen Menschen trennen, abseitshalten, absondern; *Kranke, Häftlinge ~; jmd. ist politisch isoliert* **2** *etwas ~* gegen Feuchtigkeit, Luft, Wärme, Kälte od. Elektrizität abdichten [<ital. *isolare* »abtrennen, absondern«, eigtl. »zur Insel machen«; zu lat. *insula* »Insel«]

Iso|lie|rung ⟨die; -, -en⟩ = Isolation

Iso|me|rie ⟨die; -; unz.⟩ **1** Vorkommen zweier od. mehrerer chemisch u. physikalisch verschiedener Stoffe mit derselben Formel, aber verschiedener Struktur **2** Vorkommen von Atomkernen derselben Ordnungs- u. Massenzahl, aber verschiedenen Energiegehaltes

Iso|top ⟨das; -s, -e; Kernphysik⟩ Atomkern, der sich von einem anderen nur durch die Zahl seiner Neutronen unterscheidet, nicht aber durch die Zahl seiner Protonen; Isotope gehören daher alle demselben chemischen Element an [<*Iso...* + grch. *topos* »Ort, Platz«]

IT ⟨Abk. für⟩ Informationstechnologie

Ite|ra|tiv ⟨das; -s, -e [-və]; Gramm.⟩ Verb, das die Wiederholung eines Geschehens ausdrückt, *z. B. kränkeln »oft ein wenig krank sein«, tropfen »wiederholt Tropfen absondern«, husten »mehrmals hintereinander husten«; oV* Iterativum

Ite|ra|ti|vum ⟨[-vum] das; -s, -ti|va [-va]; Gramm.⟩ = Iterativ

Ja|ckett ⟨[ʒakɛ̣t] das; -s, -e od. -s⟩ Jacke zum Herrenanzug [<*jaquette* »Bauernkittel« (15. Jh.)]

Jack|pot ⟨[dʒækpɔt] der; -s, -s⟩ **1** ⟨Poker⟩ gemeinsamer Spieleinsatz **2** ⟨Lotto; Toto⟩ hohe Gewinnsumme aus mehreren Spielen, bei denen kein erster Rang vergeben wurde [<engl. *jack* »Bube (als Spielkarte)« + *pot* »Topf, (Wett-)Einsatz«]

Ja|de ⟨der; -; unz.; Min.⟩ grünes Gestein aus Jadeit, Nephrit od. Chloromelanit [<span. *piedra de ijada* »Lendenstein« (nach dem Volksglauben an die Heilkraft des Steines bei Schmerzen in den Flanken)]

Jah|ve ⟨[-və] im AT⟩ = Jahwe

Jah|we ⟨im AT⟩ Name des Gottes Israels, im hebr. AT durch die vier Konsonanten »jhwh«, das sog. Tetragramm, dargestellt; *oV* Jahve [hebr., »ich bin, der ich bin (und der ich sein werde)«]

Jak ⟨der; -s, -s; Zool.⟩ langhaariges Rind der zentralasiat. Hochländer, Grunzochse, gezähmt bes. in Tibet als Reit-, Last- u. Milchtier; *oV* Yak [<tib. *gyag*]

Ja|lou|sie ⟨[ʒalu-] die; -, -n⟩ Sonnenschutz vor Fenstern u. Türen aus Holz- od. Kunststoffprofilstreifen, die an Schnüren aufgezogen od. um eine Welle gewickelt werden [frz., eigtl. »Eifersucht«]

Jam|ben ⟨Metrik; Pl. von⟩ Jambus

Jam|bus ⟨der; -, Jam|ben; Metrik⟩ Versfuß aus einer unbetonten u. einer folgenden betonten Silbe [<grch. *jambos,* eigtl. »Geschoss«; zu *iaptein* »schleudern«]

Ja|nus|kopf ⟨der; -(e)s, -köp|fe⟩ Kopf mit zwei Gesichtern [nach *Janus* (lat. *Ianus*), dem altröm. Schutzgott des Hauses; zu lat. *ianua* »Tür«]

Jar|gon ⟨[ʒargɔ̃:] der; -s, -s⟩ (oft derbe) Ausdrucksweise bestimmter sozialer od. beruflicher Gesellschaftskreise innerhalb einer Sprache; *Sy* Slang (2) [frz., »Kauderwelsch«]

Jazz ⟨[dʒæz] der; -; unz.; Musik⟩ aus geistlichen Gesängen, Arbeits- u. Tanzliedern nordamerikan. Schwarzer hervorgegangener Musikstil [engl. <kreol. *jazz* »eilen«]

> **Jazz:** *Jazz* ist ein Musikstil, der Ende des 19. Jahrhunderts in den Südstaaten der USA von den dort lebenden Schwarzen entwickelt wurde. Er verbindet europäische und westafrikanische Melodik, Harmonik und Rhythmik miteinander und ist gekennzeichnet durch starke Synkopierung und Improvisation.
> Die Hauptperioden des *Jazz* sind:
> *Oldtime-Jazz* (ca. 1895-1929, umfasst u. a. New-Orleans-Jazz, Dixieland-Jazz und Chicago-Jazz);
> *Swing* (ca. 1929-1944, entspricht dem Big-Band-Jazz);
> *Modern Jazz* (ca. 1940-1960 mit Bebop, Cool Jazz und Hardbop);
> *Free Jazz* (ab ca. 1960, mit Mainstream, Popmusik, Soul, Jazzrock und Funky Jazz).

Jeans ⟨[dʒi:nz] Pl. od. umg. a. Sing.: die; -, -⟩ modisch geschnittene Hose aus widerstandsfähigem Baumwollstoff [engl. <mengl. *Jene, Gene* »Genua«, eigtl. kurz für *jean fustian* »Genueser Baumwollstoff«]

Jeep® ⟨[dʒi:p] der; -s, -s⟩ kleines, geländegängiges Kraftfahrzeug mit Vierradantrieb, meist offen (bes. für militärische Zwecke) [engl., Kurzform nach den Anfangsbuchstaben GP von *general purpose (war truck)* »Mehrzweck(kriegslastkraftwagen)«]

Jen ⟨der; - od. -s, - od. -s⟩ = Yen

Je|re|mi|a|de ⟨die; -, -n; umg.⟩ Klagelied, Gejammer [nach dem Propheten *Jeremias*]

Jet ⟨[dʒɛ̣t] der; - od. -s, -s⟩ Flugzeug mit Strahlantrieb, Düsenflugzeug [engl., »Strahl«]

> → **Yeti:** Was du nicht unter *je-* findest, kann unter ***ye-*** stehen, z. B. ***Yeti***!

Jet|lag ⟨[dʒɛ̣tlæg] der; -s, -s⟩ Beschwerden, die sich nach Langstreckenflügen aufgrund der Umstellung auf andere

J

Ortszeiten einstellen, z. B. Schlafstörungen [<*Jet* + engl. *lag* »Zeitabstand, Verzögerung«]

Je|ton ⟨[ʒətɔ̃:] der; -s, -s⟩ Spielmarke [frz., »Spielmarke«; zu *jeter* »werfen«]

Jet|set ⟨[dʒɛt-] der; -s, -s⟩ Angehörige reicher Gesellschaftsschichten, die in der Welt herumreisen, internationale High Society [<*Jet* + engl. *set* »Gruppe (von Personen)«]

Jin|gle *auch:* **Jing|le** ⟨[dʒɪŋgl] der; -s, -s⟩ möglichst einprägsame Werbemusik, oft mit einem plakativen Text kombiniert [< engl. *jingle* »klimpern, bimmeln«]

Jiu-Jit|su ⟨[dʒi:u dʒɪtsu] das; - od. -s; unz.; Sport⟩ altjapanischer Ringsport, Kunst der waffenlosen Selbstverteidigung; →*a.* Aikido, Judo [<jap. *jujutsu* »sanfte Kunst«]

Job ⟨[dʒɔp] od. engl. [dʒɔb] der; -s, -s⟩ (bes. vorübergehende) Beschäftigung, Stellung, Gelegenheit zum Geldverdienen [engl., »Arbeit, Beschäftigung, Geschäft«]

Jo|ckei ⟨[dʒɔki] od. [dʒɔke] der; -s, -s⟩ berufsmäßiger Rennreiter; *oV* Jockey [engl., Verkleinerungsform zu *Jock* <nordengl.-schott. Form von *Jack* »Hans«]

Jo|ckey ⟨[dʒɔki] od. [dʒɔke] der; -s, -s⟩ = Jockei

Jod ⟨das; -(e)s; unz.; chem. Zeichen: I⟩ zur Gruppe der Halogene gehörendes, grauschwarzes Element, dessen Dämpfe violett gefärbt sind, Ordnungszahl 53 [< grch. *iodes* »veilchenartig« <*ion* »Veilchen« + *eidos* »Aussehen«]

Jo|ga ⟨der od. das; -s; unz.⟩ *oV* Yoga **1** ⟨in der altind. Philosophie u. im Buddhismus⟩ Meditation u. Askese zur Selbsterlösung **2** danach entwickeltes Verfahren der körperlichen Übung u. geistigen Konzentration [<aind. *yugam* »Joch (in welches der Körper gleichsam eingespannt wird)«]

jog|gen ⟨[dʒɔgən] V.⟩ Jogging betreiben, im Tempo des Joggings laufen; *eine halbe Stunde* ~ [→ *Jogging*]

Jog|ging ⟨[dʒɔgɪŋ] das; - od. -s; unz.⟩ sportliches Laufen, langsamer Dauerlauf als Fitnesstraining [zu engl. *jog* »trotten«]

Jo|ghurt ⟨der od. das; -s, - od. -s⟩ unter Einwirkung von Bakterien hergestelltes, sauermilchartiges Erzeugnis; *oV* Jogurt [<türk. *yogurt* »gegorene Milch«]

Joghurt/Jogurt Im Zuge der Eindeutschung (Integration) von Fremdwörtern kann neben die ursprüngliche Schreibung auch eine an die deutschen Laut-Buchstaben-Zuordnungen angepasste Schreibweise treten (→*a.* Panther/Panter, Delphin/Delfin, Photo/Foto usw.).

Jo|gurt ⟨der od. das; -s, - od. -s⟩ = Joghurt

Joint ⟨[dʒɔɪnt] der; - od. -s, -s⟩ mit Rauschmitteln versetzte Zigarette [engl., »Bindeglied«]

Joint Ven|ture ⟨[dʒɔɪnt vɛntʃə(r)] das; - -s od. - -, - -s⟩ für ein bestimmtes Projekt befristete Arbeitsgemeinschaft mit gemeinsamer Verantwortung, Gemeinschaftsunternehmen [engl., »gemeinsame Unternehmung, gemeinsames Risiko«]

Jo|ker ⟨a. [dʒo:-] der; -s, -⟩ Spielkarte mit Narrenbild, die für jede beliebige Karte eingesetzt werden kann [engl., »Spaßmacher«]

Jon|gleur *auch:* **Jong|leur** ⟨[ʒɔŋglø:r] der; -s, -e⟩ Artist, der Geschicklichkeitsübungen im Spiel mit Bällen, Tellern u. a. vorführt [frz., »Gaukler, Taschenspieler«]

jon|glie|ren *auch:* **jong|lie|ren** ⟨[ʒɔŋ-] V.⟩ **1** mit artistischem Geschick spielen, werfen u. fangen; *mit Bällen, Tellern* ~ **2** ⟨umg.⟩ geschickt verfahren; *mit Worten* ~; *mit Zahlen* ~ [<frz. *jongler* »gaukeln, Taschenspielerei treiben«]

Jo|ta¹ ⟨das; - od. -s, -s⟩ *oV* Iota **1** ⟨Zeichen: ι, Ι⟩ grch. Buchstabe **2** ⟨fig.⟩ Kleinigkeit, Spur; *das ist um kein* ~ *anders* [grch.]

Jo|ta² ⟨[xo:-] die; -, -s; Musik⟩ spanischer Tanz im 3/8- od. 3/4-Takt [span.]

Joule ⟨[dʒaul] od. [ʒu:l] das; - od. -s, -; Zeichen: J⟩ Maßeinheit der Arbeit, Energie u. Wärmemenge; 1 J = 1 Newtonmeter (Nm) = 1 Wattsekunde (Ws) = 0,102 Kilopondmeter (kpm) = 1 m^2 kg/s^2 [nach dem engl. Physiker James Prescott *Joule*, 1818-1889]

Jour|na|lis|mus ⟨[ʒur-] der; -; unz.⟩ 1 Zeitungswesen 2 schreibende Tätigkeit für die Medien (bes. Presse) [<frz. *journalisme* »Zeitungswesen«]

jo|vi|al ⟨[-vi-] Adj.⟩ wohlwollend, gutmütig herablassend; *jmdm. ~ auf die Schulter klopfen* [<spätlat. *jovialis*, nach dem Planeten *Jupiter* (lat. *Iuppiter*, Gen. *Iovis*), der angebl. dem Menschen Fröhlichkeit verleiht]

Joy|stick ⟨[dʒɔɪ-] der; -s, -s⟩ griffelähnl. Einrichtung mit Tasten zur Übermittlung von Befehlen an einen Computer [engl., »Steuerknüppel«]

Ju|bi|lä|um ⟨das; -s, -lä|en⟩ Gedenkfeier, Jahrestag, bes. nach einer runden Zahl von Jahren; *100. ~; zum ~ gratulieren* [<lat. *iubilaeum*, verkürzt aus *annus iubilaeus* »Jubeljahr, Jubiläumsjahr«]

Ju|di|ka|ti|ve ⟨[-və] die; -, -n⟩ Teil der Staatsgewalt, der die Rechtsprechung betrifft, richterliche Gewalt; →*a.* Exekutive, Legislative [<lat. *iudicare* »Recht sprechen«]

Ju|do ⟨das; - od. -s; unz.; Sport⟩ Jiu-Jitsu als sportl. Wettkampfübung, bei der alle rohen u. gefährlichen Griffe verboten sind [jap., »geschmeidiger Weg zur Geistesbildung«]

Jul: *Jul* war ursprünglich das Winterfest der Germanen. Die Bedeutung des Namens ist unsicher, er bedeutet entweder »Rad (der Sonne)« oder »Besprechung«. Es ist auch unklar, ob das Fest zur Wintersonnenwende stattfand. Das *Julfest*, das vermutlich zu Ehren der Gottheiten Freya und Odin begangen wurde, war eine Zeit allgemeinen Friedens. Im Zentrum der Feier stand die Tötung eines Ebers als Fruchtbarkeitsopfer. Einige Bräuche des *Julfestes* wurden vom christlichen Weihnachtsfest übernommen und sind am nachhaltigsten in Skandinavien verbreitet; dort wird auch heute noch das Weihnachtsfest als *Jul* bezeichnet. Das Aufstellen eines Weihnachtsbaumes geht wohl auch auf das germanische *Julfest* zurück.

Jul ⟨das; - od. -s; unz.⟩ skandinavisches Weihnachtsfest [dän., norweg., schwed. <anord. *jol*]

ju|ni|or ⟨Abk. jr. od. jun.; hinter Personennamen⟩ der Jüngere; *Herr Meier ~; Ggs* senior

Ju|ni|or ⟨der; -s, -en⟩ 1 der Jüngere, der Sohn; *Ggs* Senior (1) 2 ⟨Sport⟩ Jugendlicher; *~enmannschaft* [<lat. *iunior* »jünger«]

Jun|kie ⟨[dʒʌŋkɪ] der; -s, -s; umg.⟩ Drogensüchtiger [zu engl. *junk* »Altwaren, Trödel, Plunder«]

Junk|mail ⟨[dʒʌŋkmɛɪl] die; -, -s; EDV⟩ unaufgefordert (per E-Mail) zugesandte Werbung o. Ä. [<*Junk* + engl. *mail* »Post«]

Jun|ta ⟨a. [xun-] die; -, Jun|ten; in Spanien u. bes. Lateinamerika⟩ (Angehörige einer) Militärdiktatur [span., »Versammlung, Rat, Kommission; zu lat. *iungere* »verbinden«]

→ **Yuppie:** Was du nicht unter *ju-* findest, kann unter *yu-* stehen, z. B. *Yuppie*!

Ju|ra[1] ⟨der; -s; unz.⟩ 1 Name mehrerer Gebirge; *Schweizer ~* 2 mittlere Formation des Mesozoikums vor 160-110 Mill. Jahren [<lat. *Iura (mons)* »Juragebirge«]

Ju|ra[2] ⟨Pl.; Sing.: Jus⟩ die Rechte, Rechtswissenschaft; *~ studieren* [<lat. *iura*, Pl. zu *ius* »Recht«]

Ju|rist ⟨der; -en, -en⟩ Kenner, Lehrer, Student der Rechtswissenschaft, Rechtsgelehrter

ju|ris|tisch ⟨Adj.⟩ 1 die Rechtswissenschaft betreffend, zu ihr gehörig, auf ihr beruhend, mit ihrer Hilfe; *er studiert an der ~en Fakultät* 2 rechtlich, rechtswissenschaftlich 3 vom gesetzlichen Standpunkt aus

Ju|ry ⟨[ʒyriː] od. ['--] die; -, -s⟩ Ausschuss von Sachverständigen als Preisrichter bei Wettbewerben, sportlichen Veranstaltungen u. Ä. [engl., »Geschworenengericht«]

jus|tie|ren ⟨V.⟩ *ein Messgerät ~* genau einstellen, eichen [<mlat. *iustare* »berichtigen«]

Jus|tiz ⟨die; -; unz.⟩ Rechtsprechung im organisatorischen Sinne (Gerichte, Richter usw.), Rechtswesen [<lat. *iustitia* »Gerechtigkeit«]

J

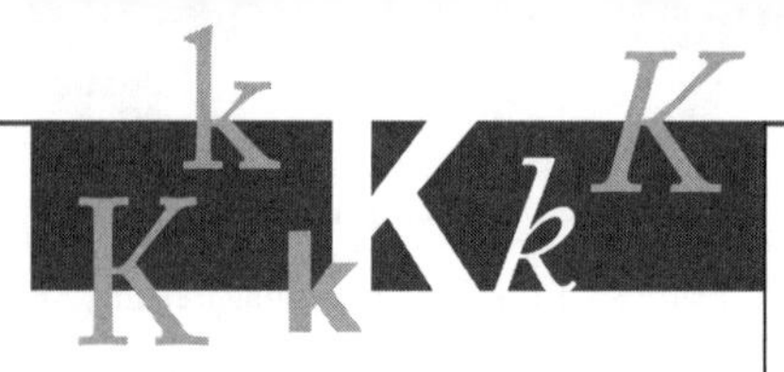

Ka|ba|rẹtt ⟨das; -s, -e od. -s⟩ *oV* Cabaret **1** kurze, meist humoristisch-satirische Darbietung auf einer Bühne, die Formen des Theaters, der Musik u. Literatur vereint; *literarisches, politisches ~* **2** Raum, Gebäude, Bühne für ein Kabarett (1) [<frz. *cabaret* »Schenke«]

Ka̲|brio *auch:* **Ka̲b|rio** ⟨das; -s, -s; kurz für⟩ Kabriolett

Ka|bri|o|lett *auch:* **Kab|ri|o|lett** ⟨[-le̲:] das; -s, -s⟩ *oV* Cabriolet **1** zweirädriger Einspänner **2** Personenkraftwagen mit aufklappbarem Verdeck; *Ggs* Limousine [<frz. *cabriolet,* eigtl. »ein leichter Wagen (der Luftsprünge macht)«, zu *cabriole, capriole* »Kapriole« <ital. , eigtl. »ein leichter Wagen (der Luftsprünge macht)«, zu *cabriole, capriole* »Kapriole« <ital. *capriola;* → *Kapriole*]

Ka|dẹnz ⟨die; -, -en⟩ **1** ⟨Musik⟩ zum Abschluss führende Akkordfolge **1.1** ⟨beim Instrumentalkonzert⟩ solistische verzierende Wiederholung eines Themas, um dem Künstler Gelegenheit zu geben, sein virtuoses Können zu zeigen **2** ⟨Metrik⟩ die Art des Versausgangs, der meist aus einem männlichen od. weiblichen Reim besteht [<ital. *cadenza* »das Fallen«]

Kạd|mi|um ⟨das; -s; unz.⟩ = Cadmium

Kạf|fee ⟨a. [-'-] der; -s, -s⟩ **1** ⟨unz.⟩ Samen des Kaffeestrauches, Kaffeebohnen; *gemahlener, gerösteter ~* **2** ⟨zählb.⟩ Getränk aus gerösteten Kaffeebohnen; *eine Tasse, ein Kännchen ~; bitte drei (Tassen) ~!* **3** ⟨unz.⟩ Mahlzeit **3.1** erstes Frühstück am Morgen; *morgens beim ~* **3.2** Mahlzeit mit Kuchen am Nachmittag **4** ⟨zählb.⟩ Sorte von Kaffee (1) [<frz. *café* <ital. *caffè* <türk. *qahve* <arab. *qahwa* »Wein; Kaffee«]

Kạf|tan ⟨der; -s, -e⟩ langes, mantelartiges Obergewand [<pers.-arab. *khaftan* »(militär.) Obergewand«]

Ka̲|jak ⟨der od. das; -s, -s od. -e⟩ **1** geschlossenes Paddelboot der Eskimos **2** ⟨allg.⟩ Sportpaddelboot, Grönländer [eskim., »einsitziges, gedecktes Männerboot«]

Ka|ka̲o ⟨a. [-ka̲u̯] der; -s, -s⟩ **1** ⟨unz.⟩ Samen des Kakaobaumes **2** ⟨zählb.⟩ Sorte von Kakao **3** ⟨unz.⟩ Pulver aus den Kakaobohnen **4** ⟨zählb.⟩ Getränk daraus [<span. *cacao* <aztek. *cacauatl*]

Ka|ko|fo|ni̲e ⟨die; -, -n; Musik⟩ = Kakophonie

Ka|ko|pho|ni̲e ⟨die; -, -n; Musik⟩ *oV* Kakofonie **1** Missklang, Dissonanz **2** unangenehm klingende Folge von Tönen, Lauten od. Wörtern [<grch. *kakos* »schlecht« + *...phonie*]

Ka|lei|do|sko̲p *auch:* **Ka|lei|dos|ko̲p** ⟨das; -s, -e⟩ **1** Guckkasten mit bunten Glasstückchen, die sich beim Drehen zu immer neuen Mustern ordnen **2** ⟨fig.⟩ mehrfarbige Bilderfolge [<grch. *kalos* »schön« + *eidos* »Gestalt, Bild« + *...skop*]

Kalender: Der *Kalender* ist eine Einteilung des Jahres in Tage, Wochen und Monate mit Angaben über Sonnen- und Mondaufgänge und -untergänge usw. Alle bekannten *Kalender* beruhen auf dem Tag- und Nachtwechsel, den sich wiederholenden Mondphasen und dem Verlauf der Jahreszeiten. Bei der Entwicklung der *Kalender* in den verschiedenen Kulturen haben religiöse Vorstellungen eine wichtige Rolle gespielt. So werden z. B. in der christlichen Welt die Jahre ab Christi Geburt gezählt, im islamischen *Kalender* hingegen ab Mohammeds Auswanderung nach Medina im Jahre 622 n. Chr. Der größte Teil der Welt folgt heute dem → *gregorianischen Kalender*, der 1582 von Papst Gregor XIII. eingeführt wurde. Danach hat ein Jahr 365 Tage und 12 Monate. Jedes Jahr mit einer durch 4 teilbaren Zahl ist ein sogenanntes »Schaltjahr«, das 366 Tage hat (Februar: 29 Tage).

Ka|lẹn|der ⟨der; -s, -⟩ **1** Festlegung zur Zeiteinteilung; *Abreiß~; Taschen~* **2** Zeitrechnung; *gregorianischer ~* [<lat. *calendarius;* zu *Calendae* »der erste Tag des Monats«]

Ka|li|ber ⟨das; -s, -⟩ **1** lichte Weite von Röhren u. Bohrungen **2** Durchmesser von Geschossen **3** Walzenabstand im Walzgerüst eines Walzwerkes **4** ⟨fig.⟩ Art, Sorte, Größenordnung [<frz. *calibre* »Durchmesser der Geschützmündung bzw. des Geschosses«]

Ka|lif ⟨der; -en, -en⟩ **1** ⟨bis 1924 Titel für⟩ religiöses u. weltliches Oberhaupt der Sunniten als Nachfolger Mohammeds im islamischen Reich **2** ⟨später⟩ türkischer Sultan [<mhd. *kalif* <arab. *halifa* »Nachfolger, Stellvertreter (näml. des Propheten in der Herrschaft über die Gläubigen)«]

Ka|li|for|ni|um ⟨das; -s; unz.; Chemie⟩ = Californium

Ka|li|um ⟨das; -s; unz.; chem. Zeichen: K⟩ chem. Grundstoff, Alkalimetall, Ordnungszahl 19 [→ *Alkali*]

Kal|kül ⟨der od. das; -s, -e⟩ **1** Berechnung, Überschlag **2** System von Regeln u. Zeichen für mathematische Berechnungen u. logische Ableitungen [<frz. *calcul* »das Rechnen«; zu lat. *calculus* »Steinchen«, Verkleinerungsform zu *calx* »Kalkstein«]

Kal|ku|la|ti|on ⟨die; -, -en⟩ das Kalkulieren, Berechnung, Ermittlung; ~ *von Kosten* [<lat. *calculatio* »Berechnung«]

kal|ku|lie|ren ⟨V.⟩ **1** berechnen, ermitteln, veranschlagen; *Preise für die Herstellung eines Fabrikats* ~ **2** ⟨fig.⟩ überlegen, erwägen [<lat. *calculare* »rechnen, berechnen«]

Kal|li|gra|fie ⟨die; -; unz.⟩ = Kalligraphie

Kal|li|gra|phie ⟨die; -; unz.⟩ Schönschreibkunst (in Asien eine Form der bildenden Kunst); *oV* Kalligrafie [<grch. *kallos* »Schönheit« + ...*graphie*]

Ka|lo|rie ⟨die; -, -n; Zeichen: cal⟩ **1** nicht mehr zulässige Maßeinheit für die Wärmemenge, definiert als diejenige Energiemenge, die notwendig ist, um 1 g Wasser von 14,5° C auf 15,5° C zu erwärmen, zu ersetzen durch die Einheit Joule (J) **2** nicht mehr zulässige Maßeinheit für den Energiewert von Nahrungsmitteln, zu ersetzen durch die Einheit Joule [<lat. *calor* »Wärme, Hitze, Glut«]

Ka|lot|te ⟨die; -, -n⟩ **1** ⟨Math.⟩ Oberfläche eines Kugelabschnitts, Kugelkappe **2** ⟨Anat.⟩ Schädeldecke ohne Basis **3** Mönchskäppchen, Scheitelkäppchen [<frz. *calotte* »Käppchen«]

Kal|va|ri|en|berg ⟨[-vaː-] der; -(e)s; unz.; Rel.⟩ **1** ⟨urspr.⟩ die Hinrichtungsstätte Christi **2** ⟨danach⟩ Berg mit Wallfahrtskirche u. den 14 Stationen der Leidensgeschichte Christi [<lat. *calvaria* »Hirnschale, Schädel«]

Kal|vi|nis|mus ⟨[-vi-] der; -; unz.⟩ Lehre des Schweizer Reformators Johann Calvin (1509-1564), gekennzeichnet durch den Glauben an die Prädestination u. die von Luther abweichende Abendmahlslehre; *oV* Calvinismus

Kal|zi|um ⟨das; -s; unz.; Chemie⟩ = Calcium

→ **Chamäleon:** Was du nicht unter ***ka-*** findest, kann unter ***cha-*** stehen, z. B. ***Chamäleon***!

Kam|bri|um *auch:* **Kamb|ri|um** ⟨das; -s; unz.; Geol.⟩ Formation des Paläozoikums vor 580-460 Mill. Jahren [nach *Cambria,* dem lat.-kelt. Namen für Nordwales]

Ka|mee ⟨die; -, -n⟩ Halbedelstein mit erhaben (od. vertieft) geschnittenem Bild [<frz. *camée* »Kamee« <ital. *cameo*]

Ka|me|ra ⟨die; -, -s; Fot.⟩ fotografischer Apparat, Aufnahmegerät für fotografische Bilder u. Filme; *Film~; Kleinbild~; Spiegelreflex~* [<lat. *camera* »Wölbung, Raum mit gewölbter Decke«]

Ka|me|rad ⟨der; -en, -en⟩ **1** jmd., der die gleiche Tätigkeit ausübt, der einen Teil des Lebens, des Tages mit einem verbringt **2** Gefährte, Genosse, bes. innerhalb einer Gemeinschaft; *Schul~; Spiel~; Wander~* [<frz. *camarade* <ital. *camerata* »Kammergemeinschaft, Stubengenossenschaft, Genosse, Gefährte«; zu lat. *camera* »Wölbung, Raum mit gewölbter Decke«]

Ka|mi|ka|ze ⟨der; -, -⟩ japanischer Flieger, der sich beim Bombenangriff selbst opferte [jap., eigtl. »göttlicher Wind«; zu *kami* »Gott« + *kaze* »Wind«]

Kam|pa|gne *auch:* **Kam|pag|ne** ⟨[-panjə] die; -, -n⟩ *oV* Campagne **1** Feldzug **2** Betriebszeit in saisonbedingten Un-

K

ternehmen; *Zucker~* 3 ⟨fig.⟩ Unternehmungen zu einem bestimmten Zweck; *Wahl~; Presse~; eine ~ der Opposition gegen die amtierende Regierung* [<frz. *campagne* »flaches Land, Feldzug« <ital. *campagna* <lat. *campania;* zu *campus* »Feld, Ebene«]

Ka|nail|le ⟨[-naljə] die; -, -n; umg.⟩ 1 Schuft, Schurke 2 Pöbel, Pack [<frz. *canaille* »Pöbel, Gesindel« <ital. *canaglia* »Hundepack«; zu *cane* »Hund« <lat. *canis* »Hund«]

Ka|nal ⟨der; -s, -nä|le⟩ 1 künstlicher Wasserlauf als Schifffahrtsweg od. zur Be- od. Entwässerung sowie für Abwässer; *zwei Flüsse durch einen ~ verbinden* 2 Wasserstreifen zwischen zwei Kontinenten od. Ländern; *Ärmel~; Panama~* 3 Rohr, Leitung 4 ⟨Funk⟩ Frequenzband bestimmter Breite 5 ⟨Anat.⟩ Verdauungsweg; *Magen-Darm-~* 6 ⟨fig.⟩ geheime od. unbekannte Verbindung; *die Gelder fließen durch dunkle Kanäle* [<ital. *canale* <lat. *canalis* »Röhre, Rinne, Kanal«; zu *canna* »kleines Rohr, Schilfrohr, Röhre«]

Ka|na|pee ⟨österr. [-pe:] das; -s, -s⟩ *oV* Canapé 1 Sofa 2 reichlich belegte u. garnierte kleine Weißbrotscheibe [<frz. *canapé,* ital. *canapè* »Couch, Sofa«]

Kan|da|re ⟨die; -, -n; Sport; Dressurreiten⟩ Art des Zaums mit je einem Zügel für die Gebissstange u. die Unterlegtrense; *jmdn. an die ~ nehmen* ⟨fig⟩ ihn strenger behandeln [<ung. *kantár* »Zaum«]

Kan|di|dat ⟨der; -en, -en⟩ 1 jmd., der sich um ein Amt bewirbt; *Präsidentschafts~; jmdn. als ~en aufstellen* 2 jmd., der sich einer Prüfung unterzieht od. darauf vorbereitet; *Prüfungs~; Examens~* [<lat. *candidatus* »weiß gekleidet«; zu *candidus* »weiß«; nach der *toga candida* »weiße Toga«, in der sich Amtsbewerber im alten Rom dem Volke vorstellten]

kan|di|die|ren ⟨V.⟩ sich als Kandidat bewerben; *für ein Amt ~; gegen einen anderen Bewerber ~*

kan|die|ren ⟨V.⟩ 1 *Früchte ~* mit Zucker überziehen u. dadurch haltbar machen 2 *Zucker ~* durch Erhitzen bräunen [<frz. *candir* <ital. *candire,* arab. *qand*]

Ka|nis|ter ⟨der; -s, -⟩ tragbarer, meist viereckiger Behälter aus Metall od. Kunststoff für Flüssigkeiten; *Benzin~; Blech~; Öl~* [<ital. *canestro* »Korb« <lat. *canistrum* »aus Rohr geflochtener Korb« <grch. *kanistron;* zu *kanna* »Rohr«]

Kan|ni|ba|le ⟨der; -n, -n⟩ 1 jmd., der rituell Teile des getöteten Feindes od. verstorbener Angehöriger verzehrt, (umg.) Menschenfresser 2 ⟨fig.⟩ roher, brutaler Mensch [<nlat. *canibalis* »Kar(a)ibe« (Indianer der Karibik) <span. *canibal,* falsche Schreibweise von *caribal* »Einwohner der Kariben«]

Ka|non ⟨der; -s, -s⟩ 1 Regel, Richtschnur, Leitfaden; *Lektüre~ für den Deutschunterricht* 2 Gesamtheit der für ein Gebiet geltenden Regeln od. Vorschriften 3 ⟨Musik⟩ mehrstimmiges Tonstück, in dem die Stimmen in Abständen nacheinander mit der gleichen Melodie einsetzen u. sich harmonisch ergänzen [<lat. *canon* <grch. *kanon* »Richtschnur, Regel, Vorschrift, Kettengesang«, eigtl. »gerader Stab«; zu *kanna* »Rohr«]

Ka|no|ne ⟨die; -, -n⟩ 1 ⟨früher⟩ Geschütz 2 ⟨heute⟩ Flachfeuergeschütz mit großer Reichweite [<ital. *cannone* »großes Rohr, schweres Geschütz«, Vergrößerungsform zu ital., lat. *canna* »Rohr«]

Ka|no|nier ⟨der; -s, -e; Mil.⟩ Soldat, der ein Geschütz, bes. eine Kanone, bedient, unterster Dienstgrad des Soldaten in der Artillerie

Ka|nos|sa|gang ⟨der; -s, -gän|ge; Pl. selten⟩ demütigender Bußgang; *oV* Canossagang [nach der Reise Heinrichs IV. nach *Canossa* zu Papst Gregor VII. im Jahre 1077]

Kan|ta|te[1] ⟨die; -, -n; Musik⟩ mehrsätziges Gesangsstück für Solo u. (od.) Chor mit Instrumentalbegleitung; *oV* Cantate (1) [<ital. u. mlat. *cantata* »Gesangsstück«; zu *cantare* »singen«]

Kan|ta|te[2] ⟨ohne Artikel; Rel.⟩ 4. Sonntag nach Ostern; *oV* Cantate (2) [nach dem Beginn des Introitus *Cantate* »Singet« (Psalm 97)]

Kan|ti|le|ne ⟨die; -, -n; Musik⟩ getragene, liedartige Melodie [<lat. *cantilena* »Liedchen«; zu *cantare* »singen«]

Kan|ti|ne ⟨die; -, -n⟩ Küche u. Speiseraum

K

in Betrieben, Kasernen u. Ä. [<frz. *cantine*, ital. *cantina* »Flaschenkeller«]

Kan|ton ⟨der; -s, -e⟩ **1** Bundesland in der Schweiz **2** Verwaltungsbezirk in Frankreich u. Belgien [<frz. *canton* »Ecke, Winkel, Landstrich« <ital. *cantone*, Vergrößerungsform zu *canto* »Winkel«]

Kan|tor ⟨der; -s, -to|ren⟩ Leiter des Kirchenchores u. Organist [<lat. *cantor* »Sänger«]

Ka|nu ⟨das; -s, -s⟩ **1** ⟨bei Naturvölkern⟩ Einbaum **2** ⟨heute; Sport⟩ Paddelboot [<engl. *canoe* <span. *canoa* <Aruak *can(a)oa* »Baumkahn«]

Ka|nü|le ⟨die; -, -n; Med.⟩ **1** Hohlnadel an einer Injektionsspritze **2** Röhrchen zum Zu- od. Ableiten von Luft od. Flüssigkeiten [<frz. *canule* <lat. *cannula*, Verkleinerungsform zu *canna* »Rohr«]

Ka|nu|te ⟨der; -n, -n; Sport⟩ Kanufahrer

kan|ze|ro|gen ⟨Adj.⟩ **1** krebserregend; *oV* cancerogen [<lat. *cancer* »Krebs« + *...gen*[1]]

> → **Chaos:** Was du nicht unter ***ka-*** findest, kann unter ***cha-*** stehen, z. B. ***Chaos***!

Kap ⟨das; -s, -s⟩ vorspringender Teil einer Felsenküste, Vorgebirge; *~ der guten Hoffnung* [<frz. *cap* »Kap, Vorgebirge« <lat. *caput* »Kopf«]

Ka|pa|zi|tät ⟨die; -, -en⟩ **1** Aufnahmefähigkeit, Fassungsvermögen; *die ~ einer Talsperre* **2** Messgröße für die Aufnahmefähigkeit eines Kondensators **3** Leistungsfähigkeit; *~ eines Betriebes; ein Kraftwerk mit einer ~ von 10 Mill. kW* **4** hervorragender Könner; *er ist eine wissenschaftliche ~; →a.* Koryphäe [<lat. *capacitas* »Fassungsvermögen«; zu *capere* »nehmen, fassen«]

Ka|pil|la|re ⟨die; -, -n; Anat.⟩ **1** Haargefäß, kleinstes Blutgefäß **2** ⟨Physik⟩ sehr enges Röhrchen **3** enger Hohlraum fester Körper

Ka|pi|tal ⟨das; -s, -e od. (österr. nur) -li|en⟩ **1** Geldbetrag zu Investitionszwecken; *flüssiges, totes, verfügbares ~; ~ gut, schlecht, gewinnbringend anlegen; das ~ erhöhen* **2** Besitz an Bargeld u. Wertpapieren; *das ~ bringt jährlich 12 % Zinsen, Rendite* **3** ⟨fig.⟩ großer Wert, Wertgegenstand; *aus einer Sache ~ schlagen* Nutzen ziehen [<ital. *capitale* <lat. *capitalis* »hauptsächlich«; zu *caput* »Kopf, Haupt«]

Ka|pi|täl|chen ⟨das; -s, -⟩ großer Buchstabe in der Höhe der kleinen Buchstaben (als Auszeichnungsschrift verwendet), z. B. HERBST [<lat. *capitalis* »hauptsächlich, Haupt...«; zu *caput* »Haupt, Kopf«]

Ka|pi|ta|lis|mus ⟨der; -; unz.; Politik⟩ volkswirtschaftliches System, dem das Gewinnstreben des Einzelnen u. das freie Unternehmertum zugrunde liegen u. in dem die Arbeitnehmer in der Regel nicht Besitzer der Produktionsmittel sind; *Früh~; Monopol~*

Ka|pi|ta|list ⟨der; -en, -en; Politik⟩ **1** Anhänger, Vertreter des Kapitalismus **2** ⟨umg.; abschätzig⟩ jmd. der stets auf Kapitalzuwachs aus ist, dem Geld viel bedeutet

Ka|pi|tel ⟨das; -s, -; Abk.: Kap.⟩ **1** (durch Zahl od. Überschrift gekennzeichneter) Abschnitt eines Schriftwerkes **2** Körperschaft der zu einer Dom- od. Stiftskirche gehörenden Geistlichen; *Dom~* **3** ⟨fig.⟩ Angelegenheit, Sache; *das ist ein schwieriges ~; das ist ein ~ für sich* [<lat. *capitulum*, Verkleinerungsform zu *caput* »Kopf, Haupt«]

Ka|pi|tu|la|ti|on ⟨die; -, -en⟩ Vertrag, durch den sich ein Staat, eine Stadt od. Festung dem siegreichen Feind unterwirft; *bedingungslose ~* [<frz. *capitulation* »Übergabe(vertrag); Vergleich«; → *kapitulieren*]

ka|pi|tu|lie|ren ⟨V.⟩ **1** eine Kapitulation vereinbaren, sich ergeben **2** ⟨fig.⟩ zu streiten, zu argumentieren aufhören, aufgeben [<frz. *capituler* »bezügl. eines Vertrages (bes. eines Übergabevertrages) verhandeln« <mlat. *capitulare* »über einen Vertrag (bzw. über dessen Hauptpunkte) verhandeln«; → *Kapitel*]

Kap|pa ⟨das; -s, -s; Zeichen: κ, K⟩ 10. Buchstabe des grch. Alphabets [grch.]

Ka|pri|o|le *auch:* **Kap|ri|o|le** ⟨die; -, -n⟩ **1** Luftsprung **2** tolles Stückchen, verrückter Streich **3** ⟨Hohe Schule⟩ Sprung auf der Stelle mit angezogenen Vorder- u. nach hinten ausgestreckten Hinterbeinen [<ital. *capriola* »Bocksprung«, <lat. *caper* »Ziegenbock«]

Kap|sel ⟨die; -, -n⟩ **1** runder od. ovaler Behälter aus dünnem, aber festem Material **2** ⟨Bot.⟩ aus mindestens zwei Fruchtblättern zusammengewachsene Streufrucht **3** ⟨Anat.⟩ Umhüllung von Organen u. Funktionseinheiten od. Krankheitsherden **4** ⟨Pharm.⟩ aus Stärke od. Gelatine hergestellte Umhüllung für Medikamente [<lat. *capsula,* Verkleinerungsform zu *capsa* »Behältnis«]

Ka|pu|ze ⟨die; -, -n⟩ an Mantel, Kleid od. Pullover befestigte Kopfbedeckung [<ital. *cappuccio* »Mantelhaube« <mlat. *caputium* »Mönchskappe«; zu lat. *cappa* »Art Kopfbedeckung«]

Ka|ra|bi|ner ⟨der; -s, -⟩ Gewehr mit kurzem Lauf u. geringer Schussweite, früher bes. zur Bewaffnung der Kavallerie [<frz. *carabine;* zu *carabin* »mit Gewehr bewaffneter Reiter«]

Ka|ra|cho ⟨[-xo] das; -; unz.; umg.⟩ Schwung, Geschwindigkeit; ⟨meist in der Wendung⟩*mit* ~ sehr schnell, mit hoher Geschwindigkeit [<span. *carajo* (Schimpfw.) »Penis«]

Ka|raf|fe ⟨die; -, -n⟩ geschliffene Glasflasche mit Glasstöpsel; *Wasser~; Rotwein~* [<frz. *carafe* <span. *garrafa* <arab. *garraf* »weitbauchige Flasche«]

Ka|ram|bo|la|ge ⟨[-ʒə] die; -, -n⟩ **1** ⟨Sport; Billard⟩ Treffer, Anstoßen der Spielkugel an die beiden anderen Kugeln **2** ⟨allg.⟩ Zusammenstoß [<frz. *carambolage* »Zusammenstoß«]

Ka|ra|mell ⟨der; -s; unz.⟩ dunkelbrauner, etwas bitter schmeckender Stoff, der bei Erhitzen von Trauben- od. Rohrzucker entsteht, zum Färben von Likör, Rum, Bier, Bonbons, Essig verwendet [<frz. *caramel* <nlat. *caramellis* <lat. *cannamellis* »Zuckerrohr«, beeinflusst von lat. *calamus* »Rohr«]

> → **Quarantäne:** Was du nicht unter ***ka-*** findest, kann unter ***qua-*** stehen, z. B. *Quarantäne!*

Ka|ra|o|ke ⟨das; -; unz.; Musik⟩ **1** ohne die vokale Stimme gepielte Version eines Schlagers od. Hits, Instrumentalversion **2** Musikveranstaltung, bei der ein nicht professioneller Sänger zu einem Karaoke (1) singt [jap., »leeres Orchester«; zu *kara* »leer« + *oke* »Orchester«]

Ka|rat ⟨das; -(e)s, -e od. (bei Zahlenangaben) -⟩ Gewichtsmaß für Edelsteine u. Perlen, 0,2 g, Angabe der Qualität von Goldlegierungen in Vierundzwanzigstel reinen Goldes [<frz. *carat* <ital. *carato* <arab. *qirat* »kleines Gewicht« <grch. *keration* »Hörnchen; Schote des Johannisbrotbaumes« (die Samen des Johannisbrotbaumes wurden zum Wiegen von Gold u. Edelsteinen benutzt), Verkleinerungsform zu *keras,* Gen. *keratos* »Horn«]

Ka|ra|te ⟨das; - od. -s; unz.; Sport⟩ aus Ostasien stammender, harter, waffenloser Nahkampf u. Sport zur Selbstverteidigung [jap., »leere Hand« (<*kara* »leer, unbewaffnet« + *te* »Hand«), eigtl. *Karate* »China-Hand« (<*Kara* »China« + *te* »Hand«)]

Ka|ra|wa|ne ⟨die; -, -n⟩ Zug, Reise von Kaufleuten od. Pilgern u. Ä. (bes. mit Kamelen durch Wüstengebiete) [<ital. *caravana* <pers. *karwan* »Kamelzug, Reisegesellschaft«]

kar|bo..., Kar|bo... ⟨Chemie; in Zus.⟩ = carbo..., Carbo...

Kar|bon ⟨das; -s; unz.; Geol.⟩ Formation des Paläozoikums vor 290-230 Mill. Jahren mit großen Sumpfwäldern, aus denen die Kohle entstand [<lat. *carbo* »Kohle«]

Kar|da|mom ⟨der od. das; -s, -e od. -en⟩ aus den Samen der Kardamompflanze gewonnenes Gewürz u. Heilmittel [<lat. *cardamomum* <grch. *kardamomon* <aind. *kardamas*]

Kar|dan|wel|le ⟨die; -, -n; Technik⟩ mit einem Kreuzgelenk ausgerüstete Antriebswelle zur Übertragung von Antriebskräften zwischen zwei zueinander gewinkelten Wellen [nach dem ital. Philosophen u. Arzt G. *Cardano,* 1501-1576]

kar|dio..., Kar|dio... ⟨vor Vokalen⟩ kardi..., Kardi... ⟨Med.; in Zus.⟩ herz..., Herz..., magen..., Magen... [<grch. *kardia* »Herz; Magenmund«]

Kar|dio|lo|gie ⟨die; -; unz.; Med.⟩ Lehre vom Herzen u. seinen Krankheiten [<*Kardio...* + *...logie*]

Ka|renz ⟨die; -, -en⟩ Wartezeit, Sperrfrist (bes. in der Versicherung); *Sy* Karenzzeit [<lat. *carere* »nicht haben, entbehren«]

Ka|renz|zeit ⟨die; -, -en⟩ = Karenz

Kar|go ⟨der; -s, -s⟩ *oV* Cargo **1** ⟨urspr.; allg.⟩ Fracht, Ladung von Schiffen **2** ⟨heute a.⟩ größere Fracht von Lastkraftwagen [<span. *cargo* »Ladung«]

ka|riert ⟨Adj.⟩ mit Quadraten, Karos, Rhomben od. in diesen Formen sich kreuzenden Streifen versehen, gekästelt, gewürfelt; *~er Stoff* [<frz. *carré* <lat. *quadratus* »viereckig«]

> **Karies:** Zahnkaries ist die häufigste Zahnerkrankung. Sie tritt auf infolge einer Störung des Gleichgewichts zwischen entkalkenden, sauren und neutralisierenden Komponenten des Speichels. Der Zahnschmelz wird aus Säuren, die aus Zuckern im Zahnbelag (Plaque) gebildet werden, angegriffen. Bei Fortschreiten der *Karies* wird die harte Zahnsubstanz angegriffen und es entstehen »Löcher«. Das Vermeiden zucker- und säurehaltiger Speisen und das regelmäßige Zähneputzen verringern das Risiko, an *Karies* zu erkranken.

Ka|ri|es ⟨[-riɛs] die; -; unz.; Zahnmed.⟩ Zahnfäule [<lat. *caries* »Morschheit, Fäulnis«]

Ka|ri|ka|tur ⟨die; -, -en⟩ bildliche Darstellung, die eine Eigenschaft od. ein Merkmal stark übertreibt u. dadurch lächerlich macht, oft mit polit.-satirischen Themen [<ital. *caricatura,* »Überladung; übertriebene, komisch verzerrte Darstellung charakterist. Eigenarten von Personen od. Sachen«]

ka|ri|kie|ren ⟨V.⟩ *jmdn.* ~ von jmdm. eine Karikatur anfertigen, jmdn. in einer Karikatur lächerlich machen [<ital. *caricare* »beladen, übertrieben komisch darstellen«]

ka|ri|ös ⟨Adj.⟩ von Karies befallen, angefault [<lat. *cariosus* »morsch, faul«, mit frz. Endung]

Kar|ma ⟨das; -s; unz.; Buddhismus; Brahmanismus; Jainismus⟩ Glaube, dass das Schicksal des Menschen nach dem Tode von seinen Taten in seinen früheren Leben abhängt; *oV* Karman [Sanskrit]

Kar|man ⟨das; -s; unz.⟩ = Karma

Kar|ne|val ⟨[-val] der; -s, -e od. -s⟩ Fastnacht, Fastnachtsfest u. -zeit; *der Kölner* ~ [<ital. *carnevale;* Deutungsversuche: 1. <mlat. *carne, vale!* »Fleisch, lebe wohl!«; 2. <mlat. *carnelevale* »Fleischentzug«; <lat. *carrus navalis* »Schiffskarren, Räderschiff« (Räderschiffe wurden bei festl. Umzügen zur Wiedereröffnung der Schifffahrt im Februar mitgeführt)]

Ka|ro ⟨das; -s, -s⟩ **1** Viereck, Rhombus, Quadrat **2** viereckiges, rhombisches od. quadrat. Muster **3** Spielkartenfarbe [<frz. *carreau* »viereckige Platte od. Scheibe«; zu lat. *quadrum* »Viereck«]

Ka|ros|se ⟨die; -, -n⟩ **1** eleganter, vierrädriger Pferdewagen, der oft als Staatskutsche verwendet wurde; *Staats~* **2** ⟨fig.⟩ schweres Luxusautomobil [<frz. *carrosse* »Prunkwagen« <ital. *carroccio* »Wagen, auf dem das Feldzeichen in die Schlacht geführt wird« <mlat. *carracutium* »zweirädriger Wagen mit hohen Rädern«; zu gallolat. *carrus* »Wagen«]

Ka|ros|se|rie ⟨die; -, -n⟩ die äußere Form des Kraftfahrzeugs bestimmender Aufbau, der Innenraum u. Fahrwerk umschließt; *Ggs* Chassis (1) [<frz. *carrosserie* »Wagenbau, Wagenaufbau«; → *Karosse*]

Ka|ro|tin ⟨das; -s; unz.⟩ = Carotin

Kar|ree ⟨das; -s, -s⟩ **1** Viereck, Rhombus, Quadrat **2** (quadratischer) Wohnblock; *ums ~ laufen* **3** Rippenstück von Kalb, Schwein od. Hammel [<frz. *carré* »Viereck« <lat. *quadratus* »viereckig«]

Kar|ri|e|re ⟨die; -, -n⟩ (rascher) Aufstieg in Leben u. Beruf, (glänzende) Laufbahn; *~ machen; auf eine erfolgreiche ~ als Schauspieler zurückblicken* [<frz. *carrière* »Rennbahn, Laufbahn« <ital. *carriera;* zu gallolat. *carrus* »Wagen«]

Kar|tell ⟨das; -s, -e⟩ Zusammenschluss von Firmen des gleichen Wirtschaftszweiges, die jedoch selbstständig weiterhin unter ihrem eigenen Namen bestehen [<frz. *cartel* <ital. *cartello,* Verkleinerungsform zu *carta* »Karte« <lat. *charta;* → *Charta*]

K

kar|to..., Kar|to... ⟨in Zus.⟩ karte(n)..., Karte(n)..., zettel..., Zettel... [<ital. *carta* »Papier, Karte« <lat. *charta;* → *Charta*]

Kar|to|graf ⟨der; -en, -en⟩ = Kartograph

Kar|to|gra|fie ⟨die; -; unz.⟩ = Kartographie

Kar|to|graph ⟨der; -en, -en⟩ Zeichner od. Bearbeiter von Landkarten u. Plänen; *oV* Kartograf [<*Karto...* + *...graph*]

Kar|to|gra|phie ⟨die; -; unz.⟩ Anfertigung von Landkarten u. Plänen; *oV* Kartografie

Kar|ton ⟨[-tɔ̃ː] od. [-tɔŋ] der; -s, -s⟩ **1** dünne Pappe, steifes, dickes Papier **2** Schachtel aus Pappe [<frz. *carton* <ital. *cartone,* Vergrößerungsform zu *carta* »Papier« <lat. , Vergrößerungsform zu *carta* »Papier« <lat. *charta;* → *Charta*]

Kar|to|na|ge ⟨[-ʒə] die; -, -n⟩ **1** feste Verpackung aus Karton od. Pappe **2** Bucheinband aus Karton [<frz. *cartonnage* »Kartonagen(industrie), Kartonverpackung« <frz. *carton* <ital. *cartone,* Vergrößerungsform zu *carta* »Papier«]

K

→ **Cartoon:** Was du nicht unter *kar-* findest, kann unter *car-* stehen, z. B. *Cartoon*!

Kar|tu|sche ⟨die; -, -n⟩ **1** Metallhülse der Artilleriegeschosse mit Pulver **2** (Tinten-)Patrone [<frz. *cartouche* »gerollte Einfassung aus Papier« <ital. *cartuccia* »kleines Papier« <lat. *charta;* → *Charta*]

Ka|rus|sell ⟨das; -s, -s od. -e⟩ eine sich im Kreis drehende, bunt verzierte Rundfläche mit Reit- od. Fahrsitzen auf Jahrmärkten (bes. für Kinder) [<frz. *carrousel* »Reiterspiel mit Ringelstechen« <ital. *carosello;* Herkunft unklar]

kar|zi|no|gen ⟨Adj.⟩ krebserzeugend, krebsauslösend; *~e Stoffe*

Kar|zi|nom ⟨das; -s, -e; Abk.: Ca; Med.⟩ bösartige Geschwulstbildung des menschlichen u. tierischen Gewebes, Krebs [<grch. *karkinos* »Krebs«]

ka|schie|ren ⟨V.⟩ **1** bemänteln, verheimlichen, verhüllen, verdecken, verbergen **2** ⟨Typ.⟩ mit buntem Papier bekleben; *einen Kartonbucheinband ~* **3** (Bühnenbildteile) mit Kaschiermasse überziehen, z. B. Architekturformen, Pflanzen aus Holz, Pappe, Draht [<frz. *cacher* »verbergen«]

Kasch|mir ⟨der; -s, -e; Textilw.⟩ ursprünglich aus dem glänzenden Flaumhaar der Kaschmirziege hergestellter Wollfaden bzw. -stoff (für Pullover u. a.) [nach der *Kaschmir*ziege im *Kaschmir*gebirge]

Ka|se|mat|te ⟨die; -, -n; Mil.⟩ dick ummauerter, schusssicherer Raum in Befestigungswerken [<frz. *casemate* <ital. *casamatta* »Wallgewölbe« <mgrch. *chasma, chasmata* »Erdkluft«]

Ka|ser|ne ⟨die; -, -n; Mil.⟩ Gebäude(komplex) zur dauernden Unterbringung von Truppen [<frz. *caserne* »Kaserne«, urspr. »kleiner Raum auf Festungsanlagen für die zur Nachtwache abgestellten Soldaten«; zu vulgärlat. *quaderna,* lat. *quaterna* »je vier«; zu lat. *quattuor* »vier«]

Ka|si|no ⟨das; -s, -s⟩ **1** Gesellschaftshaus **2** Speiseraum für Offiziere; *Offiziers~* **3** öffentlicher Betrieb für Glücksspiele; *Spiel~* [<ital. *casino* »herrschaftl. Haus« <lat. *casa* »Haus«]

Kas|ka|de ⟨die; -, -n⟩ **1** stufenförmiger Wasserfall **2** wasserfallähnliches Feuerwerk **3** wagemutiger Sprung eines Artisten [<frz. *cascade* <ital. *cascata* <lat. *cadere* »fallen«]

Kas|ta|gnet|te *auch:* **Kas|tag|net|te** ⟨[-njɛ̣tə] die; -, -n; Musik⟩ bes. in Spanien verbreitetes, einfaches Rhythmusinstrument aus zwei miteinander verbundenen, beweglichen, am Daumen befestigten Hartholzschalen, die mit den Fingern gegeneinandergeschlagen werden [<span. *castañeta,* Verkleinerungsform zu *castaña* »Kastanie«]

Kas|tell ⟨das; -s, -e⟩ **1** altrömische Befestigungsanlage, Burg, Festung **2** Aufbau auf dem Vorder- od. Hinterdeck eines Kriegsschiffes [<lat. *castellum* »Kastell, Festung«, Verkleinerungsform zu lat. *castrum* »Schanzlager«]

Kas|trat *auch:* **Kast|rat** ⟨der; -en, -en⟩ **1** Mann, dem die Keimdrüsen entfernt worden sind, Verschnittener; *→a.* Eunuch **2** ⟨17./18. Jh.⟩ entmannter Bühnensänger mit Knabenstimme [<lat. *castratus,* Part Perf. zu *castrare* »entmannen, kastrieren«]

kas|trie|ren *auch:* **kas|trie|ren** ⟨V.⟩ **1** Keimdrüsen entfernen; →*a.* sterilisieren; *ein Tier ~* verschneiden [<lat. *castrare* »entmannen, kastrieren«]

Ka|sus ⟨der; -, -; Gramm.⟩ Beugungsfall (Nominativ, Genitiv, Dativ, Akkusativ), Form der Substantive, Adjektive u. Pronomen, die ihre Beziehungen zu anderen Satzteilen ausdrückt; *oV* Casus (1) [<lat. *casus* »Fall«]

ka|ta..., Ka|ta... ⟨vor Vokalen u. vor h⟩ kat..., Kat... ⟨in Zus.⟩ herab, hinunter, nach, gegen, gemäß, in Bezug auf, zufolge [<grch. *kata*]

Ka|ta|falk ⟨der; -s, -e⟩ schwarz verhängtes Gestell zum Aufstellen des Sarges bei Beerdigungsfeiern (bes. für hohe Persönlichkeiten) [<frz. *catafalque* <ital. *catafalco* <vulgärlat. *catafalicum;* vermutl. vermischt <lat. *catasta* »Schaugerüst (zur Ausstellung verkäufl. Sklaven)« u. lat. *fala* »hohes Gerüst«]

Ka|ta|kom|be ⟨die; -, -n⟩ altchristliche unterirdische Begräbnisstätte (bes. in Rom u. Neapel) [<ital. *catacomba* <lat. *catacumbae;* vermutl. zu grch. *kata* »nieder« + *kymbe* »Becken, Vertiefung«]

Ka|ta|log ⟨der; -(e)s, -e⟩ Verzeichnis (von Büchern, Waren, Gegenständen einer Ausstellung u. a.) [<grch. *katalogos* »Aufzählung, Verzeichnis«; zu *katalegein* »aufzählen«]

Ka|ta|ly|sa|tor ⟨der; -s, -to|ren⟩ **1** Stoff, der eine chem. Reaktion beeinflusst, aber dabei selbst keine dauernde Veränderung erfährt **2** ⟨bei Kfz.; Abk.: Kat⟩ Vorrichtung zur Verminderung der Kohlenmonoxid- u. Stickstoffanteile im Auspuffgas [<grch. *katalyein* »auflösen«]

Ka|ta|ma|ran ⟨der od. das; -s, -e; Abk.: Kat²⟩ schnelles, offenes, aus zwei Schwimmkörpern bestehendes Segelboot [<Tamil *kattumaram;* zu *kattu* »binden« + *maram* »Baumstamm«]

Ka|ta|pult ⟨das od. der; -(e)s, -e⟩ **1** ⟨Antike⟩ armbrustähnliche Wurf-, Schleudermaschine **2** Schleuder zum Starten von Flugzeugen **3** Schleudersitz (im Flugzeug) [<lat. *catapulta* <grch. *katapeltes* »Wurf-, Schleudermaschine«; zu *pallein* »schwingen, schleudern«]

Ka|ta|rakt¹ ⟨der; -(e)s, -e⟩ Stromschnelle, niedriger Wasserfall [<lat. *cataracta* <grch. *katarrhaktes* »Wasserfall«; zu *katarrhattein* »herabstürzen«]

Ka|ta|rakt² ⟨die; -, -e; Med.⟩ Augenkrankheit, Linsentrübung, grauer Star

Ka|tarr ⟨der; -s, -e; Med.⟩ = Katarrh

> **Katarrh/Katarr** Viele aus Fremdsprachen übernommene Begriffe können sowohl in der fachsprachlichen Schreibweise (*Katarrh*) als auch in einer eingedeutschten (integrierten) Form (*Katarr*) verwendet werden. Es bleibt dem Schreibenden überlassen, welche Schreibweise er vorzieht.

Ka|tarrh ⟨der; -s, -e; Med.⟩ *oV* Katarr **1** entzündliche Reizung der Schleimhäute mit vermehrter Flüssigkeitsabsonderung; *Blasen ~; Magen-Darm- ~* **2** ⟨umg.⟩ Schnupfen, Erkältung [<grch. *katarrhous;* zu *katarrhein* »herabfließen«]

Ka|ta|stro|phe *auch:* **Ka|tas|tro|phe** *auch:* **Ka|tast|ro|phe** ⟨die; -, -n⟩ **1** unvorhergesehenes Geschehen mit verheerenden Folgen; *Natur ~; Flugzeug ~* **2** ⟨im Drama⟩ entscheidende Wendung, die den Untergang des Helden u. die Konfliktlösung herbeiführt [grch., »Umkehr, Wendung«; zu *katastrephein* »umkehren«]

Ka|te|chis|mus ⟨[-çıs-] der; -, -chis|men [-çıs-]; Theol.⟩ **1** ⟨im MA⟩ Glaubensunterricht für Taufbewerber bzw. die Taufpaten **2** ⟨seit Luther⟩ Lehrbuch zur Glaubensunterweisung [<grch. *katechismos* »Unterricht«; zu *katechein* »entgegentönen«]

> → **Kathedrale:** Der Laut [te] wird in lateinischen Fremdwörtern oft ***the*** geschrieben, z. B. in *Ka**th**edrale*!

Ka|te|go|rie ⟨die; -, -n⟩ **1** ⟨urspr.⟩ Aussage (über einen Gegenstand) **2** ⟨Logik⟩ Grundbegriff, von dem andere Begriffe abgeleitet werden können **3** ⟨allg.⟩ Begriffsklasse, Sorte, Art [<grch. *kategoria* »Grundaussage«; zu *agoreuein* »sagen, reden«]

ka|te|go|risch ⟨Adj.⟩ **1** in der Art einer Kategorie **2** unbedingt gültig; *Ggs* hypothetisch; *~er Imperativ* ⟨Philos.; nach

Kant⟩ unbedingtes Moralgesetz **3** ⟨fig.⟩ energisch, mit Nachdruck, keinen Widerspruch duldend; *etwas ~ verlangen, behaupten, bestimmen*

Ka|thar|sis ⟨die; -; unz.⟩ **1** seelische Reinigung, Läuterung **2** ⟨Philos.; nach Aristoteles⟩ Läuterung des Zuschauers durch die Tragödie, indem sie in ihm Furcht u. Mitleid erweckt [grch., »Reinigung«]

Ka|the|der ⟨das od. der; -s, -⟩ **1** Podium, Lehrerpult, Kanzel **2** Lehrstuhl (an einer Hochschule) [<grch. *kathedra* »Stuhl, Armsessel, Lehrstuhl«; zu *hedra* »Sitz«]

Ka|the|dra|le *auch:* **Ka|thed|ra|le** ⟨die; -, -n; bes. in Frankreich, Spanien, England⟩ bischöfliche od. erzbischöfliche Kirche; →*a.* Dom [<mlat. *ecclesia cathedralis* »zum Bischofssitz gehörige Kirche«]

Ka|the|te ⟨die; -, -n; Geom.⟩ eine der beiden die Schenkel des rechten Winkels bildenden Seiten in einem Dreieck [<grch. *kathetos* »Senkblei«; zu *kathienai* »herablassen«]

Ka|the|ter ⟨der; -s, -; Med.⟩ Röhrchen zum Einführen in Körperhöhlen, bes. in die Harnblase [zu lat. *catheter* <grch. *katheter* <*kathienai* »herablassen«]

Ka|tho|de ⟨die; -, -n; El.⟩ der negative Pol einer Elektrode; *oV* Katode; *Ggs* Anode [<*Kata...* + *...ode*]

ka|tho|lisch ⟨Adj.; Abk.: kath.⟩ **1** ⟨urspr.⟩ allgemein, die Erde umfassend (von der christlichen Kirche) **2** ⟨allg.⟩ zur (röm.-)kathol. Kirche gehörend; *~e Kirche,* ⟨seit der Reformation auch⟩ *römisch-~e Kirche* die dem Papst unterstehende christliche Kirche [<grch. *katholikos;* zu *kata* »über...hin« + *holos* »ganz«]

Kat|ion ⟨das; -s, -en; Chemie⟩ positives Ion; *Ggs* Anion [<*Kat*hode + *Ion*]

Ka|to|de ⟨die; -, -n; El.⟩ = Kathode

→ **Countdown:** Was du nicht unter ***kaun-*** findest, kann unter ***coun-*** stehen, z. B. ***Countdown***!

kau|sal ⟨Adj.⟩ **1** ursächlich, auf dem Verhältnis zwischen Ursache u. Wirkung beruhend, mit der Ursache verbunden **2** begründend [<lat. *causalis* »ursächlich«; zu *causa* »Ursache«]

Kau|sa|li|tät ⟨die; -, -en⟩ Verhältnis zwischen Ursache u. Wirkung

Kau|ti|on ⟨die; -, -en⟩ **1** Bürgschaft **2** Sicherheit(sleistung) durch Hinterlegung einer Geldsumme od. von Wertpapieren; *einen Häftling auf ~ freilassen* [<lat. *cautio* »Behutsamkeit«]

Kau|tschuk *auch:* **Kaut|schuk** ⟨der; -s, -e⟩ **1** geronnener Milchsaft einiger tropischer Pflanzenfamilien; *Roh~* **2** durch Vulkanisation daraus gewonnene zähe, elastische Masse; *Sy* ⟨nicht fachspr.⟩ Gummi [<frz. *caoutchouc,* span. *cauchuc,* Tupi (Peru) *cahuchu*]

Ka|va|lier ⟨[-va-] der; -s, -e⟩ **1** ⟨früher⟩ Reiter, Ritter **2** ⟨allg.⟩ (bes. gegen Frauen) höflicher Mensch; →*a.* Gentleman; *ein ~ der alten Schule* [<frz. *cavalier* »Reiter, Ritter« <ital. *cavaliere,* lat. , lat. *caballarius;* zu *caballus* »Pferd«]

Ka|val|ka|de ⟨[-val-] die; -, -n⟩ prächtiger Aufzug eines Reitertrupps [<frz. *cavalcade* »Reiterzug« <ital. *cavalcata* <lat. *caballus* »Pferd«]

Ka|val|le|rie ⟨a. ['-val---] die; -, -n⟩ berittene Kampftruppe eines Heeres [<frz. *cavalerie* »Reiterei«; → *Kavalier*]

Ka|ver|ne ⟨[-vẹr-] die; -, -n⟩ **1** ⟨Med.⟩ durch Gewebszerfall entstandener Hohlraum **2** unterirdischer Raum (für technische od. militärische Einrichtungen) [<lat. *caverna* »Höhle«]

Ka|vi|ar ⟨[-vi-] der; -s, -e⟩ mit Salz konservierter, gereinigter Rogen einiger russischer Störarten [<türk. *chavijar,* Mundart des Kaspigebietes, neupers. *chaviyar,* eigtl. »Eier tragend«]

Ke|bab ⟨der; - od. -s, - od. -s⟩ orientalische Speise aus am Spieß gebratenen, scharfgewürzten Stücken von Hammelfleisch (in einem Brotfladen angerichtet); *oV* Kebap [<arab., türk. *kebab*]

Ke|bap ⟨der; - od. -s, - od. -s⟩ = Kebab

Ke|fir ⟨der; -s; unz.⟩ durch Zusatz von Bakterien u. Hefe vergorene Milch, urspr. Stutenmilch [<kaukas.]

Kel|vin ⟨[-vɪn] das; -s, -; Zeichen: K⟩ Maßeinheit der auf den absoluten Nullpunkt bezogenen Temperatur; 0° K = -273,15° C [nach dem engl. Physiker Lord *Kelvin* of Largs, 1824-1907]

K

Ken|taur ⟨der; -en, -en⟩ = Zentaur

Ke|ra|mik ⟨die; -, -en⟩ **1** ⟨unz.⟩ Werkstoff u. Technik zur Herstellung von Gegenständen aus gebranntem Ton **2** ⟨unz.⟩ Gesamtheit der Erzeugnisse aus gebranntem Ton; *Fein~* Geschirr; *Grob~* Baustoffe **3** ⟨zählb.⟩ einzelnes Erzeugnis aus gebranntem Ton [<grch. *keramos* »Ton«]

Kern|re|ak|ti|on ⟨die; -, -en⟩ physikalischer Vorgang in Atomkernen, vor allem die Umwandlung von Kernen beim Zusammenstoß mit energiereichen Teilchen

Kern|re|ak|tor ⟨der; -s, -en⟩ Anlage, in der die kontrollierte Kernspaltung von Atomen zur Erzeugung von Energie genutzt wird

Ke|ro|sin ⟨das; -s; unz.; Chemie⟩ Treibstoff für Düsenflugzeuge [<grch. *keros* »Wachs«]

Ketch|up *auch:* **Ket|chup** ⟨[kɛtʃʌp] od. [kɛtʃəp] der od. das; - od. -s, -s⟩ pikante, dickflüssige Würzsoße; *Tomaten~; oV* Ketschup [engl. <mal. *kechap* »gewürzte Fischsauce«]

Ketschup/Ketchup Einige aus Fremdsprachen übernommene Begriffe können sowohl entsprechend der Herkunftssprache (*Ketchup*) als auch in einer eingedeutschten (integrierten) Form geschrieben werden (*Ketschup*). Es bleibt dem Schreibenden überlassen, welche Schreibweise er vorzieht.

Ketsch|up *auch:* **Ket|schup** ⟨[kɛtʃʌp] od. [kɛtʃəp] der od. das; - od. -s, -s⟩ = Ketchup

Key|board ⟨[kiːbɔːd] das; -s, -s⟩ **1** ⟨Popmusik⟩ (meist elektronisches) Tasteninstrument **2** ⟨EDV⟩ Tastatur für Computer u. Rechenanlagen [engl., »Tastatur«]

Kib|buz ⟨der; -, -bu|zim od. -bu|ze⟩ genossenschaftl. organisierte Gemeinschaftssiedlung in Israel, meist Landwirtschaftsbetrieb [hebr., »Sammlung«]

Kick ⟨der; -s, -s⟩ **1** ⟨Sport; Fußb.⟩ Schuss, Stoß, Tritt **2** ⟨Jugendspr.⟩ Hochgefühl, Schwung, Energie; →*a.* Thrill; *sich einen ~ geben* [engl.]

Kick|board ⟨[-bɔː(r)d] das; -s, -s⟩ zusammenklappbarer, sportlicher Tretroller aus Edelstahl [<engl. *kick* »treten« + *board* »Brett«]

Kid ⟨das; -s, -s⟩ Kind; *neue Mode für ~s* [engl., »Zicklein«, auch umg. für »Kind, Bengel«]

Kid|nap|per ⟨[-næpə(r)] der; -s, -⟩ jmd., der Menschen gewaltsam entführt [engl.; → *Kidnapping*]

Kid|nap|ping ⟨[-næpɪŋ] das; -s, -s⟩ Entführung einer Person, um Lösegeld od. die Freilassung von Häftlingen zu erzwingen [<engl. *kid* »Kind, Zicklein« + *nab* »fangen, schnappen«]

Kil|ler ⟨der; -s, -⟩ bezahlter, professioneller Mörder [<engl. *kill* »töten«]

Ki|lo ⟨das; -s, -; umg.; kurz für⟩ Kilogramm

ki|lo..., Ki|lo... ⟨Abk.: k; vor Maßeinheiten⟩ das Tausendfache der betreffenden Grundeinheit, *z. B. 1 Kilogramm = 1000 Gramm* [<grch. *chilioi* »tausend«]

Ki|lo|byte ⟨[-baɪt] das; - od. -s, - od. -s; Abk.: kB, KB, KByte; EDV⟩ Maßeinheit für die Speicherkapazität einer EDV-Anlage (1 KByte = 1024 Byte)

Ki|lo|joule ⟨[-dʒaul] od. [-dʒuːl] das; - od. -s, -; Abk.: kJ⟩ = 1000 Joule

Ki|lo|me|ter ⟨der; -s, -; Abk.: km⟩ = 1000 Meter

ki|lo|me|trie|ren *auch:* **ki|lo|met|rie|ren** ⟨V.⟩ *eine Straße, einen Fluss ~* mit Kilometersteinen die Kilometer daran bezeichnen

Ki|lo|volt ⟨[-vɔlt] das; - od. -(e)s, -; Abk.: kV⟩ = 1000 Volt

Ki|lo|watt ⟨das; -s, -; Abk.: kW⟩ = 1000 Watt

Ki|ne|tik ⟨die; -; unz.; Physik⟩ Lehre von der Bewegung durch Kräfte [<grch. *kinetikos* »die Bewegung betreffend«; zu grch. *kinein* »bewegen«]

Ki|osk ⟨a. [-'-] der; -(e)s, -e⟩ **1** = Pavillon (2) **2** frei stehendes Verkaufshäuschen od. Stand für Zeitungen, Zigaretten, Süßigkeiten u. Getränke usw.; *Zeitungs~* [<türk. *köschk* »Gartenhäuschen«]

Kip|pa ⟨die; -, Kip|pot⟩ kleine, flache Kappe, die als Zeichen der Ehrfurcht vor Gott von jüdischen Männern während des Gebets, in der Synagoge usw. getragen wird; *oV* Kippah [<hebr. *kippah* »Kappe«]

K

Kip|pah ⟨die; -, Kip|pot⟩ = Kippa

Klan ⟨der; -s, -s⟩ = Clan

Kla|ri|net|te ⟨die; -n, -n; Musik⟩ Holzblasinstrument mit einfachem Rohrblatt am schnabelförmigen Mundstück [<ital. *clarinetto*, Verkleinerungsform zu *clarino* »hohe Solotrompete«]

Klassik: Der Begriff *Klassik* bezeichnet im weiteren Sinne eine Epoche herausragender künstlerischer Leistungen eines Volkes, z. B. die Glanzzeit der höfischen Literatur um 1200 (»Staufische *Klassik*«). Im engeren Sinne bezeichnet er die Blütezeit der altgriechischen und altrömischen Kultur (»griechische/römische *Klassik*«). Die Orientierung an den Idealen der Antike bestimmte die Epoche der *Klassik* von etwa 1786 (Goethes italienische Reise) bis 1805 (Schillers Tod) in der deutschen Literatur. In der Musik wird der Begriff *Klassik* für den Zeitabschnitt von ca. 1770 bis 1827 mit dem von Mozart, Haydn und Beethoven geschaffenen Stil, der die Sonatenform bevorzugte, verwendet (»Wiener *Klassik*«).

K

Klas|sik ⟨die; -; unz.⟩ Zeitabschnitt kultureller Hochleistungen eines Volkes

Klas|si|ker ⟨der; -s, -⟩ **1** Vertreter der Klassik **2** Künstler od. Wissenschaftler, dessen Werke über seine Zeit hinaus als mustergültig anerkannt worden sind **3** bedeutendes Werk; *dieses Buch ist ein ~ der Kunstwissenschaft* [<lat. *scriptor classicus* »Schriftsteller ersten Ranges«; zu *classis* »Klasse, Abteilung, Ordnung«]

klas|sisch ⟨Adj.⟩ **1** die Klassik betreffend, zu ihr gehörig, aus ihr stammend; *das ~e Altertum; die ~en Sprachen Altgriechisch u. Latein* **2** in der Art der Klassik, nach dem Vorbild der K. strebend **3** mustergültig, vorbildlich ausgewogen, ausgereift, maßvoll; *ein ~es Beispiel; ~er Beweis* [<lat. *classicus* u. frz. *classique* »mustergültig, erstrangig«; zu lat. *classis* »Klasse, Abteilung, Ordnung«]

Klas|si|zis|mus ⟨der; -; unz.; Bez. für⟩ zwei europäische Kunstrichtungen, im 16./17. Jh. in der Baukunst, von Palladio ausgehend, u. 1770-1830 in Baukunst, Plastik, Malerei u. Kunstgewerbe (Neu- od. Neoklassizismus), die sich die klaren, strengen Formen des klass. Altertums zum Vorbild nahmen

→ **Clown:** Was du nicht unter ***klau-*** findest, kann unter ***clow-*** stehen, z. B. ***Clown***!

Klau|sur ⟨die; -, -en⟩ **1** ⟨unz.⟩ Einsamkeit, Abgeschlossenheit **2** ⟨unz.⟩ abgeschlossener Bereich in Klöstern, der von den Ordensleuten nur in Ausnahmefällen verlassen u. von Personen des anderen Geschlechts nicht betreten werden darf; *in strenger ~ leben* **3** ⟨zählb.⟩ unter Aufsicht angefertigte Prüfungsarbeit; *eine ~ schreiben* [<lat. *clausura* »Verschluss, Einschließung«; zu *claudere* »schließen«]

Kla|vi|a|tur ⟨[-vi-] die; -, -en; Musik; bei Tasteninstrumenten⟩ Gesamtheit der Tasten [→ *Klavier*]

Kla|vier ⟨[-viːr] das; -s, -e; Musik⟩ Tasteninstrument, bei dem die Saiten durch Filzhämmerchen angeschlagen werden; *~ spielen, üben; jmdn. auf dem ~ begleiten* [<frz. *clavier* »Tastenreihe, Tastenbrett« <lat. *clavis* »Schlüssel«, mlat. »Schlüssel zum Ventil der Orgelpfeife, Taste«]

Klep|to|ma|nie ⟨die; -; unz.; Psych.⟩ krankhafter Trieb zum Stehlen [<grch. *kleptein* »stehlen« + *Manie*]

Kle|ri|ker ⟨der; -s, -⟩ Angehöriger des Klerus, (kathol.) Geistlicher

Kle|rus ⟨der; -; unz.⟩ die Gesamtheit der (katholischen) Geistlichen [<kirchenlat. *clerus*, eigtl. »auserwählter Stand« <grch. *kleros* »Los, Anteil«]

Klez|mer[1] ⟨[klɛs-] die od. der; -; unz.; Musik⟩ traditionelle jüdische Instrumentalmusik (bes. Klarinettenmusik) aus Osteuropa [<jidd. *klesmer, klesmorin* »Musikant«]

Klez|mer[2] ⟨[klɛs-] der; -s, -; Musik⟩ Musiker, der Klezmer[1] spielt

→ **Clique:** Was du nicht unter ***kli-*** findest, kann unter ***cli-*** stehen, z. B. ***Clique***!

Kli|ent ⟨der; -en, -en⟩ **1** jmd., der Beratung sucht **2** Auftraggeber, Kunde, z. B.

eines Rechtsanwalts [<lat. *cliens*, Gen. *clientis* »der Hörige; der Schutzbefohlene eines Patrons«]

Kli|en|tel ⟨die; -, -en⟩ Gesamtheit der Klienten eines Rechtsanwalts od. Arztes [<lat. *clientela* »Verhältnis der Schutzgenossenschaft«; → *Klient*]

Kli|ma ⟨das; -s, -ma|ta od. -ma|te; Meteor.⟩ **1** die für ein bestimmtes Gebiet charakteristische Wetterlage; *feuchtes, heißes, kaltes ~; maritimes, ozeanisches ~* **2** ⟨fig.⟩ Atmosphäre; *Betriebs~* [<lat. *clima* <grch. *klima* »Neigung (der Erde vom Äquator gegen die Pole)«]

Kli|mak|te|ri|um ⟨das; -s, -ri|en; Med.⟩ bei Frauen der Zeitraum, in dem die Tätigkeit der Keimdrüsen u. die Menstruation allmähl. aufhören, meist zwischen dem 45. u. 55. Lebensjahr, Wechseljahre [<lat. *climacterium* <grch. *klimakter* »Stufenleiter«; zu *klimax* »Treppe, Leiter«]

Kli|max ⟨die; -, -e⟩ **1** ⟨Rhet.⟩ Stilmittel der Steigerung, z. B. »Stunden, Tage, Wochen«; *Ggs* Antiklimax **2** ⟨allg.⟩ Steigerung, Höhepunkt [grch., »Treppe, Leiter«]

Kli|nik ⟨die; -, -en; Med.⟩ **1** Anstalt zur Behandlung bettlägeriger Patienten, Krankenhaus; *Frauen~; Kinder~* **2** ⟨unz.⟩ Unterricht (der Medizinstudenten) am Kranken(bett) [<grch. *klinike (techne)* »Heilkunde«; zu *kline* »Lager, Bett«]

Kli|ni|kum ⟨das; -s, -ni|ka od. -ni|ken; Med.⟩ zweiter Teil der medizin. Ausbildung im Krankenhaus

kli|nisch ⟨Adj.⟩ in der Klinik (stattfindend), die Klinik betreffend; *~e Ausbildung; ~e Behandlung*

Klin|ker ⟨der; -s, -⟩ harter, scharfgebrannter Ziegel [<ndrl. *klinker(t)* »hart gebrannter Ziegelstein«]

Kli|schee ⟨das; -s, -s⟩ **1** ⟨Typ.⟩ Druckstock, Druckplatte für Hochdruck, Ätzung **2** Abdruck, genaues Abbild **3** ⟨fig.⟩ stark vereinfachte od. überkommene Vorstellung, Stereotyp, Gemeinplatz [<frz. *cliché*]

Kli|to|ris ⟨die; -, - od. -to|ri|des; Anat.⟩ schwellfähiges weibliches Geschlechtsorgan am vorderen Ende der kleinen Schamlippen, entspricht dem männl. Penis, wichtigstes sexuelles Reizzentrum [<grch. *kleitoris*]

Klo|a|ke ⟨die; -, -n⟩ **1** Schleuse, Abwasserkanal **2** ⟨Zool.⟩ gemeinsamer Ausgang von Darm, Harnblase u. Geschlechtsorganen bei manchen Tieren [<lat. *cloaca* »unterirdischer Abzugskanal«]

Klon ⟨der; -s, -e; Genetik⟩ aus ungeschlechtlicher Fortpflanzung (Genmanipulation) hervorgegangene identische Nachkommenschaft eines Individuums; *oV* Clon [<grch. *klon* »Zweig, Reis, Schössling«]

klo|nen ⟨V.; Genetik⟩ (durch Genmanipulation) künstlich erzeugen; *oV* clonen; *genetisch identische Lebewesen ~*

Klub ⟨der; -s, -s⟩ *oV* Club **1** geschlossene Vereinigung von Personen zur Pflege bestimmter Interessen; *Schach~; Segel~; Skat~* **2** deren Raum od. Gebäude [<engl. *club* »Klub«, eigtl. »Keule« (nach dem alten Brauch, Einladungen zu Zusammenkünften durch das Herumsenden eines Stockes, Brettes od. einer Keule zu übermitteln)]

Kni|cker|bo|ckers ⟨a. [nɪkə(r)-] Pl.⟩ weite Hose mit Überfall, deren Beine unter den Knien mit Schnallen geschlossen werden [engl.; nach einem von W. Irving in seinem Roman »History of New York« (1809) erfundenen Ureinwohner D. *Knickerbocker*]

knock-out *auch:* **knock|out** ⟨[nɔkaʊt] Adj.; Abk.: k. o.; Sport; Boxen⟩ niedergeschlagen, kampfunfähig; *den Gegner ~ schlagen* [in Anlehnung an das Subst. *Knock-out* <engl. *knocked out* »entscheidend besiegt, herausgeschlagen«]

Knock-out *auch:* **Knock|out** ⟨[nɔkaʊt] der; -s od. -, -s; Abk.: K. o.; Sport; Boxen⟩ Niederschlag, völlige Besiegung, K.-o.-Schlag

Know-how *auch:* **Know|how** ⟨[no:haʊ] das; - od. -s; unz.⟩ das Wissen um die praktische Durchführung einer Sache, das »Gewusst-Wie«; *sie verfügt über exzellentes kaufmännisches ~* [engl., »wissen wie«]

ko..., Ko... ⟨Vorsilbe⟩ = kon..., Kon...

Ko|a|li|ti|on ⟨die; -, -en; Politik⟩ *~ von Parteien, Staaten* Vereinigung, Bündnis, zweckbestimmte Verbindung; *die ~ zwischen der SPD und den Grünen; klei-*

K

ne, große ~ [<frz. *coalition* »Bündnis« <engl. *coalition* <mlat. *coalitio* »Vereinigung, Zusammenkunft«]

Ko|balt ⟨das; -s; unz.; Chemie⟩ = Cobalt

> → **Cockpit:** Was du nicht unter ***ko***- findest, kann unter ***co***- stehen, z. B. *Cockpit*!

Ko|da ⟨die; -, -s⟩ Schlussteil (eines Musikstücks); *oV* Coda [<ital. *coda* <lat. *cauda* »Schwanz«]

Kode ⟨[ko:d] der; -s, -s⟩ *oV* Code (1) **1** Vorschrift für die Zuordnung von Zeichen eines Zeichensystems zu Zeichen eines anderen Systems **2** Schlüssel zum Übertragen von chiffrierten Texten in Klarschrift; *Geheim*~ **3** Verzeichnis von Kurzwörtern u. Ziffern [→ *Code*]

Ko|dex ⟨der; -es od. -, -e od. -di|zes⟩ **1** Gesetzessammlung **2** Gesamtheit der Regeln, die in einer Gesellschaft oder Gesellschaftsgruppe maßgebend sind; →*a.* Codex; *Sitten*~; *Ehren*~

ko|die|ren ⟨V.⟩ *Informationen, einen Text* ~ in einen Kode übertragen, mittels eines Kodes verschlüsseln; *oV* codieren; *Ggs* dekodieren

Ko|ef|fi|zi|ent ⟨der; -en, -en⟩ **1** ⟨Math.⟩ ein Faktor, der durch eine allgemeine od. bestimmte Zahl bezeichnet wird, Beizahl, Beiwert **2** ⟨Physik⟩ für bestimmte physikal. od. techn. Vorgänge kennzeichnende Größe; *Ausdehnungs*~ [<*Ko...* + lat. *efficere* »bewirken«]

> **Koffein:** *Koffein* ist in den Samen des Kaffeestrauches enthalten und gibt dem Kaffee seinen Namen. *Koffein* ist ein → *Alkaloid.* Es findet sich auch in den Blättern des Teestrauches (früher auch als *Tein* bezeichnet) sowie in den Früchten des Kakaobaumes und des Kalabaumes. *Koffein* schmeckt bitter und wirkt anregend auf das zentrale Nervensystem, verstärkt die → *Kontraktion* des Herzmuskels und erhöht die Herzfrequenz. Außerdem wirkt *Koffein* harntreibend.

Kof|fe|in ⟨das; -s; unz.⟩ bes. in Kaffee u. Tee enthaltenes Alkaloid; *oV* Coffein [<engl. *coffee* »Kaffee«]

Ko|gnak *auch:* **Kog|nak** ⟨[kɔnjak] der; -s, -s od. -e⟩ Weinbrand; →*a.* Cognac

ko|hä|rent ⟨Adj.⟩ **1** zusammenhängend **2** ⟨Physik⟩ der Kohäsion unterworfen; ~*es Licht* [<lat. *cohaerens,* Part. Präs. zu *cohaerere* »zusammenhängen«]

Ko|hä|renz ⟨die; -; unz.⟩ Zusammenhang [<lat. *cohaerentia* »das Zusammenhängen«]

Koh|len|hy|drat *auch:* **Koh|len|hyd|rat** ⟨das; -(e)s, -e; Biochemie⟩ chem. Verbindung, die Kohlenstoff u. Wasserstoff im Verhältnis 2:1 enthält (entsprechend dem Verhältnis von Sauerstoff u. Wasserstoff im Wasser), sie sind neben den Fetten u. Eiweißen wichtige Nährstoffe für den menschlichen u. tierischen Organismus

Koh|len|mon|oxid ⟨das; -(e)s; unz.; Chemie⟩ bei unvollständiger Verbrennung von Kohlenstoff entstehendes, farb- u. geruchloses, giftiges Gas

Ko|hor|te ⟨die; -, -n⟩ **1** altröm. Truppeneinheit, 10. Teil einer Legion **2** ⟨fig.⟩ ausgewählte Gruppe (von Personen) [<lat. *cohors,* Gen. *cohortis* »Gehege, Hofraum, Gefolge«]

ko|in|zi|dent ⟨Adj.⟩ zusammentreffend, zusammenfallend, deckend [<*ko...* + lat. *incidens,* Part. Präs. zu *incidere* »hineinfallen; geschehen«]

Ko|in|zi|denz ⟨die; -; unz.⟩ Zusammentreffen (zweier Ereignisse)

Ko|i|tus ⟨der; -, -⟩ Geschlechtsverkehr, Geschlechtsakt; *oV* Coitus [<lat. *coitus* »das Zusammengehen, Begattung«; zu *coire* »zusammengehen, zusammenkommen«]

Ko|ka ⟨die; -, -n; Bot.⟩ in Bolivien heimische Pflanze, deren Blätter Kokain enthalten u. in Südamerika als Anregungsmittel gekaut werden [<span. *coca*]

Ko|ka|in ⟨das; -s; unz.⟩ in den Blättern der Koka enthaltendes Alkaloid, Rauschgift

ko|kett ⟨Adj.⟩ in einer spielerischen Art darauf bedacht, anderen zu gefallen; *ein* ~*er Blick;* ~ *lächeln; sie ist sehr* ~ [<frz. *coquet* »eitel, gefallsüchtig«, eigtl. »hahnenhaft«; zu *coq* »Hahn«]

ko|ket|tie|ren ⟨V.⟩ sich kokett benehmen, seine Reize spielen lassen; *mit jmdm.* ~

jmds. Gefallen zu erregen suchen, jmdn. erotisch zu reizen suchen; *mit einer Möglichkeit ~* eine M. spielerisch erörtern

Ko|kon ⟨[kokɔ̃:], österr. a. [-ko:n] der; -s, -s⟩ aus dem erhärteten Sekret der Spinndrüsen von den Larven verschiedener Insekten bei der Verpuppung angefertigtes Gehäuse, bes. der Seidenraupe [<frz. *cocon* »Gespinst der Seidenraupe«]

Koks ⟨der; -es, -e⟩ beim Erhitzen unter Luftabschluss von Stein- od. Braunkohle entstehender, fast reiner Kohlenstoff, der als Brennstoff verwendet wird [<engl. *cokes,* Pl. zu *coke* »Koks«, eigtl. »Mark, Kern«; zu idg. **gel-* »Ballen, Geballtes«]

kol..., Kol... ⟨Vorsilbe⟩ = kon..., Kon...

Ko|li|bak|te|ri|en ⟨Pl.⟩ Bakterien, die ein wichtiger Bestandteil der normalen Darmflora sind, aber als Krankheitserreger auftreten können [<grch. *kolon* »Dickdarm« + *Bakterium*]

Ko|li|bri *auch:* **Ko|lib|ri** ⟨der; -s, -s; Zool.⟩ Schwirrvogel, Angehöriger einer den Seglern nahe verwandten Vogelfamilie [<frz. *colibri* <Spr. der Insel Cayenne *colib(a)ri* »leuchtende Fläche« (nach dem leuchtenden Grün der unteren Kopfhälfte)]

Ko|lik ⟨die; -, -en; Med.⟩ schmerzhafte, krampfartige Zusammenziehung eines inneren Organs; *Darm~; Gallen~* [<grch. *kolike (nosos)* »Darmkrankheit«; zu *kolon* »Dickdarm«]

kol|la|bie|ren ⟨V.⟩ einen Kreislaufzusammenbruch erleiden, ohnmächtig werden [<lat. *collabi* »zusammenfallen«]

Kol|la|bo|ra|ti|on ⟨die; -, -en⟩ das Kollaborieren, Zusammenarbeit mit dem Feind od. der Besatzungsmacht, bes. mit den Deutschen in den besetzten Gebieten Europas während des 2. Weltkriegs [<frz. *collaboration* »Mitarbeit«]

kol|la|bo|rie|ren ⟨V.⟩ zusammenarbeiten, (bes.) mit dem Feind od. der Besatzungsmacht zusammenarbeiten [<frz. *collaborer* »mitarbeiten«]

Kol|la|ge ⟨[-ʒə] die; -, -n⟩ = Collage

Kol|la|gen ⟨das; -s, -e; Biol.; Med.⟩ Eiweiß, das den wichtigsten Bestandteil des Stütz- u. Bindegewebes vor allem der Haut, der Sehnen u. der Knochen bildet [<grch. *kolla* »Leim« + *...gen*[2]]

Kol|laps ⟨a. [-'-] der; -es, -e⟩ durch mangelhafte Durchblutung des Gehirns verursachter, oft auf einen Schock folgender Zusammenbruch des Kreislaufs; *Kreislauf~* [<mlat. *collapsus* »Zusammenbruch«; zu *collabi* »zusammenfallen«]

Kol|leg ⟨das; -s, -s⟩ **1** Vorlesung (an einer Hochschule); *ein ~ belegen, besuchen, hören; ein ~ halten, lesen* **2** das Gebäude, in dem ein Kolleg (1) gehalten wird **3** kath. Studienanstalt; *Jesuiten~* [<lat. *collegium* »Zusammenkunft von Berufsgenossen«]

Kol|le|ge ⟨der; -n, -n⟩ jmd., der den gleichen Beruf ausübt, Mitarbeiter [<lat. *collega* »Amtsgenosse«]

Kol|le|gi|um ⟨das; -s, -gi|en⟩ Körperschaft, Ausschuss, Gemeinschaft (von Personen gleichen Amtes od. Berufs); *Ärzte~; Lehrer~* [→ *Kolleg*]

Kol|lek|te ⟨die; -, -n⟩ Sammlung freiwilliger Gaben (in der Kirche) [<lat. *collecta* »Beisteuer; Sammlung«; zu *colligere* »sammeln«]

Kol|lek|ti|on ⟨die; -, -en⟩ Zusammenstellung von Warenmustern, bes. in der Modebranche; *Frühjahrs~* [<frz. *collection* »Sammlung« <lat. *collectio* »das Sammeln«; zu *colligere* »sammeln«]

Kol|lek|tiv ⟨das; -s, -e [-və]⟩ Arbeits-, Produktions- od. Lebensgemeinschaft mit genossenschaftl. Organisationsform

Kol|lek|tor ⟨der; -s, -to|ren⟩ einer der drei Teile eines Transistors [<lat. *collector* »Sammler«; zu *colligere* »sammeln«]

Kol|li|er ⟨[kɔlje:] das; -s, -s⟩ wertvoller Halsschmuck; *Perlen~; Diamant~* [<frz. *collier* »Halsband, Halskette«]

Kol|li|si|on ⟨die; -, -en⟩ **1** (zeitliche) Überschneidung, Zusammenfallen **2** Zusammenstoß, Konflikt; *mit jmdm., mit etwas, mit dem Gesetz in ~(en) geraten, kommen; bei der ~ zweier Busse wurde niemand verletzt* [<lat. *collisio* »Zusammenstoß«]

Kol|lo|id ⟨das; -(e)s, -e; Chemie; Med.⟩ Lösung, in der die gelösten Teilchen nicht wie bei echten Lösungen als Ionen od. Einzelmoleküle vorliegen, sondern in Form kleiner Atom- od. Molekülzusammenballungen [<grch. *kolla* »Leim« + *eidos* »Aussehen«]

kol|lo|i|dal ⟨Adj.⟩ die Eigenschaft von Kolloiden zeigend; *~e Lösung*

Kol|lo|qui|um ⟨das; -s, -qui|en⟩ wissenschaftliches Gespräch (bes. zu Lehrzwecken); *Promotions~; Forschungs~* [<lat. *colloquium* »Gespräch«]

Ko|lo|nie ⟨die; -, -n⟩ **1** Ansiedlung von Ausländern in einem Staat; *die türkische ~ in Berlin* **2** ⟨Gesch.⟩ ausländischer, meist überseeischer Besitz eines Staates; *die ehemaligen französischen ~n in Afrika* **3** Lager; *Ferien~; Schüler~* **4** am Stadtrand gelegene Wohnsiedlung; *Lauben~* **5** ⟨Biol.⟩ Anhäufung von Einzelorganismen; *Bakterien~* [<lat. *colonia* »Tochterstadt, Ansiedlung außerhalb des Vaterlandes«]

Ko|lo|ni|sa|ti|on ⟨die; -, -en; Pl. selten⟩ **1** Besiedlung, Urbarmachung u. Erschließung ungenutzten Landes im Ausland od. im Innern des eigenen Landes; *innere ~* **2** Eroberung od. Erwerb von Kolonien (2)

K

Ko|lon|na|de ⟨die; -, -n; Arch.⟩ Säulengang ohne Bögen [<frz. *colonnade* »Säulenreihe«; zu *colonne* »Säule«]

Ko|lon|ne ⟨die; -, -n⟩ **1** geordnete, gegliederte Schar, Zug; *Marsch~* **2** Transporttruppe; *Rettungs~; Sanitäts~; LKW-~; Wagen~* **3** Arbeitsgruppe; *Arbeits~* **4** Druckspalte, Spalte innerhalb einer Tabelle [<frz. *colonne* »Säule« <lat. *columna* »Säule«]

Ko|lo|pho|ni|um ⟨das; -s; unz.⟩ hellgelbes bis schwarzes Balsamharz, das beim Erhitzen von Kiefernharzen entsteht u. für Lacke, Kitte, Bodenbeläge, Kunstharze u. zum Bestreichen des Violinbogens verwendet wird [nach der grch. Stadt *Kolophon* in Kleinasien]

Ko|lo|ra|tur ⟨die; -, -en; Musik⟩ virtuose Verzierung des Gesangs in hohen Lagen durch Triller, Läufe usw. [<lat. *coloratus,* Part. Perf. zu *colorare* »färben«; zu *color* »Farbe«]

Ko|lo|rit ⟨das; -(e)s, -e⟩ **1** ⟨Mal.⟩ Farbgebung, Farbwirkung **2** ⟨Musik⟩ Klangfarbe **3** ⟨Lit.⟩ die bes. Stimmung, Atmosphäre; *Lokal~* [<ital. *colorito* »Färbung«; zu *colore* <lat. *color* »Farbe«]

Ko|loss ⟨der; -es, -e⟩ **1** Standbild eines Riesen; *der ~ von Rhodos* **2** ⟨allg.⟩ riesiges Gebilde; *Fels~* **3** ⟨fig.; umg.⟩ sehr großer, dicker, schwerer Mensch [<grch. *kolossos* »Riesenbildsäule, bes. die dem Sonnengott geweihte eherne auf der Insel Rhodos«]

Kol|por|ta|ge ⟨[-ʒə] die; -; unz.⟩ Verbreitung von Gerüchten [<frz. *colportage* »Hausierhandel, Verbreitung (von Nachrichten)«; zu lat. *comportare* »zusammentragen«]

Kol|por|teur ⟨[-tøːr] der; -s, -e⟩ jmd., der Gerüchte verbreitet [<frz. *colporteur* »Hausierer, Neuigkeitenkrämer«; zu lat. *comportare* »zusammentragen«]

Ko|lum|ne ⟨die; -, -n⟩ **1** Säule, senkrechte Reihe **2** ⟨Typ.⟩ Spalte **3** Schriftsatz in Höhe einer Druckseite [<lat. *columna* »Säule«]

kom..., Kom... ⟨Vorsilbe⟩ = kon..., Kon...

Ko|ma[1] ⟨die; -, -s⟩ **1** durch die Sonne zum Leuchten angeregte Gase eines Kometen **2** ⟨Optik⟩ Abbildungsfehler in der Form eines Lichtbündels [<grch. *kome* »Haar«]

Ko|ma[2] ⟨das; -s, -s od. -ma|ta; Med.⟩ tiefe u. anhaltende Bewusstlosigkeit, die durch äußere Reize nicht unterbrochen werden kann; *im ~ liegen* [grch., »fester Schlaf«]

Kom|bi|na|ti|on ⟨die; -, -en⟩ **1** Verknüpfung, Zusammenfügung **2** Herstellung von Beziehungen, die gedanklich zusammenhängen **3** ⟨Sport⟩ planmäßiges Zusammenspiel; *~ im Schach* **4** Kleidungsstück aus mehreren Teilen [<lat. *combinatio* »Verbindung«; zu *combinare* »verbinden, verknüpfen«]

kom|bi|nie|ren ⟨V.⟩ gedankliche Zusammenhänge finden zwischen, Beziehungen herstellen zwischen; *etwas mit etwas anderem ~* verknüpfen [<lat. *combinare* »verbinden, verknüpfen«]

Kom|fort ⟨[-foːr] od. [-fɔrt] der; - od. -(e)s; unz.⟩ **1** Bequemlichkeit, Behaglichkeit **2** bequeme, praktische Einrichtung; *Wohnung, Zimmer mit allem ~* [<engl. *comfort* <afrz. *confort* »Trost, Stärkung«; zu lat. *fortis* »stark«]

kom|for|ta|bel ⟨Adj.⟩ bequem, praktisch, mit allen modernen Annehmlichkeiten ausgestattet; *komfortables Hotel* [<engl.

comfortable <afrz. *confortable* »Trost, Stärkung bringend«]

Ko|mik ⟨die; -; unz.⟩ 1 das Komische; *Sinn für ~ haben* 2 komische, erheiternde Wirkung; *eine Szene von unwiderstehlicher ~* [<frz. *comique;* → *komisch*]

ko|misch ⟨Adj.⟩ 1 Lachen, Heiterkeit erregend, spaßig, drollig; *eine ~e Figur machen* 2 ⟨fig.; umg.⟩ selten, sonderbar, merkwürdig; *ein ~es Gefühl haben; er ist ein ~er Kerl; er ist seit einiger Zeit so ~; das ist doch ~!* erregt Staunen; *das kommt mir ~ vor* verdächtig [bis 17. Jh. »zur Komödie gehörig«, dann unter frz. Einfluss heutige Bedeutungen; <lat. *comicus* <grch. *komikos* »zur Komödie gehörig, witzig, lächerlich«; zu grch. *komos* »fröhlicher Umzug, lärmende Schar, festlicher Gesang«]

Ko|mi|tee ⟨das; -s, -s⟩ im Namen einer Organisation handelnder Ausschuss; *Fest~* [<frz. *comité*]

Komma: Der Begriff *Komma* bezeichnete in der antiken → *Metrik* einen Sprechtakt aus einem oder mehreren Wörtern. In der → *Grammatik* bezeichnete er ursprünglich einen Sinnabschnitt, später wurde er in unserer heutigen Bedeutung des »Satzzeichens« verwendet. In der Musik wird damit ein sehr kleines → *Intervall* mit geringem Schwingungsunterschied zwischen zwei Tönen benannt.

Kom|ma ⟨das; -s, -s od. -ma|ta⟩ 1 ⟨Gramm.; Zeichen: ,⟩ Satzzeichen, das den Satz in Sinnabschnitte teilt, Beistrich 2 ⟨Math.⟩ Zeichen, das ganze Zahlen von den Ziffern der Dezimalbrüche trennt; *drei ~ vier (3,4); drei ~ null vier (3,04)* [grch., »Schlag, Abschnitt«; zu *koptein* »schlagen«]

kom|man|die|ren ⟨V.⟩ 1 ⟨Mil.⟩ 1.1 *Personen, Truppen ~* den Befehl über P., T. führen 1.2 ⟨Mil.⟩ versetzen; *einen Soldaten zu einer anderen Einheit ~* 2 *jmdn. ~* jmdm. einen Befehl erteilen; *ich lasse mich nicht von dir ~!* [<frz. *commander* »befehlen, gebieten«]

Kom|man|do ⟨das; -s, -s od. österr. -manda⟩ 1 Befehl, Anordnung, Weisung, Order, Direktive; *ein ~ geben; auf das ~ »los!«; sich wie auf ~ umdrehen* 2 ⟨Mil.⟩ zu bestimmten Zwecken zusammengestellte Truppenabteilungen; *Sonder~; Wach~* [<ital., span. *commando* »Befehl«]

Kom|men|tar ⟨der; -s, -e⟩ 1 nähere Erläuterung; *einen ~ zu etwas geben* 2 fortlaufende sachliche u. sprachliche (von einem wissenschaftl. Standpunkt aus gegebene) Erläuterung des Textes eines literar. Werkes, Gesetzes u. Ä.; *Stellen~* 3 die (im Unterschied zur Nachricht) persönl. u. wertende Stellungnahme eines Journalisten zu aktuellen Ereignissen [<lat. *commentarius* »schriftl. Aufzeichnung«; zu *commentari;* → *kommentieren*]

kom|men|tie|ren ⟨V.⟩ 1 (wissenschaftlich) erläutern; *Gesetze ~* 2 erklären; *eine kommentierte Ausgabe von Shakespeares »Hamlet«* 3 aktuelle Ereignisse kritisch analysieren u. bewerten, z. B. in einer Tageszeitung [<lat. *commentari* »genau überdenken, etwas Durchdachtes schriftlich darstellen«; zu *mens,* Gen. *mentis* »Denktätigkeit, Verstand«]

kom|mer|zi|ell ⟨Adj.⟩ den Handel betreffend, auf ihm beruhend, kaufmännisch; *~es Denken* [zu frz. *commerce* <lat. *commercium* »Handel, Verkehr«]

Kom|mi|li|to|ne ⟨der; -n, -n⟩ Mitstudent, Studiengenosse [<lat. *commilito* »Waffenbruder«; zu *miles* »Soldat«]

Kom|mis|sar ⟨der; -s, -e⟩ 1 im Staatsauftrag arbeitende, mit bes. Vollmachten ausgerüstete Person 2 einstweiliger Vertreter eines Beamten 3 Dienstrang im Polizeidienst; *Polizei~; Kriminal~* [<*commissari* (15. Jh.) <mlat. *commissarius* »mit der Besorgung eines Geschäftes Betrauter«; zu lat. *committere* »zusammenbringen, anvertrauen«]

kom|mis|sa|risch ⟨Adj.⟩ 1 durch einen Kommissar vertretungsweise ausgeführt; *~e Leitung* 2 einstweilig, übergangsweise; *~er Leiter*

Kom|mis|si|on ⟨die; -, -en⟩ 1 Auftrag, ein Geschäft im eigenen Namen, aber für fremde Rechnung zu besorgen; *eine Ware in ~ geben, in ~ nehmen* 2 Ausschuss; *Ärzte~; Sonder~; eine ~ bilden, wählen* [<lat. *commissio* »Vereini-

K

gung, Verbindung«; zu *committere* »vereinigen, anvertrauen«]

Kom|mo|de ⟨die; -, -n⟩ Kastenmöbel mit Schubfächern; *Wäsche~* [<frz. *commode;* zu *commode* »bequem, angemessen, wohnlich«]

kom|mu|nal ⟨Adj.⟩ eine Gemeinde od. einen Landkreis betreffend, zu ihnen gehörig, von ihnen ausgehend [<frz. *communal;* zu lat. *communis* »gemeinsam«]

Kom|mu|ne ⟨die; -, -n⟩ **1** ⟨MA⟩ Stadtstaat mit republikan. Verfassung (bes. in Italien) **2** ⟨allg.⟩ Gemeinde **3** in Wohn- u. Wirtschaftsgemeinschaft lebende Gruppe, bes. in der Studentenbewegung der 1960er Jahre **4** *Pariser ~* [kɔmyːn] die revolutionären Gegenregierungen in Paris 1792-1794 u. von März bis Mai 1871 [<frz. *commune* »Gemeinde«; zu lat. *communis* »gemeinsam«]

Kom|mu|ni|ka|ti|on ⟨die; -, -en⟩ **1** Verbindung, Zusammenhang **2** Verkehr, Umgang, Verständigung; *~ zwischen den Menschen, Tieren* **3** ⟨Kyb.⟩ Austausch von Informationen zwischen dynamischen Systemen [<lat. *communicatio* »Mitteilung«]

Kom|mu|ni|kee ⟨das; -s, -s⟩ = Kommuniqué

Kom|mu|ni|on ⟨die; -, -en; kath. Kirche⟩ Empfang des heiligen Abendmahls [<lat. *communio* »Gemeinschaft«]

Kom|mu|ni|qué ⟨[kɔmynikeː] das; -s, -s⟩ amtliche Verlautbarung, Bekanntmachung (bes. einer Regierung); *oV* Kommunikee [<frz. *communiqué*]

Kom|mu|nis|mus ⟨der; -; unz.; Politik⟩ **1** ökonom. u. politische Lehre, die sich eine Gesellschaft ohne Privateigentum mit sozialer Gleichstellung der Individuen zum Ziel setzt **2** die darauf beruhende Wirtschafts- u. Gesellschaftsordnung **3** politische Bewegung, die diese Gesellschaftsform anstrebt; →*a.* Marxismus [zu lat. *communis* »gemeinsam«]

kom|mu|ni|zie|ren ⟨V.⟩ **1** in Verbindung stehen; *~de Röhren* ⟨Physik⟩ R., die oben offen u. unten miteinander verbunden sind u. in denen sich eine Flüssigkeit gleich hoch einstellt **2** miteinander sprechen, Verbindungen haben, sich austauschen **3** ⟨kath. Kirche⟩ das Abendmahl empfangen [<lat. *communicare* »gemeinsam machen, vereinigen«; zu *communis* »gemeinsam«]

Ko|mö|di|ant ⟨der; -en, -en⟩ **1** ⟨17./18. Jh.⟩ Schauspieler **2** Schauspieler heiterer Rollen **3** ⟨oft abwertend; fig.⟩ Heuchler, jmd., der anderen etwas vortäuscht, vormacht [→ *Komödie*]

Ko|mö|die ⟨[-djə] die; -, -n⟩ **1** heiteres Drama, Lustspiel, Posse **2** ⟨fig.⟩ lustiges, erheiterndes Ereignis **3** Theater, in dem (nur) Komödien gespielt werden; *in die ~ gehen* **4** ⟨fig.; umg.⟩ Täuschung, Verstellung; *das war ja alles nur ~!* [<lat. *comoedia* <grch. *komoidia,* eigtl. »das Singen eines *komos* (= fröhliche, lärmende Schar)«; → *komisch*]

Kom|pa|gnon *auch:* **Kom|pag|non** ⟨[-njɔ̃ː] od. ['---] der; -s, -s⟩ **1** Teilhaber, Mitinhaber (einer Firma) **2** Freund, Genosse [<frz. *compagnon* »Geselle, Genosse«; → *Kompanie*]

Kom|pa|nie ⟨die; -, -n⟩ **1** ⟨Abk.: Co., Cie.⟩ Handelsgesellschaft **2** ⟨Abk.: Komp.; Mil.⟩ kleinste ständige Infanterieeinheit [<ital. *compagnia,* frz. , frz. *compagnie;* <mlat. *companium* »Gesellschaft«, eigtl. »Brotgenossenschaft«; zu lat. *con...* »zusammen mit...« + *panis* »Brot«]

Kom|pa|ra|ti|on ⟨die; -, -en; Gramm.⟩ *~ der Adjektive* Vergleich, der angibt, ob eine Eigenschaft einer Sache in größerem Maße als einer anderen Sache od. in größtem Maße zukommt, Vergleich, Steigerung, *z. B. »groß – größer – am größten«* [<lat. *comparatio* »Vergleich«; zu *comparare* »vergleichen«]

Kom|pa|ra|tiv ⟨a. [---'-] der; -s, -e [-və]; Gramm.⟩ erste Steigerungsstufe der Komparation, die angibt, dass eine Eigenschaft einer Sache in größerem Maße zukommt als einer anderen, Mehrstufe, *z. B. schöner, größer* [<lat. *(gradus) comparativus* »dem Vergleichen dienender Steigerungsgrad«; zu *comparare* »vergleichen«]

Kom|par|se ⟨der; -n, -n; Theat.; Film⟩ Person ohne Sprechrolle, bes. in Massenszenen [<ital. *comparsa* »das Erscheinen«]

Kom|pass ⟨der; -es, -e⟩ Gerät zum Bestimmen der Himmelsrichtung; *sich nach dem ~ richten; den ~ ablesen* [<ital. *compasso* »Zirkel, Magnetnadel,

K

Bussole«; zu *compassare* »abschreiten, abmessen«]

kom|pa|ti|bel ⟨Adj.⟩ 1 vereinbar, austauschbar; *kompatible Computersysteme* 2 zusammenstimmend, zusammenpassend [<frz. *compatible* »vereinbar, verträglich«]

Kom|pen|di|um ⟨das; -s, -di|en⟩ Abriss, Handbuch, kurzes Lehrbuch, Leitfaden; *ein ~ der Philosophiegeschichte schreiben* [<lat. *compendium,* eigtl. »das beim Zusammenwägen Ersparte, Gewinn, Vorteil« <*con...* »zusammen mit...« + *pendere* »wägen, wiegen«]

Kom|pen|sa|ti|on ⟨die; -, -en⟩ 1 Ausgleich, Aufhebung, z. B. von Kräften, Wirkungen 2 Erstattung, Vergütung, Verrechnung [<lat. *compensatio* »Ausgleich«]

kom|pen|sie|ren ⟨V.⟩ 1 ausgleichen, aufheben; *Kräfte, Wirkungen ~* 2 vergüten, verrechnen 3 durch Tausch erwerben; *Ware gegen Ware ~* [<lat. *compensare* »aufwiegen, ausgleichen«]

kom|pe|tent ⟨Adj.⟩ *Ggs* inkompetent 1 zuständig, befugt, autorisiert 2 maßgebend, urteilsfähig, sachkundig; *ich bin in dieser Angelegenheit, Frage (nicht) ~* [<lat. *competens,* Part. Präs. zu *competere* »zusammentreffen, zutreffen, zukommen«]

Kom|pe|tenz ⟨die; -, -en⟩ *Ggs* Inkompetenz 1 Zuständigkeit, Befugnis 2 Urteilsfähigkeit, Sachverstand [<lat. *competentia* »das Zusammentreffen, Stimmen«]

kom|ple|men|tär ⟨Adj.⟩ ergänzend [<frz. *complémentaire*]

kom|plett ⟨Adj.⟩ vollkommen, vollständig, vollzählig; *ein ~es Mittagessen; unsere Wohnung ist jetzt ~; du bist ~ verrückt* ⟨umg.⟩ völlig verrückt [<frz. *complet* »vollständig«]

kom|plex ⟨Adj.⟩ zusammengesetzt, verwickelt, vielfältig u. doch einheitlich; *eine ~e Theorie; ~e Zahl* ⟨Math.⟩ Summe aus einer reellen Zahl u. einer imaginären Zahl, z. B. a + bi [<lat. *complexus,* Part. Perf. zu *complecti* »umfassen, zusammenfassen«]

Kom|plex ⟨der; -es, -e⟩ 1 Gesamtheit, Gesamtumfang, Inbegriff 2 zusammenhängende Gruppe; *Häuser~* 3 ⟨Psych.⟩ ins Unterbewusstsein verdrängte Gruppe von Vorstellungen od. nicht verarbeiteten Erlebnissen, die zu dauernder Beunruhigung führen; *an verdrängten ~en leiden*

Kom|ple|xi|tät ⟨die; -; unz.⟩ 1 komplexe Beschaffenheit, vielfältige Gesamtheit, Vielschichtigkeit, Unübersichtlichkeit, Kompliziertheit; *die Gesellschaft in ihrer gesamten ~* 2 Gesamtheit aller Bestandteile u. Komponenten eines geschlossenen Systems, die voneinander abhängig sind u. in Verhalten u. Wirkung Veränderungen unterworfen sein können

Kom|pli|ka|ti|on ⟨die; -, -en⟩ 1 Verwicklung, Schwierigkeit 2 ⟨Med.⟩ Auftreten zusätzlicher Schwierigkeiten bei einer schon bestehenden Krankheit; *bei der Operation gab es ~en* [<lat. *complicatio* »das Zusammenwickeln, -falten«]

Kom|pli|ment ⟨das; -(e)s, -e⟩ 1 Höflichkeitsbezeigung, Verbeugung, Diener 2 Artigkeit, Huldigung, Schmeichelei; *jmdm ein ~* ⟨od.⟩ *~e machen* [<frz. *compliment* »Artigkeit, Schmeichelei« <lat. *complementum* »Ergänzung, Anhang« (alter Moralbücher, da diese von der Höflichkeit handelten)]

Kom|pli|ze ⟨der; -n, -n⟩ Mitschuldiger, Mittäter, Helfershelfer; *den Anführer u. seine ~n festnehmen* [<frz. *complice* <lat. *complex,* Gen. *complicis* »Verbündeter, Teilnehmer«; zu lat. *complicare* »zusammenfalten, -legen«]

kom|pli|ziert ⟨Adj.⟩ 1 verwickelt, schwierig, erschwert; *ein ~er Bruch* ⟨Med.⟩ 2 schwer zu behandeln, sehr empfindsam; *ein ~er Mensch, Charakter* [zu lat. *complicare* »zusammenfalten, -legen«]

Kom|plott ⟨das; -(e)s, -e⟩ Verschwörung, Verabredung zu Straftaten, Anschlägen, heiml. Handlungen; *ein ~ schmieden (gegen)* [<frz. *complot* »Anschlag, Verschwörung«]

Kom|po|nen|te ⟨die; -, -n⟩ Teil eines Ganzen, einer Kraft, Mischung usw. [<lat. *componens,* Part. Präs. zu , Part. Präs. zu *componere;* → *komponieren*]

kom|po|nie|ren ⟨V.⟩ 1 zusammensetzen, zusammenstellen, kunstvoll anordnen, aufbauen 2 nach bestimmten Formgesetzen aufbauen, zusammenfügen; *Kunstwerke, ein Bild ~* 3 ⟨Musik⟩ in

K

Töne setzen; *eine Oper, Symphonie ~* [<lat. *componere* »zusammensetzen, -stellen, -legen, vereinen«]

Kom|po|nist ⟨der; -en, -en; Musik⟩ Schöpfer von Musikstücken; *Opern ~; Beethoven war ein bedeutender ~* [→ *komponieren*]

Kom|po|si|ti|on ⟨die; -, -en⟩ **1** Zusammensetzung, -stellung, künstler. Anordnung **2** Aufbau eines Kunstwerks nach bestimmten Formgesetzen **3** Musikstück, Musikwerk **4** Wortbildung aus zwei od. mehreren selbstständigen Teilen [<lat. *compositio* »Zusammensetzung, -stellung«; → *komponieren*]

Kom|po|si|tum ⟨das; -s, -si|ta; Sprachw.⟩ aus zwei od. mehreren selbstständigen, sinnvollen Teilen zusammengesetztes Wort, *z. B. Einkaufskorb, Baumstamm, Straßenbahn; Ggs* Simplex [<lat. *compositum,* Part. Perf. zu , Part. Perf. zu *componere;* → *komponieren*]

Kom|pres|si|on ⟨die; -, -en⟩ Zusammendrückung, Verdichtung; *~ von Adern, Stoffen, Gasen* [<lat. *compressio* »das Zusammendrücken«; zu *comprimere* »zusammendrücken«]

kom|pri|mie|ren ⟨V.⟩ **1** zusammendrücken, verdichten **2** zusammendrängen; *einen komprimierten Stil schreiben* [<lat. *comprimere* »zusammendrücken«]

Kom|pro|miss ⟨der; -es, -e⟩ **1** Ausgleich, Verständigung, Einigung, Übereinkunft durch beiderseitiges Nachgeben **2** Zugeständnis, Entgegenkommen; *sich auf einen ~ einigen; einen ~ schließen* [<lat. *compromissum* »gegenseitiges Versprechen, Übereinkunft; Vergleich in einem Rechtsstreit«]

kon..., Kon... ⟨vor b, p, m⟩ kom..., Kom... ⟨vor l⟩ kol..., Kol... ⟨vor r⟩ kor..., Kor... ⟨vor Vokalen u. h⟩ ko..., Ko... ⟨in Zus.⟩ mit, zusammen mit... [<lat. *con...,* in Zus. für *cum* »mit«]

Kon|den|sa|ti|on ⟨die; -, -en⟩ **1** Verflüssigung, Verdichtung **2** ⟨Physik⟩ Übergang eines Stoffes vom gas- od. dampfförmigen in den flüssigen Zustand **3** ⟨Chemie⟩ Reaktion, bei der zwei Moleküle unter Abspaltung eines einfachen Stoffes, z. B. Wasser, zu einem neuen Molekül reagieren od. bei der innerhalb eines Moleküls ein einfacher Stoff abgespalten wird [<lat. *condensatio* »Verdichtung«]

Kon|den|sa|tor ⟨der; -s, -to|ren⟩ **1** Apparat, in dem der aus Dampfmaschinen austretende Dampf gekühlt u. verflüssigt wird **2** elektrisches Bauelement aus zwei gegeneinander isolierten Flächen od. Leitern, auf denen sich einander entgegengesetzte elektrische Ladungen sammeln

Kon|di|ti|on ⟨die; -, -en⟩ **1** Bedingung; *besondere ~en vereinbaren* **2** Beschaffenheit, Zustand, körperliche Beschaffenheit (eines Sportlers); *er hat eine gute ~* [<lat. *conditio* »Bedingung«]

kon|di|ti|o|nal ⟨Adj.⟩ bedingend, bedingungsweise (geltend); *~e Konjunktion* einen Bedingungssatz einleitende K., *z. B. wenn, falls*

Kon|do|lenz ⟨die; -, -en⟩ Beileid, Beileidsbezeigung

kon|do|lie|ren ⟨V.⟩ sein Beileid aussprechen; *jmdm. zum Tod des Vaters ~* [<lat. *condolere* »Mitgefühl haben«; zu *dolor* »Schmerz«]

Kon|dom ⟨der od. das; -s, -e⟩ empfängnis- u. infektionsverhütende Gummihülle für den Penis beim Geschlechtsverkehr; *Sy* Pariser [nach dem engl. Arzt *Conton,* 17. Jh.]

Kon|fekt ⟨das; -(e)s; unz.⟩ (feine) Süßigkeiten, Zuckerwerk [<lat. *confectum,* Part. Perf. zu *conficere* »herstellen, zubereiten«]

Kon|fek|ti|on ⟨die; -, -en; Textilw.⟩ **1** industrielle Herstellung von Kleidung **2** industriell hergestellte, serienmäßige Kleidung; *Herren ~; Damen ~* [<frz. *confection* <lat. *confectio* »Anfertigung«; zu *conficere* »herstellen«]

Kon|fe|renz ⟨die; -, -en⟩ Beratung, Verhandlung, Sitzung; *Lehrer ~; Redaktions ~* [<mlat. *conferentia* »Besprechung«; → *konferieren*]

kon|fe|rie|ren ⟨V.⟩ **1** eine Konferenz abhalten, beraten, verhandeln; *mit jmdm. über etwas ~* **2** ⟨TV⟩ die Darbietungen auf witzig-plaudernde Weise ansagen [<frz. *conférer* »beraten, verhandeln« <lat. *conferre* »zusammentragen«]

Kon|fes|si|on ⟨die; -, -en⟩ **1** ⟨Rel.⟩ Glaubensbekenntnis; *evangelische ~; katholische ~* **2** Bekenntnisschrift; *die Augs-*

burgische ~ *1530* [<lat. *confessio* »Bekenntnis«]

Kon|fi|gu|ra|ti|on ⟨die; -, -en⟩ **1** Gestaltung, Bildung **2** Stellung, Gruppierung; ~ *von Gestirnen, von Atomen im Molekül* **3** ⟨EDV⟩ Zusammenstellung u. Verbindung von Elementen einer Rechneranlage [<lat. *configuratio* »Gestaltung«; zu *figura* »Gestalt«]

kon|fi|gu|rie|ren ⟨V.⟩ **1** ⟨allg.⟩ gestalten, bilden **2** ⟨EDV⟩ die Elemente einer Rechneranlage im Hinblick auf ihre Hard- u. Software zusammenstellen u. miteinander verbinden [<lat. *configurare* »gestalten«; zu *figura* »Gestalt«]

Kon|fir|mand ⟨der; -en, -en; evang. Kirche⟩ Jugendlicher, der konfirmiert werden soll u. bereits am Konfirmandenunterricht teilnimmt od. soeben konfirmiert worden ist [<lat. *confirmandus* »der (im Glauben) zu Stärkende«; zu *confirmare;* → *konfirmieren*]

Kon|fir|ma|ti|on ⟨die; -, -en; evang. Kirche⟩ feierliche Aufnahme der Jugendlichen in die Gemeinde durch den Geistlichen, womit sie zum Empfang des Abendmahls u. zur Übernahme von Patenschaften berechtigt werden, Einsegnung [<lat. *confirmatio* »Befestigung, Stärkung«]

kon|fir|mie|ren ⟨V.; evang. Kirche⟩ in die Gemeinde aufnehmen u. damit zum Abendmahl zulassen u. zur Patenschaft berechtigen, einsegnen [<lat. *confirmare* »befestigen, stärken«; zu *firmus* »fest«]

kon|fis|zie|ren ⟨V.⟩ beschlagnahmen, einziehen; *ein Vermögen, Waffen, Zeitungsausgaben* ~ [<lat. *confiscare* »mit Beschlag belegen«; zu *fiscus* »Staatskasse«]

Kon|flikt ⟨der; -(e)s, -e⟩ **1** Streit, Kontroverse, Spannung; *bewaffneter, politischer, emotionaler ~; mit dem Gesetz in ~ geraten* das Gesetz übertreten **2** Widerstreit, Zwiespalt, Dilemma [<lat. *conflictus* »Zusammenstoß, Kampf«]

Kon|fö|de|ra|ti|on ⟨die; -, -en; Politik⟩ **1** Bündnis **2** Staatenbund [<lat. *confoederatio* »Bündnis« <*con...* »zusammen mit...« + *foedus* »Bündnis«]

kon|form ⟨Adj.⟩ übereinstimmend, gleichgestimmt; *~e Abbildung* mathemat. Abbildungsverfahren, bei dem Figuren winkelgetreu abgebildet werden; *mit jmdm. ~ gehen / konformgehen* ⟨umg.⟩ mit jmdm. übereinstimmen [<lat. *conformis* »gleichförmig, ähnlich« <*con...* + *forma* »Form, Gestalt«]

Kon|fron|ta|ti|on ⟨die; -, -en⟩ **1** Gegenüberstellung; ~ *von Personen* **2** Auseinandersetzung, Konflikt, Streit, (feindseliger) Zusammenstoß; *die ~ der beiden verfeindeten Staaten* [<mlat. *confrontatio* »Gegenüberstellung«; zu *confrontare* »gegenüberstellen«, eigtl. zu lat. *frons,* Gen. *frontis* »Stirn«]

kon|fus ⟨Adj.⟩ verworren, unklar, verwirrt; *~es Gerede; du machst mich mit deiner Aufregung ganz ~; ich bin ganz ~* [<lat. *confusus,* Part. Perf. zu *confundere* »zusammenschütten, vermengen«]

Konfuzianismus: Der *Konfuzianismus* war während der Han-Dynastie (206 v. Chr.-220 n. Chr.) die verbindliche Staatslehre in China und bestimmte bis 1912 die weltanschauliche Geisteshaltung des Kaisertums. Die auf den chinesischen Philosophen *Konfuzius* zurückgehende Lehre ist bestimmt von den Idealen der Menschenliebe, Rechtschaffenheit und Ehrerbietung. Zu den Eigenschaften des edlen Menschen gehören Tugend und literarische Bildung.

Kon|fu|zi|a|nis|mus ⟨der; -; unz.⟩ die Sozial- u. Morallehre des Konfuzius [zu *Konfuzius,* latinisiert <*Kung-(fu)tse* »Meister Kung«, chines. Philosoph u. Staatsmann, etwa 551-479 v. Chr.]

Kon|glo|me|rat ⟨das; -(e)s, -e⟩ **1** aus verschiedenen Dingen bestehende, ungegliederte Masse, Anhäufung **2** aus Geröllen gebildetes Sedimentgestein [<frz. *conglomérat* »Mengelgestein, Konglomerat«; zu frz., lat. *con* »mit« + lat. *glomus* »Kloß, Knäuel«]

Kon|gre|ga|ti|on ⟨die; -, -en⟩ **1** Vereinigung, Versammlung **2** Verband mehrerer Klöster desselben Ordens **3** kath. Vereinigung mit einfachem od. ohne Gelübde [<lat. *congregatio* »Versammlung«; zu *grex,* Gen. *gregis* »Herde«]

Kon|gress ⟨der; -es, -e⟩ **1** politische od. fachliche Tagung; *Ärzte~; Wiener ~* **2** beratende, beschließende Versammlung **3** Volksvertretung im Parlament

K

(Senat u. Repräsentantenhaus in den USA) [<lat. *congressus* »Zusammenkunft«; zu *congredi* »zusammenkommen«]

kon|gru|ent ⟨Adj.⟩ *Ggs* inkongruent **1** ⟨Adj.⟩ übereinstimmend **2** ⟨Math.⟩ deckungsgleich; *~e Dreiecke* [<lat. *congruens,* Part. Präs. von *congruere* »übereinstimmen«]

ko|nisch ⟨Adj.⟩ kegelförmig, kegelstumpfförmig [zu lat. *conus* <grch. *konos* »Kegel«]

> → **Kognak:** Der Laut [**nj**a] wird in französischen Fremdwörtern oft ***gna***- geschrieben, z. B. in *Ko**gn**ak*!

Kon|ju|ga|ti|on ⟨die; -, -en⟩ Veränderung (von Verben) durch Flexion hinsichtlich des Numerus, Tempus usw. [<lat. *coniugatio* »Verbindung, Verknüpfung«; → *konjugieren*]

kon|ju|gie|ren ⟨V.⟩ **1** ⟨Gramm.⟩ *Verben ~* durch Flexion im Numerus, Tempus usw. verändern **2** *konjugiert* ⟨Math.⟩ jeweils zwei Dingen zukommend [<lat. *coniugare* »verknüpfen, verbinden«; zu *iugum* »Joch«]

Kon|junk|ti|on ⟨die; -, -en⟩ **1** ⟨Gramm.⟩ Wort, das zwei Sätze od. Satzteile verbindet, Bindewort, *z. B. und, weil; koordinierende, subordinierende ~* **2** ⟨Astron.⟩ Stellung der Sonne zwischen Erde u. Planet [<lat. *coniunctio* »Verbindung«; zu *coniungere* »verbinden«]

Kon|junk|tiv ⟨der; -s, -e [-və]; Gramm.⟩ Möglichkeitsform des Verbs, *z. B. ich käme, er komme, sei, wäre gekommen* [<lat. *(modus) coniunctivus* »der Satzverbindung dienender Modus«; zu *coniungere* »verbinden«]

Kon|junk|tur ⟨die; -, -en; Wirtsch.⟩ Wirtschaftslage mit bestimmter Entwicklungstendenz; *Hoch~; fallende, steigende ~* [eigtl. »Verbindung von Gestirnen in einem Tierkreiszeichen u. die sich daraus ergebenden Einflüsse«; zu lat. *coniungere* »verbinden«]

kon|kav ⟨Adj.⟩ nach innen gewölbt; *Ggs* konvex; *~e Linse* [<lat. *concavus* »hohlrund«; zu *cavus* »hohl«]

Kon|kor|danz ⟨die; -, -en⟩ **1** Gleichmäßigkeit; *Ggs* Diskordanz (1) **2** konkordant aufgebauter Akkord **3** konkordant gelagerte Gesteinsschichten **4** übereinstimmendes Merkmal, z. B. bei Zwillingen **5** alphabet. Zusammenstellung der Themen u. Begriffe eines religiösen oder literar. Werkes mit Angabe aller Stellen; *Bibel~* [<mlat. *concordantia* »Übereinstimmung«; zu lat. *concordare* »einig sein, übereinstimmen«; zu *cor,* Gen. *cordis* »Herz«]

kon|kret ⟨Adj.⟩ wirklich, gegenständlich, sinnlich wahrnehmbar, anschaulich, sachlich; *Ggs* abstrakt; *~e Angaben machen; der Plan nimmt ~e Formen an* [<lat. *concretus,* Part. Perf. zu *concrecere* »zusammenwachsen, sich verdichten«]

Kon|kur|rent ⟨der; -en, -en⟩ jmd., der mit jmdm. konkurriert, im Wettstreit steht, wirtschaftlicher od. sportlicher Gegner [<lat. *concurrens,* Part. Präs. zu *concurrere* »zusammenlaufen, aufeinandertreffen«]

Kon|kur|renz ⟨die; -, -en⟩ **1** ⟨unz.⟩ Wettstreit, (bes. wirtschaftl.) Wettbewerb; *jmdm. ~ machen* mit ihm in Wettstreit treten **2** ⟨zählb.⟩ der (wirtschaftliche) Gegner selbst, Konkurrenzunternehmen; *zur ~ gehen; die ~ ausschalten* [<mlat. *concurrentia* »das Zusammentreffen«; zu lat. *concurrere;* → *Konkurrent*]

Kon|kurs ⟨der; -es, -e; Wirtsch.⟩ **1** Zahlungsunfähigkeit, Zahlungseinstellung; *~ machen* zahlungsunfähig werden **2** Verfahren zur Befriedigung der Gläubiger eines zahlungsunfähigen Schuldners; *~ anmelden; den ~ eröffnen; in ~ gehen* [<lat. *concursus (creditorum)* »Zusammenlaufen (der Gläubiger)«; → *Konkurrent*]

kon|se|ku|tiv ⟨Adj.; Gramm.⟩ die Folge bezeichnend, Folge...; *~er Satz* Nebensatz, der die Folge eines im Hauptsatz benannten Vorgangs angibt [<lat. *consecutus,* Part. Perf. zu *consequi* »nachfolgen«; zu *sequi* »folgen«]

Kon|sens ⟨der; -es, -e⟩ *Ggs* Dissens **1** Einwilligung, Genehmigung **2** Übereinstimmung, Vereinbarung; *zwischen uns besteht völliger ~ in dieser Frage; wir haben leider keinen ~ erzielt* [<lat. *consensus* »Übereinstimmung«; zu *sensus* »Empfindung«]

kon|se|quent ⟨Adj.⟩ *Ggs* inkonsequent 1 folgerichtig; ~ *denken und handeln* 2 beharrlich, beständig, grundsatztreu [<lat. *consequens* »folgerecht«; zu *sequi* »folgen«]

Kon|se|quenz ⟨die; -, -en⟩ *Ggs* Inkonsequenz 1 Folge, Folgerung, Folgerichtigkeit; *daraus ergibt sich die ~, dass ...; die ~en (seiner Handlungsweise) ziehen* 2 Beständigkeit, Grundsatztreue [<lat. *consequentia* »Folge«]

kon|ser|va|tiv ⟨[-va-] Adj.⟩ 1 ⟨allg.⟩ am Hergebrachten hängend, das Bestehende bejahend, erhaltend, bewahrend 2 politisch einer konservativen Richtung od. Partei nahestehend; *die Konservativen; die ~e Presse* 3 ⟨Med.⟩ erhaltend, bewahrend, nicht mit Hilfe eines operativen Eingriffes; *eine Erkrankung ~ behandeln* [<mlat. *conservativus* »erhaltend«; zu lat. *(con)servare* »erhalten, bewahren«]

Kon|ser|va|to|ri|um ⟨[-va-] das; -s, -ri|en⟩ fachschulartige Musikschule [<ital. *conservatorio,* eigtl. »Stätte zur Pflege u. Wahrung (musischer Tradition)«; zu lat. *(con)servare* »bewahren, erhalten«]

kon|sis|tent ⟨Adj.⟩ *Ggs* inkonsistent 1 dauerhaft, dicht, sich nicht verändernd; *~er Stoff; ~es Material* M., das sich nicht verändert 2 logisch aufgebaut, lückenlos u. widerspruchsfrei; *~e Argumentation* [<lat. *consistens,* Part. Präs. zu *consistere* »standhalten«]

Kon|so|le ⟨die; -, -n⟩ 1 stützender Mauervorsprung (für Gesimse, Bögen, Statuen), Kragstein 2 Wandbrett, Spiegel-, Pfeilertischchen [<frz. *console;* zu lat. *solidus* »fest«]

kon|so|li|die|ren ⟨V.⟩ 1 festigen, sichern 2 vereinigen, zusammenlegen; *öffentliche Anleihen ~* [<frz. *consolider* »festigen, sichern« <lat. *consolidare* »festmachen, sichern«; zu *solidus* »fest, sicher«]

Kon|so|nant ⟨der; -en, -en; Sprachw.; Phon.⟩ Sprachlaut, der dadurch entsteht, dass mit den Organen des Mund- u. des Nasen-Rachen-Raumes Hindernisse für den Luftstrom gebildet u. überwunden werden, Mitlaut, *z. B. b, d, g, k, l, m usw.; Ggs* Vokal

Kon|so|nanz ⟨die; -, -en⟩ Zusammenklang zweier od. mehrerer Töne, der keine Auflösung verlangende Spannung enthält

Kon|sor|ti|um ⟨das; -s, -ti|en⟩ vorübergehender Zusammenschluss von Geschäftsleuten od. Banken für größere Finanzierungen; *Banken~* [<lat. *consortium* »Gütergemeinschaft«; zu *consors* »gleichen Anteil habend«]

◆ Die Buchstabenfolge **kon|sp...** kann auch **kons|p...** getrennt werden.

◆**Kon|spi|ra|ti|on** ⟨die; -, -en; bes. Politik⟩ Verschwörung [<lat. *conspiratio* »Einigkeit, Verschwörung«]

◆**kon|spi|ra|tiv** ⟨Adj.⟩ eine Konspiration planend od. vorbereitend, verschwörerisch; *eine ~e Sitzung, Zusammenkunft*

◆**kon|spi|rie|ren** ⟨V.; bes. Politik⟩ sich verschwören [<lat. *conspirare* »zusammenwirken, sich verschwören«]

◆ Die Buchstabenfolge **kon|st...** kann auch **kons|t...** getrennt werden.

◆**kon|stant** ⟨Adj.⟩ fest, beständig, unveränderlich; *Ggs* variabel; *~e Größe* ⟨Math.⟩ ihren Wert nicht verändernde Größe; *die Temperatur ~ halten* [<lat. *constans* »stetig, feststehend«]

◆**Kon|stanz** ⟨die; -; unz.⟩ Festigkeit, Beständigkeit, Unveränderlichkeit, Beharrlichkeit [<lat. *constantia* »Festigkeit, Beständigkeit«]

◆**Kon|stel|la|ti|on** ⟨die; -, -en⟩ 1 Lage, Zusammentreffen bestimmter Umstände; *politische ~* 2 Stellung der Gestirne zueinander [<lat. *constellatio* »Stellung der Gestirne zueinander«; zu *stella* »Stern«]

◆**Kon|sti|tu|ti|on** ⟨die; -, -en⟩ 1 Anordnung, Zusammensetzung 2 ⟨Chemie⟩ Anordnung der Atome im Molekül 3 Summe aller angeborenen körperlichen Eigenschaften; *kräftige, schwache, zarte ~* 4 Verfassung, Grundgesetz (eines Staates); *sich, einem Staat eine ~ geben* [<lat. *constitutio* »Einrichtung, Anordnung, Verfassung«; zu *constituere* »festsetzen, einrichten«]

◆**kon|sti|tu|ti|o|nell** ⟨Adj.⟩ auf der Konstitution beruhend; *~e Monarchie* durch eine Konstitution (4) beschränkte M. [<frz. *constitutionel;* → *Konstitution*]

K

◆**kon|sti|tu|tiv** ⟨Adj.⟩ grundlegend, wesentlich, bestimmend [<lat. *constitutum,* Part. Perf. zu *constituere* »festsetzen, einrichten«]

◆ Die Buchstabenfolge **kon|str...** kann auch **kons|tr...** oder **konst|r...** getrennt werden.

◆**kon|stru|ie|ren** ⟨V.⟩ **1** *Maschinen* ~ entwerfen, bauen **2** *Sätze* ~ nach den Regeln der Syntax zusammenfügen **3** *Figuren, Dreiecke* ~ ⟨Math.⟩ nach vorgegebenen Größen zeichnen **4** ⟨fig.⟩ künstlich, schematisch darstellen, erfinden; *einen Fall, Vorgang ~; die Handlung des Buches ist mir allzu konstruiert* [<lat. *construere* »erbauen«; zu *struere* »schichten«]

◆**Kon|strukt** ⟨das; -(e)s, -e; geh.⟩ gedanklich konstruiertes Gebilde, hypothetischer, abstrakter Entwurf; *ein wissenschaftliches ~; ein Begriff als ~*

◆**Kon|struk|ti|on** ⟨die; -, -en⟩ Entwurf, Gefüge, Bau, Bauart, Aufbau; *~ eines Gebäudes, einer Maschine, eines Satzes, einer geometr. Figur* [<lat. *constructio* »Zusammenfügen«; → *konstruieren*]

Kon|sul ⟨der; -s, -n⟩ **1** ⟨im antiken Rom u. im napoleon. Frankreich⟩ höchster Staatsbeamter **2** ⟨heute⟩ ständiger, jedoch nicht mit vollem diplomatischen Status versehener Vertreter eines Staates in einem anderen Staat; *Honorar~* [<lat. *consul*]

Kon|su|lat ⟨das; -(e)s, -e⟩ Amt, Amtsgebäude eines Konsuls; *auf dem ~ ein Visum beantragen* [<lat. *consulatus* »Amt, Würde eines Konsuls«]

Kon|sul|ta|ti|on ⟨die; -, -en⟩ **1** (wissenschaftl.) Beratung; *ärztliche ~* **2** gemeinsame Besprechung, Beratung [<lat. *consultatio* »Beratschlagung, Befragung«; zu *consultare* »befragen«]

kon|sul|tie|ren ⟨V.⟩ zurate ziehen; *einen Arzt ~* [<lat. *consultare* »beratschlagen, befragen«]

Kon|sum ⟨der; -s; unz.⟩ Verbrauch (von Bedarfsartikeln, bes. Lebensmitteln) [<ital. *consumo* »Verbrauch«; zu lat. *consumere* »verbrauchen, verzehren«]

Kon|su|ment ⟨der; -en, -en⟩ *Ggs* Produzent **1** Verbraucher **2** Organismus, der organische Nahrung verbraucht, z. B. ein Tier [<lat. *consumens,* Part. Präs. von *consumere* »verzehren, verbrauchen«]

kon|su|mie|ren ⟨V.⟩ verbrauchen [<lat. *consumere* »verzehren, verbrauchen«]

→ **Container:** Was du nicht unter ***kon-*** findest, kann unter *con-* stehen, z. B. *Container*!

Kon|takt ⟨der; -(e)s, -e⟩ **1** Berührung, enge Verbindung **2** *~ in einem Stromkreis* leitende Verbindung, die es ermöglicht, dass Strom fließt; *einen ~ schließen* **3** Schalter, der einen Kontakt (2) bewirkt **4** Beziehung, Fühlungnahme; *mit jmdm. ~ aufnehmen; in ~ stehen; keinen ~ mit jmdm. haben; netter, herzlicher, freundschaftlicher ~* [<lat. *contactus* »Berührung«; zu *tangere* »berühren«]

Kon|ta|mi|na|ti|on ⟨die; -, -en⟩ Verunreinigung, Vergiftung von Wasser, Kleidung od. Räumen mit radioaktiven Stoffen; *Ggs* Dekontamination [<lat. *contaminatio* »Berührung, Verschmelzung«; zu *contaminare* »berühren, verschmelzen«]

Kon|tem|pla|ti|on *auch:* **Kon|temp|la|ti|on** ⟨die; -, -en⟩ **1** Betrachtung, (reine) Anschauung **2** ⟨Rel.⟩ Versenkung, Versunkenheit in das Wort u. Werk Gottes [<lat. *contemplatio* »Betrachtung«; zu *contemplari* »betrachten«]

kon|tem|pla|tiv *auch:* **kon|temp|la|tiv** ⟨Adj.⟩ betrachtend, anschauend; *~er Orden* geistl. Ordensgemeinschaft, die sich vorwiegend dem Gebet u. der Meditation widmet [<lat. *contemplativus* »betrachtend, beschaulich«; zu *contemplari* »betrachten«]

Kon|ten ⟨Pl. von⟩ Konto

kon|ter..., Kon|ter... ⟨in Zus.⟩ gegen..., Gegen... [<frz. *contre* <lat. *contra* »gegen«]

Kon|ter|fei ⟨a. [--'-] das; -s, -s od. -e⟩ Abbild, Bildnis einer Person [<frz. *contrefait,* »nachgemacht«; zu *contre* »gegen« + *faire* <lat. *facere* »machen«]

kon|ter|ka|rie|ren ⟨a. [---'--] V.⟩ eine Sache hintertreiben, durchkreuzen, einer Sache entgegenarbeiten [<frz. *contrecar-*

K

rer »entgegenwirken, entgegenarbeiten«]

kon|tern ⟨V.⟩ 1 *mit einem Angriff ~* ⟨Sport⟩ dem Gegner (aus der Defensive heraus) einen (überraschenden) Gegenschlag versetzen 2 *jmdm. ~* (heftig) widersprechen [<engl. *counter* »entgegenwirken, einen Gegenschlag tun«; zu lat. *contra* »gegen«]

Kon|text ⟨der; -(e)s, -e⟩ der umgebende Text, durch den die Bedeutung eines Wortes od. einer Textpassage erst klar wird, Zusammenhang [<lat. *contextus* »Zusammensetzung, Verknüpfung, Verbindung«; zu *texere* »weben«]

Kon|ti ⟨Pl. von⟩ Konto

Kon|ti|nent ⟨der; -(e)s, -e⟩ 1 Festland 2 Erdteil; *der afrikanische ~* [<lat. *(terra) continens* »zusammenhängendes Land«; zu *tenere* »halten«]

Kon|tin|gent ⟨das; -(e)s, -e⟩ 1 Pflichtbeitrag, Pflichtanteil 2 begrenzte, festgesetzte, zugeteilte Menge; *Waren~; Lebensmittel~* 3 Truppe innerhalb eines Gesamtheeres; *ein Staat stellt ein Truppen~* [<frz. *contingent* »Anteil, Quote, Soll«; zu *tangere* »berühren«]

kon|ti|nu|ier|lich ⟨Adj.⟩ ohne zeitliche od. räumliche Unterbrechung aufeinanderfolgend; *sie hat in der Schule ~ mitgearbeitet* [<lat. *continuare* »fortsetzen«; zu *tenere* »halten«]

Kon|ti|nu|i|tät ⟨die; -; unz.⟩ zeitlich od. räumlich ununterbrochener Zusammenhang, stetige Dauer [<lat. *continuitas* »ununterbrochene Fortdauer«; zu *continuare* »fortsetzen«]

Kon|to ⟨das; -s, Kon|ten od. Kon|ti od. -s⟩ 1 Zusammenstellung gleichartiger Geschäftsvorgänge in zeitliche Reihenfolge; *Personen~; Sach~; einen Betrag einem ~ gutschreiben; ein ~ eröffnen, löschen, schließen* 2 Aufzeichnung eines Geldinstitutes über Guthaben seiner Kunden u. Forderungen an seine Kunden; *Bank~; Geld aufs ~ einzahlen, vom ~ abheben; ein ~ überziehen* bei einem Geldinstitut Schulden machen [<ital. *conto* »Rechnung«; zu lat. *computare* »berechnen«]

Kon|tor ⟨das; -s, -e⟩ 1 Geschäftsraum eines Kaufmanns 2 Handelsniederlassung (meist im Ausland) 3 Niederlassung einer Reederei im Ausland [<frz. *comptoir* »Zahltisch«; zu lat. *computare* »berechnen«]

◆ Die Buchstabenfolge **kon|tr...** kann auch **kont|r...** getrennt werden. Davon ausgenommen sind Zusammensetzungen, in denen die sprachhistorischen Bestandteile deutlich erkennbar sind, z. B. *kontrahieren, Kontribution* (→*a.* subtrahieren, Distribution).

◆**kon|tra** ⟨Präp. der Akk.⟩ gegen; *oV* contra; *Ggs* pro (1) [<lat. *contra* »gegen«]

◆**kon|tra..., Kon|tra...** ⟨in Zus.⟩ wider..., gegen..., Wider..., Gegen...

◆**Kon|tra|bass** ⟨der; -es, -bäs|se; Musik⟩ größtes u. tiefstes Streichinstrument, Bassgeige; *Sy* Violone

Kon|tra|hent ⟨der; -en, -en⟩ 1 Vertragspartner 2 Gegner im Zweikampf, Gegenspieler; *politische ~en; einen ~en ausschalten* [<lat. *contrahens,* Part. Präs. zu *contrahere;* → *kontrahieren*]

kon|tra|hie|ren ⟨V.⟩ 1 zusammenziehen; *der Muskel kontrahiert* 2 ⟨Rechtsw.⟩ vertraglich vereinbaren [<lat. *contrahere* »zusammenziehen, versammeln«; zu *trahere* »ziehen«]

Kon|trak|ti|on ⟨die; -, -en⟩ 1 Zusammenziehung, Schrumpfung (z. B. von Muskeln) 2 Zusammenziehung zweier Laute zu einem neuen Laut, *z. B. »haben« zu mundartl. »han«, engl. »ne« + »either« zu »neither«* [<lat. *contractio* »Zusammenziehung«]

◆**Kon|tra|punkt** ⟨der; -(e)s, -e; Musik⟩ 1 Kunst, mehrere Stimmen als selbstständige (gegensätzliche) Melodielinien nebeneinanderher zu führen, z. B. in Fuge u. Kanon 2 Gegenstimme [<mlat. *contrapunctum;* zu lat. *contra* »gegen« + *punctus* »das Stechen, Stich, Punkt«, dann auch »Note«; eigtl. »das Setzen einer Gegenstimme zur Melodie« (*punctus contra punctum* »Note gegen Note«)]

◆**kon|trär** ⟨Adj.⟩ 1 gegensätzlich, entgegengesetzt; *eine ~e Meinung vertreten* 2 widrig [<frz. *contraire* »gegensätzlich, entgegengesetzt« <lat. *contra* »gegen«]

◆**Kon|trast** ⟨der; -(e)s, -e⟩ starker Gegen-

K

satz, großer Unterschied [<ital. *contrasto;* zu *contrastare* »gegenüberstehen« <lat. *contra* »gegen« + *stare* »stehen«]

◆ **kon|tra|zep|tiv** ⟨Adj.⟩ die Empfängnis verhütend; *ein ~es Mittel*

Kon|tri|bu|ti|on ⟨die; -, -en⟩ **1** ⟨allg.⟩ Beitrag, Leistung **2** ⟨Mil.⟩ Zwangsauflage (in Gütern od. Geld) während des Krieges, die die Bevölkerung eines besetzten Landes an die Besatzungsmacht entrichten muss

◆ **Kon|trol|le** ⟨die; -, -n⟩ **1** Überwachung, Aufsicht; *~ über eine Arbeit, einen Vorgang, eine Gruppe von Personen; unter jmds. ~ stehen* **2** Überprüfung; *Fahrschein ~; Pass ~; Zoll ~* **3** Probe; *eine Maschine zur ~ laufen lassen* **4** Beherrschung, Gewalt; *sich (nicht) unter ~ haben* [<frz. *contrôle*]

◆ **kon|trol|lie|ren** ⟨V.⟩ **1** überwachen, überprüfen **2** *einen Markt ~* beherrschen [<frz. *contrôler* »(nach-, über)prüfen, kontrollieren«]

K

◆ **kon|tro|vers** ⟨[-vɛrs] Adj.⟩ **1** gegeneinandergerichtet; *~ diskutieren* **2** bestreitbar, strittig; *eine ~e These* [<lat. *controversus* »der Erörterung unterworfen, strittig«; zu *contra* »gegen« + *vertere* »wenden, drehen«]

◆ **Kon|tro|ver|se** ⟨[-vɛr-] die; -, -n⟩ **1** Streitfrage **2** heftige Meinungsverschiedenheit, Streit [<lat. *controversia* »Streitigkeit, Streit« <*contra* »gegen« + *vertere* »wenden, drehen«]

Ko|nus ⟨der; -, -se⟩ **1** Kegel **2** Kegel ohne Spitze, Kegelstumpf **3** kegelförmiger Stift, Zapfen (an einem Werkzeug) [<lat. *conus* »Kegel«]

Kon|vent ⟨[-vɛnt] der; -(e)s, -e⟩ **1** Zusammenkunft, Versammlung (bes. von Mitgliedern eines Klosters) **2** Kloster, Stift [<lat. *conventus* »Zusammenkunft«; zu *convenire* »zusammenkommen«]

Kon|ven|ti|on ⟨[-vɛn-] die; -, -en⟩ **1** Vereinbarung, Übereinkommen **2** völkerrechtlicher Vertrag (über wirtschaftliche, humanitäre od. kulturelle Angelegenheiten); *die Genfer ~* **3** Verhaltensregel, gesellschaftlicher Brauch, Förmlichkeit; *sich über die gesellschaftlichen ~en hinwegsetzen* [<frz. *convention* »Vereinbarung, Abmachung«; zu lat. *convenire* »zusammenkommen«]

kon|ven|ti|o|nell ⟨[-vɛn-] Adj.⟩ **1** auf Konvention (1) beruhend **2** auf Konvention (3) beruhend, korrekt, normgemäß; *~es Verhalten, Benehmen* **3** kühl, unpersönlich; *~e Redensarten* [<frz. *conventionnel* »herkömmlich«; → *Konvention*]

Kon|ver|genz ⟨[-vɛr-] die; -, -en⟩ **1** gegenseitige Annäherung, Übereinstimmung **2** ⟨Biol.⟩ Entstehung ähnlicher Merkmale u. Organe aus verschiedenen Vorzuständen bei nicht näher verwandten Tiergruppen [zu lat. *convergere* »sich hinneigen«; zu *vergere* »sich neigen«]

Kon|ver|sa|ti|on ⟨[-vɛr-] die; -, -en⟩ geselliges, leichtes, etwas förmliches Gespräch, gepflegte Unterhaltung; *~ machen* [<frz. *conversation* »Umgang, Verkehr, Unterhaltung« <lat. *conversatio* »Verkehr, Umgang«]

Kon|ver|si|on ⟨[-vɛr-] die; -, -en⟩ **1** Umwandlung **2** Umkehrung **3** Glaubenswechsel; *~ zum katholischen Glauben* [<lat. *conversio* »Umdrehung, Umkehrung, Umwandlung«; zu *vertere* »wenden, drehen«]

kon|ver|tie|ren ⟨[-vɛr-] V.⟩ **1** umgestalten, umwandeln **2** in eine andere Währung umtauschen **3** ⟨Chemie⟩ umwandeln **4** die Konfession, die Religion wechseln **5** ⟨EDV⟩ Informationen auf einen anderen Datenspeicher übertragen od. Daten umcodieren, z. B. vom Dezimal- ins Dualsystem [<lat. *convertere* »umkehren, umwenden«; zu *vertere* »wenden«]

kon|vex ⟨[-vɛks] Adj.⟩ erhaben, nach außen gewölbt; *Ggs* konkav; *~e Linse* [<lat. *convexus* »gewölbt, gerundet, gekrümmt«]

Kon|voi ⟨a. [-vɔɪ] der; -s, -s⟩ Geleitzug, Schiffsverband im Schutz von See- od. Luftstreitkräften; *in einem ~ fahren* [<frz. *convoi* »Geleit«, beeinflusst von engl. *convoy;* zu lat. *cum* »gemeinsam (mit)« + *via* »Weg«]

◆ Die Buchstabenfolge **kon|zen|tr...** kann auch **kon|zent|r...** getrennt werden.

◆ **Kon|zen|tra|ti|on** ⟨die; -, -en⟩ **1** Zusammendrängung um einen Mittelpunkt; *~ wirtschaftlicher, militärischer o. ä. Kräfte* **2** ⟨Chemie⟩ Anreicherung, Gehalt einer Lösung an gelöstem Stoff **3** Anspannung, angespannte Aufmerksamkeit; *mit äußerster ~ arbeiten, zuhören* [<frz. *concentration* »Sammlung, Massierung, Konzentration«]

◆**Kon|zen|tra|ti|ons|la|ger** ⟨das; -s, -e⟩ Arbeits- bzw. Vernichtungslager für Juden u. Gegner des Nationalsozialismus

◆**kon|zen|trie|ren** ⟨V.⟩ **1** (um einen Mittelpunkt) sammeln, zusammendrängen **2** ⟨Chemie⟩ *Lösungen ~* verdichten, anreichern mit, sättigen **3** *sich ~* sich geistig sammeln, alle Aufmerksamkeit auf ein Ziel lenken; *sich auf seine Arbeit, seine Aufgabe ~; ich kann mich heute nicht ~* [<frz. *concentrer* »in einem Mittelpunkt vereinigen«; zu *centre* »Mittelpunkt« <lat. *centrum;* → *Zentrum*]

◆**kon|zen|trisch** ⟨Adj.⟩ einen gemeinsamen Mittelpunkt habend, nach einem Punkt strebend, auf einen Punkt gerichtet; *~e Kreise* K., die den gleichen Mittelpunkt haben

Kon|zept ⟨das; -(e)s, -e⟩ **1** erste Niederschrift, erste Fassung, Plan, Entwurf; *der Aufsatz ist im ~ fertig* **2** Vorhaben, Plan; *das passt mir nicht in mein ~; aus dem ~ kommen* verwirrt werden [<lat. *conceptum* »das (in Worten) Abgefasste, Ausgedrückte«, Part. Perf. zu *concipere;* → *konzipieren*]

Kon|zep|ti|on ⟨die; -, -en⟩ **1** ⟨Med.⟩ Empfängnis **2** ⟨fig.⟩ schöpferischer Einfall, Entwurf eines Werkes [<lat. *conceptio* »Empfängnis, Abfassung jurist. Formeln«; zu *concipere;* → *konzipieren*]

Kon|zern ⟨der; -s, -e; Wirtsch.⟩ Verbund von gleichartigen Unternehmen mit gemeinsamer Leitung u. Verwaltung; *Automobil~; Medien~* [<engl. *concern* »Beziehung, Geschäftsbeziehung, Unternehmung«]

Kon|zert ⟨das; -(e)s, -e; Musik⟩ **1** öffentliche Aufführung von Musikwerken **2** Musikstück für Soloinstrument u. Orchester; *Violin~; Klavier~* **3** ⟨fig.⟩ aufeinander abgestimmtes Zusammenwirken; *im ~ der Meinungen* [<ital. *concerto* »Wettstreit (der Stimmen), öffentl. Musikaufführung«; zu lat. *concertare* »wetteifern«]

Kon|zes|si|on ⟨die; -, -en⟩ **1** Zugeständnis, Entgegenkommen; *er ist (nicht) zu ~en bereit; ~en machen* **2** behördl. Genehmigung, *z. B. für ein Gewerbe* **3** (dem Staat vorbehaltenes) Recht, ein Gebiet zu erschließen u. auszubeuten; *Inhaber einer ~* [<lat. *concessio* »Zugeständnis, Einräumung«]

Kon|zil ⟨das; -s, -e od. -li|en; kath. Kirche⟩ (umfassende) Versammlung kirchlicher Würdenträger unter der Leitung des Papstes; *Sy* Synode (2) [<lat. *concilium* »Versammlung«; zu *calare* »aus-, zusammenrufen«]

kon|zi|li|ant ⟨Adj.; geh.⟩ umgänglich, verbindlich, versöhnlich, zu Zugeständnissen bereit [<lat. *concilians,* Part. Präs. zu *conciliare* »vereinigen, verbinden, geneigt machen, gewinnen«]

kon|zi|pie|ren ⟨V.⟩ im Konzept entwerfen, ins Konzept schreiben, ein Konzept verfassen über [<lat. *concipere* »auffassen, in sich aufnehmen, in Worten abfassen«; zu *capere* »fassen«]

Ko|ope|ra|ti|on ⟨die; -, -en⟩ Zusammenarbeit, Zusammenwirken [<lat. *cooperatio* »Mitwirkung, Mitarbeit«; zu *cooperari* »mitwirken, mitarbeiten«]

Ko|or|di|na|te ⟨die; -, -n; Math.⟩ Zahlenangabe zur Festlegung eines Punktes [<mlat. *coordinatus,* Part. Perf. zu *coordinare* »zuordnen«; zu lat. *ordinare* »ordnen«]

Ko|or|di|na|ti|on ⟨die; -, -en⟩ **1** Zuordnung, Beiordnung **2** das Abstimmen verschiedener Dinge, Vorgänge usw. aufeinander; *die ~ eines Projektes übernehmen* **3** Zusammenspiel der Muskeln zu bestimmten, beabsichtigten Bewegungen **4** das Neben-, Beiordnen von Satzgliedern od. Sätzen durch koordinierende Konjunktionen [<mlat. *coordinatio* »Zuordnung«; zu *coordinare* »zuordnen«; zu lat. *ordinare* »ordnen«]

Ko|or|di|na|tor ⟨der; -s, -to|ren⟩ jmd., der etwas koordiniert, aufeinander abstimmt, organisiert [<mlat. *coordinator* »Zuordner«; → *koordinieren*]

ko|or|di|nie|ren ⟨V.⟩ **1** (als gleichwertig) nebeneinanderstellen **2** aufeinander abstimmen; *Vorgänge ~* **3** ⟨Gramm.⟩ beiordnen, nebenordnen; *~de Konjunktion* zwei Hauptsätze verbindende Konjunktion [<mlat. *coordinare* »zuordnen«; zu lat. *ordinare* »ordnen«]

Ko|pie ⟨die; -, -n⟩ 1 Ab-, Zweitschrift; *Ggs* Original (2) 2 Durchschrift, Durchschlag; *Ggs* Original (2) 3 ⟨kurz für⟩ Fotokopie 4 ⟨Fot.⟩ Abzug (eines Negativs) 5 Nachbildung (eines Kunstwerkes); *eine ~ von Michelangelos »David«* [<lat. *copia* »Fülle, Menge; Vervielfältigung«]

ko|pie|ren ⟨V.⟩ 1 eine Abschrift herstellen 2 ⟨kurz für⟩ fotokopieren 3 nachahmen; *jmds. Sprechweise ~* 4 nachbilden, abmalen; *ein Gemälde ~* [<mlat. *copiare* »vervielfältigen«; → *Kopie*]

Ko|pist ⟨der; -en, -en⟩ 1 jmd., der eine Abschrift anfertigt 2 jmd., der etwas nachbildet [→ *Kopie*]

Kop|te ⟨der; -n, -n⟩ christl. Nachkomme der alten Ägypter mit arab. Sprache u. eigener Kirche [<arab. *Kopt, Kibt* »Ägypter«]

kop|tisch ⟨Adj.⟩ die Kopten betreffend, von ihnen stammend, zu ihnen gehörig

Ko|pu|la ⟨die; -, -s od. -lae [-lɛ:]⟩ 1 Satzband 2 durch ein Hilfsverb od. eine Form von »werden«, »scheinen« od. »bleiben« gebildeter Teil des zusammengesetzten Prädikats 3 das Glied, das Subjekt u. Prädikat zu einer Aussage verbindet [<lat. *copula* »Verbindung, Band«]

→ **Chor:** Was du nicht unter ***ko-*** findest, kann unter ***cho-*** stehen, z. B. ***Chor***!

kor..., Kor... ⟨Vorsilbe⟩ = kon..., Kon...

Koran: Der *Koran* ist die heilige Schrift des → *Islams*. Er beruht auf den Offenbarungen des Propheten Mohammed, die dieser in arabischer Sprache empfangen hat. Unter dem Kalifen Othman (644-656 n. Chr.) wurde der *Koran* erstmals kodifiziert. Die 114 Abschnitte des *Korans* werden als → *Suren* bezeichnet. Dem *Koran* kommt eine zentrale Rolle im Islam zu, die in ihm enthaltenen Normen sind von den Gläubigen unbedingt einzuhalten. Im islamischen → *Fundamentalismus* wird die wortwörtliche Verwirklichung der Botschaften gefordert (→*a.* Dschihad).

Ko|ran ⟨der; -s, -e⟩ heilige Schrift des Islams [<arab. *qur'an* »Lesung, Vortrag«]

Kord ⟨der; -(e)s, -e od. -s; Textilw.⟩ strapazierfähiges Gewebe mit dichten, schnurartigen Rippen; *oV* Cord [<engl. *cord* »Schnur, Seil, Bindfaden, gerippter Stoff« <frz. *corde* »Seil, Schnur« <lat. *chorda* »Darmsaite« <grch. *chorde* »Darm, Darmsaite«]

Kor|nett[1] ⟨das; -(e)s, -e od. -s; Musik⟩ aus dem Posthorn entwickeltes, kleines u. höchstes Blechblasinstrument; *oV* Cornetto; *Sy* Piston (3) [<ital. *cornetto* »Hörnchen«, Verkleinerungsform zu *corno* <lat. *cornu* »Horn«]

Kor|nett[2] ⟨der; -(e)s, -e od. -s; früher⟩ Fähnrich einer Reiterabteilung, jüngster Offizier der Schwadron [<frz. *cornette* »Fähnlein, Standarte«, dann auch »Fähnrich«, eigtl. »Hörnchen« (nach der spitzen Form der Fahne), <lat. *cornu* »Horn«]

Kor|po|ral ⟨der; -s, -e od. -rä|le⟩ niedrigster Dienstgrad der Unteroffiziere im ital. u. im frz. Heer [<ital. *caporale* »Hauptmann«, beeinflusst von frz. *corps* »Körper(schaft)« <ital. *capo* »Haupt« <lat. *caput* »Kopf«]

Korps ⟨[ko:r] das; - [ko:rs], - [ko:rs]⟩ →*a.* Corps 1 ⟨kurz für⟩ Armeekorps 2 Studentenverbindung 3 Gemeinschaft von Personen gleichen Standes od. Berufes; *Offiziers~; diplomatisches ~* [<frz. *corps* »Körper, Körperschaft« <lat. *corpus* »Körper«]

kor|pu|lent ⟨Adj.⟩ beleibt, füllig, dick; *~ sein, werden; ein ~er Herr* [<lat. *corpulentus* »wohlbeleibt, dick«; zu *corpus* »Körper«]

Kor|pu|lenz ⟨die; -; unz.⟩ korpulente Verfassung, Beleibtheit [<lat. *corpulentia* »Beleibtheit«; zu *corpus* »Körper«]

Kor|pus[1] ⟨der; -, -se⟩ 1 Kernstück (von Möbeln) 2 ⟨umg.⟩ Körper, Leib [<lat. *corpus* »Körper«]

Kor|pus[2] ⟨das; -, -po|ra⟩ 1 Sammlung, Auswahl von Texten, Äußerungen (als Grundlage für wissenschaftliche, bes. sprachwissenschaftliche Untersuchungen); *oV* Corpus 2 ⟨Musik⟩ Resonanzkörper, bes. der Saiteninstrumente

Kor|pus[3] ⟨die; -; unz.; Typ.⟩ ein Schriftgrad (10 Punkt)

kor|rekt ⟨Adj.⟩ richtig, fehlerfrei, einwandfrei; *~es Verhalten; ein Wort ~*

K

aussprechen [<lat. *correctus* »gebessert, verbessert«, Part. Perf. zu *corrigere* »gerad richten, verbessern«]

Kor|rek|tor ⟨der; -s, -to|ren⟩ Druckerei- od. Verlagsangestellter, der den Schriftsatz auf Fehler überprüft [<lat. *corrector* »Berichtiger, Verbesserer«; zu *corrigere* »geraderichten, verbessern«]

Kor|rek|tur ⟨die; -, -en⟩ **1** Berichtigung, Verbesserung **2** Prüfung u. Berichtigung des Schriftsatzes; *Fahnen~; Bogen~; eine ~ anbringen; ~ lesen* ⟨Typ.⟩ eine schriftl. Arbeit, einen Satz auf Fehler überprüfen [<mlat. *correctura* »Amt des Korrektors, Berichtigung«; zu lat. *corrigere* »geraderichten«]

Kor|re|la|ti|on ⟨die; -, -en⟩ **1** Wechselbeziehung **2** ⟨Biol.⟩ gegenseitige Einwirkung aller Bestandteile eines Organismus aufeinander [<*Kor...* + *Relation*]

kor|re|pe|tie|ren ⟨V.⟩ *etwas ~* etwas mit jmdm. wiederholend einüben; *eine Gesangsrolle ~* mit jmdm. am Klavier einüben [<*kor...* + *repetieren*]

Kor|re|pe|ti|tor ⟨der; -s, -to|ren; Musik⟩ Musiker, der am Klavier mit den Opernsängern die Gesangsrollen einstudiert [<*Kor...* + lat. *repetitor* »Wiederholer«]

◆ Die Buchstabenfolge **kor|re|sp...** kann auch **kor|res|p...** getrennt werden.

◆ **Kor|re|spon|dent** ⟨der; -en, -en⟩ **1** Teilnehmer an einem Schriftwechsel **2** auswärtiger Berichterstatter; *Zeitungs~* **3** die Korrespondenz führender Angestellter; *Fremdsprachen~* [<mlat. *correspondens*, Part. Präs. zu *correspondere* »übereinstimmen, in (geschäftl.) Verbindung stehen«]

◆ **Kor|re|spon|denz** ⟨die; -, -en⟩ **1** Briefverkehr, Briefwechsel; *die ~ durchsehen, beantworten* **2** Nachrichtenmaterial für die Presse **3** Übereinstimmung [<mlat. *correspondentia* »(geschäftl.) Verbindung«; zu *correspondere;* → *Korrespondent*]

◆ **kor|re|spon|die|ren** ⟨V.⟩ **1** *mit etwas ~* mit etwas übereinstimmen **2** *mit jmdm. ~* mit jmdm. im Briefwechsel stehen; *~des Mitglied (einer gelehrten Gesellschaft)* auswärtiges M.; *~der Winkel* Gegenwinkel [<frz. *correspondre* »sich entsprechen, in Briefwechsel stehen« <mlat. *correspondere* »übereinstimmen, in (geschäftl.) Verbindung stehen« <lat. *con...* »zusammen mit...« + *respondere* »antworten«]

→ **Curry:** Was du nicht unter ***kö-*** findest, kann unter ***cu-*** stehen, z.B. ***Curry***!

kor|ri|gie|ren ⟨V.⟩ **1** berichtigen, verbessern; *bitte ~ Sie mich;* ⟨Typ.⟩ *Fahnen, Bogen ~; einen Fehler ~; seine Meinung ~* **2** regeln, ausgleichen; *das Gewicht ~; den Kurs einer Rakete ~* [<lat. *corrigere* »geraderichten, verbessern, auf den richtigen Weg führen«; zu *regere* »lenken, leiten«]

kor|ro|die|ren ⟨V.⟩ **1** angreifen, zerstören **2** der Korrosion unterliegen [<lat. *corrodere* »zernagen«; zu *rodere* »kauen, benagen«]

Kor|ro|si|on ⟨die; -, -en⟩ **1** chem. Veränderung od. Zerstörung metallischer Werkstoffe durch Wasser u. Chemikalien **2** durch Ätzmittel od. Entzündung verursachte Zerstörung des Gewebes [<lat. *corrosio* »Zernagung«; zu *corrodere;* → *korrodieren*]

kor|rupt ⟨Adj.⟩ **1** bestechlich **2** moralisch verdorben [<lat. *corruptus*, Part. Perf. zu *corrumpere* »verderben, vernichten«; zu *rumpere* »brechen«]

Kor|rup|ti|on ⟨die; -, -en⟩ Bestechung, Bestechlichkeit [<lat. *corruptio* »Verderben, Bestechung«]

Kor|sa|ge ⟨[-ʒə] die; -, -n⟩ versteiftes, trägerloses Oberteil eines Kleides; *~nkleid* [<frz. *corsage*]

Kor|sett ⟨das; -(e)s, -e od. -s⟩ die ganze Figur formendes Mieder [<frz. *corset* »Korsett«, Verkleinerungsform zu afrz. *cors* (frz. *corps*) »Körper« <lat. *corpus* »Körper«]

Kor|ti|son ⟨das; -s; unz.⟩ = Cortison

Ko|ry|phäe[1] ⟨der; -n, -n; im altgrch. Drama⟩ Chorführer [<grch. *koryphaios* »an der Spitze Stehender« <*koryphe* »Spitze, Haupt«]

Ko|ry|phäe[2] ⟨die; -, -n⟩ ausgezeichneter Fachmann, Sachkenner (auf wissenschaftl. Gebiet), Kapazität; *eine ~ auf dem Gebiet sein*

K

Ko|sạk ⟨der; -en, -en⟩ Angehöriger der seit dem 15. Jh. im südöstlichen russischen Grenzgebiet lebenden, urspr. leibeigen gewesenen, berittenen, freien Krieger [<russ. *kasak*]

ko̲|scher ⟨Adj.⟩ **1** rein (nach den jüd. Speisevorschriften); *Ggs* treife **2** ⟨umg.⟩ sauber, unbedenklich; *das scheint mir nicht ganz* ~ ⟨umg.⟩ nicht ganz geheuer [<hebr. *kaśer* »recht, tauglich«]

Ko̲|si|nus ⟨der; -, - od. -se; Abk.: cos; Geom.⟩ eine Winkelfunktion, das Verhältnis zwischen der einem Winkel im rechtwinkligen Dreieck anliegenden Kathete und der Hypotenuse [verkürzt <nlat. *complementi sinus* »Sinus des Ergänzungswinkels«; → *Sinus*]

Kos|me̲|tik ⟨die; -; unz.⟩ **1** Körper- u. Schönheitspflege **2** ⟨Sammelbez. für⟩ kosmetische Mittel, Pflegemittel wie Cremes, Lotionen usw. **3** ⟨fig.⟩ sichtbare, jedoch nur flüchtig ausgeführte Verbesserung einer fehlerhaften Sache; *die Autoreparatur war bloße* ~ [<frz. *cosmétique* <grch. *kosmetikos* »zum Schmücken gehörig«; zu *kosmein* »anordnen, schmücken«]

kọs|misch ⟨Adj.⟩ den Kosmos betreffend, zu ihm gehörig, aus ihm stammend; *~e Strahlung* aus dem Weltraum kommende Strahlung, Höhenstrahlung [<grch. *kosmos* »Ordnung, Weltall«]

kos|mo..., Kos|mo... ⟨in Zus.⟩ welt..., weltall..., Welt..., Weltall... [<grch. *kosmos* »Ordnung, Weltall«]

Kos|mo|gra|fie̲ ⟨die; -, -n⟩ = Kosmographie

Kos|mo|gra|phie̲ ⟨die; -, -n⟩ *oV* Kosmografie **1** Beschreibung der Entstehung u. Entwicklung des Kosmos **2** ⟨im MA für⟩ Geografie [<*Kosmo...* + *...graphie*]

Kos|mo|nau̲t ⟨der; -en, -en; urspr. sowjet. Bez. für⟩ Raumfahrer; →*a.* Astronaut

Kos|mo|po|li̲t ⟨der; -en, -en⟩ **1** Weltbürger **2** über den größten Teil der Erde verbreitete Pflanzen- od. Tierart [<grch. *kosmopolites* »Weltbürger«]

kos|mo|po|li̲|tisch ⟨Adj.⟩ **1** weltbürgerlich **2** weltweit verbreitet

Kọs|mos ⟨der; -; unz.⟩ **1** Weltall **2** Weltordnung [grch., »Ordnung, Schmuck; Weltordnung, Weltall«]

Kos|tü̲m ⟨das; -s, -e⟩ **1** Kleidung einer bestimmten Epoche u. für bestimmte Gelegenheiten **2** Damenbekleidung aus Rock u. Jacke **3** Kleidung des Schauspielers auf der Bühne **4** Verkleidung bei bestimmten Anlässen, z. B. auf Partys oder im Karneval; *Faschings*~ [<frz. *costume* »Kleidung, Anzug«]

Ko|te|lẹtt ⟨a. [kɔt-] das; -s, -s⟩ aus dem Rippenstück von Schwein, Kalb oder Hammel geschnittene Scheibe [<frz. *côtelette* »Rippchen«, Verkleinerungsform zu *côte* »Rippe, Seite« <lat. *costa* »Rippe«]

Ko|te|lẹt|ten ⟨a. [kɔt-] nur Pl.⟩ kleiner, kurzer Backenbart

kra|cken ⟨[kræ-] V.⟩ = cracken

...krat ⟨Nachsilbe; zur Bildung männl. Subst.; der; -en, -en⟩ Herrscher; *Demokrat* [<grch. *kratein* »herrschen«]

...kra|tie̲ ⟨Nachsilbe; zur Bildung weibl. Subst.; die; -, -n⟩ Herrschaft, Herrschaftsform; *Demokratie* [<grch. *kratein* »herrschen«]

Kra|wạt|te ⟨die; -, -n⟩ unter dem Hemdkragen befestigtes schmückendes Halstuch od. breites Band, Halsbinde [<frz. *cravate* »Krawatte, Halsbinde«, eigtl. »kroatisch« <dt. (mundartl.) *Krawat* »Kroate« <kroat. *hrvat* (nach der Halsbinde der kroat. Reiter)]

Kre|a|ti|o̲n ⟨die; -, -en⟩ (Mode-)Schöpfung, Modell, Gestaltung; *oV* Création; *die neuesten ~en aus Paris* [<lat. *creatio* »Erzeugung«; zu *creare* »erzeugen«]

kre|a|ti̲v ⟨Adj.⟩ **1** schöpferisch **2** einfallsreich

Kre|a|tu̲r ⟨die; -, -en⟩ **1** Geschöpf, Lebewesen, Wesen der Natur (gegenüber Gott) **2** ⟨fig.⟩ Mensch; *eine arme, bedauernswerte* ~ [<lat. *creatura* »Geschöpf«; zu *creare* »erzeugen, schaffen, erschaffen«]

Kre|dẹnz ⟨die; -, -en⟩ Anrichte [<ital. *credenza* »Anrichte«]

kre|dẹn|zen ⟨V.; poet.⟩ darreichen, anbieten; *jmdm. ein Getränk* ~

Kre|di̲t ⟨der; -(e)s, -e⟩ **1** Geldmittel, die jmdm. vorübergehend überlassen werden, Darlehen eines Kreditinstituts; *einem Käufer, Kunden ~ geben* **2** ⟨unz.⟩ Kreditwürdigkeit **3** ⟨Buchführung⟩ Habenseite des Kontos [<ital. *credito* »Leihwürdigkeit«, beeinflusst von frz.

K

crédit »Kredit« <lat. *creditum* »Darlehen«, Part. Perf. zu *credere* »glauben, vertrauen«]

Kre|do ⟨das; -s, -s⟩ 1 Teil der kath. Messe 2 ⟨allg.⟩ Glaubensbekenntnis; *oV* Credo (2) [→ *Credo*]

kre|ie|ren ⟨V.⟩ schaffen, gestalten; *eine neue Mode* ~ [<lat. *creare* »erschaffen, zeugen, ernennen, erwählen« u. frz. *créer* »erschaffen, erfinden«]

Krem ⟨die; -, -s⟩ = Creme

Kre|ma|to|ri|um ⟨das; -s, -ri|en⟩ Anlage zur Feuerbestattung [<lat. *cremare* »verbrennen«]

Kre|me ⟨die; -, -s⟩ = Creme

kre|pie|ren ⟨V.⟩ 1 platzen, bersten, z. B. Sprengkörper 2 ⟨umg.; derb⟩ verenden, sterben, bes. bei Tieren od. bei Menschen [<ital. *crepare* »zerbersten, verrecken« <lat. *crepare* »krachen, platzen«]

Krepp[1] ⟨der; -s, -s od. -e; Textilw.⟩ = Crêpe[1]

Krepp[2] ⟨der; -s, -s od. die; -, -s⟩ = Crêpe[2]

...kret ⟨Nachsilbe; zur Bildung sächl. Subst.; das; -(e)s, -e⟩ etwas Abgesondertes, Ausgeschiedenes; *Sekret* [<lat. *cretum*, Part. Perf. zu *cernere* »schneiden, absondern«]

Kri|cket ⟨das; -s; -s; Sport⟩ Ballspiel zwischen zwei Mannschaften, von denen die Werfer den Ball ins gegner. Tor zu bringen suchen, während die Schläger den Ball abwehren u. mit dem Schlagholz möglichst weit wegschlagen; *oV* Cricket [<engl. *cricket*]

Kri|mi|na|li|tät ⟨die; -; unz.⟩ Straffälligkeit, Gesamtheit der Straftaten, die während eines bestimmten Zeitabschnittes und in einem bestimmten Gebiet verübt werden; *Jugend*~

Kri|mi|nal|ro|man ⟨der; -s, -e; Lit.⟩ Roman um ein Verbrechen u. seine Aufdeckung

kri|mi|nell ⟨Adj.⟩ 1 verbrecherisch, straffällig, strafbar; *eine ~e Tat* 2 ⟨umg.; scherzh.⟩ schlimm, aufregend, bedenklich; *jetzt wird's ~!* [<frz. *criminel* »verbrecherisch« <lat. *criminalis* »das Verbrechen betreffend«; zu *crimen* »Anklage, Verbrechen«]

Kri|se ⟨die; -, -n⟩ 1 ⟨allg.⟩ schwierige, spannungsreiche Situation, gefährliche Lage, Höhe- u. Wendepunkt einer Problemsituation; *Ehe~; die Firma steckt in einer tiefen ~; Wirtschafts~* 2 ⟨Med.⟩ anfallsweises Auftreten von Krankheitszeichen von besonderer Heftigkeit, vor allem hohes Fieber [<grch. *krisis* »Entscheidung, entscheidende Wendung«]

> → **Christ:** Was du nicht unter ***kri-*** findest, kann unter ***chri-*** stehen, z. B. ***Christ***!

Kri|te|ri|um ⟨das; -s, -te|ri|en⟩ 1 Kennzeichen, unterscheidendes Merkmal; *Kriterien sammeln* 2 sinnvolle Begründung, Prüfstein; *ein ~ erfüllen* 3 ⟨Sport⟩ Radrennen im Rundkurs [<grch. *kriterion* »unterscheidendes Merkmal, Kennzeichen«, mit lat. Endung]

Kri|tik ⟨die; -, -en⟩ 1 wissenschaftliche od. künstlerische Beurteilung; *Kunst~; Literatur~; Musik~* 2 wertende Besprechung; *Buch~; Film~; Theater~; eine ~ über ein Buch, Stück schreiben; gute, schlechte ~* 3 Beanstandung, Tadel, Äußerung des Missfallens; *~ an etwas od. jmdm. üben* 4 ⟨unz.⟩ Urteilsfähigkeit, Unterscheidungsvermögen 5 ⟨unz.⟩ Gesamtheit der Kritiker; *die ~ war sich darüber einig, dass ...* [<frz. *critique* <grch. *kritike (techne)* »Kunst der Beurteilung«]

kri|tisch ⟨Adj.⟩ 1 gewissenhaft prüfend, untersuchend 2 streng urteilend; *etwas od. jmdn. ~ betrachten; einer Sache ~ gegenüberstehen; er ist sehr ~* 3 entscheidend, eine Wende ankündigend; *das ~e Alter; eine ~e Phase* 4 bedrohlich, gefährlich; *~er Augenblick; eine ~e Situation* [<lat. *criticus* <grch. *kritikos* »zur entscheidenden Beurteilung gehörig, entscheidend«; zu *krinein* »scheiden, entscheiden, urteilen«]

kri|ti|sie|ren ⟨V.⟩ 1 beurteilen, werten, begutachten; *Buch, Film, Theaterstück ~* 2 beanstanden, tadeln, monieren; *jmdn. ~; er hat an allem etwas zu ~* [<frz. *critiquer* »kritisieren«; → *Kritik*]

Kro|ckẹt ⟨a. ['--] das; -s, -s; Sport⟩ Rasenspiel, bei dem die Spieler mit Holzhämmern die Holzbälle durch zehn Tore bis zu einem Zielstab schlagen [<engl. *croquet*]

Krö|sus ⟨der; -, -se; fig.⟩ sehr reicher Mann; *ich bin doch wirklich kein ~!* [nach dem letzten König von Lydien, † 546 v. Chr.]

> → **Krypta:** Was du nicht unter *krü-* findest, kann unter *kry-* stehen, z. B. *Krypta*!

Krux ⟨die; -; unz.⟩ = Crux[2]

Kru|zi|fix ⟨a. ['---] das; -es, -e⟩ plastische Darstellung von Christus am Kreuz [<lat. *cruci* »dem Kreuze« + *fixus* »angeheftet«; Dat. von *crux* »Kreuz« + Part. Perf. von *figere* »anheften«]

krypt…, Krypt… ⟨in Zus.; Vorsilbe⟩ = krypto…, Krypto…

Kryp|ta ⟨die; -, Kryp|ten⟩ **1** ⟨urspr.⟩ Grabkammer eines Märtyrers od. kirchlichen Würdenträgers, die unter dem Altar liegt **2** ⟨dann⟩ Kirchenraum unter dem Chor der Kirche [<lat. *crypta* <grch. *krypte* »unterirdischer Gang, Gewölbe«]

K

kryp|tisch ⟨Adj.; geh.⟩ unklar, schwer verständlich; *~e Angaben; ein ~er Text* [<grch. *kryptos* »verborgen, geheim«]

kryp|to…, Kryp|to… ⟨vor Vokalen⟩ krypt…, Krypt… ⟨in Zus.⟩ verborgen, heimlich [<grch. *kryptos*]

Kryp|to|gra|fie ⟨die; -, -n⟩ = Kryptographie

Kryp|to|gra|phie ⟨die; -, -n⟩ *oV* Kryptografie **1** Geheimschrift, die die Zeichen einer Bildschrift in abweichendem Sinn gebraucht **2** ⟨EDV⟩ Verschlüsselung u. Entschlüsselung (bestimmter Informationen) zur Datensicherung (bes. im Onlinebereich); *~programm* **3** absichtslos bei einer Beschäftigung (Telefonieren, Unterhaltung) entstandene Kritzelei [<*Krypto…* + *…graphie*]

Kryp|ton ⟨das; -s; unz.; chem. Zeichen: Kr⟩ zu den Edelgasen gehörendes chem. Element, Ordnungszahl 36 [<grch. *kryptos* »verborgen, geheim«]

> → **Xylophon:** Was du nicht unter ***ksü-*** findest, kann unter ***xy-*** stehen, z. B. *Xylophon*!

Ku|ben ⟨Pl. von⟩ Kubus

ku|bik…, Ku|bik… ⟨in Zus.⟩ dritte Potenz von …, raum…, Raum… [→ *Kubus*]

Ku|bik|de|zi|me|ter ⟨der od. das; -s, -; Abk.: dm^3⟩ Raummaß von je einem Dezimeter Länge, Breite u. Höhe

Ku|bik|me|ter ⟨der od. das; -s, -; Abk.: m^3⟩ Raummaß von je einem Meter Länge, Breite u. Höhe

ku|bisch ⟨Adj.⟩ **1** würfelförmig **2** in die dritte Potenz erhoben [→ *Kubus*]

> **Kubismus:** Der *Kubismus* ist eine Richtung der modernen Malerei und Plastik, die von Georges Braque und Pablo Picasso in Anknüpfung an Paul Cézanne Anfang des 20. Jahrhunderts (ca. 1907-1915) zuerst in Frankreich entwickelt wurde. Landschaften und Figuren wurden mit Hilfe von geometrischen Körpern, u. a. → *Kuben,* Kegeln, Kugeln und Zylindern, dargestellt. Die Verwendung von stereometrischen Formen bedeutete eine Abkehr von der naturalistischen Darstellungsweise des → *Impressionismus,* der damals in Frankreich noch vorherrschend war.

Ku|bis|mus ⟨der; -; unz.; Kunst⟩ eine Stilrichtung der Malerei u. Plastik [→ *Kubus*]

ku|bis|tisch ⟨Adj.⟩ den Kubismus betreffend, zu ihm gehörig, auf ihm beruhend

Ku|bus ⟨der; -, - od. (österr.) Ku|ben⟩ **1** Würfel **2** dritte Potenz [<lat. *cubus* <grch. *kybos* »Würfel«]

Ku-Klux-Klan ⟨engl. [kju:klʌksklæn] der; - od. -s; unz.⟩ US-amerikan. Geheimbund, der gegen die Gleichberechtigung der Schwarzen mit terroristischen Methoden kämpft [engl. <grch. *kyklos* »Kreis + engl. *clan* »Sippe, Stamm«]

ku|lant ⟨Adj.⟩ entgegenkommend, großzügig (im Geschäftsverkehr); *gegen jmdn. ~ sein* [<frz. *coulant* »fließend, flüssig, beweglich«; zu *couler* »fließen«; verwandt mit *Kulisse*]

ku|li|na|risch ⟨Adj.⟩ feine, erlesene Gerichte u. Kochkunst betreffend, auf ihnen beruhend; *~e Genüsse* [<lat. *culinarius* »auf die Küche, die Kochkunst bezüglich«; zu *culina* »Küche«]

Ku|lis|se ⟨die; -, -n⟩ Dekorationsstück (urspr. mit bemalter Leinwand bespannter Rahmen) auf der Bühne, bes.

die hintere u. seitliche Bühnenbegrenzung, die den Schauplatz einrahmt; *hinter den ~n* ⟨a. fig.⟩ heimlich, nicht vor der Öffentlichkeit; *einen Blick hinter die ~n werfen* [<frz. *coulisse* »Rinne, Schiebefenster, Schiebewand«; zu *couler* »fließen«]

Kul|mi|na|ti|on ⟨die; -, -en⟩ Erreichen des Höhepunktes, Durchgang durch den Höhepunkt [<frz. *culmination* »Höhepunkt, Gipfelpunkt«; zu lat. *culmen,* Gen. *culminis* »Gipfel«]

kul|mi|nie|ren ⟨V.⟩ den höchsten bzw. tiefsten Punkt erreichen, z. B. bei Gestirnen [<frz. *culminer* »den Höhepunkt erreichen«; zu lat. *culmen,* Gen. *culminis* »Gipfel«]

kul|tig ⟨Adj.; umg.; Jugendspr.⟩ sehr gut, im Trend liegend, toll, spaßig [<*Kult;* zu lat. *cultus* »Pflege, Bildung, Verehrung (einer Gottheit)«]

kul|ti|vie|ren ⟨[-viː-] V.⟩ **1** urbar machen; *Land, Boden ~* **2** menschlicher Gesittung angleichen, annähern; *ein Volk ~* **3** verfeinern, veredeln; *sein Benehmen ~* [<frz. *cultiver* <mlat. *cultivare* »(be)bauen, pflegen« <lat. *colere* »(be)bauen, (be)wohnen, pflegen«]

Kul|tur ⟨die; -, -en⟩ **1** ⟨unz.⟩ das Kultivieren (1), das Urbarmachen des Bodens, Anbau von Pflanzen **2** auf bes. Nährböden gezüchtete Bakterien od. andere Lebewesen; *Bakterien~; Pilz~* **3** Gesamtheit der geistigen u. künstlerischen Ausdrucksformen eines Volkes; *die antiken, orientalischen ~en; eine hoch entwickelte ~* **4** ⟨unz.⟩ geistige u. seelische Bildung, verfeinerte Lebensweise; *jmd. hat (keine) ~; Ess~* [<lat. *cultura* »Landbau, Pflege (des Körpers u. Geistes)«; zu *colere* »(be)bauen, pflegen«]

Kul|tus|mi|nis|te|ri|um ⟨das; -s, -ri|en⟩ Ministerium für alle Angelegenheiten der Kultur (3)

Ku|mu|la|ti|on ⟨die; -, -en⟩ Anhäufung, Anreicherung [<lat. *cumulatio* »Vermehrung, Zuwachs«; zu *cumulus* »Haufen«]

ku|mu|lie|ren ⟨V.⟩ sich anhäufen [<lat. *cumulare* »häufen«; zu *cumulus* »Haufen«]

Kung-Fu ⟨das; - od. -s; unz.⟩ (auch als Sport betriebene) chinesische Technik der Selbstverteidigung [chines.]

ku|pie|ren ⟨V.⟩ **1** *einen Hund, ein Pferd ~* Schwanz u. (od.) Ohren stutzen **2** *eine Fahrkarte ~* lochen, knipsen **3** *Wein ~* verschneiden [<frz. *couper* »abschneiden«]

Ku|pon ⟨[-pɔ̃ː] der; -s, -s⟩ *oV* Coupon **1** Gutschein, Abschnitt (einer Werbeanzeige) **2** Stoffabschnitt **3** Zinsschein an Wertpapieren **4** ⟨umg.⟩ Kassenbeleg [<frz. *coupon*]

Kur ⟨die; -, -en⟩ **1** Heilverfahren; *Kaltwasser~; Trink~; Trauben~* **2** Aufenthalt in einem Kurort zu Heilzwecken; *zur ~ (in ein Bad) fahren* **3** ⟨fig.; umg.⟩ *jmdn. in die ~ nehmen* zurechtweisen, ihm die Meinung sagen [<lat. *cura* »Sorge, Fürsorge, Pflege«]

Ku|ra|to|ri|um ⟨das; -s, -ri|en⟩ Aufsichtsbehörde von öffentlichen Körperschaften od. privaten Einrichtungen [<lat. *curatorius* »zum Kurator gehörig«; zu *curator* »Verwalter, Leiter, Pfleger«]

Ku|rie ⟨[-riə] die; -, -n⟩ **1** ⟨im antiken Rom⟩ einer der insgesamt 30 Familienverbände, Einheit der bürgerschaftl. Gliederung **2** ⟨heute⟩ die päpstl. Behörden, der Hofstaat des Papstes [<lat. *curia* »Gebäude für Senatsversammlungen in Rom, Ratsversammlung«]

ku|rie|ren ⟨V.⟩ *jmdn. von einer Krankheit ~* heilen; *jmdn. von einer Einstellung, einem Verhalten ~* abbringen; *davon bin ich kuriert* [<lat. *curare* »Sorge tragen, pflegen«]

Ku|ri|o|si|tät ⟨die; -, -en⟩ **1** ⟨unz.⟩ kuriose Beschaffenheit, Seltsamkeit, Merkwürdigkeit; *etwas (nur) der ~ wegen erzählen* **2** ⟨zählb.⟩ kurioses Ding, kuriose Sache; *~en sammeln; ~enkabinett; meine Spieluhr ist eine ~* [<lat. *curiositas* »Neugierde, Wissbegierde« u. frz. *curiosité* »Neugierde, Wissbegierde, Sehenswürdigkeit«]

Kurs ⟨der; -es, -e⟩ **1** Richtung, Fahrt-, Flugrichtung; *~ nehmen (auf); vom ~ abkommen; den ~ halten* **2** ⟨fig.⟩ Richtung in der Politik, in der Wirtschaft; *den ~ ändern; harter, weicher ~; einen neuen ~ einschlagen* **3** Preis der an der Börse gehandelten Wertpapiere; *der ~ fällt, steigt* **4** Handelspreis einer Währung; *Wechsel~; hoch im ~ stehen* ⟨fig.⟩ angesehen, beliebt sein **5** Lehrgang;

K

Sy Kursus; *Koch~; Sprach~* [<lat. *cursus* »Lauf, Gang, Fahrt, Reise«; zu *currere* »laufen«]

kur|sie|ren ⟨V.⟩ die Runde machen, in Umlauf sein; ⟨fig.⟩ *es ~ neue Gerüchte* [<lat. *cursare* »umherrennen, durchlaufen«]

kur|siv ⟨Adj.; Typ.⟩ schräg; *~e Druckschrift* [<mlat. *cursivus* »laufend«; zu *cursare;* → *kursieren*]

Kur|sus ⟨der; -, Kur|se⟩ = Kurs (5)

Kur|ti|sa|ne ⟨die; -, -n⟩ **1** ⟨früher⟩ Hofdame **2** ⟨seit dem 16. Jh.⟩ vornehme, von der aristokrat. Gesellschaft anerkannte, z. T. selbst den Oberschichten entstammende Prostituierte [<frz. *courtisan* »Höfling« <ital. *cortigiano* »Höfling«]

→ **Cousin:** Was du nicht unter ***ku-*** findest, kann unter ***cou-*** stehen, z. B. ***Cousin***!

Ku|si|ne ⟨die; -, -n⟩ Tochter der Tante od. des Onkels, Base; *oV* Cousine [<frz. *cousine*]

Ku|vert ⟨[-vɛːr(t)] das; -(e)s [-vɛːr(tə)s], -e [-vɛːrtə] od. -s [-vɛːrs]⟩ **1** Briefumschlag **2** Essbesteck u. Serviette für die Mahlzeit einer Person, Gedeck [<frz. *couvert,* eigtl. »Bedeckung«]

Ku|ver|tü|re ⟨[-vɛr-] die; -, -n⟩ Masse aus Kakao, Kakaobutter u. Zucker zum Überziehen von Pralinen, Backwaren u. a. [<frz. *couverture* »Decke, Überzug«; zu *couvrir* »bedecken«]

→ **Quadrat:** Was du nicht unter ***kw-*** findest, kann unter ***qu-*** stehen, z. B. *Quadrat*!

Ky|ber|ne|tik ⟨die; -; unz.⟩ **1** Theorie von der Aufnahme, Verarbeitung u. Übertragung von Informationen der verschiedensten Art, z. B. Nervenimpulsen, Wasserständen u. Ä. **2** Wissenschaft von den belebten u. unbelebten dynamischen Systemen, in denen Informationen verarbeitet werden u. die zur Regelung oder Steuerung von Prozessen dienen [<grch. *kybernetike (techne)* »Steuermannskunst«]

Ky|klop *auch:* **Kyk|lop** ⟨der; -en, -en⟩ = Zyklop

ky|ril|lisch ⟨Adj.⟩ *~e Schrift; ~e Buchstaben* nach dem Slawenapostel Kyrillos benannte Schrift der griechisch-orthodoxen Slawen, in vereinfachter Form Gebrauchsschrift u. a. in Russland, Bulgarien u. Serbien; *oV* cyrillisch, zyrillisch

K

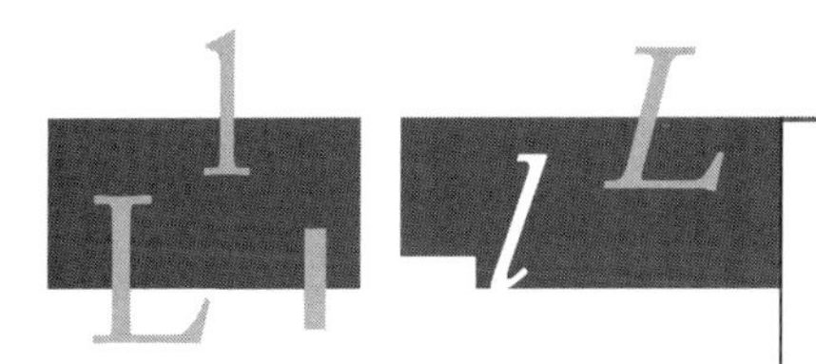

L ⟨röm. Zahlzeichen für⟩ 50

La Bam|ba ⟨der; - -, - -s od. fachsprachl. die; - -, - -s⟩ aus Lateinamerika stammender Modetanz [portug.]

La|bel ⟨[lɛɪ-] das; -s, -s⟩ **1** Etikett, Aufklebeschild **2** Marken-, Firmenbezeichnung auf einem Etikett

La|bel|sys|tem ⟨[lɛɪbl-] das; -s; unz.; Wirtsch.⟩ (hauptsächlich in England u. USA angewandte) Empfehlung (u. Markierung) von Produkten arbeiterfreundlicher Betriebe seitens der Gewerkschaften [<*Label* + *System*]

La|bi|al ⟨der; -s, -e; Phon.⟩ mit den Lippen gebildeter Konsonant [lat. *labium* »Lippe«]

la|bil ⟨Adj.⟩ **1** schwankend, nicht widerstandsfähig; *Ggs* stabil; *~e Gesundheit; ~es Gleichgewicht* **2** ⟨fig.⟩ unzuverlässig, veränderlich, unsicher [<lat. *labilis* »leicht gleitend«]

La|bi|li|tät ⟨die; -; unz.⟩ labile Beschaffenheit, labiles Wesen

La|bor ⟨schweiz. ['--] das; -s, -s od. -e; kurz für⟩ Laboratorium

La|bo|rant ⟨der; -en, -en⟩ **1** jmd., der im Laboratorium arbeitet, medizinisch-technische od. chemisch-technische Hilfskraft **2** Hilfskraft in einer Apotheke [<lat. *laborans,* Part. Präs. zu *laborare* »arbeiten«]

La|bo|ra|to|ri|um ⟨das; -s, -ri|en⟩ Arbeitsraum od. Forschungsstätte für biologische, chemische, bakteriologische, technische u. a. Arbeiten; *Versuchs~* [zu lat. *laborare* »arbeiten«]

la|bo|rie|ren ⟨V.; fig.; umg.⟩ *an einer Krankheit ~* von einer K. geplagt sein, sich lange Zeit um ihre Überwindung bemühen [<lat. *laborare* »arbeiten, sich anstrengen, leiden«; zu *labor* »Arbeit, Mühe«]

La|bour Par|ty ⟨[lɛɪbə(r) pa:tɪ] die; - -; unz.⟩ engl. Arbeiterpartei

La|by|rinth ⟨das; -(e)s, -e⟩ **1** Irrgarten, Irrgänge **2** ⟨Anat.⟩ Gleichgewichts- u. Hörorgan der Wirbeltiere u. des Menschen; *Ohr~* **3** ⟨fig.⟩ Durcheinander, Wirrwarr; *ein ~ von Verdächtigungen, Informationen* [<lat. *labyrinthus* <grch. *labyrinthos,* eigtl. »Haus der Doppelaxt (eine Königsinsignie)«]

Lac|ta|se ⟨die; -, -n; Biochemie⟩ = Laktase

Lac|to|se ⟨die; -; unz.; Biochemie⟩ = Laktose

lä|die|ren ⟨V.⟩ beschädigen, verwunden [<lat. *laedere* »verletzen, beschädigen«]

> → **Lovestory:** Was du nicht unter *laf-* findest, kann unter *love-* stehen, z. B. *Lovestory*!

La|gu|ne ⟨die; -, -n⟩ vom offenen Meer durch Landstreifen od. Riffe getrennter, flacher See [<ital. *laguna* <lat. *lacuna* »Lache«; zu *lacus* «See«]

La|kai ⟨der; -en, -en⟩ **1** fürstlicher od. herrschaftlicher Diener **2** ⟨fig.⟩ unterwürfiger, kriecherischer Mensch [<frz. *laquais* »Diener« <ngrch. *oulakes* <türk. *ulak* »Läufer, Eilbote«]

la|ko|nisch ⟨Adj.⟩ **1** wortkarg, einsilbig **2** kurz u. treffend; *eine ~e Bemerkung* [nach der grch. Landschaft *Lakonien* mit der Hauptstadt Sparta; die kurze Redeweise der Spartaner war im Altertum sprichwörtlich]

La|krit|ze *auch:* **Lak|rit|ze** ⟨die; -, -n⟩ schwarze Masse aus dem Saft von Süßholz, für Süßwaren [<lat. *liquiritia* <grch. *glykyrrhiza;* zu *glykys* »süß« + *rhiza* »Wurzel«]

Lak|ta|se ⟨die; -, -n; Biochemie⟩ Enzym, das Milchzucker in Galaktose u. Glukose spaltet; *oV* Lactase [<lat. *lac,* Gen. *lactis* »Milch«]

Lak|to|se ⟨die; -; unz.; Biochemie⟩ Milchzucker; *oV* Lactose

La|ma|is|mus ⟨der; -; unz.; Rel.⟩ das tibetanische Priesterwesen, Form des Buddhismus [<tibet. *blama* »Lenker, Lehrer«]

> **Lamarckismus:** Der französische Naturforscher J. B. de *Lamarck* (1744-1829) begründete 1809 seine Evolutionstheorie, die davon ausging, dass im Laufe des Lebens erworbene Eigenschaften genetisch vererbt werden können.

Lamarck nahm an, dass sich Keimzellen durch Umwelteinflüsse in der nächsten Generation verändern können. So führte er z. B. die Länge des Giraffenhalses darauf zurück, dass das Tier den Kopf bei der Nahrungsaufnahme ständig hochrecken musste. Lamarcks Thesen, die er allerdings nicht auf den Menschen anwendete, wurden durch spätere genetische Forschungen nicht bestätigt. Heute gilt allein die Abstammungslehre Charles Darwins (→ *Darwinismus*) als wissenschaftlich anerkannte Theorie zur Erklärung der Entwicklung der Arten.

La|mar|ckis|mus ⟨der; -; unz.⟩ (heute nicht mehr anerkannte) Evolutionstheorie von Lamarck

Lam|ba|da ⟨der; -s, -s od. fachsprachl. die; -, -s⟩ Modetanz mit sambaähnlichem Rhythmus, der mit engem Körperkontakt getanzt wird [portug., eigtl. »Schlag, Hieb«]

Lamb|da ⟨das; - od. -s, -s; Zeichen: λ, Λ⟩ griech. Buchstabe [grch.]

L

La|mé ⟨[-meː] das; -s, -s; Textilw.⟩ Seidengewebe mit Metallfäden; *oV* Lamee [<frz. *lamé* »Metallplatte, Lamelle« <ital., mlat. *lama* < lat. *lamina* »dünnes Metallblech«; verwandt mit *Lamelle, Lametta*]

La|mee ⟨das; -s, -s; Textilw.⟩ = Lamé

La|mel|le ⟨die; -, -n⟩ **1** dünnes Blättchen, dünne Scheibe **2** ⟨Techn.⟩ **2.1** Scheibe aus Metall, Papier, Kunststoff **2.2** Rippe eines Heizkörpers **3** ⟨Bot.⟩ streifenförmiger Träger des Fruchtkörpers unter dem Hut der Blätterpilze [<frz. *lamelle* »Lamelle, Plättchen« <lat. *lamella,* Verkleinerungsform zu *lamina* »dünnes Metallblech«]

la|men|tie|ren ⟨V.⟩ wehklagen, jammern; *über etwas* ~ [<lat. *lamentari* »laut wehklagen«]

La|met|ta ⟨das; -s; unz. od. die; -; unz.⟩ **1** dünner, schmaler Streifen aus Metallfolie (als Christbaumschmuck) **2** ⟨umg.; scherzh.⟩ (viele) Orden (an der Brust) [<ital. *lametta,* Verkleinerungsform zu *lama* »Metallblatt« <lat. *lamina* »dünnes Metallblech«]

La|mi|nat ⟨das; -(e)s; unz.⟩ aus Kunststoffen bestehender Stoff für Beschichtungen, z. B. für Fußböden als Parkettersatz [lat., »Platte, Blech, Blatt«]

Lam|pi|on ⟨[lapiɔ̃ː], [lampjɔŋ] od. österr. [-joːn] der od. das; -s, -s⟩ Laterne aus buntem Papier od. Seide mit Kerze; *der Garten war mit ~s geschmückt* [<frz. *lampion* »Lämpchen« <ital. *lampione,* zu *lampa* »Lampe«]

lan|cie|ren ⟨[lãsiː-] V.⟩ **1** in Gang bringen, einen Weg bereiten, einführen **2** ⟨fig.⟩ geschickt in eine vorteilhafte Stellung bringen [frz. *lancer* »werfen, schleudern«; zu *lance* »Lanze«]

La|no|lin ⟨das; -s; unz.⟩ Mischung aus Wollfett, flüssigem Paraffin u. Wasser, Grundstoff zur Anfertigung von Salben [<lat. *lana* »Wolle« + …*ol*]

→ **Lunch:** Was du nicht unter *lan-* findest, kann unter *lun-* stehen, z. B. *Lunch*!

Lan|than ⟨das; -s; unz.; chem. Zeichen: La⟩ zur Gruppe der Metalle der seltenen Erden gehörendes Element, Ordnungszahl 57 [<grch. *lanthanein* »verborgen sein«]

La|nu|go ⟨die; -, -gi|nes⟩ weiche u. kurze Haare, die den menschlichen Körper vom Embryonalstadium (4. Monat) an bedecken [lat., »Flaumhaare«]

Lan|zet|te ⟨die; -, -n; Med.⟩ kleines, spitzes, zweischneidiges Operationsmesser [<frz. *lancette,* Verkleinerungsform zu *lance* »Lanze«]

La Ola ⟨die; - -, - -s; Sport⟩ koordiniertes Aufstehen u. Setzen der Zuschauer in einem Sportstadion, das wie eine Wellenbewegung aussieht [span., »die Welle«]

la|pi|dar ⟨Adj.⟩ **1** wuchtig, kraftvoll **2** ⟨umg.⟩ beiläufig, nebenbei (gesagt) [<lat. *lapidarius* »zu den Steinen gehörig, Stein…«; zu *lapis* »Stein«]

La|pis|la|zu|li ⟨der; -, -; Min.⟩ blauer Halbedelstein [<mlat. *lapis lazuli* »Blaustein«; zu lat. *lapis* »Stein« + mlat. *lazulum,* Nebenform zu *lazur(ium)* »Blaustein, Blaufarbe«]

Lap|pa|lie ⟨[-ljə] die; -, -n⟩ lächerliche Kleinigkeit, Nichtigkeit; *sich wegen einer ~ streiten* [scherzhafte student. Bildung (17. Jh.) zu *Lappen* mit lat. Endung nach dem Muster von Kanzleiwörtern wie z. B. *Personalie*]

Lap|top ⟨[læptɔp] der; -s, -s; EDV⟩ tragbarer, mit einem Akku ausgestatteter Personalcomputer mit flachem Bildschirm [<engl. *lap* »Schoß« + *top* »Tischplatte«]

> → **Larve:** Der Laut [f] wird in lateinischen Fremdwörtern oft *ve* geschrieben, z. B. in *Larve*!

lar|go ⟨Musik⟩ langsam, getragen u. weich (zu spielen) [ital., »breit, gedehnt, langsam«]

lar|moy|ant *auch:* **lar|mo|yant** ⟨[-moajant] Adj.⟩ weinerlich, rührselig; *ein ~es Theater-, Musikstück* [frz., »rührselig, weinerlich«; zu *larme* »Träne«]

l'art pour l'art ⟨[lar pur laːr]⟩ Schlagwort für die These, dass die Kunst nur nach rein künstlerischen Maßstäben zu beurteilen sei [frz., »die Kunst für die Kunst«]

Lar|ve ⟨die; -, -n⟩ **1** Jugendform von Tieren mit indirekter Entwicklung (Metamorphose), nach dem Grad der Entwicklung von den erwachsenen Tieren unterschieden, z. B. bei Krebsen, Fröschen u. Schmetterlingen; *Ggs* Imago (1) **2** Gesichtsmaske; *jmdm. die ~ vom Gesicht reißen* ⟨fig.⟩ seinen eigentlichen Charakter sichtbar machen [<lat. *larva* »Geist eines Verstorbenen, Maske der Schauspieler, Larve«]

La|rynx ⟨der; -, -ryn|gen; Anat.⟩ Kehlkopf [<grch. *larygx* »Kehle«]

La|sa|gne *auch:* **La|sag|ne** ⟨[lazanjə] Pl., im Dt. a.: die; -; unz.⟩ ital. Speise aus abwechselnd mit Hackfleisch geschichteten Nudelplatten [ital.; zu *lasagna* »Bandnudeln«]

> **Laser:** Der erste *Laser* wurde 1954 von dem amerikanischen Physiker Gordon Gould entwickelt. Der Laserstrahl ist eine starke Strahlung völlig gleicher Wellenlänge, mit dem die höchste bekannte Energiedichte je Flächeneinheit erreicht wird. Er entsteht zwischen zwei Spiegeln in einer Substanz (z. B. Rubinkristall), deren Moleküle sich gegenseitig zur Emission in eine Richtung anregen. Ein Teil der entstehenden Welle dringt durch einen Spiegel nach außen und bildet so den Laserstrahl. Die Lasertechnik wird heute in der Medizin sowie in Forschung und Technik (z. B. bei Augenoperationen, in CD-Spielern u. a.) eingesetzt.

La|ser ⟨[lɛɪzə(r)] der; -s, -⟩ Gerät zum Erzeugen einer sehr starken Strahlung [engl., Kurzwort aus *l*ight *a*mplification by *s*timulated *e*mission of *r*adiation »Lichtverstärkung durch angeregte Emission von Strahlung«]

Last-Mi|nute-Rei|se ⟨[laːstmɪnɪt-] die; -, -n⟩ von Reiseveranstaltern od. Fluggesellschaften kurzfristig angebotene, preiswerte Reise [zu engl. *last-minute* »in letzter Minute«]

las|ziv ⟨Adj.⟩ lasterhaft, unanständig; *~er Witz* [<lat. *lascivus* »ausgelassen, fröhlich, unzüchtig«]

la|tent ⟨Adj.⟩ **1** (unterschwellig) vorhanden, aber nicht in Erscheinung tretend; *eine ~e Gefahr* **2** ⟨Med.⟩ ohne typische Merkmale (Krankheit) [<lat. *latens*, Part. Präs. zu *latere* »verborgen sein«]

La|tenz ⟨die; -; unz.⟩ latente Beschaffenheit, unterschwelliges Vorhandensein

La|tenz|zeit ⟨die; -, -en; Physiol.⟩ Zeitraum zwischen dem Zeitpunkt der Reizung eines Nervs u. der Reaktion des Organs, z. B. eines Muskels

la|te|ral ⟨Adj.⟩ **1** seitlich **2** ⟨Anat.⟩ von der Mittelachse abgewandt; *Ggs* medial (1) [<lat. *lateralis* »die Seite betreffend«; zu *latus*, Gen. *lateris* »Seite«]

La|te|ran ⟨der; -s; unz.⟩ der päpstliche Palast in Rom außerhalb der Vatikanstadt [nach der röm. Familie *Laterani*, in deren Besitz sich der frühere Palast, der 1308 abbrannte, befand]

La|tex ⟨der; -; unz.⟩ aus dem Saft der kautschukliefernden Pflanzen hergestellter Naturkautschuk [lat., »Flüssigkeit«]

La|ti|fun|di|um ⟨das; -s, -di|en⟩ **1** ⟨im antiken röm. Reich⟩ von Sklaven bewirtschaftetes, großes Landgut **2** ⟨später⟩ durch Pächter od. Verwalter bewirtschafteter Landbesitz [lat., »großes Landgut«]

L

La|ti|num ⟨das; -s; unz.⟩ Zeugnis über Kenntnisse der lateinischen Sprache, in Dtschld. in vielen Fachgebieten Voraussetzung für die Zulassung zum Studium [lat., Neutr. zu *latinus* »lateinisch«]

Lat|te mac|chi|a|to ⟨[- -ki-] die od. der; - -, - -s od. - -ti⟩ in einem hohen Glas serviertes Kaffeegetränk aus warmer Milch, Espresso u. Milchschaum, wobei die einzelnen Bestandteile als Schichtungen sichtbar bleiben sollen [ital., »gefleckte Milch«; <*latte* »Milch« + *macchiare* »beflecken, Flecken machen«]

Lau|da|tio ⟨die; -, -o|nes⟩ Lobrede; *eine ~ auf Preisträger, auf Verstorbene u. a. halten* [<lat. *laudatio* »Lobrede«; zu *laudare* »loben«]

laun|chen ⟨[lɔ:ntʃən] V.⟩ auf den Markt bringen, einführen, lancieren (von neuen Produkten) [<engl. *launch*]

La|va ⟨[-va-] die; -, La|ven⟩ bei Vulkanausbrüchen ausgeworfenes, ca. 1000° C heißes, geschmolzenes Gestein [ital., »Stein«]

Law and Or|der ⟨[lɔ: ənd ɔ:də(r)] ohne Artikel; engl. Bez. für⟩ harte staatliche Maßnahmen zur Bekämpfung von Gewalt und Kriminalität [engl., »Recht und Ordnung«]

L

La|wi|ne ⟨die; -, -n⟩ **1** herabstürzende Schnee-, Eis- od. Steinmassen im Hochgebirge **2** ⟨fig.⟩ große Menge; *eine ~ von Briefen* [<rätoroman. *lavina* »Schnee-, Eislawine« <lat. *labina* »Erdrutsch«; zu *labi* »gleiten«]

Law|ren|ci|um ⟨[lɔ:-] das; -s; unz.; chem. Zeichen: Lr⟩ 1962 erstmals künstlich hergestelltes Element, Ordnungszahl 103 [nach dem US-amerikan. Physiker E. O. *Lawrence*, 1901-1958]

lax ⟨Adj.⟩ **1** locker (Disziplin) **2** lässig (Benehmen) [<lat. *laxus* »locker«]

Lay-out *auch:* **Lay|out** ⟨[lɛɪaʊt] od. ['--] das; -s, -s⟩ Entwurf u. Ausführung der Seitengestaltung in Büchern, Zeitschriften u. Ä., schließt z. B. die Einbettung von Illustrationen, die räuml. Anordnung des Textes u. die Form von Überschriften mit ein [engl., »Anordnung, Planung«]

La|za|rett ⟨das; -(e)s, -e; Mil.⟩ Militärhospital [<frz. *lazaret* <ital. *lazzaretto*, venezian. *lazareto;* nach der Kirche Sankt Maria di Nazaret, wo sich ein Hospital für Aussätzige (ital. *lazzaro*, nach dem kranken *Lazarus*, Luk. 16,20) befand]

LCD ⟨Abk. für engl.⟩ Liquid Crystal Display (Flüssigkristallanzeige), Anzeige bei elektronischen Geräten (z. B. Taschenrechnern), die mittels flüssiger Kristalle Ziffern, Buchstaben u. Zeichen darstellt

Lead ⟨[li:d] das; -s; unz.; Musik⟩ Führungsstimme in der Jazz-, Pop- od. Rockmusik [engl. *lead* »führen«]

Lead|sän|ger ⟨[li:d-] der; -s, -; Musik⟩ Sänger, dessen Stimme den Gesang eines Musikstücks bestimmt; *Ggs* Backgroundsänger

Lean Pro|duc|tion ⟨[li:n prɔdʌkʃn] die; - -; unz.; Wirtsch.⟩ kostengünstige Produktion (durch Reduzierung der Lohn-, Material- und Herstellungskosten) [<engl. *lean* »schlank« + *production* »Produktion, Herstellung«]

Lea|sing ⟨[li:-] das; -s, -s⟩ Mieten od. Vermieten von langlebigen Gebrauchsgütern [<engl. *lease* »mieten, vermieten«]

Le|cka|ge ⟨[-ka:ʒə] die; -, -n⟩ Leck, undichte Stelle [<*Leck* + frz. Substantivendung *...age*]

le|gal ⟨Adj.⟩ gesetzlich, dem Gesetz entsprechend; *Ggs* illegal [<lat. *legalis* »gesetzmäßig«; zu *lex*, Gen. *legis* »Gesetz«]

le|ga|li|sie|ren ⟨V.⟩ legal, gesetzlich machen, amtlich bestätigen

Legasthenie: Der Begriff *Legasthenie* bezeichnet eine angeborene Schwäche beim Erlernen des Lesens und Rechtschreibens (bei sonst normaler Intelligenz). *Legasthenie* äußert sich in der Umstellung und Verwechslung einzelner Buchstaben oder Wortteile; sie beruht auf einer Störung der auditiven und visuellen Wahrnehmung. *Legasthenie* kann mit Hilfe frühzeitiger logopädischer (→ *Logopädie*) und pädagogischer Übungen nach und nach abgebaut werden.

Leg|as|the|nie *auch:* **Le|gas|the|nie** ⟨die; -; unz.⟩ angeborene Rechtschreibschwäche [<grch. *legein* »lesen« + *astheneia* »Schwäche«]

Le|gat[1] ⟨das; -(e)s, -e⟩ Vermächtnis [<lat. *legatum* »Vermächtnis«; zu *legare* »letztwillig verfügen«; → *legal*]

Le|gat[2] ⟨der; -en, -en⟩ altrömischer od. päpstlicher Gesandter [<lat. *legatus* »Gesandter«; → *legal*]

le|ga|to ⟨Musik; Abk.: leg.⟩ gebunden (zu spielen) [ital., Part. Perf. zu *legare* »binden« <lat. *ligare*]

le|ger ⟨[leʒɛːr] Adj.⟩ zwanglos, formlos, ungezwungen (Benehmen); *sich ~ kleiden; ~ die Beine übereinanderschlagen* [<frz. *léger* »leicht, gewandt«]

Leg|gings ⟨Pl.⟩ **1** ⟨urspr.⟩ vom Knöchel bis zum Oberschenkel reichende Ledergamaschen nordamerikanischer Indianer **2** (modische) feste Strumpfhosen ohne Füßlinge [engl.; zu *leg* »Bein«]

Le|gi|on ⟨die; -, -en⟩ **1** röm. Truppeneinheit **2** Name verschiedener Truppen; *Fremden~* [<lat. *legio*, eigtl. »auserlesene Mannschaft«; zu *legere* »lesen, auswählen«]

Le|gi|o|när ⟨der; -s, -e⟩ **1** römischer Soldat **2** Angehöriger einer Legion; *Fremden~* [<lat. *legionarius* »zur Legion gehörig«; beeinflusst von frz. *légionnaire* »Legionär«]

Le|gis|la|ti|ve ⟨[-və] die; -, -n [-vən]; Rechtsw.⟩ gesetzgebende Gewalt im Staat, insbes. das Parlament; →*a.* Exekutive, Judikative

Le|gis|la|tur|pe|ri|o|de ⟨die; -, -n; Rechtsw.; Politik⟩ Zeitabschnitt, für den eine gesetzgebende Versammlung (Parlament) gewählt ist

le|gi|tim ⟨Adj.⟩ rechtmäßig, gesetzlich anerkannt, gesetzlich zulässig; *Ggs* illegitim [<lat. *legitimus* »durch Gesetze bestimmt«; zu *lex*, Gen. *legis* »Gesetz«]

Le|gi|ti|ma|ti|on ⟨die; -, -en⟩ **1** das Legitimieren **2** (Nachweis der) Berechtigung **3** Ausweis, Pass

le|gi|ti|mie|ren ⟨V.⟩ **1** für legitim erklären, beglaubigen, berechtigen **2** *sich ~* eine Legitimation (3) vorlegen, sich ausweisen

> → **live:** Was du nicht unter *lei-* findest, kann unter *li-* stehen, z. B. *live*!

Lek|ti|on ⟨die; -, -en⟩ **1** Vorlesung, Lehrstunde **2** ⟨fig.⟩ Zurechtweisung; *jmdm. eine ~ erteilen* jmdn. zurechtweisen **3** Lehrbuchabschnitt; *wir wiederholen ~ 5* [<lat. *lectio* »das Lesen«; zu *legere* »lesen«]

Lek|tor ⟨der; -s, -to|ren⟩ **1** Hochschullehrer für bestimmte Fächer u. Fertigkeiten **2** Angestellter eines Verlages, der Manuskripte bearbeitet [<lat. *lector* »Leser, Vorleser«; zu *legere* »lesen«]

Lek|tü|re ⟨die; -, -n⟩ **1** das Lesen; *bei der ~ dieses Buches* **2** Leseübung **3** Lesestoff; *englische, französische ~* [<frz. *lecture* »Lesung, Lektüre« <mlat. *lectura* »das Lesen«; zu *legere* »lesen«]

Le|mur ⟨der; -en, -en⟩ *oV* Lemure **1** ⟨röm. Myth.⟩ Geist einer verstorbenen Person **2** ⟨Zool.⟩ = Maki [<lat. *lemures* »Seelen der Abgeschiedenen«]

Le|mu|re ⟨der; -n, -n⟩ = Lemur

Le|ni|nis|mus ⟨der; -; unz.; Politik⟩ Weiterführung der marxist. Lehre durch Lenin [nach dem russ. Revolutionär W. I. Uljanow, Deckname: *Lenin*, 1870-1924]

le|ni|nis|tisch ⟨Adj.⟩ zum Leninismus gehörend, von ihm stammend

Le|nis ⟨die od. der; -, -nes [-neːs]; Sprachw.⟩ Verschluss- oder Reibelaut, der mit schwachem Luftdruck artikuliert wird, *z. B. b, d, g; Ggs* Fortis [lat., »sanft, mild«]

len|to ⟨Musik⟩ langsam (zu spielen) [ital.]

Le|po|rel|lo ⟨das; -s, -s⟩ lange, harmonikaartig gefaltete Papierbahn, z. B. mit Fotos von einem Urlaubsort o. Ä. [nach *Leporello* (dem Diener Don Juans in Mozarts Oper »Don Juan«), der in einem ähnl. Buch die Liebschaften seines Herrn verzeichnet hat]

Le|pra *auch:* **Lep|ra** ⟨die; -; unz.; Med.⟩ Aussatz, meldepflichtige Infektionskrankheit mit Knotenbildung u. Gewebezerfall [<grch. *lepros* »rau, uneben«]

Les|be ⟨die; -, -n; umg.; kurz für⟩ Lesbierin

Les|bi|e|rin ⟨die; -, -rin|nen⟩ homosexuelle Frau [nach der grch. Insel *Lesbos*, wo die lesbische Dichterin Sappho lebte]

les|bisch ⟨Adj.⟩ homosexuell (von Frauen); *~e Liebe*

le|tal ⟨Adj.; Med.⟩ tödlich [<lat. *letalis* »tödlich«; zu *letum* »Tod«]

Le|thar|gie ⟨die; -; unz.⟩ 1 ⟨Med.⟩ Schlafsucht, Schläfrigkeit 2 ⟨fig.⟩ Teilnahmslosigkeit, Abgestumpftheit [<grch. *lethargia;* zu *lethe* »das Vergessen« + *argia* »Untätigkeit«]

le|thar|gisch ⟨Adj.⟩ 1 ⟨Med.⟩ schläfrig 2 ⟨fig.⟩ teilnahmslos, abgestumpft, gleichgültig

Le|the ⟨die; -; unz.⟩ 1 ⟨griech. Myth.⟩ Strom der Unterwelt, aus dem die Toten Vergessenheit trinken 2 ⟨fig.⟩ das Vergessen selbst; ~ *trinken* [grch., »das Vergessen«]

Let|ter ⟨die; -, -n⟩ Druckbuchstabe [<frz. *lettre* »Buchstabe« <lat. *littera* »Buchstabe«]

Leuk|ä|mie *auch:* **Leu|kä|mie** ⟨die; -, -n; Med.⟩ durch außergewöhnliche Vermehrung der weißen Blutkörperchen gekennzeichnete schwere Erkrankung [<*Leuko...* + *...ämie*]

leu|ko..., Leu|ko... ⟨vor Vokalen⟩ leuk..., Leuk... ⟨in Zus.⟩ weiß..., glänzend..., Weiß... [<grch. *leukos* »weiß, hell«]

Leu|ko|zyt ⟨der; -en, -en; Med.⟩ weißes Blutkörperchen [<*Leuko...* + *...zyt*]

L

Leut|nant ⟨der; -s, -s od. -e⟩ 1 unterste Rangstufe des Offiziers 2 Offizier auf der untersten Rangstufe; ~ *zur See* [<frz. *lieutenant* <mlat. *locum tenens* »Stellvertreter«; zu lat. *locus* »Ort, Stelle« + *tenere* »halten«]

Le|vel ⟨[lɛvəl] der; -s, -s⟩ Stufe, Niveau, Ebene; *auf einem hohen, höheren* ~ [engl.]

Le|vi|a|than ⟨a. [-vi-'-] der; -s; unz.⟩ 1 ⟨Bibel⟩ drachenartiges Meerungeheuer 2 ⟨poet.⟩ Ungeheuer, Riesenschlange [<hebr. *liwjathan* »gewundenes, windungsreiches Tier«]

Le|vi|ten ⟨[-viː-] Pl.⟩ *jmdm. die* ~ *lesen* jmdn. energisch zurechtweisen [zur Schulung der alttestamentl. Tempelbeamten aus dem Stamm *Levi* verwendete man das 3. Buch Mose, das die *Leviten* nach 5 Mose 31,9 regelmäßig vorlesen mussten und in dem die Flüche gegen Gesetzesübertreter formuliert sind]

Le|xi|ko|gra|fie ⟨die; -; unz.; Sprachw.⟩ = Lexikographie

Le|xi|ko|gra|phie ⟨die; -; unz.; Sprachw.⟩ Lehre von den Wörterbüchern, ihrer Zusammenstellung u. Abfassung [<*Lexikon* + *...graphie*]

Le|xi|kon ⟨das; -s, -xi|ka⟩ 1 alphabetisch geordnetes Nachschlagewerk; *Universal~; Fremdwörter~* 2 Wörterbuch 3 ⟨Sprachw.⟩ Wortschatz einer Sprache [<grch. *lexikon (biblion)* »Wörterbuch«; zu *lexis* »Redeweise, Ausdruck«; zu *legein* »sammeln, sprechen, sagen«]

Le|zi|thin ⟨das; -s; unz.; Biochemie⟩ in Herzmuskel, Eidotter u. Gehirn enthaltenes Lipoid [<grch. *lekithos* »Eigelb«]

Li|ai|son ⟨[liɛzɔ̃ː] die; -, -s⟩ 1 Liebesverhältnis, Verbindung; *eine* ~ *eingehen* 2 ⟨Phon.⟩ Hörbarmachen eines stummen Auslauts bei enger Verbindung zweier Wörter, z. B. des t in »Saint-Exupéry« od. des n in »un ami« [frz., »Bindung«]

Li|as ⟨der od. die; -; unz.; Geol.⟩ älteste Abteilung des Juras, schwarzer Jura [<frz. *liais* »bestimmter Kalkstein von feinkörniger Beschaffenheit«; vermutl. <fränk. *leiisk* »felsig, hart«]

li|be|ral ⟨Adj.⟩ 1 die Freiheit liebend, nach freier Gestaltung des Lebens strebend 2 vorurteilsfrei, großzügig; *eine ~e Gesinnung* [<lat. *liberalis* »freiheitlich, edel, freigebig«; zu *liber* »frei«]

Li|be|ra|le(r) ⟨die od. der; -n, -n⟩ 1 Vertreter(in) des Liberalismus 2 Angehörige(r) einer liberalen Partei

li|be|ra|li|sie|ren ⟨V.⟩ freier, großzügiger gestalten

Li|be|ro ⟨der; -s, -s; Sport⟩ Fußballspieler ohne direkten Gegenspieler, der die Abwehr leitet [ital., »freier Mann«]

Li|ber|tin ⟨[-tɛ̃ː] der; -s, -s⟩ 1 Freidenker 2 ⟨fig.⟩ zügelloser, liederlicher Mensch [frz., »ausschweifend, liederlich« <lat. *liber* »frei«]

li|bi|di|nös ⟨Adj.⟩ triebhaft, wollüstig [<frz. *libidineux* <lat. *libidinosus;* zu *libido* »Lust, Begierde«]

Li|bi|do ⟨a. ['---] die; -; unz.; Psych.⟩ sexuelle Begierde, Geschlechtstrieb [lat., »Lust, Begierde«]

Li|bret|to *auch:* **Lib|ret|to** ⟨das; -s, -s od. -bret|ti; Musik⟩ Text zu einer Oper od. Operette [ital., »Büchlein«, Verkleinerungsform zu *libro* »Buch« <lat. *liber*]

Life|style ⟨[laɪfstaɪl] der; -s; unz.⟩ Lebensstil, Lebensweise [engl.]

Lift[1] ⟨der; -(e)s, -e od. -s⟩ Aufzug, Fahrstuhl [engl.]
Lift[2] ⟨der od. das; -s, -s⟩ kosmet.-chirurg. Verfahren zur Beseitigung von Falten u. zum Straffen erschlafften Gewebes [engl., »heben«]
Lift|boy ⟨[-bɔɪ] der; -s, -s⟩ junger Führer eines Aufzugs, z. B. in Hotels [engl.]
lif|ten ⟨V.⟩ einen Lift (2) durchführen; *sich ~ lassen*
Li|ga ⟨die; -, Li|gen⟩ **1** Bund, Bündnis, Vereinigung **2** Spitzenklasse im Mannschaftssport [span., »Band, Bündnis«; zu lat. *ligare* »(fest)binden«]
Li|ga|tur ⟨die; -, -en⟩ **1** ⟨Typ.⟩ Verbindung zweier Buchstaben zu einer einzigen Type **2** ⟨Musik; in der Choral- u. Mensuralnotation⟩ **2.1** Verbindung einer zusammengehörenden Notengruppe **2.2** Bogen über zwei Noten gleicher Tonhöhe (bes. von einem Takt zum andern) [<lat. *ligatura* »Band«; zu *ligare* »binden«]
light ⟨[laɪt] Adj.; undekl.⟩ *oV* lite **1** ⟨umg.⟩ leicht, vereinfacht; *Skikurs ~* **2** ⟨meist als Zusatzbez. an Waren⟩ reduziert (an Inhalts-, Duftstoffen usw.), kalorienarm; *Cola ~* [engl., »leicht«]
Light|show ⟨[laɪtʃoʊ] die; -s, -s⟩ Vorführung von Lichteffekten (in Diskotheken) [<engl. *light* »Licht« + *show* »zeigen; Schau«]
li|ie|ren ⟨V.⟩ eng verbinden; *mit jmdm. liiert sein* ein Liebesverhältnis mit jmdm. haben [<frz. *lier* »binden, vereinigen« <lat. *ligare* »binden«]
Li|kör ⟨der; -s, -e⟩ **1** süßer Branntwein **2** aus Wein u. Kandiszucker bestehender Zusatz für Schaumwein [<frz. *liqueur* »Likör« <lat. *liquor* »Flüssigkeit«]
li|la ⟨Adj.; undekl.⟩ fliederfarben, hellviolett [verkürzt <*lilafarben;* zu frz. *lilas* »Flieder, Fliederblütenfarbe« <arab. *lilak* »Flieder« <pers. *niläk, liläk;* zu Sanskrit *nila* »schwarz, schwärzlich«]
Li|li|put... ⟨in Zus.; scherzh.⟩ sehr klein, winzig; *~eisenbahn* [nach dem Märchenland *Liliput* in dem Buch »Gullivers Reisen« des engl. Schriftstellers Jonathan Swift, 1667-1745]
lim|bisch ⟨Adj.; Med.⟩ *~es System* (stammesgeschichtlich altes) System der im Innern des Gehirns liegenden Strukturen, die untereinander u. mit anderen Hirnregionen durch Faserbündel verbunden sind, Ausgangspunkt von Affekten (Liebe, Furcht, Wut), Gedächtnis u. angeborenen Trieb- u. Instinkthandlungen [zu lat. *limbus* »Saum, Rand«]
Li|met|ta ⟨die; -, -met|ten; Bot.⟩ = Limette
Li|met|te ⟨die; -, -n; Bot.⟩ dünnschalige Zitrusfrucht, aus der ätherische Öle gewonnen werden; *oV* Limetta [<frz. *limette,* Verkleinerungsform zu *lime* »kleine süße Zitrone«]
Li|mit ⟨das; -s, -s⟩ äußerste Grenze; *jmdm. ein ~ setzen; das ~ überschreiten; ein ~ von 200 Seiten (für ein Manuskript)* [<frz. *limite* »Grenze« <lat. *limes*]
li|mi|tie|ren ⟨V.⟩ begrenzen, beschränken, einschränken; *limitierte Auflage* zahlenmäßig begrenzte A. eines (künstlerisch gestalteten) Buches od. der Reproduktion eines Kunstwerks
lim|nisch ⟨Adj.⟩ im Süßwasser lebend od. entstanden; *Ggs* paralisch [<grch. *limne* »Teich, Landsee«]
Li|mo|na|de ⟨die; -, -n⟩ erfrischendes Getränk aus Wasser, Obstsaft od. -essenz, Zucker u. evtl. Kohlensäure [<ital. *limonata,* zu *limone* od. zu frz. *limon* »dickschalige Zitrone«]
Li|mo|ne ⟨die; -, -n; Bot.⟩ **1** ein Grasnelkengewächs mit blattlosen Stängeln, die zwei od. drei Blüten tragen **2** dickschalige Zitrone [ital. <arab.-pers. *limun* »Zitrone«]
Li|mou|si|ne ⟨[-mu-] die; -, -n; Kfz⟩ geschlossener Personenkraftwagen; *Ggs* Kabriolett [nach der frz. Landschaft *Limousin*]
Li|ne|al ⟨das; -s, -e⟩ schmales, rechteckiges od. gebogenes Gerät zum Ziehen von Linien [<lat. *linealis* »mit Linien gemacht«; zu *linea* »Leine, Schnur; Linie«; zu *linum* »Lein, Flachs«]
li|ne|ar ⟨Adj.⟩ **1** geradlinig, linienförmig **2** von Linien gebildet **3** zeichnerisch durch Striche dargestellt [<lat. *linearis;* zu *linea* »Linie«]
Li|ne|a|ri|tät ⟨die; -; unz.⟩ **1** lineare Beschaffenheit **2** Kennzeichen elektrischer Bauelemente, die bezüglich der Ver-

L

änderung ihrer Größen ein lineares Verhalten aufweisen

Lin|gu|al ⟨der; -s, -e; Phon.⟩ mit der Zunge gebildeter Laut, Zungenlaut, *z. B. das Zungen-r* [<lat. *lingua* »Sprache, Zunge«]

Lin|gu|is|tik ⟨die; -; unz.⟩ Sprachwissenschaft

lin|gu|is|tisch ⟨Adj.⟩ die Linguistik betreffend, zu ihr gehörend

Link ⟨der; -s, -s; umg.; EDV⟩ **1** Verbindung, Beziehung **2** ⟨kurz für⟩ Hyperlink [<engl. *link* »Bindeglied«]

Linné'sches System: Das von dem schwedischen Naturforscher Carl von *Linné* (1707-1778) entwickelte System zur Bezeichnung von Pflanzen ist teilweise noch heute gültig. Er führte die zweiteiligen lateinischen Bezeichnungen ein (z. B. für die Himbeere »Rubus idaeus«), die auch den Artbegriff, der sich an den Merkmalen der Blüte orientierte, festlegten. Später dehnte Linné seine Terminologie auf Tiere und Mineralien aus. Er ordnete den Menschen als »Homo sapiens« neben dem Schimpansen und dem Orang-Utan in die Ordnung »Herrentiere« ein.

lin|né|sches Sys|tem *auch:* **Lin|né'sches Sys|tem** ⟨Adj.; Bot.⟩ System zur Einteilung des Pflanzenreichs, das sich nach den Merkmalen der Blüte richtet [nach dem schwed. Naturforscher Carl von *Linné*, 1707-1778]

Li|no|le|um *auch:* **Lin|o|le|um** ⟨[-le|um] das; -s; unz.⟩ schall- u. wärmedämmender Fußbodenbelag aus einer Mischung von Leinöl mit Füll- u. Trockenstoffen [<lat. *linum* »Lein, Flachs« + *oleum* »Öl«]

Li|nol|schnitt ⟨der; -(e)s, -e; Kunst⟩ **1** ⟨unz.⟩ dem Holzschnitt ähnliche Kunst auf Linoleumplatten **2** ⟨zählb.⟩ mit diesem Verfahren gewonnener Abdruck

Li|pa|se ⟨die; -, -n; Biochemie⟩ im Verdauungskanal des Menschen u. der Tiere sowie in Pflanzensamen vorkommendes Enzym, das Fett in Fettsäuren u. Glyzerin spaltet [<grch. *lipos* »Fett«]

Lip|gloss ⟨das; -; unz.; Kosmetik⟩ Lippenstift, der die Lippen glänzend macht [engl., »Lippenglanz«]

Li|pid ⟨das; -(e)s, -e; Biochemie⟩ organische Substanz, die sich aus Geweben mit organischen Lösungsmitteln extrahieren lässt [<grch. *lipos* »Fett«]

Li|piz|za|ner ⟨der; -s, -⟩ (für die Hohe Schule gezüchtete) Vollblutpferderasse, meistens Schimmel [nach dem slowen. Gestütsort *Lipizza* bei Triest]

li|quid ⟨Adj.⟩ *oV* liquide **1** flüssig **2** ⟨fig.⟩ im Besitz von Geldmitteln, zahlungsfähig, solvent **3** verfügbar [<lat. *liquidus* »flüssig«]

Li|qui|da ⟨die; -, -dä od. -qui|den; Phon.⟩ Konsonant, bei dem die ausströmende Luft an einer Verengung in Schwingung gerät, Schwinglaut, Schmelzlaut, Fließlaut, *z. B. r, l* [lat., Fem. zu *liquidus* »flüssig«]

Li|qui|da|ti|on ⟨die; -, -en⟩ **1** Auflösung, Aufgabe (eines Unternehmens) **2** Tötung, Beseitigung (von unliebsamen Personen) [<mlat. *liquidatio* »Flüssigmachung«; zu lat. *liquidus* »flüssig«]

li|qui|de ⟨Adj.⟩ = liquid

li|qui|die|ren ⟨V.⟩ **1** *ein Geschäft* ~ auflösen **2** *politische Gegner, Gefangene* ~ beseitigen, töten **3** *Kosten* ~ berechnen, fordern [<ital., mlat. *liquidare* »flüssig machen«; zu lat. *liquidus* »flüssig«]

Li|qui|di|tät ⟨die; -; unz.⟩ Zahlungsfähigkeit

→ **Leasing:** Was du nicht unter *li-* findest, kann unter *lea-* stehen, z. B. *Leasing*!

Li|ta|nei ⟨die; -, -en⟩ **1** von Geistlichem u. Gemeinde im Wechsel gesprochenes Gebet; *Allerheiligen* ~ **2** ⟨fig.; umg.⟩ eintöniges Gerede, Gejammer; *diese ~ ist unerträglich* [<mhd. *letanie* <lat. *litania* »Bittgebet« <grch. *litaneia*]

Lit|chi ⟨[-tʃi] die; -, -s⟩ = Litschi

lite ⟨[laɪt] Adj.; undekl.⟩ = light

Li|ter ⟨der od. das; -s, -, schweiz. nur: der; Abk.: l⟩ Hohlmaß, 1 Kubikdezimeter (1 dm³); *zwei ~ Wein* [<frz. *litre* <mlat. *litra* <grch. *litra* »Gewicht von 12 Unzen«]

li|te|ra|risch ⟨Adj.⟩ zur Literatur gehörend, sie betreffend; *~er Zirkel*

Li|te|rat ⟨der; -en, -en⟩ **1** Schriftsteller **2** ⟨a. abwertend⟩ oberflächl. Schriftsteller [<lat. *litteratus* »schriftkundig, gelehrt, wissenschaftlich gebildet«; zu *littera* »Buchstabe«]

Li|te|ra|tur ⟨die; -, -en⟩ **1** Gesamtheit der schriftlichen Äußerungen eines Volkes od. einer Zeit **2** ⟨i. e. S.⟩ Dichtung **3** Gesamtheit der über ein Wissensgebiet veröffentlichten Werke; *Fach~; Forschungs~ zitieren* [<lat. *litteratura* »Buchstabenschrift, Sprachkunst«; zu *littera* »Buchstabe«]

Li|thi|um ⟨das; -s; unz.; chem. Zeichen: Li⟩ silberweißes, in feuchter Luft anlaufendes Alkalimetall, Ordnungszahl 3 [<grch. *lithos* »Stein«]

li|tho..., Li|tho... ⟨in Zus.⟩ stein..., Stein..., gesteins..., Gesteins... [<grch. *lithos* »Stein«]

Li|tho|gra|fie ⟨die; -, -n⟩ = Lithographie

Li|tho|gra|phie ⟨die; -, -n⟩ *oV* Lithografie **1** ⟨unz.⟩ ältestes Flachdruckverfahren, bei dem die Zeichnung auf einen Kalkstein übertragen u. von diesem abgedruckt wird **2** Produkt dieses Druckverfahrens, Steindruck

Li|to|tes ⟨die; -; unz.; Sprachw.⟩ stärkere Hervorhebung durch Anwendung eines scheinbar schwächeren Ausdrucks (Verneinung des Gegenteils), *z. B. »nicht klein« statt »recht groß«* [<grch. *litotes* »Schlichtheit«]

Lit|schi ⟨die; -, -s; Bot.; kurz für⟩ Litschipflaume

Lit|schi|pflau|me ⟨die; -, -n⟩ rotbraune, hartschalige Frucht eines in Südchina beheimateten Obstbaumes; *Sy* Litschi [<chin. *Lee Chee*]

Li|tur|gie ⟨die; -, -n; christl. Rel.⟩ Gesamtheit der Handlungen u. Zeremonien im Gottesdienst der christlichen Kirchen [<grch. *leiturgos,* eigtl. »Staatsdiener«; zu *laos* »Volk« + *ergon* »Werk«]

li|tur|gisch ⟨Adj.⟩ die Liturgie betreffend, zu ihr gehörend; *~e Gewänder*

live ⟨[laɪf] Adj.; Radio; TV⟩ *~ senden* direkt übertragen, unmittelbar senden [<engl. *alive* »lebendig«]

Live|act ⟨[laɪfækt] der; -s, -s⟩ Konzertauftritt einer Rockband [<engl. *live* »direkt, original« + *act* »(Programm-)Nummer«]

Live|sen|dung ⟨[laɪf-] die; -, -en; Radio; TV⟩ Direktsendung, Direktübertragung

Li|vree *auch:* **Liv|ree** ⟨[-vreː] die; -, -n⟩ uniformartige Dienstkleidung, z. B. für Chauffeure, Portiers, Diener [<frz. *livrée* »Livree, Dienerschaft«]

li|vriert *auch:* **liv|riert** ⟨Adj.⟩ in Livree gekleidet; *ein ~er Portier, Butler*

Li|zenz ⟨die; -, -en⟩ **1** Befugnis, Genehmigung; *eine ~ als Fußballtrainer erwerben* **2** Ermächtigung für eine Buchausgabe; *jmdm. eine ~ erteilen* [<lat. *licentia* »Freiheit, Erlaubnis«]

Lob|by ⟨die; -, -s⟩ **1** Vorraum eines Parlamentsgebäudes **2** Gesamtheit der Angehörigen von Interessenverbänden, die (dort) versuchen, die Entscheidungen von Parlamentsmitgliedern zu beeinflussen [engl., heute in der Bedeutung »Interessengruppe«]

log ⟨Zeichen für⟩ Logarithmus zur Basis 10

log..., Log... ⟨in Zus.⟩ = logo..., Logo...

...log[1] ⟨Nachsilbe; zur Bildung männl. Subst.; der; -(e)s, -e⟩ Gespräch, Rede, Worte; *Monolog* [<grch. *logos* »Wort, Rede, Wissenschaft«]

...log[2] ⟨Adj.; in Zus.⟩ in einem bestimmten Verhältnis stehend; *analog, heterolog* [→ *...log*[1]]

Logarithmus: Der *Logarithmus* bezeichnet diejenige Zahl b, mit der man in der Gleichung $a^b = c$ die Zahl a (Basis) potenzieren muss, um die Zahl c zu erhalten. Der *Logarithmus* auf der Basis 10 (Zeichen: lg od. log) ist der *Logarithmus,* bei dem a = 10 ist. Für die Zehnerlogarithmen existieren Logarithmentafeln, mit deren Hilfe man die Werte errechnen kann. Der *Logarithmus* auf der Basis e (Zeichen: ln) ist der *Logarithmus,* bei dem e = 2,718... (Euler'sche Zahl) ist. Die ersten *Logarithmen* wurden unabhängig voneinander von J. Bürgi (1600 berechnet, 1620 veröffentlicht) und J. Napier (1614) konstruiert.

Log|a|rith|mus *auch:* **Lo|ga|rith|mus** ⟨der; -, -rith|men; Math.⟩ eine Rechenfunktion [<grch. *logos* »Vernunft, Verhältnis« + *arithmos* »Zahl«]

L

Lo|ge ⟨[-ʒə] die; -, -n⟩ **1** kleiner, abgeteilter Raum mit 4-6 Sitzplätzen im Theater; *Bühnen~, Balkon~* **2** Vereinigung von Freimaurern [frz., »Pförtnerloge, Loge im Theater«]

...lo|ge ⟨Nachsilbe; zur Bildung männl. Subst.; der; -n, -n⟩ Wissenschaftler; *Psychologe; Soziologe* [→ *...log*[1]]

Log|gia ⟨[lɔdʒa] die; -, -gi|en [-dʒiən]⟩ **1** offene, von Säulen od. Pfeilern getragene Bogenhalle **2** ins Haus eingezogener, nicht vorspringender Balkon [ital., »halboffene Bogenhalle«]

...lo|gie ⟨Nachsilbe; zur Bildung weibl. Subst.; die; -, -n⟩ **1** Wissenschaft; *Biologie* **2** Sammlung; *Anthologie* [→ *...log*[1]]

lo|gie|ren ⟨[-ʒiː-] V.⟩ **1** beherbergen **2** als Gast wohnen; *bei jmdm. ~* [<frz. *loger* »wohnen«]

Lo|gik ⟨die; -; unz.⟩ **1** Lehre von den Formen u. Gesetzen richtigen Denkens **2** ⟨allg.⟩ Fähigkeit, folgerichtig zu denken [<grch. *logos* »Wort, Rede, Vernunft«]

Log-in ⟨das; -s, -s; EDV⟩ *Ggs* Log-out **1** das Einbuchen in ein Computersystem mittels eines Passwortes **2** das Herstellen einer Verbindung mit einem anderen Computer [<engl. *log in* »einklinken«]

Lo|gis ⟨[-ʒiː] das; - [-ʒiːs], - [-ʒiːs]⟩ **1** Unterkunft, Wohnung, Bleibe; *Kost und ~ frei* **2** ⟨Mar.⟩ Mannschaftsraum [frz., »Wohnung, Unterkunft«]

lo|gisch ⟨Adj.⟩ die Logik betreffend, zu ihr gehörig, auf ihr beruhend, den Denkgesetzen gemäß, folgerichtig

Lo|gis|tik ⟨die; -; unz.⟩ **1** mathemat. od. philosoph. Logik **2** Bereich der militär. Verwaltung, dessen Aufgabe die Versorgung ist **3** Gesamtheit an Prozessen, die für die Produktionsorganisation eines Unternehmens notwendig sind

Lo|go ⟨das; -s, -s; kurz für⟩ Logogramm

lo|go..., Lo|go... ⟨vor Vokalen⟩ log..., Log... ⟨in Zus.⟩ **1** Wort, Sprache, Sprechen **2** Vernunft, Rechnen [<grch., »Wort, Rede; Vernunft«]

Lo|go|gramm ⟨das; -s, -e⟩ Firmenzeichen, -emblem, Symbol einer Marke (mit hohem Wiedererkennungswert); *Sy* Logo [< grch. *logos* »Wort« + *gramma* »Schriftzeichen«]

Lo|go|pä|die ⟨die; -; unz.; Med.; Psych.⟩ Lehre von den Maßnahmen zur Behandlung von Sprachfehlern, Sprachheilkunde [<grch. *logos* »Wort, Rede« + *...pädie*]

Lo|gos ⟨der; -, -goi; Pl. selten⟩ **1** Wort **2** Substantiv, Subjekt **3** Gedanke, Sinn, Begriff **4** ⟨antike Philos.⟩ Gesetzmäßigkeit des Alls, göttliche Vernunft, kosmische Ordnung [grch. »Wort, Rede; Vernunft, Berechnung«]

Log-out ⟨[-aut] das; -s, -s; EDV⟩ *Ggs* Log-in **1** das Ausbuchen aus einem Computersystem **2** das Beenden einer Verbindung mit einem anderen Computer [<engl. *log out* »ausklinken«]

Loi|pe ⟨die; -, -n; Skisport⟩ Langlaufbahn [skand.]

> → **loyal:** Der Laut [ja:l] wird in französischen Fremdwörtern oft *yal* geschrieben, z. B. in *loyal*!

lo|kal ⟨Adj.⟩ örtlich beschränkt; *ein Ereignis von ~er Bedeutung* [<frz. *local* »örtlich« <lat. *localis;* zu *locus* »Ort, Platz, Stelle«]

Lo|kal ⟨das; -(e)s, -e⟩ **1** Gaststätte, Restaurant; *Wein~; ins ~ gehen; im ~ einkehren* **2** Ort, Raum; *Wahl~* [<frz. *local* »Raum«; → *lokal*]

lo|ka|li|sie|ren ⟨V.⟩ *eine Stelle ~* ihre Lage genau bestimmen [<frz. *localiser* »lokalisieren, begrenzen«; zu *local* »örtlich«; → *lokal*]

Lo|ka|li|tät ⟨die; -, -en⟩ **1** Örtlichkeit **2** *die ~en* ⟨umg. verhüllend⟩ Toilette [<frz. *localité* »Ort, Örtlichkeit, Gegend«; zu *local* »örtlich«; → *lokal*]

Lo|ka|tiv ⟨der; -s, -e [-və]; Gramm.⟩ den Ort bestimmender Kasus, z. B. im Lateinischen [<lat. *locus* »Ort, Platz, Stelle«]

Lo|ko|mo|ti|ve ⟨die; -, -n⟩ Schienenfahrzeug zum Antrieb der Eisenbahn [<engl. *locomotive (engine)* »sich von der Stelle bewegende (Maschine)«; zu lat. *locus* »Ort, Stelle, Platz« + *movere* »bewegen«]

Lon|ge ⟨[lɔ̃ːʒ(ə)] od. [lɔŋʒə] die; -, -n⟩ lange Leine, an der man ein Pferd im Kreise um sich herumlaufen lässt [frz., »Leine«]

lon|gie|ren ⟨[-ʒiː-] V.⟩ *ein Pferd* ~ an der Longe laufen lassen

Long|sel|ler ⟨der; -s, -; Buchw.⟩ Buch, das lange Zeit gut verkauft wird [<engl. *long* »lange« + *sell* »verkaufen«]

> → **launchen:** Was du nicht unter *lon-* findest, kann unter *laun-* stehen, z. B. *launchen*!

Look ⟨[luk] der; -s, -s; häufig in Zus.⟩ Aussehen, Erscheinungsbild, bes. in der Mode; *Partner~, Disco~; im ~ eines Rockers; der ~ der 1970er Jahre* [engl., »Aussehen«]

Loo|ping ⟨[luː-] der od. das; -s, -s⟩ Überschlag mit dem Flugzeug (beim Kunstflug) [engl. »das Überschlagen«; zu *loop* »Schleife, Schlinge«]

Lor|gnet|te *auch:* **Lorg|net|te** ⟨[lɔrnjɛtə] die; -, -n⟩ Brille mit Stiel (ohne Bügel), Stielbrille [frz., »Opernglas«, eigtl. »Augenglas zum Sehen seitlich befindlicher Gegenstände«; zu *lorgner* »anschielen, von der Seite ansehen«]

Lor|gnon *auch:* **Lorg|non** ⟨[lɔrnjɔ̃ː] das; -s, -s⟩ Einglas mit Stiel, Stielglas [frz., »Kneifer, Zwicker«; zu *lorgner* »anschielen, von der Seite ansehen«]

> → **Loge:** Der Laut [ʒə] wird in französischen Fremdwörtern oft *ge* geschrieben, z. B. in *Loge*!

Lo|ser ⟨[luːzə(r)] der; -s, -; Jugendspr.⟩ Verlierer, Versager; *er ist ein* ~ [engl., zu *lose* »versagen, verlieren«]

Lo|ti|on ⟨die; -, -en od. engl. [loːʃn] die; -, -s⟩ Kosmetikum, meist als Gesichtswasser verwendet [engl., »Waschmittel, Gesichtswasser« <frz. *lotion* »Abwaschung, Flüssigkeit«]

Lot|to ⟨das; -s, -s⟩ **1** Gesellschaftsspiel für Kinder; *Zahlen~, Bilder~* **2** Lotterie, bei der man mit einem bestimmten Einsatz auf die Zahlen wettet, von denen man glaubt, dass sie bei der Ziehung herauskommen werden [ital., »Losspiel, Glücksspiel« <frz. *lot* »Los, Anteil«]

Lounge ⟨[laʊndʒ] die; -, -s [-dʒɪz]; in Hotels⟩ Halle, Aufenthaltsraum [engl., »Diele, Halle, Wohnzimmer«]

love ⟨[lʌv] ; Sport; Tennis⟩ null (Punkte); *sie führte 40:* ~ [engl., meist »Liebe«, aber auch »null« bzw. »Zu-null-Spiel«; zu *doing something for love* »etwas zum Spaß, für nichts tun«]

Love|pa|rade ⟨[lʌvpərɛɪd] die; -, -s⟩ jährlich stattfindende mehrtägige Großveranstaltung der Technoszene [<engl. *love parade* »Liebesparade«]

Lo|ver ⟨[lʌvə(r)] der; -s, -; umg.⟩ Geliebter, Liebhaber [engl.]

Love|sto|ry ⟨[lʌvstɔrɪ] die; -, -s⟩ gefühlsselige (tragische) Liebesgeschichte [engl.]

> ◆ Die Buchstabenfolge **loy|a...** kann auch **lo|ya...** getrennt werden.

◆**loy|al** ⟨[loajaːl] Adj.⟩ *Ggs* illoyal **1** treu der Regierung od. dem Vorgesetzten gegenüber, zu ihnen haltend **2** ⟨fig.⟩ anständig, redlich [frz., »rechtschaffen, pflichtgetreu, ehrlich«]

◆**loy|a|lis|tisch** ⟨Adj.⟩ regierungstreu, gesetzestreu; *sich ~ verhalten*

◆**Loy|a|li|tät** ⟨[loajali-] die; -; unz.⟩ **1** loyales Wesen, loyales Verhalten, Treue, Zuverlässigkeit **2** ⟨fig.⟩ Anständigkeit, Redlichkeit [<*loyal* u. frz. *loyauté* »Ehrenhaftigkeit, Rechtschaffenheit, Pflichttreue«]

LSD ⟨Abk. für⟩ Lysergsäurediäthylamid, ein Psychopharmakon, das Rauschzustände herbeiführt, aber keine Sucht erzeugt

Lu|ci|fer ⟨der; -s; unz.⟩ = Luzifer (2)

lu|kra|tiv *auch:* **luk|ra|tiv** ⟨Adj.⟩ gewinnbringend, einträglich; *~e Beschäftigung* [<lat. *lucrativus* »mit Gewinn und Vorteil verknüpft«; zu *lucrum* »Gewinn, Vorteil«]

> → **Luxus:** Der Laut [ksus] wird in lateinischen Fremdwörtern oft *xus* geschrieben, z. B. in *Luxus*!

lu|kul|lisch ⟨Adj.⟩ reichhaltig u. köstlich; *~e Speise; ~es Mahl* [nach dem röm. Feldherrn *Lucullus,* ca. 117-57 v. Chr., der wegen seiner Vorliebe für exotische u. üppige Gerichte berühmt war]

Lu|men ⟨das; -s, - od. Lu|mi|na⟩ **1** ⟨Biol.⟩ Weite der Durchgangsöffnung von

L

Hohlorganen **2** ⟨Pl.: -; Zeichen: lm; Physik⟩ Maßeinheit für den Lichtstrom [lat., »Licht«]

Lu|mi|nes|zenz ⟨die; -, -en; Physik⟩ Leuchterscheinung bei kalten Stoffen, z. B. bei elektrischen Gasentladungen od. aufgrund von Radioaktivität, genutzt in Leuchtstoffröhren u. auf Zifferblättern bei Uhren u. Messinstrumenten, auch in der Natur vorkommend (Glühwürmchen) [<lat. *lumen* »Licht«]

Lunch ⟨[lʌntʃ] der; - od. -(e)s, -e od. -(e)s; in England⟩ kleine Mittagsmahlzeit [engl.]

Lü|net|te ⟨die; -, -n⟩ **1** ⟨Arch.⟩ halbkreisförmiges Feld über Türen, Fenstern od. als Bekrönung eines Rechtecks **2** ⟨Mil.⟩ etwa mondförmiger Grundriss alter Schanzen **3** ⟨Tech.⟩ Vorrichtung auf der Drehbank zum Unterstützen langer Werkstücke [<frz. *lunette*, Verkleinerungsform zu *lune* »Mond« <lat. *luna* »Mond«]

Lu|per|ka|li|en ⟨Pl.⟩ altröm. Fest zu Ehren des Hirtengottes Faunus am 15. Februar [<lat. *lupercus* »Wolfsabwehrer« <*lupus* »Wolf« + *arcere* »abwehren«]

> → **Looping:** Was du nicht unter *lu-* findest, kann unter *loo-* stehen, z. B. *Looping*!

Lu|rex ⟨das; -; unz.; Textilw.⟩ **1** durch die Verwendung metallisierter Garne stark glänzendes Garn **2** daraus hergestelltes Gewebe

> → **Lyrik:** Was du nicht unter *lü-* findest, kann unter *ly-* stehen, z. B. *Lyrik*!

Lu|si|ta|no ⟨der; -s, -s; Zool.⟩ aus Portugal stammende, mittelgroße Pferderasse, die u. a. im Stierkampf eingesetzt wird [portug., »portugiesisch; Portugieser«]

Lu|te|in ⟨das; -s; unz.; Biochemie⟩ ein z. B. in grünen Blättern, Eidotter u. Kuhbutter vorkommender gelber Farbstoff [<lat. *luteus* »goldgelb«; zu *lutum* »Wau (Färberpflanze)«]

Lu|te|ti|um ⟨das; -s; unz.; chem. Zeichen: Lu⟩ Element aus der Gruppe der Metalle der seltenen Erden, Ordnungszahl 71 [nach *Lutetia*, dem lat. Namen von Paris]

Lux ⟨das; -, -; Physik; Zeichen: lx⟩ Maßeinheit für die Beleuchtungsstärke [lat., »Licht«]

Lu|xa|ti|on ⟨die; -, -en; Med.⟩ Verrenkung, Verschiebung zweier durch ein Gelenk miteinander verbundener Knochen [<lat. *luxare* »verrenken«]

Lux|me|ter ⟨das; -s, -; Physik⟩ Messgerät zur Ermittlung der Beleuchtungsstärke [<lat. *lux* »Licht« + *...meter*]

Lu|xus ⟨der; -; unz.⟩ den normalen Lebensstandard überschreitender Aufwand, Verschwendung, Prunk; *sie gönnte sich den ~ eines Sportwagens; diesen ~ können wir uns nicht erlauben; ~hotel; ~dampfer; ~artikel* [lat., »üppige Fruchtbarkeit, übermäßige Verschwendung und Pracht«]

Lu|zi|fer ⟨der; -s; unz.⟩ **1** ⟨Astron.⟩ der Morgenstern **2** ⟨kath. Theol.⟩ Teufel, Satan; *oV* Lucifer [<lat. »Lichtbringer«; zu *lux* »Licht« + *ferre* »tragen«]

ly|disch ⟨Adj.⟩ Lydien betreffend, zu ihm gehörend, aus ihm stammend; *~e Tonart* ⟨Musik⟩ altgrch. Tonart, eine Kirchentonart mit dem Grundton f

Lym|phe ⟨die; -, -n⟩ **1** ⟨Physiol.⟩ Gewebsflüssigkeit **2** ⟨Med.⟩ Impfstoff zur Pockenimpfung [<lat. *lympha* »Wasser«]

Lymph|kno|ten ⟨der; -s, -; Anat.⟩ haselnussförmiges Organ innerhalb des Lymphgefäßsystems, produziert die Lymphozyten, dient außerdem als Filter, der größere Körperchen, wie z. B. Kohlenstaub, auf ihrem Weg ins Blut abfängt

Lym|pho|gra|fie ⟨die; -, -n; Med.⟩ = Lymphographie

Lym|pho|gra|phie ⟨die; -, -n; Med.⟩ röntgenologisches Untersuchungsverfahren zur Röntgenkontrastdarstellung der Lymphgefäße u. der Lymphknoten; *oV* Lymphografie

Lym|pho|zyt ⟨der; -en, -en; Med.⟩ im Lymphgewebe entstehende runde Zelle mit großem Korn [<*Lymphe* + *...zyt*]

lyn|chen ⟨[lynçən] V.⟩ *jmdn.* ~ jmdn. ungesetzlich u. eigenmächtig aburteilen u. töten [engl., vermutlich nach einem Richter od. Farmer namens *Lynch*, der eigenmächtig Rechtsprechung ausübte]

Lynch|jus|tiz ⟨[lynç-] die; -; unz.⟩ eigenmächtiges, illegales u. gewaltsames Vorgehen einer Menschenmenge gegen vermeintliche Rechtsbrecher, z. B. früher gegen Schwarze in den USA

Ly|ra ⟨die; -, Ly|ren; Musik⟩ 1 altgriech. harfenartiges Zupfinstrument, Leier 2 Glockenspiel aus abgestimmten Stahlplättchen [grch., »Leier«]

Ly|rik ⟨die; -; unz.⟩ poet. Gattung, formaler Sammelbegriff für Gedichte, d. h. zumeist rhythm. gestaltete, in Versen angelegte, kürzere literar. Texte, die in Strophen gegliedert u. mit Reimen versehen sein können; *Liebes*~ [<frz. *poésie lyrique* »lyrische Poesie«; zu lat. *lyricus* <grch. *lyrikos* »zum Spiel der Leier gehörig«; zu *lyra* »Leier«]

ly|risch ⟨Adj.⟩ 1 zur Lyrik gehörig, in der Art der Lyrik 2 ⟨fig.⟩ stimmungsvoll [<frz. *lyrique* »lyrisch«; → *Lyrik*]

...ly|se ⟨Nachsilbe; zur Bildung weibl. Subst.; die; -, -n⟩ Lösung, Auflösung; *Dialyse; Hämolyse* [<grch. *lysis* »Auflösung«; zu *lyein* »lösen«]

Ly|sol® ⟨das; -s; unz.⟩ ein Wundbehandlungs- u. Desinfektionsmittel [<grch. *lysis* »Lösung« + lat. *oleum* »Öl«]

Lyzeum: Der Begriff *Lyzeum* bezeichnete früher in Deutschland die höhere Mädchenschule. Die zum Abitur führenden Klassen wurden auch *Oberlyzeum* genannt. In anderen europäischen Ländern ist der Begriff *Lyzeum* erhalten geblieben und bezeichnet die mit der Hochschulreife abschließenden Schulen: in Frankreich das »lycée«, in Italien das »liceo«. Der Begriff »lycée« wird in der französischsprachigen Schweiz für Gymnasien bzw. die letzten beiden gymnasialen Klassen verwendet.

Ly|ze|um ⟨das; -s, Ly|ze|en⟩ höhere Lehranstalt für Mädchen [zunächst (seit 1569) Ehrenname deutscher Universitäten <lat. *Lyceum* <grch. *Lykeion*, nach der Lehrstätte des Aristoteles bei dem Tempel des Apollon *Lykeios* (»Wolfstöter«; zu *lykos* »Wolf«)]

M ⟨röm. Zahlzeichen für⟩ 1000

Mä|ạn|der ⟨der; -s, -⟩ **1** regelmäßige Schlingen eines Flusses im Flachland **2** Zierform in rechtwinklig gebrochenen od. wellenförmigen Linien [nach grch. *Maiandros,* dem Fluss *Menderes* in Kleinasien (wegen der zahlreichen Windungen seines Unterlaufs)]

Ma|che|te ⟨[-tʃeː-] od. [-xeː-] die; -, -n⟩ einschneidiges, bis zu 1 m langes Buschmesser [span.]

> **Machiavellismus:** Der Begriff geht auf den Politiker und Philosophen Niccolò *Machiavelli* zurück, der von 1469-1527 in Florenz (Italien) lebte. Er besaß zunächst eine politische Stellung in der Republik Florenz unter den Medici, wurde aber nach militärischen Misserfolgen entlassen. In seinen Schriften (insbesondere in seinem Werk »Il principe«) erörtert er u. a. die Frage nach den Bedingungen einer erfolgreichen Politik. Über die christlichen Tugenden des Herrschers stellt er dessen Fähigkeit, politische Macht dauerhaft zu erhalten. Damit begründete *Machiavelli* die Idee der »Staatsräson«, nach der die Sicherung der Staatsmacht als oberste Richtschnur politischen Handelns zu gelten hat. *Machiavellis* Schriften haben die Staatsphilosophie vom 16.-18. Jahrhundert in Europa stark beeinflusst.

Ma|chi|a|vel|lịs|mus ⟨[-kjavɛl-] der; -; unz.; Politik⟩ **1** die politischen Theorien Machiavellis **2** ⟨allg.⟩ Politik, die Zweckmäßigkeit u. Machtstreben über die Moral stellt u. vor allem auf die Sicherung der Staatsmacht ausgerichtet ist

Mạ|cho ⟨[-tʃo] der; -s, -s; umg.⟩ sich betont männlich verhaltender Mann, der Frauen mit Überlegenheitsgefühlen u. Herrschaftsansprüchen begegnet; *er benimmt sich, redet wie ein* ~ [span.-lateinamerikan., eigtl. »männlich«]

Ma|dọn|na ⟨die; -, -dọn|nen⟩ die Jungfrau Maria, Muttergottes [ital., »meine Herrin« <lat. *mea domina*]

Ma|dri|gal *auch:* **Mad|ri|gal** ⟨das; -s, -e; Musik⟩ **1** ⟨urspr.⟩ von Hirten gesungenes Lied **2** ⟨14. Jh.⟩ italienisches Kunstlied ohne feste strophische Form **3** ⟨16. Jh.⟩ mehrstimmiges, durchkomponiertes Lied [<ital. *madrigale*]

Ma|es|tro *auch:* **Ma|est|ro** ⟨[-ɛs-] der; -s, -s od. -es|tri [-ɛs-]; Musik⟩ **1** Musiklehrer **2** Meister, Künstler [ital., »Meister, Herr, Lehrer« <lat. *magister* »Meister, Lehrer«]

Mä|eu|tik ⟨die; -; unz.; Päd.⟩ pädagogische Methode des Sokrates, den Schüler durch geschickte Fragen zur selbstständigen Lösung eines Problems hinzuführen; *oV* Maieutik [<grch. *maieuein* »entbinden«]

Mạf|fia ⟨die; -; unz.⟩ = Mafia

Mạ|fia ⟨die; -; unz.⟩ *oV* Maffia **1** ⟨urspr.⟩ terroristischer sizilianischer Geheimbund **2** ⟨heute allg.⟩ Form des organisierten Verbrechens [<ital. (sizilian.) *mafia* »Kühnheit, Prahlerei«, vermutlich <arab. *mahyah* »Prahlerei«]

Ma|ga|zin ⟨das; -s, -e⟩ **1** Vorratsraum, Lagerhaus **2** Raum zum Aufbewahren der Bücher einer Bibliothek **3** Kammer für Patronen; *Gewehr*~ **4** meist bebilderte Zeitschrift, Illustrierte; *Sport*~; *Auto*~; *Frauen*~ [<ital. *magazzino* »Vorrats-, Lagerraum« <arab. *mahazin* »Warenniederlage, Lagerhaus«]

Ma|gie ⟨die; -; unz.⟩ Beschwörung von geheimnisvollen Kräften, Zauberkunst, Zauberei [<lat. *magia* <grch. *mageia, magia* »Lehre der Magier, Magie, Zauberei«; zu *magos* »Magier, Wahrsager, Astrologe, Zauberer« <apers. *magush* »Weiser, Gelehrter«]

ma|gisch ⟨Adj.⟩ **1** zur Magie gehörig, auf ihr beruhend, mit ihrer Hilfe **2** *von etwas ~ angezogen werden* ⟨fig.⟩ sehr stark, unwiderstehlich [<lat. *magicus* <grch. *magikos* »zauberisch, magisch, geheimnisvoll«; zu *magos;* → *Magie*]

Ma|gis|trat[1] *auch:* **Ma|gist|rat**[1] ⟨der; -(e)s, -e⟩ **1** ⟨im antiken Rom⟩ hoher Beamter, z. B. Konsul **2** Stadtverwaltung [<lat. *magistratus* »Behörde, Obrigkeit«; zu *magister* »Meister, Lehrer«]

Ma|gis|trat[2] *auch:* **Ma|gist|rat**[2] ⟨der; -en, -en; schweiz.⟩ Mitglied der Regierung

Mag|ma ⟨das; -s, Mag|men; Geol.⟩ Masse geschmolzener Silikate mit gelösten Gasen im Innern der Erde [grch., »geknetete Masse«]

◆ Die Buchstabenfolge **ma|gn...** kann auch **mag|n...** getrennt werden.

◆**Ma|gnat** ⟨der; -en, -en⟩ 1 Angehöriger des Hochadels in Polen und Ungarn 2 Großgrundbesitzer, Großindustrieller; *Stahl~* [<mlat. *magnas, magnatus* »großer, vornehmer Herr«; zu lat. *magnus* »groß«]

◆**Ma|gne|sia** ⟨die; -; unz.; Chemie⟩ *gebrannte ~* Magnesiumoxid, Magenmittel bei Säurevergiftungen, Gleitschutz beim Geräteturnen [nach der Landschaft *Magnesia* an der Ostküste Thessaliens]

◆**Ma|gne|si|um** ⟨das; -s; unz.; chem. Zeichen: Mg⟩ silberweißes, zweiwertiges Leichtmetall, Ordnungszahl 12 [→ *Magnet*]

◆**Ma|gnet** ⟨der; -en, -en⟩ 1 natürlicher, ferromagnetischer Stoff; *Permanent~; Dauer~* 2 stromdurchflossene Spule mit Eisenkern; *Elektro~* [<lat. *magnes*, Gen. *magnetis* <grch. *magnetis (lithos)* »Magnetstein«; nach der Landschaft *Magnesia* im östl. Thessalien]

◆**ma|gne|tisch** ⟨Adj.⟩ 1 auf einem Magneten od. auf Magnetismus beruhend, sie betreffend 2 ⟨fig.⟩ eine Hinwendung zu etwas bewirkend, anziehend; *eine ~e Anziehungskraft besitzen*

◆**Ma|gne|tis|mus** ⟨der; -; unz.⟩ 1 das Magnetischsein, Fähigkeit, Eisen anzuziehen 2 angebliche Fähigkeit mancher Menschen, durch Handauflegen od. Bestreichen mit den Händen Heilkräfte auszustrahlen

◆**Ma|gni|fi|kat** ⟨das; - od. -s, -e⟩ 1 Lobgesang Marias 2 Teil der kath. Vesper [nach den Anfangsworten des Lobgesanges: *Magnificat anima mea Dominum* »Hoch preist meine Seele den Herrn«]

Ma|ha|go|ni ⟨das; -s; unz.; Bot.⟩ zentralamerikan. Baum mit rötl., charakterist. gemasertem Holz [<span. *mahogani*]

Ma|ha|ra|dscha *auch:* **Ma|ha|rad|scha** ⟨der; -s, -s⟩ indischer Herrscher, Großfürst [<Sanskrit *maharaja* <*mahat* »groß« + *rajan* »König«]

Ma|hat|ma ⟨der; -s, -s; ind. Ehrentitel für⟩ geistig hochstehender Mensch, z. B. Gandhi [<Sanskrit *mahatman* »große Seele«]

Mai|eu|tik ⟨die; -; unz.⟩ = Mäeutik

Mail|box ⟨[mɛɪl-] die; -, -es [-bɔksɪz]; EDV⟩ Speicher, in dem die Benutzer eines Datennetzes elektronische Nachrichten hinterlegen können [engl., »Briefkasten«]

mai|len ⟨[mɛɪ-] V.; EDV⟩ jmdm. eine elektronische Nachricht mittels eines Mailsystems zuschicken; →*a.* E-Mail [<engl. *mail* »(einen Brief) aufgeben, einwerfen; (zu)schicken«]

Majonäse/Mayonnaise Einzelne Fremdwörter können entweder in der fremdsprachlichen (*Mayonnaise*) oder in einer der deutschen Orthografie angeglichenen Schreibweise (*Majonäse*) verwendet werden. Es bleibt dem Schreibenden überlassen, welche Variante er vorzieht.

Ma|jo|nä|se ⟨die; -, -n⟩ pikante, kalte, dickflüssige Soße aus Eigelb, Öl, Essig u. Salz; *oV* Mayonnaise [<span. *mahonesa* <frz. *mayonnaise;* nach der Stadt *Mahon* auf Menorca]

Ma|jor ⟨der; -s, -e⟩ 1 Offiziersdienstgrad zwischen Hauptmann u. Oberstleutnant, unterster Dienstgrad der Stabsoffiziere 2 Offizier in diesem Rang [<span. *mayor* »höherer Offizier«; zu lat. *maior* »größer«]

Ma|jo|rat ⟨das; -(e)s, -e⟩ Ältestenrecht [<lat. *maioratus* »Stand des Höheren, Recht des Älteren«; zu *maior* »größer, älter«]

Ma|jo|ri|tät ⟨die; -, -en⟩ Stimmenmehrheit, Überzahl; *Ggs* Minorität [<lat. *maior* »größer«]

Ma|jus|kel ⟨die; -, -n⟩ Großbuchstabe; *Ggs* Minuskel [<lat. *maiusculus* »etwas größer«, Verkleinerungsform zu *maior* »größer«]

ma|ka|ber ⟨Adj.⟩ 1 an den Tod erinnernd, totenähnlich, grausig-düster 2 mit dem

Tod, dem Schrecklichen, Traurigen spaßend; *ein makabrer Scherz* [<frz. *macabre* <span. *macabro* »grauenvoll, schauerlich«; evtl. zu arab. *magbara* »Grab, Friedhof«]

Make-up ⟨[mɛɪkʌp] das; -s, -s⟩ 1 Verschönerung mit kosmet. Mitteln 2 kosmetische Creme od. Puder zum Tönen u. Glätten der Gesichtshaut [engl., »Aufmachung«]

Mak|ka|ro|ni ⟨die; -, -; Kochk.⟩ lange, röhrenförmige Teigware [<ital. (mundartl.) *maccaroni,* Pl. zu *maccarone* <ital. *maccherone* »Nudelgericht«, <grch. *makaria* »Glückseligkeit; Speise aus Brühe u. Gerstengraupen«]

◆ Die Buchstabenfolge **ma|kr...** kann auch **mak|r...** getrennt werden.

◆**Ma|kra|mee** ⟨das; - od. -s, -s⟩ Knüpfarbeit aus gedrehten Fäden mit Fransen (für Einsätze, Kragen, Blumenampeln usw.) [<türk. *maqramah* »Taschentuch« <arab. *migramah* »gestickter Schleier«]

◆**ma|kro..., Ma|kro...** ⟨in Zus.⟩ lang, groß [<grch. *makros* »lang, groß«]

◆**Ma|kro|be|fehl** ⟨der; -s, -e; EDV⟩ Kurzform für die Gesamtheit mehrerer Befehle, die sich beim Programmieren häufig wiederholen

◆**Ma|kro|bio|tik** ⟨a. [---'--] die; -; unz.⟩ 1 Kunst, das Leben zu verlängern 2 gesunde Ernährungsweise [<*Makro...* + grch. *bios* »Leben«]

◆**ma|kro|kos|misch** ⟨a. ['----] Adj.⟩ zum Makrokosmos gehörend

◆**Ma|kro|kos|mos** ⟨a. ['----] der; -; unz.⟩ Weltall; *Ggs* Mikrokosmos (2)

◆**Ma|kro|mo|le|kül** ⟨das; -s, -e; Chemie⟩ Molekül, das aus sehr vielen (mindestens ca. 1000) Atomen besteht

◆**Ma|kro|ne** ⟨die; -, -n; Kochk.⟩ rundes Kleingebäck aus Mandeln, Zucker, Eiweiß u. Mehl, auf Oblaten gebacken [<frz. *macaron* »Mandeltörtchen«]

Ma|ku|la|tur ⟨die; -, -en⟩ 1 schadhafte Druckbogen 2 Abfall der Papierindustrie 3 Altpapier 4 ~ *reden* ⟨umg.; abwertend⟩ Unsinn reden [<mlat. *maculatura* »beflecktes Stück« <lat. *maculare* »beflecken«; verwandt mit *Makel*]

Ma|la|chit ⟨[-xiːt] der; -s, -e; Min.⟩ smaragdgrünes Mineral [<grch. *malache* »Malve«]

Ma|la|ria ⟨die; -; unz.; Med.⟩ bes. in den Tropen auftretende Infektionskrankheit, die von Mücken übertragen wird [<ital. *mala aria* »böse Luft«]

Mal|heur ⟨[maløːr] das; -s, -s od. -e⟩ kleines Unglück, geringfügiger Unfall, peinl. Vorkommnis [frz., »Unglück«]

ma|li|gne *auch:* **ma|lig|ne** ⟨Adj.; Med.⟩ bösartig; *Ggs* benigne; *eine ~e Geschwulst* [<lat. *malignus* »bösartig«]

ma|li|zi|ös ⟨Adj.⟩ boshaft, hämisch, arglistig, schadenfroh [<frz. *malicieux* »boshaft, böswillig«]

Ma|lo|che ⟨[-lɔːxə] od. [-lɔxə] die; -, -n; umg.⟩ harte, körperliche Arbeit; *jeden Tag die gleiche* ~ [<rotw. *Meloche* <jidd. *melocho* »Arbeit«]

mal|trä|tie|ren *auch:* **malt|rä|tie|ren** ⟨V.⟩ schlecht behandeln, quälen; *jmdn.* ~ [<frz. *maltraiter* »misshandeln«]

Mam|bo ⟨der; -s, -s⟩ Gesellschaftstanz aus Kuba mit Jazzelementen [span.-kuban.]

Mam|mon ⟨der; -s; unz.; abwertend⟩ Reichtum, Geld; *der schnöde* ~ [<grch. *mammonas* <aram. *ma'mon* »Hinterlegtes«]

Mam|mut ⟨der od. das; -s, -s od. -e; Zool.⟩ 1 fossile eiszeitliche Elefantenart 2 ⟨in Zus.; fig.⟩ riesig, sehr groß, Riesen..., *z. B.* *~film* [<frz. *mammouth* <jakut. *mamont;* zu *mamina* »Land« (das M. wurde durch Grabungen des Russen Ludloff im nordöstlichen Sibirien 1696 bekannt)]

Mä|na|de ⟨die; -, -n⟩ verzückte, bis zur Raserei begeisterte Dienerin u. Begleiterin des griechischen Weingottes Dionysos [<grch. *mainas,* Gen. *mainados* »die Rasende, die Verzückte«]

Ma|nage|ment ⟨[mænɪdʒmənt] das; -s, -s⟩ 1 Gesamtheit der Führungskräfte eines Unternehmens 2 die Führungsmethode eines Unternehmens od. Betriebes [engl., »Leitung, Führung«]

ma|na|gen ⟨[mænɪdʒən] V.; umg.⟩ 1 zustande bringen, handhaben, geschickt bewerkstelligen 2 *einen Berufssportler, Künstler* ~ betreuen, für öffentl. Bekanntheit u. Auftritte sorgen [<engl. *manage* »verwalten, leiten«]

M

Ma|na|ger ⟨[mænɪdʒə(r)] der; -s, -⟩ **1** ~ *eines Unternehmens* Leiter, Führungskraft **2** ~ *eines Berufssportlers od. Künstlers* Betreuer **3** jmd., der eine Sache vorbereitet u. durchführt [engl., »Verwalter, Betriebsleiter«]

Man|da|la ⟨das; -s, -s⟩ **1** grafische Figur (Kreis od. Vieleck) mit ausgeprägtem Mittelpunkt, die in indischen Religionen als Meditationshilfe verwendet wird **2** ⟨Psych.⟩ Abbildung als Symbol der Selbstfindung [Sanskrit, »Kreis«]

Man|dant ⟨der; -en, -en⟩ jmd., der ein Mandat erteilt, Auftraggeber eines Rechtsanwalts [<lat. *mandans,* Part. Präs. zu *mandare* »übergeben«]

Man|da|rin[1] ⟨der; -s, -e; früher Bez. der Europäer für⟩ hoher chines. Beamter [<portug. *mandarin* <Hindi *mantri,* Sankr. *mantrin* »Ratgeber, Minister« (von Portugiesen in Indien auf chines. Verhältnisse übertragen, in China unbekannt)]

Man|da|rin[2] ⟨das; -; unz.⟩ chines. Standardsprache [→ *Mandarin*[1]]

Man|dat ⟨das; -(e)s, -e⟩ **1** Auftrag zur Ausführung einer Angelegenheit; ~ *für einen Rechtsanwalt;* ~ *der Wähler für einen Abgeordneten* **2** auf Wahl beruhendes Amt; ~ *eines Abgeordneten* [<lat. *mandatum* »Auftrag, Weisung«; zu *mandare* »übergeben, anvertrauen«]

Man|do|li|ne ⟨die; -, -n; Musik⟩ viersaitiges Zupfinstrument mit kleinem mandelförmigem Körper [<frz. *mandoline* <ital. *mandolino*]

Ma|ne|ge ⟨[-ʒə] die; -, -n⟩ **1** Reitbahn in einer Halle **2** Platz für die Darbietungen im Zirkus; *Sy* Arena (3) [<frz. *manège* »Reitbahn« <ital. *maneggio* <lat. *manus* »Hand« + *agere* »in Bewegung setzen, treiben«]

Man|gan ⟨das; -s; unz.; chem. Zeichen: Mn⟩ silbergraues, sprödes Metall, Ordnungszahl 25 [<lat. *manganesa,* nach der grch. Stadt *Magnesia*]

Man|go ⟨die; -, -s od. -go|nen; Bot.⟩ gelbliche Frucht des Mangobaumes [<portug. *manga* <Tamil *man-kay*]

Ma|nie ⟨die; -, -n⟩ **1** leidenschaftliche Liebhaberei **2** Trieb, Sucht **3** krankhafte Veränderung des psychischen Zustands (mit Erregung, Selbstüberschätzung, Ideenflucht, Beschäftigungsdrang) [frz., engl., <lat. *mania* <grch. *mania*]

Ma|nier ⟨die; -, -en⟩ **1** ⟨unz.⟩ Art, Eigenart, Art u. Weise; ~ *eines Künstlers; in der* ~ *Cézannes gemalt* **2** ⟨unz.; abwertend⟩ Künstelei, rein äußerliche Nachahmung bestimmter Formelemente **3** ⟨zählb.; Pl.⟩ ~*en* Umgangsformen, Benehmen; *er hat keine guten* ~*en* [<frz. *manière* »Art und Weise«; zu lat. *manuarius* »zu den Händen gehörig«]

> **Manierismus:** Der Begriff *Manierismus* bezeichnet eine Stilepoche zwischen → *Renaissance* und → *Barock,* die von Italien (ca. 1520-1600) ausging und sich bis ins 17. Jahrhundert nördlich der Alpen verbreitete. In der Malerei wurde nicht mehr die bloße Naturnachahmung bevorzugt, sondern jedem Bild lag ein bestimmtes geistiges Programm zugrunde. So wurden Körperformen übermäßig gestreckt oder schraubenförmig gedreht, oder ein seelischer Zustand wurde mit extremen Ausdrucksmitteln dargestellt. Vertreter des *Manierismus* waren u. a. El Greco und Giuseppe Arcimboldi.

Ma|nie|ris|mus ⟨der; -; unz.⟩ **1** eine Stilrichtung der Malerei **2** gewollt übertreibender, gekünstelter Stil

Ma|ni|fest ⟨das; -(e)s, -e⟩ **1** öffentl. Erklärung, Rechtfertigung **2** Grundsatzerklärung **3** programmatischer Aufruf **4** Verzeichnis der Ladung eines Schiffes [<lat. *manifestus* »offenbar«]

Ma|ni|fes|ta|ti|on ⟨die; -, -en⟩ **1** Äußerung, das Offenbarwerden **2** (öffentl.) Erklärung

ma|ni|fes|tie|ren ⟨V.⟩ **1** zeigen, kundtun, erklären, offenbaren **2** ⟨refl.⟩ *sich* ~ sichtbar, offenbar werden

Ma|ni|kü|re ⟨die; -, -n⟩ **1** ⟨unz.⟩ Handpflege, bes. der Fingernägel **2** Angestellte, deren Beruf die Handpflege ist [<frz. *manucure*]

Ma|ni|pu|la|ti|on ⟨die; -, -en⟩ **1** ⟨Med.⟩ Handgriff, Kunstgriff zur Behebung von Verrenkungen **2** unmerkliche, aber gezielte politische od. weltanschauliche Beeinflussung [<nlat. *manipulatio* »Handgriff, Verfahren, Kniff«]

ma|ni|pu|lie|ren ⟨V.⟩ **1** (geschickte) Handgriffe tun, handhaben **2** *jmdn.* ~ jmds. Verhalten steuern, jmdn. beeinflussen

ma|nisch-de|pres|siv ⟨Adj.⟩ manisch u. depressiv im Wechsel; *~e Krankheit* durch einen Wechsel gehobener u. gedrückter Stimmung gekennzeichnete Gemütskrankheit

Man|ko ⟨das; -s, -s⟩ **1** Mangel, Fehler **2** Fehlmenge **3** Fehlbetrag [<ital. *manco* »Fehler, Mangel«]

Man|na ⟨das; - od. -s; unz. od. die; -; unz.⟩ **1** ⟨AT⟩ himmlisches Brot der Juden in der Wüste, Himmelsbrot **2** zu einer weißlichen, süßen Masse erstarrter Saft der Mannaesche [lat. <aram. *manna* <hebr. *man* »Geschenk«]

Man|ne|quin ⟨a. [-kɛ̃ː] das od. (selten) der; -s, -s⟩ **1** ⟨heute⟩ Dame, die Modellkleidung vorführt, Vorführdame, Modell (5) **2** ⟨früher⟩ Gliederpuppe als Modell für Maler u. Bildhauer **3** Schaufensterpuppe [frz. <ndrl. *maneken* »Männchen«]

Ma|nö|ver ⟨[-vər] das; -s, -⟩ **1** größere Truppenübung **2** ⟨Mar.⟩ mit einem Schiff ausgeführte Bewegung **3** ⟨fig.⟩ gezieltes Vorgehen, Handlung, die einen anderen über jmds. wahre Absicht täuschen soll [<frz. *manóuvre* »Handhabung, Verrichtung« <lat. *manus* »Hand« + *opera* »Werk«]

ma|nö|vrie|ren *auch:* **ma|növ|rie|ren** ⟨V.; Mil.⟩ **1** große Truppenübungen durchführen **2** ⟨Mar.⟩ Schiffe bewegen **3** geschickt vorgehen

Man|sar|de ⟨die; -, -n⟩ Zimmer in einem ausgebauten Dachgeschoss [nach dem frz. Architekten J. Hardouin-*Mansart,* 1646-1708]

Man|tik ⟨die; -; unz.⟩ Kunst der Wahr- u. Weissagung, meist als Zeichendeutung u. Verkündung der Zukunft [<grch. *mantike (techne)* »Wahrsagekunst«; zu *mantis* »Seher, Wahrsager«]

Man|tra *auch:* **Mant|ra** ⟨das; -s, -s⟩ **1** geheimnisvolles, magisches Wort, das gedacht od. gesungen wird (als Meditationshilfe) **2** ⟨ind. Bez. für⟩ heilige Texte, bes. Hymnen des Veda [<Sanskrit]

Ma|nu|al ⟨das; -s, -e; Musik; an Orgel u. Cembalo⟩ Reihe der Tasten, die mit den Händen bedient wird [<lat. *manus* »Hand«]

ma|nu|ell ⟨Adj.⟩ mit der Hand (betrieben, hergestellt)

Ma|nu|fak|tur ⟨die; -, -en⟩ **1** Anfertigung mit der Hand **2** vorindustrieller Großbetrieb, in dem die Ware mit der Hand gefertigt wurde [<lat. *manu factus* »mit der Hand hergestellt« <*manu* »Hand« + *facere* »machen«]

Ma|nu|skript ⟨das; -(e)s, -e; Abk.: Ms. od. Mskr. (Sing.), Mss. (Pl.)⟩ **1** ⟨urspr.⟩ das mit der Hand geschriebene Buch **2** hand- od. maschinengeschriebene Druckvorlage eines Textes, z. B. eines Romans od. einer wissenschaftl. Arbeit [<lat. *manu scriptus* »mit der Hand geschrieben« <lat. *manus* »Hand« + *scribere* »schreiben«]

Mao|is|mus ⟨der; -; unz.; Politik⟩ die von Mao Zedong begründete chinesische Form des Marxismus

Ma|ra|cu|ja ⟨die; -, -s; Bot.⟩ Frucht der Passionsblume [portug. <südamerikan. Indianerspr.]

Ma|ra|thon... ⟨in Zus.⟩ lange dauernd, lang anhaltend, *z. B. Marathonlauf, Marathonsitzung*

Ma|ra|thon|lauf ⟨der; -(e)s, -läu|fe; Sport⟩ Langstreckenlauf (42,2 km), der bes. bei den Olympischen Spielen ausgetragen wird [nach der Strecke *Marathon*-Athen, die der Siegesbote nach der Schlacht bei *Marathon* 490 v. Chr. lief]

mar|gi|nal ⟨Adj.⟩ **1** am Rand stehend **2** nebensächlich [<lat. *marginalis* »den Rand betreffend«]

Ma|ri|hu|a|na ⟨das; -s; unz.⟩ aus dem Harz einer Hanfart gewonnenes Rauschmittel [<span. (amerikan.) *marihuana, mariguana, marijuana;* evtl. aus den beiden weibl. span. Vornamen *María* u. *Juana* gebildet]

Ma|ri|na|de ⟨die; -, -n; Kochk.⟩ **1** gewürzter Aufguss mit Salz u. Essig zum Einlegen von Fleisch od. Fisch **2** die darin zubereiteten Fischkonserven [→ *marinieren*]

Ma|ri|ne ⟨die; -; unz.⟩ Gesamtheit der Seeschiffe eines Staates u. der dem Seehandel u. Seekrieg dienenden Einrichtungen [<frz. *marin* »das Meer betreffend« <lat. *marinus;* zu *mare* »Meer«]

ma|ri|nie|ren ⟨V.⟩ *Fisch od. Fleisch* ~ in Marinade einlegen [<frz. *mariner;* zu *marin;* → *Marine*]

Ma|ri|o|net|te ⟨die; -, -n⟩ 1 an Fäden bewegte kleine Gliederpuppe 2 ⟨fig.⟩ willenloser, anderen als Werkzeug dienender Mensch [frz. <ital. *marionetta,* Koseform zu *Maria*]

ma|ri|tim ⟨Adj.⟩ zum Meer, zur Schifffahrt gehörend, mit ihnen verbunden; *~es Klima* Seeklima mit geringen Temperaturschwankungen [<lat. *maritimus* »das Meer betreffend«]

mar|kant ⟨Adj.⟩ 1 auffallend, hervorstechend, bedeutend; *eine ~e Persönlichkeit* 2 scharf ausgeprägt; *~e Gesichtszüge* [zu frz. *marquer* »kennzeichnen«]

Marketing: *Marketing* ist ein zentraler Begriff der Wirtschaft. Unter *Marketing* versteht man zum einen eine wissenschaftliche Disziplin, die sowohl der → *Ökonomie* als auch der Sozialwissenschaft zugehört. Zum anderen bezeichnet *Marketing* eine (aus den USA stammende) Umorientierung absatzwirtschaftlicher Bemühungen, die sich verstärkt an den Bedürfnissen und Wünschen der Nachfrager ausrichtet. Schließlich bezeichnet *Marketing* die absatzpolitische Konzeption eines einzelnen Unternehmens.

Mar|ke|ting ⟨das; - od. -s; unz.; Wirtsch.⟩ Gesamtheit der Maßnahmen auf dem Gebiet des Warenabsatzes [<engl. *market* »Markt«]

Mar|ki|se ⟨die; -, -n⟩ 1 aufrollbares Dach aus kräftigem Stoff vor Fenstern u. Balkonen zum Schutz gegen Sonne; *Sonnen~* 2 Edelstein mit lanzettförmigen Facetten [<frz. *marquise,* eigtl. »Überzelt des Offizierszeltes«]

Mar|mor ⟨der; -s, -e; Min.⟩ harter Kalkstein, in der Bau- u. Bildhauerkunst verwendet [<grch. *marmaros* »Stein«]

mar|mo|rie|ren ⟨V.⟩ mit einem Muster aus feinen Adern versehen wie beim Marmor

ma|ro|de ⟨Adj.⟩ 1 ⟨urspr.⟩ erschöpft 2 heruntergekommen, ruiniert; *ein ~s Gebäude* [<frz. *maraud* »Lump«; zu lat. *mala hora* »zur bösen Stunde«]

Ma|rot|te ⟨die; -, -n⟩ wunderliche Neigung, Schrulle [frz., »Narrenzepter mit Puppenkopf«]

Mar|seil|lai|se ⟨[marsɛjɛ:z(ə)] die; -; unz.; Musik⟩ 1 ⟨urspr.⟩ revolutionäres Lied, das 1792 von einem Bataillon von Freiwilligen auf dem Zug von Marseille nach Paris gesungen wurde 2 ⟨danach⟩ französische Nationalhymne [frz.]

mar|ti|a|lisch ⟨[-tsja:-] Adj.⟩ 1 kriegerisch 2 wild, grimmig [nach *Mars,* dem röm. Kriegsgott]

Mar|ty|ri|um ⟨das; -s, -ri|en⟩ 1 Opfertod für einen Glauben, eine Idee; *das ~ Christi* 2 Qual, Leiden, Pein; *ein ~ erleiden* 3 die über der Begräbnisstätte eines Märtyrers errichtete Kirche [lat. <grch. *martyrion* »Blutzeugnis«]

Mar|xis|mus ⟨der; -; unz.; Politik⟩ die von Karl Marx (1818-1883) begründete philosoph., polit. u. ökonomische Lehre mit dem Ziel der klassenlosen Gesellschaft

mar|xis|tisch ⟨Adj.⟩ zum Marxismus gehörend, auf ihm beruhend

Mar|zi|pan ⟨a. ['---] das od. (selten) der; -s, -e⟩ aus Mandeln u. Zucker hergestelltes Konfekt [<ital. *marzapane* »Verpackung, Schachtel« (früher für Süßigkeiten aus dem Orient)]

Mas|ca|ra ⟨die od. das; - od. -s, -s; Kosmetik⟩ Wimperntusche [engl. <span. *máscara* »Maske, Larve«]

Mas|kott|chen ⟨das; -s, -⟩ Anhänger, Püppchen od. Stofftier als Glücksbringer [<frz. *mascotte* <prov. *mascoto;* zu *masco* »Hexe«]

mas|ku|lin ⟨a. ['---] Adj.⟩ *oV* maskulinisch 1 männlich, männlichen Geschlechts 2 männlich aussehend, sich männlich gebend [<lat. *masculinus* »männlich«]

mas|ku|li|nisch ⟨Adj.⟩ = maskulin

Mas|ku|li|num ⟨a. ['----] das; -s, -li|na⟩ Substantiv männlichen Geschlechts, *z. B. Tisch, Bär, Wagen* [lat., »das männliche (Geschlecht)«]

Ma|so|chis|mus ⟨[-xɪs-] der; -; unz.⟩ geschlechtliche Befriedigung durch Erleiden von Misshandlungen; *Ggs* Sadismus (1) [nach dem Schriftsteller L. v. Sacher-*Masoch,* 1836-1895]

ma|so|chis|tisch ⟨[-xɪs-] Adj.⟩ auf dem Masochismus beruhend, ihn betreffend; *Ggs* sadistisch

Mas|sa|ge ⟨[-ʒə] od. österr. a. [-saːʒ] die; -, -n⟩ (Heil-)Behandlung durch mechanische Beeinflussung der Körpergewebe mit den Händen, mit Instrumenten od. elektrischen Apparaten [frz. <grch. *massein* »kneten«]

Mas|sa|ker ⟨das; -s, -⟩ Gemetzel, Blutbad [<frz. *massacre* »Abschlachtung«; weitere Herkunft unsicher]

Mas|seur ⟨[-søːr] der; -s, -e⟩ jmd., der (nach Ausbildung u. staatlicher Prüfung) Massagen ausführt [frz.; → *Massage*]

Mas|seu|rin ⟨[-søː-] die; -, -rin|nen⟩ Frau, die (nach Ausbildung u. staatl. Prüfung) Massagen ausführt

Mas|seu|se ⟨[-søːzə] die; -, -n⟩ **1** Masseurin **2** ⟨verhüllende Bez. für⟩ Prostituierte

mas|siv ⟨Adj.⟩ **1** ohne Hohl- od. Zwischenräume, fest; *~es Gold* **2** schwer, wuchtig; *ein ~er Bau* **3** ⟨fig.⟩ derb, rücksichtslos, grob; *jmdn. ~ angreifen; eine ~e Lärmbelästigung* [<frz. *massif* »massig, dicht, fest«]

Mas|siv ⟨das; -s, -e [-və]; Geogr.⟩ **1** Grundgebirge, meist aus geologisch alten Gesteinen **2** ⟨allg.⟩ Bergkette

M

Mas|tur|ba|ti|on ⟨die; -, -en⟩ Reizung der Geschlechtsorgane (mit der Hand), um sexuelle Befriedigung zu erlangen; *Sy* Onanie [<lat. *manu* »mit der Hand« + *stuprare* »Unzucht treiben«]

mas|tur|bie|ren ⟨V.⟩ sich durch Masturbation selbst befriedigen; *Sy* onanieren

Ma|sur|ka ⟨die; -, -s od. -sur|ken; Musik⟩ = Mazurka

Ma|ta|dor ⟨der; -s, -e⟩ **1** Stierkämpfer, der dem Stier den Todesstoß gibt **2** ⟨fig.⟩ Hauptperson, Sieger [zu span. *matar* »töten« <lat. *mactare* »opfern, schlachten«]

Match ⟨[mætʃ] das od. der; -(e)s, -s od. -e; Sport⟩ Wettkampf, Wettspiel, bes. zwischen zwei Sportlern od. Mannschaften; *ein ~ im Tennis spielen* [engl. <aengl. *gimako,* ahd. *gimah* »tauglich«]

Match|ball ⟨[mætʃ-] der; -(e)s, -bäl|le; Sport; bes. Tennis⟩ im entscheidenden Spiel der zum Sieg notwendige Punkt; *einen ~ vergeben*

Ma|te|ri|al ⟨das; -s, -li|en⟩ **1** für eine Arbeit benötigter Rohstoff, Baustoff, Werkstoff **2** Hilfsmittel, Gerät **3** schriftliche Belege, Unterlagen; *~ (für einen Artikel, Bericht, eine Reportage) sammeln, sichten*

Ma|te|ri|a|lis|mus ⟨der; -; unz.⟩ Lehre, dass das Stoffliche das allein Wirkliche in der Welt u. alles Geistige nur als seine Eigenschaft u. Wirkung aufzufassen sei; *Ggs* Idealismus (2)

ma|te|ri|a|lis|tisch ⟨Adj.⟩ zum Materialismus gehörend, auf ihm beruhend, ihm entsprechend; *Ggs* idealistisch; *er hat eine sehr ~e Einstellung und denkt nur an Geld und Besitz*

Ma|te|rie ⟨[-riə] die; -, -n⟩ **1** ⟨unz.⟩ Urstoff; *Geist und ~* **2** ⟨Physik⟩ Stoff, Masse; *Sy* Substanz (2) **3** Gegenstand, Inhalt, Thema; *die ~ beherrschen; sich mit der ~ vertraut machen* [<lat. *materia* »Stoff, Urstoff, der etwas hervorbringt«; zu *mater* »Mutter«]

ma|te|ri|ell ⟨Adj.⟩ **1** aus Materie bestehend, hinsichtlich der Materie, auf ihr beruhend; *Ggs* spirituell **2** stofflich, gegenständlich, körperlich; *Ggs* ideell (2), immateriell **3** finanziell, wirtschaftlich

Ma|the|ma|tik ⟨österr. [--'--] die; -; unz.⟩ Lehre von den Zahlen u. Figuren; *das ist ja höhere ~!* ⟨umg.; scherzh.⟩ sehr, zu schwierig [<grch. *mathematike (techne);* zu *mathema* »Wissenschaft«]

Ma|ti|nee ⟨die; -, -n⟩ künstlerische Veranstaltung am Vormittag [frz., »Vormittag« <lat. *matutinus* »morgendlich«]

◆ Die Buchstabenfolge **ma|tr...** kann auch **mat|r...** getrennt werden.

◆**Ma|trat|ze** ⟨die; -, -n⟩ mit Rosshaar, Schaumstoff, Wolle od. anderen Faserstoffen gepolsterte Bettunterlage [<ital. *materassa* <arab.]

◆**Mä|tres|se** ⟨die; -, -n⟩ Geliebte (bes. eines Fürsten zur Zeit des Absolutismus) [<frz. *maîtresse* »Herrin, Geliebte«; zu lat. *magister* »Herr«]

◆**Ma|tri|ar|chat** ⟨[-çaːt] das; -(e)s, -e⟩ Gesellschaftsform mit ausschließlicher Autorität der Frauen; *Ggs* Patriarchat [<lat. *mater* »Mutter« + grch. *arche* »Herrschaft«]

◆**Ma|tri|kel** ⟨die; -, -n⟩ **1** Verzeichnis **1.1** ⟨an Universitäten⟩ der aufgenommenen Studenten **1.2** ⟨in Pfarreien⟩ der Gemeindemitglieder und Einkünfte **1.3** der Adelsfamilien eines Landes **2** ⟨österr.⟩ Personenstandsregister [<lat. *matricula,* Verkleinerungsform zu *mater* »Mutter«]

◆**Ma|trix** ⟨die; -, -tri|zen od. Ma|tri|zes od. -tri|ces⟩ **1** ⟨Anat.⟩ Mutterboden **1.1** die Keimschicht der Haarzwiebel **1.2** Nagel- u. Krallenbett der Wirbeltiere **2** ⟨Biol.⟩ Hülle der Chromosomen **3** ⟨TV⟩ Schaltung zur gleichzeitigen Steuerung von Helligkeit u. Farbsignalen **4** ⟨Math.⟩ System von Größen, die in einem rechteckigen Schema angeordnet sind; *Sy* Matrize (4) **5** ⟨EDV⟩ Punktraster [lat., eigtl. »Zuchttier, Stammmutter«]

◆**Ma|tri|ze** ⟨die; -, -n⟩ **1** Metallform mit dem eingeprägten Schriftzeichen od. Bild **2** in Wachs, Metall od. Spezialpappe geprägtes Abbild eines Schriftsatzes od. Druckbildes **3** gewachstes Papierblatt für die Vervielfältigung von Zeichnungen u. (Maschinen-)Schrift **4** ⟨Math.⟩ = Matrix (4) [→ *Matrix*]

◆**Ma|tro|ne** ⟨die; -, -n; häufig abwertend⟩ ältere, beleibte Frau [<lat. *matrona* »ehrwürdige, verheiratete Frau«]

→ **Macho:** Der Laut [tʃo] wird in spanischen Fremdwörtern oft ***cho*** geschrieben, z. B. in *Macho*!

Mau|so|le|um ⟨das; -s, -le|en⟩ **1** ⟨urspr.⟩ monumentales Grabmal des Königs Mausolos in Halikarnass(os), eines der sieben Weltwunder **2** ⟨danach allg.⟩ monumentales Grabmal [lat.; nach dem König *Mausolos* v. Karien, † 353 v. Chr.]

Maus|pad ⟨[-pæd] das; -s, -s; EDV⟩ = Mousepad

Ma|xi... ⟨in Zus.⟩ übermäßig (lang, groß, hoch usw.); *~look; ~pizza; ~packung* [<lat. *maximum* »das größte, längste«]

ma|xi|mal ⟨Adj.⟩ sehr groß, größt..., höchst...; *Ggs* minimal [<lat. *maximus* »der größte«]

Ma|xi|mal... ⟨in Zus.⟩ Höchst..., Größt...; *~geschwindigkeit*

Ma|xi|me ⟨die; -, -n⟩ Grundsatz, Lebensregel; *gemäß der ~: ...; nach einer ~ handeln* [→ *Maximum*]

ma|xi|mie|ren ⟨V.⟩ das Maximum anstreben, erreichen; *den Gewinn, Ertrag ~; Ggs* minimieren

Ma|xi|mum ⟨das; -s, -xi|ma⟩ größter Wert, Höchstwert; *Ggs* Minimum [lat., »das größte«]

Ma|yon|nai|se ⟨[majonɛːzə] die; -, -n⟩ = Majonäse

Mä|zen ⟨der; -s, -e⟩ Gönner, Förderer von Künstlern [nach dem Römer *Maecenas,* 69-8 v.Chr.]

Ma|zur|ka ⟨die; -, -s od. -zur|ken; Musik⟩ poln. Nationaltanz im $^{3}/_{4}$-Takt; *oV* Masurka [poln., »masurischer Tanz«]

Me|cha|nik ⟨[-çaː-] die; -, -en⟩ **1** ⟨unz.⟩ Lehre von den Kräften u. ihren Wirkungen auf starre Körper, Maschinenkunde **2** Getriebe, Mechanismus [<lat. *(ars) mechanica,* eigtl. »Maschinenkunst« <grch. *mechanike (techne)*]

Me|cha|ni|ker ⟨[-çaː-] der; -s, -⟩ **1** Facharbeiter im Metallgewerbe für feine u. schwierige Arbeiten **2** Facharbeiter, der Maschinen instand hält

me|cha|nisch ⟨[-çaː-] Adj.⟩ **1** auf der Mechanik beruhend **2** von einer Maschine, einem Mechanismus angetrieben u. bewirkt; *eine Ware ~ herstellen* **3** ⟨fig.⟩ unwillkürlich, gedankenlos; *ich tue das ganz ~*

Me|cha|nis|mus ⟨[-ça-] der; -, -nis|men⟩ **1** Triebwerk, Getriebe, sich bewegende techn. Vorrichtung **2** selbstständiger, zwangsläufiger Ablauf

Me|dail|le ⟨[-daljə] die; -, -n⟩ Gedenk-, Schaumünze ohne Geldwert mit figürlicher Darstellung od. Inschrift; *Rettungs~; die olympischen ~n; die bronzene, silberne, goldene ~ erringen* [<frz. *médaille* <ital. *medaglia* <mlat. **metallia* »metallene Münze«]

Me|dail|lon ⟨[-daljɔ̃ː] od. [-daljɔŋ] das; -s, -s⟩ **1** ⟨Arch.⟩ rundes od. ovales Ornament **2** rund od. oval gerahmtes Bildchen; *Bildnis~* **3** runde od. ovale Kapsel für Bildchen od. Andenken als Schmuckanhänger **4** kleines, kreisrund od. oval geschnittenes Stück Fleisch [<frz. *médaillon;* zu ital. *medaglione* »große Münze«]

me|di|al ⟨Adj.⟩ **1** ⟨Anat.⟩ zur Mitte hin gerichtet; *Ggs* lateral (2) **2** ⟨Okk.⟩ mit den Eigenschaften eines Mediums ausge-

M

stattet [<lat. *medianus* »in der Mitte befindlich«]

Me|di|a|ti|on ⟨die; -, -en⟩ Vermittlung, vermittelndes Dazwischentreten [zu frz. *médiat* »mittelbar, abhängig« <lat. *medius* »der mittlere«]

Me|di|ä|vis|tik ⟨[vɪs-] die; -; unz.⟩ Wissenschaft von der Geschichte u. Kultur des Mittelalters [<lat. *medium* »das mittlere« + *aevum* »Zeitalter«]

Me|di|en ⟨Pl. von⟩ Medium

Me|di|ka|ment ⟨das; -(e)s, -e; Med.⟩ Stoff, der zur Verhütung und Behandlung von Krankheiten u. Schmerzen dient, Arzneimittel [<lat. *medicamentum* »Heilmittel«]

Me|di|ka|ti|on ⟨die; -, -en; Med.⟩ Anwendung, Verabreichung eines Medikaments [<lat. *medicari* »heilen«]

Me|di|ta|ti|on ⟨die; -, -en⟩ **1** religiöse Versenkung **2** tiefes Nachdenken, sinnendes Betrachten [<lat. *meditatio* »Nachsinnen, Denken«]

me|di|tie|ren ⟨V.⟩ **1** sich in Gedanken, Betrachtungen versenken **2** tief nachdenken; *über eine Sache* ~ [<lat. *meditari* »(nach)denken«]

Me|di|um ⟨das; -s, Me|di|en⟩ **1** Mittel, Mittler, Mittelglied **2** ⟨Physik⟩ Substanz, in der sich physikalische Vorgänge abspielen **3** ⟨Okk.⟩ Person, die angeblich in der Lage ist, Botschaften aus der Geister- bzw. Totenwelt zu übermitteln **4** Mittel, das der Vermittlung von Informationen, Unterhaltung u. Belehrung dient, *z. B. Zeitung, Film, Internet* **5** ⟨Gramm.⟩ der reflexiven Form entsprechende Aktionsform des Verbums, z. B. im Griechischen [lat., Neutr. zu *medius* »der mittlere«]

Medizin: Die *Medizin* umfasst als Heilkunde verschiedene Bereiche: *Humanmedizin* (Heilkunde vom Menschen), *Veterinärmedizin* (Tierheilkunde) und *Phytomedizin* (Bekämpfung der Pflanzenkrankheiten). Die Naturwissenschaften (Physik, Chemie und Biologie) bilden die Grundlage der *Medizin.* Teilgebiete der *Medizin* sind Anatomie, Physiologie, Bakteriologie, Pharmakologie, Genetik u. a. In der archaischen *Medizin* der Naturvölker nahm man an, dass Krankheiten von Dämonen hervorgerufen werden, oder man glaubte an eine übernatürliche (von Gottheiten gesandte) Strafe als Ursache von Krankheiten. Natürliche Krankheitsursachen wurden erstmals im antiken Griechenland beschrieben. 1628 konnte W. Harvey den großen Blutkreislauf nachweisen, und seit dem 18. Jahrhundert war die → *Pathologie* die theoretische Grundlage der klinischen Medizin. Im 20. Jahrhundert gelangen bahnbrechende Fortschritte u. a. in der → *Pharmakologie,* insbesondere durch die Entdeckung des Penizillins, sowie in der → *Chirurgie* und der → *Humangenetik.*

Me|di|zin ⟨die; -, -en⟩ **1** ⟨unz.⟩ wissenschaftl. fundierte Heilkunde **2** ⟨zählb.⟩ Heilmittel, Arznei [<lat. *(ars) medicina* »die zur Heilung gehörige (Kunst)«]

me|di|zi|nisch ⟨Adj.⟩ die Medizin betreffend, auf ihr beruhend, ihr dienend; *~-technische Assistentin* ⟨Abk.: MTA⟩ Gehilfin, die Laboruntersuchungen ausführt

Me|du|se ⟨die; -, -n⟩ **1** ⟨unz.; griech. Myth.⟩ eine der drei Gorgonen, bei deren Anblick man vor Entsetzen versteinerte **2** ⟨Zool.⟩ frei schwimmende Form der Nesseltiere, Qualle [<grch. *Medousa* »weibl. Ungeheuer«]

meg..., Meg... ⟨vor Vokalen⟩ = mega..., Mega...

me|ga..., Me|ga... ⟨vor Vokalen⟩ meg..., Meg... **1** groß..., Groß... **2** ⟨vor Maßeinheiten⟩ das Millionenfache der betreffenden Maßeinheit, z. B. ein Megawatt (MW) = 1 Million Watt **3** ⟨umg.; salopp⟩ super, mächtig, hervorragend; *megacool* [<grch. *megas* »groß«]

Me|ga|bit ⟨a. [--'-] das; - od. -s, - od. -s; EDV; Zeichen: Mbit⟩ 1048576 Bit, Maßstab für die Speicherkapazität eines Computers [<*Mega...* + *Bit*]

Me|ga|byte ⟨a. [-baɪt] das; - od. -s, - od. -s; EDV; Zeichen: MB, MByte⟩ Maßeinheit für 1048576 Byte, oft verwendetes Maß für die Speicherkapazität von Halbleiterspeichern, die mit einer Funktionseinheit verknüpft sind bzw. für Massenspeichersysteme [<*Mega...* + *Byte*]

M

Me|ga|fon ⟨das; -s, -e⟩ = Megaphon

Me|ga|hertz ⟨das; -, -; Abk.: MHz⟩ eine Million Hertz

Me|ga|lith ⟨der; -s od. -en, -e od. -en; Archäol.⟩ vorgeschichtliches Baudenkmal aus großen, unbehauenen Steinen [<*Mega...* + grch. *lithos* »Stein«]

me|ga|lo..., Me|ga|lo... ⟨in Zus.⟩ groß..., Groß... [<grch. *megas,* Gen. *megalou* »groß«]

Me|ga|phon ⟨das; -s, -e⟩ Sprachrohr, Schalltrichter, oft mit elektrischer Verstärkung; *oV* Megafon; *die Polizei forderte die Demonstranten per ~ zur Gewaltlosigkeit auf*

Mei|o|se ⟨die; -, -n; Biol.⟩ = Reduktionsteilung

me|lan..., Me|lan... ⟨in Zus.; vor Vokalen⟩ = melano..., Melano...

Me|lan|cho|lie ⟨[-ko-] die; -; unz.⟩ Schwermut, Trübsinn, Traurigkeit, Weltschmerz [<lat. *melancholia* <grch. *melagcholia,* eigtl. »Schwarzgalligkeit« <*melas* »schwarz« + *chole* »Galle«]

me|lan|cho|lisch ⟨[-ko:-] Adj.⟩ schwermütig, trübsinnig, traurig

me|la|no..., Me|la|no... ⟨vor Vokalen⟩ me|lan..., Me|lan... ⟨in Zus.⟩ dunkel, schwarz, schwärzlich [<grch. *melas,* Gen. *melanos* »schwarz«]

me|lie|ren ⟨V.⟩ mischen, vermischen, sprenkeln; *ein blau melierter Stoff* [<frz. *mêler* »mischen«]

Me|lis|ma|tik ⟨die; -; unz.; Musik⟩ Kunst der melodischen Verzierung [<grch. *melos* »Lied, Gesang«]

Mem|bran *auch:* **Memb|ran** ⟨die; -, -en⟩ *oV* Membrane **1** dünnes, schwingungsfähiges Blättchen aus Metall, Papier, Gummi zum Übertragen von Schallwellen **2** dünnes Häutchen, z. B. Zellwand, Trommelfell [<lat. *membrana* »Häutchen, Haut; Schreibhaut, Pergament«; zu *membrum* »Glied, Körperglied«]

Mem|bra|ne *auch:* **Memb|ra|ne** ⟨die; -, -n⟩ = Membran

Me|moi|ren ⟨[-moa:rən] nur Pl.⟩ (zeitgeschichtlich interessante) Erinnerungen aus dem eigenen Leben, Lebenserinnerungen [<frz. mémoire »Erinnerung, Andenken«; <lat. *memorare* »erinnern«]

Me|mo|ran|dum ⟨das; -s, -ran|den od. -ran|da⟩ **1** ⟨Diplomatie⟩ Denkschrift **2** Merkbuch [<lat. *memorandum* »etwas zu Merkendes, Denkschrift«; zu *memorare* »erinnern«]

Men|ar|che *auch:* **Me|nar|che** ⟨die; -; unz.; Med.⟩ Zeitpunkt der ersten Regelblutung [<grch. *men* »Monat« + *arche* »Anfang, Beginn«]

Men|de|le|vi|um ⟨[-vi-] das; -s; unz.; chem. Zeichen: Md⟩ chem. Element, ein Transuran, Ordnungszahl 101 [nach dem russ. Chemiker D. *Mendelejew,* 1834-1907]

Me|ne|te|kel ⟨das; -s, -⟩ (geheimnisvolles) Anzeichen drohender Gefahr, warnendes Vorzeichen [nach dem AT die Anfangsworte der Geisterschrift, die dem König Belsazar seinen Sturz voraussagte]

Men|hir ⟨der; -s, -e; Archäol.⟩ jungsteinzeitlicher, aufrecht stehender, hoher Stein mit kultischer Bedeutung [kelt.; zu *men* »Stein« + *hir* »lang«]

Me|nis|kus ⟨der; -, -nis|ken⟩ **1** ⟨Anat.⟩ halbmondförmiger Knorpel im Kniegelenk **2** ⟨Physik⟩ gewölbte Oberfläche einer Flüssigkeit in einer engen Röhre [<grch. *meniskos* »Möndchen, mondförmiger Körper«; zu *mene* »Mond«]

me|no..., Me|no... ⟨in Zus.⟩ monats..., Monats... [<grch. *men,* Gen. *menos* »Monat«]

Me|no|pau|se ⟨die; -, -n; Med.⟩ Aufhören der Menstruation in den Wechseljahren [<*Meno...* + grch. *pauein* »aufhören lassen«]

Men|sa ⟨die; -, Men|sen; kurz für⟩ ~ *academica* akadem. Mittagstisch, Speisehaus für Studenten mit verbilligtem Mittagessen [lat.]

Mens|tru|a|ti|on *auch:* **Menst|ru|a|ti|on** ⟨die; -, -en; Med.⟩ die in etwa 28-tägigem Abstand erfolgende, mit einer Blutung einhergehende Abstoßung der Gebärmutterschleimhaut bei unbefruchteter Eizelle, Monatsblutung, Regel; *Sy* Periode (5) [zu lat. *mensis* »Monat«]

Men|sur ⟨die; -, -en⟩ **1** Maß, Messung **2** Abstand zweier Fechter voneinander **3** studentischer Zweikampf mit Säbel od. Degen **4** ⟨Musik⟩ um 1250 festgelegtes Maß, das die Verhältnisse der Notenwerte zueinander bestimmt [<lat.

M

mensura »das Messen, das Maß«; zu *metiri* »messen, abmessen«]

men|tal[1] ⟨Adj.⟩ **1** geistig; *~es Training* **2** nur gedacht, unausgesprochen, bewusst zurückgehalten [<mlat. *mentalis* »geistig, in der Vorstellung vorhanden« <lat. *mens* »Geist, Vorstellung«]

men|tal[2] ⟨Adj.; Med.⟩ zum Kinn gehörig [<lat. *mentum* »Kinn«]

Men|ta|li|tät ⟨die; -, -en⟩ seelisch-geistige Einstellung, Charakterprägung [→ *mental*]

Men|tor ⟨der; -s, -to|ren⟩ Lehrer, Berater, Erzieher [grch.; nach *Mentor,* dem Erzieher des Telemach in der Odyssee]

Me|nü ⟨das; -s, -s⟩ **1** festgelegte Speisenfolge, Gedeck **2** Essen mit mehreren Gängen **3** ⟨EDV⟩ auf dem Bildschirm dargestellte Übersicht mit den Befehlen [<frz. *menu* »Speisekarte, Essen«]

Me|nu|ett ⟨das; -(e)s, -e od. -s; Musik⟩ **1** altfranzös. Volkstanz im $^3/_4$-Takt u. mäßigem Tempo **2** ⟨17. Jh.⟩ Hof- u. Gesellschaftstanz **3** Satz in Symphonie, Sonate, Suite [frz., »Tanz mit kleinen Schritten«]

me|phis|to|phe|lisch ⟨Adj.⟩ in der Art des Mephistopheles, teuflisch, böse

Me|ri|di|an ⟨der; -s, -e⟩ **1** ⟨Astr.⟩ größter Kreis der Himmelskugel, der durch Nord- u. Südpunkt des Horizonts sowie durch Zenit u. Nadir geht, Mittagskreis **2** ⟨Geogr.⟩ Großkreis auf der Erdkugel, der senkrecht auf dem Äquator steht u. durch beide Pole geht, Längenkreis [<lat. *(circulus) meridianus* »Mittagskreis«, also eigtl. »Äquator«; zu *meridies* »Mittag«]

Mer|kan|ti|lis|mus ⟨der; -; unz.; Wirtsch.⟩ wirtschaftliches System des Absolutismus im 16.-18. Jh., das die aktive Handelsbilanz förderte u. dadurch die Staatskasse mit Einnahmen versorgte [<frz. *mercantilisme;* zu lat. *mercari* »handeln«]

Mer|kur[1] ⟨der; -s; unz.⟩ **1** ⟨Myth.⟩ römischer Gott der Kaufleute, Götterbote **2** ⟨Astron.⟩ der sonnennächste Planet unseres Sonnensystems [lat.; nach dem röm. Gott *Mercurius*]

Mer|kur[2] ⟨das; -s; unz.; Alchimie⟩ Quecksilber [→ *Merkur*[1]]

Mer|lin[1] ⟨a. ['--] der; -s, -e; Zool.⟩ kleiner Falke offener Landschaften Nordeuropas: Falco columbarius [→ *Merle*]

Mer|lin[2] ⟨a. ['--] der; -s; unz.⟩ Zauberer, Magier [mythologische Figur der Artussage]

mes..., Mes... ⟨in Zus.⟩ = meso..., Meso...

Mes|al|li|ance *auch:* **Me|sal|li|ance** ⟨[mezaljã:s] die; -, -n⟩ **1** Heirat zwischen Personen ungleichen Standes, Missheirat **2** ungeeignete Verbindung [<frz. *mésalliance*]

me|schug|ge ⟨Adj.; umg.⟩ verrückt, nicht ganz bei Verstand; *der ist ja völlig ~* [Gaunerspr. <jidd. *meschuggo* <hebr. *meschugga;* zu *schagag* »hin- u. herwanken, irren«]

me|so..., Me|so... ⟨vor Vokalen⟩ mes..., Mes... ⟨in Zus.⟩ mittler(er, -e, -es), in der Mitte von [<grch. *mesos* »mittel-, mitten«]

Me|so|me|rie ⟨die; -; unz.; Chemie⟩ Bindungsverhältnis bei bestimmten Substanzen, in dem die Abstände aller Atome des Moleküls gleich sind, wodurch die Verbindung besonders stabil wird [<*Meso...* + grch. *meros* »Teil«]

Me|so|sphä|re ⟨die; -; unz.⟩ Schicht der Erdatmosphäre in 50-80 km Höhe

Me|so|zo|i|kum ⟨das; -s; unz.; Geol.⟩ mittleres Zeitalter der Erdgeschichte vor 200-60 Mill. Jahren, Erdmittelalter [<*Meso...* + *...zoikum*]

mes|si|a|nisch ⟨Adj.⟩ **1** den Messias betreffend, von ihm stammend **2** voller Sendungsbewusstsein

Mes|si|as ⟨der; -; unz.⟩ **1** ⟨nach dem AT⟩ der den Juden von Gott verheißene Erlöser **2** ⟨nach dem NT⟩ Beiname Jesu Christi [kirchenlat. <grch. *Messias* <aram. *meschicha,* heb. *maìiach* »der Gesalbte«]

Mes|ti|ze ⟨der; -n, -n⟩ Mischling aus einem weißen u. einem indianischen Elternteil [<span. *mestizo;* zu spätlat. **mixtitius* »vermischt« <lat. *mixtus* »gemischt«]

me|ta..., Me|ta... ⟨vor Vokalen⟩ met..., Met... ⟨Vorsilbe⟩ nach, hintennach, hinter; um..., über..., ver... (im Sinne einer Verwandlung) [<grch. *meta* »mit; inmitten, zwischen; nach, hinter; gemäß«]

Me|ta|bo|lie ⟨die; -, -n; Biol.⟩ **1** Gestaltwandel bei Einzellern u. bei Insekten **2** Gestaltveränderungen bei Lebewesen durch Stoffwechselprozesse bzw. Nahrungsaufnahme [<grch. *metabole* »Veränderung«]

Me|tall ⟨das; -s, -e⟩ bei gewöhnlicher Temperatur fester undurchsichtiger Stoff, der Wärme u. Elektrizität leitet u. Legierungen bildet [<lat. *metallum* <grch. *metallon,* eigtl. »Erzgrube«]

Me|tal|lo|fon ⟨das; -s, -e; Musik⟩ = Metallophon

Me|tal|lo|phon ⟨das; -s, -e; Musik⟩ *oV* Metallofon **1** ⟨i. w. S.⟩ selbst schwingendes Musikinstrument aus Metall **2** ⟨i. e. S.⟩ xylophonähnliches Instrument mit Metallstäben [<*Metall* + grch. *phone* »Stimme, Ton«]

Me|tall|ur|gie *auch:* **Me|tal|lur|gie** ⟨die; -; unz.⟩ Lehre von der Gewinnung u. Verarbeitung der Metalle, Hüttenkunde [<*Metall* + grch. *ergon* »Werk, Arbeit«]

Me|ta|mor|pho|se ⟨die; -, -n⟩ **1** Umwandlung eines Gesteins in ein anderes **2** Wandlung des jungen Tieres durch verschiedene äußere Stadien, ehe es die Form des erwachsenen Tieres annimmt, z. B. vom Ei über die Kaulquappe zum Frosch **3** Wandlung eines pflanzlichen Organs aus einer andersartigen Anlage, z. B. Dorn aus Laubblatt **4** ⟨Myth.⟩ Verwandlung von Menschen in Tiere, Pflanzen, Quellen usw. [<grch. *metamorphosis;* zu *meta* »später, hinter« + *morphe* »Gestalt«]

Me|ta|pher ⟨die; -, -n⟩ bildlicher Ausdruck, *z. B. »Segler der Lüfte« statt »Wolken«* [<grch. *metaphora* »Übertragung«; zu *metapherein* »anderswohin tragen; übertragen«]

Me|ta|phy|sik ⟨die; -; unz.⟩ Lehre von den letzten nicht erfahr- u. erkennbaren Gründen u. Zusammenhängen des Seins

Me|ta|sta|se *auch:* **Me|tas|ta|se** ⟨die; -, -n⟩ **1** ⟨Med.⟩ an einer anderen Stelle des Körpers auftretender Ableger einer Geschwulst, Tochtergeschwulst **2** Redefigur, durch die der Redner die Verantwortung für eine Sache auf einen anderen überträgt [<grch. *metastasis* »Umstellung«]

Me|te|or ⟨der od. das; -s, -e⟩ punkt- od. kugelförmiges Licht am Nachthimmel, verursacht durch einen Meteoriten [<grch. *meteoron* »Himmelserscheinung, Lufterscheinung«; zu *meteoros* »in der Höhe, in der Luft schwebend«]

Me|te|o|rit ⟨der; -s od. -en, -e od. -en⟩ aus dem Weltraum stammender Körper, der beim Eintritt in die Atmosphäre ganz od. teilweise verglüht, Meteorstein

Me|te|o|ro|lo|gie ⟨die; -; unz.⟩ Wissenschaft, die sich mit den physikalischen Vorgängen beim Wetter u. mit der Wettervorhersage befasst, Wetterkunde [<grch. *meteoron* »Himmelserscheinung« + *...logie*]

me|te|o|ro|lo|gisch ⟨Adj.⟩ zur Meteorologie gehörend, auf ihr beruhend; *~e Station* Wetterwarte

Me|ter ⟨das; -s, - od. umg. a., schweiz. nur: der; -s, -; Zeichen: m⟩ Längenmaß; ~ pro Sekunde ⟨Zeichen: m/s; Bez. für⟩ Geschwindigkeit [<frz. *mètre* <grch. *metron* »Maß«]

...me|ter[1] ⟨Nachsilbe; zur Bildung von sächl. od. männl. Subst.⟩ Längenmaß; *Kilo ~; Zenti ~* [<grch. *metron* »Maß, Versmaß«]

...me|ter[2] ⟨Nachsilbe; zur Bildung von sächl. Subst.⟩ Messgerät; *Chrono ~* [→ *...meter*[1]]

...me|ter[3] ⟨Nachsilbe; zur Bildung von männl. Subst.⟩ **1** jmd., der Messungen ausführt; *Geo ~* **2** Versmaß; *Hexa ~; Penta ~* [→ *...meter*[1]]

Me|than ⟨das; -s; unz.; Chemie⟩ farb- u. geruchloses, brennbares Gas, das bei der Zersetzung von Pflanzenstoffen entsteht [→ *Methyl*]

Me|tho|de ⟨die; -, -n⟩ **1** planmäßiges, folgerichtiges Verfahren, Vorgehen, Handeln; *Arbeits ~, Lehr ~* **2** ⟨fig.⟩ Folgerichtigkeit, Planmäßigkeit; *eine Handlungsweise hat ~* [<grch. *methodos* »Gang einer Untersuchung«, eigtl. »das Nachgehen, der Weg zu etwas hin«; zu *meta* »nach, hinter« + *hodos* »Weg«]

Me|tho|dik ⟨die; -; unz.⟩ Lehre von den Methoden, vom folgerichtigen Unterrichten

me|tho|disch ⟨Adj.⟩ **1** auf einer bestimmten Methode beruhend **2** planmäßig,

M

durchdacht, sinnvoll; *sein Handeln zeugt von ~em Vorgehen*

Me|thu|sa|lem ⟨der; - od. -s, -s; fig.⟩ sehr alter Mann [nach dem bibl. Urvater *Methusalem,* Großvater Noahs, der 969 Jahre alt geworden sein soll]

Me|thyl ⟨das; -s; unz.; Chemie⟩ die in freiem Zustand unbeständige, einwertige Atomgruppe CH_3-, die in vielen organischen Verbindungen auftritt [<grch. *methy* »Wein« + *...yl*]

Me|ti|er ⟨[-tjeː] das; -s, -s⟩ Beruf, Handwerk; *(sich auf) sein ~ verstehen* [<frz. *métier* »Handwerk; Beruf; Stand«]

◆ Die Buchstabenfolge **me|tr...** kann auch **met|r...** getrennt werden.

◆**Me|tra** ⟨Pl. von⟩ Metrum

◆**Me|tren** ⟨Pl. von⟩ Metrum

◆**...me|trie** ⟨Nachsilbe; zur Bildung weibl. Subst.⟩ das Messen, Messung; *Geometrie; Trigonometrie; Stereometrie; Kraniometrie* [<grch. *metron* »Maß«]

◆**Me|trik** ⟨die; -; unz.⟩ **1** Lehre vom Vers u. den Versmaßen, Verskunst **2** ⟨Musik⟩ Lehre vom Takt [<lat. *(ars) metrica* »Verskunst, Verslehre« <grch. *metrike (techne)*]

◆**Me|tro|nom** ⟨das; -s, -e; Musik⟩ von einem Uhrwerk getriebenes Taktmessinstrument [<grch. *metron* »Maß« + *...nom*[2]]

◆**Me|tro|po|le** ⟨die; -, -n⟩ **1** Hauptstadt **2** Mittelpunkt, Knotenpunkt, Zentrum; *Handels~; Finanz~; Kultur~* [<grch. (-lat.) *metropolis,* eigtl. »Mutterstadt«; zu grch. *meter,* Gen. *metros* »Mutter« + *polis* »Stadt«]

◆**Me|tro|po|lit** ⟨der; -en, -en⟩ **1** einer Kirchenprovinz vorstehender Erzbischof **2** ⟨in der Ostkirche Titel für⟩ leitender Geistlicher

◆**Me|trum** ⟨das; -s, Me|tren od. Me|tra⟩ **1** Versmaß **2** ⟨Musik⟩ Takt [<lat. *metrum* »Versmaß, Takt« <grch. *metron* »Maß«]

mi|cro..., Mi|cro... *auch:* **mic|ro..., Mic|ro...** ⟨in Zus.⟩ = mikro..., Mikro...

Mid|life|cri|sis *auch:* **Mid|life-Cri|sis** ⟨[mɪdlaɪfkraɪsɪz] die; -; unz.⟩ (bes. bei Männern) im mittleren Alter die Furcht, das erstrebte (Lebens-)Ziel nicht mehr erreichen zu können; *in der ~ stecken* [<engl. *midlife* »Mitte des Lebens« + *crisis* »Krise«]

◆ Die Buchstabenfolge **mi|gr...** kann auch **mig|r...** getrennt werden.

◆**Mi|grä|ne** ⟨die; -, -n; Med.⟩ heftiger, meist einseitiger, anfallsweise auftretender Kopfschmerz, oft von Erbrechen, Übelkeit u. starker Abneigung gegen bestimmte Speisen begleitet [<frz. *migraine* <lat. *hemicrania* »Schmerz auf einer Seite des Kopfes« <grch. *hemikrania* <*hemi...* »halb...« + *kranion* »Schädel«]

◆**Mi|grant** ⟨der; -en, -en⟩ **1** jmd., der seinen Aufenthaltsort verändert, ein- od. auswandert **2** ⟨Zool.⟩ ein Tier, das den Siedlungsraum seiner Population verlässt bzw. wechselt [zu lat. *migrare* »wandern, wegziehen«]

◆**Mi|gra|ti|on** ⟨die; -, -en⟩ **1** Wanderung, Bewegung von Bevölkerungsgruppen **2** Wanderung (von Zugvögeln) **3** Wirtswechsel (von Parasiten) [<lat. *migratio* »Wanderung, Auswanderung«]

◆ Die Buchstabenfolge **mi|kr...** kann auch **mik|r...** getrennt werden.

◆**Mi|kro** ⟨das; -s, -s; kurz für⟩ Mikrofon

◆**mi|kro..., Mi|kro...** ⟨in Zus.⟩ *oV* micro..., Micro... **1** klein..., Klein... **2** ⟨vor Maßeinheiten; Zeichen: µ⟩ 1 Millionstel der betreffenden Maßeinheit, *z. B. 1 µm = 1 millionstel Meter* [<grch. *mikros* »klein, kurz, gering«]

◆**Mi|kro|be** ⟨die; -, -n; Biol.⟩ mikroskopisch kleines Lebewesen, *z. B. Blaualge, niederer Pilz, Bakterium*

◆**Mi|kro|bio|lo|gie** ⟨die; -; unz.; Biol.⟩ Lehre von den Mikroben

◆**Mi|kro|chip** ⟨[-tʃɪp] der; -s, -s⟩ hochintegrierte elektronische Schaltung, bei der viele Baulemente auf einer kleinen Grundplatte vereinigt sind

◆**Mi|kro|elek|tro|nik** *auch:* **Mi|kro|elekt|ro|nik** ⟨die; -; unz.⟩ Teilgebiet der Elektronik, das sich mit der Herstellung u. dem Einsatz kleinster elektronischer Bauelemente befasst

◆**Mi|kro|fiche** ⟨[-fiʃ] der; -s, -s⟩ Mikrofilm

in Postkartenformat, der mehrere 100, reihenweise angeordnete Mikrokopien enthält, die unter einem Sichtgerät gelesen werden können [<*Mikro...* + frz. *fiche* »Zettel«]

◆ **Mi|kro|fon** ⟨das; -s, -e⟩ Gerät zur Umwandlung von mechanischen Schallwellen in elektrische Schwingungen; *oV* Mikrophon; *Fernseh~; Richt~* [<*Mikro...* + *...fon*]

◆ **Mi|kro|kos|mos** ⟨der; -; unz.⟩ **1** die Welt der kleinsten Lebewesen **2** ⟨Philos.⟩ der Mensch u. seine Umwelt als Gegenstück zum Weltall; *Ggs* Makrokosmos

◆ **Mi|kro|phon** ⟨das; -s, -e⟩ = Mikrofon

◆ **Mi|kro|skop** ⟨das; -s, -e⟩ optisches Gerät zur Vergrößerung sehr kleiner Gegenstände [<*Mikro...* + *...skop*]

◆ **mi|kro|sko|pisch** ⟨Adj.⟩ **1** auf Mikroskopie beruhend **2** wegen sehr geringer Größe nur mit dem Mikroskop erkennbar; *Ggs* makroskopisch

◆ **Mi|kro|wel|len** ⟨die; Pl.; Zeichen: µW⟩ elektromagnetische Wellen im Frequenzbereich zw. Radiowellen u. Infrarotstrahlung

◆ **Mi|kro|wel|len|ge|rät** ⟨das; -(e)s, -e⟩ Gerät, in dem Lebensmittel durch Bestrahlung mit Mikrowellen (sehr schnell) gegart werden können

Mi|li|eu ⟨[miljø:] das; -s, -s⟩ **1** Umgebung u. Verhältnisse, in denen ein Lebewesen sich entwickelt **2** Umfeld einer bestimmten sozialen Gruppe; *Drogen~* [frz., »Umgebung, Mittelpunkt« <lat. *medius* »mittlerer« + *locus* »Ort«]

mi|li|tant ⟨Adj.⟩ kämpferisch, aggressiv; *~e Demonstranten warfen Steine* [<lat. *militans,* Part. Präs. zu *militare* »Soldat sein«]

Mi|li|tär[1] ⟨das; -s; unz.⟩ **1** Stand der Soldaten **2** Gesamtheit der Streitkräfte [<frz. *militaire* <lat. *militaris;* zu *miles* »Soldat«]

Mi|li|tär[2] ⟨der; -s, -s⟩ höherer Offizier; *ein erfahrener, guter ~ sein; es waren hohe ~s anwesend* [→ *Militär*[1]]

mi|li|tä|risch ⟨Adj.⟩ das Militär betreffend, soldatisch; *~e Ausbildung, Auszeichnung; ~er Gruß* G. durch Strammstehen u. Aufheben der rechten Hand an den Mützenrand; *Ggs* zivil (1) [<lat. *militaris;* beeinflusst von frz. *militaire*]

Mi|li|ta|ris|mus ⟨der; -; unz.⟩ Vorherrschaft der militärischen Macht, übersteigerte militärische Gesinnung [<frz. *militarisme* »Militärherrschaft«]

Mi|liz ⟨die; -, -en⟩ **1** kurz ausgebildete Truppe für den Bedarfsfall **2** ⟨in kommunist. Staaten⟩ Polizei [<lat. *militia* »Gesamtheit der Soldaten; Kriegsdienst«; zu *miles* »Soldat«]

Mi|li|zi|o|när ⟨der; -s, -e⟩ Angehöriger der Miliz

Mill|en|ni|um *auch:* **Mil|len|ni|um** ⟨das; -s, -ni|en⟩ Zeitraum von 1000 Jahren [lat., »das Tausendjährige Reich (Christi)«; zu *mille* »tausend« + *annus* »Jahr«]

mil|li..., Mil|li... ⟨Zeichen: m; vor Maßeinheiten⟩ ein Tausendstel der betreffenden Maßeinheit, z. B. 1 mm = $^1/_{1000}$ Meter [<lat. *mille* »tausend«]

Mil|li|ar|där ⟨der; -s, -e⟩ **1** Besitzer von Werten über eine Milliarde (Euro) **2** ⟨fig.⟩ steinreicher Mann

Mil|li|ar|de ⟨die; -, -n; Abk.: Md. od. Mrd.⟩ 1000 Millionen [<frz. *milliard* »tausend Millionen«; zu lat. *mille* »tausend« + vergrößernd *...ard*]

Mil|li|gramm ⟨das; -(e)s, -; Zeichen: mg⟩ $^1/_{1000}$ Gramm

Mil|li|li|ter ⟨das od. (schweiz. nur) der; -s, -; Zeichen: ml⟩ $^1/_{1000}$ Liter

Mil|li|me|ter ⟨das od. (schweiz. nur) der; -s, -; Zeichen: mm⟩ $^1/_{1000}$Meter

Mil|li|on ⟨die; -, -en; Abk.: Mill. od. Mio⟩ 1000 mal 1000 [<ital. *millione* »zehn mal hunderttausend«; zu lat. *mille* »tausend« + rom. Vergrößerungssuffix *...one*]

Mil|li|o|när ⟨der; -s, -e⟩ **1** Besitzer von Werten über eine Million (Euro) **2** ⟨fig.⟩ sehr reicher Mann [<frz. *millionnaire*]

Mi|me|se ⟨die; -, -n⟩ äußere (schützende) Ähnlichkeit von Tieren in Gestalt od. Farbe mit leblosen Gegenständen ihrer Umgebung [<grch. *mimesis* »Nachahmung«]

Mi|mik ⟨die; -; unz.⟩ Spiel des Gesichtsausdrucks u. der Gebärden [<lat. *ars mimica* »schauspieler. Kunst«]

Mi|mo|se ⟨die; -, -n⟩ **1** eine Zierpflanze, deren Blätter bei der geringsten Berührung zusammenklappen, Sinnpflanze **2** ⟨fig.⟩ empfindsamer, leicht gekränkter

M

Mensch [<nlat. *mimosa* <lat. *mimus* »Schauspieler«; → *Mimese*]

Mi|na|rett ⟨das; -s, -e od. -s⟩ Turm der Moschee, von dem die Gebetsstunden ausgerufen werden [<türk. *minare* <arab. *manarah* »Lampe, Leuchtturm«]

Mi|ne|ral ⟨das; -s, -e od. -li|en⟩ anorganischer Bestandteil der Erdrinde [<mlat. *(aes) minerale* »Erz«]

mi|ne|ra|lisch ⟨Adj.⟩ auf Mineralien beruhend, aus ihnen entstanden

Mi|ne|ra|lo|gie ⟨die; -; unz.⟩ die Wissenschaft von den Mineralien [<*Mineral* + *...logie*]

Mi|ni... ⟨in Zus.⟩ **1** sehr klein, *z. B. Minieisenbahn* **2** ⟨in der Mode⟩ sehr kurz, *z. B. Minirock* [verkürzt <*Miniatur* od. <*Minimum*]

Mi|ni|a|tur ⟨die; -, -en⟩ sehr kleines Bild [<ital. *miniatura;* zu lat. *minitus* »mit Mennige gefärbt«]

mi|ni|mal ⟨Adj.⟩ sehr klein, winzig, geringfügig; *Ggs* maximal [<lat. *minimus* »der kleinste«]

Mi|ni|mal Art ⟨[mɪnɪməl aː(r)t] die; - -; unz.; Kunst⟩ Richtung der modernen Kunst, die sich auf einfachste (geometr.) Grundformen beschränkt [<engl. *minimal* »minimal, kleinst...« + *art* »Kunst«]

mi|ni|mie|ren ⟨V.⟩ das Minimum anstreben, erreichen, möglichst kleinmachen; *Kosten ~; Ggs* maximieren

Mi|ni|mum ⟨das; -s, -ni|ma⟩ *Ggs* Maximum **1** kleinster Wert, kleinste Größe, niedrigster Stand, z. B. des Luftdrucks **2** Mindestmaß **3** Geringfügigkeit [lat., »das kleinste«]

Mi|nis|ter ⟨der; -s, -⟩ Leiter eines Ministeriums; *Verteidigungs~; Kultus~* [<frz. *ministre* »Diener; Diener des Staates« <lat. *minister* »Diener, Gehilfe«; zu *minus;* → *minus*]

Mi|nis|te|ri|um ⟨das; -s, -ri|en⟩ oberste staatl. Verwaltungsbehörde; *Innen~; Justiz~; Wirtschafts~* [<frz. *ministère* <lat. *ministerium* »Dienst, Amt«]

Mi|nis|ter|prä|si|dent ⟨der; -en, -en⟩ Regierungschef (in der BRD); Leiter der Landesregierung

Mi|nis|trant *auch:* **Mi|nist|rant** ⟨der; -en, -en⟩ meist jugendlicher Gehilfe des Priesters bei der Messe, Messdiener [<lat. *ministrans,* Part. Präs. zu *ministrare* »bedienen«]

Mi|no|taur ⟨der; -s; unz.; grch. Myth.⟩ menschenfressendes Ungeheuer auf Kreta mit dem Leib eines Menschen u. dem Kopf eines Stieres [grch., »Stier des Minos«]

Mi|nu|end ⟨der; -en, -en; Math.⟩ die zu vermindernde Zahl, von der eine andere abgezogen wird; →*a.* Subtrahend [<lat. *minuere* »verringern«]

mi|nus ⟨Adv.; Zeichen: -⟩ *Ggs* plus **1** weniger, abzüglich; *sechs ~ zwei ist vier (6 - 2 = 4); es sind 15 Grad ~* ⟨umg.⟩ 15 Grad unter 0° C **2** ⟨Physik⟩ = negativ (6) [lat., »weniger«, Neutr. zu *minor* »kleiner, geringer«]

Mi|nus ⟨das; -, -⟩ Fehlbetrag; *Ggs* Plus

Mi|nus|kel ⟨die; -, -n⟩ kleiner Buchstabe römischen Ursprungs mit Ober- u. Unterlängen; *Ggs* Majuskel [<lat. *minusculus* »etwas kleiner«, Verkleinerungsform zu *minor* »kleiner«]

Mi|nu|te ⟨die; -, -n; Abk.: min, Min., m⟩ **1** der 60. Teil einer Stunde; *auf die ~* ⟨umg.⟩ pünktlich **2** ⟨Math.; Zeichen: '⟩ der 60. Teil des Grades eines Winkels [frz. <lat. *minutus* »klein, gering«; zu *minuere* »verringern«]

Mi|ra|kel ⟨das; -s, -⟩ **1** Wunder **2** Wunderwerk, -tat [<frz. *miracle* <lat. *miraculum;* zu lat. *mirari* »(be)wundern»]

Mis|an|throp *auch:* **Mi|santh|rop** ⟨der; -en, -en⟩ Menschenfeind; *Ggs* Philanthrop [<grch. *misanthropos* »Menschen hassend«]

mi|se|ra|bel ⟨Adj.⟩ elend, sehr schlecht, kläglich, erbärmlich; *das Schmuckstück ist ~ gearbeitet; ein miserables Zeugnis; es geht ihm (gesundheitlich, wirtschaftlich) ~* [<frz. *misérable*]

Mi|se|re ⟨die; -, -n⟩ Not, Elend, Jammer [<frz. *misère*]

Mis|si|on ⟨die; -, -en⟩ **1** ernster Auftrag, Sendung, Vollmacht; *meine ~ ist beendet, erfüllt* **2** zu bes. Aufgaben ins Ausland entsandte Gruppe von Personen; *diplomatische ~; geheime ~* **3** ⟨unz.⟩ Verbreitung des christlichen Glaubens in der ganzen Welt durch Missionare [<lat. *missio* »das Geschehenlassen; Entsendung, Sendung«; zu *mittere* »senden«]

M

Mis|si|o|nar ⟨der; -s, -e⟩ zur Bekehrung nichtchristlicher Völker ausgesandter Geistlicher [→ *Mission*]

mis|si|o|nie|ren ⟨V.⟩ zum Christentum bekehren, das Christentum unter nichtchristlichen Völkern verbreiten

Mis|tral *auch:* **Mist|ral** ⟨der; -s, -e; Meteor.⟩ kalter Nordwind in Südfrankreich, bes. an der Mündung der Rhône [frz.]

> → **Meeting:** Was du nicht unter *mi-* findest, kann unter *mee-* stehen, z. B. *Meeting*!

Mi|to|chon|dri|um *auch:* **Mi|to|chond|ri|um** ⟨[-xɔn-] das; -s, -dri|en; meist Pl.; Biol.⟩ faden- od. stäbchenförmiges Zellorganell, das der Atmung u. dem Stoffwechsel dient [<grch. *mitos* »Faden, Schlinge« + *chondros* »Korn«]

Mi|to|se ⟨die; -, -n; Biol.⟩ Zellkernteilung mit Längsspaltung der Chromosomen, wobei das genetische Material exakt auf beide Tochterkerne verteilt wird; *Ggs* Amitose [<grch. *mitos* »Faden, Schlinge, Kette«]

Mi|tra *auch:* **Mit|ra** ⟨die; -, Mi|tren⟩ **1** altgrch. Stirnband **2** hohe, mützenartige Kopfbedeckung altorientalischer Herrscher **3** ⟨kath. Kirche⟩ hohe, spitze Bischofsmütze eines Kardinals od. Bischofs [lat.]

Mix ⟨der; -, -e; häufig in Zus.⟩ Mischung, Gemisch; *Getränke*~ [engl.]

Mixed|pi|ckles ⟨[mɪkstpɪklz]⟩ *auch:* **Mixed Pick|les** ⟨Pl.⟩ in gewürztem Essig eingelegtes, gemischtes, pikantes Gemüse; *oV* Mixpickles [<engl. *mix* »mischen« + *pickle* »Eingemachtes«]

mi|xen ⟨V.⟩ **1** mischen; *Getränke ~; Zutaten ~* **2** ⟨Film; Funk u. TV⟩ aufeinander abstimmen u. auf einem Tonband vereinigen; *Tonspuren ~* [<engl. *mix*]

Mi|xer ⟨der; -s, -⟩ **1** jmd., der Getränke mischt; *Bar*~ **2** elektrisches Gerät zum Zerkleinern u. gleichzeitigen Mischen von Speisen od. Getränken **3** ⟨Film; Funk u. TV⟩ Techniker, der am Mischpult Tonspuren mixt, Tonmeister [engl.]

Mix|pi|ckles *auch:* **Mix|pick|les** ⟨[-pɪklz] Pl.⟩ = Mixedpickles

Mix|tur ⟨die; -, -en⟩ Mischung mehrerer flüssiger Arzneimittel [<lat. *mixtura* »Mischung«]

Mob ⟨der; -s; unz.; umg.; abwertend⟩ Pöbel, Gesindel [engl.]

Mob|bing ⟨das; od. -s; unz.⟩ niederträchtiges Schlechtmachen u. Verunglimpfen eines Mitarbeiters durch mehrere seiner Kollegen mit dem Ziel, ihn zur Kündigung seines Arbeitsverhältnisses zu bewegen [engl., zu *mob* »über jmdn. herfallen«]

mo|bil ⟨Adj.⟩ **1** beweglich **2** ⟨fig.; umg.⟩ gesund u. munter **3** einsatzbereit, kriegsbereit; *~e Truppen* [<frz. *mobile* »beweglich; marschbereit« <lat. *mobilis* »beweglich«; zu *movere* »bewegen, fortbewegen«]

Mo|bi|le ⟨[-le:] das; -s, -s⟩ an Drähten u. Fäden frei schwebende Figuren, Ornamente usw., die sich beim geringsten Luftzug bewegen [<frz. *mobile;* → *mobil*]

Mo|bi|li|ar ⟨das; -s; unz.⟩ bewegliche Einrichtungsgegenstände, Gesamtheit der Möbel [zu lat. *mobiliare* »ausstatten, mit bewegl. Gut versehen«]

mo|bi|li|sie|ren ⟨V.⟩ **1** verfügbar, flüssigmachen; *Vermögen ~* **2** = mobilmachen (1) [<frz. *mobiliser*]

mo|bil|ma|chen ⟨V.⟩ **1** ⟨i. e. S.⟩ kriegsbereit machen; *Sy* mobilisieren (2); *Truppen ~* **2** ⟨i. w.S⟩ auf die Anforderungen des Krieges umstellen; *die Wirtschaft ~*

Mo|bil|te|le|fon ⟨das; -s, -e⟩ = Handy

möb|lie|ren *auch:* **mö|blie|ren** ⟨V.⟩ mit Möbeln ausstatten, mit Möbeln einrichten; *eine Wohnung, ein Zimmer ~; möbliertes Zimmer* [<frz. *meubler*]

Moc|ca ⟨der; -s, -s; österr. für⟩ Mokka

mo|dal ⟨Adj.⟩ **1** ⟨Gramm.⟩ die Art u. Weise bezeichnend **2** ⟨allg.⟩ durch die Verhältnisse bedingt [<lat. *modus* »Art u. Weise«]

Mo|da|li|tät ⟨die; -, -en⟩ **1** Art u. Weise wie etwas geschieht od. gedacht wird, Ausführungsart **2** ⟨Logik⟩ Bestimmungsgrad einer Aussage **3** ⟨Sprachw.⟩ sprachl. Form, die das Verhältnis des Sprechers zu seiner Aussage u. der Aussage zur Realität ausdrückt, z. B. bestimmt durch den Modus, die Satzart od. Modalverben

M

Mo|da̲l|verb ⟨[-vɛrb] das; -s, -en; Gramm.⟩ Verb, das die Art u. Weise eines anderen Verbs näher bestimmt, *z. B. können, dürfen, wollen, sollen, scheinen*

Mo|del ⟨[mɔdəl] das; -s, -s⟩ Vorführdame, Mannequin [engl.]

Mo|dẹll ⟨das; -s, -e⟩ **1** Vorbild, Muster, Urbild **2** Urform eines Bildwerks (meist aus Ton) sowie deren Abguss in Gips; *Gips~* **3** plastische Darstellung eines (geplanten) Bauwerks in stark verkleinertem Maßstab; *das ~ eines Wohnhauses, einer Stadt* **4** stark verkleinertes Vorbild (Nachbildung) einer Maschine; *Schiffs~; Flugzeug~* **5** Person od. Gegenstand als Vorbild für Maler, Bildhauer u. Fotografen; *Foto~; ~ stehen, sitzen* **6** einmalig angefertigtes Kleid, Modellkleid; *~e vorführen* [<ital. *modello*]

mo|del|li̲e̲|ren ⟨V.⟩ **1** (in Ton, Wachs od. ähnl. Material) formen **2** nachbilden, ein Muster anfertigen von [<ital. *modellare*]

Mo̲|dem ⟨das; -s, -e; El.⟩ Signalumsetzer für die Übertragung von Gleichstromsignalen auf Übertragungswegen, die nur für Wechselstromsignale geeignet sind (z. B. bei der Übertragung von digitalen Daten über Fernsprechleitungen) [verkürzt <*Mo*dulator + *Dem*odulator]

mo|de|ra̲t ⟨Adj.⟩ gemäßigt, maßvoll, zurückhaltend; *~e Forderungen stellen* [<lat. *moderatus*]

Mo|de|ra|tio̲n ⟨die; -; unz.⟩ Tätigkeit eines Moderators(2,3), Leitung u. informative od. unterhaltsame Kommentierung einer Diskussionsrunde od. Show in Funk u. Fernsehen [<lat. *moderatio* »rechtes Maß, Mäßigung, Lenkung«]

Mo|de|ra̲|tor ⟨der; -s, -to̲|ren⟩ **1** ⟨Physik⟩ Substanz, die schnelle Neutronen auf die für Kernspaltungen notwendigen Geschwindigkeiten abbremsen soll **2** Leiter einer Diskussion **3** ⟨Funk u. TV⟩ jmd., der eine Sendung leitet, sie kommentierend begleitet [nlat. <lat. *moderator* »Lenker, Leiter«; zu *moderari; → moderieren*]

mo|de|ri̲e̲|ren ⟨V.⟩ *eine Rundfunk-, Fernsehsendung ~* die verbindenden Informationen u. Kommentare dazu sprechen [<lat. *moderari* »ein Maß setzen, mäßigen, lenken«]

mo|dẹrn ⟨Adj.⟩ **1** der Mode, dem Zeitgeschmack entsprechend, zeitgemäß; *das Kleid ist nicht mehr ~* **2** neuzeitlich **3** für die Probleme der Gegenwart aufgeschlossen [<frz. *moderne,* eigtl. »neu, neuzeitlich«]

mo|der|ni|si̲e̲|ren ⟨V.⟩ **1** modern, modisch machen, nach der Mode ändern, umarbeiten **2** dem Zeitgeschmack anpassen u. mit den neuesten techn. Errungenschaften ausstatten; *Betriebe, Gebäude ~* [<frz. *moderniser*]

Mo̲|di ⟨Pl. von⟩ Modus

Mo|di|fi|ka|ti|o̲n ⟨die; -, -en⟩ **1** Veränderung, Umwandlung; Einschränkung, Milderung **2** ⟨Biol.⟩ nicht erbliche, nur durch Einflüsse der Umwelt verursachte Abweichung eines Lebewesens vom Normaltyp; *Ggs* Mutation (1) **3** ⟨Chemie⟩ verschiedene Erscheinungsformen ein u. desselben Stoffes infolge unterschiedlicher Kristallbildung [<lat. *modificatio* »(richtige) Abmessung«]

Mo|du̲l[1] ⟨der; -s, -n⟩ **1** ⟨Arch.⟩ Maßeinheit, die vereinfacht zwischen den versch. Bauteilen wiederkehrt **2** ⟨antike Arch.⟩ unterer Halbmesser einer Säule **3** ⟨Tech.⟩ Kennziffer für die Teilung eines Zahnrades **4** ⟨Tech.; Physik⟩ als Maßzahl dienender Wert **5** ⟨Math.⟩ **5.1** diejenige Zahl, die durch Multiplikation mit natürlichen Logarithmen die Logarithmen zu einer bestimmten Basis ergibt **5.2** Teiler [<lat. *modulus* »Maß, Maßstab«]

Mo|du̲l[2] ⟨das; -s, -e; El.; EDV⟩ als Ganzes austauschbare Funktionsgruppe eines Gerätes [<engl. *module* »(Bau-)Element«]

Mo|du|la|ti|o̲n ⟨die; -, -en⟩ **1** Abwandlung **2** ⟨Musik⟩ **2.1** Übergang von einer Tonart in eine andere inmitten eines Stücks **2.2** Abstufung der Tonstärke u. Klangfarbe **3** ⟨El.⟩ Aufprägen von Signalen od. Schallwellen auf eine Trägerwelle; *Amplituden~; Frequenz~; Puls~* [<lat. *modulatio* »Takt«; zu *modulari* »einrichten, regeln«]

mo|du|li̲e̲|ren ⟨V.⟩ **1** abwandeln, wechseln **2** ⟨Musik⟩ **2.1** von einer Tonart in eine

M

andere überleiten **2.2** Tonstärke u. Klangfarbe (sinnvoll) wechseln **3** ⟨El.⟩ einer Modulation (3) unterwerfen [<lat. *modulari* »einrichten, regeln«]

Mo|dus ⟨a. [mo:] der; -, Mo|di⟩ **1** Art u. Weise, Regel, Maß; *nach einem bestimmten ~ handeln; einen Verfahrens~ vertraglich festlegen* **2** ⟨Gramm.⟩ eine der drei Aussageweisen des Verbs (Indikativ, Konjunktiv, Imperativ) **3** ⟨Musik⟩ **3.1** ⟨in der Notenschrift des 12./13. Jh.⟩ Rhythmus, der einem der sechs griech. Versfüße nachgebildet ist **3.2** feststehende Melodie, Weise [lat., »Maß(stab), Art u. Weise«]

Mo|ham|me|da|ner ⟨der; -s, -; westl. Bez. für⟩ Muslim [nach dem Stifter des Islams, *Mohammed,* ca. 570-632]

Mo|kas|sin ⟨der; -s, -s od. -e⟩ **1** weicher, absatzloser, bestickter Stiefel aus Wildleder der nordamerikanischer Indianer **2** weicher, ungefütterter Lederschuh [<engl. *moccasin* <Algonkin *mohkisson*]

mo|kie|ren ⟨V.⟩ *sich ~ (über)* sich lustig machen (über), sich spöttisch, abfällig äußern (über) [<frz. *moquer*]

Mok|ka ⟨der; -s, -s⟩ *oV* Mocca **1** Kaffeesorte **2** ⟨allg.⟩ besonders starker Kaffee [<engl. *mocha coffee,* nach der jemenit. Stadt *Mocha, Mokka* (früher Kaffeehafen)]

Mol ⟨das; -s, -e; Chemie⟩ die Menge eines Stoffes, deren Masse gleich dem Molekulargewicht in Gramm ist, Grammmolekül [verkürzt <*Mol*ekül]

Molekül: Ein *Molekül* ist eine mehr oder weniger stabile Verbindung von zwei oder mehr gleichartigen oder ungleichartigen Atomen. *Moleküle* sind chemisch gesättigt und elektrisch neutral. Die Bindung der Atome ist innerhalb eines *Moleküls* stärker als die Kräfte zwischen den *Molekülen.* Freie *Moleküle* liegen vor allem im Gaszustand vor. Im festen Zustand bilden *Moleküle* meistens Molekülgitter.

Mo|le|kül ⟨das; -s, -e; Chemie⟩ kleinstes Teilchen einer chemischen Verbindung [<frz. *molécule*]

mo|le|ku|lar ⟨Adj.⟩ zum Molekül, zu den Molekülen gehörend

Moll ⟨das; -; unz.; Musik⟩ (weibl.) Tongeschlecht mit kleiner Terz im Dreiklang der Tonika [<lat. *mollis* »weich, sanft« (nach der als »weicher Klang« empfundenen kleinen Terz)]

Mo|lo|tow|cock|tail *auch:* **Mo|lo|tow-Cocktail** ⟨[-tɔfkɔktɛıl] der; -s, -s⟩ Sprengkörper, gefüllt mit leicht brennbarer Flüssigkeit [nach dem sowjet. Außenminister W.M. *Molotow,* 1890-1986]

mol|to ⟨Musik⟩ viel, sehr, *z.B. ~ vivace* sehr lebhaft (zu spielen) [ital.]

Mo|lyb|dän ⟨das; -s; unz.; chem. Zeichen: Mo⟩ silberweißes, sprödes Metall, Ordnungszahl 42 [<grch. *molybdaina* »Bleiglanz«]

mon..., Mon... ⟨in Zus.⟩ = mono..., Mono...

Mo|na|de ⟨die; -, -n; Philos.⟩ **1** Einheit, Unteilbares **2** ⟨bei Leibniz⟩ einzelne Krafteinheit des Seienden, die in sich geschlossen u. von seelischer Beschaffenheit ist [<grch. *monas,* Gen. *monados* »Einheit«]

◆ Die Buchstabenfolge **mon|ar...** kann auch **mo|nar...** getrennt werden.

◆**Mon|arch** ⟨der; -en, -en; Politik⟩ fürstl. Alleinherrscher, gekröntes Staatsoberhaupt (durch Wahl od. Erbanspruch) [<grch. *monarchos* »Alleinherrscher« <*monos* »allein« + *archein* »herrschen«]

◆**Mon|ar|chie** ⟨die; -, -n; Politik⟩ Staat, Staatsform mit einem Monarchen an der Spitze; *Erb~; Wahl~; konstitutionelle ~* [<lat. *monarchia* <grch. *monarchia* »Alleinherrschaft«; zu *monos* »allein« + *archein* »der Erste sein, herrschen«]

Monarchie Bei fremdsprachlichen Zusammensetzungen setzt man die Trennfuge zwischen den einzelnen Bestandteilen. Sind die Bestandteile (z.B. *mon...*; zu grch. *monos* »allein« und *...archie* zu grch. *arche* »Anfang«) jedoch nicht ohne weiteres erkennbar, kann auch nach Sprechsilben getrennt werden (*Mo|narchie*).

◆**mon|ar|chisch** ⟨Adj.⟩ zur Monarchie od. zum Monarchen gehörend

mo|nas|tisch ⟨Adj.⟩ klösterlich, mönchisch; *die ~e Regel; die ~e Kultur* [<lat. *monasticus* < grch. *monastikos* »mönchisch«]

mon|dän ⟨Adj.⟩ **1** sehr elegant, sehr gewandt u. dabei lässig-überlegen **2** im Stil der großen Welt [<frz. *mondain,* eigtl. »weltlich«; zu *monde* »Welt«]

Mo|ne|ta|ris|mus ⟨der; -; unz.⟩ das Ausgerichtetsein, ausschließliches Orientiertsein auf Geld u. Kapital [zu lat. *monetae* »Münzen«]

Mon|go|li|de(r) ⟨die od. der; -n, -n⟩ Angehörige(r) der mongolischen Rasse, Mongolin/Mongole

mon|go|lisch ⟨Adj.⟩ die Mongolei u. ihre Einwohner betreffend, zu ihnen gehörig, von ihnen stammend

Mon|go|lis|mus ⟨der; -; unz.; Med.; veraltet für⟩ angeborene, mit körperlicher Entwicklungsstörung verbundene Form geistiger Behinderung [<*Mongolide(r)* (nach den pseudomongolischen Gesichtszügen des Erkrankten)]

mon|go|lo|id ⟨Adj.⟩ **1** den Mongolen ähnlich **2** ⟨Med.⟩ die Merkmale des Mongolismus aufweisend

mo|nie|ren ⟨V.⟩ **1** beanstanden, rügen **2** mahnen [<lat. *monere* »ermahnen«]

Mo|nis|mus ⟨der; -; unz.; Philos.⟩ philosophische Lehre, dass alles Seiende auf ein einheitliches Prinzip zurückzuführen sei; *Ggs* Pluralismus (1) [<grch. *monos* »allein«]

Mo|ni|tor ⟨der; -s, -to|ren⟩ **1** ⟨TV⟩ Empfänger im Fernsehstudio, auf dem das jeweils gesendete Bild kontrolliert werden kann **2** ⟨Kernphysik⟩ automatische Anlage, die die radioaktive Strahlung überwacht **3** ⟨EDV⟩ Bildschirm eines Computers [lat., »Aufseher, Warner, Mahner«]

mo|no..., Mo|no... ⟨vor Vokalen⟩ mon..., Mon... ⟨in Zus.⟩ allein, einzig, einzeln [<grch. *monos*]

mo|no|chrom ⟨[-kro:m] Adj.⟩ einfarbig [<*mono...* + *...chrom*]

mo|no|cy|clisch *auch:* **mo|no|cyc|lisch** ⟨Adj.⟩ *~e Verbindungen* organisch-chemische Verbindungen, deren Atome in nur einem Ring angeordnet sind; *oV* monozyklisch

mo|no|gam ⟨Adj.⟩ die Monogamie betreffend, in der Art der Monogamie; *Ggs* polygam (1,2)

Mo|no|ga|mie ⟨die; -; unz.⟩ Ehe mit nur einem Partner, Einehe; *Ggs* Polygamie [<*Mono...* + grch. *gamos* »Ehe«]

Mo|no|gra|fie ⟨die; -, -n⟩ = Monographie

Mo|no|gramm ⟨das; -s, -e⟩ die (oft miteinander verschlungenen) Anfangsbuchstaben des Namens [<spätlat. *monogramma* »ein Buchstabe, der mehrere in sich fasst«]

Mo|no|gra|phie ⟨die; -, -n⟩ Einzeldarstellung, einen einzelnen Gegenstand wissenschaftlich (mit größtmögl. Vollständigkeit) behandelnde Schrift; *oV* Monografie [<*Mono...* + *...graphie*]

Mon|o|kel *auch:* **Mo|no|kel** ⟨das; -s, -⟩ optisches Glas für ein Auge, Einglas [<*Mono...* + lat. *oculus* »Auge«]

Mo|no|kul|tur ⟨die; -, -en; Bot.⟩ Anbau nur einer Pflanzenart auf einer Fläche; *Tomaten, Sonnenblumen in ~ anbauen*

Mo|no|log ⟨der; -(e)s, -e⟩ Selbstgespräch, bes. im Schauspiel; *Ggs* Dialog (1) [<*Mono...* + *...log*[1]]

Mo|no|phthong *auch:* **Mo|noph|thong** ⟨der; -s, -e; Phon.⟩ einfacher Vokal; *Ggs* Diphthong [<grch. *monophthongos* »eintönig«]

Mo|no|pol ⟨das; -s, -e⟩ **1** alleiniges Vorrecht, alleiniger Anspruch; *das ~ für die Aus- od. Einfuhr von Kaffee haben; das ~ auf, für eine Ware* **2** Warenangebot mit dem Ziel, die Preise zu bestimmen; *(staaliches) Tabak~; Post~* [<lat. *monopolium,* grch. *monopolion* »Recht des Alleinhandels; Alleinverkauf«; zu grch. *monos* »allein« + *polein* »verkaufen, Handel treiben«]

Mo|no|sac|cha|rid ⟨[-zaxa-] das; -s, -e; Biochemie⟩ einfacher Zucker, der sich nicht in kleinere Zuckermoleküle spalten lässt; *oV* Monosacharid

Mo|no|sa|cha|rid ⟨[-zaxa-] das; -s, -e; Biochemie⟩ = Monosaccharid

mo|no|ton ⟨Adj.⟩ eintönig, ermüdend einförmig, langweilig [<*mono...* + grch. *teinein* »spannen«]

Mo|no|to|nie ⟨die; -; unz.⟩ Eintönigkeit, Einförmigkeit, Langweiligkeit

Mon|oxid ⟨das; -(e)s, -e; Chemie⟩ Sauerstoffverbindung eines Elements mit nur einem Sauerstoffatom

mo|no|zy|klisch *auch:* **mo|no|zyk|lisch** ⟨Adj.⟩ = monocyclisch

Mons|ter ⟨das; -s, -⟩ = Monstrum

◆ Die Buchstabenfolge **mons|tr...** kann auch **monst|r...** getrennt werden.

◆**Mons|tranz** ⟨die; -, -en; Rel.⟩ Gefäß (meist aus kostbarem Material) zum Zeigen der Hostie [<lat. *monstrantia;* zu *monstrare* »zeigen«]

◆**mons|trös** ⟨Adj.⟩ **1** groß u. scheußlich; *ein ~es Gemälde, Kunstwerk* **2** missgestaltet; *ein ~es Ungeheuer* [<lat. *monstrosus* »wunderbar, widernatürlich«]

◆**Mons|trum** ⟨das; -s, Mons|tra od. Monstren⟩ *oV* Monster **1** Ungeheuer **2** missgebildetes Wesen [lat., »göttliches Mahnzeichen, Wahrzeichen; Ungetüm, Ungeheuer; unerhörte Tat«; zu *monere* »mahnen«]

Mon|ta|ge ⟨[-ʒə] die; -, -n⟩ **1** das Montieren, Aufstellung u. Zusammenbau; *die ~ einer Maschine* **2** ⟨Film⟩ Schnitt, Auswahl u. Aneinanderreihen der Handlungseinheiten eines Films nach künstlerischen Gesichtspunkten **3** ⟨Drucktech.⟩ Zusammensetzen aller Einzelteile (Filme) eines Druckbildes vor der Übertragung auf die endgültige Druckform [<frz. *monter;* → *montieren*]

Mon|teur ⟨[-tøːr] der; -s, -e⟩ Facharbeiter, der Geräte, Maschinen, Gerüste u. a. montiert [zu frz. *monter* »hinaufsteigen; hinaufbringen, aufstellen«]

Montgolfiere: Die *Montgolfiere* war der erste Heißluftballon. Sie wurde von den Brüdern Jacques-Ütienne (1745-1799) und Joseph-Michel de *Montgolfier* (1740-1810) erfunden. In der Papierfabrik ihres Vaters stellten sie Versuche mit rauchgefüllten Papiersäcken an. Am 5.6.1783 stieg die erste unbemannte *Montgolfiere* auf. Die Luft wurde im unten offenen Ballon durch ein Becken mit glühender Holzkohle erhitzt. Nachdem man zunächst Tiere in die Luft schickte, flogen am 21.11.1783 erstmals Menschen in einer *Montgolfiere.*

Mont|gol|fie|re ⟨[mɔ̃gɔlfjɛːrə] die; -, -n⟩ erster Heißluftballon

mon|tie|ren ⟨V.⟩ **1** *eine Maschine, technische Anlage ~* aufstellen u. (od.) zusammenbauen **2** (mit technischen Mitteln) anbringen, befestigen; *einen Griff an ein Gerät ~* [<frz. *monter* »hinaufsteigen; hinaufbringen, aufstellen« <lat. *montare* »einen Berg besteigen«]

Mo|nu|ment ⟨das; -(e)s, -e⟩ **1** großes Denkmal **2** kulturgeschichtlich bedeutsames Werk; *Goethes »Faust« ist ein ~ der Dichtkunst* [<lat. *monumentum* »Denkzeichen, Denkmal, Mahnmal«]

mo|nu|men|tal ⟨Adj.⟩ **1** wie ein Monument **2** ⟨fig.⟩ gewaltig, ungeheuer groß u. bedeutsam

Mo|ral ⟨die; -; unz.⟩ **1** Sittenlehre, Ethik; *... und die ~ von der Geschichte ...* **2** sittliches Verhalten, Sittlichkeit; *eine hohe, keine ~ haben; gegen die ~ verstoßen* **3** Bereitschaft zu kämpfen, Disziplin; *die ~ einer Truppe* [<frz. *morale* <lat. *mos,* Gen. *moris* »Sitte, Brauch; Art und Weise«, Pl. *mores* »Sitten, (gute u. schlechte) Denkart, Charakter; Sittlichkeit«]

mo|ra|lisch ⟨Adj.⟩ **1** die Moral betreffend, zu ihr gehörig, auf ihr beruhend **2** sittlich, sittenstreng **3** Moral lehrend **4** *einen Moralischen haben* ⟨umg.⟩ niedergeschlagen, reuig sein, bes. nach einem Rausch

Mo|rä|ne ⟨die; -, -n; Geol.⟩ von Gletschern abgelagerter Gesteinsschutt [<frz. *moraine* »Geröll«]

Mo|ra|to|ri|um ⟨das; -s, -ri|en⟩ **1** vertraglich vereinbarter od. gesetzlich angeordneter (Zahlungs-)Aufschub **2** Ruhenlassen einer Angelegenheit od. eines Plans [<lat. *mora* »Aufschub, Verzug«]

mor|bid ⟨Adj.⟩ **1** krankhaft, kränklich, angekränkelt **2** morsch, brüchig [<lat. *morbidus* »krank, ungesund«]

→ **Morphium:** Der Laut [**f**] wird in griechischen Fremdwörtern oft ***ph*** geschrieben, z. B. in *Mor**ph**ium*!

Mo|ri|tat ⟨a. [--'-] die; -, -en⟩ in rührselig-schauriger Weise zur Drehorgel vorgetragenes, gleichzeitig durch Bilder erläutertes Lied über ein schreckliches Ereignis, Bänkelsängerlied [vermutl. <*Moralität*]

Mor|mo|ne ⟨der; -n, -n⟩ Mitglied einer im 19. Jh. gegründeten nordamerikanischen, christlichen Glaubensgemeinschaft [nach dem »Buch *Mormon*«, das der Gründer Joseph Smith gefunden haben will u. das die Mormonen der Bibel gleichstellen]

mo|ros ⟨Adj.⟩ mürrisch, verdrießlich [<lat. *morosus*]

Mo|ro|si|tät ⟨die; -; unz.⟩ mürrisches Wesen, Verdrießlichkeit [<lat. *morositas* »mürrisches Wesen, Eigensinn«]

...morph ⟨in Zus.⟩ ...förmig, ...gestaltig, eine bestimmte Gestalt aufweisend; *heteromorph* [<grch. *morphe* »Gestalt«]

mor|phen ⟨V.; EDV⟩ ein Bild od. eine Gestalt übergangslos verwandeln [engl.]

...mor|phie ⟨Nachsilbe; zur Bildung von weibl. Subst.⟩ Form, Gestalt, Gestaltigkeit [→ *...morph*]

Mor|phin ⟨das; -s; unz.; Chemie⟩ aus Opium rein gewonnenes Alkaloid, das die Schmerzempfindung herabsetzt u. Wohlgefühl verursacht, aber auch schnell zu körperl. u. seelischer Abhängigkeit führt; *Sy* ⟨umg.⟩ Morphium [<grch. *Morpheus*, dem Gott des Schlafes u. der Träume]

Mor|phi|um ⟨das; -s; unz.; umg.⟩ = Morphin

Mor|pho|lo|gie ⟨die; -; unz.⟩ **1** ⟨Med.; Biol.; Geol.⟩ Lehre von der Gestalt- u. Formenbildung **2** ⟨Gramm.⟩ Lehre von der Bildung der Wortstämme u. von der Beugung der Wörter mittels Morphemen [<grch. *morphe* »Gestalt« + *logos* »Wort, Kunde«]

Mor|se|al|pha|bet *auch:* **Mor|se-Al|pha|bet** ⟨das; -(e)s; unz.⟩ aus Punkten u. Strichen (kurzen u. langen Stromimpulsen) bestehendes Alphabet zur telegrafischen Nachrichtenübermittlung [nach dem nordamerikan. Erfinder Samuel *Morse*, 1791-1872]

Mor|ta|li|tät ⟨die; -; unz.⟩ **1** Sterblichkeit **2** Sterblichkeitsrate; *Ggs* Natalität [<lat. *mortalitas* »Sterblichkeit«]

Mo|sa|ik ⟨das; -s, -e od. -en⟩ aus verschiedenfarbigen Stiften, Glasstückchen, Steinchen o. Ä. zusammengesetztes Muster od. Bildwerk auf Mauer od. Fußboden [<frz. *mosaïque* <lat. *musaicum* <*musivum;* zu grch. *mousa* »Muse; Kunst, künstler. Tätigkeit«]

mo|sa|isch ⟨Adj.⟩ **1** von Moses stammend; *das ~e Gesetz* **2** jüdisch, israelitisch

Mo|schee ⟨die; -, -n⟩ islamisches Gotteshaus [<frz. *mosquée* <span. *mezquita* <arab. *masgid* »Gebetshaus«]

Mos|lem ⟨der; -s, -s⟩ = Muslim

mos|le|misch ⟨Adj.⟩ = muslimisch

Mo|tet|te ⟨die; -, -n; Musik⟩ mehrstimmige (geistliche) Vokalkomposition, meist aus mehreren Sätzen bestehend [<ital. *mot(t)etto* »Kirchengesang, dem ein Bibelspruch zugrunde liegt«; zu frz. *mot* »Wort«]

Mo|tiv ⟨das; -s, -e [-və]⟩ **1** Beweggrund, Antrieb; *das ~ einer Handlungsweise, einer Tat* **2** charakteristischer inhaltlicher Bestandteil einer Dichtung; *Dramen ~; Märchen ~; das ~ der feindlichen Brüder* **3** ⟨Musik⟩ kleinste selbstständige, charakteristische melodische Einheit eines musikalischen Stücks; *musikalisches ~* **4** ⟨Kunst⟩ Gegenstand der Darstellung; *Blumen ~; ein beliebtes ~ der Malerei* [<frz. *motif* <mlat. *motivum* »Bewegung, Antrieb«]

Mo|ti|va|ti|on ⟨[-va-] die; -, -en⟩ Bereitschaft zu einem bestimmten Verhalten (u. die Wahrscheinlichkeit seines Auftretens); *die ~ der Klasse zur Mitarbeit war gering*

mo|ti|vie|ren ⟨[-viː-] V.⟩ **1** begründen **2** anregen, beflügeln, ermuntern, einen Antrieb geben (etwas zu tun) [<frz. *motiver;* → *Motiv*]

Mo|tor ⟨a. [-'-] der; -s, -to|ren⟩ Kraftmaschine, die Energie, z. B. Wärme, Elektrizität, Wind u. a. in Bewegungsenergie umwandelt; *den ~ an-, abstellen, ein-, ausschalten; der ~ springt nicht an; der ~ läuft; der ~ ist noch nicht warm* [lat., »Beweger«; zu *movere* »bewegen, antreiben«]

Mo|to|rik ⟨die; -; unz.⟩ **1** Lehre von den verschiedenen Arten der Bewegung **2** Gesamtheit der willkürlichen Bewegungen des Körpers

mo|to|risch ⟨Adj.⟩ **1** auf der Motorik beruhend **2** bewegend, der Bewegung dienend; *~e Nerven* N., die eine Erregung vom Nervenzentrum an die Peripherie leiten

Mot|to ⟨das; -s, -s⟩ Leitspruch, Wahlspruch [ital., »Denk-, Leitspruch«]

Moun|tain|bike ⟨[maʊntənbaɪk] das; -s, -s⟩ Sportfahrrad mit geeigneten Profilreifen für Geländefahrten [engl.; zu *mountain* »Berg, Gebirge« + *bike* »Fahrrad«]

Mouse ⟨[maʊs] die; -, Mice [maɪs]; EDV⟩ Eingabegerät, dessen Bewegungen auf einer Arbeitsplatte direkt in Bewegungen des Cursors auf dem Bildschirm umgesetzt werden, Maus [engl., »Maus«]

Mouse|pad ⟨[maʊspæd] das; -s, -s; EDV⟩ Unterlage für die Maus, welche ein leichteres Navigieren des Bildschirmcursors ermöglicht; *oV* Mauspad [<engl. *mouse* »Maus« + *pad* »Polster, Schützer«]

Moz|za|rel|la ⟨der; -s, -s⟩ ital. Weichkäse aus Büffelmilch (wird als Pizzabelag od. frisch gegessen)

MP3-Play|er *auch:* **MP3-Pla|yer** ⟨[-plɛɪjə(r)] der; -s, -⟩ Abspielgerät im Taschenformat für die Wiedergabe von Musikdateien im MP3-Format [<*MP3* + engl. *player* »Abspielgerät«]

Mu|ez|zin ⟨der; -s, -s⟩ islamischer Beamter, der fünfmal täglich zum Gebet ruft [<arab. *mu'adhdhin*]

Muf|fins ⟨[mʌfɪnz] Pl.; engl. Kochk.⟩ Gebäck aus Hefeteig [engl.]

Muf|ti ⟨der; -s, -s⟩ islamischer Rechtsgelehrter [arab., »Rechtsprecher, Gesetzesausleger«, eigtl. »Entscheider«]

Mu|ko|vis|zi|do|se ⟨[-vɪs-] die; -, -n; Med.⟩ angeborene Stoffwechselkrankheit [<lat. *mucus* »Schleim« + *viscosus* »zähflüssig«]

Mu|lat|te ⟨der; -n, -n⟩ Mischling aus einem schwarzen u. einem europäischen Elternteil [<span. *mulato* »Mulatte«; zu *mulo* »Maultier«]

Mul|la ⟨der; -s, -s⟩ = Mullah

Mul|lah ⟨der; -s, -s; Titel für⟩ islamischer Gelehrter, Richter; *oV* Mulla [arab., »Herr«]

mul|ti..., Mul|ti... ⟨in Zus.⟩ viel..., vielfach..., Viel..., Vielfach... [lat., Pl. zu *multus*]

mul|ti|funk|ti|o|nal ⟨Adj.⟩ eine Vielzahl an Funktionen einschließend, sie ermöglichend

mul|ti|kul|tu|rell ⟨Adj.⟩ mehrere verschiedene Kulturen einschließend, sie betreffend; *eine ~e Veranstaltung; die ~e Gesellschaft*

mul|ti|la|te|ral ⟨Adj.⟩ viel-, mehrseitig, mehrere Personen od. Staaten betreffend; *~e Verträge* [<*multi...* + lat. *latus* »Seite«]

Mul|ti|me|dia ⟨engl. [mʌltɪmiːdɪə] das; - od. -s; unz.; meist ohne Artikel⟩ Gesamtheit der Produkte u. Dienstleistungen aus dem Computer-, Telekommunikations- u. Medienbereich, bes. die Verknüpfung mehrerer Medienarten in einzelnen Produkten [<*Multi...* + engl. *media* »Medien«, Pl. zu *medium* »Medium« <lat. *medium* »das mittlere«]

Mul|ti|mil|li|o|när ⟨der; -s, -e⟩ jmd., der Vermögen im Wert von vielen od. mehreren Millionen besitzt

mul|ti|na|ti|o|nal ⟨Adj.⟩ mehrere Staaten betreffend, in mehreren Staaten tätig; *~er Konzern* Konzern mit hohem Anteil an Auslandsgeschäften u. mit Produktionsstätten in verschiedenen Ländern

Mul|ti|ple Choice *auch:* **Mul|tip|le Choice** ⟨[mʌltɪpl tʃɔɪs] das; - -; unz.⟩ Testverfahren, bei dem die Versuchsperson aus mehreren vorgegebenen Antworten die richtige auswählen muss [engl., »mehrfache Auswahl«]

Mul|ti|pli|kand ⟨der; -en, -en; Math.⟩ die zu multiplizierende Zahl, *z. B. die »2« in 2 x 3;* →*a.* Multiplikator (1) [<lat. *multiplicandus* »ein zu multiplizierender«]

Mul|ti|pli|ka|ti|on ⟨die; -, -en; Math.⟩ das Malnehmen, Vervielfachen von Zahlen, eine der vier Grundrechenarten [<lat. *multiplicatio*]

Mul|ti|pli|ka|tor ⟨der; -s, -to|ren; Math.⟩ **1** ⟨Math.⟩ die multiplizierende Zahl, z. B. die »3« in 2 x 3; →*a.* Multiplikand **2** Person od. Organisation, die aufgrund ihrer sozialen Stellung od. Tätigkeit wesentl. an Prozessen gesellschaftl. Meinungsbildung beteiligt ist, z. B. Politiker, Verlag, Fernsehsender [zu lat. *multiplicare* »vervielfältigen«]

mul|ti|pli|zie|ren ⟨V.⟩ malnehmen [<lat. *multiplicare* »vervielfachen«]

M

Mu|mie ⟨[-mjə] die; -, -n⟩ durch Austrocknen od. Einbalsamieren vor Verwesung geschützte Leiche [<ital. *mummia* <arab. *mumiya;* zu pers. *mum* »Wachs«]

Mumie: Im alten Ägypten wurden Tote durch Behandlung mit Natron und durch Einbalsamieren vor dem Zerfall bewahrt. Über das Gesicht und den Kopf wurde eine Mumienmaske aus Leinwand und Papyrusmasché gelegt. Man bettete die *Mumien* in einen bemalten Sarg, der in den → *Sarkophag* gestellt wurde. Die *Mumie* bildete den Übergangskörper des Verstorbenen bis zur Annahme eines neuen Leibes im Jenseits.

Mu|ni|ti|on ⟨die; -; unz.⟩ Treibstoff u. Geschosse für Feuerwaffen; *scharfe ~; Übungs~* [frz., eigtl. *munition (de guerre)* »Kriegsmaterial« <lat. *munitio* »Schanze, Befestigung«]

Mu|se ⟨die; -, -n⟩ jede der neun grch. Göttinnen der Künste u. Wissenschaften; *die ~ der Musik; die heitere, ernste ~* ⟨fig.⟩ heitere, ernste Kunst [<grch. *mousa* »Muse; Kunst«]

mu|se|al ⟨Adj.⟩ zum Museum gehörig; *die ~en Räume*

Mu|se|um ⟨das; -s, -se|en⟩ **1** öffentl. Sammlung von Gegenständen der Kunst od. Wissenschaft **2** Gebäude hierfür [lat., »Ort für gelehrte Betätigung, Akademie; Bibliothek« <grch. *mouseion* »Musensitz, Musentempel«]

Mu|si|cal ⟨[mjuːzɪkəl] das; -s, -s⟩ um 1900 in New York entwickelte Form des Musiktheaters, die Merkmale der Operette, der Revue u. des Varietés verbindet [engl., verkürzt <*musical comedy* »musikal. Lustspiel«]

Mu|sik ⟨die; -, -en⟩ **1** ⟨unz.⟩ die Kunst, Töne in ästhetisch befriedigender Form nacheinander (Melodie) u. nebeneinander (Harmonie) zu ordnen, rhythmisch zu gliedern u. zu einem geschlossenen Werk zusammenzufügen, Tonkunst **2** ⟨zählb.⟩ Werk(e) der Tonkunst; *Unterhaltungs~, Opern~; ~ hören, machen* **3** ⟨unz.⟩ Orchester, bes. Militärkapelle **4** ⟨unz.⟩ Gesamtheit der Tondichtungen eines Landes, Volkes od. einer Zeit; *Barock~; klassische, moderne ~* [<lat. *(ars) musica* »Tonkunst; Tonwerk; musikalische Darbietung« <grch. *mousike (techne)* »Musenkunst«]

mu|si|ka|lisch ⟨Adj.⟩ **1** die Musik betreffend, zu ihr gehörig **2** begabt für das Aufnehmen und Ausüben von Musik **3** ⟨fig.⟩ klangvoll, wie Musik klingend

Mu|si|kant ⟨der; -en, -en⟩ **1** Spielmann **2** Musiker, bes. für Unterhaltungs- u. Tanzmusik

mu|sisch ⟨Adj.⟩ **1** die Musen betreffend, von ihnen stammend **2** empfänglich für Kunst, künstlerisch; *~ begabt*

mu|si|zie|ren ⟨V.⟩ (gemeinsam) Musik machen

Mus|kel ⟨der; -s, -n; Anat.⟩ der Bewegung dienendes, zusammenziehbares Organ des tierischen u. menschlichen Körpers [<lat. *musculus*]

Mus|ke|tier ⟨der; -s, -e; früher⟩ mit einer Muskete bewaffneter Fußsoldat [<frz. *mousquetaire*]

Mus|ku|la|tur ⟨die; -, -en⟩ Gesamtheit der Muskeln (eines Körpers) [<nlat. *musculatura*]

mus|ku|lös ⟨Adj.⟩ mit starken Muskeln versehen, kräftig [<frz. *musculeux*]

Mus|lim ⟨der; -s, -li|me od. (umg.) -s⟩ Anhänger des Islams; *oV* Moslem; *Sy* Mohammedaner [arab.]

mus|li|misch ⟨Adj.⟩ zum Islam gehörend, auf ihm beruhend; *oV* moslemisch

Mus|tang ⟨der; -s, -s⟩ verwildertes Hauspferd der nordamerikanischen Prärien [<span. (mexikan.) *mesteño*]

→ **Mystik:** Was du nicht unter *mü-* findest, kann unter *my-* stehen, z. B. *Mystik*!

Mu|tant ⟨der; -en, -en; Biol.⟩ durch Mutation entstandene, vom ursprünglichen Typ abweichende Tier- bzw. Pflanzenform; *oV* Mutante [<lat. *mutare* »ändern«]

Mu|tan|te ⟨die; -, -n; Biol.⟩ = Mutant

Mu|ta|ti|on ⟨die; -, -en⟩ **1** ⟨Biol.⟩ sprunghafte, ungerichtete, zufällige Veränderung im Erbgut eines Lebewesens, bedeutsamer Faktor für die Evolution, z. T durch radioaktive Strahlung auslös-

M

bar; *Ggs* Modifikation (2) **2** ⟨Med.⟩ Stimmbruch, Stimmwechsel [<lat. *mutatio* »Veränderung, Umtausch«]

mu|tie|ren ⟨V.⟩ **1** ⟨Biol.⟩ sich plötzlich erblich verändern **2** ⟨Med.⟩ im Stimmbruch sein, Stimmwechsel haben [<lat. *mutare* »abändern, verwandeln«]

My ⟨das; - od. -s, -s; Zeichen: μ, M⟩ 12. Buchstabe des grch. Alphabets [grch.]

my|ko..., My|ko... ⟨vor Vokalen⟩ myk..., Myk... ⟨in Zus.⟩ pilz..., Pilz..., pilzartig [<grch. *mykes* »Pilz«]

My|ko|lo|gie ⟨die; -; unz.⟩ Wissenschaft von den Pilzen [<*Myko...* + *...logie*]

My|ri|a|de ⟨die; -, -n⟩ **1** Menge von zehntausend **2** ⟨Pl.; fig.⟩ riesige Zahl, unzählbare Menge [<grch. *myrias,* Gen. *myriados*]

Myr|re ⟨die; -, -n⟩ = Myrrhe

Myr|rhe ⟨die; -, -n⟩ nach Balsam riechende Mischung aus Harz, Gummi u. ätherischen Ölen verschiedener Arten; *oV* Myrre [<ahd. *myrra* <lat. *myrrha* <grch. *myrrha* »Myrrhenbaum, Myrrhe« <altsemit. *murr* »bitter«]

Mys|te|ri|en ⟨Pl. von⟩ Mysterium

mys|te|ri|ös ⟨Adj.⟩ geheimnisvoll, rätselhaft [<frz. *mystérieux*; → *Mysterium*]

Mys|te|ri|um ⟨das; -s, -ri|en⟩ **1** Geheimnis **2** geheimer Kult [lat. <grch. *mysterion;* zu *mystes* »der (in die eleusinische Geheimlehre) Eingeweihte«]

Mys|tik ⟨die; -; unz.⟩ in allen Weltreligionen existierende Form religiösen Erlebens, in der nach vorbereitender Askese durch Versenkung od. Ekstase innige Verbindung mit dem Göttlichen gesucht wird [<lat. *mysticus* »die Mysterien betreffend, geheimnisvoll; geheim« <grch. *mystikos;* zu *myein* »(Augen u. Lippen) schließen«]

mys|tisch ⟨Adj.⟩ **1** zur Mystik gehörig, von ihr stammend **2** geheimnisvoll

Mys|ti|zis|mus ⟨der; -, -zis|men⟩ **1** ⟨unz.⟩ Glaube an Wunder, schwärmerische Religiosität **2** ⟨zählb.⟩ religiös-schwärmerische Idee [→ *Mystik*]

My|then ⟨Pl. von⟩ Mythos

my|thisch ⟨Adj.⟩ zu den Mythen gehörig, von ihnen stammend, sagenhaft [<grch. *mythikos*]

My|tho|lo|gie ⟨die; -, -n⟩ **1** Lehre von den Mythen **2** Gesamtheit der Mythen (eines Volkes) [<grch. *mythos* »Rede, Erzählung« + *...logie*]

My|thos ⟨der; -, My|then⟩ Götter- u. Heldengeschichte früher Kulturen, die in der Form eines erzählerisch ausgeschmückten, symbolreichen Berichts versucht, die Welt u. das Leben zu erklären u. kosmische u. historische Vorgänge zu deuten; *der ~ von Eros und Psyche; dem antiken ~ zufolge stand Atlas an einem Ende der Erde und trug den Himmel auf seinen Schultern* [<grch. *mythos* »Wort, Rede, Erzählung, Fabel, Sage«]

Na|bob ⟨der; -s, -s⟩ **1** ⟨urspr.⟩ islamischer Gouverneur einer Provinz in Indien **2** ⟨dann⟩ in Indien reich gewordener Engländer od. Holländer **3** ⟨fig.⟩ sehr reicher Mann [<Hindi *nawwab, nabab* <arab. *nuwwab,* Pl. zu *naib* »Statthalter, Stellvertreter«]

Na|dir ⟨a. ['--] der; -s; unz.; Astron.⟩ nicht sichtbarer Schnittpunkt einer unter dem Beobachtungspunkt gedachten senkrechten Linie mit der Himmelskugel; *Ggs* Zenit (1) [arab.]

na|iv ⟨Adj.⟩ **1** natürlich, ursprünglich; *~e Malerei; ~e Völker; ~er Dichter* (nach Schiller) Dichter, der nur der »einfachen Natur und Empfindung« folgt **2** kindlich, unbefangen **3** ⟨abwertend⟩ harmlos, treuherzig, einfältig [<frz. *naïf*]

Na|i|vi|tät ⟨[-vi-] die; -; unz.⟩ Kindlichkeit, Unbefangenheit, Natürlichkeit, Einfalt [<frz. *naïveté*]

Nan|no|plank|ton ⟨a. ['----] das; -s; unz.; Biol.⟩ feinstes Plankton, das nur durch Zentrifugieren des Wassers herausgefiltert werden kann [<lat. *nanus* »Zwerg« + grch. *planktos* »Umherirrender«]

Na|no... ⟨in Zus. mit Maßeinheiten; Zeichen: n⟩ das 10^{-9}-fache (= 1 Milliardstel) der betreffenden Grundeinheit, z. B. 1 Nanometer (nm) = 10^{-9} Meter = 1 milliardstel Meter [<lat. *nanus* »Zwerg«]

Na|palm ⟨das; -s; unz.⟩ Brandbombenfüllung aus Benzin, die überall haftet u. nicht gelöscht werden kann [verkürzt <*Natriumpalmitat*]

na|po|le|o|nisch ⟨Adj.⟩ **1** Napoleon ähnlich, wie Napoleon; *~er Unternehmungsgeist* **2** von Napoleon selbst ausgehend, von ihm stammend; *~e Schriften*

Nap|pa ⟨das; - od. -s; unz.; Textilw.; kurz für⟩ Nappaleder

Nap|pa|le|der ⟨das; -s, -; Textilw.⟩ ein Leder (Schaf-, Lamm- od. Ziegenleder) für Handschuhe u. andere Kleidungsstücke [nach der kaliforn. Stadt *Napa*]

Nar|ko|se ⟨die; -, -n; Med.⟩ künstlich herbeigeführte Bewusstlosigkeit u. entsprechende Schmerzunempfindlichkeit, besonders vor Operationen, Betäubung [<grch. *narkosis* »Betäubung, Erstarrung, Lähmung«]

Nar|ko|ti|kum ⟨das; -s, -ti|ka; Pharm.⟩ Narkose herbeiführendes Mittel [zu grch. *narkotikos* »betäubend, erstarren machend«]

nar|ra|tiv ⟨Adj.⟩ erzählend, in erzählender Form; *~er Roman; ~e Dichtung, Dichtkunst* [<lat. *narrativus* »erzählend«; zu *narrare* »erzählen«]

Nar|ziss ⟨der; - od. -es, -e⟩ jmd., der nur sich selbst liebt u. bewundert [nach lat. *Narcissus,* dem schönen Jüngling der grch. Sage, der in sein Spiegelbild verliebt war]

Nar|zis|se ⟨die; -, -n; Bot.⟩ ein Amaryllisgewächs, Zwiebelgewächs mit glockenähnlichen weißen od. gelben Blüten [<lat. *narcissus;* → *Narziss*]

NASA ⟨die; -; unz.; Kurzwort für engl.⟩ National Aeronautics and Space Administration (Nationale Luft- u. Raumfahrtbehörde der USA)

Na|sal ⟨der; -s, -e; Phon.⟩ **1** stimmhafter Konsonant, bei dem die Luft durch die Nase entweicht, *z. B. m, n, ng* **2** Vokal, bei dem ein Teil der Luft durch die Nase entweicht, *z. B. frz. ã,* õ [< lat. *nasalis* »durch die Nase (gesprochen)«]

Na|ta|li|tät ⟨die; -; unz.⟩ Zahl der jährlichen Lebendgeburten auf 1000 Einwohner, Geburtenziffer; *Ggs* Mortalität (2) [<frz. *natalité;* zu *natal* »Geburts...« <lat. *natalis;* zu *nasci* »geboren werden«]

Na|ti|on ⟨die; -, -en⟩ nach Abstammung, Sprache, Sitte, kultureller u. politischer Entwicklung zusammengehörige, innerhalb der gleichen Staatsgrenzen lebende politische Gemeinschaft; *dieses Ereignis hat die ganze ~ bewegt* [<lat. *natio,* Gen. *nationis,* »das Geborenwerden; Geschlecht, Volksstamm, Volk«]

na|ti|o|nal ⟨Adj.⟩ einer Nation eigentümlich, ihr zugehörig, sie betonend; *~e Kultur; ~e Krise; Nationales Olympisches Komitee* ⟨Abk.: NOK⟩ [frz.]

Na|ti|o|nal|hym|ne ⟨die; -, -n⟩ vaterländisches, volkstümliches, bei feierlichen Anlässen gespieltes od. gesungenes Lied als Ausdruck des Nationalbewusstseins eines Volkes

Na|ti|o|na|lis|mus ⟨der; -; unz.⟩ übersteigertes Nationalgefühl

na|ti|o|na|lis|tisch ⟨Adj.⟩ auf Nationalismus beruhend, von ihm geprägt

Na|ti|o|na|li|tät ⟨die; -, -en⟩ **1** ⟨unz.⟩ Zugehörigkeit zu einer Nation **2** ⟨zählb.⟩ nationale Minderheit, Volksgruppe in einem fremden Staat [<frz. *nationalité*]

Nationalsozialismus: Der Begriff *Nationalsozialismus* bezeichnet eine antisemitische (judenfeindliche), faschistische Bewegung in Deutschland in der Zeit von 1919-1945, die von der NSDAP (Nationalsozialistische Deutsche Arbeiterpartei) ausging. Ziele der NSDAP waren die Schaffung eines »großdeutschen« Reiches, Rückgewinnung der Kolonien, Verstaatlichung von Großbetrieben und Vertreibung der Juden aus Deutschland. Ihr Führer Adolf Hitler besaß eine uneingeschränkte Machtposition in der Partei, die extreme antisemitische Propaganda betrieb und hohe Gewaltbereitschaft zeigte. Nach seiner Ernennung zum Reichskanzler 1933 baute Hitler eine nationalsozialistische Diktatur auf. Im Zuge der Nürnberger Gesetze von 1935 nahm die Verfolgung der Juden zunehmend grausamere Formen an (Reichspogromnacht 1938). In deutschen → *Konzentrationslagern* wurden Millionen von Juden ermordet. Am 1.9.1939 begann Hitler den Krieg gegen Polen und löste damit den 2. Weltkrieg aus, der 1945 mit dem völligen Zusammenbruch Deutschlands endete.

Na|ti|o|nal|so|zi|a|lis|mus ⟨der; -; unz.; Politik⟩ nationalistische u. antidemokratische Bewegung in Deutschland; →*a.* Faschismus

Na|ti|o|nal|so|zi|a|list ⟨der; -en, -en; Politik; Kurzwort: Nazi⟩ Anhänger des Nationalsozialismus

NATO, Na|to ⟨die; -; unz.; Kurzwort für engl.⟩ North Atlantic Treaty Organization: 1949 gegründetes, westliches Verteidigungsbündnis, dem 19 Staaten angehören [engl.]

♦ Die Buchstabenfolge **na|tr...** kann auch **nat|r...** getrennt werden.

♦ **Na|tri|um** ⟨das; -s; unz.; chem. Zeichen: Na⟩ silberweißes, weiches Alkalimetall, Ordnungszahl 11 [→ *Natron*]

♦ **Na|tri|um|car|bo|nat** ⟨das; -(e)s; unz.; Chemie⟩ = Natriumkarbonat

♦ **Na|tri|um|kar|bo|nat** ⟨das; -(e)s; unz.; Chemie⟩ Natriumsalz der Kohlensäure, bei dem beide Wasserstoffatome der Kohlensäure durch Natrium ersetzt wurden; *oV* Natriumcarbonat; *Sy* Soda

♦ **Na|tron** ⟨das; -s; unz.; Chemie; umg. für⟩ doppeltkohlensaures Natrium [<arab. *natrun* <altägypt. *ntr(j)*]

♦ **Na|tron|lau|ge** ⟨die; -, -n; Chemie⟩ wässrige Lösung aus Natrium u. Wasser

Na|tu|ra|li|en ⟨nur Pl.⟩ **1** Naturerzeugnisse, Lebensmittel; *in ~ bezahlen* **2** Gegenstände einer naturkundl. Sammlung, *z. B. Mineralien, Pflanzen, ausgestopfte Tiere* [<lat. *(corpora) naturalia,* Neutr. Pl. zu *naturalis* »von Natur; zur Natur gehörig«]

Na|tu|ra|lis|mus ⟨der; -, -lis|men⟩ **1** ⟨unz.⟩ Kunstrichtung, die eine möglichst genaue Wiedergabe der Wirklichkeit (auch des Hässlichen) anstrebt; *Theaterstücke des ~* **2** naturalistischer Zug eines Kunstwerkes

na|tu|ra|lis|tisch ⟨Adj.⟩ in der Art des Naturalismus, wirklichkeitsgetreu

Na|tu|rell ⟨das; -s, -e⟩ Naturanlage, Charakter, Temperament, Wesensart; *er hat ein heiteres ~* [<frz. *naturel*]

...naut ⟨in Zus.⟩ Fahrer, Teilnehmer einer Expedition; *Astro ~* [<grch. *nautes* »Schiffer, Seemann«; zu *naus* »Schiff«]

Nau|tik ⟨die; -; unz.; Seew.⟩ Lehre von der Führung eines Schiffes, von der Schifffahrt u. ihren Hilfsmitteln, von den Gewässern u. Wetterverhältnissen, der Standortbestimmung usw. [<grch. *nautike (techne)* »Schifffahrtskunde«]

nau|tisch ⟨Adj.⟩ die Nautik betreffend, auf ihr beruhend; *~e Karte* [<grch. *nautikos* »die Schiff- od. Seefahrt betreffend«]

Na|vi|ga|ti|on ⟨[-vi-] die; -; unz.; Seew.⟩

N

1 Lehre von der Führung der Schiffe, Flugzeuge u. Raumfahrzeuge **2** Orts- u. Kursbestimmung von Schiffen, Flugzeugen u. Raumfahrzeugen [<lat. *navigatio* »Schifffahrt«]

na|vi|gie|ren ⟨[-vi-] V.; Seew.; Flugw.⟩ den Standort od. Kurs eines Schiffes, Flugzeuges od. Raumfahrzeugs bestimmen [<lat. *navigare* »schiffen, zur See fahren«]

Na|za|re|ner ⟨der; -s, -; Rel.⟩ **1** Einwohner von Nazareth; *der* ~ Jesus Christus **2** ⟨Pl.⟩ christliche Glaubensgemeinschaft **3** ⟨urspr. Spottname; später allg.⟩ Angehöriger des Lukasbundes, einer Malergruppe der Romantik, die eine Erneuerung der christlichen Kunst anstrebte [nach *Nazareth,* arab. *En Nasira,* Stadt in Palästina]

Na|zi ⟨der; -s, -s; Kurzwort für⟩ Nationalsozialist

Na|zis|mus ⟨der; -, -zis|men⟩ **1** ⟨unz.; Kurzw. für⟩ Nationalsozialismus **2** eine vom Nationalsozialismus oder in dieser Zeit geprägte sprachliche Wendung

ne..., Ne... ⟨in Zus.⟩ = neo..., Neo...

Necessaire/Nessessär Im Zuge der Eingliederung fremdsprachlicher Wörter kann neben der ursprünglichen, der Herkunftssprache folgenden Schreibweise (*Necessaire*) eine der deutschen Orthografie angepasste Form (*Nessessär*) verwendet werden.

Ne|ces|saire ⟨[nesɛsɛ:r] das; -s, -s⟩ Behälter für kleine Gebrauchsgegenstände, z. B. für Nähzeug; *oV* Nessessär; *Reise~; Nagel~* [<frz. *nécessaire*, eigtl. »notwendig«]

Ne|ga|ti|on ⟨die; -, -en⟩ Verneinung; *Ggs* Affirmation [<lat. *negatio*]

ne|ga|tiv ⟨a. [--'-] Adj.⟩ *Ggs* positiv, affirmativ **1** verneinend; *~er Befund* ⟨Med.⟩ Befund, dass keine Anzeichen einer Krankheit vorliegen **2** ablehnend; *~e Haltung* **3** ergebnislos; *alle Bemühungen blieben* ~ **4** ⟨Math.; Zeichen: -⟩ kleiner als null **5** ⟨Fot.⟩ in den Farben bzw. in der Helligkeit gegenüber dem Original vertauscht **6** ⟨Physik⟩ mehr Elektronen als Protonen aufweisend; *Sy* minus (2) **7** ⟨El.⟩ *~er Pol* Pol, an dem Elektronen aus einem Körper austreten [<lat. *negativus* »verneinend«]

Ne|ga|tiv ⟨das; -s, -e [-və]; Fot.⟩ fotografisch aufgenommenes Bild nach dem Entwickeln, bei dem Licht u. Schatten gegenüber dem Original vertauscht sind; *Ggs* Positiv (3)

ne|gie|ren ⟨V.⟩ *Ggs* affirmieren **1** verneinen, ablehnen **2** bestreiten [<lat. *negare*]

Negligé/Negligee In die deutsche Sprache eingegangene Fremdwörter können in vielen Fällen der im Deutschen üblichen Schreibung angepasst werden. Häufig sind die integrierten Schreibweisen schon seit langem Bestandteil des Deutschen. Dies gilt z. B. für das aus dem Französischen entlehnte »é«, das im Deutschen durch die Verdoppelung des entsprechenden Vokals wiedergegeben werden kann (»ee«). (→*a.* Dekolleté/Dekolletee).

Ne|gli|gé *auch:* **Neg|li|gé** ⟨[-ʒe:] das; -s, -s⟩ = Negligee

Ne|gli|gee *auch:* **Neg|li|gee** ⟨[-ʒe:] das; -s, -s⟩ über dem Nachthemd getragener bequemer Mantel; *oV* Negligé [<frz. *négligé* »Morgenrock, Hauskleid«, eigtl. »nachlässige, lässig-intime Kleidung«]

→ **Nylon:** Was du nicht unter ***nei-*** findest, kann unter ***ny-*** stehen, z. B. *Nylon*!

ne|kro..., Ne|kro... *auch:* **nek|ro..., Nek|ro...** ⟨in Zus.⟩ tot..., toten..., Toten..., Leichen... [<grch. *nekros* »tot, gestorben; Toter, Verstorbener«]

Ne|kro|log *auch:* **Nek|ro|log** ⟨der; -(e)s, -e⟩ **1** Nachruf auf einen Verstorbenen **2** ⟨MA⟩ Kalender von Kirchen, Klöstern u. Stiften, in dem die Sterbetage der Personen eingetragen wurden, die durch Gebet und Fürbitte geehrt werden sollten [<*Nekro...* + *...log*]

Nek|tar ⟨der; -s; unz.⟩ **1** ⟨grch. Myth.⟩ Unsterblichkeit verleihender Göttertrank **2** ⟨Bot.⟩ eine zuckerhaltige Absonderung der Blüten [<grch. *nektar* »Göttertrank«]

Nek|ton ⟨das; -s; unz.; Zool.⟩ die aus eigener Kraft sich fortbewegende Tierwelt des Wassers; *Ggs* Plankton [zu grch. *nektos* »schwimmend«]

Ne|me|sis ⟨die; -; unz.⟩ strafende od. vergeltende Gerechtigkeit [nach der grch. Göttin der Rache u. der gerechten Vergeltung]

neo..., Neo... ⟨vor Vokalen⟩ ne..., Ne... ⟨in Zus.⟩ **1** neu..., Neu... **2** erneuert **3** jung [<grch. *neos* »neu«]

Neo|dym ⟨das; -s; unz.; chem. Zeichen: Nd⟩ chem. Element aus der Gruppe der Lanthanoiden, Ordnungszahl 60 [<*Neo...* + grch. *didymos* »doppelt«]

Neo|gen ⟨das; -s; unz.; Geol.⟩ jüngere Abteilung des Tertiärs; *Sy* Jungtertiär [<*Neo...* + *...gen*[2]]

Neo|li|thi|kum ⟨das; -s; unz.; Geol.⟩ Jungsteinzeit [<*Neo...* + *...lithikum* »...steinzeit«; zu grch. *lithos* »Stein«]

neo|li|thisch ⟨Adj.⟩ jungsteinzeitlich

Neo|lo|gis|mus ⟨der; -, -gis|men; Sprachw.⟩ neu gebildeter sprachlicher Ausdruck, Wortneubildung, die in den allgemeinen Sprachgebrauch übergegangen ist [<*Neo...* + grch. *logos* »Wort«]

Ne|on ⟨das; -s; unz.; chem. Zeichen: Ne⟩ Edelgas, chem. Element, Ordnungszahl 10 [<grch. *neos* »neu, jung«]

Neo|na|zis|mus ⟨der; -; unz.; Politik⟩ Strömung (nach 1945), die den Nationalsozialismus wiederzubeleben versucht

Ne|on|röh|re ⟨die; -, -n⟩ mit Neon gefüllte Leuchtröhre

Neo|pla|to|nis|mus ⟨der; -; unz.; antike Philos.⟩ philos. Richtung der Spätantike, die platon., aristotel. u. pythagoreisches Gedankengut mit Elementen der christl. u. oriental. Mystik verband

◆ Die Buchstabenfolge **ne|phr...** kann auch **neph|r...** getrennt werden.

◆**ne|phro..., Ne|phro...** ⟨vor Vokalen⟩ nephr..., Nephr... ⟨in Zus.⟩ nieren..., Nieren... [<grch. *nephros* »Niere«]

◆**Ne|phro|lith** ⟨der; -s, -e od. -en; Med.⟩ Nierenstein [<*Nephro...* + grch. *lithos* »Stein«]

◆**Ne|phro|lo|gie** ⟨die; -; unz.; Med.⟩ Lehre von den Nierenkrankheiten [<*Nephro...* + *...logie*]

◆**ne|phro|lo|gisch** ⟨Adj.; Med.⟩ die Nierenkrankheiten betreffend

Ne|po|tis|mus ⟨der; -; unz.⟩ Bevorzugung der eigenen Verwandten beim Verleihen von Ämtern, Würden usw., Vetternwirtschaft [<lat. *nepos*, Gen. *nepotis* »Neffe, Enkel, Nachkomme«]

Nep|tu|ni|um ⟨das; -s; unz.; chem. Zeichen: Np⟩ künstlich hergestelltes radioaktives Element, Ordnungszahl 93 [nach dem Planeten *Neptun*]

Ne|re|i|de ⟨die; -, -n⟩ **1** ⟨grch. Myth.⟩ Meerjungfrau **2** Familie frei schwimmender Borstenwürmer des Meeres [<grch. *Nereis*, Gen. *Nereidos*, Tochter des grch. Meeresgottes *Nereus*]

Nes|ses|sär ⟨das; -s, -s⟩ = Necessaire

Nes|tor ⟨der; -s, -to|ren⟩ **1** ⟨fig.⟩ Ältester einer Gemeinschaft **2** alter, weiser Berater [nach *Nestor*, dem König von Pylos, dem ältesten u. weisesten grch. König im Trojan. Krieg]

net|sur|fen ⟨[nɛtsœ:fən] V.; umg.; EDV⟩ ziellos im Internet nach Angeboten suchen u. Seiten betrachten [<engl. *surf the net*]

net|to ⟨Adv.; Kaufmannsspr.⟩ *Ggs* brutto **1** ausschließlich der Verpackung **2** nach Abzug von Unkosten, Steuern **3** ~ *Kasse* bar ohne jeden Abzug [<ital. *netto* »rein, unvermischt«]

Net|to|re|gis|ter|ton|ne ⟨die; -, -n; Abk.: NRT⟩ der für die Frachtzuladung eines Schiffes tatsächlich zur Verfügung stehende Raum

Net|to|so|zi|al|pro|dukt ⟨das; -(e)s, -e⟩ Summe der Wertschöpfungen aller Wirtschaftsbereiche in einer Volkswirtschaft; *Ggs* Bruttosozialprodukt

Net|work ⟨[nɛtwœ:k] das; -s, -s; bes. EDV⟩ Netzwerk, Sendenetz [engl.]

Neu|me ⟨die; -, -n; meist Pl.; MA; Musik⟩ nur die ungefähre Tonhöhe u. -bewegung angebendes Notenzeichen [<grch. *neuma* »Wink«]

neur..., Neur... ⟨in Zus.⟩ = neuro..., Neuro...

neu|ral ⟨Adj.; Med.⟩ zu den Nerven, zum Nervensystem gehörend

Neur|al|gie *auch:* **Neu|ral|gie** ⟨die; -, -n; Med.⟩ meist anfallsweise auftretende Schmerzhaftigkeit der Nerven, Nervenschmerz [<*Neuro...* + *...algie*]

N

neur|al|gisch *auch:* **neu|ral|gisch** ⟨Adj.⟩ 1 auf einer Neuralgie beruhend 2 ⟨fig.⟩ Spannungen verursachend, sehr problematisch, kritisch; *~er Punkt*

Neu|ri|lem|ma ⟨das; -s, -lem|men; Anat.⟩ = Neurolemma

Neu|rit ⟨der; -en, -en; Anat.⟩ langgestreckter Fortsatz einer Nervenzelle, der die Erregung von der Zelle wegleitet

neu|ro..., Neu|ro... ⟨vor Vokalen⟩ neur..., Neur... ⟨in Zus.⟩ nervös, nerven..., Nerven... [<grch. *neuron* »Flechte, Sehne, Band, Nerv«]

Neu|ro|der|mi|tis ⟨die; -, -ti|den; Med.⟩ chronische Hauterkrankung mit nässenden Bläschen u. starkem Juckreiz [<*Neuro...* + grch. *derma* »Haut«]

Neu|ro|fi|bril|le *auch:* **Neu|ro|fib|ril|le** ⟨die; -, -n; Anat.⟩ feinste, leitende Faser in der Nervenzelle

Neu|ro|lem|ma ⟨das; -s, -lem|men; Anat.⟩ Hüllschicht der Nervenfasern, Nervenscheide; *oV* Neurilemma [<*Neuro...* + grch. *lemma* »Hülle«]

Neu|ro|lo|gie ⟨die; -; unz.; Med.⟩ Lehre von den Nervenkrankheiten, Nervenheilkunde [<*Neuro...* + *...logie*]

Neu|ron ⟨das; -s, -ro|nen od. Neu|ren; Anat.⟩ Grundeinheit des Nervensystems, die aus einer Nervenzelle mit all ihren Fortsätzen besteht [<grch. *neuron* »Sehne, Nerv«]

Neu|ro|se ⟨die; -, -n; Psych.⟩ seelisch bedingte Störung des Verhaltens u. Erlebens, deren Symptome Ausdruck eines innerpsychischen, unbewussten Konflikts sind, der oft in der Kindheit wurzelt [<grch. *neuron* »Sehne, Nerv«]

◆ Die Buchstabenfolge **neu|tr...** kann auch **neut|r...** getrennt werden.

◆ **neu|tral** ⟨Adj.⟩ 1 unbeteiligt, sich der Stellungnahme enthaltend, unparteiisch, unabhängig; *die Neutralen* die nicht am Kriege beteiligten Staaten; *sich bei einer Auseinandersetzung ~ verhalten* 2 ⟨Chemie⟩ in der Reaktion (2) weder sauer noch basisch; *eine ~e Flüssigkeit* 3 ⟨Gramm.⟩ sächlich; *~e Substantive* [<mlat. *neutralis* »keiner Partei angehörend«]

◆ **Neu|tra|li|sa|ti|on** ⟨die; -, -en⟩ 1 das Aufheben einer Wirkung, das Unwirksammachen 2 ⟨Chemie⟩ Aufhebung der sauren od. basischen Reaktion 3 ⟨Physik⟩ Aufhebung der Wirkung elektrischer Ladungen, Magnetfelder und Kräfte 4 ⟨Pol.⟩ Auferlegung der Pflicht, neutral zu bleiben, Abbau von Befestigungen u. Abzug von Truppen in bestimmtem Gebiet [<frz. *neutralisation*]

◆ **neu|tra|li|sie|ren** ⟨V.⟩ 1 die Wirkung aufheben von, unwirksam machen 2 ⟨Chemie⟩ Säure u. Base so mischen, dass die Mischung eine weder saure noch basische Reaktion aufweist 3 ⟨Physik⟩ *elektrische Ladungen, Kräfte ~* in ihrer Wirkung aufheben 4 ⟨Pol.⟩ *einen Staat ~* zur Neutralität verpflichten [<frz. *neutraliser*]

◆ **Neu|tra|li|tät** ⟨die; -; unz.⟩ Unbeteiligtsein, Nichtbeteiligung, Nichteinmischung, unparteiisches Verhalten [<mlat. *neutralitas* »Parteilosigkeit«]

◆ **Neu|tron** ⟨das; -s, -tro|nen; Physik; Zeichen: n⟩ ungeladenes Elementarteilchen mit geringfügig größerer Masse als das Proton [<lat. *neutro* »zu keiner Seite«]

◆ **Neu|trum** ⟨das; -s, Neu|tra od. Neu|tren; Abk.: n., N.; Gramm.⟩ 1 sächliches Geschlecht 2 sächliches Substantiv [<lat. *neutrum (genus)* »sächl. Geschlecht«; zu *neuter* »nicht einer von beiden, keiner von beiden«]

New Age ⟨[nju: ɛıdʒ] das; - -; unz.⟩ Bewegung, die wegen der globalen ökologischen u. sozialen Krisen in allen Lebensbereichen ein neues ganzheitliches Denken u. Handeln postuliert [engl., »neues Zeitalter«]

New|co|mer ⟨[nju:kʌmə(r)] der; -s, -; umg.⟩ Neuankömmling, Neuling [<engl. *new* »neu« + *come* »kommen«]

News|group ⟨[nju:zgru:p] die; -, -s; EDV⟩ Übersichtsseite für Neuigkeiten u. Informationen im Internet [<engl. *news* »Nachrichten, Neuigkeiten« + *group* »Gruppe«]

New|ton ⟨[nju:tən] das; -s, -; Physik; Zeichen: N⟩ (allein noch zulässige) Maßeinheit der Kraft, 1 N = 1 kgm/s^2 = 10^5 dyn = 0,101 kp [nach dem engl. Mathematiker u. Physiker Isaac *Newton*, 1643-1727]

Ni|hi|lis|mus ⟨der; -; unz.⟩ Überzeugung von der Nichtigkeit u. Sinnlosigkeit alles Seienden, Verneinung aller Werte u. Ziele [<lat. *nihil* »nichts«]

Ni|ko|tin ⟨das; -s; unz.⟩ giftiges Alkaloid des Tabaks [frz. *nicotine;* nach dem frz. Gesandten in Portugal J. *Nicot,* der 1560 den Tabak in Frankreich einführte]

Nim|bus ⟨der; -, -se⟩ **1** Heiligenschein **2** ⟨fig.⟩ Ansehen, Glanz, der eine Person od. eine Sache umgibt; *jmdn. seines ~ entkleiden; das verleiht ihm einen zusätzlichen ~; im ~ der der Unfehlbarkeit stehen; er hüllt sich gern in einen ~* [mlat., »Heiligenschein, Strahlenglanz«]

Nin|ja ⟨der; - od. -s, - od. -s⟩ Krieger im feudalen Japan, der sich besonderer Waffen u. Kampftechniken bediente [jap., »Spion, Kundschafter«]

Ni|ob ⟨das; -s; unz.; chem. Zeichen: Nb⟩ seltenes, hellgrau glänzendes Metall, Ordnungszahl 41 [nach der grch. Sagengestalt *Niobe*]

Nir|wa|na ⟨das; -s od. -; unz.; Buddhismus⟩ **1** die völlige Ruhe, das Erlöschen aller Lebenstriebe, von den Heiligen schon im Diesseits erreicht; *ins ~ eingehen* sterben **2** Loslösung von dem Kreislauf der Wiedergeburten [zu aind. *nirvana* »erloschen, ausgeblasen«]

◆ Die Buchstabenfolge **ni|tr...** kann auch **nit|r...** getrennt werden.

◆**Ni|trat** ⟨das; -(e)s, -e; Chemie⟩ Salz der Salpetersäure [<grch. *nitros* »Salpeter«]

◆**Ni|trid** ⟨das; -s, -e; Chemie⟩ Metall-Stickstoff-Verbindung

◆**ni|trie|ren** ⟨V.⟩ *organische Verbindungen ~* die Nitrogruppe -NO_2 in organische Verbindungen einfügen

◆**Ni|trit** ⟨das; -s, -e; Chemie⟩ Salz der salpetrigen Säure

◆**ni|tro..., Ni|tro...** ⟨in Zus.⟩ die Nitrogruppe enthaltend [<grch. *nitros* »Salpeter«]

◆**Ni|tro|gen** ⟨das; -s; unz.; veraltet; chem. Zeichen: N⟩ Stickstoff [lat.]

◆**Ni|tro|gly|ce|rin** ⟨das; -s; unz.; Chemie⟩ = Nitroglyzerin

◆**Ni|tro|gly|ze|rin** ⟨das; -s; unz.; Chemie⟩ hochempfindlicher Sprengstoff; *oV* Nitroglycerin

Ni|veau ⟨[-vo:] das; -s, -s⟩ **1** waagerechte Ebene; *auf gleichem ~ mit der Erde* **2** Höhenlage; *das ~ liegt 150 m über dem Meeresspiegel* **3** Wasserspiegel, bes. Meeresspiegel **4** Energiezustand eines Atoms, Moleküls od. Atomkerns; *Sy* Term (2) **5** ⟨fig.⟩ Stufe, Rang, geistige Höhe, Bildungsgrad; *das ~ halten, heben, senken, wahren; das geistige, kulturelle, wirtschaftliche ~; kein ~ haben* geistig anspruchslos sein [frz., eigtl. »Wasserwaage«]

ni|vel|lie|ren ⟨[-vɛl-] V.⟩ **1** ebnen, einebnen, gleichmachen, auf gleiche Höhe bringen **2** Höhenunterschiede messen von [<frz. *niveler,* eigtl. »mit der Wasserwaage abmessen«]

→ **New Age:** Was du nicht unter ***nju-*** findest, kann unter ***new-*** stehen, z. B. *New Age*!

no|bel ⟨Adj.⟩ **1** vornehm, adelig **2** edel, großzügig; *noble Gesinnung* **3** freigiebig, generös; *er hat sich stets ~ verhalten, gezeigt* **4** wie es einem reichen Adligen zukommt [<frz. *noble* »vornehm, edel, adlig« <lat. *nobilis* »edel, adlig, kenntlich«; zu *noscere* »kennen«]

No|be|li|um ⟨das; -s; unz.; chem. Zeichen: No⟩ künstlich hergestelltes, radioaktives Element, Ordnungszahl 102 [nach Alfred *Nobel,* 1833-1896]

No|bel|preis ⟨[-bɛl-] der; -es, -e⟩ jährlich verliehener Preis für die besten Leistungen auf den Gebieten der Physik, Chemie, Medizin, Literatur u. zur Förderung des Weltfriedens [nach dem schwed. Chemiker Alfred *Nobel,* 1833-1896]

No|bo|dy ⟨[noʊbɔdɪ] der; -s, -s; umg.⟩ unbedeutende Person; *das ist ein ~* [engl., »Niemand«]

Noc|turne ⟨[-tyrn] das; -s, -s od. die; -, -s; Musik⟩ schwermütig-träumerisches Musikstück; *Sy* Notturno [frz.]

...nom[1] ⟨Adj.; in Zus.⟩ **1** bestimmten Gesetzen gehorchend **2** ...wertig [<grch. *nomos* »Gesetz«; zu *nemein* »verteilen«]

...nom[2] ⟨Nachsilbe; zur Bildung sächl. Subst.; das; -s, -e⟩ **1** Messgerät, ...messer **2** (mathemat.) Ausdruck [<grch. *nomos* »Gesetz«; zu *nemein* »verteilen«]

N

...nom[3] ⟨Nachsilbe; zur Bildung männl. Subst.; der; -en, -en⟩ Sachverständiger, Wissenschaftler; *Astronom* [→ *...nom*[1]]

No|ma|de ⟨der; -n, -n⟩ Angehöriger eines wandernden Hirtenvolkes [<grch. *nomas*, Gen. *nomados* »der mit weidendem Vieh umherzieht«]

No|men ⟨das; -s, No|mi|na; Gramm.⟩ **1** deklinierbare Wortart, Nennwort, *z. B. Substantiv, Pronomen, Adjektiv* **2** *nomen est omen (eigtl. nomen et omen)* der Name hat (ist) zugleich eine Vorbedeutung, dieser Name sagt alles (eigtl.: Name und Zeichen) **3** *~ proprium* Eigenname [lat., »Name, Benennung«; lat. *omen* »Zeichen, Vorzeichen«; lat. *proprium,* Neutr. zu *proprius* »eigen«]

No|men|kla|tur ⟨die; -, -en⟩ **1** Verzeichnis bzw. Gesamtheit der Fachausdrücke eines Gebietes der Kunst od. der Wissenschaft **2** ⟨Pol.⟩ privilegierte Schicht der Funktionäre in kommunistischen Staaten [<lat. *nomenclatura* »Namensverzeichnis«]

...no|mie ⟨Nachsilbe; zur Bildung weibl. Subst.; die; -, -n⟩ **1** Abhängigkeit von Gesetzen, ...gesetzlichkeit; *Autonomie* **2** Wissenschaft; *Astronomie* [<grch. *nomos;* → *...nom*[1]]

no|mi|nal ⟨Adj.; Gramm.⟩ **1** in der Art eines Nomens, auf ihm beruhend **2** ⟨selten für⟩ nominell **3** ⟨Bankw.⟩ dem Nennwert entsprechend, zahlenmäßig [<lat. *nominalis* »zum Namen gehörig«]

No|mi|nal|form ⟨die; -, -en; Gramm.⟩ nicht konjugierte Verbform, *z. B. der Infinitiv; Sy* infinites Verb

No|mi|nal|phra|se ⟨die; -, -n; Abk.: NP; Gramm.⟩ Satz od. Wortgruppe mit einem Nomen u. von ihm abhängigen Satzgliedern; →*a.* Verbalphrase

No|mi|nal|satz ⟨der; -es, -sät|ze; Gramm.⟩ verbloser Satz, der aus Nominalausdrücken besteht, *z.B »ohne Fleiß kein Preis«*

No|mi|na|tiv ⟨der; -s, -e [-və]; Abk.: Nom.; Gramm.⟩ erster Fall der Deklination, Werfall [<lat. *(casus) nominativus* »Nennfall«; zu *nomen;* → *Nomen*]

no|mi|nell ⟨Adj.⟩ **1** zum Nomen gehörig **2** (nur) dem Namen nach, angeblich [<lat. *nominalis* »zum Namen gehörig, namentlich«]

no|mi|nie|ren ⟨V.⟩ **1** nennen, benennen; *jmdn. als Präsidentschaftskandidaten ~* **2** ernennen [<lat. *nominare*]

No|mos ⟨der; -, No|moi⟩ **1** menschliches Gesetz, Ordnung **2** ⟨Musik⟩ antike Weise, Melodiemodell für solistischen Vortrag [grch., »Brauch, Gesetz, Sangweise«]

Non ⟨die; -, -en; kath. Kirche⟩ kirchliches Stundengebet in der 9. Stunde (14-15 Uhr) [→ *None*]

non..., Non... ⟨in Zus.⟩ nicht, un..., Un... [<lat. *non* »nein« od. <frz. *non* »nein«]

Non|cha|lance ⟨[nɔ̃ʃalã:s] die; -; unz.⟩ (liebenswürdige) Nachlässigkeit, Formlosigkeit, Ungezwungenheit [frz.]

non|cha|lant ⟨[nɔ̃ʃalã:] Adj.⟩ nachlässig, (liebenswürdig) formlos, ungezwungen [frz.]

No|ne ⟨die; -, -n⟩ **1** neunter Ton der diatonischen Tonleiter **2** Intervall von neun Tonstufen [<lat. *nona,* Fem. zu *nonus* »der neunte«; zu *novem* »neun«]

Non|fic|tion *auch:* **Non-Fic|tion** ⟨[nɔnfıkʃən] die; -; unz.⟩ **1** Sach-, Fachbuch **2** Sach-, Fachbuchliteratur [<engl. *non* »nicht« + *fiction* »Erzählliteratur, Belletristik«]

Non|kon|for|mis|mus ⟨der; -; unz.; bes. Politik⟩ individualistische Haltung in politischen u. sozialen Fragen

Non|plus|ul|tra *auch:* **Non|plus|ult|ra** ⟨das; -; unz.⟩ das Unübertreffbare, Beste [lat., »nicht darüber hinaus«]

Non|sens ⟨der; -; unz.⟩ Unsinn, törichtes Gerede [<engl. *nonsense*]

non|stop ⟨Adv.⟩ durchgehend, ohne Unterbrechung; *~ fliegen* [engl.]

Norm ⟨die; -, -en⟩ **1** Richtschnur, Vorbild, Regel; *als ~ dienen, gelten; der ~ entsprechen* **2** Vorschrift für Größen, Qualitäten, Verfahren, Darstellungsweisen; *Sy* Standard [<lat. *norma* »Winkelmaß; Maßstab, Regel, Vorschrift«]

nor|mal ⟨Adj.⟩ **1** regelmäßig, regelrecht **2** gewöhnlich, üblich, landläufig; *~es Gewicht* **3** ⟨umg.⟩ geistig gesund; *er ist nicht ganz ~* **4** ⟨Chemie; Zeichen: n⟩ auf eine Normallösung bezogen [<lat. *normalis* »nach dem Winkelmaß gerecht; die Norm betreffend«]

nor|men ⟨V.⟩ = normieren

nor|mie|ren ⟨V.⟩ als Norm (1, 2) od. nach

N

einer Norm festlegen, einheitlich festsetzen; *oV* normen

Nor|ne ⟨die; -, -n⟩ eine der drei nordischen Schicksalsgöttinnen [<anord. *norn* »Schicksalsgöttin«; verwandt mit schwedisch (mundartlich) *norna, nyrna* »heimlich mitteilen, leise warnen«]

Nost|al|gie *auch:* **Nos|tal|gie** ⟨die; -; unz.⟩ **1** Sehnsucht nach der Vergangenheit **2** Sehnsucht nach Rückkehr, Heimweh [<grch. *nostos* »Heimkehr« + *...algie*]

nost|al|gisch *auch:* **nos|tal|gisch** ⟨Adj.⟩ auf Nostalgie beruhend, wehmütig-sehnsüchtig

No|tar ⟨der; -s, -e; Rechtsw.⟩ ausgebildeter, von der Landesjustizverwaltung eingesetzter Jurist, der Unterschriften, Schriftstücke beglaubigt u. Rechtsgeschäfte beurkundet u. Ä. [<lat. *notarius,* eigtl. »Geschwindschreiber«]

No|ta|ti|on ⟨die; -, -en; Musik⟩ das Aufschreiben von Musik in Noten, Notenschrift [→ *notieren*]

Note|book ⟨[noutbuk] das; -s, -s; EDV⟩ kleiner, tragbarer Computer; →*a.* Laptop, Notepad [engl., eigtl. »Notizbuch«]

Note|pad ⟨[noutpæd] das; -s, -s; EDV⟩ tragbarer Computer von sehr geringer Größe, der nicht mit einer Tastatur, sondern mit einem Sensorstift bedient wird [engl., eigtl. »Notizblock«]

no|tie|ren ⟨V.⟩ **1** aufschreiben (um es sich zu merken); *(sich) ein Datum, eine Verabredung ~* **2** vormerken; *jmdn. für die Teilnahme an einem Lehrgang ~* **3** *einen Kurswert ~* festsetzen u. veröffentlichen [<lat. *notare* »kennzeichnen, bezeichnen; aufschreiben«]

No|tiz ⟨die; -, -en⟩ **1** notierte Bemerkung, kurze Angabe, Vermerk; *Zeitungs~; sich ~en machen; eine kurze ~ bringen* **2** Kenntnis, Beachtung; *(keine) ~ von etwas od. jmdm. nehmen* [<lat. *notitia* »Kenntnis, Kunde; Aufzeichnung«; zu *notus* »bekannt«]

no|to|risch ⟨Adj.⟩ **1** offenkundig, allbekannt **2** gewohnheitsmäßig; *er ist ein ~er Trinker* [<lat. *notorius* »anzeigend, kundtuend«; zu *noscere* »kennenlernen«]

Not|tur|no ⟨das; -s, -s od. -tur|ni; Musik⟩ = Nocturne [ital.]

Nou|gat ⟨[nu:-] das od. der; -s, -s⟩ Konfekt aus fein zerkleinerten Nüssen od. Mandeln mit Zucker u. Kakao; *oV* Nugat [frz. <prov. *nogat;* zu *noga* »Nuss« <lat. *nux*]

→ **Notebook:** Was du nicht unter ***nout-*** findest, kann unter ***note-*** stehen, z. B. *Notebook*!

No|va[1] ⟨[-va] Pl. von⟩ Novum [lat., »die Neue«]

No|va[2] ⟨[-va] die; -, No|vä; Astron.⟩ **1** Fixstern, dessen Helligkeit plötzlich sehr stark ansteigt **2** neuer Stern [lat., »die Neue«]

No|vel|le ⟨[-vɛl-] die; -, -n⟩ **1** ⟨Rechtsw.⟩ ergänzender od. ändernder Nachtrag zu einem Gesetz; *Gesetzes~* **2** ⟨Lit.⟩ von einem einzelnen ungewöhnlichen Ereignis handelnde, kürzere, sich bis zu einem Höhe- bzw. Wendepunkt steigernde, gedrängt berichtende Erzählung [<ital. *novella* »Novelle; kleine Neuigkeit« <lat. *novellus,* Verkleinerungsform zu *novus* »neu«]

No|vi|tät ⟨[-vi-] die; -, -en⟩ **1** Neuheit, Neuigkeit **2** Neuerscheinung, z. B. ein Buch; *die ~en des Frühjahrs* [<lat. *novitas* »Neuheit«]

No|vum ⟨[-vum] das; -s, -va [-va]⟩ Neuheit, noch nicht Dagewesenes [lat., Neutr. zu *novus* »neu«]

Nu|an|ce ⟨[nyã:sə] die; -, -n⟩ **1** Abstufung, feine Tönung; *eine ~ heller, dunkler* **2** winzige Kleinigkeit, Spur, Schimmer; *(keine) ~n unterscheiden (können); um eine ~ anders* [frz.]

nu|an|cie|ren ⟨[nyãsi:-] V.⟩ fein abstufen, leicht verändern, abtönen, differenzieren [<frz. *nuancer*]

♦ Die Buchstabenfolge **nu|cl...** kann auch **nuc|l...** getrennt werden.

♦**Nu|cle|in** ⟨das; -s, -e; Biochemie⟩ = Nuklein

♦**Nu|cle|in|säu|re** ⟨die; -, -n; Biochemie⟩ = Nukleinsäure

♦**Nu|cle|us** ⟨der; -, -clei [-kle:i]; Biol.⟩ = Nukleus

Nu|dis|mus ⟨der; -; unz.⟩ Freikörperkultur, Nacktkultur [<lat. *nudus* »nackt, bloß«]

N

Nu|gat ⟨das od. der; -s, -s⟩ = Nougat
Nug|get ⟨[nʌgɪt] das; -s, -s⟩ natürliches Goldklümpchen [engl.]

◆ Die Buchstabenfolge **nu|kl...** kann auch **nuk|l...** getrennt werden.

◆**nu|kle|ar** ⟨Adj.⟩ **1** den Atomkern betreffend, von ihm ausgehend **2** auf Kernreaktion beruhend; *~e Stromerzeugung; ~e Abschreckung* [→ *Nukleus*]
◆**Nu|kle|in** ⟨das; -s, -e; Biochemie⟩ in Zellkernen vorkommende Eiweißverbindung; *oV* Nuclein [→ *Nukleus*]
◆**Nu|kle|in|säu|re** ⟨die; -, -n; Biochemie⟩ hochmolekulare Verbindung, die aus stickstoffhaltigen Basen, Phosphorsäurerest u. Zucker besteht, Hauptbestandteil der Chromosomen; *oV* Nucleinsäure; →*a.* Desoxyribonucleinsäure
◆**Nu|kle|us** ⟨der; -, -klei [-kle:i]⟩ *oV* Nucleus **1** ⟨Biochem.⟩ Zellkern **2** Kern eines steinzeitlichen Knollens aus Feuerstein **3** ⟨fachsprachl. für⟩ Atomkern [lat.]
null ⟨Adj.; Zeichen: 0⟩ kein, nichts; *das Spiel steht zwei zu null (2:0); das Ergebnis der Sache ist ~; eine Temperatur von ~ Grad (0 °C)* am Anfang der Celsius-Skala, auf dem Gefrierpunkt; *zwei Grad über (unter) ~; in ~ Komma nichts* ⟨umg.⟩ im Nu
Null ⟨die; -, -en; Zeichen: 0⟩ **1** Ziffer ohne Wert **2** Ziffer, die einen Stellenwert im dekad. Zahlensystem einnimmt; *einer Zahl eine ~ anhängen* sie mit 10 multiplizieren **3** *jmd. ist eine ~* eine untüchtige, bedeutungslose Person [<ital. *nulla* »nichts« <lat. *nullus* »keiner«]
Nu|me|ra|le ⟨das; -s, -lia od. -li|en; Gramm.⟩ Wort, das die Zahl der beteiligten Größen bezeichnet, Zahlwort, *z. B. eins, zwei, dritter* [<lat. *numeralis* »die Zahl betreffend«]
nu|me|risch ⟨Adj.⟩ der Zahl nach, die Zahl betreffend [→ *Numerus*]
Nu|me|rus ⟨der; -, -ri⟩ **1** ⟨Math.⟩ Zahl, zu der der Logarithmus gesucht wird **2** ⟨Gramm.⟩ grammatische Kategorie, z. B. Singular od. Plural **3** *~ clausus* ⟨Abk.: NC⟩ begrenzte Zahl für die Zulassung von Bewerbern zum Studium o. Ä. [lat., »Teil, Zahl, Anzahl«; lat. *clausus*, Part. Perf. zu *claudere* »schließen, abschließen«]

Numerus: *Numerus* ist ein grammatischer Begriff bzw. eine grammatische Kategorie, die angibt, ob die durch Nomen, Pronomen oder Verb ausgedrückten Begriffe einfach, zweifach oder mehrfach aufzufassen sind. Der → *Singular* bezeichnet die Einzahl (z. B. *Haus, Buch, Ente*) und der → *Plural* bezeichnet die Mehrzahl (z. B. *Häuser, Bücher, Enten*). In einigen Sprachen und Dialekten gibt es auch den Dual, der die Zweiheit bezeichnet. Im Bairischen sind z. B. die alten Formen *ös* »ihr beiden« und *enk* »euch beiden« erhalten (→*a.* Deklination, Konjugation).

Nu|mis|ma|tik ⟨die; -; unz.⟩ Münzkunde [<mlat. *numisma*, Gen. *numismatis* »Münze« <lat. *nummus*]
Num|mer ⟨die; -, -n; Abk.: Nr., No.⟩ **1** Glied in einer Reihe von Ordnungszahlen; *Haus~* **2** Exemplar (einer Zeitschrift) **3** einzelne Darbietung innerhalb einer Folge von mehreren **4** Größe (eines Kleidungsstückes) [→ *Numerus*]
num|me|rie|ren ⟨V.⟩ mit Nummern versehen, beziffern [<lat. *numerare* »zählen, rechnen«]
Nun|ti|us ⟨der; -, -ti|en⟩ diplomatischer Vertreter des Heiligen Stuhls (Vatikan) im Rang eines Botschafters; *oV* ⟨österr.⟩ Nunzius [<lat. *nuntius* »Bote«]
Nun|zi|us ⟨der; -, -zi|en; österr.⟩ = Nuntius
Ny ⟨das; - od. -s, -; Zeichen: ν, N⟩ 13. Buchstabe des grch. Alphabets [grch.]
Ny|lon® ⟨[naɪ-] das; -s, -s; Textilw.⟩ **1** ⟨unz.⟩ zu den Polyamiden gehörige synthet. Faser **2** ⟨nur Pl.; umg.⟩ Strümpfe aus Nylon [engl.]
Nym|phe ⟨die; -, -n⟩ **1** grch. weibliche Naturgottheit **2** Übergangsstadium in der Entwicklung bestimmter Insekten zwischen Larve u. Puppe **3** ⟨Anat.⟩ kleine Schamlippe [<lat. *nympha* <grch. *nymphe* »Mädchen, Braut«]
Nym|pho|ma|nie ⟨die; -; unz.; Psych.⟩ krankhaft gesteigerter Geschlechtstrieb bei Frauen

Oa|se ⟨die; -, -n⟩ **1** fruchtbarer Stelle mit Quelle od. Flusslauf in der Wüste **2** ⟨fig.⟩ vom Lärm der Welt abgeschlossener Ort; *eine ~ des Friedens* [<lat. *oasis* <grch. *oasis* <ägypt. *owahe* »Niederung«]

ob..., Ob... ⟨vor f⟩ of..., Of... ⟨vor k⟩ ok..., Ok... ⟨vor p⟩ op..., Op... **1** auf ... hin **2** gegen, entgegen [lat.]

Ob|duk|ti|on ⟨die; -, -en; Med.⟩ Leichenöffnung zur Feststellung der Todesursache [<lat. *obducere* »vorführen, öffnen«]

ob|du|zie|ren ⟨V.; Med.⟩ eine Obduktion vornehmen an, bei; *eine Leiche ~*

Obe|lisk ⟨der; -en, -en⟩ vierkantige, in einer Spitze endende Säule [<lat. *obeliscus*]

> → **Aubergine:** Was du nicht unter ***o-*** findest, kann unter ***au-*** stehen, z. B. ***Aubergine***!

Ob|jekt ⟨das; -(e)s, -e⟩ **1** Sache, Gegenstand (bes. einer Verhandlung), z. B. Grundstück; *das ~ einer Untersuchung* **2** ⟨Philos.⟩ Gegenstand des Wahrnehmens, Erkennens u. Denkens; *Ggs* Subjekt (1) **3** ⟨Gramm.⟩ Satzteil, nominale Ergänzung zum Verb, Satzergänzung; *Ggs* Subjekt (3); *Akkusativ~; Dativ~; Genitiv~* [<lat. *obiectum,* Part. Perf. zu *obicere* »entgegenwerfen«]

ob|jek|tiv ⟨Adj.⟩ **1** gegenständlich, tatsächlich **2** *Ggs* subjektiv (2) **2.1** sachlich, vorurteilsfrei, unparteiisch; *ein ~es Urteil* **2.2** allgemein gültig [→ *Objekt*]

Ob|jek|tiv ⟨das; -s, -e [-və]; Optik⟩ dem Gegenstand zugewandte Linse(ngruppe), z. B. bei Fotoapparaten, Mikroskopen

Ob|jek|ti|vis|mus ⟨[-vis-] der; -; unz.⟩ *Ggs* Subjektivismus **1** ⟨Philos.⟩ Lehre, dass es vom Subjekt unabhängige Wahrheiten u. Werte gibt **2** ⟨Ethik⟩ Streben nach objektiven Maßstäben für das Handeln

Ob|jek|ti|vi|tät ⟨[-vi-] die; -; unz.⟩ objektive Beschaffenheit, Allgemeingültigkeit, objektive Betrachtungsweise, Sachlichkeit, Vorurteilslosigkeit; *Ggs* Subjektivität; *die ~ wahren* [→ *Objekt*]

Ob|la|te[1] ⟨die; -, -n⟩ **1** noch nicht geweihte Hostie **2** dünne, aus Weizenmehl gebackene Scheibe (als Unterlage für Backwerk, bes. Lebkuchen) **3** rundes, scheibenförmiges, dünnes, waffelartiges Gebäck **4** Marke zum Versiegeln, z. B. von Briefen **5** Kapsel zum Umhüllen von schlecht schmeckender Arznei [<lat. *oblata (hostia)* »Abendmahlbrot«; → *Oblation*]

Ob|la|te[2] ⟨der; -n, -n⟩ **1** für das Kloster bestimmtes u. dort erzogenes Kind **2** ⟨Pl.⟩ Angehörige mehrerer Kongregationen (2)

ob|li|gat ⟨Adj.⟩ **1** verbindlich, unerlässlich, notwendig **2** ⟨Musik⟩ als Begleitstimme selbstständig geführt u. deshalb unverzichtbar; *Sonate für zwei Flöten und ~es Cembalo* [<lat. *obligatus,* Part. Perf. zu *obligare* »anbinden, verbinden; verpflichten«]

ob|li|ga|to|risch ⟨Adj.⟩ verbindlich, verpflichtend, vorgeschrieben; *Ggs* fakultativ; *die Vorlesung ist ~* [<lat. *obligatorius*]

Oboe ⟨[-bo:ə] die; -, -n; Musik⟩ aus der Schalmei entwickeltes Holzblasinstrument mit einem doppelten Rohrblatt im Mundstück u. näselndem Klang; *~ d'Amore* eine Terz tiefer liegende Oboe, deren Schallstück nach unten birnenförmig zuläuft [<frz. *hautbois* <mlat. *altus buxus* »Hochholz« (d. h. bis zu hohen Tönen gehend)]

Obo|lus ⟨der; -, - od. -se⟩ **1** kleine altgriechische Münze **2** kleiner Geldbetrag, Spende; *seinen ~ entrichten* [lat. <grch. *obolos*]

Ob|ser|va|to|ri|um ⟨[-va-] das; -s, -ri|en⟩ Institut zur wissenschaftl. Beobachtung, *z. B. Stern-, Wetterwarte*

ob|ser|vie|ren ⟨[-vi:-] V.⟩ (unauffällig) beobachten; *einen Verdächtigen ~* [<lat. *observare* »beobachten«]

Ob|ses|si|on ⟨die; -, -en; bes. Psych.⟩ **1** Zwangsvorstellung od. -handlung **2** ⟨allg.⟩ an Besessenheit grenzende Leidenschaft, Neigung für eine Sache od.

O

Person; *das Schreiben ist bei ihm schon eine ~; sexuelle ~en* [<lat. *obsessio* »Belagerung, Bedrängnis«]

ob|ses|siv ⟨Adj.; bes. Psych.⟩ zwanghaft, in der Art einer Obsession, besessen

ob|skur *auch:* **obs|kur** ⟨Adj.⟩ dunkel, unklar, verdächtig [<lat. *obscurus* »dunkel, undeutlich, trübe; verschlossen; unbekannt, unberühmt«]

ob|so|let ⟨Adj.⟩ ungebräuchlich, überholt, veraltet [<lat. *obsoletus*]

ob|szön *auch:* **obs|zön** ⟨Adj.⟩ unanständig, schamlos, anstößig, vulgär, verrucht [<lat. *obscoenus, obscenus*, eigtl. »das, was im Theater nicht gezeigt werden darf«; zu *ob scaenum* »außerhalb der Szene«]

Ob|szö|ni|tät *auch:* **Obs|zö|ni|tät** ⟨die; -, -en⟩ **1** ⟨unz.⟩ obszöne Beschaffenheit, vulgäres, verruchtes, schamloses Wesen (einer Sache) **2** ⟨zählb.⟩ obszöne Äußerung od. Darstellung; *solche ~en sind völlig abstoßend* [<lat. *obscenitas* »Unanständigkeit, Schamlosigkeit«]

Ode ⟨die; -, -n; Lit.⟩ Form des lyrischen Gedichts in freien Rhythmen von erhaben-feierlicher Stimmung [<lat. *ode* <grch. *oide* »Gesang, Gedicht, Lied«; zu *aeidein* »singen«]

> → **Eau de Cologne:** Was du nicht unter ***o-*** findest, kann unter ***eau-*** stehen, z. B. *Eau de Cologne*!

...o|de ⟨Nachsilbe; zur Bildung weibl. Subst.; die; -, -n⟩ **1** Ein- od. Austrittsstelle von elektrischem Strom; *Anode* **2** Elektronenröhre mit einer bestimmten Anzahl von Polen od. Elektroden; *Diode* [<grch. *hodos* »Weg«]

Ödem ⟨das; -s, -e; Med.⟩ krankhafte Ansammlung von wasserähnlicher, aus dem Blut stammender Flüssigkeit im Gewebe; *Lungen~* lebensgefährliche Flüssigkeitsansammlung im Lungengewebe, z. B. bei Herzfehlern [<grch. *oidema* »Schwellung«]

Odeur ⟨[-dø:r] das; -s, -s od. -e⟩ Duft, Wohlgeruch [frz.]

Ödi|pus|kom|plex ⟨der; -es; unz.; Psych.⟩ in früher Kindheit (bes. bei Jungen) sich entwickelnde, übersteigerte Bindung an den Elternteil des anderen Geschlechts, während der gleichgeschl. Elternteil als Rivale betrachtet wird [nach dem sagenhaften griech. König *Ödipus*]

> **Ödipuskomplex:** *Ödipus* ist eine Gestalt der griechischen Mythologie. Er war der Sohn des Laios und der Iokaste. Laios wurde von dem delphischen → *Orakel* gewarnt, dass er einen Sohn zeugen werde, der ihn später töten und Iokaste heiraten werde. Als seine Frau einen Sohn zur Welt brachte, wurde dieser daher ausgesetzt, jedoch von Hirten gerettet und von einem kinderlosen Königspaar in Korinth aufgezogen. Später verließ *Ödipus* seine Heimat Korinth und traf, ohne zu wissen, wer seine Eltern waren, auf Laios, den er nach einem Streit tötete. *Ödipus* befreite Theben von dem Ungeheuer der → *Sphinx* und heiratete unwissentlich seine eigene Mutter, die Königin Iokaste, die ihm vier Kinder gebar. Der Seher Teiresias offenbarte *Ödipus* die Wahrheit über seine Herkunft, worauf sich Iokaste erhängte und *Ödipus* sich selbst blendete und in die Fremde ging.

odont..., Odont... ⟨in Zus.⟩ zahn..., Zahn..., kiefer..., Kiefer... [<grch. *odous*, Gen. *odontos* »Zahn«]

Odys|see ⟨die; -, -n; fig.⟩ Irrfahrt; *unsere Reise war die reinste ~* [nach dem gleichnamigen Heldengedicht Homers u. seinem Protagonisten *Odysseus*]

> **Œuvre** In Fremdwörtern können Buchstabenverbindungen aus Konsonant (hier: »v«) + *l, n* oder *r* entweder (nach der konsonantischen Trennung) vor dem letzten Konsonantenbuchstaben getrennt werden (*Œuv|re*), oder sie kommen (nach der silbischen Trennung) ungetrennt auf die neue Zeile (*Œu|vre*).

Œu|vre *auch:* **Œuv|re** ⟨[œ:vrə] das; -, -s⟩ Gesamtwerk (eines Künstlers) [frz., »Werk«]

of..., Of... ⟨in Zus.⟩ = ob..., Ob...

Off ⟨das; -s; unz.; Film; TV⟩ Bereich außerhalb des Bildes; *aus dem ~ sprechen* [<engl. *off* »weg, außerhalb«]

Off|beat ⟨[-bi:t] der; - od. -s; unz.; Musik; bes. Jazz u. Rock⟩ gegen den rhythmischen Grundschlag gesetzte freie Betonung [engl., eigtl. »außerhalb des Schlages, weg vom Schlag«]

of|fen|siv ⟨Adj.⟩ **1** angriffslustig; *Ggs* defensiv **2** beleidigend [<lat. *offendere* »beschädigen; verletzen«]

Of|fen|si|ve ⟨[-və] die; -, -n⟩ Angriff, Angriffsschlacht; *Ggs* Defensive

of|fi|zi|ell ⟨Adj.⟩ *Ggs* inoffiziell **1** ⟨i. e. S.⟩ **1.1** *eine ~e Nachricht, Meldung* amtlich beglaubigte, verbürgte N., M.; *etwas ~ bekanntgeben* **1.2** *~er Anzug* vorgeschriebener (dunkler) A. **2** ⟨i. w. S.⟩ förmlich, feierlich; *eine ~e Einladung* [<frz. *officiel*]

Of|fi|zier ⟨der; -s, -e⟩ **1** militärischer Rang vom Leutnant an aufwärts **2** Soldat in diesem Rang, *z. B. General, Hauptmann, Feldwebel* [<frz. *officier*]

off|line ⟨[-laɪn] Adj.; undekl.; EDV⟩ nicht mit einem Server, dem Internet verbunden, nicht in einem Netzwerk arbeitend; *Ggs* online [engl.; zu *off* »außerhalb, weg« + *line* »Linie, Leitung«]

Off|line|be|trieb ⟨[-laɪn-] der; -(e)s; unz.; EDV⟩ Betriebsart in der elektron. Datenverarbeitung, bei der Peripheriegeräte entweder nicht an einen Computer angeschlossen oder, falls angeschlossen, kurzfristig abgekoppelt sind

Off|road|fahr|zeug ⟨[-roʊd-] das; -(e)s, -e⟩ geländegängiges Fahrzeug [<engl. *offroad* <*off* »weg, außerhalb« + *road* »Straße«]

Off|set|druck ⟨der; -(e)s, -e⟩ **1** ⟨unz.⟩ indirektes Flachdruckverfahren, bei dem die Druckfarbe von der Druckplatte über einen mit einem Gummituch bespannten Zylinder auf das Papier übertragen wird **2** ⟨zählb.⟩ Erzeugnis dieses Druckverfahrens [<engl. *offset* »absetzen«]

...o|id[1] ⟨Nachsilbe; zur Bildung von Adj.⟩ ähnlich; *mongoloid; schizoid* [→ *...id*]

...oid[2] ⟨Nachsilbe; zur Bildung von sächl. Subst.; das; -(e)s, -e⟩ (zur Bezeichnung von etwas, das dem zugrundeliegenden Substantiv ähnlich ist); *Kristalloid, Metalloid*

o. k., O. K. ⟨[ɔkɛɪ] od. [ɔke:] Abk. für⟩ okay

Oka|ri|na ⟨die; -, -ri|nen; Musik⟩ kleines, flötenähnliches Musikinstrument [ital., Verkleinerungsform zu *oca* »Gans«]

Okay ⟨[ɔkɛɪ] od. [ɔke:] das; -s, -s⟩ Einverständnis, Zustimmung, Erlaubnis; *sein ~ zu ewas geben* [engl.]

okay! ⟨[ɔkɛɪ] od. [ɔke:] Abk.: o. k., O. K.⟩ in Ordnung [engl.; Herkunft umstritten]

ok|ka|si|o|nell ⟨Adj.⟩ gelegentlich, Gelegenheits... [zu lat. *occasio* »Gelegenheit«]

ok|kult ⟨Adj.⟩ verborgen, heimlich, geheim; *~e Wissenschaften* [<lat. *occultus* »verborgen, versteckt«]

Ok|kul|tis|mus ⟨der; -; unz.⟩ Lehre von übersinnlichen Wahrnehmungen (z. B. Telepathie), übernatürlichen Erscheinungen u. Kräften [→ *okkult*]

Ok|ku|pa|ti|on ⟨die; -, -en⟩ gewaltsame Besetzung (fremden Staatsgebietes) [<lat. *occupatio* »Besetzung«]

ok|ku|pie|ren ⟨V.⟩ besetzen, sich gewaltsam aneignen; *fremdes Staatsgebiet ~* [<lat. *occupare* »besetzen, an sich reißen«]

öko...[1], **Öko...**[1] ⟨in Zus.⟩ **1** den Lebensraum, die Natur betreffend **2** Haushalts..., Wirtschafts... [<grch. *oikos* »Haus, Haushaltung«]

öko...[2], **Öko...**[2] ⟨in Zus.⟩ **1** ⟨kurz für⟩ ökologisch **2** naturnah, naturbelassen; *~milch; ~bauer; ~landwirtschaft*

Öko|lo|gie ⟨die; -; unz.⟩ Lehre von den Beziehungen der Lebewesen zu ihrer Umwelt; *im Sinne der ~ handeln* [<grch. *oikos* »Wohnung« + *...logie*]

öko|lo|gisch ⟨Adj.⟩ zur Ökologie gehörend, auf ihr beruhend; *~es Gleichgewicht* labiles, sich selbst regulierendes Gleichgewicht zwischen den verschiedenen Gliedern einer Lebensgemeinschaft

Öko|nom ⟨der; -en, -en⟩ **1** ⟨selten⟩ Landwirt, Verwalter größerer Güter **2** Wirtschaftswissenschaftler [<grch. *oikonomos* »Hausverwalter«]

Öko|no|mie ⟨die; -, -n⟩ **1** Wirtschaft **2** ⟨unz.⟩ Sparsamkeit, Wirtschaftlichkeit [<lat. *oeconomia* »Einteilung, Ordnung, Verwaltung«]

O

öko|no|misch ⟨Adj.⟩ **1** die Ökonomie betreffend, auf ihr beruhend **2** wirtschaftlich, sparsam [<lat. *oeconomicus* »die Hauswirtschaft betreffend«]

Öko|sys|tem ⟨das; -s, -e; Ökol.⟩ natürliche Einheit, die aus einer Lebensgemeinschaft u. der sie umgebenden Umwelt besteht; *das ~ eines Sees* [<grch. *oikos* »Wohnung« + *System*]

Öko|top ⟨das; -s, -e; Ökol.⟩ ökologisch einheitlicher Raum [<*Öko...* + grch. *topos* »Ort, Raum«]

Öko|tro|pho|lo|gie ⟨die; -; unz.⟩ Haushaltswissenschaft u. Ernährungswissenschaft [<*Öko...* + *Trophologie*]

Ok|ta|eder ⟨das; -s, -; Geom.⟩ Körper, der von acht gleichseitigen Dreiecken begrenzt wird, Achtflach, Achtflächner [<grch. *okto* »acht« + *...eder*]

Ok|tan|zahl ⟨die; -, -en; Abk.: OZ⟩ Maßzahl für die Klopffestigkeit eines Kraftstoffes

Ok|tav ⟨das; -s; unz.; Buchw.; Zeichen: 8°⟩ ein Buchformat, 1/8 Bogen, der Bogen zu 16 Seiten [<lat. *octava,* Fem. zu *octavus* »der achte«; zu *octo* »acht«]

Ok|ta|ve ⟨[-və] die; -, -n⟩ **1** ⟨Musik⟩ **1.1** achter u. letzter Ton der diatonischen Tonleiter **1.2** Intervall von acht Tönen **2** ⟨kath. Kirche⟩ achttägige Feier hoher Feste [<mlat. *octava (vox);* zu lat. *octavus* »der achte«]

Ok|tett ⟨das; -(e)s, -e; Musik⟩ **1** Musikstück für acht selbstständige Stimmen **2** Gruppe von acht Instrumentalisten od. Sängern **3** ⟨Physik⟩ stabile Anordnung von acht Elektronen in der Außenschale eines Atomkerns [<frz. *octette,* ital. *ottetto* <lat. *octo* »acht«]

ok|to..., Ok|to... ⟨in Zus.⟩ acht..., Acht... [<lat. *octo,* grch. *okto*]

ok|troy|ie|ren *auch:* **okt|ro|yie|ren** ⟨[-troa-] V.⟩ *jmdm. etwas ~* aufdrängen, auferlegen, aufzwingen [<frz. *octroyer* »aufzwingen, aufnötigen«]

Öku|me|ne ⟨die; -; unz.⟩ weltweite Einigungsbestrebungen innerhalb der christl. Kirchen [<grch. *oikoumene* »die bewohnte Erde«]

öku|me|nisch ⟨Adj.⟩ zur Ökumene gehörig, auf ihr beruhend (seit dem 19. Jh.) Bewegung aller christlichen Kirchen zur Einigung in religiösen Fragen

...ol ⟨Suffix für⟩ chem. Verbindung, die zur Gruppe der Alkohole gehört; *Methanol* [zu lat. *oleum* »Öl«]

Ol|die ⟨[oul-] od. [o:l-] der; -s, -s⟩ **1** alter Musikschlager od. Film **2** ⟨allg.⟩ etwas Altes, das wieder in Mode kommt **3** ⟨scherzh.⟩ Angehöriger der älteren Generation [engl., »alte Person, Sache«]

Old|ti|mer ⟨[ouldtaɪ-] od. [o:ld-] der; -s, -⟩ altes Auto, auch Flugzeug, Motorrad od. Schiff [<engl. *old* »alt« + *time* »Zeit«]

Ole|fi|ne ⟨Pl.; Chemie; Sammelbez. für⟩ kettenförmige Kohlenwasserstoffverbindungen mit einer Doppelbindung im Molekül [<lat. *oleum* »Öl«]

Olig|ar|chie *auch:* **Oli|gar|chie** ⟨die; -, -n; Politik⟩ **1** Herrschaft einer kleinen Gruppe, urspr. der Reichsten im Staat, Zerrform der Aristokratie **2** Staatsform, bei der die tatsächliche Herrschaft in der Hand einer kleinen Gruppe liegt [<*Oligo...* + *...archie*]

oli|go..., Oli|go... ⟨vor Vokalen⟩ olig..., Olig... ⟨in Zus.⟩ wenig, klein, gering [<grch. *oligos*]

Olymp ⟨der; -s; unz.⟩ **1** ⟨grch. Myth.⟩ Wohnsitz der Götter **2** ⟨umg.; scherzh.⟩ oberster Rang im Theater [nach grch. *Olympos,* dem Berg *Olymp*]

Olym|pi|a|de ⟨die; -, -n⟩ **1** Zeitraum von vier Jahren zwischen den altgriechischen Olympischen Spielen **2** Olympische Spiele [nach *Olympia,* dem altgriech. Ort der Olymp. Spiele]

Olym|pi|o|ni|ke ⟨der; -n, -n; Sport⟩ Teilnehmer bzw. Sieger bei den Olympischen Spielen

olym|pisch ⟨Adj.⟩ **1** zum Olymp als Wohnsitz der altgriech. Götter gehörend **2** zu Olympia gehörend, von ihm ausgehend **3** zu den Olympischen Spielen gehörend **3.1** *Olympische Spiele* ⟨bis 394 n. Chr.⟩ im alten Griechenland alle vier Jahre stattfindende sportliche u. musikalische Wettkämpfe **3.2** ⟨seit 1894⟩ alle vier Jahre veranstaltete internationale Sportwettkämpfe **4** ⟨fig.⟩ majestätisch-überlegen

Ome|ga ⟨das; - od. -s, -s; Zeichen: ω, Ω⟩ **1** letzter Buchstabe des griech. Alphabets **2** ⟨fig.⟩ Ende, Schluss; *das Alpha und das ~* [grch.]

Ome|lẹtt ⟨[ɔm-] das; -(e)s, -e od. -s; Kochk.⟩ flacher, in einer Pfanne gebackener Eierkuchen; *oV* Omelette [<frz. *omelette*]

Ome|lette ⟨[ɔmlẹt] die; -, -s; Kochk.; österr.⟩ = Omelett

O̲men ⟨das; -s, - od. O̲mi|na⟩ **1** Vorzeichen; *böses, gutes* ~ **2** Vorbedeutung; →*a.* Nomen est omen [lat.]

Ọmi|kron *auch:* **Ọmik|ron** ⟨das; - od. -s, -s; Zeichen: ο, Ο⟩ griech. Buchstabe, kurzes, geschlossenes o [grch.]

O̲mi|na ⟨Pl. von⟩ Omen

omi|nö̲s ⟨Adj.⟩ **1** von schlimmer Vorbedeutung **2** bedenklich, verdächtig [<lat. *omen,* Pl. *omina* »Zeichen, Vorzeichen«]

om|ni..., Om|ni... ⟨in Zus.⟩ alles..., überall..., ganz [<lat. *omnia* »alles«]

om|ni|po|tẹnt ⟨Adj.⟩ allmächtig [<lat. *omnia* »alles« + *potens,* Part. Präs. zu *posse* »können«]

om|ni|prä|sẹnt ⟨Adj.⟩ allgegenwärtig [<lat. *omnia* »alles« + *präsent*]

On ⟨das; -s; unz.; Film; TV⟩ Bereich innerhalb des Bildes; *der Sprecher im* ~ [<engl. *on* »auf, an«]

...on ⟨Suffix für⟩ chem. Verbindung, die zur Gruppe der Ketone gehört, *z. B. Aceton*

Ona|ni̲e ⟨die; -; unz.⟩ = Masturbation [fälschlich nach der biblischen Gestalt *Onan,* der sich nicht selbst befriedigte, sondern den Coitus interruptus (unterbrochener C.) ausübte)]

ona|ni̲e|ren ⟨V.⟩ = masturbieren

on|du|li̲e|ren ⟨V.⟩ (Haar) künstlich wellen, bes. mit der Brennschere [<frz. *onduler;* zu *onde* »Welle« <lat. *unda*]

One-Man-Show ⟨[wʌnmænʃou] die; -, -s⟩ **1** ⟨TV⟩ von nur einer moderierenden od. spielenden Person gestaltete Fernsehshow, Einmannshow **2** ⟨Wirtsch.; umg.⟩ Firmengründung mit anfangs nur einer Person [engl., »Einmannshow«]

on|ko..., On|ko... ⟨in Zus.⟩ geschwollen..., Geschwulst... [<grch. *onkos* »Masse«]

On|ko|lo|gi̲e ⟨die; -; unz.; Med.⟩ Lehre von den Geschwülsten u. Tumoren, bes. auch den Krebsgeschwülsten [<grch. *onkos* »Masse« + *...logie*]

ọn|line ⟨[-laın] Adj.; undekl.; EDV⟩ in direkter Verbindung zur Zentraleinheit eines Computers stehend; ~ *gehen;* ~ *sein; Ggs* offline [<engl. *on* »an, auf« + *line* »Leitung, Linie«]

Ọn|line|dienst ⟨[-laın-] der; -(e)s, -e; EDV⟩ Dienstleistungsangebot im Bereich der Telekommunikation für Computeranwender (meist mit Verbindung zum Internet)

ono|ma|to|po|e̲|tisch ⟨Adj.⟩ schall-, lautnachahmend; ~*e Wörter* lautmalende Wörter, *z. B. klirren, rasseln*

On|to|ge|ne̲|se ⟨die; -; unz.; Biol.⟩ Entwicklung des Lebewesens von der befruchteten Eizelle bis zur Geschlechtsreife [<grch. *on,* Gen. *ontos* »seiend« + *Genese* <grch. *genesis* »Erzeugung, Ursprung«]

on tour ⟨[- tu̲:r]⟩ auf Tournee (bes. von Musikern u. Ensembles); *die Band ist* ~ [engl.]

O̲nyx ⟨der; -(e)s, -e; Min.⟩ Mineral, schwarz-weißer Quarz [<lat. *onyx* <grch. *onyx,* eigtl. »Klaue, Fingernagel«]

oo..., Oo... ⟨[o:ɔ] in Zus.⟩ ei..., Ei..., eiförmig [<grch. *oon* »Ei«]

Oo|ga|mi̲e ⟨[o:ɔ-] die; -, -n; Biol.⟩ Befruchtung einer großen, unbeweglichen Eizelle durch eine kleinere, männliche Geschlechtszelle

Oo|ge|ne̲|se ⟨[o:ɔ-] die; -, -n; Biol.⟩ Bildung des Eis, Entwicklung der Eizelle; *Sy* Ovogenese

opa̲k ⟨Adj.⟩ undurchsichtig [<lat. *opacus* »schattig, beschattet; dunkel«]

Opa̲l ⟨der; -s, -e⟩ amorpher Quarz, ein Halbedelstein [<lat. *opalus* <Sanskrit]

Opa|les|zẹnz ⟨die; -; unz.⟩ Schimmern durch Beugung der Lichtstrahlen wie beim Opal

Ọp-Art ⟨die; -; unz.; Kunst⟩ zeitgenössische Richtung der bildenden Kunst, bei der optische Illusionen durch verschiedene Mittel (Beleuchtung, Bewegung) erzielt werden [engl.; verkürzt <*op*tical »optisch« + *art* »Kunst«]

Open ⟨[o̲u̲pən] das; - od. -s, -; Sport⟩ offene Meisterschaft; *British* ~ offene britische Meisterschaft im Golf [engl., »offen«]

Open-Air-... ⟨[oupənɛ̲:(r)] in Zus.⟩ im

O

Freien (stattfindend), *z. B. Open-Air-Veranstaltung* [engl., »offene (freie) Luft, im Freien«]

open end ⟨[oupən ɛnd]⟩ ohne zeitliche Begrenzung, ohne zeitliches Limit (von Diskussionen, Veranstaltungen, Tagungen usw.) [engl., »offenes Ende«]

Oper ⟨die; -, -n; Musik⟩ **1** musikalisch gestaltetes Bühnenstück **2** Opernhaus; *die Deutsche ~ am Rhein in Düsseldorf* [<ital. *opera (in musica)* »(Musik-) Werk«]

Ope|ra ⟨Pl. von⟩ Opus

Ope|rand ⟨der; -en, -en; EDV⟩ Information, die mit Hilfe eines Befehls verarbeitet werden kann [zu lat. *operari* »beschäftigt sein«]

Ope|ra|ti|on ⟨die; -, -en⟩ **1** ⟨Abk.: Op⟩ chirurgischer Eingriff **2** Ablauf einer Arbeit **3** Ausführung einer Rechnung **4** ⟨Mil.⟩ Truppenbewegung [<lat. *operatio* »Arbeit, Wirken«]

ope|ra|tiv ⟨Adj.⟩ **1** ⟨Med.⟩ auf chirurgischem Wege, mit Hilfe einer Operation; *~er Eingriff; ein Geschwür ~ entfernen* **2** ⟨fig.⟩ weitschauend u. planvoll tätig

Ope|ra|tor ⟨der; -s, -to|ren⟩ **1** ⟨engl. [ɔpəreɪtə(r)] EDV⟩ jmd., der beruflich eine Datenverarbeitungsanlage bedient **2** Vorschrift für eine mathematische Gleichung od. Funktion

Ope|ret|te ⟨die; -, -n; Musik⟩ leichtes, heiteres, unterhaltendes Bühnenstück mit Musik u. gesprochenen Dialogen [<ital. *operetta,* Verkleinerungsform zu *opera* »Oper«]

ope|rie|ren ⟨V.⟩ **1** ⟨Med.⟩ einen chirurgischen Eingriff vornehmen; *sich ~ lassen; am Blinddarm operiert werden* **2** eingreifen, handeln, verfahren **3** eine militärische Operation durchführen [<lat. *operari* »beschäftigt sein, verfertigen; (den Göttern) opfern«]

Oph|thal|mo|lo|gie ⟨die; -; unz.; Med.⟩ Lehre von den Augenkrankheiten [<grch. *ophthalmos* »Auge« + *...logie*]

Opi|at ⟨das; -(e)s, -e; Pharm.⟩ Opium enthaltendes Arzneimittel

Opi|um ⟨das; -s; unz.⟩ aus dem Saft des Schlafmohns gewonnenes Rauschmittel, auch als Heilmittel verwendet [lat., »Mohnsaft«]

Op|po|nent ⟨der; -en, -en⟩ jmd., der opponiert, Widerspruch einlegt, Gegner bei einem Disput

op|po|nie|ren ⟨V.⟩ sich widersetzen, eine gegenteilige Meinung vertreten; *gegen jmdn. od. etwas ~* [<lat. *opponere* »entgegenhalten, entgegensetzen«]

op|por|tun ⟨Adj.⟩ **1** gelegen, nützlich **2** passend, angebracht [<lat. *opportunus* »günstig, bequem«]

Op|por|tu|nis|mus ⟨der; -; unz.⟩ **1** Handeln allein unter dem Gesichtspunkt dessen, was Vorteile bringt **2** (prinzipienlose) geschickte Anpassung an die jeweilige Lage, um dadurch persönliche Vorteile zu haben [<frz. *opportunisme*]

Op|po|si|ti|on ⟨die; -, -en⟩ **1** Gegensatz, Widerstand; *~ machen* ⟨umg.⟩ widersprechen, eine gegenteilige Meinung verfechten **2** der Regierung sich entgegensetzende Partei od. Gruppe der Bevölkerung; *die ~ kritisierte den Gesetzesentwurf des Kabinetts* [<lat. *oppositio* »Widerstand, Widerspruch«]

Op|ta|tiv ⟨a. [--'-] der; -s, -e [-və]; Gramm.⟩ den Wunsch ausdrückende Form des Verbums (z. B. im Altgriechischen; im Dt. durch den Konjunktiv wiedergegeben)

op|tie|ren ⟨V.⟩ *für jmdn. od. etwas ~* sich für jmdn. od. etwas entscheiden [<lat. *optare* »wählen, wünschen«]

Optik: Die *Optik* ist die Lehre vom sichtbaren Licht und den mit seiner Erzeugung, Übertragung und seinem Nachweis verbundenen Erscheinungen. Man unterscheidet dabei die geometrische *Optik,* die davon ausgeht, dass sich das Licht geradlinig fortpflanzt, und die physikalische *Optik,* die den Wellencharakter des Lichtes berücksichtigt. Die physiologische *Optik* befasst sich mit den Grundlagen des Sehens und der Farbwahrnehmung des Auges.

Op|tik ⟨die; -, -en⟩ **1** ⟨unz.⟩ Lichtlehre **2** ⟨zählb.⟩ Linsensystem (eines Instruments) [<lat. *optica (ars)* <grch. *optike (techne)* »Lehre vom Sehen«; zu *optikos* »das Sehen betreffend«]

Op|ti|ker ⟨der; -s, -⟩ Hersteller von opt. Geräten, Händler mit opt. Geräten

op|ti|mal ⟨Adj.⟩ bestmöglich, beste, Best…; *Optimallösung; das ist ein ~es Ergebnis* [zu lat. *optimus* »der beste«]

Op|ti|mis|mus ⟨der; -; unz.⟩ *Ggs* Pessimismus **1** Lebensbejahung, Zuversichtlichkeit in allen Dingen; Lebenseinstellung, infolge deren man alle Dinge von der besten Seite sieht **2** ⟨Philos.⟩ Auffassung, dass diese Welt die beste aller möglichen Welten sei [<lat. *optimus* »der beste, sehr gut«]

op|ti|mis|tisch ⟨Adj.⟩ im Sinne des Optimismus denkend, auf ihm beruhend, lebensbejahend, zuversichtlich; *Ggs* pessimistisch

Op|ti|on ⟨die; -, -en⟩ freie Wahl, Möglichkeit, sich zu entscheiden [<lat. *optio* »Wunsch, Wahl«]

op|tisch ⟨Adj.⟩ **1** die Optik betreffend, zu ihr gehörig, auf ihr beruhend **2** = visuell; *~e Täuschung* [<grch. *optikos* »das Sehen betreffend«]

opu|lent ⟨Adj.⟩ üppig, reichlich, reichhaltig; *ein ~es Mahl* [<lat. *opulentus* »üppig, reich, reichhaltig«]

Opu|lenz ⟨die; -; unz.⟩ opulente Beschaffenheit, Üppigkeit, Überfluss [<lat. *opulentia* »Reichtum«]

Opus ⟨das; -, Ope|ra; Abk.: op.⟩ **1** Werk, Kunstwerk **2** einzelnes Werk in der Reihe der Werke eines Komponisten; *Konzert für Violine und Orchester, a-moll, op. 26; ~ post(h)umum* ⟨Abk.: op post(h).⟩ in der Hinterlassenschaft eines Verstorbenen vorhandenes od. gefundenes Werk **3** Gesamtwerk eines Künstlers [lat., »Werk«; → *postum*]

Ora|kel ⟨das; -s, -⟩ **1** Deutung der Zukunft u. des Schicksals, Wahrsagung **2** rätselhafter Ausspruch [<lat. *oraculum* »Weissagungsstätte; Götter-, Schicksalsspruch«]

oral ⟨Adj.; Med.⟩ zum Mund gehörig, durch den Mund [<lat. *os,* Gen. *oris* »Mund«]

oran|ge ⟨[orã:ʒ(ə)] Adj.⟩ rötlich gelb, von der Farbe der Orange [frz.]

Oran|ge[1] ⟨[orã:ʒ(ə)] od. [oraŋʒ(ə)] das; - od. -s; unz.⟩ orange Farbe [<mittel- u. süddt. *Orangenapfel;* zu frz. *pomme d'orange* »Apfelsine«]

Oran|ge[2] ⟨[orã:ʒə] od. [oraŋʒə] die; -, -n⟩ Apfelsine

Oran|ge|rie ⟨[orãʒəri:] od. [oraŋʒəri:] die; -, -n; bes. im Barock⟩ **1** Gewächshaus zum Züchten von Orangen **2** (Schloss-) Garten mit Apfelsinenbäumen (bes. bei Lustschlössern) [frz.]

Ora|to|ri|um ⟨das; -s, -ri|en⟩ **1** Raum zum Beten **2** ⟨Musik⟩ mehrteilige, meist geistliche Komposition für Chor, Einzelstimmen u. Orchester [mlat., »Kapelle; Gebet«; zu mlat. *orare* »beten«]

Or|bit ⟨der; -s, -s⟩ Umlaufbahn eines künstlichen Satelliten um Erde, Mond od. einen anderen Himmelskörper [<lat. *orbis* »Kreisbahn«]

Or|ches|ter ⟨[-kɛs-], österr. a. [-çɛs] das; -s, -⟩ **1** ⟨urspr. im altgrch. Theater⟩ Raum für das Auftreten des Chores **2** ⟨ab 1600⟩ vertiefter Platz vor der Bühne für die Musiker **3** ⟨heute⟩ größere Zahl von Musikern zum Zusammenspiel unter einem Dirigenten; *Rundfunk~; Schul~; Symphonie~* [<grch. *orchestra* »Tanzplatz (für den Chor)«; zu *orcheisthai* »tanzen«]

or|ches|tral *auch:* **or|chest|ral** ⟨[-kɛs-], österr. a. [-çɛs-] Adj.⟩ zum Orchester gehörend, durch ein Orchester

or|ches|trie|ren *auch:* **or|chest|rie|ren** ⟨[-kɛs-], österr. a. [-çɛs-] V.⟩ = instrumentieren

Or|chi|dee ⟨[-çide:ə] die; -, -n⟩ tropische Pflanze(nfamilie), deren Blüten oft auffällige Farben u. ungewöhnliche Formen aufweisen [<frz. *orchidée;* zu grch. *orchis* »Hode« (nach der Form der Wurzelknollen)]

Or|der ⟨die; -, -n⟩ Anordnung, Auftrag, Befehl [< frz. *ordre*]

Or|di|nal|zahl ⟨die; -, -en; Gramm.⟩ (Ordnungs-)Zahl, die die Stellung eines Dinges in einer Reihe angibt, *z. B. erster, zweiter* [<lat. *ordo,* Gen. *ordinis* »Ordnung«]

or|di|när ⟨Adj.⟩ **1** ⟨urspr.⟩ landläufig, alltäglich, gebräuchlich **2** ⟨meist fig.⟩ gemein, gewöhnlich, unanständig [<frz. *ordinaire* »ordnungsgemäß, mittelmäßig« <lat. *ordinarius* »ordentlich«]

Or|di|na|te ⟨die; -, -n; Math.⟩ parallel zur Ordinatenachse abgemessener Linienabschnitt; *Ggs* Abszisse [<lat. *ordinatus* »geordnet«; → *Ordination*]

Or|di|na|ti|on ⟨die; -, -en⟩ **1** ⟨kath. Kirche⟩

O

Weihe zum geistlichen Amt, Priesterweihe **2** ⟨evang. Kirche⟩ Einsetzung in das Amt des Pfarrers **3** ⟨österr.⟩ ärztliche Sprechstunde [<lat. *ordinare* »einrichten; in ein Amt einsetzen«]

or|di|nie|ren ⟨V.⟩ **1** ⟨kath. Kirche⟩ zum Priester weihen **2** ⟨evang. Kirche⟩ in das Amt des Pfarrers einsetzen **3** ⟨österr.⟩ ärztliche Sprechstunde halten [<lat. *ordinare;* → *Ordination*]

Or|gan ⟨das; -s, -e⟩ **1** Glied eines Ganzen **2** Werkzeug der Sinneswahrnehmung; *ein lautes, angenehmes ~ haben* Stimme **3** ⟨Biol.⟩ Körperteil mit einer bestimmten Funktion **4** Aufträge od. Anordnungen ausführende Person od. Behörde; *beratendes, ausführendes ~* **5** Zeitung, die für eine Partei o. Ä. schreibt [<lat. *organum,* grch. *organon* »Werkzeug, Hilfsmittel«]

Or|ga|nell ⟨das; -s, -en; Biol.⟩ = Organelle

Or|ga|nel|le ⟨die; -, -n; Biol.⟩ Teil eines einzelligen Lebewesens, der wie ein Organ der mehrzelligen Lebewesen funktioniert; *oV* Organell [<nlat. *organella,* Verkleinerungsform zu lat. *organum* »Werkzeug«]

Or|ga|ni|sa|ti|on ⟨die; -, -en⟩ **1** ⟨unz.⟩ das Organisieren **2** planmäßiger Aufbau, Ordnung, Gliederung, Gestaltung, Struktur **3** ⟨Biol.⟩ Aufbau u. Tätigkeit der Organe **4** ⟨zählb.⟩ Personengruppe, die sich zu einem bestimmten Zweck zusammengeschlossen hat, Verband, Gesellschaft, Bund [frz.]

Or|ga|ni|sa|tor ⟨der; -s, -to|ren⟩ jmd., der etwas organisiert, Veranstalter

or|ga|nisch ⟨Adj.⟩ **1** ein Organ (3) betreffend, zu ihm gehörig **2** der belebten Natur angehörend; *Ggs* anorganisch **2.1** tierisch-pflanzlich **2.2** Kohlenstoffverbindungen betreffend; *~e Chemie; ~e Verbindung* **3** gegliedert, gesetzmäßig geordnet

or|ga|ni|sie|ren ⟨V.⟩ **1** gestalten, planen; *eine Veranstaltung ~* **2** ⟨umg.⟩ beschaffen, bes. auf nicht ganz einwandfreie Weise **3** *sich ~* eine Gewerkschaft, Partei gründen, sich ihr anschließen [<frz. *organiser,* eigtl. »mit Organen versehen«, zu *organe* »Organ, Werkzeug«]

Or|ga|nis|mus ⟨der; -, -nis|men⟩ **1** selbstständiges Lebewesen, lebendiger menschlicher, tierischer od. pflanzlicher Körper **2** sinnvoll gegliedertes Ganzes

Or|gas|mus ⟨der; -, -gas|men⟩ Höhepunkt des Geschlechtsaktes od. anderer sexueller Handlungen [<grch. *orgasmos;* zu *organ* »reifen, schwellen«]

Or|gi|as|mus ⟨der; -, -as|men⟩ **1** ausschweifende, ekstatische Kultfeier der Antike **2** Zügellosigkeit, Ausgelassenheit [<grch. *orgiasmos,* zu *orgiazein* »ein Fest orgiastisch feiern«]

Or|gie ⟨[-gjə] die; -, -n⟩ **1** kultische Feier der Antike **2** Ausschweifung, wüstes Gelage [<lat. *orgia* »nächtliche Feier zu Ehren des Gottes Bacchus«]

ori|en|tie|ren ⟨V.⟩ **1** *jmdn. od. sich ~* (über etwas) unterrichten, in Kenntnis setzen; *darüber bin ich nicht orientiert* **2** *sich ~* sich zurechtfinden, einen Weg finden, seine Position in einem Raum ermitteln [<frz. *(s')orienter;* zu *orient* »Sonnenaufgang, Osten, Orient«]

Ori|ga|mi ⟨das; - od. -s; unz.⟩ japanische Kunst des Papierfaltens [jap.]

Ori|gi|nal ⟨das; -s, -e⟩ **1** Vorbild, Urbild **2** erste Niederschrift, ursprüngliche Fassung, Urtext; *Ggs* Kopie (1.2); *das ~ eines Briefes, Gemäldes* **3** ⟨fig.; umg.⟩ bemerkenswerte, skurrile Person, Sonderling [<mlat. *originale (exemplar)* »Urschrift«; zu *originalis* »ursprünglich«]

Ori|gi|na|li|tät ⟨die; -; unz.⟩ originale Beschaffenheit, Ursprünglichkeit, Eigenart [<frz. *originalité*]

Ori|gi|nal|ton ⟨der; -(e)s; unz.; Kurzwort: O-Ton⟩ der ursprüngliche, unveränderte, direkte Ton, Klang einer CD-, Film-, Fernseh-, od. Radioaufnahme; *eine Rede im ~ senden*

ori|gi|nell ⟨Adj.⟩ **1** ursprünglich, eigen, neuartig u. treffend; *ein ~er Einfall, Gedanke* **2** eigenartig u. geistreich, witzig; *ein ~er Mensch* [<frz. *originel*]

> → **Orchester:** Der Laut [kɛs] wird in griechischen Fremdwörtern oft ***ches*** geschrieben, z. B. in *Orchester*!

Or|kus ⟨der; -; unz.; röm. Myth.⟩ Unterwelt, Totenreich [<lat. *Orcus*]

Or|na|ment ⟨das; -(e)s, -e⟩ Schmuck, Verzierung, schmückende Form [<lat. *or-*

namentum »Ausrüstung, Ausschmückung, Schmuck«]

Or|nat ⟨das; -(e)s, -e⟩ feierliche Amtstracht [<lat. *ornatus* »Ausstattung; Schmuck; Kleidung«]

Or|na|tiv ⟨das; -s, -e [-və]; Gramm.⟩ Klasse von Verben, die ausdrücken, dass das in ihnen mitgedachte Objekt mit etwas versehen, ihm etwas hinzugefügt wird, *z. B. »bepflanzen«, »verwunden«* [<lat. *ornativus* »zur Ausstattung dienlich«]

Or|ni|tho|lo|gie ⟨die; -; unz.; Zool.⟩ Vogelkunde [<grch. *ornis,* Gen. *ornithos* »Vogel« + *...logie*]

or|tho..., Or|tho... ⟨in Zus.⟩ **1** gerade, aufrecht **2** richtig, recht [<grch. *orthos*]

or|tho|dox ⟨Adj.⟩ **1** rechtgläubig, stренggläubig **2** *~e Kirche* Ostkirche [<grch. *orthodoxein* »die richtige Meinung haben«]

Or|tho|gra|fie ⟨die; -, -n; Sprachw.⟩ = Orthographie

or|tho|gra|fisch ⟨Adj.⟩ = orthographisch

Or|tho|gra|phie ⟨die; -, -n; Sprachw.⟩ Lehre von der richtigen Schreibung der Wörter, Rechtschreibung; *oV* Orthografie [<*Ortho...* + *...graphie*]

or|tho|gra|phisch ⟨Adj.⟩ die Orthographie betreffend, auf ihr beruhend, rechtschreiblich; *oV* orthografisch

Or|tho|pä|de ⟨der; -n, -n; Med.⟩ Facharzt für Orthopädie

Or|tho|pä|die ⟨die; -; unz.; Med.⟩ Fachgebiet der Medizin, das sich mit der Behandlung der angeborenen u. erworbenen Fehler des Bewegungsapparates befasst, z. B. der Knochen u. Gelenke [<*Ortho...* + *...pädie*]

...os ⟨Nachsilbe; zur Bildung von Adj.⟩ = ...ös

...ös ⟨Nachsilbe; zur Bildung von Adj.⟩ die Existenz des in einem Substantiv Bezeichneten anzeigend, ihm entsprechend, *z. B. tuberkulös, fabulös, mysteriös; oV* ...os [<frz. *-ieux, -ieuse* <lat. *-osus*]

...ose ⟨Nachsilbe; zur Bildung weibl. Subst.; die; -, -n⟩ **1** ⟨Med.⟩ einen Krankheitsverlauf od. -zustand benennend, *z.B. Neurose, Dermatose* **2** ⟨Chemie⟩ ein Mono- od. Disaccharid benennend; *Glukose* [grch.]

Os|ma|ne ⟨der; -n, -n⟩ Türke im früheren Osmanischen Reich; *Sy* Ottomane[1] [nach dem Sultan *Osman I.,* 1288-1326]

Os|mi|um ⟨das; -s; unz.; chem. Zeichen: Os⟩ Edelmetall aus der Gruppe des Platins, Ordnungszahl 76 [<grch. *osme* »Geruch«]

Os|mo|se ⟨die; -; unz.; Chemie; Biol.⟩ Durchgang eines Lösungsmittels durch eine teilweise durchlässige Membran von der Seite der geringeren Konzentration zu der der höheren Konzentration, wodurch die Konzentrationsunterschiede auf beiden Seiten ausgeglichen werden [<grch. *osmos* »das Schieben«]

os|mo|tisch ⟨Adj.⟩ **1** auf Osmose beruhend **2** *~er Druck, ~er Wert* der die Osmose bewirkende Unterschied in der Konzentration von Lösungsmitteln

os|te..., Os|te... ⟨in Zus.⟩ = osteo..., Osteo...

os|ten|ta|tiv ⟨Adj.⟩ **1** offensichtlich, augenfällig **2** prahlerisch, herausfordernd, provozierend, betont; *~ zu spät kommen; etwas ~ behaupten, fordern* [<lat. *ostentare* »zur Schau stellen, zeigen«]

os|teo..., Os|teo... ⟨vor Vokalen⟩ oste..., Oste... ⟨in Zus.⟩ knochen..., Knochen... [<grch. *osteon* »Knochen«]

Os|te|o|po|ro|se ⟨die; -, -n; Med.⟩ Poröswerden von Knochen infolge krankhaften Schwundes der Knochensubstanz [<*Osteo...* + grch. *poros* »Öffnung«]

os|ti|nat ⟨Adj.; Musik⟩ hartnäckig wiederholt (zu spielen)

Ös|tro|gen *auch:* **Öst|ro|gen** ⟨das; -s; unz.; Biochemie⟩ ein weibliches Geschlechtshormon [<grch. *oistron* »Stachel; Leidenschaft« + *gennan* »erzeugen«]

Os|zil|la|ti|on ⟨die; -, -en; Physik⟩ Schwingung [zu lat. *oscillare* »schwingen«]

Os|zil|lo|graf ⟨der; -en, -en; Physik⟩ = Oszillograph

Os|zil|lo|graph ⟨der; -en, -en; Physik⟩ Gerät zur Aufzeichnung von Schwingungen; *oV* Oszillograf; *Sy* Oszilloskop [<lat. *oscillare* »schwingen« + *...graph*]

Os|zil|lo|skop *auch:* **Os|zil|los|kop** ⟨das; -s, -e⟩ = Oszillograf

oto..., Oto... ⟨vor Vokalen⟩ ot..., Ot... ⟨in Zus.⟩ das Ohr betreffend, ohr..., Ohr...; *Otologe* Facharzt für Ohrenheilkunde [<grch. *ous,* Gen. *otos* »Ohr«]

O

O-Ton ⟨der; -(e)s; unz.; Kurzwort für⟩ Originalton

Oto|skop *auch:* **Otos|kop** ⟨das; -s, -e; Med.⟩ Gerät zur Untersuchung des Innenohrs, Ohrenspiegel [<*Oto...* + *...skop*]

Oto|sko|pie *auch:* **Otos|ko|pie** ⟨die; -, -n; Med.⟩ Untersuchung des äußeren Gehörganges einschließlich des Trommelfells mit dem Ohrenspekulum

Ot|to|ma|ne[1] ⟨der; -n, -n⟩ = Osmane [<frz. *ottoman* »osmanisch, türkisch«]

Ot|to|ma|ne[2] ⟨die; -, -n⟩ breites Sofa, Liegesofa

out ⟨[aʊt]⟩ ~ *sein* ⟨umg.⟩ unmodern, nicht mehr aktuell sein [engl., »aus«]

Out|burst ⟨[aʊtbœːst] der; - od. -s, -s⟩ **1** Vulkanausbruch **2** Explosion eines Kernreaktors [engl., »Ausbruch«]

Out|cast ⟨[aʊtkaːst] der; -s, -s⟩ (aus der Gesellschaft) Ausgestoßener [<engl. *out* »aus« + *cast* »Kaste«]

Out|come ⟨[aʊtkʌm] der; -s; unz.⟩ Ergebnis, Resultat, Auswirkung; *den ~ einer pädagogischen Studie beschreiben* [engl.]

Out|door... ⟨[aʊtdɔː(r)] in Zus.⟩ im Freien, unter freiem Himmel ausgetragen, veranstaltet; *Outdoorvolleyball* [<engl. *outdoor* »Außen..., Freiluft...«]

ou|ten ⟨[aʊtən] V.⟩ öffentlich bekanntmachen, bekennen (bes. von Homosexualität); *sich ~; einen Sänger, Schauspieler, Politiker ~* [zu engl. *out* »öffentlich bekennen«]

Out|fit ⟨[aʊtfit] das; -s, -s⟩ Bekleidung, Ausstattung; *sportliches ~* [engl., »Ausrüstung«]

Ou|ting ⟨[aʊtɪŋ] das; - od. -s, -s⟩ das Outen, Bekennen, Bekanntmachen, Bloßlegen in der Öffentlichkeit; *das ~ seiner homosexuellen Neigung* [engl.]

Out|let ⟨[aʊtlɛt] das; -s, -s; Wirtsch.⟩ Geschäft, in dem die Waren einer (Mode-)Firma bes. günstig verkauft werden; *Factory ~* [engl., »Verkaufsstelle, Absatzmarkt«]

Out|put ⟨[aʊt-] der od. das; -s, -s⟩ **1** Daten, die eine elektronische Datenverarbeitungsmaschine liefert; *Ggs* Input **2** (Waren-)Ausstoß [<engl. *out* »aus« + *put* »setzen, stellen«]

Out|si|der ⟨[aʊtsaɪdə(r)] der; -s, -⟩ Außenseiter; *Ggs* Insider [engl.]

Out|sour|cing ⟨[aʊtsɔːsɪŋ] das; - od. -s; unz.; Wirtsch.⟩ Verlagerung bestimmter Arbeitsvorgänge eines Unternehmens ins Ausland (um Produktionskosten zu senken) [<engl. *out* »außen, draußen, heraus« + *source* »Quelle, Ursprung«]

Ou|ver|tü|re ⟨[uvər-] die; -, -n; Musik⟩ instrumentale Einleitung zu größeren Musikwerken, bes. Opern, Operetten, Ballettsuiten [<frz. *ouverture* »Öffnung, Eröffnung; Einleitung«]

ov..., Ov... ⟨in Zus.⟩ = ovo..., Ovo...

oval ⟨[-vaːl] Adj.⟩ länglich rund, eiförmig; *~e Fläche* [<lat. *ovalis* »eiförmig«; zu *ovum* »Ei«]

Ova|ri|um ⟨[-vaː-] das; -s, -ri|en; Anat.⟩ Eierstock [lat.; zu *ovum* »Ei«]

Ova|ti|on ⟨[-va-] die; -, -en⟩ Huldigung, Beifallssturm (bes. im Theater) [<lat. *ovatio* »kleiner Triumph«]

Over|all *auch:* **Ove|rall** ⟨[oʊvərɔːl] der; -s, -s⟩ Schutzanzug aus Jacke u. Hose in einem Stück [<engl. *over* »über« + *all* »alle(s)«]

over|dressed ⟨[oʊvə(r)drɛsd] Adj.⟩ zu vornehm, zu fein angezogen (für einen bestimmten Anlass); *für eine Party ist sie ~;* →*a.* overstyled [<engl. *over* »über(mäßig)« + *dressed* »gekleidet«]

Over|head|pro|jek|tor ⟨[oʊvə(r)hɛd-] der; -s, -en⟩ Gerät, das ein lichtdurchlässiges Bild od. einen Text ohne Verdunkelung projizieren kann, Tageslichtprojektor [<engl. *over* »über« + *head* »Kopf« + *Projektor*]

Over|kill ⟨[oʊvə(r)-] der; -s, -s; Mil.⟩ Vorrat an Waffen, der über die Menge hinausgeht, die zur Vernichtung des Gegners notwendig wäre [<engl. *over* »über« + *kill* »töten«]

over|sized ⟨[oʊvə(r)saɪzd] Adj.; undekl.⟩ übergroß, größer als die erforderliche Kleidergröße [engl., »übergroß«]

over|styled ⟨[oʊvə(r)staɪld] Adj.; undekl.⟩ zu festlich, zu auffällig zurechtgemacht (für einen speziellen Anlass); →*a.* overdressed [<engl. *over* »über« + *styled* »gestaltet«]

ovi|par ⟨[-vi-] Adj.⟩ eierlegend; *Ggs* vivipar [<lat. *ovum* »Ei« + *parere* »gebären«]

Ovo|ge|ne|se ⟨[-vo-] die; -, -n; Biol.⟩ = Oogenese [<lat. *ovum* »Ei« + *Genese*]

Ovu|la|ti|on ⟨[-vu-] die; -, -en; Med.⟩ Eisprung [<nlat. *ovulum,* Verkleinerungsform zu lat. *ovum* »Ei«]

→ **oval:** Der Laut [va] wird in lateinischen Fremdwörtern oft *va* geschrieben, z. B. in *oval!*

Oxer ⟨der; -s, -⟩ **1** ⟨Reitsp.⟩ Hindernis aus zwei hintereinander angebrachten Barrieren **2** Sperre zwischen Weiden [engl.]

oxi…, Oxi… ⟨in Zus.; Chemie⟩ **1** scharf, sauer, Sauerstoff enthaltend **2** eine od. mehrere Hydroxylgruppen aufweisend [<grch. *oxys* »scharf, sauer«]

Oxid ⟨das; -(e)s, -e; Chemie⟩ Verbindung eines chem. Elements mit Sauerstoff [<frz. *oxyde* <grch. *oxys* »scharf«]

Oxi|da|ti|on ⟨die; -, -en; Chemie⟩ das Oxidieren (eines Stoffes); *Ggs* Reduktion (3)

oxi|die|ren ⟨V.; Chemie⟩ sich mit Sauerstoff verbinden, Sauerstoff aufnehmen [<frz. *oxyder*]

Oxy|gen ⟨das; -s; unz.; chem. Zeichen: O⟩ chem. Element, Sauerstoff [<frz. *oxygène* »Sauerstoff«, eigtl. »Säurebildner«; zu *Oxy…* + *…gen*[2]]

Oze|an ⟨der; -s, -e⟩ Weltmeer; *der Atlantische ~* [<lat. *Oceanus,* grch. *Okeanos,* Name des myth. Weltstromes]

Oze|a|no|gra|fie ⟨die; -; unz.⟩ = Ozeanographie

Oze|a|no|gra|phie ⟨die; -; unz.⟩ Meereskunde; *oV* Ozeanografie

Oze|lot ⟨a. [-zə-] der; -s, -e od. -s; Zool.⟩ **1** gelblich braun gefleckte Raubkatze in Wald-, Fels- u. Sumpfgebieten Amerikas **2** Fell dieser Raubkatze [<Nahuatl *ocelotl* »Jaguar«]

Ozon ⟨das; -s; unz.; chem. Zeichen: O_3⟩ gasförmige Verbindung aus drei Sauerstoffatomen [grch., Part. Präs. zu *ozein* »riechen«]

Ozonloch: Das *Ozonloch* ist das Ergebnis einer drastischen Abnahme der Ozonkonzentration in der Ozonschicht. In den vergangenen Jahren wurde weltweit eine Abnahme um 2 % festgestellt, wobei die Abnahme sogar bei 35 % über der → *Arktis* und 50 % über der → *Antarktis* liegt. Es konnte nachgewiesen werden, dass der Abbau der Ozonschicht insbesondere durch → *Chlor* verursacht wird, das durch den weltweiten Einsatz von → *FCKW,* z. B. als Treibmittel in Spraydosen, in die Erdatmosphäre gelangt. Ozon absorbiert einen großen Teil der von der Sonne ausgehenden lebensfeindlichen UV-Strahlung, die starke Hautschädigungen verursachen kann.

Ozon|loch ⟨das; -(e)s, -lö|cher⟩ Loch in der Ozonschicht der Erdatmosphäre

> Publicity: Was du nicht unter *pa-* findest, kann unter *pu-* stehen, z. B. *Publicity*!

Pa|ckage ⟨[pækıdʒ] das; -, -s [-dʒız]⟩ 1 Pauschale, Pauschalangebot (bes. für Reisen); *die Reise wird im ~ mit Konzertkarten angeboten* 2 Gesamtheit mehrerer Angebote, Vorschläge, Produkte usw., die als Ganzes betrachtet werden; *etwas im ~ anbieten* 3 Paket, Schachtel, Bündel [engl.]

Pad ⟨[pæd] das; -s, -s; kurz für⟩ Mousepad

päd..., Päd... ⟨in Zus.⟩ = pädo..., Pädo...

> ◆ Die Buchstabenfolge **päd|a...** kann auch **pä|da...** getrennt werden.

◆ **Päd|a|go|ge** ⟨der; -n, -n⟩ 1 Erzieher, Lehrer 2 Wissenschaftler der Pädagogik [<grch. *paidagogos* »Kinder-, Knabenführer«; zu *pais,* Gen. *paidos* »Kind, Knabe« + *agogos* »führend; Führer«; zu *agein* »führen«]

◆ **Päd|a|go|gik** ⟨die; -; unz.⟩ praktische u. theoretische Lehre von Erziehung u. Bildung

> **Pädagogik** Bei fremdsprachlichen Zusammensetzungen, deren einzelne Bestandteile nicht ohne weiteres erkennbar sind, kann entweder zwischen den jeweiligen Bestandteilen (Morphemen) oder nach Sprechsilben getrennt werden (*Päd|a|go|gik/Pä|da|go|gik*).

◆ **päd|a|go|gisch** ⟨Adj.⟩ 1 die Pädagogik betreffend 2 erzieherisch

Pad|dock ⟨[pædɔk] der; -s, -s⟩ eingezäunter offener Raum, der als Weide u. Auslauf für Pferde genutzt wird [engl. <aengl. *pearroc* »Gehege« <vulgärlat. *parricus* »Koppel«]

...pä|die ⟨Nachsilbe; zur Bildung weibl. Subst.⟩ Erziehung, Heilkunde, Wissen [<grch. *paideia* »Erziehung«]

pä|do..., Pä|do... ⟨vor Vokalen⟩ päd..., Päd... ⟨in Zus.⟩ Knaben..., Kinder..., Jugend... [<grch. *pais,* Gen. *paidos* »Kind, Knabe«]

Page[1] ⟨[pɛıdʒ] die; -, -s [-dʒız]; EDV; kurz für⟩ Homepage [engl., »Seite«]

Pa|ge[2] ⟨[-ʒə] der; -n, -n⟩ 1 ⟨MA⟩ junger Adliger im fürstlichen Dienst, Edelknabe 2 ⟨heute⟩ junger (livrierter) Bote od. Diener, z. B. in Hotels [frz., »Edelknabe«]

Pa|ger ⟨[pɛıdʒə(r)] der; -s, -⟩ sehr kleines Funkempfangsgerät, Piepser [engl.]

Pa|go|de ⟨die; -, -n⟩ turmartiger japanischer od. chinesischer Tempel mit überdachten Stockwerken [portug.; zu Sanskrit *bhagavati* »selig, glücklich«]

Pail|let|te ⟨[paıjɛtə] die; -, -n⟩ kleines, rundes Plättchen aus Metall (zum Aufnähen auf Kleider) [frz., »Goldkörnchen, Flitter«]

Pa|ket ⟨das; -(e)s, -e⟩ 1 etwas Zusammengepacktes (bes. als Postsendung) 2 verschnürter Packen; *Akten~, Bücher~, Post~* [<frz. *paquet;* zu *paque* »Bündel, Ballen«]

Pakt ⟨der; -(e)s, -e⟩ Vertrag, Bündnis; *Atlantik~, Freundschafts~; Fausts ~ mit Mephisto* [<lat. *pactum* »Vertrag, Vereinbarung«]

pak|tie|ren ⟨V.⟩ einen Pakt schließen, gemeinsame Sache machen (mit)

pa|lä..., Pa|lä... ⟨in Zus.⟩ = paläo..., Paläo...

Pa|lä|an|thro|po|lo|gie *auch:* **Pa|lä|anth|ro|po|lo|gie** ⟨die; -; unz.⟩ Teilgebiet der Anthropologie, das sich mit der Abstammung u. Entwicklung des Menschen beschäftigt

Pa|lais ⟨[-lɛ:] das; - [-lɛ:s], - [-lɛ:s]⟩ Palast, Schloss (mit einem von zwei Flügeln flankierten Ehrenhof) [frz. <lat. *Palatium,* Name eines der sieben Hügel Roms]

pa|läo..., Pa|läo... ⟨vor Vokalen⟩ palä..., Palä... ⟨in Zus.⟩ alt..., Alt..., ur..., Ur...; *oV* paleo..., Paleo... [<grch. *palaios* »alt«]

Pa|lä|o|li|thi|kum ⟨das; -s; unz.⟩ Altsteinzeit [<*Paläo...* + grch. *lithos* »Stein«]

Pa|lä|on|to|lo|gie ⟨die; -; unz.⟩ Lehre von den ausgestorbenen Tieren u. Pflanzen vergangener Erdzeitalter [<*Paläo...* + grch. *on,* Gen. *ontos* »seiend« + *...logie*]

Pa|läo|zo|i|kum ⟨das; -s; unz.; Geol.⟩ Zeitalter der Erdgeschichte vor 580-200 Mill. Jahren, in dem die ersten Spuren von Leben auftraten; *Sy* Archäozoikum

Pa|la|tal ⟨der; -s, -e; Phon.⟩ Gaumenlaut, mit der Zunge am harten Gaumen gebildeter Konsonant, *z. B. ch (vor e und i)* [<lat. *palatum* »Gaumen«]

Pa|la|ver ⟨[-vər] das; -s, -⟩ **1** ⟨urspr.⟩ Versammlung von Schwarzen, Unterredung von Weißen mit Schwarzen **2** ⟨fig.⟩ langes, überflüssiges Gerede [<portug. *palavra* »Wort, Sprache«]

pa|leo..., Pa|leo... ⟨in Zus.⟩ = paläo..., Paläo...

Pa|le|tot ⟨[-to:] der; -s, -s; veraltet⟩ **1** doppelreihiger Mantel für Herren **2** dreiviertellanger Mantel für Damen od. Herren [frz. <mengl. *paltok* »Jacke«]

Pa|let|te ⟨die; -, -n⟩ **1** Scheibe mit Loch für den Daumen zum Mischen der Farben beim Malen **2** Untersatz für Stapelwaren, die dadurch mit Gabelstaplern bewegt werden können **3** reiche Auswahl, große Menge (von Möglichkeiten) [<frz. *palette,* ital. *paletta* »kleine Schaufel« <lat. *pala* »Schaufel, Spaten«]

pa|let|ti ⟨Adj.; nur in der Wendung⟩ *alles ~* ⟨umg.⟩ alles in Ordnung; *oV* palletti [Herkunft nicht bekannt]

Pa|lin|drom ⟨das; -s, -e⟩ Wort od. Vers, das bzw. der vorwärts- wie rückwärtsgelesen einen Sinn ergibt, *z. B. Renner, Reliefpfeiler* [<grch. *palindromos* »rückläufig«]

Pa|li|sa|de ⟨die; -, -n⟩ **1** starker, oben zugespitzter Pfahl zur Befestigung **2** aus einer Reihe von Pfählen bestehendes Hindernis [<frz. *palissade,* ital. *palizzata* <lat. *palus* »Pfahl«]

Pal|la|di|um ⟨das; -s, -di|en⟩ chem. Element, platinähnl. Edelmetall, Ordnungszahl 46 [nach dem Planetoiden *Pallas*]

pal|let|ti ⟨Adj.⟩ = paletti

Pam|phlet *auch:* **Pamph|let** ⟨das; -(e)s, -e⟩ politische Streitschrift [vielleicht <*Pamphilet, Pamphilus,* dem Titel eines Liebesliedes des 12. Jh.]

pan..., Pan... ⟨in Zus.⟩ all, ganz, gesamt [<grch. *pan* »ganz, all, jeder«]

Pa|na|de ⟨die; -, -n; Kochk.⟩ geriebene Brötchen od. Mehl zum Panieren [<ital. *pane* »Brot« + frz. Endung *...ade*]

Pa|neel ⟨das; -s, -e⟩ **1** vertieftes Feld der Täfelung **2** Täfelung [<afrz. *panel,* frz. *panneau* »Tafel«]

Pa|nel ⟨[pænəl] das; -s, -s⟩ für einen bestimmten Zweck ausgewählte, repräsentative Gruppe [engl. <mengl., eigtl. »Stück Stoff, Pergament« <vulgärlat. *panellus* »kleines Stück Stoff«; zu lat. *pannus* »Stück Stoff, Tuch«]

pa|nie|ren ⟨V.⟩ in Ei u. Mehl od. geriebenem Brötchen wenden; *ein Schnitzel ~* [<frz. *paner* »mit geriebenem Brot bestreuen«; zu *pain* »Brot«]

Pa|nik ⟨die; -, -en⟩ allgemeine Verwirrung, plötzlich ausbrechende Angst (bes. bei Massenansammlungen); *die Menschen rannten in ~ zum Ausgang* [<frz. *panique* <grch. *panikos;* → *panisch*]

pa|nisch ⟨Adj.⟩ in der Art einer Panik, angsterfüllt; *in ~er Flucht davonstürzen; ~e Angst; eine ~e Reaktion* [<frz. *panique* <grch. *panikos* »von Pan herrührend«; nach dem Wald- und Hirtengott *Pan,* dessen Erscheinen Schrecken auslöste]

Pan|kre|as *auch:* **Pank|re|as** ⟨das; -, -kre|ata od. -kre|a|ten; Anat.⟩ Bauchspeicheldrüse [<*Pan...* + grch. *kreas* »Fleisch«]

◆ Die Buchstabenfolge **pan|o...** kann auch **pa|no...** getrennt werden.

◆ **Pan|op|ti|kum** ⟨das; -s, -ti|ken⟩ Sammlung von Sehenswürdigkeiten, bes. das Wachsfigurenkabinett [<*Pan...* + grch. *optikos* »zum Sehen gehörend«]

◆ **pan|op|tisch** ⟨Adj.⟩ von allen Seiten einsehbar; *~es System* sternförmige Anordnung der Zellen in Strafanstalten zum Zweck zentraler Überschaubarkeit [<*pan...* + *optisch*]

◆ **Pan|o|ra|ma** ⟨das; -s, -ra|men⟩ **1** Rundblick, Ausblick in die Landschaft **2** Rundbild, das einen weiten Horizont vortäuscht. [<*Pan...* + grch. *horama* »Anblick«]

Pan|ter ⟨der; -s, -; Zool.⟩ = Panther

Pan|the|is|mus ⟨der; -; unz.; Philos.⟩ philosophische Lehre, dass Gott u. Natur eins seien, dass Gott überall in der Natur präsent u. weder als Person aufzufassen noch transzendent sei

Pan|the|on ⟨das; -s, -s⟩ **1** antiker Tempel aller Götter **2** ⟨fig.⟩ Ehrentempel **3** Gesamtheit aller Götter (eines Volkes) [<*Pan...* + grch. *theos* »Gott«]

Panther/Panter Bei einigen Fremdwörtern kann neben der ursprünglichen, an die Herkunftssprache angelehnten Orthografie (*Panther*) eine eingedeutschte Schreibweise (*Panter*) verwendet werden. Es bleibt dem Schreibenden überlassen, welche Schreibung er vorzieht (→*a.* Tunfisch/Thunfisch).

Pan|ther ⟨der; -s, -; Zool.⟩ = Leopard; *oV* Panter [lat. <grch. *panther(os)*]

Pan|to|mi|me[1] ⟨die; -, -n⟩ Bühnenstück, das ohne Worte, nur durch Gebärden, Mienenspiel u. Bewegung od. Tanz dargestellt wird [<grch. *pantomimos* »alles nachahmend« <*pan*, Gen. *pantos* »alles« + *mimesthai* »nachahmen«]

Pan|to|mi|me[2] ⟨der; -n, -n⟩ Künstler, der Pantomimen darstellt [→ *Pantomime*[1]]

Pa|pa|raz|zo ⟨der; -s, -raz|zi; meist Pl.; umg.; abwertend⟩ aufdringlicher Pressefotograf, Sensationsreporter [ital., abgeleitet von dem Beinamen eines Fotografen in dem Film »La dolce vita« (1959) von Federico Fellini]

Pa|pa|ya ⟨die; -, -pa|yen; Bot.⟩ *oV* Papaye **1** Melonenbaum **2** Frucht des Melonenbaums [karib.]

Pa|pa|ye ⟨die; -, -n; Bot.⟩ = Papaya

Pa|per ⟨[pɛɪpə(r)] das; -s, -⟩ **1** Arbeitspapier (bei Konferenzen, Vorträgen) **2** Dokument, Schriftstück [engl., »Papier«]

Pa|per|back ⟨[pɛɪpə(r)bæk] das; -s, -s⟩ broschiertes Buch mit dünnen Einbanddecken, Taschenbuch; *Ggs* Hardcover [engl.]

Pa|pil|le ⟨die; -, -n; Med.⟩ warzenförmige Erhebung [<lat. *papilla* »Brustwarze, Wärzchen«]

Papp|ma|ché ⟨[-ʃeː] das; -s, -s⟩ = Pappmaschee

Papp|ma|schee ⟨das; -s, -s⟩ formbare Masse aus eingeweichtem Papier u. Leim, Stärke u. Ton; *oV* Pappmaché [<frz. *papier maché;* zu *papier* »Papier« *macher*, eigtl. »kauen, zerkauen«]

Papyrus: *Papyrus* ist als Schreibstoff seit dem Beginn des 3. Jahrtausends v. Chr. in Ägypten nachgewiesen. Noch erhaltene beschriftete *Papyri* stammen aus Gräbern, Schutthügeln und Müllhalden ägyptischer Siedlungen. Die ältesten *Papyri* sind hieroglyphische Rollen, u. a. ein 40 m langer Rechenschaftsbericht von Ramses III. Überliefert sind auch *Papyri* mit literarischen, religiösen, juristischen u. a. Texten. Die Papyrusrollen kamen vermutlich im 6. Jh. v. Chr. nach Griechenland, von dort aus nach Italien, und wurden im gesamten Römischen Reich verwendet. Der *Papyrus* wurde aus Ägypten geliefert, wo seine Herstellung einer Sonderbesteuerung unterzogen war. Erst im 2. Jh. n. Chr. verdrängte das → *Pergament* den *Papyrus*.

Pa|py|rus ⟨der; -, -py|ri⟩ **1** papierähnlicher Schreibstoff, der aus dem Mark der Stängel der Papyrusstaude gewonnen wird **2** Schriftstück daraus, Papyrusrolle [lat. <grch. *papyros*]

pa|ra..., Pa|ra... ⟨vor Vokalen⟩ par..., Par... ⟨in Zus.⟩ **1** neben, bei **2** gegen, wider [<grch. *para*]

Pa|ra|bel ⟨die; -, -n⟩ **1** lehrhaft-moralische Erzählung mit gleichnishafter Struktur **2** ⟨Math.⟩ Kegelschnitt, der dadurch gekennzeichnet ist, dass alle auf ihm liegenden Punkte von einem festen Punkt (dem Brennpunkt) u. einer Geraden den gleichen Abstand haben [<grch. *parabola* <grch. *parabole*]

Pa|ra|de ⟨die; -, -n⟩ **1** ⟨Mil.⟩ Vorbeimarsch **2** ⟨Fechten, Boxen⟩ Abwehrbewegung gegen einen Angriff **3** ⟨Reiten⟩ **3.1** Anhalten des Pferdes **3.2** Verkürzen der Gangart [<ital. *parata,* beeinflusst von frz. *parade*]

Pa|ra|den|to|se ⟨die; -, -n; Med.⟩ Rückbildungsvorgänge an Kieferknochen, Zahnfleisch u. am Zahnbettgewebe; *oV* Parodontose [<*Para...* + grch. *odon,* Gen. *odontos* »Zahn«]

P

Pa|ra|dig|ma ⟨das; -s, -ma|ta od. -dig|men⟩ **1** ⟨Sprachw.⟩ Musterbeispiel, Flexionsmuster **2** sprachliche Einheiten, die in einem sprachlichen Zusammenhang gegeneinander austauschbar sind (z. B. hier, oben, darüber) **3** einem Vorhaben od. einer Wissenschaft zugrundeliegender theoretischer od. experimenteller Ansatz [<grch. *paradeigma* »Beispiel«]

pa|ra|dig|ma|tisch ⟨Adj.⟩ in der Art eines Paradigmas, beispielhaft

pa|ra|dox ⟨Adj.⟩ widersinnig, einen inneren Widerspruch enthaltend [<lat. *paradoxus*]

Par|af|fin *auch:* **Pa|raf|fin** ⟨das; -s, -e; Chemie⟩ **1** farbloses Gemisch von gesättigten höheren aliphatischen Kohlenwasserstoffen mit flüssiger, wachsartiger od. fester Konsistenz **2** ⟨Pl.⟩ *~e* gesättigte, kettenförmige Kohlenwasserstoffe, die einfachsten Vertreter sind Methan, Ethan, Propan [<lat. *parum affinis* »wenig reaktionsfähig« (früher meinte man, die Paraffine gingen keine chem. Bindungen ein) <*parum* »wenig« + *affinis* »verwandt«]

Pa|ra|gli|ding ⟨[-glaıdıŋ] das; - od. -s; unz.; Sport⟩ das Fliegen mit einem Gleitsegler (als Sportart) [engl., verkürzt <*parachute* »Fallschirm« + *glide* »gleiten«]

◆ Die Buchstabenfolge **par|al|l...** kann auch **pa|ral|l...** getrennt werden.

◆**Par|al|la|xe** ⟨die; -, -n⟩ Winkel, der entsteht, wenn ein Punkt von zwei verschiedenen Punkten einer Geraden aus beobachtet wird [<grch. *parallaxis* »Abwechslung«]

◆**par|al|lel** ⟨Adj.⟩ in der Parallele, in gleicher Richtung u. gleichbleibendem Abstand zueinander verlaufend; *~e Linien; die Straßen laufen ~ (miteinander); der Weg läuft ~ zum Fluss* [<lat. *parallelus* <grch. *parallelos* <*para...* »neben(hin)« + *allelon* »einander«]

◆**Par|al|le|le** ⟨die; -, -n⟩ **1** ⟨Math.⟩ Gerade, die zu einer anderen Geraden in gleichem Abstand u. gleicher Richtung verläuft **2** ⟨fig.⟩ etwas Vergleichbares, etwas Ähnliches, ähnliche Begebenheit, Erscheinung; *eine ~ zu einem Ereignis ziehen* [zu *parallel,* beeinflusst von frz. *parallèle* »Parallele«]

◆**Par|al|lel|ge|sell|schaft** ⟨die; -, -en; Soziol.⟩ neben der allgemeinen Form der Gesellschaft eines Staates bestehende Gesellschaftsform, die von einer ethnischen, kulturellen od. religiösen Minderheit geprägt wird; *viele Menschen ziehen sich in eine ~ zurück*

◆**Par|al|le|lo|gramm** ⟨das; -s, -e; Geom.⟩ von zwei Paaren paralleler Geraden begrenztes Viereck

◆**Par|al|lel|ton|art** ⟨die; -, -en; Musik⟩ die zu einer Dur-Tonart gehörende Moll-Tonart bzw. die zu einer Moll-Tonart gehörende Dur-Tonart mit denselben Vorzeichen, *z. B. C-Dur und a-Moll*

Pa|ra|lym|pics ⟨Pl.; Sport⟩ seit 1960 nach einer jeweiligen Olympiade ausgetragene olympische Veranstaltung für Behindertensportler [<*Para...* + engl. *olympics* »Olympische Spiele«]

Pa|ra|ly|se ⟨die; -, -n; Med.⟩ Gehirnerweichung, vollkommene Bewegungslähmung [<grch. *paralysis* »Lähmung«]

Pa|ra|me|ter ⟨der; -s, -; Math.⟩ unbestimmte Konstante einer Funktion, Gleichung, Kurve od. Fläche, Hilfsgröße [<*Para...* + *...meter*]

pa|ra|mi|li|tä|risch ⟨Adj.⟩ dem Militär vergleichbar; *~e, bewaffnete Verbände*

Pa|ra|noia ⟨die; -; unz.; Med.⟩ Geisteskrankheit, die sich in Wahnideen äußert [grch., »Schwachsinn«]

Pa|ra|pha|ge ⟨der; -n, -n⟩ Tier, das auf einem anderen lebt, ohne diesem zu nützen od. zu schaden [<*Para...* + *phagein* »fressen«]

Pa|ra|phra|se ⟨die; -, -n⟩ **1** ⟨Sprachw.⟩ verdeutlichende Umschreibung **2** ⟨Musik⟩ Ausschmückung, Verzierung (einer Melodie) [<grch. *paraphrasis* »Umschreibung«]

pa|ra|phra|sie|ren ⟨V.⟩ **1** mit einer Paraphrase (1) erklären, umschreiben **2** ⟨Musik⟩ ausschmücken, verzieren

Pa|ra|psy|cho|lo|gie ⟨die; -; unz.⟩ Teilgebiet der Psychologie, das die außersinnlichen (okkulten) Erscheinungen untersucht

Pa|ra|sit ⟨der; -en, -en⟩ **1** Lebewesen (Tier od. Pflanze), das von einem anderen Lebewesen lebt, ohne dieses zu töten,

P

Schmarotzer **2** ⟨fig.⟩ jmd., der von (einem) anderen lebt [<lat. *parasitus* »Tischgenosse; Schmarotzer« <grch. *parasitos* »wer mitisst« <*para* »neben, bei« + *sitos* »Speise«]

Pa|ra|sym|pa|thi|kus ⟨der; -; unz.; Anat.⟩ Teil des Lebensnervensystems

pa|rat ⟨Adj.⟩ bereit, gebrauchsfertig; *eine Ausrede ~ haben* [<lat. *paratus,* Part. Perf. zu *parare* »bereiten, rüsten«]

Pa|ra|ta|xe ⟨die; -, -n; Sprachw.⟩ Nebeneinander gleichberechtigter Hauptsätze; *Ggs* Hypotaxe [<*Para...* + grch. *taxis* »Ordnung«]

Pa|ra|vent ⟨[-vã:] der od. das; -s, -s⟩ zusammenklappbare Wand aus mehreren (mit Stoff od. Papier bespannten) Holzrahmen [frz., eigtl. »gegen den Wind«]

Par|cours ⟨[-ku:r] der; - [-ku:rs], - [-ku:rs]; Reitsport⟩ von den Pferden zu durchlaufende Hindernisstrecke bei Springprüfungen [frz., »zu durchlaufende Strecke«]

pa|ren|tal ⟨Adj.⟩ die Generation der Eltern (im genetischen Experiment) betreffend, von ihr stammend [<lat. *parens,* Gen. *parentis* »Elternteil«]

Par|en|the|se *auch:* **Pa|ren|the|se** ⟨die; -, -n⟩ **1** Klammer (als Satzzeichen) **2** eingeschobener Teil einer Rede od. eines Satzes [<grch. *parenthesis* »Zusatz«]

par ex|cel|lence ⟨[- ɛksəlã:s]⟩ **1** vorzugsweise, vor allem **2** schlechthin; *er ist der Heldentenor ~* [frz., »in vorzüglichem Maße«]

Par|fait ⟨[-fɛ] das; - od. -s, -s⟩ halbgefrorenes Speiseeis; *Erdbeer~* [frz., eigtl. »vollkommen, perfekt«]

Par|fum ⟨[-fœ̃:] das; -s, -s; frz. Schreibung von⟩ Parfüm

Par|füm ⟨das; -s, -s od. -e⟩ meist synthetischer od. pflanzlicher Duftstoff [<frz. *parfum* »Wohlgeruch«]

pa|rie|ren ⟨V.; Sport; Fechten⟩ **1** *einen Angriff ~* abwehren **2** ⟨Sport; Reiten⟩ *ein Pferd ~* in eine langsamere Gangart, zum Stehen bringen **3** ⟨umg.⟩ gehorchen [<frz. *parer* »Pferd in eine mäßige Gangart bringen; ein Pferd anhalten«]

Pa|ri|ser ⟨der; -s, -; umg.⟩ = Kondom [zuerst aus *Paris* eingeführt]

Pa|ri|tät ⟨die; -; unz.⟩ **1** Gleichberechtigung, Gleichwertigkeit **2** Verhältnis des Wertes zwischen zwei Währungen **3** ⟨Math.⟩ Austauschbarkeit der Werte gewisser Funktionen [<lat. *paritas* »Gleichheit«]

Par|ka ⟨der; - od. -s, -s⟩ wattierter od. gesteppter Anorak mit Kapuze [alëut., »Haut, Kleidung« <russ. *parka* »Rentier-, Hunde-, Schaffell« <samojed.]

Park-and-ride-Sys|tem ⟨[pa:(r)k ənd raɪd-] das; -s; unz.⟩ Verkehrssystem, bei dem Kraftfahrer ihre Fahrzeuge auf Parkplätzen abstellen u. von dort mit öffentlichen Verkehrsmitteln weiterfahren [<engl. *park* »parken« + *ride* »fahren«]

Par|kett ⟨das; -(e)s, -e⟩ **1** Fußbodenbelag aus Holz **2** ⟨Theat.⟩ vorderer Teil des Zuschauerraums zu ebener Erde **3** gesamter offizieller Börsenverkehr; *~handel* [<frz. *parquet,* eigtl. »kleiner, abgegrenzter Raum«; zu *parc* »eingeschlossener Raum«]

Par|kin|son|syn|drom *auch:* **Par|kin|son-Syn|drom** ⟨das; -s; unz.; Med.⟩ Schüttellähmung [nach dem engl. Arzt James *Parkinson,* 1755-1824]

> → **Parcours:** Der Laut [**ku:r**] wird in französischen Fremdwörtern oft ***cours*** geschrieben, z. B. in ***Parcours***!

Par|la|ment ⟨das; -(e)s, -e; Politik⟩ gewählte Volksvertretung aus einer od. zwei Kammern mit beratender u. gesetzgebender Funktion, Wesensmerkmal jeder Demokratie [<engl. *parliament*]

Par|la|men|ta|ri|er ⟨der; -s, -; Politik⟩ Angehöriger des Parlaments

Par|nass ⟨der; -es; unz.; Lit.; fig.⟩ Berg der Musen, Reich der Dichtkunst [<grch. *Parnassos,* Berg in Mittelgriechenland, Apollo und den Musen geweiht]

Par|o|die *auch:* **Pa|ro|die** ⟨die; -, -n⟩ **1** komisch-satirische, übertreibende Nachahmung eines literarischen Werkes od. dichterischen Stils in gleicher Form, aber mit anderem, meist unpassendem Inhalt **2** Unterlegung einer Komposition mit anderem Text od. eines Textes mit anderer Melodie [frz., eigtl. »Nebengesang«]

Par|o|don|to|se *auch:* **Pa|ro|don|to|se** ⟨die; -, -n; Med.⟩ = Paradentose

Pa|ro|le[1] ⟨die; -, -n⟩ **1** Kennwort **2** ⟨fig.⟩ Wort als Anweisung für eine Handlung, z. B. an eine politische Partei; *Wahl~* [frz., eigtl. »Wort, Spruch«]

Pa|role[2] ⟨[-rɔl] die; -; unz.; Sprachw.⟩ nach Saussure der Akt des Sprechens; *Ggs* Langue [frz.; → *Parole*]

Par|ser ⟨der; -s, -; EDV⟩ Bestandteil eines Compilers, Programm, das Analysen des Quellprogramms durchführt u. es in eine Maschinensprache überträgt [engl., zu *parse* »analysieren«]

Pars pro To|to ⟨das; - - -, - - -; Rhet.⟩ rhetorische Figur, Bezeichnung eines Ganzen durch ein Teil, *z. B. »kluger Kopf« statt »kluger Mensch«* [lat., »ein Teil für das Ganze«]

Par|terre ⟨[-tɛr] das; -s, -s⟩ Erdgeschoss; *sie wohnt im ~* [frz., »Fußboden, Gartenbeet«; zu *par terre* » zu ebener Erde«]

→ **Party:** Der Laut [**ti**] wird in englischen Fremdwörtern oft ***ty*** geschrieben, z. B. in *Par**ty***!

par|ti|ell ⟨Adj.⟩ **1** teilweise **2** anteilig [<frz. *partiel*]

Par|ti|kel[1] ⟨a. [-tɪ-] die; -, -n; Gramm.⟩ unbeugbares Wort, z. B. Präposition, Konjunktion [<lat. *particula* »Teilchen«; zu *pars*, Gen. *partis* »Teil«]

Par|ti|kel[2] ⟨a. [-tɪ-] die; -, -n od. das; -s, -⟩ **1** ⟨Physik⟩ kleiner Bestandteil, atomares Teilchen **2** ⟨kath. Kirche⟩ **2.1** kleine Hostie **2.2** Teilchen einer (größeren) Reliquie [→ *Partikel*[1]]

par|ti|ku|lar ⟨Adj.⟩ einen Teil betreffend, (nur) in einem Teil vorhanden, einzeln; *oV* partikulär [→ *Partikel*]

par|ti|ku|lär ⟨Adj.⟩ = partikular

Par|ti|san ⟨der; -s od. -en, -en⟩ bewaffneter Widerstandskämpfer im Hinterland [frz., eigtl. »Parteigänger, Anhänger«]

Par|ti|tur ⟨die; -, -en; Musik⟩ zusammenfassende Niederschrift eines vielstimmigen Musikstückes, jeweils in Einzelstimmen Takt für Takt, so dass die gleichzeitig erklingenden Noten untereinanderstehen [<ital. *partitura*]

Par|ti|zip ⟨das; -s, -pi|en; Gramm.⟩ infinite Form des Verbs, die die Funktion eines Adjektivs übernehmen u. dekliniert werden kann, Mittelwort, *z. B. »singend« u. »gesungen« von »singen«, »bietend« u. »geboten« von »bieten«* [verkürzt <*Partizipium*]

Partizip: Das *Partizip* ist eine infinite (unkonjugierte) Verbform der indoeuropäischen Sprachen. Im Deutschen gibt es zwei Stufen, das *Partizip Präsens (Partizip I)* und das *Partizip Perfekt (Partizip II)*. Das *Partizip Präsens* bezeichnet den Verlauf eines Prozesses (z. B. *gehend, lesend, weinend*), während das *Partizip Perfekt* dessen Ergebnis oder Nachwirkung beschreibt (z. B. *gegangen, gelesen, geweint*). Das *Partizip* wird auch als *Mittelwort* bezeichnet, da es sowohl Eigenschaften der → *Nomen* (wegen der Deklination, z. B. *weinende Kinder*) als auch der → *Verben* (wegen der unterschiedlichen Tempusformen) besitzt. Das *Partizip Perfekt* wird bei der Bildung der zusammengesetzen Zeiten verwendet: im Perfekt *(ich bin gegangen; er hat gelesen)*, im Plusquamperfekt *(ich war gegangen; er hatte gelesen)* und im Passiv *(er wurde getadelt)*.

Par|ti|zi|pa|ti|on ⟨die; -, -en⟩ das Partizipieren, Teilnahme [<lat. *participatio* »Teilnahme«]

par|ti|zi|pie|ren ⟨V.⟩ teilnehmen, Anteil haben [<lat. *participare* »teilhaben«]

Par|ti|zi|pi|um ⟨das; -s, -pia; Gramm.⟩ = Partizip [<lat. *participium; zu particeps* »teilhabend« (wegen der Mittelstellung zwischen Verb u. Adj.) <*pars*, Gen. *partis* »Teil« + *capere* »nehmen«]

Part|ner|look ⟨[-luk] der; -s; unz.⟩ ähnliches Aussehen zweier Partner, bes. in Bezug auf die Kleidung; *im ~ gehen* [<engl. *look* »Aussehen«]

par|tout ⟨[-tuː] Adv.; umg.⟩ durchaus, unbedingt, auf jeden Fall; *er will ~ (nicht) mitgehen* [<frz. »überall, allenthalben«]

Par|ty ⟨[paː(r)tɪ] die; -, -s⟩ zwangloses Fest, geselliges Beisammensein; *eine ~ geben* [engl. <frz. *parti* »geteilt«; zu *partir* »teilen«]

P

Par|zel|le ⟨die; -, -n⟩ kleinste im Grundbuch eingetragene Einheit vermessenen Baulandes, Flurstück [<frz. *parcelle* »Stückchen, Teilchen; (vermessenes) Grundstück«]

Pas ⟨[pa] der; -, -; Ballett⟩ **1** Tanzschritt **2** bestimmte Abfolge verschiedener Tanzschritte; →*a.* Pas de deux [frz. <lat. *passus* »Schritt«]

Pa|scha ⟨der; -s, -s⟩ **1** ⟨früher⟩ hoher türkischer u. ägyptischer Offizier od. Beamter **2** ⟨fig.⟩ Mann, der sich gegenüber Frauen herrschsüchtig verhält u. sich gerne bedienen lässt [<türk. *paša* »Exzellenz«]

> → **Page:** Der Laut [ʒə] wird in französischen Fremdwörtern oft *ge* geschrieben, z. B. in *Page*!

Pas de deux ⟨[pa də dø:] der; - - -, - - -; Ballett⟩ Tanz zu zweit [frz., »Tanzschritt zu zweit, von zweien«]

pas|sa|bel ⟨Adj.⟩ leidlich, annehmbar [<frz. *passable*]

Pas|sa|ge ⟨[-ʒə] die; -, -n⟩ **1** Durchgang **2** Durchfahrt, Meerenge **3** überdachte Ladenstraße **4** Reise mit Schiff od. Flugzeug, bes. übers Meer **5** ⟨Musik⟩ Lauf, schnelle Tonfolge **6** ⟨Sport; hohe Schule⟩ Trab in höchster Versammlung, bei dem die Vorderbeine schwungvoll gehoben werden [frz.]

Pas|sa|gier ⟨[-ʒi:r] der; -s, -e⟩ Fahrgast, Fluggast [<ital. *passeggiere* »Reisender, Schiffsreisender«, unter Einwirkung von frz. *passager* »Reisender, Fahrgast«]

Pas|sah ⟨das; -s; unz.⟩ das höchste jüdische Fest, das vom Tage des 1. Frühlingsvollmondes an acht Tage gefeiert wird, es soll an den Auszug des Volkes Israel aus Ägypten erinnern [<grch. *passa* <aram. *peha,* hebr. *pesah*]

Pas|sant ⟨der; -en, -en⟩ vorübergehender Fußgänger [frz.; zu ital. *passare* »vorübergehen«]

pas|sé ⟨[-se:] Adj.; nur präd.⟩ = passee

pas|see ⟨Adj.; nur prädikativ⟩ vergangen, nicht mehr modern; *oV* passé; *das ist (längst)* ~ [frz., Part. Perf. von *passer* »(vorüber)gehen«]

Passe|par|tout ⟨[paspartu:] das; -s, -s⟩ **1** Rahmen aus Karton für ein Bild (Foto od. Zeichnung) **2** Schlüssel, der für alle Türschlösser eines Hauses passt [<frz. *passe partout* »passt überall«]

> → **Patience:** Was du nicht unter *pass-* findest, kann unter *pat-* stehen, z. B. *Patience*!

pas|sie|ren ⟨V.⟩ **1** vorüberfahren, -gehen, hindurchfahren, -gehen, überfliegen, überqueren; *jmdn. ungehindert* ~ *lassen* **2** durch ein Sieb streichen; *Kartoffeln, Suppe* ~ **3** geschehen, sich ereignen; *ist etwas passiert* **4** zustoßen; *mir ist etwas Unangenehmes passiert* [<frz. *passer* »gehen, vorbeigehen«]

pas|siv ⟨a. [-'-] Adj.⟩ *Ggs* aktiv **1** nicht tätig, nichts bewirkend, nichts verändernd; *~er Charakter, sich* ~ *verhalten; ~es Wahlrecht* das Recht, gewählt zu werden; *~er Widerstand* W. durch Untätigkeit; *~er Wortschatz* W., den jmd. in einer Sprache kennt, aber nicht von sich aus verwendet **2** ⟨Gramm.⟩ im Passiv stehend **3** untätig, träge, teilnahmslos [<lat. *passivus* »duldend«]

Pas|siv ⟨das; -s, -e [-və]; Gramm.⟩ Ausdrucksform des Verbs, bei der das Subjekt syntaktisch das Ziel eines Geschehens ist, Leideform, *z. B. »ich werde getragen«; Ggs* Aktiv

Pas|si|vi|tät ⟨[-vi-] die; -; unz.⟩ passives Wesen, Untätigkeit, Teilnahmslosigkeit [<frz. *passivité*]

Pas|siv|rau|chen ⟨das; -s; unz.⟩ das (ungewollte) Einatmen von Tabakrauch durch einen Nichtraucher, der sich in der Gesellschaft von Rauchern aufhält

Pas|sus ⟨der; -, -⟩ **1** Abschnitt in einem Buch od. Text **2** altrömisches Längenmaß, Doppelschritt, 147,9 cm [<mlat. *passus* »Schritt«]

Pass|word ⟨[pa:swœ:d] das; -s, -s; bes. EDV⟩ = Passwort [engl.]

Pass|wort ⟨das; -(e)s, -wör|ter; bes. EDV⟩ Wort od. Zeichenkette, das den Zugang zu einem geschlossenen System ermöglicht; *oV* Password; *die Identifikation der Teilnehmerin erfolgt über* ~ [zu frz. *passer* »gehen, vorbeigehen«]

Pas|ta ⟨die; -, Pas|ten⟩ **1** streichbare Masse; *Zahn*~ **2** ⟨ital. Bez. für⟩ (Gericht aus) Teigwaren [ital., »Teig, Brei«]

P

Pas|tell ⟨das; -(e)s, -e; Mal.⟩ Zeichnung mit Pastellfarben [<frz. *pastel* <ital. *pastello* »kleine Paste«; zu *pasta* »Teig, Brei«]

Pas|tell|far|be ⟨die; -, -n⟩ **1** Farbe aus Gips od. Kreide **2** zarte, helle Farbe

Pas|te|te ⟨die; -, -n⟩ **1** mit Fleisch od. anderem gefülltes Gebäck aus Blätterteig **2** streichbare Masse aus bes. feiner Kalbs- od. Gänseleber; *Gänseleber~* [<roman. *pastata* <mlat. *pasta* »Teig«]

pas|teu|ri|sie|ren ⟨[-tø-] V.⟩ *Milch ~* Milch auf Temperaturen von etwas weniger als 100° C kurz erhitzen (zur weitgehenden Vernichtung von krankheitserregenden Bakterien) [nach dem frz. Mediziner Louis *Pasteur,* 1822-1895]

Pas|til|le ⟨die; -, -n; Pharm.⟩ Kügelchen, Plätzchen, Pille (in der Arzneimittelherstellung) [<lat. *pastillus*]

Pas|tor ⟨der; -s, -to|ren; Abk.: P.⟩ Pfarrer, Geistlicher [<kirchenlat. *pastor* »Seelenhirt«, lat. »Hirt«; zu *pascere* »(Vieh) weiden, füttern, (er)nähren«]

pas|to|ral ⟨Adj.⟩ **1** den Pastor betreffend, zu ihm gehörend, pfarramtlich **2** ⟨fig.⟩ feierlich, würdig, getragen; *~er Ton* [<lat. *pastoralis* »hirtenartig«]

Patch ⟨[pætʃ] der od. das; - od. s, -s⟩ **1** ⟨EDV⟩ Softwareprogramm, das in einem vorhandenen Programm enthaltene Fehler od. Mängel beheben soll **2** ⟨Med.⟩ zur Transplantation operativ entnommenes Hautgewebe [<engl. *patch* »Flicken«]

Patch|work ⟨[pætʃwœ:k] das; -s, -s; Textilw.⟩ Textilerzeugnis, das aus vielen kleinen Stücken unterschiedlicher Farbe und Form zusammengesetzt ist, z. B. Decke [engl., »Flickwerk«]

Patch|work|fa|mi|lie ⟨[pætʃwœ:k-] die; -, -n; umg.⟩ Familie, in der Eltern mit gemeinsamen Kindern u./od. Kindern aus unterschiedlichen früheren Beziehungen zusammenleben; *Kinder in einer ~ großziehen*

Pa|tel|la|seh|ne ⟨die; -, -n; Anat.⟩ Sehne, die die Kniescheibe u. das Schienbein verbindet, Kniescheibensehne; *sich einen Riss der ~ zuziehen*

Pa|ter ⟨der; -s, Pa|tres; Abk.: P.⟩ Mönch, der die Priesterweihen erhalten hat [lat., »Vater«]

Pa|ter|nos|ter[1] ⟨das; -s, -⟩ Vaterunser [lat., »Vaterunser«; nach den Anfangsworten des Gebetes bei Matth. 6,9]

Pa|ter|nos|ter[2] ⟨der; -s, -⟩ Aufzug ohne Tür, der dauernd fährt, ohne anzuhalten [→ *Paternoster*[1]]

path..., Path... ⟨in Zus.; Vorsilbe⟩ = patho..., Patho...

...path ⟨Nachsilbe; zur Bildung männl. Subst.; der; -en, -en⟩ **1** jmd., der ein bestimmtes Heilverfahren anwendet, *z. B. Homöo~* **2** jmd., der unter einer bestimmten Krankheit leidet, *z. B. Psycho~* [<grch. *pathos* »Leiden«]

pa|the|tisch ⟨Adj.⟩ **1** voller Pathos, erhaben, feierlich **2** ⟨fig.⟩ salbungsvoll, übertrieben feierlich [<lat. *patheticus* <grch. *pathetikos* »leidend; gefühlvoll; leidenschaftlich«]

...pa|thie ⟨Nachsilbe; zur Bildung weibl. Subst.; die; -, -n⟩ **1** Leiden, Krankheit, besondere Fähigkeit **2** Heilkunde, Heilverfahren **3** Gefühl, Neigung, Anteilnahme [<grch. *pathos* »Leiden«]

pa|tho..., Pa|tho... ⟨vor Vokalen⟩ path..., Path... ⟨in Zus.⟩ krankhaft, krankheits..., Krankheits... [<grch. *pathos*]

Pa|tho|lo|gie ⟨die; -; unz.; Med.⟩ Lehre von den Krankheiten [<mlat. *pathologia;* zu grch. *pathos* »Leiden, Krankheit« + *...logie*]

pa|tho|lo|gisch ⟨Adj.⟩ **1** zur Pathologie gehörend, auf ihr beruhend **2** krankhaft

Pa|thos ⟨das; -; unz.⟩ **1** Leidenschaft, Erregung **2** leidenschaftl. Vortrags-, Redeweise [grch., »Leid, Gemütsbewegung, Leidenschaft«]

Pa|ti|en|ce ⟨[pasjã:s] die; -, -n⟩ Lege- u. Geduldspiel mit Karten, meist für eine Person [frz., eigtl. »Geduld«]

Pa|ti|ent ⟨[patsjɛnt] der; -en, -en⟩ Kranker in ärztlicher Behandlung [<lat. *patiens,* Gen. *patientis,* Part. Präs. zu *pati* »erdulden, leiden«]

Pa|ti|na ⟨die; -; unz.⟩ grüner Überzug auf Kupfer u. Kupferlegierungen, Edelrost [ital., eigtl. »Firnis; Glanzmittel für Felle«]

Pa|tio ⟨[-tsjo] der; -s, -s⟩ gefliester u. gekachelter Innenhof [span. <altspan. *patio* »ungepflügtes Land«, vermutl. <altprov. *patu, pati* »verpachtetes Land, Weide«]

Pa|tis|se|ri̲e ⟨die; -, -n; bes. schweiz.⟩ 1 feines Backwerk 2 Feinbäckerei [<frz. *pâtisserie* <afrz. *pastis* »Kuchen« <lat. *pasta* »Teig«]

> ◆ Die Buchstabenfolge **pa|tr...** kann auch **pat|r...** getrennt werden.

◆ **Pa|tri|a̲rch** ⟨der; -en, -en⟩ 1 ⟨AT⟩ Stammvater der Israeliten, Erzvater (Abraham, Isaak, Jakob) 2 Bischof in bes. hervorgehobener Stellung 3 ⟨Titel für⟩ oberster Geistlicher in Moskau, Konstantinopel u. den christlichen Ostkirchen 4 männliches Familienoberhaupt [<grch. *patriarches* <*pater* »Vater« + *arche* »Herrschaft«]

◆ **pa|tri|ar|chal** ⟨[-ça̲:l] Adj.⟩ = patriarchalisch

◆ **pa|tri|ar|cha|lisch** ⟨[-ça̲:-] Adj.⟩ *oV* patriarchal 1 den Patriarchen betreffend, zu ihm gehörig 2 vaterrechtlich 3 ⟨fig.⟩ Rücksicht u. Gehorsam fordernd

◆ **Pa|tri|ar|chat** ⟨[-ça̲:t] das; -(e)s, -e⟩ absoluter Vorrang des Vaters in der Familie, Vaterherrschaft; *Ggs* Matriarchat

◆ **Pa|tri|o̲t** ⟨der; -en, -en⟩ jmd., der vaterländisch gesinnt ist [<mlat. *patriota* »Landsmann« u. frz. *patriote* »Landsmann, vaterländisch Gesinnter«]

◆ **Pa|tri|o|tịs|mus** ⟨der; -; unz.⟩ Vaterlandsliebe, starkes Zugehörigkeitsgefühl zur Heimat u. die Bereitschaft, für sein Land einzutreten [<frz. *patriotisme*]

◆ **Pa|tri̲|zi|er** ⟨der; -s, -⟩ 1 Mitglied des altrömischen Adels 2 ⟨MA⟩ vornehmer, wohlhabender Bürger [<lat. *patricius;* zu *pater,* Gen. *patris* »Vater«]

◆ **Pa|tro̲n** ⟨der; -s, -e⟩ 1 ⟨im antiken Rom⟩ Herr (seiner freigelassenen Sklaven) 2 Schutzheiliger, Schirmherr, Gönner; *der heilige Florian ist der ~ gegen Feuersbrunst* 3 Stifter einer Kirche [<lat. *patronus* »Schutzherr«]

◆ **Pa|tro|na̲t** ⟨das; -(e)s, -e⟩ 1 ⟨im antiken Rom⟩ Würde, Amt, Stellung eines Patrons 2 ⟨kath. Kirche⟩ Rechte u. Pflichten des Stifters einer Kirche 3 ⟨allg.⟩ Schirmherrschaft

◆ **Pa|tro̲|ne** ⟨die; -, -n⟩ 1 mit Sprengstoff gefüllter u. einem Zünder versehener Behälter; *Spreng~* 2 kleine Kapsel; *Tüten~* 3 lichtundurchlässiger Behälter für Filme [<frz. *patron* »Musterform«, eigtl. »Vaterform« <lat. *patronus* »Schutzherr«]

◆ **Pa|trouil|le** ⟨[-trụljə] die; -, -n⟩ 1 Spähtrupp 2 Streife; *~ gehen* [frz.]

> → **Power:** Was du nicht unter ***pau-*** findest, kann unter ***pow-*** stehen, z. B. *Power*!

Pạ|vil|lon ⟨[-vıljɔ̃:] od. [-vıljɔŋ] der; -s, -s⟩ 1 kleines, meist rundes, leicht gebautes, frei stehendes Gebäude in Gärten od. auf Ausstellungen; *Garten~* 2 orientalisches Gartenhäuschen; *Sy* Kiosk (1) 3 großes, viereckiges Zelt [frz.]

Pay|card ⟨[pɛ̲ıka:d] die; -, -s⟩ mit einem Chip (auf den ein bestimmter Geldbetrag vom Konto des Karteninhabers gespeichert werden kann) ausgestattete Kreditkarte für den bargeldlosen Zahlungsverkehr ohne Eingabe einer Geheimnummer o. Ä. [<engl. *paycard* »(Be-)Zahlkarte«]

Pay-TV ⟨[pɛ̲ıti:vi:] das; -; unz.⟩ Finanzierungssystem eines Fernsehsenders, orientiert an Gebühren für einzelne Sendungen od. an der Nutzung eines bestimmten Kanals [<engl. *pay* »bezahlen« + *TV*]

Pa|zi|fịs|mus ⟨der; -; unz.; Politik⟩ Bestreben, unter allen Umständen den Frieden zu erhalten, absolute Ablehnung des Krieges u. Kriegsdienstes aus ethischen u. praktischen Gründen [<frz. *pacifisme*]

Pa|zi|fịst ⟨der; -en, -en; Politik⟩ Anhänger, Vertreter des Pazifismus [<frz. *pacifiste*]

PC ⟨Abk. für⟩ 1 Personal Computer 2 Political Correctness

PDF ⟨EDV; Abk. für engl.⟩ Portable Document Format, ein Dateiformat für elektronische Dokumente

Pea|nuts ⟨[pi̲:nʌts] Pl.; umg.; meist scherzh.⟩ Kleinigkeit, geringe Geldmenge; *das sind doch ~!* [engl., eigtl. »Erdnüsse«]

Pe|dạnt ⟨der; -en, -en; abwertend⟩ pedantischer, übergenauer Mensch

Pe|dan|te|ri̲e ⟨die; -; unz.; abwertend⟩ übertriebene Genauigkeit oder Ordnungsliebe [<frz. *pédanterie*]

P

pe|dan|tisch ⟨Adj.⟩ übertrieben genau, übertrieben gewissenhaft od. ordentlich [<frz. *pédantesque*]

Pe|di|kü|re ⟨die; -, -n⟩ **1** ⟨unz.⟩ Fußpflege **2** ⟨zählb.⟩ Angestellte, deren Beruf die Fußpflege ist [<frz. *pédicure*]

Peer|group ⟨[pi:rgru:p] die; -, -s⟩ Gruppe von Jugendlichen, die sich gegenseitig bei der Loslösung vom Elternhaus unterstützen [<engl. *peer* »gleichrangig« + *group* »Gruppe«]

> → **Pipeline:** Was du nicht unter *pei-* findest, kann unter *pi-* stehen, z. B. *Pipeline*!

Pe|jo|ra|ti|on ⟨die; -, -en; Sprachw.⟩ Bedeutungswandel eines Wortes zum Schlechteren im Laufe der Sprachgeschichte, *z. B. gemein, Weib* [<lat. *peior* »schlechter«, Komparativ zu *malus* »schlecht, böse, schlimm«]

pe|jo|ra|tiv ⟨Adj.⟩ bedeutungsverschlechternd, in der Bedeutung sich negativ verändernd

pe|ku|ni|är ⟨Adj.⟩ das Geld betreffend, geldlich, finanziell; *~e Schwierigkeiten* [<frz. *pécuniaire;* zu lat. *pecunia* »Geld, Vermögen«]

pe|la|gi|al ⟨Adj.⟩ = pelagisch

pe|la|gisch ⟨Adj.⟩ im Meer u. in großen Binnengewässern lebend; *oV* pelagial; *~e Pflanze, ~es Tier* [<grch. *pelagios* »in der hohen See, im Meer«]

Pe|le|ri|ne ⟨die; -, -n⟩ weiter, ärmelloser Umhang [<frz. *pélerine,* eigtl. »Pilgerin; (von Pilgern getragener) Schulterumhang«]

Pe|na|ten ⟨Pl.⟩ **1** altrömische Götter des Hauses **2** ⟨fig.⟩ Haus u. Herd [<lat. *penates*]

P.E.N.-Club, PEN-Club, Pen-Club ⟨der; -s; unz.⟩ 1921 gegründete internat. Dichter- u. Schriftstellervereinigung gegen Rassenhass u. Unterdrückung der Meinungsfreiheit [engl., gebildet aus den Anfangsbuchstaben von *poets, playwrights, essayists, editors, novelists* »Dichter, Dramatiker, Essayisten, Herausgeber, Romanschriftsteller«]

Pen|dant ⟨[pãdã:] das; -s, -s⟩ Gegenstück, inhaltliche od. formale Entsprechung [frz., eigtl. »hängend«]

pe|ne|trant *auch:* **pe|net|rant** ⟨Adj.⟩ **1** durchdringend; *~er Geruch* **2** ⟨fig.; umg.⟩ aufdringlich; *ein ~er Kerl; eine ~e Fragerei* [<frz. *pénétrant*]

pe|ni|bel ⟨Adj.⟩ peinlich genau, sehr sorgfältig, sehr gewissenhaft, mühsam; *eine penible Arbeit* [<frz. *pénible* »mühsam; schmerzlich«]

Pe|ni|cil|lin ⟨das; -s; unz.⟩ Antibiotikum gegen viele Krankheitserreger, das aus verschiedenen Arten des Pinselschimmels gewonnen wird; *oV* Penizillin [<lat. *penicillium notatum* »Pinselschimmel(pilz)«]

Pe|nis ⟨der; -, -se od. Pe|nes; Anat.⟩ schwellfähiges, männl. Geschlechtsorgan verschiedener Tiere u. des Menschen [lat., eigtl. »Schwanz«]

Pe|ni|zil|lin ⟨das; -s; unz.; Pharm.⟩ = Penicillin

Pen|si|on ⟨[pã-], umg. [paŋ-] od. bair.-österr. [pɛn-] die; -, -en⟩ **1** Ruhegehalt (für Beamte); *~ beziehen* **2** Ruhestand (Beamter); *in ~ gehen* **3** Fremdenheim **4** Unterkunft u. Verköstigung; *Voll~* Unterkunft u. vollständige Verköstigung; *Halb~* Unterkunft mit Frühstück u. Mittag- od. Abendessen [frz.]

Pen|si|o|när ⟨[pã-], umg. [paŋ-] od. bair.-österr. [pɛn-] der; -s, -e⟩ **1** jmd., der eine Pension bezieht, im Ruhestand lebt **2** Schüler eines Pensionats **3** jmd., der in einer Pension wohnt [<frz. *pensionnaire*]

Pen|si|o|nat ⟨[pã-], umg. [paŋ-] od. bair.-österr. [pɛn-] das; -(e)s, -e⟩ = Internat [<frz. *pensionnat*]

pen|si|o|nie|ren ⟨[pã-], umg. [paŋ-] od. bair.-österr. [pɛn-] V.⟩ mit Pension in den Ruhestand versetzen [→ *Pensionär*]

Pen|sum ⟨das; -s, Pen|sa od. Pen|sen⟩ **1** in einer bestimmten Zeit zu erledigende Arbeit, Aufgabe; *Tages~* **2** Abschnitt (einer Arbeit od. Aufgabe), für eine bestimmte Zeit vorgeschriebener Lehrstoff; *Schul~* [lat., »Aufgabe, zugeteilte Tagesarbeit«]

pen|ta..., Pen|ta... ⟨vor Vokalen⟩ pent..., Pent... ⟨in Zus.⟩ fünf [<grch. *pente* »fünf«]

Pen|ta|eder ⟨das; -s, -; Geom.⟩ von fünf Flächen begrenzter Körper, Fünfflach, Fünfflächner

P

Pen|ta|gon ⟨das; -s, -e⟩ 1 ⟨zählb.; Geom.⟩ Fünfeck 2 ⟨['---] unz.⟩ Verteidigungsministerium der USA mit fünfeckigem Grundriss [<*Penta...* + grch. *gonia* »Ecke«]

Pen|ta|me|ter ⟨der; -s, -; Metrik⟩ fünffüßiger daktylischer Vers [<*Penta...* + *...meter*]

Pen|ta|to|nik ⟨die; -; unz.; Musik⟩ Skala, System von fünf Tönen als Grundtonleiter der orientalischen u. mittelalterlichen europäischen Musik sowie der Musik vieler Naturvölker [<*Penta...* + grch. *tonos* »Spannung, Ton«]

Pent|house ⟨[-haʊs] das; -, -s [-sɪz]⟩ Wohnung auf dem flachen Dach eines Hauses [<engl. *penthouse*]

Pe|pe|ro|ne ⟨der; -s, -ni⟩ = Peperoni

Pe|pe|ro|ni ⟨die; -, -; meist Pl.⟩ kleine, scharf schmeckende, meist in Essig eingelegte Paprikafrucht; *oV* Peperone [<ital. *peperone*]

Pep|tid ⟨das; -(e)s, -e; Biochemie⟩ bei der Hydrolyse von Proteinen auftretende, aus Aminosäuren aufgebaute Verbindung [<grch. *peptos* »gekocht«]

per ⟨Präp. m. Akk.⟩ 1 mittels, durch, mit; *~ Bahn, ~ Post* 2 ⟨zeitlich⟩ bis, am; *~ 1. April (liefern)* [lat. *per* »durch, für«]

per..., Per... ⟨in Zus.; Med.⟩ 1 durch, hindurch 2 ringsum, sehr 3 ⟨Chemie⟩ Verbindung, die ein Element in seiner höchsten od. einer sehr hohen Oxidationsstufe enthält [lat., »durch, für«]

Per|cus|sion ⟨[pərkʌʃn] die; -; unz.; Popmusik⟩ 1 Schlagzeug 2 Orgelregister an elektronischen Orgeln; →*a.* Perkussion [engl.]

per de|fi|ni|ti|o|nem wie es die Definition sagt, wie schon der Ausdruck besagt [lat., »durch die Definition«]

per|fekt ⟨Adj.⟩ 1 vollkommen (ausgebildet); *~ Englisch, Französisch sprechen* 2 gültig, abgemacht, abgeschlossen; *ein Geschäft ~ machen* [<lat. *perfectus,* Part. Perf. zu *perficere* »vollenden«]

Per|fekt ⟨das; -s, -e; Gramm.⟩ Zeitform des Verbums, die ein vergangenes, in die Gegenwart fortwirkendes Geschehen bezeichnet, zweite Vergangenheit, vollendete Gegenwart, *z. B. »ich habe Kuchen gebacken«* [<lat. *perfectum (tempus)* »vollendete (Zeit)«; → *perfekt*]

Per|fek|ti|on ⟨die; -, -en⟩ 1 Vollendung, Vollkommenheit 2 Meisterschaft, Können, Virtuosität, Kunstfertigkeit [frz.]

per|fek|ti|o|nie|ren ⟨V.⟩ vervollkommnen, bis zur Vollendung verbessern

Per|fek|ti|o|nis|mus ⟨der; -; unz.⟩ übertriebenes Streben nach (bes. technischer) Vollkommenheit [<lat. *perfectio* »Vollkommenheit«]

per|fid ⟨Adj.⟩ = perfide

per|fi|de ⟨Adj.⟩ treulos, hinterhältig, niederträchtig, heimtückisch; *oV* perfid [<frz. *perfide* »treulos«]

Per|fo|ra|ti|on ⟨die; -, -en⟩ 1 ⟨Med.⟩ Durchbruch von Geschwüren in der Wand von Hohlorganen 2 durchlochte Linie zum Abtrennen eines Teils (des Blattes) od. zum Transportieren (des Films) über ein Zahnrad [<lat. *perforare* »durchbohren, durchlöchern«]

Per|for|mance ⟨[pə(r)fɔːməns] die; -, -s [-sɪz]⟩ 1 Vorstellung, Aufführung (in der Art eines Happenings); *eine gute, schlechte, gelungene ~* 2 ⟨Techn.⟩ Betriebsverhalten 3 ⟨EDV⟩ Schnelligkeit u. Güte, mit der ein Computer einen Auftrag erledigt [engl., »Verrichtung, Vorführung«]

Per|ga|ment ⟨das; -(e)s, -e⟩ 1 bearbeitete u. als Schreibstoff dienende Tierhaut 2 Schriftstück auf dieser Haut [<mlat. *pergamen(t)um* <lat. *(charta) Pergamena;* nach der Stadt *Pergamon*]

Per|go|la ⟨die; -, -go|len⟩ Laube, Laubengang aus Pfeilern u. Säulen, meist von Kletterpflanzen umrankt [ital.]

pe|ri..., Pe|ri... ⟨in Zus.⟩ um ... herum, ringsum, über ... hin, über ... hinaus [<grch. *peri* »(rings)um, um ... herum; über ... hinaus, gegen«]

Pe|ri|o|de ⟨die; -, -n⟩ 1 Zeitabschnitt 2 Umlaufzeit eines Sternes 3 Zeitabschnitt einer Formation der Erdgeschichte 4 Zeit, die vergeht, bis eine Schwingung wieder ihren Ausgangspunkt erreicht hat, Schwingungszeit 5 = Menstruation 6 in bestimmter stilistischer Absicht mehrfach zusammengesetzter Satz 7 musikalischer Satz aus 8 od. 16 Takten, der sich aus zwei miteinander korrespondierenden Teilen zusammensetzt [<grch. *periodos* <*peri...* + *hodos* »Weg; Mittel u. Weg«]

Pe|ri|o|den|sys|tem ⟨das; -s; unz.; Chemie⟩ ~ *der chem. Elemente* System der Einteilung der chem. E.

Periodensystem: Das *Periodensystem* klassifiziert die chemischen → *Elemente* in einer systematischen Reihenfolge, in der den Elementen bestimmte Ordnungszahlen zugewiesen werden. Die Anordnung der Elemente wurde zunächst entsprechend der Größe der Atommasse vorgenommen. Das *Periodensystem* wurde 1869 von dem russischen Chemiker Mendelejew in der heute noch gebräuchlichen Form ausgearbeitet. Die Elemente sind in acht Hauptgruppen eingeteilt. Innerhalb einer Hauptgruppe verhalten sich die Elemente chemisch sehr ähnlich. Das *Periodensystem* umfasst mehr als 100 chemische Elemente.

pe|ri|o|disch ⟨Adj.⟩ in gleichen Abständen wiederkehrend

Pe|ri|pe|tie ⟨die; -, -n; Lit.⟩ Wendepunkt, Umschwung zum Guten od. Bösen (bes. im Drama) [<grch. *peripeteia* »Wendepunkt im Drama«, eigtl. »plötzlicher Umschwung des Schicksals«]

pe|ri|pher ⟨Adj.⟩ am Rand (befindlich), an der Peripherie (liegend)

Pe|ri|phe|rie ⟨die; -, -n⟩ **1** ⟨Math.⟩ äußere Linie (bes. des Kreises) **2** Rand (bes. einer Stadt) [<lat. *peripheria* <grch. *periphereia,* eigtl. »das Herumtragen; der Umlauf«; zu *peripherein* »herumtragen«]

Pe|ri|skop *auch:* **Pe|ris|kop** ⟨das; -s, -e; Optik⟩ **1** optisches Gerät, mit dessen Hilfe man über Hindernisse hinwegblicken kann **2** aus dem Kommandoturm eines U-Bootes ausfahrbares Sehrohr [<*Peri...* + *...skop*]

Pe|ri|stal|tik *auch:* **Pe|ris|tal|tik** ⟨die; -; unz.; Med.⟩ Bewegung von Hohlorganen, deren Wände Muskeln enthalten, z. B. bei Magen u. Darm [<grch. *peristaltikos* »ringsum zusammendrückend«]

Per|kus|si|on ⟨die; -, -en⟩ Zündung durch Stoß od. Schlag auf ein Zündhütchen; →*a.* Percussion [<lat. *percussio* »Schlagen«]

Per|lon® ⟨das; -s; unz.; Textilw.⟩ aus Kaprolactam hergestellte Kunstfaser

per|ma|nent ⟨Adj.⟩ ununterbrochen, dauernd, bleibend, ständig; *in der Schule ~ stören; eine ~e Lärmbelästigung; das ~e Rauchen hat seine Gesundheit ruiniert* [<lat. *permanens,* Part. Präs. zu *permanere* »(ver)bleiben«]

Per|ma|nenz ⟨die; -; unz.⟩ permanente Beschaffenheit, Dauer, Beständigkeit, Stetigkeit

per|me|a|bel ⟨Adj.⟩ durchdringbar, durchlässig; *permeable Membran* [<lat. *permeare* »durchgehen, durchwandern«]

Pe|ro|nis|mus ⟨der; -; unz.; Politik⟩ politisch-soziale Bewegung in Argentinien [nach dem Staatspräsidenten J. D. *Peron,* 1895-1975]

Per|oxid ⟨das; -(e)s, -e; Chemie⟩ sauerstoffreiche chem. Verbindung

per pe|des ⟨umg.; scherzh.⟩ zu Fuß [lat., eigtl. »durch die Füße, mit den Füßen«]

Per|pen|di|kel ⟨der; -s, -⟩ **1** Abstand der (gedachten) Senkrechten durch Vorder- u. Achtersteven des Schiffes, der dessen Länge ergibt **2** Uhrpendel [<lat. *perpendiculum* »Bleilot«]

Perpe|tu|um mo|bi|le ⟨[-le:] das; - -, - - od. -tua -bi|lia⟩ **1** utopische Maschine, die, ohne Energie zu verbrauchen, dauernd in Bewegung bleibt **2** Musikstück mit ununterbrochener gleichmäßiger u. schneller Bewegung [lat., »etwas beständig Bewegtes«]

per|plex ⟨Adj.⟩ verblüfft, überrascht, bestürzt, betroffen; *er war völlig ~* [<lat. *perplexus* »verschlungen, verworren«]

per se von selbst, durch sich selbst; *das versteht sich ~* [lat.]

Per|si|fla|ge *auch:* **Per|sif|la|ge** ⟨[-ʒə] die; -, -n⟩ (geistvolle, bes. literar.) Verspottung mittels übertriebener Darstellung einer Person od. Sache [frz.]

per|si|flie|ren *auch:* **per|sif|lie|ren** ⟨V.⟩ (geistvoll, bes. literarisch) verspotten [<frz. *persifler*]

per|so|nal ⟨Adj.⟩ = personell

Per|so|nal ⟨das; -s; unz.⟩ Gesamtheit der besonders im Dienstleistungsbereich angestellten od. beschäftigen Personen (in Betrieben, Hotels, Haushalten); *Dienst~, Küchen~* [<mlat. *personale;* zu *personalis* »dienerhaft«; zu lat. *personalis* »persönlich«]

P

Per|so|nal Com|pu|ter ⟨[pœ:sənəl kɔmpju:tə(r)] der; - -s, - -; Abk.: PC⟩ Mikrocomputer für den häuslichen u. professionellen Einsatz [<engl. *personal* »persönlich« + *computer*]

Per|so|nal|form ⟨die; -, -en; Gramm.⟩ Flexionsform des Verbs, durch die die Person u. der Numerus des Subjekts bestimmt werden, *z. B. (ich) singe, (du) singst, (wir) singen*

Per|so|na|li|en ⟨Pl.⟩ Angaben über Geburt, Ehestand, Beruf einer Person; *jmds. ~ aufnehmen; seine ~ angeben* [<lat. *personalia* »persönliche Dinge«]

Per|so|nal|pro|no|men ⟨das; -s, - od. -mina; Gramm.⟩ Pronomen, das anstelle einer bestimmten Person od. Sache steht, *z. B. ich, ihm, sie*

per|so|nell ⟨Adj.⟩ *oV* personal **1** persönlich **2** das Personal betreffend, zu ihm gehörend [<frz. *personnel*]

Per|so|ni|fi|ka|ti|on ⟨die; -, -en⟩ **1** Verkörperung **2** Vorstellung u. Darstellung von Dingen u. Kräften als Person [<frz. *personnification*]

per|so|ni|fi|zie|ren ⟨V.⟩ **1** verkörpern **2** als Person darstellen, vermenschlichen; *Götter, Begriffe, Eigenschaften ~* [<frz. *personnifier;* zu lat. *persona* »Person« + *facere* »machen«]

Per|spek|ti|ve *auch:* **Pers|pek|ti|ve** ⟨[-və] die; -, -n⟩ **1** scheinbare Verkürzung u. scheinbares Zusammentreffen der in die Tiefe des Raumes laufenden parallelen Strecken in einem Punkt (Fluchtpunkt) **2** räumliche Wirkung eines Bildes; *ein Gemälde ohne ~* **3** ⟨fig.⟩ Blick in die Zukunft, Aussicht; *hier öffnen sich neue, nicht geahnte ~n* **4** Blickwinkel; *etwas aus einer neuen ~ betrachten* [<mlat. *perspectiva (ars)* »hindurchblickende (Kunst)«; zu lat. *perspicere* »mit dem Blick durchdringen, deutlich sehen«]

per|vers ⟨[-vɛrs] Adj.⟩ **1** auf krankhafte Weise abnorm (im geschlechtlichen Verhalten) **2** widernatürlich, vom Normalen abweichend [<lat. *perversus* »verdreht, verkehrt, schlecht«; zu *pervertere* »umkehren«]

Per|ver|si|on ⟨[-vɛr-] die; -, -en⟩ krankhafte Abweichung vom »Normalen«, bes. die Störung der sexuellen Erlebnis- u. Kontaktfähigkeit sowie des Sexualverhaltens [<lat. *perversio* »Verdrehung«; → *pervers*]

per|ver|tie|ren ⟨[-vɛr-] V.⟩ **1** vom Normalen krankhaft abweichen **2** in sein Gegenteil verkehren, verdrehen, verfälschen [<lat. *pervertere* »umkehren«]

Per|zep|ti|on ⟨die; -, -en⟩ **1** ⟨Biol.⟩ Reiz durch Sinneszellen **2** ⟨Philos.⟩ sinnl. Wahrnehmung als erste Stufe der Erkenntnis [<lat. *perceptio* »das Empfangen, das Begreifen«; zu *percipere* »in Besitz nehmen, wahrnehmen«]

Pes|sar ⟨das; -s, -e; Med.⟩ Einlage in die Scheide, bes. zur Empfängnisverhütung [<lat. *pessarium* »Mutterkranz«]

Pes|si|mis|mus ⟨der; -; unz.⟩ Neigung, im Leben od. bei einer Sache nur das Schlechte zu sehen, Schwarzseherei, Mutlosigkeit, Hoffnungslosigkeit; *Ggs* Optimismus [<lat. *pessimus* »der Schlechteste, sehr schlecht«]

pes|si|mis|tisch ⟨Adj.⟩ von allem nur die schlechten Seiten sehend, bei einer Sache od. im Leben nichts Gutes erwartend, schwarzseherisch; *Ggs* optimistisch

Pes|ti|lenz ⟨die; -, -en⟩ **1** Pest, durch Pestbakterien hervorgerufene epidemische Krankheit **2** ⟨allg.⟩ schwere Seuche [<lat. *pestilentia* »ansteckende Krankheit, Seuche, Pest«]

Pes|ti|zid ⟨das; -s, -e⟩ Schädlingsbekämpfungsmittel [<lat. *pestis* »Seuche« + *...zid*[2]]

Pe|ti|ti|on ⟨die; -, -en⟩ Bittschrift, Eingabe [<lat. *petitio* »das Verlangen, das Bitten, Gesuch«]

Pe|tro|che|mie *auch:* **Pet|ro|che|mie** ⟨[-çe-] die; -; unz.⟩ **1** Lehre von der Zusammensetzung der Gesteine **2** Teilgebiet der Chemie, das sich mit der Förderung u. Verarbeitung von Erdöl befasst

Pe|tro|lo|gie *auch:* **Pet|ro|lo|gie** ⟨die; -; unz.⟩ Gesteinskunde [<grch. *petros* »Stein« + *...logie*]

Pet|ti|coat ⟨[-ko:t] der; -s, -s; Mode⟩ weiter, steifer Unterrock [engl. *petty coat* »kleiner Rock«]

Pet|ting ⟨das; -s, -s⟩ sexuell erregende körperliche Berührungen aller Art mit Ausnahme des Geschlechtsakts selbst [<engl. *pet* »liebkosen«]

pet|to *etwas in ~ haben* etwas bereithalten [ital., »in der Brust«]

peu à peu ⟨[pøapø:] Adv.⟩ allmählich, nach u. nach [frz.]

...phag ⟨Adj.; in Zus.⟩ fressend, sich ernährend von, sich hineinfressend in [<grch. *phagein* »fressen«]

...pha|ge ⟨Nachsilbe; zur Bildung männl. Subst.; der; -n, -n⟩ ...fresser, Lebewesen, das etwas frisst od. es zerstört [→ *...phag*]

...pha|gie ⟨Nachsilbe; zur Bildung weibl. Subst.; die; -, -n⟩ Ernährungsweise [→ *...phag*]

Pha|lanx ⟨die; -, -lan|gen⟩ **1** ⟨Antike⟩ lange, geschlossene Schlachtreihe **2** ⟨fig.⟩ geschlossene Reihe, Widerstand leistende Front [grch., »Baumstamm, Block, Schlachtreihe«]

Phal|lus ⟨der; -, Phal|li od. Phal|len⟩ das (erigierte) männliche Glied [<grch. *phallos* »das männliche Glied als Sinnbild der Zeugungskraft«]

Phä|no|men ⟨das; -s, -e⟩ **1** Erscheinung, etwas sich den Sinnen Zeigendes; *Polarlichter sind ein erstaunliches ~ des nördlichen Himmels* **2** ⟨fig.⟩ Wunder, Wunderding, ungewöhnlicher Mensch [<grch. *phainomenon* »Erscheinendes, sinnlich Wahrnehmbares«; zu *phainein* »sichtbar machen«]

phä|no|me|nal ⟨Adj.⟩ großartig, erstaunlich

Phä|no|me|no|lo|gie ⟨die; -; unz.; Philos.⟩ Lehre von den Erscheinungen der Dinge (auch der nur vorgestellten, gedachten) ohne den Anspruch, ihre Individualität u. (od.) ihr Wesen zu erfassen [<grch. *phainomenon* »sinnlich Wahrnehmbares« + *...logie*]

Phä|no|ty|pus ⟨der; -, -ty|pen⟩ sichtbares Erscheinungsbild eines Lebewesens; *Ggs* Genotyp [<grch. *phainesthai* »erscheinen« + *Typus*]

Phan|ta|sie ⟨die; -, -n⟩ = Fantasie

phan|ta|sie|ren ⟨V.⟩ = fantasieren

Phan|tas|ma ⟨das; -s, -tas|men⟩ **1** Sinnestäuschung, Trugbild **2** anschauliches, inneres Bild [grch., »Erscheinung, Gestalt, Trugbild«]

Phan|tas|ma|go|rie ⟨die; -, -n⟩ Darstellung von Trugbildern, Gespenster- u. Geistererscheinungen (auf der Bühne) [<grch. *phantasma* »Erscheinung, Gestalt, Trugbild« + *agora* »Versammlung«]

phan|tas|tisch ⟨Adj.⟩ = fantastisch

Phan|tom ⟨das; -s, -e⟩ Trugbild, gespenstische Erscheinung [<frz. *fantôme* »Gespenst, Trugbild« <vulgärlat. **fantauma* <grch. *phantasma* »Erscheinung, Gestalt, Trugbild«]

Pha|rao ⟨der; -s, -o|nen⟩ altägyptischer König [grch. <altägypt. *per-a* »großes Haus, Palast, Hof« (Titel des Königs)]

Pha|ri|sä|er ⟨der; -s, -⟩ **1** Angehöriger der führenden altjüdischen religiösen Partei seit dem 3. Jh. v. Chr., die sich streng an das mosaische Gesetz hielt **2** ⟨fig.⟩ selbstgefälliger Mensch [<lat. *Pharisaeus* <grch. *Pharisaios* <aram. *perishaiya* »abgesondert«]

Phar|ma|ko|lo|gie ⟨die; -; unz.⟩ Lehre von den Wirkungen u. Anwendungen der Medikamente

Phar|ma|zeut ⟨der; -en, -en⟩ wissenschaftlich ausgebildeter Apotheker [<grch. *pharmakeutes* »Hersteller von Arzneimitteln, Giftmischer«]

phar|ma|zeu|tisch ⟨Adj.⟩ zur Pharmazie gehörig, auf ihr beruhend [<grch. *pharmakeutikos* »die Kenntnis u. Herstellung von Arzneimitteln u. Giften betreffend«]

Pharmazie: Die *Pharmazie*, früher als »Apothekerkunst« bezeichnet, ist die Wissenschaft von den Arzneimitteln, die sich seit dem Mittelalter zu einem eigenständigen Handwerk entwickelte. 1241 wurde von Kaiser Friedrich II. erstmals die Trennung von Arzt und Apotheker vorgeschrieben. Für die Apotheker wurde das Apothekenstudium in Bayern 1812 und in Preußen 1825 verbindlich. Das Pharmaziestudium umfasst die Fächer Botanik, Physik, Chemie, Biochemie, Pharmakologie und Toxikologie.

Phar|ma|zie ⟨die; -; unz.⟩ Arzneimittellehre [<lat. *pharmacia* <grch. *pharmakeia* »Gebrauch von Heilmitteln, Giften, Zaubermitteln; Arznei«; zu *pharmakon* »Heilmittel; Gift, Zaubermittel«]

Pha|rynx ⟨der; -, -ryn|gen; Anat.⟩ Rachen [grch.]

Pha|se ⟨die; -, -n⟩ **1** Abschnitt, Stufe einer Entwicklung; *in einer schwierigen ~ sein* **2** Zeit, in der ein Himmelskörper nur zum Teil erleuchtet ist; *Mond~* **3** ⟨Physik⟩ jeweiliger Zustand eines schwingenden Systems [frz. <grch. *phasis* »Erscheinung, Aufgang eines Gestirns«; zu *phainesthai* »erscheinen«]

Phe|nol ⟨das; -s, -e; Chemie⟩ chem. Verbindung, die sich aus Benzol durch Ersatz eines Wasserstoffatoms gegen eine Hydroxidgruppe (-OH) ergibt [<grch. *phainein* »zeigen« + lat. *oleum* »Öl«]

Phi ⟨das; -s, -s; Zeichen: ϕ, Φ⟩ griech. Buchstabe

phil..., Phil... ⟨in Zus.⟩ = philo..., Philo...

...phil ⟨Adj.; in Zus.⟩ liebend, jmdm. od. etwas wohl gesonnen, *z. B. anglophil* [<grch. *philos* »Freund«]

Phil|an|throp *auch:* **Phi|lanth|rop** ⟨der; -en, -en⟩ Menschenfreund; *Ggs* Misanthrop [<*Phil...* + grch. *anthropos* »Mensch«]

Phil|a|te|lie *auch:* **Phi|la|te|lie** ⟨die; -; unz.⟩ Briefmarkenkunde, Sammeln von Briefmarken u. Erforschung postgeschichtl. Dokumente [<*Phil...* + grch. *ateles* »abgaben-, steuerfrei«]

Phil|har|mo|nie ⟨die; -, -n; Musik⟩ Name von musikalischen Gesellschaften, Orchestern od. Konzertsälen

Phil|har|mo|ni|ker ⟨der; -s, -; Musik⟩ **1** Musiker in einem philharmonischen Orchester **2** ⟨Pl.⟩ Gesamtheit dieser Musiker

...phi|lie ⟨Nachsilbe; zur Bildung weibl. Subst.⟩ Liebhaberei, Vorliebe, *z. B. Homophilie* [<grch. *philos* »Freund«]

Phi|lis|ter ⟨der; -s, -⟩ **1** Angehöriger eines nichtsemitischen Volkes an der Küste Palästinas, das in der Nachbarschaft der Israeliten angesiedelt wurde **2** ⟨fig.⟩ engstirniger Mensch, Spießbürger [<hebr. *Pelistim,* eigtl. »Einwanderer«; zu *palasch* »wandern«]

phi|lo..., Phi|lo... ⟨vor h u. vor Vokalen⟩ phil..., Phil... ⟨in Zus.⟩ ...freundlich, ...freund, ...liebend, ...liebhaber, *z. B. philharmonisch, Philosoph* [<grch. *philein* »lieben« u. *philos* »liebend«]

Phi|lo|lo|gie ⟨die; -; unz.⟩ Sprach- u. Literaturwissenschaft [<*Philo...* + *...logie*]

phi|lo|lo|gisch ⟨Adj.⟩ **1** zur Philologie gehörend, auf ihr beruhend **2** ⟨fig.⟩ trocken wissenschaftlich, übertrieben genau

Phi|lo|soph ⟨der; -en, -en⟩ Erforscher der Ursprünge des Denkens u. Seins [<*Philo...* + grch. *sophos* »weise«]

Philosophie Für die Silben *phon, phot* und *graph* kann generell die eingedeutschte Schreibung *fon, fot* und *graf* verwendet werden. Für andere griechische Silben wie *philo,* die in vielen Fremdwörtern bzw. Fachbegriffen vorkommen, gilt jedoch nur die Schreibung mit »ph«.

Phi|lo|so|phie ⟨die; -, -n⟩ Lehre vom Wissen, von den Ursprüngen u. vom Zusammenhang der Dinge in der Welt, vom Sein u. Denken [<*Philo...* + *...sophie*]

phi|lo|so|phisch ⟨Adj.⟩ **1** zur Philosophie gehörend, auf ihr beruhend **2** ⟨fig.⟩ denkend, weise

Phi|shing ⟨[fɪʃɪŋ] das; - od. -s; unz.; EDV⟩ meist als offizielle E-Mail eines seriösen Anbieters getarntes Betrugsmanöver, bei dem Kriminelle von Internetnutzern vertrauliche Daten wie PIN-Codes, Passwörter od. Bankzugänge erfragen (häufig auch durch Umleiten auf gefälschte Webseiten) [engl., vermutl. <*phreak* »sich illegal in ein Telefonnetz einschleichen, um kostenlos telefonieren zu können« (verkürzt <*phone* »telefonieren« + *freak* »Freak; Laune«) + *fishing* »(Ab-)Fischen«]

Phleg|ma ⟨das; -s; unz.⟩ Schwerfälligkeit, Trägheit, Mangel an Erregbarkeit [grch., »Brand, Flamme, Hitze«]

phleg|ma|tisch ⟨Adj.⟩ träge, schwerfällig, nicht leicht erregbar

...phob ⟨Adj.; in Zus.⟩ jmdm. od. etwas abgeneigt; *heliophob* [<grch. *phobos* »Furcht«]

Pho|bie ⟨die; -, -n; Psych.; Med.⟩ als Zwangserscheinung auftretende Angst vor bestimmten Dingen od. Situationen, *z. B. Klaustrophobie* [<grch. *phobos* »Furcht«]

Phon ⟨das; -s, -; Zeichen: phon⟩ Maßeinheit der Lautstärke; *oV* Fon [<grch. *phone* »Stimme, Laut, Ton«]

phon..., Phon... ⟨in Zus.; Vorsilbe⟩ = phono..., Phono...

...phon[1] ⟨Adj.; in Zus.⟩ klingend, ...stimmig, *z. B. polyphon; oV* ...fon[1] [<grch. *phone* »Stimme«]

...phon[2] ⟨Nachsilbe; zur Bildung sächl. Subst.; das; -s, -e⟩ *oV* ...fon[2] **1** Musikinstrument, *z. B. Xylophon* **2** Gerät zur Wiedergabe von Tönen u. Geräuschen, *z. B. Grammophon* [→ *...phon*[1]]

Pho|ne|tik ⟨die; -; unz.; Sprachw.⟩ Lehre von der Art u. Erzeugung der Laute, vom Vorgang des Sprechens; *oV* Fonetik [<grch. *phonetikos* »zum Sprechen gehörig«; zu *phone* »Stimme, Laut, Ton«]

pho|ne|tisch ⟨Adj.⟩ die Phonetik betreffend, lautlich; *oV* fonetisch

...pho|nie ⟨Nachsilbe; zur Bildung weibl. Subst.⟩ *oV* ...fonie **1** Klingen, Klang **2** Gesang, Musik [→ *...phon*[1]]

pho|no..., Pho|no... ⟨vor Vokalen⟩ phon..., Phon... ⟨in Zus.⟩ Schall, Laut, Ton; *oV* fono..., Fono... [<grch. *phone* »Stimme, Laut, Ton«]

Pho|no|lo|gie ⟨die; -; unz.; Sprachw.⟩ Lehre von den Lauten im Hinblick auf ihre Bedeutung für die Wörter; *oV* Fonologie [<*Phono...* + *...logie*]

Phos|phat ⟨das; -(e)s, -e; Chemie⟩ Salz od. Ester der Phosphorsäure

Phos|phor ⟨der; -s; unz.; chem. Zeichen: P⟩ nichtmetallisches chem. Element, Ordnungszahl 15 [< grch. *phosphoros* »Licht bringend«; zu grch. *phos* »Licht« + *pherein* »tragen«]

Phos|pho|res|zenz ⟨die; -; unz.⟩ Fähigkeit mancher Stoffe, nach einer Bestrahlung mit Lichtwellen selbst zu leuchten [→ *Phosphor*]

phos|pho|res|zie|ren ⟨V.⟩ Phosphoreszenz zeigen, selbst leuchten

pho|to..., Pho|to... ⟨in Zus.⟩ = foto..., Foto...

pho|to|gen ⟨Adj.⟩ = fotogen

Pho|to|graph ⟨der; -en, -en⟩ = Fotograf

Pho|to|gra|phie ⟨die; -, -n⟩ = Fotografie

pho|to|gra|phie|ren ⟨V.⟩ = fotografieren

pho|to|gra|phisch ⟨Adj.⟩ = fotografisch

Pho|to|ko|pie ⟨die; -, -n⟩ = Fotokopie

pho|to|ko|pie|ren ⟨V.⟩ = fotokopieren

pho|to|me|cha|nisch ⟨[-ça:-] Adj.⟩ = fotomechanisch

Pho|to|me|trie *auch:* **Pho|to|met|rie** ⟨die; -; unz.⟩ = Fotometrie

Pho|ton ⟨das; -s, -to|nen⟩ = Foton

Pho|to|syn|the|se ⟨die; -; unz.; Biochemie⟩ = Fotosynthese

Pho|to|vol|ta|ik ⟨[-vɔl-] die; -; unz.⟩ Gebiet der Technik, das sich mit der Gewinnung von elektrischer Energie durch Ausnutzung photoelektrischer Erscheinungen befasst; *oV* Fotovoltaik

Pho|to|zel|le ⟨die; -, -n⟩ = Fotozelle

Phra|se ⟨die; -, -n⟩ **1** Teil eines Satzes; *einen Satz in ~n teilen* **2** nichtssagende, abgegriffene Redensart; *das sind doch nur ~n; er drischt wieder ~n* **3** kleinster Abschnitt eines Musikstückes [frz., »Satz, Phrase« <spätlat. *phrasis* »redner. Ausdruck« <grch. *phrasis* »das Sprechen, der Ausdruck«]

pH-Wert ⟨der; -(e)s, -e⟩ Maß für den Säure- od. Basengehalt einer Lösung

Phy|lo|ge|nie ⟨die; -, -n; Biol.⟩ Stammesentwicklung der Lebewesen [<grch. *phyle* »Volksstamm« + *...genie*]

> **Physik:** Die *Physik* ist eine Naturwissenschaft, die unbelebte Naturvorgänge mit dem Ziel untersucht, grundlegende Zusammenhänge mit möglichst umfassenden → *Theorien* und wenigen Grundbegriffen exakt zu beschreiben. Messbare Größen sowie ihre Werte und Veränderungen in Experimenten spielen in der *Physik* eine maßgebliche Rolle. Es wird angestrebt, Gesetze und Konstanten aus den im Experiment festgestellten Regelmäßigkeiten abzuleiten. Die Verbindung von Theorie und Experiment war für die *Physik* von Beginn an (seit G. Galilei und I. Newton) kennzeichnend. Die *Physik* ist als eine der grundlegenden Naturwissenschaften und im Hinblick auf ihre wissenschaftliche Vorgehensweise beispielgebend für andere Wissenschaften.

Phy|sik ⟨die; -; unz.⟩ Lehre von den unbelebten Naturvorgängen [<lat. *physica* »Naturlehre« <grch. *physike (theoria)* »Naturforschung«; zu *physis* »Natur«]

phy|si|ka|lisch ⟨Adj.⟩ die Physik betreffend, zu ihr gehörend, auf ihr beruhend; *~e Chemie* Lehre von den physikalischen Erscheinungen chemischer Vorgänge; *~e Therapie* = Physiotherapie

Phy|si|o|gno|mie *auch:* **Phy|si|og|no|mie** ⟨die; -, -n⟩ äußere Erscheinung eines Menschen, auch Tieres, bes. der Gesichtsausdruck [<*Physis* + grch. *gnonai* »erkennen«]

Phy|sio|lo|gie ⟨die; -; unz.⟩ Lehre von den Lebensvorgängen im (gesunden) Lebewesen [<*Physis* + *...logie*]

Phy|sio|the|ra|pie ⟨die; -, -n; Med.⟩ Therapie mit Wärme, Licht, Wasser, Massage usw., Krankengymnastik; *Sy* physikalische Therapie

Phy|sis ⟨die; -; unz.⟩ Natur, natürliche Beschaffenheit des Körpers [grch., »Natur«]

phy|sisch ⟨Adj.⟩ die Physis betreffend, zu ihr gehörend, körperlich, in der Natur begründet

phy|to..., Phy|to... ⟨in Zus.⟩ pflanzen..., Pflanzen... [<grch. *phyton* »Pflanze«]

Phy|to|lo|gie ⟨die; -; unz.⟩ Pflanzenkunde [<*Phyto...* + *...logie*]

Pi ⟨das; - od. -s, -s; Zeichen: π, Π⟩ **1** griech. Buchstabe **2** ⟨Math.; Zeichen: π⟩ Verhältnis eines Kreisumfangs zum Kreisdurchmesser, Wert etwa 3,142..., Ludolf'sche Zahl [grch.]

Pi|af|fe ⟨die; -, -n; Dressurreiten; Hohe Schule⟩ Trab auf der Stelle [frz., »Großtuerei, Prunk«]

pi|a|nis|si|mo ⟨Abk.: pp; Musik⟩ sehr leise (zu spielen) [ital., »sehr leise«]

Pi|a|nist ⟨der; -en, -en; Musik⟩ Musiker, der (beruflich) Klavier spielt [→ *Piano*]

pi|a|no ⟨Abk.: p; Musik⟩ leise [ital., »leise«]

Pi|a|no ⟨das; -s, -s; Musik⟩ **1** piano zu spielende Stelle **2** = Pianoforte [ital., verkürzt <*Pianoforte*]

Pi|a|no|for|te ⟨das; -s, -s; Musik⟩ Klavier mit im Gegensatz zum Flügel senkrecht gespannten Saiten [ital. <*piano* »leise« + *forte* »stark« (das Hammerklavier lässt sich im Unterschied zum Spinett und Klavichord leise u. laut anschlagen)]

Pic|co|lo ⟨der; -s, -s⟩ = Pikkolo

Pick|nick ⟨das; -s, -s od. -e⟩ Essen im Freien [<engl. *picnic* »Landpartie, Mahlzeit im Freien«]

Pier|cing ⟨[pi:rsıŋ] das; - od. -s, -s⟩ das Durchstechen von Haut (Ohren, Nase), um Schmuck anzubringen [engl., zu *pierce* »(durch)stechen«]

Pi|er|rot ⟨[pjɛro:] der; -s, -s⟩ (aus der Commedia dell'Arte stammende) komische, melancholische Figur mit weiß gepudertem Gesicht in der französischen Pantomime [frz., Verkleinerungsform zu *Pierre* »Peter«]

Pi|e|tà *auch:* **Pi|e|ta** ⟨[pieta:] die; -, -s⟩ Darstellung Marias mit dem Leichnam Christi auf dem Schoß, Vesperbild [ital., »Frömmigkeit« <lat. *pietas* »Frömmigkeit«]

Pi|e|tät ⟨[piə-] od. [pie-] die; -; unz.⟩ Ehrfurcht, bes. vor Toten bzw. dem Gedenken an Tote [<lat. *pietas* »Frömmigkeit«]

Pi|e|tis|mus ⟨[piə-] od. [pie-] der; -; unz.⟩ protestantische Bewegung im 17./18. Jh., die eine gefühlsbetonte Frömmigkeit u. tätige Nächstenliebe erstrebte [<lat. *pietas* »Frömmigkeit«]

Pig|ment ⟨das; -(e)s, -e⟩ **1** unlöslicher Farbstoff **2** in menschlichen u. tierischen Zellen vorhandener Farbstoff [<lat. *pigmentum* »Farbstoff«]

Pik[1] ⟨der; -s, -e od. -s⟩ Berggipfel (bes. in Namen von Bergen) [<engl. *peak* »Bergspitze, Gipfel«]

Pik[2] ⟨das; -s, -s⟩ Farbe der frz. Spielkarten, die mit einer Schippe gekennzeichnet ist [<frz. *pique* »Lanze, Spieß, Groll«]

pi|kant ⟨Adj.⟩ **1** kräftig gewürzt; *~e Speisen* **2** ⟨fig.⟩ schlüpfrig, anzüglich; *~e Bemerkung* [<frz. *piquant* »stechend«, Part. Präs. zu *piquer* »stechen«]

Pi|ke ⟨die; -, -n⟩ Spieß (des Landsknechts); *von der ~ auf dienen* ⟨fig.⟩ von der untersten Stufe an [<frz. *pique* »Spieß, Lanze«]

pi|kiert ⟨Adj.⟩ verärgert, gereizt, etwas beleidigt [<frz. *piquer* »stechen, ärgern, reizen«]

Pik|ko|lo ⟨der; -s, -s⟩ *oV* Piccolo **1** junger Kellner als Lehrling **2** kleine Flasche Sekt [<ital. *piccolo* »klein«]

Pik|ko|lo|flö|te ⟨die; -, -n⟩ kleine Querflöte in hoher Tonlage

P

Pi|ko... ⟨Zeichen: p; vor Maßeinheiten⟩ ein Billionstel der betreffenden Grundeinheit [<ital. <span. *picol* »ein bisschen«]

Pik|to|gramm ⟨das; -s, -e⟩ Bild od. Zeichen mit festgelegter, international verständlicher Bedeutung, z. B. *Verkehrszeichen* [<lat. *pictus* »gemalt« + grch. *gramma* »Schriftzeichen«]

Pi|la|tes ⟨das; -; unz.⟩ ganzheitliches Körpertraining, das Übungen zur Stärkung der Muskulatur (bes. der Bauchmuskeln) u. Verbesserung der Körperhaltung sowie bewusstes Atmen u. Entspannen umfasst [nach dem deutschen Begründer Josef *Pilates,* 1880-1967]

Pi|lot ⟨der; -en, -en⟩ **1** Flugzeugführer **2** Lotse **3** strapazierfähiger Baumwollstoff für Berufskleidung [<frz. *pilote* <ital. *piloto, pedoto* <mgrch. **pedotes* »Steuermann«; zu grch. *pedon* »Ruderblatt, Steuerruder«]

Pi|lot|stu|die ⟨[-djə] die; -, -n⟩ erste wegweisende Untersuchung in ihrer Art

Pi|ment ⟨der od. das; -(e)s, -e; Bot.⟩ die als Gewürz gebrauchten, unreifen, getrockneten Beeren des Pimentbaumes, Gewürzkörner [<span. *pimentia* <lat. *pigmentum* »Kräutersaft, Gewürz«]

PIN ⟨Abk. für⟩ Personal Identification Number, persönliche Identifikationsnummer (für Scheckkarten)

Pi|na|ko|thek ⟨die; -, -en; Kunst⟩ Gemäldesammlung; *Alte, Neue ~ in München* [<grch. *pinax,* Gen. *pinakos* »Tafel« + ...*thek*]

> → **Peanuts:** Was du nicht unter *pi-* findest, kann unter *pea-* stehen, z. B. *Peanuts*!

Pin-up-Girl ⟨[pɪnʌpgœ:l] das; -s, -s; umg.⟩ aus einer Illustrierten ausgeschnittenes u. an die Wand geheftetes Bild eines leicht bekleideten, attraktiven Mädchens [<engl. *pin up* »anheften« + *girl* »Mädchen«]

Pin|zet|te ⟨die; -, -n⟩ kleine Greifzange mit zwei federnden, geraden Schenkeln [<frz. *pincette,* Verkleinerungsform zu *pince* »Zange«; zu *pincer* »kneifen«]

Pi|o|nier ⟨der; -s, -e⟩ **1** Angehöriger einer für kriegstechnische Arbeiten (Brücken-, Wegebau) ausgebildeten Militäreinheit **2** ⟨fig.⟩ Bahnbrecher, Wegbereiter **3** ⟨Pl.; früher in der DDR u. a. sozialist. Staaten⟩ Kinder- u. Jugendorganisation [<frz. *pionnier* »Schanzarbeiter, Pionier, Bahnbrecher«]

Pipe|line ⟨[paɪplaɪn] die; -, -s⟩ Rohrleitung (bes. für Erdöl od. Erdgas) [<engl. *pipe-line* »Röhrenleitung«]

Pi|pet|te ⟨die; -, -n⟩ Stechheber zum Abmessen kleiner Mengen von Flüssigkeiten [frz., »Pfeifchen, Röhrchen«]

Pi|rat ⟨der; -en, -en⟩ Seeräuber [<ital. *pirata* <lat. *pirata* <grch. *peirates*]

Pi|ro|ge ⟨die; -, -n⟩ indianischer Einbaum mit seitlich aufgesetzten Planen [<engl. *pirogue*]

Pi|rog|ge ⟨die; -, -n; Kochk.⟩ mit Fleisch, Fisch, Reis od. Kohl gefüllte Pastete aus Hefe- od. Blätterteig [<russ. *pirog* »Kuchen«]

Pi|rou|et|te ⟨[-ru-] die; -, -n; Sport⟩ **1** ⟨Eiskunstlauf; Ballett⟩ schnelle, mehrmalige Drehung um die eigene Längsachse **2** ⟨Hohe Schule⟩ Drehung des Pferdes im Galopp um den inneren Hinterfuß [frz., »Drehrädchen, Drehung auf dem Fuß«]

> → **Piercing:** Der Laut [sɪŋ] wird in englischen Fremdwörtern oft *cing* geschrieben, z. B. in *Piercing*!

Pis|soir ⟨[-soa:r] das; -s, -s od. -e⟩ öffentliche Toilette für Männer [frz.]

Pis|ta|zie ⟨[-tsjə] die; -, -n; Bot.⟩ ein immergrüner Strauch mit trockenen od. fleischigen Steinfrüchten [<lat. *pistacia* <grch. *pistake* <pers. *pistah* »Pistazienbaum, Pistazienfrucht«]

Pi|ta ⟨die; -, -s od. das; -s, -s⟩ griechisches Fladenbrot aus Hefeteig; *Gyros ~* mit Gyros gefülltes Fladenbrot

Pit|bull ⟨der; -s, -s; Zool.⟩ mit Terrier u. Dogge verwandte englische Hunderasse, häufig als Kampfhund ausgebildet [zu engl. *pit* »Grube« (als Austragungsort von Hundekämpfen) + *Bull*terrier]

pit|to|resk ⟨Adj.⟩ malerisch [<ital. *pittoresco* »malerisch«; zu lat. *pictor* »Maler«]

Pi|ty|ri|a|sis ⟨die; -, -ri|a|sen; Med.⟩ schuppende Hauterkrankung [<grch. *pityra* »Kleie«]

P

Pi|xel ⟨der; -s, - od. das; - od. -s, -; EDV; Kurzwort für engl.⟩ Picture Element (Bildpunkt), kleinstes, matrixartig angeordnetes Element auf dem Bildschirm

Piz|za ⟨die; -, -s od. Piz|zen; Kochk.⟩ italienisches Gericht, Fladen aus Hefeteig, der mit Käse u. Tomaten sowie mit anderen Zutaten belegt u. gebacken wird [ital. <vulgärlat. *picea,* Fem. zu *piceus* »aus Pech«; zu *pix,* Gen. *pictis* »Pech«, vielleicht nach mgrch. *pitta* »Kuchen«]

Piz|ze|ria ⟨die; -, -ri|en od. -s⟩ Gaststätte, in der vor allem Pizzas zubereitet werden [ital.]

piz|zi|ca|to ⟨Musik; bei Streichinstrumenten⟩ mit den Fingern gezupft [ital., »gezupft, gezwickt«]

Pla|ce|bo ⟨[-tse:-] das; -s, -s; Pharm.⟩ Medikament ohne Wirkstoffe, Scheinmedikament [zu lat. *placere* »gefallen«]

Pla|ce|bo|ef|fekt ⟨der; -(e)s, -e; Med.; Psych.⟩ psychisch bedingte Wirkung auf den (menschl.) Organismus, die durch die Einnahme eines Placebos erzielt wird; *einen heilenden ~ auslösen*

plä|die|ren ⟨V.⟩ **1** ein Plädoyer halten; *auf Freispruch ~* **2** *für etwas ~* sich (mit Worten) für etwas einsetzen [<frz. *plaider* »gerichtlich vorgehen«]

Plä|doy|er *auch:* **Plä|do|yer** ⟨[-doaje:] das; -s, -s⟩ zusammenfassende Rede vom Staatsanwalt od. Verteidiger vor Gericht; *ein flammendes ~ halten* [<frz. *plaidoyer* »Verteidigungsrede (eines Advokaten)«]

Pla|gi|at ⟨das; -(e)s, -e⟩ Diebstahl geistigen Eigentums, unzulässige Veröffentlichung des geistigen Werkes eines anderen unter eigenem Namen [frz., »literar. Diebstahl« <lat. *plagium* »Menschendiebstahl, Seelenverkauf« <grch. *plagios* »unredlich«]

Pla|gi|a|tor ⟨der; -s, -to|ren⟩ jmd., der ein Plagiat begeht od. begangen hat

Plaid ⟨[plɛɪd] das; -s, -s⟩ **1** meist karierte Reisedecke **2** großes Umschlagtuch aus Wolle [engl. <schott. *plaide*]

Plank|ton ⟨das; -s; unz.; Biol.⟩ Gesamtheit der im Wasser frei schwebenden Pflanzen u. Tiere, *z. B. einzellige Algen u. manche Fischlarven; Ggs* Nekton [<grch. *planktos* »Umherirrender«]

Plan|ta|ge ⟨[-ʒə] die; -, -n⟩ Pflanzung in großem Umfang, großes, bepflanztes Stück Land (bes. in den Tropen); *Kaffee ~* [frz., »Pflanzung, Anpflanzung«; zu *planter* »(an)pflanzen«]

Plaque ⟨[plak] die; -, -s; Med.⟩ **1** Zahnbelag **2** erhabener Hautfleck [frz., »Platte«]

Plas|ma ⟨das; -s, Plas|men⟩ **1** ⟨Biol.; kurz für⟩ Protoplasma, die von der Zellmembran umgebene lebende Masse der Zelle **2** ⟨Med.⟩ flüssiger Bestandteil von Blut u. Milch **3** ⟨Physik⟩ hoch erhitztes Gas, das aus freien Elektronen u. positiv geladenen Ionen besteht u. elektrische Leitfähigkeit aufweist [grch., »Gebilde«; zu *plassein* »bilden, gestalten«]

Plas|tik[1] ⟨die; -, -en⟩ **1** ⟨Kunst⟩ **1.1** ⟨unz.⟩ Bildhauerkunst **1.2** ⟨zählb.⟩ Erzeugnis der Bildhauerkunst **2** ⟨Chir.⟩ **2.1** ⟨unz.⟩ Ersatz, Wiederherstellung von Organen u. Lücken im Gewebe **2.2** ⟨zählb.⟩ auf chirurg. Wege wiederhergestelltes Teil eines Organs [<frz. *plastique* »Bildhauerkunst« <grch. *plastike (techne)* »Kunst des Gestaltens«; → *plastisch*]

Plas|tik[2] ⟨das; -s, -s; meist ohne Artikel; Technik⟩ **1** Kunststoff **2** Gegenstand aus Kunststoff [<engl. *plastic(s);* zu *plastic* »weich, knetbar, verformbar«; zu lat. *plasticus;* → *plastisch*]

plas|tisch ⟨Adj.⟩ **1** die Plastik (1) betreffend, zu ihr gehörig **2** in der Art einer Plastik (2) **3** knetbar, modellierbar **4** ⟨fig.⟩ anschaulich, einprägsam [<frz. *plastique* <grch. *plastikos* »zum Gestalten gehörig«; zu *plassein* »gestalten«]

Pla|teau ⟨[-to:] das; -s, -s⟩ **1** Hochebene **2** obere ebene Fläche eines Felsens [frz., »Tablett, Platte; Hochebene«]

Pla|teau|schuh ⟨[-to:-] der; -(e)s, -e⟩ modischer Schuh mit extrem dicker (Kunststoff-)Sohle

Pla|tin ⟨das; -s; unz.; chem. Zeichen: Pt⟩ chem. Element, weißes, glänzendes Edelmetall, Ordnungszahl 78 [<span. *platina* (heute *platino)* »Silberkörnchen«, Verkleinerungsform zu span. *plata* »Silber« <mlat. *platta* »Metallplatte«]

Pla|ti|ne ⟨die; -, -n⟩ **1** kleiner Metallblock, aus dem dünne Bleche ausgewalzt wer-

P

den **2** ⟨Web.⟩ Haken zum Anheben der Kettfäden **3** Trägerplatte elektronischer Bauteile [→ *Platin*]

Pla|ti|tu|de ⟨[-tyː-] die; -, -n⟩ = Plattitüde

> → **Plateau:** Der Laut [toː] wird in französischen Fremdwörtern oft ***teau*** geschrieben, z. B. in *Plat**eau***!

pla|to|nisch ⟨Adj.⟩ zur Philosophie Platos gehörend, auf ihr beruhend; *~e Liebe* ⟨fig.⟩ nicht körperliche, rein seelische od. geistige L.

Plat|ti|tü|de ⟨die; -, -n⟩ nichtssagende, geistlose Redensart, Plattheit; *oV* Platitude [<frz. *platitude* »Plattheit«]

> **platzieren** Die Schreibung abgeleiteter Wortarten richtet sich in vielen Fällen nach dem Wortstamm. Deshalb wird das Verb *platzieren* wie das zugrundeliegende Substantiv *Platz* mit »tz« geschrieben.

plat|zie|ren ⟨V.⟩ *etwas ~* an einen bestimmten Platz stellen, befördern, legen [<frz. *placer* »an seinen Platz stellen, unterbringen, (Geld) anlegen«]

plau|si|bel ⟨Adj.⟩ einleuchtend; *jmdm. etwas ~ machen* erklären, zu verstehen geben [<frz. *plausible* »glaubhaft« <lat. *plausibilis* »Beifall verdienend«; zu *plaudere* »(Beifall) klatschen«]

Plau|si|bi|li|tät ⟨die; -; unz.⟩ Glaubwürdigkeit, Stichhaltigkeit

Play-back *auch:* **Play|back** ⟨[plɛɪbæk] das; -, -s⟩ **1** ⟨Film⟩ nachträgliche Abstimmung der Bildstreifen mit der bereits vorliegenden Tonaufzeichnung **2** bei Livesendungen in Fernsehen u. Hörfunk angewandtes Verfahren, bei dem der Sänger zu dem durch Tonband eingespielten, gesungenen Text nur noch synchron die Lippen bewegt [engl., eigtl. »spiel zurück«]

Play|boy ⟨[plɛɪbɔɪ] der; -s, -s⟩ (meist reicher) junger Mann, der hauptsächlich nach seinem Vergnügen lebt [engl.; zu *play* »spielen« + *boy* »Knabe«]

Play|girl ⟨[plɛɪgœːl] das; -s, -s⟩ dem Playboy entsprechendes, reiches, attraktives, junges Mädchen [<engl. *play* »spielen« + *girl* »Mädchen«]

Play-off *auch:* **Play|off** ⟨[plɛɪɔf] das; -s, -s; Sport⟩ Verfahren der Qualifikation durch Ausscheidungsspiele; *~-Runde* [engl.; zu *play* »spielen« + *off* »fort, weg«]

Play|sta|tion® ⟨[plɛɪstɛɪʃn] die; -; unz.⟩ Telespielkonsole [engl.]

Pla|zen|ta ⟨die; -, -s od. -zen|ten⟩ **1** ⟨Anat.⟩ Organ, das während der Schwangerschaft für den Stoffwechsel zwischen Mutter u. Kind sorgt, Mutterkuchen **2** ⟨Bot.⟩ Stelle des Fruchtblattes, an der die Samenanlage befestigt ist [<lat. *placenta* »Kuchen« <grch. *plakus* »flach; flacher Kuchen«]

Pla|zet ⟨das; -s, -s; geh.⟩ Bestätigung, Erlaubnis, Zustimmung [<lat. *placet* »es gefällt«; zu *placere* »gefallen«]

Ple|be|jer ⟨der; -s, -⟩ **1** ⟨im antiken Rom⟩ Angehöriger der Plebs **2** ⟨fig.⟩ ungehobelter, ungebildeter Mensch; *er benimmt sich wie ein ~* [<lat. *plebeius* »der Plebs, dem Bürgerstand angehörig«; → *Plebs*]

Ple|bis|zit ⟨das; -(e)s, -e; Politik⟩ **1** Volksentscheid **2** Volksbefragung [<lat. *plebis scitum* »Beschluss der Plebs«; → *Plebs*]

Plebs[1] ⟨die; -; unz.; im antiken Rom⟩ das Volk [lat., »Bürgerstand, Gesamtheit der frei geborenen, aber nicht zum Adel (Patrizier) gehörenden Bürger im antiken Rom«]

Plebs[2] ⟨der; -es; unz.; fig.: abwertend⟩ ungebildete Menge, die breite Masse [→ *Plebs*[1]]

Ple|nar... ⟨in Zus.⟩ Voll..., Gesamt..., *z. B. ~saal, ~sitzung* [<lat. *plenarius* »vollständig«; zu *plenus* »voll«]

Ple|num ⟨das; -s, Ple|nen od. Ple|na⟩ Vollversammlung [lat., Neutr. von *plenus* »voll«]

Plot ⟨das od. der; -s, -s; Lit.⟩ Entstehung u. Lösung des Konflikts im Drama, Ablauf der dramatischen Handlung [engl., »Fabel, Handlung«]

Plot|ter ⟨der; -s, -⟩ Gerät zur unmittelbaren grafischen Darstellung von Computerberechnungen, Zeichenmaschine [<engl. *plot* »eine Zeichnung machen, grafisch darstellen«]

Plug-in ⟨[plʌgɪn] das; -s, -s; EDV⟩ Stecker, Stöpsel, Sockel [<engl. *plug in* »einstecken«]

P

Plum|bum ⟨das; -s; unz.; chem. Zeichen: Pb⟩ Blei [lat.]

Plu|ral ⟨der; -s, -e; Gramm.⟩ Numerus, der eine Vielheit od. etwas mehrfach Vorkommendes ausdrückt, Mehrzahl; *Ggs* Singular [<lat. *pluralis* »Mehrzahl«; zu *plus* »mehr«]

Plu|ra|lis|mus ⟨der; -; unz.⟩ **1** philosophische Lehre, nach der die Wirklichkeit aus vielen selbstständigen Wesen besteht; *Ggs* Monismus **2** Auffassung, dass der Staat aus vielen unterschiedlichen Interessengruppen besteht, denen ein Höchstmaß an autonomen Gestaltungsmöglichkeiten zugebilligt werden muss [<lat. *pluralis* »zu mehreren gehörig, aus mehreren bestehend, Mehrzahl«; zu *plus* »mehr«]

plus ⟨Adv.; Zeichen: +⟩ und, dazu, zuzüglich; *Ggs* minus [lat., »mehr«]

Plus ⟨das; -, -⟩ *Ggs* Minus **1** Mehrbetrag, Überschuss **2** ⟨umg.⟩ Vorteil, Gewinn

Plus|quam|per|fekt ⟨das; -(e)s, -e; Gramm.⟩ Tempus des Verbums, das ein im Präteritum (in der Vergangenheit) bereits vollendetes Geschehen bezeichnet, Vorvergangenheit, *z. B. als ich gegangen war, nachdem ich gegessen hatte …* [<lat. *plus quam perfectum* »mehr als vollendet«]

> **Plutonium:** *Plutonium* ist ein künstliches radioaktives Element aus der Gruppe der Actinoide mit der Ordnungszahl 94. *Plutonium* ist das schwerste bekannte Element; es besitzt eine Halbwertszeit von 23131 Jahren. Bei der Bestrahlung mit langsamen → *Neutronen* ist *Plutonium* spaltbar und liefert dabei Energie. Eine ungesteuerte Kettenreaktion des *Plutoniums* ist Grundlage von Kernwaffen wie der Atombombe. *Plutonium* wird auch als Energiequelle in Kernreaktoren (sog. »schnellen Brütern«) eingesetzt. Es ist außerordentlich giftig und kann in geringsten Mengen Krebs auslösen.

Plu|to|ni|um ⟨das; -s; unz.; chem. Zeichen: Pu⟩ radioaktives chem. Element [nach dem Planeten *Pluto*]

Pneu|ma ⟨das; -s; unz.⟩ **1** Hauch, Atem, luftartige Substanz **2** ⟨Philos.⟩ Seele, Lebenskraft, Geist [grch., »Hauch, Atem, Wind«]

Pneu|mo|lo|gie ⟨die; -; unz.; Med.⟩ Lehre von den Lungenkrankheiten [<grch. *pneumon* »Lunge« + *…logie*]

po|chie|ren ⟨[-ʃiː-] V.; Kochk.⟩ *eine Speise* ~ bei geringer Hitze in wenig Flüssigkeit ziehen lassen, bis sie gar ist [<frz. *óufs pochés* »verlorene Eier«]

po|co ⟨Musik⟩ ein wenig, etwas; ~ *adagio;* ~ *a* ~ nach u. nach [ital., »wenig«]

Pod|cast ⟨der; -s, -s; EDV⟩ Audio- od. Videodatei, die über das Internet abrufbar ist [verkürzt <*iPod Broadcasting*]

Po|dest ⟨das od. der; -(e)s, -e⟩ **1** Treppenabsatz **2** schmales Podium [→ *Podium*]

Po|di|um ⟨das; -s, -di|en⟩ gegenüber dem Fußboden erhöhte Fläche, z. B. für Vorträge od. öffentl. Diskussionen; *auf dem* ~ *saßen …* [lat., »Tritt, trittartige Erhöhung« <grch. *podion;* zu *pous,* Gen. *podos* »Fuß«]

Po|em ⟨das; -s, -e; manchmal abwertend⟩ Gedicht [<grch. *poiema* »Gedicht«, eigtl. »Erzeugnis«; zu *poiein* »schaffen«]

> → **Pointe:** Der Laut [ɛ̃:] wird in französischen Fremdwörtern oft ***in*** geschrieben, z. B. in *Po**in**te*!

Po|e|sie ⟨die; -, -n⟩ **1** ⟨i. w. S.⟩ Dichtkunst **2** ⟨i. e. S.⟩ Dichtung in Versen, in gebundener Rede; *Ggs* Prosa (1) **3** ⟨fig.⟩ Stimmungsgehalt, Zauber; *Ggs* Prosa (2); *die feine* ~ *des Alltags* [<frz. *poésie* <lat. *poesis* <grch. *poesis* »das Verfertigen, das Dichten, Dichtkunst«; zu *poiein* »machen, schaffen«]

Po|e|tik ⟨die; -, -en⟩ **1** Lehre von der Dichtkunst **2** Lehrbuch der Dichtkunst [<grch. *poietike (techne)* »Dichtkunst«; → *Poesie*]

po|e|tisch ⟨Adj.⟩ **1** zur Poesie gehörend, in der Art der Poesie, dichterisch; *Ggs* prosaisch (1) **2** stimmungsvoll, bilderreich, ausdrucksstark; *Ggs* prosaisch (2) [<frz. *poétique* <lat. *poeticus* <grch. *poietikos* »die Poesie betreffend«; → *Poesie*]

Po|e|try|slam ⟨[poːətrislæm] der; - od. -s, -s; Lit.⟩ Wettkampf zwischen Nachwuchsschriftsteller(inne)n, die (meist in kleinen Kultureinrichtungen) eine Auswahl eigener Texte vortragen u. von einer Jury bewertet werden [engl., eigtl. »Poesieschlag« (parallel zu *Grand Slam* gebildet)]

Po|grom *auch:* **Pog|rom** ⟨der od. das; -s, -e⟩ gewalttätige Ausschreitung gegen nationale, religiöse od. ethnische Minderheiten; *Juden~* [russ., »Verwüstung«]

Poin|te ⟨[poɛ̃:t(ə)] die; -, -n⟩ geistreicher, überraschender Höhepunkt einer Erzählung od. Darstellung; *die ~ des Witzes* [frz., »Spitze, Stachel« <vulgärlat. *puncta* »Stich«]

poin|tie|ren ⟨[poɛ̃-] V.⟩ nachdrücklich betonen, hervorheben; *pointiert* zugespitzt [<frz. *pointer* »auf etwas zielen, hervorheben, zuspitzen«; zu *pointe* »Spitze«]

Poin|til|lis|mus ⟨[poɛ̃-] der; -; unz.; Mal.⟩ Richtung der Malerei am Ende des Impressionismus, die durch das dichte Nebeneinander von unvermischten Farbpunkten bestimmte optische Wirkungen erzielte [<frz. *pointillisme;* zu *pointiller* »mit Punkten darstellen«; zu *point* »Punkt«]

Po|ker ⟨das; -s; unz.; Kart.⟩ Glücksspiel mit frz. Karten, bei dem der Spieler mit der besten Zusammenstellung der Karten (Pokerhand) gewinnt [engl., zu *poke* »schlagen, stechen«]

Po|ker|face ⟨[-fɛɪs] das; -, -s [-fɛɪsɪz]⟩ unbewegliches Gesicht, das die wahren Absichten einer Person nicht erkennen lässt [<engl. *Poker* + *face* »Gesicht«]

Pol[1] ⟨der; -s, -e⟩ **1** Dreh-, Mittelpunkt **2** nördlicher bzw. südlicher Endpunkt der Erdachse; *Nord~; Süd~* **3** ⟨Math.⟩ Punkt mit bes. Bedeutung **4** ⟨El.⟩ **4.1** Anschlussklemme von Stromquellen; *Minus~; Plus~* **4.2** Ein- od. Austrittsstelle magnetischer Feldstärkenlinien; *Magnet~; Minus~; Plus~; negativer, positiver ~* [<lat. *polus* »Achse, Drehpunkt, Erdpol« <grch. *polos*]

Pol[2] ⟨der; -s, -e⟩ die mit Flor bedeckte Oberseite von Samt u. Plüsch; *oV* Poil [<lat. *poil* »Haar«]

po|lar ⟨Adj.; Geogr.⟩ zu den Polen gehörend [<nlat. *polaris* »den Pol betreffend, am Pol befindlich«; zu lat. *polus;* → *Pol*]

Po|la|ri|sa|ti|on ⟨die; -, -en; Physik⟩ Beschränkung der Schwingungen des Lichtes od. anderer elektromagnetischer Wellen auf eine bestimmte Ebene

Po|le|mik ⟨die; -, -en⟩ **1** wissenschaftlicher od. literarischer, meist öffentlich in Zeitungen ausgetragener Streit **2** unsachliche Auseinandersetzung [<frz. *polémique,* eigtl. »kriegerisch, streitbar« <grch. *polemikos* »kriegerisch«; zu *polemos* »Krieg«]

po|le|misch ⟨Adj.⟩ in der Art einer Polemik, streitbar, feindselig, unsachlich

Po|len|ta ⟨die; -, -s od. -len|ten; Kochk.⟩ norditalienisches Nationalgericht, dicker Brei aus Maismehl, der nach dem Erkalten in Stücke geschnitten u. gebraten wird [ital. <lat. *polenta* »Gerstengraupen«]

Pole|po|si|tion *auch:* **Pole-Po|si|tion** ⟨[poʊlpəzɪʃn] die; -, -s⟩ **1** ⟨Motorsp.⟩ beste Startposition bei Motorrad- u. Autorennen **2** ⟨fig.⟩ vorderste, günstigste Start-, Ausgangsposition [engl.]

Po|li|ce ⟨[-li:s(ə)] die; -, -n⟩ vom Versicherer ausgestellte Urkunde über eine abgeschlossene Versicherung; *Versicherungs~* [frz. <ital. *polizza* <mlat. *apodixa* »Nachweis, Quittung« <grch. *apodeixis* »Darlegung, Nachweis«]

Po|li|kli|nik ⟨die; -, -en; Med.⟩ Zusammenschluss verschiedener Fachärzte in einer gemeinsamen Einrichtung zur ambulanten Krankenbehandlung [<grch. *polis* »Stadt« + *Klinik*]

Po|lio ⟨die; -; unz.; Med.; kurz für⟩ Poliomyelitis

Po|lio|my|e|li|tis ⟨die; -, -ti|den; Med.⟩ Kinderlähmung [<grch. *polios* »grau« + *myelos* »Rückenmark«]

Po|li|tes|se ⟨die; -, -n⟩ Angestellte zur Unterstützung der Polizei [<*Poli*zist + Hos*tess*]

Po|li|ti|cal Cor|rect|ness ⟨[-kəl-] die; - -; unz.; Abk.: PC⟩ gesellschaftlich korrektes Verhalten, vorurteilsfreie Gesinnung, Vermeidung von Diskriminierungen [engl., eigtl. *politically correct*]

Po|li|tik ⟨die; -, -en⟩ **1** alle Maßnahmen zur Führung eines Gemeinwesens hinsichtlich seiner inneren Verwaltung u. seines Verhältnisses zu anderen Gemeinwesen, Staatskunst; *Partei~; Kommunal~; Außen~; Innen~; eine (be-*

P

stimmte) ~ treiben, verfolgen **2** ⟨fig.⟩ berechnendes, strategisches Verhalten [<frz. *politique* <grch. *politike (techne)* »Kunst der Staatsverwaltung«; zu *polites* »Stadtbürger, Staatsbürger«; zu *polis* »Stadt, Bürgerschaft, Staat«]

Po|li|ti|ker ⟨der; -s, -⟩ jmd., der aktiv an der Politik teilnimmt, Staatsmann [<mlat. *politicus* <grch. *politikos* »Staatsmann«; → *Politik*]

Po|li|ti|kum ⟨das; -s, -ti|ka⟩ Gegenstand der Politik, Sache, Ereignis von polit. Bedeutung; *einen Vorfall, ein Problem zum ~ machen*

po|li|tisch ⟨Adj.⟩ die Politik betreffend, zu ihr gehörend, auf ihr beruhend; *sich ~ betätigen; ein ~es Amt bekleiden* [<frz. *politique* <lat. *politicus* <grch. *politikos* »die Bürgerschaft betreffend«]

Po|li|tur ⟨die; -, -en⟩ **1** durch Polieren erzeugter Glanz **2** Poliermittel [<lat. *politura* »das Glätten«; zu *polire* »glätten«]

Po|li|zei ⟨die; -; unz.⟩ **1** Behörde zur Aufrechterhaltung der öffentl. Ordnung u. Sicherheit **2** deren Amtsräume **3** Gesamtheit der Polizeibeamten [<mlat. *policia* <lat. *politia* »Staatsverwaltung« <grch. *politeia* »Bürgerrecht, Staatsverwaltung, Staatsverfassung«; zu *polites* »Stadtbürger, Staatsbürger«; zu *polis* »Stadt, Staat«]

Pol|ka ⟨die; -, -s; Musik⟩ Rundtanz im $^2/_4$-Takt u. Wechselschritt [tschech., »polnischer Tanz«]

Pol|lu|ti|on ⟨die; -, -en⟩ **1** Umweltverschmutzung **2** ⟨Med.⟩ unwillkürlicher Samenerguss im Schlaf [<lat. *pollutio* »Befleckung«; zu *polluere* »verunreinigen«]

Po|lo ⟨das; -s, -s; Sport⟩ dem Hockey ähnliches Ballspiel zu Pferde [engl. <Balti *polo* »Ball«]

Po|lo|nai|se ⟨[-nɛ:-] die; -, -n; Musik⟩ poln. Schreittanz im $^3/_4$-Takt, meist zur Eröffnung des Tanzes; *oV* Polonäse [<frz. *polonaise* »polnischer (Tanz)«]

Po|lo|nä|se ⟨[-nɛ:-] die; -, -n; Musik⟩ = Polonaise

Po|lo|ni|um ⟨das; -; unz.; chem. Zeichen: Po⟩ radioaktives chem. Element, Ordnungszahl 84 [nach *Polonia,* dem lat. Namen für Polen, dem Heimatland von Marie Curie]

po|ly..., Po|ly... ⟨in Zus.⟩ viel..., Viel... [<grch. *polys*]

Po|ly|es|ter ⟨der; -s, -; Chemie; kurz für⟩ Kunstharz od. Kunststoff, der durch mehrfache Kondensation von Säuren u. Alkoholen hergestellt wird

po|ly|fon ⟨Adj.; Musik⟩ = polyphon

Po|ly|fo|nie ⟨die; -; unz.; Musik⟩ = Polyphonie

po|ly|gam ⟨Adj.⟩ **1** in Polygamie lebend; *Ggs* monogam **2** ⟨Bot.⟩ ein- u. zweigeschlechtige Blüten tragend [<*poly...* + grch. *gamos* »Ehe«]

Po|ly|ga|mie ⟨die; -; unz.; bei Naturvölkern u. im Orient⟩ Ehegemeinschaft mit mehreren Frauen, Vielehe; *Ggs* Monogamie

Po|ly|me|ri|sa|ti|on ⟨die; -, -en; Chemie⟩ Zusammentritt von mehreren Molekülen eines Stoffes zu einer neuen Verbindung

Po|lyp ⟨der; -en, -en⟩ **1** ⟨Med.⟩ geschwulstartige Wucherung; *Nasen~; Gebärmutter~* **2** Nesseltier mit Tentakeln; *Süßwasser~* **3** ⟨umg.; scherzh.⟩ Polizist [<lat. *polypus;* zu grch. *polys* »viel« + *pous* »Fuß«]

po|ly|phon ⟨Adj.; Musik⟩ in der Art der Polyphonie, aus mehreren selbstständigen Stimmen bestehend; *oV* polyfon; *Ggs* homophon

Po|ly|pho|nie ⟨die; -; unz.; Musik⟩ Mehrstimmigkeit, Musik mit mehreren (selbständigen) Stimmen; *oV* Polyfonie; *Ggs* Homophonie

Po|ly|vi|nyl|chlo|rid ⟨[-viny:lklo-] das; -(e)s, -e; Abk.: PVC; Chemie⟩ zäher u. harter Kunststoff für Fußbodenbeläge u. a.

Pommes frites ⟨[pɔm frıt] Pl.; Kochk.⟩ Streifen aus frittierten Kartoffeln [frz., »Röstkartoffeln«]

pom|pös ⟨Adj.⟩ pomphaft, prunkvoll, glanzvoll, prächtig [<frz. *pompeux* <lat. *pomposus* »prächtig«]

> → **Pumps:** Was du nicht unter *pö-* findest, kann unter *pu-* stehen, z. B. in *Pumps*!

Pon|cho ⟨[-tʃo] der; -s, -s⟩ **1** von den Indianern Mittel- u. Südamerikas getragener, viereckiger Überwurf mit einem

Loch in der Mitte für den Kopf **2** ⟨Mode⟩ weiter, mantelartiger Umhang für Frauen u. Mädchen [span.]

Pon|ti|fex ⟨der; -, -ti|fi|zes od. -ti|fi|ces⟩ **1** ⟨im antiken Rom⟩ Oberpriester **2** ~ *maximus* Titel des röm. Kaisers, (später) Titel des Papstes [<lat. *pontifex* »Priester, Oberpriester«; lat. *pontifex maximus* »höchster Priester«; zu *maximus* »der Größte«]

pon|ti|fi|kal ⟨Adj.⟩ zum Bischof gehörend, ihm vorbehalten, entsprechend, gemäß; *mit ~er Autorität; ein ~es Schreiben* [<lat. *pontificalis* »oberpriesterlich«; → *Pontifex*]

Pon|ton ⟨[pɔ̃tɔ̃:] od. [pɔntɔ̃:] der; -s, -s⟩ **1** breiter, flacher Kahn als Teil einer schwimmenden Brücke; *~brücke* **2** geschlossener Schwimmkörper von Docks, Kränen u. a. [<frz. *pont* »Brücke«]

Po|ny[1] ⟨das; -s, -s⟩ Pferd, dessen Widerrist nicht höher als 1,48 m ist [engl.]

Po|ny[2] ⟨der; -s, -s; fig.⟩ in die Stirn gekämmtes, gleichmäßig geschnittenes Haar [engl.]

Pool[1] ⟨[pu:l] der; -s, -s⟩ **1** Zusammenschluss von Firmen mit gemeinsamer Beteiligung am Gewinn **2** Zusammenfassung von Beteiligungen am gleichen Objekt **3** Einsatz beim Spiel [engl., »gemeinsame Kasse, gemeinsamer Fonds«]

Pool[2] ⟨[pu:l] der; -s, -s; kurz für⟩ Swimmingpool

Pool[3] ⟨[pu:l] das; -s; unz.; kurz für⟩ Poolbillard

Pool|bil|lard ⟨[pu:lbıljart] das; -s; unz.⟩ Billard, bei dem Kugeln in Löcher gespielt werden, Lochbillard

pop..., Pop... ⟨in Zus.⟩ modern, auffallend, bes. Jugendliche ansprechend; *popfarben; Popmusik*

Pop-Art ⟨die; -; unz.; Kunst⟩ Richtung der modernen Kunst, die banale Objekte (des Massenkonsums) durch die Art ihrer Darstellung (grelle Farbzusammenstellung, Collage, Montage von Gegenständen) verfremdet od. parodiert [<*Pop...* + engl. *art* »Kunst«]

Pop|corn ⟨das; -s; unz.⟩ durch Erhitzen in heißem Fett aufgeplatzte Maiskörner, Puffmais [<engl. (amerikan.) *pop* »Knall« + *corn* »Mais«]

Pop|mu|sik ⟨die; -; unz.; Musik⟩ eine moderne, dem Beat u. Rock ähnliche Musik [→ *Pop...*]

Pop|star ⟨der; -s, -s⟩ eine Größe der Popmusik, z. B. ein bekannter Sänger od. eine bekannte Sängerin; *Elton John ist ein weltberühmter ~*

po|pu|lär ⟨Adj.⟩ volkstümlich, beliebt [<frz. *populaire* »volkstümlich« <lat. *popularis* »zum Volke gehörig, volkstümlich«; zu *populus* »Volk«]

Po|pu|la|ri|tät ⟨die; -; unz.⟩ populäre Beschaffenheit, Beliebtheit, Bekanntheit [<frz. *popularité* »Volkstümlichkeit« <lat. *popularitas* »Gefälligkeit gegen das Volk«; zu *populus* »Volk«]

po|pu|lär|wis|sen|schaft|lich ⟨Adj.⟩ wissenschaftlich, aber allgemein verständlich u. auch für interessierte Laien zugänglich; *eine ~e Darstellung komplizierter biologischer Prozesse*

Po|pu|la|ti|on ⟨die; -, -en⟩ **1** Bevölkerung **2** ⟨Biol.⟩ Gesamtheit der Angehörigen einer Art eines Gebietes; *die Seehund~ ist stark zurückgegangen* [frz., »Bevölkerung« <lat. *populus* »Volk«]

Po|pu|lis|mus ⟨der; -; unz.⟩ an den Hoffnungen u. Ängsten der Bevölkerung ausgerichtete, opportunistische Politik ohne festes Programm, die um die Zustimmung breiter Massen wirbt [zu lat. *populus* »Volk«]

Po|pu|list ⟨der; -en, -en; abwertend; Politik⟩ Politiker, der sich durch die Orientierung an den Bedürfnissen breiter Massen bei den Wählern beliebt zu machen versucht [zu lat. *populus* »Volk«]

po|pu|lis|tisch ⟨Adj.; abwertend⟩ in der Art eines Populisten, auf Populismus beruhend

Pop-up ⟨[-ʌp] das; -s, -s; EDV; kurz für⟩ Pop-up-Fenster

Pop-up-Fens|ter ⟨[-ʌp-] das; -s, -; EDV⟩ bei Anklicken aufspringendes kleines Fenster [zu engl. *pop-up* »aufspringend«]

Por|no|gra|fie ⟨die; -; unz.⟩ unverhüllte Darstellung geschlechtlicher Vorgänge in Wort u. Bild ohne künstler. Anspruch mit dem Ziel, die sexuelle Schaulust zu befriedigen; *oV* Pornographie [<grch. *porne* »Hure« + *...grafie*]

P

por|no|gra|fisch ⟨Adj.⟩ unzüchtig, die geschlechtl. Begierden anreizend; *oV* pornographisch; *~es Buch; ~er Film*
Por|no|gra|phie ⟨die; -; unz.⟩ = Pornografie
por|no|gra|phisch ⟨Adj.⟩ = pornografisch
Por|ree ⟨der; -s, -s; Bot.⟩ als Gemüse verwendeter, zweijähriger Lauch [<westfrz. *porrée* (= frz. *porreau*) <vulgärlat. **porrata;* zu lat. *porrum* »Lauch«]
Por|ridge ⟨[-rɪdʒ] der; -s; unz.; Kochk.⟩ dicker Brei aus Hafergrütze u. Milch, der in den angelsächs. Ländern zum Frühstück gegessen wird [engl.]

Portemonnaie/Portmonee Bei einigen Fremdwörtern kann neben der ursprünglichen Schreibweise (*Portemonnaie*) auch eine eingedeutschte Form (*Portmonee*) verwendet werden. Beide Schreibungen sind gleichberechtigt.

Porte|mon|naie ⟨[pɔrtmɔne:] od. ['---] das; -s, -s⟩ = Portmonee
Port|fo|lio ⟨das; -s, -s⟩ **1** (großformatiger) Bildband **2** ⟨Wirtsch.; Bezeichnung für⟩ Bestand von Wechseln oder Wertpapieren eines Anlegers, eines Unternehmens od. einer Bank [engl. <ital. *portafoglio;* zu *portare* »tragen« + *foglio* »Blatt (Papier)«]
Por|ti|er ⟨[-tje:] der; -s, -s⟩ Pförtner [frz., »Hausmeister«; zu *porte* »Tür«]
Por|ti|on ⟨die; -, -en⟩ abgemessene Menge (bes. von Speisen); *eine ~ Eis* [<lat. *portio* »Anteil«]
Port|mo|nee ⟨a. ['---] das; -s, -s⟩ Geldbeutel, Geldbörse; *oV* Portemonnaie [<frz. *porte-monnaie* »Geldbörse« <*porter* »tragen« + *monnaie* »Münze, Kleingeld«]
Por|to ⟨das; -s, -s od. Por|ti⟩ Gebühr für das Befördern von Postsendungen; *Brief~, Paket~* [ital., »Porto, Fracht«; zu *portare* »tragen«]

◆ Die Buchstabenfolge **por|tr...** kann auch **port|r...** getrennt werden.

◆**Por|trait** ⟨[-tre:] od. (selten) [-trɛ:] das; -s, -s⟩ = Porträt
◆**por|trai|tie|ren** ⟨[-trɛ-] V.⟩ = porträtieren
◆**Por|trät** ⟨[-tre:] od. (selten) [-trɛ:] das; -s, -s⟩ Darstellung eines Menschen od. einer Menschengruppe, Bildnis; *oV* Portrait; *das ~ eines bekannten Dirigenten malen* [frz.]
◆**por|trä|tie|ren** ⟨[-trɛ-] V.⟩ *jmdn. ~* jmds. Bildnis malen u. dabei seine besonderen Merkmale abbilden; *oV* portraitieren
Por|zel|lan ⟨das; -s, -e⟩ **1** dichtes, weißes, durchscheinendes keramisches Erzeugnis **2** Tafelgeschirr daraus [<ital. *porcellana,* eigtl. eine Art weißer Meeresmuscheln]
Po|se ⟨die; -, -n⟩ **1** gekünstelte, gezierte Haltung; *eine ~ einnehmen* **2** ⟨bildende Kunst⟩ Stellung, Haltung (einer Person); *Figur in der ~ eines Schlafenden* [frz., »das Legen, Setzen, Stellen«]
po|sie|ren ⟨V.⟩ **1** eine Pose einnehmen u. einhalten **2** ⟨fig.⟩ sich gekünstelt benehmen, sich wichtigmachen [<frz. *poser* »setzen, legen, stellen«]
Po|si|ti|on ⟨die; -, -en⟩ **1** Haltung, Stellung; *sich jmdm. gegenüber in einer starken (schwachen) ~ befinden* **2** Stellung im Beruf; *eine gesicherte (unsichere), gute (schlechte) ~ haben* **3** Lage; *~ einer Figur* **4** Standort; *die ~ eines Flugzeugs ermitteln* **5** astronomischer Ort; *~ eines Gestirns* **6** Stelle in einem System; *~ einer Zahl, Ziffer* **7** ⟨Abk.: Pos.⟩ einzelner Posten (in einer Liste) [<frz. *position* »Lage, Stellung« u. lat. *positio* »das Setzen, Stellen«; zu *ponere* »setzen, stellen«]
po|si|tiv ⟨Adj.⟩ *Ggs* negativ **1** bejahend; *eine ~e Antwort; ~er Befund* B., dass tatsächlich Anzeichen einer Krankheit vorliegen **2** zustimmend; *sich zu einer Sache ~ äußern* **3** ⟨Math.⟩ größer als Null **4** ⟨Philos.⟩ wirklich vorhanden, gegeben **5** ⟨El.⟩ *~er Pol* P., an dem Elektronen in einen Körper eintreten **6** ⟨kurz für⟩ HIV-positiv [<frz. *positif* »positiv, bejahend, sicher« u. spätlat. *positivus* »gesetzt, gegeben«; zu lat. *ponere* »setzen, stellen, legen«]
Po|si|tiv[1] **1** ⟨der; -s, -e; Gramm.⟩ Grundform der Adjektive, auf die sich die Komparation bezieht
Po|si|tiv[2] ⟨das; -s, -e⟩ **1** ⟨Musik⟩ kleine Orgel ohne festen Standort mit Manual

P

(ohne Pedal) **2** ⟨Fot.⟩ Bild in der richtigen Wiedergabe der Seiten u. von Licht u. Schatten; *Ggs* Negativ

Po|si|ti|vis|mus ⟨[-vɪs-] der; -; unz.; Philos.⟩ erkenntnistheoretische Grundhaltung, die davon ausgeht, dass die Quelle aller menschlichen Erkenntnis das Gegebene, d. h. die positiven Tatsachen, ist (als wissenschaftlich gilt nur, was beobachtet u. durch Experimente bewiesen werden kann)

Po|si|tron *auch:* **Po|sit|ron** ⟨das; -s, -tronen; Physik⟩ Elementarteilchen mit elektrisch positiver Ladung [<*posi*tiv + Elek*tron;* → *elektrisch*]

Po|si|tur ⟨die; -, -en⟩ **1** für eine bestimmte Situation gewählte Haltung; *sich in ~ setzen* **2** ⟨umg.⟩ Gestalt, Statur, Figur [<lat. *positura* »Stellung, Lage«; zu *ponere* »setzen, stellen, legen«]

Pos|ses|siv ⟨a. ['---] das; -s, -e [-və]⟩ = Possessivpronomen

Pos|ses|siv|pro|no|men ⟨das; -s, - od. -mina; Gramm.⟩ Pronomen, das auf die Zugehörigkeit einer Person od. Sache zu einer anderen Person od. Sache hinweist, besitzanzeigendes Fürwort, *z. B. mein, unser*; *Sy* Possessiv, Possessivum

Pos|ses|si|vum ⟨[-vum] das; -s, -si|va [-va]; Gramm.⟩ = Possessivpronomen [<lat. *(nomen) possessivum* »besitzanzeigende Benennung«; zu *possessivus* »einen Besitz anzeigend«; zu *possidere* »besitzen«]

post..., Post... ⟨in Zus.⟩ nach..., Nach..., hinter..., Hinter... [<lat. *post* »nach, hinter«]

pos|ten ⟨[poʊs-] V.; EDV⟩ als E-Mail verschicken; *eine Nachricht ~; er hat die Info sofort gepostet* [<engl. *post* »versenden«]

Pos|ter ⟨[poːs-] der od. das; -s, -⟩ künstlerisch gestaltetes Plakat, das dekorativen Zwecken dient; *ein ~ von den Backstreet Boys* [engl.]

post|hum ⟨Adj.⟩ = postum

pos|tie|ren ⟨V.⟩ *jmdn. od. sich an eine od. an einer Stelle ~* (als Wache) aufstellen; *jmdn.vor ein od. einem Gebäude ~* [<frz. *poster* »aufstellen«; zu *poste* »Stelle, Posten«]

Pos|til|le ⟨die; -, -n⟩ **1** ⟨urspr.⟩ abschnittsweise Erklärung von Bibelstellen **2** ⟨danach⟩ religiöses Erbauungsbuch [<mlat. *post illa verba* »nach jenen Worten« (urspr. in der Erklärung eines bibl. Textes, dessen Wortlaut abschnittsweise vorangestellt war)]

Pos|til|li|on ⟨der; -s, -e⟩ Fahrer der Postkutsche [<frz. *postillon* <ital. *postiglione* »Postknecht«; zu *posta* »Post«]

Post-it® ⟨[poʊst-] das; - od. -s, -s⟩ kleiner (meist gelber) Notizzettel, der auf der Rückseite an einem Rand mit Klebstoff beschichtet ist u. dadurch an anderen Oberflächen haftet, Haftnotiz

Post|mo|der|ne ⟨die; -; unz.⟩ auf die Moderne folgende Epoche, die durch Subjektivismus, Stilpluralismus u. spielerischen Umgang mit historischen Elementen gekennzeichnet ist (in den 1960er Jahren eingeführter Begriff für Entwicklungen u. a. in Architektur, Kunst u. Literatur) [<lat. *post* »nach« + *modern*]

Post|po|si|ti|on ⟨die; -, -en; Gramm.⟩ nachgestellte Präposition, *z. B. »wegen« in »der Kinder wegen«* [verkürzt <lat. *post* »nach« + Prä*position*]

Post|skript ⟨das; -(e)s, -e⟩ = Postskriptum

Post|skrip|tum ⟨das; -s, -skrip|ta; Abk.: PS⟩ Nachschrift (im Brief); *oV* Postskript [<*Post...* + lat. *skriptum* »das Geschriebene«]

Pos|tu|lat ⟨das; -(e)s, -e⟩ **1** Forderung, Leitsatz, These **2** ⟨Philos.⟩ Annahme, die unbeweisbar, aber glaubhaft ist [<lat. *postulatum* »Forderung«; zu *postulare* »fordern«]

pos|tu|lie|ren ⟨V.⟩ fordern, ein Postulat aufstellen über [<lat. *postulare* »fordern«]

pos|tum ⟨Adj.⟩ *oV* posthum **1** nachgeboren **2** nach dem Tode des Verfassers od. Komponisten erschienen, nachgelassen [<lat. *postumus* »nachgeboren, zuletzt geboren«]

po|tem|kin|sche Dör|fer *auch:* **Po|temkin'sche Dör|fer** ⟨a. russ. [pʌtjɔm-] Pl.⟩ Vorspiegelungen, Blendwerk [nach dem russ. Feldherrn u. Staatsmann G. A. *Potemkin,* 1739-1791, der in Südrussland zum Schein Dörfer errichten u. bevölkern ließ, um Katharina II. Wohlstand des Landes vorzutäuschen]

po|tent ⟨Adj.⟩ **1** leistungsfähig **2** fähig zum Geschlechtsverkehr (vom Mann),

P

zeugungsfähig; *Ggs* impotent [<lat. *potens* »mächtig«]

Po|ten|tat ⟨der; -en, -en⟩ Machthaber [<lat. *potentatus* »Macht, Oberherrschaft«; zu *potens* »mächtig«]

Po|ten|ti|al ⟨das; -s, -e; Adj.⟩ = Potenzial

po|ten|ti|ell ⟨Adj.⟩ = potenziell

Po|tenz ⟨die; -, -en⟩ **1** ⟨unz.⟩ Fähigkeit des Mannes, den Geschlechtsverkehr auszuüben; *Ggs* Impotenz (1) **2** ⟨unz.⟩ Zeugungsfähigkeit; *Ggs* Impotenz (2) **3** ⟨Homöopathie⟩ Grad der Verdünnung (eines Arzneimittels) **4** ⟨zählb.; Math.⟩ Produkt mehrerer gleicher Faktoren; *eine Zahl in die zweite, dritte ~ erheben* zwei-, dreimal mit sich selbst multiplizieren [<lat. *potentia* »Macht«]

Po|ten|zi|al ⟨das; -s, -e⟩ *oV* Potential **1** Leistungsfähigkeit; *als Musiker hat er ein großes ~* **2** Möglichkeit des Vorhandenseins, des Geschehens, Vermögen, (Kraft-)Reserve; *Käufer~* **3** ⟨Physik⟩ Maß für die Stärke eines Kraftfeldes an einem Punkt im Raum

potenziell/potentiell Lässt sich ein abgeleitetes Wort auf ein Substantiv, das auf »z« endet, zurückführen, ist neben der fremdsprachigen auch die eingedeutschte Schreibung möglich. Beide Schreibungen sind gleichberechtigt (→*a.* existenziell).

po|ten|zi|ell ⟨Adj.⟩ *oV* potentiell **1** möglich, denkbar; *ein ~er Anstieg der Aktienkurse* **2** ⟨Physik⟩ *~e Energie* Energie der Lage [<frz. *potentiel* »möglich« <lat. *potentialis* »nach Vermögen, tätig wirkend«; zu *potens* »mächtig«]

po|ten|zie|ren ⟨V.⟩ **1** steigern, erhöhen **2** ⟨Math.⟩ in die Potenz erheben, mit sich selbst multiplizieren **3** ⟨Homöopathie⟩ *Arzneimittel ~* verdünnen

Pot|pour|ri ⟨[-pur-] das; -s, -s⟩ **1** aus verschiedenen Melodien zusammengesetztes Musikstück **2** ⟨fig.⟩ kunterbuntes Allerlei [<frz. *potpourri*, übernommen <span. *olla podrida* »fauler Topf, buntes Allerlei; Melodienfolge«]

Pow|er *auch:* **Po|wer** ⟨[pauə(r)] die; -; unz.; Jugendspr.⟩ Kraft, Schwung, Stärke [engl.]

pow|ern *auch:* **po|wern** ⟨[pauə(r)n] V.; umg.⟩ **1** mit großer Energie u. Leistungskraft arbeiten **2** Macht ausüben, rücksichtslos vorgehen [zu engl. *power* »Macht, Gewalt«]

Prä ⟨das; -s, -s; umg.⟩ **1** *das ~ haben* den Vorrang haben **2** *ein ~ jmdm. gegenüber haben* einen Vorteil [<lat. *prae* »vor«]

prä..., Prä... ⟨in Zus.⟩ vor..., Vor... [<lat. *prae...* »vor, vorher«]

Prä|am|bel ⟨die; -, -n⟩ Einleitung (zu einer Urkunde, einem Staatsvertrag) [<lat. *praeambulum* »Vorangehendes, Vorrede«]

Prä|des|ti|na|ti|on ⟨die; -; unz.⟩ die Vorbestimmung des Menschen durch den Willen Gottes [<lat. *praedestinatio* »Vorherbestimmung«; zu *praedestinare* »im Voraus bestimmen«]

prä|des|ti|nie|ren ⟨V.⟩ vorausbestimmen; *zu etwas prädestiniert sein* ⟨fig.; umg.⟩ für etwas bes. gut geeignet, veranlagt sein [<lat. *praedestinare* »im Voraus bestimmen«]

Prädikat: Das *Prädikat* ist ein Satzteil, der zusammen mit dem → *Subjekt* die Grundform des Aussagesatzes bildet. Das *Prädikat* bezeichnet die auf das Subjekt bezogenen Handlungen, Vorgänge, Eigenschaften und Zustände. Es kann aus (a) einem einfachen Verb, (b) einem zusammengesetzten Verb oder (c) einem Verb einschließlich des mit diesem verbundenen Objektes bestehen, z. B.: (a) Der Schüler *schläft.* (b) Der Schüler *will schlafen.* (c) Der Schüler *schläft mit offenen Augen.* Das *Prädikat* ist bezüglich Person und Numerus auf das Subjekt bezogen (kongruent).

Prä|di|kat ⟨das; -(e)s, -e⟩ **1** Titel, Rangbezeichnung; *Adels~* **2** Ergebnis einer Bewertung; *eine Arbeit mit dem ~ »sehr gut« bewerten; ein Wein mit dem ~ »Kabinett«* **3** ⟨Gramm.⟩ Satzaussage [<lat. *praedicatum* »Rangbezeichnung«]

prä|di|ka|tiv ⟨Adj.; Gramm.⟩ als Prädikat (3) (verwendet), zum Prädikat (3) gehörend

Prä|di|ka|tiv ⟨das; -s, -e [-və]; Gramm.⟩ den Sinn tragender Teil des zusammen-

P

gesetzten Prädikats in Form eines Substantivs, Adjektivs, Pronomens, Adverbs od. Zahlwortes

Prä|di|kats|no|men ⟨das; -s, - od. -mi|na; Gramm.⟩ aus einem Nomen bestehendes Prädikativ, *z. B. der Wal ist »ein Säugetier«*

Prä|dis|po|si|ti|on ⟨die; -, -en; Med.⟩ Anlage, Empfänglichkeit (für eine Krankheit)

Prä|fekt ⟨der; -en, -en⟩ **1** ⟨im antiken Rom⟩ hoher ziviler od. militärischer Beamter **2** Beamter in der Verwaltung **3** ⟨in Frankreich seit 1800⟩ oberster Beamter in der Verwaltung eines Departements [<lat. *praefectus* »Vorgesetzter«]

Prä|fek|tur ⟨die; -, -en⟩ Amt eines Präfekten

Prä|fe|renz ⟨die; -, -en⟩ **1** Vorrang, Vorzug **2** ⟨Kart.⟩ Trumpfkarte [<lat. *praeferre* »vorziehen« u. frz. *préférence* »Bevorzugung, Vorzug«]

Prä|fix ⟨a. ['--] das; -es, -e; Gramm.⟩ Vorsilbe [<lat. *praefixum,* Part. Perf. zu lat. *praefigere* »vorn anheften, vorstecken«]

prag|ma|tisch ⟨Adj.⟩ im Sinne des Pragmatismus handelnd, anwendungsbezogen, handlungs- u. sachbezogen [<grch. *pragmatikos* »praktisch, tätig«; zu *pragma* »das Handeln«]

Prag|ma|tis|mus ⟨der; -; unz.⟩ philosophische Lehre, nach der sich das Wesen des Menschen in seinem Handeln ausdrückt u. nach der Handeln u. Denken dem praktischen Leben dienen sollen

prä|gnant *auch:* **präg|nant** ⟨Adj.⟩ genau, kurz u. treffend, deutlich, präzise; *~e Ausdruckweise; einen Sachverhalt ~ bezeichnen* [<lat. *praegnans* »schwanger, trächtig, voll, strotzend«]

prä|his|to|risch ⟨Adj.⟩ vorgeschichtlich

> → **Praxis:** Der Laut [**ks**is] wird in griechischen Fremdwörtern oft *xis* geschrieben, z. B. in *Praxis!*

Prak|tik ⟨die; -, -en⟩ **1** Ausübung (einer Tätigkeit) **2** Handhabung (eines Werkzeugs) **3** Verfahren [<mlat. *practica* <grch. *praktike (techne)* »Lehre vom Tun u. Handeln«]

prak|ti|ka|bel ⟨Adj.⟩ brauchbar, benutzbar, durchführbar; *praktikable Vorschläge* [<mlat. *practicabilis* »tunlich, ausführbar«; zu *practica;* → *Praktik*]

Prak|ti|kant ⟨der; -en, -en⟩ jmd., der in der praktischen Ausbildung, im Praktikum steht [<mlat. *practicans,* Part. Präs. von *practicare* »eine Tätigkeit ausüben«; zu *practica;* → *Praktik*]

Prak|ti|kum ⟨das; -s, -ti|ka⟩ **1** Übungen, Kurs zur praktischen Anwendung des in der Vorlesung Erlernten **2** Ausbildung in der praktischen Arbeit als Teil der gesamten Ausbildung

prak|tisch ⟨Adj.⟩ **1** auf Praxis (1) beruhend, in der Praxis, in Wirklichkeit, tatsächlich; *Ggs* theoretisch; *etwas lässt sich ~ kaum durchführen* **2** zweckmäßig, gut zu handhaben; *~e Einrichtung* **3** geschickt, findig; *du machst das schon sehr ~* **4** *~er Arzt* A. für alle Krankheiten, im Gegensatz zum Facharzt nicht spezialisierter A. **5** *~es Jahr* Praktikum von einem Jahr Dauer [<mlat. *practicus* »tätig« <grch. *praktikos* »tätig, auf das Handeln gerichtet«]

prak|ti|zie|ren ⟨V.⟩ **1** in die Praxis umsetzen, in der Praxis anwenden, durchführen, ausführen **2** als Arzt tätig sein [<mlat. *practicare* »eine Tätigkeit ausüben«; zu *practica;* → *Praktik*]

Prä|lat ⟨der; -en, -en; Titel für⟩ **1** katholischer geistlicher Würdenträger, bes. Bischöfe u. Ordensobere **2** leitender evangelischer Geistlicher (in einigen süddeutschen Landeskirchen) [<mlat. *praelatus* »höherer geistl. Würdenträger«]

Pra|li|ne ⟨die; -, -n⟩ kleines Stück Konfekt mit einem Überzug aus Schokolade u. einer Füllung; *oV* Praliné, Pralinee [frz., »gebrannte Mandel«, nach dem frz. Marschall du Plessin-*Praslin,* † 1675, dessen Koch diese Süßigkeit angeblich erfand]

Pra|li|né ⟨[-ne:] das; -s, -s; oberdt.; schweiz.⟩ = Praline

Pra|li|nee ⟨der; -s, -s; oberdt.⟩ = Praline

Prä|lu|di|um ⟨das; -s, -di|en; Musik⟩ *oV* Prélude **1** Vorspiel **2** frei gestaltetes, einleitendes Musikstück **3** ⟨fig.⟩ einem Vorgang od. Ereignis vorausgehender Vorgang [<lat. *praeludere* »vorspielen, ein Vorspiel machen«]

Prä|mie ⟨[-mjə] die; -, -n⟩ **1** Preis, Beloh-

P

nung für gute Leistung; *Buch~, Geld~* **2** Betrag, den der Versicherte der Versicherung regelmäßig zu zahlen hat; *Versicherungs~* [<lat. *praemium* »Belohnung, Preis«]

prä|mie|ren ⟨V.⟩ mit einer Prämie belohnen, auszeichnen, ehren, würdigen; *oV* prämiieren [<lat. *praemiare* »belohnen«; zu *praemium* »Belohnung«]

prä|mi|ie|ren ⟨V.⟩ = prämieren

Prä|mis|se ⟨die; -, -n⟩ Voraussetzung; *unter der ~, dass ...* [<lat. *(propositio) praemissa* »vorausgeschickter (Satz)«]

Prä|pa|rat ⟨das; -(e)s, -e⟩ **1** etwas kunstgerecht Vor-, Zubereitetes, *z. B. Arzneimittel* **2** getrocknete Pflanze od. ausgestopftes Tier (als Lehrmittel) **3** zum Mikroskopieren vorbereiteter Teil eines Gewebes [<lat. *praeparatus,* Part. Perf. zu *praeparare* »vor-, zubereiten«]

prä|pa|rie|ren ⟨V.⟩ **1** *Pflanzen, Tiere ~* zur Aufbewahrung dauerhaft machen **2** *pflanzl., tier., menschl. Körper ~* zerlegen, um daran zu lernen [<lat. *praeparare* »vor-, zubereiten«]

Präposition: Die *Präposition* ist eine unveränderliche, nicht flektierbare Wortart, die auch »Verhältniswort« genannt wird. *Präpositionen* bezeichnen die Beziehungen zwischen Satzelementen bezüglich des Ortes (z. B. *auf, unter, über*), der Zeit (z. B. *während, zwischen*), der Ursache (z. B. *infolge, aufgrund*) und der Art und Weise (z. B. *gemäß, einschließlich*). Die *Präpositionen* bestimmen den → *Kasus* (Fall) ihrer Bezugswörter, z. B. werden die Präpositionen *durch, für, ohne* mit nachfolgendem Akkusativ verwendet, *wegen* mit dem Genitiv oder Dativ und *zugunsten* mit dem Genitiv.

Prä|po|si|ti|on ⟨die; -, -en; Gramm.⟩ Verhältniswort [<lat. *praepositio* »Voransetzung«; zu *praeponere* »voranstellen«]

Prä|rie ⟨die; -, -n⟩ nordamerikanische Grassteppe [<frz. *prairie* »Wiese«]

Prä|sens ⟨das; -, -sen|tia od. -sen|zi|en; Gramm.⟩ Tempus des Verbums, das ein gegenwärtiges od. zeitlich unbestimmtes Geschehen bezeichnet, Gegenwartsform, *z. B. »ich gehe« (im Unterschied zu »ich ging«)* [<lat. *(tempus) praesens* »gegenwärtige (Zeit)«]

prä|sent ⟨Adj.⟩ **1** anwesend, gegenwärtig **2** zur Verfügung stehend, zur Hand, greifbar; *ich habe die Daten nicht ~* [<lat. *praesens* »gegenwärtig«]

Prä|sent ⟨das; -(e)s, -e⟩ Geschenk, kleine Aufmerksamkeit [<frz. *présent* »Geschenk«; zu *présenter* »darbieten, vorstellen« <lat. *praesentare* »gegenwärtig machen, zeigen«]

Prä|sen|ta|ti|on ⟨die; -, -en⟩ **1** Vorschlag (für ein Amt) **2** Vorführung (eines neuen Produktes); *die ~ eines neuen Autotyps* [<lat. *praesentatio* »Vorzeigung«; → *Präsenz*]

prä|sen|tie|ren ⟨V.⟩ darreichen, darbieten, vorlegen; *jmdm. die Rechnung ~* zur Bezahlung vorlegen; *das Gewehr ~* das G. senkrecht vor den Körper halten (als militärische Ehrenbezeigung) [<lat. *praesentare* »gegenwärtig machen, zeigen«; zu *praesens* »gegenwärtig«]

Prä|senz ⟨die; -; unz.⟩ **1** Anwesenheit **2** Anzahl der Anwesenden [<lat. *praesentia* »Gegenwart«]

Pra|se|o|dym ⟨das; -s; unz.; chem. Zeichen: Pr⟩ chem. Element, Metall der seltenen Erden, Ordnungszahl 59 [<grch. *prasios* »grün« + *didymos* »Zwilling«]

Prä|ser|va|tiv ⟨[-va-] das; -s, -e [-və]⟩ Kondom [→ *präservieren*]

prä|ser|vie|ren ⟨[-vi:-] V.⟩ **1** schützen, bewahren (vor) **2** haltbar machen [<nlat. *praeservare;* zu lat. *prae* »vor« + *servare* »retten, bewahren«]

Prä|ses ⟨der; -, -si|des od. -si|den⟩ **1** ⟨kath. Kirche⟩ Vorstand (eines kirchlichen Vereins) **2** ⟨evangel. Kirche⟩ Vorsitzender (einer Landessynode) [<lat. *praeses,* Gen. *praesidis* »vor etwas sitzend, leitend; Vorsteher«; zu *sedere* »sitzen«]

Prä|si|dent ⟨der; -en, -en⟩ **1** Vorsitzender (einer Versammlung) **2** Leiter (einer Behörde, eines Vereins); *Ehren~* **3** republikanisches Staatsoberhaupt; *Bundes~* [<lat. *praesidens,* Part. Präs. zu *praesidere* »voransitzen, vorsitzen, leiten«; zu *sedere* »sitzen«]

prä|si|die|ren ⟨V.⟩ das Amt des Vorsitzenden ausüben, vorsitzen [<lat. *praesidere*

»voransitzen, vorsitzen, leiten«; zu *sedere* »sitzen«]

Prä|si|di|um ⟨das; -s, -di|en⟩ **1** Vorsitz, Leitung **2** Amtsgebäude eines Polizeipräsidenten; *Polizei~* [<lat. *praesidium* »Vorsitz«; zu *sedere* »sitzen«]

prä|ten|ti|ös ⟨Adj.⟩ anspruchsvoll, anmaßend, selbstgefällig, überheblich [<frz. *prétentieux* »anspruchsvoll, anmaßend«; zu *prétendre;* zu lat. *praetendere* »hervorstrecken«]

Prä|te|ri|tum *auch:* **Prä|te|ri|tum** ⟨das; -s, -ri|ta; Gramm.⟩ Tempus des Verbums, das ein Geschehen in der Vergangenheit bezeichnet, welches nicht in die Gegenwart fortwirkt, Tempus der historischen Erzählung, erste Vergangenheit, *z. B. »ich ging«; Sy* Imperfekt [<lat. *(tempus) praeteritum* »vorübergegangene (Zeit)«]

Prä|ven|ti|on ⟨[-vɛn-] die; -, -en⟩ Vorbeugung, Abschreckung [zu lat. *praevenire* »zuvorkommen«]

prä|ven|tiv ⟨[-vɛn-] Adj.⟩ vorbeugend, vorsorgend [zu *Prävention,* beeinflusst von frz. *préventif* »vorbeugend«]

Pra|xis ⟨die; -, Pra|xen⟩ **1** ⟨unz.⟩ Anwendung, Ausübung, Tätigkeit; *Ggs* Theorie (1); *der Unterschied zwischen Theorie u. ~* **2** ⟨unz.⟩ Sprechstunde eines Arztes; *Dr. W. hat (hält) heute ~* **3** ⟨zählb.⟩ Raum od. Räume zur Ausübung des Berufes (von Ärzten u. Rechtsanwälten); *eine ~ übernehmen* [grch., »Tätigkeit, Geschäft, Unternehmen, Tatsächlichkeit«]

Prä|ze|denz ⟨die; -, -en⟩ Vorrang, Vortritt (bes. in der kirchlichen Rangordnung) [<lat. *praecedentia* »das Vorwärtsschreiten«; zu *praecedere* »vorausgehen«; zu *cedere* »gehen«]

Prä|ze|denz|fall ⟨der; -(e)s, -fäl|le⟩ Fall, der für künftige ähnliche Fälle beispielgebend ist (bes. im juristischen Bereich); *einen ~ schaffen*

prä|zis ⟨Adj.⟩ = präzise

prä|zi|se ⟨Adj.⟩ genau, exakt; *oV* präzis; *~e Ausdrucksweise; etwas ~ formulieren* [<frz. *précis* »genau« <lat. *praecisus* »vorn abgeschnitten, abgekürzt«]

prä|zi|sie|ren ⟨V.⟩ genauer angeben, genauer ausdrücken, verdeutlichen; *einen Vorwurf ~*

Prä|zi|si|on ⟨die; -; unz.⟩ Genauigkeit, Exaktheit [<frz. *précision* »Genauigkeit« <lat. *praecisio* »das Abschneiden«]

pre|kär ⟨Adj.⟩ misslich, schwierig, bedenklich, peinlich, unangenehm; *eine ~e Frage, Situation* [<frz. *précaire* »durch Bitten erlangt; unsicher, heikel« <lat. *precarius;* zu *preces* »Bitten«]

Pre|ka|ri|at ⟨das; -(e)s; unz.; Soziol.⟩ gesellschaftliche Schicht von Arbeitslosen u. Arbeitnehmern, die sozialrechtlich ungenügend abgesichert sind, z. B. Angestellte mit befristeten Arbeitsverträgen, Selbstständige, chronisch Kranke [verkürzt <*prek*är + Prolet*ariat*]

Pré|lude ⟨[prelyːd] das; -s, -s; Musik⟩ = Präludium [frz.]

Pre|mi|er ⟨[prəmjeː] der; -s, -s; kurz für⟩ Premierminister [frz., »erster«]

Pre|mi|e|re ⟨[prəmjɛːrə] die; -, -n; Theat.⟩ Ur- od. Erstaufführung [<frz. *première (représentation)* »erste (Aufführung)«]

Pre|mi|er|mi|nis|ter ⟨[prəmjeː-] der; -s, -; Politik; in Großbritannien u. einigen anderen Ländern⟩ oberster Leiter der Regierung

Pres|by|ter ⟨der; -s, -⟩ **1** ⟨urspr.⟩ Ältester der urchristlichen Gemeinde **2** ⟨später; kath. Kirche⟩ Priester **3** ⟨evang. Kirche⟩ Mitglied des Presbyteriums [<grch. *presbyteros* »älter«]

Pres|by|te|ri|um ⟨das; -s, -ri|en⟩ **1** = Chor (4) **2** ⟨evang. Kirche⟩ von der Gemeinde gewählter Kirchenvorstand, der mit den Geistlichen zusammen die Gemeinde verwaltet

Pres|tige ⟨[-tiːʒ] das; -s; unz.⟩ Ansehen, Geltung [frz., »Einfluss, Ansehen«]

pres|tis|si|mo ⟨Musik⟩ sehr schnell (zu spielen) [ital.; Superlativ zu *presto*]

pres|to ⟨Musik⟩ schnell (zu spielen) [ital.]

Prêt-à-por|ter ⟨[prɛtapɔrteː] das; -s, -s⟩ Konfektionskleidung eines Modeschöpfers [frz., eigtl. »fertig zum Tragen«]

pre|ti|ös ⟨Adj.⟩ = preziös

pre|zi|ös ⟨Adj.⟩ *oV* pretiös **1** kostbar **2** ⟨fig.⟩ geziert [<frz. *précieux* »kostbar, wertvoll, geziert, gesucht«]

Prim ⟨die; -, -en⟩ = Prime [<lat. *primus* »der erste«]

pri|ma **1** ⟨Adj.; Kaufmannsspr.; Abk.: pa., Ia⟩ erstklassig, erster Güte, bester Qua-

P

lität **2** ⟨umg.⟩ ausgezeichnet, hervorragend **3** herrlich, großartig, sehr schön **4** ⟨umg.⟩ tüchtig, prächtig [→ *Prima*]

Pri|ma ⟨die; -, Pri|men; veraltet⟩ eine der beiden letzten Klassen der höheren Schule (Jahrgangsstufen 12 u. 13); →*a.* Quarta; *Ober~; Unter~* [lat., Fem. zu *primus* »der erste«]

Pri|ma|bal|le|ri|na ⟨die; -, -ri|nen⟩ erste Tänzerin eines Balletts [<ital. *prima ballerina* »erste Tänzerin«]

Pri|ma|don|na ⟨die; -, -don|nen⟩ Hauptdarstellerin [<ital. *prima donna* »erste Dame«]

Pri|ma|ner ⟨der; -s, -; veraltet⟩ Schüler der Prima

pri|mär ⟨Adj.⟩ **1** unmittelbar entstanden, zuerst **2** ursprünglich, ursächlich **3** die Grundlage, Voraussetzung bildend, wesentlich; *Ggs* sekundär (1) [<frz. *primaire* »zuerst vorhanden, ursprünglich, vorrangig« <lat. *primarius* »zu den ersten gehörend«; zu *primus* »der erste«]

Pri|mär|li|te|ra|tur ⟨die; -; unz.; Lit.⟩ die literaturwissenschaftlich behandelten dichterischen Werke u. Quellen selbst

Pri|mas ⟨der; -, -se⟩ oberster Bischof der röm.-kath. Kirche (eines Landes) [lat., kirchenlat., »der dem Range nach Erste, der Vornehmste«; zu lat. *primus* »der erste«]

Pri|mat[1] ⟨der od. das; -(e)s, -e⟩ **1** Vorrang, Vorzug, Vorherrschaft **2** Erstgeburtsrecht **3** Vorrangstellung (des Papstes als Oberhaupt der kath. Kirche) [<lat. *primatus* »erste Stelle, erster Rang«; zu *primus* »der erste«]

Pri|mat[2] ⟨der; -en, -en; meist Pl.⟩ Angehöriger einer Reihe der Säugetiere, zu denen Halbaffen, Affen u. Menschen gerechnet werden, Herrentier [→ *Primat*[1]]

pri|ma vis|ta ⟨[-vıs-] Musik⟩ vom Blatt; *ein Musikstück ~ spielen* [ital., »beim ersten Blick«]

Pri|me ⟨die; -, -n⟩ erster Ton der diatonischen Tonleiter; *oV* Prim [<lat. *prima*, Fem. zu *primus* »der erste«]

Prime|time ⟨[praımtaım]⟩ *auch:* **Prime Time** ⟨die; (-) -, (-) -s; TV⟩ Hauptsendezeit mit der höchsten Einschaltquote [<engl. *prime time* »Spitzen-, Stoßzeit«]

pri|mi|tiv ⟨Adj.⟩ **1** ursprünglich, dem Urzustand nahe; *~e Völker* Naturvölker **2** einfach, dürftig; *~e Häuser, Geräte* **3** geistig anspruchslos, wenig entwickelt [<frz. *primitiv* »primitiv, ursprünglich« <lat. *primitivus* »der erste in seiner Art«; zu *primus* »der erste«]

Pri|mus ⟨der; -, -se od. Pri|mi⟩ Klassenbester; *~ inter Pares* der Erste unter im Rang Gleichen [lat. *primus* »der erste«; lat. *inter pares* »unter Gleichen«]

Prim|zahl ⟨die; -, -en⟩ nur durch 1 u. durch sich selbst teilbare ganze Zahl, z. B. 5, 7, 11 [<lat. *primus* »der erste«]

Print|me|di|um ⟨das; -s, -di|en⟩ Druckerzeugnis (als Medium), *z. B. Zeitung* [<engl. *print* »drucken« + *Medium*]

Prin|zeps ⟨der; -, -zi|pes⟩ **1** altröm. Senator, der als Erster auf der Liste der Senatoren stand u. bei Abstimmungen zuerst gefragt wurde **2** ⟨seit Augustus Titel für⟩ röm. Kaiser [<lat. *princeps* »die erste Stelle einnehmend, Vornehmster; Führer, Fürst«; zu *primus* »der erste« + *capere* »nehmen«]

Prin|zip ⟨das; -s, -pi|en od. (selten) -e⟩ Grundsatz, Regel; *~ien haben; etwas aus ~ tun* [<lat. *principium* »Anfang, Ursprung, Grundlage«]

prin|zi|pi|ell ⟨Adj.⟩ **1** grundsätzlich, im Prinzip; *~ bin ich einverstanden* **2** aus Prinzip; *das tue ich ~ nicht* [<lat. *principalis* »anfänglich, ursprünglich«; zu *principium;* → *Prinzip*]

Pri|on ⟨das; -s, -o|nen; Med.⟩ kleines Proteinpartikel, das im Verdacht steht, Gehirnerkrankungen wie die Alzheimer'sche Krankheit od. BSE zu verursachen [<*Pr*otein + *i*nfektiös + *…on*]

Pri|or ⟨der; -s, -o|ren⟩ **1** Vorsteher eines Klosters **2** Stellvertreter eines Abtes [mlat., »der Vordere, der dem Range nach höher Stehende« <lat. *prior* »eher, früher, vorzüglicher«]

Pri|o|ri|tät ⟨die; -, -en⟩ Vorrang, Vorrecht; *~en setzen* [<frz. *priorité* »Vorrang, Vorrecht«; zu lat. *prior* »früher«]

Pris|ma ⟨das; -s, Pris|men⟩ **1** ⟨Math.⟩ Körper, der von zwei kongruenten n-Ecken (z. B. Drei-, Vierecken) u. n- (z. B. drei, vier) Rechtecken *(gerades ~)* od. Parallelogrammen *(schiefes ~)* begrenzt ist **2** ⟨Optik⟩ durchsichtiger, keilförmiger Körper, der Lichtstrahlen in Spektral-

P

farben zerlegt [grch., eigtl. »das Zersägte, das Zerschnittene«; zu *priein* »sägen«]

pri|vat ⟨[-vaːt] Adj.⟩ 1 nicht öffentlich, Einzelnen vorbehalten; *~e Angelegenheiten* 2 nicht öffentlich, persönlich, vertraulich; *~e Mitteilung; jmdn. ~ sprechen wollen* 3 *~es Unternehmen* einer od. mehreren Personen, nicht dem Staat gehörendes U. [<lat. *privatus* »(der Herrschaft) beraubt, gesondert«; zu *privare* »berauben, sondern«]

Pri|va|ti|er ⟨[-vatjeː] der; -s, -s; veraltet⟩ Rentner, Privatperson [französierende Bildung zu *privat*]

pri|va|ti|sie|ren ⟨[-va-] V.⟩ 1 *staatliche Unternehmen ~* in Privateigentum umwandeln 2 ohne Ausübung eines Berufes leben, vom Vermögen od. von einer (nichtstaatl.) Rente leben

Pri|vat|pa|ti|ent ⟨[-vaːtpatsjɛnt] der; -en, -en⟩ Patient, der das Honorar für den Arzt nicht über eine Pflichtkrankenkasse, sondern selbst bzw. über eine private Krankenversicherung bezahlt

Pri|vi|leg ⟨[-vi-] das; -s, -gi|en⟩ besonderes Recht Einzelner od. eines Einzelnen, Sonderrecht [<lat. *privilegium* »Vorrecht«]

pri|vi|le|gie|ren ⟨[-vi-] V.⟩ mit einem Privileg ausstatten, bevorzugen [<mlat. *privilegiare* »ein Vorrecht einräumen«; zu lat. *privilegium* »Vorrecht«]

pro ⟨Adv.⟩ 1 für; *Ggs* kontra 2 ⟨Präp. mit Akk.⟩ je; *fünf Euro ~ Person, ~ Stunde, ~ Stück*

Pro ⟨das; -s; unz.⟩ Stellungnahme für etwas; *das ~ und (das) Contra gegeneinander abwägen* das Für u. (das) Wider (einer Sache) [<lat. *pro* »vor, für, gemäß, im Verhältnis zu«]

pro..., Pro... ⟨Vorsilbe⟩ 1 vor, vorher, vorwärts, *z. B. Progression* 2 für, *z. B. proarabisch* [lat., »vor, vorwärts, hervor, vorher; für, eher, lieber«]

pro|ak|tiv ⟨Adj.⟩ vorausschauend, vorausplanend, Trends vorwegnehmend; *Kundenwünsche ~ erkennen*

Pro|band ⟨der; -en, -en⟩ jmd., der zu wissenschaftlichen Zwecken beobachtet wird, Versuchsperson [<lat. *probandus* »ein zu Erprobender, zu Prüfender«; zu *probare* »erproben, prüfen«]

pro|bat ⟨Adj.; geh.⟩ erprobt, bewährt; *ein ~es Mittel* [<lat. *probatus* »erprobt«, Part. Perf. zu *probare* »erproben, prüfen«]

pro|bie|ren ⟨V.⟩ 1 versuchen, erproben, testen; *Probieren geht über Studieren* ⟨Sprichw.⟩ Praxis ist im Leben wichtiger als Theorie 2 *Speisen ~* kosten, abschmecken [<lat. *probare* »erproben, prüfen«]

◆ Die Buchstabenfolge **pro|bl...** kann auch **prob|l...** getrennt werden.

◆**Pro|blem** ⟨das; -s, -e⟩ schwierige, ungelöste Aufgabe od. Frage [<grch. *problema* »das Vorgelegte, die gestellte Aufgabe, Streitfrage«]

◆**pro|ble|ma|tisch** ⟨Adj.⟩ schwierig, schwer zu lösen [<grch. *problematikos;* → *Problem*]

◆**pro|ble|ma|ti|sie|ren** ⟨V.⟩ 1 zum Problem machen, als problematisch darstellen; *eine Sache nicht unnötig ~* 2 Probleme, Schwierigkeiten (sorgfältig) diskutieren; *etwas noch einmal ~*

Pro|ce|de|re ⟨das; -, -⟩ = Prozedere

Pro|du|cer ⟨[prɔdjuːsə(r)] der; -s, -⟩ (Film-, Musik-)Produzent [engl.]

Pro|duct|ma|na|ger ⟨[prɔdʌktmænɪdʒə(r)] der; -s, -⟩ jmd., der für die Planung u. Betreuung eines industriellen Produktes zuständig ist; *oV* Produktmanager [<engl. *product* »Produkt« + *Manager*]

Pro|dukt ⟨das; -(e)s, -e⟩ 1 mit Hilfe menschlicher Arbeit hergestellter Gegenstand, Erzeugnis; *~ der Landwirtschaft; Industrie~; tierische, pflanzliche ~e* 2 Ergebnis menschlichen Bemühens; *ein geistiges, künstlerisches ~* 3 ⟨Math.⟩ Ergebnis der Multiplikation; *das ~ aus (von) drei mal vier ist zwölf* [<lat. *productum*, Part. Perf. zu *producere* »hervorbringen«]

Pro|duk|ti|on ⟨die; -, -en⟩ Herstellung von Waren mit Hilfe menschlicher Arbeit; *handwerkliche, landwirtschaftliche ~* [<frz. *production* »Erzeugung« <lat. *productio* »das Hervorführen«; beeinflusst von frz. *produire;* zu lat. *producere* »hervorbringen«]

pro|duk|tiv ⟨Adj.⟩ 1 Produkte hervorbringend 2 schöpferisch, fruchtbar; *~ tätig* *sein* [<frz. *productif* <lat. *productivus* »zur Verlängerung geeignet«; beeinflusst von frz. *produire* »hervorbringen, erzeugen« <lat. *producere*]

Pro|dukt|ma|na|ger ⟨[-mænıdʒə(r)] der; -s, -⟩ = Productmanager

Pro|du|zent ⟨der; -en, -en⟩ *Ggs* Konsument **1** jmd., der Güter produziert, Erzeuger, Hersteller **2** grüne Pflanze, die organische Substanz aus anorganischer aufzubauen vermag [<lat. *producens,* Part. Präs. zu *producere* »hervorbringen«]

pro|du|zie|ren ⟨V.⟩ **1** *Verbrauchsgüter ~* schaffen, hervorbringen, erzeugen **2** *sich ~* zeigen, was man kann (u. dabei die Aufmerksamkeit auf sich lenken), sich (auf unangenehme Weise) herausstellen [<lat. *producere* »hervorbringen«]

pro|fan ⟨Adj.⟩ **1** weltlich, unkirchlich, unheilig; *Ggs* sakral (2) **2** alltäglich [<lat. *profanus* »vor dem heiligen Bezirk liegend, ungeheiligt«; zu *fanum* »Heiligtum«]

Pro|fes|si|on ⟨die; -, -en⟩ Beruf, Gewerbe, Handwerk [frz., »Beruf, Stand«]

pro|fes|si|o|nell ⟨Adj.⟩ **1** berufsmäßig, als Beruf ausgeübt; *~er Sportler* **2** fachmännisch; *ein ~er Einbruch; eine ~e Werbekampagne* [<frz. *professionnel* »berufsmäßig«; zu lat. *professio* »Gewerbe, Geschäft«]

Pro|fes|sor ⟨der; -s, -so|ren; Abk.: Prof.⟩ **1** beamteter Hochschullehrer; *Universitäts~; ~ der Germanistik, der Medizin* **2** ⟨Ehrentitel für⟩ Gelehrter, Künstler **3** ⟨früher Titel für⟩ Lehrer an einer höheren Schule; *Studien~* [lat., »einer der sich öffentlich bekennt, erklärt; öffentl. Lehrer«; zu *profiteri* »öffentlich bekennen, erklären«]

pro|fes|so|ral ⟨Adj.⟩ wie ein Professor; *~es Gehabe*

Pro|fes|sur ⟨die; -, -en⟩ Lehrstuhl; *eine ~ innehaben*

Pro|fi ⟨der; -s, -s; umg.⟩ *Ggs* Amateur **1** Berufssportler **2** ⟨allg.⟩ jmd., der eine Tätigkeit fachmännisch od. berufsmäßig ausübt; *er ist ein ~ und kein Anfänger mehr* [verkürzt <engl. *professional* »beruflich, berufsmäßig«]

Pro|fil ⟨das; -s, -e⟩ **1** Seitenansicht; *jmdn. od. etwas im ~ zeichnen* **2** Umriss, Längs- od. Querschnitt **3** senkrechter Schnitt durch die Erdoberfläche; *geologisches ~* **4** Erhebungen aufweisende Oberfläche; *Schuhsohlen mit ~* **5** ⟨fig.⟩ klare Richtung, klare Haltung; *er hat kein ~* [<frz. *profil,* ital. *profilo* »Seitenansicht, Umriss«]

pro|fi|lie|ren ⟨V.⟩ **1** im Profil darstellen **2** ⟨fig.⟩ scharf umreißen; *eine profilierte Persönlichkeit* **3** ⟨fig.; häufig abwertend⟩ *sich ~* sich durch besondere, hervorstechende Leistungen hervortun

Pro|fit ⟨a. [-fıt] der; -(e)s, -e⟩ Gewinn, Vorteil, Nutzen; *~ aus etwas schlagen, ziehen* [frz., »Gewinn«]

pro|fi|tie|ren ⟨V.⟩ Profit, Gewinn erzielen, Nutzen haben (von, bei) [<frz. *profiter* »ausnutzen«]

pro for|ma nur der Form wegen, nur zum Schein [lat.]

→ **Prophylaxe:** Der Laut [**fy**] wird in griechischen Fremdwörtern oft ***phy*** geschrieben, z. B. in *Pro**ph**ylaxe*!

pro|fund ⟨Adj.⟩ tief(gründig), gründlich; *~e Kenntnisse* [<lat. *profundus* »tief«]

◆ Die Buchstabenfolge **pro|gn...** kann auch **prog|n...** getrennt werden.

◆**Pro|gno|se** ⟨die; -, -n⟩ Vorhersage, z. B. des Ablaufs einer Krankheit od. des Wetters [<grch. *progignoskein* »im Voraus erkennen«]

◆**Pro|gnos|tik** ⟨die; -; unz.⟩ Lehre von den Prognosen

◆**pro|gnos|ti|zie|ren** ⟨V.⟩ voraussagen, vorherbestimmen

Pro|gramm ⟨das; -s, -e⟩ **1** Folge der Darbietungen bei Veranstaltungen, Sendungen im Rundfunk; *Rundfunk~; Film~; Theater~; das ~ der Woche* **2** Blatt od. Heft mit dem Programm (1) **3** Angebot von Waren; *Sy* Sortiment; *Möbel~* **4** Plan, Pläne, Vorhaben; *hast du für heute Abend ein ~* **5** öffentlich verkündete Gesamtheit der Tätigkeiten u. Ziele einer politischen Partei o. Ä.; *Partei~; ein ~ aufstellen* **6** ⟨EDV; Kyb.⟩ eindeutige Anweisung an eine Maschine, bestimmte Aufgaben in einer bestimmten Reihenfolge zu erfüllen;

P

Computer~ [<grch.-lat. *programma* »schriftl. Bekanntmachung, Aufruf«]

pro|gram|ma|tisch ⟨Adj.⟩ einem Programm (5), einem Grundsatz entsprechend, richtungweisend, zielsetzend; *eine ~e Rede, Schrift verfassen*

pro|gram|mie|ren ⟨V.; EDV⟩ *einen Computer ~* ein Programm für einen C. aufstellen

Pro|gramm|ki|no ⟨das; -s, -s; Film⟩ kleineres Kino mit einem von den kommerziellen Verleihern unabhängigen Filmprogramm, das (künstlerische) Filme zeigt, die ein kleines Publikum ansprechen

Pro|gramm|mu|sik ⟨die; -; unz.; Musik⟩ (Instrumental-)Musik, die versucht, außermusikalische Vorgänge, z. B. seelische Erlebnisse, Bilder od. Naturszenen, durch klangliche Mittel wiederzugeben

Pro|gres|si|on ⟨die; -, -en⟩ **1** Zunahme, Steigerung **2** Zunahme des Steuersatzes bei der progressiven Steuer; *Steuer~* [<lat. *progressio* »Fortschritt«; zu *progredi* »vorwärtsgehen«]

pro|gres|siv ⟨a. ['---] Adj.⟩ **1** fortschrittlich **2** im Verhältnis zu einer Bezugsgröße mehr werdend, ansteigend; *~e Steuer* [<frz. *progressif* »vorwärtsschreitend« <lat. *progressus* »fortschreitend, weitergehend«]

Pro|hi|bi|ti|on ⟨die; -; unz.⟩ Alkoholverbot [<lat. *prohibitio* »Verbot«]

Pro|jekt ⟨das; -(e)s, -e⟩ **1** Plan, Vorhaben, Absicht **2** Entwurf **3** (mit praktischer Tätigkeit verbundenes) Vorhaben im Schulunterricht [<lat. *proiectum,* Part. Perf. zu *proicere* »hinwerfen, vorwärtswerfen«; → *projizieren*]

Pro|jek|til ⟨das; -s, -e⟩ Geschoss [<frz. *projectile* »Geschoss«; zu lat. *proicere* »vorwärtswerfen«]

Pro|jek|ti|on ⟨die; -, -en⟩ **1** ⟨Math.⟩ Abbildung räumlicher Gebilde auf einer Ebene **2** ⟨Kartogr.⟩ Darstellung der gekrümmten Erdoberfläche auf einer Ebene **3** ⟨Opt.⟩ vergrößerte Abbildung durchsichtiger od. undurchsichtiger Bilder mittels Lichtstrahlen auf einer hellen Fläche [<lat. *proiectio* »das Hervorwerfen«; → *projizieren*]

Pro|jek|tor ⟨der; -s, -en; Optik⟩ optisches Gerät zur Projektion von Bildern; *Dia~; Tageslicht~*

pro|ji|zie|ren ⟨V.⟩ **1** *einen Körper ~* zeichnerisch darstellen **2** *ein Lichtbild ~* auf eine Bildwand werfen [<lat. *proicere* »vorwärtswerfen, hinwerfen«]

Pro|kla|ma|ti|on ⟨die; -, -en⟩ öffentliche Bekanntmachung, Aufruf [<lat. *proclamatio* »das Ausrufen«; zu *proclamare* »ausrufen«]

pro|kla|mie|ren ⟨V.⟩ öffentlich bekanntmachen, einen Aufruf erlassen über [<lat. *proclamare* »ausrufen«]

Pro|ku|ra ⟨die; -, -kuren⟩ im Handelsregister eingetragene Vollmacht, Rechtsgeschäfte u. -handlungen für einen Betrieb vorzunehmen [<ital. *procura* »Vollmacht«; zu ital., lat. *procurare* »für etwas Sorge tragen«; zu lat. *cura* »Sorge«]

Pro|ku|rist ⟨der; -en, -en⟩ Inhaber der Prokura

Pro|let ⟨der; -en, -en; umg.; abwertend⟩ **1** = Proletarier (2) **2** ⟨fig.⟩ ungebildeter, ungehobelter Kerl

Pro|le|ta|ri|at ⟨das; -(e)s, -e⟩ die Klasse der Proletarier

Pro|le|ta|ri|er ⟨der; -s, -⟩ **1** ⟨im antiken Rom⟩ Angehöriger der Klasse der Besitzlosen, die nicht besteuert wurde, da ihr Vermögen den Mindestsatz nicht erreichte **2** ⟨nach Marx u. Engels⟩ ausgebeutete Lohnarbeiter ohne Besitz an Produktionsmitteln [<lat. *proletarius* »Bürger der untersten Klasse«; zu *proles* »Nachkomme«]

pro|le|ta|risch ⟨Adj.⟩ zu den Proletariern gehörend, von ihnen stammend

Pro|log ⟨der; -(e)s, -e⟩ *Ggs* Epilog **1** Einleitung **2** Vorrede, Vorspiel [<*Pro...* + *...log*[1]]

Pro|me|na|de ⟨die; -, -n⟩ **1** Spaziergang **2** Spazierweg, meist mit Grünanlagen [frz., »Spaziergang«]

pro|me|the|isch ⟨Adj.⟩ an Stärke, Energie u. Größe alles überragend, himmelstürmend [nach dem Titanensohn *Prometheus,* der aus Lehm u. Wasser die ersten Menschen knetete u. ihnen das von Zeus gehütete Feuer brachte]

Pro|me|thi|um ⟨das; -s; unz.; chem. Zeichen: Pm⟩ zu den Metallen der seltenen Erden gehörendes chem. Element,

P

Ordnungszahl 61 [nach dem grch. Titanen *Prometheus*]

Pro|mi ⟨der; -s, -s; umg.; kurz für⟩ Prominente(r)

pro mil|le ⟨Abk.: p. m.; Zeichen: ‰⟩ **1** für tausend, für, auf 1000 (Stück) **2** vom Tausend [lat., »für tausend«]

Pro|mil|le ⟨das; -s, -⟩ **1** ein Teil vom Tausend, Tausendstel **2** in Promille (1) gemessener Anteil des Alkohols im Blut [<lat. *pro mille* »für tausend«]

pro|mi|nent ⟨Adj.⟩ hervorragend, bedeutend, allgemein bekannt, maßgebend, tonangebend; *~e Persönlichkeit* [<lat. *prominens,* Part. Präs. zu *prominere* »hervorragen«]

Pro|mi|nen|te(r) ⟨die od. der; -n, -n⟩ weibliche od. männliche Person, die prominent ist; *Sy* ⟨kurz⟩ Promi

Pro|mi|nenz ⟨die; -, -en⟩ **1** prominente Personen **2** ⟨unz.⟩ Gesamtheit der prominenten Personen; *die gesamte ~ war da* [<lat. *prominentia* »das Hervorragen«; zu *prominere* »hervorragen«]

Pro|mis|ku|i|tät ⟨die; -; unz.⟩ **1** Vermischung **2** Geschlechtsverkehr mit häufig wechselnden Partnern (ohne gegenseitige Bindung auf eine längere Zeit) **3** ⟨Zool.⟩ geschlechtliche Vermischung von Stämmen [<lat. *promiscuus* »gemischt, gemeinschaftlich«; zu *miscere* »mischen«]

Pro|mo|ti|on[1] ⟨die; -, -en⟩ Prüfungsverfahren zur Erlangung des Doktortitels an einer Hochschule mit einer schriftlichen Arbeit (Dissertation) u. einer mündlichen Prüfung (Rigorosum) [<lat. *promotio* »Beförderung«]

Pro|mo|tion[2] ⟨[prɔmoʊʃən] die; -, -s⟩ Verkaufsförderung von Waren (durch Werbung) [engl.]

pro|mo|vie|ren ⟨[-viː-] V.⟩ **1** die Doktorarbeit schreiben; *über ein Thema ~* **2** *jmdn. ~* jmdm. die Doktorwürde verleihen [<lat. *promovere* »vorwärtsbewegen«; zu *movere* »bewegen«]

Pro|no|men ⟨das; -s, - od. -mi|na; Gramm.⟩ Fürwort, Wort, das anstelle eines Namens steht, der dem Sprecher u. Hörer bekannt ist u. in der Rede nicht wiederholt wird; *Personal~; Indefinit~; Possessiv~; Relativ~; Interrogativ~; Demonstrativ~*

pro|no|mi|nal ⟨Adj.; Gramm.⟩ als Pronomen (gebraucht), in der Form eines Pronomens, fürwörtlich

Pro|no|mi|nal|ad|jek|tiv ⟨das; -s, -e; Gramm.⟩ wie ein Pronomen verwendetes Adjektiv, *z. B. kein, viel*

Pro|no|mi|nal|ad|verb ⟨das; -s, -en od. -bi|en; Gramm.⟩ für ein Nomen stehendes Adverb, *z. B. da, daran*

pro|non|cie|ren ⟨[-nɔ̃siː-] V.⟩ **1** deutlich aussprechen; *ein Wort prononciert aussprechen* **2** stark betonen, Nachdruck legen auf [<frz. *prononcer* »aussprechen«]

Pro|pa|gan|da ⟨die; -; unz.⟩ ideologisch-politische Beeinflussung der öffentl. Meinung, z. B. durch Plakate, Rundfunksendungen od. Zeitungen [verkürzt aus *Congregatio de propaganda fide* »(päpstl.) Gesellschaft zur Verbreitung des Glaubens«, 1622 in Rom gegründet; zu lat. *propagare* »weiter ausbreiten, ausdehnen«]

pro|pa|gie|ren ⟨V.⟩ *etwas ~* für etwas Propaganda machen, für etwas werben [<lat. *propagare* »weiter ausbreiten, ausdehnen«]

Pro|pan ⟨das; -s; unz.; Chemie⟩ aliphatischer, gasförmiger Kohlenwasserstoff, Nebenprodukt der Kokereien u. Erdölraffinerien, das als Heizgas verwendet wird [verkürzt <*Prop*ylen + Meth*an*]

pro|per ⟨Adj.⟩ sauber, ordentlich; *~ gekleidet sein* [<frz. *propre* »sauber«]

Pro|phet ⟨der; -en, -en⟩ **1** ⟨im AT⟩ Sprecher Gottes, dem göttliche Offenbarungen zuteilwurden, die er den Menschen bekanntmacht **2** jmd., der etwas Zukünftiges vorhersagt, Wahrsager, Seher **3** ⟨im Islam Bez. für⟩ Mohammed [<lat. *propheta* <grch. *prophetes* »Verkünder u. Deuter der Orakelsprüche, Wahrsager, Seher, Prophet«]

pro|phe|tisch ⟨Adj.⟩ **1** weissagend **2** in der Art eines Propheten [<lat. *propheticus* <grch. *prophetikos* »weissagend«]

pro|phe|zei|en ⟨V.⟩ **1** weissagen, voraussagen; *er prophezeite uns große Probleme* **2** in der Art eines Propheten verkünden [<mhd. *prophetien, prophezien;* zu *prophetie, prophezie;* → *Prophet*]

pro|phy|lak|tisch ⟨Adj.; Med.⟩ vorbeugend, verhütend

Pro|phy|la|xe ⟨die; -, -n; Med.⟩ Vorbeugung, Verhütung (von Krankheiten) [<grch. *prophylaxis* »Vorsicht«]

Pro|por|ti|on ⟨die; -, -en⟩ **1** Größenverhältnis; *die Zeichnung ist in den ~en richtig* **2** ⟨Math.⟩ Verhältnisgleichung [<lat. *proportio* »entsprechendes Verhältnis, Ebenmaß«; zu *portio* »Anteil«]

pro|por|ti|o|nal ⟨Adj.⟩ **1** hinsichtlich der Proportion, eine Proportion ausdrückend, im gleichen Verhältnis stehend **2** *~e Konjunktion* K., die in Verbindung mit einer anderen K. das Verhältnis eines Sachverhaltes zu einem anderen ausdrückt, *z. B. je – desto* [<lat. *proportionalis;* → *Proportion*]

Pro|porz ⟨der; -es, -e; Politik⟩ Verteilung von staatlichen Ämtern nach dem Stärkeverhältnis der in einer Regierungskoalition verbundenen Parteien, auch nach konfessionellen od. regionalen Gesichtspunkten [<lat. *proportio;* → *Proportion*]

◆ **pro|pri|e|tär** ⟨Adj.⟩ **1** ⟨allg.⟩ zugehörig, eigen, eigenständig, in jmds. Besitz, jmdm. zugehörig **2** ⟨EDV⟩ **2.1** nicht frei zugänglich, urheberrechtlich geschützt; *~e Software* **2.2** nicht kompatibel (von einer Technik, einem System, Dateiformat o. Ä.) [zu lat. *proprius* »eigen«]

Pro|sa ⟨die; -; unz.⟩ **1** nicht durch Verse, Rhythmus od. Reim gebundene Sprachform; *Ggs* Poesie (1); *er schreibt eine gute ~* **2** ⟨fig.⟩ Nüchternheit, Sachlichkeit; *Ggs* Poesie (3); *die ~ des Alltags* [<lat. *prosa (oratio)* »geradeaus gerichtete (= schlichte) Rede«]

pro|sa|isch ⟨Adj.⟩ **1** in Prosa (geschrieben, abgefasst); *Ggs* poetisch (1) **2** ⟨meist fig.⟩ nüchtern, sachlich, alltäglich; *Ggs* poetisch (2)

Pros|o|die *auch:* **Pro|so|die** ⟨die; -, -n⟩ **1** Lehre von der Behandlung der Sprache im Vers **2** ⟨Musik⟩ Verhältnis zwischen Ton u. Wort, Betonung mit Hilfe von Musik u. Rhythmus [<grch. *prosodia,* eigtl. »Zugesang« <*pros* »zu« + *ode* »Gesang«]

> ◆ Die Buchstabenfolge **pro|sp...** kann auch **pros|p...** getrennt werden.

◆ **Pro|spekt** ⟨der; -(e)s, -e⟩ **1** Leinwand als hinterer Abschluss des Bühnenraumes, Bühnenhimmel, Rundhorizont **2** meist perspektivisch übertriebene Ansicht, bildliche Darstellung (von Gebäuden, Straßen, Plätzen) **3** meist reich bebilderte Werbeschrift [<lat. *prospectus* »Hinblick, Aussicht«; zu *specere* »schauen«]

◆ **pro|spek|tiv** ⟨Adj.⟩ **1** eine Aussicht, Möglichkeit betreffend **2** vorausschauend **3** die Weiterentwicklung betreffend [<lat. *prospectivus* »die Aussicht betreffend«; → *Prospekt*]

◆ **pro|spe|rie|ren** ⟨V.⟩ gedeihen, blühen, sich gut entwickeln (bes. in wirtschaftl. Hinsicht) [<frz. *prospérer* »gedeihen« <lat. *prosperare* »gedeihen lassen«]

> ◆ Die Buchstabenfolge **pro|st...** kann auch **pros|t...** getrennt werden.

◆ **Pro|sta|ta** ⟨die; -; unz.; Anat.⟩ beim männl. Säugetier u. beim Mann am Anfang der Harnröhre gelegene Drüse, Vorsteherdrüse [<grch. *prostates* »Vorsteher«]

◆ **pro|sti|tu|ie|ren** ⟨V.⟩ **1** bloßstellen, preisgeben **2** *sich ~* **2.1** Prostitution betreiben **2.2** ⟨fig.⟩ sich bloßstellen, um einen persönlichen Vorteil zu erzielen [<frz. *prostituer* »der Unzucht preisgeben« <lat. *prostituere* »vorn hinstellen, öffentlich preisgeben«]

◆ **Pro|sti|tu|ier|te(r)** ⟨die od. der; -n, -n⟩ männliche od. weibliche Person, die gewerbsmäßigen Geschlechtsverkehr ausübt

◆ **Pro|sti|tu|ti|on** ⟨die; -; unz.⟩ gewerbsmäßiges Ausüben des Geschlechtsverkehrs (in Bordellen od. Privaträumen) [frz., »gewerbsmäßige Unzucht« <lat. *prostitutio* »Preisgebung zur Unzucht«; zu lat. *prostituere* »vorn hinstellen, öffentlich preisgeben«]

prot..., Prot... ⟨in Zus.⟩ = proto..., Proto...

Prot|ac|ti|ni|um *auch:* **Pro|tac|ti|ni|um** ⟨das; -s; unz.; Chemie; Zeichen: Pa⟩ radioaktives chemisches Element, Ordnungszahl 91 [<*Proto...* + *Actinium*]

Prot|a|go|nist *auch:* **Pro|ta|go|nist** ⟨der; -en, -en⟩ **1** der erste Schauspieler des altgrch. Theaters **2** wichtige Figur eines Romans od. eines Dramas **3** ⟨fig.⟩ Vorkämpfer, Bahnbrecher (für eine Sache); *~ für eine Reform* [<*Proto...* + grch. *agon* »Wettkampf«]

Pro|te|gé ⟨[-ʒe:] der; -s, -s⟩ jmd., der protegiert wird, Schützling, Günstling [frz., »Schützling; beschützt«, Part. Perf. zu *protéger* »schützen, beschützen«]

pro|te|gie|ren ⟨[-ʒi:-] V.⟩ fördern, begünstigen [<frz. *protéger* »schützen, beschützen«]

Pro|te|in ⟨das; -s, -e; Biochemie⟩ chem. Verbindung aus einer Gruppe organischer Stoffe, aus denen die lebende Substanz des pflanzlichen u. tierischen Körpers besteht, Eiweiß [<grch. *protos* »der erste«]

Pro|tek|ti|on ⟨die; -, -en⟩ Schutz, Förderung [<frz. *protection* »Schutz« <lat. *protectio* »Schutz«]

Pro|test ⟨der; -(e)s-, -e⟩ Einspruch, Widerspruch; *~ erheben (gegen); unter ~ den Saal verlassen* [<ital. *protesto* »Widerspruch, Einspruch«; zu *protestare* <lat. *protestari* »öffentlich bezeugen, erklären, eine Gegenerklärung abgeben, missbilligen«]

Pro|tes|tant ⟨der; -en, -en; Theol.⟩ Angehöriger der protestantischen Kirche [<lat. *protestans,* Part. Präs. zu *protestari* »öffentlich bezeugen, eine Gegenerklärung abgeben« (nach dem Protest der evang. Stände auf dem Reichstag zu Speyer 1529 gegen die Wiederherstellung des Wormser Edikts, das alle kirchlichen Reformen verbot)]

pro|tes|tie|ren ⟨V.⟩ widersprechen, Einspruch erheben gegen, sich gegen etwas verwahren; *gegen etwas od. jmdn. ~* [<frz. *protester* »beteuern, versichern, Einspruch erheben« <lat. *protestari* »beweisen, dartun«]

Pro|the|se ⟨die; -, -n⟩ **1** künstlicher Ersatz für ein fehlendes Glied **2** Zahnersatz [<grch. *prosthesis* »das Hinzufügen, das Ansetzen«]

pro|the|tisch ⟨Adj.⟩ mit Hilfe einer Prothese, ersetzend

pro|to..., Pro|to... ⟨vor Vokalen⟩ prot..., Prot... ⟨in Zus.⟩ erster, vorderster, wichtigster, erst..., Erst..., ur..., Ur... [<grch. *protos* »erster, vorderster, wichtigster, Ur...«]

Pro|to|koll ⟨das; -s, -e⟩ **1** gleichzeitig erfolgende od. erfolgte (wortgetreue) Niederschrift einer Verhandlung od. eines Verhörs; *das ~ führen; eine Aussage zu ~ geben, zu ~ nehmen* **2** Bericht über Verlauf u. Ergebnisse einer Besprechung, Sitzung u. Ä. **3** Gesamtheit der Regeln für Höflichkeit u. Ä. im diplomatischen Verkehr [<mlat. *protocollum* <mgrch. *protokollon,* eigtl. »ein den amtl. Papyrusrollen vorgeleimtes Blatt mit Angaben über Entstehung u. Verfasser des Papyrus« <grch. *protos* »der erste« + *kolla* »Leim«]

pro|to|kol|lie|ren ⟨V.⟩ **1** zu Protokoll nehmen, urkundlich niederschreiben **2** das Protokoll führen [<mlat. *protocollare* »ein Protokoll anfertigen«]

Pro|ton ⟨das; -s, -to|nen; Physik; Zeichen: p⟩ positiv geladenes Elementarteilchen, zusammen mit dem Neutron Baustein von Atomkernen [<grch. *proton* »das erste«]

Pro|to|typ ⟨der; -s, -en⟩ **1** Urbild, Vorbild, Muster **2** Normalmaß **3** erster Abdruck **4** erste Ausführung eines Flugzeugs, Fahrzeugs od. einer Maschine, die danach in Serie gebaut werden soll; *der ~ eines neuen U-Boots*

Pro|vi|der ⟨[-vaɪdə(r)] der; -s, -⟩ Anbieter (bes. von Onlinediensten) [engl., eigtl. »Ernährer«]

Pro|vinz ⟨[-vɪnts] die; -, -en⟩ **1** Verwaltungsbezirk **2** ⟨fig.⟩ ländliche Gegend im Unterschied zur Stadt; *aus der ~ kommen, stammen* [<lat. *provincia* »Herrschaftsbereich, röm. Gebiet außerhalb Italiens; Gegend, Bereich«]

Pro|vi|si|on ⟨[-vi-] die; -, -en⟩ **1** Vermittlungsgebühr **2** Vergütung durch prozentualen Gewinnanteil; *auf ~ arbeiten* [<ital. *provvigione* »Vorsorge; Vorrat, Erwerb, Vergütung« <lat. *provisio* »Vorausschau, Vorsorge«; zu *providere* »vorhersehen«]

pro|vi|so|risch ⟨[-vi-] Adj.⟩ vorübergehend, vorläufig, behelfsmäßig [<frz. *provisoire* »vorläufig, einstweilen«]

Pro|vi|so|ri|um ⟨[-vi-] das; -s, -ri|en⟩ behelfsmäßige Einrichtung, Übergangslösung; *die Einrichtung des Notlagers ist nur ein ~* [zu *provisorisch,* mit lat. Endung]

Pro|vo|ka|ti|on ⟨[-vo-] die; -, -en⟩ das Provozieren, Provoziertwerden [<lat. *provocatio* »Herausforderung, Aufreizung«]

pro|vo|ka|tiv ⟨[-vo-] Adj.⟩ = provokatorisch

pro|vo|ka|to|risch ⟨[-vo-] Adj.⟩ provozierend, herausfordernd, aufreizend; *Sy* provokativ

pro|vo|zie|ren ⟨[-vo-] V.⟩ **1** *etwas* ~ heraufbeschwören, hervorrufen; *eine Krankheit* ~ **2** *jmdn.* ~ jmdn. verärgern, zur Gegenwehr reizen, erregen, zu (aggressiven) Maßnahmen veranlassen; *Widerstand, Widerspruch* ~ [<lat. *provocare* »heraus-, hervorrufen«; zu *vocare* »rufen«]

> → **Provinz:** Der Laut [vi] wird in lateinischen Fremdwörtern oft ***vi*** geschrieben, z. B. in *Pro**vi**nz*!

Pro|ze|de|re ⟨das; -, -; geh.⟩ Prozedur, Vorgehensweise; *oV* Procedere [→ *Prozedur*]

Pro|ze|dur ⟨die; -, -en⟩ Behandlung, Verfahren [<lat. *procedere* »vorrücken, fortschreiten, vor sich gehen«; zu *cedere* »einhergehen«]

Pro|zent ⟨das; -(e)s, -e od. (bei Zahlenangaben) -; Abk.: p. c.; Zeichen: %⟩ **1** Hundertstel; *es waren höchstens 75 ~ aller Mitglieder anwesend* **2** *~e* nach Prozenten berechneter Gewinnanteil **3** *~e (beim Verkauf einer Ware)* Rabatt, Preisnachlass; *jmdm. beim Autokauf ~e geben* [<*pro cento,* latinisiert <ital. *per cento* »für hundert«]

pro|zen|tu|al ⟨Adj.⟩ in Prozenten (ausgedrückt, gerechnet), im Verhältnis zum Ganzen (betrachtet); *~er Anteil; ~e Stimmverteilung*

Pro|zess ⟨der; -es, -e⟩ **1** Gerichtsverfahren, Rechtsstreit; *einen ~ gegen jmdn. anstrengen, führen* **2** Vorgang, Verlauf; *Entwicklungs~, Fäulnis~; chemischer ~* Vorgang bei der Umwandlung von Stoffen [<lat. *processus* »Fortschreiten, Fortgang, Verlauf«, mlat. »Handlungsweise, Rechtsstreit«; zu lat. *procedere* »vorwärtsschreiten«]

Pro|zes|si|on ⟨die; -, -en⟩ **1** ⟨kath. Kirche⟩ feierlicher Umzug der Geistlichen u. der Gemeinde; *Fronleichnams~; Karfreitags~* **2** ⟨allg.⟩ feierlicher Aufzug, Umzug [<lat. *processio* »feierl. Aufzug«; zu *procedere* »vorwärtsschreiten«]

Pro|zes|sor ⟨der; -s, -so|ren; EDV⟩ Recheneinheit einer Datenverarbeitungsanlage; *Sy* CPU

Prü|de|rie ⟨die; -, -n⟩ prüdes Wesen, Schamhaftigkeit, Ziererei (in sexuellen Dingen) [<frz. *pruderie* »Prüderie, geheuchelte Sittsamkeit«]

pseu|do..., Pseu|do... ⟨vor Vokalen⟩ pseud..., Pseud... ⟨in Zus.⟩ falsch, unecht, vorgetäuscht, schein..., Schein... [<grch. *pseudein* »belügen, täuschen«; zu *pseudos* »Lüge«]

Pseud|o|nym *auch:* **Pseu|do|nym** ⟨das; -s, -e⟩ Deckname (bes. von Schriftstellern) [<*Pseudo...* + grch. *onyma* »Name«]

Psi ⟨das; - od. -s, -s; Zeichen: ψ, Ψ⟩ griech. Buchstabe

Psy|che ⟨die; -, -n⟩ Seele, seelisch-geistiges Leben [grch., »Lebensodem, Lebenskraft, Seele«]

psy|che|de|lisch ⟨Adj.⟩ *~e Droge* bewusstseinserweiternde D.

Psych|i|a|ter *auch:* **Psy|chi|a|ter** ⟨der; -s, -; Med.⟩ Facharzt für Geistes- u. Gemütskrankheiten [<*Psyche* + grch. *iatros* »Arzt«]

Psych|i|a|trie *auch:* **Psy|chi|at|rie** ⟨die; -; unz.; Med.⟩ **1** Lehre von den Geistes- u. Gemütskrankheiten **2** ⟨umg. a.⟩ psychiatrische Klinik; *sie wurde in die ~ eingeliefert*

psych|i|a|trisch *auch:* **psy|chi|at|risch** ⟨Adj.⟩ zur Psychiatrie gehörend, auf ihr beruhend

psy|chisch ⟨Adj.⟩ die Psyche betreffend, zu ihr gehörend, seelisch

psy|cho..., Psy|cho... ⟨vor Vokalen⟩ psych..., Psych... ⟨in Zus.⟩ seelisch, seelen..., Seelen... [<grch. *psyche;* → *Psyche*]

Psy|cho|ana|ly|se ⟨die; -, -n; Psych.⟩ Methode zur Heilung psychischer Krankheiten durch Bewusstmachen der ins Unterbewusstsein verdrängten, unbewältigten Konflikte u. Ängste

Psy|cho|lo|ge ⟨der; -n, -n⟩ **1** Wissenschaftler auf dem Gebiet der Psychologie **2** ⟨umg.⟩ jmd., der Menschen zu beobachten u. entsprechend zu behandeln versteht

P

Psy|cho|lo|gie ⟨die; -; unz.⟩ Wissenschaft von den Motiven u. Gesetzmäßigkeiten des menschlichen Verhaltens [<*Psycho...* + *...logie*]

Psychologie: Die *Psychologie* ist heute eine Natur- und Sozialwissenschaft. Bereits im 6. Jh. v. Chr. beschäftigten sich die griechischen Philosophen (u. a. Aristoteles) mit psychologischen Fragestellungen. Sie fassten die Natur (also auch Pflanzen, Tiere, die unbelebte Materie) als beseelt auf. *Psychologie* war somit eng mit der → *Philosophie* verbunden. Erst im 19. Jahrhundert bildete sich die *Psychologie* als eine eigenständige Wissenschaft heraus. Wilhelm Wundt gründete 1879 ein psychologisches Institut in Leipzig und erhob damit die *Psychologie* in den Rang einer experimentellen (d. h. naturwissenschaftlichen) Disziplin. Sigmund Freud begründete zu Beginn des 20. Jahrhunderts die → *Psychoanalyse* als psychotherapeutisches Verfahren und beschrieb das »Unbewusste« als eine selbstständige Instanz des Seelenlebens.

psy|cho|lo|gisch ⟨Adj.⟩ die Psychologie betreffend, auf ihr beruhend, mit ihrer Hilfe; *ein ~es Gutachten erstellen*

Psy|cho|path ⟨der; -en, -en⟩ seelisch-charakterlich gestörter Mensch

Psy|cho|se ⟨die; -, -n; Med.⟩ seelische Krankheit, die auf einer ererbten od. erworbenen Gehirnschädigung beruht [<grch. *psyche* »Seele«]

Psy|cho|so|ma|tik ⟨die; -; unz.; Med.⟩ Lehre von den Beziehungen zwischen Körper u. Seele [<*Psycho...* + grch. *soma* »Körper«]

Psy|cho|the|ra|peut ⟨der; -en, -en; Psych.; Med.⟩ Arzt, der Kranke mit den Verfahren der Psychotherapie behandelt

psy|cho|the|ra|peu|tisch ⟨Adj.; Psych.; Med.⟩ auf der Psychotherapie beruhend, zu ihr gehörend, mit ihrer Hife

Psy|cho|the|ra|pie ⟨die; -, -n; Psych.; Med.⟩ verschiedene Methoden zur Behandlung psychischer Störungen, z. B. Gesprächstherapie, Psychoanalyse u. Hypnose

Psy|cho|thril|ler ⟨[-θrɪl-] der; -s, -; bes. Film⟩ mit psychologischen Motiven u. Spannungsmomenten arbeitender Thriller

Pub ⟨[pʌb] das od. der; -s, -s⟩ englische Kneipe [engl., Kurzw. für *pub*lic house »öffentliches Haus«]

Pu|ber|tät ⟨die; -; unz.⟩ Zeit des Eintritts der Geschlechtsreife (zwischen dem 11. u. 14. Lebensjahr) [<lat. *pubertas* »Mannbarkeit, Geschlechtsreife«; zu *pubes* »mannbar, erwachsen«]

◆ Die Buchstabenfolge **pu|bl...** kann auch **pub|l...** getrennt werden.

◆ **Pu|bli|ci|ty** ⟨[pʌblɪsɪtɪ] die; -; unz.⟩ Bekanntsein in der Öffentlichkeit, Werbung, die die Bekanntheit einer Person od. Sache sichern od. erhöhen soll [engl., »Öffentlichkeit«]

◆ **Pu|blic Re|la|tions** ⟨[pʌblɪk rɪlɛɪʃənz] Pl.; Abk.: PR⟩ Arbeit mit der Öffentlichkeit, Bemühen um das Vertrauen der Öffentlichkeit (bes. von Wirtschaftsunternehmen u. staatl. Organisationen) [engl., »öffentl. Beziehungen«]

◆ **pu|blik** ⟨Adv.⟩ **1** öffentlich **2** allgemein bekannt [<frz. *public* <lat. *publicus* »öffentlich, staatlich, allgemein«]

◆ **Pu|bli|ka|ti|on** ⟨die; -, -en⟩ **1** Veröffentlichung eines Aufsatzes, Romans, wissenschaftl. Textes u. Ä. in einer Zeitschrift od. einem Buch **2** im Druck erschienene Schrift selbst [<frz. *publication* »Veröffentlichung« <lat. *publicatio;* zu *publicare* »zum Staatseigentum machen, veröffentlichen«]

◆ **Pu|bli|kum** ⟨das; -s; unz.⟩ **1** Allgemeinheit, Öffentlichkeit **2** Gesamtheit der an Literatur, Kunst u. Wissenschaft interessierten Menschen; *ein breites ~ ansprechen* **3** Gesamtheit der Zuhörer, Besucher in einem Saal, einem Theater u. Ä.; *vor einem großen ~ sprechen* [<lat. *publicum (vulgus)* »das gemeine Volk, die Öffentlichkeit«]

◆ **pu|bli|zie|ren** ⟨V.⟩ veröffentlichen, bekanntmachen, bes. im Druck; *eine Denkschrift ~; einen Aufsatz ~* [<lat. *publicare* »zum Staatseigentum machen, veröffentlichen«]

◆ **Pu|bli|zist** ⟨der; -en, -en⟩ **1** Kommunikationswissenschaftler **2** Journalist,

P

Schriftsteller od. Herausgeber, der Inhalte u. Meinungen in Wort u. Bild veröffentlicht

◆ **Pu|bli|zis|tik** ⟨die; -; unz.⟩ Lehre von der zwischenmenschlichen Kommunikation in der Gesellschaft (bes. in ihren öffentlichen Funktionen), Kommunikationswissenschaft [<frz. *publiciste* »Journalist«; zu lat. *publicus* »öffentlich«]

Pud|ding ⟨der; -s, -e od. -s; Kochk.⟩ warme, gestürzte, salzige od. süße Speise, die im Wasserbad gegart wurde [engl., »feine, in einer Form gekochte Mehlspeise; Blutwurst« <lat. *botulus* »Wurst«]

> → **Pyjama:** Der Laut [dʒaː] wird in englischen Fremdwörtern oft *ja* geschrieben, z. B. in *Pyjama*!

Pull|o|ver *auch:* **Pul|lo|ver** ⟨der; -s, -⟩ über den Kopf zu ziehendes, gestricktes Stück der Oberbekleidung [engl., eigtl. »zieh über«]

Pull|un|der *auch:* **Pul|lun|der** ⟨der; -s, -⟩ ärmelloser Pullover, unter dem man eine Bluse od. ein Hemd trägt [<engl. *pull* »ziehen« + *under* »unter«]

pul|mo|nal ⟨Adj.; Med.⟩ die Lunge betreffend, von ihr ausgehend, Lungen… [<lat. *pulmo* »Lunge«]

Pumps ⟨[pœmps] der; -, -; meist Pl.⟩ geschlossener Damenschuh mit hohem od. halbhohem Absatz [engl.; Herkunft unbekannt]

Pun|ching|ball ⟨[pʌntʃɪŋ-] der; -(e)s, -bälle⟩ frei beweglich aufgehängter Ball in Höhe des Kopfes zum Trainieren der Schnelligkeit u. der Treffsicherheit beim Boxen [<engl. *punching ball* »Stoßball«; zu *punch* »mit der Faust schlagen, stoßen« + *ball* »Ball«]

Punk ⟨[pʌŋk]⟩ **1** ⟨der; -s; unz.⟩ Protestbewegung der Jugendlichen in den 1970er u. 1980er Jahren **2** ⟨der; -s, -s⟩ = Punker [<engl.-amerikan. *punk* »Landstreicher, junger Tunichtgut«; weitere Herkunft unsicher]

Pun|ker ⟨[pʌŋ-] der; -s, -⟩ Angehöriger einer von Großbritannien ausgehenden Protestbewegung Jugendlicher, die durch auffälliges Aussehen u. rüdes Benehmen gegen die bürgerliche Gesellschaft u. ihre Werte u. Normen demonstriert; *Sy* Punk (2)

punk|tie|ren ⟨V.⟩ **1** *jmdn.* ~ ⟨Med.⟩ an jmdm. eine Punktion vornehmen **2** *etwas* ~ mit vielen Punkten versehen; *punktierte Linie* durch Punkte angedeutete L. [<mlat. *punctare* »Punkte machen«; zu lat. *pungere* »stechen«]

Punk|ti|on ⟨die; -, -en; Med.⟩ Entnahme von Flüssigkeit od. Gewebe aus dem Körper mit einer Hohlnadel für diagnostische od. therapeutische Zwecke [<lat. *punctio* »das Stechen«; zu *pungere* »stechen«]

punk|tu|ell ⟨Adj.⟩ an, in einzelnen Punkten, einzelne Punkte betreffend; *einen Vortrag ~ kritisieren*

Pu|pil|le ⟨die; -, -n; Anat.⟩ die Öffnung der Regenbogenhaut des Auges, Sehloch [<lat. *pupilla* »Pupille«, Verkleinerungsform zu *pupa* »Mädchen, Puppe« (nach dem Püppchen, als das sich der Betrachter im Auge seines Gegenübers abbildet)]

Pü|ree ⟨das; -s, -s; Kochk.⟩ Brei, Mus; *Erbs~; Kartoffel~* [<frz. *purée* »Brei aus Hülsenfrüchten«; zu *purer* »reinigen«; zu lat. *purus* »rein«]

Pu|rim ⟨das; -s; unz.⟩ jüdisches Fest zur Erinnerung an die Abwendung eines persischen Pogroms gegen die Juden durch Esther [hebr.; zu pers. *pur* »Los«]

Pu|ris|mus ⟨der; -; unz.⟩ (übertriebenes) Streben, die Sprache von Fremdwörtern zu reinigen [<lat. *purus* »rein«]

Pu|ri|ta|ner ⟨der; -s, -⟩ **1** Vertreter, Anhänger des Puritanismus **2** ⟨fig.⟩ sittenstrenger Mensch

pu|ri|ta|nisch ⟨Adj.⟩ **1** zum Puritanismus gehörend, auf ihm beruhend, von ihm ausgehend **2** ⟨fig.⟩ sittenstreng

Pu|ri|ta|nis|mus ⟨der; -; unz.⟩ seit etwa 1560 Bewegung in der engl. protestant. Kirche, um die anglikanische Kirche von katholischen Elementen zu reinigen u. ein sittenstrenges Leben zu verwirklichen [<lat. *purus* »rein«]

pu|schen ⟨V.⟩ antreiben, in Schwung bringen; *den Verkauf einer Ware ~; oV* pushen [<engl. *push* »stoßen, treiben«]

Push ⟨[pʊʃ] der; -(e)s, -es [-ʃɪz]⟩ **1** ⟨umg.⟩

P

(nachdrückliche) Unterstützung eines Produktes od. einer Person durch Werbemaßnahmen usw. **2** ⟨Sport; Golf⟩ Schlag, der den Ball zu weit in die der Schlaghand entgegengesetzte Richtung treibt [<engl. *push* »Stoß«]

pu|shen ⟨[pu̯ʃən] V.; umg.⟩ **1** mit »harten« Drogen handeln **2** = puschen [<engl. *push* »stoßen«]

> **Puzzle:** Was du nicht unter *puss-* findest, kann unter *puzz-* stehen, z. B. *Puzzle*!

Pus̱z|ta ⟨die; -; unz.; Geogr.⟩ ungarische Steppe [<ung. *puszta* »Heide; leer, öde«]

Put|te ⟨die; -, -n⟩ = Putto

Put|to ⟨der; -s, Put|ti od. Put|ten; Kunst⟩ kleiner Engel in Gestalt eines Knaben (mit Flügeln od. ohne Flügel); *oV* Putte [<ital. *putto* »Knäblein« <lat. *putus* »Knabe«]

Puz|zle *auch:* **Puzz|le** ⟨[pʌzl] od. [pu̯zl] das; -s, -s⟩ Geduldsspiel, bei dem viele kleine Teile zu einem Bild zusammengesetzt werden [<engl. *puzzle* »Rätsel, Geduldsspiel«]

PVC ⟨Abk. für⟩ Polyvinylchlorid

Py|ja|ma ⟨[pydʒa:ma] der; -s, -s od. österr. u. schweiz. das; -s, -s⟩ Schlafanzug [engl. <Hindi *paejama* »lose, um die Hüften geknüpfte Hose«]

Pyk|ni|ker ⟨der; -s, -⟩ Mensch mit gedrungenem, zu Fettansatz neigendem Körperbau [<grch. *pyknos* »dicht, fest, stark, groß«]

pyr..., Pyr... ⟨in Zus. vor Vokalen⟩ = pyro..., Pyro...

Py|ra|mi|de ⟨die; -, -n⟩ **1** altägypt. Grabbau **2** Gebilde in Form einer Pyramide; *(Weihnachts~)* **3** geometrischer Körper mit einem Viereck als Basis u. dreieckigen Seitenflächen, die in einer Spitze zusammenlaufen [<grch. *pyramis* <altägypt. *mr* »Pyramide«]

py|ro..., Py|ro... ⟨vor Vokalen⟩ pyr..., Pyr... ⟨in Zus.⟩ durch Feuer, Hitze bewirkt, feuer..., Feuer... [<grch. *pyr* »Feuer«]

Py|ro|ly|se ⟨die; -, -n; Chemie⟩ Zersetzung infolge Einwirkung höherer Temperaturen, z. B. beim Reinigen von Backöfen [<*Pyro...* + *...lyse*]

Py|ro|ma|ne ⟨der; -n, -n; Med.; Psych.⟩ jmd., der an Pyromanie leidet

Py|ro|ma|nie ⟨die; -; unz.; Med.; Psych.⟩ krankhafter Trieb zur Brandstiftung [<*Pyro...* + *Manie*]

Py|ro|tech|nik ⟨die; -; unz.⟩ Herstellung u. Anwendung von Explosivstoffen, Feuerwerkerei

Pyr|rhus|sieg *auch:* **Pyr|rhus-Sieg** ⟨der; -(e)s, -e; fig.⟩ mit zu großen Opfern erkaufter Sieg [nach dem Sieg des Königs *Pyrrhus* von Epirus über die Römer bei Ausculum 279 v. Chr.]

py|tha|go|rä|isch ⟨Adj.⟩ = pythagoreisch

py|tha|go|re|isch ⟨Adj.⟩ von dem griechischen Mathematiker Pythagoras stammend, zu seiner Lehre gehörig; *oV* pythagoräisch; *~er Lehrsatz* angeblich von Pythagoras entdeckter, in Wirklichkeit bereits allen Kulturen des Altertums bekannter, Lehrsatz über die Seitenverhältnisse in rechtwinkligen Dreiecken, nach dem die Summe der Fläche der Quadrate über den beiden Katheten a u. b gleich der Fläche des Quadrates über der Hypotenuse c ist: $a^2 + b^2 = c^2$

Py|thia ⟨die; -, Py|thi|en; fig.; umg.⟩ angebliche Weissagerin, geheimnisvolle Andeutungen machende Frau [nach der grch. Priesterin *Pythia* in *Pytho*, heute Delphi]

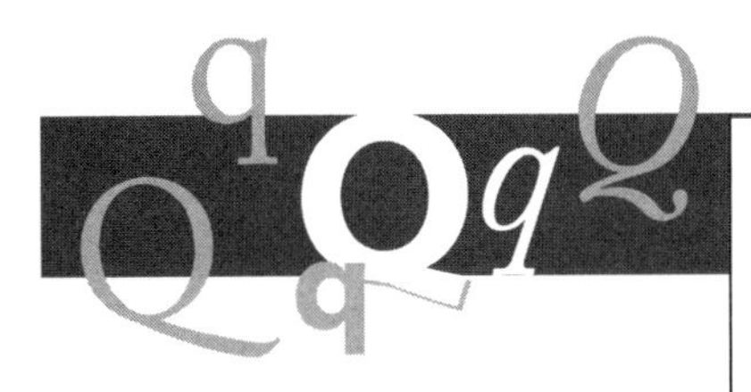

Qi|gong ⟨[tʃiguŋ] das; - od. -s; unz.⟩ aus China stammende (Selbst-)Heilmethode, bei der Erkrankungen von Herz, Kreislauf od. Nervensystem über die Atmung, Bewegung u. Vorstellungskraft behandelt werden [nach dem philos. chines. Begriff *Qi* »Dunst, Äther, Stoff«]

qua als, in der Eigenschaft als ...; ~ *Mediziner (muss ich sagen ...)* [lat.]

◆ Die Buchstabenfolge **qua|dr...** kann auch **quad|r...** getrennt werden.

◆**Qua|drant** ⟨der; -en, -en⟩ **1** Viertelkreis **2** in einem Koordinatensystem die zwischen zwei Achsen liegenden Flächen [<lat. *quadrans* »der vierte Teil«, Part. Präs. zu *quadrare* »viereckig machen«; zu *quadrus* »viereckig«]

◆**Qua|drat** ⟨das; -(e)s, -e⟩ **1** Viereck mit vier gleichen Seiten u. vier rechten Winkeln **2** ⟨Math.⟩ die 2. Potenz; *eine Zahl ins ~ erheben* [<lat. *quadratum* »Viereck«; → *Quadrant*]

◆**qua|dra|tisch** ⟨Adj.⟩ **1** in der Form eines Quadrats **2** ⟨Math.⟩ in der zweiten Potenz **3** *~e Gleichung* algebraische Gleichung zweiten Grades nach der Formel $ax^2 + bx + c = 0$

◆**Qua|drat|me|ter** ⟨der od. das; -s, -; Zeichen: m^2⟩ Maßeinheit, Fläche eines Quadrates, dessen Seiten je 1 Meter lang sind

◆**Qua|dra|tur** ⟨die; -, -en⟩ **1** Bestimmung einer von einer krummen Linie begrenzten ebenen Fläche durch Berechnung des Integrals **2** *~ des Kreises* ⟨fig.⟩ unlösbare Aufgabe (da ein Kreis mit geometrischen Mitteln nicht in ein Quadrat verwandelt werden kann) [<lat. *quadrare* »viereckig machen«; → *quadrieren*]

◆**Qua|drat|wur|zel** ⟨die; -, -n; Math.⟩ die Zahl b, deren 2. Potenz gleich a ist, $a = \sqrt{b}$

◆**Qua|drat|zahl** ⟨die; -, -en; Math.⟩ die 2. Potenz einer Zahl, *z. B.* $4\ (=2^2)$, $49\ (=7^2)$, $81\ (=9^2)$

◆**qua|dri..., Qua|dri...** ⟨in Zus.⟩ vier..., Vier... [<lat. *quattuor* »vier«]

◆**qua|drie|ren** ⟨V.⟩ *eine Zahl ~* ins Quadrat erheben, mit sich selbst multiplizieren [<lat. *quadrare* »viereckig machen«; zu *quattuor* »vier«]

◆**Qua|dri|ga** ⟨die; -, -dri|gen⟩ **1** antikes zweirädriges Viergespann **2** ⟨fig.; bes. Pol.⟩ Gruppe von vier Personen (als Führungsgremium); →*a.* Troika (3) [<lat. *quattuor* »vier« + *iugum* »Joch«]

◆**Qua|dril|le** ⟨[-drıljə] od. [kadrıljə] od. österr. [kadrıl] die; -, -n⟩ **1** Tanz mit vier Tänzern od. vier Paaren, die sich im Karree gegenüberstehen **2** ⟨Reitsp.⟩ zu Musik gerittene (festliche) Dressurvorstellung von mindestens vier Reitern [<frz. *quadrille* <span. *cuadrilla* »Gruppe von vier Reitern, Quadrille«; zu lat. *cuadrus* »viereckig«]

◆**qua|dro|fon** ⟨Adj.⟩ = quadrophon

◆**Qua|dro|fo|nie** ⟨die; -; unz.⟩ = Quadrophonie

◆**qua|dro|fo|nisch** ⟨Adj.⟩ = quadrophonisch

◆**qua|dro|phon** ⟨Adj.⟩ auf Quadrophonie beruhend, zu ihr gehörend; *oV* quadrofon; *Sy* quadrophonisch

◆**Qua|dro|pho|nie** ⟨die; -; unz.⟩ Stereophonie über vier Kanäle u. vier Lautsprecher (vorn links u. rechts, hinten links u. rechts); *oV* Quadrofonie [<lat. *quadro, quattuor* »vier« + *phone* »Stimme«]

◆**qua|dro|pho|nisch** ⟨Adj.⟩ = quadrophon; *oV* quadrofonisch

Qua|li|fi|ka|ti|on ⟨die; -, -en⟩ **1** das Qualifizieren, Ausbildung **2** Fähigkeit, Eignung, Befähigung; *ihr fehlt leider absolut die ~ für diese Aufgabe* **3** Befähigungsnachweis [<frz. *qualification* »Eignung, Befähigung« <mlat. *qualificatio* <lat. *qualis* »wie beschaffen« + *facere* »machen«]

qua|li|fi|zie|ren ⟨V.⟩ **1** *jmdn. ~* befähigen, fähig machen, ausbilden **2** *sich ~* sich ausbilden, sich als geeignet erweisen [<mlat. *qualificare* »bezeichnen, kennzeichnen, befähigen« <lat. *qualis* »wie beschaffen« + *facere* »machen«]

Qua|li|tät ⟨die; -, -en⟩ *Ggs* Quantität **1** Art, Beschaffenheit **2** Eigenschaft, Fähigkeit; *er hat besondere ~en* **3** Sorte, Güte, Brauchbarkeit; *ausgezeichnete, beste ~* [<lat. *qualitas* »Beschaffenheit, Verhältnis, Eigenschaft«]

qua|li|ta|tiv ⟨Adj.⟩ die Qualität betreffend, der Güte, dem Werte nach [<mlat. *qualitativus* »der Beschaffenheit, dem Wert nach«; zu lat. *qualis* »wie beschaffen«]

Quant ⟨das; -s, -en⟩ **1** kleinste Einheit nicht teilbarer physikalischer Größen **2** Elementarteilchen [<lat. *quantum,* Neutr. zu *quantus* »wie groß, wie viel«]

Quan|ten|the|o|rie ⟨die; -; unz.; Physik⟩ Theorie, nach der die Energie der Strahlung nicht gleichmäßig, sondern sprunghaft in Portionen entsteht

quan|ti|fi|zie|ren ⟨V.⟩ mathematisch beschreibbar machen, in Zahlenwerten ausdrücken; *Eigenschaften ~* [<lat. *quantus* »wie groß, wie viel« + *facere* »machen«]

Quan|ti|tät ⟨die; -, -en⟩ →*a.* Qualität **1** Menge, Masse, Größe; *die Qualität entspricht nicht der ~* **2** Anzahl [<lat. *quantitas* »Größe, Menge, Zahl, Umfang«; zu *quantus* »wie groß, wie viel«]

quan|ti|ta|tiv ⟨Adj.⟩ hinsichtlich der Quantität, der Menge, Größe, Anzahl, dem Umfang nach; *~e Analyse* Gewichtsanalyse

Quan|tum ⟨das; -s, Quan|ten⟩ bestimmte Menge, Anzahl; *ein großes, kleines ~* [lat., Neutr. zu *quantus* »wie groß, wie viel«]

Qua|ran|tä|ne ⟨[karã-] od. [karan-] die; -, -n⟩ (ursprüngl. 40-tägige) Isolierung (von Personen od. Tieren) als Schutzmaßnahme gegen das Einschleppen epidemischer Krankheiten [<frz. *quarantaine* »Zeitraum von 40 Tagen«; zu *quarante* »vierzig«]

Quark ⟨[kwɔːk] das; -s, -s; Math.⟩ als kleinster unteilbarer Baustein der Materie angesehenes Elementarteilchen [Fantasiename nach einem von James Joyce in »Finnegans Wake« geprägten Wort]

Quart ⟨das; -s, -e od. (bei Zahlenangaben) -⟩ Buchformat von der Größe eines Viertelbogens [<lat. *quartus* »der vierte«; zu *quattuor* »vier«]

Quar|ta ⟨die; -, Quar|ten; veraltet⟩ dritte (ursprünglich als viertletzte bezeichnete) Klasse der höheren Schule [lat., Fem. zu *quartus* »der vierte«; zu *quattuor* »vier«]

Quarta: Die Klassen des Gymnasiums trugen früher die 1882 in Preußen eingeführten Bezeichnungen *Sexta* (5. Klasse), *Quinta* (6. Klasse), *Quarta* (7. Klasse), *Untertertia* (8. Klasse), *Obertertia* (9. Klasse), *Untersekunda* (10. Klasse), *Obersekunda* (11. Klasse), *Unterprima* (12. Klasse) und *Oberprima* (13. Klasse). Heute gelten für alle Schularten einheitliche Bezeichnungen mit deutschen Zahlen (z. B. 8. Klasse, Jahrgangsstufe 12 usw.).

Quar|tal ⟨das; -s, -e⟩ Vierteljahr; *erstes, zweites ~; zum ~ kündigen* zum Ende des Vierteljahres [<mlat. *quartale (anni)* »Viertel (eines Jahres)«]

Quar|ta|ner ⟨der; -s, -⟩ Schüler der Quarta (7. Klasse)

Quar|tär ⟨das; -s; unz.; Geol.⟩ jüngste Formation der Erdneuzeit, begann vor 2 Millionen Jahren [→ *Quart* (die vierte Stufe der Erdgeschichte nach alter Zählung)]

Quar|te ⟨die; -, -n; Musik⟩ **1** vierte Stufe der diatonischen Tonleiter **2** Intervall von vier Stufen [<lat. *quarta,* Fem. zu *quartus* »der vierte«]

Quar|tett ⟨das; -(e)s, -e⟩ **1** ⟨Musik⟩ **1.1** Musikstück für vier Stimmen *(Vokal~)* oder Instrumente *(Bläser~; Streich~)* **1.2** Gruppe von vier Sängern od. Instrumentalisten **2** Kartenspiel, bes. für Kinder, bei dem vier zusammengehörige Karten abgelegt werden müssen **3** ⟨Verslehre⟩ vierzeilige Strophe eines Sonetts [<ital. *quartetto* <lat. *quattuor* »vier«]

Quar|tier ⟨das; -s, -e⟩ **1** Unterkunft; *Ferien~; Nacht~; Übergangs~* **2** Unterkunft von Truppen außerhalb einer Kaserne; *~e beziehen, nehmen* **3** ⟨schweiz.; österr.⟩ Stadtviertel [<mhd. *quartier* <frz. *quartier* <lat. *quartarius* »Viertel«; zu *quattuor* »vier«]

Qua|sar ⟨der; -s, -e; Astron.⟩ sternähnliches Objekt mit intensiver Radio-

strahlung [verkürzt <*quasistellare Radioquelle*]
qua|si ⟨Adv.⟩ gewissermaßen, gleichsam [lat., »gleichsam«]
Quat|tro|cen|to *auch:* **Quatt|ro|cen|to** ⟨[-tʃɛn-] das; -s; unz.; Kunst⟩ die italienische Kunst im 15. Jh., frühe Renaissance [ital., »vierhundert (Jahre nach 1000 n. Chr.)«]
Que|re|le ⟨die; -, -n⟩ Klage, Streit [<lat. *querela* »Klage, Beschwerde«; zu *queri* »klagen«]
Que|ru|lant ⟨der; -en, -en; abwertend⟩ jmd., der ständig etwas auszusetzen u. zu kritisieren hat, der ein eingebildetes Recht hartnäckig verteidigt, Nörgler, Quengler [zu lat. *querulus* »klagend«; zu *queri* »klagen«]
Queue[1] ⟨[kø:] das; -s, -s⟩ Billardstock [frz., »Schwanz, Stiel, Schlange (von Menschen), Billardstock«]
Queue[2] ⟨[kju:] die; -, -s; EDV⟩ Speicherstruktur, die Daten nach dem zeitlichen Prioritätsprinzip (Warteschlange) aufnimmt u. abgibt [engl.]
Quiche ⟨[kɪʃ] die; -, -s; Kochk.⟩ herzhafte Torte aus Mürbe- oder Blätterteig; ~ *Lorraine* [lɔrɛ:n] lothringische Torte mit einer Auflage aus Speck, Käse, Eiern u. Milch [frz.]
Quilt ⟨[kvɪlt] der; -s, -s⟩ in Nordamerika hergestellte Steppdeckenart [engl.]
Quint ⟨die; -, -en⟩ = Quinte [zu lat. *quintus* »der fünfte«]
Quin|ta ⟨die; -, Quin|ten; veraltet⟩ zweite Klasse der höheren Schule (6. Klasse); →*a.* Quarta [lat. Fem. zu *quintus* »der fünfte«; zu *quinque* »fünf«]
Quin|ta|ner ⟨der; -s, -⟩ Schüler der Quinta
Quin|te ⟨die; -, -n; Musik⟩ *Sy* Quint 1 fünfter Ton der diatonischen Tonleiter 2 Intervall von fünf Stufen [<lat. *quinta,* Fem. zu *quintus* »der fünfte«; zu *quinque* »fünf«]
Quin|ten|zir|kel ⟨der; -s, -; Musik⟩ kreisförmige Aufzeichnung sämtlicher Tonarten jeweils in Quinten fortschreitend, nach links die b-, nach rechts die Kreuz-Tonarten
Quint|es|senz ⟨die; -, -en⟩ Wesen, Kern (einer Sache) [<mlat. *quinta essentia* »das fünfte Seiende«]
Quin|tett ⟨das; -(e)s, -e; Musik⟩ 1 Musikstück für fünf Singstimmen od. fünf Instrumente 2 Gruppe von fünf Sängern od. Instrumentalisten [<ital. *quintetto;* zu *quinto* »der fünfte« <lat. *quintus*]
Quis|qui|li|en ⟨Pl.⟩ Kleinigkeiten, Nichtigkeiten, Abfall [<lat. *quisquiliae* »Abfall, Ausschuss«]
quitt ⟨Adj.⟩ frei von allen Verbindlichkeiten, ausgeglichen, fertig, wett; *nun sind wir* ~ [<afrz. *quite* »los, ledig, frei« <lat. *quietus* »ruhig«]
quit|tie|ren ⟨V.⟩ 1 *einen Betrag* ~ den Empfang eines B. bescheinigen 2 *den Dienst* ~ den D. aufgeben, das Amt niederlegen 3 *eine Rechnung* ~ den Empfang des Betrages auf der R. bescheinigen 4 ⟨fig.⟩ *eine Bemerkung mit einem Lächeln* ~ ⟨umg.⟩ mit einem L. beantworten [<frz. *quitter* »frei machen, verlassen« <afrz. *quite;* → *quitt*]
Quit|tung ⟨die; -, -en⟩ 1 Empfangsbescheinigung 2 ⟨fig.⟩ Antwort, bes. Strafe; *die schlechte Note ist die* ~ *für seine Faulheit*
Qui|vive ⟨[kivi:f] das; -s, -s⟩ Ruf des französischen Postens, »Wer da?«; *auf dem* ~ *sein* ⟨fig.; umg.⟩ aufpassen, auf der Hut sein [<frz. *qui vive?* »wer lebt?«]
Quiz ⟨[kvɪs] das; -, -⟩ unterhaltsames Frage- u. Antwort-Spiel [engl., »Scherz, Neckerei, Prüfung«]
Quiz|mas|ter ⟨[kvɪs-] der; -s, -⟩ Leiter eines Quiz, bes. bei einer Spielshow im Fernsehen [<*Quiz* + engl. *master* »Herr, Meister«]
quod erat de|mons|tran|dum *auch:* **quod erat de|monst|ran|dum** ⟨Abk.: q. e. d.⟩ was zu beweisen war [lat., auf Euklid zurückgehender Schlusssatz eines mathem. Beweises]
Quo|ta|ti|on ⟨die; -, -en⟩ Notierung des Kurses (an der Börse), Berechnung eines Anteils [→ *Quote*]
Quo|te ⟨die; -, -n⟩ 1 Teilbetrag, errechneter Anteil einer Gesamtsumme; *Arbeitslosen* ~; *Studienabbrecher* ~ 2 Zahl der Beteiligten [<mlat. *quota (pars)* »der wievielte (Teil)?«]
Quo|ti|ent ⟨der; -en, -en; Math.⟩ 1 Ergebnis einer Division 2 Verhältnis von Dividend u. Divisor [<lat. *quotiens?* »wie oft?«; zu *quot?* »wie viele?«]

Q

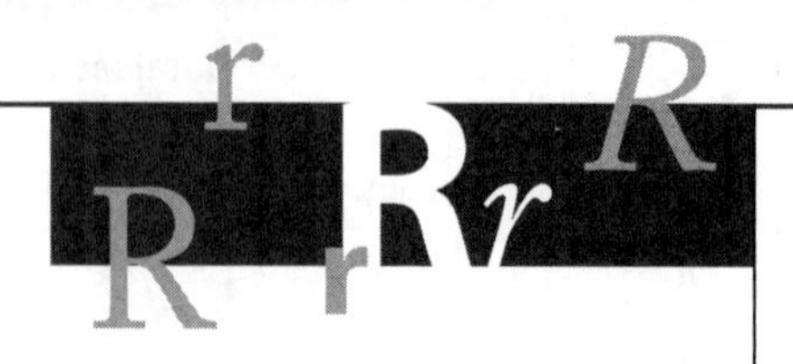

Rab|bi ⟨der; - od. -s, -s od. Rab|bi|nen; Ehrentitel für⟩ jüd. Schriftgelehrter [<grch. *rhabbi* <hebr. *rabbi,* Anredeform zu *rabb* »Herr, Lehrer«]
Rab|bi|ner ⟨der; -s, -⟩ Seelsorger u. Leiter einer jüdischen Gemeinde [<mlat. *rabbinus* <hebr. *rabbuni;* zu *rabb;* → *Rabbi*]
ra|bi|at ⟨Adj.; umg.⟩ **1** sehr wütend, aufgebracht **2** grob, rüde, gewaltsam [<lat. *rabies* »Wut, Tollheit«]
Ra|chi|tis ⟨[-xiː-] die; -, -ti|den; Med.⟩ Stoffwechselkrankheit, die auf Vitamin-D-Mangel beruht u. zur Erweichung der Knochen führt [<grch. *rhachis* »Rücken, Rückgrat, Wirbelsäule«]
Ra|dar ⟨der od. das; -s; unz.⟩ Verfahren zur Messung u. Darstellung von meist bewegten Objekten durch Kurzwellen, die von Flugzeugen, Schiffen u. Ä. reflektiert u. auf einem Bildschirm sichtbar gemacht werden [engl., verkürzt <*radio detecting and ranging (durch Funk finden u. die Entfernung messen)*]
ra|di|al ⟨Adj.⟩ **1** in Richtung des Radius **2** strahlenförmig; *eine ~ angelegte Straße* [<lat. *radius* »Strahl«]
Ra|di|ant ⟨der; -en, -en⟩ Winkel, zu dem das Bogenmaß = 1 ist [<lat. *radians,* Part Präs. zu *radiare* »strahlen«]
Ra|di|a|ti|on ⟨die; -, -en⟩ **1** Strahlung **2** Ausstrahlung [<lat. *radiatio* »das Strahlen, Glanz«; zu *radius* »Strahl«]
Ra|di|a|tor ⟨der; -s, -to|ren⟩ Heizkörper, der die Luft durch Strahlung erwärmt [zu lat. *radiare* »strahlen«]
Ra|di|en ⟨Pl. von⟩ Radius
ra|di|kal ⟨Adj.⟩ **1** bis auf die Wurzel, bis zum Äußersten (gehend) **2** von Grund auf; *eine Sache ~ ändern* **3** gründlich; *sie haben alles ~ aufgegessen* **4** politisch extrem; *~e Ansichten vertreten* [<frz. *radical* <lat. *radicalis* »an die Wurzel gehend, von Grund auf, gründlich«; zu *radix* »Wurzel«]
Ra|di|kal ⟨das; -s, -e⟩ **1** das zur Bezeichnung des Wurzelziehens verwendete Zeichen $\sqrt{x}$ **2** Resultat des Wurzelziehens **3** Gruppe von verbundenen Atomen mit einer ungesättigten Elektronenschale, die nur kurz beständig ist u. viele chemische Reaktionen auslösen kann
Ra|di|ka|lis|mus ⟨der; -; unz.⟩ radikales Denken, extreme Anschauungen
Ra|di|kand ⟨der; -en, -en; Math.⟩ Zahl, aus der die Wurzel gezogen werden soll [<lat. *radicandus (numerus)* »die zu radizierende (Zahl)«]
Ra|dio ⟨das; -s, -s, schweiz. a. (bes. für das Gerät) der; -s, -s⟩ **1** Rundfunkgerät **2** Rundfunk [engl. (amerikan.), verkürzt <*radiotelegraphy;* zu lat. *radius* »Strahl«]
ra|dio..., Ra|dio... ⟨in Zus.⟩ **1** rundfunk..., Rundfunk... **2** strahl(en)..., Strahl(en)... [<lat. *radius* »Strahl«]
ra|dio|ak|tiv ⟨Adj.⟩ **1** Strahlen, Elementarteilchen aussendend; *~e chemische Elemente* **2** von Kernwaffen herrührend; *~er Niederschlag; ~e Verseuchung* [<*radio... + aktiv*]
Ra|dio|ak|ti|vi|tät ⟨[-vi-] die; -; unz.; Physik; Chemie⟩ Aussendung von radioaktiven Strahlen
Ra|dio|lo|gie ⟨die; -; unz.; Med.⟩ Lehre von den Strahlen, bes. den Röntgen- u. radioaktiven Strahlen u. ihrer diagnostischen u. therapeutischen Anwendung [<*Radio... + ...logie*]
Ra|di|um ⟨das; -s; unz.; chem. Zeichen: Ra⟩ radioaktives chem. Element, Ordnungzahl 88 [<lat. *radius* »Strahl«]
Ra|di|us ⟨der; -, Ra|di|en⟩ **1** ⟨Math.; Zeichen: r, R⟩ Halbmesser eines Kreises od. einer Kugel **2** ⟨Anat.⟩ Speiche [lat., »Stab, Speiche, Strahl«]
ra|di|zie|ren ⟨V.; Math.⟩ *eine Zahl ~* eine Wurzel aus einer Zahl ziehen [<lat. *radicari* »wurzeln, auf seinen Ursprung zurückführen, die Wurzel einer Zahl suchen«; zu *radix* »Wurzel«]
Ra|don ⟨a. [-'-] das; -s; unz.; chem. Zeichen: Rn⟩ chem. Element, radioaktives Edelgas, Ordnungszahl 86 [<lat. *radius* »Strahl«]
Raf|fi|na|de ⟨die; -, -n⟩ reinster, durch Filtern u. Bleichen gereinigter Zucker [frz., »fein gemahlener, gereinigter Zucker«]

Raf|fi|ne|rie ⟨die; -, -n⟩ Fabrikanlage zur Reinigung von Zucker u. Erdöl; *Zucker~; Erdöl~* [→ *Raffinade*]
Raf|fi|nes|se ⟨die; -, -n; umg.⟩ *mit allen ~n* mit allem praktischen u. bequemen Zubehör, mit allen Feinheiten [→ *raffiniert;* beeinflusst von *Finesse*]
raf|fi|niert ⟨Adj.⟩ **1** schlau, durchtrieben; *er ist ~* **2** ausgeklügelt, fein ausgedacht; *~er Plan*
Raf|ting ⟨das; - od. -s; unz.; Sport⟩ Wildwasserfahren (als Sportart) [<engl. *raft* »Floß«]

→ **Rugby:** Was du nicht unter *rag-* findest, kann unter *rug-* stehen, z. B. *Rugby*!

Ra|ge ⟨[-ʒə] die; -; unz.; umg.⟩ Wut, Raserei; *jmdn. in ~ bringen* [frz.]
Ra|gout ⟨[-guː] das; -s, -s; Kochk.⟩ Gericht aus fein geschnittenem Fleisch in einer hellen Soße [<frz. *ragoût* »Ragout«]
Rag|time ⟨[rægtaɪm] der; - od. -s; unz.; seit 1850/1860; Musik⟩ stark synkopierte Frühform des Jazz, bes. für Klavier [engl., eigtl. »zerrissener Takt«]
Ral|ly ⟨[rælɪ] od. [ralɪ] das od. die; -, -s⟩ = Rallye
Ral|lye ⟨[rælɪ] od. [ralɪ] das od. die; -, -s⟩ sportliche Wettfahrt mit verschiedenen Etappen auf ein Ziel zu; *oV* Rally [frz. <engl. *rally* »Zusammenkunft, Treffen«]
RAM ⟨Abk. für engl.⟩ Random Access Memory, Direktzugriffsspeicher für EDV-Anlagen

Ramadan: Der *Ramadan* ist der vom → *Koran* vorgeschriebene Fastenmonat des Islams im 9. Monat des islamischen Mondjahres. Während des *Ramadans* ist es den Gläubigen nicht gestattet, in der Zeit zwischen Sonnenaufgang und -untergang zu essen, zu trinken und zu rauchen. In der Nacht muss jedoch nicht gefastet werden.

Ra|ma|dan ⟨der; - od. -s; unz.⟩ 30-tägige Fastenzeit der Muslime [arab., eigtl. »der heiße Monat«; zu *ramida* »sehr heiß sein«]
Ram|bo ⟨der; -s, -s; umg.⟩ angriffslustiger Kämpfer, gewaltbereiter Kraftmensch [nach dem Held des gleichnamigen amerikan. Spielfilms]
Ranch ⟨[raːntʃ] od. [ræntʃ] die; -, -s od. -es [-ʃɪz]⟩ landwirtschaftlicher Betrieb mit Viehzucht, Farm (bes. im nordamerikanischen Westen) [engl. (amerikan.) <span. *rancho* »Verpflegung; Farm, Ranch«]
Ran|ger ⟨[reɪndʒə(r)] der; -s, -⟩ **1** ⟨in England⟩ Aufseher eines königlichen Forstes **2** ⟨in den USA⟩ Angehöriger einer berittenen Schutztruppe [<engl. *range* »Gebiet, Bereich, Weidegebiet«]
ran|gie|ren ⟨[rãʒiː-] od. [raŋʒiː-] V.⟩ **1** einen bestimmten Rang einnehmen; *er rangiert auf Platz 3* **2** *Eisenbahnwagen ~* verschieben **3** ⟨umg.⟩ ordnen, (an eine bestimmte Stelle) bringen, setzen [<frz. *ranger* »ordnen, anordnen«]
Ran|king ⟨[ræŋkɪŋ] das; - od. -s, -s; Wirtsch.⟩ Bewertung, Rangliste [engl.]

→ **rangieren:** Der Laut [ʒiː] wird in französischen Fremdwörtern oft *gie* geschrieben, z. B. in *rangieren*!

Rap ⟨[ræp] der; -s; unz.; Musik⟩ mechanischer Sprechgesang, der dem Rhythmus sich wiederholender Bass- u. Schlagzeugfiguren angepasst ist [engl.]
ra|pid ⟨Adj.⟩ = rapide
ra|pi|de ⟨Adj.⟩ sehr schnell, blitzartig, schlagartig; *oV* rapid; *eine ~e Ausbreitung der Seuche* [<frz. *rapide*]
Rap|port ⟨der; -(e)s, -e⟩ **1** Bericht, Meldung **2** sich regelmäßig wiederholendes Muster (auf Geweben, Teppichen usw.) [frz., »Bericht«]

→ **Rhapsodie:** Was du nicht unter *ra-* findest, kann unter *rha-* stehen, z. B. *Rhapsodie*!

Ra|ri|tät ⟨die; -, -en⟩ **1** Seltenheit **2** selten vorkommender, (u. daher) kostbarer Gegenstand; *diese Teppiche sind eine ~* [<lat. *raritas* »Seltenheit«; zu *rarus* »selten«]
ra|sant ⟨Adj.⟩ **1** flach verlaufend; *~e Flugbahn eines Geschosses* **2** ⟨fig.; umg.⟩ rasend, schnell; *eine ~e Karriere* [frz.,

R

»den Erdboden streifend, flach, niedrig«; zu *raser* »über etwas hinstreichen, rasieren«]

ra|sie|ren ⟨V.⟩ *jmdn. od. sich* ~ jmdm. od. sich mit dem Rasierapparat od. -messer unmittelbar an der Haut die Haare abschneiden, den Bart stutzen od. entfernen; *sich nass, trocken* ~ [<frz. *raser* »rasieren«]

Rä|son ⟨[-zɔ̃:] od. [-zɔŋ] die; -; unz.⟩ Vernunft, Einsicht, Zucht; ⟨nur noch in der Wendung⟩ *jmdn. zur* ~ *bringen* [<frz. *raison* »Vernunft, Verstand«]

Ra|sur ⟨die; -, -en⟩ **1** das Rasieren; *Nass~; Trocken~* **2** das Abschaben von Geschriebenem mit Hilfe eines Radiergummis od. -messers [<lat. *rasura* »das Schaben, Kratzen, Abrasieren«; zu *radere* »schaben, kratzen«]

Ra|ti|fi|ka|ti|on ⟨die; -, -en⟩ das Ratifizieren, Bestätigung, Genehmigung (bes. von Staatsverträgen durch das Parlament) [<mlat. *ratificatio* »Bestätigung, Genehmigung«; zu lat. *ratus* »berechnet, gültig« + *facere* »machen«]

ra|ti|fi|zie|ren ⟨V.⟩ bestätigen (bes. von Staatsverträgen durch das Parlament) [<mlat. *ratificare* »bestätigen, genehmigen«; → *Ratifikation*]

Ra|tio ⟨die; -; unz.⟩ **1** Vernunft, logisches Denkvermögen **2** Grund [lat., »Berechnung, Vernunft, Beweisführung«]

Ra|ti|on ⟨die; -, -en⟩ zugeteiltes Maß, täglicher Bedarf [frz., »Zuteilung« <mlat. *ratio* »berechneter Anteil« <lat. *ratio;* → *Ratio*]

ra|ti|o|nal ⟨Adj.⟩ *Ggs* irrational **1** vernünftig **2** begrifflich (fassbar); *~es Denken* [<lat. *rationalis* »vernünftig«; zu *ratio* »Vernunft«]

ra|ti|o|na|li|sie|ren ⟨V.⟩ wirtschaftlich u. effektiv gestalten; *Arbeitsvorgänge* ~

Ra|ti|o|na|lis|mus ⟨der; -; unz.; Philos.⟩ **1** Auffassung, dass die Welt vernünftig, d. h. logisch berechenbar sei **2** Auffassung, die das abstrakte begriffliche Denken als Hauptquelle der Erkenntnis ansieht; *Ggs* Empirismus **3** rein vernunftbestimmtes Denken

Ra|ti|o|na|li|tät ⟨die; -; unz.⟩ rationale Beschaffenheit, rationale Denkweise, Vernunftmäßigkeit; *Ggs* Irrationalität

ra|ti|o|nell ⟨Adj.⟩ zweckmäßig, wirtschaftlich, sparsam, haushälterisch [<frz. *rationnel* »rational, vernunftgemäß«; zu lat. *ratio* »Vernunft«]

ra|ti|o|nie|ren ⟨V.⟩ planmäßig einteilen; *die Lebensmittelvorräte* ~ [<frz. *rationner* »rationieren, auf Rationen setzen«]

Rat|tan ⟨das; -s; unz.⟩ = Peddigrohr [<engl. *rat(t)an* <mal. *rotan*]

> → **Rowdy:** Was du nicht unter ***rau-*** findest, kann unter ***row-*** stehen, z. B. *Rowdy*!

Rave ⟨[rɛɪv] der od. das; -s, -s; Musik⟩ **1** ⟨unz.⟩ Musikstil mit schnellen Schlagzeugrhythmen u. Synthesizerklängen **2** große Tanzparty (bes. mit Technomusik) [<engl. *rave* »toben; begeistert, enthusiastisch, außer Kontrolle sein«]

Ra|vi|o|li ⟨[-vio:-] Pl.; Kochk.⟩ mit Fleisch gefüllte kleine Vierecke aus Nudelteig [ital.]

Raz|zia ⟨die; -, Raz|zi|en⟩ überraschende polizeiliche Durchsuchung nach verdächtigen Personen [frz., »Beutezug, Strafexpedition, Razzia« <arab. *ghazija* »Kriegszug eines Stammes gegen einen anderen«]

Re ⟨das; -s, -s; Kart.⟩ Erwiderung auf Kontra [→ *re...*]

re..., Re... ⟨Vorsilbe⟩ zurück, wieder, noch einmal [lat.]

Re|a|gens ⟨das; -, -gen|zi|en; Chemie⟩ = Reagenz

Re|a|genz ⟨das; -, -zi|en; Chemie⟩ Stoff, der mit einem anderen eine bestimmte Reaktion herbeiführt u. ihn so identifiziert; *oV* Reagens [→ *reagieren*]

re|a|gie|ren ⟨V.⟩ **1** eine Gegenwirkung zeigen; *schnell, langsam, sofort ~; auf einen Vorwurf heftig* ~ **2** ⟨Chemie⟩ *Chemikalien ~ miteinander* erfahren beim Zusammentreffen eine chemische Umwandlung; *sauer, basisch* ~ die Eigenschaften einer Säure, Base zeigen [<lat. *re...* + *agieren* (<lat. *agere* »treiben, tun, handeln«)]

Re|ak|ti|on ⟨die; -, -en⟩ **1** Gegenwirkung, Rückwirkung; *sie zeigte keine* ~ **2** ⟨Physik; Chemie⟩ Vorgang, der eine stoffliche Umwandlung zur Folge hat; *chemische ~; Kern~* **3** das Streben, alte, nicht mehr zeitgemäße Einrichtungen, bes. auf politischem Gebiet, zu erhalten u. Reformen zu verhindern [<*Re...* + *Aktion*]

re|ak|ti|o|när ⟨Adj.⟩ rückschrittlich, fortschrittsfeindlich

Re|ak|ti|o|när ⟨der; -s, -e; Politik⟩ jmd., der den (polit. od. sozialen) Rückschritt anstrebt [<frz. *réactionnaire* »fortschrittsfeindlich; Reaktionär«]

re|ak|ti|vie|ren ⟨[-viː-] V.⟩ **1** wieder in Tätigkeit setzen **2** wieder chemisch wirksam machen

Re|ak|tor ⟨der; -s, -toren⟩ **1** Gefäß od. Behälter, in dem chemische Umsetzungen durchgeführt werden **2** ⟨kurz für⟩ Kernreaktor [→ *Reaktion*]

re|al ⟨Adj.⟩ *Ggs* irreal **1** sachlich, dinglich, stofflich **2** der Realität entsprechend, tatsächlich, wirklich; ~ *denken* [<mlat. *realis* »sachlich, wesentlich«; zu lat. *res* »Sache, Ding«]

Re|a|li|en ⟨Pl.⟩ **1** wirkliche Dinge, Tatsachen **2** die Wissenschaft von der Wirklichkeit, neusprachliche u. naturwissenschaftliche Fächer [→ *real*]

re|a|li|sie|ren ⟨V.⟩ in die Tat umsetzen, verwirklichen [<frz. *réaliser* »verwirklichen«]

Re|a|lis|mus ⟨der; -; unz.⟩ **1** philosophische Lehre, die die Wirklichkeit als außerhalb u. unabhängig vom Bewusstsein stehend betrachtet **2** Wirklichkeitssinn, Sachlichkeit; *Ggs* Idealismus (1) **3** wirklichkeitsnahe künstlerische Darstellung (als Stilrichtung in der Mitte des 19. Jh.), bes. in der Literatur

re|a|lis|tisch ⟨Adj.⟩ *Ggs* idealistisch **1** auf dem Realismus beruhend, in der Art des Realismus **2** wirklichkeitsnah, naturgetreu **3** nüchtern, sachlich (denkend)

Re|a|li|tät ⟨die; -, -en⟩ **1** reale Beschaffenheit **2** Gesamtheit dessen, was real ist **3** Wirklichkeit, Tatsache; *Ggs* Irrealität [<frz. *réalité* »Wirklichkeit«]

Re|al|po|li|tik ⟨die; -; unz.; Politik⟩ Politik, die sich jenseits aller Ideologien an den konkreten gesellschaftl. u. wirtschaftl. Verhältnissen u. Fakten orientiert

Re|al|schu|le ⟨die; -, -n; Schulw.⟩ Sekundarschule, die mit der 10. Klasse abschließt

Re|ani|ma|ti|on ⟨die; -; unz.; Med.⟩ Wiederbelebung durch Maßnahmen wie Herzmassage, künstliche Beatmung o. Ä. [<*Re...* + lat. *animatio* »Belebung«; zu *animare* »beleben«]

re|ani|mie|ren ⟨V.; Med.⟩ wiederbeleben [<*re...* + *animieren*]

Re|bell ⟨der; -en, -en⟩ Aufrührer [<frz. *rebelle* »aufrührerisch; Rebell« <lat. *rebellis*, eigtl. »den Krieg erneuernd«; zu *re...* »zurück, wieder« + *bellum* »Krieg«]

re|bel|lie|ren ⟨V.⟩ sich auflehnen, aufbegehren, Widerstand leisten, bes. gegen ein politisches System, eine Regierung usw. [<lat. *rebellare* »sich auflehnen«]

Re|bel|li|on ⟨die; -, -en⟩ Aufruhr, Revolte, Volkserhebung [→ *Rebell*]

Re|cei|ver ⟨[rɪsiːvə(r)] der; -s, -⟩ Rundfunkempfänger mit Verstärker [engl., »Empfänger«]

Re|cher|che ⟨[reʃɛrʃə] die; -, -n; meist Pl.⟩ Ermittlung, Nachforschung; *~n anstellen; Internet~* Informationssuche im Internet [frz., »Suche«]

re|cher|chie|ren ⟨[reʃɛrʃiː-] V.⟩ nachforschen, ermitteln [<frz. *rechercher* »erforschen«]

Re|cor|der ⟨der; -s, -⟩ = Rekorder

Re|cy|cling *auch:* **Re|cyc|ling** ⟨[risaɪklɪŋ] das; -s, -s⟩ Rückgewinnung u. Wiederverwendung von Wertstoffen aus Abfällen; *~papier* [<*Re...* + engl. *cycle* »Kreislauf«]

Re|dak|teur ⟨[-tøːr] der; -s, -e⟩ Angestellter einer Zeitung, eines Verlages od. des Rundfunks, der Manuskripte beurteilt u. bearbeitet, Artikel u. Beiträge verfasst, mit Autoren verhandelt usw. [<frz. *rédacteur* »Verfasser, Schriftleiter, Redakteur«]

Re|dak|ti|on ⟨die; -, -en⟩ **1** Bearbeitung des Manuskripts für ein Druckwerk **2** Gesamtheit der hierbei mitwirkenden Arbeitskräfte **3** die für diese Arbeit zur Verfügung stehenden Räume [<frz. *rédaction* »Abfassung, Ausarbeitung, Redaktion«]

re|di|gie|ren ⟨V.⟩ *ein Manuskript* ~ bearbeiten, fertig machen zum Drucken bzw. Senden [<frz. *rédiger* »ausarbeiten, verfassen, redigieren«]

Red|ox|sys|tem *auch:* **Re|dox|sys|tem** ⟨das;

-s; unz.; Chemie〉 System, in dem Oxidations- u. Reduktionsreaktionen gleichzeitig ablaufen [verkürzt <*Re*duktions-*Ox*idations-*System*]

Re|duk|ti|on 〈die; -, -en〉 **1** das Reduzieren, Herabsetzung; *Preis*~ **2** das Zurückführen; ~ *eines komplizierten Begriffes auf einen einfachen* **3** Entzug von Sauerstoff aus einer chemischen Verbindung; *Ggs* Oxidation **4** die rückschreitende Umwandlung von Organen im Laufe der Stammesgeschichte [<lat. *reductio* »Zurückführung«; zu *reducere* »zurückführen«]

red|un|dant *auch:* **re|dun|dant** 〈Adj.〉 überflüssig, über das Notwendige (einer Information) hinausgehend

Red|un|danz *auch:* **Re|dun|danz** 〈die; -; unz.〉 Überflüssigkeit, über das Notwendige Hinausgehendes [<engl. *redundance;* zu lat. *redundare* »überfließen«]

re|du|zie|ren 〈V.〉 **1** einschränken, herabsetzen; *die Dosis eines Arzneimittels ~; die Preise auf die Hälfte ~* **2** zurückführen **3** mindern, verkleinern; *die Zahl der Mitglieder, Teilnehmer ~* **4** 〈Chemie〉 eine Reduktion (3) durchführen [<lat. *reducere* »zurückführen«; zu *ducere* »führen«]

re|ell 〈Adj.〉 **1** redlich, ehrlich, zuverlässig; *eine ~e Firma; ein ~er Preis* **2** *~e Zahlen* rationale u. irrationale Zahlen [<frz. *réel* »tatsächlich, wirklich« <mlat. *realis* »sachlich, wesentlich«; → *real*]

Re|fe|rat 〈das; -(e)s, -e〉 **1** Bericht eines Fachkundigen **2** Vortrag zur Übung (in der Schule u. im Hochschulseminar) **3** Arbeitsgebiet; *Presse*~ [<lat. *referat* »es möge berichten ...«; zu *referre* »berichten«; zu *ferre* »tragen«]

Re|fe|ren|dar 〈der; -s, -e〉 Anwärter auf die höhere Beamtenlaufbahn im Vorbereitungsdienst nach der (ersten) Staatsprüfung; *Gerichts~; Studien~* [<mlat. *referendarius* »einer, der Bericht zu erstatten hat«; zu *referendum* »das zu Berichtende; → *Referendum*]

Re|fe|ren|da|ri|at 〈das; -(e)s, -e〉 vorbereitender Dienst für Referendare

Re|fe|ren|dum 〈das; -s, -ren|den od. -ren|da〉 Volksentscheid [lat., »zu Berichtendes«, Gerundivum zu *referre* »berichten«]

Re|fe|rent 〈der; -en, -en〉 **1** jmd., der ein Referat hält **2** Sachbearbeiter [<lat. *referens,* Part. Präs. zu *referre* »berichten«]

Re|fe|renz 〈die; -, -en〉 **1** Empfehlung; *keine ~en haben* **2** 〈Sprachwiss.〉 Beziehung von Wort u. Gegenstand [<frz. *référence* »Bezugnahme, Empfehlung«; zu lat. *referre* »zurücktragen, überbringen, berichten«]

re|fe|rie|ren 〈V.〉 *über etwas ~* über etwas ein Referat, einen Vortrag halten, über etwas berichten [<frz. *référer* »Bericht erstatten, berichten« <lat. *referre* »zurücktragen, überbringen, berichten«; zu *ferre* »tragen«]

re|flek|tie|ren 〈V.〉 **1** *auftretende Strahlen ~* zurückwerfen **2** 〈fig.〉 nachdenken, bes. über die eigenen Handlungen, Gedanken, Empfindungen; *auf etwas ~* 〈umg.〉 etwas haben wollen, Interesse für etwas haben [<lat. *reflectere* »zurückbiegen, umwenden«; zu *flectere* »beugen; auf etwas reflektieren«; nach lat. *animum reflectere* »seine Gedanken auf etwas hinwenden«]

Re|flex 〈der; -es, -e〉 **1** Rückstrahlung, Widerschein; *Licht*~ **2** 〈Physiol.〉 unwillkürliches Ansprechen auf einen Reiz; *Kniesehnen~; Schluck~; Flucht~; unbedingter ~* [<frz. *réflexe* »unwillkürlich; Reflex« <lat. *reflexum* »das Zurückgeworfene«; → *reflektieren*]

Re|fle|xi|on 〈die; -, -en〉 **1** 〈Physik〉 das Zurückwerfen von Strahlen an der Grenze zweier Medien **2** das prüfende, vergleichende Nachdenken [<frz. *réflexion* »Reflexion, Rückstrahlung, Überlegung« <lat. *reflexio* »Zurückbeugung«; zu *reflectere;* → *reflektieren*]

re|fle|xiv 〈Adj.〉 **1** *~es Pronomen* = Reflexivpronomen **2** *~es Verbum* V., das mit einem Reflexivpronomen stehen muss *(z. B. sich schämen)* od. kann *(z. B. waschen)* [<lat. *reflexus,* Part. Perf. zu *reflectere* »zurückbiegen, umwenden«; → *reflektieren*]

Re|fle|xiv|pro|no|men 〈das; -s, - od. -mina; Gramm.〉 Personalpronomen, das als Objekt mit dem Subjekt eines Satzes identisch ist, rückbezügliches Fürwort, *z. B. sie beeilten »sich«*

Re|form 〈die; -, -en〉 verbessernde Umgestaltung, planmäßige Neugestaltung,

R

die sich nicht in gewaltsamer Form vollzieht [<frz. *réforme* »Umgestaltung, Neugestaltung«; → *reformieren*]

> **Reformation:** Martin Luther (1483-1546) löste 1517 die *Reformation* aus, eine religiöse Bewegung, die sich gegen die Übermacht des Papsttums wandte, nachdem er an der Schlosskirche zu Wittenberg seine 95 Thesen über den Ablass öffentlich ausgehängt hatte. Die von ihm verbreiteten Thesen breiteten sich rasch aus, verursachten eine Spaltung des Katholizismus und begründeten die evangelischen → *Konfessionen*. Zwischen Luther und der katholischen Kirche kam es zum Konflikt, der zum Kirchenbann Luthers führte. Innerhalb der reformatorischen Bewegung kam es ebenfalls zu Meinungsverschiedenheiten: In der Schweiz begründeten Zwingli und Calvin die sogenannte »reformierte Kirche«, deren Lehre in Einzelpunkten von der der lutherischen Kirchen abweicht.

Re|for|ma|ti|on ⟨die; -, -en; Theol.⟩ **1** ⟨unz.; i. e. S.⟩ Bewegung zur Erneuerung der Kirche **2** ⟨zählb.; i. w. S.⟩ Erneuerung, Neugestaltung [<lat. *reformatio* »Umgestaltung, Erneuerung«; zu *reformare* »umgestalten, umbilden, neu gestalten«]

Re|for|ma|tor ⟨der; -s, -to|ren; Theol.⟩ **1** ⟨i. e. S.⟩ Begründer der Reformation (1) (Luther, Zwingli, Calvin) **2** ⟨i. w. S.⟩ = Reformer [<lat. *reformator* »Umgestalter, Erneuerer«]

re|for|mie|ren ⟨V.⟩ **1** verbessern, erneuern, umgestalten **2** *hochsiedende Erdölfraktionen* ~ ⟨Chemie⟩ zur Gewinnung niedrigsiedender Bestandteile (z. B. von Benzin od. Heizöl) mit Wasserstoff behandeln [<lat. *reformare* »umgestalten, umbilden, neu gestalten«; zu *forma* »Form, Gestalt«]

Re|frain *auch:* **Ref|rain** ⟨[rəfrɛ̃ː] der; -s, -s; Musik⟩ am Schluss jeder Strophe eines Liedes od. Gedichtes regelmäßig wiederkehrende Worte od. Sätze, Kehrreim [frz., eigtl. »Rückschlag der brandenden Wellen«; zu afrz. *refreindre* »brechen, unterbrechen«]

Re|frak|ti|on ⟨die; -, -en; Physik; Astron.⟩ Brechung (von Lichtstrahlen) [< lat. *refractum*, Part. Perf. von *refringere* »brechen«]

Re|ge|ne|ra|ti|on ⟨die; -, -en⟩ Wiederherstellung, Erneuerung; *Ggs* Degeneration [<lat. *regeneratio* »Wiedererzeugung«; zu *regenerare* »wiedererzeugen«]

re|ge|ne|rie|ren ⟨V.; Biol.⟩ **1** neu bilden; *etwas regeneriert sich; Ggs* degenerieren **2** auffrischen, wiedererzeugen, erneuern [<lat. *regenerare* »wiedererzeugen«; zu *generare* »erzeugen«]

Re|gent ⟨der; -en, -en⟩ regierender Fürst od. dessen Stellvertreter [<lat. *regens*, Part. Präs. zu *regere* »richten, lenken, leiten«]

Reg|gae ⟨[rɛgɛɪ] der; - od. -s; unz.; Musik⟩ von der farbigen Bevölkerung Jamaicas entwickelte Stilrichtung der Popmusik mit starker Betonung des gleichbleibenden Rhythmus [<amerikan. (umg.)]

Re|gie ⟨[-ʒiː] die; -, -n⟩ **1** Leitung, Verwaltung; *ein Geschäft in eigener ~ führen* **2** Spielleitung für einen Film od. das Fernsehen; *~ führen* [<frz. *régie* »verantwortl. Leitung, Verwaltung«]

re|gie|ren ⟨V.⟩ **1** lenken, leiten, beherrschen; *ein Land ~* **2** ⟨Gramm.⟩ fordern, nach sich ziehen; *die Präposition »mit« regiert den Dativ* [<mhd. *regieren* <afrz. *reger* »herrschen« <lat. *regere* »geraderichten, lenken, herrschen«]

Re|gime ⟨[-ʒiːm] das; - od. -s, - [-ʒiːmə]⟩ Form der Regierung eines Staates; *ein totalitäres ~* [<frz. *régime* »Regierungsform, Staatsform« <lat. *regimen* »Lenkung, Leitung, Regierung«; zu lat. *regere* »gerade richten, lenken, herrschen«]

Re|gi|ment ⟨das; -(e)s, -e od. -er⟩ **1** ⟨Mil.; Abk.: Reg., Regt.⟩ Verband aus zwei bis vier Bataillonen unter einem Obersten od. Oberstleutnant **2** ⟨unz.⟩ Herrschaft, Leitung; *das ~ führen* [<lat. *regimentum* »Leitung, Oberbefehl«; zu *regere;* → *regieren*]

Re|gi|on ⟨die; -, -en⟩ **1** Landstrich, Gebiet, Gegend **2** Bezirk [<lat. *regio* »Richtung, Gegend, Bereich, Gebiet«; zu *regere* »geraderichten, lenken, herrschen«]

re|gi|o|nal ⟨Adj.⟩ die Region(en) betreffend, hinsichtlich der Region(en);

R

~e Besonderheiten; der ~e Straßenbau [<lat. *regionalis* »zu einer Landschaft gehörig«; → *Region*]

Re|gis|seur ⟨[reʒɪsøːr] der; -s, -e; Theat.⟩ derjenige, der Regie führt, Spielleiter [<frz. *régisseur*]

Re|gle|ment *auch:* **Reg|le|ment** ⟨[-mãː] das; -s, -s od. schweiz. [-mɛnt] das; -s, -e⟩ Vorschriften, Bestimmungen, Satzung, z. B. bei Sportarten; *das ~ sieht vor; nach dem ~* [<frz. *règlement* »Regelung, Abwicklung, Erledigung«; zu *régler* »regulieren«]

re|gle|men|tie|ren *auch:* **reg|le|men|tie|ren** ⟨[-mɛn-] V.⟩ durch Vorschriften regeln, vorschreiben, festlegen, behördlich anordnen

Re|gress ⟨der; -es, -e⟩ **1** ⟨Philos.⟩ das Zurückgehen von der Wirkung zur Ursache **2** ⟨Rechtsw.⟩ Ersatz, Entschädigung, Ersatzanspruch an den Hauptschuldner [<lat. *regressus* »Rückkehr, Rückhalt, Zuflucht«; zu *regredi* »zurückgehen«]

Re|gres|si|on ⟨die; -, -en⟩ Rückbildung [<lat. *regressio* »Rückgang«; zu *regredi* »zurückgehen«]

re|gu|lär ⟨Adj.⟩ der Regel entsprechend, üblich, gewöhnlich; *Ggs* irregulär (1) [<lat. *regularis* »einer Richtschnur gemäß, regelmäßig«]

re|gu|lie|ren ⟨V.⟩ **1** regeln, ordnen, gleichmäßig machen **2** nach einer Norm, einem Maß einrichten [<lat. *regulare* »regeln, einrichten«; zu *regula* »Maßstab, Regel«]

Re|ha|bi|li|ta|ti|on ⟨die; -, -en⟩ **1** Wiedereinsetzung in frühere Rechte, Wiederherstellung der verletzten Ehre **2** Wiedereingliederung (von Kranken, Süchtigen usw.) in die Gesellschaft **3** Nachbehandlung, Wiederherstellung der Leistungsfähigkeit u. Gesundheit durch Bewegungstherapie, Gymnastik u. Ä.

re|ha|bi|li|tie|ren ⟨V.⟩ **1** *jmdn. ~* **1.1** jmdn. in seine früheren Rechte wiedereinsetzen, jmds. guten Ruf wiederherstellen, jmdn. von einer Verurteilung freisprechen **1.2** jmdn. (nach Krankheit, Unfall o. Ä.) wieder ins gesellschaftliche Leben zurückführen **2** *sich ~* seinen Ruf wiederherstellen, sich rechtfertigen [<*re...* + *habilitieren*]

Re|ka|pi|tu|la|ti|on ⟨die; -, -en⟩ zusammenfassende Wiederholung [<lat. *recapitulatio* »Zusammenfassung in den Hauptpunkten, Wiederholung«; zu *recapitulare*; → *rekapitulieren*]

re|ka|pi|tu|lie|ren ⟨V.⟩ zusammenfassend wiederholen [<lat. *recapitulare* »in den Hauptpunkten zusammenfassen, wiederholen«; zu *capitulum* »Köpfchen«; → *Kapitel*]

Re|kla|ma|ti|on ⟨die; -, -en⟩ Beschwerde, Beanstandung von Mängeln einer Sache od. eines Rechts [<lat. *reclamatio* »Gegenruf, das Neinrufen«; zu *reclamare* »dagegenrufen, laut »nein« rufen«]

Re|kla|me ⟨die; -, -n⟩ Werbung für Waren durch Plakate, Zeitung, Film, Funk; *~ für etwas machen* [<frz. *réclame;* zu *ré* »zurück« + afrz. *clamer* <lat. *clamare* »rufen«]

re|kla|mie|ren ⟨V.⟩ **1** beanstanden, zurückfordern; *eine defekte Ware ~* **2** sich beschweren [<lat. *reclamare* »dagegenrufen, laut »nein« rufen«; zu *clamare* »laut rufen«]

re|kon|stru|ie|ren *auch:* **re|kons|tru|ie|ren** *auch:* **re|konst|ru|ie|ren** ⟨V.⟩ **1** in den ursprünglichen Zustand versetzen **2** naturgetreu nachbilden; *Gebäude ~*

Re|kon|struk|ti|on *auch:* **Re|kons|truk|ti|on** *auch:* **Re|konst|ruk|ti|on** ⟨die; -, -en⟩ **1** Wiederherstellung (des ursprünglichen Zustandes) **2** Bericht eines Vorgangs nach der Erinnerung

Re|kon|va|les|zenz ⟨[-va-] die; -; unz.; Med.⟩ Genesung, Zeit der Genesung [<lat. *reconvalescens,* Part. Präs. zu *reconvalescere* »wieder erstarken«; zu *valere* »bei Kräften sein, stark sein«]

Re|kor|der ⟨der; -s, -⟩ Gerät zur elektromagnetischen Ton- u./od. Bildaufzeichnung u. deren Wiedergabe; *Kassetten ~; Video ~; oV* Recorder [zu engl. *record* »aufnehmen«]

Re|krut *auch:* **Rek|rut** ⟨der; -en, -en; Mil.⟩ Soldat in der Grundausbildung [<frz. *recrue* »Nachwuchs, Rekrut«, Part. Perf. zu *recroître* »nachwachsen«]

re|kru|tie|ren *auch:* **rek|ru|tie|ren** ⟨V.⟩ **1** Rekruten einberufen **2** *sich ~* sich zusammensetzen, sich ergänzen (aus) [<frz. *recruter* »ausheben, rekrutieren«; → *Rekrut*]

rek|tal ⟨Adj.; Med.⟩ zum Mastdarm gehörig, im Mastdarm; *Temperatur ~ messen* [→ *Rektum*]

Rek|ti|on ⟨die; -, -en; Sprachw.⟩ Fähigkeit eines Wortes, den Kasus des von ihm abhängigen Wortes zu bestimmen, zu regieren, z. B. *die Präposition »mit« hat als Rektion (regiert) den Dativ* [<lat. *rectio* »Lenkung, Leitung«; → *regieren*]

Rek|tor ⟨der; -s, -to|ren⟩ Leiter (einer Schule, Hochschule o. Ä.) [<kirchenlat. *rector scholae* »Leiter einer Schule«; → *regieren*]

Rek|tum ⟨das; -s, Rek|ta; Anat.⟩ letzter Abschnitt des Darmes, Mastdarm [verkürzt <lat. *rectum intestinum* »gerade verlaufender Darm«]

re|kur|rie|ren ⟨V.⟩ Bezug nehmen, anknüpfen, aufgreifen; *auf etwas ~* auf etwas Bezug nehmen [<lat. *recurrere* »zurücklaufen, seine Zuflucht nehmen«; zu *currere* »laufen«]

Re|kurs ⟨der; -es, -e⟩ **1** Rückgriff, Bezugnahme **2** ⟨Rechtsw.⟩ Beschwerde, Einspruch [<lat. *recursus* »Rücklauf, Berufung«; → *rekurrieren*]

Re|lais ⟨[rəlɛː] das; - [-lɛːs], - [-lɛːs]⟩ **1** ⟨früher⟩ Wechsel der Pferde, Stelle zum Auswechseln der Postpferde **2** ⟨Mil.⟩ Kette von Meldegängern **3** elektrische Schaltvorrichtung zum Steuern großer Strom- und Spannungsstärken durch kleine Strom- u. Spannungsstärken [frz., »Staffel, Stafette, Relais«]

Re|la|ti|on ⟨die; -, -en⟩ **1** Beziehung, Verhältnis; *in ~ zur Qualität ist der Preis zu hoch* **2** Bericht, Mitteilung [<lat. *relatio* »Bericht, Berichterstattung; Beziehung, Verhältnis«]

re|la|tiv ⟨Adj.⟩ **1** in einem Verhältnis zu etwas stehend, im Verhältnis zu etwas anderem zu betrachten; *Ggs* absolut **1.1** *~e Feuchtigkeit* Feuchtigkeitsgehalt der Luft unter Berücksichtigung der Tatsache, dass warme Luft mehr Wasser aufnimmt als kalte **1.2** *~e Zahl* mit einem negativen od. positiven Vorzeichen versehene Zahl **2** von den Umständen od. der Beurteilung abhängig, ziemlich, verhältnismäßig; *er ist ~ groß* [<frz. *relatif* <lat. *relativus* »sich beziehend, bezüglich«]

re|la|ti|vie|ren ⟨[-viː-] V.⟩ **1** in Beziehung, in ein Verhältnis setzen zu **2** in Zweifel ziehen, einschränken

Relativitätstheorie: Albert Einstein (1879-1955) formulierte erstmals eine Theorie, nach der Zeit und Raum nicht unveränderlich, sondern vom Bezugssystem des jeweiligen Betrachters abhängig sind. Die *Relativitätstheorie* ist neben der Quantentheorie eine der wichtigsten im 20. Jahrhundert entwickelten physikalischen Theorien. Da alle gültigen physikalischen Theorien ihren Grundsätzen folgen müssen, ist sie zur Voraussetzung der gesamten modernen Physik geworden. In der *speziellen Relativitätstheorie* von 1905 sind die Theoreme experimentell begründet worden. Sie beweist u. a., dass die Lichtgeschwindigkeit konstant ist und es eine Äquivalenz von Masse und Energie gibt ($E = mc^2$).

Re|la|ti|vi|täts|the|o|rie ⟨[-vi-] die; -; unz.⟩ eine grundlegende physikalische Theorie

Re|la|tiv|pro|no|men ⟨das; -s, - od. -mi|na; Gramm.⟩ bezügliches Fürwort, Pronomen, das in einem untergeordneten Gliedsatz anstelle der Benennung einer Person od. Sache steht, z. B. *der Mann, »welcher/der« …*

Re|la|tiv|satz ⟨der; -es, -sät|ze; Gramm.⟩ durch ein Relativpronomen an den Hauptsatz angeschlossener Nebensatz, Bezugssatz, z. B. *ich kaufe mir das Buch, »von dem alle sprechen«*

Re|launch ⟨[rɪlɔːntʃ] der od. das; -(e)s, -(e)s⟩ neue Werbekampagne für ein Produkt, das bereits längere Zeit auf dem Markt ist [<engl. *re-* »wieder, erneut« + *launch* »auf den Markt bringen«]

re|le|vant ⟨[-vant] Adj.⟩ wichtig, erheblich, von Belang; *Ggs* irrelevant [<lat. *relevans,* Part. Präs. zu *relevare* »erleichtern, mildern, abhelfen«]

Re|le|vanz ⟨[-vants] die; -, -en⟩ Wichtigkeit, Bedeutung, Tragweite

Re|li|ef ⟨das; -s, -s od. -e⟩ **1** Form der Plastik, bei der Figuren so aus einer dickeren Platte (Holz, Stein, Metall) herausgearbeitet werden, dass sie nur teilweise herausragen, z. B. auf Münzen u. Bauwerken **2** Form der Erdoberfläche; *Gelände*~ [frz., »Relief, erhabene Arbeit«]

Re|li|gi|on ⟨die; -, -en⟩ **1** Glaube an u. Auseinandersetzung mit einer überirdischen Macht sowie deren kultische Verehrung **2** Gottesglaube, Gottesverehrung **3** Unterricht in Religion (1) (als Schulfach) [<lat. *religio* »rücksichtsvolle, gewissenhafte Beachtung«]

re|li|gi|ös ⟨Adj.⟩ **1** zur Religion gehörend **2** gläubig, fromm, gottesfürchtig, glaubensstark [<lat. *religiosus* »gewissenhaft, gottesfürchtig, fromm«; → *Religion*]

Re|likt ⟨das; -(e)s, -e⟩ Überbleibsel, Rest [<lat. *relictum,* Part. Perf. zu *relinquere* »zurücklassen«]

Re|li|quie ⟨[-kvjə] die; -, -n⟩ von den Gläubigen verehrter körperlicher Überrest eines Heiligen od. Gegenstand, der ihm einst gehörte [<lat. *reliquiae* »Überreste, Überbleibsel«; zu *relinquere* »zurücklassen, übrig lassen«]

Re|make ⟨[riːmɛɪk], a. [-'-] das; -s, -s; Film⟩ neue Verfilmung eines bereits verfilmten Stoffes [<engl. *remake* »erneuern«; zu *re...* »wieder...« + *make* »machen«]

Re|mi|nis|zenz ⟨die; -, -en⟩ Erinnerung, Anklang; *Kindheits*~ [<lat. *reminiscentia* »Rückerinnerung«; zu *reminisci* »sich erinnern«]

re|mis ⟨[rəmiː] Adj.; undekl.; nur präd. u. adv.⟩ unentschieden (bes. beim Schachspiel) [frz., »unentschieden«, eigtl. »aufgeschoben«, Part. Perf. zu *remettre* »aufschieben; einstellen«]

Re|mi|se ⟨die; -, -n⟩ **1** Einstellraum für Wagen u. Geräte [frz., »das Zurückstellen; das Einstellen«; zu *remettre* »aufschieben; einstellen«]

R

Re|mou|la|de ⟨[rəmu-] die; -, -n; Kochk.⟩ pikante, dicke Soße [<frz. *rémoulade* »Remoulade(nsoße)«]

REM-Pha|se ⟨die; -, -n⟩ Traumphase des Schlafs, die durch schnelle Augenbewegungen u. eine auffallend starke Aktivität des Gehirns gekennzeichnet ist [Abk. zu engl. *r*apid *e*ye *m*ovement »schnelle Augenbewegung«]

Re|nais|san|ce ⟨[rənɛsãːs(ə)] die; -, -n [-sən]⟩ **1** ⟨unz.⟩ Wiedererweckung der antiken Kultur seit dem 14. Jh. in Europa **2** ⟨zählb.; allg.⟩ Wiedererweckung einer untergegangenen Kultur, Mode, Kunstrichtung usw., neue Blüte, Wiederbelebung; *die Musik der 1970er Jahre erlebt eine* ~ [frz., »Wiedergeburt«]

Ren|dez|vous ⟨[rãdevuː] das; - [-vuːs], - [-vuːs]⟩ **1** Verabredung, Treffen, Stelldichein; *ein* ~ *haben; sich mit jmdm. ein* ~ *geben* **2** durch Änderung der Umlaufbahnen erreichte Begegnung bemannter od. unbemannter Satelliten oder Weltraumstationen [<frz. *rendez-vous* »Verabredung, Stelldichein«]

Ren|di|te ⟨die; -, -n; Wirtsch.⟩ **1** Gewinn, den eingesetztes Kapital erbringt **2** Ertrag im Verhältnis zum Kurs (eines Wertpapiers) [<ital. *rendita* »Einkünfte, Gewinn«]

re|ni|tent ⟨Adj.⟩ widerspenstig, widersetzlich, aufbegehrend [<frz. *rénitent* »dem Druck widerstehend« <lat. *renitens* »sich entgegenstemmend«, Part. Präs. zu *reniti* »sich entgegenstemmen«]

Re|nom|mee ⟨das; -s, -s⟩ Ruf, Leumund, Ansehen, Prestige [frz., »(guter) Ruf, Leumund, Ansehen«]

re|nom|miert ⟨Adj.⟩ angesehen, anerkannt, gelobt, berühmt [<frz. *renommer* »wieder ernennen, loben, rühmen«]

re|no|vie|ren ⟨[-viː-] V.⟩ neu herrichten, instand setzen, erneuern; *Gebäude* ~ [<lat. *renovare* »erneuern«]

ren|ta|bel ⟨Adj.⟩ einträglich, gewinnbringend, vorteilhaft; *rentable Geschäfte machen* [<frz. *rentable;* zu afrz. *rente* »Einkommen, Ertrag, Gewinn«]

ren|tie|ren ⟨V.⟩ *sich* ~ Gewinn bringen, Ertrag abwerfen, sich lohnen; *das Geschäft rentiert sich*

Re|pa|ra|ti|on ⟨die; -, -en⟩ dem Besiegten auferlegte Geld-, Sach- od. Arbeitsleistung als Wiedergutmachung von Kriegsschäden [<lat. *reparatio* »Wiederherstellung«; zu *reparare* »wiederherstellen«]

Re|pa|ra|tur ⟨die; -, -en⟩ Instandsetzung, Wiederherstellung, Ausbesserung

re|pa|rie|ren ⟨V.⟩ eine Reparatur ausführen an, instand setzen, wiederherstellen, ausbessern [<lat. *reparare* »wiederherstellen«; zu *parare* »bereiten«]

Re|per|toire ⟨[-toa:r] das; -s, -s; Theat.⟩ **1** Gesamtheit der Bühnenstücke im Spielplan (eines Theaters) **2** Gesamtheit der einstudierten Stücke (eines Künstlers) [<frz. *répertoire* »Verzeichnis, Textsammlung«]

re|pe|tie|ren ⟨V.⟩ wiederholen, durch Wiederholen einüben; *Vokabeln* ~ [<lat. *repetere* »wiederholen«; zu *petere* »anstreben, zu erreichen suchen«]

Re|plik ⟨die; -, -en⟩ **1** Entgegnung, Erwiderung **2** Gegenrede (bes. des Klägers auf die Verteidigung des Beklagten) **3** genaue Wiederholung eines Kunstwerks durch den Künstler selbst, im Unterschied zur Kopie [<frz. *réplique* »Antwort, Gegenrede«]

Re|pli|ka|ti|on ⟨die; -, -en; Genetik⟩ Kopieren der in der DNS gespeicherten genetischen Information als Voraussetzung für die Eiweiß-Biosynthese [<lat. *replicatio* »das Wiederaufrollen«; zu *replicare* »wieder aufrollen, entfalten«]

Re|port[1] ⟨der; -(e)s, -e od. -s⟩ Bericht, Mitteilung, ausführliche, oft wissenschaftliche Darstellung od. Studie zu einem aktuellen od. gesellschaftlichen Thema [<engl. *report* »Bericht, Studie«]

Re|port[2] ⟨der; -(e)s, -e; Börse⟩ Kurszulage bei Prolongationsgeschäften [<frz. *report* »Kurszuschlag, Prolongation«]

Re|por|ta|ge ⟨[-ʒə] die; -, -n⟩ Tatsachenbericht, anschauliche Schilderung eines Geschehens in Presse, Film, Funk [frz., »Berichterstattung«; zu lat. *reportare* »überbringen«]

Re|prä|sen|tant ⟨der; -en, -en⟩ **1** jmd., der etwas repräsentiert, Vertreter; ~ *der Kirche;* ~ *einer neuen Philosophie* **2** Abgeordneter, Volksvertreter **3** Handelsvertreter; *Verlags*~ [<lat. *repraesentans,* Part. Präs. zu *repraesentare;* → *repräsentieren*]

Re|prä|sen|ta|ti|on ⟨die; -, -en⟩ **1** Vertretung, Stellvertretung **2** würdiges Auftreten **3** (gesellschaftlicher) Aufwand [<lat. *repraesentatio* »Vergegenwärtigung«; zu *repraesentare;* → *repräsentieren*]

re|prä|sen|ta|tiv ⟨Adj.⟩ **1** würdig vertretend, wirkungsvoll (nach außen, in der Öffentlichkeit) **2** ⟨Statistik⟩ eine Auswahl bezeichnend, die so getroffen wurde, dass das Ergebnis der Teiluntersuchung auf die Gesamtheit übertragen werden kann [<frz. *représentatif* »vorstellend, darstellend«; → *repräsentieren*]

re|prä|sen|tie|ren ⟨V.⟩ **1** vertreten **2** darstellen; *das Grundstück repräsentiert einen Wert von 250 000 Euro* **3** standesgemäß u. würdig auftreten, bes. gesellschaftlich, etwas darstellen [<lat. *repraesentare* »vergegenwärtigen, vorstellen, darstellen«; zu *praesens* »gegenwärtig«]

Re|pres|sa|lie ⟨[-ljə] die; -, -n; meist Pl.⟩ **1** Vergeltung, Gegenmaßnahme **2** Druckmittel [<mlat. *repre(n)salia* »gewaltsame Zurücknahme dessen, was einem widerrechtlich genommen wurde«]

Re|pres|si|on ⟨die; -, -en⟩ **1** Abwehr, Hemmung **2** Unterdrückung [<lat. *repressio* »das Zurückdrängen«; zu *reprimere* »zurückdrängen«]

Re|pri|se ⟨die; -, -n⟩ Wiederholung eines bes. bezeichneten Teils eines Musikstückes [frz., »Wiedereinnahme, Wiederaufnahme«]

Re|pro|duk|ti|on ⟨die; -, -en⟩ **1** Nachbildung, Wiedergabe durch Fotografie od. Druck **2** Vervielfältigung **3** Fortpflanzung [<*Re… + Produktion*]

re|pro|du|zie|ren ⟨V.⟩ eine Reproduktion herstellen von, (durch Fotografie od. Druck) wiedergeben, vervielfältigen [<*re… + produzieren*]

Re|pu|blik *auch:* **Re|pub|lik** ⟨die; -, -en⟩ Staat ohne monarchisches Staatsoberhaupt (König), in dem mehrere Personen od. das Volk Träger der Staatsgewalt sind [<frz. *république* <lat. *res publica* »Gemeinwesen, Staat«, eigtl. »öffentliche Angelegenheit«]

Re|pu|ta|ti|on ⟨die; -; unz.⟩ Ruf, Ansehen; *er hat als Arzt eine hervorragende* ~ [<lat. *reputatio* »Berechnung, Erwägung, Betrachtung«; zu *reputare* »rechnen, erwägen«]

Re|qui|em ⟨das; -s, -s od. -qui|en⟩ Totenmesse, Seelenamt (zum Gedächtnis Verstorbener) [nach den Anfangsworten des Introitus, lat. *requiem aeternam dona eis, Domine* »gib ihnen die ewige Ruhe, o Herr«]

re|qui|rie|ren ⟨V.⟩ **1** beschlagnahmen, herbeischaffen, besorgen (für Truppen) **2** anfordern [<lat. *requirere* »aufsuchen, nach etwas fragen, erstreben, verlangen«; zu *quaerere* »suchen, erstreben, verlangen«]

Re|qui|sit ⟨das; -(e)s, -en; meist Pl.⟩ **1** Rüstzeug, Zubehör **2** bei einer (Theater-)Aufführung benötigter Gegenstand [<lat. *requisitus,* Part. Perf. zu , Part. Perf. zu *requirere;* → *requirieren*]

> → **Recherche:** Der Laut [ʃɛr] wird in französischen Fremdwörtern oft ***cher*** geschrieben, z. B. in *Re**ch**er**ch**e*!

Re|ser|vat ⟨[-va:t] das; -(e)s, -e⟩ **1** Schutzbezirk als Lebensraum für Ureinwohner; *Indianer~* **2** ausgewiesenes Schutzgebiet für Tiere und Pflanzen [<lat. *reservatus,* Part. Perf. zu *reservare* »aufsparen, aufbewahren, (vor)behalten«]

Re|ser|ve ⟨[-və] die; -, -n⟩ **1** für den Notfall bestimmte Rücklage, Vorrat; *Wasser~; Geld~* **2** ⟨Mil.⟩ Gesamtheit der Reservisten; *Leutnant der ~* ⟨Abk.: d. R.⟩ **3** ⟨unz.; fig.⟩ Zurückhaltung; *jmdn. aus der ~ locken; in der ~ bleiben* [<frz. *réserve* »Vorrat, Vorbehalt, Einschränkung«]

re|ser|vie|ren ⟨[-vi:-] V.⟩ **1** vormerken, freihalten; *für jmdn. einen Platz ~; dieser Tisch ist reserviert* **2** aufbewahren

re|ser|viert ⟨[-vi:rt] Adj.⟩ zurückhaltend, kühl, unnahbar, unaufgeschlossen; *er ist sehr ~* [<lat. *reservare* »aufsparen, aufbewahren, behalten«; zu *servare* »erhalten, bewahren«]

Re|ser|vist ⟨[-vɪst] der; -en, -en⟩ ausgebildeter u. entlassener Wehrpflichtiger, der nur im Notfall zur Verstärkung der Streitkräfte herangezogen wird [<frz. *réserviste* »Reservist«]

Re|ser|voir ⟨[-voa:r] das; -s, -e⟩ **1** Sammelbecken (bes. für Wasser), Speicher **2** Vorrat [<frz. *réservoir*]

Re|set ⟨[rɪsɛt] der od. das; -s, -s; EDV⟩ Neustart (eines Computers) [engl.]

Re|si|denz ⟨die; -, -en⟩ Wohn- u. Amtssitz von Landesherren, hohen Kirchenfürsten u. Botschaftern [<mlat. *residentia* »Wohnsitz«; → *residieren*]

re|si|die|ren ⟨V.⟩ seinen Wohn-, Regierungssitz haben (von regierenden od. anderen hochgestellten Personen) [<lat. *residere* »sitzend zurückbleiben; sitzen«; zu *sedere* »sitzen«]

Re|si|gna|ti|on *auch:* **Re|sig|na|ti|on** ⟨die; -, -en⟩ Verzicht, Entsagung, Ergebung (in das Schicksal), Hoffnungslosigkeit [<lat. *resignatio* »Entsagung, Verzicht«; zu *resignare* »entsiegeln, eröffnen, entsagen«]

re|si|gnie|ren *auch:* **re|sig|nie|ren** ⟨V.⟩ verzichten, entsagen, sich abfinden mit, aufgeben, entmutigt sein [<lat. *resignare* »entsiegeln, eröffnen, entsagen«; zu *signare* »bezeichnen, besiegeln«]

Ré|sis|tan|ce ⟨[rezistã:s(ə)] die; -; unz.⟩ französische Widerstandsbewegung im Zweiten Weltkrieg [frz., »Widerstand«]

re|sis|tent ⟨Adj.⟩ widerstandsfähig (bes. von Krankheitserregern) [<lat. *resistens,* Part. Präs. zu *resistere* »stehen bleiben, sich widersetzen«]

Re|sis|tenz ⟨die; -, -en⟩ **1** Widerstand **2** ⟨Biol.; Med.⟩ Widerstandsfähigkeit (bes. von Krankheitserregern) [<lat. *resistentia* »Widerstand«; zu *resistere* »stehen bleiben, sich widersetzen«]

re|so|lut ⟨Adj.⟩ beherzt, tatkräftig, entschlossen [<frz. *résolu* »entschlossen, beherzt«; in der Form beeinflusst von lat. *resolutus,* Part. Perf. zu *resolvere* »loslösen«]

Re|so|lu|ti|on ⟨die; -, -en⟩ Entschließung, Beschluss [<frz. *résolution* »Beschluss, Entschließung«]

Re|so|nanz ⟨die; -, -en⟩ **1** Erzeugung von Schwingungen in einem schwingungsfähigen Körper durch äußere Einflüsse, Mitschwingen, Mittönen **2** ⟨fig.⟩ Anklang, Wirkung, Beifall, Echo; *keine ~ finden* [<lat. *resonantia* »Widerhall«; zu *resonare* »einen Widerhall geben«]

> ◆ Die Buchstabenfolge **re|sp...** kann auch **res|p...** getrennt werden.

◆**Re|spekt** ⟨der; -(e)s; unz.⟩ Achtung, Hochachtung, Ehrfurcht; *sich ~ verschaffen; vor jmdm. ~ haben* [<frz. *respect* »Hochachtung« <lat. *respectus* »das Zurückblicken, Rücksicht«]

◆**re|spek|ta|bel** ⟨Adj.⟩ achtungeinflößend; *eine respektable Leistung* [<frz. *respectable* »achtbar, ehrwürdig«]

◆ **re|spek|tie|ren** ⟨V.⟩ *jmdn. od. etwas ~* vor jmdm. od. etwas Respekt haben [<frz. *respecter* »achten« <lat. *respectare* »zurücksehen, sich umsehen«]

Res|sen|ti|ment ⟨[rɛsãtimã:] das; -s, -s⟩ **1** gefühlsmäßiges Vorurteil **2** ⟨Pl.⟩ Abneigung, Groll, Hass, Rachegefühl [frz., »heimlicher Groll«]

Res|sort ⟨[rɛso:r] das; -s, -s⟩ **1** Geschäftsbereich einer Behörde, bes. eines Ministers; *Wirtschafts~* **2** Aufgabenbereich beim Fernsehen od. bei einer Zeitung; *; Sport~; für das ~ Politik zuständig sein; das fällt in sein ~* [frz., »Zuständigkeit, Geschäftsbereich«]

Res|sour|ce ⟨[rəsursə] die; -, -n; meist Pl.⟩ **1** Hilfs- od. Geldmittel **2** Produktionsfaktor, Arbeitskraft; *alle ~n ausschöpfen* **3** Bestand an Bodenschätzen, Rohstoffen; *Ölressourcen; die ~n gehen zu Ende* [frz., »Hilfsquelle, Einnahmequelle; Mittel«]

◆ Die Buchstabenfolge **re|st...** kann auch **res|t...** getrennt werden.

◆ **Re|stau|rant** ⟨[rɛstorã:] das; -s, -s⟩ Gaststätte, Speiselokal [frz.]

◆ **Re|stau|ra|ti|on** ⟨die; -, -en⟩ **1** ⟨[-stau-]⟩ **1.1** Wiederherstellung eines früheren politischen od. wirtschaftlichen Zustandes **1.2** Wiederherstellung des ursprünglichen Zustandes eines Kunstwerkes **2** ⟨[-sto:-] veraltet; noch österr.⟩ = Restaurant; *Bahnhofs~* [<lat. *restauratio* »Erneuerung, Wiederherstelllung«; zu *restaurare* »wiederherstellen«]

◆ **re|stau|ra|tiv** ⟨[-stau-] Adj.⟩ in der Art der Restauration, einen früheren polit. od. wirtschaftl. Zustand anstrebend; *~e u. reaktionäre Tendenzen*

◆ **Re|stau|ra|tor** ⟨[-stau-] der; -s, -to|ren⟩ jmd., der Kunstwerke restauriert [lat., »Wiederhersteller«; zu *restaurare* »wiederherstellen«]

◆ **re|stau|rie|ren** ⟨[-stau-] V.⟩ wiederherstellen, erneuern, ausbessern [<lat. *restaurare* »wiederherstellen«]

◆ **Re|strik|ti|on** *auch:* **Rest|rik|ti|on** ⟨die; -, -en⟩ Beschränkung, Einschränkung, Vorbehalt [<lat. *restrictio* »Einschränkung«; zu *restringere* »zurückziehen, beschränken«]

◆ **re|strik|tiv** *auch:* **rest|rik|tiv** ⟨Adj.⟩ einengend, einschränkend; *Ggs* extensiv (2) [<frz. *restrictif* »einschränkend«]

Re|sul|tat ⟨das; -(e)s, -e⟩ **1** Ergebnis, z. B. einer Rechnung **2** Erfolg [<frz. *résultat* »Ergebnis« <mlat. *resultatum,* Part. Perf. Neutr. zu lat. *resultare* »zurückspringen, zurückprallen«]

re|sul|tie|ren ⟨V.⟩ sich (als Schlussfolgerung) ergeben, folgen, als Ergebnis herauskommen; *aus der Wirtschaftskrise resultiert eine hohe Arbeitslosigkeit* [<frz. *résulter* »hervorgehen, sich ergeben« <lat. *resultare* »zurückspringen, zurückprallen«; zu *saltare* »springen«]

Re|sü|mee ⟨das; -s, -s⟩ Zusammenfassung, Übersicht [<frz. *résumé* »Zusammenfassung«]

re|sü|mie|ren ⟨V.⟩ zusammenfassend wiederholen [<frz. *résumer* »zusammenfassen, kurz wiederholen«]

→ **Rhetorik:** Was du nicht unter ***re-*** findest, kann unter ***rhe-*** stehen, z. B. ***Rhetorik***!

Re|tor|te ⟨die; -, -n⟩ **1** birnenförmiges Gefäß aus Glas mit langem, abgebogenem Hals zum Destillieren **2** *aus der ~* ⟨fig.; umg.⟩ künstlich erzeugt, hergestellt [<lat. *retortus,* Part. Perf. zu *retorquere* »zurückdrehen, verdrehen«]

re|tour ⟨[rətu:r] Adv.⟩ zurück [frz.]

re|tro..., Re|tro... *auch:* **ret|ro..., Ret|ro...** ⟨in Zus.⟩ **1** zurück..., rückwärts..., Rück..., Rückwärts... **2** ⟨Physiol.⟩ hinten gelegen [<lat. *retro* »rückwärts, zurück«]

Re|tro|spek|ti|ve *auch:* **Ret|ros|pek|ti|ve** ⟨die; -, -n⟩ **1** Rückschau **2** ⟨in der bildenden Kunst⟩ Ausstellung, die einen Überblick über das (zurückliegende) Schaffen eines Künstlers gibt [<*Retro...* + lat. *specere* »schauen«]

→ **Rheuma:** Was du nicht unter ***reu-*** findest, kann unter ***rheu-*** stehen, z. B. ***Rheuma***!

re|üs|sie|ren ⟨V.⟩ Erfolg haben [<frz. *réussir* »zum Ziel gelangen«]

Re|van|che ⟨[-vã:ʃ(ə)] die; -, -n⟩ in einem Wettkampf od. (Glücks-)Spiel die dem

R

Unterlegenen eingeräumte Möglichkeit, die erlittene Niederlage wieder auszugleichen [frz., »Vergeltung«]

re|van|chie|ren ⟨[-vãʃiː-] V.⟩ *sich (für etwas) ~, sich bei jmdm. ~* jmdm. etwas vergelten; *sich für ein Geschenk ~* sich erkenntlich zeigen [→ *Revanche*]

Re|van|chis|mus ⟨[-vãʃɪs-] der; -; unz.; Politik⟩ **1** politische Haltung, deren Ziel die Rache für militärische Niederlagen ist **2** Streben nach Rückgewinnung verlorener Landesteile od. Wiederherstellung früherer gesellschaftlicher Zustände mit militärischen Mitteln

Re|ve|renz ⟨[-ve-] die; -, -en⟩ Ehrerbietung; *jmdm. seine ~ erweisen* jmdm. seine Wertschätzung zum Ausdruck bringen [<lat. *reverentia* »Ehrfurcht«; zu *revereri* »verehren«]

Re|vers ⟨[rəvɛːr] das; - [-vɛːrs], - [-vɛːrs]⟩ Aufschlag (an Jacke, Kleid od. Mantel) [frz., »Rückseite«]

re|ver|si|bel ⟨[-vɛr-] Adj.⟩ umkehrbar; *Ggs* irreversibel [<frz. *réversible* »umkehrbar«]

re|vi|die|ren ⟨[-vi-] V.⟩ prüfen, überprüfen; *seine Meinung ~* nach besserem Wissen ändern [<lat. *revidere* »wieder hinsehen«; zu *videre* »sehen«]

Re|vi|si|on ⟨[-vi-] die; -, -en⟩ **1** (nochmalige) Durchsicht, Prüfung, Überprüfung **2** ⟨Rechtsw.⟩ Anrufung einer höheren Instanz zur nochmaligen Entscheidung einer Rechtsfrage [<mlat. *revisio* »prüfende Wiederdurchsicht«]

Re|vol|te ⟨[-vɔl-] die; -, -n⟩ Aufruhr, Aufstand [<frz. *révolte* »Aufruhr«]

Re|vo|lu|ti|on ⟨[-vo-] die; -, -en⟩ **1** Umwälzung, grundlegende, schnelle Änderung **2** (gewaltsamer) Umsturz einer Gesellschaftsordnung; *Französische ~; Oktober~ in Russland 1917* [<lat. *revolutio* »das Zurückwälzen, Umdrehung (der Gestirne)«; als »Volkserhebung« von frz. *révolution* beeinflusst]

re|vo|lu|ti|o|när ⟨[-vo-] Adj.⟩ eine Revolution herbeiführend, umwälzend; *~e Entdeckungen auf dem Gebiet der Physik; ~e Parolen*

re|vo|lu|ti|o|nie|ren ⟨[-vo-] V.⟩ **1** (grundlegend) umwandeln; *die Erfindung chemischer Düngemittel revolutionierte die Landwirtschaft* **2** in Aufruhr bringen **3** eine Revolution herbeiführen [<frz. *révolutionner* »in Aufruhr versetzen, revolutionieren«]

Re|vo|luz|zer ⟨[-vo-] der; -s, -; umg.; abwertend⟩ jmd. der sich für einen gesellschaftl. Umsturz einsetzt, Revolutionär [<ital. *rivoluzionario* »Revolutionär«]

Re|vol|ver ⟨[-vɔlvər] der; -s, -⟩ Pistole mit trommelförmigem Magazin; *Trommel~* [engl., »Revolver«; zu *revolve* »sich drehen« <lat. *revolvere* »zurückrollen«]

Re|vue ⟨[rəvyː] die; -, -n⟩ **1** ⟨veraltet⟩ Heeres-, Truppenschau, Parade; *etwas ~ passieren lassen* (in Gedanken) an sich vorüberziehen lassen **2** ⟨heute⟩ musikalisches Bühnenstück mit Gesang u. Tanz **3** bebilderte Zeitschrift mit allgemeinen Überblicken [frz., »Übersicht, Rundschau, Besichtigung«]

> → **Revanche:** Der Laut [vã] wird in französischen Fremdwörtern oft ***van*** geschrieben, z. B. in *Re**van**che*!

Re|zen|sent ⟨der; -en, -en⟩ Verfasser einer Rezension, Kritiker

re|zen|sie|ren ⟨V.⟩ *Bücher, Filme, Theateraufführungen ~* in Zeitung od. Rundfunk kritisch besprechen [<lat. *recensere* »sorgfältig prüfen, mustern«; zu *censere* »begutachten, einschätzen«]

Re|zen|si|on ⟨die; -, -en⟩ kritische Besprechung von Büchern, Filmen u. Ä. in Zeitung od. Rundfunk [<lat. *recensio* »Musterung«; → *rezensieren*]

Re|zept ⟨das; -(e)s, -e⟩ **1** Vorschrift zum Zubereiten einer Speise; *Back~; Koch~* **2** schriftliche Anweisung des Arztes an den Apotheker zur Abgabe eines Medikamentes **3** ⟨fig.; umg.⟩ Mittel; *das ist ein gutes ~ gegen deine Angst* [<lat. *receptum,* Part. Perf. zu *recipere* »zurück-, aufnehmen«; eigtl. »(es wurde) genommen«, Vermerk des Apothekers, dass er die Anordnung des Arztes, eingeleitet durch lat. *recipe* ... »nimm ...«, befolgt hat]

Re|zep|ti|on ⟨die; -, -en⟩ **1** An-, Auf-, Übernahme; *die ~ eines Romans durch das Publikum* **2** Stelle zur Aufnahme u. Weiterleitung von Kunden, Gästen od. Patienten, z. B. in Firmen, Hotels u.

Krankenhäusern [<lat. *receptio* »Aufnahme, Annahme«]

Re|zes|si|on ⟨die; -, -en; Wirtsch.⟩ Phase des konjunkturellen Rückgangs, Nachlassen der Wachstumsrate einer Volkswirtschaft [<lat. *recessus* »Rückgang«; zu *recedere* »zurückgehen«]

re|zes|siv ⟨Adj.⟩ von anderen Erbanlagen überdeckt; *Ggs* dominant (2) [<frz. *récessif* »rezessiv«; zu *Rezession*]

Re|zi|pi|ent ⟨der; -en, -en⟩ **1** ⟨Physik⟩ Glasglocke, die (fast) luftleer gepumpt werden kann **2** Empfänger einer Aussage, Hörer, Leser, Betrachter [<lat. *recipiens* »aufnehmend«, Part. Präs. zu *recipere;* → *rezipieren*]

re|zi|pie|ren ⟨V.⟩ auf-, an-, übernehmen; *einen Roman* ~ [<lat. *recipere* »zurücknehmen, aufnehmen«]

re|zi|prok *auch:* **re|zip|rok** ⟨Adj.⟩ **1** wechselseitig **1.1** in Wechselbeziehung stehend **1.2** ⟨Gramm.⟩ *~e Verben* V., bei denen das Reflexivpronomen eine wechselseitige Beziehung anzeigt, *z. B. Anna und Bob begrüßen »sich«;* →*a.* reflexives Verbum **2** umgekehrt; *~er Wert* ⟨Math.⟩ durch Vertauschen von Zähler u. Nenner eines Bruches entstandener Wert, z. B. $^2/_3$ u. $^3/_2$, Kehrwert [<lat. *reciprocus* »auf derselben Bahn zurückkehrend«]

Re|zi|ta|tiv ⟨das; -s, -e; Musik⟩ Sprechgesang in Oper, Oratorium, Kantate, auch als Einleitung einer Arie [<ital. *recitativo* »Sprechgesang«]

re|zi|tie|ren ⟨V.⟩ künstlerisch vortragen; *Gedichte* ~ [<lat. *recitare* »laut vortragen«]

Rhap|so|die ⟨die; -, -n⟩ **1** ⟨urspr.⟩ von wandernden Sängern im antiken Griechenland vorgetragene Dichtung **2** ⟨heute⟩ gefühlsbetontes Gedicht in freier Form **3** instrumentale Komposition über Volksweisen

Rhe|ni|um ⟨das; -s; unz.; chem. Zeichen: Re⟩ chem. Element, edelmetallähnl. Schwermetall, Ordnungszahl 75 [<lat. *Rhenus* »Rhein«]

Rhe|sus|fak|tor ⟨der; -s; unz.; Med.⟩ von der Blutgruppe unabhängige erbliche Eigenschaft des Blutes [nach den *Rhesusaffen*, in deren Blut das Erbmerkmal 1940 entdeckt wurde]

Rhe|to|rik ⟨die; -; unz.⟩ (Lehre von der) Redekunst [<grch. *rhetorike (techne)* »Redekunst«]

Rhetorik: Der Begriff *Rhetorik* bezeichnet heute die Fähigkeit, durch öffentliche Rede einen Standpunkt überzeugend darzustellen (und dadurch das Denken anderer zu beeinflussen). Außerdem bezeichnet er allgemein die Lehre bzw. Wissenschaft von der Kunst zu reden. In der Antike besaß die *Rhetorik* große Bedeutung im öffentlichen Leben. Es wurden drei Formen unterschieden: die *Rede vor Gericht,* die *politische Rede* vor der Volksversammlung und die *Festrede* auf eine Person. Die *Rhetorik* beinhaltete eine Sammlung von Anweisungen und Regeln, mit deren Hilfe eine Rede zusammengestellt werden konnte. Es gehörten dazu fünf vorbereitende Phasen: 1. Sammlung von Stoff und Argument, 2. Auswahl und Gliederung des Materials, 3. stilistische Ausformung, 4. das Einprägen und 5. der wirkungsvolle Vortrag der Rede.

rhe|to|risch ⟨Adj.⟩ die Rhetorik betreffend, auf ihr beruhend, rednerisch; *sie ist ~ sehr gewandt; ~e Frage* Stilmittel in Form einer Frage, auf die keine Antwort erwartet wird, z. B. »Was soll man dazu sagen?«

Rheu|ma ⟨das; -s; unz.; Med.; kurz für⟩ Rheumatismus

Rheu|ma|tis|mus ⟨der; -, -tis|men; Med.⟩ schmerzhafte Entzündung von Gelenken und Muskeln [<lat. *rheumatismus* <grch. *rheumatismos,* eigtl. »das Fließen«; zu *rheein* »fließen«]

Rho ⟨das; - od. -s, -s; Zeichen: ρ, Ρ⟩ griech. Buchstabe

Rho|di|um ⟨das; -s; unz.; chem. Zeichen: Rh⟩ chem. Element, sehr hartes, platinähnliches Metall, Ordnungszahl 45 [<grch. *rhodon* »Rose«]

Rhom|bus ⟨der; -, Rhom|ben; Geom.⟩ schiefwinkeliges Parallelogramm mit gleichen Seitenpaaren [<grch. *rhombos,* eigtl. »Umdrehung«]

rhyth|misch ⟨Adj.⟩ **1** den Rhythmus, die Rhythmik betreffend, in gleichen zeitl. Abständen erfolgend **2** *~e Gymnastik*

R

Umsetzung von musikalischen Rhythmen in natürliche, harmonische Bewegungen des Körpers

Rhyth|mus ⟨der; -, Rhyth|men⟩ 1 absichtlich gestaltete, in gleichen zeitlichen Abständen wiederkehrende Gliederung von Elementen der Tonstärke, -höhe u. Bewegung in Tanz, Musik u. Sprache; *~ eines Tangos, Verses* 2 regelmäßige Wiederkehr von Vorgängen; *der ~ der Gezeiten; der ~ der Jahreszeiten; der ~ von Schlafen und Wachen* [<lat. *rhythmus* <grch. *rhythmos* »geregelte Bewegung, Zeitmaß, Gleichmaß«]

Ri|bo|nu|cle|in|säu|re *auch:* **Ri|bo|nuc|le|in|säu|re** ⟨die; -, -n; Abk.: RNA, RNS; Biochemie⟩ im Protoplasma der Zellen befindlicher Stoff, der wesentlich an der Synthese der Eiweiße beteiligt ist; *oV* Ribonukleinsäure

Ri|bo|nu|kle|in|säu|re *auch:* **Ri|bo|nuk|le|in|säu|re** ⟨die; -, -n; Abk.: RNA, RNS; Biochemie⟩ = Ribonucleinsäure

Ri|bo|som ⟨das; -s, -en; meist Pl.; Biochemie⟩ aus Ribonucleinsäure u. Eiweiß bestehende Körnchen in den Zellen, Orte der Eiweiß-Biosynthese

Ri|cot|ta ⟨der; -s, -s⟩ italienischer Frischkäse auf Molkebasis, der aus Schafs- od. Kuhmilch hergestellt wird [ital.; *<ri…* »wieder« + *cotto* »gekocht«]

ri|go|ros ⟨Adj.⟩ 1 streng, hart, unerbittlich; *sich ~ durchsetzen* 2 scharf, rücksichtslos [<mlat. *rigorosus* »streng, hart«; zu lat. *rigor* »Steifheit, Härte«]

Rik|scha ⟨die; -, -s; in Ostasien⟩ zweirädriger Wagen zur Beförderung von Personen, der von Fahrrädern od. Motorrädern gezogen wird [<japan. *jinrikischa* »durch Menschen bewegter Wagen«]

rip|pen ⟨V.; umg.⟩ 1 ⟨EDV⟩ *CDs, Musik- od. Filmdateien ~* auf die Festplatte eines Computers kopieren und anschließend (unter Umgehung des Kopierschutzes) am Computer in andere Formate, z. B. in das MP3-Format umwandeln 2 ⟨salopp⟩ *(jmdm.) etwas ~* sich etwas bei günstiger Gelegenheit aneignen, (jmdm.) etwas geschickt entwenden; *sie hat die Zeitschrift gerippt* [engl.]

Ri|si|ko ⟨das; -s, -s od. -si|ken od. österr. a.: Ris|ken⟩ 1 Gefahr; *etwas auf eigenes ~ hin tun* 2 Wagnis; *ein (kein) ~ eingehen* [<ital. *risico, risco;* zu *riscare* »Gefahr laufen, wagen«]

ris|kant ⟨Adj.⟩ mit einem Risiko verbunden, gewagt, gefährlich; *ein ~er Plan; er hatte einen ~en Fahrstil* [<frz. *risquant* »wagend, Gefahr laufend«, Part. Präs. von *risquer* »wagen«]

ris|kie|ren ⟨V.⟩ *etwas ~* ein Risiko für etwas eingehen, etwas wagen; *sein Leben ~* sich in große Gefahr begeben [<frz. *risquer* »wagen«; zu *risque* »Wagnis« <ital. *risco;* → *Risiko*]

Ri|tu|al ⟨das; -s, -e od. -li|en⟩ Gesamtheit der Riten (eines Kultes) [<lat. *ritualis* »dem religiösen Brauch entsprechend«; zu *ritus* »feierlicher relig. Brauch«]

Ri|tus ⟨der; -, Ri|ten⟩ 1 religiöser Brauch, kultische Handlung 2 Gesamtheit der Bräuche bei einem Gottesdienst [lat., »feierlicher religiöser Brauch«]

Ri|va|le ⟨[-va:-] der; -n, -n⟩ Nebenbuhler, Mitbewerber, Widersacher [<frz. *rival* <lat. *rivalis,* eigtl. »an der Nutzung des Wasserlaufs mitberechtigt, Bachnachbar«; zu *rivus* »Wasserrinne, Bach«]

ri|va|li|sie|ren ⟨[-va-] V.⟩ wetteifern; *mit jmdm. (um etwas) ~* [<frz. *rivaliser* »rivalisieren«; → *Rivale*]

RNA ⟨Biochemie; engl. Abk. für⟩ Ribonucleinsäure [<engl. *ribonucleic acid*]

RNS ⟨Abk. für⟩ Ribonucleinsäure

Road|mo|vie ⟨[roudmu:vi] der od. das; -s, -s; Film⟩ Filmgenre, in dem die Protagonisten Abenteuer od. Konflikte während einer (oft ziellosen) längeren Autofahrt durchleben [<engl. *road* »Straße« + *movie* »Film«]

Roa|ming ⟨[roumıŋ] das; - od. -s; unz.⟩ Nutzung eines Mobiltelefons in einem fremden, meist ausländischen Mobilfunknetz [→ *roamen*]

Ro|cha|de ⟨[-xa:-] od. [-ʃa:-] die; -, -n⟩ 1 ⟨Schachspiel⟩ doppelter Zug von König u. einem Turm 2 ⟨Sport⟩ Stellungswechsel der Spieler [<frz. *roquer;* zu *roc* <span. *roque* »Turm im Schachspiel« <arab. *ruhk*]

Rock ⟨der; -s od. -; unz.; Musik; kurz für⟩ Rock 'n' Roll

Rock and Roll ⟨[rɔknro:l] der; - - -; unz.; Musik⟩ = Rock 'n' Roll

Ro|cker ⟨der; -s, -⟩ Mitglied einer Jugendgruppe, die in schwarzer Lederbekleidung u. mit Motorrädern auftritt [engl., »Schaukelpferd«]

Rock 'n' Roll ⟨[rɔkn roːl] der; - - -; unz.; Musik⟩ *oV* Rock and Roll **1** in den 1950er Jahren in den USA entwickelter Musikstil mit schnellem Tempo u. starker Rhythmik **2** der Tanz dazu [engl., »wiegen und rollen«]

Ro|deo ⟨der od. das; -s, -s⟩ Wettkampf der Cowboys in den USA, bei dem auf Wildpferden oder Stieren geritten wird [span., »Zusammentreiben (des Viehs)«; zu *rodear* »umzingeln, zusammentreiben«; zu *rueda* »Rad« <lat. *rota* »Rad«]

Ro|ko|ko ⟨a. [-'--] od. österr. [--'-] das od. der; -s; unz.; Kunst⟩ auf das Barock folgender Stil im 18. Jh., der durch zierliche, heitere, beschwingte Formen gekennzeichnet ist [<frz. *rococo* (Pariser Künstlerjargon des 19. Jh. zur Verspottung der Zierweise des 18. Jh.) <*rocaille* »Geröll, aufgehäufte Steine, Grotten, Muschelwerk«; zu *roc* »Felsen«]

Rol|lo ⟨a. [-'-] das; -s, -s⟩ aufrollbarer Vorhang [<frz. *rouleau* »Rolle«]

ROM ⟨Abk. für engl.⟩ Read Only Memory, ein Festwertspeicher für EDV-Anlagen, bei dem die eingegebenen Daten nur gelesen, aber nicht verändert werden können [engl.]

Ro|man ⟨der; -s, -e; Lit.⟩ **1** literarische Großform, umfangreicher in Prosa abgefasster, meist fiktionaler Text; *historischer, utopischer ~; Kriminal~; Bildungs~* **2** ⟨fig.⟩ abenteuerliche od. ereignisreiche Begebenheit; *seine Reise war geradezu ein ~* [frz., »Roman« <afrz. *romanz* <vulgärlat. *romanice* »auf romanische Art, in romanischer (d. h. nicht klassisch-lat.) Sprache«; zu lat. *Romanus* »römisch, romanisch«]

Ro|man|ci|er ⟨[rɔmãsjeː] der; -s, -s; Lit.⟩ Romanschriftsteller [frz.]

Ro|ma|nik ⟨die; -; unz.; Kunst; bes. Arch.⟩ Stil der europäischen Kunst (etwa 1000-1250 n. Chr.) mit (in der Baukunst) römischen Elementen

ro|ma|nisch ⟨Adj.⟩ **1** die Romanen betreffend, zu ihnen gehörig; *~e Sprachen* aus dem Lateinischen entstandene Sprachen, z. B. Französisch, Spanisch, Rumänisch **2** zur Romanik gehörend, aus ihr stammend; *~e Plastik; ein ~er Dom* [<lat. *Romanus* »Römer, römisch«; zu *Roma* »Rom«]

Ro|ma|nis|tik ⟨die; -; unz.⟩ Lehre von den roman. Sprachen u. Literaturen

Ro|man|tik ⟨die; -; unz.⟩ **1** die geistigen Kräfte u. das Gefühl betonende künstlerisch-philosophische Bewegung in Europa, bes. in Deutschland zwischen 1794 u. etwa 1830 **2** ⟨fig.⟩ Hang zum Träumerischen, Stimmungsvollen **3** das Träumerische, Abenteuerliche, Fantastische selbst; *er hat keinen Sinn für ~*

ro|man|tisch ⟨Adj.⟩ **1** ⟨urspr.⟩ romanhaft **2** zur Romantik gehörend, aus ihr stammend **3** ⟨fig.⟩ träumerisch, schwärmerisch, fantastisch, unwirklich; *eine ~e Abendstimmung* **4** malerisch, wild; *~e Landschaft* [<frz. *romantique*, zunächst »dem Geist der mittelalterl. Ritterdichtung gemäß, romanhaft«, beeinflusst von engl. *romantic* »poetisch, fantastisch, stimmungsvoll, malerisch«]

Ro|man|ze ⟨die; -, -n⟩ **1** aus Spanien stammende (14. Jh.), volkstümliche, episch-lyrische Dichtung in vierzeiligen Strophen **2** seit Ende des 18. Jh. zuerst in Frankreich aufkommendes Gesangsstück, später stimmungsvolles Instrumentalstück **3** ⟨fig.; umg.⟩ Liebesabenteuer [<span. *romance* »episch-lyrisches Gedicht in frischem Volkston« <afrz. *romanz*; → *Roman*]

Rom|mé ⟨a. [-meː] das; -s; unz.; Kart.⟩ = Rommee

Rommé/Rommee In die deutsche Sprache eingegangene Fremdwörter können in vielen Fällen der im Deutschen üblichen Schreibung angepasst werden. Häufig sind die integrierten Schreibweisen schon seit langem Bestandteil des Deutschen. Dies gilt z. B. für das aus dem Französischen entlehnte »é«, das im Deutschen durch die Verdoppelung des entsprechenden Vokals wiedergegeben werden kann (»ee«).

Rom|mee ⟨a. [-meː] das; -s; unz.; Kart.⟩ ein Kartenspiel mit französischen Karten; *oV* Rommé [<engl. *rummy*]

R

Ron|dell ⟨das; -s, -e⟩ **1** rundes, mit Zierpflanzen besetztes Beet **2** runder Turm (einer Festung) **3** kreisrunder Weg in einem Garten [<frz. *rondelle* »runder Gegenstand« <vulgärlat. **rotundella* »Kügelchen, runder Gegenstand«; zu lat. *rotundus* »rund«]

Ron|do ⟨das; -s, -s; Musik⟩ Instrumentalstück, bei dem das Kernstück immer wiederkehrt [ital., »Ringelgedicht, Rondo«]

Ro|sé|wein ⟨[-seː-] der; -(e)s, -e⟩ hellroter Wein aus roten Trauben

Ro|ta|ti|on ⟨die; -, -en⟩ **1** Drehung, Umdrehung (eines Körpers od. einer Fläche) um eine Achse **2** Positionswechsel [<lat. *rotario* »kreisförmige Umdrehung«; zu *rotare* »drehen«]

ro|tie|ren ⟨V.⟩ **1** sich gleichmäßig u. anhaltend um eine Achse drehen **2** Positionen wechseln **3** ⟨umg.⟩ Arbeit, Erledigungen unter starker Anspannung u. Nervosität verrichten; *er hat viel zu tun, er rotiert völlig* [<lat. *rotare* »wie ein Rad drehen«; zu *rota* »Rad«]

Ro|tor ⟨der; -s, -to|ren; Technik⟩ **1** rotierender Teil elektrischer Maschinen, Läufer; *Ggs* Stator **2** rotierender Flügel (des Hubschraubers) [→ *rotieren*]

Rouge ⟨[ruːʒ] das; - od. -s, -s⟩ rote Schminke (für die Wangen); ~ *auflegen, auftragen* [frz., »rot«]

Rou|la|de ⟨[ru-] die; -, -n; Kochk.⟩ **1** dünne Scheibe Fleisch, die mit Speck u. Zwiebeln gefüllt, zusammengerollt u. geschmort wird **2** ⟨Musik⟩ schnell rollender, virtuoser Lauf [frz.]

Rou|lett ⟨[ru-] das; -(e)s, -e od. -s⟩ = Roulette

R

Rou|lette ⟨[rulɛt] das; -(e)s, -e od. -s⟩ ein Glücksspiel, bei dem eine Kugel in einer drehbaren Scheibe mit schwarzen u. roten nummerierten Feldern über den Gewinn entscheidet; *oV* Roulett [<frz. *roulette* »Rollrädchen, Roulett, Roulettspiel«]

Rou|te ⟨[ruːtə] die; -, -n⟩ (vorgeschriebener od. geplanter) Reiseweg [frz., »Reiseweg, Landstraße« <vulgärlat. *(via) rupta* »gebrochener Weg«; zu lat. *rumpere* »brechen«]

Rou|ti|ne ⟨[ru-] die; -; unz.⟩ Übung, Geschicklichkeit, Erfahrung; *(keine)* ~ *in einer Sache haben* [frz., »Gewohnheit, Routine«; → *Route*]

rou|ti|niert ⟨[ru-] Adj.⟩ geschickt, geübt, gewandt, erfahren [<frz. *routiné* »gewöhnt, durch Gewöhnung geschickt erfahren«]

Row|dy ⟨[raʊdɪ] der; -s, -s⟩ Streit suchender Mensch, Raufbold [engl.]

...rrhö ⟨Nachsilbe; zur Bildung weibl. Subst.; die; -, -en; Med.⟩ Fließen; *Diarrhö* [<nlat. *...rrhoea* <grch. *...rrhoia;* zu *rheein* »fließen«]

Ru|bi|di|um ⟨das; -s; unz.; chem. Zeichen: Rb⟩ chem. Element, silberweißes Alkalimetall, Ordnungszahl 37 [<lat. *rubidus* »rot«]

Ru|bi|kon ⟨der; -s; unz.⟩ *den* ~ *überschreiten* ⟨Sprichw.⟩ eine wichtige Entscheidung unwiderruflich treffen [nach dem gleichnamigen Fluss in Italien, den Cäsar 49 v. Chr. überschritt, wodurch er den Bürgerkrieg auslöste]

Ru|co|la ⟨die; -; unz.; Bot.⟩ als Salatpflanze genutztes einjähriges Kraut; *oV* Rukola [ital.]

Ru|di|ment ⟨das; -(e)s, -e⟩ **1** Rest, Überbleibsel, Bruchstück **2** ⟨Biol.⟩ verkümmertes Organ, das seine einstige Funktion im Laufe der Entwicklungsgeschichte verloren hat, z. B. Wurmfortsatz am menschlichen Blinddarm [<lat. *rudimentum* »der erste Anfang, der erste Versuch«]

ru|di|men|tär ⟨Adj.⟩ verkümmert, nicht ausgebildet, zurückgeblieben

Rug|by ⟨[rʌgbɪ] das; -s; unz.; Sport⟩ Spiel zwischen zwei Mannschaften mit einem eiförmigen Ball aus Leder, der mit Händen u. Füßen gespielt werden darf [engl., nach dem Ort *Rugby* bei Birmingham in England]

Ru|in ⟨der; -s; unz.⟩ Zusammenbruch, Untergang, Verfall, völliger Verlust des Vermögens; *moralischer, wirtschaftlicher* ~ [→ *Ruine*]

Ru|i|ne ⟨die; -, -n⟩ Reste eines zerstörten Bauwerks; *Schloss~; Tempel~; eine wild-romantische Burg~* [<frz. *ruine* <lat. *ruina* »Einsturz«]

ru|i|nie|ren ⟨V.⟩ **1** zerstören, (wirtschaftlich) zugrunde richten, vernichten; *du wirst noch deine Gesundheit ~; ich bin ruiniert* ich habe mein Vermögen, mein

Ansehen verloren **2** verwüsten, schwer beschädigen [<frz. *ruiner* »zerstören, vernichten«; → *Ruine*]

Ru|ko|la ⟨die; -; unz.; Bot.⟩ = Rucola

Rum|ba ⟨der; -s, -s od. fachsprachl. die; -, -s; Musik⟩ aus einem kubanischen Volkstanz hervorgegangener Gesellschaftstanz im $^4/_4$-Takt [kuban.-span., eigtl. »herausfordernder Tanz«]

Rump|steak ⟨[rumpste:k] das; -s, -s; Kochk.⟩ kurzgebratene Scheibe von der Rindslende [<engl. *rump-steak* <*rump* »Hinterteil, Rumpf« + *Steak*]

Rund|mail ⟨[-mɛɪl] die; -, -s; EDV⟩ Rundschreiben in Form einer E-Mail

ru|ral ⟨Adj.⟩ ländlich, bäuerlich [<lat. *ruralis* »ländlich«; zu *rus* »Land«]

Rush|hour ⟨[rʌʃaʊə(r)] die; -, -s; Pl. selten⟩ Zeit (morgens u. nachmittags) mit dem größten Straßenverkehr, Hauptverkehrszeit [<engl. *rush* »dahinstürmen, dahineilen; Ansturm« + *hour* »Stunde«]

rus|ti|kal ⟨Adj.⟩ ländlich, bäuerlich

→ **Route:** Was du nicht unter ***ru-*** findest, kann unter ***rou-*** stehen, z. B. *Route*!

Ru|the|ni|um ⟨das; -s; unz.; chem. Zeichen: Ru⟩ silberweißes, platinähnliches Metall, chem. Element, Ordnungszahl 44 [<mlat. *Ruthenia* »Russland«]

Ru|til ⟨das; -s, -e⟩ Mineral, chem. Titandioxid [<lat. *rutilis* »rötlich«]

Ru|ti|lis|mus ⟨der; -; unz.; Med.⟩ Neigung zu erröten [→ *Rutil*]

→ **Rhythmus:** Was du nicht unter ***rü-*** findest, kann unter ***rhy-*** stehen, z. B. *Rhythmus*!

Sab|bat ⟨der; -s, -e⟩ der jüdische Samstag (Freitag- bis Samstagabend), an dem alle Arbeit ruht [<lat. *sabbatum* <grch. *sabbaton* <hebr. *schabbath* »Feiertag«]

Sa|bo|ta|ge ⟨[-ʒə] die; -, -n⟩ Vereitelung eines Zieles anderer, bes. durch Zerstören od. Beschädigen von Maschinen, Waren usw., meist zu politischen Zwecken [frz.; → *sabotieren*]

Sa|bo|teur ⟨[-tøːr] der; -s, -e⟩ jmd., der Sabotage verübt

sa|bo|tie|ren ⟨V.⟩ planmäßig vereiteln, behindern [<frz. *saboter* »mit Holzschuhen klappern od. treten; pfuschen, sabotieren«; zu *sabot* »Holzschuh«]

Sa|dis|mus ⟨der; -; unz.⟩ **1** ⟨i. e. S.⟩ Perversion, bei der durch Zufügen von Qualen u. Schmerzen geschlechtliche Befriedigung empfunden wird; *Ggs* Masochismus **2** ⟨i. w. S.⟩ Lust an Grausamkeiten [nach dem frz. Schriftsteller Marquis de *Sade,* 1740-1814]

Sa|dist ⟨der; -en, -en⟩ jmd., der Sadismus betreibt, der andere Menschen quält

sa|dis|tisch ⟨Adj.⟩ auf Sadismus beruhend, grausam, Freude an Quälereien empfindend; *Ggs* masochistisch

Sa|do|ma|so|chis|mus ⟨[-xɪs-] der; -; unz.⟩ Triebbefriedigung durch Zufügen u. Empfangen von Misshandlungen [<*Sadismus* + *Masochismus*]

Safe ⟨[sɛɪf] der; -s, -s⟩ feuerfester, stark gesicherter Behälter aus Stahl zum Aufbewahren von Geld od. Wertgegenständen; *Sy* Tresor (1) [engl., »sicher, geschützt; Geldschrank«]

Sa|fer Sex ⟨[sɛɪfə(r) -] der; - -; unz.⟩ Vorsichtsmaßnahmen beim Geschlechtsverkehr zum Schutz vor der Ansteckung mit Aids, z. B. die Verwendung von Kondomen [<engl. *safer sex* »sicherer Sex«]

Sai|son ⟨[sɛzɔ̃ŋ] od. österr., süddt. [sɛzoːn] die; -, -s od. (österr., süddt.) -en⟩ **1** (die richtige) Jahreszeit **2** jahreszeitlich bedingte Hauptgeschäftszeit, *z. B. in Urlaubsorten* **3** Spielzeit des Theaters [frz., »Jahreszeit«]

Sak|ko ⟨der od. fachsprachl. meist, österr. nur das; -s, -s⟩ Jacke zum Straßenanzug des Mannes [italienisierende Bildung zu *Sack* in der Bedeutung »kurzer modischer Männerrock ohne Taille, gleichsam sackförmig«, nach dem Vorbild von amerikan.-engl. *sack* »lose sitzender Rock«]

◆ Die Buchstabenfolge **sa|kr...** kann auch **sak|r...** getrennt werden.

◆**sa|kral** ⟨Adj.⟩ **1** zum Kreuzbein gehörig, in der Gegend des Kreuzbeins gelegen **2** heilig, zum Gottesdienst, zur Kirche gehörig, kirchlich, der Kirche dienend; *Ggs* profan (1) [zu 1: <lat. *os sacrum* »Kreuzbein«, eigtl. »heiliger Knochen«; zu2: <lat. *sacer* »heilig«]

◆**Sa|kra|ment** ⟨das; -(e)s, -e; Theol.⟩ **1** (auf Christus zurückgeführte) religiöse Handlung, bei der besondere Gnaden vermittelt werden, *z. B. Taufe u. Priesterweihe* **2** Symbol dieser Gnaden (Wasser, Wein, Brot, Öl) [<kirchenlat. *sacramentum* »religiöses Geheimnis« <lat. »Weihe, Verpflichtung (zum Kriegsdienst), Treueid«; zu *sacrare* »der Gottheit weihen, heilig machen«]

◆**Sa|kri|leg** ⟨das; -s, -e⟩ religiöser Frevel, Entweihung, Vergehen gegen Heiliges, *z. B. Kirchenraub, Gotteslästerung* [<lat. *sacrilegium* »Entweihung, Verletzung des Heiligen«]

sä|ku|la|ri|sie|ren ⟨V.⟩ *kirchlichen Besitz ~* in weltlichen Besitz überführen

Sa|la|mi ⟨die; -, -s od. -⟩ harte, geräucherte Wurst [<ital. *salame* »Pökelfleisch, Schlackwurst«; zu *sale* »Salz« <lat. *sal*]

sal|die|ren ⟨V.; Bankw.⟩ **1** den Saldo ermitteln von, ausgleichen; *ein Konto, eine Rechnung ~* **2** *eine Rechnung ~* ⟨österr.⟩ die Bezahlung einer Rechnung bestätigen [<ital. *saldare* »(Rechnung) abschließen, ausgleichen«; zu lat. *solidus* »fest«]

Sal|do ⟨der; -s, -s od. Sal|den od. Sal|di⟩ Betrag, um den sich die eine Seite eines Kontos von der anderen unterscheidet, Restbetrag der Soll- od. Habenseite beim Abschluss [ital., »Rechnungsabschluss«; zu *saldare* »(Rechnung) abschließen, ausgleichen«; zu lat. *solidus* »fest«]

Sal|mi|ak ⟨a. [--'-] der; -s; unz.; Chemie⟩ aus Ammoniak und Salzsäure entstehende Ammoniumverbindung, dient u. a. als Düngemittel [<lat. *sal ammoniacus* »bei dem Tempel des Jupiter Ammon gefundenes Salz«]

Sal|mo|nel|la ⟨die; -, -nel|len; meist Pl.; Med.⟩ infektiöse Krankheiten des Darms erregendes Bakterium [nach dem amerikan. Bakteriologen D. E. *Salmon,* 1850-1914]

sa|lo|mo|nisch ⟨Adj.⟩ dem jüdischen König Salomo (ca. 950 v. Chr.) ähnlich; *ein ~es Urteil* ein weises Urteil

Sa|lon ⟨[-lɔ̃:] od. [-lɔŋ], österr. a. [-lo:n] der; -s, -s⟩ **1** Empfangszimmer **2** ⟨17.-19. Jh.⟩ regelmäßige Empfänge für einen kleinen literarisch u. künstlerisch interessierten Kreis **3** Modegeschäft od. Friseur; *Frisier~* **4** Kunstausstellung [frz. <ital. *salone,* eigtl. »großer Saal«; zu *sala* »Saal«]

sa|lopp ⟨Adj.⟩ **1** ungezwungen, locker **2** nachlässig, schlampig [<frz. *salope* »schmierig, dreckig«]

Sal|sa[1] ⟨der; -s, -s; Musik⟩ (paarweise getanzter) moderner lateinamerikanischer Gesellschaftstanz mit Jazz- u. Rockelementen [span.]

Sal|sa[2] ⟨die; -, -s; texikan.-mexikan. Kochk.⟩ scharfe, dickflüssige Tomatensoße, Ketchup [span., »Soße«]

Sal|to ⟨der; -s, -s od. Sal|ti; Sport⟩ Sprung mit Überschlag in der Luft, Sprung mit Drehung um die waagerechte Achse [ital., »Sprung«]

Sal|to mor|ta|le ⟨der; - -, - - od. Sal|ti -ta|li⟩ Todessprung, mehrfacher Salto [ital., »Todessprung«]

Sal|ve ⟨[-və] die; -, -n⟩ das gleichzeitige Abfeuern mehrerer Schusswaffen [frz., eigtl. »Begrüßungsschießen«; zu lat. *salve!* »sei gegrüßt!«; zu *salvere* »gesund sein, sich wohl befinden«]

Sa|ma|ri|um ⟨das; -s; unz.; chem. Zeichen: Sm⟩ chem. Element, Ordnungszahl 62 [nach dem Mineral *Samarskit,* nach dem russ. Mineralogen *Samarski*]

Sam|ba ⟨der; -s, -s od. fachsprachl. die; -, -s⟩ urspr. aus dem Reigentanz brasilianischer Schwarzer hervorgegangener Gesellschaftstanz im $^2/_4$-Takt [portug. <afrikan.]

Sa|mo|war ⟨a. ['---] der; -s, -s⟩ russischer Wasserkessel für die Teezubereitung [<russ. *samovar* <*samo...* »selbst« + *varit* »kochen«]

Sam|pler *auch:* **Samp|ler** ⟨[sa:mplə(r)] der; -s, -⟩ Sammlung erfolgreicher Musiktitel einer bestimmten Stilrichtung, eines Sängers od. einer Gruppe auf einem Tonträger [engl., »Auswahlplatte, Auswahl-CD«]

Sa|mu|rai ⟨der; -s od. -, -s od. -; früher⟩ Angehöriger des japanischen Kriegerstandes [japan., »die Dienenden«]

Sa|na|to|ri|um ⟨das; -s, -ri|en⟩ Krankenheilstätte zur Behandlung länger anhaltender Leiden od. zur Kräftigung des Körpers nach überstandener Krankheit; *Lungen~* [<lat. *sanare* »heilen«]

Sanc|tus ⟨das; -; unz.⟩ Lobgesang der kath. Messe (nach dem Wort des Anfangs) [lat., »heilig«]

sa|nie|ren ⟨V.⟩ **1** gesunde Verhältnisse (zum Leben u. Wohnen) schaffen **2** wieder (wirtschaftlich) leistungsfähig machen; *ein Unternehmen ~* [<lat. *sanare* »heilen, gesundmachen«; zu *sanus* »gesund«]

sa|ni|tär ⟨Adj.⟩ **1** das Gesundheitswesen betreffend **2** der Gesundheit, Hygiene dienend; *~e Einrichtungen* **3** gesundheitlich, hygienisch [<frz. *sanitaire* »gesundheitlich, sanitär«; zu lat. *sanitas* »Gesundheit«]

Sa|ni|tä|ter ⟨der; -s, -⟩ **1** Sanitätssoldat **2** Krankenpfleger **3** jmd., der professionell in der Ersten Hilfe ausgebildet ist [<lat. *sanitas* »Gesundheit«; zu *sanus* »gesund«]

Sank|ti|on ⟨die; -, -en⟩ **1** Bestätigung, Anerkennung, Erhebung zum verbindlichen Gesetz **2** ⟨Pl.⟩ *~en* Strafmaßnahmen gegen einen anderen Staat; *~en verhängen; Wirtschafts~* [<frz. *sanctio* »Genehmigung, Zustimmung, natürl. Folge, Strafmaßnahme« <lat. *sanctio* »Billigung, geschärfte Verordnung, Strafgesetz«; zu *sancire* »heiligen«]

Sa|ra|ban|de ⟨a. [-bã:d] die; -, -n; Musik⟩ **1** aus einem altspanischen Volkstanz entwickelter, französischer Gesell-

S

schaftstanz im 17. u. 18. Jh. **2** Satz der Suite [frz. <span. *zarabanda*]

Sa|ri ⟨der; - od. -s, -s⟩ kunstvoll gewickeltes Gewand der indischen Frau [<Hindi *sāri* <Sanskrit *śśti*]

Sar|kas|mus ⟨der; -, -kas|men⟩ **1** ⟨unz.⟩ beißender Spott, Hohn **2** ⟨zählb.⟩ sarkastische Äußerung [<grch. *sarkasmos;* zu *sarkazein* »zerfleischen, hohnsprechen«; zu *sarx,* Gen. *sarkos* »Fleisch«]

sar|kas|tisch ⟨Adj.⟩ beißend-spöttisch, bissig-höhnisch

Sar|ko|phag ⟨der; -s, -e⟩ prunkvoller, steinerner Sarg [<grch. *sarkophagos* »Fleischfresser«, urspr. Sarg aus dem Stein von Assos in Kleinasien, der das Fleisch der darin beigesetzten Leichen allmählich vernichtete <grch. *sarx,* Gen. *sarkos* »Fleisch« + *phagein* »essen, fressen«]

Sa|rong ⟨der; - od. -s, -s⟩ rockartig um den Körper gewickeltes buntes Tuch der indonesischen Frau [<mal. *saron*]

Satan: *Satan* war im Alten Testament zunächst der Name des Gegners im Krieg und vor Gericht. Später wurde der Ankläger vor Gott, der Opponent Gottes, und schließlich der Versucher und Verführer als *Satan* bezeichnet. Im Laufe der Zeit wurde der *Satan* dann ausschließlich zum Feind Gottes, zum Teufel und dem Bösen schlechthin. Im Neuen Testament wird der Name *Satan* mit *diabolos* (»Teufel«) gleichgesetzt. Diese Gleichsetzung ist in der christlichen Tradition bis heute erhalten geblieben.

Sa|tan ⟨der; -s, -e⟩ **1** ⟨unz.⟩ Teufel **2** ⟨zählb.⟩ böser, teuflischer Mensch [<ahd. *satanas* <kirchenlat. *Satanas* <grch. *Satan,* Gen. *Satanas* <hebr. *Satan* »Widersacher, Gegner«]

Sa|tel|lit ⟨der; -en, -en⟩ **1** Himmelskörper, der einen Planeten umkreist, Mond **2** künstlicher Erdsatellit; *Nachrichten ~; Spionage ~; Wetter ~* [<frz. *satellite* <lat. *satelles,* Gen. *satellitis* »Leibwächter, Trabant«, vermutl. <etrusk.]

Sa|tin ⟨[satɛ̃:] der; -s, -s; Textilw.⟩ Stoff mit glatter, glänzender Oberfläche [<afrz. *satin* <arab. *atlas zaituni* »glattes Gewebe aus Zaitun« (arab. Bezeichnung des chines. Ausfuhrhafens *Tsautung*)]

Sa|ti|re ⟨die; -, -n⟩ literarische Gattung, die durch Ironie u. spöttische Übertreibung menschliche Schwächen, politische Ereignisse u. Ä. kritisiert [<lat. *satira* »Satire« <*satura* »Fruchtschüssel als Gabe an die Götter, Gemengsel«]

sa|ti|risch ⟨Adj.⟩ in der Art einer Satire, spöttisch, beißend-witzig

Sa|tis|fak|ti|on ⟨die; -, -en⟩ Genugtuung, Wiedergutmachung (durch Duell od. Ehrenerklärung); *~ erhalten, fordern* [<lat. *satisfactio* »Genugtuung, Befriedigung«]

Sa|tyr ⟨der; -s od. -n, -n od. -ty|re⟩ **1** ⟨grch. Myth.⟩ ein lüsterner Dämon im Gefolge des Dionysos mit Schwanz u. Beinen eines Pferdes **2** ⟨fig.⟩ wollüstiger Mensch [<grch. *Satyros*]

Sau|ce ⟨[so:sə] die; -, -n⟩ = Soße [frz.]

Sau|ci|e|re ⟨[sosje:rə] die; -, -n⟩ Soßenschüssel [<frz. *sauciére*]

Sau|na ⟨die; -, -s od. Sau|nen⟩ finn. Heißluft- u. Dampfbad, bei dem durch periodisches Übergießen heißer Steine Dampf entsteht [finn.]

→ **Sound:** Was du nicht unter ***sau-*** findest, kannst unter ***sou-*** stehen, z. B. *Sound*!

Sau|ri|er ⟨der; -s, -; meist Pl.⟩ ausgestorbenes, oft riesiges Reptil [<grch. *sauros* »Eidechse«]

Sa|van|ne ⟨[-van-] die; -, -n; Geogr.⟩ Grasland mit Buschwerk u. Baumgruppen [<span. *zavana* <Taino *zabana*]

Sa|xo|fon ⟨das; -s, -e; Musik⟩ = Saxophon

Sa|xo|phon ⟨das; -s, -e; Musik⟩ Blasinstrument aus einem metallenen, am Ende nach oben gebogenen Rohr mit klarinettenartigem Klang; *oV* Saxofon [nach dem belg. Instrumentenbauer Adolph *Sax,* 1814-1894, + *...phon*[2]]

Scam|pi ⟨Pl.; ital. Bez. für⟩ eine Krebsart, die als Speise dient

Scan|di|um ⟨das; -s; unz.; chem. Zeichen: Sc⟩ chem. Element, hellgraues, glänzendes Metall, Ordnungszahl 21 [nlat.; nach *Scandia,* der lat. Bezeichnung für *Südskandinavien*]

scan|nen ⟨[skæn-] V.⟩ mit einem Scanner abtasten, mit Hilfe eines Scanners einlesen [zu engl. *scan* »abtasten«]

Scan|ner ⟨[skænə(r)] der; -s, -⟩ Gerät, das ein Objekt (z. B. ein Foto) mit einem feinen Elektronenstrahl punkt- od. zeilenweise abtastet u. die dabei anfallenden Messwerte in Schwarzweiß- od. Farbkontraste zur weiteren Verarbeitung umsetzt [engl., zu *scan* »abtasten«]

Scart|ka|bel ⟨das; -s, -; El.⟩ besondere Steckverbindung, z. B. zum Anschluss von Videogeräten u. DVD-Spielern

Scat ⟨[skæt] der; -s; unz.; Musik; Jazz⟩ improvisierender Gesang mit einzelnen, unzusammenhängenden Silben [<engl. *scat* »Schlag«]

Scha|blo|ne *auch:* **Schab|lo|ne** ⟨die; -, -n⟩ **1** ausgeschnittene od. ausgestanzte Vorlage; *Zeichen ~* **2** Muster **3** ⟨fig.⟩ übliche, herkömmliche, erstarrte Form; *er hält sich stets an die ~; nach der ~ arbeiten, handeln* [<mnddt. *schampelion, schamplun, schaplun* »Vorbild, Muster«, von unklarer Herkunft, beeinflusst von *schaben*]

Schah ⟨der; -s, -s; im Iran Titel für⟩ Herrscher [<pers. *ìah* »König«]

Scha|lom! Frieden! (hebräisches Grußwort) [hebr., »Frieden«]

> → **Chanson:** Was du nicht unter ***schan-*** findest, kann unter ***chan-*** stehen, z. B. ***Chanson***!

Scha|ra|de ⟨die; -, -n⟩ Rätsel, bei dem aus Silben od. Wörtern auf einen Oberbegriff geschlossen werden muss [<frz. *charade*]

> → **Jargon:** Was du nicht unter ***scha-*** findest, kann unter ***ja-*** stehen, z. B. ***Jargon***!

Schar|la|tan ⟨a. [--'-] der; -s, -e⟩ Lügner, Schwindler, Schaumschläger [<frz. *charlatan* <ital. *ciarlatano* »Marktschreier, Schaumschläger«; zu *ciarlare* »schwatzen«]

Scharm ⟨der; -s; unz.⟩ = Charme

Schasch|lik ⟨der od. das; -s od. -; unz.; Kochk.⟩ (über Holzkohlenfeuer) am Spieß mit Zwiebeln gebratene Würfel von Fleisch u. Speck [<russ. *ìaìlyk* <turkotatar.]

Scheck ⟨der; -s, -s od. (selten) -e⟩ an eine bestimmte Form gebundene Zahlungsanweisung auf das Guthaben des Ausstellers [<engl. *cheque,* beeinflusst von amerikan. *check*]

> → **Chef:** Was du nicht unter ***sche-*** findest, kann unter ***che-*** stehen, z. B. ***Chef***!

Scheich ⟨der; -s, -e od. -s⟩ *oV* Scheik **1** Häuptling eines arabischen Nomadenstammes **2** Ehrentitel im Vorderen Orient [<arab. *shaykh,* eigtl. »Greis«]

Scheik ⟨der; -s, -e od. -s⟩ = Scheich

Sche|ma ⟨das; -s, -s od. -ma|ta⟩ **1** Plan, Muster, Vorschrift; *etwas nach ~ F behandeln* (gedankenlos) auf stets dieselbe Weise, nach der üblichen Ordnung **2** Übersicht, zeichnerische Darstellung; *einen Sachverhalt durch ein ~ verdeutlichen* [grch., »Haltung, Stellung; Gestalt, Figur, Form«]

sche|ma|tisch ⟨Adj.⟩ **1** nach einem bestimmten Schema (1), an ein S. gebunden; *etwas (rein) ~ behandeln; das ist eine ganz ~e Arbeit, Tätigkeit* **2** gleichmacherisch **3** durch, mit Hilfe eines S. (verdeutlicht, dargestellt); *einen Vorgang ~ darstellen*

> → **Genie:** Was du nicht unter ***sche-*** findest, kann unter ***ge-*** stehen, z. B. ***Genie***!

scher|zan|do ⟨[skɛr-] Musik⟩ scherzend, heiter (zu spielen) [ital.]

Scher|zo ⟨[skɛr-] das; -s, -s od. Scher|zi; Musik⟩ **1** heiterer, bewegter Satz der Sonate, auch der Symphonie, im $^3/_4$-Takt **2** heiteres Musikstück [ital., eigtl. »Spaß, Scherz«; zu *scherzare* »spaßen, scherzen«]

Schi ⟨der; -s, Schi|er⟩ = Ski

Schib|bo|leth ⟨das; -s, -s⟩ Erkennungszeichen, -wort, Losung [hebr., »Ähre«]

schick ⟨Adj.⟩ **1** modisch, geschmackvoll, elegant; *oV* chic **2** ⟨umg.⟩ großartig, toll, prima [<frz. *chic,* im 16. Jh. <dt. *Schick*]

Schick ⟨der; -s; unz.⟩ Eleganz, modische Feinheit [<mnddt. *schick* »was sich schickt, richtige Ordnung«; zu *schicken*

S

»etwas in Ordnung bringen«, seit 1850 beeinflusst von frz. *chic* »Eleganz, verfeinerte Lebensart; Geschick« (im 16. Jh. <dt. *Schick*)]

Schi|cke|ria ⟨die; -; unz.; meist abwertend⟩ reiche, sich extravagant gebärdende, übertrieben elegant gekleidete Gesellschaftsschicht, die ihren Besitz zur Schau stellt [→ *schick*]

> → **Chiffre:** Was du nicht unter ***schi-*** findest, kann unter ***chi-*** stehen, z. B. ***Chiffre***!

Schi|it ⟨der; -en, -en⟩ Mohammedaner, der Ali, den Schwiegersohn Mohammeds, als dessen rechtmäßigen Nachfolger anerkennt u. die drei ersten Propheten verwirft; *Ggs* Sunnit [<arab. *schi'at' Ali* »Partei Alis«]

Schi|ka|ne ⟨die; -, -n⟩ **1** böswillig bereitete Schwierigkeit (meist unter Ausnutzung einer Machtstellung) **2** *mit allen ~n* ⟨fig.; umg.⟩ mit allen Annehmlichkeiten, Feinheiten, technischen Extras; *ein Fahrrad, ein Auto mit allen ~n* [<frz. *chicane*]

schi|ka|nie|ren ⟨V.⟩ *jmdn.* ~ jmdm. absichtlich Schwierigkeiten bereiten [<frz. *chicaner*]

Schi|ko|ree ⟨die; -; unz. od. der; -s; unz.; Bot.⟩ = Chicorée

Schi|mä|re ⟨die; -, -n⟩ Trugbild, Hirngespinst; *oV* Chimäre (3) [<frz. *chimère* <lat. *chimaera* »Chimäre« <grch. *Chimaira,* in der grch. Sage feuerspeiendes Untier mit drei Köpfen, eigtl. »Ziege«]

> **Schintoismus:** *Schintoismus* ist der Name für die ursprüngliche Religion der Japaner (die japanische Bezeichnung lautet »Kami no mitschi«). Für den *Schintoismus* ist die Naturverehrung, der Glaube an Naturgottheiten und der Ahnenkult kennzeichnend. Es gibt seiner Lehre nach eine sehr große Anzahl von Kami (Gottheiten). Aus dem Streit der Gottheiten ging die Göttin Amaterasu hervor, die ihren Enkel Ninigi zum Herrscher über Japan ernannte. Der Kaiser von Japan, der so genannte *Tenno,* wurde bis 1946 als Nachfolger des göttlichen Ahnherren angesehen.
>
> Der *Schintoismus* hat das japanische Volk bezüglich seiner ethischen Ideale (Pflichttreue, Ehrlichkeit, Selbstbeherrschung und Todesverachtung) entscheidend beeinflusst. Häufig wird neben dem *Schintoismus* (als Ethik) auch der → *Buddhismus* (als Religion) praktiziert.

Schin|to|is|mus ⟨der; -; unz.; Rel.⟩ die ursprüngliche Religion der Japaner; *oV* Shintoismus [<jap. *shinto* »Weg der Götter«; zu *shin* »Geist, Gott« + *to* »Weg«]

Schis|ma ⟨[ʃɪs-] od. [sçɪs-] das; -s, -ma|ta od. Schis|men⟩ Kirchenspaltung, Spaltung der kirchlichen Einheit (in die griech.-orthodoxe u. röm.-kath. Kirche 1054 u. innerhalb der abendländ. Kirche 1378-1417) [grch., »Spaltung«]

schi|zo..., Schi|zo... ⟨[ʃi-] od. [sçi-] in Zus.⟩ durch Spaltung, gespalten, Spalt... [<grch. *schizein* »spalten«]

schi|zo|gen ⟨Adj.; Biol.⟩ durch Spaltung entstanden [<*schizo...* + *...gen*[1]]

schi|zo|id ⟨Adj.⟩ seelisch gespalten, zerrissen [<*schizo...* + grch. *eidos* »Aussehen«]

schi|zo|phren ⟨Adj.⟩ **1** ⟨Psych.⟩ an Schizophrenie leidend **2** ⟨fig.; umg.⟩ zwiespältig

Schi|zo|phre|nie ⟨die; -, -n; Psych.⟩ psychische Erkrankung, die zur Spaltung u. zum Verfall der Persönlichkeit führt u. Wahnvorstellungen sowie Sinnestäuschungen hervorrufen kann [<*Schizo...* + grch. *phren* »Gemüt, Seele«]

schmug|geln ⟨V.⟩ Schmuggel treiben (mit); *etwas über die Grenze* ~ [<nddt. *smuggeln,* engl. *smuggle,* eigtl. »sich ducken«; verwandt mit norweg. *smokla* »lauern, sich versteckt halten«]

Scho|ko|la|de ⟨die; -, -n⟩ Nahrungs- u. Genussmittel aus Kakao, Milch od. Sahne, Gewürzen, meist Kakaobutter u. bis zu 60 % Zucker, in Tafeln gewalzt od. in Figuren gegossen [<span. *chocolate* <Nahuatl *chocolatl* »Kakaogetränk«; vielleicht zu *xococ* »sauer, bitter« + *atl* »Wasser, Getränk«]

Scho|las|tik ⟨die; -; unz.⟩ **1** die auf die antike Philosophie gestützte, christliche Dogmen verarbeitende Philosophie u.

Wissenschaft des MA **2** ⟨fig.⟩ engstirnige Schulweisheit [<lat. *scholasticus* »zur Schule gehörig«]

scho|las|tisch ⟨Adj.⟩ **1** zur Scholastik gehörend, auf ihr beruhend, ihre Methode anwendend **2** ⟨fig.⟩ schulmäßig, schulmeisterlich, spitzfindig

→ **Shop:** Was du nicht unter *scho-* findest, kann unter *sho-* stehen, z. B. *Shop*!

Schwa|dron *auch:* **Schwad|ron** ⟨die; -, -en; Mil.⟩ unterste taktische Einheit der Kavallerie [<ital. *squadrone* »großes Viereck«; zu *squadra* »Geschwader«]

schwa|dro|nie|ren *auch:* **schwad|ro|nie|ren** ⟨V.⟩ wortreich prahlen

Sci|ence|fic|tion *auch:* **Sci|ence-Fic|tion** ⟨[saɪənsfɪkʃn] die; -; unz.⟩ utopische Prosadichtung auf naturwissenschaftlich-technischer Grundlage [<engl. *science* »Wissenschaft« + *fiction* »Erfindung; Erzählung«]

Sci|en|to|lo|gy ⟨[saɪəntɔlədʒı] die; -; unz.; Rel.⟩ (umstrittene) Religionsgemeinschaft mit dem wissenschaftlichen Anspruch einer geistigen u. seelischen Gesundung ihrer Anhänger [engl.]

Score ⟨[skɔ:(r)] das; -, -s⟩ **1** ⟨Sport⟩ Punktzahl, Spielstand **2** ⟨in Experimenten od. Tests⟩ in Zahlen ausgedrücktes Ergebnis **3** ⟨Lotto⟩ Zahl der erreichten Treffer [engl., »Kerbe, Einschnitt, Rechnung, Spielergebnis, Spielstand«]

Scout ⟨[skaʊt] der; -s, -s⟩ Pfadfinder [engl., »Weggefährte«; zu mengl. *scouten* <afrz. *escouter* »zuhören«]

Screen|shot ⟨[skri:nʃɔt] der; -s, -s; EDV⟩ Direktausdruck einer kompletten Bildschirmmaske, z. B. zur Dokumentation bei Fehlermeldungen oder Programmabstürzen; *Sy* Hardcopy [<engl. *screen* »Bildschirm« + *shot* »Schuss«]

scrol|len ⟨[skroʊlən] V.; EDV⟩ verschieben, bewegen, durchblättern bzw. durchrollen (von Dokumenten auf dem Bildschirm) [<engl. *scroll*, verkürzt <*screen* »Bildschirm« + *roll* »rollen«]

Sé|an|ce ⟨[seã:s(ə)] die; -, -n⟩ spiritistische Sitzung [frz., »Sitz, Sitzung«; zu *seoir* »sitzen« <lat. *sedere* »sitzen«]

sec|co ⟨Adj.⟩ trocken, herb (von Wein) [ital.]

Se|cen|to ⟨[-tʃɛn-] das; - od. -s; unz.; Kunst⟩ das 17. Jh. in der italienischen Kunst [ital., »sechshundert (Jahre nach 1000 n. Chr.)«]

se|cond|hand ⟨[sɛkəndhæ:nd] Adj.⟩ gebraucht, aus zweiter Hand; *Kleidung ~ kaufen* [<engl. *second-hand* »aus zweiter Hand, gebraucht«]

Se|di|ment ⟨das; -(e)s, -e⟩ Ablagerung von mechanisch im bewegten Wasser getragenen Teilen od. Stoffen, Bodensatz [<lat. *sedimentum* »Bodensatz«; zu *sedere* »sitzen, sich setzen«]

Seg|ment ⟨das; -(e)s, -e⟩ **1** Abschnitt, Teilstück **2** ⟨Math.⟩ Kreisabschnitt, Kugelabschnitt [<lat. *segmentum* »Schnitt; Ein-, Abschnitt«; zu *secare* »(ab)schneiden«; → *sezieren*]

seg|men|tie|ren ⟨V.⟩ in Abschnitte einteilen

Se|gno *auch:* **Seg|no** ⟨[sɛnjo] das; -s, -s od. -gni [-nji]; Musik⟩ Zeichen im Notentext zur Kennzeichnung der Stellen für die Wiederholung; *al ~* bis zum Zeichen (spielen); *dal ~* vom Zeichen an [<ital. <lat. *signum* »Kennzeichen, Merkmal«]

Se|gre|ga|ti|on ⟨die; -, -en⟩ **1** Ausscheidung **2** Ausgrenzung bestimmter gesellschaftlicher Gruppen (nach Rasse, Sprache, Religion) von einer größeren sozialen Einheit

seis|misch ⟨Adj.⟩ auf einem Erdbeben beruhend [<grch. *seismos* »Erderschütterung«]

seis|mo..., Seis|mo... ⟨in Zus.⟩ erdbeben..., Erdbeben... [<grch. *seismos* »Erderschütterung«]

Seis|mo|graf ⟨der; -en, -en; Geophysik⟩ = Seismograph

Seis|mo|graph ⟨der; -en, -en; Geophysik⟩ Gerät zum Aufzeichnen von Erdbeben; *oV* Seismograf [<*Seismo...* + *...graph*]

Seis|mo|lo|gie ⟨die; -; unz.; Geophysik⟩ Lehre von den Erdbeben [<*Seismo...* + *...logie*]

Sejm ⟨[sɛ:jm] od. [zaɪm] der; -s, -e⟩ **1** ⟨im Königreich Polen⟩ Reichstag **2** ⟨heute⟩ die poln. Volksvertretung [poln., »Versammlung«]

Se|kans ⟨der; -, Se|kan|ten; Abk.: sec; Math.⟩ *oV* Sekante **1** Gerade, die eine Kurve schneidet **2** Winkelfunktion im

S

Dreieck, Kehrwert des Kosinus eines Winkels [<lat. *secans,* Part. Präs. zu *secare* »schneiden«]

Se|kan|te ⟨die; -, -n; Abk.: sec; Math.⟩ = Sekans

Se|kret[1] ⟨das; -(e)s, -e⟩ **1** ⟨Med.⟩ Absonderung, abgesonderte Flüssigkeit, bes. einer Drüse mit Ausführungsgang; →*a.* Inkret **2** ⟨Min.⟩ kristallisierte Bestandteile von Gesteinen, die einen Hohlraum ausfüllen [zu lat. *secretus* »abgesondert«, Part. Perf. zu *secernere* »absondern, ausscheiden«]

Se|kret[2] ⟨die; -, -e; kath. Kirche⟩ stilles Gebet des Priesters während der Messe [→ *Sekret*[1]]

Se|kre|ti|on ⟨die; -, -en⟩ das Absondern, Absonderung, bes. von Sekret durch Drüsen [→ *Sekret*]

Sekt ⟨der; -(e)s, -e⟩ Kohlensäure enthaltender Wein, der beim Öffnen der Flasche stärker schäumt als Schaumwein [<frz. *vin sec* <ital. *vino secco* »süßer, schwerer Wein aus Beeren, am Stock getrocknet«, eigtl. »trockener Wein«; zu ital. *secco* »trocken« <lat. *siccus*]

Sek|te ⟨die; -, -n; Rel.⟩ kleine religiöse Gemeinschaft, die sich von einer großen Glaubensgemeinschaft losgelöst hat [<mlat. *secta* »befolgter Grundsatz; Denkweise; Partei; philosoph. Lehre«; zu lat. *sequi* »folgen«]

Sek|ti|on ⟨die; -, -en⟩ **1** ⟨Med.⟩ Leichenöffnung **2** Abteilung, Unterabteilung, Gruppe [<lat. *sectio* »Abschnitt«]

Sek|tor ⟨der; -s, -to|ren⟩ **1** Sachgebiet, Teilgebiet, Abschnitt, Bezirk, Bereich **2** ⟨Math.⟩ Kreisausschnitt, Kugelausschnitt **3** ⟨1945-1990⟩ jede der vier Besatzungszonen in Berlin u. (bis 1955) Wien [<lat. *sector* »Kreisausschnitt; Schneider«; zu *secare* »abschneiden«]

Se|kun|da ⟨die; -, -kun|den⟩ **1** ⟨veraltet⟩ die sechste *(Unter~)* u. die siebente *(Ober~)* Klasse eines Gymnasiums; →*a.* Quarta **2** ⟨in Österr.⟩ die zweite Klasse des Gymnasiums [<lat. *secunda,* Fem. zu *secundus* »folgend, zweiter«; zu *sequi* »folgen«]

Se|kun|dant ⟨der; -en, -en⟩ **1** Betreuer, Beschützer **2** Beistand, Zeuge beim Duell **3** Betreuer beim Boxkampf [<lat. *secundans* »der Unterstützende«; zu *secundare* »begleiten, begünstigen«; → *sekundieren*]

se|kun|där ⟨Adj.⟩ **1** zur zweiten Ordnung gehörig, zweitrangig, in zweiter Linie in Betracht kommend, nachträglich hinzukommend; *Ggs* primär (3) **2** auf der Seite des Ausgangs eines Transformators liegend [<frz. *secondaire*; <lat. *secundarius* »von der zweiten Sorte, Neben...«; zu *secundus;* → *Sekunda*]

Se|kun|dar|stu|fe ⟨die; -, -n; Schulw.⟩ ~ *I* die Schulklassen 5-10; ~ *II* die Schulklassen 11-13

Se|kun|de ⟨die; -, -n⟩ **1** ⟨Physik; Abk.: s⟩ Einheit der Zeit, 60. Teil einer Minute **2** ⟨Math.; Zeichen: "⟩ 60. Teil einer Winkelminute **3** ⟨fig.; umg.⟩ kurze Zeitspanne, Augenblick **4** ⟨Musik⟩ **4.1** zweite Tonstufe der diatonischen Tonleiter **4.2** zweistufiges Intervall **5** ⟨Fechten⟩ von unten nach oben geführter Hieb [<lat. *secunda;* → *Sekunda*; zu 2: <lat. *pars minuta secunda* »der kleinste Teil zweiter Ordnung, einer durch 60 teilbaren Größe«]

se|kun|die|ren ⟨V.⟩ beistehen; *jmdm. beim Duell, Boxkampf* ~ [<lat. *secundare* »begünstigen«; zu *secundus* »folgend, zweiter; günstig« (→ *Sekunda*), beeinflusst von frz. *seconder* »beim Duell Beistand leisten«]

se|lek|tie|ren ⟨V.⟩ aussuchen, auswählen (bes. zur Zucht)

Se|lek|ti|on ⟨die; -, -en⟩ Auslese, Auswahl, Zuchtwahl [<lat. *selectio* »Auswahl«]

Se|len ⟨das; -s; unz.; chem. Zeichen: Se⟩ chemisches Element, graues Nichtmetall, Ordnungszahl 34 [<grch. *selene* »Mond«]

Self|ma|de|man ⟨[-mɛɪdmæn] der; -s, -men [-mən]⟩ jmd., der sich aus eigener Kraft zu einer bedeutenden Stellung hochgearbeitet hat; *er hat das Unternehmen als* ~ *aufgebaut* [<engl. *self* »selbst« + *made* »gemacht« + *man* »Mann, Mensch«]

Se|man|tik ⟨die; -; unz.; Sprachw.⟩ Lehre von der Bedeutung sprachlicher Zeichen (Wörter, Vor- und Nachsilben u. a.) u. der Benennung von Begriffen [<grch. *semantikos* »bezeichnend, bedeutend«; zu *semainein* »Zeichen geben, zeigen«; zu *sema* »Zeichen«]

se|man|tisch ⟨Adj.; Sprachw.⟩ die Semantik betreffend, auf ihr beruhend

Se|mes|ter ⟨das; -s, -⟩ **1** Hälfte eines Studien- od. Schuljahres; *Sommer~; Winter~* **2** ⟨fig.; umg.⟩ Student, Studentin; *älteres, jüngeres ~* [<lat. *semestris* <*sexmenstris* »sechsmonatig«; zu *sex* »sechs« + *mensis* »Monat«]

se|mi..., Se|mi... ⟨in Zus.⟩ halb..., Halb... [lat.]

> **Semikolon:** Das *Semikolon* ist ein Satzzeichen, das gleichrangige Teilsätze oder Wortgruppen voneinander abgrenzen kann. Es drückt einen höheren Grad der Abgrenzung als das → *Komma* und einen geringeren Grad der Abgrenzung als der Punkt aus. Grundsätzlich kann das *Semikolon* durch ein Komma oder einen Punkt ersetzt werden.

Se|mi|ko|lon ⟨das; -s, -s od. -ko|la; Gramm.; Zeichen: ;⟩ ein Satzzeichen, Strichpunkt [<*Semi...* + grch. *kolon* »Glied (einer Satzperiode)«]

Se|mi|nar ⟨das; -s, -e⟩ **1** Bildungsstätte für Geistliche; *evang. Prediger~; kath. Priester~* **2** ⟨veralt.; noch schweiz.⟩ Bildungsstätte für Volksschullehrer **3** Kurs für Studierende; *ein ~ besuchen* [<lat. *seminarium* »Pflanzenschule, Baumschule«; zu *semen* »Samen«]

Se|mio|tik ⟨die; -; unz.⟩ Lehre von den Zeichensystemen (z. B. Verkehrszeichen, Bilderschrift, Formeln, Sprache), ihren Strukturen u. den Beziehungen zu den dargestellten Gegenständen

se|mio|tisch ⟨Adj.⟩ zur Semiotik gehörend, auf ihr beruhend

Se|mit ⟨der; -en, -en⟩ Angehöriger einer vorderasiatischen u. nordafrikanischen Sprach- u. Völkergruppe

se|mi|tisch ⟨Adj.⟩ die Semiten betreffend, zu ihnen gehörend, von ihnen stammend; *~e Sprachen* Sprachfamilie in Vorderasien u. Nordafrika, z. B. die arabische, hebräische Sprache

Se|nat ⟨der; -(e)s, -e⟩ **1** ⟨im antiken Rom⟩ oberste Regierungsbehörde **2** ⟨in verschiedenen Staaten⟩ eine Kammer des Parlaments **3** Verwaltungsbehörde an Hochschulen; *Universitäts~* **4** Entscheidungsgremium höherer deutscher Gerichte; *Straf~* **5** städtische Regierungsbehörde von Berlin, Bremen u. Hamburg [<lat. *senatus* »Staatsrat, (erfahrener) Alter«]

Se|na|tor ⟨der; -s, -to|ren⟩ Mitglied des Senats, Ratsherr

se|nil ⟨Adj.⟩ greisenhaft, altersschwach; *Ggs* juvenil [<lat. *senilis* »greisenhaft«; zu *senes* »alt; Greis«]

se|ni|or ⟨Adj.; Abk.: sen.; hinter Personennamen⟩ der Ältere; *Ggs* junior [lat., »älter«]

Se|ni|or ⟨der; -s, -o|ren⟩ **1** der Ältere, Ältester; *Ggs* Junior (1) **2** ⟨Sport⟩ Angehöriger der Altersklasse von etwa 18-35 Jahren **3** Vorsitzender, Sprecher, Alterspräsident

Sen|sa|ti|on ⟨die; -, -en⟩ **1** Aufsehen **2** aufsehenerregendes Ereignis [<frz. *sensation* »Empfindung, Sinneseindruck« <mlat. *sensatio* »Empfinden; Verstehen«; zu lat. *sensus* »Gefühl; Verstand«; zu *sentire* »fühlen, empfinden, wahrnehmen«]

sen|sa|ti|o|nell ⟨Adj.⟩ aufsehenerregend, außergewöhnlich, spektakulär

sen|si|bel ⟨Adj.⟩ **1** reizempfänglich **2** empfindsam, feinfühlig; *ein sensibler Mensch* [<frz. *sensible* <lat. *sensibilis* »sinnlich wahrnehmbar«; zu *sentire* »fühlen«; → *Sensation*]

Sen|si|bi|li|tät ⟨die; -; unz.⟩ **1** Fähigkeit, Reize wahrzunehmen; *Ggs* Insensibilität **2** Empfindsamkeit, Feinfühligkeit

Sen|sor ⟨der; -s, -so|ren; Technik⟩ Messfühler, Gerät zum Messen physikalischer Größen [<lat. *sensus* »Gefühl«]

Sen|tenz ⟨die; -, -en⟩ **1** knapp formulierter Satz mit allgemeingültigem Sinn, Denkspruch **2** ⟨Rechtsw.⟩ Urteilsspruch [<lat. *sententia* »Meinung, Urteil; Denkspruch«; zu *sentire* »fühlen, wahrnehmen«]

sen|ti|men|tal ⟨Adj.⟩ gefühlsselig, rührselig [engl., »(übertrieben) gefühlvoll, rührselig«; zu *sentiment* »Gefühl«]

Sen|ti|men|ta|li|tät ⟨die; -, -en⟩ **1** ⟨unz.⟩ Gefühls-, Rührseligkeit **2** ⟨zählb.⟩ gefühlsbetonte Äußerung

se|pa|rat ⟨Adj.⟩ getrennt, abgesondert, einzeln, privat [<lat. *separatus* »abgesondert, getrennt«, Part. Perf. zu *separare* »trennen«]

S

Se|pa|ra|tis|mus ⟨der; -; unz.; bes. Politik⟩ Streben nach staatlicher, religiöser od. geistiger Absonderung

Sé|pa|rée *auch:* **Se|pa|ree** ⟨[separe:] das; -s, -s⟩ abgetrennter Raum, Nische in Lokalen [<frz. *chambre séparée;* zu *séparer* »trennen«]

Sept|ak|kord ⟨der; -(e)s, -e; Musik⟩ Akkord aus Grundton, Terz, Quinte und Septime

Sep|te ⟨die; -, -n; Musik⟩ = Septime

Sep|tett ⟨das; -(e)s, -e; Musik⟩ **1** Musikstück für sieben Stimmen od. Instrumente **2** Gruppe von sieben Musikern [<lat. *septem* »sieben«]

Sep|ti|me ⟨die; -, -n; Musik⟩ *Sy* Septe **1** siebenter Ton der diatonischen Tonleiter **2** Intervall von sieben Stufen [<lat. *septima,* Fem. zu *septimus* »der siebente«; zu *septem* »sieben«]

se|quen|ti|ell ⟨Adj.⟩ = sequenziell

Se|quenz ⟨die; -, -en⟩ **1** Reihe, Folge **2** ⟨MA⟩ hymnusähnl. Gesang **3** ⟨Musik⟩ auf anderer Tonstufe wiederholte kleine Tonfolge **4** ⟨Film⟩ Reihe von Einstellungen, die im Ablauf der Handlung unmittelbar aufeinanderfolgen **5** ⟨Kart.⟩ mindestens drei aufeinanderfolgende Karten gleicher Farbe **6** ⟨Biochem.⟩ Reihenfolge der Aminosäuren in Eiweißverbindungen **7** ⟨EDV⟩ Reihenfolge, Befehlsfolge [<lat. *sequentia*]

se|quen|zi|ell ⟨Adj.⟩ *oV* sequentiell **1** eine Sequenz betreffend, nacheinander folgend **2** ⟨EDV⟩ *~e Datei* D., in der die Daten in einer der Eingabe entsprechenden Reihenfolge gespeichert werden u. somit nur in einer bestimmten Reihenfolge ausgelesen werden können

Se|rail ⟨[-ra:j] das; -s, -s⟩ Palast, Schloss des türkischen Sultans [<frz. *sérail* <türk. *seraj* <pers. *saraj*]

S

Se|raph ⟨der; -s, -e od. -phim; AT⟩ Gott anbetender, sechsflügeliger Engel [<grch. *serapheim* <hebr. *seraphim* »Läuternde«; zu *saraph* »verbrennen«]

Se|re|na|de ⟨die; -, -n; Musik⟩ **1** freie instrumentale Komposition, meist mit mehreren Sätzen **2** Ständchen [<ital. *serenata* »Abendständchen«; zu *sera* »Abend«]

se|ri|ös ⟨Adj.⟩ **1** ernst, ernsthaft, ernst gemeint **2** feierlich **3** gediegen, anständig [<frz. *sérieux* <mlat. *seriosus;* zu lat. *serius* »ernst«]

Ser|mon ⟨der; -s, -e⟩ Strafpredigt, langweilige Rede [<lat. *sermo* »Vortrag«]

Ser|pen|ti|ne ⟨die; -, -n⟩ **1** in Schlangenlinien ansteigender Weg an Berghängen **2** Kurve, Kehre, Windung [<lat. *serpens* »Schlange«]

Se|rum ⟨das; -s, Se|ren od. Se|ra; Med.⟩ **1** der wässrige, nicht gerinnende, von Blutkörperchen u. Fibrin freie Bestandteil von Körperflüssigkeiten, bes. des Blutes **2** Immunkörper enthaltendes, als Impfstoff verwendetes Blutserum [lat., »Molke«]

Ser|ver ⟨[sœ:və(r)] der; -s, -⟩ **1** ⟨EDV⟩ Rechner für besondere Funktionen in einem EDV-System, z. B. für die Steuerung eines Druckers **2** ⟨Sport; Tennis⟩ Spieler, der aufschlägt [engl.; zu *serve* »dienen, servieren«]

Ser|vice[1] ⟨[-vi:s] das; - od. -s [-vi:səs], - [-vi:s] od. [-vi:sə]⟩ zusammengehöriges Geschirr; *Speise ~; Kaffee ~* [frz., »Dienst(leistung); Tafelgeschirr« <lat. *servitium* »Sklavendienst«; zu *servire* »dienen«; zu *servus* »Sklave, Diener«]

Ser|vice[2] ⟨[sœ:vɪs] der; -, -s [-vɪsɪz]⟩ **1** Kundendienst, z. B. an Tankstellen **2** Bedienung in Gaststätten **3** ⟨Sport; Tennis⟩ Aufschlag [engl. <frz. *service;* → *Service*[1]]

ser|vie|ren ⟨[-vi:-] V.⟩ **1** *Speisen ~* auftragen **2** bei Tisch bedienen **3** ⟨fig.; umg.⟩ vortragen, erklären (bes. etwas Unangenehmes) [<frz. *servir* »dienen« <lat. *servire* »Sklave sein; dienen«]

Ser|vi|et|te ⟨[-vi-] die; -, -n⟩ zum Schutz der Kleider beim Essen benutztes Tuch, Mundtuch [frz.; zu *servir* »aufwarten«; → *servieren*]

Ser|vo|len|kung ⟨[-vo-] die; -, -en; Kfz⟩ hydraulische od. elektrische Fahrzeuglenkung [<lat. *servus* »Diener«]

> → **Serviette:** Der Laut [vi] wird in französischen Fremdwörtern oft ***vi*** geschrieben, z. B. in *Ser**vi**ette*!

Ses|sion ⟨[sɛʃn] die; -, -s⟩ **1** ⟨Musik⟩ Musikveranstaltung (von Jazzmusikern) **2** ⟨umg.⟩ Zeitspanne eines Drogenrausches [engl., <lat. *sessio* »Sitzung«]

Set ⟨das od. der; - od. -s, -s⟩ **1** mehrere zusammengehörige Gebrauchsgegenstände, Kleidungsstücke *(Twin~)*, Teppiche usw. **2** eins von mehreren, farblich aufeinander abgestimmten kleinen Unterlagen für ein Gedeck **3** ⟨Sport; Tennis⟩ Satz [engl., »Satz«]

Set|ting ⟨das; - od. -s, -s⟩ **1** äußere Umgebung, Räumlichkeit, Atmosphäre **2** Umgebung eines Drogenabhängigen während des Rausches [engl., »Lage, Umgebung, Milieu«]

Sex ⟨der; -es; unz.; kurz für⟩ **1** Sexus **2** Sexualität **3** ⟨umg.⟩ Sex-Appeal; *sie hat viel, wenig ~* [→ *Sexus*]

Sex|ap|peal *auch:* **Sex-Ap|peal** ⟨[-əpi:l] der; -s; unz.⟩ körperliche Anziehungskraft [<engl. *sex* »Sex, Sexus« + *appeal* »Appell, Anziehungskraft, Reiz«]

Se|xis|mus ⟨der; -; unz.⟩ Überbewertung der geschlechtlichen Unterschiede zwischen Mann u. Frau (die zur Benachteiligung der Frau führt)

se|xis|tisch ⟨Adj.⟩ in der Art des Sexismus, ihn betreffend, auf ihm beruhend

Sext ⟨die; -, -en; Musik⟩ = Sexte

Sex|ta ⟨die; -, Sex|ten; veraltet⟩ erste Klasse der höheren Schule; →*a.* Quarta [<lat. *sexta,* Fem. zu *sextus* »der sechste« (früher begann die Zählung der Klassen des Gymnasiums mit der höchsten Zahl)]

Sext|ak|kord ⟨der; -(e)s, -e; Musik⟩ Umkehrung eines Dreiklangs, Dreiklang aus Terz u. Sexte [<*Sexte* + *Akkord*]

Sex|tant ⟨der; -en, -en⟩ astronom. Instrument zur Winkelmessung [<lat. *sextans* »Sechstel«]

Sex|te ⟨die; -, -n; Musik⟩ *oV* Sext **1** sechster Ton der diaton. Tonleiter **2** Intervall aus sechs Tönen [<lat. *sexta,* Fem. zu *sextus* »der sechste«]

Sex|tett ⟨das; -(e)s, -e; Musik⟩ **1** Musikstück für sechs Stimmen od. Instrumentalisten **2** Gruppe von sechs Sängern od. Instrumentalisten [<frz. *sextetto,* ital. *sestetto;* zu lat. *sex* »sechs«]

Se|xu|a|li|tät ⟨die; -; unz.⟩ Gesamtheit der Vorgänge, die eine geschlechtliche Fortpflanzung ermöglichen, beim Menschen unabhängig von der Fortpflanzung alle körperlich-sinnlichen Bedürfnisse u. Praktiken der Lustbefriedigung

se|xu|ell ⟨Adj.⟩ geschlechtlich, das Geschlecht betreffend, auf ihm beruhend [<lat. *sexus* »Geschlecht«]

Se|xus ⟨der; -; unz.⟩ Geschlecht [<engl. *sex,* frz. *sexe* <lat. *sexus* »(männl. od. weibl.) Geschlecht«]

se|xy ⟨Adj.⟩ sexuell anziehend, körperlich reizvoll, das Geschlecht betonend; *~ aussehen* [engl., »aufreizend, erotisch«]

Sezession: *Sezession* ist der Name einer Künstlergruppe, die sich von einer bestehenden Institution oder Stilrichtung abspaltet. Die Trennung von alten und jungen, revolutionären Kräften war besonders um die Jahrhundertwende (19./20. Jahrhundert) in Deutschland und Österreich häufig. So wurden u.a. 1892 die *Münchner Sezession,* 1893 die *Berliner Sezession* und 1897 die *Wiener Sezession* (wichtigster Vertreter: Gustav Klimt) gegründet. Die Künstler der *Sezession* organisierten Ausstellungen und suchten Verbindungen zu Gleichgesinnten im Ausland. Die Bewegung der *Sezession* trug wesentlich zur Ausprägung des Jugendstils bei. So wurde in Wien der Jugendstil auch als *Sezessionsstil* bezeichnet.

Se|zes|si|on ⟨die; -, -en⟩ **1** Abfall, Loslösung; *~ eines Staates, einer Provinz* **2** ⟨Mal.⟩ Name für eine Künstlergruppe [<lat. *secessio* »Absonderung«; zu *secedere* »beiseite, weggehen«]

Se|zes|si|ons|krieg ⟨der; -(e)s, -e; Politik⟩ **1** ⟨allg.⟩ Krieg mit dem Ziel der Sezession (1) **2** ⟨unz.; i.e.S.⟩ Bürgerkrieg in den USA 1861-1865

se|zie|ren ⟨V.⟩ **1** *eine Leiche ~* anatomisch zerlegen, untersuchen **2** ⟨fig.⟩ auseinandernehmen, genau untersuchen [<lat. *secare* »(ab)schneiden, zerlegen, operieren«]

→ **Sphinx:** Was du nicht unter ***sf-*** findest, kann unter ***sph-*** stehen, z.B. *S**ph**inx*!

sfor|za|to ⟨Musik; Abk.: sf; Zeichen: ʌ, <⟩ mit starkem Ton, betont, akzentuiert (zu spielen) [ital. *sforzato* »gezwungen«; zu *sforzare* »zwingen«]

S

Shake ⟨[ʃɛɪk] der; -s, -s⟩ **1** Gesellschaftstanz mit schüttelnden Körperbewegungen **2** Mixgetränk; *Milch~* **3** Zittern, Schüttelfrost (als Folge häufigen Drogenkonsums) [<engl. *shake* »schütteln«]

Shake|hands ⟨[ʃɛɪkhændz] das; -; unz.⟩ Händeschütteln; *~ machen* [engl.]

Sham|poo ⟨[ʃampu:] das; -s, -s⟩ Mittel zur Haarwäsche [< engl. *shampoo*]

Shan|ty ⟨[ʃæntɪ] das; -s, -s; Musik⟩ von Seeleuten gesungenes u. für sie typisches Lied, Seemannslied [<engl. *shanty, shantey;* zu frz. *chanter* »singen«]

Share|ware ⟨[ʃɛ:(r)wɛ:(r)] die; -; unz.; EDV⟩ preisgünstig angebotene Software mit z. T. eingeschränkter Funktionalität [<engl. *share* »Anteil« + Soft*ware*]

She|riff ⟨[ʃɛrɪf] der; -s, -s; in England u. den USA⟩ höchster Vollstreckungsbeamter in einer Grafschaft, in den USA auch mit richterlichen Befugnissen [<engl. *sheriff* »Landrat, Bezirksdirektor, Polizeichef« <arab. *sharif* »Nachkomme des Propheten Mohammed«]

Sher|pa ⟨[ʃɛr-] der; -s, -s⟩ tibetanischer Bergführer im Himalaja [Name eines tibet. Volksstammes]

Sher|ry ⟨[ʃɛrɪ] der; -s, -s⟩ würziger Süßwein [nach *Sherry,* der engl. Bez. der span. Stadt *Jerez* de la Frontera, die berühmt ist für ihren Sherry]

Shin|to|is|mus ⟨[ʃɪn-] der; -; unz.; Rel.⟩ = Schintoismus

Shirt ⟨[ʃœ:t] das; -s, -s⟩ (meist kurzärmeliges) Hemd aus weichem Baumwollstoff; *T-~; Polo~* [engl., »Hemd«]

Shoa ⟨die; -; unz.⟩ = Holocaust [hebr., »Sturm, plötzlicher Untergang, Verderben«]

Shoo|ting|star ⟨[ʃu:tɪŋ-] der; -s, -s⟩ Person, die schnell bekannt geworden ist, eine steile Karriere gemacht hat, Senkrechtstarter [engl., »Sternschnuppe«; zu *shoot* »schießen« + *Star*]

Shop ⟨[ʃɔp] der; -s, -s⟩ Laden, Geschäft [engl.]

Shop|ping ⟨[ʃɔpɪŋ] das; - od. -s, -s; Pl. selten⟩ *~ gehen* einen Einkaufsbummel machen [engl., »Einkaufen«]

Shorts ⟨[ʃɔ:(r)ts] Pl.⟩ kurze, leichte Hose [engl.; zu *short* »kurz«]

Short|sto|ry ⟨[ʃɔ:(r)tstɔrɪ]⟩ *auch:* **Short Sto|ry** ⟨die; (-) -, (-) -s; Lit.⟩ Kurzgeschichte, kleine Erzählung, die ein in sich abgeschlossenes Ereignis behandelt u. oft einen Wendepunkt od. überraschenden Schluss besitzt

Show ⟨[ʃoʊ] die; -, -s⟩ Unterhaltungsprogramm mit Tanz, Musik, Gesang usw.; *Fernseh~* [zu engl. *show* »zeigen«]

Show|busi|ness ⟨[ʃoʊbɪsnɪs] das; -; unz.⟩ = Showgeschäft [<engl. *show-business* »Unterhaltungsindustrie«]

Show-down *auch:* **Show|down** ⟨[ʃoʊdaʊn] das; -s, -s⟩ **1** ⟨Film, bes. Western⟩ abschließende, entscheidende (meist blutige) Auseinandersetzung zwischen den Haupthelden **2** ⟨allg.⟩ Kraft-, Machtprobe [<engl. *show* »zeigen« + *down* »nieder«]

Show|ge|schäft ⟨[ʃoʊ-] das; -(e)s; unz.⟩ die mit öffentlichen Darbietungen verbundene Vergnügungsindustrie, Film, Fernsehen, Varieté, Zirkus; *Sy* Showbusiness

Show|mas|ter ⟨[ʃoʊ-] der; -s, -⟩ Moderator eines Unterhaltungsprogramms, bes. im Fernsehen [<engl. *show* »Schau« + *master* »Meister«]

Shut|tle *auch:* **Shutt|le** ⟨[ʃʌtl] das; -s, -s; kurz für⟩ **1** Spaceshuttle **2** Fahrzeug für den Pendelverkehr [engl., eigtl. »Weberschiffchen«]

si|a|me|sisch ⟨Adj.⟩ zu Siam gehörig, aus Siam stammend; *~e Zwillinge* zusammengewachsene Zwillinge [nach den Zwillingen Chang u. Eng aus *Siam,* 1811-1874]

Side|board ⟨[saɪdbɔ:(r)d] das; -s, -s⟩ Anrichte, niedriger Geschirrschrank [<engl. *side* »Seite« + *board* »Brett, Tisch, Tafel«]

Si|er|ra ⟨die; -, -s od. -er|ren; Geogr.⟩ Gebirge, Bergkette, *z. B. die ~ Nevada in Spanien* [span.]

Si|es|ta ⟨[siɛsta] die; -, -s od. -es|ten⟩ Mittagsruhe [span. <lat. *(hora) sexta* »sechste Stunde (nach Sonnenaufgang), heiße Mittagszeit«]

Si|gel ⟨das; -s, -⟩ *oV* Sigle **1** allgemein festgelegte Abkürzung, Abkürzungszeichen **2** ⟨Stenografie⟩ Kürzel [<lat. *sigillom, *siglom* »kleines Zeichen«, Verkleinerungsform zu *signum* »Zeichen, Kennzeichen«]

Sight|see|ing ⟨[saɪtsi:ɪŋ] das; - od. -s;

S

unz.⟩ Besichtigung von Sehenswürdigkeiten [<engl. *sight* »Ansicht; Sehenswürdigkeit« + *seeing,* Part. Präs. zu *see* »sehen«]

Si|gle *auch:* **Sig|le** ⟨die; -, -n⟩ = Sigel

Sig|ma ⟨das; - od. -s, -s; Zeichen: σ, ς, Σ⟩ 18. Buchstabe des grch. Alphabets

◆ Die Buchstabenfolge **si|gn...** kann auch **sig|n...** getrennt werden.

◆**Si|gnal** ⟨das; -s, -e⟩ optisches od. akustisches Zeichen mit festgelegter Bedeutung zur Übermittlung einer Nachricht; *Licht~; Warn~* [<lat. *signalis* »bestimmt, ein Zeichen zu geben«; zu *signum* »Zeichen, Kennzeichen«]

◆**si|gna|li|sie|ren** ⟨V.⟩ **1** durch Signal(e) übermitteln **2** ⟨fig.⟩ anzeigen, ankündigen; *er signalisierte seine Zustimmung* [<frz. *signaler* »signalisieren« u. *signalisation* »Anbringen von Signalen«]

◆**Si|gna|tur** ⟨die; -, -en⟩ **1** Kennzeichen in einem Ordnungssystem, meist Buchstaben u. Zahlen, bes. in Bibliotheken **2** auf Karten verwendetes Zeichen für die Darstellung wichtiger Gegenstände, Kartenzeichen **3** abgekürzte Unterschrift, Namenszeichen [<mlat. *signatura* »Siegelzeichen, Unterschrift«]

◆**si|gnie|ren** ⟨V.⟩ **1** mit einer Signatur versehen **2** unterzeichnen [<lat. *signare* »mit einem Zeichen versehen«]

◆**si|gni|fi|kant** ⟨Adj.⟩ bezeichnend, bedeutsam, auffällig [<lat. *significans,* Part. Präs. zu *significare* »ein Zeichen geben, etwas anzeigen«]

Sikh ⟨der; - od. -s, -s; Rel.⟩ Vertreter, Anhänger des Sikhismus [Sanskrit, »Schüler«]

Si|khis|mus ⟨der; -; unz.; Rel.⟩ von Nanak im 15. Jh. begründete indische Religionsgemeinschaft, die versuchte, Hinduismus u. Islam zu vereinigen u. sich später militärisch organisierte [→ *Sikh*]

Sil|hou|et|te ⟨[ziluɛtə] die; -, -n⟩ **1** von einem helleren Hintergrund sich abhebender Umriss **2** Schattenriss **3** Scherenschnitt [nach dem frz. Finanzminister Etienne de *Silhouette,* 1709-1767, der die Mode der Porträtierung durch Schattenrisse einführte]

Si|li|ci|um ⟨das; -s; unz.; Chemie⟩ chem. Element, Halbmetall, Ordnungszahl 14; *oV* Silizium [<lat. *silex* »Kieselstein«]

Si|li|con ⟨das; -s, -e; Chemie⟩ polymere Verbindung des Siliciums mit Kohlenstoff u. Wasserstoff; *oV* Silikon

Si|li|kon ⟨das; -s, -e; Chemie⟩ = Silicon

Si|li|zi|um ⟨das; -s; unz.; chem. Zeichen: Si⟩ = Silicium

sim|pel ⟨Adj.⟩ **1** einfach; *ein simpler Trick* **2** einfältig [<frz. *simple* <lat. *simplex* »einfach«]

Sim|plex ⟨das; -, -e od. -pli|zia; Sprachw.⟩ einfaches, nicht zusammengesetztes Wort; *Ggs* Kompositum [lat., »einfach«]

sim|sen ⟨V.; EDV; Kunstw.⟩ eine SMS verschicken

Si|mu|la|ti|on ⟨die; -; unz.⟩ **1** Verstellung, Vortäuschung; *die ~ einer Erkrankung* **2** Nachahmung von Vorgängen mit Hilfe von Simulatoren [<lat. *simulatio* »Nachahmung«]

si|mu|lie|ren ⟨V.⟩ **1** sich verstellen, vortäuschen; *eine Krankheit ~* **2** *Vorgänge ~* wirklichkeitsgetreu nachahmen [<lat. *simulare* »ähnlich machen«]

si|mul|tan ⟨Adj.⟩ **1** gleichzeitig **2** gemeinsam [<mlat. *simultaneus* »gemeinsam, gleichzeitig« <lat. *simul* »zugleich« <*similis* »gleich, ähnlich«]

Si|mul|ta|ne|i|tät ⟨[-ne:i-] die; -; unz.⟩ = Simultanität

Si|mul|ta|ni|tät ⟨die; -; unz.⟩ *oV* Simultaneität **1** Gleichzeitigkeit, zeitliche Übereinstimmung **2** Gemeinsamkeit

si|ne tem|po|re ⟨[-re:] Abk.: s. t.⟩ ohne das akademische Viertel, pünktlich; *Ggs* cum tempore [lat., »ohne Zeit, unverzüglich«]

Sinfonie: Die *Sinfonie* gehört zu den drei wichtigsten Gattungen der Instrumentalmusik (neben → *Sonate* und Streichquartett). Sie ist aus dem Einleitungsstück der neapolitanischen *Opera seria* entstanden. Ab 1730 wurde die *Sinfonie* dann als eigenständiges Konzertstück aufgeführt und dabei in ihrer Form erweitert. Sie wurde besonders in der → *Klassik* weiterentwickelt, vor allem von Joseph Haydn, der mehr als 100 *Sinfonien* komponierte. Wichtige Vertreter dieser Gattung waren ferner W. A. Mozart und L. v. Beethoven.

Auch in der → *Romantik* war die *Sinfonie* bei Schubert, Mendelssohn-Bartholdy, Schumann und Brahms Ausdruck des romantischen Weltgefühls, wobei die klassische Form der *Sinfonie* noch weitgehend beibehalten wurde. Erst Bruckner und Mahler gingen in den von ihnen komponierten *Sinfonien* bezüglich Form, Harmonik und Instrumentation neue Wege.

Sin|fo|nie ⟨die; -, -n; Musik⟩ großes Musikstück aus drei bis fünf Sätzen für Orchester; *oV* Symphonie [<grch. *symphonia* »Einklang«]

Sin|fo|ni|ker ⟨der; -s, -; Musik⟩ Mitglied eines Sinfonieorchesters; *oV* Symphoniker

sin|fo|nisch ⟨Adj.; Musik⟩ in der Art einer Sinfonie; *oV* symphonisch

Sin|gle[1] *auch:* **Sing|le**[1] ⟨[sɪŋgəl] das; -s, -s; Sport⟩ **1** ⟨Tennis⟩ Einzelspiel (zweier Spieler) **2** ⟨Golf⟩ Zweierspiel (Loch- od. Zählspiel) [engl., »einzig, nur einer, eine(s)«]

Sin|gle[2] *auch:* **Sing|le**[2] ⟨[sɪŋgəl] der; - od. -s, -s od. die; -, -s⟩ alleinlebende Person, Alleinstehende(r); *als ~ leben* [→ *Single*[1]]

Sin|gle[3] *auch:* **Sing|le**[3] ⟨[sɪŋgəl] die; -, -s; Musik⟩ CD od. kleine Schallplatte mit nur wenigen Titeln [→ *Single*[1]]

Sin|gu|lar ⟨der; -s, -e; Gramm.⟩ Numerus, der etwas einmal Vorkommendes ausdrückt, Einzahl; *Ggs* Plural [<lat. *singularis* »einzeln«]

sin|gu|lär ⟨Adj.⟩ vereinzelt, einzeln auftretend, selten; *~es Vorkommen* [<lat. *singularis* »einzeln«]

Si|no|lo|gie ⟨die; -; unz.; Sprachw.⟩ Lehre von der chinesischen Sprache u. Kultur [<lat. *Sinae* »Chinesen« + *...logie*]

Sin|to ⟨der; -s, Sin|ti od. die; -, Sin|ti⟩ Angehörige(r) eines Volkes deutschstämmiger Zigeuner

Si|nus ⟨der; -, - od. -se⟩ **1** ⟨Med.⟩ Vertiefung, Höhlung, Ausbuchtung an einem Organ **2** ⟨Math.; Zeichen: sin⟩ eine Winkelfunktion, das Verhältnis zwischen der einem Winkel im rechtwinkeligen Dreieck gegenüberliegenden Kathete u. der Hypotenuse [lat., »bauschige Rundung, Krümmung«]

Si|nus|schwin|gung ⟨die; -, -en; Physik⟩ Schwingung, die in ihrem Verlauf einer Sinuskurve entspricht, die häufigste Erscheinungsform von Wellen

Si|phon ⟨[-fɔ̃:] österr. [-fo:n] der; -s, -s⟩ **1** Ausguss, Abfluss **2** Geruchsverschluss [frz. <lat. *sipho,* grch. *siphon* »Wasserröhre, Saugröhre«]

Sir ⟨[sœ:] der; -s, -s⟩ **1** ⟨i. w. S.⟩ Herr (engl. Anrede ohne Namen) **2** ⟨i. e. S.⟩ engl. Titel für Adlige, meist nur mit dem Vornamen gebraucht [engl.]

Si|sy|phus|ar|beit *auch:* **Si|sy|phus-Ar|beit** ⟨die; -, -en⟩ sinnlose Anstrengung, schwere, vergebliche Arbeit [nach dem sagenhaften König von Korinth, *Sisyphos,* der von Zeus dazu verurteilt wurde, in der Unterwelt einen Felsbrocken einen Berg hinaufzurollen, der jedes Mal, wenn er oben angekommen war, wieder hinunterrollte]

SI-Sys|tem ⟨das; -s; unz.; Physik; kurz für frz.⟩ Système Internationale, ein international empfohlenes u. seit 1970 in der Bundesrepublik Deutschland allein zulässiges Einheitensystem, das auf wenigen Grundeinheiten aufbaut (u. a. Meter, Kilogramm, Sekunde, Ampere) u. aus dem alle anderen Maßeinheiten abgeleitet werden können

Sit|com ⟨die; -, -s; TV⟩ Fernsehserie, die wenig Handlung od. Ortswechsel bietet, sondern von der Situationskomik lebt [<engl. *sit*uation »Situation« + *com*edy »Komödie«]

Site ⟨[saɪt] die; -, -s; EDV⟩ Seite (im Internet); *Web~* [engl., eigtl. »Stätte«]

→ **City:** Was du nicht unter *si-* findest, kann unter *ci-* stehen, z. B. ***City***!

Si|tu|a|ti|on ⟨die; -, -en⟩ (augenblickliche) Lage, Zustand, Sachlage, Gegebenheit, Verhältnisse [<frz. *situation;* zu *situer* »in die richtige Lage bringen«; zu lat. *situs* »Lage, Stellung«]

si|tu|a|tiv ⟨Adj.⟩ durch eine Situation hervorgerufen

si|tu|iert ⟨Adj.⟩ in einer bestimmten Lebensstellung befindlich, in bestimmten Verhältnissen lebend [<frz. *situé,* Part. Perf. zu *situer* »in die richtige Lage bringen«; zu lat. *situs* »Lage«]

S

Ska|la ⟨die; -, Ska|len⟩ **1** Einteilung in Maßeinheiten bei Messinstrumenten, Rechengeräten, Abstimmanzeigern **2** Angaben der zu einem Druck od. einer fotografischen Wiedergabe verwendeten Farben; *Farb~* **3** Reihe, Folge zusammengehöriger Dinge; *Ton~* [<ital. *scala* »Treppe, Leiter« <lat. *scala;* zu *scandere* »steigen«]

Skalp ⟨der; -s, -e; bei den nordamerikan. Indianern⟩ die abgezogene Kopfhaut des besiegten Gegners als Trophäe [<engl. *scalp* »abgezogene Kopfhaut« <mengl. *scalp* »Schädel«; zu idg. **skel-* »schneiden«]

Skal|pell ⟨das; -s, -e; Med.⟩ kleines, sehr scharfes chirurgisches Messer mit feststehender Klinge [<lat. *scalpellum,* Verkleinerungsform zu lat. *scalprum* »scharfes Messer«]

skal|pie|ren ⟨V.⟩ *jmdn.* ~ jmdm. die Kopfhaut abziehen [→ *Skalp*]

Skan|dal ⟨der; -s, -e⟩ **1** aufsehenerregendes Ärgernis, unerhörtes Vorkommnis **2** etwas Unerhörtes, Empörendes, Ungeheuerliches [<grch. *skandalon* »das losschnellende Stellholz in der Falle«]

skan|da|lös ⟨Adj.⟩ **1** einen Skandal verursachend, ein Ärgernis bedeutend **2** unerhört, empörend, ungeheuerlich; *ein ~er Vorfall*

Skat ⟨der; -(e)s, -e od. -s⟩ **1** deutsches Kartenspiel für drei Spieler **2** die zwei beiseitegelegten Karten [<ital. *scarto* »Wegwerfen der Karten«; zu *carta* »Papier, Karte« <lat. *charta;* → *Charta*]

Skate|board ⟨[skɛɪtbɔːd] das; -s, -s⟩ auf Rollen laufendes Brett, auf dem der Fahrer frei steht u. sich durch Gewichtsverlagerung fortbewegt [<engl. *skate* »gleiten« + *board* »Brett«]

ska|ten ⟨[skɛɪ-] V.⟩ Rollschuh laufen od. Skateboard fahren [<engl. *skate*]

Ska|ting ⟨[skɛɪ-] das; - od. -s; unz.⟩ das Skaten [engl.]

> → **Skyline:** Was du nicht unter *skei-* findest, kann unter *sky-* stehen, z. B. *Skyline!*

Ske|lett ⟨das; -(e)s, -e; Anat.⟩ **1** Knochengerüst der Wirbeltiere **2** ⟨allg.⟩ inneres *(Knochen~; Knorpel~)* u. äußeres Gerüst *(Chitin~)* des tierischen od. menschlichen Körpers [<grch. *skeletos* »ausgetrocknet«]

Skep|sis ⟨die; -; unz.⟩ Zweifel, Ungläubigkeit [grch., »Untersuchung«; zu *skeptesthai* »schauen, spähen«]

Skep|ti|ker ⟨der; -s, -⟩ jmd., der stets skeptisch ist, Zweifler

skep|tisch ⟨Adj.⟩ **1** misstrauisch, ungläubig **2** zum Zweifel neigend

Sketch ⟨der; - od. -es, -e od. -s; Theat.⟩ kurzes Bühnenstück mit meist witziger Pointe, bes. im Kabarett; *oV* Sketsch [engl., »Skizze, Entwurf«; → *Skizze*]

Sketsch ⟨der; - od. -es, -e od. -s; Theat.⟩ = Sketch

Ski ⟨[ʃiː] der; -s, Ski|er; Sport⟩ an den Schuhen befestigtes, langes, schmales Brett zur Fortbewegung auf Schneeflächen; *oV* Schi; *~ fahren; ~ laufen* [<norw. *ski* »Schneeschuh« <anord. *skiot* »Scheit«]

Skin ⟨der; -s, -s; kurz für⟩ Skinhead

Skin|head ⟨[-hɛd] der; -s, -s⟩ Angehöriger einer Gruppe gewaltbereiter, oft dem Rechtsextremismus nahestehender Jugendlicher mit kahlgeschorenem Kopf; *Sy* Skin [engl., »Kahlkopf«; zu *skin* »Haut« + *head* »Kopf«]

Skip|per ⟨der; -s, -; Seew.⟩ Kapitän einer Jacht [engl.]

Skiz|ze ⟨die; -, -n⟩ **1** Entwurf, flüchtige Zeichnung **2** kurze Aufzeichnung in Andeutung, in Stichworten **3** kurze, fragmentarische Erzählung [<ital. *schizzo* »Spritzer«; → *Sketch*]

skiz|zie|ren ⟨V.⟩ in einer Skizze andeuten, darstellen, entwerfen

Skle|ro|se ⟨die; -, -n; Med.⟩ krankhafte Verhärtung od. Verkalkung [<grch. *sklerosis* »Verhärtung«]

Skon|to ⟨das; -s, -s od. Skon|ti od. der; -s, -s od. Skon|ti; Wirtsch.⟩ Abzug vom Rechnungsbetrag bei sofortiger Zahlung; *2 % ~ gewähren* [<ital. *sconto* »Abzug«]

Skoo|ter ⟨[skuː-] der; -s, -; auf Jahrmärkten⟩ **1** Kleinauto **2** die Fahrbahn dafür [<engl. *scooter;* zu *scoot* »schnell gehen«]

...skop ⟨Nachsilbe; zur Bildung sächl. Subst.; das; -s, -e⟩ **1** Untersuchungsinstrument, Messgerät; *Stethoskop* **2** Gerät zur Aufnahme od. Wiedergabe von

S

Bildern; *Teleskop* [<grch. *skopein* »sehen«]

...sko|pie ⟨Nachsilbe; zur Bildung weibl. Subst.; die; -, -n⟩ Untersuchung, Erforschung, Abbildung; *Mikroskopie* [<grch. *skopein* »sehen«]

Skript ⟨das; -(e)s, -en od. -s⟩ Schriftstück, schriftliche Ausarbeitung [verkürzt <lat. *scriptum* »das Geschriebene«]

Skru|pel ⟨der; -s, -; meist Pl.⟩ Zweifel, Bedenken, Gewissensbisse; *bei einer Entscheidung ~ haben* [<lat. *scrupulus* »spitzes Steinchen; Ängstlichkeit«, Verkleinerungsform zu *scrupus* »spitzer, scharfer Stein«]

skru|pu|lös ⟨Adj.⟩ **1** voller Skrupel, ängstlich **2** peinlich genau

Skulp|tur ⟨die; -, -en; Kunst⟩ **1** ⟨unz.⟩ Bildhauerkunst **2** ⟨zählb.⟩ Werk der Bildhauerkunst; *Holz~; Stein~* [<lat. *sculptura;* zu *sculpere* »etwas herausmeißeln, -schnitzen, -schneiden«]

skur|ril ⟨Adj.⟩ merkwürdig, verschroben; *ein ~er Mensch* [<lat. *scurrilis* »possenhaft«; vermutl. zu *scurra* »Witzereißer, Spaßmacher«]

Sky|line ⟨[skaılaın] die; -, -s⟩ Silhouette (einer großen Stadt) [engl., »Horizont«; zu *sky* »Himmel« + *line* »Linie«]

Sla|lom ⟨der; -s, -s; Sport⟩ Skilauf bzw. Fahrt im Kanu durch von bunten Fähnchen gebildete Tore, Torlauf [<norw. *slalåm,* eigtl. »leicht abfallende Skispur«]

Slang ⟨[slæŋ] der; -s, -s⟩ **1** nachlässige Umgangssprache, bes. im Englischen **2** = Jargon [engl.]

Slap|stick ⟨[slæp-] der; -s, -s; bes. im Stummfilm⟩ groteske Situationskomik mit überdrehter Geschwindigkeit der Bewegungen u. typisierten Figuren [engl. »Holzklapper« (mit der ein Schauspieler einen Schlag vortäuscht); zu *slap* »Klaps« + *stick* »Stock«]

Slip ⟨der; -s, -s⟩ kurze, anliegende Unterhose [<engl. *slip* »Schlüpfer; gleiten, rutschen, schlüpfen«]

Slo|gan ⟨[slougən] der; -s, -s⟩ Schlagwort, bes. in der Werbung; *Werbe~* [engl., »Werbeschlagwort« <gäl. *sluaghghairm* »Kriegsgeschrei«]

Slum ⟨[slʌm] der; -s, -s; meist Pl.⟩ Elendsviertel [engl.]

Small|talk ⟨[smɔ:ltɔ:k]⟩ *auch:* **Small Talk** ⟨das; (-) -s, (-) -s⟩ **1** ⟨EDV⟩ objektorientierte Programmiersprache **2** leichte, belanglose Unterhaltung [<engl. *small* »klein« + *talk* »Gespräch, Plauderei«]

smart ⟨Adj.⟩ **1** ⟨salopp⟩ hübsch, elegant u. dabei gewandt **2** ⟨EDV⟩ intelligent [engl., »beißend, scharf; pfiffig, schlau« (im negativen Sinne); Adj. zu *smart* »schmerzen, büßen«]

Smog ⟨der; - od. -s; unz.⟩ gesundheitsschädl. Dunstglocke als Folge von Luftverschmutzung durch Rauch u. Abgase, bes. über Industriestädten u. Ballungsräumen [<engl. *smoke* »Rauch« + *fog* »Nebel«]

Smo|king ⟨der; -s, -s, österr. auch: -e⟩ Gesellschaftsanzug für Herren mit tief ausgeschnittener Jacke, deren Revers mit Seide belegt ist [verkürzt <engl. *smoking-suit* od. *smoking-jacket* »Rauchjackett, Rauchanzug«]

SMS ⟨die; -, -; EDV; Abk. für engl.⟩ Short Message Service, Kurznachricht, die per Handy oder Internet gesendet u. empfangen werden kann

Snack ⟨[snæk] der; -s, -s⟩ kleiner Imbiss, Kleinigkeit zu essen [engl.]

Snea|ker ⟨[sni:kə(r)]⟩ **1** ⟨der; -s, -s; scherzh.⟩ Schleicher, Leisetreter **2** ⟨Pl.; Mode⟩ sportlicher, dem Turnschuh ähnlicher modischer Laufschuh [engl.-amerikan.]

Snob ⟨[snɔb] der; -s, -s; abwertend⟩ **1** vornehm tuender Mensch niederer Herkunft, der nach gesellschaftlichem Ansehen strebt u. auf andere hinabblickt **2** jmd., der sich (zu Recht od. Unrecht) anderen überlegen fühlt [<engl. *snob,* Ursprung unsicher, vielleicht urspr. Kurzform von lat. *sine nobilitate* »ohne Adel«; angeblich wurden im 18. Jh. die nichtadeligen, Studenten an der Universität Cambridge mit diesem Vermerk in die Matrikel eingetragen]

Snow|board ⟨[snoubɔ:d] das; -s, -s; Sport⟩ Brett zum Fahren bzw. Gleiten auf dem Schnee [engl., »Schneebrett«]

Soap|ope|ra ⟨[soupɔpəra] die; -, -s; TV⟩ täglich od. wöchentlich ausgestrahlte TV-Serie mit fortlaufender Handlung [engl., »Seifenoper«; Werbesponsoren waren im amerikanischen Fernsehen ursprüngl. vor allem Waschmittelhersteller]

So|da ⟨die; -; unz. od. das; -s; unz.⟩ **1** in wässriger Lösung alkalisch reagierendes Salz; *Sy* Natriumkarbonat **2** ⟨kurz für⟩ Sodawasser, mit Kohlensäure angereichertes Wasser [ital., »Soda, Salzkraut« <arab. *suwwād*]

So|dom ⟨das; -; unz.⟩ *~ und Gomorr(h)a* ⟨sinnbildl. für⟩ Sünde u. Lasterhaftigkeit, übermäßiger Sündenpfuhl [nach der biblischen Stadt *Sodom,* die nach dem 1. Buch Moses 18-19 von Gott wegen der Sündhaftigkeit ihrer Bewohner vernichtet wurde]

So|do|mie ⟨die; -; unz.⟩ Geschlechtsverkehr mit Tieren [<frz. *sodomie,* nach der bibl. Stadt *Sodom*]

So|fa ⟨das; -s, -s⟩ gepolstertes Sitzmöbel für mehrere Personen mit Rückenlehne u. Armlehnen [<frz. *sofa* <arab. *suffa* »Kissen auf dem Kamelsattel«]

Sof|tie ⟨[sɔfti] der; -s, -s; umg.⟩ sanfter, empfindsamer (junger) Mann [zu engl. *soft* »weich«]

Soft|ware ⟨[sɔftwɛ:r] die; -; unz.; EDV⟩ die nicht materiellen Bestandteile eines EDV-Systems, Programme; *Ggs* Hardware; *neue ~ kaufen; für diese ~ gibt es ein Update* [<engl. *soft* »weich« + *ware* »Ware«]

Soi|ree ⟨[soa-] die; -, -n⟩ **1** Abendgesellschaft **2** Abendveranstaltung; *eine ~ veranstalten* [frz., »Abendzeit, -gesellschaft«; zu *soir* »Abend«]

so|kra|tisch *auch:* **sok|ra|tisch** ⟨Adj.; Philos.⟩ **1** auf Sokrates u. seiner philosophischen Lehre beruhend, von ihm ausgehend **2** weise, klug

so|lar ⟨Adj.⟩ auf die Sonne bezogen, von ihr ausgehend, zu ihr gehörend [<lat. *solaris* »zur Sonne gehörig«; zu *sol* »Sonne«]

So|lar|ener|gie ⟨die; -; unz.; Ökol.⟩ Sonnenenergie

So|la|ri|um ⟨das; -s, -ri|en⟩ **1** Einrichtung zur Bestrahlung des Körpers mit einer dem Sonnenspektrum ähnelnden, künstlichen Lichtquelle **2** Raum, in dem man sich mittels UV-Lichts bräunen kann [Neutr. zu lat. *solarius* »zur Sonne gehörig«; zu *sol* »Sonne«]

So|lar|zel|le ⟨die; -, -n; Physik⟩ Halbleiterbauelement zur direkten Umwandlung von Strahlungsenergie (der Sonne) in elektrische Energie, Sonnenzelle

Sol|dat ⟨der; -en, -en⟩ **1** Angehöriger der Streitkraft eines Staates; *Ggs* Zivilist **2** ⟨Schach⟩ Bauer **3** auf die Verteidigung spezialisiertes Individuum eines Insektenstaates [<ital. *soldato,* frz. *soldat,* span. *soldado* »der Besoldete«]

so|lid ⟨Adj.⟩ = solide

so|li|da|risch ⟨Adj.⟩ **1** füreinander einstehend, fest verbunden; *ein ~es Verhalten* **2** gemeinsam, geschlossen **3** einig, übereinstimmend [<frz. *solidaire* »füreinander haftend«; zu lat. *solidus* »echt, ganz und gar«]

so|li|da|ri|sie|ren ⟨V.⟩ *sich ~* sich verbinden, sich solidarisch erklären, Übereinstimmung signalisieren

So|li|da|ri|tät ⟨die; -; unz.⟩ Zusammengehörigkeit, Verbundenheit

so|li|de ⟨Adj.⟩ *oV* solid **1** charakterfest, zuverlässig, maßvoll, einwandfrei **2** nicht ausschweifend, häuslich; *~ leben* **3** anständig, ordentlich, gutbürgerlich; *in ~n Verhältnissen leben* **4** dauerhaft, haltbar, gut gebaut, fest; *ein ~s Paar Schuhe; ~ Arbeit leisten* [frz. <lat. *solidus* »echt, haltbar«]

So|list ⟨der; -en, -en; Musik⟩ einzeln hervortretender Instrumentalist od. Sänger; *Violin~* [<ital. *solista,* frz. *soliste;* zu lat. *solus* »allein«]

so|lis|tisch ⟨Adj.⟩ **1** einen Solisten betreffend **2** als Solist auftretend

Sol|mi|sa|ti|on ⟨die; -; unz.; Musik⟩ **1** System von Silben, die die Töne der diatonischen Tonleiter bezeichnen **2** Verfahren, mit diesen Silben die Vorstellung von Tönen zu bilden u. zu festigen [<*sol* u. *mi,* den beiden Tonsilben der Reihe: ut (später do), re, mi, fa, sol, la, si]

so|lo ⟨Adj.; Musik⟩ allein, einzeln; *~ singen; ich bin wieder ~* ⟨umg.⟩ ohne Partner [ital., »allein, einzig« <lat. *solus*]

So|lo ⟨das; -s, -s od. So|li⟩ **1** Vortrag eines einzelnen Sängers od. Instrumentalisten **2** ⟨Kart.⟩ Spiel eines Einzelnen gegen mehrere Mitspieler [ital., »allein, einzig« <lat. *solus*]

Som|bre|ro *auch:* **Somb|re|ro** ⟨der; -s, -s⟩

S

breitrandiger mexikanischer Hut [span., »Schattenspender«; zu *sombra* »Schatten«]

So|na|te ⟨die; -, -n; Musik⟩ Musikstück für ein od. mehrere Instrumente aus drei od. vier Sätzen; *Klavier~; Violin~* [<ital. *sonata;* zu ital., lat. *sonare* »tönen, klingen«]

Son|de ⟨die; -, -n⟩ **1** ⟨Med.⟩ stab- od. schlauchförmiges Instrument zur Untersuchung von Körperhöhlen u. -gängen; *Magen~* **2** ⟨Bgb.⟩ Bohrung geringen Durchmessers zur Entnahme einer Probe **3** ⟨kurz für⟩ Weltraumsonde **4** ⟨Biochem.⟩ markiertes, einsträngiges DNA- od. RNA-Molekül [<frz. *sonde* »Lot, Senkblei«]

son|die|ren ⟨V.⟩ **1** mit einer Sonde untersuchen **2** ⟨fig.⟩ vorsichtig erkunden, erforschen; *die Lage, das Gelände ~* [<frz. *sonder;* → *Sonde*]

So|nett ⟨das; -(e)s, -e; Metrik⟩ Gedichtform aus 14 variierend gereimten Versen, die in zwei vierzeilige u. zwei dreizeilige Strophen eingeteilt sind [<ital. *sonetto* <*sono* »Klang, Ton«; zu lat. *sonare* »klingen, tönen«]

Son|ny|boy ⟨[-bɔı] der; -s, -s⟩ überall beliebter, charmanter junger Mann [<engl. *sonny* »Kleiner« (als Anrede), Koseform zu *son* »Sohn« + *boy* »Junge«]

so|nor ⟨Adj.⟩ tief u. klangvoll, volltönend (Stimme); *~e Laute* Nasale u. Liquiden [<lat. *sonorus* »tönend«; zu *sonor* »Ton, Klang«]

...so|phie ⟨Nachsilbe; zur Bildung weibl. Subst.; die; -; unz.⟩ Weisheit, Lehre; *Philosophie* [<grch. *sophia* »Weisheit«]

So|phist ⟨der; -en, -en⟩ **1** ⟨urspr.⟩ Denker, Weiser **2** ⟨dann⟩ Lehrer der Redekunst u. Philosophie **3** ⟨seit Sokrates⟩ spitzfindiger Philosoph, der es für unmöglich hält, die Wahrheit zu finden **4** Wortverdreher [<grch. *sophistes* »Mensch, der im Besitz einer besonderen Geschicklichkeit od. Kunst ist«; zu *sophos* »geschickt, klug, weise«]

So|pran *auch:* **Sop|ran** ⟨der; -s, -e; Musik⟩ **1** höchste Stimmlage (von Frauen u. Knaben) **2** Sängerin, die Sopran singt **3** Gesamtheit der Sopranstimmen im Chor [<ital. *soprano* <lat. *supremus* »der höchste«]

Sor|bet ⟨[zɔrbeː] das od. der; -s, -s⟩ halbgefrorenes Speiseeis; *oV* Sorbett; *Erdbeer~* [frz. <ital. *sorbetto* <türk.-pers. *scherbet* »süßer Kühltrunk«]

Sor|bett ⟨[zɔrbeː] das od. der; -s, -s⟩ = Sorbet

→ **surfen:** Was du nicht unter *sör-* findest, kann unter *sur-* stehen, z. B. *surfen*!

sor|tie|ren ⟨V.⟩ (nach Sorten) ordnen, auslesen; *Gegenstände in verschiedene Fächer, Kästen ~; Gegenstände nach ihrer Farbe, Größe, Form ~; gut sortiert* reichhaltig, ein reichhaltiges Angebot aufweisend [<ital. *sortire* <lat. *sortiri* »auswählen, auslosen«]

Sor|ti|ment ⟨das; -(e)s, -e⟩ Gesamtheit der vorhandenen Sorten, Angebot an Waren; *ein ~ an Wäsche* [<ital. *sortimento* »Warenangebot«; → *sortieren*]

Sauce/Soße In die Alltagssprache eingegangene Fremdwörter können in vielen Fällen den deutschen Schreibweisen angeglichen werden. Diese Schreibungen sind häufig schon seit längerem orthografisch korrekte Varianten.

So|ße ⟨die; -, -n⟩ *oV* Sauce **1** angedickte Flüssigkeit zur würzigen Ergänzung bestimmter Gerichte; *Braten~; Vanille~* **2** ⟨umg.; scherzh.⟩ schmutzige Brühe, flüssiger Schmutz [<frz. *sauce* »Tunke, Brühe« <nlat. *salsa* <mhd. *salse* »die gesalzene (Brühe)«; zu lat. *salsus* »gesalzen«]

◆ Die Buchstabenfolge **souf|fl...** kann auch **souff|l...** getrennt werden.

◆ **Souf|flé** ⟨[sufleː] das; -s, -s; Kochk.⟩ sehr lockerer Auflauf mit Eierschnee; *oV* Soufflee [frz., »Auflauf«; zu *souffler* »blasen«]

◆ **Souf|flee** ⟨[sufleː] das; -s, -s; Kochk.⟩ = Soufflé

◆ **Souf|fleur** ⟨[suflø:r] der; -s, -e; Theat.⟩ jmd., der während des Spiels die Rollen flüsternd mitliest, um die Schauspieler vor dem Steckenbleiben zu bewahren [frz., »Vorsager (durch Zuhauchen, Zuflüstern), Bläser«; zu frz. *souffler* »hauchen, blasen; flüstern«; → *soufflieren*]

♦**Souf|fleu|se** ⟨[suflø:zə] die; -, -n; Theat.⟩ weibl. Souffleur

♦**souf|flie|ren** ⟨[suf-] V.; Theat.⟩ als Souffleur bzw. Souffleuse tätig sein [<frz. *souffler* »hauchen, blasen; flüstern« <lat. *sufflare* »hinblasen«; zu *flare* »wehen«]

Soul ⟨[soul] der; -s; unz.; Musik⟩ gefühlsbetonter, ausdrucksstarker Jazz od. Beat [engl., »Seele«]

Sound ⟨[saund] der; -s, -s; Musik; meist in Zus.⟩ Klang, Klangqualität; *im ~ der Rockmusik* [engl., »Ton, Klang«]

Sound|check ⟨[saundtʃɛk] der; -s, -s; Musik⟩ Zusammenspiel einer Band vor dem Auftritt zur Überprüfung der technischen Anlagen [engl., »Tonüberprüfung«]

Sound|kar|te ⟨[saund-] die; -, -n; EDV⟩ Steckkarte, die in einem PC installiert wird u. das Abspielen von digitalisierten Tönen ermöglicht [<engl. *sound* »Ton, Musik«]

Sound|track ⟨[saundtræk] der; -s, -s; Musik⟩ Musik zu einem Film [engl., »Tonspur«]

Sou|ta|ne ⟨[su-] die; -, -n; Rel.⟩ langer Rock der kathol. Geistlichen [frz. <ital. *sottana* »Untergewand«; zu *sotto* »unter, unterhalb« <lat. *subtus* »unten«]

Sou|ter|rain ⟨[sutərɛ̃:] das; -s, -s⟩ etwa zur Hälfte unter dem Niveau der Straße liegendes Hausgeschoss [frz., »unterird. Gewölbe«; zu frz. *sous* »unterhalb« + *terrain* »Erde, Boden«]

Sou|ve|nir ⟨[suvəni:r] das; -s, -s⟩ Reiseandenken [<frz. *se souvenir* »sich an etwas erinnern«]

sou|ve|rän ⟨[suvə-] Adj.⟩ **1** unumschränkt herrschend, die Herrschergewalt, Oberherrschaft ausübend **2** ⟨fig.⟩ überlegen, eigenständig, selbstsicher [<frz. *souverain* <mlat. *superanus* »überlegen«]

Sou|ve|rä|ni|tät ⟨[suvə-] die; -; unz.⟩ **1** höchste herrschaftliche Gewalt (eines Staates) **2** Hoheitsrechte **3** Unabhängigkeit [<frz. *souveraineté* »höchste Gewalt, Staatshoheit«]

So|wjet *auch:* **Sow|jet** ⟨der; -s, -s⟩ **1** ⟨urspr.⟩ Arbeiter- u. Soldatenrat **2** staatl. Behörden u. Organe in der Sowjetunion **3** ⟨['--] umg.⟩ ein Sowjetrusse **4** *Oberster ~* Volksvertretung in der ehem. Sowjetunion [<russ. *sowjet*]

so|zi|al ⟨Adj.⟩ **1** die Gemeinschaft, Gesellschaft betreffend, dazu gehörend; *~e Verhältnisse; ~e Indikation* Veranlassung für einen Schwangerschaftsabbruch aus sozialen Gründen **2** die Werte einer Gesellschaft respektierend; *~ denken, empfinden, sich ~ verhalten* **3** der Gemeinschaft, Gesellschaft dienend; *~er Wohnungsbau* **4** die gesellschaftliche Stellung betreffend, auf ihr beruhend; *~es Ansehen* [<frz. *social;* zu lat. *socius* »Genosse, Gefährte; gemeinsam«; zu *sequi* »folgen«]

So|zi|al|de|mo|kra|tie ⟨die; -; unz.; Politik⟩ **1** politische Richtung, die die Grundsätze des Sozialismus u. der Demokratie zu verbinden sucht **2** Gesamtheit der Sozialdemokratischen Partei

So|zi|a|li|sa|ti|on ⟨die; -; unz.; Soziol.⟩ allmähliches Hineinwachsen des Menschen in die Gesellschaft u. Aneignung ihrer Werte

So|zi|a|lis|mus ⟨der; -; unz.; Politik⟩ im 19. Jh. entstandene polit. Bewegung, die das allgemeine Wohl der Gesellschaft im Sinne von Gleichheit u. Solidarität zur Geltung bringen will

so|zi|a|lis|tisch ⟨Adj.⟩ zum Sozialismus gehörend, auf ihm beruhend

so|zi|al|li|be|ral ⟨Adj.; Pol.⟩ soziale u. liberale Aspekte betreffend; *~e Regierungskoalition* Regierungskoalition aus einer sozialdemokratischen u. einer liberalen Partei

So|zi|al|öko|no|mie ⟨die; -; unz.; Wirtsch.⟩ Volkswirtschaftslehre

So|zi|al|päd|a|go|gik *auch:* **So|zi|al|pä|da|go|gik** ⟨die; -; unz.; Päd.⟩ Berufszweig für die außerschulische Erziehung von Kindern u. Jugendlichen (Erziehung im Kindergarten, Erziehungsberatung, Bewährungshilfe usw.)

So|zi|al|po|li|tik ⟨die; -; unz.; Politik⟩ alle Maßnahmen (des Staates) zur Verbesserung der sozialen Verhältnisse, zur Unterstützung wirtschaftlich schwacher Schichten der Bevölkerung

So|zi|al|staat ⟨der; -(e)s, -en; Politik⟩ demokratischer Staat, der versucht, soziale Ungleichheiten zwischen seinen Bürgern zu verringern bzw. abzubauen

S

So|zi|al|wis|sen|schaft ⟨die; -, -en⟩ = Soziologie

So|zi|e|tät ⟨die; -, -en⟩ **1** Gemeinschaft, Zusammenschluss (z. B. von Ärzten od. Rechtsanwälten in einer gemeinsamen Praxis) **2** Form der Vergesellschaftung von Tieren, die für die beteiligten Tiere u. zur Erhaltung der Art notwendig ist [<lat. *societas* »Gemeinschaft, Bündnis«]

so|zio|kul|tu|rell ⟨Adj.⟩ das soziale Gefüge u. die Kultur (einer Gruppe, Schicht, Gesellschaft) betreffend

So|zio|lo|ge ⟨der; -n, -n; Soziol.⟩ Wissenschaftler, Student der Soziologie

So|zio|lo|gie ⟨die; -; unz.; Soziol.⟩ *Sy* Sozialwissenschaft **1** Wissenschaft von den Formen u. Gesetzen des menschlichen Zusammenlebens in einer Gesellschaft, Gesellschaftslehre **2** ⟨i. w. S.⟩ Lehre von den Formen u. Veränderungen im Zusammenleben von Lebewesen; *Pflanzen~; Tier~* [<lat. *socius* »Genosse, Gefährte, der mit einer Gesellschaft Verbundene« + *...logie*]

So|zi|us ⟨der; -, -se⟩ **1** Teilhaber (an einem Geschäft od. einer Praxis) **2** Beifahrer (auf dem Motorrad) [<lat. *socius* »Genosse, Gefährte«]

Space|shut|tle *auch:* **Space|shutt|le** ⟨[spɛısʃʌtl] das od. der; -s, -⟩ wiederverwendbares Raumfahrzeug der USA [<engl. *space* »Weltall, Weltraum« + *shuttle* »rasch hin- und herbefördern«]

Spagetti/Spaghetti Im Zuge der Integration von Fremdwörtern kann neben die ursprüngliche, an der Herkunftssprache orientierte Orthografie eine angepasste Schreibweise treten. Es bleibt dem Schreibenden überlassen, welche Variante er vorzieht (→*a.* Delphin/Delfin).

Spa|get|ti ⟨Pl.⟩ = Spaghetti

Spa|ghet|ti ⟨Pl.⟩ lange, dünne Nudeln; *oV* Spagetti; →*a.* Bolognese [<ital. *spaghetti,* Verkleinerungsform zu ital. *spago,* Pl. *spaghi* »dünne Schnur«]

Spam ⟨[spæm] das od. der; -s, -s; EDV⟩ als E-Mail verschickte, unerwünschte Werbung od. unwichtige Nachricht, Datenmüll [verkürzt <engl. *s*piced *p*ork *a*nd *h*am »gewürztes Schweinefleisch u. Schinken« (ein in den USA verbreitetes Dosenfleisch)]

spar|ta|nisch ⟨Adj.⟩ **1** den antiken grch. Stadtstaat Sparta betreffend, zu ihm gehörend, von ihm stammend **2** ⟨fig.⟩ streng, genügsam u. einfach, eher anspruchslos; *~ leben* [nach *Sparta,* dem antiken Stadtstaat, der für die strenge Erziehung seiner Jugend zu körperlicher Tüchtigkeit u. militärischer Disziplin bekannt war]

Spar|te ⟨die; -, -n⟩ **1** Abteilung, Fach, Gebiet **2** Geschäfts-, Wissenszweig **3** Zeitungsspalte [<ital. *spartizione* »Abteilung, Wissens- und Geschäftszweig, Fach«; zu *sparire* »teilen«]

spas|mo|disch ⟨Adj.; Med.⟩ = spastisch

Spas|mus ⟨der; -, Spas|men; Med.⟩ Krampf [<grch. *spasmos*]

Spas|ti|ker ⟨der; -s, -⟩ spastisch gelähmter Mensch

spas|tisch ⟨Adj.; Med.⟩ krampfhaft; *Sy* spasmodisch [<neulat. *spasmodicus,* frz. *spasmodique* <grch. *spasmodes* »krampfig, örtl. Krämpfen ausgesetzt«; zu *spaein* »ziehen, zucken«]

Spe|cial ⟨[spɛʃəl] das; -s, -s; Radio; TV⟩ Radio- od. Fernsehsendung über ein bestimmtes (bes. aktuelles) Thema [engl., zu *special* »Sonder..., Extra...«]

Spe|ci|es ⟨die; -, -⟩ = Spezies

spe|die|ren ⟨V.⟩ **1** *Waren ~* abschicken, versenden **2** *Güter, Möbel ~* mit Lastwagen befördern [<ital. *spedire* »abfertigen, versenden« <lat. *expedire* »losmachen, losbinden; erledigen, besorgen«]

Spe|di|teur ⟨[-tøːr] der; -s, -e⟩ jmd., der gewerblich Waren od. Möbel befördert [zu *spedieren,* mit frz. Endung]

Spe|di|ti|on ⟨die; -, -en⟩ **1** das Spedieren **2** Versandabteilung (eines Betriebes) **3** Firma, die Waren, Möbel, Lebensmittel u. Ä. transportiert [<ital. *spedizione* »Beförderung, Abfertigung«]

Spek|ta|kel ⟨der; -s, -; fig.; umg.⟩ **1** Lärm, Krach **2** Aufregung, Aufsehen **3** lauter Auftritt, Szene; *mach bitte keinen (solchen) ~!* [<lat. *spectaculum* »Schauspiel«; zu *spectare* »schauen«]

spek|ta|ku|lär ⟨Adj.⟩ **1** großes Aufsehen erregend **2** als Sensation herausgestellt

Spek|trum *auch:* **Spekt|rum** ⟨das; -s, Spek|tren od. Spek|tra⟩ **1** ⟨i. e. S.⟩ Aufspaltung von weißem Licht in verschiedene Farben **2** ⟨i. w. S.⟩ Gesamtheit der elektromagnetischen Strahlung verschiedener Wellenlänge **3** ⟨fig.⟩ Vielfalt, Bandbreite, Reichtum; *das ~ der modernen Literatur* [<lat. *spectrum* »Abbild«; zu *spectare* »schauen«]

Spe|ku|lant ⟨der; -en, -en⟩ jmd., der spekuliert; *Börsen~* [<lat. *speculans,* Part. Präs. zu , Part. Präs. zu *speculari* »Ausschau halten, belauern«; zu *specula* »Wartturm«; → *spekulieren*]

Spe|ku|la|ti|on ⟨die; -, -en⟩ **1** Betrachtung **2** das Denken, das über die reine Erfahrung hinaus durch Überlegung Erkenntnis erlangen sucht **3** auf Vermutungen beruhende Erkenntnis **4** Kauf (bzw. Verkauf) von Gütern od. Wertpapieren in der Erwartung, sie zu einem späteren Zeitpunkt mit Gewinn verkaufen (bzw. kaufen) zu können [<lat. *speculatio;* → *spekulieren*]

spe|ku|lie|ren ⟨V.⟩ **1** Handel aufgrund von Spekulationen treiben; *an der Börse ~* **2** grübeln, nachsinnen, überlegen [<lat. *speculari* »Ausschau halten, belauern«; zu *specula* »Wartturm«; zu *specere* »sehen«]

spen|da|bel ⟨Adj.; umg.⟩ freigebig, großzügig; *eine spendable Geste* [zu *spenden, spendieren* (mit französierender Endung)]

spen|die|ren ⟨V.; umg.⟩ spenden, geben; *er hat fünf Euro spendiert*

Sper|ma ⟨das; -s, -ma|ta od. Sper|men; Biol.; Med.⟩ Samen (von Mensch u. Tier) [grch., »Same«; zu *speirein* »säen«]

Sper|mi|um ⟨das; -s, -mi|en; Biol.; Med.⟩ reife männliche Keimzelle, Samenzelle [nlat. <grch. *sperma;* → *Sperma*]

Spe|sen ⟨Pl.⟩ Nebenausgaben bei der Besorgung eines Geschäftes, die von den Auftraggebern zu erstatten sind; *außer ~ nichts gewesen* ⟨scherzh.⟩ es gab nur Unkosten [<ital. *spese* »Aufwand« <mlat. *spesa* <lat. *expensa;* zu *expendere* »aufwenden«]

spe|zi|a|li|sie|ren ⟨V.⟩ **1** unterscheiden, sondern **2** *sich auf etwas ~* sich auf etwas (ein Teilgebiet) beschränken u. dieses aber bes. eingehend studieren; *sie hat sich auf das Übersetzen von Kriminalromanen spezialisiert* [→ *Spezialität*]

Spe|zi|a|list ⟨der; -en, -en⟩ jmd., der sich auf ein Gebiet spezialisiert hat

Spe|zi|a|li|tät ⟨die; -, -en⟩ **1** Besonderheit **2** bes. eingehend studiertes Fachgebiet **3** das, wovon man bes. viel versteht, was man bes. gut beherrscht **4** bes. kulinarischer Genuss, Delikatesse [<lat. *specialitas;* zu *specialis* »einer bes. Art entsprechend, besonders«; zu *species* »Art, Gattung«]

spe|zi|ell ⟨Adj.⟩ einzeln, besonders, eigens; *Ggs* generell; *ein ganz ~er Freund*

Spe|zi|es ⟨die; -, -⟩ *oV* Species **1** ⟨Biol.⟩ Art, Gattung **2** Gestalt, Erscheinung, Erscheinungsform [<lat. *species* »Blick, äußere Erscheinung, Art (einer Gattung)«; zu *specere* »sehen«]

Spe|zi|fi|kum ⟨das; -s, -fi|ka⟩ **1** etwas Besonderes, Eigentümliches **2** besonderes Merkmal, Kennzeichen

spe|zi|fisch ⟨Adj.⟩ **1** (art)eigen, eigentümlich **2** *~es Gewicht* Verhältnis zwischen dem Gewicht eines Körpers u. seinem Volumen **3** *~e Wärme* die W., die benötigt wird, um 1 g (od. 1 kg) eines Stoffes um 1° C zu erwärmen [<mlat. *specificus* »der Art entsprechend«; zu lat. *species* »Art«; → *Spezies*]

Sphä|re ⟨die; -, -n⟩ **1** Kugel, Kreis **2** Himmelskugel **3** Bereich **4** Machtbereich, Wirkungskreis [<grch. *sphaira* »Kugel, Ball«]

Sphinx[1] **1** ⟨fachsprachl.: der; - od. -es, Sphin|gen od. umg.: die; -, -e⟩ ägypt. Fabelwesen mit dem Leib eines Löwen u. dem Kopf eines Menschen, meist eines Mannes [grch.]

Sphinx: Die *Sphinx* ist eine Gestalt der griechischen → *Mythologie.* Sie ist ein Ungeheuer mit einem Frauenkopf und dem Leib eines geflügelten Löwen. Sie lebt auf einem Berg bei Theben und tötet jeden, der ihr Rätsel nicht lösen kann. Das Rätsel lautet: »Welches Lebewesen ändert seine Gestalt, indem es zweifüßig, dreifüßig und vierfüßig ist? Bewegt es sich mit den meisten Füßen fort, so ist es am langsamsten.« Ödipus errät, dass es sich um den Menschen handelt, der sich als Kind auf vier, als

Erwachsener auf zwei und im Greisenalter auf drei Füßen (mit Hilfe eines Stockes) fortbewegt. Nachdem Ödipus das Rätsel gelöst hat, ist Theben von der *Sphinx* befreit.
Im alten Ägypten war der *Sphinx* eine männliche Mischgestalt mit dem Körper eines Löwen und dem Kopf eines Menschen; er wurde meist als Wächterfigur an Tempeleingängen liegend dargestellt, so z. B. bei den berühmten → *Pyramiden* von Gizeh.

Sphinx[2] ⟨die; -, Sphin|gen⟩ **1** ⟨unz.; grch. Myth.⟩ weibl. Ungeheuer mit Flügeln, dem Leib eines Löwen u. dem Kopf einer Frau **2** ⟨zählb.; Zool.⟩ Abendpfauenauge [grch.]

Spike ⟨[spaɪk] der; -s, -s⟩ **1** Nagel aus Stahl an der Sohle von Rennschuhen u. Autoreifen **2** ⟨Pl.⟩ *~s* Rennschuhe mit herausstehenden Nägeln an der Sohle [engl., »langer Nagel, Dorn«]

Spin ⟨[spɪn] der; -s, -s⟩ **1** innerer Freiheitsgrad eines Elementarteilchens od. Atomkerns, der als Impuls einer drehenden Eigenbewegung des Teilchens angesehen werden kann **2** ⟨Sport; bes. Tennis⟩ Drall des Balls [engl., »Drehung«]

Spi|nett ⟨das; -(e)s, -e; Musik⟩ Vorläufer des Klaviers mit schräg zu den Tasten stehenden Saiten [<ital. *spinetta;* nach dem Venezianer Giovanni *Spinetti* (um 1500) od. zu lat. *spina* »Dorn«]

Spi|on ⟨der; -s, -e⟩ **1** jmd., der Spionage treibt **2** Spähloch in (Haus-)Türen [<frz. *espion* <ital. *spione;* zu *spia* <got. **spaiha* »Späher«; zu germ. **spehon* »spähen«]

Spi|o|na|ge ⟨[-ʒə] die; -; unz.⟩ das heiml. (u. strafbare) Auskundschaften von militär., polit. od. wirtschaftl. Geheimnissen eines Staates im Auftrag eines anderen [<frz. *espionnage*]

spi|o|nie|ren ⟨V.⟩ Spionage treiben, etwas auskundschaften, zu erkunden suchen

Spi|rant ⟨der; -en, -en; Phon.⟩ Konsonant, der durch ein reibendes Geräusch entsteht, Reibelaut, *z. B. f, w, s, sch, ch, j; Sy* Frikativ, Frikativlaut [<lat. *spirans,* Part. Präs. zu *spirare* »hauchen, atmen«]

Spi|ri|tis|mus ⟨der; -; unz.⟩ Glaube an Geister u. an den möglichen Kontakt mit ihnen [→ *Spiritus*]

Spi|ri|tu|al[1] ⟨der; -s od. -en, -en; in Klöstern u. kath. Seminaren⟩ Seelsorger, Beichtvater [→ *spirituell*]

Spi|ri|tu|al[2] ⟨[spɪrɪtjuəl] der od. das; -s, -s; Musik⟩ geistliches Lied der nordamerikan. Schwarzen mit synkopiertem Rhythmus [engl.]

spi|ri|tu|ell ⟨Adj.⟩ geistig, übersinnlich, jenseitig, metaphysisch; *Ggs* materiell (1) [<mlat. *spiritualis* »geistlich«; zu lat. *spiritus;* → *Spiritus*]

Spi|ri|tu|o|sen ⟨Pl.⟩ alkohol. Getränke

Spi|ri|tus **1** ⟨[spiː-] der; -, -⟩ **1.1** Atem, Hauch **1.2** Leben **1.3** Geist **1.4** Zeichen für die Behauchung in der grch. Schrift **2** ⟨[ʃpiː-] der; -, -se⟩ Grundlage von Branntwein; *Sy* Sprit (1) [<lat. *spiritus* »(Luft-)hauch, Wind, Atem, Geist, Seele, Gesinnung; Weingeist«; zu *spirare* »hauchen«]

Spleen ⟨[ʃpliːn] od. [spliːn] der; -s, -e od. -s⟩ **1** verschrobenes, schrulliges Wesen **2** überspannte, sonderbare Idee [engl. <grch. *splen* »Milz; Milzsucht; durch die Milzsucht hervorgerufener Geisteszustand«]

split|ten ⟨[splɪt-] V.⟩ aufspalten, aufteilen [<engl. *split* »spalten«]

Spoi|ler ⟨der; -s, -⟩ **1** Luftleitblech am Heck von Autos zur Verbesserung der Bodenhaftung **2** zur Änderung der Strömungsverhältnisse an Flugzeugtragflächen dienende Klappe [engl., eigtl. »Plünderer«; zu *spoil* »rauben«]

spon|sern ⟨V.⟩ finanziell fördern; *einen Sportler ~*

Spon|sor ⟨der; -s, -s od. -so|ren⟩ jmd., der eine Sache finanziell ermöglicht od. fördert, Geldgeber [lat., »Bürge«]

spon|tan ⟨Adj.⟩ **1** von selbst, aus eigenem Antrieb, von innen heraus (kommend) **2** plötzlich, aus plötzlicher Eingebung, plötzlichem Entschluss, impulsiv [<lat. *spontaneus;* zu *sponte* »aus eigenem Willen«; zu **spons* »Antrieb«]

Spon|ta|ne|i|tät ⟨[-neːi-] die; -; unz.⟩ = Spontanität

Spon|ta|ni|tät ⟨die; -; unz.⟩ spontanes Handeln, Geschehen, Handeln aus eigenem Antrieb heraus, Unmittelbarkeit;

oV Spontaneität [<frz. *spontanéité;* zu *spontané* <lat. *spontaneus;* zu *sponte* »aus eigenem Willen«]

spo|ra|disch ⟨Adj.⟩ **1** vereinzelt, verstreut (vorkommend) **2** hin und wieder, nicht oft, unregelmäßig [<grch. *sporadikos* »verstreut«; zu *speirein* »aussäen«]

Sport ⟨der; -(e)s, -e⟩ **1** körperliche Betätigung nach bestimmten Regeln aus Freude daran od. zur Erhaltung der Gesundheit; ~ *treiben* **2** Gesamtheit der Leibesübungen **3** Leibesübung, im Unterschied zum Geräte- u. Bodenturnen u. zur Gymnastik; *Wasser~; Ski~* **4** ⟨fig.; umg.⟩ Liebhaberei, Steckenpferd [engl. <afrz. *desport* »Belustigung«; zu mlat. *disportare* »sich zerstreuen« <lat. *dis...* »auseinander« + *portare* »tragen«]

Spot ⟨[spɔt] der; -s, -s⟩ kurze Sendung im Rundfunk od. Fernsehen, meist zur Werbung; *Fernseh~; Werbe~* [engl., »Punkt, Stelle«]

Spot|light ⟨[spɔtlaɪt] das; -s, -s⟩ stark konzentriertes Licht zur Beleuchtung nur einer Stelle, Punktlicht, z.B. im Theater oder in Ausstellungsvitrinen [<engl. *spot* »Fleck, Ort« + *light* »Licht«]

Spray ⟨engl. [spreɪ] od. [ʃpreː] od. [spreː] der od. das; -s, -s⟩ **1** Gerät zum Zerstäuben von Flüssigkeiten **2** Flüssigkeit zum Zerstäuben; *Haar~; Insekten~; Deo~* [<engl. *spray* »sprühen, (be)spritzen«]

Sprink|ler ⟨der; -s, -⟩ Berieselungsanlage für größere Flächen [<engl. *sprinkle* »besprengen«]

Sprint ⟨der; -s, -s; Sport⟩ kurzer Lauf mit größtmöglicher Geschwindigkeit [<engl. *sprint* »schnell rennen«]

Sprit ⟨der; -(e)s, -e⟩ **1** = Spiritus (2) **2** ⟨umg.⟩ Benzin, Treibstoff [→ *Spiritus;* angelehnt an frz. *esprit* »Weingeist«]

Squash ⟨[skwɔʃ] das; - od. -s; unz.; Sport⟩ Rückschlagspiel zwischen zwei Spielern auf einer 6,40 × 9,75 m großen, von vier Wänden begrenzten Fläche [engl., »pressen« <vulgärlat. *exquassare;* zu lat. *ex* »aus, heraus« + *quassare* »schleudern«]

Squaw ⟨[skwɔː] die; -, -s⟩ indian. Frau, Indianerin [Algonkin]

sta|bil ⟨Adj.⟩ *Ggs* instabil **1** dauerhaft, widerstandsfähig; *Ggs* labil (1); *~e Gesundheit* **2** fest, standfest; *~er Gegenstand* [<lat. *stabilis* »standfest«; zu *stare* »stehen«]

Sta|bi|li|sa|tor ⟨der; -s, -to|ren⟩ **1** ⟨Techn.⟩ Einrichtung zum Konstanthalten bestimmter Größen u. zur Unterdrückung von unerwünschten Fremdeinflüssen **2** ⟨Chemie⟩ Stoff zur Unterdrückung unerwünschter Reaktionen bzw. zum Haltbarmachen bestimmter Verbindungen

sta|bi|li|sie|ren ⟨V.⟩ stabil machen, befestigen, dauerhaft machen

Sta|bi|li|tät ⟨die; -; unz.⟩ *Ggs* Instabilität **1** stabile Beschaffenheit, Festigkeit, Standfestigkeit **2** Beständigkeit, Dauerhaftigkeit [<lat. *stabilitas;* zu *stabilis* »standfest«]

stac|ca|to ⟨[stak-] Musik⟩ jeder Ton einzeln kurz abgestoßen (zu spielen); *oV* stakkato [ital., »abgesondert«]

Sta|di|en ⟨Pl. von⟩ Stadion, Stadium

Sta|di|on ⟨das; -s, Sta|di|en⟩ **1** Kampfbahn **2** gesamte Anlage von Sportplätzen; *Sport~* [grch., »Längenmaß (185 m); Rennbahn von Olympia, Kampfplatz«]

Sta|di|um ⟨das; -s, Sta|di|en⟩ **1** Stand, Zustand **2** Entwicklungsstufe; *Krankheits~* [lat., »Rennbahn« (in der medizin. Fachsprache des 18./19. Jh. in der Bedeutung »Abschnitt im Verlauf einer Krankheit« gebraucht) <grch. *stadion;* → *Stadion*]

Sta|gna|ti|on *auch:* **Stag|na|ti|on** ⟨die; -, -en; Wirtsch.⟩ das Stagnieren, Stockung, Stillstand, Fehlen von Entwicklung und Bewegung; *die Wirtschaft ist in einer Phase der ~*

sta|gnie|ren *auch:* **stag|nie|ren** ⟨V.⟩ stocken, stillstehen, nicht vorwärtskommen, beharren [<lat. *stagnare* »überschwemmt, gestaut sein«; zu *stagnum* »stehendes Gewässer«]

stak|ka|to ⟨[stak-] Musik⟩ = staccato

Sta|lag|mit ⟨der; -s od. -en, -e od. -en⟩ von unten nach oben wachsender, stehender Tropfstein; *Ggs* Stalaktit [<grch. *stalagmos* »Geträpfel, Tropfen«; zu *stalattein* »tropfen«]

Sta|lak|tit ⟨der; -s - od. -en, -e od. -en⟩ von oben nach unten wachsender, hängender Tropfstein; *Ggs* Stalagmit [zu grch. *stalaktos* »tropfend«]

Stan|dard ⟨der; -s, -s⟩ 1 Richt-, Eichmaß 2 Norm, Qualität; *Lebens~* [<engl. *standard,* urspr. »Standarte, Fahne« <afrz. *estandart*]

stan|dar|di|sie|ren ⟨V.⟩ vereinheitlichen, normen

Stand-by-Be|trieb *auch:* **Stand|by-Be|trieb** ⟨[stændbaɪ-] der; -(e)s; unz.⟩ Betriebsart eines elektrischen Gerätes (z. B. Fernseher), bei der es eigentlich ausgeschaltet ist, aber durch die Fernbedienung jederzeit aktiviert werden kann [zu engl. *stand-by* »einsatzbereit«]

Stan|ding Ova|tions ⟨[stændɪŋ ovɛɪʃnz] Pl.⟩ Beifallssturm, heftiges Beifallklatschen im Stehen; *für seine mitreißende Rede im Parlament erhielt er ~* [<engl. *standing* »stehend, im Stehen« + *ovations* »Ovationen«]

→ **Stuntman:** Was du nicht unter *stand-* findest, kann unter *stunt-* stehen, z. B. *Stuntman*!

Star ⟨[staː(r)] od. [ʃtaː(r)] der; -s, -s⟩ gefeierte Persönlichkeit (von Film, Bühne od. Sport); *Film~; Fußball~; Opern~* [engl., »Stern«]

Star|figh|ter ⟨[staː(r)faɪtə(r)] der; -s, -; Mil.⟩ amerikan. Jagdflugzeug [engl., »Sternenkämpfer«]

Star|let ⟨[staː(r)lɛt] das; -s, -s⟩ angehender Filmstar, Filmsternchen; *oV* Starlett [engl., »Sternchen«; → *Star*]

Star|lett ⟨[staː(r)lɛt] das; -s, -s⟩ = Starlet

Start ⟨der; -(e)s, -s od. (selten) -e⟩ 1 Beginn einer Fortbewegung von einem bestimmten Ausgangspunkt 1.1 Beginn eines Wettlaufs od. Rennens; *einen guten, schlechten ~ haben* 1.2 Abflug (von Flugzeugen, Raketen) 2 Startplatz 3 ⟨fig.⟩ Anfang, Beginn; *der ~ einer neuen Fernsehserie; der ~ ins Berufsleben* [<engl. *start* »loslaufen«]

star|ten ⟨V.⟩ 1 eine Fortbewegung beginnen (abfahren, abspringen, abschwimmen, abfliegen); *etwas ~* beginnen lassen 2 in Bewegung setzen; *ein Flugzeug ~; eine Rede ~* mit einer R. beginnen

...sta|se ⟨Nachsilbe; zur Bildung weibl. Subst.; die; -, -n⟩ Stehen, Stillstand; *Diastase* [<grch. *stasis* »Stehen, Feststehen«]

...stat ⟨Nachsilbe; zur Bildung männl. Subst.; der; -(e)s od. -en, -e od. -en⟩ 1 Feststehendes, Unveränderliches 2 Mess-, Beobachtungsgerät; *Thermostat* [<grch. *statos* »stehend, feststehend«]

State|ment ⟨[stɛɪt-] das; -s, -s⟩ öffentliche Erklärung; *ein ~ abgeben* [engl.]

Sta|tik ⟨die; -; unz.⟩ Lehre von den Kräften, die an ruhenden Körpern auftreten; *Ggs* Dynamik (1) [<grch. *statikos* »stellend, wägend, stehen machend«]

Sta|ti|on ⟨die; -, -en⟩ 1 Ort, an dem öffentliche Verkehrsmittel halten, Haltestelle; *Bus~* 2 Ort, an dem sich eine technische Anlage befindet; *Funk~; Sende~; Wetter~* 3 Abteilung eines Krankenhauses; *der Patient liegt auf ~ 4; Unfall~* 4 ⟨fig.⟩ Aufenthalt, Halt, Rast; *bei jmdm. ~ machen* [<lat. *statio* »Stillstand; Standort, Aufenthalt(sort)«]

sta|ti|o|när ⟨Adj.⟩ 1 in Ruhe befindlich, ruhend 2 am Ort bleibend, ortsfest; *Ggs* ambulant; *~e Behandlung* B. im Krankenhaus [<frz. *stationnaire* <lat. *stationarius* »stillstehend; zum Standort gehörig«]

sta|ti|o|nie|ren ⟨V.⟩ an einen Standort stellen; *Truppen ~*

sta|tisch ⟨Adj.⟩ *Ggs* dynamisch (1) 1 die Statik betreffend, auf ihr beruhend 2 das Stehen od. das Gleichgewicht betreffend, ruhend 3 stillstehend, ruhend [<grch. *statikos;* → *Statik*]

Sta|tist ⟨der; -en, -en; Theat.; Film⟩ 1 ungenannter Darsteller einer stummen Nebenrolle 2 ⟨fig.⟩ Nebenperson, unbedeutende, unwichtige Person [<lat. *stare* »stehen«]

Sta|tis|tik ⟨die; -, -en⟩ 1 Wissenschaft, die aus dem massenhaften Auftreten bestimmter Erscheinungen auf empirische Gesetze schließt, Analyse u. Deutung numerischer Daten 2 Zusammenstellung der Ergebnisse von breit angelegten Untersuchungen; *Bevölkerungs~; Arbeitslosen~* [<lat. *status* »Stand«]

sta|tis|tisch ⟨Adj.⟩ 1 die Statistik betreffend, auf ihr beruhend; *man hat ~ festgestellt, dass ...* 2 durch Zahlen (belegt)

Sta|tiv ⟨das; -s, -e [-və]; Fot.⟩ dreibeiniges Gestell zum Aufstellen u. Festhalten von Geräten, z. B. einer Kamera [zu lat. *stativus* »fest stehend«]

Sta|tue ⟨[-tuə] die; -, -n⟩ vollplastisch gestaltete, einzelne Figur, Standbild; *eine ~ Caesars* [<lat. *statua;* zu *stare* »stehen«]

Sta|tur ⟨die; -, -en⟩ Gestalt, Wuchs; *von kräftiger ~* [<lat. *statura;* zu *stare* »stehen«]

Sta|tus ⟨der; -, -⟩ **1** Zustand, Stand (der Dinge), Lage; *~ quo* der gegenwärtige Zustand **2** soziale Stellung [lat.; zu *stare* »stehen«]

Sta|tus|sym|bol ⟨das; -s, -e⟩ Gegenstand, der den Status einer Person im Ansehen der Mitmenschen anzeigen soll, *z. B. Auto, Kleidung, Segeljacht o. Ä.*

Sta|tut ⟨das; -(e)s, -en⟩ Satzung, Gesetz, Ordnung [<lat. *statutum,* Part. Perf. zu *statuere* »festsetzen«]

Steak ⟨[ste:k] das; -s, -s⟩ (gegrillte od. kurzgebratene) Scheibe Fleisch von Filet, Lende od. Keule; *Beef~; Rump~* [<engl., altisl. *steik* »Braten«; zu altisl. *steikja* »braten, an den Spieß stecken«]

Stem|ma ⟨das; -s, -ma|ta; bes. Sprachw.⟩ **1** Stammbaum, Strukturbaum **2** ⟨i. w. S.⟩ endlicher, zusammenhängender Graph, der keinen Kreis enthält, z. B. zur Darstellung einer mehrgliedrigen (hierarchischen) Struktur [lat., »Stammbaum; Girlande« <grch.; zu *stephein* »krönen; bekränzen«]

sten..., Sten... ⟨in Zus.⟩ eng..., Eng..., kurz..., Kurz... [<grch. *stenos* »eng, schmal«]

Ste|no|gra|fie ⟨die; -, -n⟩ Kurzschrift, Schrift mit verkürzten Schriftzeichen zur schnellen Niederschrift, bes. von Diktaten, Reden usw.; *oV* Stenographie [<*Steno... + ...grafie*]

ste|no|gra|fie|ren ⟨V.⟩ *oV* stenographieren **1** Kurzschrift schreiben; *können Sie ~?* **2** in Kurzschrift nachschreiben, mitschreiben; *eine Rede, eine Gerichtsverhandlung ~* [→ *Stenografie*]

Ste|no|gra|phie ⟨die; -, -n⟩ = Stenografie

ste|no|gra|phie|ren ⟨V.⟩ = stenografieren

ste|no|ty|pie|ren ⟨V.⟩ in Kurzschrift aufnehmen u. dann in Maschinenschrift übertragen [<*steno... +* grch. *typos* »Schlag, Abdruck«]

Stepp ⟨der; -s, -s⟩ Tanz in Schuhen mit Steppeisen in lockeren, schnellen Fußbewegungen, bei denen mit Spitzen u. Fersen der Rhythmus geschlagen wird [engl., »Schritt, Tritt, Tanzschritt«]

step|pen ⟨V.⟩ Stepp tanzen

ste|reo ⟨Adj.; kurz für⟩ stereophon; *eine Rundfunksendung ~ hören*

ste|reo..., Ste|reo... ⟨in Zus.⟩ **1** starr, fest **2** raum..., Raum..., körper..., Körper... [<grch. *stereos* »fest, starr«]

ste|reo|fon ⟨Adj.⟩ = stereophon

Ste|reo|fo|nie ⟨die; -; unz.⟩ = Stereophonie

ste|reo|phon ⟨Adj.⟩ auf Stereophonie beruhend, mit ihrer Hilfe; *oV* stereofon

> **Stereophonie/Stereofonie** Für die Silben *phon, phot* und *graph* kann generell die eingedeutschte (integrierte) Schreibung verwendet werden (*fon, fot, graf*). Die Schreibung mit *ph* ist ebenso zulässig und vor allem bei Fachwörtern die in den meisten Fällen gebräuchlichere Variante (→*a.* Quadrophonie/Quadrofonie).

Ste|reo|pho|nie ⟨die; -; unz.⟩ *oV* Stereofonie **1** räumliches Hören **2** elektroakustische Technik der räumlich wirkenden Wiedergabe von Tönen

Ste|reo|skop ⟨das; -s, -e; Optik; Fot.⟩ optisches Gerät, durch das zwei Halbbilder durch Linsen od. Spiegel so dargeboten werden, dass mit jedem Auge nur das ihm entsprechende Bild gesehen wird, wodurch der Eindruck eines einheitlichen, dreidimensionalen Bildes entsteht

ste|reo|typ ⟨Adj.⟩ *oV* stereotypisch **1** mit feststehender Schrift (gedruckt) **2** feststehend, unveränderlich **3** ⟨fig.⟩ ständig wiederkehrend, immer wieder gleich, formelhaft; *~e Antwort, Redewendung* [→ *Stereotypie*]

Ste|reo|ty|pie ⟨die; -, -n⟩ **1** ⟨unz.⟩ Verfahren zum Abformen von Schriftsatz in Matern **2** ⟨nur Pl.⟩ (krankhafte) dauernde, zwanghafte Wiederholung bzw. Beibehaltung immer derselben Bewegungen, Handlungen oder Gedanken [<*Stereo... + ...typie*]

ste|reo|ty|pisch ⟨Adj.⟩ = stereotyp

ste|ril ⟨Adj.⟩ 1 keimfrei 2 unfruchtbar 3 ⟨fig.⟩ übertrieben geistig, nicht natürlich empfindend 4 nüchtern, kalt, sachlich, schmucklos; *ein ~er, gekachelter Raum* [<frz. *stérile* <lat. *sterilis* »unfruchtbar«]

Ste|ri|li|sa|ti|on ⟨die; -, -en⟩ 1 Entkeimung, Vernichtung schädlicher Keime, z. B. an ärztlichen Instrumenten 2 Unfruchtbarmachung durch Unterbrechung der Ausführungsgänge der Geschlechtsdrüsen

ste|ri|li|sie|ren ⟨V.⟩ 1 keimfrei machen, entkeimen durch Erhitzen auf ca. 100–130° C 2 zeugungsunfähig machen bei Erhaltung der Keimdrüsen [<frz. *stériliser* <*stérile;* → *steril*]

Ste|ri|li|tät ⟨die; -; unz.⟩ 1 sterile Beschaffenheit, keimfreier Zustand 2 Unfruchtbarkeit 2.1 Unfähigkeit zu zeugen 2.2 Unfähigkeit, schwanger zu werden

Ste|tho|skop *auch:* **Ste|thos|kop** ⟨das; -s, -e; Med.⟩ Hörrohr zum Abhören der Herztöne u. Lungengeräusche [<grch. *stethos* »Brust, Inneres« + *...skop*]

Ste|ward ⟨[stjuːə(r)t] der; -s, -s⟩ Betreuer der Fahrgäste (auf Schiffen u. in Flugzeugen) [engl., »Verwalter« <aengl. *stigweard* »Hauswart«]

Ste|war|dess ⟨[stjuːə(r)dɛs] die; -, -en⟩ Betreuerin der Fahrgäste (auf Schiffen u. in Flugzeugen)

Sti|bi|um ⟨das; -s; unz.; chem. Zeichen: Sb⟩ = Antimon

Sti|cker ⟨der; -s, -; umg.; Jugendspr.⟩ Aufkleber [< engl. *stick* »kleben«]

Stig|ma ⟨das; -s, -ma|ta od. Stig|men⟩ 1 Zeichen, Mal 2 Wundmal (Christi) 3 eine der seitlich am Körper liegenden Öffnungen der Tracheen (bei Insekten, Tausendfüßern u. Spinnen) 4 Augenfleck der Einzeller 5 Narbe (der Blütenpflanzen) [<grch. *stigma* »Stich, Punkt«]

stig|ma|ti|sie|ren ⟨V.; fast nur im Passiv gebraucht⟩ 1 mit (den) Wundmalen (Christi) zeichnen 2 jmdn. brandmarken, bloßstellen, öffentl. verurteilen, als geächtet kennzeichnen; *seine Vorstrafen ~ ihn* [→ *Stigma*]

Stil ⟨der; -(e)s, -e⟩ 1 ⟨urspr.⟩ Schreibweise eines Dichters; *einen guten, schlechten ~ schreiben* 2 ⟨danach⟩ besonders geprägte Art der künstlerischen Erzeugnisse einer Zeit, einer Persönlichkeit; *Bau~; Mal~; Barock~; gotischer, romanischer ~* 3 ⟨fig.⟩ besonders geprägte Art einer menschlichen Lebensweise; *Lebens~; der ~ einer Zeit; er hat ~* seine Art zu leben charakterisiert ihn; *im großen ~ leben* in finanziell großzügiger Weise leben 4 Art, Technik der Ausübung einer Sportart; *Schwimm~* [<ital. *stile,* frz. *style* <lat. *stilus* »spitzer Pfahl, Stiel, Stängel; Schreibgerät, Griffel«]

Sti|lett ⟨das; -s, -e⟩ Dolch mit kurzer, schmaler, dreikantiger Klinge [<ital. *stiletto,* Verkleinerungsform zu *stilo* »Pfriem, Dolch« <lat. *stilus;* → *Stil*]

sti|li|sie|ren ⟨V.⟩ 1 stilvoll gestalten, formen 2 künstlerisch vereinfachen

Sti|lis|tik ⟨die; -; unz.⟩ Lehre von den Gesetzen des sprachlichen Stils [<frz. *stylistique* »Stilkunde«]

sti|lis|tisch ⟨Adj.⟩ den Stil (1) betreffend; *~e Schwächen; eine ~ hervorragende Arbeit*

Sti|mu|la|ti|on ⟨die; -, -en⟩ Anregung, Aktivierung, Reizung [<lat. *stimulatio* »Anreizung, Sporn«; zu *stimulare* »stacheln, antreiben«]

sti|mu|lie|ren ⟨V.⟩ anregen, aktivieren, reizen [<lat. *stimulare;* → *Stimulation*]

Sti|pen|di|at ⟨der; -en, -en⟩ Empfänger eines Stipendiums [<lat. *stipendiarius* »steuerpflichtig, um Sold dienend«; → *Stipendium*]

Sti|pen|di|um ⟨das; -s, -di|en⟩ finanzielle Unterstützung für Studierende [lat., »Steuer, Löhnung«; zu *stips* »Geldbeitrag, Spende« + *pendere* »wägen, zahlen«]

> → **Stewardess:** Was du nicht unter ***stju-*** findest, kann unter ***stew-*** stehen, z. B. *Stewardess!*

Sto|a ⟨die; -; unz.; Philos.⟩ von Zenon um 300 v. Chr. gegr. grch. Philosophenschule, die zur Erlangung der Seelenruhe ein vernunftgeleitetes Leben ohne Abhängigkeit von Trieben u. Gefühlen lehrte [<grch. *stoa poikile* »bunte Halle« (wo sich die Anhänger Zenos trafen); zu *stoa* »Halle«]

Sto|chas|tik ⟨[-xas-] die; -; unz.; Math.⟩ Verfahren zur Ermittlung von Wahrscheinlichkeiten

sto|chas|tisch ⟨[-xas-] Adj.⟩ dem Zufall unterworfen, ihn betreffend, von ihm abhängig [<grch. *stochastikos* »im Erraten geschickt«]

sto|isch ⟨[ʃto:-] Adj.⟩ 1 zur Stoa gehörend, auf ihr u. ihrer Lehre beruhend, sie betreffend 2 ⟨fig.⟩ unerschütterlich, gelassen; *mit einer ~en Ruhe*

Sto|la ⟨die; -, Sto|len⟩ 1 altrömisches langes, weißes mit Borten verziertes Gewand mit Ärmeln für Frauen 2 lose umgehängter, breiter Schal 3 langer, schmaler, über beide Schultern hängender Teil des priesterlichen Messgewandes [lat., »langes Frauenoberkleid, Stola« <grch. *stole* »Kleidung«]

stop ⟨[stɔp]⟩ 1 ⟨in Telegrammen⟩ Punkt 2 *~!* halt! [engl., »halten«]

Stopp ⟨der; -s, -s⟩ 1 ⟨kurz für⟩ Stoppball 2 das Anhalten von Kraftwagen, um mitgenommen zu werden 3 Pause während einer Fahrt; *einen ~ einlegen*

stop|pen ⟨V.⟩ 1 anhalten, stehen bleiben 2 *jmdn. od. etwas ~* aufhalten, anhalten, am Weiterfahren hindern 3 mit der Stoppuhr messen; *die Laufzeit, Fahrzeit ~* [<engl. *stop;* → *stop*]

Store ⟨[stɔ:(r)] der; -s, -s; meist Pl.⟩ weiße, durchsichtige Gardine [frz.]

stor|nie|ren ⟨V.⟩ 1 *eine Buchung, einen Betrag ~* berichtigen, ungültig machen, durch Gegenbuchung ausgleichen 2 *einen Auftrag ~* rückgängig machen [<ital. *stornare* »zum Weichen bringen, ablenken; rückgängig machen«]

Stor|no ⟨der; -s, Stor|ni⟩ 1 Rückbuchung, Löschung 2 das Rückgängigmachen; *~ eines Auftrages* [<ital. *storno;* → *stornieren*]

Sto|ry ⟨[stɔri] od. [stɔ:rɪ] die; -, -s⟩ kurze Erzählung, Kurzgeschichte [engl., »Geschichte, Erzählung«, verkürzt <*history* »Geschichte« <lat. *historia*]

Stra|di|va|ri ⟨[-va:-] die; -, -s; Musik⟩ in der Werkstatt des italienischen Geigenbauers A. Stradivari (1644-1737) angefertigte Geige

Stran|gu|la|ti|on ⟨die; -, -en⟩ 1 (Töten bzw. Hinrichten durch) Erhängen, Erdrosseln, Erwürgen 2 ⟨Med.⟩ Einschnürung, Abschnürung, z. B. einer Darmschlinge [<engl. *strangle,* afrz. *estrangler* »erdrosseln« <lat. *strangulare* <grch. , afrz. *estrangler* »erdrosseln« <lat. *strangulare* <grch. *straggaloein;* zu *straggale* »Strang, Strick«]

stran|gu|lie|ren ⟨V.⟩ erhängen, erwürgen, erdrosseln

Stra|te|ge ⟨der; -n, -n⟩ 1 jmd., der sich (gut) auf Strategie versteht 2 Feldherr [<grch. *strategos* »Feldherr«; zu *stratos* »Heer« + *agein* »führen«]

Stra|te|gie ⟨die; -, -n⟩ 1 ⟨allg.⟩ kluges Verhalten, planmäßiges Vorgehen 2 Kunst der militärischen Kriegsführung [<frz. *stratégie* <grch. *strategia;* zu *stratos* »Heer« + *agein* »führen«]

stra|te|gisch ⟨Adj.⟩ die Strategie betreffend, zu ihr gehörig, auf ihr beruhend; *~e Waffen* W. von großer Reichweite

Stra|to|sphä|re ⟨die; -; unz.; Meteor.⟩ die mittlere Schicht der Lufthülle der Erde von etwa 10 km bis 80 km über der Erdoberfläche [<lat. *stratum* »Decke« + *Sphäre*]

Street|ball ⟨[stri:tbɔ:l] der; -s; unz.; Sport⟩ Form des Basketballs, die mit einer verkleinerten Mannschaft auf Plätzen, Schulhöfen o. Ä. gespielt wird [<engl. *street* »Straße« + Basket*ball*]

Street|wor|ker ⟨[stri:twœ:kə(r)] der; -s, -⟩ Angestellter des Jugendamtes, der gefährdete Jugendliche betreut u. berät [engl., »Straßenarbeiter«]

Stress ⟨der; -es, -e; Pl. selten⟩ (gesundheitsschädliche) anhaltende Überbeanspruchung des Körpers u. der Psyche, z. B. durch hohe Arbeitsbelastung, Beziehungsprobleme u. Ä. [<engl. *stress* <*distress* »Not, Bedrängnis, Erschöpfung«; zu lat. *strictus* »zusammengeschnürt«; zu *stringere* »zusammenziehen«]

stres|sig ⟨Adj.; umg.⟩ anstrengend, aufreibend, erschöpfend; *~e Wochen*

Stretch ⟨[strɛtʃ] der od. das; - od. -es, -es [-tʃɪs]; meist ohne Artikel; Textilw.⟩ elastisches Gewebe, das aus Stretchgarn gefertigt ist [zu engl. *stretch* »dehnen, spannen«]

Stret|ching ⟨[strɛtʃɪŋ] das; - od. -s, -s; Sport⟩ Streck-, Dehnungsübung zum Muskeltraining [engl., »das Strecken«]

strikt ⟨Adj.⟩ streng, genau; *ein ~er Befehl* [<lat. *strictus* »zusammengeschnürt; straff, eng, streng«; zu *stringere* »schnüren, zusammenziehen«]

String ⟨[strıŋ] der; -s, -s; EDV⟩ **1** ⟨EDV⟩ aus mehreren alphanumerischen Zeichen bestehende Folge od. Feld **2** ⟨Physik⟩ eindimensionales, linien- od. schleifenförmiges Elementarteilchen [engl., »Zeichenfolge, Zeichenkette«]

strin|gent ⟨Adj.⟩ bündig, zwingend [<lat. *stringens,* Part. Präs. zu *stringere* »schnüren, zusammenziehen«]

Strin|genz ⟨die; -; unz.⟩ Schlüssigkeit, beweiskräftiger Zusammenhang

Strip ⟨der; -s, -s⟩ **1** ⟨kurz für⟩ Striptease **2** zugeschnittener u. steril verpackter Streifen Heftpflaster **3** Bildergeschichte [<engl. *strip* »abstreifen«]

strip|pen ⟨V.⟩ einen Striptease vorführen [<engl. *strip* »abziehen«]

Strip|tease ⟨[strıpti:z] das od. der; -; unz.⟩ erotische, tänzerische Entkleidung vor Publikum (in Nachtlokalen u. Ä.); *Sy* Strip (1) [<engl. *strip* »abstreifen« + *tease* »necken«]

Stro|bo|skop *auch:* **Stro|bos|kop** ⟨das; -s, -e; Optik; Technik⟩ **1** sich drehender Zylinder, auf dessen innere Fläche Figuren in verschiedenen Phasen der Bewegung gezeichnet sind, die beim Betrachten durch einen fest stehenden Schlitz den Eindruck einer Bewegung vermitteln **2** ⟨Physik⟩ Gerät zum Messen schnell ablaufender Bewegungen [<grch. *strobos* »Wirbel, Drehung« + ...*skop*]

→ **Strophe:** Der Laut [fə] wird in griechischen Fremdwörtern oft ***phe*** geschrieben, z. B. in *Stro**phe**!*

Stron|ti|um ⟨das; -s; unz.; chem. Zeichen: Sr⟩ silberweißes Leichtmetall, Ordnungszahl 38 [nach dem Fundort *Strontian* in Schottland]

Stro|phe ⟨die; -, -n⟩ **1** ⟨urspr.; in der grch. Tragödie⟩ Wendung des singenden u. tanzenden Chors zum Altar **2** ⟨dann⟩ aus mehreren Versen bestehender, sich in gleicher Form wiederholender Abschnitt eines Liedes od. Gedichtes; *ein Lied mit vier ~n* [<lat. *stropha* »List, Kunstgriff« <grch. *strophe* »Wendung«; zu *strephein* »wenden«]

stro|phisch ⟨Adj.⟩ in Strophen (gegliedert)

Struk|tur ⟨die; -, -en⟩ **1** Gefüge **2** Bau, Aufbau; *Gewebe~* **3** innere Gliederung, Anordnung der Teile [<lat. *structura* »Schichtung, Gefüge«; zu *struere* »schichten, übereinanderlegen«]

struk|tu|rell ⟨Adj.⟩ die Struktur betreffend, der Struktur nach; *~e Veränderungen vornehmen*

struk|tu|rie|ren ⟨V.⟩ *etwas ~* die Struktur von etwas bestimmen, gliedern, sinnvoll anordnen

Strych|nin ⟨das; -s; unz.; Pharm.⟩ giftiges Alkaloid der Brechnuss, das erregend auf Nervensystem, Muskeln, Kreislauf u. Atmung wirkt, auch Gegengift bei Schlafmittelvergiftungen [<grch. *strychnos* »Nachtschatten«]

Stuck ⟨der; -(e)s; unz.⟩ schnell härtende Masse aus Gips, Sand, Leim u. Wasser zum halbplastischen Verzieren von Decken u. Wänden [<ital. *stucco* »Gips« <ahd. *stukki* »etwas Abgehauenes; Rinde«]

Stuckateur Die Schreibung von abgeleiteten Wörtern richtet sich nach der Schreibung des zugrundeliegenden Substantivs. Nach dem Stammprinzip sind daher alle Wörter einer Wortfamilie mit gleichem Stamm zu schreiben. Folglich wird *Stuckateur* wie das Substantiv *Stuck* mit »ck« geschrieben (früher: *Stukkateur*).

Stu|cka|teur ⟨[-tø:r] der; -s, -e⟩ Fachmann für die Verzierung von Räumen u. Ä. mit Stuckornamenten

Stu|dent ⟨der; -en, -en⟩ **1** jmd., der an einer Hochschule studiert **2** ⟨österr., schweiz.⟩ Schüler einer höheren Schule [<lat. *studens,* Part. Präs. zu *studere* »eifrig betreiben«]

Stu|den|tin ⟨die; -, -tin|nen⟩ **1** Frau, die an der Hochschule studiert **2** ⟨österr., schweiz.⟩ Schülerin, die eine höhere Schule besucht

Stu|die ⟨[-djə] die; -, -n⟩ **1** (wissenschaftliche) Arbeit, Übung, Untersuchung **2** Vorarbeit zu einem wissenschaftlichen Werk 3 Entwurf zu einem Kunstwerk [→ *Studium*]

stu|die|ren ⟨V.⟩ 1 eine Hochschule besuchen; *er studiert in München* 2 sich durch geistige Arbeit Wissen, Kenntnisse auf einem bestimmten Gebiet aneignen; *Biologie, Germanistik, Jura ~* 3 etwas eingehend beobachten u. sich damit gründlich beschäftigen; *eine Frage, ein Problem ~* [<lat. *studere* »eifrig betreiben«]

Stu|dio ⟨das; -s, -s⟩ 1 Werkstatt eines Künstlers 2 ⟨Film, Funk, Fernsehen⟩ Raum für Bild- u. Tonaufnahmen 3 Experimentiertheater 4 Einzimmerwohnung [<ital. *studio* »Arbeitszimmer, Atelier«]

Stu|di|um ⟨das; -s, Stu|di|en⟩ 1 Aufnahme von Fakten od. vorgegebenem Wissen u. deren geistige Verarbeitung, wissenschaftliche Betrachtung, Erforschung von Sachverhalten; *das ~ menschlicher Verhaltensweisen* 2 zur Ausbildung dienende Beschäftigung mit bestimmten (wissenschaftlichen) Gebieten; *Hochschul~; ~ der Musik; während meines ~s in Köln* [lat., »Eifer, Streben«]

Stunt ⟨[stʌnt] der; -s, -s⟩ gefährliche Filmszene, die von einem Stuntman dargestellt wird; *einen ~ drehen, spielen* [zu engl. *stunt* »Kunststück«]

Stunt|man ⟨[stʌntmæn] der; -s, -men [-mən]⟩ Ersatzmann für den Hauptdarsteller in gefährlichen Filmszenen, die besonderes akrobat. Können verlangen, z. B. Autokollisionen, Stürze aus großer Höhe u. Ä. [<engl. *stunt* »Kunststück« + *man* »Mann«]

stu|pid ⟨Adj.⟩ = stupide

stu|pi|de ⟨Adj.⟩ *oV* stupid 1 dumm, beschränkt (Person) 2 stumpfsinnig, eintönig, langweilig (Arbeit) [<frz. *stupide* <lat. *stupidus* »betäubt, verdutzt, borniert«; zu *stupere* »starr sein«]

Stu|pi|di|tät ⟨die; -; unz.⟩ 1 stupides Wesen, stupide Beschaffenheit, Dummheit 2 Stumpfsinn, Eintönigkeit

sty|len ⟨[staɪ-] V.⟩ (modisch) gestalten, entwerfen; *sich ~* sich aufwendig zurechtmachen (mit Kleidung, Schmuck u. Ä.) [<engl. *style* »benennen; gestalten, entwerfen«]

Sty|ling ⟨[staɪ-] das; - od. -s, -s⟩ Entwurf, modische Gestaltung, Design; *ein ~ entwerfen* [<engl. *style* »Stil« <lat. *stilus* »Griffel«]

Sty|ro|por® ⟨das; -s; unz.⟩ aus Styrol u. Treibmittel gewonnener Kunststoff mit sehr geringer Dichte, als Schaumstoff, Verpackungs- u. Isoliermittel verwendet

Su|a|he|li[1] ⟨der; -s od. -s, -s od. -⟩ Volksstamm an der ostafrikanischen Küste [<arab. *sawahil* »Küste«]

Su|a|he|li[2] ⟨das; - od. -s; unz.⟩ Sprache der Suaheli, Handels- u. Verkehrssprache in Ostafrika

sub..., Sub... ⟨in Zus.⟩ unten, unter, niedriger als [lat., »unter(halb)«]

sub|al|tern ⟨Adj.⟩ untergeordnet; *ein ~er Beamter; ~es Benehmen* unterwürfiges B. [<mlat. *subalternus;* zu lat. *sub* »unter« + *alternus* »abwechselnd«]

Subjekt: Seit der Philosophie des Aristoteles bezeichnet das *Subjekt* den Träger von Eigenschaften, Wirkungen und Zuständen. Bei Descartes wird das *Subjekt* in unserem heutigen Sinne (»das Ich«) als das, was denkt, urteilt, erkennt, will und fühlt, verstanden. Das *Subjekt* ist somit Ausgangspunkt des gerichteten Denkens. Dem *Subjekt* ist das → *Objekt* als zu erkennender Gegenstand gegenübergestellt. Das Objekt ist dasjenige, worauf das *Subjekt* sich denkend und erkennend bezieht.
In der → *Grammatik* sind die Relationen zwischen dem *Subjekt* als Satzgegenstand, d. h. als Träger der Handlung, und dem Objekt als Satzergänzung, d. h. als nominale Ergänzung zum Verb, ähnlich.

Sub|jekt ⟨das; -(e)s, -e⟩ 1 wahrnehmendes, denkendes, wollendes Wesen; *Ggs* Objekt (2) 2 ⟨fig.; umg.; abwertend⟩ Person; *ein verdächtiges, verkommenes ~* 3 ⟨Gramm.⟩ Satzteil, von dem etwas ausgesagt wird, Satzgegenstand; *Ggs* Objekt (3) [<lat. *subiectum* »daruntergelegt; was der Aussage zugrunde liegt«, Part. Perf. zu *subicere* »darunterwerfen, zugrunde legen«]

sub|jek|tiv ⟨a. ['---] Adj.⟩ 1 zum Subjekt gehörig, auf ihm beruhend, von ihm

S

ausgehend **2** persönlich, nicht sachlich, unsachlich; *Ggs* objektiv (2) *ein ~es Urteil; etwas ~ betrachten, beurteilen*

Sub|jek|ti|vis|mus ⟨[-vɪs-] der; -; unz.⟩ *Ggs* Objektivismus **1** ⟨Philos.⟩ **1.1** Lehre, dass alle Erkenntnisse nur für das Subjekt, nicht allgemeingültig sind **1.2** Auffassung, dass das Subjekt das Maß aller Dinge sei **2** ⟨allg.⟩ übertriebene Betonung der eigenen Persönlichkeit

Sub|jek|ti|vi|tät ⟨[-vi-] die; -; unz.⟩ persönliche Auffassung, Einstellung, Unsachlichkeit; *Ggs* Objektivität

Sub|junk|ti|on ⟨die; -, -en; Gramm.⟩ **1** = Implikation (2) **2** = Hypotaxe **3** unterordnende Konjunktion, *z. B. »damit«, »weil«* [<lat. *subiunctio* »Anfügung«]

Sub|kon|ti|nent ⟨der; -(e)s, -e; Geogr.⟩ durch seine Größe u. geograf. Lage hervorgehobener Teil eines Kontinents; *der indische ~* Vorderindien

Sub|kul|tur ⟨die; -, -en⟩ Kultur einer Gruppe innerhalb eines größeren Kulturbereichs, die eigene Verhaltensnormen entwickelt u. oft in bewusstem Gegensatz zur Gesamtgesellschaft entstanden ist; *~ der Hippies*

◆ Die Buchstabenfolge **sub|l...** kann auch **su|bl...** getrennt werden.

◆**sub|lim** ⟨Adj.⟩ erhaben, verfeinert, nur einem feineren Verständnis od. Empfinden zugänglich [<lat. *sublimis* »in der Luft befindlich«]

◆**Sub|li|ma|ti|on** ⟨die; -, -en⟩ **1** ⟨Chemie⟩ unmittelbarer Übergang eines Stoffes aus dem festen in den gasförmigen Aggregatzustand u. umgekehrt, ohne die Stufe des flüssigen Aggregatzustandes zu durchlaufen **2** ⟨Psych.⟩ Überführung primitiver Triebregungen in sozial hoch bewertete Tätigkeiten

◆**sub|li|mie|ren** ⟨V.⟩ **1** ins Erhabene steigern, läutern, verfeinern **2** ⟨Chemie⟩ durch Sublimation trennen u. reinigen **3** ⟨Psych.⟩ primitive Triebregungen in künstlerische u. kulturelle Leistungen überführen [<lat. *sublimare* »emporheben«]

Sub|or|di|na|ti|on ⟨die; -; unz.⟩ das Unterordnen von Satzgliedern od. Sätzen durch subordinierende Konjunktionen; *Ggs* Koordination (4)

sub|si|di|är ⟨Adj.⟩ hilfsweise, unterstützend, behelfsmäßig, zur Aushilfe dienend [<lat. *subsidiarius* »zur Reserve gehörig«; zu *subsidium;* »Beistand«]

Sub|si|di|a|ri|täts|prin|zip ⟨das; -s; unz.; Politik; Soziol.⟩ **1** Prinzip, nach dem eine übergeordnete Gruppe (z. B. der Staat) nur für den Aufgabenbereich zuständig sein soll, den eine ihr nachgeordnete Gruppe (z. B. ein Bundesland) nicht bewältigen kann **2** staatliche Unterstützung, die aber nur auf eine Ergänzung der Eigenverantwortung abzielt

Sub|skrip|ti|on ⟨die; -, -en⟩ Vorbestellung u. Verpflichtung zur Abnahme bei Neuerscheinungen, z. B. bei größeren, in mehreren Bänden erscheinenden Werken [<lat. *subscriptio* »Unterschreibung«; zu *subscribere* »unterschreiben«]

◆ Die Buchstabenfolge **sub|st...** kann auch **subs|t...** getrennt werden.

◆**sub|stan|ti|ell** ⟨Adj.⟩ = substanziell

◆**Sub|stan|tiv** ⟨das; -s, -e [-və]; Gramm.⟩ Wort, das einen Gegenstand od. Begriff bezeichnet, Hauptwort, Dingwort [<lat. *(verbum) substantivum* »für sich selbst bestehendes (Wort)«; → *Substanz*]

◆**sub|stan|ti|vie|ren** ⟨[-viː-] V.; Gramm.⟩ zum Substantiv machen, als Substantiv gebrauchen; *substantiviertes Verb*

◆**sub|stan|ti|visch** ⟨a. [--'-vɪʃ] Adj.⟩ wie ein Substantiv gebraucht, hauptwörtlich

◆**Sub|stanz** ⟨die; -, -en⟩ **1** ⟨Philos.⟩ das Ding **1.1** das allen Dingen innewohnende Wesen **1.2** der Urgrund alles Seins **2** ⟨Physik⟩ = Materie (2) **3** ⟨allg.⟩ Stoff, das Stoffliche; das Bleibende **4** ⟨fig.⟩ Kern (einer Sache), das Wesentliche **5** ⟨fig.; umg.⟩ das Vorhandene, Besitz, Vorrat, Kapital, Vermögen [<lat. *substantia* »Bestand, Beschaffenheit, Wesen«; zu *substare* »standhalten«]

◆**sub|stan|zi|ell** ⟨Adj.⟩ *oV* substantiell **1** wesentlich, wesenhaft **2** stofflich [<lat. *substantialis;* → *Substanz*]

◆**Sub|sti|tut** ⟨das; -s, -e⟩ etwas, das als Ersatz dient, Ersatzmittel; →*a.* Surrogat [→ *substituieren*]

S

sub|su|mie|ren ⟨V.⟩ **1** einordnen, (einem allgemeinen Begriff) unterordnen, z. B. »Birne« unter »Obst« **2** zusammenfassen [<nlat. *subsumere* <lat. *sub* »unter« + *sumere* »nehmen«]

Sub|sum|ti|on ⟨die; -, -en⟩ **1** Unterordnung (unter einen allg. Begriff) **2** Zusammenfassung

sub|til ⟨Adj.⟩ **1** zart, fein **2** schwierig **3** spitzfindig, scharfsinnig [<lat. *subtilis*, eigtl. »fein gewebt«]

Sub|ti|li|tät ⟨die; -; unz.⟩ **1** Feinheit, Zartheit **2** Schwierigkeit **3** Spitzfindigkeit, Scharfsinn

Sub|tra|hend ⟨der; -en, -en; Math.⟩ von einer anderen abzuziehende Zahl; →*a.* Minuend [→ *subtrahieren*]

sub|tra|hie|ren ⟨V.; Math.⟩ *eine Zahl von einer anderen* ~ abziehen [<lat. *subtrahere* »unten wegziehen«]

Sub|trak|ti|on ⟨die; -, -en; Math.⟩ eine der vier Grundrechenarten, das Abziehen [→ *subtrahieren*]

Sub|tro|pen ⟨Pl.; Geogr.⟩ Zonen zwischen den Tropen u. den gemäßigten Zonen

Sub|ven|ti|on ⟨[-vɛn-] die; -, -en⟩ (finanzielle) Hilfe, zweckgebundene Unterstützung, bes. aus öffentlichen Mitteln [<lat. *subvenire* »zu Hilfe kommen«]

sub|ven|ti|o|nie|ren ⟨[-vɛn-] V.⟩ durch Subventionen unterstützen

Sub|ver|si|on ⟨[-vɛr-] die; -, -en⟩ politischer Umsturz [<lat. *subvertere* »umstürzen«]

sub|ver|siv ⟨[-vɛr-] Adj.⟩ umstürzend, umstürzlerisch, zerstörend

Sub|woo|fer ⟨[sʌbwu:fə(r)] der; -s, -s; Musik⟩ Basslautsprecher, Tieftöner [engl.]

Su|do|ku ⟨das; -s, -s⟩ Zahlenrätsel, das aus dreimal drei Quadraten bzw. insgesamt 81 Feldern für Ziffern besteht, einige Ziffern sind vorgegeben u. in jeder Zeile bzw. Spalte müssen die Ziffern von eins bis neun jeweils einmal vorkommen [<jap. *su* »Ziffer« + *doku* »einzeln«]

suf..., Suf... ⟨in Zus. vor f⟩ = sub..., Sub...

Suf|fi|san|ce ⟨[zyfizã:s(ə)] die; -; unz.⟩ = Süffisanz

Süf|fi|san|ce ⟨[-zã:s(ə)] die; -; unz.; österr.; schweiz.⟩ = Süffisanz

süf|fi|sant ⟨Adj.⟩ selbstgefällig, dünkelhaft, herablassend; *ein ~es Lächeln* [<frz. *suffisant;* zu *suffire* »genügen«]

Süf|fi|sanz ⟨die; -; unz.⟩ Dünkel, Selbstgefälligkeit, Spottsucht; *oV* Süffisance, Suffisance [<frz. *suffisance;* zu *suffire* »genügen«]

Suf|fix ⟨a. ['--] das; -s, -e; Gramm.⟩ Nachsilbe, *z. B.* »*-ung*«, »*-heit*«, »*-keit*« [<lat. *suffixus*, Part. Perf. zu *suffigere* »anheften«]

→ **Souffleur:** Was du nicht unter ***su-*** findest, kann unter ***sou-*** stehen, z. B. *Souffleur*!

sug|ge|rie|ren ⟨V.⟩ *jmdm. etwas* ~ jmdn. so beeinflussen, dass er etwas Bestimmtes tut od. denkt, ihm etwas einreden, ihn zu etwas veranlassen [<lat. *suggerere* »von unten herantragen«]

Sug|ges|ti|on ⟨die; -, -en⟩ seelische Beeinflussung, Übertragung des eigenen Willens auf eine andere Person [<lat. *suggestio;* → *suggerieren*]

sug|ges|tiv ⟨Adj.⟩ seelisch beeinflussend; *eine ~e Wirkung auf jmdn. ausüben, haben; eine ~e Frage stellen*

Sui|te ⟨[svi:t(ə)] die; -, -n⟩ **1** ⟨Musik⟩ Folge von langsamen u. schnellen Sätzen gleicher Tonart; *Tanz*~ **2** ⟨in Hotels⟩ Zimmerflucht, (auch) zwei Einzelzimmer mit gemeinsamem Bad [frz., »Folge, Reihenfolge, Gefolge«; zu *suivre* »folgen«]

Su|i|zid ⟨der od. das; -s, -e⟩ Selbstmord [<lat. *sui* »seiner selbst« + *caedes* »das Töten«]

Su|jet ⟨[syʒe:] od. [syʒɛ] das; -s, -s⟩ Thema (einer künstlerischen Darstellung) [frz., »Subjekt«]

suk..., Suk... ⟨in Zus. vor k⟩ = sub..., Sub...

Suk|zes|si|on ⟨die; -, -en⟩ **1** Rechtsnachfolge **2** Thronfolge **3** gesetzmäßige Folge von Pflanzengesellschaften [<lat. *successio* »Nachfolge«; zu *succedere* »nachfolgen, gelingen«]

suk|zes|siv ⟨Adj.⟩ allmählich (eintretend) [<lat. *successivus;* zu *succedere* »nachfolgen, gelingen«]

suk|zes|si|ve ⟨[-və] Adv.⟩ allmählich, nach u. nach

Sul|fat ⟨das; -(e)s, -e; Chemie⟩ Salz der Schwefelsäure [→ *Sulfur*]
Sul|fid ⟨das; -(e)s, -e; Chemie⟩ Salz des Schwefelwasserstoffes [→ *Sulfur*]
Sul|fit ⟨das; -(e)s, -e; Chemie⟩ Salz der schwefligen Säure
Sul|fur ⟨das; -s; unz.; chem. Zeichen: S⟩ Schwefel [<lat. *sulfur, sulphur, sulpur;* vermutl. <osk.]
Sul|ky ⟨[sʌlkɪ] das; -s, -s; Sport⟩ zweirädriger Einspänner (bes. für Trabrennen) [engl.]
Sul|tan ⟨der; -s, -e; Titel für⟩ Herrschertitel in islamischen Staaten [arab., »Herrschaft; Herrscher«]
sum|ma cum lau|de mit höchstem Lob (höchste Auszeichnung bei akademischen Prüfungen) [lat.]
Sum|mand ⟨der; -en, -en; Math.⟩ Zahl, die zu einer anderen hinzugezählt werden soll [<lat. *summare* »hinzuzählen«; zu *summa* »Summe«]
sum|ma|risch ⟨Adj.⟩ **1** kurz zusammengefasst, kurz gefasst, bündig **2** oberflächlich; *ein Thema ~ behandeln*
sum|ma sum|ma|rum insgesamt, alles in allem [lat., »die Summe der Summen«]
Su|mo ⟨das; - od. -s; unz.; Sport⟩ eine japanische Form des Ringkampfs [jap.]
Sun|na ⟨die; -; unz.; Rel.⟩ Sammlung von Aussprüchen u. Vorschriften Mohammeds als Richtschnur islamischen Lebens [<arab. *sunnah*]
Sun|nit ⟨der; -en, -en; Rel.⟩ Anhänger der orthodoxen Sunna, zu der über 90% der Muslime gehören; *Ggs* Schiit [→ *Sunna*]

→ **Synthese:** Was du nicht unter *sü-* findest, kann unter *sy-* stehen, z. B. *Synthese*!

sup..., Sup... ⟨in Zus. vor p⟩ = sub..., Sub...
su|per..., Su|per... ⟨in Zus.⟩ **1** ober..., Ober..., über..., Über... **2** ⟨umg.⟩ sehr, besonders, höchst; *~klug; ~schnell* [<lat. *super* »oben, zuoberst, darüber«]
su|perb ⟨[sy-] Adj.⟩ vorzüglich, prächtig; *oV* süperb; *dieses Essen schmeckt ~* [<frz. *superbe* »stolz, prächtig« <lat. *superbus*]
sü|perb ⟨Adj.⟩ = superb
Su|per|in|ten|dent ⟨der; -en, -en; Theol.⟩ evangelischer Geistlicher, der einem Bezirk vorsteht [<kirchenlat. *superintendens,* Part. Präs. zu *superintendere* »die Aufsicht haben«]
Su|per|la|tiv ⟨der; -s, -e [-və]⟩ **1** ⟨Gramm.⟩ Stufe der Komparation, die angibt, dass eine Eigenschaft einer Sache in größtem Maße zukommt, zweite Steigerungsstufe, Meiststufe, *z. B. »am schnellsten«, »der höchste Berg«* **2** ⟨allg.⟩ übertriebener Ausdruck, übermäßiges Lob; *in (lauter) ~en reden* [<lat. *superlativus* »darüber hinausgetragen«; zu *super* »oben, auf, (darüber) hinaus« + *latus,* Part. Perf. zu *ferre* »tragen«]
su|per|la|ti|visch ⟨[-vɪʃ] Adj.⟩ **1** ⟨Gramm.⟩ in Form eines Superlativs **2** übertrieben
Su|per|no|va ⟨[-va] die; -, -vä [-vɛː]; Astron.⟩ neuer Stern mit bes. starkem Helligkeitsausbruch [<*Super...* + lat. *nova,* Fem. zu *novus* »neu«]
Su|per|vi|si|on ⟨[-vi-] od. engl. [sjupə(r)vɪʃn] die; -, -en⟩ **1** ⟨unz.; bes. Wirtsch.⟩ Überwachung, Leistungskontrolle **2** ⟨zählb.; Psych.⟩ psychotherapeutische Betreuung, Sitzung [engl.]
Su|per|vi|sor ⟨[sjupə(r)vaɪzə(r)] der; -s, -⟩ **1** ⟨EDV⟩ den Ablauf eines Betriebssystems lenkendes Hauptsteuerprogramm **2** ⟨Wirtsch.⟩ Aufsichtführender **3** jmd., der eine Supervision (2) leitet, psychologisch geschulte Fachkraft [engl., eigtl. »Aufseher«]
Sup|ple|ment ⟨das; -(e)s, -e⟩ Ergänzung, Nachtrag (zu einem Werk) [<frz. *supplément;* zu *suppléer* »ergänzen«]
Sup|ple|ment|win|kel ⟨der; -s, -; Math.⟩ Winkel, der einen anderen Winkel zu 180° ergänzt
Sup|po|si|ti|on ⟨die; -, -en⟩ **1** Voraussetzung, Annahme **2** Unterstellung

◆ Die Buchstabenfolge **su|pr...** kann auch **sup|r...** getrennt werden.

◆**su|pra..., Su|pra...** ⟨in Zus.⟩ ober..., Ober..., über..., Über... [<lat. *supra* »oben, oberhalb, über«]
◆**su|pra|lei|tend** ⟨Adj.; Physik⟩ die Eigenschaft der Supraleitfähigkeit besitzend
◆**Su|pra|lei|ter** ⟨der; -s, -; Physik⟩ Metall, das bei großer Kälte besonders gute elektrische Leitfähigkeit besitzt

Su|re ⟨die; -, -n; Rel.⟩ Abschnitt des Korans [<arab. *surah* »Stufe, Grad«]

Surf|board ⟨[sœ:fbɔ:d] das; -s, -s; Sport⟩ = Surfbrett

Surf|brett ⟨[sœ:f-] das; -(e)s, -er; Sport⟩ speziell geformtes Brett zum Wellenreiten; *Sy* Surfboard

sur|fen ⟨[sœ:-] V.⟩ **1** auf dem Surfbrett segeln, wellenreiten **2** *im Internet* ~ im Internet (nach Angeboten u. Informationen) suchen [<engl. *surf* »wellenreiten; Brandung«]

Sur|fing ⟨[sœ:-] das; - od. -s; unz.; Sport⟩ Wassersport, bei dem man sich, auf einem Brett kniend od. stehend, von einer Welle über die Brandung tragen lässt, Wellenreiten [<engl. *surf* »Brandung« + *riding* »das Reiten«]

sur|re|al ⟨a. [zyr-] Adj.⟩ überwirklich, traumhaft, nicht den Regeln der Logik u. Vernunft entsprechend, irrational [<frz. *sur* »über« + *real*]

Surrealismus: Der *Surrealismus* ist eine Stilrichtung der modernen Kunst, die das Unbewusste und Traumhafte darzustellen versucht. Ein wichtiger Vorläufer des *Surrealismus* war der → *Dadaismus*. Den Begriff *Surrealismus* prägte der französische Schriftsteller Apollinaire, das Programm wurde 1924 von dem französischen Kunsttheoretiker André Breton formuliert. In Bretons Manifest werden die traumhafte Verfremdung und die Ausschaltung der rationalen Logik in den Kunstwerken propagiert. Es entwickelten sich zwei Gruppierungen: die *veristische* Gruppe mit Salvador Dalí, Max Ernst und Yves Tanguy und die *absolute* Richtung mit André Masson und Joan Miró. Obwohl der *Surrealismus* keine einheitliche »Stillehre« entwickelte, entstand daraus eine internationale Bewegung, die die Malerei (und auch die Literatur) des 20. Jahrhunderts entscheidend beeinflusste.

Sur|re|a|lis|mus ⟨a. [zyr-] der; -; unz.; seit Anfang des 20. Jh.⟩ Strömung in Kunst u. Literatur [<frz. *sur* »über« + *Realismus*]

Sur|ro|gat ⟨das; -(e)s, -e⟩ Ersatz (bes. wenn er nicht vollwertig ist), Behelf; →*a.* Substitut [<lat. *surrogare* »nachwählen lassen, ersetzen«]

→ **Sujet:** Der Laut [ʒe:] wird in französischen Fremdwörtern oft ***jet*** geschrieben, z. B. in ***Sujet***!

Su|shi ⟨[zu:ʃi] das; -s, -s; jap. Kochk.⟩ Gericht aus rohem Fisch (u. einer Reisbeilage)

su|spekt *auch:* **sus|pekt** ⟨Adj.⟩ verdächtig [<lat. *suspectus;* zu *suspicere* »emporblicken, argwöhnen«]

sus|pen|die|ren ⟨V.⟩ **1** bis auf weiteres des Amtes entheben; *jmdn. vom Dienst* ~ **2** ⟨Chemie⟩ *feste Teilchen* ~ in einer Flüssigkeit fein verteilen, so dass sie schweben [<lat. *suspendere* »aufhängen, schweben lassen«]

Sus|pen|si|on ⟨die; -, -en⟩ **1** (zeitweilige) Entlassung aus einem Amt **2** ⟨Chemie⟩ Aufschwemmung feinster Teilchen in einer Flüssigkeit [→ *suspendieren*]

→ **Soutane:** Was du nicht unter ***su-*** findest, kann unter ***sou-*** stehen, z. B. ***Soutane***!

Sweat|shirt ⟨[swɛtʃœ:t] das; -s, -s⟩ Sportpullover aus Baumwolltrikot [<engl. *sweat* »schwitzen« + *shirt* »Hemd«]

Swim|ming|pool ⟨[-pu:l] der; -s, -s⟩ Schwimmbecken (im Garten od. Haus) [<engl. *swim* »schwimmen« + *pool* »Teich, Becken«]

Swing ⟨der; - od. -s; unz.⟩ **1** ⟨Musik⟩ ruhig schwingender Stil im Jazz **2** Tanz in diesem Stil [engl., »Schwingen, Rhythmus«; zu *swing* »schwingen«]

swit|chen ⟨[svɪtʃən] V.; TV⟩ mit Hilfe der Fernbedienung von einem Fernsehprogramm zum nächsten schalten; →*a.* zappen

sy..., Sy... ⟨in Zus. vor s⟩ = syn..., Syn...

syl..., Syl... ⟨in Zus. vor l⟩ = syn..., Syn...

syl|la|bisch ⟨Adj.⟩ **1** silbenweise **2** ⟨Musik⟩ mit einer Silbe auf einer Note (gesungen) [<lat. *syllaba* »Silbe«]

Syl|lo|gis|mus ⟨der; -, -gis|men; Philos.⟩ logischer Schluss vom Allgemeinen aufs Besondere [<grch. *syllogismos* »das Zu-

sammenrechnen«; zu *syn…* + *logizesthai* »rechnen«]

sym…, Sym… ⟨in Zus. vor b, p, m⟩ = syn…, Syn…

Sym|bi|ont ⟨der; -en, -en; Biol.⟩ Lebewesen, das mit einem anderen in Symbiose lebt [zu grch. *symbion* »zusammenlebend«]

sym|bi|on|tisch ⟨Adj.; Biol.⟩ = symbiotisch

Sym|bio|se ⟨die; -, -n; Biol.⟩ dauerndes Zusammenleben zweier Lebewesen (Tiere, Pflanzen od. Tier u. Pflanze) zum beiderseitigen Nutzen [<*Syn…* + grch. *bios* »Leben«]

sym|bio|tisch ⟨Adj.; Biol.⟩ in Symbiose (lebend); *Sy* symbiontisch

Sym|bol ⟨das; -s, -e⟩ **1** einen tieferen Sinn andeutendes Zeichen, Sinnbild **2** für ein chem. Element od. einen physikal. Begriff stehendes Zeichen **3** ⟨bildende Kunst; Dichtung⟩ bildhaftes, visuell wirkungsvolles Zeichen für einen Begriff od. Vorgang; *Ggs* Allegorie; *die blaue Blume als ~ der Romantik* [<grch. *symbolon* »Erkennungszeichen«; zu *symballein* »zusammenwerfen, -halten«]

Sym|bo|lik ⟨die; -; unz.⟩ **1** Sprache, Ausdruckskraft, Bedeutung der Symbole **2** Anwendung von Symbolen

sym|bo|lisch ⟨Adj.⟩ in der Art eines Symbols, dadurch ausgedrückt

sym|bo|li|sie|ren ⟨V.⟩ durch ein Symbol darstellen

Sym|bo|lis|mus ⟨der; -; unz.; Lit.⟩ literarische Strömung des 19. Jh., die ihre Aussagen durch symbolische Darstellung zu vermitteln suchte

Sym|me|trie *auch:* **Sym|met|rie** ⟨die; -, -n⟩ spiegelbildliches Gleichmaß, Spiegelgleichheit [<grch. *symmetria* »Ebenmaß«; zu *symmetros* »gleichmäßig«]

sym|me|trisch *auch:* **sym|met|risch** ⟨Adj.⟩ in Bezug auf eine Achse gleich, spiegelgleich [→ *Symmetrie*]

sym|pa|the|tisch ⟨Adj.⟩ **1** mitfühlend **2** geheimnisvoll wirkend; *~e Tinte* unsichtbar schreibende Tinte, die erst nach besonderer Behandlung die Schriftzüge zeigt [→ *Sympathie*]

Sym|pa|thie ⟨die; -, -n⟩ *Ggs* Antipathie **1** Zuneigung, Wohlwollen **2** gefühlsmäßige Übereinstimmung, Seelenverwandtschaft [<grch. *sympathein* »mitleiden, mitempfinden« <*syn* »zusammen« + *pathos* »Leiden«]

Sym|pa|thi|kus ⟨der; -, -thi|zi; Anat.⟩ einer der Lebensnerven der Säugetiere u. des Menschen [→ *Sympathie*]

sym|pa|thisch ⟨Adj.⟩ **1** auf Sympathie beruhend, von angenehmem, liebenswertem Wesen; *ein ~er Mensch; er ist mir nicht ~* **2** ⟨Anat.⟩ den Sympathikus betreffend, auf ihm beruhend, mit ihm verbunden

sym|pa|thi|sie|ren ⟨V.⟩ übereinstimmen, gleich gestimmt sein; *mit jmdm. od. etwas ~* Neigung haben, geneigt sein zu jmdm. od. etwas [→ *Sympathie*]

Sym|pho|nie ⟨die; -, -n; Musik⟩ = Sinfonie

Sym|pho|ni|ker ⟨der; -s, -; Musik⟩ = Sinfoniker

sym|pho|nisch ⟨Adj.⟩ = sinfonisch

Sym|po|si|on ⟨das; -s, -si|en⟩ = Symposium

Sym|po|si|um ⟨das; -s, -si|en⟩ *oV* Symposion **1** altgrch. Trinkgelage **2** (dabei geführtes) wissenschaftliches Gespräch **3** ⟨heute⟩ wissenschaftliche Tagung [<grch. *symposion;* zu *sympinein* »zusammen trinken«]

◆ Die Buchstabenfolge **sym|pt…** kann auch **symp|t…** getrennt werden.

◆ **Sym|ptom** ⟨das; -s, -e; bes. Med.⟩ Zeichen, Kennzeichen, Merkmal (bes. einer Krankheit, Entwicklung); *das ~ für Scharlach, Röteln* [<grch. *symptoma* »Zufall, Eigenschaft«; zu *sympiptein* »zusammenfallen, -treffen«]

◆ **Sym|pto|ma|tik** ⟨die; -; unz.⟩ **1** Gesamtheit der Symptome **2** Art der Symptome

◆ **sym|pto|ma|tisch** ⟨Adj.⟩ auf bestimmten Symptomen beruhend, kennzeichnend, typisch; *das ist ~ für unsere Zeit*

syn…, Syn… ⟨vor b, p, m⟩ sym…, Sym… ⟨vor l⟩ syl…, Syl… ⟨vor s⟩ sy…, Sy… ⟨Vorsilbe⟩ mit…, zusammen…, Mit…, Zusammen… [grch.]

Syn|a|go|ge *auch:* **Sy|na|go|ge** ⟨die; -, -n; Rel.⟩ Gotteshaus der Juden [grch., »Versammlung(sort)«; zu *synagein* »zusammenführen«]

Syn|ap|se *auch:* **Sy|nap|se** ⟨die; -, -n; Anat.⟩ Kontaktstelle zwischen den Nervenzellen [zu grch. *synapsis* »eng verbunden«]

syn|chron ⟨[-kro:n] Adj.⟩ gleichlaufend, gleichzeitig; *Ggs* asynchron [<*syn...* + grch. *chronos* »Zeit«]

Syn|chro|ni|sa|ti|on ⟨[-kro-] die; -, -en⟩ **1** ⟨Tech.⟩ Vorgang u. Ergebnis des Synchronisierens **2** ⟨Film⟩ das Abstimmen von Bild u. Ton im Tonfilm, insbes. das akustische Einkopieren eines anderssprachl. Textes od. einer fremden Gesangsstimme [→ *synchron*]

syn|chro|ni|sie|ren ⟨[-kro-] V.⟩ **1** zwei Vorgänge, Abläufe in gleichen Takt bringen **2** ⟨Film⟩ **2.1** Bild u. Ton zeitlich zusammenbringen, in Übereinstimmung bringen **2.2** einen fremdsprachigen Film mit Ton in der Landessprache unterlegen; *einen Film, ein Tonband* ~ **3** ⟨Tech.⟩ *ein Getriebe* ~ die Drehzahlen des Getriebes genau aufeinander abstimmen

Syn|di|kat ⟨das; -(e)s, -e⟩ **1** Amt eines Syndikus **2** Form des Kartells mit festen Preisbestimmungen u. eigener Verkaufsorganisation [→ *Syndikus*]

Syn|di|kus ⟨der; -, -se od. -di|zi⟩ ständiger Rechtsbeistand von Unternehmen der Wirtschaft, Verbänden, Vereinen usw. [<grch. *syndikos* »gerichtl. Beistand«; zu *syn...* + *dike* »Recht«]

Syn|drom ⟨das; -s, -e⟩ Zusammentreffen einzelner, für sich allein uncharakteristischer Symptome zu einem kennzeichnenden Krankheitsbild [<grch. *syndrome* »Zusammenlauf«; zu *syndramein* »zusammenlaufen«]

Syn|ek|do|che *auch:* **Sy|nek|do|che** ⟨[-dɔxe:] die; -, -n; Rhet.⟩ Stilmittel, bei dem etwas Allgemeines durch etwas Besonderes (Abstraktes durch Konkretes, die Gattung durch ein Einzelwesen) od. umgekehrt ersetzt wird, *z. B. »der Römer« statt »alle Römer« oder »das Schwert« statt »die Waffen«* [<grch. *synekdechesthai* »mitverstehen«]

Syn|er|gie *auch:* **Sy|ner|gie** ⟨die; -, -n⟩ das Zusammenwirken [<*Syn...* + grch. *ergon* »Werk«]

Syn|ko|pe ⟨die; -, -n⟩ **1** **1.1** ⟨Gramm.⟩ Ausfall eines unbetonten Vokals im Innern des Wortes, *z. B. »ew'ger« statt »ewiger«* **1.2** ⟨Metrik⟩ Ausfall einer Senkung **2** ⟨[zynko:pə] Musik⟩ Verlagerung des Akzentes von einem betonten auf einen unbetonten Teil des Taktes durch Zusammenziehung gleicher Noten [<grch. *synkoptein* »zusammenschlagen«]

Syn|kre|tis|mus ⟨der; -; unz.⟩ Verschmelzung mehrerer Religionen, verschiedener Auffassungen, Standpunkte usw. [<grch. *synkretizein* »verbinden«]

◆ Die Buchstabenfolge **syn|o...** kann auch **sy|no...** getrennt werden.

◆**Syn|o|de** ⟨die; -, -n; Theol.⟩ **1** Kirchenversammlung, bes. die evangelische, als Trägerin der Gesetzgebung **2** ⟨kath. Kirche⟩ = Konzil **3** die Körperschaft der evangel. kirchl. Selbstverwaltung [<grch. *synodos* »Zusammenkunft« <*syn* »zusammen« + *hodos* »Weg«]

◆**syn|o|nym** ⟨Adj.⟩ sinnverwandt, von gleicher Bedeutung; *~e Wörter* [<grch. *synonymos* »gleichnamig« <*syn* »zusammen« + *onoma, onyma* »Name«]

◆**Syn|o|nym** ⟨das; -s, -e; Sprachw.⟩ sinnverwandtes Wort, Wort von gleicher od. ähnl. Bedeutung

◆**Syn|op|se** ⟨die; -, -n⟩ **1** Zusammenstellung der Berichte gleichen Inhalts aus den ersten drei Evangelien **2** Zusammenstellung von Schriften od. Stellen über den gleichen Gegenstand [<grch. *synopsis* »Übersicht« <*syn* »zusammen« + *opsis* »das Sehen«]

◆**syn|op|tisch** ⟨Adj.⟩ in der Art einer Synopse, zusammenstellend, zusammenschauend, nebeneinanderstellend

syn|tak|tisch ⟨Adj.; Gramm.⟩ die Syntax betreffend, auf ihr beruhend

Syn|tax ⟨die; -; unz.; Sprachw.⟩ Lehre vom Satzbau, Satzlehre [<grch. *syntaxis* »Anordnung«; zu *syntattein* »zusammenstellen«]

Syn|the|se ⟨die; -, -n⟩ *Ggs* Analyse **1** ⟨allg.⟩ Aufbau eines Ganzen aus seinen Teilen **2** ⟨Philos.⟩ **2.1** Verbindung zweier gegensätzlicher Begriffe (These u. Antithese) zu einem höheren dritten **2.2** dieser höhere Begriff selbst **3** ⟨Chemie⟩ Aufbau einer chem. Verbindung aus ihren Bestandteilen [<grch. *synthesis* »Zusammensetzung«; zu *syntithenai* »zusammensetzen«]

Syn|the|si|zer ⟨[-saɪzə(r)] der; -s, -; Musik⟩ Gerät zur Erzeugung künstl. Töne mittels elektron. Schaltungen [zu engl. *synthesize* »verbinden, verschmelzen«]

syn|the|tisch ⟨Adj.⟩ *Ggs* analytisch **1** auf Synthese beruhend, mittels Synthese **2** aus einfachsten Stoffen chem. hergestellt, künstlich hergestellt

Sy|phi|lis ⟨die; -; unz.; Med.⟩ Geschlechtskrankheit [nach dem Schäfer *Syphilus* in Fracastoros Gedicht »Syphilis sive Morbus Gallicus« (1530)]

Sys|tem ⟨das; -s, -e⟩ **1** in sich geschlossenes, geordnetes u. gegliedertes Ganzes; *das ~ einer Wissenschaft* **2** ⟨Physik⟩ Gesamtheit von Körpern, Feldern usw., die voneinander abhängig sind u. als Ganzes betrachtet werden **3** Ordnung; *etwas (Ungeordnetes) in ein ~ bringen* **4** Gesellschaftsordnung, Staatsform; *das herrschende ~ ablehnen* **5** Einteilung von Tieren u. Pflanzen in übersichtliche Gruppen, die entwicklungsgeschichtlich verwandt sind **6** Methode, Prinzip; *nach einem bestimmten ~ vorgehen* [<grch. *systema* »Gebilde«]

Sys|te|ma|tik ⟨die; -, -en⟩ **1** Aufbau eines Systems **2** Kunst, ein System aufzubauen

sys|te|ma|tisch ⟨Adj.⟩ **1** auf einem System beruhend **2** nach einem bestimmten System geordnet, gegliedert **3** sinnvoll, folgerichtig

sys|te|ma|ti|sie|ren ⟨V.⟩ in ein System bringen, nach einem System ordnen, sinnvoll aufbauen, gliedern

Sys|tem|soft|ware ⟨[-sɔftwɛ:(r)] die; -; unz.; EDV⟩ speziell auf ein EDV-System u. dessen Aufgabenbereich zugeschnittene Software

Sy|sto|le *auch:* **Sys|to|le** ⟨[systɔle:] od. [-sto:lə] die; -, -n [-sto:lən]; Med.⟩ Zusammenziehung des Herzmuskels; *Ggs* Diastole (1) [grch., »Einschränkung«; zu *systellein* »zusammenziehen«]

Sze|nar ⟨das; -s, -e⟩ = Szenarium

Sze|na|ri|um ⟨das; -s, -ri|en⟩ *oV* Szenar **1** in einem Schema dargestellter Handlungsablauf eines Stückes mit allen Personen, Requisiten usw. **2** Landschaft, Schauplatz [<ital. *scenario*]

Sze|ne ⟨die; -, -n⟩ **1** Schauplatz, Bühne; *Applaus auf, bei offener ~; das spielt sich alles hinter der ~ ab* im Verborgenen, nicht öffentlich **2** Teil eines Aktes, Auftritt, Bild; *eine ~ filmen, proben; erster Akt, dritte ~; ein Stück in ~ setzen* zur Aufführung vorbereiten, inszenieren; *sich in ~ setzen* ⟨fig.; umg.⟩ sich zur Geltung bringen, Eindruck machen **3** Vorgang, Anblick; *eine hübsche, rührende ~* **4** Bereich, innerhalb dessen sich etwas abspielt; *Musik~; Drogen~* [<frz. *scène* »Szene« <grch. *skene* »Schattenraum, Zelt; Bühnengerüst«]

Sze|ne|rie ⟨die; -, -n⟩ **1** Bühnendekoration **2** landschaftl. Hintergrund, Gegend; *dem Betrachter bot sich eine äußerst malerische ~*

sze|nisch ⟨Adj.⟩ **1** zu einer Szene gehörig od. notwendig **2** in der Art einer Szene, als Szene dargestellt; *~e Lesung*

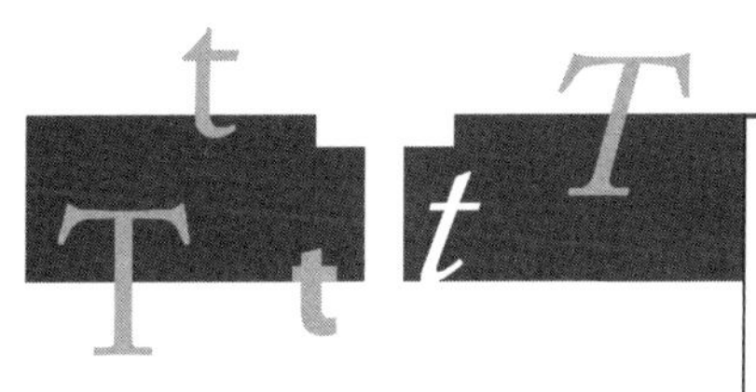

Ta|ber|na|kel ⟨das od. der; -s, -; kath. Kirche⟩ Schrein auf dem Altar zur Aufbewahrung der geweihten Hostie [<lat. *tabernaculum,* Verkleinerungsform zu *taberna* »Hütte«]

◆ Die Buchstabenfolge **ta|bl...** kann auch **tab|l...** getrennt werden.

◆**Ta|bleau** ⟨[-blo:] das; -s, -s⟩ **1** ⟨Theat.⟩ wirkungsvoll gruppiertes Bühnenbild **2** ⟨El.⟩ Tafel, auf der Ergebnisse angezeigt werden **3** ⟨allg.⟩ Gemälde, Tafel [frz. <lat. *tabula* »Tafel«]

◆**Ta|blett** ⟨das; -(e)s, -e⟩ kleines Brett mit erhöhtem Rand zum Auftragen von Geschirr, Speisen usw. [<frz. *tablette* »Täfelchen«, Verkleinerungsform zu *table* »Tisch« <lat. *tabula* »Tafel«]

◆**Ta|blet|te** ⟨die; -, -n⟩ in eine runde, flache Form gepresstes Arzneimittel [<frz. *tablette;* → *Tablett*]

→ **Tableau:** Der Laut [blo:] wird in französischen Fremdwörtern oft ***bleau*** geschrieben, z. B. in *Tab**leau**!*

ta|bu ⟨Adj.⟩ **1** unantastbar, heilig **2** verboten; *etwas für ~ erklären* [<polines. (Tonga-Inseln)]

Ta|bu ⟨das; -s, -s⟩ **1** ⟨bei Naturvölkern⟩ Vorschrift, gewisse Gegenstände, Personen, Tiere, Pflanzen, Handlungen usw. zu meiden; *ein ~ verletzen* **2** ⟨allg.⟩ herkömmliche, übernommene Vorschrift, etwas nicht zu tun; *ein ~ überschreiten* [→ *tabu*]

Ta|bu|la ra|sa ⟨die; - -; unz.⟩ **1** ⟨urspr.⟩ Tafel, von der die Schrift entfernt wurde **2** *mit etwas ~ machen* reinen Tisch machen [lat.]

Ta|bu|la|tor ⟨der; -s, -to|ren; Abk.: Tab⟩ Einstelltaste an Schreibmaschinen od. Computern, die ein sprunghaftes Weiterrücken des Wagens od. Cursors bewirkt [<lat. *tabula* »Brett, Tafel«]

Ta|che|les ⟨[-xə-] nur in der Fügung⟩ *~ reden* zur Sache kommen, offen miteinander reden [<jidd. *tachlis* »Endzwecke«]

Ta|cho ⟨der; -s, -s; kurz für⟩ Tachometer

ta|cho..., Ta|cho... ⟨in Zus.⟩ geschwindigkeits..., Geschwindigkeits... [<grch. *tachos* »Geschwindigkeit«]

Ta|cho|me|ter ⟨das; -s, -⟩ Geschwindigkeitsmesser [<*Tacho...* + *...meter*]

ta|chy..., Ta|chy... ⟨in Zus.⟩ schnell..., Schnell... [<grch. *tachys* »schnell«]

Ta|cker ⟨der; -s, -⟩ kleines Gerät zum Befestigen von Heftklammern [zu engl. *tack* »anheften«]

Tae|kwon|do *auch:* **Taek|won|do** ⟨[tɛ-] das; -; unz.; Sport⟩ korean. Form der waffenlosen Selbstverteidigung [<jap.-korean. *tae* »springen, schlagen, stoßen«, *kwon* »Faust« + *do* »Weg«]

Tag ⟨[tæg] der od. das; -s, -s⟩ markierendes Zeichen innerhalb eines Textes [engl., eigtl. »Schild, Etikett«]

Ta|gli|a|tel|le *auch:* **Tag|li|a|tel|le** ⟨[taljatɛlə] Pl.; Kochk.⟩ ital. Bandnudeln [ital.]

Tai-Chi ⟨[-tʃi:] das; - od. -s; unz.⟩ **1** ⟨chin. Philos.⟩ der Urgrund des Seins, aus dem alles hervorgeht **2** ⟨Sport⟩ Übungen mit langsamem, ruhigem Bewegungsablauf, Schattenboxen [chin., »das höchste Prinzip, der große Balken«]

Tai|fun ⟨der; -s, -e; Meteor.⟩ Wirbelsturm, bes. an den Küsten Südostasiens [<chin. *tai fung* »großer Wind«, beeinflusst von engl. *typhoon* »Wirbelsturm«]

Tai|ga ⟨die; -; unz.; Geogr.⟩ waldiges u. sumpfiges Gebiet, bes. in Sibirien [<russ. *tajga* <türk. *dag* »Gebirge«]

Tail|le ⟨[taljə] die; -, -n⟩ schmalste Stelle des Rumpfes zwischen dem unteren Bogen der Rippen u. der Hüfte [frz., »Einschnitt«; zu *tailler* »schneidern«]

Take-away *auch:* **Take|away** ⟨[tɛıkəwɛı] der od. das; -s, -s⟩ *Sy* Takeout (2) **1** in einem Restaurant od. Imbiss zubereitete Mahlzeit zum Mitnehmen; *~ macht das Kochen überflüssig* **2** Restaurant od. Imbiss mit Straßenverkauf [zu engl. *take away* »weg-, fortnehmen«]

Take-off *auch:* **Take|off** ⟨[tɛıkɔf] der od. das; -s, -s⟩ Start (einer Rakete od. eines Flugzeugs) [engl., »abnehmen, von Bord bringen«]

T

Take-out *auch:* **Take|out** ⟨[tɛıkaut] das od. der; - od. -s, -s⟩ **1** ⟨Sport; Curling⟩ Treffen des gegner. Spielsteins, so dass er vom Mittelpunkt des Zielkreises entfernt wird **2** = Take-away [zu engl. *take out* »entfernen, wegnehmen«]

Take-over *auch:* **Take|over** ⟨[tɛıkouvə(r)] der; -s, -s; Wirtsch.⟩ Kauf eines Unternehmens durch ein anderes, Firmenübernahme [engl., »Übernahme, Ablösung«]

Tak|tik ⟨die; -, -en⟩ **1** ⟨Mil.⟩ Theorie u. Praxis des Einsatzes von Truppen in Gefechten **2** ⟨allg.⟩ geschicktes Vorgehen, planvolles Ausnützen der Gegebenheiten zur Erreichung eines bestimmten Zieles [<grch. *taktike (techne)* »Kunst der Anordnung«; zu *tattein* »aufstellen«]

tak|tisch ⟨Adj.⟩ die Taktik betreffend, auf ihr beruhend, mit ihrer Hilfe geplant; →*a.* strategisch

Ta|lar ⟨der; -s, -e⟩ mantelartige, bis zu den Knöcheln reichende schwarze Amtstracht von Geistlichen, Richtern usw. [<lat. *talaris (ornatus)* »bis zum Knöchel reichendes (Gewand)«; zu *talus* »Knöchel«]

Ta|lent ⟨das; -(e)s, -e⟩ **1** antikes Gewicht **2** ⟨fig.⟩ überdurchschnittliche Begabung od. Fähigkeit auf einem bestimmten Gebiet **3** talentvoller Mensch; *er ist ein echtes ~; sie ist ein Natur~* [<lat. *talentum* <grch. *talaton,* eigtl. »Waage, das Gewogene«, im NT (Matth. 25,15 ff.) »anvertrautes Gut«]

Ta|lis|man ⟨der; -s, -e⟩ kleiner, meist am Körper getragener, vermeintlich schützender od. glückbringender Gegenstand [<ital. *talismano* <arab. *tilasm,* Pl. *tilisman* »Zauberbild«]

> → **Taille:** Der Laut [ljə] wird in französischen Fremdwörtern oft ***lle*** geschrieben, z. B. in *Tai**lle**!*

Talk[1] ⟨der; -(e)s; unz.; Min.⟩ Speckstein, sehr weiches, blättriges od. schuppiges Mineral, das sich fettig anfühlt, Bestandteil von Pudern u. Schminken [<arab. *tal(a)q*]

Talk[2] ⟨[tɔːk] der; -s, -s; umg.⟩ Gespräch, Plauderei [engl.]

Talk|mas|ter ⟨[tɔːk-] der; -s, -; TV⟩ Leiter einer Talkshow [<*Talk*[2] + engl. *master* »Leiter«]

Talk|show ⟨[tɔːkʃou] die; -, -s; TV⟩ Fernsehsendung, in der ein Moderator einen Gast od. mehrere Gäste gesprächsweise dem Publikum vorstellt [<engl. *talk* »Gespräch« + *Show*]

Tal|mud ⟨der; -s; unz.; Rel.⟩ Aufzeichnung (6. Jh. v. Chr. bis 9. Jh. n. Chr.) der jüdischen Lehren, Vorschriften, Überlieferungen, bes. in Bezug auf die Auslegung des mosaischen Gesetzes [hebr., »Gelerntes, Lehre«]

Tam|bour ⟨[-buːr] der; -s, -e od. schweiz.: -bou|ren [-buːrən]⟩ **1** Trommler **2** ⟨Arch.⟩ von Fenstern durchbrochener Sockel einer Kuppel [<mhd. *tambur* <afrz. *ta(m)bo(u)r* <arab. *tanbur* »Trommel«]

Tam|bu|rin ⟨a. [-riːn] das; -s, -e⟩ kleine, flache Handtrommel mit am Rand befestigten Schellen [<frz. *tambourin,* Verkleinerungsform zu *tambour* »Handtrommel« <afrz. *ta(m)bo(u)r*]

Tam|pon ⟨[tampɔŋ] od. [tampoːn] der od. das; -s, -s⟩ mit Gaze, Mull o. Ä. überzogener Bausch aus Watte od. Zellstoff zum Aufsaugen von Flüssigkeiten, bes. zur Verwendung bei der Monatsblutung [frz., »Pfropfen«]

Tan|dem ⟨das; -s, -s⟩ **1** Fahrrad mit zwei Sitzen hintereinander **2** Wagen mit zwei hintereinandergespannten Pferden [lat., »endlich; der Länge nach«]

Tan|ga ⟨der; -s, -s; Mode⟩ sehr knapp geschnittener Bikini [portug., »Lendenschurz«]

Tan|gens ⟨der; -, -; Math.; Zeichen: tan, tang, tg⟩ eine Winkelfunktion, das Verhältnis von dem Winkel gegenüberliegender u. anliegender Kathete [lat., Part. Präs. zu *tangere* »berühren«]

Tan|gen|te ⟨die; -, -n⟩ **1** ⟨Math.⟩ Gerade, die eine Kurve in einem Punkt berührt **2** ⟨Musik⟩ Plättchen aus Messing am Ende einer Taste, das beim Klavichord die Saiten anschlägt [<lat. *tangens;* → *Tangens*]

tan|gie|ren ⟨V.⟩ **1** ⟨Math.⟩ eine Kurve od. gekrümmte Fläche berühren **2** ⟨fig.⟩ berühren, betreffen; *das tangiert mich nicht* [<lat. *tangere* »berühren«]

Tan|go ⟨der; -s, -s; Musik⟩ aus einem argentinischen Volkstanz hervorgegangener europäischer Gesellschaftstanz im langsamen 2/4-Takt [span. (südamerikan.), vermutl. <kongoles.]

Tan|tal ⟨das; -s; unz.; chem. Zeichen: Ta⟩ chem. Element, hartes, widerstandsfähiges Metall, Ordnungszahl 73 [nach *Tantalus,* der grch. Sagengestalt (wegen der schwierigen Gewinnung)]

Tan|ta|lus|qua|len ⟨Pl.⟩ Qualen, die man aussteht, wenn man etwas Ersehntes unmittelbar vor sich sieht u. doch nicht erreicht [nach *Tantalus,* der im Hades zu ewigen Qualen verurteilt war; u. a. trocknete der See, in dem er stehen musste, stets aus, wenn er von dem Wasser trinken wollte]

Tan|ti|e|me ⟨a. [tã-] die; -, -n; meist Pl.⟩ prozentuale Gewinnbeteiligung (bes. von Autoren u. Komponisten bei der Veröffentlichung od. Aufführung ihrer Werke) [<frz. *tantième* <lat. *tantus* »so groß«]

tan|to ⟨Musik⟩ sehr; *allegro ma non* ~ lebhaft, rasch, aber nicht (zu) sehr [ital.]

Tan|tra *auch:* **Tant|ra** ⟨das; -s; unz.; Rel.⟩ Schrifttum der indischen Religion [Sanskrit]

Tao ⟨a. [tau] das; -; unz.; chines. Rel.⟩ **1** der Urgrund des Seins **2** der in mystischer Versenkung zu beschreitende Weg dorthin [chin., »Weg«]

Taoismus: Der *Taoismus* ist eine der Religionen Chinas, die auf den chinesischen Philosophen Laotse, der im 3. oder 4. Jahrhundert v. Chr. lebte, zurückgeht. Er sah im *Tao* das göttliche Urwesen, aus dem die Welt entstanden ist und in das alle Dinge wieder zurückkehren. Der *Taoismus* forderte nicht Handlungen, sondern Annäherung an das *Tao.* Durch die Aufnahme anderer ostasiatischer Lehren entfernte sich der *Taoismus* zunehmend von der Lehre Laotses.

Tao|is|mus ⟨a. [taʊ-] der; -; unz.; Rel.⟩ Lehre vom Tao

Tape ⟨[tɛɪp] das; -s, -s⟩ Tonband, Kassette [engl., »(Ton-, Magnet-)Band,«]

Tape|deck ⟨[tɛɪp-] das; -s, -s⟩ Kassettendeck einer Stereoanlage

Ta|pis|se|rie ⟨die; -, -n⟩ **1** Werkstatt, in der Teppiche u. Tapeten gewirkt werden **2** gewirkte Tapete, Wandteppich [<frz. *tapis* »Teppich«]

Ta|ra ⟨die; -, Ta|ren; Abk.: T, Ta⟩ **1** Gewicht der Verpackung **2** Verpackung einer Ware [ital. < arab. *tarh* »Abzug«]

ta|rie|ren ⟨V.⟩ **1** durch Gegengewichte das Reingewicht einer Ware auf der Waage ausgleichen **2** Gewicht der Tara feststellen [→ *Tara*]

Ta|rif ⟨der; -(e)s, -e⟩ **1** vertraglich od. gesetzlich festgelegte Summe für Preise, Löhne, Gehälter, Steuern usw. **2** amtliches Verzeichnis von Preisen, Löhnen, Steuern usw.; *Zoll~; Steuer~; Fracht~* [<ital. *tariffa,* span., portug. *tarifa,* arab. *ta'rif(a);* zu *'arafa* »wissen«]

Ta|rif|ver|trag ⟨der; -(e)s, -trä|ge⟩ schriftliche Vereinbarung zwischen Gewerkschaft u. Arbeitgeber od. Arbeitgeberverband über die Arbeitsbedingungen (insbes. Löhne u. Gehälter)

Ta|rock ⟨das od. der; -s, -s; Kart.⟩ Kartenspiel für drei Spieler mit bes. Karten; →*a.* Tarot [<ital. *tarocco* <arab. *taraha*]

Ta|rot ⟨[-roː] das od. der; -s, -s⟩ für Aussagen über die Zukunft verwendetes Kartenspiel; →*a.* Tarock [frz.]

Task[1] ⟨der; -s, -s; EDV⟩ selbstständige, abgeschlossene Anwendung od. ein Unterprogramm als Teil eines Programms; *die ~leiste auf dem Computerbildschirm* [engl., »Aufgabe«]

Task[2] ⟨die; -, -s; allg.; umg.⟩ zu bewältigende Arbeit, zur Erledigung anstehende Aufgabe [engl., »Aufgabe«]

tä|to|wie|ren ⟨V.⟩ *jmdn.* ~ Farbstoff durch Nadelstiche in jmds. Haut bringen u. diese dadurch mit dauerhaften Figuren od. Mustern versehen [<tahit. *tatau* »Zeichen, Malerei«]

Tä|to|wie|rung ⟨die; -, -en⟩ **1** ⟨unz.⟩ das Tätowieren **2** ⟨zählb.⟩ die durch Tätowieren entstandenen Figuren od. Muster auf der Haut; *Sy* Tattoo

Tat|too ⟨[tatuː], engl. [tətuː] der od. das; -s, -s⟩ = Tätowierung (2) [engl.]

Tau ⟨das; - od. -s, -s; Zeichen: τ, T⟩ grch. Buchstabe

Tau|to|lo|gie ⟨die; -, -n; Rhet.⟩ **1** ⟨Rhet.⟩

T

rhetorische Figur, bei der das bereits Gesagte durch ein sinnverwandtes Wort wiederholt wird, *z. B. »nackt u. bloß«* **2** ⟨Philos.⟩ Zirkelschluss, Zirkeldefinition, Aussage, bei der Subjekt u. Prädikat sachlich u. begrifflich identisch sind [<grch. *to auto* »das gleiche« + *...logie*]

Ta|ver|ne ⟨[-vẹr-] die; -, -n⟩ Schenke, Kneipe [<lat. *taberna* »Hütte, Laden, Wirtshaus, Schaubude«]

Ta|xa|me|ter ⟨der od. das; -s, -⟩ Zählwerk im Taxi, Fahrpreisanzeiger [<frz. *taxer* »taxieren« + *...meter*]

Tạ|xe ⟨die; -, -n⟩ **1** Schätzung (eines Wertes) **2** festgesetzter Preis **3** Gebühr, Abgabe; *Kur~* **4** = Taxi [<frz. *taxe* <mlat. *taxa* »Schätzung, Satz«]

Tạ|xi ⟨das od. (schweiz.) der; -s, -s⟩ Personenkraftwagen, dessen Fahrer gegen Bezahlung Fahrgäste befördert; *oV* Taxe (4) [verkürzt <*Taxameter*]

Ta|xie ⟨die; -, -n; Bot.⟩ durch einen Reiz ausgelöste Bewegung von Pflanzen auf den Reiz zu *(positive ~)* od. vom Reiz weg *(negative ~)* [<grch. *taxis* »Anordnung, Aufstellung«]

ta|xie|ren ⟨V.⟩ *den Wert ~* schätzen; *jmdn. ~* anschauen und einschätzen [<frz. *taxer* <lat. *taxare* »berühren, antasten, im Wert abschätzen«]

Ta|xo|no|mie ⟨die; -, -n; Biol.⟩ Einordnung in ein biologisches System; *die ~ der Pflanzen und Tiere* [<grch. *taxis* »Anordnung« + *...nomie*]

Teak|baum ⟨[ti:k-] der; -(e)s, -bäu|me; Bot.⟩ tropischer Baum, der ein braunes, sehr dauerhaftes Holz liefert [<engl. *teak* <portug. *teca* <mal. *tekka*]

Team ⟨[ti:m] das; -s, -s⟩ **1** ⟨Sport⟩ Mannschaft **2** Arbeitsgemeinschaft [engl., »Arbeitsgruppe, Mannschaft« <aengl. *team* »Nachkommenschaft, Familie; Gespann«]

Team|work ⟨[ti:mwœ:k] das; -s; unz.⟩ Arbeit eines gut aufeinander abgestimmten Teams [<engl. *team* + *work* »Arbeit«]

Tech|ne|ti|um ⟨das; -s; unz.; chem. Zeichen: Tc⟩ künstlich hergestelltes, radioaktives chem. Element, Ordnungszahl 43 [<grch. *technetos* »künstlich«]

Tẹch|nik ⟨die; -, -en⟩ **1** ⟨unz.⟩ **1.1** die Kunst, mit den zweckmäßigsten u. sparsamsten Mitteln ein bestimmtes Ziel zu erreichen **1.2** alle Mittel u. Methoden, um rationell etwas herzustellen od. den Aktionsbereich der Menschen zu erweitern; *Fahrzeug~; ein Meilenstein in der Geschichte der ~; der Fortschritt der ~* **2** ⟨zählb.⟩ ausgebildete Fähigkeit; *Fahr~; Schwimm~; Mal~* [<grch. *technikos* »kunstvoll, fachmännisch«]

Tẹch|ni|ker ⟨der; -s, -⟩ **1** Facharbeiter auf einem technischen Gebiet **2** ausgebildeter Fachmann auf einem Gebiet der Technik; →*a.* Ingenieur

tẹch|nisch ⟨Adj.⟩ die Technik betreffend, auf ihr beruhend, mit ihrer Hilfe; *~e Berufe; ~e Hochschulen*

tech|ni|sie|ren ⟨V.⟩ auf technischen Betrieb umstellen

Tech|no ⟨[tẹkno:] der; - od. -s; unz.; Musik⟩ schnelle, stark rhythmisierte elektronische Popmusik [engl.]

Tech|no|kra|tie ⟨die; -; unz.⟩ Strömung, die die Vorherrschaft der Technik über das politische u. wirtschaftliche Leben u. ihre größtmögliche Ausnutzung für den Wohlstand der Menschheit fordert [<*Technik* + *...kratie*]

Tech|no|lo|gie ⟨die; -, -n⟩ **1** Lehre von den in der Technik angewendeten u. anwendbaren Produktionsverfahren **2** Gesamtheit der technologischen Prozesse [<*Technik* + *...logie*]

Te|de|um ⟨das; -s, -s; Musik⟩ **1** frühchristlicher Lobgesang **2** Chorwerk über diese Worte [lat., nach den Anfangsworten des Hymnus *Te Deum laudamus* »Dich, Gott, loben wir«]

Tee[1] ⟨der; -s, -s⟩ **1** die aufbereiteten jungen Blätter des Teestrauches **2** Aufguss daraus **3** Aufguss von getrockneten Teilen einer Pflanze als Heilmittel; *Kamillen~, Pfefferminz~* [<engl. *tea,* frz. *thé,* ndrl. *thee,* ital. *té* <chines. *tscha,* südchines. Dialekt *te*]

Tee[2] ⟨[ti:] das; -s, -s; Sport; Golf⟩ **1** Abschlagplatz für ein zu spielendes Loch **2** Holz- od. Plastikstift, auf den der Golfball zum Abschlag gelegt wird [engl., eigtl. »(Buchstabe) T«]

Teen|ager ⟨[ti:nɛɪdʒə(r)] der; -s, -⟩ Junge od. Mädchen zwischen 13 u. 19 Jahren

[<engl. thir*teen* »dreizehn« bis nine*teen* »neunzehn«, also alle Zahlen, die mit der Endsilbe ...*teen* gebildet werden + *age* »Alter«]

Tee|nie ⟨[ti:ni:] der; -s, -s; umg.; kurz für⟩ Teenager; *oV* Teeny

Tee|ny ⟨[ti:ni:] der; -s, -s; umg.⟩ = Teenie

Tef|lon® *auch:* **Te|flon®** ⟨a. [-'-] das; -s; unz.⟩ ein hitzebeständiger Kunststoff

Te|in ⟨das; -s; unz.; Bot.⟩ in den Blättern des Teestrauchs enthaltenes Koffein; *oV* Thein [→ *Tee,* beeinflusst von *Koffein*]

Teint ⟨[tɛ̃:] der; -s, -s⟩ **1** Gesichtsfarbe **2** Gesichtshaut [frz., »gefärbter Stoff, Färbung, Tönung«; zu *teindre* »färben« <lat. *tingere*]

Tek|to|nik ⟨die; -; unz.⟩ **1** Lehre vom Bau u. von den Bewegungen der Erdkruste **2** Lehre vom inneren Aufbau eines Kunstwerkes

te|le..., Te|le... ⟨in Zus.⟩ fern, weit [grch.]

Te|le|fax ⟨das; -, - od. -e⟩ **1** Übertragungsdienst zur (Fern-)Kopie von Schriftbildern über das Fernsprechnetz; *etwas per ~ schicken* **2** ⟨Kurzw.: Fax⟩ per Telefax (1) übermittelte Fernkopie [verkürzt aus *Telefon* + engl. *exchange* »Austausch«]

Te|le|fon ⟨a. ['---] das; -s, -e⟩ Fernsprecher [<grch. *tele* »weit, fern« + *phone* »Stimme«]

Te|le|fo|nat ⟨das; -(e)s, -e⟩ Telefongespräch, Anruf; *ein wichtiges ~ führen*

te|le|fo|nie|ren ⟨V.⟩ durch das Telefon (mit jmdm.) sprechen, fernsprechen

te|le|fo|nisch ⟨Adj.⟩ mit Hilfe des Telefons, fernmündlich

Te|le|gra|fie ⟨die; -; unz.⟩ Übermittlung von Nachrichten durch akustische, elektrische od. optische Geräte in bestimmten Zeichen, z. B. Morsezeichen; *oV* Telegraphie; *drahtlose ~* [<*Tele...* + *...grafie*]

Te|le|gramm ⟨das; -s, -e⟩ mittels Telegrafie weitergeleitete Mitteilung; *ein ~ aufgeben* [<*Tele...* + grch. *kinesis* »Bewegung«]

Te|le|gra|phie ⟨die; -; unz.⟩ = Telegrafie

Te|le|ki|ne|se ⟨die; -; unz.; Parapsych.⟩ angebliche Bewegung von Gegenständen durch übersinnliche Kräfte ohne Berührung [<*Tele...* + grch. *kinesis* »Bewegung«]

Te|le|kom|mu|ni|ka|ti|on ⟨die; -; unz.⟩ Nachrichtenaustausch zw. Menschen, Maschinen u. anderen Systemen mit Hilfe nachrichtentechnischer Übermittlungsverfahren

Te|le|ob|jek|tiv ⟨das; -s, -e; Fot.⟩ Objektiv zur Aufnahme weit entfernter Gegenstände, Fernobjektiv

Te|le|pa|thie ⟨die; -; unz.; Parapsych.⟩ Übertragung von geistigen u. seelischen Inhalten ohne Hilfe der Sinnesorgane [<*Tele...* + *...pathie*]

Te|le|skop ⟨das; -s, -e⟩ Fernrohr [<*Tele...* + *...skop*]

Te|le|vi|si|on ⟨[-vi-] die; -; unz.; Abk.: TV⟩ Fernsehen [<*Tele...* + lat. *visio* »das Sehen«]

Tel|lur ⟨das; -s; unz.; chem. Zeichen: Te⟩ braunschwarzes, nichtmetallisches chem. Element, Ordnungszahl 52 [<lat. *tellus* »Erde, Erdreich, Boden«]

Tem|po ⟨das; -s, Tem|pi⟩ **1** Grad der Geschwindigkeit; *das ~ verringern; langsames ~* **2** ⟨unz.; fig.⟩ Schnelligkeit; *ein enormes ~; er fuhr mit solchem ~, dass er nicht mehr rechtzeitig bremsen konnte* **3** ⟨Musik⟩ Zeitmaß [ital., »Zeit« <lat. *tempus*]

Tem|po|li|mit ⟨das; -s, -s⟩ Geschwindigkeitsbegrenzung (bes. auf Autobahnen)

Tem|po|ra ⟨Pl. von⟩ Tempus

tem|po|ral ⟨Adj.⟩ das Tempus, die Zeit betreffend, zeitlich [<lat. *tempus* »Zeit«]

Tem|po|ral|satz ⟨der; -es, -sät|ze; Gramm.⟩ Umstandssatz der Zeit (z. B. eingeleitet durch »als«, »bevor« od. »während«)

tem|po|rär ⟨Adj.⟩ zeitweise, zeitweilig, vorübergehend

Tem|pus ⟨das; -, -po|ra; Gramm.⟩ Zeitform des Verbums, *z. B. Präsens, Perfekt* [lat., »Zeit«]

Ten|denz ⟨die; -, -en⟩ **1** Neigung, Hang, Streben **2** erkennbare Absicht (eines Buches, Theaterstücks) [<frz. *tendance* »Richtung, Trachten, Streben, Hang« <nlat. **tendentia;* zu *tendere* »spannen, ausstrecken, sich hinneigen«]

ten|den|zi|ell ⟨Adj.⟩ der Tendenz nach

ten|den|zi|ös ⟨Adj.⟩ **1** eine Tendenz erkennen lassend **2** (partei)politisch gefärbt;

dieser Bericht ist nicht objektiv, sondern sehr ~ [<frz. *tendancieux* »tendenziös«; zu *tendance* »Richtung, Trachten«]

ten|die|ren ⟨V.⟩ streben (nach), neigen (zu) [<*Tendenz* u. lat. *tendere* »spannen, abzielen«]

> → **Teint:** Was du nicht unter ***teng-*** findest, kann unter ***teint-*** stehen, z. B. *Teint*!

Ten|nis ⟨das; -; unz.; Sport⟩ ein Ballspiel mit Schlägern [zu afrz. *tenez* »nehmt, haltet«; zu *tenere* »halten«]

> **Tennis:** *Tennis* ist ein Rückschlagspiel, bei dem ein Ball mit dem Schläger über ein Netz geschlagen wird. Ein Tennisspiel (→ *Match*) wird nach Punkten, Spielen und Sätzen gewertet. Es wird als Einzel (mit zwei Spielern) oder als Doppel (mit vier Spieler) gespielt. Das Spielfeld ist ein Rechteck mit dem Maßen 23,77 m in der Länge und 8,23 m (bzw. 10,97 m beim Doppel) in der Breite. Man unterscheidet Rasen- und Hartplätze. Die Anfänge des *Tennis* gehen bis ins 13. Jahrhundert zurück. Seit Beginn des 16. Jahrhunderts wurde der Ball mit dem Schläger (vorher mit der flachen Hand) und über ein ca. 1 m hohes Netz gespielt. Im 19. Jahrhundert wurde *Tennis* besonders in England populär. In Wimbledon wurden 1877 die ersten Meisterschaften ausgetragen.

Te|nor[1] ⟨der; -s; unz.⟩ **1** Inhalt, Wortlaut, Sinn; *der ~ seines Gutachtens war …* **2** Haltung, Einstellung [lat., »ununterbrochener Lauf, Fortgang, Zusammenhang, Sinn, Inhalt«]

Te|nor[2] ⟨der; -s, -nö|re; Musik.⟩ **1** hohe Stimmlage der Männer **2** Sänger mit hoher Stimmlage **3** Gesamtheit dieser Sänger im Chor [<ital. *tenore* »Stimme, die die anderen hält«; zu *tenere* »halten«]

Ten|ta|kel ⟨der od. das; -s, -; meist Pl.; Zool.⟩ schlauchförmiger Körperteil der Hohltiere, Fangarm [<nlat. *tentaculum;* zu lat. *temptare, tentare* »angreifen«]

Te|nu|is ⟨die; -, -nu|es; Phon.⟩ stimmloser Explosivlaut, *z. B. p, t, k* [lat., »dünn«]

te|nu|to ⟨Abk.: ten.; Musik⟩ ausgehalten, getragen (zu spielen) [ital., Part. Perf. zu *tenere* »halten«]

> → **Theodizee:** Was du nicht unter ***te-*** findest, kann unter ***the-*** stehen, z. B. *Theodizee*!

Ter|bi|um ⟨das; -s; unz.; chem. Zeichen: Tb⟩ chem. Element, Metall der seltenen Erden, Ordnungszahl 65 [<nlat., nach dem schwed. Ort *Ytterby*]

Term ⟨der; -s, -e⟩ **1** ⟨Math.⟩ Glied einer Summe, Reihe od. eines Produktes **2** ⟨Atomphysik⟩ = Niveau (4) **3** = Terminus (2) [<frz. *terme,* engl. *term* »Ziel« <lat. *terminus* »Grenze, Ziel«]

Ter|min ⟨der; -s, -e⟩ **1** bestimmter Zeitpunkt; *Liefer~; Fälligkeits~; einen ~ vereinbaren, versäumen* **2** ⟨Rechtsw.⟩ (vom Gericht festgesetzter Zeitpunkt für eine) Verhandlung; *einen ~ haben* [<lat. *terminus* »Grenzzeichen, Grenzstein, Grenze« <grch. *terma* »Ende, Ziel«]

Ter|mi|nal ⟨[tœːmɪnəl] der od. das; -s, -s⟩ **1** ⟨das; -s, -s⟩ meist von der Zentraleinheit räumlich getrennte Ein- u. Ausgabeeinheit einer Datenverarbeitungsanlage **2** ⟨der od. das; -s, -s⟩ Halle, in der die Flugreisenden abgefertigt werden [engl., »Endstation«]

Ter|mi|no|lo|gie ⟨die; -, -n⟩ Gesamtheit der Fachausdrücke (eines Kunst- od. Wissensgebietes) [<mlat. *terminus* »Grenze, Ziel, Ende« + *…logie*]

Ter|mi|nus ⟨der; -, -mi|ni⟩ **1** Grenze, Stichtag **2** ~ *(technicus)* Fachausdruck; *Sy* Term (3) [<mlat. *terminus* »inhaltlich abgegrenzter Begriff« <lat. *terminus* »Grenze, Grenzzeichen, Ziel, Ende« <grch. *terma* »Ende, Ziel«]

Ter|ra|cot|ta ⟨die; -, -cot|ten⟩ *oV* Terrakotta **1** ⟨unz.⟩ gebrannter Ton **2** ⟨zählb.⟩ kleine Figur daraus [ital.; zu lat. *terra* »Erde« u. ital. *cotta,* Part. Perf. Fem. zu *cuocere* »kochen« (<lat. *coquere* »kochen, brennen«)]

Ter|rain ⟨[-rɛ̃ː] das; -s, -s⟩ Gebiet, Gelände, Grundstück; *das ~ sondieren, erkunden* [frz., »Gebiet, Gelände« <lat. *terrenum* »Erde, Acker«; zu *terra* »Erde«, eigtl. »die Trockene«]

Ter|ra in|co|gni|ta *auch:* **Ter|ra in|cog|ni|ta** ⟨die; - -; unz.⟩ 1 unbekanntes Land 2 ⟨fig.⟩ Unerforschtes [lat., »unbekanntes Land«; zu *terra* »Erde, Land« + *incognita* »unbekannt« (zu *cognoscere* »kennen, erkennen«)]

Ter|ra|kot|ta ⟨die; -, -kot|ten⟩ = Terracotta

Ter|ra|ri|um ⟨das; -s, -ri|en; Zool.⟩ Behälter zur Pflege u. Zucht von Amphibien u. Reptilien [<lat. *terra* »Erde, Land«]

ter|res|trisch *auch:* **ter|rest|risch** ⟨Adj.⟩ 1 zum Festland gehörend, auf dem Festland entstanden 2 zur Erde gehörend [<frz. *terrestre* »erdig, Erd...« <lat. *terrestris;* zu *terra* »Erde, Land«]

Ter|ri|ne ⟨die; -, -n⟩ Schüssel, bes. Suppenschüssel mit Deckel; *Suppen∼* [<frz. *terrine* »Schüssel« <afrz. *terrin* »irden« <lat. *terra* »Erde«]

ter|ri|to|ri|al ⟨Adj.⟩ zu einem Territorium gehörig, es beherrschend [<frz. *territorial* »zu einem (Staats-)Gebiet gehörig« <*territoire* »Territorium« <lat. *territorium;* → *Territorium*]

Ter|ri|to|ri|um ⟨das; -s, -ri|en⟩ 1 Gebiet, Land 2 Herrschafts-, Hoheitsgebiet [lat., »zu einer Stadt gehörendes Ackerland, Stadtgebiet«; zu *terra* »Erde«]

Ter|ror ⟨der; -s; unz.⟩ 1 gewalttätiges Vorgehen, das andere in Angst u. Schrecken versetzt 2 ⟨umg.⟩ aufgeregtes Gehabe; *mach nicht solchen ∼!* [lat.; zu *terrere* »schrecken, erschrecken«]

ter|ro|ri|sie|ren ⟨V.⟩ durch Anwendung von Gewalt einschüchtern [<frz. *terroriser* <lat. *terrere* »erschrecken«]

Ter|ro|ris|mus ⟨der; -; unz.⟩ politisch motivierte Gewalttätigkeit, z. B. Bombenanschläge, Entführung od. Ermordung von Politikern usw. [<frz. *terrorisme* »Schreckensherrschaft«; zu lat. *terrere* »schrecken, erschrecken«]

ter|ro|ris|tisch ⟨Adj.⟩ 1 auf Terrorismus beruhend 2 Terror ausübend

Ter|tia ⟨[-tsja] die; -, -ti|en⟩ 1 ⟨früher⟩ vierte *(Unter∼)* u. fünfte *(Ober∼)* Klasse eines Gymnasiums; →*a.* Quarta 2 ⟨österr.⟩ dritte Klasse des Gymnasiums [lat., Fem. zu *tertius* »der dritte«; zu *tres* »drei«]

Ter|ti|är ⟨[-tsjɛ:r] das; -s; unz.; Geol.⟩ Formation des Känozoikums vor 60 Mill. bis 700 000 Jahren mit alpinischer Gebirgsbildung [<frz. *tertiaire* »von einer dritten Epoche herrührend« <lat. *tertius* »der dritte«]

Terz ⟨die; -, -en⟩ 1 dritter Ton der diatonischen Tonleiter 2 Intervall von drei Stufen [ital. *terza* <lat. *tertia,* Fem. zu *tertius* »der dritte«]

Test ⟨der; -(e)s, -e od. -s⟩ experimentelle Untersuchung zur Feststellung bestimmter Eigenschaften, Leistungen u. Ä. [engl., »Probe, Prüfung« <afrz. *test* »irdener Topf, Tiegel (für alchimist. Experimente)« <lat. *testum* »Geschirr, Schüssel«]

tes|ten ⟨V.⟩ mit Hilfe eines Tests prüfen [<engl. *test* »prüfen, erproben, ausprobieren«]

Tes|ti|kel ⟨der; -s, -; Anat.⟩ Hoden [<lat. *testiculus,* Verkleinerungsform zu *testes,* Gen. *testis* »Hoden«]

Tes|to|ste|ron *auch:* **Tes|tos|te|ron** ⟨das; -s; unz.; Med.⟩ Geschlechtshormon des Mannes [<lat. *testis* »Hoden« + grch. *stereos* »starr, hart, fest«]

Te|ta|nus ⟨der; -; unz.; Med.⟩ Wundstarrkrampf [<grch. *tetanos;* zu *teinein* »strecken, spannen«]

Tête-à-tête *auch:* **Tete-a-tete** ⟨[tɛtatɛ:t] das; -, -s⟩ vertrautes Beisammensein [frz., eigtl. »Kopf an (bei) Kopf«]

◆ Die Buchstabenfolge **te|tr...** kann auch **tet|r...** getrennt werden.

◆**te|tra..., Te|tra...** ⟨in Zus.⟩ vier..., Vier... [<grch. *tessares, tettares* »vier«]

◆**Te|tra|eder** ⟨das; -s, -; Geom.⟩ platonischer Körper, begrenzt von vier gleichseitigen Dreiecken, Vierflach, Vierflächner [<*Tetra...* + grch. *hedra* »Fläche«]

◆**Te|tra Pak®** ⟨der; - -s, - -s⟩ meist quaderförmiger Verpackungskarton, bes. für Milch u. Getränke

Text ⟨der; -(e)s, -e⟩ 1 (inhaltlich) zusammenhängende Folge von Wörtern od. Sätzen 2 inhaltlicher Hauptteil eines Buches im Unterschied zu Vor- u. Nachwort 3 begleitende Worte zu einer Komposition; *Opern∼* 4 Bibelstelle als Thema einer Predigt; *über einen ∼ predigen* [<lat. *textus* »Gewebe, Geflecht«; zu *texere* »weben, zusammenfügen«]

tex|ten ⟨V.⟩ einen Werbe- od. Liedtext verfassen

Tex|ti|li|en ⟨Pl.⟩ **1** Stoffe, Tuche, Gewebe, Gewirke, Faserstoffe **2** Kleidung, Wäsche [<frz. *textile* »gewebt, gewirkt« <lat. *textilis;* → *Text*]

Thal|li|um ⟨das; -s; unz.; chem. Zeichen: Tl⟩ chem. Element, weißes, giftiges Metall, Ordnungszahl 81 [nlat. <grch. *thallos* »grüner Zweig« (nach der grünen Spektrallinie)]

The|a|ter ⟨das; -s, -⟩ **1** Aufführung eines Bühnenstückes; *das ~ fängt um 20 Uhr an* **2** ⟨fig.⟩ Schauspielerei, Getue, Aufregung; *mach nicht so ein ~!* **3** Gesamtheit aller Einrichtungen, die mit der Schauspielkunst u. der Aufführung eines Bühnenstückes zusammenhängen **4** Ort od. Gebäude, an dem bzw. in dem Bühnenstücke aufgeführt werden; *was wird heute im ~ gegeben?* [<frz. *théâtre* <lat. *theatrum* »Zuschauerraum, Theater« <grch. *theatron* »Schauplatz, Theater«; zu *thea* »Schauspiel«]

the|a|tra|lisch *auch:* **the|at|ra|lisch** ⟨Adj.⟩ **1** zum Theater gehörig, ihm entsprechend **2** ⟨fig.⟩ gespreizt, unnatürlich, pathetisch, schwülstig [<lat. *theatralis* »das Theater betreffend«]

The|in ⟨das; -s; unz.⟩ = Tein

The|is|mus ⟨der; -; unz.; Rel.⟩ Lehre von einem höchsten Gott, der die Welt erschaffen hat u. lenkt; *Ggs* Atheismus [<grch. *theos* »Gott«]

...thek ⟨Nachsilbe; zur Bildung weibl. Subst.; die; -, -en⟩ Sammlung; *Bibliothek* [<grch. *theke* »Behältnis, Kasten«]

The|ke ⟨die; -, -n⟩ **1** Schanktisch **2** Ladentisch [<lat. *theca* »Hülle, Decke, Kästchen, Schachtel« <grch. *theke* »Behältnis, Aufbewahrungsort; Kasten, Kiste«]

The|ma ⟨das; -s, The|men od. The|ma|ta⟩ **1** behandelter od. zu behandelnder Gegenstand, Stoff; *Aufsatz~; ein ~ behandeln* **2** ⟨Musik⟩ wesentlicher Inhalt eines Musikstücks od. eines Teils davon; *musikalisches ~* **3** ⟨allg.⟩ Grundgedanke [lat. <grch. *thema* »das Aufgestellte, Satz; zu behandelnder Gegenstand«; zu *tithenai* »setzen, stellen«]

The|ma|tik ⟨die; -; unz.⟩ **1** Gruppe, Auswahl von Themen **2** Formulierung, Komposition eines Themas

the|ma|tisch ⟨Adj.⟩ **1** das Thema betreffend **2** *~es Verb* Verb mit Themavokal

The|ma|vo|kal ⟨[-vo-] der; -s, -e; Sprachw.⟩ Vokal, der bei der Verbflexion zwischen Wurzel u. Flexionsendung steht, *z. B. das »e« in »er schneidet«*

theo..., Theo... ⟨in Zus.⟩ gott..., Gott..., gottes..., Gottes... [<grch. *theos* »Gott«]

Theo|di|zee ⟨die; -, -n; Rel.⟩ Rechtfertigung Gottes, Versuch, den Glauben an die Allmacht, Güte u. Weisheit Gottes mit dem Bösen in der Welt zu vereinbaren [<*Theo...* + grch. *dikazein* »richten«]

Theo|lo|gie ⟨die; -; unz.⟩ Lehre von der Religion, bes. von der christlichen [<*Theo...* + *...logie*]

theo|lo|gisch ⟨Adj.⟩ die Theologie betreffend, zu ihr gehörend

The|o|rem ⟨das; -s, -e⟩ Lehrsatz [<grch. *theorema* »das Angeschaute; Lehrsatz, Grundsatz, Regel«]

The|o|re|ti|ker ⟨der; -s, -⟩ jmd., der eine Sache od. ein Wissensgebiet gedanklich bearbeitet [<grch. *theoretikos* »beschauend, beschaulich«; → *Theorie*]

the|o|re|tisch ⟨Adj.⟩ nur auf dem Denken, auf der Theorie beruhend, (rein) gedanklich, begrifflich; *Ggs* praktisch (1) *rein ~es (kein praktisches) Wissen*

The|o|rie ⟨die; -, -n⟩ **1** wissenschaftliche, rein gedankliche Betrachtungsweise, wissenschaftliches Denken; *Ggs* Praxis (1) **2** System von Hypothesen; *eine ~ aufstellen* **3** ⟨Naturwissenschaft⟩ Erkenntnis von gesetzlichen Zusammenhängen; *Relativitäts~* [<grch. *theoria* »das Anschauen, Untersuchung, Forschung«; zu *theorein* »schauen, untersuchen«]

The|ra|peut ⟨der; -en, -en; Med.⟩ jmd., der eine Therapie anwendet *(Psycho~)*, behandelnder Arzt [<grch. *therapeutes* »Diener, Pfleger, Waffengefährte«; zu *therapeuein* »behandeln«]

the|ra|peu|tisch ⟨Adj.⟩ zu einer Therapie gehörend, auf ihr beruhend

The|ra|pie ⟨die; -, -n; Med.⟩ heilende Behandlung von Kranken [<grch. *therapeia* »Dienst, Pflege, Heilung«]

the|ra|pie|ren ⟨V.⟩ mit jmdm. eine Therapie machen, ihn behandeln

...therm ⟨Adj.; in Zus.⟩ ...warm, Wärme betreffend [<grch. *therme* »Wärme, Hitze«]

Ther|me ⟨die; -, -n⟩ **1** warme Quelle **2** ⟨Pl.⟩ in der röm. Kaiserzeit große, öffentliche Badeanstalten mit heißen Bädern, meist aus Thermalquellen gespeist [grch., »Wärme, Hitze, warme Quelle«]

Ther|mik ⟨die; -; unz.; Meteor.⟩ durch unregelmäßige Erwärmung der Luft entstandener Aufwind [<grch. *thermos* »warm, heiß«]

ther|mo..., Ther|mo... ⟨in Zus.⟩ wärme..., Wärme... [<grch. *thermos* »heiß, warm«]

Ther|mo|dy|na|mik ⟨die; -; unz.⟩ theoretische Wärmelehre, die sich mit den Beziehungen zwischen Wärme u. Kraft befasst

Ther|mo|me|ter ⟨das; -s, -⟩ Gerät zum Messen der Temperatur; *Fieber~; Zimmer~; das ~ fällt, steigt* [<*Thermo...* + *...meter*]

Ther|mo|stat *auch:* **Ther|mos|tat** ⟨der; -(e)s od. -en, -e od. -en⟩ Regler, der die Temperatur in einem Raum auf einem bestimmten, einstellbaren Wert hält [<*Thermo...* + *...stat*]

Thesaurus: Das Wort *Thesaurus* bezeichnete ursprünglich eine Sammlung des Wortschatzes einer Sprache in Form eines → *Lexikons* oder Wörterbuchs. Der *Thesaurus Linguae Graecae,* der 1572 entstand, war das erste umfassende Wörterbuch des Altgriechischen. Der *Thesaurus Linguae Latinae,* ein umfangreiches Wörterbuch der lateinischen Sprache, wurde 1897 begründet. Später wurde der Begriff *Thesaurus* für Wörterbücher, die nach Sachgruppen bzw. Bedeutungsähnlichkeit gegliedert waren, z. B. im Englischen *Roget's Thesaurus,* verwendet. In der EDV wird mit dem Begriff *Thesaurus* ein Programm bezeichnet, mit dem man nach → *Synonymen* bzw. alternativen Wörtern suchen kann.

The|sau|rus ⟨der; -, -sau|ri od. -sau|ren⟩ Wissensschatz [lat. <grch. *thesauros* »Schatzhaus; Vorrat, Schatz«]

The|se ⟨die; -, -n⟩ Behauptung, Lehrsatz, Leitsatz; *~ und Antithese; eine ~ aufstellen* [<grch. *thesis* »das Setzen, Lehrsatz, Behauptung«]

The|ta ⟨das; - od. -s, -s; Zeichen: Θ, θ⟩ 8. Buchstabe des grch. Alphabets

The|ur|gie ⟨die; -; unz.⟩ vermeintliche Fähigkeit, sich durch Magie mit Göttern u. Geistern in Verbindung zu setzen [<grch. *theos* »Gott, Gottheit« + *ergon* »Werk, Arbeit«]

Tho|ra ⟨die; -; unz.; hebr. Bez. für⟩ die fünf Bücher Mose [hebr., »Lehre«]

Tho|rax ⟨der; - od. -es, -e⟩ Brustkasten [grch., »Rumpf, Brustkorb, Panzer«]

Tho|ri|um ⟨das; -s; unz.; chem. Zeichen: Th⟩ chem. Element, weiß glänzendes, radioaktives Metall, Ordnungszahl 90 [nach dem nord. Gott *Thor*]

Thrill ⟨[θrɪl] der; -s, -s; umg.⟩ Nervenkitzel, packende Hochspannung; →*a.* Kick (2) [→ *Thriller*]

Thril|ler ⟨[θrɪlə(r)] der; -s, -; Film; Theat.; Lit.⟩ auf Spannung u. Nervenkitzel hin angelegtes Werk [engl.; zu *thrill* »zittern machen«]

Throm|bo|se ⟨die; -, -n; Med.⟩ Blutgefäßverstopfung, Bildung von Pfropfen aus Blutbestandteilen in Herz u. Gefäßen [<grch. *thrombos* »geronnene Masse«]

Throm|bo|zyt ⟨der; -en, -en; Med.⟩ zur Eigenbewegung befähigtes Blutkörperchen, dessen Zerfall die Blutgerinnung einleitet, Blutplättchen [<*Thrombose* + *...zyt*]

Thu|li|um ⟨das; -s; unz.; chem. Zeichen: Tm⟩ chem. Element, Metall der seltenen Erden, Ordnungszahl 69 [nach dem nordländ. Sagenland *Thule*]

Thun|fisch ⟨der; -(e)s, -e; Zool.⟩ großer Fisch warmer Meere mit schmackhaftem Fleisch; *oV* Tunfisch [<ital. *tonno,* frz. *thon,* engl. *tunny* <lat. *thunnus*]

Thy|mi|an ⟨der; -s, -e; Bot.⟩ **1** kleine Dauerpflanze, deren Blätter ätherisches Öl enthalten **2** die als Gewürz verwendeten Blätter dieser Pflanze

Thy|min ⟨das; -s, -e; Biochemie⟩ Purinbase, wichtiger Bestandteil des genetischen Codes der Nukleinsäuren [<lat. *thymus,* grch. *thymos* »Lebenskraft, Gemüt«]

Ti|a|ra ⟨die; -, Ti|a|ren⟩ **1** hohe, spitze

T

Kopfbedeckung der altpersischen Könige **2** ehemals bei feierlichen Anlässen getragene, außerliturgische Kopfbedeckung des Papstes, eine dreifache Krone [grch., »Kopfbund, Turban, kegelförm. Kopfbedeckung (der Perser)« <pers.]

Tick ⟨der; -s, -s⟩ **1** Angewohnheit, Schrulle, Klaps, kleine Verrücktheit; *einen ~ haben* **2** ⟨EDV⟩ periodisches Signal [<frz. *tic* »wunderliche Gewohnheit; Zucken der Glieder«]

Ti|cker ⟨der; -s, -; umg.⟩ Nachrichten u. Börsenkurse empfangender, vollautomatischer Fernschreiber od. Computer [engl., »Fernschreiber; Pumpe (Herz)«]

Ti|cket ⟨das; -s, -s⟩ Eintritts-, Fahrkarte; *ein ~ lösen; ein ~ entwerten; ein ~ nach Berlin* [engl.]

Tie|break *auch:* **Tie-Break** ⟨[taɪbrɛɪk] der od. das; -s, -s; Sport; Tennis⟩ spezielle Zählweise zur Entscheidung eines Satzes bei Punktegleichstand (6:6) [<engl. *tie* »punktgleich sein« + *break* »Bruch«]

> → **Team:** Was du nicht unter ***ti-*** findest, kann unter ***tea-*** stehen, z. B. ***Team***!

Tim|bre *auch:* **Timb|re** ⟨[tɛ̃:br(ə)] das; - od. -s, - od. -s⟩ Klangfarbe (der Singstimme) [frz., »Klang«]

Time-out *auch:* **Time|out** ⟨[taɪmaʊt] das; -, -s; Sport⟩ (bes. im Hand- u. Basketball übliche) Auszeit, kurze Spielunterbrechung [engl.]

Ti|ming ⟨[taɪ-] das; - od. -s, -s⟩ zeitliche Abstimmung von Terminen od. Abläufen; *das war ein gutes ~*

Ti|pi ⟨das; -s, -s⟩ spitzes Zelt der Indianer; →*a.* Wigwam [<Dakota *ti* »wohnen« + *pi* »benutzen«]

Tipp ⟨der; -s, -s⟩ **1** ⟨allg.⟩ Wink, Hinweis, Rat; *jmdm. einen ~ geben; das war ein guter ~* **2** ⟨Toto; Lotto⟩ Wette auf den Sieger od. die zu ziehende Zahl [<engl. *tip* »Anstoß, Hinweis, Wink«]

tip|pen ⟨V.⟩ **1** leicht berühren **2** auf der Maschine schreiben **3** ⟨Sport; Toto; Lotto⟩ wetten **4** etwas erraten, voraussagen [<engl. *tip* »leicht berühren, anstoßen«]

Ti|ra|de ⟨die; -, -n⟩ **1** ⟨Gesangskunst⟩ Lauf schnell aufeinanderfolgender Töne **2** ⟨allg.⟩ Wortschwall [frz., »länger anhaltendes Ziehen; langgezogener Vortrag«; zu *tirer* »ziehen« od. <ital. *tirata* »Ziehung, Schluck«]

Ti|tan[1] ⟨der; -en, -en⟩ **1** ⟨grch. Myth.⟩ Angehöriger eines göttl. Geschlechts von Riesen, das sich gegen Zeus erhob u. von ihm in den Tartaros gestürzt wurde **2** ⟨allg.⟩ Riese [grch.; zu *titainein* »ausstrecken, spannen, ausspannen«]

Ti|tan[2] ⟨das; -s; unz.; chem. Zeichen: Ti⟩ chem. Element, weißes, hartes, glänzendes Metall, Ordnungszahl 22 [→ *Titan*[1]]

Ti|ter ⟨der; -s, -⟩ **1** Feingehalt an gelöstem Stoff in Grammäquivalenten **2** ⟨Maß für⟩ die Feinheit von Fasern [<frz. *titre* »Feingehalt, Korn«]

ti|tri|e|ren *auch:* **tit|ri|e|ren** ⟨V.⟩ den Titer bestimmen

Ti|vo|li[1] ⟨[-vo-] das; -s, -s⟩ italien. Kugelspiel [nach dem Ort *Tivoli*, dem antiken *Tibur*, an den Wasserfällen des Anio (Sommerfrische der Römer)]

Ti|vo|li[2] ⟨[-vo-] der od. das; -s, -s⟩ Vergnügungspark, Freilufttheater; *der ~ in Kopenhagen* [→ *Tivoli*[1]]

> → **Tuner:** Was du nicht unter ***tju-*** findest, kann unter ***tu-*** stehen, z. B. ***Tuner***!

Toast ⟨[to:st] der; -(e)s, -e⟩ **1** geröstete Scheibe Weißbrot **2** Trinkspruch; *einen ~ auf jmdn. ausbringen* [engl. <afrz. *toster* »rösten« <lat. *tostus* »gedörrt, getrocknet«]

toas|ten ⟨[to:-] V.⟩ **1** einen Trinkspruch ausbringen **2** *Brot ~* rösten

Toas|ter ⟨[to:-] der; -s, -⟩ elektr. Gerät zum Toasten (2)

Toc|ca|ta ⟨die; -, -caten; Musik⟩ = Tokkata

To|fu ⟨der; - od. -s; unz.⟩ Käse aus Sojabohnenmilch [jap.]

To|ga ⟨die; -, Togen⟩ weites altrömisches Gewand für Männer [lat.; zu *tegere* »verhüllen« <grch. *stegein* »decken«]

To|hu|wa|bo|hu ⟨das; - od. -s, -s⟩ Durcheinander, Wirrwarr, Verwüstung; *ein ~ veranstalten* [<hebr. *tohu w'a-bohu* »(die Erde war) wüst und leer«]

To|i|let|te ⟨a. [toa-] die; -, -n⟩ **1** (Waschraum mit) Abort; *auf die ~ gehen* **2** ⟨unz.⟩ Körperpflege, Ankleiden u. Frisieren [frz., Verkleinerungsform zu frz. *toile* »Tuch« <lat. *tela* »Tuch«]

Tok|ka|ta ⟨die; -, -ka|ten; Musik⟩ stark bewegtes, der Fantasie ähnliches Musikstück; *oV* Toccata [<ital. *toccata* »Berührung, Vorspiel«; zu *toccare* »berühren«]

to|le|rant ⟨Adj.⟩ duldsam, nachsichtig, weitherzig, großzügig; *eine ~e Einstellung; Ggs* intolerant [<frz. *tolérant* »duldsam, nachsichtig, großzügig«; zu lat. *tolerare* »ertragen«]

To|le|ranz ⟨die; -, -en⟩ **1** ⟨unz.⟩ tolerantes Wesen, Duldsamkeit; *Ggs* Intoleranz **2** ⟨zählb.⟩ zulässige Abweichung von Maßen [<lat. *tolerantia* »das Ertragen, das Erdulden, Geduld«]

to|le|rie|ren ⟨V.⟩ mit Toleranz behandeln, nachsichtig dulden [<lat. *tolerare* »ertragen, erdulden«]

To|ma|hawk ⟨[tɔməhɔ:k] der; -s, -s⟩ Streitaxt der nordamerikanischen Indianer [engl. <Algonkin *tomahack*]

To|ma|te ⟨die; -, -n; Bot.⟩ **1** Nachtschattengewächs mit roten, auch gelben Früchten **2** Frucht dieses Gewächses [<span. *tomate* <mexikan. Indianerspr. Nahuatl *tomatl*]

Tom|bo|la ⟨die; -, -s od. -bo|len⟩ Verlosung von Gegenständen [ital., »Warenlotterie, Lottospiel«; zu *tombolare* »hinkullern«]

...to|mie ⟨Nachsilbe; zur Bildung weibl. Subst.; die; -, -n⟩ **1** Schneiden, Schnitt; *Gastrotomie* **2** Zerlegung, Zergliederung; *Anatomie* [<grch. *tome* »Schnitt«; zu *temnein* »schneiden«]

To|mo|gra|fie ⟨die; -, -n; Med.⟩ = Tomographie

To|mo|gra|phie ⟨die; -, -n; Med.⟩ (Röntgen-)Aufnahmen von mehreren Körperschichten; *oV* Tomografie [<grch. *tome* »Schnitt« + *...graphie*]

To|na|li|tät ⟨die; -; unz.; Musik⟩ Bezogenheit der Töne auf die Tonika der Tonart, in der sie stehen [<frz. *tonalité* »Tonart«]

To|ner ⟨der; -s, -⟩ **1** farbabgebender Bestandteil in elektrofotografischen Entwicklern **2** Druckfarbe [engl.]

...to|nie ⟨Nachsilbe; zur Bildung weibl. Subst.; die; -, -n⟩ **1** Spannung **2** Blutdruck **3** Krampf [<grch. *tonos* »Spannung«]

To|ni|ka ⟨die; -, -ni|ken; Musik⟩ Grundton einer Tonleiter [<ital. *tonica* »Grundton«]

To|ni|kum ⟨das; -s, -ni|ka; Med.⟩ stärkendes Mittel [<grch. *tonos* »Spannung«]

to|nisch ⟨Adj.⟩ **1** ⟨Musik⟩ auf dem Grundton (der Tonika) aufgebaut (Dreiklang) **2** kräftigend, stärkend [→ *Tonus*]

Ton|sur ⟨die; -, -en⟩ kreisrund geschorene Stelle auf dem Scheitel katholischer Mönche [<lat. *tonsura* »das Scheren, Schur«; zu *tondere* »scheren«]

To|nus ⟨der; -, To|ni⟩ **1** ⟨Med.⟩ Zustand der Spannung **2** ⟨Musik⟩ Ganzton, große Sekunde [<grch. *tonos* »Seil, Tau, Saite; Spannung, Spannkraft«]

Tool ⟨[tu:l] das; -s, -s; EDV⟩ Hilfsprogramm [engl., eigtl. »Werkzeug«]

top ⟨Adj.; undekl.; salopp⟩ sehr gut, herausragend, spitzenmäßig; *diese Idee ist ~; du siehst ~ aus* [engl., »oberst, höchst«; zu *top* »Spitze«]

Top ⟨das; -s, -s⟩ (unter festlicher Abendbekleidung getragenes) ärmelloses Damenoberteil aus feinem, meist seidigem Gewebe [engl., eigtl. »Spitze«]

top..., Top... ⟨in Zus.⟩ höchst, oberst, Spitzen..., *z. B. Topmanager* [engl., »Spitze«]

...top ⟨Adj.; in Zus.⟩ den Ort, die Gegend betreffend, ...orts [<grch. *topos* »Ort«]

Top|act ⟨[-ækt] der; -s, -s; bes. Musik⟩ Hauptnummer einer Veranstaltung [engl.]

To|pas ⟨der; -es, -e; Min.⟩ Edelstein, Halbedelstein [<lat. *toparus, topazius* <grch. *topazos, topazios, topazion* »Topas, Chrysolith«]

top|fit ⟨Adj.; undekl.; umg.⟩ in bester körperlicher Verfassung; *~ sein; sich ~ fühlen* [<*top... + fit*]

to|po..., To|po... ⟨in Zus.⟩ orts..., Orts... [<grch. *topos* »Ort«]

To|po|gra|fie ⟨die; -, -n; Geogr.⟩ = Topographie

to|po|gra|fisch ⟨Adj.⟩ = topographisch

To|po|gra|phie ⟨die; -, -n; Geogr.⟩ **1** Beschreibung einer geografischen Örtlichkeit **2** Landesaufnahme

T

to|po|gra|phisch ⟨Adj.⟩ die Topographie betreffend, auf ihr beruhend; *oV* topografisch; *~e Karte* Landkarte in den Maßstäben bis etwa 1:200 000

To|pos ⟨der; -, To|poi⟩ **1** ⟨Antike⟩ Redewendung **2** ⟨Lit.⟩ feste Formel, traditionelles Motiv [grch., »Ort, Stelle«]

top|pen ⟨V.⟩ **1** Benzin durch Destillation von Rohöl scheiden **2** ⟨Sport⟩ *den Golfball* ~ oberhalb der Mitte treffen **3** ⟨umg.⟩ übertreffen, verbessern; *diese Leistung ist nicht zu* ~ [<engl. *top* »übertreffen; zu *top* »Spitze«]

top|se|cret *auch:* **top|sec|ret** ⟨[-si:krıt] Adj.; undekl.; umg.⟩ streng geheim; *das ist* ~ [engl.]

Top|spin ⟨der; -s, -s; Sport; Tennis⟩ überschnittener Ball [<engl. *top* »Spitze« + *spin* »sich drehen«]

Top Ten ⟨[- tẹn] Pl.⟩ die ersten zehn Titel einer Erfolgsliste (Hitparade, Bestsellerliste o. Ä.); *zu den ~ gehören; unter den ~ sein* [<engl. *top* »Spitze« + *ten* »zehn«]

To|re|ro ⟨der; -s, -s⟩ Stierkämpfer, der zu Fuß kämpft [span. <lat. *taurarius* »Stierkämpfer«]

Tor|na|do ⟨der; -s, -s⟩ nordamerikanischer Wirbelsturm [<span. *tronada* »Gewitter, Donner«]

tor|pe|die|ren ⟨V.⟩ **1** mit einem Torpedo beschießen **2** ⟨fig.; umg.⟩ zu verhindern suchen, bekämpfen; *Pläne* ~

Tor|pe|do ⟨der; -s, -s; Mil.⟩ durch eigene Kraft sich fortbewegendes, unter Wasser eingesetztes Geschoss gegen Schiffe, bes. von U-Booten aus eingesetzt [lat., span., »Zitterrochen« (da dieser Fisch Gegner durch elektr. Schläge lähmt)]

Tor|si|on ⟨die; -, -en⟩ Drehung eines eingespannten Stabes um seine Längsachse [<lat. *torsio* »Drehung«; zu *torquere* »drehen, winden«]

Tor|so ⟨der; -s, -s; Kunst⟩ **1** Bruchstück einer Statue, das meist nur aus Rumpf u. Kopf besteht; *Sy* Fragment (3) **2** ⟨fig.⟩ unvollendetes Werk [ital., »Strunk (vom Obst), Rumpf (einer verstümmelten Bildsäule)« <lat. *tursus* <*thyrsus* »Stängel (eines Gewächses), Strunk« <grch. *thyrsos* »Bacchusstab, Thyrsusstab«]

Tor|tel|li|ni ⟨Pl.; ital. Kochk.⟩ Gericht aus kleinen Nudelteigringen, die mit einer Fleisch- od. Gemüsemasse gefüllt sind [ital.]

→ **Toast:** Was du nicht unter *to-* findest, kann unter *toa-* stehen, z. B. *Toast*!

to|tal ⟨Adj.⟩ ganz, gänzlich, vollständig [frz., »ganz u. gar, vollständig, Gesamt…« <mlat. *totalis* »gänzlich« <lat. *totus* »ganz, in vollem Umfang«]

To|ta|li|sa|tor ⟨der; -s, -to|ren⟩ Einrichtung zum Wetten bei Rennen u. Turnieren; *der ~ gibt die Quoten aus* [<frz. *totalisateur* »amtl. Wettstelle auf Pferderennplätzen«]

to|ta|li|tär ⟨Adj.⟩ **1** die Gesamtheit umfassend **2** ⟨Pol.⟩ sich alles unterwerfend, diktatorisch; *~er Staat* [→ *total,* mit frz. Endung]

To|tem ⟨das; -s, -s; bei Naturvölkern⟩ Wesen (Pflanze, Tier) od. Ding, das als Ahne eines Menschen od. Clans verehrt wird u. nicht verletzt werden darf [engl. <Algonkin *ototeman;* zu *ote* »Sippe, Clan«]

To|to ⟨das od. der; -s, -s⟩ Wette im Fußball [engl., verkürzt <*Totalisator*]

Touch ⟨[tʌtʃ] der; -s, -s⟩ Anflug, Hauch, besondere Note; *mit dem ~ eines Weltmannes* [engl., »Berührung«]

Touch|screen ⟨[tʌtʃskri:n] der; -s, -s; EDV⟩ Bildschirm, auf dem durch das Berühren von Sensorfeldern Programmfunktionen gesteuert werden [<engl. *touch* »berühren« + *screen* »Bildschirm«]

Tou|pet ⟨[tupe:] das; -s, -s⟩ Haarersatz zum Abdecken od. Verstärken für Männer [frz., »Schopf; Haube«]

tou|pie|ren ⟨[tu-] V.⟩ *das Haar* ~ mit dem Kamm aufbauschen [→ *Toupet*]

Tour ⟨[tu:r] die; -, -en⟩ **1** kreisförmige Bewegung; *in einer* ~ ⟨fig.; umg.⟩ unaufhörlich **2** ⟨Tech.⟩ Umdrehung einer Welle; *die Maschine macht 4500 ~en in der Minute* **3** Rundgang, Rundfahrt; *Auto~; Berg~* **4** ⟨fig.; umg.⟩ Art u. Weise (im sozialen Verhalten); *auf diese ~ darfst du mir nicht kommen* [frz., »Umfang, Kreislauf, Fahrt, Reihe« <lat. *tornus* »Dreheisen, Drechseleisen« <grch. *tornos* »Achse einer sich drehenden Kugel, Dreheisen, Zirkel«]

tou|ren ⟨[tu:-] V.; umg.⟩ als Tourist reisen; *durch die Länder ~*

Tou|ris|mus ⟨[tu-] der; -; unz.⟩ Fremdenverkehr, der Besuch von fremden Orten u. Ländern zur Erholung od. zur Bildung [<engl. *tour* »Ausflug«]

Tou|ris|tik ⟨[tu-] die; -; unz.⟩ Gesamtheit der touristischen Einrichtungen u. Veranstaltungen

tou|ris|tisch ⟨[tu-] Adj.⟩ zur Touristik, zum Tourismus gehörend

Tour|nee ⟨[turne:] die; -, -s od. -n⟩ Rundreise (von Künstlern), Gastspielreise [frz., »Rund-, Amtsreise; Ausflug«]

Tow|er *auch:* **To|wer** ⟨[taʊə(r)] der; -s, -; Flugw.⟩ Kontrollturm eines Flughafens [engl., »Turm«]

Town|ship ⟨[taʊnʃɪp] das; -s, -s; in Südafrika⟩ Stadtteil, in dem ausschließlich Schwarze wohnen [<engl. *town* »Stadt« + …*ship* »…schaft«]

tox…, Tox… ⟨in Zus.⟩ gift…, Gift… [<lat. *toxikum* <grch. *toxikon* »Pfeilgift«]

To|xi|ko|lo|gie ⟨die; -; unz.; Med.⟩ Lehre von den Giften u. Vergiftungen

to|xisch ⟨Adj.; Med.⟩ giftig

Tra|chea ⟨[-xe:a] die; -, -che|en [-xe:ən]; Anat.⟩ Luftröhre [lat. <grch. *tracheia* »Luftröhre«]

Track ⟨[træk] der; -s, -s; Technik⟩ **1** Zugelement, z. B. Kette **2** Reiseroute eines Schiffes **3** ⟨Musik⟩ Titel, Stück (auf einer CD); →*a.* Soundtrack **4** ⟨EDV⟩ Spur [engl., »Spur, Weg, Fährte«]

Track|ball ⟨[trækbɔ:l] der; -s, -s; EDV⟩ Bedienungsgerät (ähnlich der Maus), das durch Rollen einer Kugel bedient wird, Rollkugel [<engl. *track* »Spur, Weg, Fährte« + *ball* »Ball«]

tra|die|ren ⟨V.⟩ überliefern, mündlich od. schriftlich weitergeben [<lat. *tradere* »überliefern, berichten«]

Tra|di|ti|on ⟨die; -, -en⟩ Überlieferung, Herkommen, Gewohnheit, Brauch, Gepflogenheit; *eine ~ fortsetzen, bewahren* [<lat. *traditio* »Übergabe, Bericht«; → *tradieren*]

tra|di|ti|o|nell ⟨Adj.⟩ **1** der Tradition entsprechend **2** herkömmlich, konventionell, alltäglich [<frz. *traditionnel* »überliefert«; zu *tradition* »Tradition« <lat. *traditio;* → *Tradition*]

Tra|fo ⟨der; -s, -s; Kurzwort für⟩ Transformator

Tra|gik ⟨die; -; unz.⟩ **1** schweres, schicksalhaftes Leid **2** erschütterndes, leidbringendes, unausweichliches Geschehen [<lat. *tragicus* »tragisch« <grch. *tragikos* »tragisch, der Tragödie eigen; (eigtl.) bocksartig«; zu *tragos* »Bock«; → *Tragödie*]

tra|gi|ko|misch ⟨a. ['----] Adj.⟩ halb tragisch, halb komisch

Tra|gi|ko|mö|die ⟨[-djə] od. ['-----] die; -, -n; Theat.⟩ Schauspiel, das Tragisches mit Komischem verbindet

tra|gisch ⟨Adj.⟩ **1** auf Tragik beruhend **2** unabwendbaren, unverschuldeten Untergang bringend **3** erschütternd, ergreifend; *ein ~es Schicksal; ein ~er Unfall* [<lat. *tragicus;* → *Tragik*]

Tragödie: Die Anfänge der *Tragödie* liegen in der griechischen Antike. Vermutlich ist sie auf die kultischen Chorgesänge auf Dionysos, den Gott des Weines, zurückzuführen. Entscheidend für die Ausbildung der griechischen *Tragödie* war im 6. Jahrhundert v. Chr. die Einführung eines dem Chor gegenübergestellten Sprechers. Die Partien des Sprechers nahmen an Umfang immer mehr zu; Aischylos fügte einen zweiten, Sophokles einen dritten Schauspieler hinzu. Der Aufbau der griechischen *Tragödie* unterlag einer strengen Gliederung. Bei Aristoteles wird die *Tragödie* als die Nachahmung einer ernsten, in sich abgeschlossenen Handlung definiert. Sie soll Wirkung zeigen, indem sie Furcht und Mitleid erregt und so zur Reinigung (→ *Katharsis*) von ebendiesen Seelenzuständen führt.

Tra|gö|die ⟨[-djə] die; -, -n⟩ **1** Trauerspiel **2** ⟨fig.⟩ herzzerreißendes Unglück [<lat. *tragoedia* »Trauerspiel« <grch. *tragodia* »Tragödie, Trauerspiel, tragisches Ereignis«, eigtl. »Bocksgesang, Lied beim Opfer eines Bockes am Dionysosfest«; zu *tragos* »Bock« + *ode* »Gesang«]

Trai|ler ⟨[trɛɪlə(r)] der; -s, -⟩ **1** Werbung od. Voranzeige, die vor einem anderen Film gezeigt wird **2** Autoanhänger für den Transport von kleinen Sportbooten [engl., »Anhänger, Voranzeige«; zu *trail* »nachschleppen«]

Trai|nee ⟨[trɛɪniː] der; -s, -s; Wirtsch.⟩ jmd., der in einem Unternehmen alle Abteilungen durchläuft u. so auf seinen Beruf vorbereitet wird [engl., zu *train* »ausbilden, trainieren«]

Trai|ner ⟨[trɛː-] od. [treː-] der; -s, -; Sport⟩ jmd., der Sportler, auch Pferde, auf einen Wettkampf vorbereitet; *Fußball~; der ~ der Nationalelf* [engl., »Sportlehrer«; → *trainieren*]

trai|nie|ren ⟨[trɛ-] od. [tre-] V.; Sport⟩ **1** sich auf einen Wettkampf vorbereiten, sich üben **2** *jmdn.* ~ ihn auf einen Wettkampf vorbereiten [<engl. *train* <frz. *traîner* »ziehen, nachziehen, nachschleppen« <lat. *trahere* »schleppen, ziehen«]

Trai|ning ⟨[trɛː-] od. [treː-] das; -s, -s; Sport⟩ Vorbereitung auf einen Wettkampf [engl., »Ausbildung«]

Trak|tat ⟨das; -(e)s, -e⟩ **1** Abhandlung **2** (religiöse od. politische) Flugschrift [<lat. *tractare* »erörtern, besprechen, behandeln«]

trak|tie|ren ⟨V.⟩ schlecht behandeln, plagen, quälen; *jmdn. mit Vorwürfen* ~ [<lat. *tractare* »behandeln«]

tram|pen ⟨[træm-] V.⟩ reisen, indem man Autos anhält u. sich mitnehmen lässt, per Anhalter fahren, reisen [<engl. *tramp* »Landstreicher«; zu engl. *trampen* »spazieren gehen«]

Tram|po|lin ⟨a. ['---] das; -s, -e; Sport⟩ federndes Sprungtuch für sportl. Übungen [span., »Sprungbrett« <ital. *trampolino*]

Tran|ce ⟨[trãːs(ə)] die; -, -n⟩ schlafähnlicher, entrückter Dämmerzustand [engl. <afrz. *transe* »Hinübergehen; Angstzustand«; zu *transir* »hinübergehen« <lat. *transire*]

tran|chie|ren ⟨[trãʃiː-] V.⟩ in Scheiben schneiden (Fleisch), zerlegen (gebratenes Geflügel); *oV* transchieren [<frz. *trancher* »ab-, zerschneiden« <lat. *truncare* »beschneiden«]

Tran|qui|li|zer ⟨[træŋkɪlaɪzə(r)] der; -s, -⟩ beruhigendes, spannungslösendes Arzneimittel [<engl. *tranquilize* »beruhigen«]

trans..., Trans... ⟨in Zus.⟩ hindurch, (hin)über, jenseits [lat., »über, über ... hin(aus), jenseits«]

Trans|ak|ti|on ⟨die; -, -en⟩ **1** Unternehmung **2** großes Geld- od. Bankgeschäft; *Geld~* [<lat. *transactio* »Vermittlung«]

trans|at|lan|tisch ⟨Adj.⟩ **1** den Atlantischen Ozean überquerend **2** ⟨Pol.⟩ die Beziehungen zwischen Ländern zu beiden Seiten des Atlantiks betreffend, bes. zwischen Europa u. den USA; *das ~e Bündnis*

tran|schie|ren ⟨V.⟩ = tranchieren

Trans|fer ⟨der; -s, -s⟩ **1** Beförderung im Reiseverkehr; *der ~ vom Flughafen zum Hotel ist im Preis inbegriffen* **2** ⟨allg.⟩ Übertragung, Übermittlung; *~ von Daten, von Wissen; Technologie~* **3** ⟨Sport⟩ Wechsel eines Berufsspielers zu einem anderen Verein (nach Zahlung einer Ablösesumme) [engl. <lat. *transferre* »hinübertragen«]

trans|fe|rie|ren ⟨V.⟩ in fremde Währung umwechseln, übertragen

Trans|for|ma|ti|on ⟨die; -, -en⟩ das Transformieren, Umwandlung, Umformung, Umgestaltung

Trans|for|ma|tor ⟨der; -s, -to|ren; El.; Kurzwort: Trafo⟩ aus zwei Wicklungen mit Eisenkernen bestehendes elektrisches Gerät zum Erhöhen od. Herabsetzen der Spannung bei Dreh- od. Wechselstrom [<frz. *transformateur* <lat. *transformare* »umgestalten«]

trans|for|mie|ren ⟨V.⟩ **1** umwandeln, umgestalten, umformen **2** in einen anderen mathematischen Ausdruck umwandeln **3** *Dreh-, Wechselstrom* ~ seine Spannung erhöhen od. verringern [<lat. *transformare* »umwandeln, umgestalten«]

Trans|fu|si|on ⟨die; -, -en; Med.⟩ intravenöses Einbringen (von Blut u. Ä.) in den Körper, Blutübertragung; *Blut~* [<lat. *transfusio* »Vermischung«]

Tran|sis|tor ⟨der; -s, -to|ren; El.⟩ aus drei verschiedenen Halbleiterschichten bestehendes Bauelement der Elektronik zum Verstärken von Signalen [<engl. *transfer* »umwandeln« + *resistor* »elektr. Widerstand« (<lat. *resistere* »sich widersetzen«)]

Tran|sit ⟨a. ['--] der; -s, -e⟩ Durchfuhr

(von Waren) durch ein Land; *~verkehr* [<lat. *transitus,* Part. Perf. zu *transire* »hinübergehen«]

Tran|sit|han|del ⟨a. ['----] der; -s; unz.⟩ Handelsbeziehung zwischen zwei Ländern, wobei Güter durch ein drittes Land befördert werden müssen

tran|si|tiv ⟨Adj.; Gramm.⟩ zielend; *Ggs* intransitiv; *~e Verben* Verben, die ein Akkusativobjekt verlangen, *z. B. »betrachten«, »lehren«* [<lat. *transitus,* Part. Perf. zu *transire* »(hin)übergehen« (auf das Objekt)]

Tran|skrip|ti|on *auch:* **Trans|krip|ti|on** ⟨die; -, -en⟩ **1** Umwandlung einer Schrift in eine andere, wobei die ursprüngliche Sprache möglichst lautgetreu wiedergegeben werden soll **2** die andere Schrift selbst, Umschrift; *internationale ~* **3** ⟨Musik⟩ Umschreibung für ein (anderes) Instrument

Trans|mit|ter ⟨der; -s, -⟩ **1** Überträger od. Umformer **2** ⟨Neurologie⟩ Substanz mit Hormoneigenschaften, die auf chem. Wege die Erregung bzw. die Information von einer Nervenzelle auf eine andere od. auf das Erfolgsorgan überträgt

trans|pa|rent ⟨Adj.⟩ **1** durchsichtig; *~es Papier* **2** verständlich, klar, durchschaubar [<frz. »durchsichtig« <mlat. *transparere* »durchscheinen«]

Trans|pa|rent ⟨das; -(e)s, -e⟩ **1** Spruchband (für Demonstrationen) **2** Bild auf durchsichtigem Material (Glas, Pergament, Stoff), das von hinten beleuchtet wird

Trans|pa|renz ⟨die; -; unz.⟩ **1** eine transparente Beschaffenheit, Durchsichtigkeit **2** ⟨fig.⟩ Durchschaubarkeit, Erkennbarkeit, Zugänglichkeit für die Öffentlichkeit, Nachvollziehbarkeit

Tran|spi|ra|ti|on *auch:* **Trans|pi|ra|ti|on** ⟨die; -; unz.⟩ **1** Absonderung von Schweiß **2** Abgabe von Wasserdampf (von Pflanzen u. Tieren) [<lat. *Trans...* + lat. *spirare* »hauchen«]

tran|spi|rie|ren *auch:* **trans|pi|rie|ren** ⟨V.⟩ **1** schwitzen (Person) **2** Wasserdampf abgeben (Pflanze, Tier)

Trans|plan|ta|ti|on ⟨die; -, -en; Med.⟩ Gewebs- od. Organverpflanzung, Ersetzung von fehlendem Körpergewebe od. Organen; *Herz~; Haut~* [<nlat. *transplantatio* »Überpflanzung«; zu lat. *trans* »hinüber« + *planta* »Steckling, Pflanze«]

trans|plan|tie|ren ⟨V.⟩ verpflanzen (Gewebe od. Organe)

trans|po|nie|ren ⟨V.; Musik⟩ in eine andere Tonart setzen [<lat. *transponere* »hinüberbringen, hinübersetzen«]

Trans|port ⟨der; -(e)s, -e⟩ **1** Beförderung (von Menschen, Tieren, Gegenständen) **2** die beförderten Menschen, Tiere, Gegenstände selbst [<frz. *transport;* → *transportieren*]

Trans|por|teur ⟨[-tøːr] der; -s, -e⟩ **1** jmd., der etwas (gewerblich) befördert **2** Vorrichtung an der Nähmaschine, die den Stoff schrittweise unter der Nadel hindurchbefördert

trans|por|tie|ren ⟨V.⟩ befördern, verfrachten, wegbringen, liefern [<frz. *transporter* <lat. *transportare* »hinüberbringen«]

Trans|se|xu|a|lis|mus ⟨der; -; unz.; Psych.; Med.⟩ Bedürfnis nach operativer Umwandlung des eigenen Geschlechts [<*Trans...* + lat. *sexus* »Geschlecht«]

Trans|uran ⟨das; -s; unz.; Chemie⟩ eines der radioaktiven Elemente, die eine höhere Ordnungszahl als Uran haben u. z. T. künstlich hergestellt worden sind

trans|ver|sal ⟨[-vɛr-] Adj.⟩ **1** quer zur Längsachse eines Organismus verlaufend **2** senkrecht zu der Richtung verlaufend, in der sich eine Welle ausbreitet [<*trans...* + lat. *versus,* Part. Perf. zu *vertere* »drehen, wenden«]

Trans|ves|tit ⟨[-vɛs-] der; -en, -en⟩ Mann, der sich wie eine Frau kleidet, schminkt u. benimmt

◆ Die Buchenstabenfolge **tran|sz...** kann auch **trans|z...** getrennt werden.

◆**tran|szen|dent** ⟨Adj.⟩ **1** die Grenzen der Erfahrung u. des sinnlich Wahrnehmbaren überschreitend; *Ggs* immanent (1) **2** *~e Zahl* Z., die sich nicht als ganze Zahl, Wurzel od. Bruch ausdrücken lässt, *z. B.* π [<lat. *transcendens,* Part. Präs. zu *transcendere* »hinübersteigen«]

◆**tran|szen|den|tal** ⟨Adj.; Philos.⟩ **1** ⟨Scholastik⟩ alle Kategorien u. Gattungsbegriffe übersteigend **2** ⟨bei I. Kant⟩ vor aller Erfahrung liegend

◆**Tran|szen|dẹnz** ⟨die; -; unz.; Philos.⟩ transzendente Beschaffenheit, das Überschreiten eines Vorgegebenen, z. B. in Gestalt des Absoluten, Göttlichen; *Ggs* Immanenz

Tra|pez ⟨das; -es, -e⟩ **1** ⟨Math.⟩ Viereck mit zwei parallelen Seiten **2** ⟨Sport⟩ an Seilen hängende Stange aus Holz, Schwebereck [<lat. *trapezium* »ungleichseitiges Viereck, Tischchen« <grch. *trapezion,* Verkleinerungsform zu *trapeza* »Vierfuß, Tisch«]

Trau|ma ⟨das; -s, Trau|men od. -ma|ta⟩ **1** Wunde, Verletzung durch Einwirkung von Gewalt **2** seelische Erschütterung, Schock [grch., »Wunde«]

trau|ma|tisch ⟨Adj.⟩ in der Art eines Traumas

Tra|vel|ler|scheck ⟨[trævələ(r)-] der; -s, -s⟩ Reisescheck [<engl. *traveller* »Reisender« + *Scheck*]

Tra|ver|sa|le ⟨[-vɛr-] die; -, -n; Reitsport⟩ Seitwärtsgang auf zwei Hufschlägen in der Dressur [<lat. *transversarius* »quer liegend«]

Tra|vers|flö|te ⟨[-vẹrs-] die; -, -n; Musik⟩ Querflöte

Trawl ⟨[trɔ:l] das; -s, -s; Fischerei⟩ Grundschleppnetz [engl., »Schleppnetz« <afrz. *trôler* »mit einem Schleppnetz fischen«]

Traw|ler ⟨[trɔ:lə(r)] der; -s, -; Seew.⟩ Fischdampfer, der mit einem Trawl arbeitet

Trẹ|cking ⟨das; - od. -s; unz.⟩ = Trekking

trei|fe ⟨Adj.⟩ unrein (von Speisen); *Ggs* koscher (1) [hebr.]

> **Trekking/Trecking** Viele aus Fremdsprachen übernommene Begriffe können der Herkunftssprache entsprechend (*Trekking*) oder in einer der deutschen Schriftsprache angepassten Orthografie (*Trecking*) geschrieben werden. Beide Schreibweisen sind korrekt.

T

Trẹk|king ⟨das; - od. -s; unz.⟩ Wandern im Hochgebirge (bes. in Asien) mit Trägern; *oV* Trecking [ndrl.]

Tre|ma ⟨das; -s, -s od. -ma|ta⟩ Zeichen über einem von zwei Vokalen, die nebeneinanderstehen u. eine getrennte Aussprache (=Diärese) fordern, *z. B. Alëuten* [grch., »Loch«; zu *tetrainein* »durchbohren«]

Tre|mo|lo ⟨das; -s, -s od. -mo|li; Musik⟩ **1** Beben, schnelle Wiederholung desselben Tones bei Streichern u. auf dem Klavier **2** fehlerhaftes Beben der Singstimme, im Unterschied zum natürlichen Vibrato [ital., »ich bebe, zittere«; zu *tremolare* »beben, zittern«]

Trench|coat ⟨[trẹntʃko:t] der; -s, -s; Mode⟩ Regenmantel aus Baumwollstoff [engl., »Schützengrabenmantel«; zu *trench* »Grube, Rinne, Schützengraben« + *coat* »Mantel«]

Trend ⟨[trẹnd] der; -s, -s⟩ Richtung einer neuen (modischen) Entwicklung; *der ~ der 1990er Jahr; damit liegt sie voll im ~* [engl., »Richtung, Neigung; sich neigen, richten«]

Trend|set|ter ⟨[trẹnd-] der; -s, -⟩ Person od. Sache, die das Entstehen einer neuen Mode anregt [<engl. *trend* »Richtung, Mode« + *set* »setzen«]

tren|dy ⟨[trẹndi] Adj.; umg.⟩ im Trend liegend [engl.]

> → **Trainer:** Was du nicht unter *tre-* findest, kann unter ***trai-*** stehen, z. B. *Trainer*!

Tre|sor ⟨der; -s, -e⟩ **1** = Safe (1) **2** ⟨in Banken⟩ gepanzerter unterirdischer Raum mit Schränken u. Fächern aus Stahl zum sicheren Aufbewahren von Geld, Schmuck u. Wertpapieren, Stahlkammer [<frz. *trésor* »Schatz, Tresor« <lat. *thesaurus* »Schatz, Schatzkammer« <grch. *thesauros* »Schatz«]

tri…, Tri… ⟨in Zus.⟩ drei…, Drei…, dreifach [<grch. *treis, tria* »drei« bzw. lat. *tres, tria* »drei«, *tri…* »drei…«]

Tri|a|de ⟨die; -, -n⟩ **1** drei zusammengehörige, gleichartige Dinge **2** ⟨Philos.⟩ Form der historischen Entwicklung in drei Stufen (These, Antithese, Synthese) [<grch. *trias* »Dreiheit«]

Tri|an|gel ⟨der od. das; -s, -; Musik⟩ **1** Schlaginstrument aus einem zum Dreieck gebogenen Stab aus Stahl, der mit einem metallenen Stäbchen geschlagen wird **2** ⟨umg.⟩ Dreieck [<*Tri…* + lat. *angulus* »Winkel, Ecke«]

Tri|as ⟨die; -, -; Geol.⟩ älteste Formation

des Mesozoikums vor 200-160 Mill. Jahren mit wüstenartigem Festland u. ersten Säugetieren [lat., »Dreiheit« (nach den drei Abteilungen Buntsandstein, Muschelkalk u. Keuper)]

Tri|ath|lon ⟨der; -s; unz.; Sport⟩ Mehrkampfdisziplin, die aus Schwimmen (3,8 km), Radfahren (180 km) u. Laufen (42 km) besteht [<*Tri...* + grch. *athlon* »Kampf«]

Tri|bun ⟨der; -s od. -en, -e od. -en⟩ **1** vom Volk gewählter altrömischer Beamter zum Schutz des Volkes gegen Willkür von Beamten; *Volks~* **2** der zweithöchste Offizier der römischen Legion; *Militär~* [<lat. *tribunus* »Vorsteher eines Tribus«; zu *tribus* »Gau, Bezirk«]

Tri|bu|nal ⟨das; -s, -e⟩ **1** ⟨im antiken Rom⟩ erhöhter Platz für den Richterstuhl **2** Gerichtshof [lat.]

Tri|bü|ne ⟨die; -, -n⟩ **1** erhöhter Platz für den Redner; *Redner~* **2** Gerüst mit Sitzplätzen für Zuschauer; *Zuschauer~* [<frz. *tribune,* ital. *tribuna* »Rednerbühne, Galerie« <lat. *tribunal*]

Tri|chi|ne ⟨die; -, -n; Zool.⟩ parasitärer Fadenwurm, den Tiere in eingekapseltem Zustand in ihrer Muskulatur beherbergen [<grch. *trichinos* »aus Haaren bestehend, haarartig«; zu *thrix,* Gen. *trichos* »Haar«]

Trick ⟨der; -s, -s⟩ **1** Kunstgriff, List **2** höherer Stich beim Whist [engl. <frz. (picard.) *trique* »Stock«; zu *estriquer* <ndrl. *striken* »aufeinanderlegen«]

trick|sen ⟨V.⟩ **1** Tricks (1) anwenden **2** ⟨Sport, bes. Fußb.⟩ *den Gegner ~* geschickt umspielen

Trick|track ⟨das; -s; unz.⟩ ein Brett- u. Würfelspiel [<frz. *trictrac;* lautmalend]

tri|cky ⟨Adj.; undekl.; umg.⟩ **1** listig, raffiniert; *er ist sehr ~* **2** heikel, schwierig; *die Situation ist sehr ~* [engl.]

Tri|ge|mi|nus ⟨der; -; unz.; Anat.⟩ der 5. Hirnnerv des Menschen u. der Wirbeltiere, der Gesicht u. Kaumuskeln versorgt [<lat. *trigeminis* »Drillings...«]

Tri|go|no|me|trie *auch:* **Tri|go|no|met|rie** ⟨die; -; unz.; Math.⟩ Berechnung u. Messung von Dreiecken [<*Tri...* + grch. *gonia* »Ecke« + *...metrie*]

Tri|ko|lo|re ⟨die; -, -n⟩ die dreifarbige Nationalflagge (blau, weiß, rot) der französischen Republik [<frz. *tricolore* »dreifarbig« <lat. *tri...* »drei« + *color* »Farbe«]

Tri|kot ⟨[-ko:] das; -s, -s; Textilw.⟩ **1** dehnbare Wirkware zur Herstellung von Trikotagen **2** fest anliegendes, dehnbares Kleidungsstück; *Bade~* [<frz. *tricot* »gestrickter Stoff«; nach dem nordfrz. Ort *Tricot*]

Tri|ko|ta|ge ⟨[-ʒə] die; -, -n; meist Pl.⟩ Kleidungsstück aus Strick- u. Wirkware [<frz. *tricotage* »gestrickte Arbeit«; → *Trikot*]

Tril|li|ar|de ⟨die; -, -n⟩ 1000 Trillionen [<ital. *Tri...* + *Milliarde*]

Tril|li|on ⟨die; -, -en⟩ eine Million Billionen, 10^{18} [<*Tri...* + *Million*]

Tri|lo|gie ⟨die; -, -n⟩ (literarisches) Werk aus drei selbstständigen, stofflich zusammengehörigen Teilen; *Dramen~; Roman~* [<*Tri...* + *...logie*]

Tri|mes|ter ⟨das; -s, -⟩ dritter Teil eines Studienjahres [<lat. *trimestris, trimenstris* »dreimonatig« <*tri...* »drei...« + *mensis* »Monat«]

trim|men ⟨V.⟩ **1** *einen Hund ~* einem Hund das Fell scheren **2** *das Ruder ~* ⟨Flugw.⟩ das R. so einstellen, dass eine günstige Lage entsteht **3** *sich ~* sich körperlich fit halten [<engl. *trim* »putzen« <asächs. *trymman* »fest, stark machen, in Ordnung bringen«; zu *trum* »fest, sicher«]

Tri|ni|tät ⟨die; -; unz.⟩ Dreieinigkeit (Einheit von Vater, Sohn u. Heiligem Geist) [<lat. *trinitas* »Dreiheit«]

Tri|nom ⟨das; -s, -e⟩ **1** dreigliedriger Ausdruck **2** dreigliedriger, durch Addition od. Subtraktion verbundener Ausdruck [<*Tri...* + *nom*²]

Trio ⟨das; -s, -s⟩ **1** Musikstück für drei verschiedene Instrumente **2** Gruppe von drei Sängern od. Instrumentalisten **3** ruhiges Mittelstück eines musikalisches Satzes **4** drei zusammengehörige Personen [ital.; zu *tre* »drei«]

Tri|o|de ⟨die; -, -n; El.⟩ Elektronenröhre mit den drei Elektroden Anode, Kathode u. Gitter [<*Tri...* + *...ode*]

Tri|o|le ⟨die; -, -n; Musik⟩ Gruppe von drei Noten in der Einheit eines Taktes von regulär zwei (od. vier) Noten [vermutl. <ital. *trio;* → *Trio*]

Trip ⟨der; -s, -s⟩ **1** Ausflug, kleine Reise **2** Zustand des Rausches nach dem Genuss von Drogen [engl.]

Tri|pli|kat ⟨das; -(e)s, -e⟩ dritte Ausfertigung

Tri|pty|chon *auch:* **Trip|ty|chon** ⟨[-çɔn] das; -s, -chen od. -cha⟩ drei beweglich miteinander verbundene Tafelbilder, meist als Altarbild [< *Tri...* + grch. *ptyche, ptyx* »Schicht«]

Tri|so|mie ⟨die; -, -n; Med.⟩ anormale Überzahl an Chromosomen, die Missbildungen verursacht [< *Tri...* + grch. *soma* »Körper«]

Tris|tesse ⟨[-tɛs] die; -; unz.; geh.⟩ Traurigkeit, Schwermut [frz.]

Tri|ti|um ⟨das; -s; unz.; chem. Zeichen: T⟩ radioaktives Isotop des Wasserstoffs, dessen Atomkern aus einem Proton u. zwei Neutronen besteht [nlat; zu grch. *tritos* »der dritte«]

Tri|to|nus ⟨der; -; unz.; Musik⟩ aus drei ganzen Tönen bestehendes Intervall, übermäßige Quarte [lat., »Dreiklang«]

Tri|umph ⟨der; -(e)s, -e⟩ **1** Freude, Genugtuung über einen Sieg od. Erfolg **2** mit Jubel gefeierter Sieg od. Erfolg [<lat. *triumphus,* vermutl. <etrusk.]

tri|um|phie|ren ⟨V.⟩ über einen Sieg od. Erfolg frohlocken, jubeln

Tri|um|vi|rat ⟨[-vi-] das; -(e)s, -e; im antiken Rom⟩ Kollegium von drei Männern zur Lenkung des Staates [<lat. *trium,* Gen. zu *tres* »drei« + *vir* »Mann«]

tri|vi|al ⟨[-vi-] Adj.⟩ gewöhnlich, ohne wertvollen Gehalt, abgedroschen, geistlos, flach; *ein ~er Liedtext; ein ~er Roman* [frz. <lat. *trivialis* »gewöhnlich, allbekannt, jedem zugänglich, Gassen...«; zu *trivium* »Ort, an dem drei Wege zusammenstoßen, Kreuzung«; zu *tri...* »drei...« + *via* »Weg«]

Tri|vi|al|li|te|ra|tur ⟨[-vi-] die; -; unz.; Lit.⟩ Literatur, die keinen künstlerischen Anspruch erhebt u. sich an ein breites Publikum richtet, meist mit klischeehafter Darstellung der Wirklichkeit ohne psycholog. Vertiefung

Tri|zeps ⟨der; -, -e; Anat.⟩ dreiköpfiger Muskel (bes. der Streckmuskel des Oberarms) [<lat. *triceps* »dreiköpfig« <*tri...* »drei...« + *caput* »Kopf«]

Tro|chä|us ⟨[-xɛː-] der; -, -chä|en; Metrik⟩ Versfuß aus einer langen, betonten u. einer kurzen, unbetonten Silbe [<grch. *trochaios* »laufend, schnell«]

> → **Trophäe:** Der Laut [fɛːə] wird in griechischen Fremdwörtern oft ***phäe*** geschrieben, z. B. in *Tro**phä**e*!

Troi|ka *auch:* **Tro|i|ka** ⟨[trɔɪ-] od. [troːi-] die; -, -s⟩ **1** russ. Dreigespann **2** mit drei Pferden bespannter Wagen **3** ⟨fig.; bes. Pol.⟩ Gruppe von drei Personen (als Führungsgremium); →*a.* Quadriga [russ., »Dreier«; zu *tri* »drei«]

tro|ja|nisch ⟨Adj.⟩ die antike Stadt Troja betreffend; *Trojanischer Krieg* ⟨in der grch. Sage⟩ zehn Jahre währender Krieg der Griechen um Troja zur Befreiung der von Paris geraubten Helena [nach der grch. Stadt *Troja*]

> **Trojanisches Pferd:** Während des *Trojanischen Krieges* (12. Jh. v. Chr.) eroberten die Griechen die antike Stadt *Troja* mit Hilfe einer List: Zum Schein fuhren sie mit ihren Schiffen auf dem Meer davon, stellten jedoch vor dem Stadttor *Trojas* ein großes hölzernes Pferd auf, in dessen Innerem sich griechische Krieger verborgen hielten. Die *Trojaner* nahmen das Pferd als Geschenk an die Göttin Athene mit in die Stadt. Nachts stiegen die Griechen aus dem Pferd und öffneten das Tor für die Besatzung der zurückgekehrten Flotte, die die Stadt *Troja* eroberte.

Trol|ley ⟨[-li] der; -s, -s⟩ kleiner Koffer mit ausziehbarem Griff, der auf Rollen gezogen wird [engl., »Kofferkuli; Einkaufswagen; Straßenbahn, -bus mit Oberleitung«; vermutl. zu *troll* »rollen, umherschweifen, -fahren«]

...tron ⟨Nachsilbe; zur Bildung sächl. Subst.; das; -s, -en⟩ **1** Elektronenröhre **2** Beschleuniger von Elektronen oder Elementarteilchen [<grch. *...tron* »Werkzeug« (z. B. *arotron* »Pflug«)]

...trop[1] ⟨Adj.⟩ **1** ⟨in Zus.⟩ bestimmte Eigenschaften aufweisend, in bestimmten Modifikationen vorkommend **2** sich wendend; *heliotrop* [<grch. *trepein* »wenden«]

...trop[2] ⟨Nachsilbe; zur Bildung sächl. Subst.; ; das; -s, -e⟩ Lebewesen od. Gegenstand, das (der) sich zu etwas hinwendet; *Heliotrop* [→ *...trop*[1]]

Tro|pen ⟨Pl.; Geogr.⟩ heiße Zone auf beiden Seiten des Äquators zwischen den Wendekreisen [<grch. *tropos* »Drehung, Wendung«]

...troph ⟨Adj.; in Zus.⟩ **1** sich ernährend von **2** ernährt, gewachsen **3** Nährstoffe enthaltend; *oligotroph* [<grch. *trophe* »Nahrung«; zu *trephein* »ernähren, aufziehen«]

Tro|phäe ⟨die; -, -n⟩ **1** Teil der Beute als Zeichen des Sieges, z. B. Waffe, Fahne **2** Teil der Jagdbeute als Zeichen der erfolgreichen Jagd; *Jagd* ~ [<grch. *tropaion* »Siegeszeichen«]

...tro|phie ⟨Nachsilbe; zur Bildung weibl. Subst.; die; -, -n⟩ **1** Ernährung, Wachstum, Vergrößerung **2** Vorhandensein von Nahrung [→ *...troph*]

tro|pho..., Tro|pho... ⟨in Zus.⟩ ernährungs..., Ernährungs... [<grch. *trephein* »ernähren«]

Tro|pho|lo|gie ⟨die; -; unz.⟩ Ernährungswissenschaft [< *Tropho...* + *...logie*]

...tro|pie ⟨Nachsilbe; zur Bildung weibl. Subst.; die; -, -n⟩ Veränderung, Verschiedenheit [→ *...trop*[1]]

tro|pisch ⟨Adj.⟩ zu den Tropen gehörend, aus den Tropen stammend, die Tropen betreffend

Tro|pis|mus ⟨der; -, -pis|men⟩ durch einen Reiz ausgelöste Bewegung festgewachsener Pflanzen, z. B. Krümmung von Organen, bei der die Richtung des Reizes die Richtung der Bewegung bestimmt; →*a.* Taxie; *Chemo* ~ [<grch. *tropos* »Drehung«]

Tro|po|sphä|re ⟨die; -; unz.; Meteor.⟩ untere Schicht der Erdatmosphäre, in der sich das Wetter abspielt, bis zur Höhe von 9-12 km [<grch. *tropos* »Drehung, Wendung« + *Sphäre*]

trop|po ⟨Musik⟩ zu viel, zu sehr; *allegro ma non* ~ schnell, lebhaft (zu spielen), aber nicht zu sehr [ital.]

Trou|ba|dour ⟨[trubadu:r] der; -s, -e od. -s⟩ provenzalischer höfischer Minnesänger des 11. bis 14. Jh. [<prov. *trobador;* zu *trobar* »(Verse) erfinden«]

Trust ⟨[trʌst] der; -(e)s, -e od. -s; Wirtsch.⟩ Zusammenschluss mehrerer Firmen zu einem Großunternehmen [engl. <mengl. *trust, trost* »Vertrauen« <anord. *traust*]

Tsa|tsi|ki *auch:* **Tsat|si|ki** ⟨der od. das; -s, -s; grch. Kochk.⟩ Speise aus Joghurt, geriebener Gurke u. Knoblauch; *oV* Zaziki

> → **Charterflug:** Was du nicht unter ***tschar-*** findest, kann unter ***char-*** stehen, z. B. ***Charterflug***!

Tse|tse|flie|ge ⟨die; -, -n; Zool.⟩ in Zentralafrika vorkommende, blutsaugende Stechfliege, die die Erreger der Malaria überträgt [Bantu]

T-Shirt ⟨[ti:ʃœ:t] das; -s, -s; Mode⟩ kurzärmeliges, meist kragenloses Oberhemd aus Trikot [engl., verkürzt <*tricot* »Trikot« + *shirt* »Hemd«]

Tsu|na|mi ⟨der; -, -s⟩ durch Seebeben erzeugte, plötzlich auftretende Flutwelle im Pazifik, die an den Küsten oft große Verwüstungen anrichtet [<jap. *tsu* »Hafen« + *nami* »lange Welle«]

Tu|ba ⟨die; -, Tu|ben⟩ tiefstes Blechblasinstrument mit weitem, oval gewundenem Rohr u. nach oben gerichtetem Trichter [lat., »Röhre«]

Tu|ber|ku|lo|se ⟨die; -, -n; Abk.: Tb, Tbc; Med.⟩ mit Bildung von Knötchen verbundene, von Tuberkelbakterien hervorgerufene Krankheit; *Lungen* ~

Tu|dor|stil ⟨[tju:də(r)-] der; -(e)s; unz.; Arch.⟩ Baustil in England von etwa 1530 bis zum Anfang des 17. Jh. [nach dem Königsgeschlecht *Tudor,* 1485-1604]

Tu|mor ⟨der; -s, -mo|ren; Med.⟩ Geschwulst [lat.]

Tu|mult ⟨der; -(e)s, -e⟩ Aufruhr, lärmendes Durcheinander, Getümmel [<lat. *tumultus* »Lärm, Aufruhr«]

Tun|dra *auch:* **Tund|ra** ⟨die; -, Tun|dren; Geogr.⟩ jenseits der polaren Baumgrenze gelegene, baumlose Steppe mit Dauerfrostboden [russ. <finn.-ugr.]

tu|nen ⟨[tju:-] V.; Kfz⟩ *ein Kraftfahrzeug* ~ nachträglich seine Leistung durch Umbau des Motors steigern [<engl. *tune* »abstimmen, einstellen«]

Tu|ner ⟨[tju:nə(r)] der; -s, -; Radio; TV⟩ Teil der Stereoanlage, die den Rundfunkempfänger enthält [engl., »Abstimmgerät«]

Tun|fisch ⟨der; -(e)s, -e; Zool.⟩ = Thunfisch

Tu|ni|ka ⟨die; -, -ni|ken; im antiken Rom⟩ langes Gewand aus weißer Wolle für Männer u. Frauen, im Hause ungegürtet, auf der Straße gegürtet getragen [<lat. *tunica*]

> → **Typ:** Was du nicht unter *tü-* findest, kann unter *ty-* stehen, z. B. *Typ*!

Tur|ban ⟨der; -s, -e⟩ Kopfbedeckung der Moslems aus einem kappenartigen Mittelteil u. (od.) aus einem breiten, langen, um den Kopf geschlungenen Stoffband [<rumän. *turban* <türk. *tülbend, dülbend* <pers. *dulband;* zu *dil* »Herz« (wegen der roten Farbe) + *bästän* »binden«]

Tur|bi|ne ⟨die; -, -n; Technik⟩ Kraftmaschine mit einem in ständig drehender Bewegung befindlichen, mit mehreren gekrümmten Schaufeln besetzten Laufrad; *Dampf~; Gas~; Wasser~; Wind~* [<lat. *turbo, Gen. turbinis* »Windung, Wirbel(wind), Kreisel«]

tur|bo..., Tur|bo... ⟨in Zus.⟩ durch Turbinen angetrieben [<lat. *turbo;* → *Turbine*]

Tur|bo|la|der ⟨der; -s, -; Technik; bes. Kfz⟩ Einrichtung zur Vorverdichtung des Benzin-Luft-Gemisches vor dem Verbrennungsraum zur Erhöhung der Drehzahl

tur|bu|lent ⟨Adj.⟩ **1** wirbelnd; *~e Strömung* durch Wirbelbildung gekennzeichnete Strömung **2** ⟨fig.⟩ durcheinanderwirbelnd, stürmisch, sehr unruhig; *eine ~e Karnevalsparty; ein ~er Wahlkampf; eine ~e Ehe* [<lat. *turbulentus* »unruhig, aufgeregt, stürmisch«; zu *turbare* »aufwühlen, verwirren«]

> → **Tournee:** Was du nicht unter *tu-* findest, kann unter *tou-* stehen, z. B. *Tournee*!

Tur|nus ⟨der; -, -se⟩ **1** festgelegte Wiederkehr, Reihenfolge **2** regelmäßiger Wechsel, regelmäßig sich wiederholender Ablauf einer Tätigkeit [<mlat. *turnus* »Wechsel, Reihenfolge« <lat. *tornus* »Zirkel, Kreisbewegung«]

Tu|tel ⟨die; -, -en⟩ Vormundschaft [<lat. *tutela* »Vormundschaft«]

Tu|tor ⟨der; -s, -to|ren⟩ **1** ⟨röm. Recht⟩ Vormund, Erzieher **2** ⟨allg.⟩ Lehrer, Ratgeber [engl. <lat. *tutor* »Vormund«]

Tu|to|ri|um ⟨das; -s, -ri|en; an Hochschulen⟩ von einem Tutor (2) geleitete (zusätzliche) Übung

tut|ti ⟨Musik⟩ alle (Instrumente zusammen) [ital., »alle«]

Tweed ⟨[twi:d] der; -s, -e od. -s; Textilw.⟩ kleingemusterter, locker gewebter Stoff aus Streichgarn [nach dem schottisch-nordengl. Fluss *Tweed*]

Twen ⟨der; - od. -s, -s⟩ junger Mann od. junges Mädchen zwischen 20 u. 29 Jahren [<engl. *twenty* »zwanzig«]

Twist[1] ⟨der; -(e)s, -e; Textilw.⟩ locker gedrehtes Garn aus mehreren Fäden [engl., »drehen, flechten«]

Twist[2] ⟨der; -s, -s⟩ **1** ⟨Musik⟩ in den 1960er Jahren in den USA entstandener Modetanz im $^4/_4$-Takt **2** ⟨Sport; Tennis⟩ mit Seiten- u. Vorwärtsdrall geschlagener (Aufschlag-)Ball [engl., »drehen, flechten«]

Ty|coon ⟨[taɪku:n] der; -s, -s⟩ **1** mächtiger, einflussreicher Geschäftsmann **2** eigenmächtiger Partei- od. Gruppenführer [engl. <jap. *taikun* <chin. *ta* »groß« + *chün* »Führer«]

Tym|pa|non ⟨das; -s, -pa|na; mittelalterl. Kirchenarchitektur⟩ (kunstvoll gestaltete) Fläche zwischen dem Bogen über der Tür u. dem Türsturz [→ *Tympanum*]

Tym|pa|num ⟨das; -s, -pa|na⟩ **1** ⟨Anat.⟩ Trommelfell **2** ⟨Musik⟩ Pauke [<lat. *tympanum,* grch. *tympanon* »Trommelfell, Pauke«]

Typ ⟨der; -s, -en⟩ *oV* Typus **1** Urbild, Grundform **2** Gattung, Schlag; *blonder, dunkler ~* **3** Muster, Modell, Bauart; *Opel vom ~ »Corsa«* **4** Charakter, Wesensart **5** ⟨umg.⟩ Kerl [<grch. *typos* »Schlag; Gestalt; Muster, Vorbild«]

Ty|pe ⟨die; -, -n⟩ **1** (gegossener) Druckbuchstabe, Letter **2** Grad der Ausmahlung des Mehls **3** ⟨umg.⟩ komischer, ulkiger Mensch; *das ist ja eine ~!* [→ *Typ*]

Ty|phus ⟨der; -; unz. Med.⟩ vom Typhusbakterium hervorgerufene Infektionskrankheit mit Störungen der Verdauung u. des Bewusstseins, Fieber u. Entwicklung roter Flecken [<grch. *typhos* »Nebel, Rauch, Dampf«]

...ty|pie ⟨Nachsilbe; zur Bildung weibl. Subst.; die; -, -n⟩ Druck, Druckverfahren; *Monotypie* [<grch. *typos* »Druck«]

ty|pisch ⟨Adj.⟩ **1** einen Typus darstellend, mustergültig, vorbildlich **2** zu einem bestimmten Typ gehörig

ty|pi|sie|ren ⟨V.⟩ **1** typisch, als Typ (nicht als individuelle Persönlichkeit) darstellen, z. B. Gestalten im Roman od. Drama **2** nach Typen einteilen

ty|po..., Ty|po... ⟨in Zus.⟩ druck..., Druck... [<grch. *typos* »Druck«]

Ty|po|gra|fie ⟨die; -, -n⟩ *oV* Typographie **1** Buchdruck **2** Buchdruckerkunst [<*Typo...* + *...grafie*]

Ty|po|gra|phie ⟨die; -, -n⟩ = Typografie

Ty|po|lo|gie ⟨die; -, -n⟩ **1** Lehre von den menschl. Typen hinsichtlich ihrer Lebensform, Konstitution, Weltanschauung u. a. **2** Methode der Bibelauslegung, die auf der Annahme beruht, dass die Ereignisse des NT bestimmten Parallelstellen im AT zugeordnet werden können u. diese steigern u. erfüllen [<*Typ* + *...logie*]

ty|po|lo|gisch ⟨Adj.⟩ die Typologie (1, 2) betreffend, zu ihr gehörend, sie betreffend

Ty|pus ⟨der; -, Ty|pen⟩ = Typ (1-4)

Ty|rann ⟨der; -en, -en⟩ **1** Gewaltherrscher **2** ⟨fig.⟩ herrschsüchtiger Mensch [<grch. *tyrannos* »Gewaltherrscher«]

ty|ran|nisch ⟨Adj.⟩ **1** herrschbegierig, selbstherrlich **2** gewaltsam, durch Gewalt wirkend; *~e Herrschaft*

ty|ran|ni|sie|ren ⟨V.⟩ *jmdn.* ~ jmdn. unterdrücken, beherrschen, in Unfreiheit halten

T

UEFA, Uefa ⟨die; -; unz.; Sport; Abk. für frz.⟩ Union Européenne de Football Associations (Europäischer Fußballverband)

UFO, Ufo ⟨das; -s, -s; Kurzwort für⟩ unbekanntes Flugobjekt [verkürzt <engl. *unidentified flying object*]

UKW ⟨Abk. für⟩ Ultrakurzwelle

Ul|ti|ma Ra|tio ⟨[-tsjo] die; - -; unz.⟩ letztes Mittel, letzter Ausweg [<lat. *ultimus* »letzte(r,-s)« + *ratio* »Berechnung; Erwägung; Denken, Vernunft«]

ul|ti|ma|tiv[1] ⟨Adj.⟩ **1** in Form eines Ultimatums **2** ⟨fig.⟩ nachdrücklich, als Ultimatum ausgesprochen

ul|ti|ma|tiv[2] ⟨Adj.; umg.⟩ unerlässlich, perfekt; *der ~e Film* [<engl. *ultimate* »vollendet, perfekt«]

Ul|ti|ma|tum ⟨das; -s, -s od. -ma|ten⟩ letzte Aufforderung, bis zu einer festgelegten Frist bestimmte Bedingungen zu erfüllen, meist unter Androhung von Strafmaßnahmen bei Nichterfüllung, z. B. Krieg, Wirtschaftssanktionen u. Ä. [<lat. *ultimus* »der letzte«]

◆ Die Buchstabenfolge **ul|tr...** kann auch **ult|r...** getrennt werden.

◆**ul|tra..., Ul|tra...** ⟨in Zus.⟩ jenseits (von), über … hinaus [lat.]

◆**Ul|tra|kurz|wel|le** ⟨die; -, -n; Abk.: UKW⟩ elektromagnetische Welle mit einer Wellenlänge unter 10 m [<*Ultra...* + *Kurzwelle*]

◆**ul|tra|ma|rin** ⟨Adj.⟩ kornblumenblau, lasurblau

◆**Ul|tra|schall** ⟨der; -s; unz.⟩ Schwingungen des Schalls, die oberhalb der Grenze der Hörbarkeit liegen

◆**ul|tra|vi|o|lett** ⟨[-vi-] Adj.; Abk.: UV⟩ im Spektrum jenseits des sichtbaren Violetts liegend; *~e Strahlen*

Um|bra *auch:* **Umb|ra** ⟨die; -; unz.⟩ Zentrum der Sonnenflecken [lat., »Schatten«]

UN ⟨Abk. für engl.⟩ United Nations; *UN-Resolution*

un|ar|ti|ku|liert ⟨Adj.⟩ nicht artikuliert, undeutlich; *~e Laute ausstoßen*

un|cool ⟨[-ku:l] Adj.; umg.⟩ **1** nicht cool, verkrampft; *~es Verhalten* **2** nicht toll, langweilig; *ein ~er Film* **3** nicht in Mode, nicht auf der Höhe der Zeit; *~e Klamotten* [zu engl. cool »kühl«]

Un|der|co|ver... ⟨[ʌndə(r)kʌvə(r)] in Zus.⟩ Geheim…, Spitzel…; *~aktion* geheime, verdeckte Aktion; *~agent* verdeckt arbeitender Ermittler [engl.]

Un|der|dog ⟨[ʌndə(r)dɔg] der; -s, -s; umg.⟩ Unterprivilegierter, *z. B. Obdachloser* [engl.-amerikan., eigtl. »Benachteiligter, Zukurzgekommener«]

Un|der|ground ⟨[ʌndə(r)graʊnd] der; -s; unz.⟩ Unterwelt, Verbrecherwelt [engl., »Untergrund«]

Un|der|state|ment ⟨[ʌndə(r)stɛɪtmənt] das; -s, -s⟩ Untertreibung, Nüchternheit [engl.]

un|dis|zi|pli|niert *auch:* **un|dis|zip|li|niert** ⟨Adj.⟩ unbeherrscht, unkontrolliert, hemmungslos, zuchtlos

UNESCO ⟨die; -; unz.; Abk. für engl.⟩ United Nations Educational, Scientific and Cultural Organization (Organisation der Vereinten Nationen für Erziehung, Wissenschaft u. Kultur)

uni ⟨[yni:] Adj.⟩ einfarbig (Stoffe) [frz., »einig, gleich«]

uni..., Uni... ⟨in Zus.⟩ ein…, Ein… [<lat. *unus* »ein«]

UNICEF: Die *UNICEF* ist ein internationales Kinderhilfswerk der Vereinten Nationen (→ *UN*), das 1946 gegründet wurde und seinen Sitz in New York hat. *UNICEF* arbeitet in 160 Staaten der Erde und hilft besonders Kindern und Müttern in Entwicklungsländern. Hilfestellung wird in den Bereichen Ernährung, Gesundheit, Hygiene, Familienplanung, Erziehung usw. geleistet. Außerdem beteiligt sich *UNICEF* an der Katastrophenhilfe und unterstützt Maßnahmen gegen Kinderarbeit.

UNICEF ⟨[u:nitsɛf] die; -; unz.; Abk. für engl.⟩ United Nations International Children's Emergency Fund

uni|form ⟨Adj.⟩ einheitlich, einförmig [<frz. *uniforme* <lat. *uniformis;* zu *unus* »ein« + *forma* »Gestalt«]

Uni|form ⟨a. ['---] die; -, -en⟩ einheitliche Dienstkleidung, z. B. der Soldaten, Eisenbahn- u. Postbeamten, Polizisten usw.; *Ggs* Zivil

Uni|kum ⟨das; -s, -s od. -ni|ka⟩ **1** etwas Einzigartiges **2** nur einmal hergestelltes Buch **3** ⟨fig.; umg.⟩ Sonderling [zu lat. *unicus* »einzig, allein«; zu *unus* »ein«]

Uni|on ⟨die; -, -en⟩ Vereinigung, Verbindung, Zusammenschluss, Staatenbund [<lat. *unio;* zu *unire* »vereinigen«; zu *unus* »ein«]

uni|so|no ⟨Adv.; Musik⟩ im Einklang, einstimmig [ital., »einstimmig«; zu lat. *unus* »ein« + *sonus* »Ton«]

Uni|tät ⟨die; -; unz.⟩ Einheit, Einigkeit, Übereinstimmung [<lat. *unitas;* zu *unus* »ein«]

Uni|ted Na|tions ⟨[junaɪtɪd nɛɪʃənz] Pl.; Abk.: UN; kurz für⟩ United Nations Organization

Uni|ted Na|tions Or|ga|ni|za|tion ⟨[junaɪtɪd nɛɪʃənz ɔ:(r)gənaɪzɛɪʃən] die; - - -; unz.; Abk.: UNO⟩ Organisation der Vereinten Nationen, 1945 gegründete internationale Organisation zur Erhaltung des Weltfriedens [engl.]

uni|ver|sal ⟨[-vɛr-] Adj.⟩ gesamt, umfassend, allgemein; *oV* universell (1); *~er Frieden; eine ~e Ordnung* [<lat. *universalis* »allgemein«]

uni|ver|sell ⟨[-vɛr-] Adj.⟩ **1** = universal **2** *~e Konstante* Naturkonstante

uni|ver|si|tär ⟨[-vɛr-] Adj.⟩ die Universität betreffend; *~e Angelegenheiten*

Uni|ver|si|tät ⟨[-vɛr-] die; -, -en⟩ Hochschule mit dem Auftrag, die Gesamtheit der Wissenschaften in Lehre u. Forschung zu pflegen [<mlat. *universitas* »Körperschaft (der Lehrenden u. Lernenden)«]

Uni|ver|sum ⟨[-vɛr-] das; -s; unz.⟩ Weltall [lat.; zu *universus* »sämtlich«]

UNO ⟨die; -; unz.; Abk. für⟩ United Nations Organization; →*a.* UN

un|plugged ⟨[ʌnplʌgd] Adj.; undekl.; Popmusik⟩ mit unverfälschtem Klang, ohne aufwendige Studiotechnik produziert [engl., Part. Perf. zu *unplug,* eigtl. »den Stecker herausziehen«]

Up|date ⟨[ʌpdɛɪt] das; -s, -s; EDV⟩ neue, überarbeitete Fassung, Ausgabe (eines EDV-Programms) [<engl. *update* »modernisieren«]

Up|grade ⟨[ʌpgrɛɪd] das; -s, -s; EDV⟩ Umstieg auf eine verbesserte Version eines Computerprogramms, Aufrüsten eines Computers [<engl. *upgrade* »verbessern, nachrüsten«]

Up|load ⟨[ʌploʊd] das; -s, -s; EDV⟩ Programm, das ein Aufladen von Dateien auf die Festplatte ermöglicht; *Ggs* Download [<engl. *up* »auf, hinauf« + *load* »laden«]

Up|per|class ⟨[ʌpə(r)kla:s]⟩ *auch:* **Up|per Class** ⟨die; (-) -, (-) -es [-sɪz]; geh.⟩ Oberschicht [<engl. *upper* »oberer, oberes« + *class* »Klasse, Stand«]

Up|per Ten ⟨[ʌpə(r) tɛn] Pl.; geh.⟩ die oberen Zehntausend, einflußreichste u. wohlhabendste Gesellschaftsschicht [<engl. *upper ten (thousand)* »die oberen Zehn(tausend)«]

up to date ⟨[ʌp tu dɛɪt]⟩ zeitgemäß, modisch; *sie ist in punkto Kleidung immer ~* [engl.]

Uran ⟨das; -s; unz.; chem. Zeichen: U⟩ chem. Element, radioaktives Metall, Ordnungszahl 92 [im 18. Jh. *Uranium;* nach dem Namen des 1781 entdeckten Planeten *Uranus* <grch. *ouranos* »Himmel«]

ur|ban ⟨Adj.⟩ **1** höflich, weltmännisch **2** gebildet, fein **3** städtebaulich erschlossen, durch eine große Zahl von Städten geprägt; *eine Region ~ machen; ein ~es Theaterangebot* [<lat. *urbanus* »städtisch«; zu *urbs* »Stadt«]

ur|bi et or|bi der Stadt (Rom) u. dem Erdkreis [lat.; Formel bei der Spendung des päpstl. Segens vom Balkon der Peterskirche aus]

...u|rie ⟨Nachsilbe; zur Bildung weibl. Subst.; die; -, -n; Med.⟩ **1** Harnlassen **2** Ausscheidung von bestimmten Stoffen im Harn; *Hämaturie* Ausscheidung von Blut im Harn [<grch. *ouron* »Harn«]

Urin ⟨der; -s, -e⟩ Harn [<lat. *urina* <grch. *ouron* »Harn«]

uri|nie|ren ⟨V.⟩ Wasser lassen, harnen

uro..., Uro... ⟨in Zus.⟩ harn..., Harn... [<grch. *ouron* »Harn«]

U

Uro|lo|gie ⟨die; -; unz.; Med.⟩ Lehre von den Erkrankungen der Harnorgane [<*Urin* + *…logie*]

US-Ame|ri|ka|ner ⟨der; -s, -⟩ Einwohner der USA (im Unterschied zu einem Lateinamerikaner Südamerikas)

US-ame|ri|ka|nisch ⟨Adj.⟩ die USA u. ihre Einwohner betreffend

USB-Stick ⟨der; -s, -s; EDV⟩ kleines, in den Computer einsteckbares USB-Gerät, das als externes Speichermedium genutzt wird

User ⟨[juːzə(r)] der; -s, -; umg.⟩ **1** jmd., der regelmäßig Rauschmittel nimmt **2** ⟨EDV⟩ Benutzer (eines Computers bzw. des Internets) [engl. »Benutzer«; zu *use* »benutzen, gebrauchen«]

Usur|pa|ti|on ⟨die; -, -en⟩ widerrechtliche Aneignung (bes. des Thrones), widerrechtliche Macht-, Besitzergreifung [<lat. *usurpatio* »Gebrauch«]

Usus ⟨der; -; unz.⟩ Brauch, Sitte, Gewohnheit, Herkommen; *es ist bei uns so* ~ [<lat. *usus,* Part. Perf. von *uti* »(ge)brauchen«]

Uten|si|li|en ⟨Pl.⟩ (kleine, notwendige) Geräte, Gegenstände; *Schreib*~ [<lat. *utensilia* »Werkzeuge«]

Ute|rus ⟨der; -, -te|ri; Anat.⟩ Gebärmutter [lat., »Bauch, Unterleib«]

Uto|pia ⟨das; -s; unz.⟩ erdachtes ideales Land; *oV* Utopien [grch., eigtl. »nirgendwo« <*ou* »nicht« + *topos* »Ort«]

Utopia: *Utopia* ist der Titel eines 1516 erschienenen Werkes des englischen Philosophen und Großkanzlers Thomas Morus (1478-1535). Im Sinne des → *Humanismus* entwirft Morus darin die Prinzipien für die Gestaltung eines vernunftgeleiteten, idealen Staates ohne Privateigentum und mit einem ausgeglichenen Verhältnis von materieller und geistiger Arbeit. Vorbild aller frühneuzeitlichen *Utopien* ist das von dem griechischen Philosophen Platon entwickelte Gesellschaftsmodell. Da *Utopia* nie verwirklicht werden konnte, hat der Begriff *utopisch* heute die Bedeutung »unerfüllbar, erträumt«.

Uto|pie ⟨die; -, -n⟩ **1** Schilderung eines künftigen gesellschaftlichen Zustandes **2** ⟨allg.⟩ Wunschtraum [→ *Utopia*]

Uto|pi|en ⟨das; -s; unz.⟩ = Utopia

uto|pisch ⟨Adj.⟩ **1** erträumt, erhofft **2** unerfüllbar, aussichtslos

UV-Strah|len ⟨[uːfaʊ-] Pl.; kurz für⟩ ultraviolette Strahlen; *~-geschädigt* durch Bestrahlen mit UV-Licht geschädigt

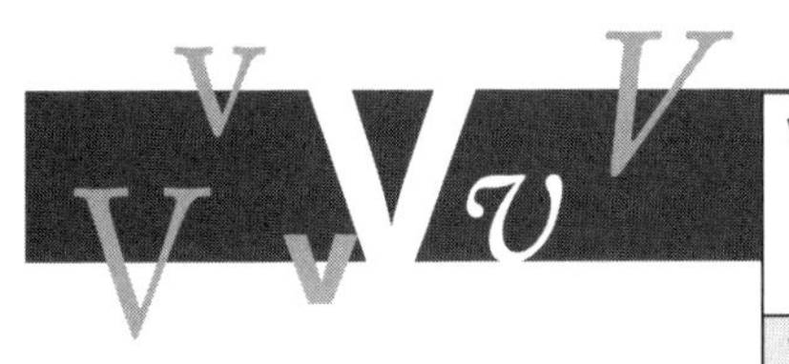

V ⟨röm. Zahlzeichen für⟩ 5

Va|banque *auch:* **va banque** ⟨[vabã:k]⟩ es gilt die Bank (beim Glückspiel); ~ *spielen* um den gesamten Einsatz der Bank spielen; (fig) ein Wagnis eingehen [frz.]

Va|de|me|kum ⟨[va-] das; -s, -s⟩ kleines Lehrbuch, Leitfaden [<lat. *vade mecum* »geh mit mir«]

Va|ga|bund ⟨[va-] der; -en, -en⟩ **1** Landstreicher **2** ⟨fig.⟩ rastloser, ruheloser, umhergetriebener Mensch [<frz. *vagabond;* verwandt mit *vage*]

va|ga|bun|die|ren ⟨[va-] V.⟩ **1** als Vagabund leben, umherziehen **2** ⟨fig.⟩ ruhelos, rastlos leben

va|ge ⟨[va:-] Adj.⟩ unbestimmt, ungenau, verschwommen; ~ *Vorstellung* [<frz. *vague* <lat. *vagus;* zu *vagari* »umherschweifen«]

Va|gi|na ⟨a. [va-] die; -, -gi|nen; Anat.⟩ Teil des weiblichen Geschlechtsorgans bei Mensch u. Tier, Scheide [lat.]

va|gi|nal ⟨[va-] Adj.; Anat.⟩ zur Vagina gehörig

va|kant ⟨[va-] Adj.⟩ offen, unbesetzt; ~*e Stelle* [<lat. *vacans,* Part. Präs. zu *vacare* »leer sein«]

Va|kanz ⟨[va-] die; -, -en⟩ offene, unbesetzte Stelle

Va|ku|um ⟨[va:-] das; -s, -kua od. -ku|en; Physik⟩ luftleerer Raum [<lat. *vacuus* »leer«]

va|lent ⟨[va-] Adj.⟩ mit einer od. mehreren Valenzen ausgestattet [<lat. *valere* »stark, wert sein«]

Va|lenz ⟨[va-] die; -, -en⟩ **1** ⟨Chemie⟩ Wertigkeit **2** ⟨Biol.⟩ Stärke, Tüchtigkeit **3** ⟨Sprachw.⟩ die Eigenschaft von Wörtern, andere Einheiten zu verlangen, z. B. Akkusativergänzungen o. Ä. [<lat. *valentia* »Kraft, Fähigkeit«]

Va|lu|ta ⟨[va-] die; -, -lu|ten; Bankw.⟩ (Wert einer) Währung [ital.; zu *valere* »gelten, wert sein« <lat. *valere* »stark sein«]

Vamp ⟨[væmp] der; -s, -s; abwertend⟩ erotisch stark anziehend wirkende, jedoch kalt berechnende Frau [engl.; → *Vampir*]

Vampir: Ein *Vampir* ist im slawischen Volksglauben ein → *Dämon,* der nachts aus dem Grab steigt und lebenden Menschen das Blut aussaugt und sie so tötet. Diesem Volksglauben liegt die Vorstellung zugrunde, dass lebende Leichname in Menschen- oder Tiergestalt wiederkehren, um den Lebenden zu schaden. Im 16. und 17. Jahrhundert entstanden in Schlesien, Böhmen, Polen und Ungarn sagenhafte Berichte über den *Vampirismus.* Im Zeitalter der Aufklärung wurde der *Vampirismus* als Aberglaube bekämpft. Der berühmteste *Vampir* der Weltliteratur ist Dracula in dem gleichnamigen Roman von Bram Stoker. Er diente als Vorlage für zahlreiche Horrorfilme.

Vam|pir ⟨a. [vam-] der; -s, -e⟩ **1** ⟨Zool.⟩ eine Fledermaus, die kein Blut saugt, sondern es nur aufleckt **2** ⟨Volksglaube⟩ blutsaugender Dämon [<slaw.]

Va|na|din ⟨[va-] das; -s; unz.; chem. Zeichen: V⟩ graues, sprödes Metall, Ordnungszahl 23; *oV* Vanadium [nach *Vanadis,* einem Beinamen der germ. Göttin Freia]

Va|na|di|um ⟨[va-] das; -s; unz.; Chemie⟩ = Vanadin

Van|car|ri|er ⟨[vænkærıə(r)] der; -s, -; Technik⟩ Steuermaschine zum Transport bzw. Umladen von Containern (z. B. im Hafen) [<engl. *van* »Transporter« + *carrier* »Beförderer«]

Van|da|le ⟨[van-] der; -n, -n⟩ **1** Angehöriger eines ostgermanischen Volkes in Schlesien u. Westpolen **2** ⟨fig.; abwertend⟩ grobe, zerstörungswütige Person; *sie hausen wie die* ~*n; oV* Wandale; →*a.* Vandalismus

Van|da|lis|mus ⟨[van-] der; -; unz.⟩ rohe Zerstörungswut; *oV* Wandalismus [nach der Plünderung Roms durch die *Vandalen* im Jahre 454 n. Chr.]

Va|nil|le ⟨[vanıl(j)ə] die; -; unz.; Bot.⟩ Gattung der Orchideen; *echte* ~ Pflanze mit zylindrischen Früchten, die nach dem Aufbereiten ein Aroma erhalten, das für Süßspeisen beliebt ist; *~eis* [frz. <span. *vanilla* »kleine Schote« <lat. *vagina* »Scheide; Schote«]

Va|ria ⟨[va:-] Pl.⟩ Allerlei, Verschiedenes, Mannigfaltiges [lat.]

va|ri|a|bel ⟨[va-] Adj.⟩ wandelbar, veränderlich, wechselhaft, schwankend; *Ggs* konstant; *variable Größen* [<frz. *variable* <lat. *variabilis; zu variare* »sich verändern«]

Va|ri|a|ble *auch:* **Va|ri|a|ble** ⟨[va-] die; -n, -n⟩ **1** ⟨Math.⟩ veränderliche Größe **2** ⟨Logik⟩ Symbol, das stellvertretend für Zahlen, Quantitäten, Aussagen u. Werte steht

Va|ri|an|te ⟨[va-] die; -, -n⟩ veränderte Form, Abart, Spielart; *das ist eine interessante ~ der Geschichte* [→ *variabel*]

Va|ri|a|ti|on ⟨[va-] die; -, -en⟩ **1** Veränderung, Abwandlung **2** ⟨Biol.⟩ Abweichung von der Art **3** ⟨Musik⟩ Abwandlung eines Themas

Va|ri|e|tät ⟨[varie-] die; -, -en⟩ **1** ⟨allg.⟩ Verschiedenheit, andersartige Beschaffenheit **2** ⟨Bot.; Zool.; Abk.: var.⟩ in einem od. mehreren Merkmalen von einem Standardtyp abweichende Form [<lat. *varietas* »Verschiedenheit«]

Varieté/Varietee In die deutsche Sprache eingegangene Fremdwörter können in vielen Fällen der im Deutschen üblichen Schreibung angepasst werden. Häufig sind die integrierten Schreibweisen schon seit langem Bestandteil des Deutschen. Dies gilt z. B. für das aus dem Französischen entlehnte »é«, das im Deutschen durch die Verdoppelung des entsprechenden Vokals wiedergegeben werden kann (»ee«).

Va|ri|e|té ⟨[variete:] das; -s, -s⟩ = Varietee

Va|ri|e|tee ⟨[variete:] das; -s, -s⟩ Theater für akrobatische, tänzerische u. a. Vorführungen; *oV* Varieté [frz.]

va|ri|ie|ren ⟨[va-] V.⟩ **1** verschieden, anders sein, abweichen **2** verändern, abwandeln, abwechslungsreich gestalten **3** ⟨Musik⟩ melodisch, harmonisch od. rhythmisch abwandeln (Thema) [<frz. *varier* <lat. *variare* »sich verändern«]

Va|sall ⟨[va-] der; -en, -en⟩ **1** Gefolgsmann **2** Lehnsmann [mlat. *vasallus* <kelt.]

Va|ti|kan ⟨[va-] der; -s; unz.; kath. Kirche⟩ **1** Palast, Residenz des Papstes in Rom **2** die päpstliche Regierung

Ve|ga|ner ⟨[ve-] der; -s, -⟩ Vegetarier, der zusätzlich auf alle tierischen Produkte verzichtet

ve|ge|ta|bil ⟨[ve-] Adj.⟩ = vegetabilisch

ve|ge|ta|bi|lisch ⟨[ve-] Adj.⟩ pflanzlich, von Pflanzen stammend; *oV* vegetabil [<mlat. *vegetabilis; zu vegetari* »wachsen« <lat. *vegetus* »belebt«; zu *vegere* »züchten, erregen, beleben«]

Ve|ge|ta|ri|er ⟨[ve-] der; -s, -⟩ jmd., der kein Fleisch isst

ve|ge|ta|risch ⟨[ve-] Adj.⟩ *~ leben* in der Ernährung auf Fleisch verzichten

Ve|ge|ta|ti|on ⟨[ve-] die; -, -en; Bot.⟩ **1** Leben, Wachstum der Pflanzen **2** alle in einem Gebiet vorkommenden Pflanzen [<mlat. *vegetatio;* → *vegetabil*]

ve|ge|ta|tiv ⟨[ve-] Adj.⟩ **1** pflanzlich **2** ⟨Physiol.⟩ unbewusst, nicht dem Willen unterliegend (von Nerven); *~es Nervensystem* alle Nerven, die nicht bewusst beeinflusst werden können; *Sy* autonomes Nervensystem **3** ⟨Biol.⟩ ungeschlechtlich [<mlat. *vegetativus;* → *vegetabilisch*]

ve|ge|tie|ren ⟨[ve-] V.⟩ kümmerlich dahinleben, erbärmlich leben

ve|he|ment ⟨[ve-] Adj.⟩ heftig, ungestüm [<lat. *vemens, vehemens* »stürmisch«, eigtl. »nicht besonnen« <*ve...* »zu wenig« + *mens* »Verstand«]

Ve|hi|kel ⟨[ve-] das; -s, -⟩ **1** (altes, schlechtes) Fahrzeug **2** ⟨fig.⟩ Mittel (zu einem Zweck) [<lat. *vehiculum* »Fahrzeug«; zu *vehi* »fahren«]

Vek|tor ⟨[vɛk-] der; -s, -to|ren⟩ **1** mathematische Größe, die als Strecke bestimmter Länge u. Richtung definiert ist **2** ⟨Biochem.⟩ Träger für die Einführung neuer Gene in eine Zelle [<lat. *vector* »Träger«; zu *vehere* »tragen«]

ve|lar ⟨[ve-] Adj.; Phon.⟩ am Gaumensegel gebildet, gesprochen [<lat. *velaris* »das Tuch, Segel betreffend«; zu *velum* »Tuch, Segel«]

Ve|lar ⟨[ve-] der; -s, -e; Phon.⟩ Hintergaumenlaut, Kehllaut, *z. B. g, k, ng, ch (nach a, o, u)*

Ve|lours ⟨[vəlu:r] der; - [-lu:rs], - [-lu:rs]; Textilw.⟩ samtartiges Gewebe aus Streichgarn [frz. <lat. *villosus* »behaart«]

Ven|det|ta ⟨[vɛn-] die; -, -det|ten⟩ Blutrache [ital., »Rache«]

Ve|ne ⟨[ve:-] die; -, -n; Anat.⟩ zum Herzen hinführendes Blutgefäß, Blutader; *Ggs* Arterie [<lat. *vena*]

ve|nös ⟨[ve-] Adj.⟩ zu den Venen gehörend, auf ihnen beruhend [→ *Vene*]

Ven|til ⟨[vɛn-] das; -s, -e⟩ **1** Vorrichtung zum Absperren von Flüssigkeiten u. Gasen; *ein ~ öffnen* **2** ⟨bei Blechblasinstrumenten⟩ Mechanismus, der die urspr. Stimmung verändert **3** ⟨bei der Orgel⟩ eine die Luftzufuhr regelnde Klappe **4** ⟨El.⟩ Gleichrichter [<mlat. *ventile* »Kanalschleuse« <lat. *ventus* »Wind«]

Ven|ti|la|ti|on ⟨[vɛn-] die; -, -en⟩ **1** Bewegung von Luft od. von Gasen **2** Lüftung **3** ⟨Zool.⟩ der Atmung dienende Bewegung [→ *Ventil*]

Ven|ti|la|tor ⟨[vɛn-] der; -s, -to|ren⟩ Vorrichtung zur Durchlüftung von Räumen, zur Kühlung von Motoren usw. [→ *Ventil*]

ven|ti|lie|ren ⟨[vɛn-] V.⟩ **1** Wind erzeugen **2** lüften **3** ⟨fig.⟩ überlegen, sorgfältig erwägen [<frz. *ventiler* <lat. *ventilare;* zu *ventus* »Wind«]

Ve|ran|da ⟨[ve-] die; -, -ran|den; Arch.⟩ vor- od. eingebauter, überdachter, zumeist mit Glaswänden versehener Raum an einem Haus [<engl. <portug. *varanda*]

Verb ⟨[vɛrb] das; -s, -en; Gramm.⟩ flektierbares Wort, das Tätigkeiten, Vorgänge u. Zustände bezeichnet, Zeitwort, Tätigkeitswort, *z. B. gehen, singen, tanzen; oV* Verbum [<lat. *verbum* »Wort«]

ver|bal ⟨[vɛr-] Adj.⟩ **1** zum Verb gehörig, auf ihm beruhend **2** mündlich [<lat. *verbalis;* zu *verbum* »Wort«]

ver|ba|li|sie|ren ⟨[vɛr-] V.⟩ **1** zu einem Verb umbilden; *ein Substantiv ~, z. B. »Luft« zu »lüften«* **2** in Worte fassen, mit Worten ausdrücken; *ein Gefühl, einen Eindruck ~*

Ver|bal|phra|se ⟨[vɛr-] die; -, -n; Abk.: VP; Gramm.⟩ von einem Verb bestimmte Wortgruppe im Satz; →*a.* Nominalphrase

Ver|bum ⟨[vɛr-] das; -s, Ver|ba [vɛr-]; Gramm.⟩ = Verb; ~ finitum = finites Verb; ~ infinitum = infinites Verb [lat., »Wort«]

Ver|dikt ⟨[vɛr-] das; -(e)s, -e⟩ Entscheidung, Urteil, Richterspruch [<engl. *verdict* »Urteil, Wahrspruch« <lat. *vere dictum* »Wahrspruch« <*verus* »wahr« + *dictum* »Äußerung, Versprechen«]

Ve|ri|fi|ka|ti|on ⟨[ve-] die; -, -en⟩ das Verifizieren, Nachweis der Wahrheit, Bestätigung [<lat. *verus* »wahr, echt« + *...fikation*]

ve|ri|fi|zie|ren ⟨[ve-] V.⟩ die Wahrheit nachweisen, bestätigen; *Hypothesen ~* [<lat. *verus* »wahr, wirklich, echt« + *...fizieren*]

Ve|ris|mus ⟨[ve-] der; -; unz.; Kunst; Lit.⟩ Stilrichtung, die die Wirklichkeit krass naturalistisch u. detailgetreu abbildet [<lat. *verus* »wahr, wirklich, echt«]

Ver|nis|sa|ge ⟨[vɛrnisa:ʒə] die; -, -n; Mal.⟩ **1** Ausstellung neuer Bilder eines lebenden Malers **2** ⟨allg.⟩ das Vorstellen (eines Künstlers) vor einem Publikum [<frz. *vernis* »Firnis«, also die »frisch gefirnissten Bilder«]

Vers ⟨[fɛrs] der; -es, -e; Abk.: V.⟩ **1** metrisch gegliederte, oft mit Reim versehene Einheit einer Dichtung in gebundener Rede, Zeile einer Strophe; *Roman, Epos in ~en* **2** ⟨umg.; fälschlich für⟩ Strophe, Gedicht **3** Abschnitt in der Bibel [<lat. *versus* »das Umwenden; gepflügte Furche; Reihe, Linie, Vers«; zu *vertere* »kehren, wenden, drehen«]

ver|siert ⟨[vɛr-] Adj.⟩ in einer Sache bewandert, erfahren, gut unterrichtet; *ein ~er Fachmann* [Part. Perf. vom veralteten Verb *versieren* »sich mit etwas beschäftigen« <frz. *versé* <lat. *versatus* »vertraut«; zu *versari* »verweilen«, eigtl. »sich herumdrehen«]

Ver|si|on ⟨[vɛr-] die; -, -en⟩ Fassung, Lesart, Interpretation, Variante [<frz. *version* »Übersetzung, Lesart, Darstellung«]

ver|sus ⟨[vɛr-] Präp. mit Akk.; Abk.: vs.⟩ gegen, gegenüber, im Gegensatz zu, im Vergleich mit [lat., »gegen ... hin«]

Ver|te|brat *auch:* **Ver|teb|rat** ⟨[vɛr-] der;

-en, -en; meist Pl.; Zool.⟩ Wirbeltier [<lat. *vertebra* »Wirbel«; zu *vertere* »drehen«]

ver|ti|kal ⟨[vɛr-] Adj.⟩ senkrecht; *Ggs* horizontal [<ital. *verticale* »senkrecht«; zu lat. *vertex* »Wirbel, Drehpunkt«]

Ver|ti|ka|le ⟨[vɛr-] die; -, -n⟩ Senkrechte, senkrechte Linie, senkrechte Stellung

Ver|ti|ko ⟨[vɛr-] das; -s, -s; früher⟩ kleiner Schrank mit Aufsatz [angeblich nach seinem ersten Verfertiger, einem Berliner Tischler namens *Vertikow*]

ver|ti|ku|tie|ren ⟨[vɛr-] V.; Gartenbau⟩ den Boden von Grasflächen (mit Hilfe eines speziellen Gerätes) lockern, lüften u. von Unkraut reinigen [<lat. *vertikale* »senkrecht« + frz. *coutre* »Pflugeisen«]

Ver|ve ⟨[vɛrvə] die; -; unz.⟩ Feuer, Schwung, Begeisterung; *etwas mit großer ~ vortragen* [<frz. *verve* »Schwung, Begeisterung, Sprühen (des Witzes)«]

Ves|ti|bül ⟨[vɛs-] das; -s, -e⟩ **1** Vorhalle **2** Halle, durch die man ein Theater betritt (u. in der sich die Kasse befindet) [<frz. *vestibule* »Hausflur, Diele, Vorhof« <lat. *vestibulum* »Vorplatz«]

Ve|te|ran ⟨[ve-] der; -en, -en; Mil.⟩ altgedienter Soldat, Teilnehmer an einem früheren Feldzug [<frz. *vétéran* »Veteran, ausgedienter Soldat od. Beamter« <lat. *veteranus* »altgedient, ausgedienter Soldat«; zu *vetus* »alt, ehemalig«]

ve|te|ri|när ⟨[ve-] Adj.⟩ zur Veterinärmedizin gehörend, tierärztlich [<frz. *vétérinaire* »Tierarzneikunst, Tierarzt« <lat. *veterina animalia* »Last-, Zugvieh« <*veterinus* »tragend, ziehend« + *animalia* (Pl.) »Vieh, Lebewesen, Tiere«]

Ve|te|ri|när ⟨[ve-] der; -s, -e⟩ Tierarzt

Ve|te|ri|när|me|di|zin ⟨[ve-] die; -; unz.⟩ Tiermedizin, Tierheilkunde

Ve|to ⟨[veː-] das; -s, -s⟩ **1** Einspruch; *sein ~ einlegen* **2** Einspruchsrecht [frz., »Einspruchsrecht« <lat. *veto* »ich verbiete« (Formel der Tribunen in Rom bei Amtshandlungen); zu *vetare* »verbieten«]

Ve|xier|bild ⟨[vɛ-] das; -(e)s, -er⟩ Rätselbild, aus dem ein anderes Bild (Figur, Tier, Kopf) herausgefunden werden soll [<frz. *vexer* <lat. *vexare* »plagen, quälen«]

via ⟨[viːa] Adv.⟩ (auf dem Wege) über; *nach Hamburg ~ Hannover fahren* [<lat. *via* »Weg, Straße«]

Via|dukt ⟨[via-] der; -(e)s, -e⟩ Brücke (über ein Tal od. eine Straße) [<frz. *viaduc* »Landbrücke, Viadukt«; zu lat. *via* »Weg, Straße« + *ductum* Part. Perf. zu *ducere* »führen, leiten«]

◆ Die Buchstabenfolge **vi|br...** kann auch **vib|r...** getrennt werden.

◆**Vi|bra|fon** ⟨[vi-] das; -s, -e; Musik⟩ = Vibraphon

◆**Vi|brant** ⟨[vi-] der; -en, -en; Phon.⟩ Laut, bei dem Zungenspitze und Gaumen schwingen, Zitterlaut, *z. B. r* [<lat. *vibrare* »schwingen«]

◆**Vi|bra|phon** ⟨[vi-] das; -s, -e; Musik⟩ Musikinstrument aus metallenen Stäben, die mit Hämmerchen angeschlagen werden u. unter denen sich Schallbecher befinden; *oV* Vibrafon [<lat. *vibrare* »schwingen, zittern« + *...phon*[2]]

◆**Vi|bra|ti|on** ⟨[vi-] die; -, -en⟩ das Vibrieren, Schwingung, leichte Erschütterung [<frz. *vibration* »Vibrieren, Schwingung, Zittern, Klang«; zu lat. *vibrare* »schwingen, zittern«]

◆**vi|bra|to** ⟨[vi-] Musik⟩ bebend (zu spielen)

◆**vi|brie|ren** ⟨[vi-] V.⟩ beben, schwingen, erzittern, wackeln; *der Ton vibrierte; der Fußboden vibrierte* [<lat. *vibrare* »schwingen, zittern«]

Vi|deo ⟨[viː-]⟩ **1** Videotechnik **2** Videorekorder, Videofilm

vi|deo..., Vi|deo... ⟨[viː-] in Zus.⟩ fernseh..., Fernseh..., bild..., Bild... [<engl. *video...* <lat. *videre* »sehen«]

Vi|deo|clip ⟨[viː-] der; -s, -s; Musik⟩ mit Musik unterlegter, kurzer Videofilm [<*Video* + engl. *clip* »beschneiden, stutzen«]

Vi|deo|de|co|der ⟨[viː-] der; -s, -; TV⟩ Zusatzteil für Fernsehgeräte, das den Empfang von Videotext ermöglicht

Vi|deo|film ⟨[viː-] der; -(e)s, -e⟩ Film, der mit einer Videokamera aufgenommen wurde; *einen ~ ausleihen*

Vi|deo|ka|me|ra ⟨[viː-] die; -, -s⟩ kleine, tragbare Fernsehkamera zur Anfertigung eigener Filme, die auf Videokassetten gespeichert werden

Vi|deo|kas|set|te ⟨[vi:-] die; -, -n⟩ auf eine Spule gewickeltes Magnetband zur Aufzeichnung und Wiedergabe von Bild u. Ton

Vi|deo|re|cor|der ⟨[vi:-] der; -s, -⟩ = Videorekorder

Vi|deo|re|kor|der ⟨[vi:-] der; -s, -⟩ Gerät zur Aufzeichnung u. Wiedergabe von Bild u. Ton durch Videokassetten; *oV* Videorecorder

Vi|deo|tech|nik ⟨[vi:-] die; -; unz.; Sammelbez. für⟩ alle Verfahren zur Aufzeichnung u. Wiedergabe von Bild u. Ton auf Videokassetten sowie deren Wiedergabe über Videorekorder od. Fernsehapparate

Vi|deo|text ⟨[vi:-] der; -(e)s, -e⟩ Übertragung von Texten u. Grafiken zusammen mit dem Fernsehbild

Vi|deo|thek ⟨[vi:-] die; -, -en⟩ Sammlung von Videofilmen, die (gegen Gebühr) ausgeliehen werden können [<engl. *video…* <lat. *videre* »sehen« + <grch. *theke* »Behältnis, Kasten«]

Vi|gnet|te *auch:* **Vig|net|te** ⟨[vɪnjɛtə] die; -, -n⟩ **1** ⟨schweiz.⟩ Bescheinigung über eine pauschal abgegoltene jährliche Autobahngebühr für Kraftfahrzeuge **2** ⟨Fot.⟩ Schablone als Vorsatz vor ein Kameraobjektiv od. ein Negativ **3** kleine Verzierung auf dem Titelblatt, am Ende des Kapitels u. a. [<frz. *vignette* »Verzierungsbildchen, Buchdruckerleiste, Waldrebe«, Verkleinerungsform zu *vigne* »Rebe, Weinstock« <lat. *vinea, vinetum* »Weinstock«; zu *vinum* »Wein«]

vik|to|ri|a|nisch ⟨[vɪk-] Adj.⟩ zur Regierungszeit der englischen Königin Viktoria (1837-1901) gehörend; *die ~e Mode; die ~e Gesellschaft;* ⟨aber⟩ *das Viktorianische Zeitalter*

Vik|tu|a|li|en ⟨[vɪk-] Pl.; veraltet⟩ Lebensmittel; *der Münchner ~markt* [<frz. *victuaille* »Esswaren« <lat. *victus* »Unterhalt, Nahrung, Lebensart«; zu *vivere* »leben«]

Vil|la ⟨[vɪl-] die; -, Vil|len [vɪl-]⟩ **1** Landhaus **2** großzügig angelegtes, repräsentatives Ein- od. Zweifamilienhaus, bes. von wohlhabenden Bürgern des 19. Jh. [ital., »Landhaus« <lat. *villa* »Landhaus, Landgut, Meierei«]

Vin|ai|gret|te *auch:* **Vi|naig|ret|te** ⟨[vinɛgrɛt(ə)] die; -, -n; Kochk.⟩ mit Essig bereitete, würzige Soße [<frz. *vinaigre* »Essig, Säure«]

> **Vignette:** Der Laut [njɛ] wird in französischen Fremdwörtern oft ***gne*** geschrieben, z. B. in ***Vignette***!

Vi|o|la ⟨[vi-] die; -, -s od. -o|len; Musik⟩ **1** ⟨i. e. S.⟩ = Bratsche **2** ⟨i. w. S.⟩ aus der Fidel entwickelte Art von Streichinstrumenten **2.1** ~ *d'Amore* Geige mit 6-7 Darmsaiten, die gestrichen werden, u. je einer Saite aus Messing, die nur mitklingt **2.2** ~ *da Braccio* = Bratsche **2.3** ~ *da Gamba* = Gambe [<ital. *viola* »Viole, Veilchen, Levkoje« (wohl der Form wegen auf das Musikinstrument übertragen); ital. *amore* »Liebe« (wohl wegen des lieblichen Tones), *da* »für, zu«; *braccio* »Arm«; *gamba* »Bein«]

Vi|o|li|ne ⟨[vi-] die; -, -n; Musik⟩ Geige [<ital. *violino,* Verkleinerungsform zu ital. *viola* »Bratsche«; → *Viola*]

Vi|o|li|nist ⟨[vi-] der; -en, -en; Musik⟩ Geiger

Vi|o|lon|cel|lo ⟨[violontʃɛlo] das; -s, -s od. -cel|li; Musik⟩ = Cello [ital., Verkleinerungsform zu *violone;* → *Violone*]

Vi|o|lo|ne ⟨[vi-] der; - od. -s, -s od. -lo|ni; Musik⟩ = Kontrabass [ital., »große Viola«, Vergrößerungsform zu *viola*]

VIP ⟨[vɪp] Abk. für⟩ Very Important Person (sehr wichtige Person)

Vi|per ⟨[vi:-] die; -, -n; Zool.⟩ Schlange mit Giftzähnen, Otter [<lat. *vipera* »Schlange, Natter« <*vivipara* »lebendige Junge gebärend« (Volksglaube) <*vivus* »lebend« + *parere* »gebären«]

Vi|ren ⟨[vi:-] Pl. von⟩ Virus

Vir|gel ⟨[vɪr-] die; -, -n; Schriftw.; Zeichen: /⟩ Schrägstrich [<spätlat. *virgula* »Zweiglein« <*virga* »Zweig«]

Vi|ro|lo|gie ⟨[vi-] die; -; unz.; Med.⟩ Lehre von den Viren u. den durch sie hervorgerufenen Krankheiten [<*Virus* + *…logie*[1]]

Vir|tu|al Re|a|li|ty ⟨[vœ:tʃuəl rɪælɪtɪ] die; - -; unz.; Abk.: VR⟩ durch Computertechnik simulierte Realität, in die jmd. mit Hilfe von technischen Geräten (z. B. Joystick, Datenhandschuh) ein-

V

greifen kann [engl., »virtuelle Wirklichkeit«]

vir|tu|ell ⟨[vɪr-] Adj.⟩ **1** der Kraft od. Möglichkeit nach (vorhanden) **2** ⟨Opt.⟩ *~es Bild* scheinbares Bild **3** ⟨EDV⟩ *~er Speicher* Auslagerungsdatei auf der Festplatte [<frz. *virtuel* »wirkungsfähig, unerforscht wirkend«; zu lat. *virtus* »Tugend, Tapferkeit, Mannhaftigkeit«; zu *vir* »Mann«]

vir|tu|os ⟨[vɪr-] Adj.⟩ meisterhaft, kunstfertig, technisch vollkommen; *~es Klavierspiel; eine ~e Interpretation des Stücks* [→ *Virtuose*]

Vir|tu|o|se ⟨[vɪr-] der; -n, -n; bes. Musik⟩ Meister (in einer Kunst), bes. Musiker mit glänzender Technik; *Klavier~* [<ital. *virtuoso* »ausübender Künstler (bes. Musiker), der seine Kunst mit vollendeter Meisterschaft beherrscht; tüchtig«; zu *virtù* »Mannhaftigkeit, Tugend« <lat. *virtus;* zu *vir* »Mann«]

Vir|tu|o|si|tät ⟨[vɪr-] die; -; unz.; bes. Musik⟩ meisterhafte Beherrschung der (künstlerischen) Technik

vi|ru|lent ⟨[vi-] Adj.⟩ **1** Krankheit erregend **2** ⟨fig.⟩ dringlich [<lat. *virulentus* »giftig«; zu *virus* »Schleim, Gift«]

Vi|rus ⟨[vi:-] das od. umg. a. der; -, Vi|ren [vi:-]⟩ **1** kleinster Erreger einer übertragbaren Krankheit, dessen Vermehrung nur in lebenden Wirtszellen erfolgt (besteht aus einem Nukleinsäurefaden u. einer Proteinhülle) **2** ⟨EDV⟩ sich in andere Programme einpflanzendes Computerprogramm, das diese behindern u. zerstören kann [lat., »Gift, Schleim«]

Vi|sa ⟨[vi:-]Pl. von⟩ Visum

Vi|sa|ge ⟨[viza:ʒə] die; -, -n; umg.; abwertend⟩ Gesicht [frz., »Gesicht, Aussehen« <lat. *visus* »Sehen, Gesicht«; zu *videre* »sehen«]

Vi|sa|gist ⟨[vizaʒɪst] der; -en, -en⟩ Kosmetiker für vorteilhaftes Schminken u. Gestalten des Gesichts (z. B. für Fernsehauftritte) [<frz. *visage* »Gesicht«]

vis-à-vis *auch:* **vis-a-vis** ⟨[vizavi:] Adv.⟩ gegenüber; *~ unserem Haus* [<afrz. *vis* »Antlitz« + *à* »zu«; zu lat. *visus;* → *Visage*]

Vis|co|se ⟨[vɪs-] die; -; unz.; Textilw.⟩ = Viskose

Vi|sier ⟨[vi-] das; -s, -e⟩ **1** Teil des mittelalterlichen Helms zum Schutz des Gesichtes **2** Vorrichtung bei Feuerwaffen zum Zielen [<frz. *visière* »Helmgitter, Zielvorrichtung an Handfeuerwaffen«; zu *viser* »zielen« <afrz. *vis* »Antlitz, Gesicht« <lat. *videre* »sehen«]

vi|sie|ren ⟨[vi-] V.⟩ **1** zielen, in eine bestimmte Richtung sehen **2** mit einem Visum versehen; *einen Pass ~* [<frz. *viser* »zielen, ins Auge fassen« <vulgärlat. *visare* <lat. *videre* »sehen«]

Vi|si|on ⟨[vi-] die; -, -en⟩ **1** Traumgesicht, Erscheinung, Trugbild **2** eine (schwärmerisch entworfene) Idee oder Vorstellung für die Zukunft, Zukunftsperspektive; *eine ~ für das nächste Jahrzehnt entwerfen* [<mhd. *vision* »Traumgesicht« <lat. *visio* »das Sehen, Anblick, Erscheinung«]

vi|si|o|när ⟨[vi-] Adj.⟩ **1** in der Art einer Vision, traumhaft **2** seherisch, ideenreich (in Bezug auf die Zukunft)

Vi|si|ta|ti|on ⟨[vi-] die; -, -en⟩ **1** Durchsuchung; *Leibes~* **2** Besichtigung, Untersuchung, Nachprüfung durch Besuch; *Schul~* [frz., »Heimsuchung, Durchsuchung« <lat. *visitatio* »Besichtigung«; → *Visite*]

Vi|si|te ⟨[vi-] die; -, -n; Med.⟩ Besuch zwecks Untersuchung, bes. von Kranken; *der Chefarzt kommt zur ~* [frz., »Besuch, Krankenbesuch des Arztes«; zu *visiter* »besuchen, besichtigen, durchsuchen« <lat. *visitare* »oft sehen, besichtigen«; zu *videre* »sehen«]

Vi|si|ten|kar|te ⟨[vi-] die; -, -n⟩ Karte mit Aufdruck des Namens (sowie der Adresse, der Firma usw.), die man bei Kunden u. a. hinterlassen kann

Vis|ko|se ⟨[vɪs-] die; -; unz.; Textilw.⟩ Faser aus Zellstoff; *oV* Viscose [→ *Viskosität*]

Vis|ko|si|tät ⟨[vɪs-] die; -; unz.; Chemie⟩ Zähigkeit (von Flüssigkeiten) [<frz. *viscosité* »Klebrigkeit, Zähigkeit« <lat. *viscum* »Mistel, Vogelleim«]

vi|su|a|li|sie|ren ⟨[vi-] V.⟩ *etwas ~* sichtbar machen, groß herausstellen [<engl. *visualize* »sichtbar machen«]

vi|su|ell ⟨[vi-] Adj.⟩ das Sehen od. den Gesichtssinn betreffend, optisch (2); *~er Eindruck; ~er Typ* jmd., der Gesehenes leichter im Gedächtnis behält als Gehörtes [<frz. *visuel,* Fem. *visuelle* »auf das Sehen bezüglich, Gesichts...«; zu lat. *videre* »sehen, schauen, wahrnehmen«]

Vi|sum ⟨[viː-] das; -s, Vi|sa od. Vi|sen [viː-]⟩ **1** Erlaubnis zur Ein- u. Ausreise in einen bzw. aus einem fremden Staat **2** Sichtvermerk auf dem Pass für ein Visum (1) [<lat. *visum* »gesehen«, Part. Perf. zu *videre* »sehen«]

Vi|ta ⟨[viː-] die; -, Vi|ten od. Vi|tae [-tɛː]⟩ Lebensbeschreibung, bes. von mittelalterl. Heiligen u. Herrschern; *die ~ Karls des Großen* [lat., »Leben«]

vi|tal ⟨[vi-] Adj.⟩ **1** zum Leben gehörend **2** lebenswichtig **3** lebenskräftig, voller Lebenskraft [<frz. *vital* »lebenskräftig, munter« <lat. *vitalis* »zum Leben gehörig«; zu *vita* »Leben«]

Vi|ta|li|tät ⟨[vi-] die; -; unz.⟩ Lebenskraft, Lebensfähigkeit [<frz. *vitalité* »Lebenskraft, Lebendigkeit« <lat. *vitalitas* »Lebenskraft«; zu *vita* »Leben«]

Vitamin Bei fremdsprachlichen Zusammensetzungen, deren einzelne Bestandteile nicht ohne weiteres erkennbar sind, kann am Zeilenende zwischen den einzelnen Elementen (*Vit|a|min*) oder nach Sprechsilben (*Vi|ta|min*) getrennt werden.

Vit|a|min *auch:* **Vi|ta|min** ⟨[vɪt-] das; -s, -e; Biochemie⟩ pflanzlicher od. tierischer Wirkstoff, der von Tieren u. Menschen zur Steuerung bestimmter organischer Prozesse benötigt wird [<lat. *vita* »Leben« + *Amin*]

Vi|tri|ne *auch:* **Vit|ri|ne** ⟨[vi-] die; -, -n⟩ Glasschrank [<frz. *vitrine;* zu *vitre* »Glasscheibe« <lat. *vitrinus* »gläsern«; zu *vitrum* »Glas«]

vi|va|ce ⟨[vivaːtʃə] Musik⟩ lebhaft (zu spielen) [ital., »lebhaft, munter, stark« <lat. *vivax* »langlebig, lebenskräftig«]

Vi|va|ri|um ⟨[vivaː-] das; -s, -ri|en; Zool.⟩ Behälter für kleine Tiere, *z. B. Aquarium* [<lat. *vivarium* »Tierpark, Pferch (in dem Schwarzwild gemästet wurde)«; zu *vivus* »lebend, frisch«]

Vi|vat ⟨[viːvat] das; -s, -s⟩ Hochruf; *ein ~ ausbringen*

vi|vi|par ⟨[vivi-] Adj.; Biol.⟩ lebendgebärend; *Ggs* ovipar [<lat. *vivus* »lebend, lebendig« + *parere* »gebären«]

Vi|ze... ⟨[fiː] od. [viː-] in Zus.⟩ stellvertretende(r)..., *z. B. Vizekanzler, Vizepräsident* [<lat. *vicis* »Wechsel, Stelle«]

Vo|ka|bel ⟨[vo-] die; -, -n⟩ einzelnes Wort (bes. aus einer fremden Sprache); *~n lernen* [<lat. *vocabulum* »Name, Wort«; zu *vocare* »nennen, rufen«; → *Vokal*]

Vo|ka|bu|lar ⟨[vo-] das; -s, -e⟩ **1** Wörterverzeichnis **2** Wortschatz (eines Menschen od. einer Menschengruppe); *das ~ einer Sprache*

Vo|kal ⟨[vo-] der; -s, -e; Phon.⟩ Selbstlaut, Laut, bei dem der Atemstrom ungehindert aus dem Mund entweicht, Selbstlaut; *Ggs* Konsonant [<lat. *vocalis* »tönend, klangreich«; zu *vox,* Gen. *vocis* »Laut, Ton, Stimme«]

vo|ka|lisch ⟨[vo-] Adj.⟩ **1** in der Art eines Vokals, selbstlautend **2** mit einem Vokal; *ein ~er Anlaut, Auslaut eines Wortes*

Vo|kal|mu|sik ⟨[vo-] die; -; unz.; Musik⟩ Musik für Singstimme(n) mit od. ohne Instrumentalbegleitung

Vo|ka|tiv ⟨[voː-] der; -s, -e; Gramm.⟩ für die Anrede bestimmter Beugungsfall, z. B. im Lateinischen, Anredefall [<lat. *(casus) vocativus;* zu *vocare* »rufen, anreden«]

Vo|lant ⟨[vɔlãː] der; -s, -s⟩ gefältelter Besatz an Kleidungsstücken [frz.]

Vo|li|e|re ⟨[vɔljɛːrə] die; -, -n; Zool.⟩ Vogelhaus, großes Vogelbauer [<frz. *volière;* zu *voler* »fliegen, segeln« <lat. *volare* »fliegen«]

vol|ley ⟨[vɔleː] od. engl. [vɔlɪ] Adj.; Sport⟩ aus der Luft geschlagen od. geschossen, ohne dass der Ball zuvor Bodenkontakt hatte [engl.]

Vol|ley|ball ⟨[vɔleː-] od. engl. [vɔlɪ-] der; -s, -bäl|le; Sport⟩ Ballspiel zwischen zwei Mannschaften zu je sechs Spielern, die versuchen, den Ball so über ein Netz zu schlagen, dass er den Boden im Spielfeld der gegnerischen Mannschaft berührt [→ *volley*]

Vo|lon|tär ⟨[vɔlɔn-] od. [-lɔ̃ː-] der; -s, -e⟩ jmd., der unentgeltlich od. gegen geringes Gehalt zur Ausbildung in einem

V

Betrieb arbeitet, ohne im Lehrverhältnis zu stehen, z. B. in einer Zeitungsredaktion od. einem Buchverlag [<frz. *volontaire* »freiwillig« <lat. *voluntarius* »freiwillig«; zu *voluntas* »(freier) Wille«]

Vo|lon|ta|ri|at ⟨[vɔlɔn-] od. [-lɔ̃:-] das; -(e)s, -e⟩ **1** Zeit der Ausbildung eines Volontärs; *ein ~ bei einer Zeitung, in einem Verlag machen* **2** Stelle eines Volontärs

vo|lon|tie|ren ⟨[vɔlɔn-] od. [-lɔ̃:-] V.⟩ als Volontär arbeiten, ein Volontariat durchlaufen

Volt ⟨[vɔlt] das; - od. -(e)s, -; El.; Physik; Zeichen: V⟩ Einheit der elektrischen Spannung, definiert als diejenige Spannung zwischen zwei Punkten eines Leiters, in der bei einer Stromstärke von 1 Ampere (A) die Leistung von 1 Watt (W) umgesetzt wird [nach dem italien. Physiker A. Graf *Volta,* 1745-1827]

Volt|am|pere ⟨[vɔltampɛ:r] das; - od. -s, -; El.; Physik; Zeichen: VA⟩ Produkt aus Spannung u. Stromstärke, Einheit der elektrischen Arbeit

Vol|te ⟨[vɔl-] die; -, -n⟩ **1** ⟨Reitsp.⟩ kreisförmige Figur; *eine ~ reiten* **2** ⟨Fechten⟩ ausweichende Bewegung [<ital. *volta* »Wendung, Drehung, Umlauf«]

vol|ti|gie|ren ⟨[vɔltiʒi:-] V.; Reitsport⟩ auf dem (galoppierenden) Pferd turnen [<frz. *voltiger* »Schwünge, Sprünge ausführen, herumflattern«]

Volt|me|ter ⟨[vɔlt-] das; -s, -; El.; Physik⟩ Gerät zur Bestimmung der elektrischen Spannung

Vo|lu|men ⟨[vo-] das; -s, - od. -lu|mi|na⟩ **1** ⟨Zeichen: V⟩ Rauminhalt; *das ~ eines Tanks; Lungen~* **2** ⟨Abk.: Vol.⟩ Band (eines mehrbändigen Schriftwerkes) [<lat. *volumen* »Krümmung, Windung, Schriftrolle, Buch«; zu *volvere* »rollen, drehen, wälzen, wirbeln«]

vo|lu|mi|nös ⟨[vo-] Adj.⟩ umfangreich, umfassend, ausgedehnt [zu lat. *volumen* »Krümmung, Windung, Schriftrolle, Buch«; zu *volvere* »rollen, drehen, wälzen, wirbeln«]

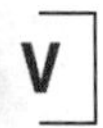

vol|vie|ren ⟨[vɔlvi:rən] V.; geh.⟩ **1** rollen, wälzen; *etwas ~* **2** abwägen, durchdenken, überlegen; *einen Sachverhalt ~* [zu lat. *volvere* »rollen, drehen«]

Voo|doo ⟨[vudu:] od. ['--] der; -s; unz.; bes. auf Haiti⟩ westafrikanischer religiöser Kult; *oV* Wodu [<westafrikan. *vodu* »schützende Gottheit, Dämon«]

Voodoo: Der *Voodoo* ist ein Geheimkult, der aus Haiti stammt. In ihm werden westafrikanische Gottheiten sowie christliche Heilige verehrt. Im *Voodoo* sind ekstatische Tänze vorherrschend; sie sollen zu einer Identifikation der in → *Trance* Tanzenden mit den Gottheiten führen. Zu seinen Ritualen gehören Tieropfer und magische Praktiken.

...vor ⟨[-vo:r] Nachsilbe; zur Bildung von Adj.⟩ fressend; *omnivor; karnivor* [<lat. *vorare* »verschlingen«]

...vo|re ⟨[-vo:rə] Nachsilbe; zur Bildung männl. Subst.; der; -n, -n⟩ Lebewesen, das bestimmte Stoffe frisst; *Herbivore* [→ *...vor*]

vo|tie|ren ⟨[vo-] V.⟩ **1** abstimmen, sich entscheiden; *der Abgeordnete votierte für die Vorlage* **2** ⟨österr.⟩ eine Meinung äußern [<lat. *votare;* → *Votum*]

Vo|tiv|bild ⟨[vo-] das; -(e)s, -er⟩ einem Heiligen aufgrund eines Gelübdes geweihtes Bild [<lat. *votivus* »versprochen, geweiht«; → *Votum*]

Vo|tum ⟨[vo:-] das; -s, Vo|ten od. Vo|ta [vo:-]⟩ **1** Gelübde **2** Abgabe der Stimme **3** Äußerung einer Meinung **4** Gutachten, Urteil, Stellungnahme; *sein ~ abgeben* [lat., eigtl. »das Versprochene«; zu *vovere* »versprechen, wünschen«]

Voy|eur *auch:* **Vo|yeur** ⟨[voajø:r] der; -s, -e⟩ jmd., der aus einem Versteck andere bei geschlechtlicher Betätigung beobachtet u. dabei Befriedigung erfährt [frz., urspr. »Augenzeuge«]

vul|gär ⟨[vul-] Adj.⟩ gemein, gewöhnlich, ordinär [<lat. *vulgaris* »(all)gemein«; zu *vulgus* »Menge, Volk«]

Vul|kan ⟨[vul-] der; -s, -e; Geol.⟩ **1** Berg, durch den heiße Dämpfe u. glühende Lava an die Oberfläche dringen **2** durch Vulkanismus entstandener Berg [nach dem italienischen Feuergott *Vulcanus*]

Vul|va ⟨[vulva] die; -, Vul|ven [vulvən]; Anat.⟩ äußere weibliche Geschlechtsteile [lat.; zu *volvere* »sich drehen, wölben«]

Wa|di ⟨das; -s, -s; Geogr.⟩ nur bei heftigem Regen wasserführendes, sonst trockenes Flussbett in der Wüste [arab.]

→ **vage:** Was du nicht unter *wa-* findest, kann unter *va-* stehen, z. B. *vage*!

Wag|gon ⟨[vagɔ̃:] der; -s, -s⟩ Eisenbahnwagen; *oV* Wagon [engl. (mit frz. Aussprache)]
Wa|gon ⟨[vagɔ̃:] der; -s, -s⟩ = Waggon
Wake|board ⟨[wɛɪkbɔ:d] das; -s, -s; Sport⟩ Brett zum Wasserskifahren [<engl. *wake* »Kielwasser« + *board* »Brett«]
Wal|kie-Tal|kie ⟨[wɔ:kɪtɔ:kɪ] das; -s, -s⟩ kleines Funksprechgerät, das man bei sich trägt [engl., Verkleinerungsform zu *walk* »gehen« + *talk* »sprechen«]
Walk|man® ⟨[wɔ:kmæn] der; -s, -men [-mən]⟩ kleiner Kassettenrekorder mit Kopfhörern [< engl. *walk* »gehen, spazieren gehen« + *man* »Mann«]
Wan|da|le ⟨der; -n, -n⟩ = Vandale
Wan|da|lis|mus ⟨der; -; unz.⟩ = Vandalismus
wa|ter|proof ⟨[wɔ:tə(r)pru:f] Adj.; undekl.⟩ wasserdicht [<engl. *water* »Wasser« + *proof* »Stärke«]
Watt ⟨das; -s, -; Physik; Zeichen: W⟩ Einheit der elektr. Leistung, definiert als die Leistung, die bei einer Spannung von 1 Volt (V) u. einem Stromfluss von 1 Ampere (A) zwischen zwei Punkten eines Leiters umgesetzt wird, 1 W = 1 V · 1 A [nach dem engl. Ingenieur James *Watt*, 1736-1819]
Watt|se|kun|de ⟨die; -, -n; Physik; Zeichen: Ws⟩ Maßeinheit der Energie, gibt die in einer Sekunde übertragene Leistung in Watt an
Watt|stun|de ⟨die; -, -n; Physik; Zeichen: Wh⟩ Maßeinheit der Energie, gibt die in einer Stunde übertragene Leistung in Watt an, 1 Wh = 3600 Wattsekunden (Ws), wird meist in der Größe von Kilowattstunden (kWh) angegeben, 1 kWh = 1000 Wh
WC ⟨Abk. für⟩ Wasserklosett [<engl. *watercloset*]
Wear ⟨[wɛ:(r)] die; -; unz.; meist in Zus.⟩ Kleidung; *Home~; Sports~; Street~* [engl.]
Web ⟨das; -s; unz.; umg.; häufig in Zus.; Abk. für engl.⟩ World Wide Web; *~phone; ~seite*
Web|log ⟨der od. das; -s, -s; EDV⟩ **1** ⟨urspr.⟩ Archiv aller Aktivitäten auf einem Webserver **2** regelmäßig aktualisiertes, im Internet öffentlich zugängliches Tagebuch; *Sy* ⟨kurz⟩ Blog; *eine Reportage in, auf einem ~ publizieren* [<engl. *web* »Netz« + *log* »Logbuch, Tagebuch«]
Web|sei|te ⟨die; -, -n; EDV⟩ eine im Internet anwählbare Seite mit Informationen zu einem bestimmten Thema, z. B. zum Service einer Behörde; →*a.* Homepage [<engl. *web* »Netz«]
Well|ness ⟨die; -; unz.⟩ Gesundheit, Fitness (durch wohltuende körperliche Betätigung u. gesunde Lebensführung); *~hotel* [engl., zu *well* »gut«]
We|sir ⟨der; -s, -e; früher⟩ Titel der höchsten Staatsbeamten im islamischen Reich [frz. *vizir* <türk. *wezir* <arab. *wazir* »Träger, Stütze« <arab. *wazara* »tragen, überwinden«]
Wes|tern ⟨der; - od. -s, -; Film⟩ Wildwestfilm; *einen ~ drehen; John Wayne war ein berühmter ~held* [engl., »Westlicher«]
Whirl|pool® ⟨[wœ:lpu:l] der; -s, -s⟩ kleines Wasserbecken mit sprudelndem Wasser (zur Massage) [<engl. *whirl* »Strudel« + *pool* »Bassin«]
Whis|key ⟨[vɪski] od. engl. [wɪskɪ] der; -s, -s⟩ irischer od. amerikan. Whisky; →*a.* Whisky
Whis|ky ⟨[vɪski] od. engl. [wɪskɪ] der; -s, -s⟩ englischer od. schottischer Kornbranntwein; →*a.* Whiskey [<engl. *whisky*, Kurzform von *whiskybae* <gälisch *uisge-beatha* »Lebenswasser«]
WHO ⟨Abk. für engl.⟩ World Health Organization (Weltgesundheitsorganisation), internat. Organisation der UNO, die sich mit globalen gesundheitspolit. Fragen befasst

W

Who's Who ⟨[hu:s hu:] das; - -, - -⟩ jährlich erscheinendes Verzeichnis der wichtigsten Personen des öffentl. Lebens [engl., »Wer ist wer}«]

Wig|wam ⟨der; -s, -s⟩ kuppelförmige Behausung der nordamerikan. Indianer aus in die Erde gesteckten, zusammengebundenen Stangen mit Rinden-, Matten- od. Fellbedeckung; →*a.* Tipi [engl., »Indianerhütte« <Algonkin *wikiwam* »Haus, Hütte«]

Wi|ki|pe|dia® ⟨die; -; unz.; EDV⟩ im Internet frei zugängliches Nachschlagewerk in unterschiedlichen Sprachen, das von den Benutzern ohne Bezahlung verfasst u. ergänzt wird [verkürzt <hawaiianisch *wiki* »schnell« + engl. encyclo*pedia* »Enzyklopädie, Lexikon«]

Wild|card ⟨[waıldka:(r)d]⟩ *auch:* **Wild Card** ⟨die; (-) -, (-) -s; Sport; Tennis⟩ vom Veranstalter eines Tennisturniers frei vergebener Platz an einen Spieler [engl., »Ersatzzeichen, Jokerzeichen«]

Wild|life ⟨[waıldlaıf] das; -s; unz.; Biol.⟩ das Leben von Tieren u. Pflanzen in einer vom Menschen unberührten u. freien Wildbahn [engl., »Tierwelt«]

WINDOWS®, Win|dows® ⟨[wındoυz] ohne Artikel; EDV⟩ weit verbreitetes Betriebssystem für Computer mit einer fensterartig gestalteten Benutzeroberfläche [<engl. *window* »Fenster«]

> → **Vignette:** Was du nicht unter *wi-* findest, kann unter *vi-* stehen, z. B. *Vignette*!

wob|beln ⟨V.⟩ *eine Frequenz ~* geringfügig um einen Mittelwert schwanken lassen [<engl. *wobble* »wackeln«]

Wod|ka ⟨der; -s, -s⟩ russischer Branntwein [<russ. *vodka* »Wässerchen«]

Wo|du ⟨a. [-'-] der; -s; unz.⟩ = Voodoo

Wok ⟨der; -s, -s; chines. Kochkunst⟩ großer, schalenförmiger Kochtopf

Wolf|ra|mat ⟨das; -(e)s, -e; Chemie⟩ Salz der Wolframsäure

Wolf|ra|mit ⟨das; -s; unz.; Min.⟩ dunkelbraunes bis schwarzes, fettig metallglänzendes Wolframmineral

Worces|ter|so|ße ⟨[wustə(r)-] die; -, -n⟩ scharfe Soße zum Würzen [nach der urspr. in Nordamerika u. *Worcester* hergestellten Speisewürze]

WORD®, Word® ⟨[wœ:d] ohne Artikel; EDV; kurz für⟩ MS-WORD, weit verbreitetes Textverarbeitungsprogramm der Firma Microsoft

Work|aho|lic ⟨[wœ:kəhɔlık] der; -s, -s⟩ jmd., der gern u. viel arbeitet, Arbeitssüchtiger; *er hat sich zu einem ~ entwickelt* [verkürzt <engl. *work* »Arbeit« + *alcoholic* »Alkoholiker«]

Work|camp ⟨[wœ:kkæmp] das; -s, -s⟩ Ferienlager, in dem bes. Jugendliche mit ihrem Arbeitseinsatz soziale u. politische Projekte unterstützen [<engl. *work* »Arbeit« + *camp* »Lager«]

Work-out *auch:* **Work|out** ⟨[wœ:kaυt] das; -s, -s; Sport⟩ die körperliche Leistungsfähigkeit verbessernde sportliche Übung [<engl. *work out* »trainieren«]

Work|shop ⟨[wœ:kʃɔp] der; -s, -s⟩ Seminar, in dem durch Diskussion u. praktische Vorführungen Kenntnisse vermittelt u. erarbeitet werden [<engl. *work* »Arbeit« + *shop* »Laden«]

Work|sta|tion ⟨[wœ:ksteıʃən] die; -, -s; EDV⟩ (an ein Netz angeschlossener) leistungsfähiger, eigenständiger Computer [engl., »Arbeitsplatz«]

World|cup ⟨[wœ:ldkʌp] der; -s, -s; Sport; bes. Fußb.⟩ internationale (Welt-)Meisterschaft [<engl. *world* »Welt« + *cup* »Pokal«]

World Wide Web ⟨[wœ:ld waıd wɛb] Abk.: WWW⟩ globales Informations- u. Nachrichtennetzwerk im Internet [<engl. *worldwide* »weltweit« + *web* »Netz«]

X ⟨röm. Zahlzeichen für⟩ zehn
x-Ach|se ⟨[-ks-] die; -, -n; Math.⟩ waagerechte Achse des Koordinatensystems
Xan|thip|pe ⟨die; -, -n; umg.⟩ streitsüchtige, zänkische Frau [nach *Xanthippe,* der Frau des Sokrates, die als zanksüchtig galt]
Xan|tho|phyll ⟨das; -s; unz.; Biochemie⟩ gelber Farbstoff von Pflanzen [<grch. *xanthos* »gelb, gelbrot« + *phyllon* »Blatt, Laub, Kraut«]
X-Chro|mo|som ⟨[-kro-] das; -s, -en; Genetik⟩ eines der beiden Geschlechtschromosomen; *Ggs* Y-Chromosom
Xe ⟨chem. Zeichen für⟩ Xenon
Xe|nie ⟨[-njə] die; -, -n⟩ Sinnspruch, Spottgedicht; *Sy* Xenion [<grch. *xenion* »Gastgeschenk«]
Xe|ni|on ⟨das; -s, -ni|en; Rhet.⟩ = Xenie
xe|no..., Xe|no... ⟨in Zus.⟩ fremd..., fremden..., Fremd..., Fremden... [<grch. *xenos* »fremd, Fremder«]
Xe|no|ga|mie ⟨die; -, -n; Bot.⟩ Fremd- od. Kreuzbestäubung (von Blüten) [<*Xeno...* + *...gamie* »Bestäubung«; zu grch. *gamos* »Ehe«]
Xe|non ⟨das; -s; unz.; chem. Zeichen: Xe⟩ chem. Grundstoff, Edelgas, Ordnungszahl 54 [<grch. *xenos* »fremd«]
xer..., Xer... ⟨vor Vokalen; in Zus.⟩ = xero..., Xero...
xe|ro..., Xe|ro... ⟨vor Vokalen⟩ xer..., Xer... ⟨in Zus.⟩ trocken..., Trocken..., Trockenheit [<grch. *xeros* »trocken«]
Xe|ro|gra|fie ⟨die; -; unz.; Technik⟩ = Xerographie
Xe|ro|gra|phie ⟨die; -; unz.; Technik⟩ elektrostatisches Verfahren zum Vervielfältigen u. Drucken; *oV* Xerografie [<*Xero...* + *...graphie*]
Xe|ro|phyt ⟨der; -en, -en; Bot.⟩ Trockenheit liebende Pflanze, z. B. an Wüsten-, Steppen- u. Felsenstandorten [<*Xero...* + grch. *phyton* »Pflanze«]
Xi ⟨Zeichen: ξ, Ξ⟩ griech. Buchstabe [grch.]
XL ⟨Abk. für engl.⟩ extra large, sehr groß (als Konfektionsgröße)
XS ⟨Abk. für engl.⟩ extra small, sehr klein (als Konfektionsgröße)
X-Strah|len ⟨Pl.; Physik⟩ = Röntgenstrahlen [die ihrem Wesen nach zunächst unbekannten Strahlen wurden von Röntgen *X-Strahlen* genannt]
XXL ⟨Abk. für engl.⟩ extra extra large, übermäßig groß (als Konfektionsgröße)
XXS ⟨Abk. für engl.⟩ extra extra small, besonders klein (als Konfektionsgröße)
xy|lo..., Xy|lo... ⟨in Zus.⟩ holz..., Holz... [<grch. *xylon* »Holz«]
Xy|lo|fon ⟨das; -s, -e; Musik⟩ = Xylophon
Xy|lo|phon ⟨das; -s, -e; Musik⟩ Musikinstrument, bei dem kleine, nach Tonleitern angeordnete, auf einem Rahmen ruhende Holzstäbe mit hölzernen Klöppeln angeschlagen werden; *oV* Xylofon [<*Xylo...* + *...phon*[2]]
Xy|lo|se ⟨die; -; unz.; Biochemie⟩ Zucker mit fünf Atomen Kohlenstoff, Holzzucker [<grch. *xylon* »Holz«]

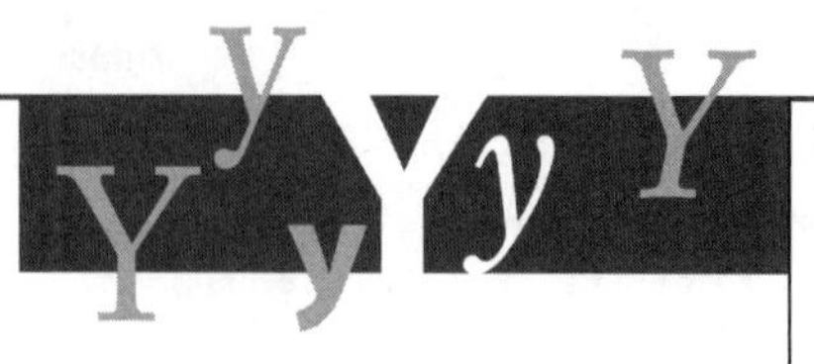

y-Ach|se ⟨[-ks-] die; -, -n; Math.⟩ senkrechte Achse im Koordinatensystem

Yak ⟨der; -s, -s; Zool.⟩ = Jak

Yan|kee ⟨[jæŋkɪ] der; -s, -s; Spottname für⟩ Nordamerikaner [engl., Verkleinerungsform des Vornamens *Jan,* Spitzname der holländ. Siedler]

Yard ⟨das; -s, -s od. (bei Zahlenangaben) -; Abk.: yd.⟩ engl. u. nordamerikan. Längenmaß, 0,91 m [engl., »Gerte«]

Y-Chro|mo|som ⟨[-kro-] das; -s, -en; Genetik⟩ eines der beiden Geschlechtschromosomen; *Ggs* X-Chromosom

Yel|low Press ⟨[jɛlou -] die; - -; unz.⟩ Boulevardpresse [engl.]

Yen ⟨der; - od. -s, - od. -s (bei Zahlenangaben) -⟩ japan. Währungseinheit, 100 Sen; *oV* Jen [jap. <chines. *yuan*]

Ye|ti ⟨der; -s, -s⟩ angebl. im Himalaya lebender, urtümlicher Mensch [nepales.]

Yggdrasil: Der *Yggdrasil* ist in der altnordischen → *Mythologie* der Weltmittelpunkt in Form eines immergrünen Baumes. Seine Zweige breiten sich über die ganze Erde aus, an seinen Wurzeln entspringen drei Quellen. Die Weltesche *Yggdrasil* wird von mythischen Tieren bewohnt: In ihrer Krone sitzt ein Adler, an ihren Wurzeln ein Drache und von ihren Zweigen ernähren sich vier Hirsche. Ein Eichhörnchen eilt zwischen dem Adler und dem Drachen hin und her. Das endzeitliche Welken des immer wieder ergrünenden Baumes sollte den Weltuntergang ankündigen.

Ygg|dra|sil ⟨[yk-] der; -s; unz.; nord. Myth.⟩ Weltesche [anord., eigtl. »Pferd des Schrecklichen«]

Yin und Yang ⟨das; - - -; unz.⟩ chin. Symbol (Kreis mit einer hellen u. einer dunklen Hälfte), das die Polarität von männl. u. weibl. Prinzip ausdrückt [chin.]

...yl ⟨Suffix zur Bez. für⟩ chem. Verbindung, *z. B. Butyl, Amyl* [<grch. *hyle* »Stoff«]

Yo|ga ⟨der od. das; -s; unz.⟩ in der indischen u. buddhistischen Philosophie eine Erlösungslehre auf der Grundlage von Meditation u. Askese, beinhaltet u. a. Atem- u. Entspannungsübungen [ind.]

York|shire|ter|ri|er *auch:* **York|shire-Ter|ri|er** ⟨[jɔːkʃə(r)-] der; -s, -; Zool.⟩ englische langhaarige Zwergterrierrasse [nach der nordostenglischen Grafschaft *Yorkshire*]

Youngs|ter ⟨[jʌŋs-] der; -s, - od. -s⟩ **1** Jugendlicher; *mein kleiner Bruder ist noch ein richtiger ~* **2** junger Sportler in einem Team aus erfahrenen Spielern; *er ist in seinem Team der ~* **3** ⟨Reitsp.⟩ zweijähriges Pferd [engl., »Jugendlicher, Kind«; zu *young* »jung«]

Yp|si|lon ⟨das; -s, -s; Zeichen: ε, E⟩ griech. Buchstabe [grch.]

Yt|ter|bi|um ⟨das; -s; unz.; chem. Zeichen: Yb⟩ zu den Metallen der seltenen Erden gehörendes chem. Element, Ordnungszahl 70 [nach dem schwedischen Fundort *Ytterby*]

Yt|tri|um *auch:* **Ytt|ri|um** ⟨das; -s; unz.; Chemie; Zeichen: Y⟩ metallisches chem. Element, Ordnungszahl 39 [nach dem schwedischen Fundort *Ytterby*]

Yuc|ca ⟨die; -, -s; Bot.⟩ Palmlilie, beliebte Zierpflanze; *~palme* [nlat. <span. *yuca*]

Yup|pie ⟨der; -s, -s⟩ junger, berufstätiger Großstadtbewohner, der über ein hohes Einkommen verfügt u. für den Luxus u. beruflichen Erfolg einen sehr hohen Stellenwert haben [engl., Verkleinerungsform zu *yup,* Abk. für *y*oung *ur*ban *p*rofessional »junger berufstätiger Stadtmensch«]

Zam|pa|no ⟨der; -s, -s⟩ Anführer (einer Gruppe od. Bande), jmd., der sich gern wichtigtut, Erfolg hat [nach der gleichnamigen Figur in Fellinis Film »La Strada«]

...zän ⟨Nachsilbe; zur Bildung sächl. Subst.; das; -s; unz.⟩ Abteilung des Tertiärs od. Quartärs (Erdneuzeit) [<grch. *kainos* »neu, jung«]

zap|pen ⟨[zæp-] V.; TV⟩ zwischen verschiedenen Fernsehprogrammen schnell u. häufig hin- u. herschalten; →*a.* switchen [<engl. *zap,* eigtl. »schnellen, schnell, zackig erledigen«]

Zar ⟨der; -en, -en; in Russland bis 1917⟩ Herrscher, entsprach dem Titel »Kaiser« [russ. *car* <altruss. *tsisari, tsesari* <got. *kaiser,* grch., lat. *Caesar*]

za|ris|tisch ⟨Adj.⟩ zum Zarismus gehörend; *das ~e Russland*

Zä|si|um ⟨das; -s; unz.; Chemie⟩ = Caesium

Zä|sur ⟨die; -, -en⟩ Einschnitt, Ruhepunkt, z.B. im Vers [<lat. *caesura,* eigtl. »Hieb, Schnitt«]

Za|zi|ki ⟨der od. das; -s, -s; grch. Kochk.⟩ = Tsatsiki

Ze|ba|ot ⟨im AT⟩ = Zebaoth

Ze|ba|oth ⟨im AT⟩ (bes. in den Prophetenbüchern) Beiname Gottes als »Herr der Heerscharen«; *oV* Zebaot [hebr., »Heerscharen«]

Ze|bra *auch:* **Zeb|ra** ⟨das; -s, -s; Zool.⟩ Mitglied einer Gruppe schwarz-weiß gestreifter Wildpferde [ital. <span. *cebra* <altspan. *zebra, zebro, enzebro* »wilder Esel«]

ze|le|brie|ren *auch:* **ze|leb|rie|ren** ⟨V.⟩ feiern, feierlich begehen, ehren; *die Messe ~* die Messe lesen [<lat. *celebrare* »heiligen; feiern«]

Zel|lo|phan ⟨das; -s; unz.⟩ = Cellophan

Zel|lu|li|tis ⟨die; -, -ti|den; Med.⟩ Verdickung, Entzündung des Unterhautgewebes (bes. bei Frauen); *oV* Cellulitis [<lat. *cellula* »kleine Zelle« + grch. ...*itis,* Fem. von ...*ites* »zu etwas gehörend, etwas betreffend«]

Zel|lu|loid *auch:* **Zel|lu|lo|id** ⟨das; -(e)s; unz.⟩ durchsichtiger, elastischer Kunststoff; *oV* Celluloid [zu lat. *cellula* »kleine Zelle«]

Zel|lu|lo|se ⟨die; -; unz.; Biochemie⟩ Hauptbestandteil der Wände pflanzlicher Zellen, chem. ein aus Glukose aufgebautes Polysaccharid; *oV* Cellulose [<lat. *cellula* »kleine Zelle«]

Zen ⟨a. [zɛn] das; - od. -s; unz.⟩ auf Meditation beruhende japanische Form des Buddhismus [<Sanskrit *dhyana* »Meditation«]

Ze|nit ⟨der; -(e)s; unz.⟩ **1** Schnittpunkt einer über dem Beobachtungspunkt gedachten senkrechten Linie mit der Himmelskugel, Scheitelpunkt; *Ggs* Nadir **2** ⟨fig.⟩ Höhepunkt; *der Sportler hat seinen ~ bereits überschritten* [<ital. *zenit,* durch Schreibfehler fälschlich für *zemt* <arab. *(as-)samt* »Richtung der Köpfe«]

zen|sie|ren ⟨V.⟩ **1** mit einer Zensur (2) versehen; *die Arbeit mit »gut«, mit einer Zwei ~* **2** der Zensur (1) unterwerfen; *einen Roman, Briefe ~* [<lat. *censere* »zählen, schätzen«]

Zen|sur ⟨die; -, -en⟩ **1** ⟨unz.⟩ staatliche Kontrolle von Kunstwerken u. Schriftstücken; *die Briefe gehen durch die ~* **2** ⟨zählb.⟩ Note, mit der eine Leistung beurteilt wird; *gute, schlechte ~en* [<lat. *censura;* zu *censere* »zählen, schätzen«]

Zen|sus ⟨der; -, -⟩ **1** ⟨im antiken Rom⟩ Schätzung der Bürger nach ihrem Vermögen **2** Volkszählung [<lat. *census* »Schätzung; Steuerliste; Vermögen«; zu *censere* »zählen, schätzen«]

Zen|taur ⟨der; -en, -en; grch. Myth.⟩ Fabelwesen mit Kopf u. Brust eines Menschen u. dem Leib eines Pferdes; *oV* Kentaur [<grch. *Kentauros,* vielleicht <*kentor* »Reiter« (zu *kentein* »spornen«), beeinflusst von *tauros* »Stier«]

zen|ti..., Zen|ti... ⟨in Zus.; Zeichen: c; vor Maßeinheiten⟩ 100. Teil der betreffenden Grundeinheit, *z.B. 1 Zentimeter (cm) = 1/100 Meter* [<lat. *centum* »hundert«]

Zen|ti|gramm ⟨a. ['---] das; -s, -e; Zeichen: cg⟩ 1/100 Gramm

Zen|ti|li|ter ⟨a. ['----] der od. das; -s, -; Zeichen: cl⟩ 1/100 Liter = 10 cm^3

Zen|ti|me|ter ⟨a. ['----] der od. das; -s, -; Zeichen: cm⟩ 1/100 Meter

◆ Die Buchstabenfolge **zen|tr...** kann auch **zent|r...** getrennt werden.

◆**zen|tral** ⟨Adj.⟩ **1** im Mittelpunkt (gelegen); *Ggs* dezentral **2** hauptsächlich, wesentlich, im Mittelpunkt stehend, äußerst wichtig; *das ~e Problem ist ...* [<lat. *centralis;* zu *centrum* »Mittelpunkt«; → *Zentrum*]

◆**zen|tral..., Zen|tral...** ⟨in Zus.⟩ **1** in der Mitte liegend, mittel..., Mittel...; *Zentralamerika* **2** haupt..., Haupt...; *Zentralkomitee*

◆**Zen|tra|le** ⟨die; -, -n⟩ **1** Mittelpunkt, Ausgangspunkt **2** Hauptgeschäftsstelle **3** Teil eines Unternehmens, in dem bestimmte Arbeitsgänge zusammenlaufen

◆**zen|tra|li|sie|ren** ⟨V.⟩ **1** zusammenziehen, in einem Punkt (bes. im Mittelpunkt) vereinigen **2** zusammenfassen

◆**Zen|tral|ko|mi|tee** ⟨das; -s, -s; Abk.: ZK; Politik⟩ führendes Gremium, meist in kommunistischen u. sozialistischen Parteien

◆**zen|trie|ren** ⟨V.⟩ auf die Mitte einstellen [→ *Zentrum*]

◆**zen|tri|fu|gal** ⟨Adj.⟩ **1** auf der Wirkung der Zentrifugalkraft beruhend **2** ⟨Med.⟩ vom Mittelpunkt wegstrebend [<*Zentrum* + lat. *fugere* »fliehen«]

◆**Zen|tri|fu|gal|kraft** ⟨die; -, -kräf|te; Physik⟩ die bei drehender Bewegung nach außen wirkende Kraft, Fliehkraft

◆**zen|tri|fu|gie|ren** ⟨V.⟩ mit Hilfe der Zentrifuge trennen

◆**Zen|trum** ⟨das; -s, Zen|tren⟩ **1** Mitte, Mittelpunkt **2** ⟨kurz für⟩ Zentrumspartei **3** Stadtmitte, Innenstadt [<lat. *centrum* <grch. *kentron* »Stachel«, fig. »Kreismittelpunkt«]

Zen|tu|rie ⟨[-riə] die; -, -n; im antiken Rom⟩ Hundertschaft; *oV* Centurie [<lat. *centuria;* zu *centum* »hundert«]

Zen|tu|rio ⟨der; -s, -ri|o|nen; im antiken Rom⟩ Befehlshaber einer Zenturie

Zep|ter ⟨das; -s, -⟩ **1** verzierter Stab als Sinnbild der kaiserlichen od. königlichen Macht u. Würde; *das ~ führen, schwingen* ⟨fig.⟩ bestimmen **2** ⟨fig.⟩ höchste Gewalt, Herrschaft [<lat. *sceptrum* <grch. *skeptron* »Stab«; zu *skeptein* »stützen«]

Zer ⟨das; -s; unz.; Chemie⟩ = Cer

Zer|be|rus ⟨der; -, -se⟩ strenger Wächter; *oV* Cerberus [nach *Kerberos,* dem Höllenhund am Eingang der Unterwelt in der grch. Sage]

Ze|re|a|li|en ⟨Pl.⟩ *oV* Cerealien **1** Feldfrüchte, bes. Getreide **2** altrömisches Fest zu Ehren der Göttin Ceres [nach *Ceres,* der Tochter des Saturn u. der Rhea, Göttin der Landwirtschaft, der Gesittung, Fruchtbarkeit u. Ehe]

Ze|re|brum *auch:* **Ze|reb|rum** ⟨das; -s, -re|bra; Anat.⟩ Großhirn; *oV* Cerebrum [<lat. *cerebrum* »Großhirn«]

Ze|re|mo|nie ⟨a. [-mo:njə] die; -, -n⟩ feierliche, an bestimmte Regeln gebundene Handlung; *Begrüßungs~; die ~ der kirchlichen Trauung* [<lat. *caerimonia, caeremonia* »Verehrung; Heiligkeit; Religionsbrauch«]

ze|re|mo|ni|ell ⟨Adj.⟩ **1** nach einer bestimmten Zeremonie (verlaufend) **2** förmlich, feierlich

Ze|re|mo|ni|ell ⟨das; -s, -e⟩ Gesamtheit der Zeremonien bei feierlichen Anlässen, Förmlichkeiten, die eingehalten werden müssen; *das ~ am Hofe; diplomatisches ~*

Ze|ro ⟨[ze:-] die; -, -s od. das; -s, -s⟩ **1** Null, Nichts **2** ⟨Roulett⟩ Null, Feld, auf dem der Bankhalter im Vorteil ist [<frz. *zéro* <ital. *zero* <arab. *sifr* »leer«]

Zer|ti|fi|kat ⟨das; -(e)s, -e⟩ **1** amtliche Bescheinigung, Bestätigung **2** Anteilschein an Investmenttrusts

zer|ti|fi|zie|ren ⟨V.⟩ ein Zertifikat (1) ausstellen über, bestätigen [<lat. *certus* »sicher« + *...fizieren*]

Ze|ta ⟨neugrch. [zi:ta] das; -s, -s; Zeichen: ζ, Z⟩ griechischer Buchstabe

Zi|cho|rie ⟨[tsiço:riə] die; -, -n; Bot.⟩ als Kaffeeersatz u. als Chicorée verwendete gezüchtete Form der Wegwarte [<mlat. *cichorea* <grch. *kichorion*]

...zid[1] ⟨Adj.; in Zus.⟩ (ab)tötend; *fungizid* [<lat. *caedere* »fällen, töten«]

...zid[2] ⟨Nachsilbe; zur Bildung männl. od. sächl. Subst.⟩ (ab)tötendes Mittel; *Bakterizid* [→ *...zid*[1]]

Zi|ga|ret|te ⟨die; -, -n⟩ Papierhülse mit fein geschnittenem, leicht gepresstem Tabak [<frz. *cigarette,* Verkleinerungsform zu *cigare* »Zigarre«]

Zi|ga|ril|lo ⟨das od. der; -s, -s⟩ kleine Zigarre [<span. *cigarillo,* Verkleinerungsform zu *cigarro* »Zigarre«]

Zi|gar|re ⟨die; -, -n⟩ stabförmig gewickelte Tabakblätter [<span. *cigarro* <Maya *siqar* »Tabakblätter rauchen«]

Zink ⟨das; -(e)s; unz.; chem. Zeichen: Zn⟩ bläulich weißes Metall, chem. Element mit der Ordnungszahl 30 [<nlat. *zincum,* von Paracelsus so benannt]

Zin|no|ber ⟨der; -s, -⟩ **1** diamanten glänzendes Erz, chemisch Quecksilbersulfid **2** gelbliches Rot **3** ⟨fig.; umg.⟩ **3.1** Umstände, Getue **3.2** Kram, wertloses, dummes Zeug [<lat. *cinnabaris* <grch. *kinnabari* <pers. *ìängärf* »Mennig«]

Zionismus: Der *Zionismus* war ursprünglich (seit Ende des 19. Jahrhunderts) eine Bewegung zur Gründung eines eigenen jüdischen Staates, die besonders von den osteuropäischen Juden ausging. Sie gründeten die Siedlungsbewegung »Chibbat Zion« (Zionsliebe). 1897 gab Theodor Herzl den Anstoß zur Gründung der *Zionistischen Weltorganisation.* Die Siedlungsbewegung konzentrierte sich auf Palästina und auf das Hebräische als Nationalsprache. Nach Auseinandersetzungen mit der britischen Mandatsregierung und den arabischen Nachbarn wurde 1948 der Staat Israel gegründet. Heute bezeichnet der Begriff *Zionismus* eine religiöse, politisch nicht kompromissbereite Bewegung in Israel, die die Heimatrechte der benachbarten Völker, besonders der Palästinenser, nicht anerkennt.

Zio|nis|mus ⟨der; -; unz.; Rel.; Politik⟩ jüdische Bewegung [zu *Zion,* Tempelberg in Jerusalem, auch Jerusalem selbst]

Zip|per ⟨engl. [zɪp-] der; -s, -; Mode⟩ Reißverschluss [engl.]

zir|ka ⟨Adv.Abk.: ca.⟩ ungefähr, etwa; *oV* circa; ~ *sechs Kilometer, Minuten* [<lat. *circa* »um … herum«]

Zir|ko|ni|um ⟨das; -s; unz.; chem. Zeichen: Zr⟩ stahlgraues bis silberweißes Metall, chem. Element, Ordnungszahl 40 [nlat. <pers. *zargun* »goldfarben«]

zir|kum…, Zir|kum… ⟨in Zus.⟩ um…, herum…, Um…, Herum… [<lat. *circum* <*in circum* »im Kreise, umher«]

Zir|kum|flex ⟨der; -es, -e; Zeichen: ˆ; Phon.⟩ Dehnungszeichen über einem Vokal, z. B. im Französischen: fenêtre; *Sy* Accent circonflexe [<lat. *circumflexus* »Wölbung«; zu *circumflectere* »umbiegen«]

Zirkus: In der römischen Antike war der *Circus* eine ovale Arena, in der Pferde- und Wagenrennen sowie Gladiatorenspiele stattfanden. In der Neuzeit erhielt der Begriff eine neue Bedeutung: 1768 gründete der Brite Philip Astley eine Reitschule, in der auch Kunstreiterei vorgeführt wurde. Nach und nach wurden diese Vorführungen durch Auftritte von Akrobaten, Seiltänzern und Clowns ergänzt. Später wurde von Astley auch in Paris ein *Zirkus* gegründet, der Tourneen unternahm. In Deutschland wurde besonders in der zweiten Hälfte des 19. Jahrhunderts der *Zirkus* populär. Viele neue Zirkusunternehmen wurden gegründet und zunehmend auch exotische Tiere vorgeführt. Seit dem 2. Weltkrieg gibt es in Deutschland nur noch wenige große Zirkusunternehmen.

Zir|kus ⟨der; -, -se⟩ **1** ⟨im antiken Rom⟩ Rennbahn **2** ⟨heute⟩ Unternehmen, das Dressurakte, Artistik u. a. Darbietungen zeigt; *Wander*~ **3** Zelt od. Halle für diese Darbietungen **4** ⟨fig.; umg.⟩ Aufregung, große Umstände; *mach doch keinen solchen ~!* [<lat. *circus* »Kreis, Arena« <grch. *kirkos*]

Zir|rho|se ⟨die; -, -n; Med.⟩ auf Entzündung beruhende Wucherung des Bindegewebes, die drüsiges Gewebe angreift; *Leber*~ [<nlat. *cirrhosis* <grch. *kirrhos* »orangefarben«]

zir|zen|sisch ⟨Adj.; im antiken Rom⟩ den Zirkus betreffend, im Zirkus stattfindend; *oV* circensisch; ~*e Spiele* Wagen- u. Pferderennen im altrömischen Zirkus [<lat. *circensis;* → *Zirkus*]

zi|se|lie|ren ⟨V.⟩ mit Meißel, Stichel, Pun-

Z

ze verzieren, Ornamente einstechen; *Metall* ~ [<frz. *ciseler* »ausmeißeln, ziselieren«; zu *ciselet* »kleiner Meißel«; zu *ciseau* »Meißel«]

Zis|ter|ne ⟨die; -, -n⟩ unterirdischer, gemauerter Behälter zum Speichern von Regenwasser [<lat. *cisterna*]

Zi|ta|del|le ⟨die; -, -n⟩ (Kern einer) Festung od. befestigten Stadt [<ital. *cittadella* »Stadtfestung«, Verkleinerungsform zu *città* »Stadt« <lat. *civitas* »Bürgerschaft«; zu *civis* »Bürger«]

Zi|tat ⟨das; -(e)s, -e⟩ **1** wörtlich angeführte Stelle aus einem Buch **2** oft zitierter Ausspruch [→ *zitieren*]

Zi|ther ⟨die; -, -n; Musik⟩ Zupfinstrument mit einem flachen Resonanzkörper u. fünf Saiten, auf denen die Melodie gespielt wird, sowie 24-42 Saiten zur Begleitung [<lat. *cithara* <grch. *kithara* <pers. *sihtar* »Instrument mit drei Saiten«; verwandt mit *Gitarre*]

zi|tie|ren ⟨V.⟩ **1** wörtlich wiedergeben, anführen; *Ausspruch, Stelle aus einem Buch* ~ **2** herbeirufen, vorladen; *jmdn. vor Gericht* ~ [<lat. *citare* »in Bewegung setzen, herbeirufen«]

◆ Die Buchstabenfolge **zi|tr...** kann auch **zit|r...** getrennt werden.

◆ **Zi|tro|nat** ⟨das; -(e)s; unz.⟩ kandierte Schale der Zitronatzitrone

◆ **Zi|tro|ne** ⟨die; -, -n; Bot.⟩ **1** zu den Zitrusgewächsen gehörender Baum mit weißen Blüten **2** gelbe, eiförmige, saure Frucht des Zitronenbaumes mit hohem Gehalt an Vitamin C [<ital. *citrone* <lat. *citrus* »Zitronenbaum«]

◆ **Zi|trus|frucht** ⟨die; -, -früch|te; Bot.⟩ Frucht der Pflanzengattung Citrus, zu der Zitrone, Apfelsine, Mandarine, Pampelmuse u. a. gehören; *oV* Citrusfrucht [<lat. *citrus* »Zitronenbaum«]

Zi|vi ⟨[-vi] der; -s, -s; umg.; kurz für⟩ **1** Zivildienstleistende(r) **2** Polizist in Zivil

zi|vil ⟨[-viːl] Adj.⟩ **1** bürgerlich; *Ggs* militärisch **2** ⟨fig.⟩ angemessen, mäßig; *~e Preise* [<lat. *civilis* »bürgerlich«; zu *civis* »Bürger«]

Zi|vil ⟨[-viːl] das; -s; unz.⟩ bürgerliche Kleidung; *Ggs* Uniform; *in ~ erscheinen*

Zi|vil|cou|ra|ge ⟨[-viːlkuraːʒə] die; -; unz.⟩ Mut, die eigene Überzeugung zu vertreten

Zi|vil|dienst ⟨[-viːl-] der; -(e)s; unz.⟩ Wehrersatzdienst, waffenloser, sozialer Dienst für Kriegsdienstverweigerer

Zi|vi|li|sa|ti|on ⟨[-vi-] die; -, -en⟩ die durch den wissenschaftl. u. techn. Fortschritt geschaffenen verbesserten Lebensbedingungen; *dieses Land hat eine hohe* ~ [→ *zivil*]

zi|vi|li|sie|ren ⟨[-vi-] V.⟩ die Zivilisation einführen bei, in; *ein Volk* ~

Zi|vi|list ⟨[-vi-] der; -en, -en⟩ jmd., der nicht zum Militär gehört, Zivilperson (im Gegensatz zum Soldaten); *Ggs* Soldat (1) [→ *zivil*]

zo|cken ⟨V.; umg.⟩ um Geld spielen, Glücksspiele machen; *er hat wieder die ganze Nacht gezockt* [jidd.]

...zo|i|kum ⟨Nachsilbe; zur Bildung sächl. Subst.⟩ Ära der Erdgeschichte [<grch. *zoon* »Lebewesen«]

Zö|li|bat ⟨das od. der; -(e)s; unz.⟩ Ehelosigkeit der katholischen Geistlichen [<lat. *caelibatus; zu caelebs* »ehelos«]

Zom|bie ⟨der; -s, -s⟩ **1** ⟨im Voodookult⟩ Gottheit **2** willenloses Individuum, ein angeblich wiederbelebter Toter **3** ⟨Jugendspr.; urspr.⟩ (durch Drogen) zerstörter willenloser Mensch **4** ⟨danach allg.⟩ willensschwacher, energieloser Mensch [<westafrikan. *zumbi* »schönes Götzenbild«; zu *nzambi* »Gott«]

Zö|no|bi|um ⟨das; -s, -bi|en⟩ **1** Kloster **2** Vereinigung einzelliger Pflanzen od. Tiere [<lat. *coenobium* <grch. *koinos* »gemeinsam« + *bios* »Leben«]

Zoo ⟨[tsoː] der; - od. -s, -s; kurz für⟩ zoolog. Garten, parkartige Anlage, in der alle Arten von Tieren gehalten u. einem breiten Publikum gezeigt werden

zoo..., Zoo... ⟨[tsoːo] in Zus.⟩ tier..., Tier... [<grch. *zo(i)on* »Lebewesen, Tier«]

Zoo|lo|ge ⟨[tsoːo-] der; -n, -n⟩ Wissenschaftler, Student der Zoologie

Zoo|lo|gie ⟨[tsoːo-] die; -; unz.⟩ Lehre von den Tieren, Tierkunde [<*Zoo... + ...logie*]

zoo|lo|gisch ⟨[tsoːo-] Adj.⟩ die Zoologie betreffend, zu ihr gehörend, auf ihr beruhend; *~er Garten* = Zoo

Zoom ⟨[zu:m] das; -s, -s; Fot.⟩ = Zoomobjektiv

zoo|men ⟨[zu:-] V.; Fot.⟩ den Betrachtungspunkt näher heranholen od. weiter entfernen [<engl. *zoom*]

Zoom|ob|jek|tiv ⟨[zu:m-] das; -s, -e; Fot.⟩ Objektiv mit stufenlos verstellbarer Brennweite; *Sy* Zoom [<engl. *zoom* »schnell ansteigen (vom Flugzeug); sausen, rasen« + *Objektiv*]

Zoo|pha|ge ⟨[tso:o-] der; -n, -n; Biol.⟩ fleischfressendes Lebewesen

Zuc|chi|ni ⟨[tsuki:-] Pl.; Bot.⟩ gurkenähnliche Früchte, die als Gemüse verwendet werden [ital.]

> → **Zynismus:** Was du nicht unter *zü-* findest, kann unter *zy-* stehen, z. B. *Zynismus*!

Zy|an ⟨das; -s; unz.; Chemie⟩ giftiges, nach bitteren Mandeln riechendes Gas [<lat. *cyanus* »dunkelblau« <grch. *kyaneos*]

Zy|an|ka|li ⟨das; -s; unz.; Chemie⟩ sehr giftiger Stoff; *oV* Cyankali [<*Zyan* + *Kalium*]

Zy|go|te ⟨die; -, -n; Biochemie⟩ bei der Verschmelzung von Geschlechtszellen entstehende befruchtete Eizelle [<grch. *zygotos* »verbunden«; zu *zygoun* »verbinden«; zu *zygon* »Joch«]

> ◆ Die Buchstabenfolge **zy|kl...** kann auch **zyk|l...** getrennt werden.

◆**zy|klisch** ⟨Adj.⟩ in der Art eines Zyklus, im Kreislauf regelmäßig wiederkehrend; *oV* cyclisch; *~e Verbindung;* = cyclische Verbindung [<lat. *cyclicus* <grch. *kyklikos;* zu *kyklos* »Kreis, Zyklus«]

◆**zy|klo..., Zy|klo...** ⟨in Zus.⟩ kreis..., Kreis..., zyklisch [<lat. *cyclus,* grch. *kyklos* »Kreis«]

◆**Zy|klon** ⟨der; -s, -e⟩ **1** ⟨Met.⟩ Wirbelsturm in tropischen Gebieten **2** ⟨Chemie⟩ Gerät zum Trennen von Gemischen mit Hilfe der Fliehkraft [<lat. *cyclus* <grch. *kyklos* »Kreis«]

◆**Zy|klop** ⟨der; -en, -en; grch. Myth.⟩ einäugiger Riese; *oV* Kyklop [<lat. *Cyclops* <grch. *Kyklops* <*kyklos* »Kreis« + *opsis* »Auge«]

◆**Zy|klus** ⟨der; -, Zy|klen⟩ **1** sich regelmäßig wiederholender Ablauf **2** Folge inhaltlich zusammenhängender Schrift- od. Musikwerke **3** Regelblutungen der Frau u. die zwischen ihnen liegenden Zeiträume [<lat. *cyclus* <grch. *kyklos* »Kreis«]

Zy|lin|der ⟨der; -s, -⟩ **1** walzenförmiger Körper mit kreisförmigem Querschnitt **2** in Dampfmaschinen u. Verbrennungskraftmaschinen der Raum, in dem Dampf od. verbrannte Gase einen Kolben hin- u. herbewegen **3** hoher, röhrenförmiger, meist schwarzer Hut für Herren [<lat. *cylindrus* <grch. *kylindros* »Walze«; zu *kylindein* »wälzen«]

...zy|lin|drig *auch:* **...zy|lind|rig** ⟨Adj.; in Zus.⟩ mit einer bestimmten Zahl von Zylindern versehen; *acht~*

zy|lin|drisch *auch:* **zy|lind|risch** ⟨Adj.⟩ in der Form eines Zylinders

Zy|ni|ker ⟨der; -s, -⟩ verletzend-spöttischer, ironisch-bissiger Mensch

zy|nisch ⟨Adj.⟩ verletzend-spöttisch, ironisch-bissig [<lat. *cynicus* <grch. *kynikos* »hündisch, bissig, schamlos«; zu *kyon,* Gen. *kynos* »Hund«]

Zy|nis|mus ⟨der; -, -nis|men⟩ Art eines Zynikers, bisige, spöttische, sarkastische Haltung, menschenverachtende Einstellung

zy|ril|lisch ⟨Adj.⟩ = kyrillisch

Zys|te ⟨die; -, -n⟩ durch eine Membran abgeschlossener Hohlraum im Gewebe mit flüssigem Inhalt [<nlat. *cystis* »Harnblase« <grch. *kystis*]

...zyt ⟨Nachsilbe; zur Bildung männl. Subst.; der; -en, -en⟩ Zelle, Blutkörperchen; *Leukozyt* [<nlat. *cytus* »Zelle« <grch. *kytos* »Höhlung, Urne«]

zy|to..., Zy|to... ⟨in Zus.⟩ zelle..., Zelle... [<nlat. *cytus;* → *...zyt*]

Zy|to|blast ⟨der; -en, -en; Biol.⟩ Zellkern [<*Zyto...* + grch. *blastos* »Spross, Keim«]

Zy|to|lo|gie ⟨die; -; unz.; Med.⟩ Wissenschaft, die den Bau u. die Funktionen der Zelle erforscht [<*Zyto...* + *...logie*]

Zy|to|ly|se ⟨die; -, -n; Biol.⟩ Auflösung, Abbau von Zellen [<*Zyto...* + *...lyse*]

Zy|to|plas|ma ⟨das; -s, -plas|men; Biol.⟩ das in der Zelle enthaltene Plasma ohne den Zellkern, Zellplasma

Die Herkunft der Fremdw

örter im heutigen Deutsch

Der Anteil der aus anderen Sprachen in den deutschen Wortschatz übernommenen fremden Wörter beträgt etwa 25%. Hierunter fallen auch diejenigen Wörter, die in früheren Zeiten aus anderen Sprachen entlehnt wurden und sich der deutschen Sprache so weit angepasst haben, dass sie von uns nicht mehr als »fremd« empfunden werden.

Fremde Wörter gelangen einerseits aufgrund des **Kontaktes** zwischen mehreren Sprachgemeinschaften in eine andere Sprache oder aufgrund kultureller, wirtschaftlicher oder politischer **Beziehungen**. Das Verbreitungsgebiet einer Sprache ist kein abgeschlossener Raum, sondern es steht in Verbindung mit den angrenzenden anderen Sprachgruppen. Was das Deutsche betrifft, so besitzt es eine Reihe unmittelbarer Nachbarsprachen (Niederländisch, Französisch, Dänisch, Polnisch, Tschechisch usw.). In den jeweiligen Grenzregionen sprechen viele Menschen mehrere Sprachen oder Dialekte, z. B. sprechen viele Bewohner des Saarlandes auch Französisch, viele Einwohner von Holstein sprechen Dänisch wie umgekehrt die meisten Dänen Deutsch sprechen und verstehen. Dies ergibt sich einfach aus der Notwendigkeit der sprachlichen Verständigung mit anderen Sprachgemeinschaften. Durch Sprachkontakte gelangen viele Begriffe in andere Sprachen und werden dort der eigenen Sprache so weit wie möglich angepasst, also häufig bezüglich Form, Aussprache, Deklination usw. verändert. Sprachräume sind somit keine abgeschlossenen »Zellen«, sondern durchlässig für wechselseitige Einflüsse benachbarter Sprachgemeinschaften bzw. Dialektgruppen aufeinander. Aber nicht nur der direkte Kontakt mit anderen Sprachgemeinschaften ist ein Grund für die Aufnahme von Fremdwörtern. Häufig sind kulturelle oder wirtschaftliche Gründe (Handelsbeziehungen zwischen unterschiedlichen Sprachgemeinschaften bzw. Völkern) ausschlaggebend für sprachliche Einflussnahme. Nicht zu unterschätzen ist dabei der wirtschaftliche Aspekt des Sprachkontaktes.

So war z. B. während der Blütezeit der Hanse, die ja ihre maßgeblichen Standorte im Nord- und Ostseeraum (Bremen, Lübeck, Hamburg) hatte, das Niederdeutsche die wichtigste Handelssprache. Später, mit dem Niedergang der Hanse, verschwand auch ihre Bedeutung als Handelssprache. In Deutschland etablierte sich dann das Hochdeutsche. Heute ist die internationale Wirtschafts- und Handelssprache das Englische. Dies erklärt auch die Tatsache, dass die meisten der Fremdwörter, die heute neu in die deutsche Sprache gelangen, Anglizismen (englische Fremdwörter) sind. Im Folgenden werden die Einflüsse verschiedener Sprachen auf das Deutsche in ihrer geschichtlichen Abfolge dargestellt.

Vom **1. bis 5. Jahrhundert n. Chr.** bestand ein enger kultureller Kontakt zwischen Römern und Germanen; in dieser Zeit sind viele fremde Wörter aus dem Lateinischen in die deutsche

Sprache gelangt. Sie entstammen zahlreichen Lebensbereichen (u. a. Militär, Recht und Verwaltung, Handel, Architektur, Landwirtschaft, Handwerk, häusliches Leben). Die aus dieser Zeit entlehnten Wörter (z. B. *Pfeil, Kaiser, Pfund, Pferd, Kerze, Tisch*) sind längst eingedeutscht und werden von uns nicht mehr als Fremdwörter empfunden.

Während der althochdeutschen Zeit von etwa **800 bis 1100 n. Chr.** sind viele Entlehnungen aus dem **Kirchenlateinischen** bzw. dem **Mittellateinischen** ins Deutsche gekommen (z. B. *Mönch, Dechant, Pfründe, Almosen, Opfer, opfern*), die den kirchlichen und religiösen Bereich betreffen. Außerdem gelangten viele Wörter aus dem **Griechischen,** die teilweise über das Lateinische, vermittelt wurden, z. B. *Ketzer, Kirche, Papst, Pfaffe, Pfarrer, Pfingsten, Teufel, Engel, Christ, Samstag, taufen, Bischof, Apostel*, in die deutsche Sprache. Auch einige nicht kirchliche Wörter des Deutschen stammen aus dieser Zeit wie *Arzt, Balsam, Fieber, Pflaster* usw.

Mit der aufblühenden Klosterkultur in Deutschland wurden bis ins **hohe Mittelalter** weitere Wörter aus dem **Lateinischen** und **Griechischen** Bestandteil der deutschen Sprache, z. B. *Abt, Dom, Sakristei, Chor, Münster, Messe, Priester, Vesper, Kreuz, Psalter, Satan, Sakrament, Kloster, Klause, Orden, Zelle, Kruzifix, Kanzel, Orgel, Legende, Text, Patron, Pilger, keusch*. Aber auch in anderen Lebensbereichen wurden lateinische Wörter entlehnt, z. B. *Brief, dichten, Griffel, Kapitel, Butter, Muschel, Mörser, Turm, Kutte, Mantel, Rente, Kanzler*. Die Entwicklung des kulturellen Lebens, besonders der Kirchenmusik, war ebenfalls von der Einführung lateinischer Begriffe begleitet; in dieser Zeit wurden z. B. die Wörter *Melodie, Harmonie, Takt, komponieren* in die deutsche Sprache übernommen.

Durch das Aufblühen der Wissenschaften während des Spätmittelalters vom **14. bis zum 16. Jahrhundert** fanden viele Begriffe aus dem Mittellateinischen bzw. dem Gelehrtenlatein Eingang in unsere Sprache. Teilweise stammen sie auch aus dem Griechischen oder wurden über das Altfranzösische vermittelt. Diese Begriffe betreffen insbesondere die Bereiche Theologie, Philosophie, Rechtswesen, Politik, Verwaltung, Bildung, Dichtung, Publizistik, Alchimie, Medizin, Mathematik, Astronomie, Geografie. Es sind z. B. die Wörter *Definition, Logik, Advokat, Justiz, Audienz, Regent, Fakultät, Kommilitone, Dialog, Autor, Orthografie, Anatomie, Medizin, Pestilenz, Nerv, multiplizieren, Zirkel, Astronom, Orient*.

Seit dem **15. und 16. Jahrhundert** ist die dominierende Rolle Italiens, vor allem in Bezug auf Handel und Musik, anhand zahlreicher **italienischer Entlehnungen** zu erkennen. Aus dem Bereich Handel stammen z. B. die Wörter *Avis, Bank, bankrott, Konto, Porto, Valuta*. Aus dem Bereich Musik wurden z. B. *allegro, adagio, Cello, Oper, Sopran*. übernommen. Noch heute sind die italienischen Fachwörter, insbesondere bei den Vortragsanweisungen in der klassischen bzw. ernsten Musik, gebräuchlich (z. B. *molto vivace* u. Ä.).

Im **17. Jahrhundert** war der sprachliche Einfluss des **Italienischen** und Französischen während des Dreißigjährigen Krieges (1618–1648) besonders groß, vor allem bezüglich der militärischen Begriffe, z. B. *Alarm, desertieren, Dragoner, Proviant, Batterie, Taktik, rekrutieren.*

Während des **17. und 18. Jahrhunderts** (»Alamode-Zeit«) war es in höheren Gesellschaftskreisen üblich (und galt als besonders vornehm), **Französisch** zu sprechen oder wenigstens hier und da französische Begriffe zu verwenden. Die Entlehnungen aus dieser Zeit (wie z. B. *Galan, Cousine, Terrasse, Allee, Frisur, Toupet, Frikassee, Marmelade, tranchieren, Ballett, Brokat, Gobelin*) entstammen den verschiedensten Lebensbereichen (Gesellschaft, Wohnkultur, Kleidung, Essen und Trinken, Lebensart, Handwerk und Kunst).

Im **18. Jahrhundert** wurde der Fremdwortschatz des Deutschen durch zahlreiche Begriffe des aufklärerischen Denkens erweitert. Auch diese Begriffe stammen – wie die Ideen der Aufklärung selbst, die 1789 zur Französischen Revolution führten – aus dem **Französischen** (z. B. *Diskussion, systematisch, Hypothese, Grazie, ideal, Transzendenz, Ballade, Hymne, Dramaturgie, Aristokrat, Nation, Revolution*).

Wörter aus dem **Englischen** finden erst vergleichsweise spät Eingang in die deutsche Sprache, nämlich erst seit dem **18. Jahrhundert**. Dies betrifft Begriffe wie z. B. *Robinsonade, Originalität, Humor, Agitator, Kongress, lynchen, Streik, Lokomotive* und *Express.* Im **19. Jahrhundert** nimmt der Einfluss des Englischen auf das Deutsche dann stark zu; Wörter wie *Baby, Gentleman, Pudding, Whiskey* oder *Sherry.* etablieren sich im Deutschen. Im **20. Jahrhundert** ist ein beständiges Anwachsen der in das Deutsche übernommenen englischen Wörter zu verzeichnen. Es sind Anglizismen wie *Jazz, Song, Teenager, Test, Paper, Output, Thriller.* Diese Tendenz ist bis heute ungebrochen und resultiert – wie bereits oben dargestellt – aus der dominierenden Rolle, die das Englische als internationale Wissenschafts- und Handelssprache besitzt. Insbesondere in den Bereichen Internet, Computer, Geldwesen und Medien ist seit einigen Jahren eine rasante Entwicklung des englischen Fremdwortschatzes zu beobachten.

Zahlenmäßig weitaus geringer sind Entlehnungen aus dem **Spanischen** und **Portugiesischen** seit dem **16. und 17. Jahrhundert,** z. B. *Adjutant, Armada, Infanterie, Kannibale, Tabak, Tomate, Marmelade.*

Auch aus dem **Arabischen** (seit dem **14. und 15. Jahrhundert,** teilweise über das Griechische, Italienische und Spanische vermittelt) sind Entlehnungen in die deutsche Sprache aufgenommen worden, z. B. *Admiral, Alchimie, Algebra, Droge, Kalif, Karaffe, Safari, Sofa, Talisman, Ziffer.*

Aus dem **Slawischen** bzw. **Russischen** und auch aus verschiedenen anderen Sprachen sind ebenfalls einige Begriffe übernommen worden, z. B. *Apparatschik, Bolschewik, Dolch, Droschke, Haubitze, Peitsche, Pogrom, Tornister, Vampir.*

Abschließend kann man zusammenfassen, dass neben dem Einfluss der so genannten »klassischen« Sprachen Latein und Griechisch der Einfluss des Italienischen, Französischen und Englischen den Fremdwortschatz des Deutschen maßgeblich geprägt hat (auf der Karte S. 410/411 unterstrichen).

Es werden aber nicht nur Wörter aus anderen Sprachen in das Deutsche übernommen, sondern es gibt umgekehrt auch zahlreiche deutsche Begriffe, die in andere Sprachen (z. B. in das Englische) Eingang gefunden haben, u. a. *Bratwurst, Kindergarten, Kitsch, Gemütlichkeit, Sauerkraut* und *Weltschmerz.*

(Dieser Überblick über die historische Abfolge der Fremdwortentlehnungen orientiert sich an den entsprechenden Ausführungen im »Deutschen Fremdwörterbuch, völlig neu bearbeitet im Institut für Deutsche Sprache, Band 1, Berlin [2]1995«.)